1. Auflage

A. & M. Markand

STEFAN LOOSE
TRAVEL HANDBÜCHER

Vietnam
Die Highlights

1 Ha Noi

Hauptstadt mit Charme: verwinkelte Altstadtgassen, baumgesäumte Boulevards, legendäre Tempel und beschauliche Seen. S. 208

2 Mai Chau

Durch Reisfelder spazieren und stilecht im Stelzenhaus übernachten. S. 267

3 Sa Pa

Der Touristenmagnet im nördlichen Bergland lockt mit bunten Märkten und einer grandiosen Landschaft aus Reisterrassen, Wasserfällen, Bergen und Tälern S. 279

4 Ha Long-Bucht

Die mystische Landschaft aus Kalksteinfelsen wird als achtes Weltwunder gehandelt. S. 318

5 Ninh Binh

Die „trockene Ha-Long-Bucht": steil aufragende Karstkegel so weit das Auge reicht. S. 333

6 Phong-Nha-Höhle

Ein Hit für Höhlenfans: das kilometerlange System aus Wasserwegen, Kammern und Tropfsteinen. S. 353

7 Hue

Ein kultureller Höhepunkt – die alte Kaiserstadt am Parfümfluss. S. 360

8 **Hoi An**

Für viele Reisende die schönste Stadt Vietnams. S. 398

9 My Son

Die Ruinen der Cham: Zeugnis des einst mächtigen Königreichs Champa. S. 416

10 Lak-See

Schon Kaiser Bao Dai zog es an diesen friedlichen See. S. 436

12 Nha Trang

Die perfekte Kombination von Stadt und Strand bietet Nimmermüden auch abends genug Zerstreuung. S. 471

11 Da Lat

Die Stadt der Blumen ist mit ihrem erfrischenden Klima der Lieblings-Ferienort aller Vietnamesen. S. 442

13 Mui Ne

Zerklüftete Felsen, mächtige Sanddünen, Palmen und Meer – ein Muss für Naturfreunde, Surfer und Strandliebhaber. S. 498

14 Ho-Chi-Minh-Stadt

Die vielseitige Hauptstadt des Südens versprüht internationales Flair. S. 522

GUCCI
Opening soo

15 Mekong-Delta

Wo das Leben sich überwiegend auf dem Wasser abspielt, steigen auch Traveller auf Boote um. S. 620

16 **Phu Quoc**

Die Perle des Südens: einsame Strände und malerische Fischerdörfer. S. 655

Inhalt

Anhang

Themen

Reiseziele und Routen

Reiseziele

Vietnam gehört zu den aufstrebenden Nationen Asiens: Seinen Status als Dritte-Welt-Land hat es längst hinter sich gelassen, und in der Tourismusbranche gilt es als *das* kommende Reiseziel in Südostasien. Von Jahr zu Jahr zieht es immer mehr Touristen hierher. Es gibt bereits alle Annehmlichkeiten für Reisende, aber der Massentourismus steckt noch in den Kinderschuhen.

Beeindruckend ist vor allem die vielfältige Natur: traumhafte Strände, riesige Sanddünen, weitläufige Deltas, unzählige Grotten und eine abwechslungsreiche Berglandschaft mit tiefen Schluchten, dichtem Dschungel und schön geschwungenen Reisterrassen. An den zahlreichen Stränden kann man baden, tauchen und entspannen. Die Berge locken mit Rafting-, Trekking-, Wander- und Fahrradtouren, bei denen man die Natur genießen und die Lebensweisen einiger ethnischer Minderheiten kennenlernen kann.

Auch Kultur- und Geschichtsinteressierte kommen auf ihre Kosten: Zahlreiche beeindruckende Cham-Heiligtümer, alte Kaisergräber monumentalen Ausmaßes, restaurierte oder verfallene Zitadellen und Paläste warten auf Besucher, und einige Stätten der jüngeren kriegerischen Vergangenheit sind ebenfalls sehenswert. Daneben heißen buddhistische Klöster und Heiligtümer der verschiedenen Religionsgemeinschaften Vietnams auch Nichtgläubige willkommen. Wer kann, sollte den Besuch eines der vielen Feste, die hier im Laufe des Jahres stattfinden, in den Reiseplan einbauen.

An vielen Orten des Landes kann man sich außerdem in Wellness-Anlagen verwöhnen lassen. Die Hotel- und Reisestandards sind hoch – die Preise gemessen am Gebotenen dagegen niedrig. Traveller müssen dennoch nicht fürchten, hier keine Reiseabenteuer mehr erleben zu können, denn abseits der üblichen Routen finden sie noch immer Spannendes und Unentdecktes und manch einer sein ganz eigenes kleines Paradies.

Städte

Die Hauptstadt **Ha Noi** (S. 208) ist auf jeden Fall einen Besuch wert. Die verwinkelten Gassen der Altstadt und das Leben am Hoan Kiem-See sollte man sich nicht entgehen lassen. Auch ein Besuch in einer der zahlreichen Pagoden der Stadt verspricht interessante Eindrücke. Wer einkaufen gehen will und es liebt, in kleinen Boutiquen zu stöbern, ist in der Altstadt von Ha Noi genau richtig.

Die größere und wirtschaftlich boomende Metropole des Südens **Ho-Chi-Minh-Stadt** (S. 522) bietet internationales Flair und jede Menge angesagte Bars und Pubs. Einen Besuch lohnen insbesondere die Stadtteile Sai Gon mit vielen Hinterlassenschaften der französischen Kolonialzeit und Cho Lon mit seinen Märkten und Pagoden.

Die kleine Stadt **Hoi An** (S. 398) in Zentralvietnam (nahe Hue) mit ihren antiken Holzhäusern wartet mit einem riesigen Angebot an Handwerksbetrieben auf. Hier werden Kleidung, Schnitzereien, Lampenschirme und vieles mehr hergestellt, und jeder kann ohne Kaufzwang in die Kunsthandwerkstätten blicken. Die Stadt beherbergt zahlreiche gute Restaurants, nette Cafés und eine Vielzahl unterschiedlichster Unterkünfte. Viele, die hierher reisen, bleiben länger als geplant, denn der nahe gelegene Strand Cua Dai macht einen Besuch dieser Stadt vollkommen.

Stadt- und Strandurlaub kann man auch hervorragend in **Nha Trang** miteinander verbinden. Für Freunde des Nachtlebens finden sich hier ein paar Ausgehmöglichkeiten. Am Strand gibt es zudem angesagte Beachbars, in denen sich herrlich relaxen lässt.

Strände

Besonders entspannt geht es an den Stränden der Insel **Phu Quoc** (S. 655) zu, die nahe der kambodschanischen Küste im Südwesten Vietnams liegt. Mit dem Moped kann man spannende Touren unternehmen, sollte man einmal nicht mehr nur am Strand faulenzen wollen. Die Fischerdörfer und einsamen Strände sind vielfach vom Tourismus unberührt und die Menschen extrem freundlich.

Strandleben pur bietet **Mui Ne** (S. 498), nur etwa 2 1/2 Fahrstunden von HCMS entfernt an der südlichen Zentralküste. Ein Ausflug zu den Sanddünen zählt zu den absoluten Highlights dieses Strandes. Und auch die zahlreichen Restaurants mit frischem Seafood begeistern.

Der Stadtstrand von **Nha Trang** (S. 471) gehört zu den schönsten Stadtstränden Asiens. Der Strand **Cua Dai** (S. 414) bei Hoi An besticht durch seine Nähe zu dieser wunderschönen Stadt.

Weitere Strände befinden sich an der gesamten Küste. Viele sind in erster Linie für vietnamesische Strandurlauber erschlossen – was für Traveller, die abseits der Touristenströme reisen wollen, gerade ein Plus sein kann.

Kultur

Kulturinteressierte kommen in Vietnam voll auf ihre Kosten. Mehrere Stätten des UNESCO-Weltkulturerbes liegen in Zentralvietnam (siehe Kasten). Dazu zählen die sehenswerten Kaisergräber und der Kaiserpalast von **Hue** (S. 364) sowie die Tempel von **My Son** (S. 416), die ein eindrucksvolles Beispiel der Baukunst der Cham darstellen.

Stätten des UNESCO-Welterbes in Vietnam

Vietnam hat fünf Stätten, die von der UNESCO als Welterbe anerkannt wurden.

Hue, die einstige Hauptstadt des ersten vereinigten Vietnam von 1802, war bis 1945 Sitz der Kaiser. Die Monumente der Stadt wurden 1999 von der UNESCO zum Weltkulturerbe erklärt.

Die **Ha Long-Bucht** gehört zu den schönsten Plätzen der Welt. Die bizarren Kalksteinfelsen sind seit 1994 geschützt.

Die **Altstadt von Hoi An** wurde als Zeugnis einer erfolgreichen Handelsstadt zwischen dem 15. und 19. Jh. und der daraus entstandenen Mischung der Kulturen 1999 zum Weltkulturerbe erklärt.

Die **My Son-Heiligtümer** der Cham, die vom 4.–13. Jh. in Zentralvietnam entstanden, wurden ebenfalls 1999 in die Liste der UNESCO aufgenommen.

Der **Phong Nha-Ke Bang-Nationalpark** im nördlichen Zentralvietnam ist das neueste Welterbe Vietnams. Der Park und mit ihm die Jahrtausende alten Karstfelsen gehören seit 2003 zum Weltnaturerbe.

Neben Naturlandschaften und Bauwerken stellt die UNESCO seit 2003 auch immaterielle Kulturgüter wie Handwerkstraditionen oder tänzerische Ausdrucksformen, als Masterpieces of Cultural Heritage unter ihren Schutz. Zu diesen **Meisterwerken der Menschheit** wurden in Vietnam das Spiel der Gongs im Zentralen Hochland (s. S. 436) und die Kunst des Nha Nhac (s. S. 203, Tanz in Vietnam) ernannt.

Auch die kleine Stadt **Hoi An** (siehe oben) ist geschütztes Weltkulturerbe und zieht jeden in ihren Bann. Ein Besuch eignet sich für alle, die sich für vietnamesisches Kunsthandwerk interessieren. Auch traditionelle Musik wird hier gespielt.

Auf dem Weg von Nord nach Süd oder umgekehrt sollte man sich diese Stätten des Weltkulturerbes unbedingt ansehen. Auch wer sich dafür entscheidet, nur einige Landesteile zu bereisen, sollte auf einen Besuch in der Mitte des Landes nicht verzichten, denn die nahe beieinan-

Die Ha Long-Bucht – eines der unbestrittenen Highlights von Vietnam

der liegenden historischen Stätten legen eindrucksvoll Zeugnis ab von dem Reich der Cham, der vietnamesischen Kaiserzeit und dem Reichtum einer einst bedeutenden Handelsstadt.

Weitere kulturelle Höhepunkte sind ein Besuch im **Wasserpuppentheater** oder einer anderen Theateraufführung (s. S. 206, Land und Leute). Auch für eines der **Feste** (S. 67) in den Pagoden sollte sich der Reisende Zeit nehmen. Wer dies nicht vorplanen will, ist mit etwas Glück zur rechten Zeit am rechten Ort, um mitzufeiern.

Natur und Nationalparks

Die Bucht von **Ha Long** (S. 299) zählt zum Weltnaturerbe (siehe Kasten). Atemberaubende Naturerlebnisse sind garantiert: Ob wolkenverhangen oder im klaren Licht, die Kalksteinfelsen und Inseln sind wunderschön.

Zahlreiche weitere Landschaften sind als Nationalparks geschützt. Vor allem die **Phong Nha-Höhle** (S. 349) im Park gleichen Namens beeindruckt mit ihrer Größe und der Vielzahl an Stalaktiten und Stalagmiten. Auch diese Höhle zählt zum Weltnaturerbe. Die Nationalparks **Bach Ma** (S. 383), **Cuc Phung** (S. 339), **Cat Tien** (S. 456) und **Ba Be** (S. 294) sind ebenfalls lohnende Ziele für alle, die sich abseits der Städte und Ortschaften in der Natur aufhalten möchten.

Ein reizvolles Ausflugsziel für Naturfreunde ist die kleine Stadt **Sa Pa** (S. 279) im nördlichen Bergland. Neben den Bergen sind es vor allem die ethnischen Minderheiten, ihre Märkte, die satten grünen Reisterrassen und kleinen Ortschaften in der Umgebung, die die Besucher begeistern.

Von Ha Noi aus erreicht man das kleine verschlafene Thaidorf **Mai Chau** (S. 267). Wer nicht viel Zeit hat und dennoch das Leben in den nördlichen Bergen entdecken will, ist hier richtig.

Im südlichen Hochland ist **Da Lat** (S. 442) ein lohnendes Ziel. In der Stadt selbst kann man zusammen mit Vietnamesen urlauben und das angenehm kühle Klima genießen. In der Umgebung laden Berge, Wasserfälle und Seen zu aufregenden Touren ein – sei es zu Fuß, mit der Seilbahn, dem Mountainbike oder dem Kajak. Der höchste Wasserfall des Landes, der Dambri-Wasserfall, ist von hier in einem Tagesausflug zu erreichen.

Bequemer als eine Mountainbikefahrt in den Bergen ist eine Tour in der **Trockenen Ha Long-Bucht bei Ninh Binh** (S. 299). Hier ragen bizarre Kalksteinfelsen aus der Ebene, Reisfelder und kleine Ortschaften runden den Eindruck vom ländlichen Vietnam ab.

Lohnenswert ist auch ein Ausflug zum **Lak-See** (S. 436) im südlichen Hochland. Hier sind entspannende Fahrten mit dem Einbaum über den See möglich. Unvergesslich ist der Ritt auf dem Rücken eines Elefanten durch die Reisfelder und Hügel, die den See umgeben.

Die Deltas des Landes stellen die Versorgung mit Reis und Gemüse sicher. Hier ist es vor allem das **Mekong-Delta** (S. 592), das Besucher anzieht. Auf kleinen Booten geht es durch die Kanäle zu farbenfrohen schwimmenden Märkten.

Vietnam für Aktive

Manchen reicht das Faulenzen am Strand oder das Nightlife in Sai Gon; andere wollen sich sportlich betätigen. Hier ein paar Tipps für Aktive.

Trekking

Sowohl im **zentralen Hochland** als auch im **nördlichen Bergland** lassen sich ausgedehnte Wanderungen unternehmen, die neben großartigen Naturerlebnissen interessante Begegnungen mit den ethnischen Minderheiten dieser Regionen zulassen, denn geschlafen wird in den Dörfern der Bergvölker, und ein abendliches Beisammensein, manchmal mit Kulturshow, aber fast immer mit gemeinsamem Reiswein-Trinken, ist inbegriffen. Besonders im Norden, wo die Berghänge in Reisterrassen umgewandelt wurden, ergeben sich fantastische Eindrücke und Ausblicke. Die freundlichen Bewohner in ihren bunten Trachten leben weitab von der Hektik der großen Städte nach jahrhundertealten Traditionen – ein Besuch dort mutet fast wie eine Zeitreise an.

Radfahren

Fahrräder gibt es vielerorts zu leihen, und während es kein Vergnügen ist, im Verkehrschaos von Ha Noi oder Sai Gon herumzukurven, kann eine Radtour durch die wunderschöne Land-

Ob im Boot, per Fahrrad oder auf dem Rücken eines Elefanten – Vietnam lässt sich auf vielerlei Weise erkunden

schaft bei **Ninh Binh** (S. 331) ein großartiges Erlebnis sein. Auch längere Touren sind möglich: Etwa von **Da Lat** bergab nach Nha Trang – um den Rücktransport der Räder kümmert sich dann der Veranstalter. Wer Größeres vorhat, kann z. B. im nördlichen Bergland die traumhafte, aber anstrengende **Nordwestschleife** entlang der N6 über Son La und Dien Bien Phu bis nach Sa Pa fahren: reine Fahrzeit etwa eine Woche.

Sport, Spaß und Action

Mit einem **Kajak** lässt sich die Inselwelt der Ha Long-Bucht individuell entdecken. Bei vielen Touren, die von Ha Noi aus gebucht werden können, ist eine Kajakfahrt mit eingeplant. In Da Lat (S. 442) kommen Abenteuersportler auf ihre Kosten: Ob mit dem Schlauchboot auf dem Wildwasser oder angeseilt an einem Wasserfall empor – **Rafting**, **Canyoning** und **Abseiling** sind die neuen Schlagwörter für alle, die im Urlaub Nervenkitzel suchen.

Auch **Reiten** ist (beispielsweise bei Da Lat) im Angebot. Wassersportfreunde können in Mui Ne (S. 498) **kitesurfen** und am Non Nuoc-Strand (S. 394) bei Da Nang **wellenreiten**.

Tauchen

Taucher und solche, die es werden wollen, sollten **Nha Trang** (S. 471) auf ihren Reiseplan schreiben: Schöne Tauchreviere, die als Marine Park geschützt sind, und günstige Preise machen die Stadt mit den vorgelagerten Inseln zum Tauchziel Nummer eins in Vietnam. Wer auf den Geschmack gekommen ist, kann dann z. B. in Hoi An die Unterwasserwelt um die **Cham-Inseln** (S. 128) entdecken oder in **Phu Quoc** (S. 566) weitere Erfahrungen sammeln.

Kleinere Tauchstellen finden sich vor allem im Bereich der Südküste. Und wer ein ausgefallenes Erlebnis sucht, begibt sich nach **Con Dao** (S. 587) und sucht in den dortigen Seegrasfeldern nach den letzten Dugongs.

Reiserouten

Vietnam bietet eine Vielzahl unterschiedlicher Reiseziele, die sich jeder nach eigenem Geschmack zu einer Route zusammenstellen kann. Wer nur wenig Zeit mitbringt und dennoch nicht durch das Land hetzen will, kann allein in einem Landesteil (nur im Norden, Süden oder Zentrum) genug Abwechslung und spannende Ziele finden.

Die meisten Reisenden hangeln sich in Vietnam an der Nord-Süd-Achse entlang. Die N1 verbindet einige der wichtigsten Ziele, und mit Bus, Zug, Inlandsflügen oder neuerdings auch auf einigen Strecken mit dem Boot die Küste hinauf lassen sich die Distanzen gut überbrücken. Abstecher, können problemlos integriert werden – sei es im Rahmen einer organisierten Tour oder mit dem lokalen Bus. Wie viel Vietnam man sich anschaut, ist nicht nur eine Frage der zur Verfügung stehenden Zeit, sondern auch der Reisegewohnheiten.

Eine Woche – Short Cut Vietnam

So viel wie möglich

Wer in kurzer Zeit Vietnam intensiv erleben möchte, sollte nach einer Übernachtung in **Ha Noi** bzw. **Ho-Chi-Minh-Stadt** einen Ausflug in eine nahe gelegene typische Landschaft unternehmen: Von Ha Noi aus nach **Mai Chau** (eine Übernachtung) oder **Sa Pa** (zwei Übernachtungen) und anschließend in die **Ha Long-Bucht** (mit Übernachtung auf dem Boot); von Ho-Chi-Minh-Stadt aus ins **Mekong-Delta** (1–2 Übernachtungen) und anschließend je nach Geschmack zum Strand von **Mui Ne**, **Nha Trang** oder **Phu Quoc** (1–2 Übernachtungen) Wer sich richtig beeilt, schafft auch noch einen Abstecher nach **Da Lat** (eine Übernachtung).

Nimmt man Inlandsflüge dazu, sollte man ein bis zwei Nächte im verträumten **Hoi An** in Betracht ziehen und dann von Da Nang aus zurückfliegen.

So entspannt wie möglich

Wer sich entspannen will, sollte sich nicht viel vornehmen und die ganze Reise locker angehen. Es gilt lange Busfahrten zu meiden und am besten eine Unterkunft vorzubuchen.

Eine Woche am Strand in **Mui Ne** (S. 498) oder **Phu Quoc** (S. 566) können für alle, die gerne Strandurlaub machen, traumhaft sein. Wer hingegen lieber wandert, wird sich in den Bergregionen wohlfühlen. Kletterfreunden oder Golfern wird eine Woche im kühlen Hochland von **Da Lat** (S. 442) gut tun.

Wer Stadt- und Strandleben verbinden will, dem wird es eine Woche in **Nha Trang** (S. 471) nicht langweilig.

Vietnam Standard: Zwei Wochen

„Standard“ für eine große Zahl der Vietnam-Reisenden war lange Zeit, mit den preiswerten Open Tour-Bussen in zwei Wochen das ganze Land entlang der N1 zu bereisen. Das kann eine sehr unterschiedliche Erfahrung sein. Der eine fühlt sich gestresst, weil er so viel in so kurzer Zeit sehen will, und bedauert anschließend, die gemachten Erfahrungen gar nicht richtig verarbeitet zu haben; der andere genießt das schnelle Leben in Gemeinschaft anderer Mitreisender aus der ganzen Welt.

Wer einen Inlandsflug dazu nimmt, spart viel Reisezeit, sollte jedoch ans frühzeitige Vorbuchen denken (je nach Saison und Reiseziel etwa 3–5 Tage). Auch die Nachtzüge auf der Nord-Süd-Achse, vorzugsweise auf der Weichliege *(soft sleeper)*, sind eine Option (etwa zwei Tage vorbuchen). Beide Verkehrsmittel ermöglichen es, ein halbes Dutzend Hauptattraktionen im ganzen Land relativ komfortabel und entspannt zu besuchen. Platz für Erlebnisse abseits der Haupt-Touristenroute bleibt dabei aber kaum.

Die klassische Tour startet in **Ha Noi** (S. 208). Am ersten Tag kann man einige Sehenswürdigkeiten besuchen oder sich einfach treiben lassen. Am zweiten oder dritten Tag sind Ausflüge angesagt, beispielsweise in die nahe gelegenen Pagoden oder in die **Ha Long-Bucht** (S. 299), wo man eine oder mehrere Nächte auf dem Boot verbringen kann. Wer die Berge liebt, reist mit dem Zug nach **Sa Pa** oder macht einen kurzen Abstecher nach **Mai Chau** (S. 267). Zurück in Ha

Reiserouten

Noi geht die Fahrt mit dem Zug nach **Hue** (S. 360). Nach ein bis zwei Tagen Besichtigung weiter nach **Hoi An** (S. 398). Dort können problemlos 2–5 Tage verbracht werden. Ein Tagesausflug nach **My Son** bietet sich für alle Freunde der Cham-Kunst an, die auch das eindrucksvolle Cham-Museum im nahe gelegenen **Da Nang** (S. 386) besuchen können. Wer nach seinem Aufenthalt in Hoi An noch nicht genug Strandleben hatte, kann jetzt weiter nach **Nha Trang** oder **Mui Ne** fahren. Zwei bis drei Tage Aufenthalt reichen den meisten Besuchern an diesen beiden Orten. Abkühlung verschafft ein Ausflug ins südliche Hochland nach **Da Lat** (S. 442). Nach 2–3 Tagen geht es weiter nach **Ho-Chi-Minh-Stadt** (S. 522). Wer genug Zeit hat, kann nach zwei Tagen noch eine 2–3-tägige Tour ins **Mekong-Delta** anhängen.

Diese Tour lässt sich problemlos auch in die andere Richtung unternehmen.

Vietnam total: Drei Wochen und mehr

Wer drei Wochen Zeit hat, kann im Prinzip das ganze Land von Nord nach Süd (oder umgekehrt) bereisen. Verzichtet man darauf, unbedingt alles gesehen haben zu wollen, bietet sich auch die Möglichkeit, spontan irgendwo etwas länger zu verweilen, weil es gerade so schön ist. Die Open Touren verbinden die Haupttouristenorte Ha Noi, Ha Long, Hue, Hoi An, Nha Trang, Mui Ne, Da Lat, HCMS und das Mekong-Delta. Alternativ können Ausflüge in weniger touristische Orte abseits dieser Route ein wachsendes Interesse an Land und Leuten befriedigen.

Die oben beschriebene zweiwöchige Tour lässt sich mit mehr Zeit wesentlich entspannter bereisen und durch Ausflüge ausdehnen. Von **Ha Noi** können Abstecher zum **Ba Be-Nationalpark** (S. 294) oder zum **Cuc Phuong-Nationalpark** (S. 339) unternommen werden. Auch für eine schöne Trekkingtour in **Sa Pa**, die zu einem der interessanten Wochenmärkte führt, bleibt Zeit. Wen die **Ha Long-Bucht** in ihren Bann zieht, der kann in der benachbarten **Bai Tu Long-Bucht** (S. 324) abseits der Touristenströme die Wunder der Natur bestaunen und an einsamen Stränden spazieren gehen.

Weiter geht es nach Zentralvietnam: Wer auf dem Weg in **Ninh Binh** (S. 331) Halt macht, kann wunderschöne Fahrradtouren zwischen Reisfeldern und Kalksteinfelsen unternehmen. Naturfreunde nehmen auch noch die **Phong Nha-Höhle** (S. 349) mit, bevor in **Hue** länger Station gemacht wird. Das kulturelle Angebot in dieser Landesecke ist so vielfältig, dass jeder, der genug Zeit hat, für Hue, **Hoi An** und **My Son** ein paar Tage mehr einplanen sollte. Auf dem Weg von Hue nach Hoi An lässt sich ein Abstecher in den **Bach Ma-Nationalpark** (S. 383) einbauen – interessant für alle, die in weniger touristisch erschlossenen Gebieten auf Entdeckungstour gehen wollen.

Nach dem intensiven Kulturprogramm in Zentralvietnam zieht es viele Traveller südwärts an die Badestrände: Mit genug Zeit im Gepäck kann man es sich entweder an einem einzigen Strand wie **Mui Ne** oder **Nha Trang** gemütlich machen – oder man tourt von Strand zu Strand. Wer zwischendurch etwas Abwechslung sucht, kann von Nha Trang aus in die Berge nach **Da Lat** (S. 442) fahren. Ein interessantes Ziel im südlichen Hochland ist auch der **Lak-See** (S. 436), allein schon wegen der zahlreichen Elefanten.

Nach ein paar Tagen in der Metropole **Ho-Chi-Minh-Stadt** lohnt eine Erkundung des **Mekong-Deltas** (S. 565). Besonders spannend ist ein Homestay bei einer vietnamesischen Familie. Zum Abschluss der Reise kann man auf der Insel **Phu Quoc** (S. 566) wunderbar entspannen.

Wer sein Vier-Wochen-Visum ausgereizt hat und immer noch das Gefühl hat, nicht alles gesehen zu haben (was zweifellos richtig ist), der holt sich einfach eine Visa-Extension – oder kommt nächstes Jahr wieder.

Klima und Reisezeiten

Klima

Vietnam ist ein tropisches Land, das mit einer ganzen Fülle klimatischer Zonen und Bedingungen aufwarten kann. Grob gesagt, wird das Klima von zwei Winden bestimmt: dem sommerlichen **Südwestmonsun**, der von Mai bis September das Klima bestimmt und die beiden Deltas sowie das südliche und zentrale Hochland mit Regen versorgt, und dem winterlichen **Nordostmonsun** von Oktober bis April, der sich an der zentralen Küste und in den nördlichen Bergen abregnet.

Die lang gestreckte Geografie des Landes sorgt ebenfalls für unterschiedliche klimatische Bedingungen. Während sich im Norden heiße Sommer (im Durchschnitt 35 °C am Tag) und kalte Winter (durchschnittlich 5–10 °C tagsüber, nachts in den Bergen auch mal fast am Gefrierpunkt) abwechseln und in der Zwischenzeit sogar noch Platz für Frühling und Herbst lassen, ist es im Süden das ganze Jahr über warm (20–40 °C). Der Wolkenpass zwischen Hue und Da Nang ist die Klimascheide zwischen den beiden Gebieten.

Für die jeweilige Temperatur ist auch die Höhenlage ausschlaggebend: Als Faustregel kann man sagen, dass es in den Bergen immer um die 10 °C kälter ist als an der Küste. Besonders kühl kann es nachts werden. Im nördlichen Bergland kann auch **Schnee** fallen; und zwar nicht nur auf dem höchsten Berg des Landes, dem Fan Si Pan, der sich jeden Winter ein weißes Mützchen aufsetzt, sondern auch, wenngleich selten, z. B. in Sa Pa.

Wenn das Wetter verrückt spielt

In Zeiten eines aus den Fugen geratenen Klimas sind auch die Regenzeiten nicht mehr stabil: Mal kommt zu wenig Nass vom Himmel, mal schlägt das Wetter besonders hart zu. Der Südwestmonsun birgt die Gefahr von Überschwemmungen in den Deltas und Erdrutschen im nördlichen Bergland, der Nordostmonsun kann schlimmstenfalls auf seinem Höhepunkt (zwischen November und Januar) als Taifun herangebraust kommen, was am ehesten die zentralen Landesteile betrifft. Wer die Wettervorhersagen verfolgt, kann solchen Gefahren allerdings meist durch eine Änderung der Reiseroute entgehen.

Reisezeiten

Vietnam kann das ganze Jahr über bereist werden. Die angenehmste Reisezeit ist von den geplanten Reisezielen abhängig. Im **Sommer** ist es überall warm. In Ho-Chi-Minh-Stadt, im Mekong-Delta und im zentralen Hochland herrscht dann Regenzeit, die sich sowohl als tagelanger Dauerregen als auch als erfrischender Guss am Nachmittag bemerkbar machen kann. Das gilt auch für die westlichen Teile des nördlichen Berglands (die Wetterscheide ist dort der Deo Tram Ton-Pass zwischen Sa Pa und Lai Chau). Doch meist lacht auch in der Regenzeit morgens und mittags die Sonne. In Nha Trang ist zu dieser Zeit sogar Hauptsaison, denn das Wetter ist hier in der Regel gut und der gelegentliche Regen bie-

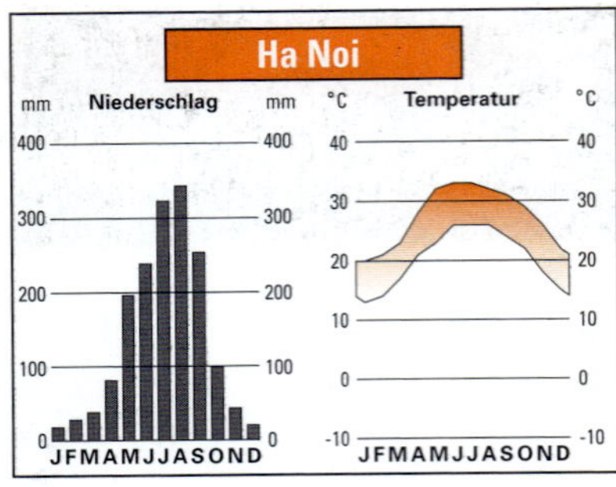

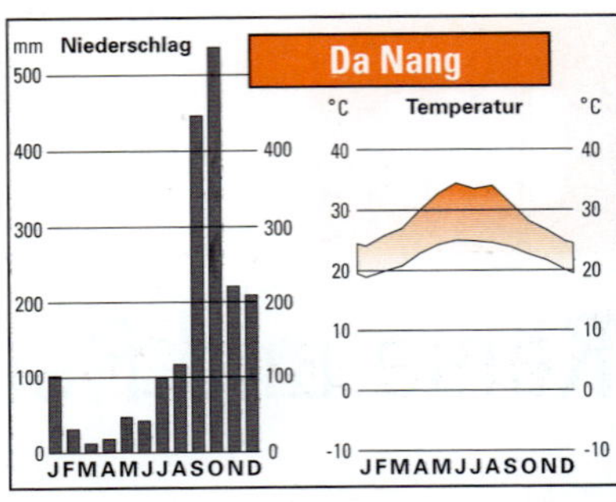

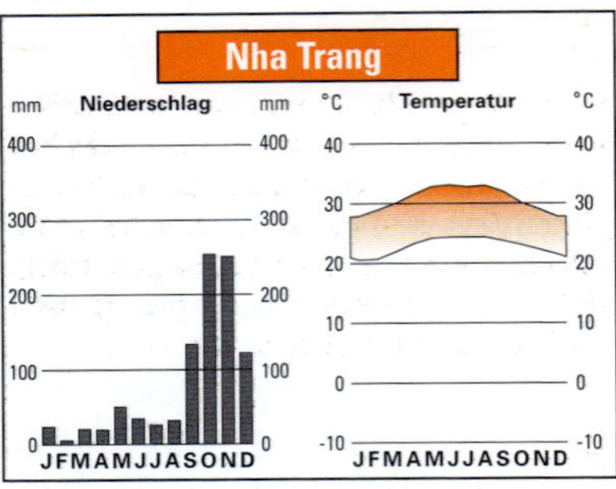

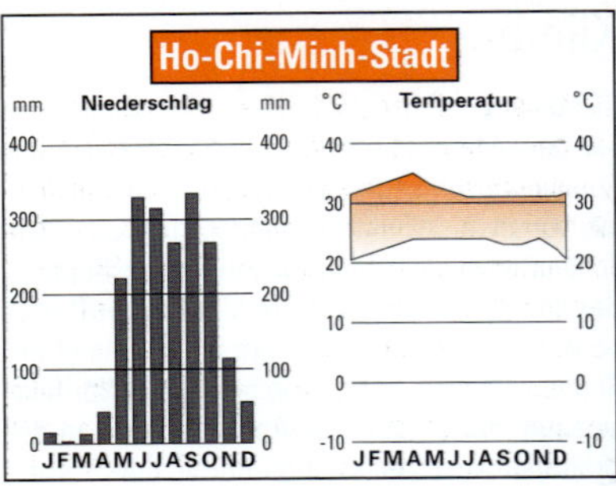

tet dankbar angenommene Abkühlung. Auch Mui Ne mit seinem speziellen Mikroklima bleibt meist von heftigen Regenfällen verschont. Oft ist es dort im Sommer allerdings etwas diesig.

Im **Winter** kommt es in Hue und an der zentralen Küste zu stärkeren Regenfällen, Hoi An ist manchmal von Hochwasser bedroht. Wer in den nördlichen Bergen trekken und wandern möchte, muss in der kalten Jahreszeit nachts mit niedrigen Temperaturen rechnen, manchmal kann es sogar zu Frost kommen. Auch Ausflüge ins zentrale Hochland sind in dieser Zeit nur mit warmem Pullover anzuraten. Traumhafte Tage erlebt dann hingegen die Insel Phu Quoc im äußersten Südwesten des Landes; ebenso wie im Rest des Südens ist von Dezember bis April kaum mit Niederschlägen zu rechnen.

Frühling und **Herbst** sind als Jahreszeiten nur im Norden bemerkbar: Die Blüte der Obstbäume erlöst vom kalten Winter, und das fallende Laub, das die Straßen von Ha Noi bunt färbt, bereitet der drückenden Hitze ein Ende – perfekte Reisezeit in dieser Region. Im Süden ist es im Frühjahr heiß (kurz vor der Regenzeit, im April, bis zu 40 °C), und einen Herbst gibt es nicht: Die immergrünen tropischen Pflanzen wechseln ihre Blätter, wann immer es ihnen gefällt.

Reisekosten

Tagesbudget

Wie teuer die Reise wird, hängt vom gewohnten und gewollten Lebensstandard ab. Traveller, die in den günstigsten Zimmern leben, in öffentlichen oder Open-Tour-Bussen reisen, nur in einfachen Restaurants essen oder/und an lokalen Straßenständen ihre Suppe schlürfen, kommen am Tag mit etwa US$10–20 aus.

Wenn man auch mal in einem besseren Hotel wohnen möchte und sich zwecks Abkürzung der Reisestrecke einen Flug gönnt, sind US$30–50 täglich zu veranschlagen.

Wer zeitweilig einen Mietwagen mit Fahrer und Fremdenführer bucht, in noch besseren Hotels schläft und einige Strecken mit dem Flugzeug zurücklegt, benötigt durchschnittlich etwa US$80–150 am Tag.

Es geht natürlich auch luxuriöser: In aufwendig renovierten Hotels oder neuen Luxusanlagen nächtigt man für US$200–US$1000 wie die einstigen Kolonialherren oder die neuen Wellnesskönige.

Dong oder Dollar

Fast alles kann in Dong bezahlt werden, selbst dann, wenn der Zimmerpreis in Dollar verhandelt wurde. Auch andersherum ist dies kein Problem: Dong werden dann zum Tageskurs in Dollar umgerechnet. Nur die teuren Hotels möchten tatsächlich Devisen sehen – oder eine Kreditkarte. Viele Fremdenführer und Motorradfahrer nennen ihre Preise in Dollar, nehmen aber auch Dong.

Eintrittspreise

Für viele Sehenswürdigkeiten wird eine Eintrittsgebühr erhoben. Sie beträgt meist zwischen 10 000 und 20 000 Dong. Pagoden und andere religiöse Stätten sind oft kostenlos zu besuchen (außer es handelt sich um nationale Denkmäler). Es ist hier jedoch angebracht, ein paar Tausend Dong in die Spendenbox zu werfen.

Übernachtung

Budget-Reisende mit wenig Geld finden in den größeren, touristischen Städten Betten im Schlafsaal für US$3–4, in abgelegeneren Gegenden Zimmer in einfachsten vietnamesischen Gästehäusern (*nha tho* bzw. *nha nghi*) für 50 000–80 000 Dong. Sauberer und komfortabler sind Zimmer in einfachen Minihotels, die im ganzen Land durchschnittlich US$8–20 kosten. Diese Unterkünfte haben Ventilator, manche AC, Satellitenfernsehen und ein eigenes Bad, oft mit Badewanne.

Nur die allerwenigsten Einrichtungen haben noch Gemeinschaftstoiletten und -duschen.

Für bequeme Zimmer der Mittelklasse muss ab US$20 bezahlt werden. Luxusklasse bekommt man ab etwa US$100 und aufwärts. Dafür bieten die Häuser in den großen Städten dann internationalen Standard und die Resorts an den Stränden schicke Bungalows direkt am Strand. Im Gegensatz zu allen Gästehäusern addieren die meisten teuren Hotels 10 % Steuer und 10 % für Bedienung auf die Schlussrechnung.

Transport

Die **Open Tour-Busse** bringen Touristen ab US$4 von einer Touristenhochburg in die nächste. Längere Touren mit den Open Tour-Bussen quer durch das ganze Land mit möglichen Stopps in den Haupttouristenorten (Da Lat, Nha Trang, Hoi An, Hue) kosten für alle Strecken zusammen etwa US$20–25. **Lokale Busse** sind i. d. R. etwas billiger; die Preise variieren je nach Komfort und manchmal auch der Laune des Ticketverkäufers.

Die **Zugfahrt** zwischen Ha Noi und Ho-Chi-Minh-Stadt kostet ab 500 000 Dong im Hartsitz bis 1 Mill. Dong auf der Weichliege, kürzere Strecken entsprechend weniger. Mehr Informationen im Internet unter 💻 www.vr.com.vn/english. (Hinweis: Der Bahnhof in Ho-Chi-Minh-Stadt befindet sich im Stadtteil Sai Gon und trägt daher diesen Namen).

Ein **Inlandsflug** belastet die Reisekasse mit US$35–80 pro Strecke. Wer mit Vietnam Airlines von Deutschland kommt und weitere Inlandsflüge bucht, bekommt 50 % Rabatt.

In den großen Städten bieten **Taxis** ihre Dienste an. Nahezu alle benutzen ihren Taxameter (manche sind jedoch manipuliert, s. S. 109). Eine Fahrt in HCMS von Notre Dame zum Travelerviertel schlägt mit umgerechnet etwa US$1 zu Buche. Ein Wagen mit Fahrer für den ganzen Tag kostet ab US$50.

Rabatte

Bei Vorlage des Internationalen Studentenausweises (ISIC) gibt es oftmals Ermäßigung auf Eintrittsgelder in Museen. Manch ein Reisebüro offeriert Studententarife, will aber gar keinen Ausweis sehen, sondern „glaubt" den Kunden. Das spart aber meist nur etwa US$1. Für Kinder gibt es oft vergünstigte Eintrittspreise, so z. B. im Zoo von Ho-Chi-Minh-Stadt. Kinder unter 6 Jahren können in den meisten Hotels kostenlos im Bett ihrer Eltern unterkommen. Ab 2 Jahren muss für Ausflüge meist die Hälfte des Normalpreises gezahlt werden, ab 6 Jahren ist oft bereits der volle Preis zu entrichten.

Was kostet wie viel?

Essen

Obst: Der Preis variiert je nach Jahreszeit und Ort sehr stark.

Papaya (1 kg)	5000 Dong
Ananas	2000–8000 Dong
Reissuppe	8000–12 000 Dong
pho (Straßenrestaurant)	10 000–15 000 Dong
pho (AC-Restaurant)	25 000–30 000 Dong
Reisgericht *(fried rice)*	15 000 Dong
Gebratene Nudeln mit Gemüse	10 000 Dong
Fleischgericht mit Reis	ab 25 000 Dong
Hot Pot mit Rindfleisch	ab 35 000 Dong
Riegel Alpenliebe Schokolade	2000 Dong
Mittelgroßes Baguette (Straße)	2000 Dong
Belegtes Baguette (Straße)	5000 Dong
Französisches Baguette (Supermarkt)	15 000 Dong

Trinken

Große Wasserflasche	5000–10 000 Dong
Kleine Wasserflasche	3000–5000 Dong
Dose Cola, Fanta, Sprite, Energy-Drink	10 000 Dong
Kaffee (Tasse)	3000–20 000 Dong
Flasche Bier (lokale Sorte)	ab 8000 Dong
Flasche Bier (internat.)	ab 15 000 Dong
Vietnamesischer Wein (Flasche)	ab 35 000 Dong (empfehlenswert erst ab 55 000 Dong)

Sonstiges

1 l Benzin	10 000 Dong – steigend
Mietwagen (mit Fahrer)	US$50 pro Tag
1 Std. Internet (Onlineshop)	ab 3000 Dong
Eintritt	10 000–20 000 Dong

Traveltipps von A bis Z

Anreise

Ganz bequem und schnell vollzieht sich die etwa 10 000 km lange Reise von Europa nach Vietnam mit dem Flugzeug: Die Flughäfen Ha Noi, Ho-Chi-Minh-Stadt und Da Nang werden u. a. aus Thailand, Singapur, Hong Kong und die ersten beiden auch aus Deutschland direkt angeflogen.

Mit dem Boot, dem Bus, zu Fuß oder per Flugzeug kommt man nicht nur aus China, sondern auch aus den anderen angrenzenden Ländern Kambodscha und Laos ins Land. Mittlerweile gibt es zahlreiche Grenzübergänge, die auch Westler passieren dürfen.

Auch mit der Bahn kann man nach Vietnam reisen. Knapp 16 000 km sind ab Deutschland zurückzulegen. Der Weg führt durch Polen, Weißrussland, Kasachstan und China.

Visum

Wichtig für jeden Reisenden – egal ob er mit dem Flugzeug und einer Reisegruppe kommt oder zu Fuß als Abenteurer die Grenze überquert: Bei der Einreise nach Vietnam sollte jeder ein Visum im Pass haben. Sogenannte *Visa on arrival* werden zwar von einigen Reiseveranstaltern beworben und können mit deren Hilfe angefordert werden, aber die Prozedur ist kompliziert und es ist nicht sicher, ob man an der Grenze auch wirklich ein Visum erhält (siehe „Visa", S. 116).

Mit dem Flugzeug

Vietnam hat drei internationale Flughäfen: Der Noi Bai International Airport befindet sich in Ha Noi im Norden Vietnams, der Tan Son Nhat International Airport im Süden in Ho-Chi-Minh-Stadt und der Da Nang International Airport in der Mitte des Landes in der gleichnamigen Stadt. Nur Da Nang wird nicht aus Deutschland direkt angeflogen. Sinnvoll ist ein Gabelflug, bei dem man wahlweise in Ha Noi einreist und in Ho-Chi-Minh-Stadt das Land verlässt.

Direktflüge

Vietnam Airlines, 💻 www.vietnamairlines.de, unterhält die schnellste Verbindung zwischen Deutschland und Vietnam. Die Airline fliegt 3-mal wöchentlich (Di, Fr, So) von Frankfurt direkt nach Ha Noi und 2-mal (Do, So) von Frankfurt nach Ho-Chi-Minh-Stadt. Die Fluggesellschaft bietet Anschlussflüge innerhalb Vietnams und auch nach Bangkok oder Siem Reap (Kambodscha). Wer aus Deutschland mit Vietnam Airlines fliegt und hier bereits weitere Inlandsflüge bucht, bekommt diese oft mit 50 % Rabatt. Gabelflüge zwischen Frankfurt und Ha Noi bzw. Ho-Chi-Minh-Stadt kosten nichts extra, sodass man beispielsweise seine Reise in Ha Noi beginnen und in Ho-Chi-Minh-Stadt beenden kann.

Es besteht kostenlos oder nur zu einem geringen Aufpreis ein Rail&Fly-Angebot in der 2. Klasse von und zum Flughafen Frankfurt. Nachfragen lohnt. Wer 1. Klasse Bahn fahren will, muss in jedem Fall etwas dazu zahlen. Fahrräder werden kostenlos mitgenommen. Der Flug dauert etwa 13 Stunden und kostet ab 520 € für Sparangebote bis zu 3000 € als Linienflug.

Flüge mit Zwischenstopp

Austrian Airlines, 💻 www.aua.com, fliegt jeden Abend von Wien nach Bangkok und weiter nach Ha Noi und Ho-Chi-Minh-Stadt (Ankunft früher Abend). Von Österreich aus kostet ein Flug etwas über 2000 € Die Airline bedient die Strecke Bangkok – Ha Noi zweimal täglich, ein Flug auf dieser Strecke kostet hin und zurück etwa 20 000 Baht (um die 400 €).

Cathay Pacific, 💻 www.cathaypacific.de oder www.cathapacific.com, fliegt ab Frankfurt über Hong Kong nach Ha Noi und Ho-Chi-Minh-Stadt. Die Flüge dauern mit Umsteigen i. d. R. um die 16 Stunden, die Angebote beginnen bei etwas unter 1000 € für Hin- und Rückflug.

China Air, 💻 www.china-airlines.com, fliegt von Amsterdam nach Bangkok. Die Airline bedient auch Ho-Chi-Minh-Stadt, doch muss man dafür einen Umweg über Hong Kong und/oder Taipei in Kauf nehmen.

Deutsche Lufthansa, 💻 www.lufthansa.com, fliegt dreimal wöchentlich von Frankfurt und München über Hong Kong oder Bangkok nach Ho-Chi-Minh-Stadt. Die Reisezeit beträgt etwa

13 Stunden. Die Preise schwanken je nach Abflughafen und Reisezeit zwischen 800 € und über 2000 €.

Von Bangkok (Thailand)

Die meisten Reisenden wählen die Route Deutschland – Bangkok und fliegen von hier direkt oder im Anschluss an eine Thailandreise weiter nach Vietnam. Flüge nach Bangkok gibt es bereits ab 500 €

Die aufgeführten Airlines für einen Weiterflug von Bangkok aus nach Vietnam können vor der Reise (im Internet oder Reisebüro), aber auch kurzfristig in Bangkok gebucht werden. Die Flüge dauern i. d. R. etwa 1 1/2 Stunden und kosten zwischen 40 und 200 €.

Flüge Bangkok – Ha Noi

AirAsia, www.airasia.com, fliegt die Strecke Bangkok – Ha Noi – Bangkok. Die Flüge sind über das Internet mit Visakarte bzw. bei Vertretungen der Airline in Bangkok oder Ha Noi buchbar. Je früher man bucht, desto günstiger wird es. In der Regel zahlt man um US$15–30 inklusive Steuern für eine Strecke.

Die Flüge können bis zu 48 Stunden vorher gegen eine Gebühr von etwas über 10 € umgebucht werden. Ggf. wird noch eine Zusatzgebühr

Reisen und Klimawandel

Der Klimawandel ist eine ernste Bedrohung der Ökosysteme, von denen der Mensch abhängt, und Flugreisen sind in zunehmendem Maß für eine Verschärfung des Problems verantwortlich. Obwohl wir das Reisen insgesamt positiv sehen und der Überzeugung sind, dass es einen bedeutenden Beitrag sowohl für sich entwickelnde Ökonomien als auch für die Völkerverständigung leistet, ist jeder Einzelne dazu aufgerufen, sich seiner Verantwortung bewusst zu werden und die Einflüsse auf die globale Erwärmung so gering wie möglich zu halten. Dazu gehört, darüber nachzudenken, wie oft wir fliegen und was wir tun können, um die Umweltschäden auszugleichen, die wir mit unseren Reisen verursachen.

Fliegen und Klimawandel

Praktisch jede Form des motorisierten Reisens ist mit dem Ausstoß von Kohlendioxid (CO2) verbunden, das der Hauptgrund für den vom Menschen verursachten Klimawandel ist. Die weitaus größte Belastung geht dabei von Flugzeugen aus, nicht weil sie ihre Schadstoffe über weite Strecken verteilen, sondern vor allem weil sie Treibhausgase weit oben in der Atmosphäre abgeben. Die Statistiken lesen sich erschreckend: Zwei Personen, die von Europa in die USA und wieder zurück fliegen, tragen zum Klimawandel so viel bei wie der gesamte Jahresverbrauch an Gas und Strom eines durchschnittlichen Haushalts. Zwar wird es vielleicht irgendwann Flugzeuge mit Brennstoffzellen oder anderen weniger umweltschädigenden Antriebssystemen geben. Aber bis es so weit ist, haben verantwortungsbewusste Traveller nur zwei Möglichkeiten: Entweder die Zahl der Flüge zu reduzieren (also weniger zu fliegen und länger zu bleiben) oder die unternommenen Flüge durch ein Ausgleichsprogramm für das Klima zu „neutralisieren".

Ausgleichsprogramme

Kompensationsprogramme von Organisationen wie 💻 www.atmosfair.de, www.myclimate.ch oder www.climatecare.org bieten die Möglichkeit, eine sinnvolle Entschädigung zumindest für einen Teil der Treibhausgase zu leisten, die man durch das eigene Reisen verursacht. Dabei wird zunächst anhand eines CO2-Rechners der Anteil eines bestimmten Fluges an der globalen Erwärmung ermittelt, anschließend werden Optionen aufgezeigt, wie mit einem zusätzlichen Beitrag ausgleichende umwelterhaltende Projekte unterstützt werden können. Dazu gehören die Aufforstung des Regenwalds und anderer ursprünglicher Wälder sowie Initiativen zur Senkung des Energiebedarfs in der Zukunft. Häufig sind diese Projekte an Maßnahmen für eine nachhaltige Entwicklung gekoppelt.

fällig, falls es sich um Sonderkonditionen (z. B. billige Tickets aus Werbeaktionen) handelt. Kinder über 2 Jahren zahlen den vollen Preis. AirAsia öffnet seine Schalter zum Check-in 2 Stunden vor dem Abflug und schließt diese 45 Min., bevor es losgeht. Mitzubringen sind: ein Ausdruck des E-Tickets und Pässe inklusive gültiger Visa.

Flüge Bangkok – Ho-Chi-Minh-Stadt

Bangkok Airways, 💻 www.bangkokair.com, fliegt die Strecke täglich nachmittags gegen 16 Uhr. Preis derzeit etwa 9000 Baht.

Deutsche Lufthansa, 💻 www.lufthansa.com, fliegt dreimal wöchentlich die Strecke Bangkok – Ho-Chi-Minh-Stadt. Die Tickets kosten für einen einfachen Flug etwa 220 € Für Hin- und Rückflug rund 400 €

Jetstar Pacific, 💻 www.pacificairlines.com.vn, fliegt täglich von HCMS nach Bangkok für US$65 pro Strecke.

Flüge Bangkok – Ha Noi und Ho-Chi-Minh-Stadt

ANA All Nippon Airways, 💻 www.ana.co.jp, die japanische Airline fliegt täglich zwischen Bangkok und Ha Noi bzw. Bangkok – Ho-Chi-Minh-Stadt.

Air France, 💻 www.airfrance.com, fliegt 3-mal wöchentlich von Bangkok nach Ha Noi und 4-mal wöchentlich nach Ho-Chi-Minh-Stadt.

Thai Airways International, 💻 www.thaiair.com, tägliche Flüge zwischen der thailändischen Hauptstadt und den beiden internationalen Flughäfen Ho-Chi-Minh-Stadt und Ha Noi. Der Flug nach Ha Noi ist geringfügig teurer als der nach Ho-Chi-Minh-Stadt (jeweils um 10 000 Baht pro Strecke).

Flüge Bangkok – Da Nang

BP Air, 💻 www.bpair.com, fliegt 3-mal wöchentlich direkt von Da Nang nach Bangkok (1 3/4 Std.). Flüge kosten etwa 300 € für Hin- und Rückflug.

Von Kambodscha

Vietnam Airlines, 💻 www.vietnamairlines.com, bedient die Routen Siem Reap – Ho-Chi-Minh-Stadt und Phnom Penh – Ho-Chi-Minh-Stadt. Der Preis variiert bei beiden Strecken von 40 € (Sonderangebot) bis zu regulären 230 € (Hin- und Rückflug).

Royal Khmer Airlines, 💻 www.royalkhmerairlines.com, fliegt von Siem Reap sowohl nach Ha Noi als auch nach Ho-Chi-Minh-Stadt.

Insgesamt gibt es von beiden Airlines 45 Flüge pro Woche zu den Tempeln von Angkor. Flugdauer 1 bis 1 1/4 Std., Kosten etwas über 200 €.

Von Laos

Vietnam Airlines, 💻 www.vietnamairlines.com, fliegt von Ho-Chi-Minh-Stadt nach Vientiane und Luang Prabang.

Lao Airlines, 💻 www.laoairlines.com, bedient die Strecke Vientiane – Ha Noi im Direktflug.

Flugtickets

Flüge können online und direkt bei den Fluggesellschaften gebucht werden, doch sind diese Angebote bei den meisten Airlines teurer als im Reisebüro. Im Internet hingegen finden sich oft die günstigsten Tarife. Am billigsten sind Kombi-Flüge: Von Deutschland geht es erstmal nach Bangkok und von dort aus mit einer Billiggesellschaft (z. B. AirAsia) nach Ha Noi oder Ho-Chi-Minh-Stadt. Interessanter ist der Landweg von Thailand über Kambodscha oder Laos nach Vietnam. Vietnam Airlines gewährt oft einen Rabatt von 50 % auf Inlandsflüge, sofern sich die Reisenden schon in Deutschland festlegen und Inlandsflüge buchen. Viele Airlines bieten mittlerweile den Service eines **E-Tickets**. Diese Flugbestätigung, meist als E-Mail verschickt, muss ausgedruckt und beim Check-in als Ticket vorgelegt werden.

Ankunft am Flughafen

Am Flughafen angekommen geht es durch die Grenz- und Zollkontrolle. Die Visa werden abgestempelt und eine Arrivalkarte ausgehändigt. Diese ist unbedingt aufzuheben, da sie bei der Ausreise vorgezeigt werden muss. In den Flughafengebäuden von Ha Noi und HCMS befinden sich Wechselstuben der Vietcom Bank und ein ATM, an dem man mit der Maestro- oder Kreditkarte Geld abheben kann. Zum Flughafentransfer s. S. 251 und S. 572.

Reguläre Flugscheine werden in der Regel zehn Tage vor Reiseantritt ausgestellt. Wer erst in Bangkok ein Reisebüro aufsucht, bekommt meist noch Tickets für Flüge am nächsten Tag, diese sind jedoch oft ebenso teuer wie im Reisebüro gebuchte Tickets in Deutschland, in jedem Fall aber teurer als frühzeitig übers Internet gebuchte E-Tickets.

Wer seinen Rückflug als Open Ticket ausstellen lässt, muss wissen, dass die gewählte Freiheit Nachteile haben kann, weil es sein kann, dass man keinen passenden Rückflug bekommt. Wer ein Rückflugdatum auf dem Ticket hat, kann dies meist ohne Probleme (oft kostenlos) verschieben und so ebenfalls flexibel bleiben. Beim Kauf des Tickets bitte nachfragen, da die verschiedenen Airlines dies z. T. unterschiedlich handhaben oder manche Billigtickets keine Veränderungen ohne Aufpreis zulassen. Dies ist meist bei Sonderangeboten der Fall: Will man die gebuchten Rückflüge verschieben, muss man die Differenz zwischen Sonderangebot und Normaltarif nachzahlen.

Auf dem Landweg

Einreisen nach Vietnam über Land sind von China, Laos und Kambodscha aus möglich. Besonders beliebt ist die Fahrt über Kambodscha, die sich auch mit einer Bootsfahrt auf dem Mekong verbinden lässt.

Von China

Dong Hung – Mong Cai: Die Grenze Mong Cai befindet sich etwa 176 km von Ha Long-Stadt entfernt, zu erreichen über die Nationalstraße 18. ⌚ 8–18 Uhr.

Ping Xiang – Dong Dang: Die Grenzer sind auf beiden Seiten dieses Übergangs noch nicht sehr geschult im Umgang mit Travellern. Daher muss jeder darauf achten, auch alle notwendigen Stempel (Ein- und Ausreisestempel, Aufenthaltsdauer) im Pass zu haben. Es gibt ein Visum an der Grenze – doch ist es sicherer, bereits eines im Pass zu haben. Von der Grenze aus benötigt man etwa 100 000 Dong, um nach Ha Noi zu kommen. Es ist sinnvoll, auf chinesischer Seite zu versuchen, bereits Dong zu bekommen, da es auf vietnamesischer Seite keinen Wechselschalter gibt. Taxis fahren bis nach Lang Son, von hier geht es weiter mit dem Bus oder Zug nach Ha Noi. ⌚ 8–18 Uhr.

Ha Khau – Lao Cai: Diese Grenze nahe Sa Pa stellt die schnellste Verbindung von der chinesischen Provinz Yunnan dar. Über die Ho Kieu-Brücke kommend erreicht man Vietnam. Auf beiden Seiten muss ein Visum im Pass stehen. Die Überfahrt ist mit der Bahn und mit dem Bus möglich. Die Grenze ist vor allem für den Handel mit China von Bedeutung. Daher plant die Regierung Vietnams nicht nur den Bau eines Flughafens und die Erneuerung der Bahnverbindung, sondern auch den Ausbau der Straße zu einer Mautautobahn, die den Namen Lao Cai Highway tragen soll. Die geplante Strecke verläuft vom Hanoier Vorort Noi Bai bis zur Grenze. Gelder sind beantragt, aber der Baubeginn ist ungewiss. ⌚ 8–18 Uhr.

Von Kambodscha

Viele Reisende wählen den Weg über Kambodscha nach Vietnam. Es lohnt sich allein wegen der Tempel von Angkor, etwas Zeit im Land der Khmer zu verbringen.

Von Phnom Penh mit dem Bus nach Vietnam

Grenzübergang Bavet – Moc Bai: Mit dem Bus startet die Fahrt von Phnom Penh in den frühen Morgenstunden zwischen 6 und 7 Uhr. Gegen Mittag wird der Grenzübergang Bavet – Moc Bai erreicht, wo auf kambodschanischer Seite eine Pause in einem Restaurant möglich ist. Nach einem Imbiss geht es zu Fuß mit dem Gepäck durch das Grenzgebäude hindurch nach Vietnam. Ein paar Schritte weiter befindet sich ein kleiner Busbahnhof. Reisende mit organisierten Touren werden von den Betreibern des Folgebusses aufgelesen und in einem Laden-Café platziert. Gemeinsam wird auf den Bus nach Ho-Chi-Minh-Stadt gewartet, der von einer vietnamesischen Agentur betrieben wird. In Ho-Chi-Minh-Stadt angekommen, hält der Bus meist irgendwo auf der Pham Ngu Lao / De Tham, wo man sich ein Zimmer suchen kann.

Die Fahrt dauert etwa 6–7 Stunden. Die Tickets kosten ab Phnom Penh bis Ho-Chi-Minh-Stadt US$7–12. Zurück gibt es ebenfalls Busverbindungen.

Busgesellschaften (Verbindung Phnom Penh nach HCMS, Gesellschaften verkehren auch von HCMS nach PP):

Capitol Guesthouse, 14 PH 182, gegenüber vom Markt Phsar Orrusey, ✆ 023-364104. Abfahrt 6.45 Uhr und 9 Uhr für US$10 (hier gibt es auch einen guten und günstigen Visaservice). Einfach, aber dank langer Erfahrung zuverlässig.

Mekong Express, 87 Sisowath Quay, Ecke 102 St. am Fluss, ✆ 023-427518. Abfahrt am Markt (Phsar Orrusey) und am Office dreimal täglich morgens bis mittags in Luxusbussen.

Von Phnom Penh mit dem Boot nach Vietnam

Grenzübergang Khorm Samnor (Kambodscha) – Vinh Xuong (nahe Chau Doc): Das Visum für Vietnam muss bereits in den Pass geklebt sein. Dieser Mekong-Grenzübergang befindet sich nahe Chau Doc. Es gibt organisierte Touren mit dem Minibus und dem Boot ab Phnom Penh, was die etwa 5-stündige Fahrt etwas vereinfacht. Für Bus und Fähre zahlt man US$7–8. Abfahrt meist morgens gegen 8 Uhr.

Aber auch auf eigene Faust ist der Übergang kein Problem: Ab Phnom Penh mit Taxi oder Bus entlang der Nationalstaße 1 nach Neak Luong. Von hier geht es mit der Fähre (10 000 Riel) weiter den Mekong entlang nach Khorm Samnor. Nach der Ausreise aus Kambodscha fährt man mit dem Mopedtaxi zur vietnamesischen Grenzstation. Dort weiter mit dem Mopedtaxi nach Chau Doc. Von hier fahren täglich vom Markt Minibusse für US$3–5 nach Ho-Chi-Minh-Stadt ab. Man kann auch auf eigene Faust Touren ins Delta unternehmen.

Weitere Grenzübergänge zwischen Kambodscha und Vietnam

Phnom Den – Thin Bien: Dieser Grenzübergang befindet sich ebenfalls nahe der vietnamesischen Stadt Chau Doc. Für beide Länder sollte ein Visum beantragt sein (es soll jedoch bald Visa für Kambodscha an der Grenze geben). Von Kambodscha reist man hier aus Phnom Penh (etwa US$8–10 mit dem Taxi ab dem Markt Domkor bis nach Phnom Den) oder Kampot (Taxis kosten US$25, nicht in der Regenzeit, da die Straße sehr schlecht ist) an. Nach dem Übertritt der Grenze in Tinh Bien geht es mit dem Mopedtaxi oder einem normalen Taxi für etwa US$3 (manche Fahrer verlangen bis zu US$10 – handeln!) nach Chau Doc. Weiter nach HCMS mit dem Minibus für US$3–5. Oder man fährt direkt von der Grenze nach Ha Thien (US$2–3) oder für etwas mehr nach Ba Hon. Von Ha Thien und Ba Hon geht es mit der Fähre weiter nach Phu Quoc (s. S. 566).

Trapeang Phlong – Xa Mat: Am Grenzübergang Xa Mat (Vietnam) und Trapeang Phlong (Provinz Kampong Cham in Kambodscha) sind für beide Länder keine Visa an der Grenze erhältlich.

Prek Chak – Xa Xia: Dieser Grenzübergang ist gut von Sihanoukville über Kep und Kampot zu erreichen. Er ist seit Mitte 2007 geöffnet. Die nächste größere vietnamesische Stadt ist Ha Thien. Bis nach Ha Thien ist es nur eine kurze Strecke mit dem Mopedtaxi für etwa 10 000 Dong. 🕓 7–18 Uhr.

Von Laos

Na Maew – Nam Xoi: Diese Grenze ist seit 2004 für internationale Reisende geöffnet. Von und nach Laos verkehren Busse zwischen Sam Beau und Thanh Hoa, die etwa zehn Stunden benötigen. Von Than Hoa aus kann man für etwa 40 000 Dong in drei Stunden weiter mit dem lokalen Bus nach Ha Noi fahren. Es besteht auch die Möglichkeit, von Sam Beau mit Songtheaws zu fahren, doch auf der vietnamesischen Seite wird es dann schwerer, weiter zu kommen. 🕓 8–17 Uhr.

Nam Phao – Cau Treo: Diese Grenze wird besonders gern von Reisenden zwischen Laos und Vietnam genutzt. Auf vietnamesischer Seite ist Vinh die nächste größere Stadt, auf laotischer Lak Xao. Wer sich für eine selbst organisierte Tour entscheidet, kann mit einem Gepäckbus von der Grenze bis nach Vinh oder Ha Noi fahren. Reisende raten in diesem Fall, den Fahrpreis zu verhandeln, aber nicht vor Ankunft zu bezahlen. 🕓 8–17 Uhr.

Nam Can (Tien Tieu – Nong Het): Selten genutzter Grenzübergang, denn auf vietnamesischer Seite gibt es keinen größeren Ort im Grenzgebiet. Es ist eine lange Reise von der Grenze die N7 entlang bis Vinh. In Laos starten Busse Di, Do, Fr und So um 6.30 Uhr ab Phonsavan mit dem Ziel Vinh (13 Std.). 🕓 8–17 Uhr.

Sop Hun – Tay Trang: Von Muang Khua kommend verkehren Busse nach Dien Bien Phu, Abfahrt um 7 Uhr morgens. Es gibt kein Visum für Vietnam an der Grenze. ⌚ 8–17 Uhr.

Phou Keua – Bo Y (Kon Tum): Für die Einreise nach Vietnam ist auch hier ein Visum erforderlich. Die Grenze ist neu eröffnet und es kommt noch immer zur Fehlinformation (auch seitens der Botschaften), dass sie für internationale Traveller nicht offen sei. Von Attapeu in Laos bis zur Grenze nach Bo Y fahren morgens zwischen 7 und 10 Uhr Minibusse vor dem Thi Thi Restaurant (nahe dem empfehlenswerten Nga-Gästehaus) ab. Bisher hat sich noch kein Fahrservice für Touristen entwickelt – fast nur Leiharbeiter nehmen diesen Weg –, aber das wird sich schnell ändern. Bislang geht die 3-stündige Reise in einem vollgepackten Minibus über schlechte Bergstraßen durch eine wunderschöne Landschaft. Die Minibusse fahren bis nach Ngoc Hai, etwa 18 km von der Grenze entfernt. Von hier gibt es Verbindungen ins fast 70 km entfernte Kon Tum. Meist muss man jedoch eine Nacht in Ngoc Hai bleiben, da der letzte Bus nach Kon Tum und Ho-Chi-Minh-Stadt am Nachmittag (17 Uhr, 30 000 Dong nach Kon Tum und 150 000 Dong nach HCMS) abfährt. Bis nach Kon Tum dauert die Fahrt etwa 2 Stunden. Auch von Quy Nhon kommend nimmt man am besten diesen Grenzübergang. ⌚ 8–17 Uhr.

Botschaften und Konsulate

Ausländische Vertretungen in Vietnam

Die Botschaften und das Generalkonsulat helfen bei Problemen, die Reisende allein nicht lösen können. Sie sind jedoch nicht für Beschwerden über Reiseveranstalter oder andere Organisationen zuständig.

Deutschland

Deutsche Botschaft, 29, Tran Phu, Ha Noi, ☏ 04-845 3836/7, 843 0245/6, 📠 845 3838. Visa-, Konsular- und Kulturabteilung: ☏ 04-843 9969, ⌚ Mo–Fr 8.30–11.30 Uhr, 💻 www.hanoi.diplo.de/vertretung/hanoi/de. Der konsularische Amtsbezirk der Botschaft in Ha Noi umfasst den nördlichen und mittleren Teil des Landes.

Generalkonsulat,126 Nguyen Dinh Chieu, D. 3, Ho-Chi-Minh-Stadt, ☏ 08-829 1967, 📠 823 1919, ⌚ Mo–Fr 8.30–11 Uhr. Das Konsulat ist für den Landesteil südlich von Hue bis in die Gebiete des Mekong-Deltas zuständig.

Schweiz

Schweizer Botschaft, Ha Noi Central Office Building, 15th Floor, 44B Ly Thuong Kiet, Ha Noi, ☏ 04-934 6589 (Zentrale), 📠 934 6591, ✉ han.vertretung@eda.admin.ch, 💻 www.eda.admin.ch/hanoi.

Österreich

Österreichische Botschaft, 53, Quang Trung, 8. Stock, Prime Center, Hai Ba Trung District, Ha Noi, ☏ 04-943 3050-54, 📠 943 3055, ✉ hanoi-ob@bmaa.gv.at

China

Chinesische Botschaft, 46 Hoang Dieu, Ha Noi, ☏ 04-8453736, 📠 04-8232826, ✉ eossc@hn.vnn.vn.

Indonesien

Indonesische Botschaft, 50 Ngo Quyen, Ha Noi, ☏ 04-8253323, 📠 04-8259274, ✉ komhan@hn.vnn.vn, 💻 www.indonesia-hanoi.org.vn.

Indonesisches Konsulat, 18, Phung Khac Khoan, Ho-Chi-Minh-Stadt, ☏ 08-8251888, 📠 08-8299493, ✉ indochmc@hcm.fpt.vn.

Kambodscha

Kambodschanische Botschaft, 71 A Tran Hang Dao, Ha Noi, ☏ 04-9424788, 📠 942 3225, ✉ arch@fpt.vn.

Visa für die Weiterreise

Wer ein Visum für ein angrenzendes oder per Flieger zu erreichendes Land beantragt, muss dies i. d. R. morgens tun. Abgeholt werden kann der Pass meist am nächsten Tag am Nachmittag. In den jeweiligen Ortskapiteln finden sich weitere Informationen zur Visabeschaffung.

Generalkonsulat, 41 Phung Khac Khoan, Ho-Chi-Minh-Stadt, ✆ 08-829 2751, 📠 829 2744, ✉ cambocg@hcm.unn.vn.

Laos

Laotische Botschaft, 22 Rue Tran Binh Trong, Ha Noi, ✆ 04-254576, 296746, 📠 228414.

Generalkonsulat, 181 Hai Ba Trung, Ho-Chi-Minh-Stadt, ✆ 08-299275, 📠 299272.

Generalkonsulat, 12 Tran Quy Cap, Da Nang, ✆ 051-21208, 24101, 📠 22628.

Malaysia

Malaysische Botschaft, 43-45 Dien Bien Phu, Ba Dinh District, Ha Noi, ✆ 04-4734 3836 / 3949, 📠 7343832.

Generalkonsulat, 1208 Me Linh Point Tower, 2 Ngo Duc Ke, Ho-Chi-Minh-Stadt, ✆ 08-8299023/ 8293132, 📠 8299027.

Myanmar / Birma

Embassy of the Union of Myanmar, A-3 (101-104), Van Phuc Diplomatic Quarters, Kim Ma, Ha Noi, ✆ 04-8453369, 📠 845 2404, ✉ myan.emb@fpt.vn.

Singapur

Botschaft von Singapur, 41-43 Tran Phu, Ha Noi, ✆ 04-8233965, 📠 7337627.

Generalkonsulat, The Saigon Centre, Level 8, 65 Le Loi, Ho-Chi-Minh-Stadt, ✆ 08-8225174, 📠 9142938.

Thailand

Royal Thai Embassy, 63-65 Hoang Dieu, Ha Noi, ✆ 04-235 092 94, 📠 423 5088. Die Botschaft befindet sich nicht weit vom Literaturtempel. Das kostenlose Monatsvisum für Thailand (bei der Ankunft in Bangkok) erfordert keinen Gang zur Botschaft. Wer länger im Königreich bleiben will, muss bei der Botschaft ein Visum beantragen. Oft wird die Vorlage eines Rückflugs aus Thailand verlangt.

Vietnamesische Vertretungen im Ausland

Mehr Informationen zur Beschaffung von Vietnam-Visa unter Visa S. 116.

Deutschland

Vietnamesische Botschaft, Elsenstr. 3, 12435 Berlin, ✆ 030-5363 0108, 📠 5363 0200, 💻 www.vietnambotschaft.org.
🕒 Mo, Mi, Do 9–12.30 Uhr (Annahme von Anträgen: 9–11 Uhr, Rückgabe 11–12.30 Uhr) und 13.30–17 Uhr (Annahme von Anträgen: 13.30–15.30 Uhr, Rückgabe 15.30–17 Uhr).

Honorargeneralkonsulat der S.R. Vietnam, c/o Kanzlei Schulz Noack Bärwinkel, Baumwall 7, 20459 Hamburg, ✆ 040-3697 9661, 📠 362088, 🕒 Di und Do 10.30–12.30 Uhr bzw. nach Vereinbarung.

Vietnamesisches Generalkonsulat, Siesmayerstr. 10, 60323 Frankfurt, ✆ 069-7953 3650, 📠 7953 36511.

Österreich

Botschaft der Sozialistischen Republik Vietnam, Felix-Mottl-Str. 20, 1190 Wien, ✆ 01-368 0755, 📠 368 0754. 🕒 Mo, Mi, Fr von 9–12 und 14–16 Uhr.

Schweiz

The Embassy of Vietnam, Schlösslistr. 26, 3008 Bern, ✆ 031-388 7878, 📠 388 7879, 💻 www.vietnam-embassy.ch. 🕒 Mo 10–12, Di–Fr 9–12 Uhr. Auch das Telefon ist nur vormittags besetzt.

China

Embassy of Vietnam, 32 Guanghua Rd., Jiangou Menwai, P.O.Box 00600, Beijing, ✆ 010-6532 1155, 📠 6532 5720.

Consulate General of Vietnam, 2nd floor, Hotel Landmark B Bldg. North, Qiaoguang Rd. (Haizhu Square), Guangzhou, ✆ 020-8330 5911, 📠 8330 5915.

Consulate General of Vietnam, 2nd floor, Kai Wah International Hotel, 157 Beijing Road, Kun Ming, ✆ 0871-650011, 📠 3516667.

Consulate General of Vietnam, 1st floor, Touzi Dasha, 109 Minzu Avenue, Nanning, China, ✆ 077-1551 0562, 📠 1553 4738.

Consulate General of Vietnam, 15/F, Great Smart Tower, 230 Wan Chai Road, Wan Chai, Hong Kong, ✆ 02-2591 4517, 📠 2591 4539.

Kambodscha

Embassy of Vietnam, 436 Monivong, Phnom Penh, ✆ 05-2372 6273, 📠 2336 2314.

Consulate General of Vietnam, Sihanouk Ville, ✆ 05-3493 3669, 📠 3493 3669.

Consulate General of Vietnam, Road No. 3, Battambang, ✆ 05-53952894, 📠 5395 2894.

Laos

Embassy of Vietnam, Thatluang Rd., Vientiane, ✆ 06-2141 3409, 📠 2141 4601.

Consulate General of Vietnam, Rd. 24, Paksé, Champassak, ✆ 06-3121 2058, 📠 31212827.

Consulate General of Vietnam, 118 Sisavangvong Rd., Savannakhet, ✆ 06-4121 2418, 📠 4121 2182.

Myanmar / Birma

Embassy of Vietnam, 317-319 U Wisara Road, Sanchaung Township, Yangon, ✆ 01-524656, 📠 524285.

Thailand

Embassy of Vietnam, 83/1 Wireless Road, Lumpini, Pathumwan, Bangkok 10330, ✆ 02-251 5836-8, 📠 251 7203, ✉ vnemb.th@mofa.gov.vn. 💻 www.vietnamembassy.or.th oder 💻 www.vietnamembassy-thailand.org. 🕒 Mo–Fr 8–11.30 und 13.30–16.30 Uhr.

Consulate General of Vietnam, 65/6 Chatapadung, Khonkaen 40000, Thailand, ✆ 04-324 2190, 📠 324 1154.

Einkaufen

Wer gern auf Einkaufstour geht, wird in Vietnam voll auf seine Kosten kommen. Unzählige verschiedene Mitbringsel, von Kunsthandwerk, Kleidung oder Schmuck bis hin zur seltenen tropischen Frucht oder wohlriechenden Gewürzen, werden auf den vielen Märkten, an Souvenirständen und in den Läden angeboten.

Mal drängt man sich durch die engen Gassen eines überdachten Marktes und freut sich über die Tür nach draußen, wo frische Früchte und leckeres Gemüse warten. Mal stöbert man stundenlang in kleinen Läden und kann sich nicht entscheiden, welchen Teller, welchen Schmuck oder welchen Lampenschirm man nun mitnehmen möchte.

Das ein oder andere Mitbringsel findet sich auch auf Besichtigungstouren, wo man z. B. in Werkstätten Halt macht oder gut bestückte Souvenirläden findet. Auch vor einigen Pagoden werden interessante Devotionalien angeboten, wie z. B. kleine, elektronisch betriebene Rekorder mit Mönchsgesängen – ein skurriles Geschenk für Daheimgebliebene. Es lohnt sich auch, verschiedene Werkstätten oder Ausstellungen zu besuchen; in Hoi An sind diese besonders zahlreich und informativ. Fast immer findet sich in diesen Betrieben eine Auswahl an schönen Souvenirs. Dazu gehören neben Handwerkskunst auch zeitgenössische Malerei und Bildhauerei.

Auf den örtlichen Märkten gibt es vornehmlich Waren des alltäglichen Bedarfs wie Blusen und Jeans, Hemden, Taschen, Messer, Sanitärartikel und Medizin, Obst, Gemüse und allerhand Tiere, die meist für den Kochtopf bestimmt sind. Dazu gehören auch Schildkröten und Schlangen, die man natürlich nicht kaufen sollte. Sofern der Markt viel von Touristen besucht wird, finden sich auch speziell für diese Käuferschicht produzierte Waren, wie etwa T-Shirts mit dem gelben Stern oder Tin Tin in Sai Gon (in Europa als *Tim und Struppi* bekannt) in allen Größen.

Die Preise auf den Märkten sind sehr unterschiedlich. Je nach Lage des Stands (also der zu zahlenden Standmiete) und dem Willen der Verkäufer variieren die Angebote beträchtlich. Es lohnt, Preise zu vergleichen – fast immer sind diese verhandelbar.

Öffnungszeiten

Geschäfte öffnen meist zwischen 8 und 9 Uhr und schließen gegen 21 Uhr. Der Samstag ist ein regulärer Arbeitstag (das gilt auch für Behörden). Wenn überhaupt, ist nur am Sonntag geschlossen.
Auf den Märkten beginnt das Leben sehr früh, viele Stände werden bereits gegen Mittag wieder abgebaut, da dann die frische Ware verkauft ist.

Teurer sind die Waren in Souvenirläden, die sich nur an Ausländer oder die vietnamesische reisende Oberschicht wenden. Hier gibt es außergewöhnlich schöne Lackarbeiten, Lampenschirme und Schmuck für relativ viel Geld. Meist handelt es sich um wirklich gute Arbeiten. Vorher lohnt ein Blick in normalpreisige Läden, um sich über die Qualität zu informieren. Denn auch hier gilt: Teuer heißt nicht immer besser.

Mitbringsel von A–Z

Antiquitäten

Der Export von Antiquitäten unterliegt strengen Auflagen. Nur lizenzierte Geschäfte sind zum Verkauf solcher Objekte befugt. Als Antiquität werden in Vietnam alle Gegenstände von historischer und kultureller Bedeutung verstanden, die älter als 50 Jahre sind. Einige Geschäfte haben sich auf die Ausfuhr von Antikem spezialisiert und kennen sich mit den Exportbestimmungen aus. Anfallende Formalitäten werden hier vom Verkäufer abgewickelt. Sicherer und billiger ist es, sich für eine der zahlreichen Reproduktionen zu entscheiden, die in der Kunstfertigkeit den alten Waren meist sehr nahe kommen.

Bilder

In Ho-Chi-Minh-Stadt gibt es zahlreiche Künstler, die sich mit der gekonnten Reproduktion von bekannten Gemälden ihr Geld verdienen. Es gibt moderne Malerei, Impressionismus und Realismus in Klein- oder Großformat und alles zu günstigen Preisen. Sozialistisches, etwa eine kämpferisch in die Höhe gereckte Faust, steht neben einem friedlich blickenden Buddha oder im Abendlicht wandelnden Mönchen. Alle, die schon immer einmal ein echtes Gemälde haben wollten, können in den Ausstellungsräumen stöbern oder das Bild ihrer Wahl malen lassen, sofern sie eine Vorlage mitbringen. Ständig eröffnen auch moderne Galerien, in denen junge Künstler ihr kreatives Können zeigen. Vor allem Ha Noi und Hoi An haben eine Vielzahl an Originalen zu bieten: Neben Ölbildern, Kunst in Acryl und Zeichnungen gibt es auch Lackbilder und Aquarelle. In Hoi An stellen besonders viele Künstler Unikate aus, sodass es sich hier besonders lohnt zu stöbern.

Gestickte Bilder aus Seide sind ebenfalls am besten in Hoi An zu bekommen – nicht jedermanns Geschmack, aber eine wahre vietnamesische Handwerkskunst. Die Bilder werden von Holzrahmen abgenommen und aufgerollt in einer Plastikrolle verpackt, was sie vor Knicken und Feuchtigkeit schützt. Zu Hause angekommen, muss man sie selbst wieder auf einen Holzrahmen aufziehen oder lässt dies in einem Rahmen-Fachgeschäft von einem Profi machen.

Bücher

In Ho-Chi-Minh-Stadt und Ha Noi existieren zahlreiche Buchläden, die Literatur und Bildbände in englischer oder französischer Sprache im Angebot haben. Hier werden auch Stadt- und Landkarten, mitunter Buspläne und zahlreiche Wörterbücher verkauft, darunter auch vietnamesisch-deutsche (empfehlenswerte Wörterbücher s. S. 683). Wer mit Kindern reist, findet zudem ein reichhaltiges Angebot an Kinderbüchern (auf Französisch oder Englisch). Auch für Kampfsportfreunde gibt es ein reichhaltiges Angebot. Obwohl die Texte auf Vietnamesisch sind, kann man dank der guten Bebilderung viel erfahren.

Überall, wo sich Touristen (auch vietnamesische) aufhalten, verkaufen fliegende Händler eine Auswahl an Literatur – auch in deutscher Sprache. Meist handelt es sich um Raubkopien. Wir möchten an alle appellieren, sich bei Gefallen von den Autoren auch in Deutschland Bücher zu kaufen, denn nur so können diese von ihren Büchern leben und nur so haben deutsche Verlage ein Interesse daran, vietnamesische Autoren oder Bücher über Vietnam weiterhin zu verlegen (s. auch S. 681, Literaturtipps).

Edelsteine und Gold

Sammler werden auch in Vietnam interessante Edelsteine finden. Doch ist das Angebot hier nicht so groß wie beispielsweise in Myanmar oder Thailand. Edelsteinbilder sind ein Kunsthandwerk in Vietnam, doch etwas kitschig und nicht jedermanns Geschmack. Goldschmuck gibt es in zahlreichen Geschäften.

Figuren und Modelle

In Vietnam werden vornehmlich dicke, grinsende chinesische **Buddhafiguren** angeboten. Typisch

Reproduktionskünstler bei der Arbeit

vietnamesisch sind die hölzernen **Wasserpuppen**, die in Souvenirgeschäften ebenso zu finden sind wie bei vielen Sehenswürdigkeiten oder bei Aufführungen in den Wasserpuppentheatern (s. S. 206, Wasserpuppentheater). Beim Kauf einer solchen Puppe sollte man bedenken, wie lange man noch unterwegs sein wird. Sie sind zwar recht robust und man kann sie im Bus auf der Ablage verstauen, doch die eine oder andere Puppe wurde bereits beim Aussteigen liegengelassen, was ihre kurzfristigen Besitzer bis heute bedauern.

Schiffsmodelle lassen die Herzen von Modellfans höher schlagen. Robust und bunt bemalt sind jene aus Metall. Filigran und naturgetreu nachgebaut sind die Modelle aus Holz. Auch im Preis können sich diese Angebote sehen lassen. Die Modelle werden i. d. R. fachgerecht und bruchsicher verstaut, sodass man sie gut im Flieger transportieren kann.

Holzschnitzereien, z. B. die Jungfrau Maria mit Kind aus einer Baumwurzel geschnitzt oder das Konterfei von Mickey Mouse fürs Kinderzimmer, sind zwar nicht jedermanns Geschmack, aber in jedem Fall ein außergewöhnliches Geschenk und eine ganz besondere Erinnerung. Auch traditionelle Schnitzkunst wird zum Kauf angeboten, z. B. Reisschnaps trinkende Figuren mit eckigen Köpfen aus dem Zentralen Hochland. Spannend ist ein Besuch in den Werkstätten Hoi Ans: Hier kann man den Holzschnitzern dabei zuschauen, wie sie aus einem einfachen Holzstück einen Elefanten oder andere schöne Figuren zaubern.

Hüte und Helme

Die für Vietnam typischen Hüte, ***non la*** genannt, sind ebenfalls ein beliebtes Souvenir. Eine Legende erzählt, dass eine Göttin, die vor Regen schützt und die Kunst des Getreideanbaus lehrt, einen solchen Hut getragen haben soll. Aus Palmblättern hergestellt, schützen die Hüte vor Regen und Sonne.

Handeln und sparen

Vietnamesen sind begnadete Händler, deshalb sollte niemand, der hier einen Erstversuch in Sachen Handeln unternimmt, zu frustriert sein, wenn er mehr zahlt als andere. Je öfter man sich im Handeln übt, desto gewitzter wird man. Das traditionelle Feilschen um den Preis ist ein gern praktiziertes Ritual, dem Touristen sich nicht entziehen sollten. Man kommt nicht nur in Kontakt mit dem Verkäufer, sondern kann auch viel Geld sparen, denn der Ausländern zuerst genannte Preis ist meist völlig überhöht. Am besten nennt man etwa die Hälfte des Erstpreises als eigenes Angebot, i. d. R. einigt man sich dann irgendwo dazwischen. Wichtig ist, dass jeder, der sich auf ein Gespräch einlässt, auch wirklich Interesse an dem Objekt hat. Zudem hat es sich als sinnvoll erwiesen, sich in Geschäften mit Festpreisen umzusehen, um so die ungefähren Kosten zu erfahren. Ein weiterer Trick: Will sich der Verkäufer nicht herunterhandeln lassen, sollte man gehen – nicht selten kommt der Händler hinterher und macht ein attraktiveres Angebot.

Es gibt sie in klein für die Jungen und in groß für die Alten, einfach für die Armen und in kunstvoller Ausfertigung für die Reichen – nahezu 50 Modelle stehen zur Auswahl. Viele davon findet man im Hutdorf Chuong in der Provinz Ha Tay, südwestlich von Ha Noi. Besonders schön sind die Hüte aus Hue: Hier gibt es die sogenannten **Gedichthüte** *(non bai tha / non bai tho)*, auf deren Innenseite Bilder und Geschichten gemalt sind, die sichtbar werden, wenn man den Hut gegen die Sonne hält.

Soldatenhelme *(mu coi)* werden ebenfalls gerne verkauft und getragen: Es gibt sie auf Märkten und manchmal an Souvenirständen der einschlägigen Touristenattraktionen. Die wenigsten dürften heute noch tatsächlich aus dem Krieg stammen.

Keramik, Ton und Porzellan

Eine Kultur des Teetrinkens ist ohne Porzellan undenkbar. Seit Jahrhunderten wird die aus China bekannte Kunst der Porzellanherstellung auch in Vietnam gepflegt. Heute gehört Porzellan zu den wichtigsten Exportgütern Vietnams. Hauptabnehmer sind Deutschland, Amerika und die Vereinigten Emirate. Im Hanoier Vorort Gia Lam befindet sich das Porzellandorf Bat Trang.

In zahlreichen Souvenirgeschäften werden Teeservice und andere Ton-, Porzellan- und Keramikarbeiten angeboten. Die Tassen, Kannen und Teller sind mal mehr, mal weniger aufwendig und geschmackvoll gearbeitet. Vietnamesische Keramik wird seit jeher hoch geschätzt, und besonders die alten Stücke sind sehr wert- und kunstvoll.

Vietnamesische Teekannen der besonderen Art gibt es in Hue. Hier werden sie aus Kupfer und Messing hergestellt und verkauft.

Kleidung und Stoffe

Ao Dais sind das beliebteste Kleidungsstück der Vietnamesinnen und äußerst kleidsam (siehe auch S. 137). Für westliche Frauen ist die oft enge Passform etwas gewöhnungsbedürftig, doch ein Ao Dai als Mitbringsel ist einzigartig und nur in Vietnam zu haben.Traditionell besteht dieses seidene Kleidungsstück aus einer weiten luftigen Hose und einem engen, an den Seiten ausgeschnittenen Oberteil, das bis hoch an den Hals geschlossen ist. Tipp: Wer nicht mit einem derartigen Outfit in Europa auf die Straße gehen möchte, kann sich das Oberteil etwas weiter schneidern lassen und es im Haus bequem als Morgenmantel tragen.

Auch Herrenkleidung oder Anzüge berühmter Modemacher werden in Vietnam kopiert und passgenau geschneidert. Große Kataloge bieten eine schier unerschöpfliche Auswahl (vor allem in Hoi An). Ein Blick lohnt zudem auf die Eigenkreationen der Modedesigner. Hier finden sich oftmals besonders schöne und ausgefallene Modelle, die nach Wunsch des Kunden modifiziert werden.

Auf allen Märkten des Landes werden Stoffe angeboten. Meist findet sich nicht weit entfernt auch gleich ein Schneider, der sofort Maß nehmen kann. Die Preise sind moderat und richten sich hauptsächlich nach der Qualität des Stoffes. Besonders farbenfrohe Webarbeiten und Gewebe finden sich auf den Märkten der Bergvölker.

Echte Seide

Wer reine Seide sucht, kann testen, ob dem ausgesuchten Stoff Kunstfasern zugefügt wurden: Die Feuerprobe verrät Kunstfasern, denn anders als Seide schmelzen sie. Gezündelt werden sollte selbstverständlich nur an einer Ecke des Stoffes und nur mit Zustimmung des Händlers. Bei der Herstellung zusehen kann man in Hoi An oder im Seidendorf Van Phuc, etwa 10 km von Ha Noi am Rand des Nhue-Flusses. Die hier produzierte Seide ist berühmt für ihre besonders feine Verarbeitung und daher nicht nur in Vietnam, sondern auch im Ausland sehr gefragt.

Doch Vorsicht: Die Farben sind nicht fixiert und färben ab, sobald sie nass werden.

Auch gebrauchte Kleidung bekommt man auf den Märkten, z. B. weiße oder bunte Hemden und zum Teil auch Secondhand-Ware aus Vietnam oder Thailand, China oder dem Westen (Jeans und T-Shirts). Nachgemachte Markenware gehört zum Basis-Sortiment. Wer derartige Ware für den täglichen Bedarf kauft, hat zwar i. d. R. keine Repressalien zu befürchten, aber die Ausfuhr in großem Stil ist verboten, weshalb man auf den Kauf dieser Produkte möglichst verzichten sollte. Zahlreiche Anbieter haben T-Shirts und Kleidung für den Touristengeschmack im Sortiment, die meist sogar in Größen zur Verfügung stehen, die keinem Vietnamesen passen würden. Als Motiv besonders beliebt ist das rote Shirt mit dem gelben Stern. Auch Kinder-Shirts, z. B. mit Tin Tin-Motiven (in Deutschland als *Tim und Struppi* bekannt) werden angeboten.

Lack- und Einlegearbeiten

Der Anfang des Lackhandwerks in Vietnam wird auf das 15. Jh. datiert. Vorbild war die chinesische Lackkunst, die noch viel älter ist. Die Herstellung ist sehr aufwändig, denn jede Lackschicht muss eigens aufgetragen werden. Dazwischen liegen lange Trocknungsphasen. So können große und wertvolle Lackarbeiten eine Herstellungszeit von mehreren Jahren haben. Je mehr Schichten (bis zu einigen hundert) die Arbeiten aufweisen, desto hochwertiger sind sie. Der Lack wird aus dem Harz des Sumachbaums oder Sonbaums *(cay son)* gewonnen. Als Zusatzfarbe wird Zinnober beigemengt. Um einen helleren Ton zu erzielen, werden Eierschalen hinzugefügt, und auch gemahlene Flügel von Küchenschaben finden Verwendung. Heutzutage werden immer mehr Arbeiten aus synthetischen Lacken angefertigt. Sie glänzen meist metallisch und sind grellbunt.

Hergestellt werden die traditionellen Lackwaren folgendermaßen: Zuerst wird aus Bambus ein Geflecht angefertigt, das die Grundform vorgibt. Bei größeren Gegenständen, z. B. Tischen, wird Holz verwendet. Auf die Grundform wird in mehreren Schichten der Lack aufgetragen und immer wieder geschliffen. Ganz typisch für Vietnam sind Lackarbeiten mit eingelegtem Blattgold, Silber, Perlmutt oder Eierschalen. Mithilfe dieser Feststoffe werden im Lack landestypische Bilder gestaltet. Wer eines dieser kleinen Kunstwerke ersteht, sei es als Bild, Teller, Dose, Musikinstrument oder sogar als Möbelstück, muss bedenken, dass die klimatischen Verhältnisse in Europa (vor allem die Heizungsluft im Winter) dazu führen können, dass sich das Holz verzieht und der Lack abblättert.

Lampenschirme

Seidene Lampenschirme, die sich sanft im Wind wiegen, sind wohl neben den konischen Hüten das bekannteste Produkt Vietnams. Unzählige Lampenschirme gibt es in Hoi An, aber auch in den Souvenirgeschäften anderer Orte findet sich das ein oder andere schöne Stück. Man sollte sich zeigen lassen, wie ein solcher Schirm aufgespannt wird, und es auch selber vor Ort ausprobieren. Zudem ist zu beachten, dass das gespendete Licht immer sehr diffus ist und es sich also nicht um Leselampen handelt. Aufhängesysteme, Kabel oder Birnen werden nicht mitgeliefert. Zu beachten ist, dass die Öffnungen oben nur sehr klein sind und deutsche Standardglühbirnen hier nicht hindurch passen. Es bietet sich also an, eine kleine Lampe aus asiatischer Produktion mitzunehmen oder zu Hause auf die länglichen Energiesparlampen zurückzugreifen. Letztere verbreiten allerdings kein besonders anheimelndes Licht.

„Do you need book, do you need lighter?"

In allen touristischen Städten bieten fliegende Händler ihre Waren feil. Mal sind es Kriegsversehrte ohne Beine, mal kleine Kinder oder ältere Herrschaften, mal aber auch geschäftstüchtige und redegewandte junge Männer und Frauen. Ihr Sortiment besteht aus Büchern, Postkarten, Feuerzeugen, T-Shirts, Haarreifen oder einfach nur ein paar Kaugummis. Jeder Vietnambesucher wird diesen Verkäufern begegnen und sich das ein oder andere Mal dabei ertappen, nach einer Fluchtmöglichkeit Ausschau zu halten. Im Allgemeinen hilft ein bestimmtes, aber freundliches „No, thank you" mit einem festen Blick in die Augen des Gegenübers und aus dem Verkaufsgespräch wird eine Unterhaltung bzw. der Verkäufer wendet sich einem anderen möglichen Käufer zu. Wichtig ist: Man darf wirklich kein Interesse haben. Zögert man nur eine Sekunde, wird man den Verkäufer nur schwer wieder los. Der ein oder andere Tourist flüchtet sich in den hinteren Bereich eines Restaurants oder auf die Dachterrasse, die diesen Händlern in der Regel nicht zugänglich ist. Wer jedoch ein Buch sucht oder wen es gerade nach einem Kaugummi gelüstet, der sollte diese Menschen unterstützen und bei ihnen kaufen. Schließlich versuchen sie auf ehrlichem Wege etwas für die Familie hinzuzuverdienen. Grenzwertig ist dies bei Kindern, sofern sie noch zur Schule gehen. Doch auch sie müssen nun einmal in manchen Familien zum Lebensunterhalt beitragen.

Dekorativ sind auch Plastikschirme, die im Stil der 70er-Jahre gehalten sind. Es gibt sie weiß oder bunt, klein und einfach oder groß und verspielt. Diese Lampen können problemlos transportiert werden, da sie in kleinen Einzelteilen verkauft und erst zu Hause zusammengesteckt werden. Auch hier sollte man sich genau zeigen lassen, wie es geht.

Musikinstrumente

Im Old Quarter von Ha Noi kann man den Handwerkern noch über die Schulter schauen, wenn sie Trommeln oder Saiteninstrumente bauen. In den Geschäften gibt es neben Trommeln auch Gongs und Monochords *(ban bau)*. Letztere sind Saiteninstrumente mit nur einer Saite, die meist über einen Anschluss für einen Verstärker verfügen und wohl eines der außergewöhnlichsten Mitbringsel darstellen. Wer Musiker im Freundeskreis hat, wird ihnen damit eine große Freude machen. Selbst die günstigsten Exemplare, die etwa US$30 kosten, warten mit Intarsienarbeiten auf. Zahlreiche Gitarren unterschiedlichster Ausführung und Preise stehen ebenfalls zum Verkauf. Aus Bambus sind einfache Xylophone gefertigt. Diese sind jedoch in angemessener Größe meist recht schwer und nicht so einfach zu transportieren.

Taschen

Die Großstädte Vietnams, allen voran Ho-Chi-Minh-Stadt und Ha Noi, sind wahre Handtaschen-Eldorados. Begeisterte Handtaschenträgerinnen stoßen hier sicherlich auf das ein oder andere Fundstück: Bestickte Seidenhandtaschen, dezente oder bunte Kreationen, aber auch klassische „Marken"-Modelle werden feilgeboten. Bunt und farbenfroh sind auch die Taschen der Bergvölker. Die in den Bergen genutzten Taschen sind wie die dort getragenen Kappen meist aus schwarzem Stoff und bunt bestickt. Natürlich gibt es auch Rucksäcke bekannter Marken, ob klein oder groß. Nicht immer echt und leider meist nicht sehr lange haltbar.

Essen und Trinken

Vietnams Küche ist sehr abwechslungsreich und schmackhaft, denn die Vietnamesen verstehen es, Kräuter und Gewürze gekonnt einzusetzen. Die Speisen sind süß, sauer, bitter und scharf – und doch nie übermäßig gewürzt. Ob frisch, gegart oder gebraten, im Restaurant oder am Straßenstand: Essen in Vietnam bietet Genuss und Lebensfreude. Es dient nicht nur der Nahrungsaufnahme, sondern auch dem Gleichgewicht von Körper und Seele. Im vietnamesischen Denken wird jedem Essen eine Eigenschaft zugesprochen: Mal steigert eine Speise die Potenz, mal stärkt sie das Herz, mal den Kreislauf. Es gibt heiße, neutrale und kalte Gerichte. Die Kunst besteht darin, diese Zustände in eine Balance zu bringen.

Grundnahrungsmittel ist Reis *(com)*. Es gibt ihn fast zu jeder Mahlzeit: Mal als Korn, mal zur Nudel verarbeitet. Die traditionelle Küche Vietnams basiert zudem auf Fischsauce *(nouc mam)* und Kräutern.

Da die vietnamesische Küche von den umgrenzenden Landesküchen (chinesisch, laotisch, kambodschanisch, thailändisch), von lokalen Herrschern (wie die kaiserliche Küche in Hue s. S. 370) und auch von den Kolonialherren und Kriegsgegnern beeinflusst wurde, bietet sie jede Menge Abwechslung für alle Geschmäcker. Neben den weltbekannten und für Vietnam als typisch bekannten Frühlingsrollen ist auch Kaffee, Pastete und Baguette als Erbe der Kolonialherren fest im Speiseplan der Vietnamesen verankert. Im Süden wird generell ein bisschen schärfer gegessen, und es gibt Currygerichte – ein Einfluss aus Thailand. Wie selbstverständlich die Vietnamesen diese Einflüsse in ihre eigene Küche integriert haben, zeigt einmal mehr ihre Fähigkeit, alles Fremde zu vietnamesieren, ohne die eigenen Wurzeln zu vergessen.

Vietnams Landwirtschaft bringt neben leckerem Reis auch viel Gemüse und Obst hervor. Dank der langen Küste sind überdies Meeresfrüchte in großer Auswahl zu bekommen. Doch traditionell steht Fleisch im Mittelpunkt jeder Mahlzeit. Die berühmte Frühstückssuppe *pho* wird z. B. mit Rind (manchmal auch mit Huhn) zubereitet.

In der vietnamesischen Küche wird viel gekocht und gedünstet, einige wenige Gerichte werden gebraten oder gegrillt. Saucen, wie der Deutsche sie kennt, sind eher unüblich, es sei denn, sie dienen zum Eintunken. Dann sind sie meist kalt und bestehen aus Fischsauce, oder es handelt sich um eine sämige Erdnusssauce.

Neben Rind, Schwein, Huhn und Ente, die auch auf europäischen Speiseplänen stehen, kann man in Vietnam Schlange, Hund, Ratte oder Waran essen – nicht jedermanns Sache, aber für manche Reisende macht die Erkundung dieser Gaumenfreuden einen Großteil ihrer Reiserlebnisse aus. Keine Angst sollten all jene haben, die lieber nicht experimentieren: In allen touristischen Orten gibt es Pizza, Pasta und Milchshakes.

Restaurants und Straßenstände

Bevor sich das Land Ende der 80er-Jahre für den Kapitalismus öffnete, waren **Restaurants** *(na hang)* offiziell verboten und galten wie Hotels als Zeichen von Dekadenz. Dank Doi Moi wurde diese Politik mittlerweile aufgegeben, und es finden sich viele Lokale und Essenstände *(quan an)*. Edle Restaurants mit gehobener Küche sind in Vietnam bisher noch selten – aber im Aufbau begriffen. Internationale Restaurants finden sich vor allem in Ho-Chi-Minh-Stadt und Ha Noi, aber auch in Da Lat und einigen anderen touristischen Orten hat sich eine recht gute Küche mit internationalem, gehobenem Standard etabliert. In westlich orientierten Hotelrestaurants gibt es i. d. R. weniger Beilagen und die Speisen sind weniger stark gewürzt. Restaurants haben meist eine reichhaltige Speisekarte und befinden sich in geschlossenen Räumen. Einige Straßenlokale haben zwar ebenfalls Sitzplätze, doch stehen diese auf dem Bürgersteig oder in einem offenen Raum.

Am **Straßenstand** ist die Küche oftmals besser als im Restaurant. Ein Grund liegt darin, dass sich Straßenköche meist auf die Zubereitung eines Gerichtes spezialisieren und es darin zur wahren Meisterschaft bringen. Die Straßenstände sind mobil und können sich den veränderten Gegebenheiten der sich wandelnden Stadt perfekt anpassen: So stehen die kleinen Wagen immer dort, wo sich Geschäftsleute oder Touristen tummeln, neben Ampeln, an denen hungrige Autofahrer schnell einen Snack bestellen, um den Stau zu vergessen, oder an Bushaltestellen, wo sich die Wartenden rasch ein Gericht für unterwegs einpacken lassen. In jeder Stadt gibt es zudem mindestens eine Straße, in der nur gegessen wird, und auch jeder Markt hat einige interessante Essenstände zu bieten. Ohne festen Stand wandern die ärmeren Köche und Köchinnen mit ihrem Joch über der Schulter durch die Straßen bzw. bieten ihre Köstlichkeiten direkt an der Strandliege an. In der einen Tragetasche am Joch befinden sich die frischen Zutaten, in der anderen ein kleiner Holzkohlegrill. Es werden Salate, Suppen, Gegrilltes und andere Leckereien angeboten und direkt vor den Augen des Käufers zubereitet.

Reis

Über 4000 Jahre schon ist Reis **Grundnahrungsmittel** und manchmal einzige Nahrungsquelle der Region. Ihn zu verschmähen oder gering zu schätzen ist ein schweres Vergehen, das im nächsten Leben bestraft wird. Es gilt daher bei Tisch als erstrebenswert, dass kein Korn vom Teller fällt oder achtlos darauf liegen bleibt. Als Lebensweisheit geben Mütter ihren Kindern mit auf den Weg, dass wer seinen Reis nicht isst, im nächsten Leben Hunger leiden wird. Alle Vietnamesen essen Reis – und dies täglich, meist sogar zu drei Mahlzeiten. Reis wird nämlich nicht nur als Korn verzehrt, sondern auch als Nudel und als *Wrap* (im Deutschen als Reispapier bekannt und u. a. für Frühlingsrollen genutzt). So kommt es, dass im Vietnamesischen „Guten Appetit" *(an com)* wörtlich übersetzt „Reis essen" bedeutet.
Vietnam kennt viele **Reissorten**: Mal sind es längliche Körner, mal kleine dicke, mal duftet er besonders lecker, mal klebt er, und mal ist er extrem locker. Viele Vietnamesen rühmen sich, die Sorte schon beim Kochen am Geruch zu erkennen.
Die Mehrzahl aller Vietnamesen verdient sich auch den Lebensunterhalt mit Reis: als Reisbauer, als Erntehelfer, bei der Verarbeitung, als Verkäufer oder Koch. Reis prägt den Lebensrhythmus und das Denken der Vietnamesen.

Reis und soziales Leben

Das Zusammenspiel bei der Herstellung und dem Vertrieb von Reis stellt das Gerüst des sozialen Miteinanders: Da der Reisanbau besonders arbeitsintensiv ist und viel Sachverstand erfordert, müssen alle zusammenarbeiten. Dies geht meist über eine Familie hinaus, sodass ganze Dorfgemeinschaften die Felder gemeinsam bestellen. Oberster Aufseher über die Bewässerung ist der Deichinspektor, ein Beruf, den es seit dem 11. Jh. gibt. In seiner Zuständigkeit liegt die Kontrolle des Wasserstandes: Es darf nicht zu viel und nicht zu wenig Wasser auf den Feldern stehen, da die Pflanzen sonst vermodern oder vertrocknen.
Doch bevor es so weit ist, wird das Feld mit dem Ochsen bestellt. Das Eggen und Pflügen ist Männerarbeit. Die Frauen sind es, die Zucht und Aussaat verrichten. Jede Pflanze wird einzeln gezogen und dann ins Feld gesetzt. Es ist eine mühsame Arbeit, doch sie lohnt: Reis ist eine Kulturpflanze, die sehr ergiebig ist und viermal so viele Menschen pro bewirtschaftetem Hektar ernähren kann, als es z. B. mit Weizenanbau möglich wäre. Fleißig sind die Reisbauern vor allem im Mekong-Delta, im Delta des Roten Flusses und im Norden: Mittlerweile hat es Vietnam sogar zum drittgrößten Reisexporteur der Welt geschafft (hinter den USA und Thailand).

Variationen in Reis

Ist der Reis gewachsen und geerntet, wird er vielfach weiter verarbeitet. Aus Reismehl wird **Reispapier** hergestellt. Dafür wird das Mehl mit Wasser und Salz (manchmal auch einer Spur Weizenmehl) vermischt und dünn auf ein Stück Stoff über einem dampfenden Kessel aufgetragen, nach kurzem Dämpfen wieder entfernt und auf Reismatten zum Trocknen ausgelegt. **Reisnudeln** *(bun)* werden aus diesen Platten geschnitten oder auch durch ein Sieb gepresst direkt aus Reismehlteig hergestellt (ähnlich wie Spätzle). Geröstet wird roher Klebereis als **Gewürz** für Fleischspeisen verwendet (eine laotische Tradition) und **Reisessig** wird zur Herstellung leckerer Marinaden verwendet.
Auch **Wein** (*ruon can, ruon de* oder *chuom* genannt) wird aus Reis gewonnen. Lange galt er als Getränk der Armen und wurde vornehmlich auf dem Land zu allen Anlässen hauptsächlich von Männern getrunken. Reis (Klebereis gilt als besonders aromatisch) und Kräuter werden erhitzt, einen Monat in der Erde vergraben und dann destilliert. Jede ethnische Minderheit hat ihre eigenen Rezepte, und noch heute gilt das gemeinsame Trinken von Reiswein aus einem Topf bei den Bergvölkern als einladende Geste, die von Gästen nicht abgelehnt werden sollte. (Wer nicht trinken will, tut einfach nur so). Mittlerweile gibt es auch Verfahrensweisen, die industrieller sind und einen höheren Hygienestandard aufweisen. Dieser Reiswein wird heutzutage in den Städten von modernen jungen Menschen (auch Frauen) getrunken.

Reispapier: Grundlage der Frühlingsrollen

Je weiter außerhalb der großen Städte man reist, desto weniger Restaurants gibt es. Straßenstände findet man jedoch in jedem noch so kleinen Ort, sodass niemand verhungern muss.

Tischsitten

Im Familienkreis wird traditionell auf dem Boden sitzend ohne Tisch oder an einem niedrigen Tisch gegessen. Bei den Städtern hat sich wie im Restaurant der normal hohe Tisch mit Stühlen durchgesetzt. Die kleinen Nudelsuppenstände auf den Märkten laden ein, auf der Miniaturausgabe eines Stuhls Platz zu nehmen. Hier sieht man nur wenige große Westler, denn ihnen sind die Tischchen und Stühle meist zu niedrig.

Im Restaurant werden alle Speisen zur gleichen Zeit serviert, wobei sich entweder jeder sein eigenes Gericht auswählt oder alle zusammen bestellen. Aufgetischt wird für alle in vielen kleinen Schüsselchen und mit vielen Beilagen. Eine leckere Beilage sind eingelegte kleine Auberginen *(ca muoi)*, die hart im Biss und sehr sauer sind. In traditionellen Restaurants ebenfalls fast immer als Beilage dabei ist Wasserspinat in allen möglichen Variationen (siehe auch S. 62).

Ein Zeichen dafür, dass Essen in Vietnam ein Gemeinschaftsritual ist, bei dem man einander seine Sympathie zeigt, ist das Essen aus einer gemeinsamen Schüssel. Westlern wird das Essen hingegen leider meist separat gereicht.

Traditionell wird mit Stäbchen gegessen. Kleine Stücke werden vom Fleisch gezupft, von Tellern und aus Schälchen entnommen; die besten Stücke schiebt man dabei als weiteren Sympathiebeweis seinem Freund zu. Im Restaurant gibt es für Ausländer auch Gabel *(cai nia)* und Löffel *(cai muong)*. Bei Nudelsuppen *(pho)* kommt aber auch der Westler nicht umhin, mit Stäbchen zu essen.

Wer sich darin schult, wird Achtung erfahren, denn ein vietnamesisches Sprichwort besagt:

Kochen lernen

Einige Lokale in Ha Noi, Ho-Chi-Minh-Stadt und Hoi An bieten Kochkurse an, in denen die traditionellen Gerichte der jeweiligen Region gelehrt werden. Bevor das Kochen beginnt, geht es fast immer zum gemeinsamen Einkauf auf den Markt. Wer einen solchen Einkaufs- und Kochkurs besucht, lernt seltene Gemüsesorten kennen, wird Zeuge von Verkaufsgesprächen und erfährt, was gute von schlechter Ware unterscheidet. Meist wissen die Köche auch, welche Zutaten Westler zu Hause nicht bekommen können und geben Tipps, durch welches europäische Gemüse man sie ersetzen kann. Am Ende des Tages steht ein gemeinsames Mahl aller Teilnehmer. Wer keinen Kurs besuchen möchte und nur mal sehen will, wie es geht, kann an den meisten Straßenständen und in den Garküchen den Köchen und Köchinnen über die Schulter schauen. Hingegen wird in manchen Restaurants ein großes Geheimnis um die Rezepte gemacht, denn diese wurden von Generation zu Generation weiter gegeben und sind das Kapital der Familie: das Geheimnis ihres Erfolgs.

„Wer mit Schale und Essstäbchen umzugehen versteht, weiß auch mit Worten umzugehen."

Jeder nimmt sich von der großen Platte der Beilagen und legt das Essen auf seinen Teller. Erst dort wird die Speise mundgerecht zerkleinert oder frisch zubereitet: z. B. frische Glücksrollen selbst gerollt.

In den lokalen Restaurants wird das Essen meist mit Dong bezahlt. In manchen Restaurants, die vornehmlich auf Ausländer ausgerichtet sind, werden die Preise in Dollar angegeben, können aber auch in Dong bezahlt werden. In Dong ausgepreistes Essen ist meist sehr günstig; selten kostet eine Mahlzeit umgerechnet mehr als 1–2 €

Vietnamesen essen in der Regel recht früh zu Abend: Einheimische Restaurants schließen daher nicht selten schon gegen 20 Uhr. Straßenstände packen ihre Sachen oftmals noch früher ein. An touristischen Orten bekommen Hungrige jedoch auch später immer noch etwas zu essen – nahezu alle Restaurants, die internationale Küche, in der Regel Travellerfood (alles von der Nudel über Pancakes bis zum Shake), aber auch gehobene französische oder italienische Küche anbieten, haben bis gegen 23 Uhr geöffnet oder gar die ganze Nacht. Nudelsuppenstände öffnen oftmals nur am Morgen. Nachtmärkte, wie man sie aus anderen Teilen Asiens kennt, sind kaum zu finden. In Da Lat etabliert sich am Wochenende gerade eine solche Tradition.

Regionale Küchen

Die vietnamesische Küche unterscheidet sich im Norden, in Mittelvietnam und im Süden in kleinen, aber feinen Nuancen. Im Norden spürt man deutlich den Einfluss Chinas und der laotischen Küche (Grillen auf dem Holzkohlengrill); im Süden schmeckt man thailändische und kambodschanische Einflüsse (Garnelenpaste und Chili). Die Südvietnamesen werden von ihren Landsleuten aus dem Norden gerne „Sojabohnensprossenesser" genannt. Die Nordvietnamesen hingegen werden von den Südvietnamesen als „Wasserspinatesser" betitelt.

Alle Vietnamesen essen morgens, mittags und abends gerne Reis und Reisnudeln *(bun)*, aber die Würzung und Zubereitung der Gerichte ist regional verschieden. Im Süden werden die Speisen gerne schnell in der Pfanne gerührt oder sautiert. Eine Spezialität im Mekong-Delta stellt eine Ausnahme von dieser Regel dar: Im Tontopf geschmorter Fisch oder Fleisch gilt hier als Traditionsgericht. Geschmort und frittiert wird ansonsten eher im Norden. Die nördliche Küche verwendet weniger Kräuter und Gemüse, sodass z. B. die *bun moc*, eine klare Suppe aus frischem Fleisch, nur mit Fleischbällchen und Pilzen garniert wird. Im Süden und in Zentralvietnam wird mehr Chili, dafür aber weniger Pfeffer als im Norden eingesetzt. Zudem finden hier auch süße Früchte Verwendung für Fleisch- und Gemüsegerichte. Eine für Zentralvietnam typische Suppe ist *bun bo*, für deren Grundsubstanz Rindfleisch stundenlang zusammen mit Zitronengras gekocht wird. Besonders lecker ist diese Suppe, wenn sie mit frischen Bananenblüten, Sojasprossen und Minzblättern serviert wird. Neben der kaiserlichen Stadt Hue (s. Kasten S. 58)

Tee zum Essen

Nach alter Tradition steht zum Essen kostenloser ungesüßter grüner Tee auf jedem Tisch, der immer wieder neu aufgegossen wird und daher meist sehr dünn ist. Wo dieser Tee fehlt, sollte man nachfragen, denn leider wird in touristischen Regionen zunehmend darauf verzichtet, ihn bereitzustellen. Wer privat eingeladen wird, dem wird natürlich Tee gereicht. Will man nicht mehr nachgeschenkt bekommen, deckt man mit einer einfachen Geste der Hand die Trinkschale ab. Oder man lässt den Tee stehen, so wird auch nicht nachgefüllt; es besteht kein Zwang zum Austrinken.

haben auch andere Städte ihre ortstypischen Gerichte: In Hoi An ist beispielsweise mit der Frühstückssuppe *cao lau* (flache Reisnudeln, Sojasprossen, Kräuter, Schweinefleisch und Röstzwiebeln) ein Andenken an die einst hier lebenden Japaner erhalten geblieben. Chinesischen Ursprungs sind die nur hier zubereiteten *banh vac*, mit Krabben und Röstzwiebeln gefüllte Teigtaschen, die auch „Weiße Rose" genannt werden.

Gerichte und Zutaten

Fisch und Meerestiere

Die gesamte Küste entlang gibt es **Fisch** *(ca)* und **Meeresfrüchte** *(hai san)* in großer Auswahl. Meist handelt es sich um Thunfisch, Makrelen und Schwertfisch. Eine Reise nach Mui Ne oder Na Thrang lohnt allein aufgrund des köstlichen frisch gegrillten Fischs und anderer Meereslebewesen, wie **Muscheln** *(vo)*, **Garnelen** *(con tom)*, **Hummer** *(tom hum)* und **Tintenfisch** *(ca muc)*. Auch **Aal** *(ba tuoc)* wird viel gegessen.

Eine besondere Delikatesse in Ha Noi ist *cha ca*, ein in Butter gebratener Fisch, der mit Dill und Frühlingszwiebeln verfeinert und mit Reisnudeln und Erdnüssen gegessen wird. Im Süden beliebt ist ein Schmorfisch, der sich *ca kho to* nennt und im Tontopf zubereitet wird.

Fleisch

Der Genuss von Rind- und Schweinefleisch als Basis eines Essens ist weit verbreitet und eine Suppe ohne Fleischeinlage unüblich. Im Süden ist *bo bay mon* (oft als *7 mon* abgekürzt) einen Versuch wert: Hier werden sieben Sorten **Rindfleisch** zubereitet. „Vinegar Beef" *(bo nhung dam)* ist ein leckeres Rindfleischgericht, wobei das in Scheiben geschnittene Fleisch, nachdem es mit Tamarinde und Essig gesäuert wurde, in einem Feuertopf in Rindersud gekocht wird. Serviert wird es dann zusammen mit Gemüse in Reispapier.

Rind gilt als hochwertig, **Schweinefleisch** wird eher als Alltagsfleisch betrachtet. Lecker und beliebt sind Schweinerippchen *(suon)*, die erst gebeizt, dann gegrillt oder gebraten und anschließend mit Sesam bestreut werden. Besonders im Winter begehrt, da als wärmende Speise gelobt, sind in Ha Noi *nem chua*: fermentierte gegrillte Schweinehackwürste. Diese gibt es in süß und in sauer. **Gehacktes**, meist aus Schweinefleisch, wird als Füllung verwendet (z. B. in Frühlingsrollen oder in kleinen gedünsteten Kuchen aus Reismehl) oder zu den in Ha Noi beliebten Hackbällchen *(bun cha)* verarbeitet. Auch **Ziegenfleisch** *(de)* wird in Vietnam aufgetischt, meist im Norden und dort oftmals nur in *bia hoi*-Kneipen (siehe S. 67).

Oft wird Fleisch im Hot Pot oder auf einem kleinen Grill vom Küchenchef oder dem Gast selber am Tisch frisch zubereitet. Der Hot Pot *(lan)* ist besonders beliebt: In einer klaren Brühe werden Fleisch und Gemüse gekocht. Manchmal gibt es Hot Pot auch mit Fisch.

Hund, Schlange, Käfer & Co.

Bei vielen armen Bergvölkern ist Fleisch eine seltene Delikatesse. Da es hier auch fast nie Fisch gibt, wird der Eiweißbedarf zum Teil mit gerösteten Insekten wie Grashüpfern und Käfern oder mit Ameiseneiern gedeckt.

Seit dem Ausbruch der Vogelgrippe im Jahr 2003, der 42 Menschen zum Opfer fielen, ist **Geflügel** immer weniger auf den Speisekarten zu finden. Wer dennoch Huhn oder anderes Geflügel essen will, sollte darauf achten, dass das Fleisch gut gekocht oder gebraten ist. Der Verzehr des Fleischs ist nach derzeitigem Stand der Forschung weniger gefährlich als die Zuberei-

Die kaiserliche Küche von Hue

Die Nguyen-Dynastie, deren 31 Kaiser von 1802–1945 in Hue herrschten, schufen in der Mitte Vietnams nicht nur Denkmäler: Tu Duc, der bis 1883 regierte, vermachte der Nachwelt auch eine ganz besondere Esskultur. Ihn trieb ein ganz besonderes Verlangen an: Keine seiner Mahlzeiten sollte so sein, wie andere Menschen sie aßen. Er wollte die besondere, die ausgefallene, die königliche Küche. Nicht weniger als 50 Gerichte waren es, die er täglich von 50 Köchen gekocht und von 50 Dienern kredenzt bekam. Alles wurde aufwendig und stilvoll dekoriert und in vielen Schüsselchen in kleinen Portionen aufgetischt. Es ging dem Kaiser vor allem um eine aufwendige Zubereitung und eine dekorative Präsentation. Die Kunst, Gemüse so zu bearbeiten, dass daraus filigrane Kunstwerke entstehen, die die Gerichte auch optisch vom einfachen Essen unterscheiden, wurde verfeinert: Blumenmöhren und Gurkenfedern erfreuten das Auge. Die Köche des Kaisers beherrschten die Kunst, über 2000 verschiedene Gerichte zuzubereiten. Dank des touristischen Booms erfahren viele der alten Gerichte heute neue Wertschätzung und werden wieder von Spitzenköchen zubereitet. In den großen internationalen Hotels gibt es sie wieder, die kaiserliche Küche, oftmals als Buffet. Zur Auswahl stehen dann beispielsweise frittierte Wachteln, Schnecken mit Schweinefleischfüllung, frittierte Krebsscheren in einer Schweinehack-Garnelen-Panade und die besonders leckeren Reismehlcrêpes, in eine Minz-Sauce getunkt. Zur typischen Hue-Küche gehören auch in Betelblätter gewickelte Rindfleischrollen *(bo lat lot)*, eine gepfefferte Hühnersuppe mit Lotussamen *(sup ga)* und gedämpfter Reismehlpudding mit gehackten Shrimps *(banh beo)*. Selbst das Traditionsgericht, die *pho*, wird in Hue anders zubereitet als im Rest des Landes: Hier kommt sie als *bun bo Hue* auf den Tisch und enthält neben Rind- auch Schweinefleisch. In Hue begnügte man sich auch nicht mit der gewöhnlichen *nouc mam*. Statt aus Fisch wird die salzige Sauce hier aus Shrimps *(nam tom, nam nuoc)* gewonnen.

Die Küche Hues gilt als die beste des Landes, und es lohnt, ein paar der Köstlichkeiten zu probieren. Nicht mehr allzu oft im Angebot ist der kaiserliche Tee, denn die Zubereitung ist sehr aufwendig: Tu Duc bestand darauf, seinen Tee nur aus Tautropfen zubereitet zu bekommen. Das kalkfreie Wasser macht das Getränk besonders schmackhaft. Der Tau wurde allmorgendlich von seinen Dienern von den Lotusblättern des Sees gesammelt.

tung, da nur die Köche mit dem rohen Geflügel in Kontakt kommen. Hygiene ist in diesem Fall das Maß der Dinge (s. S. 680, Vogelgrippe). Huhn ist relativ teuer, Ente ist günstiger zu haben. Nicht jedermanns Geschmack sind **Enteneiner** mit fast fertig ausgebrüteten Entenbabys. Jeder, der sich mit Vietnamesen auf Reisen begibt, sei es im Zug oder im Bus, wird diese früher oder später dabei beobachten, wie sie diese Delikatesse genussvoll verzehren: Alles wird dabei gegessen: nicht nur das Fleisch, sondern auch Schnabel und Federn. Wer diese Eier selbst essen will, sollte eine starke Psyche mitbringen, denn es ist schon etwas anderes, ein unpersönliches Steak oder aber ein ganzes Tier mit Haut und Knochen zu verspeisen.

Überall im Land gibt es **Hund**, ausgewiesen auf Schildern vor und am Restaurant. Hunde mit rotem Fell, auch „gelbe Hunde" genannt, gelten als besonders lecker und nahrhaft. Die Gerichte heißen *thit cay* bzw. *thit cho* und werden vornehmlich in der kalten Jahreszeit als wärmende Speise an Sonn- und Feiertagen gegessen. Die verzehrten Hunde sind in etwa ein Jahr alt geworden und ihr Fleisch soll leicht süßlich schmecken. Oft wird es mit dem Geschmack von Pferdefleisch verglichen. Manch ein Reisender befürchtet, dass ihm ohne sein Wissen Hund serviert wird. Da Hundefleisch jedoch nicht minderwertig oder gar billig, sondern sehr begehrt ist, muss niemand befürchten, unfreiwillig Hund zu essen.

In HCMS ist derzeit **Ratte** beliebt, gebraten mit Zwiebeln und Pilzen ein günstiges Gericht. Auch hier muss man nicht fürchten, den kleinen

Nager aus Versehen zu essen, denn in touristischen Restaurants findet sich Ratte nicht auf der Speisekarte.

Eine Spezialität im Mekong-Delta sind **Kokosfrösche**: Als kleine Fröschchen werden die Tiere in eine Kokosnuss gesetzt. Dort ernähren sie sich vom Fruchtfleisch und trinken den Saft. Sie sollen dann nach Kokosnuss schmecken.

Auch **Schlangenfleisch** *(thit con ran)* gilt als besondere Delikatesse, die zudem noch potenzsteigernd wirken soll. Das Fleisch ist teuer: Für eine Schlange muss man etwa 150 000 bis 350 000 Dong pro Kilo berappen, je nach Schlangenart. Sehr teuer ist das Fleisch und Blut der Kobra. Eine Schlangenmahlzeit macht etwa 5–7 Personen satt. Man sollte erwägen (sofern eine solche Mahlzeit überhaupt in Betracht kommt), ein Schlangenessen in einer größeren Gruppe zu organisieren, denn in jedem Fall muss man die gesamte Schlange bezahlen, auch wenn man nur einen Bruchteil davon isst. Die Schlange wird lebend an den Tisch gebracht, dann wird dem Tier das Herz heraus geschnitten und das Blut aufgefangen. Wer seinen Führer oder Fahrer zum Schlangenessen einlädt und das schlagende Herz nicht selbst essen will, sollte schnellstmöglich den vietnamesischen Freund zum Ehrengast erklären, denn diesem steht das pulsierende, kraftspendende Organ, zusammen mit dem Blut und Reiswein, zu (s. dazu auch S. 114, Ehrengast). Das Fleisch der Schlange wird anschließend zubereitet und kommt in 10–12 Variationen auf den Tisch. Die meisten Schlangen, die zum Essen angeboten werden, sind Zuchtschlangen.

Affenhirn findet zum Glück auch in Vietnam nur noch selten auf den Teller. Doch wie Schildkröteneier und Tigerpenisse gilt es trotz Verzehrverbot als Delikatesse.

Ein Hundeleben

Es scheint den hundeessenden Vietnamesen egal zu sein, wie die Hunde behandelt werden bzw. wie sie zu Tode kommen. Die ethische Komponente dieser kräftigenden Mahlzeit ist ihnen unwichtig. Ungerührt erzählen sie, dass man, um mehr Adrenalin in den Hundekörper zu pumpen und somit die kräftigende Wirkung für den Esser zu fördern, die Hunde bei lebendigem Leibe anzündet. Einige Leser wurden bereits Augenzeugen von unvorstellbar grausamen Hundetransporten im Norden Vietnams. Zusammengepfercht, ohne Wasser und Nahrung, werden die Tiere über lange Distanzen transportiert. Das Wimmern und Jaulen der Hunde, so beschrieb es ein Leser, ist über einen halben Kilometer weit zu hören, der Gestank unerträglich und der Anblick schockierend. Hunden ergeht es hier leider nicht anders als den meisten anderen Nutztieren Vietnams. Wer sich nicht schuldig fühlen möchte, sollte daher auf Hundefleisch ebenso verzichten wie auf Schwein, Rind und Huhn.

Vegetarische Küche

Obwohl Vietnam ein buddhistisches Land ist, wird nur wenig vegetarisch gegessen. Wer sich jedoch fleischlos ernähren will, kann dies auch in Vietnam tun und wird meist Hochachtung dafür ernten, denn kein Fleisch zu essen gilt als tugendhaft.

Fast jede Stadt hat ein vegetarisches Restaurant, doch ist die Auswahl an Gerichten meist beschränkt.

Gebratener Reis, vor allem Thailand-Urlaubern als gutes Essen für Vegetarier bekannt, schmeckt in Vietnam eher mäßig: Lediglich ein paar Bohnen und manchmal Tomaten werden dem Reis beigefügt.

Unüblich ist in der vegetarischen Küche Vietnams der Gebrauch von Zwiebeln oder Knoblauch. Zudem wird in der Regel ohne Ei gekocht (und die vegetarisch speisenden Mönche verzichten sogar auf *nouc mam)*.

An Vollmond und kurz vor Neumond hat man als fleischloser Esser die besten Chancen, etwas rein Vegetarisches zu bekommen, denn in dieser Zeit essen auch gläubige Buddhisten meist weniger Tierisches, sodass sich das Angebot fleischfreier Gerichte vervielfältigt.

In touristischen Orten hat man sich zudem bereits auf die Bedürfnisse der Reisenden eingestellt und es gibt vermehrt vegetarische Frühlingsrollen (gefüllt mit Tofu, Kokosraspeln und Tarowurzeln) und manch andere raffinierte Gerichte.

Frühlings- und Glücksrollen

Bekannt sind vor allem **Frühlingsrollen** *(nem* im Süden, *cha gio* im Norden). Sie werden meist mit Fleisch gefüllt und kommen mal roh, mal gebraten und mal gedämpft auf den Tisch. Die klassische Frühlingsrolle wird frittiert. Manchmal gibt es Frühlingsrollen auch mit Garnelen oder Krabben. Zudem enthalten die leckeren Rollen Sojasprossen, Zwiebeln, Gewürze und mitunter als Beilage auch Salat und Minze. Werden sie frisch zum Selberrollen serviert, was der ursprünglichen laotischen Tradition entspricht, heißen sie **Glücksrollen** *(goi cuon).* Bei dieser Version wird gern frische Minze verwendet. Gedämpft heißen die in Reispapier gerollten Leckereien **Mandarin-Rolle** *(banh cuon).* Spezialität in Südvietnam ist eine Variante mit gebratenen Schweinefleischstreifen, grüner Banane und Sternfrucht, die in Erdnusssauce getunkt wird. Vermehrt werden in touristischen Restaurants auch Frühlingsrollen ohne Fleisch zubereitet (*nem an chay* bzw. *nem khong lo thit*).

Vielfach wird für vegetarische Gerichte Klebereis verwendet, da dieser gut mit Zutaten wie Nüssen oder Gemüse verarbeitet werden kann. Es gibt viel Tofu (schnittfester Sojabohnenquark, der gebraten, frittiert, gegrillt, gebacken, gekocht, geräuchert, mariniert oder paniert wird), und wie in der chinesischen Tradition üblich, werden viele dieser Gerichte so zubereitet, als seien es Fleischgerichte: So gibt es z. B. „Hase" aus Soja oder „Huhn" aus Pilzen.

Sofern es sich nicht um rein vegetarische Restaurants handelt, finden sich oft Fleischextrakte im Essen (z. B. bei Suppen). Es dient als Geschmacksträger. Für die berühmten *pho*-Suppen wird eigentlich immer eine Fleischbrühe als Grundlage gewählt.

Wer auf eine Geschmacksprobe nicht verzichten möchte, muss mit ein paar Fleischstückchen leben können.

Wer vegetarisch bestellen will, sagt: *an chang* oder *toh-i ahn chay* („Ich bin Vegetarier"). Wer gebratenes Gemüse möchte, bestellt *ran xao.*

Obst, Gemüse und Blumen

Vietnam bietet eine Vielfalt an **Früchten** *(cai)*: Orangen *(ca)* und Limonen *(chanh)*, Bananen *(chuoi)*, Ananas *(trai thom)*, Mango *(xoai)*, Papaya *(cai du du)*, Äpfel *(trai tao)*, Wassermelonen *(dua hau)*, Kokosnuss *(dua)*, Erd- und andere Beeren *(dau tay)* versüßen das Leben. Je nach Jahreszeit und Gegend finden sich auch viele Früchte auf den Märkten, für die es gar keine Bezeichnung in einer europäischen Sprache gibt – einfach probieren! Sehr lecker und zudem witzig anzusehen sind die rosaroten Drachenfrüchte *(thanh long)*.

Weniger dem Geschmack der Europäer entspricht die Durian *(sau rieng)*, nicht ohne Grund im Deutschen Stinkfrucht genannt. Sie gilt in Asien als Delikatesse, doch ihr Geruch schreckt viele Nichtasiaten ab. Weitaus einladender ist die ähnlich aussehende Jackfrucht *(mit)*. Ihr Fruchtfleisch ist aromatisch süß. Longans *(leng keng)* sind ebenfalls sehr süß: Die kleinen runden Bällchenfrüchte, die meist in Bündeln verkauft werden, schmecken ähnlich wie Litschis. Ursprünglich stammen sie aus der vietnamesischen Stadt Long An; dort werden sie auch heute noch großflächig angebaut. Mittlerweile kennt man diese Frucht jedoch auch in anderen Teilen Südostasiens. Rambutan *(chom chom)* haben an ihrer Schale kleine Tentakeln; im Inneren verbirgt sich festes, leicht süßes Fruchtfleisch. Die aus Israel stammende Pomelo *(buoi)* ist eine Verwandte der Pampelmuse. Sie schmeckt etwas weniger sauer. Empfehlenswert ist auch die Mangosteen *(mang cut)*. Unter der dunklen, vorsichtig zu entfernenden Schale verbirgt sich süßes, in Spalten aufgeteiltes Fruchtfleisch. Vorsicht: Der gelbe Farbstoff, der aus dem Stil austritt, verursacht hartnäckige Flecken auf der Kleidung. Persimmons *(hong vang)*, in Deutschland als Kaki bekannt, wachsen im Norden Vietnams. Mit etwa 12 000 Dong pro Kilo ist die Frucht recht teuer. Im Süden wird sie selten zum Kauf angeboten.

Blumen *(danh tu)* dienen in Vietnam zum einen der Dekoration (auch von Speisen), zum anderen werden sie zum Kochen benutzt. Pampelmusenblüten werden destilliert und verfeinern Desserts, Chrysanthemen veredeln Suppen und Gerichte im Hot Pot.

Die Drachenfrucht

Die *thanh long*, die in Zentralvietnam wächst, ist besonders lecker und auf Reisen sehr einfach zu essen. Unter der dicken pinkfarbenen Schale, die sich leicht vom Fruchtfleisch trennen lässt, verbirgt sich fruchtige Frische: weißes Fleisch, durchsetzt mit kleinen schwarzen Kernen, das wie eine Mischung aus Apfel und Kiwi mit einem Hauch Honig und Papaya schmeckt. Die Drachenfrucht ist die Frucht eines Kakteengewächses, dessen Form die Vietnamesen an einen Drachen erinnert (daher der Name). Vermehrt werden Drachenfrüchte auch exportiert: So gehen viele nach Thailand und einige mittlerweile sogar nach Deutschland. 80 % der Früchte werden in Phan Thiet und etwa 20 % in Nha Trang angebaut.

Lilien werden Fischgerichten beigefügt. Sie wirken schmerzlindernd und haben daher auch eine medizinische Funktion. Ebenso roter Jasmin, der als Tee getrunken wird und den Blutdruck senkt. Entschlackend wirkt die Bananenblüte, die zu Salat verarbeitet, als Curry gekocht oder in der Suppe Verwendung findet.

Die Auswahl an **Gemüse** *(rau song)* ist groß: Avocados *(le tau)* und Artischocken *(cai atiso)*, Bohnen *(dau)*, Erbsen *(dau ha lan)*, Kohl *(cai bap)*, Blumenkohl *(cai hoa)*, Mais *(loi gno)*, Süßkartoffeln *(khoai lang)*, Möhren *(cai ca rot)*, Auberginen *(ca tim)*, Paprika *(ot cua ga)*, Gurken *(cai dua chuot)*, Pilze *(nam)*, Kopfsalat *(rau diep)*, Tomaten *(cai ca chua)*, Rettich *(cu cai)*, Zwiebeln *(cu hanh)*, Sojabohnen *(dau tuong)*, Schalotten *(cai he tai)* und Wasserspinat *(rau muong)*, auch Wasserwinde genannt.

Tamarinde *(cai me)* und Bambussprossen *(mang)* finden ebenfalls Verwendung. Grüne Papaya *(cai du du)* gilt als Gemüse, zumindest bis sie ausgereift ist (angebaut wird sie immer im Gemüsegarten).

Gemüse wird meist gegart und behält seinen Biss. Dieser Eindruck wird verstärkt durch die vietnamesische Eigenart, gegartes Gemüse mit Rohkost zu kombinieren: Nüsse und frische Kräuter sorgen für Abwechslung.

Je nach Jahreszeit und Gegend lässt sich auf den **Märkten** eine Vielfalt an Gemüse und Obst entdecken. Vor allem in Da Lat lohnt ein Besuch auf dem Markt, denn hier ist die Auswahl besonders groß. Vietnam misst mit dem metrischen System, sodass das Gewicht der Ware wie bei uns in Kilo und Gramm gemessen wird. Man kann sich Obst auch stückweise auswiegen lassen. Da viele Vietnamesen keinen eigenen Kühlschrank besitzen, hat sich die Praxis des verzehrfertigen Obst- und Gemüseverkaufs entwickelt: Portionsweise wird die mundgerecht zubereitete Ananas ebenso angeboten wie geschnittenes Gemüse, das zu Hause nur noch gekocht werden muss.

Salate

Vietnamesische Salate sind lecker und würzig. Rohes Gemüse (z. B. Wasserspinat) oder Obst (z. B. Pomelo oder Mango) werden mit Limonensaft, Erdnüssen, Zwiebeln und Chili abgeschmeckt und mit Fisch oder Fleisch verfeinert. Oftmals werden lauwarme Nudeln zum Salat gereicht. Wer keinen robusten Magen hat, sollte sicherheitshalber auf rohen Salat verzichten.

Suppen

Zum Frühstück essen Vietnamesen am liebsten Nudelsuppe *(pho)*. Diese Suppe auf Basis von Rindfleisch, mit Reisnudeln *(bun)* und Fleisch (*pho bo* Rindfleisch; *pho ga* Huhn, mit einer Brühe aus Rind) wird üblicherweise mit Ingwer, Koriander und Frühlingszwiebeln verfeinert. Ihren Ursprung hat diese Suppe in Ha Noi, daher wird sie oft auch als Hanoi-Suppe bezeichnet. Mit den Flüchtlingswellen nach der Teilung Vietnams ab 1954 kam die *pho* auch in den Süden und hat dort eine eigene Ausprägung erfahren: Sie wird hier mit mehr Fleisch und mehr Nudeln zubereitet (und zudem mit Chili und Sojasprossen verfeinert).

Zu verdanken haben die Vietnamesen die heutige Version ihrer Lieblingssuppe den Kolonialherren: Die Franzosen führten den Genuss von rotem Fleisch in Vietnam ein. Seither wird die Brühe mit Rinderknochen angesetzt. Die Gewürze sind, wie wahrscheinlich auch die Tradition des Suppekochens, Merkmal der chinesischen Küche. Das typisch Vietnamesische ist der Einsatz der Fischsauce *nouc mam*.

Wasserspinat

Die Nordvietnamesen verdanken ihren Spitznamen „Wasserspinatesser" ihrer Vorliebe für dieses leicht anzubauende Gemüse *(rau muong)*, das im Deutschen Wasserspinat, Wasserwinde oder auch Sumpfkohl genannt wird. Eine spezielle Saison gibt es nicht, denn der Wasserspinat wird zu allen Jahreszeiten geerntet. Er wächst überall dort, wo Wasser ist. Die Pflanze ist robust, weshalb sie eigentlich jeder im eigenen Garten hat. Wasserspinat ist ein vielverwendetes Gemüse: ob als Salat *(xa-lat rau muong)*, als Beilagengemüse (zusammen mit Knoblauch im Wok geschwenkt) oder als Suppe. Die Gerichte sind einfach, billig und lecker – und gesund: Es heißt, Wasserspinat entgifte den Körper. Vielleicht haben die Nordvietnamesen dem Spinat auch ihre Ausdauer und Kraft zu verdanken, denn wie schon Poppeye wusste: Spinat macht stark!

In Hue lieben die Menschen *bun bo hue*, ebenfalls eine Nudelsuppe, aber mit Schweinefleisch. *Pho* isst man vor allem in den Garküchen, nur Wenige kochen sie zu Hause selbst. Ein jeder Stand hat seine eigene Kreation, deshalb lohnt es sich, immer wieder eine *pho* zu probieren. Schon so mancher Tourist hat dieses Frühstück schätzen und lieben gelernt. Neben der klassischen *pho* gibt es zahlreiche andere Suppenvariationen, darunter *hu tieu* (chinesische oder Phnom-Penh-Reisnudelsuppe genannt), *bun rieu* (Krabbensuppe mit Reisnudeln) und *banh can* (Reisnudelsuppe mit Schwein). Dem Porridge ähnlich ist *chao*, eine Reisschleimsuppe mit Huhn oder Fisch. Gewürzt wird dieser Brei mit Dill, und manchmal schwimmt auch ein (hartgekochtes) Ei darin. Beliebt sind auch Suppen, die *lan* genannt und in einem Hot Pot zubereitet werden: Eine Gemüsebrühe wird direkt auf dem Tisch auf Kohlen oder einer Herdplatte platziert und von den Gästen selber mit frischem Fleisch und Gemüse bestückt. Wasserwindensuppe ist vor allem im Norden beliebt, verfeinert mit Schalotten und Fischsauce. Lecker auch eine japanische Spezialität in Hoi An, die *cao lau* (s. S. 57, regionale Spezialitäten).

Gewürze und Kräuter

Frische **Gewürze** und **Kräuter** sind bestimmendes Merkmal der vietnamesischen Küche. Es gibt beispielsweise Anis *(ho hoa tan)*, Basilikum *(cai hung que)*, Frühlingszwiebeln *(choi hany)*, Ingwer *(gung)*, Knoblauch *(cai toi)*, Koriander *(rau ngo)*, Minze *(bahm, thai)*, Pfeffer *(tieu)*, Sesam *(hot me)*, Zimt *(que)* und Zitronengras *(xa)*. Auch Chilis *(ot kho)* werden verwendet, wenngleich meist nur als Beilage zum Nachwürzen – sie werden fast nie mitgekocht. Vietnams Minze ist etwas ganz Besonderes: Die hier wachsende Polygonum odoratum schmeckt nicht nur nach Minze, sondern zaubert auch einen Hauch von Koriandergeschmack auf die Zunge. Wegen ihres starken Geschmacks wird sie nur roh verzehrt und nicht gekocht.

Eine Delikatesse und aus der vietnamesischen Küche nicht wegzudenken, ist die Fischsoße *nouc mam*. Diese stark riechende salzige Soße gehört fast zu jeder Mahlzeit. Manchmal wird sie mit Chili gemixt zu pikanten Frühlingsrollen kredenzt, manchmal steht eine kleine Karaffe zum Nachwürzen auf dem Tisch. Einen Versuch wert ist ein frischer Dip, bei dem *nouc mam* mit Knoblauch Chili, Zucker, Essig und Limone gemischt wird. Leider wird Fischsauce dem westlichen Besucher nur noch selten angeboten. Wer sie dennoch essen will, sollte danach fragen und die oft stattdessen angebotene süße Chili-Soße zurückgeben (mehr zur *nouc mam* s. S. 514).

Vorenthalten wird Touristen oft auch der Teller mit frischen Kräutern *(ram thom)*, der üblicherweise auf jeden Tisch kommt, nicht nur um die Suppen zu verfeinern. Es lohnt sich, danach zu fragen bzw. darauf zu deuten, wenn man ihn auf einem anderen Tisch sieht. Wer einen sensiblen Magen hat, sollte allerdings auf den Verzehr dieser meist schlecht gewaschenen Köstlichkeiten verzichten.

Zucker wird in Vietnam eher selten als Geschmacksträger eingesetzt.

Traditionell wird in Vietnam viel **Glutamat** benutzt, um den Geschmack zu verstärken. Mittlerweile hat sich herumgesprochen, dass Touristen diese Zutat nicht schätzen, sodass immer mehr Restaurants mit „no Glutamat" werben. Vorsicht ist bei auf dem Tisch stehenden Schälchen mit weißem Pulver angebracht: Es sieht aus wie

Salz, ist aber Glutamat. Vor dem Nachsalzen also probieren! Wer kein Glutamat am Essen haben will, kann versuchen, dies bei der Bestellung kundzutun, indem er *mi chin* sagt.

Westliche Küche

Die Restaurants großer Hotels bieten oft eine ausgezeichnete europäische Küche – die Preise sind hoch, die Gerichte kommen meist aus der französischen Küche und das Ambiente ist gediegen.

Schnellrestaurants und mit ihnen der **Hamburger** haben auch Vietnam erobert – zumindest die großen Städte verfügen bereits über Burgerläden nach dem Vorbild amerikanischer Ketten. Lotteria ist z. B. in Ho-Chi-Min-Stadt allseits präsent. Die Burger und Pommes sind hier gut, aber die Preise recht hoch. Auch die Restaurants der Gästehäuser und Bungalowanlagen haben Burger auf der Speisekarte, die oft richtig lecker schmecken. McDonalds oder Burger King haben bisher noch keine Niederlassungen, aber in Südvietnam existieren bereits 20 KFC (Kentucky Fried Chicken), und auch in Ha Noi hat 2007 eine Filiale eröffnet.

Pizza und Pasta gibt es mittlerweile ebenfalls in Vietnam. Zahlreiche Pizzerien in den Touristenvierteln offerieren relativ leckere und z. T. riesige Pizzen. Die Preise sind ähnlich wie in Deutschland, vielleicht geringfügig billiger. Besonders leckere, weil hausgemachte Pasta gibt es ebenso wie Minestrone und andere italienische Gerichte. Oft sind die Speisekarten so vielfältig, dass auch Gerichte aus anderen Nationen zu finden sind.

Wie man *pho* richtig isst

Pho sollte ganz heiß gegessen werden. Ist sie lauwarm, schmeckt sie nicht mehr und Vietnamesen bezeichnen sie dann gar als verdorben. Kräuter sollten nur immer so viel hineingegeben werden, wie man sofort essen kann, denn zum einen verlieren sie schnell ihren Biss und ihre Würze, zum anderen kühlen sie die Suppe zu stark aus.

Wer in einem derartigen Traveller-Lokal eine Pizza bestellt, wird meist enttäuscht. Pasta ist meist ganz lecker, doch manchmal sind die Portionen so klein, dass man gleich noch einmal nachbestellen muss. Es lohnt, nach Käse zu fragen, da dieser nicht immer automatisch mitgeliefert wird.

Auch **Deutsche Küche** gibt es in Vietnam. Wer deutsche Leberwurst vermisst, wird in einigen Supermärkten fündig. Deutsche Wurst ist vor allem in Ha Noi sehr beliebt, hier gibt es diverse Angebote an Wurstständen, auch Bulettenbrötchen sind zu haben. Und ein ganz besonderer Import „deutschen" Geschmacks sind die Kebabstände.

Das Lieblingsessen vieler deutscher Reisender ist der Pfannkuchen. Ob mit Schokolade, Banane oder nur Zucker. Die kleinen Restaurants, vor allem jene, die zu den Bungalowanlagen am Strand gehören, bieten diese Köstlichkeit in klein und groß und finden reichlich Abnehmer.

Snacks

In den Kaffeehäusern gibt es selten Snacks, lediglich Bäckereien bieten Kuchen oder Brot und dann meist auch ein paar warme Gerichte. *Bia hoi*-Kneipen hingegen offerieren kleine Snacks, denn ein Bier ohne Essen ist in Vietnam undenkbar.

Weiße Teigtaschen gefüllt mit Schweinefleisch, Zwiebeln und Gewürzen, die *banh bao* genannt werden, sind ein leckerer Import aus China. Ebenfalls empfehlenswert sind Pfannkuchen *(banh xeo)*. Es gibt sie mit Schweinefleisch oder auch Garnelen, die mit Ei gemischt und mit Gewürzen abgeschmeckt werden. Nachdem das Eigemisch gebraten wurde, wird es zusammen mit frischem grünem Gemüse in Reispapier gewickelt und in eine scharfe Sauce getunkt. Hue, das wegen seiner vielfältigen Küche natürlich auch viele kleine Mahlzeiten für zwischendurch bietet (s. S. 58, Kaiserliche Küche), hat eine abgewandelte Form dieser Pfannkuchen im Angebot: Grüne Banane und Sternfrucht werden hinzugefügt und das Ganze in eine dickflüssige Erdnusssauce getunkt.

In Supermärkten und einigen kleineren Läden wird **Käse** verkauft, meist nur milder Streichkäse mit einer glücklich lächelnden Kuh auf der Ver-

Frühstück für Touristen

Für westliche Touristen gibt es oft Toast und Marmelade, dazu meist ein Ei, Saft und Kaffee. Viele schwören auch auf Pancake als süßen Start in den Tag. Manche Travellerlokale haben Müsli und frischen Joghurt im Angebot. Letzteren gibt es auch mitunter in Eisdielen und Supermärkten. In vielen Hotels steht ein Buffet bereit, das meist nur Weißbrot bietet. Dazu gibt es manchmal Käse, Schinken und Marmelade, Cornflakes und immer auch etwas Warmes wie gebratener Reis oder Nudeln. Oft wird in den besseren Hotels zum Buffet noch frisches Ei bereitet (als Rührei, Spiegelei und Omelett), wobei man zuschauen kann. Wegen Salmonellengefahr sollte man darauf achten, dass das Ei gut durchgebraten ist.

Statt des Westernfrühstücks oder einer Suppe kann man auch andere typische Frühstücksgerichte wählen: Die Grundsubstanzen sind meist Nudeln, Süßkartoffeln oder Klebereis. Auch gekochter Mais wird gern zum Frühstück verzehrt. Von den Franzosen wurde das Baguette in den Frühstücksplan eingeführt, angerichtet mit Pastete und Schinken.

packung. In manchen Läden gibt es *Kraft Scheibletten* und auch abgepackten Hartkäse. In Ho-Chi-Minh-Stadt existieren Supermärkte, die französischen Brie im Angebot haben und mit eingelegtem Schafskäse locken. **Wurst** ist ebenfalls nach ausländischem Geschmack zu finden: Ungarische Salami, abgepackt in Scheiben, oder deutsche Leberwurst. Es gibt auch Salami nach ungarischem Rezept, die in Vietnam hergestellt wird. Der Vertrieb läuft jedoch nur über große Supermarktketten, denn nur hier ist das Interesse an diesen Artikeln groß genug. In der Regel sind die Angebote in Ho-Chi-Minh-Stadt ansprechender als in Ha Noi.

Brot, Kuchen und Süßigkeiten

In großen Städten gibt es zahlreiche Bäckereien. Im Angebot sind Baguette und Toastbrot – beides schmeckt meist etwas anders als europäisches Weißbrot, denn nicht alle **Brote** sind aus Weizen gebacken, oftmals wird auch Reismehl verwendet. Baguette gibt es auch in französischem Stil – leckerer, aber auch teurer, da das Mehl importiert werden muss. In Mui Ne hat eine deutsche Bäckerei ihren Betrieb aufgenommen und verkauft Brezeln und Brot, Kuchen und Baguette. Auf nahezu jedem Markt verkaufen Händlerinnen kleine Baguettes. Sie nehmen mit ihren Körben oftmals in den frühen Abendstunden auch auf den Bügersteigen Platz. An zahlreichen Ständen werden zu morgendlicher und abendlicher Stunde mit Pastete oder Streichkäse belegte Brote angeboten. Diese belegten Baguettes sind nur robusten Mägen zu empfehlen.

Die Tradition, **Kuchen** herzustellen, stammt erst aus der französischen Kolonialzeit. Die Kuchen sind meist sehr süß und werden in kleinen, aufwendig dekorierten Portionen angeboten.

Als besondere **Süßigkeit** gibt es auf vielerlei Weise verarbeitete Kokosnuss, z. B. die leckeren klebrigen Kokoscandies (s. S. 599, Ben Tre), die aus Kokosmilch und Zucker hergestellt werden. Besonders an Tet erfreuen sich eingelegte oder kandierte Früchte großer Beliebtheit, seien es kandierte Ananas, Erdbeeren, Sternfrüchte, Papaya, Guaven, Zitronen oder Orangen. Auch Tamarinde und sogar Tomate und Kürbis werden zur Süßigkeit. Bei Kindern besonders beliebt sind ausgebackene Bananen *(banh chuoi)* und Süßkartoffelscheiben *(banh khoai)*. Frittiertes dieser Art wird an vielen Straßenständen, vor allem vor Schulen, verkauft.

Das wichtigste Gericht des Neujahrsfestes ist der **Tet-Kuchen** aus Klebereis mit Schweinefleisch und Sojasprossen. In viereckiger Form wird er *banh chung* genannt und steht symbolisch für die Erde. Als Dreieck, *banh giay* genannt, steht er für den Himmel. Eine Legende weiß zu berichten, wie dieses Gericht einst entstand: König Hung Voung war auf der Suche nach einem geeigneten Nachfolger. Zur Auswahl standen 22 Söhne. Diesen gab er die Aufgabe, eine besondere Speise für ein Ahnenopfer zu finden. Alle Brüder machten sich auf die Suche nach dem leckersten Gericht und waren bereit, viel Geld dafür auszugeben. Doch Prinz Lang Lieu, als 18. Kind einer der Jüngsten, war dazu zu arm.

Döner und deutsche Wurst

Einst studierte May Huy Tan in Halle in Ost-Deutschland Mathematik. Nachdem er seinen Doktor gemacht hatte und wieder in die Heimat zurückgekehrt war, vermisste er vor allem eines: thüringische Rostbratwürste. Kurzerhand beschloss er, sie nach allen Regeln der Kunst und sogar nach der TÜV-Rheinland-Norm für seine vietnamesischen Mitmenschen herzustellen. Mittlerweile besitzt er ein Schlachthaus und eine Wurstfabrik. 120 000 Schweine werden alljährlich zu Duc Viet, wie die Bratwurst hier genannt wird. Duc steht für Deutschland und Viet für Vietnam. Es ist eine gelungene Kreation, die bald sogar nach Thüringen exportiert werden soll.

Etwas weniger typisch deutsch sind die Kebabs, die in Ha Noi an mittlerweile 15 rollenden Ständen verkauft werden. Auch diese erfolgreiche Geschäftsidee wurde von einem Vietnamesen aus Deutschland exportiert: Nachdem Tran Minh Ngoc, ein ehemaliger Asylbewerber, aus der BRD ausgewiesen wurde und in Vietnam nach einem Einkommen suchte, erinnerte er sich an die leckeren Spieße. Er eröffnete seinen ersten Stand und nannte ihn in Gedenken an Deutschland „Goethe".

Seine Mutter war früh verstorben, und er verdingte sich als Reisbauer. Als er darüber nachdachte, wie er die Ahnen ehren könnte, kam er zu dem Schluss, dass das Gericht Reis enthalten sollte, da dies das Nahrungsmittel des Volkes war und er selbst sein Leben diesem Korn verdankte. Im Traum erschien dem Prinz ein Geist, der ihm ein Rezept für Reiskuchen verriet. Das Mahl war und ist einfach und enthält neben Klebereis nur noch Bohnen, Schweinefleisch und Ei. Der Teig wird in Bananenblätter gewickelt, was ihm seine etwas grünliche Farbe verleiht, und 24 Stunden lang gedämpft. Der König war von dieser Schlichtheit und dem Geschmack begeistert, und so war der neue Herrscher gefunden.

Auch heute noch wird dieser Reiskuchen an Tet zur Ahnenverehrung gebacken und zudem zum Hung-Fest im April (siehe Feste und Feiertage, S. 74), manchmal auch zu Hochzeiten, gegessen.

Klebereis wird verwendet, weil er einen guten Geschmack hat und sich besonders gut für Süßes eignet. Auch sein Ursprung wird mit einer Legende erklärt, die sich an Tet abspielte: Zwei Brüder liebten einander sehr. Sie bestellten gemeinsam ein Feld und teilten sich die Ernte. Während einer Dürre sorgten sie sich umeinander: Tet stand vor der Tür, und heimlich gedachte der eine Bruder, dem anderen Reis zukommen zu lassen, damit dieser feiern könnte. Der andere Bruder hatte denselben Gedanken. Sie trafen sich im Kornspeicher und waren über ihre gegenseitige Liebe und Sorge so glücklich, dass sie weinten. Die Tränen tropften auf den Reis, und so entstand Klebereis.

Getränke

Wasser und Softdrinks

Trinkwasser wird in verschweißten Plastikflaschen verkauft. Aus gesundheitlichen Gründen ist es unbedingt notwendig, kein Leitungswasser zu trinken. Selbst zum Zähneputzen empfiehlt sich Trinkwasser. Auch wenn auf Trekking-Touren normalerweise der Führer Trinkwasser in Flaschen mitnimmt, sollte jeder Teilnehmer für einen eigenen Vorrat sorgen. Ein Notfallset mit Entkeimungstabletten ist bei längeren Touren empfehlenswert. Lecker und preislich im Mittelfeld liegt das Mineralwasser La Vie. Es wird aus einer natürlichen Quelle nahe Ho-Chi-Minh-Stadt von einem französisch-vietnamesischen Joint-Venture gewonnen.

Neben lokalen **Erfrischungsgetränken**, die meist sehr süß sind, gibt es nahezu in jedem Ort mittlerweile das Dreigestirn Cola, Fanta, Sprite. Dosen sind immer etwas teurer als Flaschengetränke. Deshalb lohnt es sich, sowohl aus ökologischer als auch aus ökonomischer Sicht, die Mehrwegflaschen zu bevorzugen. In Supermärkten und kleinen Geschäften gibt es allerdings nur Dosen zu kaufen, das gilt leider auch für Bier.

Fruchtsäfte

Erfrischend ist Zuckerrohrsaft *(nuoc mia)*, der an kleinen Ständen frisch gepresst und oft mit einem Schuss Limone verfeinert wird. Auch Fruchtshakes, frische Säfte und Kaffeeshakes finden sich immer häufiger auf den Speisekarten von Bars und Restaurants in den touristischen Städten. Auch auf der Straße bieten Saftstände leckere frisch gepresste oder aus Obst pürierte Säfte *(sinh to)* an. Ob Limonensaft *(nuoc chanh)*, Orangensaft *(nuoc ca)* oder ein fremdartiges Obst – diese Säfte sind prima Durstlöscher und liefern zahlreiche Vitamine. Man sollte darauf achten, dass der Saft nicht mit Leitungswasser verdünnt wird, denn das kann zu Magenproblemen führen. Der Saft der frischen Kokosnüsse *(nuoc dua)* wird vor allem im Süden und am Strand direkt aus der Nuss getrunken.

Milch und Joghurt

Milch wird vornehmlich in Form von gezuckerter Kondensmilch konsumiert. Immer häufiger wird auf Wunsch aber auch frische Milch besorgt. In kleinen Tetrapaks gibt es sie, ob gesüßt oder als Kakao, bereits in vielen kleinen Läden und Supermärkten mit internationalem Sortiment. Kondensmilch wird auch für die meisten Milchshakes verwendet, sodass diese in jedem Fall sehr süß sind. Für die Kleinen gibt es Milchpulver. Hier ist Vorsicht geboten, denn es beinhaltet zwar meist keinen Zucker, aber dafür Süßstoff. Das führt besonders bei kleinen Kindern schnell zu Durchfall.

In den Supermärkten und auf den Speisekarten der Travellerrestaurants ist auch Joghurt zu finden. Dieser ist jedoch immer gesüßt. Säuerlich schmeckenden Joghurt ohne Frucht gibt es nur sehr selten.

Tee und Kaffee

Vietnam ist für seine Teekultur bekannt. Große Teeanbaugebiete befinden sich im zentralen Hochland und im Norden. Auf einem Treck kommt man gewöhnlich an einigen Plantagen vorbei. Hauptsächlich wird grüner **Tee** produziert. Er wird entweder ohne Zusatz oder aromatisiert mit Lotus oder Jasmin getrunken.

Da Tee ein sehr guter Durstlöscher ist, sollte man bei den kostenlosen grünen Tees *(tra)* in den Restaurants zugreifen (die Tassen werden allerdings selten gespült und sollten daher mit Papier gut abgewischt werden).

Eis – nein danke?

Reisende, die sich vor einem Mageninfekt so weit möglich schützen wollen, sollten auf Eiswürfel in Getränken verzichten, denn diese sind oft stärker mit Bakterien belastet, als Westler es gewohnt sind. In den großen und teureren Hotels wird jedoch meist sauberes Wasser zur Eisherstellung benutzt, sodass hier keine Gefahr droht. „Bitte kein Eis!" heißt auf Vietnamesisch *Dung bo da cam on* oder auch *Khong co da cam on.* In den großen Städten gibt es vermehrt Eisdielen. Sofern das Speiseeis *(kem)* frisch ist und nicht schon einmal geschmolzen war (dann sind die Eiskristalle sichtbar), kann man dieses Eis i. d. R. bedenkenlos essen. Wassereis von Straßenhändlern sollte dagegen unbedingt gemieden werden.

Auch bei jeder privaten Einladung wird Tee serviert. Entweder der Tee befindet sich trinkfertig in einer kleinen Teekanne, oder man findet dort einen Teesud, den man mit dem beigestellten Wasser verdünnt trinkt. Als besondere Delikatesse gilt Tee, der mit Regen- oder gar Tauwasser aufgebrüht wird: Da er keinen Kalk enthält, schmeckt dieser Tee besonders mild.

Vietnam produziert auch **Kaffee**. Das Land hat es mittlerweile sogar zum zweitgrößten Kaffee-Exporteur Asiens (nach Indonesien) gebracht. Als bestes Kaffee-Anbaugebiet gilt Buon Ma Thuot (s. S. 431).

Kaffeehäuser gibt es in Vietnam überall, selbst in der kleinsten Stadt. Zubereitet wird der Kaffee mit den einst in Frankreich üblichen Alufiltern, die auf jeweils eine Tasse aufgesetzt werden. Das leckere Gebräu, ob mit Milch (dann heißt er *caphe sua)* oder ohne (dann bestellt man nur *ca phe*), wird immer frisch aufgegossen und kann auch als *caphe (sua) da* (Eiskaffee) bestellt werden. Eine Spezialität in Ha Noi ist *nan trung sua*, ein starker Kaffee, der mit Zucker gemischt und zudem mit einem schaumig geschlagenen Ei verfeinert wird.

Wein

Buddhisten sollen wenig Alkohol trinken, dennoch wird in Vietnam gerne und gut getrunken.

Vor allen anderen Getränken ist es der Reiswein, der die Herzen der Männer höher schlagen lässt (siehe auch S. 54, Kasten). In ländlichen Gebieten wird oft aus einem großen Trog zusammen der sogenannte *etnic wine* getrunken: ein Reiswein, der sehr schnell betrunken macht, u. a. deshalb, weil er aus einem Strohhalm getrunken wird. Wer zu Reiswein eingeladen wird, muss selbst dann aufpassen, wenn er sich als trinkfest einstuft. Viele Reisweine haben einen hohen Alkoholgehalt und würden in Deutschland eher als Schnaps gehandelt werden.

Wein aus Trauben wird seit der Kolonialzeit hergestellt und dies meist gut bis weniger gut. Der vietnamesische Wein stammt aus der Umgebung von Da Lat. Die Reben wachsen an den sonnigen, etwas unterhalb von Da Lat gelegenen Hängen der Provinz Ninh Tuan. Es lohnt sich vor allem, die etwas teureren Sorten zu probieren. Wer hier spart, kann es eigentlich gleich sein lassen. Vermehrt gibt es in den Supermärkten auch Importweine zu kaufen.

Bier

Beliebt sind die *bia hoi* – Kneipen der vietnamesischen Art. Frisch gebrautes Bier, das maximal 24 Stunden haltbar ist, wird hier in kleinen Biergärten angeboten; manchmal reicht auch ein Brautopf, um den ein paar Stühle gruppiert sind. Das Bier wird frisch gezapft, eine Tradition, die Mitte des letzten Jahrhunderts aus der Tschechoslowakei nach Vietnam kam. Dazu gibt es kleine Gerichte, denn ohne Nahrungsaufnahme wird in Vietnam selten getrunken. Meist bestellt eine Gruppe, i. d. R. Männer, für alle am Tisch eine Auswahl zahlreicher kleiner Speisen. Die Karten sind oft nur in Vietnamesisch, aber es wird sich sicherlich ein helfender Nachbar finden. In den guten *bia hoi* ist das Bier gegen 23 Uhr meist ausgetrunken. Obwohl das frisch Gezapfte meist leicht schmeckt, ist der Alkoholgehalt mit 4 % doch relativ hoch.

Bier wird in Restaurants sowohl in Flaschen als auch in Dosen angeboten. In Lizenz gebraut wird Tiger (außerdem aus Singapur importiert), Heineken, Carlsberg, San Miquel, Halida, 333 (gesprochen *bababa*) und Bivina. Manche Orte haben ihr eigenes Bier: In Hue trinkt man z. B. die Hausmarke Huda und in Hoi An ein Bier mit besonders malzigem Geschmack namens Son Hang.

Da es oft sehr warm ist, wird das Bier an touristischen Orten meist eiskalt aus dem Kühlschrank serviert. Je weiter man sich jedoch vom Touristenstrom entfernt, desto häufiger ist das Bier ungekühlt (und somit auch preisgünstiger). Stattdessen trinken die Vietnamesen ihr Bier mit Eiswürfeln *(bia da)*, was lecker schmeckt, doch sollten alle, die kein Risiko für Magen und Darm eingehen wollen, darauf verzichten (s. S. 66, Kasten).

Feste und Feiertage

Staatliche Feiertage

1. Januar: Neujahr
Anfang Februar: Tet Ngyen Dan (chines. Neujahr), 3 Tage
30. April: Jahrestag der Befreiung Sai Gons (halber Tag)
1. Mai: Tag der Arbeit
2. September: Tag der Unabhängigkeit
3. September: Gedenktag zum Tode von Ho Chi Minh
Gefeiert wird auch am 3. Februar, dem Gründungstag der Kommunistischen Partei, und am 19. Mai, dem Geburtstag des geliebten Onkel Ho. Beides sind jedoch keine arbeitsfreien Tage.

Traditionelle Feiertage

Als traditionelle Feste bezeichnet man die Jahreszeitenfeiertage, sie werden Tet genannt und markieren den Beginn von Frühling, Sommer, Herbst und Winter sowie die Tage der Aussaat und der Ernte. Da die Landwirtschaft in Vietnam immer noch der vorherrschende Erwerbszweig ist (s. S. 178, Wirtschaft, und S. 54, Reis), ist die Orientierung an den Jahreszeiten trotz der Verwendung des gregorianischen Kalenders nach wie vor von entscheidender Bedeutung.

Von diesen jahreszeitlichen Festtagen ist heute nur noch das Neujahrsfest staatlich anerkannt. Wer die anderen Feste feiern will, nimmt sich dafür ein bis zwei Tage frei. An den meisten dieser Tage begeben sich die Menschen in die Pagoden und Tempel und opfern Speisen am hauseigenen Ahnenaltar.

Religiöse Feiertage

Alle Tet-Feste haben immer auch einen religiösen Aspekt, schließlich wird den Göttern gedankt. Einige dieser Feste sind Erdgöttern oder auch dem Herdgott, andere Nationalhelden und wieder andere buddhistischen Heiligen gewidmet.

Nach der buddhistischen Lehre gelten Neumond und Vollmond (der 1. und der 15. Tag eines jeden Mondmonats) als Buddhas Tage, an denen man beten und Buddha ehren soll. Dafür gehen Gläubige in den Tempel oder beten vor dem Ahnenaltar. Die Tempel sind voller Menschen, die nicht selten vor allem für das eigene Wohl und Reichtum beten. Geopfertes Obst wird mit nach Hause genommen, um es mit der Familie als Gabe der Götter zu teilen. An diesen Tagen essen viele Vietnamesen kein Fleisch. Feste bei Pagoden und Tempeln kündigen sich mit bunten Fahnen am Eingang an.

Weihnachten wird in den Kirchen mit einer Messe zelebriert. Ein Fest mit Baum, wie in Europa üblich, gibt es nicht.

Regionale Feste

Neben den traditionellen Festen, die überall in Vietnam gefeiert werden, gibt es zahlreiche regionale Feiern. Volksfeste bestehen aus zwei Teilen, der Zeremonie *(le)* im Tempel, in der Pagode oder im Gemeindehaus und der Volksbelustigung *(hoi)*. Für Letztere sorgen auf den Dorffesten u. a. Büffelrennen, Blumenschauen, Bootsrennen, Hahnenkämpfe, Drachensteigen, Tänze, Wettkochen, Tauziehen und Festumzüge. Die Wettkämpfe jeglicher Art bieten vor allem jungen Leuten eine Chance, sich dem anderen Geschlecht zu präsentieren und nach einem möglichen Ehepartner Ausschau zu halten. Die meisten lokalen Feste finden im Frühjahr statt. Es sind heute nahezu 400 Feste bekannt, und seit den 80er-Jahren werden sie wieder zahlreicher gefeiert, nachdem politische Umstände sie lange Zeit in Vergessenheit gerieten ließen. Die älteren Feste werden im Norden begangen und sind dort, in der Wiege der vietnamesischen Nation, auch zahlreicher als im Süden.

In Hoi An hat sich am Vorabend des Vollmonds ein Altstadt-Fest etabliert. Alle motorisierten Vehikel werden aus dem Stadtkern verbannt und auch das elektrische Licht wird gelöscht. Im matten Schein der Seidenlampen erwacht das alte Hoi An zum Leben. Es wird getanzt, musiziert und traditionelle Kunst aufgeführt.

Familienfeste

Feiern im Familienkreis finden zu Anlässen wie Hochzeiten, Geburtstagen, Totengedenktagen und Begräbnissen statt. Auf Begräbnissen wird traditionell weiße Kleidung getragen. Extra für eine solche Eventualität ein gutes Kleidungsstück mit auf die Reise zu nehmen, macht in Vietnam kaum Sinn, denn für wenig Geld kann man sich beim örtlichen Schneider etwas Passendes anfertigen lassen.

Festtagskalender

Dezember / Januar

Silvester: Die Jahreszeitenwende des Westens wird nicht gefeiert, obwohl sich alle Termine – außer den traditionellen Feiertagen – nach dem gregorianischen Kalender richten (s. auch Kalender S. 119). Der 1. Januar ist aber frei.

Tet Tao Quan: Dieses Fest wird auch Tet Ong Tao genannt und am 23. Tag des 12. Mondmonats gefeiert. Es ist offiziell kein Feiertag, stellt aber inoffiziell den Beginn der Neujahrsfeierlichkeiten dar. Gewidmet ist dieses Fest dem Landgeist Ong Conga und dem Küchengott Ong Tao. Beide fliegen in den Himmel, um dem Jadekaiser von der Familie zu berichten und für deren Glück und Wohlstand zu beten. Am Neujahrsabend kommen dann beide Götter zurück. Je nach Lagebericht des Herdgottes über die Geschicke der Familie verkürzt oder verlängert sich deren Leben.

An diesem Tag wird Tet-Kuchen (s. S. 64) zubereitet und ein Karpfenopfer dargebracht. Früher wurde ein Wasserbehälter mit einem großen und drei kleinen lebenden Karpfen aufgestellt. Nach der Feier galt es, alle Tiere im Fluss freizulassen, damit der große Karpfen die Himmelspforte erreiche und zu einem Drachen werde, auf dem der Herdgott in den Himmel reiten kann. Außerdem soll es Glück bringen, die Fische freizulassen. Heute wird der Karpfen zubereitet, am Hausaltar als Opfer dargeboten und anschließend von der gesamten Familie verzehrt. Opfergaben wie Papiergeld und Kleidung sind ebenfalls für den Küchengott bestimmt, denn gut gekleidet und mit angemessenem Geldbetrag reist es sich besser.

Januar / Februar

Tet Nguyen Dan („Fest des ersten Tages"): Dies ist der wichtigste Feiertag der Vietnamesen. Es ist das Neujahr in der Nacht des Neumonds des ersten Mondmonats. Im neuen Jahr endet der 5-tägige Himmelsbesuch des Herdgottes und dieser kehrt in die Familienküche zurück.

Das vietnamesische Neujahr wird vielfach einfach nur als Tet bezeichnet, obwohl Tet streng genommen lediglich „Fest" bedeutet. Aber Neujahr und mit ihm das vorangegangene Tet Ong Tao gilt als das Fest der Feste, und so hat sich die Abkürzung Tet (zumindest im Ausland) als Bezeichnung für dieses eine Fest durchgesetzt.

Es ist, als würden wir Weihnachten, Neujahr, Ostern und das amerikanische Thanksgiving zusammen feiern. Denn Tet beinhaltet die Idee des universellen Friedens, den Beginn des neuen Jahres, die Wiedergeburt (denn alles Leben beginnt neu) und gutes Essen.

Neujahr wird am 1.–7. Tag des ersten Mondmonats gefeiert, meist Ende Januar / Anfang Februar. Offiziell haben die Menschen drei Tage arbeitsfrei, nehmen sich aber meist länger Zeit. Viele Geschäfte schließen eine ganze Woche. Die Straßen sind mit Blumen geschmückt, es gibt Leckereien, die nur für diese Tage zubereitet werden (s. S. 64) und ein wunderschönes Feuerwerk.

Das Fest beginnt inoffiziell mit der Reise des Herdgottes zum Jadekaiser (Tet Tao Quan), geht dann ins Hauptfest Tet Ca („großes Tet") über und endet mit dem Tet Ngyen Dan, dem eigentlichen Neujahrsfest.

Die Legende vom Herdgott Ong Tao

Das Ong-Tao-Fest geht auf eine uralte Überlieferung zurück: Die Ehe des Holzfällers Tao Quan und seiner Frau stand unter keinem guten Stern: Sie blieb nicht nur kinderlos, sondern der Mann begann auch zu trinken und seine Frau schlecht zu behandeln. So erlosch ihre Liebe, woraufhin sich die Frau einen anderen Mann, einen Jäger, nahm. Der erste Mann ging schuldbewusst auf die Suche nach seiner Frau. In zerschlissenen Kleidern, gezeichnet von den erlittenen Entbehrungen, stand er eines Tages vor ihrer Tür. Die Frau erkannte ihn und versteckte ihn im Heu, um Missverständnisse zu vermeiden und um zu überlegen, wie sie weiter verfahren sollte. Am Abend kam ihr neuer Mann heim, und als er seine Beute räucherte, setzte er versehentlich das Heu in Brand. Bei dem Bemühen, ihren ersten Mann zu retten, verbrannte die Frau. Als ihr neuer Mann versuchte, sie zu retten, starb auch er. Der Jadekaiser hörte von dieser unglücklichen Liebe und erlaubte den Dreien, als Küchengott vereint zusammen zu leben, um so in dessen Gestalt immer an diese tragische Liebe zu erinnern und sich um das Wohl der Familie an Heim und Herd zu kümmern.
Ein Tipp von männlichen Vietnamesen lautet: Bei einem Streit, bei dem die Ehefrau sich nicht beruhigen kann, soll man sich in die Küche zurückziehen. An diesem Ort – unter den Augen des Dreieinigen Herdgottes – schimpft die Frau nicht mehr, aus Angst vor dem Bericht des Gottes beim Jadekaiser. So gehen vietnamesische Männer häuslichem Streit aus dem Weg.

Das Wichtigste am ersten Tag im neuen Jahr ist, Unglück und schlechtem Benehmen aus dem Wege zu gehen: Pech am ersten Tag des Jahres bedeutet Pech im ganzen Jahr. Es wird vermieden zu streiten, etwas kaputt zu machen oder gar zu schimpfen. Das neue Jahr stellt für jeden Vietnamesen einen neuen Anfang dar und dieser soll nicht getrübt sein.

Zu Tet ist selten ein Flug, sei es aus Europa oder im Inland, zu bekommen, da alle Vietnamesen, denen dies möglich ist, an Tet ihre Familie besuchen. Daher haben auch die meisten Büros und sogar viele Restaurants eine ganze Woche geschlossen. Wer eine persönliche Einladung zu einem Tetfest erhält, wird wundervolle Tage verbringen. Wer hingegen als Tourist auf eigene Faust reisen will, muss mit extra Anstrengungen und Organisationsproblemen rechnen.

Feuerwerksfest in Dong Ky: An einem Tag zwischen dem 3. und dem 7. Tag des ersten Mondmonats feiert das Dorf Dong Ky in der Provinz Ha Bac ein Feuerwerksfest. Traditionell wurden die Feuerwerkskörper zu Ehren der Schutzheiligen des Dorfes abgebrannt. Der Gott des Ackerbaus und der Wassergott wurden um Regen und eine erfolgreiche Ernte gebeten. In der heutigen Zeit hat sich das Fest mehr und mehr in einen Wettbewerb verwandelt, bei dem sich zeigen soll, welche Familie den besten, den schönsten und den größten Feuerwerkskörper zu bauen vermag. Raketen bis zu einem Durchmesser von

Die Neujahrsfeier

Für jeden, der Tet noch nicht erlebt hat und sich nicht schon davon hat mitreißen lassen, wirken die Vorbereitungen, die die Menschen dafür treffen, nahezu hysterisch. Alles dreht sich um dieses Fest – und zwar schon Monate im Voraus. Bereits zwei Monate vor Tet beginnen die Preise für Tet-typische Waren (Kleidung, Papiergeld, Kunstblumen und vor allem Nahrungsmittel) zu steigen. 2–3 Wochen vor den Feiern sind sie besonders hoch und finden dennoch reißenden Absatz. Gekocht werden darf nur vor dem neuen Jahr. Daher müssen im Vorfeld zahlreiche Speisen zubereitet werden.

Im Tetfest vereinigen sich buddhistische, taoistische und konfuzianische Einflüsse mit Bräuchen und Ritualen der animistischen Ahnenverehrung, die in Vietnam eine zentrale Rolle spielen und von keiner Religion und keiner Staatsmacht unterdrückt bzw. verdrängt werden konnten. Auf ein ausgiebiges Tetfest will auch heute noch – trotz vermehrtem Desinteresse der jungen Menschen am zugrundeliegenden Ahnenkult (s. S. 181, Religion) kein Vietnamese verzichten!

Das große Reinemachen

Das Haus ist bereits zu Tet Tao Quan aufgeräumt, nur noch bis Neujahr bleibt Zeit, allen Müll zu beseitigen und die Wände zu streichen (meist hellblau oder hellgrün) oder zumindest zu reinigen. Auch der Ahnenaltar und alle damit verbundenen Utensilien werden gründlich gesäubert. Zum Reinigungsprozess, der *tong cuu nghenh tan* („das Alte hinauswerfen und das Neue empfangen") genannt wird, gehört auch die gemeinschaftliche Arbeit in den Pagoden, den Tempeln und den Gemeindehäusern.

Kurz vor Neujahr besteht die letzte Möglichkeit, Geliehenes zurück zu geben und Schulden zu begleichen. Schulden mit ins neue Jahr zu nehmen, bringt sowohl dem Schuldner als auch dem Gläubiger Unglück. Auch Groll soll nicht mit ins nächste Jahr genommen werden, dies stünde einem guten Neuanfang im Wege. Zerstrittene Ehepaare vertragen sich und Schwiegermütter und Schwiegertöchter legen Unstimmigkeiten bei.

Tet-Schmuck

Zum Fest werden Sinnsprüche auf Seidenpapier in Han-Schrift im Haus und an der Haustür aufgehängt. Papierdrachen mit Glocken und Gongs gilt es, an Bambusstangen zu befestigen und vor dem Haus aufzustellen, um Dämonen fernzuhalten. Glücksbilder hingegen, z. B. Abbilder junger Hähne, sollen gute Geister anlocken, die der Familie Reichtum, Glück und Langlebigkeit bescheren. Überall schmücken Blumen Häuser, verschönern ganze Straßenzüge und verbreiten einen einzigartigen Duft. Sie stehen als Symbol für die Freude zu Beginn des Frühjahrs und am Ende der kalten Jahreszeit. Besonders rund um Ha Noi, dessen Blumenmarkt im ganzen Land berühmt ist, haben sich zahlreiche Dörfer auf den Anbau von Tet-Blumen spezialisiert. Im Norden werden die Blumen des Pfirsichs, in Zentralvietnam die der Aprikose und im Süden die der Mandarine bevorzugt. Rosen, Dahlien, Pflaumen und Gladiolen finden ebenfalls reichlich Verwen-

1,5 m und einer Höhe von bis zu 15 m oder Raketenschlangen, die bis zu 100 m lang sein können, treten zum Wettstreit an. Daneben unterhalten Bootsrennen, Ring- und Hahnenkämpfe die Festbesucher. Zudem werden riesige Klebereiskuchen gegessen.

Quang Trung-Fest: Dieses Fest, auf dem die Kampfkunst im Vordergrund steht, findet am 5. Tag des 1. Mondmonats in Tay Son statt. Zudem erfreuen geschmückte Elefanten die Besucher.

Wasserpuppenfest: Am 5.–7. Tag des ersten Monats findet in der Thay-Pagode, etwa 40 km südwestlich von Ha Noi, ein Wasserpuppenfest statt. Die „Pagode des Meisters", wie die Thay-Pagode genannt wird, liegt idyllisch nahe dem Dorf Sai Son am Drachensee Long Tri zu Füßen eines Kalkberges. Im Rahmen der Feierlichkeiten zum neuen Jahr werden hier traditionelle Wasserpuppenaufführungen dargeboten.

dung. Wundern darf es nicht, wenn nach Tet einige Bäume an den Pagoden gerupft und verstümmelt aussehen, denn die als Glücksbringer vom Baum geholten Zweige schützen nach altem Volksglauben vor Geistern.

Ahnenkult

Besondere Ehre wird an diesem Fest den Ahnen der Familie zuteil. Deren Geisterseelen stellen die Verbindung zwischen den Lebenden und den Toten dar. Daher werden die Ahnen eingeladen, um eine Brücke zwischen den Generationen zu schlagen. Einen Tag vor Neujahr nimmt sich die Familie Zeit, um die Gräber der Verstorbenen zu pflegen. Und an den Feierlichkeiten werden den Ahnen zahlreiche Gaben auf dem Ahnenaltar dargebracht. Üblicherweise verspeist nachher die gesamte Familie die Opergaben. Die Jugend wünscht den Großeltern alles Gute und Gesundheit und erhält dafür in rote (die Farbe des Glücks) Umschläge verpackte kleine Geldgeschenke, die im Süden *li xi* und im Norden *mung tuoi* („Glücksgeld") genannt werden.

Festessen und Feuerwerk

Das Wichtigste an Tet ist eine ausgiebige Mahlzeit. Es gibt an Tet ein besonders großes Festessen: Sogar die Ärmsten haben sich schon immer an Tet vollgegessen, selbst wenn dies einen hohen Schuldenberg bedeutete. Auch wenn von Staatsseite in Zeiten der Nahrungsmittelknappheit zur Sparsamkeit gemahnt wurde: An Tet lassen sich die Vietnamesen nicht hineinreden, und das Festmahl ist ihnen dabei besonders wichtig. Das dazugehörige Sprichwort lautet: „Das ganze Jahr über hungrig, aber an Tet drei Tage voll." Mehr Einsicht zeigten sie, als 1995 das Zünden von Raketen in der Neujahrsnacht *(dem giao thua)* verboten wurde, um Todesfälle und abgerissene Hände zu vermeiden. Obwohl diese Tradition schon lange vor Erfindung des Pulvers zelebriert wurde (einst brannte man Bambus ab, der beim Brand Funken sprüht und laut „faucht"), nahmen die Vietnamesen die Warnung ernst. Heute gibt es in allen größeren Städten ein offizielles Feuerwerk ohne Sicherheitsrisiko. Und auch dies dient – wie einst das private Feuerwerk – der Vertreibung böser Geister. Diese werden abgeschreckt und verzichten darauf, die Menschen ins neue Jahr zu begleiten. Und weil der eine oder andere nicht auf die private Knallerei verzichten will, spielt er das Getöse vom Tonband ab. Wer selber fackelt, riskiert heute hohe Geldstrafen.

(Un)gern gesehene Gäste

Ist das neue Jahr angebrochen, beglückwünschen sich alle Familienmitglieder mit den Worten *chuc mung nam moi* (Gutes neues Jahr), und die folgenden Tage werden Freunde und Verwandte besucht. Der erste Besucher im eigenen Haus hat dabei eine besondere Bedeutung: Sein Status ist entscheidend für das Glück oder Unglück der Familie. Ist er wohlhabend, angesehen und lebt in einer intakten Familie, dann beschert er Glück. Ist er arm, ein Pechvogel oder krank, bringt dies Pech für das ganze Jahr. Seltsamerweise gelten Schwangere als schlechtes Omen.

Tet Khai Ha: Am 7. Tag des ersten Mondmonats wird den Ahnen Papiergeld und Kleidung geopfert, damit diese im Jenseits auch ausreichend Geld zur Verfügung haben und stilvoll gekleidet sind. Das neue Jahr wird willkommen geheißen. Wenn das Wetter an diesem Tag gut ist und die Sonne scheint, bringt dies Glück und Gesundheit für das nächste Jahr.

Hoi Chua Hong – Das Fest der Duftpagode: Das Pagodenfest, das am 6. Tag des ersten Mondmonats beginnt und insgesamt bis zu drei Monate gefeiert wird, zieht hunderttausende von Vietnamesen an, die sich ein oder mehrere Tage für eine Wallfahrt zur Duftpagode in Huong Son, 40 km außerhalb Ha Nois, Zeit nehmen. Das Fest gilt als das längste und fröhlichste Volksfest Vietnams.

Am Eröffnungstag wird ein Drachentanz im Tempel und auf Booten aufgeführt. Der Höhepunkt des Festes ist der Vollmond (15. Tag) des 2. Mondmonats.

Es gibt drei wichtige Besuchsorte: Huong Tich, Tuyet Son und Va Long. Die wichtigste Wallfahrtstätte ist die Höhle Huong Tich, in der die Fürstin Dieu Thien einst neun Jahre lebte und laut Legende zur Bodhisattwa Quan Am Nam Hai (Göttin der Barmherzigkeit vom Südlichen Meer) wurde. Verehrt werden seit jeher die Tropfsteine in der Höhle, die mal in Gestalt eines Reisbergs, mal als Gold- oder Silberbaum oder auch als Jungen- und Mädchenstein verehrt werden. (Mehr zur Legende der Duftpagode s. S. 259).

Yen Tu-Festival: Der Pagodenkomplex Yen Tu ist Schauplatz eines Festivals am 9. Tag des ersten Monats (3.2.2009, 22.2.2010). Die Yen Tu-Pagode war das buddhistische Zentrum des alten Da Viet. Elf Pagoden und hunderte kleine Tempel liegen auf dem Weg zum Hügel, der Ziel der Wallfahrer ist. Ein Besuch hier lohnt vor allem wegen der schönen Natur und muss nicht unbedingt an diesem Festtag erfolgen.

Lim-Festival: Am 13.–15. Tag des ersten Mondmonats (3.–7.2.2009, 22.–26.2.2010) wird dieses Fest der traditionellen nordvietnamesischen Volkslieder *(quan ho)* im Dorf Lim nahe Bac Minh, im Delta des Roten Flusses, veranstaltet. Die Sänger singen ihren traditionellen Wechselgesang auf den umliegenden Hügeln, in den Pagoden oder auf einem der zahlreichen Boote, die reich geschmückt ins Wasser gelassen werden. Es handelt sich bei *quan ho* um einen improvisierten Gesang, in dem Männer und Frauen abwechselnd im Dialog einen Part singen.

Tet Thuong Nguyen (Nguyen Tieu oder auch Trang Nguyne genannt): Am 15. Tag des ersten Mondmonats wird besonderer Wert auf eine Wallfahrt gelegt. Thung Nguyen gilt nach Tet als die zweitwichtigste Feierlichkeit des Landes. Es ist ein buddhistisches Fest, an dem der erste Vollmond des Jahres gefeiert und der wandernden Seelen gedacht wird. Selbst wenn man den Rest des Jahres keine Pagode mehr besucht: An diesem Tag muss man als Vietnamese eine solche Wallfahrt unternehmen. Man betet (oder lässt die Mönche dies tun) für die Gesundheit der Eltern und dafür, dass ihre Seelen (sofern sie tot sind) zur Ruhe kommen und sie ein neues Leben beginnen können. Es werden zahlreiche Gerichte gekocht, die nicht nur Buddha und dem Himmel, sondern auch den wandernden Seelen geopfert werden. An diesem Tag werden Fehler vergeben. Bis ins 15. Jh. hinein durften an diesem Tag die Gefangenen nach Hause gehen.

Long Tong Festival: Das größte Fest der Thay-Minderheit wird ebenfalls am 15. Tag des ersten Mondmonats gefeiert (9.2.2009, 28.2.2010). Es findet in Thai Nguyen, Tuyen Quang und der Provinz Cao Bang statt. Es wird zu Grammophonmusik getanzt, Spiele gespielt und traditionelle Musik dargeboten, z. B. das Liebesduett *Giao duyen.* Übersetzt heißt *Long Tong* „auf die Felder gehen“, und damit dies auch in Zukunft erfolgreich ist, wird für ein besseres Leben und gutes Wetter gebetet.

Februar / März

Nui Ba-Fest (9.–12.2.2009, 28.–30.2.2010): Der als Lady Mountain bekannte Nui Ba, knappe 10 km von Tay Ninh entfernt, wartet während eines dreitägigen Festes auf Besucher. Mit der Seilbahn oder zu Fuß wird die erste Strecke auf den Berg zurückgelegt. Hier befindet sich der Tempel Linh Son Thanh Mau, in dem im Gebet Einkehr gehalten wird. Weiter geht es bergauf zur Pagode Nui Ba. Dort gibt es vegetarisches Essen, und Pilger können hier 1–2 Tage verweilen.

Chu Dong Tu-Fest: Vom 10. bis 12. Tag des 2. Mondmonats (6.–9.3.2009, 25.–27.3.2010) findet dieses Fest zur Ehren von Chu Dong Tu in zwei

Tempeln statt: dem Da Hoa-Tempel und dem Da Trach-Tempel, beide etwa 15 km von Ha Noi entfernt in Khoai Chau. Chu Dong Tu, einer der vier Unsterblichen (s. S. 187, Religion), soll helfen, Krankheiten zu heilen, und Erfolg im Beruf bringen, deshalb werden ihm zahlreiche Opfergeschenke dargebracht. Während des Festes finden Drachenprozessionen und ein Bootsrennen statt, Löwentänze werden aufgeführt und Wrestling-Wettkämpfe ausgetragen. Besinnlicher geht es beim *cheo* zu, einem Volkstheater mit Gesang.

Hai Ba Trung-Fest: Am 6. Tag des 2. Mondmonats beginnen die vier Tage dauernden Feierlichkeiten im Hai Ba Trung-Tempel (nach dem nahe gelegenen Dorf Dong Nhan auch Dong Nhan-Tempel genannt). Geehrt werden die Trung-Schwestern (s. S. 147, Geschichte), denn der Tempel ist den beiden Nationalheldinnen geweiht. Am ersten Tag der Feierlichkeiten werden die Tore des Tempels geöffnet, am zweiten beginnen Zeremonien, die am dritten Tag mit der Zeremonie des Bades fortgesetzt werden. Am letzten Tag führen ältere Frauen eine rituelle Ehrung durch.

März / April

Tet Han Thuc: Das „Fest der Kalten Speisen" wird am 3. Tag des dritten Monats gefeiert. Vor allem junge Paare verbringen an diesem Tag ihre Zeit gemeinsam: Sie gehen spazieren und werfen Blumen ins Wasser, was ihrer Beziehung Glück bringen soll. Frauen und Mädchen pflücken zudem Maulbeeren als Futter für die Seidenraupen, denn die Tradition will es, dass an diesem Tag viel Seide entsteht. Gedacht wird auch des Mandarins Gioi Tu Thoi, der bei einem Waldbrand umkam. Daher essen die Vietnamesen kalte Speisen, aus Angst, dass warme Küche Feuer abgibt und so auch ihre Seele verbrennt. Spezialität ist *banh chay* und *banh troi* – süßer kalter Klebereis.

Tet Than Minh: Der Ahnengedenktag wird am 5. oder 6. Tag des dritten Mondmonats gefeiert. Übersetzt bedeutet *Than Minh* „pure Klarheit". Im Idealfall ist schönes Wetter, denn darauf bezieht sich der Name: ein ruhiger Himmel, klares Licht und eine Atmosphäre außergewöhnlicher Reinheit. Die Menschen gehen spazieren und nutzen die Gelegenheit, die Gräber ihrer Familien zu besuchen und ihrer Ahnen zu gedenken. Es werden Opfergaben in Form von Papiergeld, Speisen und Blumen dargebracht.

Phat Dan – Buddhas Geburtstag: Am 8. Tag des dritten Monats wird die Geburt Buddhas gefeiert. Gläubige hängen aus diesem Anlass seidene Lampions vor ihren Häusern auf. Es wird neben seinem Geburtstag auch an seine Erleuchtung und seinen Einzug ins Nirvana erinnert. Bunte Prozessionen ziehen durch die Straßen bis zu den buddhistischen Pagoden. Dort kommen Tänze zur Aufführung.

Truong Yen Festival (3.–7. April 2009, 22.–25. April 2010): Das dreitägige Fest zu Ehren der Le- und Dinh-Könige findet in Hua Lo, der einstigen Hauptstadt des Dai Co Viet-Reichs (des Vorläuferstaates Vietnams) statt. Den Höhepunkt erreichen die Feierlichkeiten am 10. Tag des 3. Mondmonats mit einer Bootsprozession auf dem Hoang Long-Fluss, die am Königstempel von Dinh beginnt. Abends werden in den Tempeln des Königs Dinh und dem der Le-Könige Opfer dargebracht. Neben der Zeremonie finden zahlreiche Spiele statt, z. B. *keu chu*, ein traditionelles Mannschaftsspiel der Dorfbevölkerung.

April / Mai

Hue Festival: Jedes zweite Jahr findet im Monat April auf Initiative der französischen Botschaft ein großes Fest in Hue statt. Das nächste wird im Jahr 2010 gefeiert, das Datum wird erst kurz vorher festgelegt. Mit zahlreichen kulturellen Aktivitäten wird die Tradition Hues, seine Bedeutung als Weltkulturerbe, gefeiert. Zu den Veranstaltungen gehören kaiserliche Musikkonzerte, Prozessionen und die Vorführung alter Handwerkskünste. Aktuelle Informationen unter 💻 www.huefestival.com/index_thongtin_e.htm.

Tet Doan Ngo: Dieses Fest wird am 5. Tag des fünften Monats gefeiert. Es ist das Fest der Sommersonnenwende, an dem es gilt, Krankheit und Teufel auszutreiben. Zudem wird der Ahnen gedacht. Anlässlich des Festes wird viel Obst und Gemüse gegessen. Die Frauen färben sich ihre Nägel mit Henna, tragen Amulette um den Hals und die Jungen farbenfrohe Bänder um die Handgelenke; beides soll dazu dienen, die bösen Geister zu verscheuchen. Die Menschen ernten Blätter, die sie anschließend trocknen. Sie sollen als Gegengift bei Schlangenbissen und gegen

Parasiten helfen. Zudem werden Drachenbootsrennen veranstaltet.

Hung-Tempelfest (5.–7. April 2009, 23.–25. April 2010): Elefantenprozessionen, musikalische Darbietungen und leckere Reiskuchen (die ansonsten nur bei Tet gegessenen *banh day* und *banh chung*, s. S. 64*)* werden zu diesem Fest geboten, das zu Ehren der Hung-Dynastie gefeiert wird. Dieser entstammt auch jener Prinz, der die leckeren *banh* einst erfand. Die Wallfahrt zum Hung-Tempel dient zudem der Ahnenverehrung.

Ciong Festival: Dieses Fest findet vom 9. bis 12. Tag des 4. Mondmonats (3.–5.5.2009, 22.–24.5.2010) zu Ehren des Gottes Giong in Phu Dong bei Ha Noi statt. Als einer der vier Unsterblichen zeichnet sich Giong als Held der Verteidigung des Vaterlandes aus. Auf dem Fest wird eine Schlacht nachgespielt, die der Legende nach von Giong gegen einen feindlichen Eindringling aus dem Norden geschlagen wurde. Desweiteren sind Spiele und Zeremonien Teil dieses Festes.

Ba Chua Xu Festival: Etwa 7 km von Chau Doc entfernt auf dem Berg Sam wird zwischen dem 23. und dem 27. Tag des 4. Mondmonats (17.–21.5.2009, 5.–9.6.2010) das größte Fest des Südens gefeiert. Besucher kommen hier nicht nur her, um für Glück und Gesundheit zu beten, sondern werden auch von der Schönheit der Landschaft angelockt. Am 23. Tag, dem letzten Festtag, wird die Statue von Chua Xi in der Pagode in einem Bad aus Regenwasser und Blumen gewaschen. Die Tage davor sind Gesang und Tanz die Attraktionen.

Juli / August

Tet That Tich: An diesem Tag, dem 7. Tag des siebten Monats, erinnert man sich an die unglückliche Liebe eines Ochsenhirten zur Tochter des Jadekaisers, die als Seidenspinnerin arbeitete. Der Jadekaiser gab den beiden Liebenden seinen Segen. Doch da beide über ihr Zusammensein ihre Aufgaben vernachlässigten, war der Jadekaiser voller Zorn und verbat ihnen, sich weiterhin zu treffen. Nur einmal im Jahr, am 7. Tag des siebten Monats, dürfen sich die beiden für einen Tag wiedersehen – ein Grund zum Feiern! Die Menschen essen gut, gehen in den Tempel und opfern dem Ahnenaltar.

Tet Trung Nguyen: Dieser Festtag, auch Tag der Seelen genannt, wird am 15. Tag des siebten Monats gefeiert. An diesem Tag pilgern die Menschen zu den Pagoden, um der wandernden Seelen Verstorbener zu gedenken, die noch nicht zur Ruhe gekommen sind. Ihnen werden Opfer dargebracht, um sie milde zu stimmen. Es geht zudem an diesem buddhistischen Tag darum, Sünden zu vergeben.

August / September

Büffelfest von Do Son: Vom 8.–9. Tag des 8. Mondmonats (26.–27.9.2009, 15.–16.9.2010) finden in Don Son (bei Hai Phong) Büffelkämpfe statt. Das Fest beginnt mit einer Prozession: Die Büffel werden von einer Musikgruppe, die auf acht traditionellen Instrumenten spielt, durch das Dorf in die Arena begleitet. Hier finden die Kämpfe statt. Doch bevor es ernst wird, zeigen 24 junge Männer, die sich in zwei Teams aufteilen, einen Jubeltanz. Am Ende des Ochsenkampfes werden Sieger und Besiegte getötet, und es gibt ein Festmahl.

September / Oktober

Kate-Fest: Das Fest der Cham (Neujahrsfest) ist das größte Fest in Ninh Thuan und Binh Thuan und findet jedes Jahr an einem variablen Termin zwischen dem 29. Tag des achten Monats und dem 9. Tag des 9. Monats statt. Hauptorte sind die Cham-Türme Po Klong Garai und Po Re Me bei Phan Rang; aber auch in anderen Cham-Heiligtümern gilt es, die Ahnen, die ehemaligen Könige und die nationalen Helden zu ehren. Es werden Opfergaben dargebracht, und die Steinstatue von König Klong Garai erhält neue Kleidung. Nachdem traditionelle Volkslieder gesungen wurden, steht am Ende der Feier ein heiliger Tanz.

Tet Trung Thu: Das Mittherbstfest, auch Mini-Tet und Tag der Kinder genannt, wird am 15. Tag des achten Monats gefeiert. Dieser Tag ist den Kindern gewidmet – alle Eltern nehmen sich Zeit für sie und feiern mit ihnen zusammen. Es werden alte Mythen erzählt, die Kinder lehren sollen, fleißig und achtsam zu sein. Dazu gehört z. B. die Geschichte von der Dame des Mondes, die gedankenlos an einem heiligen Baum ihre Blase entleerte; der Baum wuchs danach so schnell in die Höhe, dass die Dame Ba Nguyet nun auf dem Mond lebt. Die Kinder basteln für dieses Fest Laternen und singen für Nguyet Lao, den Mann im

Mond, und seine Dame auf lauten Straßenprozessionen. Zu diesem Fest gibt es die Leckerei *banh trung thu*, ein Klebereis-Kuchen mit Lotussamen, Ei, Nüssen und kandierten Früchten. Dieser Kuchen wird entweder rund als Zeichen des Mondes geformt *(banh nuon)* oder rechteckig als Symbol der Erde *(banh deo)*. Beide Formen sind gefüllt mit Lotussamen, kandierten Früchten, Sesam und in Würfel geschnittenem Schweinefleisch.

Walfest: Am 16. Tag des 8. Monats werden dem Walskelett im Waltempel Lang Ca Ong in Vung Tau Opfergaben dargebracht.

Tet Trung Cuu: Das Fest der Felder und der Natur wird am 9. Tag des 9. Monats gefeiert und auch als „Fest der doppelten Neun" bezeichnet. Es stammt ursprünglich aus China. Wenn der Winter naht, begeben sich die Poeten (Schüler des Konfuzius) auf die Berge. Hier trinken sie Chrysanthemen-Likör und erleben die letzten Reste von Grün. Heute wird dieses Fest nur noch an wenigen Orten gefeiert.

Ochsenkarrenrennen: In den Distrikten Tinh Bien und Tri Ton findet alljährlich Ende September oder Anfang Oktober dieses traditionelle Sportfest der Khmer statt. Jeweils im Paar müssen die Ochsen ihre Schnelligkeit und Geschicklichkeit unter Beweis stellen und eine Wettkampfstrecke von 100 m bewältigen. Das Rennen umfasst zwei Runden (*hu* und *tha)*, wobei die Finalrunde *tha* als die aufregendste gilt.

Oktober / November

Chua Keo-Festival (11.–13. Oktober 2008, 30. Oktober–1. November 2009, 20.–22. November 2010): Dieses Fest wird zum Gedenken an den buddhistischen Mönch Khong Lo in der Keo-Pagode nahe Dong Chau gefeiert. Es findet zwischen dem 13. und 15. Tag des 9. Mondmonats statt, und schon allein die schöne hölzerne Pagode ist einen Besuch wert. An den Nachmittagen des Festes werden Bootsrennen veranstaltet, am Abend Trompeten- und Trommel-Wettbewerbe. Besonders schön und authentisch sind die Wasserpuppen-Aufführungen.

Tay Nguyen-Elefantenrennen (22. Oktober 2008, 10. November 2009, 31. Oktober 2010): Bei Buon Don, an einem Waldstück nahe dem Serepok-Fluss, findet alljährlich das größte Rennfestival des zentralen Hochlands statt, ein spannendes und turbulentes Elefantenrennen. Nahezu 2 km lang ist die Rennstrecke, auf der zehn Elefanten gegeneinander antreten. Die *tu va*, ein Instrument aus Büffelhorn, bläst zum Start, und unter lauten Zurufen, tönenden Gongs und Trommeln rennen die Dickhäuter um den Sieg. Der Gewinner wird mit Zuckerrohr verwöhnt. Das Fest feiert seinen Ursprung in der Kunst der Mnong im Umgang mit wilden Elefanten.

November / Dezember

Tet Trung Thap: Auch das „Doppelte-Zehn-Fest" genannt, da es am 10. Tag des 10. Mondmonats gefeiert wird. Geheilte danken ihren Ärzten, Kinder ihren Eltern und Schüler ihren Lehrern. Es heißt, an diesem Tag können Heilkräuter die positiven und negativen Kräfte des Universums in sich aufnehmen. Zudem bedanken sich die Menschen für den Beginn der Reisernte, weshalb das Fest auch „Fest des neuen Reis" genannt wird.

Ooc-om-boc-Festival: Am 15. Tag des 10. Mondmonats feiern alle Khmer-Dörfer dieses Fest. Den Schwerpunkt der Feierlichkeiten bilden die Opfergabe an den Hasen im Mond und das anschließende Bootsrennen. Die Geschichte vom Langohr geht auf eine alte Legende zurück, die von einem Hasen zu berichten weiß, der sich als

Der Drachentanz zum Mittherbstfest

Die Legende berichtet, dass einst in der Vollmondnacht eines Mittherbstfestes ein Holzfäller im Wald einen Drachen beobachtete, wie dieser im Fluss das Spiegelbild des Mondes zu fangen versuchte. Der Drache sprang unermüdlich hinter dem immer wieder vor ihm entschwindenden Mond her und wurde sehr zornig, als er ihn nicht fassen konnte. Um seine Wut abzureagieren, beschloss er, sich die Menschen im nahe gelegenen Ort vorzunehmen, und machte sich auf den Weg dorthin. Der Holzfäller stellte sich ihm mutig in den Weg und kämpfte mit dem starken Tier, bis er es schließlich besiegt hatte. Die Dorfbewohner waren unendlich dankbar, und seither wird am Mittherbstfest zur Erinnerung an den mutigen Holzfäller der Drachentanz aufgeführt.

Mahl anbot, weil er zu arm war, einem hungrigen heiligen Mann etwas anderes als sich selbst zu opfern. Den Abschluss und unbestrittenen Höhepunkt des Festes bildet das **Ngo-Bootsrennen**, das auf dem Maspero-Fluss in der Stadt Soc Trang veranstaltet wird. Vor dem Rennen finden eine Dankeszeremonie und eine Party für die Teilnehmer statt. Ngo-Boote sind schmale Langboote, vergleichbar einem langen Kanu, die für dieses Fest farbenfroh angemalt sind. Die Feier gehört zu den größten Sportfesten Asiens und zählt tausende Besucher.

Blumenfest von Da Lat: Alljährlich im Dezember wird das Blumenfest von Da Lat begangen. Ein Besuch lohnt, denn an diesen Tagen ist das Blumenmeer im botanischen Garten besonders prächtig.

Weihnachten: In den zahlreichen christlichen Kirchen werden Messen gefeiert. Vor allem in Ho-Chi-Minh-Stadt sind die Kirchen überfüllt. In den Schaufenstern funkeln Lichterketten und die Menschen – ob gläubige Katholiken oder nicht – erfeuen sich an den Festlichkeiten in den Kirchen und auf den Straßen.

Foto und Video

Vietnams Bewohner scheuen sich selten vor einer Fotokamera. Auch vor Videokameras läuft so schnell niemand davon. Selbstverständlich sollte man vor dem Fotografieren oder Filmen durch Gesten die Zustimmung des Menschen einholen, den man fotografieren möchte.

„Make photo, make photo?"

Von jungen Vietnamesen und asiatischen Touristen werden wir Weißgesichter gern als Fotomotiv ausgewählt. „Make photo, make photo" meint oft nicht, dass man denjenigen fotografieren soll, sondern man wird gebeten, sich dazuzustellen und gemeinsam für den Fotografen zu posieren. Seit immer mehr Fotohandys im Umlauf sind, wird gerne ein Erinnerungsfoto vom Zusammentreffen mit einem Ausländer gemacht, dies gilt vor allem für europäische Kinder.

Dies gilt vor allem für die Bergvölker und für Vietnamesen, die nur selten mit Ausländern in Kontakt kommen. Eine Ablehnung sollte unbedingt akzeptiert werden.

Digital- und Filmkameras besitzen großen Unterhaltungswert. Besonders beliebt macht sich, wer den Fotografierten nicht nur einen Blick auf das Bild erhaschen lässt, sondern es ihnen mittels eines kleinen mitgebrachten Mini-Druckers zur Erinnerung schenkt. Die wenigsten Bewohner Vietnams besitzen einen eigenen Fotoapparat. Gerne lassen sie sich in ihrem Urlaub von Berufsfotografen ablichten, die an allen größeren touristischen Plätzen ihre Dienste anbieten. Seit wenigen Jahren hat auch das Fotohandy zumindest in den Städten und bei jungen Vietnamesen Einzug gehalten, sodass immer mehr Schnappschüsse aus dem Alltag entstehen.

Kosten und Fotografierverbote

Im Mausoleum Ho Chi Minhs in Ha Noi herrscht absolutes Fotografierverbot. Auch militärische Anlagen dürfen nicht abgelichtet werden. Einige Museen erheben eine Fotogebühr. Zwar gibt es nur selten Kontrollen, aber wer nicht heimlich Fotos machen will, sollte die wenigen Tausend Dong investieren. Auch im Wasserpuppentheater in Ha Noi wird eine Gebühr erhoben.

Filme und Ausrüstung

Kleinbild-Fotomaterial gibt es in allen touristischen Städten zu kaufen, doch ist es oft nicht sachgerecht gelagert, sodass die Filme nicht immer von guter Qualität sind. Filme mit 36 Aufnahmen und 100 ASA kosten umgerechnet etwa US$1–2. Dia- und Schwarzweißfilme sind nur sehr schwer zu bekommen und sollten daher zur Sicherheit mitgebracht werden.

Nutzer einer Digitalkamera können ihre Bilder auf CD brennen lassen. Das kostet zwischen US$1,50–3 pro CD. Meist dauert die Herstellung etwa eine halbe Stunde. Sicherheitshalber sollte man die CD bei der Abholung am Computer des Anbieters prüfen, damit keine Bilder verloren gehen, wenn der Speicher gelöscht wird.

Speicherkarten werden ebenfalls verkauft. Sie sind nicht wesentlich teurer als in Deutschland, aber nicht überall erhältlich. Wegen der hohen Luftfeuchtigkeit können die Batteriekontakte der Kamera oxydieren. Das kann zum Totalausfall der Kamera führen. In diesem Fall reicht es meist aus, die Kontakte und die Batterien mit einem trockenen Tuch zu säubern. Ersatzbatterien sollte man unbedingt im Gepäck haben. Zumindest die handelsüblichen Marken können auch in Ho-Chi-Minh-Stadt und Ha Noi gekauft werden. Wie für die Filme gilt aber auch hier, dass die Qualität nicht immer garantiert ist. In den meisten touristischen Städten besteht die Möglichkeit, Filme entwickeln und Dateien auf Bild bannen zu lassen. Die Qualität ist o.k., hängt jedoch stark vom jeweiligen Anbieter ab. Passbilder für Visaanträge werden ebenfalls in den Fotoläden gemacht. Die Entwicklung dauert meist etwa 1–2 Tage.

Videofilme für Hi8 und Mini DV der handelsüblichen Marken gibt es in touristischen Städten zu kaufen. Sie kosten ab US$4.

Filmsicherheit am Flughafen

Die internationalen Flughäfen in Ha Noi und Ho-Chi-Minh-Stadt verfügen über Durchleuchtungsanlagen, die als sicher gelten. Auf vielen nationalen Flughäfen gibt es dagegen keine solchen Anlagen. Manchmal wird das Gepäck per Hand gecheckt. Sicherheitshalber sollte man versuchen, auch in Ho-Chi-Minh-Stadt oder Ha Noi hochempfindliche Filme (ab 400 ASA) per Augenschein kontrollieren zu lassen. Zudem lohnt sich die Anschaffung spezieller Bleitaschen, die die Filme bei einer Durchleuchtung schützen. Der dann auf dem Monitor zu sehende schwarze Kasten kann jedoch zur Irritation der Beamten führen und sollte zwecks einfachen Vorzeigens im Handgepäck transportiert werden.

Geld

Währung

In Vietnam wird in Dong bezahlt. Nachdem der Dong in den 80er-Jahren noch unter großer Inflation zu leiden hatte (bis zu 700 %), hat sich die Lage mittlerweile stabilisiert und die Inflationsrate ist auf etwa 8 % gesunken. Dong werden hinter der ausgepreisten Summe mit „d" oder „VND" abgekürzt. Es sind Münzen und Scheine im Wert von 200, 500, 1000 und 5000 Dong im Umlauf, Geldscheine zudem im Wert von 10 000, 20 000, 50 000, 100 000 und 500 000 Dong.

Neben dem Dong ist der US-Dollar inoffizielles Zahlungsmittel. Es macht Sinn, ein paar US-Dollar in bar mitzunehmen, da diese problemlos überall in Dong getauscht werden und einige Posten sogar nur mit US$ bezahlt werden können (dazu zählen beispielsweise Visa für die angrenzenden Länder, mehr dazu s. S. 37, Reisekosten).

Wechselkurse

1 Euro	=	24 000 VND	1000 VND	=	0,043 Euro
1 sFr	=	14 870 VND	1000 VND	=	0,076 sFr
1 Baht	=	524 VND	1000 VND	=	1,9 Baht
1 US$	=	16 292 VND	1000 VND	=	0,61 US$
1 Yuan	=	2262 VND	1000 VND	=	0,46 Yuan
1 Kip	=	1,79 VND	1 VND	=	0,56 Kip
1 Riel	=	4,19 VND	1 VND	=	0,24 Riel

Wechselkurse unter 💻 www.bankenverband.de/html/reisekasse/waehrungsrechner.asp.

Geldwechsel

Vietnam hat zahlreiche Banken, die sowohl Travellerschecks einlösen als auch auf Visa oder Mastercard Geld auszahlen, über Geldautomaten verfügen und Bargeld wechseln. In den Provinzstädten lösen die Banken meist keine Travellerschecks ein. 🕓 i. d. R. Mo–Fr 8–11.30 und 13–16 Uhr. Wechselstuben mit gutem Kurs befinden sich oft in Juwelierläden. In Hotels und bei Reiseveranstaltern bekommt man meist einen schlechteren Kurs.

Bargeld und Reiseschecks

US-Dollar lassen sich nahezu überall problemlos in Dong wechseln. Generell ist anzuraten, ein paar Bar-Dollar mitzunehmen, da diese Währung zwar akzeptiert, aber nur selten von Banken ausgegeben wird. Für manche Visa ist z. B. der Betrag in US$ zu zahlen, sodass ein paar Scheine nicht schaden. Auch einige Rikschafahrer nehmen nur Dollar.

Euro werden nicht als Zahlungsmittel anerkannt. Sie lassen sich jedoch in Banken touristischer Städte problemlos in Dong wechseln; auf dem Land kann man mit Euro allerdings noch nichts anfangen.

Travellerschecks bieten Schutz vor Diebstahl und werden auch in kleineren Orten von den Banken akzeptiert. Meist wird eine Gebühr von 2 % einbehalten.

Kredit- und Geldkarten

Kreditkarten werden in den größeren Hotels, von Vietnam Airlines und in Banken – am Schalter und am Automaten akzeptiert. Auch in Reisebüros kann man die Rechnung mit Karte begleichen. Meist wird eine Gebühr von 1–3 % erhoben.

Geldkarten, wie etwa die Maestro-Karte, sind ebenfalls von hohem Nutzen, da man mit ihnen an den Automaten der Vietcom Bank Dong holen kann.

Geldautomaten (ATM) gibt es mittlerweile in allen größeren Städten (Standorte unter www.mastercard.com/atm) und touristischen Orten. Alle ATM der Vietcom Bank akzeptieren VISA und MasterCard (manche auch Maestro und Cirrus). Agribank und Dong A Bank haben zwar auch ATM, diese geben aber nur auf vietnamesische Karten Geld heraus.

Sicher zahlen mit Kreditkarte

Wer mit Kreditkarte bezahlt oder sich mit der Karte Geld auszahlen lässt, sollte diese immer im Auge behalten. Manchmal wird versucht, zwei Kaufbelege zu erstellen, um den, der ohne Unterschrift bleibt, später zum eigenen Einkauf zu nutzen. Im Safe, der auch von anderen genutzt wird oder dem Hotelpersonal zugänglich ist, hat die Kreditkarte generell nichts verloren.

Kartenverlust

Rund um die Uhr kann man unter der internationalen Nummer 0049-1805 021021 oder 0049-116116 alle Karten sperren lassen. Dafür sind die Bankleitzahl und die Kontonummer anzugeben.

Die Anbieter haben zudem eigene Sperrnummern:

VISA, www.visa.de, Karte sperren per Telefon (international kostenfrei): 001 410 5819994 oder 0049-(0)-800-8 118 440.

American Express, www.americanexpress.de, Sperrung: 0049-(0)-800-1853 100.

MasterCard, www.mastercard.com, Karte sperren: 001 636 7227111 (international kostenfrei).

Sparkassen haben für die Sperrung von Karten den Notruf 0049-116116 eingerichtet. Auch bei den **Banken** können die Karten direkt gesperrt werden. Sinnvoll ist es, vor der Abreise eine Ansprechadresse für den Notfall zu erfragen.

Wer seine **Travellerschecks** verliert, meldet dies unter den Nummern: American Express Reiseschecks, 0049-8001 853100, oder Thomas Cook Reiseschecks, 0049-8001 59930.

Bei einer Abhebung wird eine Gebühr von 20 000 Dong aufgeschlagen. Der Höchstbetrag einer Abhebung beläuft sich auf 2 Mill. Dong. Viele Kreditkartenunternehmen haben mittlerweile Angebote, die es erlauben, kostenlos Geld abzuheben, sodass die ansonsten fälligen 4–5,5 % Bearbeitungsgebühr an die heimische Bank entfallen. Wer mit seiner Maestro- oder Cirrus-Karte hier Dong abhebt, zahlt der auszahlenden Bank eine Kommission von meist unter US$1. Die heimische Hausbank berechnet für die Auslandsabhebung jeweils etwa 3,50 €. Kunden der Citibank bekommen in Ho-Chi-Minh-Stadt und Ha Noi kostenfrei auf Maestrokarten Geld, denn hier befinden sich Filialen. Bei der Abhebung am ATM muss auf *withdrawal* bzw. *current* gedrückt werden.

Wer sein Geld verliert: siehe Tipps zur Geldbeschaffung aus Deutschland unter www.stefan-loose.de/vietnam/tipps.

Gepäck und Ausrüstung

Menschen werden in Vietnam in hohem Maße nach ihrem Äußeren bewertet, und ein schmuddeliges Outfit führt schnell zur Ablehnung. Daher sollte sich die Auswahl der Kleidung an den Kriterien lässig-bequem und ordentlich orientieren. Für den Tag ist leichte und dezente Kleidung möglichst aus Baumwolle ratsam. Da das ländliche Vietnam außerhalb der Städte und Badestrände meist noch sehr konservativ ist, sollten Knie und Schultern hier am besten bedeckt sein.

Warme Kleidung: Für den Abend empfiehlt es sich in der kühlen Jahreszeit (unseren Wintermonaten), einen langärmeligen Pullover dabeizuhaben. Dies gilt vor allem für den Norden. Wer in die Berge fährt (z. B. nach Da Lat oder Sa Pa), sollte zu jeder Jahreszeit einen warmen Pulli einpacken oder ihn direkt vor Ort kaufen, bevor es nach Sonnenuntergang kühl wird. In Bussen mit AC schützt ein langärmeliger Pullover vor Unterkühlung.

Bewährt haben sich dünne Jugendherbergs-**Schlafsäcke**, um die in billigeren Zimmern manchmal schmutzigen Decken zu ersetzen.

Das **Schuhwerk** ist abhängig von den geplanten Aktivitäten. Für Trekking-Touren sind robuste Schuhe ratsam (s. u.). Ansonsten reichen qualitativ hochwertige Sandalen und Turnschuhe.

Wichtig ist ein **Sonnenhut** oder ein Tuch, da der Kopf vor der oft stechenden Sonne besonders geschützt werden muss. Auch ein ausreichender **Moskitoschutz** ist wichtig. Insektenschutzmittel der Marke Soffell sind in Vietnam z. T. erhältlich, sie können auch zuvor günstig in Thailand gekauft werden. Reisende berichten, dass Autan ihnen in Vietnam nicht denselben Schutz bot wie von zuhause gewohnt. Moskitonetze gibt es auf vielen Märkten und meist auch auf Anfrage im Hotel oder in der Bungalowanlage.

Der Sicherheit zuliebe ist es sinnvoll, ein **Vorhängeschloss** mitzunehmen. Vor allem auf dem Land können die meisten Unterkünfte damit sicherer verschlossen werden. Eine **Taschenlampe** ist bei Stromausfall nützlich, auch ein **Taschenmesser** ist immer praktisch (Vorsicht, darf im Flugzeug nicht im Handgepäck mitgeführt werden). Für Taschenlampe, Walkman, Weltempfänger oder sonstige batteriebetriebene Geräte empfiehlt sich die Mitnahme von **Akkus**, die mit einem kleinen Ladegerät problemlos aufgeladen werden können. Dia-Fotografen sollten genug Filme mitbringen.

Ausrüstung auf Trekkingtouren

Auf Treks bewährt haben sich **Dschungelboots** aus Armeebeständen, die es in manchen Provinzstädten zu kaufen gibt. Bei einfachen Treks in der Trockenzeit reichen Turnschuhe meist aus. Gute **Wanderschuhe** machen sich immer bezahlt. Sie sollten aus einem Material bestehen, das möglichst schnell trocknet. Und die Schuhe sollten die Knöchel stützen, damit man nicht so leicht umknickt.

Vorsicht: Ein Trek in der Regenzeit ist nicht ratsam. Es ist dann kaum möglich, nassgewordene Kleidung und Schuhe zu trocknen, und die Wege sind oft gefährlich rutschig. Wer dennoch auf Wanderschaft geht, sollte Regenjacken und ggf. ein Paar Zweitschuhe einpacken.

Auf mehrtägige Treks sollte – nicht nur in der kühlen Jahreszeit – ein **Schlafsack** mitgenommen werden. Daunen sind ungeeignet, da sie bei der hohen Luftfeuchtigkeit nicht trocknen und schnell schimmeln. Ein Zelt und ein wetterfester Schlafsack sind nur nötig, wenn entsprechende Abenteuer geplant sind. Für laue Tropennächte reichen ein Bettbezug, ein Betttuch oder ein Jugendherbergs-Schlafsack. Sinnvoll ist auch die Mitnahme von **Wasserflaschen**, die am Körper befestigt werden können, und natürlich ein Rucksack, der gut sitzt und leicht zu tragen ist.

Wäsche waschen

In den meisten Gästehäusern ist es untersagt, seine Wäsche selber zu waschen. Man wird stattdessen gebeten, den Wäscheservice zu nutzen, der von fast allen Hotels und Gästehäusern angeboten wird. Die Preise variieren je nach Standard der Unterkunft, bewegen sich aber meist im Rahmen von etwa US$0,20–US$1 pro Wäschestück. Die Wäsche kann i. d. R. 24 Stunden später frisch gewaschen und oft auch gebügelt abgeholt werden.

☒ Gepäck-Check

Kleidung

- ☐ **Feste Schuhe** (für Trekking-Touren in der Trockenzeit reichen Turnschuhe)
- ☐ **Sandalen** (in die man leicht hinein und herausschlüpfen kann)
- ☐ **Gummi-** oder **Trekkingsandalen** (unter Duschen Pilzgefahr!)
- ☐ **Hosen** bzw. **Röcke** aus Baumwolle, die nicht zu eng sitzen sollten.
- ☐ **Kurze Hosen** (bei Männern bis zum halben Oberschenkel, bei Frauen bis zum Knie Shorts nur am Strand)
- ☐ **Hemden** oder **Blusen**
- ☐ **T-Shirts / Polo-Shirt*** mit Ärmel
- ☐ **Jacke** (für die An- und Abreise, kühle Nächte in den Bergen und AC-Busse)
- ☐ **Pullover**
- ☐ **Sonnenschutz**: Hut / Brille (in unzerbrechlicher Box) / Sonnencreme
- ☐ **Socken** (für den Abend dichte, nicht allzu kurze Socken als Moskitoschutz)
- ☐ **Unterwäsche** (aus Baumwolle), für Frauen BH
- ☐ **Badekleidung**, für Frauen Badeanzug, wenn Bikini, nicht zu sexy

Hygiene und Pflege

- ☐ **Zahnbürste*, Zahnpasta** in stabiler Tube, Zahnseide
- ☐ **Shampoo** / Haarpflegemittel
- ☐ **Nagelschere** und Nagelfeile
- ☐ **Kosmetika** / Hautpflegemittel
- ☐ **Papiertaschentücher, Feuchties** (zur Hygiene unterwegs
- ☐ **Sagrotan-Tücher**
- ☐ **Tampons** (ausreichende Menge mitnehmen, denn es gibt sie nur in einigen Supermärkten und dann meist auch nur in Mini oder Extra. Binden bekommt man dagegen überall)
- ☐ **Notfall-Toilettenpapier** (in einfachen Hotels und auf öffentlichen Toiletten nicht vorhanden)
- ☐ **Plastiktüten** (für schmutzige Wäsche und als Nässeschutz)
- ☐ **Nähzeug** (Zwirn / Nähseide / Nadeln / Sicherheitsnadeln)

Sonstiges

- ☐ **Taschenlampe** (ggf. Akkus und kleines Ladegerät)
- ☐ **Reisewecker** (oder Handy / Armbanduhr mit Wecker)
- ☐ **Taschenmesser** (z. B. Schweizer Messer)
- ☐ **Kompass**
- ☐ **Reiseapotheke**, s. S. 82
- ☐ **Notizbuch** / Stifte
- ☐ **Flugtickets**, Geld (Bargeld/Reiseschecks/ Abrechnung über Schecks/Kreditkarte)
- ☐ **Kopien der Dokumente**
- ☐ **Reiseführer, Landkarten, Reiselektüre**
- ☐ **Reisepass** (evtl. Internationaler Studentenausweis und Personalausweis)
- ☐ **Impfpass** (oder zumindest eine Kopie davon für den Notfall)
- ☐ **Kopien der Dokumente** (nach der Einreise wegen Einreisestempel anfertigen)
- ☐ **Kleine Geschenke**

Wer in einfachen Unterkünften wohnen wird, braucht zudem

- ☐ **Seife** oder Waschlotion im bruchsicheren Behälter
- ☐ dünne **Handtücher**, die schnell trocknen (meist in den Hotels vorhanden)
- ☐ **Waschmittel** in der Tube, Gallseife
- ☐ **Plastikbürste** (zum Reinigen von Wäsche und Schuhe)
- ☐ **Schnur** (als Wäscheleine oder zum Aufspannen des Moskitonetzes)
- ☐ **Klebeband** (um zu packen und Löcher im Moskitonetz zu verschließen)
- ☐ **kleine Nägel** oder Reißzwecken (zum Befestigen des Moskitonetzes)
- ☐ **Vorhängeschloss** (und kleine Schlösser fürs Gepäck)
- ☐ **Moskitonetz**
- ☐ **Schlafsack** (Leinenschlafsack, Bettbezug oder dünne Tücher)

Gesundheit

Das gesundheitliche Risiko ist bei einer Reise auf touristischen Pfaden gering. Wer in abgelegenen Regionen trekken will oder sich länger in Malariagebieten aufhält, sollte wegen einer erhöhten Erkrankungsgefahr entsprechende Vorsichtsmaßnahmen treffen (s. S. 677). Die meisten Krankheiten lassen sich durch eine sorgfältige Vorbereitung und umsichtiges Verhalten vermeiden.

Am häufigsten treten Denguefieber, Hepatitis, Malaria, Tollwut, Typhus und Tuberkulose auf. Näheres dazu und zu weiteren möglichen Krankheiten s. S. 676, Reisemedizin zum Nachschlagen. Erwähnenswert ist auch die Restbelastung aus dem amerikanischen Krieg, sodass vor allem für kleine Kinder und schwangere Frauen ein Risiko durch in dem Entlaubungsmittel Agent Orange enthaltene Dioxine besteht. Diese Gruppe sollte unbedingt vom Baden in Flüssen und Seen absehen.

Vor der Reise

Impfungen

Unbedingt zur Reiseplanung gehört ein Blick in den Impfpass. Ein Basis-Impfschutz (Tetanus, Polio und Diphtherie) reicht für Vietnam, muss jedoch vor weniger als zehn Jahren stattgefunden haben. Zu empfehlen ist eine Immunisierung gegen Hepatitis A. Reisende, die länger als drei Monate unterwegs sind, sollten auch über eine Hepatitis-B-Immunisierung nachdenken. Impfungen gegen Tuberkulose und Typhus sind ebenfalls sinnvoll. Manche Ärzte raten zum Impfschutz gegen Tollwut und Japanische Encephalitis. Da es in Vietnam Malaria-Erreger gibt, stellt sich die Frage, ob eine chemische, biologische oder gar keine Prophylaxe eingenommen werden sollte (s. Malaria S. 677). Wer aus Westafrika, Zentralafrika oder Südamerika einreist, muss bei der Einreise eine Impfung gegen Gelbfieber vorweisen. Es ist sinnvoll, den Impfpass (oder eine Kopie) bei sich zu tragen, damit die Ärzte im Notfall wissen, wogegen man geimpft ist.

Am besten ist eine aktuelle **Impfberatung** beim Haus- oder Tropenarzt. Jeder Hausarzt kann diese Beratung durchführen (meist muss er sich aber zuvor kundig machen). Erst danach ist er gesetzlich legitimiert, Medikamente wie etwa eine Malaria-Prophylaxe zu verschreiben. Ein Plus ist, dass der Reiseort beim Hausarzt aktenkundig wird.

Tropeninstitute in Deutschland:

Berlin: Impfzentrum, Spandauer Damm 130 Haus 10, 14050, ✆ 030-301166, 💻 www.bbges.de
Dresden: Institut für Tropen- und Reisemedizin, Friedrichstr. 39, 01067, ✆ 0351-4803801
Düsseldorf: Heinrich-Heine-Universität, Moorenstr. 5, Gebäude 11.31, ✆ 0211-811703, 💻 www.uni-duesseldorf.de
Göttingen: Tropeninstitut, Werner-von-Siemens-Str. 10, 37077, ✆ 0551-307500
Hamburg: Tropeninstitut, Seewartenstr. 10, 20459, ✆ 040-42818800, 💻 www.gesundes-reisen.de
Hamburg: Bernhard-Nocht-Institut, Bernhard-Nocht-Str. 74, 20359, ✆ 040-428180, 💻 www.bni.uni-hamburg.de
Heidelberg: Inst. für Tropenhygiene, Im Neuenheimer Feld 324, 69120, ✆ 06221-562925, abrufbare Informationen vom Tonband über Asien unter ✆ 06221-565633
München: Abt. für Infektion und Tropenmedizin, Leopoldstr. 5, 80802, ✆ 089-218013500, abrufbare Informationen vom Tonband über Asien unter ✆ 089-218013508
Rostock: Abt. für Tropenmedizin und Infektionskrankheiten, Ernst-Heidemann-Str. 6-8, 15055, ✆ 0381-4947583
Tübingen: Institut für Tropenmedizin, Kepplerstr. 15, 72074, ✆ 07071-2982364

In der Schweiz:
Basel: Schweizerisches Tropeninstitut (STI), Socinstr. 57, 4051, ✆ 061-2848111, 💻 www.sti.ch, telefonische Auskunft vom Band unter ✆ 0900-573010 (1,49 Fr./Min.)

In Österreich:
Wien: Zentrum für Reisemedizin, Zimmermanngasse 1a, 1090, ✆ 01-4038343, 💻 www.reisemed.at

Diese Beratung muss bezahlt werden (etwa 30 €), kostenlos wird sie meist von den städtischen Gesundheitsämtern angeboten. Es lohnt sich, bei der Krankenversicherung nachzufragen, welche Impfungen für die Urlaubsreise übernommen werden, da einige Kassen seit 2007 zusätzliche Impfungen in ihr Vorsorgeprogramm aufgenommen haben.

Bei Impfungen ist zu bedenken, dass manche bis zu acht Wochen vor der Reise erfolgen müssen. Auch eine Malaria-Prophylaxe beginnt zwei Wochen vor der Einreise. Einen Internationalen Impfausweis will heute kein Zöllner mehr sehen, ihn mitzunehmen ist dennoch sinnvoll: Im Krankheitsfall spricht er eine sichere und international verstandene Sprache.

Und wer über Land von Kambodscha aus einreist, spart damit Geld (s. S. 43).

Vorschlag für eine Reiseapotheke

Von allen regelmäßig benötigten Medikamenten sollte man einen ausreichenden Vorrat mitnehmen. Nicht zu empfehlen sind Zäpfchen oder andere hitzeempfindliche Medikamente.

Basisausstattung

- ☐ **Verbandzeug** für Erste Hilfe (Heftpflaster, Leukoplast, Mullbinden, elastische Binde, sterile Kompressen, Pinzette)
- ☐ sterile **Einmalspritzen** und -kanülen (wenn mögl. mit ärztlicher Bestätigung, dass sie medizinisch notwendig sind)
- ☐ **Fieberthermometer**
- ☐ **Mückenschutz** (für Kinder: Zanzarin oder ein anderes biologisches unschädliches Produkt, Autan hilft nicht wie gewohnt)
- ☐ **Sonnenschutz** mit UVA- und UVB-Filter

Schmerzen und Fieber

- ☐ **Paracetamol, Dolormin** (keine acetylsalicylsäurehaltigen Medikamente)
- ☐ **Buscopan** (gegen krampfartige Schmerzen)
- ☐ **Antibiotika*** gegen bakterielle Infektionen (in Absprache mit dem Arzt, sinnvoll ist ein Breitbandantibiotikum, welches sowohl bei Wurzelentzündungen der Zähne als auch anderen Infekten hilft.)

Magen- und Darmerkrankungen

- ☐ Tabletten gegen **Durchfall** (Imodium akut)
- ☐ **Elektrolytpulver** zum Trinken (Elotrans, für Kinder: Oralpädon)
- ☐ Mittel gegen **Verstopfung** (Dulcolax Dragees, Laxoberal Tropfen)
- ☐ evtl. Medikament gegen **Sodbrennen**

Erkrankungen der Haut

- ☐ **Desinfektionsmittel** (Betaisadona Lösung, Kodan Tinktur)
- ☐ **Antibiotische Salbe** für infizierte oder infektionsgefährdete Wunden (Nebacetin RP)
- ☐ Mittel gegen **Juckreiz** nach Insektenstichen und Allergien (Soventol Gel, Azaron Stift, Fenistil Tropfen, Teldane Tabletten)
- ☐ **Cortison-Creme** für starken Juckreiz oder stärkere Entzündung (Soventol Hydrocortison Creme, Ebenol Creme)
- ☐ **Wund- & Heilsalbe** (Bepanthen)
- ☐ **Fungizid ratio, Canesten** (bei Pilzinfektionen)
- ☐ **Augentropfen** bei Bindehautentzündungen (Berberil, Yxin)

Erkältungskrankheiten

- ☐ **Nasenspray**
- ☐ **Halsschmerztabletten**
- ☐ **Hustenstiller / Schleimlöser**

Reisekrankheit

- ☐ **Superpep Kaugummis**, Vomex

evtl. Malaria-Prophylaxe

- ☐ ärztlich empfohlenes Mittel zur Prophylaxe oder Standby-Therapie

Bitte bei den Medikamenten Gegenanzeigen und Wechselwirkungen beachten und sich vom Arzt oder Apotheker beraten lassen. (rezeptpflichtig in Deutschland)*

Reiseapotheke

Ins Gepäck gehört auf jeden Fall eine kleine Reiseapotheke, s. Kasten. Hier sollten Medikamente gegen Magenverstimmungen und Darminfektionen nicht fehlen. Frauen sollten auch Mittel gegen Pilzinfektionen dabeihaben. Da die Wundheilung aufgrund der hohen Luftfeuchtigkeit oft langsamer vonstatten geht, sind Desinfektionsmittel und Wundsalben hilfreich. Auch regelmäßig benötigte Medikamente gehören ausreichend ins Gepäck.

Allgemeine Gesundheitstipps für die Reise

Nachdem man sich ausreichend geimpft hat, muss man sich vor allem vor **Malaria** und **Denguefieber** schützen. Der beste Mückenschutz sind lange Kleidung in den Abendstunden, mückenabweisende Mittel und ein Moskitonetz. Zudem sollte man sich von sumpfigen und modrigen Gewässern fernhalten, da sich die Mücken hier zahlreich vermehren.

Magen- und Darm-Krankheiten: Meist reicht es zur Vorsorge, auf ungeschältes Obst und Eis sowie auf rohe Nahrungsmittel zu verzichten. Wichtig ist die persönliche Hygiene, denn viele Krankheitserreger trägt man mit den eigenen Fingern zum Munde. Außerdem sollte man auf seinen „Bauch" hören, Gabel und Löffel zur Seite legen, wenn das Essen nicht schmeckt oder der Appetit plötzlich weg ist. Und selbst wer einen robusten Magen hat, sollte beim Essen am Straßenrand zweimal hinschauen. Wer unter **Durchfall** leidet, muss sich erst einmal Ruhe gönnen und den Flüssigkeits- und Salzverlust mit angereichertem Wasser ausgleichen. Abgepackte Elektrolyt-Lösungen gibt es in jeder Apotheke. Zudem sollten Erkrankte auf Gemüse und Obst verzichten und fettige Speisen meiden. Mit viel Reis (gesalzen), ausreichend Wasser und ein wenig Medizin (z. B. Imodium) sind die meisten Durchfälle in den Griff zu kriegen. Spätestens nach 3–5 Tagen ohne Besserung sollten Erkrankte jedoch einen Arzt aufsuchen. Vorsicht: Extrem dünner, weißlicher Stuhlgang deutet auf eine Cholera-Infektion hin, die unverzüglich behandelt werden muss.

Wichtig ist immer, genügend **Flüssigkeit** zu sich zu nehmen. Erwachsene sollten zwischen 3 und 4 l Wasser am Tag trinken. Bier, Kaffee und Tee (auch grüner) zählen nach neuesten Erkenntnissen der Ernährungswissenschaft auch endlich positiv zur Wasserbilanz, sodass es kein Problem darstellt, diese Menge Flüssigkeit zu trinken. Am besten ist es jedoch, auch weiterhin gleich morgens beim Frühstück neben dem Kaffee eine Menge klares Mineralwasser zu trinken. Sichtbarstes Zeichen und Warnsignal für mangelnde Flüssigkeitsaufnahme ist eine geringe, dunkelgelbe Urinmenge. Dann heißt es dringend nachtanken.

Auch wer unter **Verstopfung** leidet, muss viel trinken. Auch hier ist eine Reisepause ratsam. Meist reicht es, wenn man sich Zeit nimmt, einmal in Ruhe auf Toilette zu gehen und zu entspannen. Ansonsten helfen Ballaststoffe und frisches Obst (aber waschen und schälen, damit nicht ein Durchfall die Verstopfung ablöst) und in dringenden Fällen eine Abführtablette.

Wegen der klimatischen Bedingungen kommt es oft zu **Erkältungen**. Wenn es nach Sonnenuntergang schnell kühl wird, hilft ein dünner Pullover – in den Bergen ein dicker. Wichtig ist, nachts die Klimaanlage oder den Ventilator auszustellen. Selbst eine leichte Unterkühlung führt oft zu einem ausgewachsenen Schnupfen oder gar einer Lungenentzündung. Und niemals die Sonne unterschätzen: Ein Tuch, ein Hut oder ein Sonnenschirm haben schon manchen Reisenden vor einem **Sonnenstich** bewahrt. Zum Schutz der Augen ist eine gute Sonnenbrille unerlässlich.

Medikamente vor Ort kaufen

In Vietnams Apotheken (oder beim Zwischenstopp in Thailand) gibt es viele Präparate billiger als in Deutschland und auch ohne Rezept. Einige sind jedoch weitaus weniger oder gar nicht wirksam, da es sich um Kopien handelt. Leider kann man die Imitate nicht von den Originalen unterscheiden. Wer dennoch nicht umhinkommt, Medikamente vor Ort zu besorgen, sollte beim Kauf einen Blick auf das Haltbarkeitsdatum werfen. Unbedenklich sind die medizinischen Vorräte i. d. R. in den internationalen Krankenhäusern.

Trinkwasser

Das **Leitungswasser** in Vietnam ist nicht zum Trinken vorgesehen. Auch die Zähne sollten sich Reisende zur Sicherheit nicht damit putzen. Die überall angebotenen Trinkwasser-Flaschen sind versiegelt. Wichtig ist ein eigener Wasservorrat vor allem bei Ausflügen.

Medizinische Versorgung

Eine Behandlung im Krankenhaus oder der Privatklinik kann ohne Versicherung sehr teuer werden. Direkt zu bezahlen sind in jedem Fall sowohl die Behandlung als auch die Medikamente. Die medizinische Versorgung in den staatlichen Krankenhäusern Vietnams ist nicht mit dem europäischen Standard vergleichbar. Dagegen sind die Privatkliniken bereits bestens ausgestattet und verfügen über ein internationales Ärzteteam. Außerhalb der Städte kann es in den Provinzen schwierig werden, Englisch sprechende Ärzte zu finden. Die Kliniken werden, sofern vorhanden, in den entsprechenden Kapiteln aufgeführt.

Das **Bangkok Hospital** verfügt über einen Flugrettungs-Notdienst, der nicht nur in Thailand, sondern auch in den Nachbarländern hilft: Notruf ☏ 02310-3456. Es stehen Hubschrauber und Flugzeuge mit ausgebildetem Rettungspersonal zur Verfügung.

Informationen

Ein offizielles Touristeninformationsbüro von Vietnam existiert in Deutschland bislang nicht. Aktuelle Informationen bekommt man in Reisebüros, bei Tourveranstaltern und natürlich im Internet.

Hotels und **Reiseagenturen** in Vietnam haben zahlreiche Informationen, oft sind die Hoteliers gleichzeitig Betreiber einer Reiseagentur und helfen direkt mit einem Ticket weiter. Einige Reiseveranstalter arbeiten eng mit dem Staat zusammen und schmücken sich zuweilen mit der Bezeichnung „Tourist Information“. Hinter diesen Büros stecken jedoch Reisebüros, die folglich keine unparteiische Information geben, wie man es von Touristeninformationsbüros gewohnt ist. Vielmehr sind sie am Verkauf von Reisen ihrer Vertragspartner interessiert.

Im Internet

Längst verstehen es die Traveller der Welt, das Internet für sich zu nutzen. Immer mehr Reisende stellen ihre Tipps ins Netz, chatten in Newsgroups oder suchen sich einen Reisepartner. Auch das direkte Buchen übers Netz mit Anbietern aus Vietnam wird immer zuverlässiger. Flüge, große Hotels, Gruppen- und Abenteuerreisen, Mietwagen und sogar Gästehäuser können so gebucht werden.

Bei den meisten Hotels ist kostenlose Internetnutzung im Zimmerpreis enthalten, sodass man direkt vor Ort die neuesten Informationen erhalten kann. Neue Updates von Loose-Lesern und dem Loose-Webteam finden sich unter 💻 www.stefan-loose.de/updates/asien/vietnam.

Hilfreiche Informationen tauschen Loose-Leser auch im Vietnam-Forum aus.

Deutsche Vietnam-Seiten/-Foren

💻 www.stefan-loose.de/globetrotter-forum
Forum der Stefan Loose Bücher – natürlich auch mit Themen rund um Vietnam. Wer Fragen hat, kann sie hier posten. Unter www.stefan-loose.de/vietnam finden sich zudem viele weitere Informationen und die aktuellen Updates zum Buch.

💻 www.vietnam-freunde.net
Zahlreiche Themen, u.a. über Musik und Kultur, werden von der in Deutschland lebenden Ngyuen Thi Kim aufgegriffen. Informative Linksammlung.

💻 www.vietnam-guide.de
Viele Informationen über Land & Leute, eigenes Forum, Literaturtipps und mehr finden sich auf dieser ansprechend gestalteten Seite.

💻 www.vietnam-forum-vn.de
Sehr empfehlenswertes Forum. Viele kompetente Forenmitglieder.

💻 www.cms.vietnam-infothek.de
Gute Homepage zum Mitmachen. Reise- und Landestipps; Ausstellungshinweise und Berichte

über das Leben in Vietnam (beispielsweise, wie man hier studieren kann). 💻 www.vietnam-dvg.de Webauftritt der Deutsch-Vietnamesischen Gesellschaft. Der Verein hat das Ziel, die Kontakte zwischen Vietnam und Deutschland zu intensivieren. Zusammnegestellt sind Informationen zu Land und Leuten, Reise- und Literaturtipps.

Sicherheits- und Reisehinweise

💻 www.auswaertiges-amt.de/diplo/de/Laender informationen/01-Laender/Vietnam.html,
💻 www.bmma.gv.at, 💻 www.eda.admin.ch
Wer über die aktuelle Sicherheitslage in Vietnam informiert sein möchte, findet beim deutschen Auswärtigen Amt (AA), beim österreichischen Bundesministerium für auswärtige Angelegenheiten und beim Schweizer Außenministerum Daten und Fakten.

💻 www.amnesty.de
Zur Frage der Menschenrechte meldet sich Amnesty International (AI) regelmäßig zu Wort.

Tourismus

💻 www.vietnamtourism.com
Englischsprachige Seite mit Hoteltipps, Reisehinweisen und Buchungsmöglichkeit. Neueste Informationen zu Tourismusjahren und anderen Aktivitäten aus diesem Wirtschaftszweig.

💻 www.vietnamtourism.de
Informationen zu Land und Leuten, Hoteltipps und mehr gibt es auf dieser Touristik-Informationsseite.

Wetter

💻 weather.yahoo.com/regional/VMXX.html
Wetterportal mit Wettervorhersagen für zahlreiche Städte Vietnams; listet das zu erwartende Wetter für vier Tage. Inklusive Sonnenauf- und -untergangszeit.

💻 www.wetteronline.de/Vietnam.htm
Dreitage-Wettervorhersage für die Städte Ha Noi, Hue, HCMS, Ca Mau und Nha Trang, sowie die Wetterlage der angrenzenden Länder.

Zeitungen

💻 www.asialifehcmc.com
Viele Adressen in HCMS, Stadtplan. Viele Infos auch über Phnom Penh und Siem Reap. Die Rubrik News und Events listet v. a. Promotionangebote.

💻 english.vietnamnet.vn
Interessante Artikel aus Wirtschaft, Kultur und Politik. Viele Veranstaltungstipps aus ganz Vietnam. Sehr informativ.

💻 www.saigontimesweekly.saigonnet.vn
Onlineausgabe des Wirtschaftsmagazins *Saigon Times Weekly*. Wer sich für Wirtschaftsthemen interessiert, findet hier die neusten Informationen.

Landkarten und Stadtpläne

In deutschen Buchläden ist das Angebot an Landkarten von Vietnam recht groß. Es gibt Karten des Verlags Reise-Know How für Vietnam Nord und Vietnam Süd. Beide Versionen sind wasserfest und unzerreißbar und 2007 in zweiter Auflage erschienen, Detailpläne einiger Städte inklusive. Die Vietnam-Karte von Nelles ist schön gelayoutet und umfasst nicht nur Vietnam, sondern auch Pläne von Kambodscha und Laos, inklusive einiger Stadtpläne. Die Periplus-Karte hat neben den Landesteilen Süd und Nord auch Stadtpläne (Ha Noi, HCMS, Da Lat, Vung Tau und Hue).

In Vietnam gibt es ebenfalls viele unterschiedliche Karten im Angebot. Beispielsweise ist die Saigontourist-Map zu erwerben. Hier sind neben einem Plan von ganz Vietnam auch die Städte HCMS, Ha Noi, Da Nang und Hue verzeichnet. Die Karte ist weitestgehend aktuell.

Klein und handlich sind die Yellow Maps: Diese gibt es in HCMS und Ha Noi und auch in einigen anderen Städten in den Buchhandlungen. Sie zeigen jeweils eine Provinz auf der einen Seite und die Hauptstadt der Provinz auf der anderen. In jeder Buchhandlung auch der kleinen Städte gibt es zudem diverse Pläne der jeweiligen Region zu kaufen, und fliegende Händler haben ebenfalls die eine oder andere interessante Karte zu bieten (diese sind aber relativ teuer, da der Händler seinen Verdienst aufschlägt).

Empfehlenswert ist der Faltplan *Fauna & Flora International Ecotourism Map* mit Informationen über alle Nationalparks des Landes sowie Hinweisen auf Tauch- und Trekkinggebiete, Kayakstrecken und Vogelschutzgebiete. Die Karte kostet in Vietnam ca. 80 000 Dong. Bestellen kann man sie auch in Deutschland (ISBN 190370313-1).

Rushhour auf dem Datenhighway

Die Geschwindigkeit der Internetverbindungen variiert stark, und zwar auch abhängig von der Tageszeit. Ein Beispiel von einem ganz normalen ADSL-Hotelcomputer in Hue: Morgens um 7 Uhr kamen die Daten mit 80 Mbit/s an, womit sich ganz gut arbeiten lässt. Gegen 10 Uhr waren es noch 15 Mbit/s, was bei manchen Seiten schon zu einem verzögerten Seitenaufbau führt. Nachmittags, wenn die Kids die Online-Game-Shops stürmen, pendeln die Werte zwischen 0,5 und 2 Mbit/s, was einen normalen E-Mail-Verkehr durchaus lahmlegen kann. Nach 22 Uhr sind dann über 100 Mbit/s möglich.

Internet und E-Mail

Internetzugang gibt es nahezu überall, wenngleich die Geschwindigkeit und auch der umgebende Lärmpegel sehr unterschiedlich sein können. Generell sind die Preise extrem niedrig. Laut und langsam ist es in den Daddelshops, die nicht wirklich zu empfehlen sind, außer man will in die Spielewelt der vietnamesischen Jugend eintauchen.

Kostenlose Internetnutzung wird immer öfter als Werbeaktion von Hotels, Minihotels und Reiseagenturen eingesetzt. In Minihotels ist die Nutzung des Netzes manchmal im Zimmerpreis enthalten, und einige Tourveranstalter belohnen die Buchung einer Reise mit kostenlosem E-Mail-Checken.

Vermehrt bieten Cafés und Restaurants die Gratis-Nutzung einer drahtlosen Internetverbindung an (WIFI). Wer mit eigenem Laptop reist, kann hier in den WIFI-Zonen in Ruhe surfen und dabei Kaffee trinken oder essen. Einige Hotels haben WIFI auf dem Zimmer.

Kinder

Vietnam ist ein sehr kinderfreundliches Land, sodass den Kleinen überall Aufmerksamkeit zuteil wird – manchmal mehr als ihnen und den Eltern lieb ist. Dann empfiehlt sich ein deutliches „Please do not touch".

Eine Reise nach Vietnam ist unproblematisch, wenn man sie auf die Bedürfnisse des Kindes abstimmt und ein wenig mehr als üblich auf die Hygiene achtet. Natürlich gehört auch eine gute Vorbereitung zu einer Familienreise, aber das sind Familien ja gewöhnt.

Vorbereitung und Reiseplanung: Wichtig sind eine gründliche ärztliche Untersuchung und alle notwendigen Impfungen – auch gegen Kinderkrankheiten. Von grundlegender Bedeutung ist die Frage, wie gereist werden soll. Flüge und Open Tour-Busse (im Süden besser als im Norden) sind allemal den lokalen Verkehrsmitteln oder Reisen in abgelegene Gebiete vorzuziehen. Je nach Alter und Strapazierfähigkeit des Kindes ist auch ein Mietwagen (mit Fahrer) eine gute Wahl. Bei der Auswahl der Unterkunft ist die Belastbarkeit des Kindes ebenfalls zu bedenken.

Flug: Kinder unter zwei Jahren zahlen etwa 80 € für einen Flug und bekommen ein kleines Bettchen vor dem Sitz der Eltern – aber keinen Sitzplatz. Ältere Kinder zahlen 60–67 % des Flugpreises für einen eigenen Sitzplatz. Bei Start und Landung sind Kinder besonders gefährdet: vor allem die ganz Kleinen, weil sie nur mit einem kleinen Gurt am Gurt eines Elternteil festgemacht sind.

Für mehr Sicherheit können Eltern einen Sitzplatz auch für die unter Zweijährigen buchen und einen Autokindersitz mitnehmen. Vom TÜV sind die lieferbaren Modelle Maxi Cosi Mico und Citi, Römer King Quickfix und Storchenmühle Maximum für Flüge zertifiziert. Die Hersteller geben Auskunft über nötige Zusatzteile. Wichtig ist, die Fluggesellschaft über die Mitnahme eines Sitzes zu informieren. Wer nicht plant, in Vietnam Auto zu fahren, kann den Sitz bis zum Abflug im Flughafen deponieren.

Im Sinne aller Eltern könnte jede Familie bei der Fluggesellschaft nachfragen, warum diese keine Kindersitze zur Verfügung stellt. Ansonsten bleibt nur zu hoffen, dass die Sicherheit der Kinder irgendwann wie im Auto Pflicht wird.

Visum: Zu beachten ist, dass Kinder unter zwei Jahren kein eigenes Visum benötigen, sofern die Mitnahme des Kindes im Visum eines Elternteils vermerkt ist. Laut neuem deutschem

Passrecht bekommen alle Kinder einen eigenen Pass (statt des einfachen, billigeren Kinderreisepasses sollte man für Vietnam sicherheitshalber einen richtigen Reisepass beantragen). Kinder können nicht mehr im Pass der Eltern eingetragen werden. Dies hat zur Folge, dass die meisten Botschaften für die Kinder kostenpflichtige Visa ausstellen und sie nicht mehr kostenfrei im Visum der Eltern eintragen. Kinderausweise werden in Vietnam nicht anerkannt.

Hygiene: Vietnamesen sind nicht so reinlich, wie mancher es sich wünscht, doch hat sich der Hygienestandard sehr verbessert. Zudem zeigt die Erfahrung, dass übertriebene Angst vor Schmutz und Krankheiten nicht nötig ist: Kinder verfügen normalerweise über erstaunlich gute Abwehrkräfte und stärken nicht zuletzt auf so einer Reise ihr Immunsystem. Zu beachten ist jedoch unbedingt, dass das Wasser aus der Leitung nicht getrunken werden darf! Bakterielle Infektionen des Magen-Darm-Traktes sind keine angenehme Erfahrung. Gerade in Vietnam (s. S. 680, Vogelgrippe) sollten sich Kinder und Eltern öfter als daheim die Hände waschen. Geeignet sind für ein Saubermachen zwischendurch antibakterielle Toiletten-Feuchttücher, die auch in einigen Supermärkten in Vietnam zu bekommen sind. Zu empfehlen ist die Mitnahme von ein paar Sagrotan-Tüchern. So ist man vorbereitet, wenn die Toiletten oder die Kühlschränke (Minibars) nicht so sauber sind wie gewünscht.

Reisezeiten: Von Reisen mit Säuglingen während der heißen Jahreszeit, in der die Temperaturen bis auf 45 °C steigen können, ist selbstverständlich abzuraten. Auch Ausflüge in das Mekong-Delta während der Regenzeit sind keine gute Idee. Wer im Winter nach Ha Noi oder in den Norden fährt, sollte auf warme Kleidung Wert legen, denn es wird empfindlich kalt. Kinderkleidung gibt es zur Not auch vor Ort zu kau-

Kinder finden in Vietnam schnell Kontakt

fen. Die **Zeitverschiebung** kann mit ein wenig Gelassenheit leicht überwunden werden. Es ist z. B. empfehlenswert, bei der Einreise ein bis zwei Tage ohne große Aktivitäten in Ha Noi oder Ho-Chi-Minh-Stadt zu verweilen und so den Klima- und Kulturschock in Etappen zu meistern. Wer über Bangkok einfliegt, kann ggf. auch hier schon kurz pausieren.

Sehr praktisch bei Reisen mit Kleinkindern ist die Mitnahme einer soliden **Rückentrage** mit Hüftgurt. Auf Trekkingtouren und Stadtrundgängen sind diese Tragen einem Kinderwagen schon allein wegen des Smogs in den großen Städten unbedingt vorzuziehen. Sinnvoll ist dennoch die Mitnahme eines Buggys (am besten mit verstellbarer Rückenlehne), denn so kann das Kind prima schlafen, während Mama und Papa essen gehen, und nicht überall fahren viele Autos, sodass auch einige Spazierfahrten drin sind.

Kosten: Für Kinder gibt es einige **Ermäßigungen**. So können sie in manchen Hotels bis zum Alter von 12 Jahren kostenlos bei den Eltern im Bett schlafen. Extrabetten kosten i. d. R. für Kinder ab 6 Jahren etwa US$10. Zudem müssen Kinder manchmal weniger oder keinen Eintritt zahlen – z. B. in Museen. Sofern die Kinder noch als Baby durchgehen, was oft weit über das zweite Lebensjahr hinaus so ist, zahlen sie in der Regel nichts. Das gilt auch für Busse und Züge. Wenn sie einen eigenen Sitzplatz brauchen, muss jedoch mindestens die Hälfte des normalen Fahrpreises bezahlt werden. Fluggesellschaften berechnen meist 80 % des regulären Preises bei Kindern über 2 Jahren, AirAsia gar den Gesamtpreis. Reiseagenturen vor Ort berechnen für Kinder von 2–6 Jahren den halben, danach den vollen Preis für Ausflüge.

Essen: An den touristischen Orten werden überall Pommes angeboten, es gibt Pizza und Nudeln und zahlreiche leckere Reisgerichte, die auch Kindern schmecken. Die ganz kleinen Frühlingsrollen eignen sich sogar schon für die Allerkleinsten, sofern man sie nicht in Chilisoße tunkt. Nach ein paar Tagen Eingewöhnungszeit können Kinder auch geschältes Obst (aber vorher gründlichst waschen und immer schälen!!!) essen. Früchte wie die Drachenfrucht sind auf Reisen besonders leicht zu verzehren, denn ihre dicke Schale schützt die Frucht vor Druckstellen und das Fruchtfleisch löst sich leicht ab, sobald man die rote Schale mit einem Taschenmesser aufgeschnitten hat. Das Fleisch ist relativ hart und tropft beim Essen nicht so stark wie z. B. ein Stück Wassermelone, eine Ananas oder eine Mango. Viele fliegende Händler bieten zudem auf den Fahrtstopps oder auf den Märkten frisch geschälte Früchte an, z. B. Pomelo und Ananas für wenige Dong. Auch Äpfel gibt es zu kaufen, und die meisten Kinder sind dankbar, wenn sie dieses ihnen bekannte Obst angeboten bekommen.

Zur Aufbewahrung der Lebensmittel ist es sinnvoll, gut schließende Plastikdosen mitzubringen. So haben Ameisen und anderes Kleinvieh keine Chance. Vom Verzehr von belegten Baguettes am Straßenrand ist mit Kindern auf jeden Fall abzuraten, denn diese können selbst erprobten Mägen von Langzeittravellern Probleme machen.

Nicht vergessen!

- ☐ Reisepass (Kinder jeglichen Alters brauchen für Vietnam einen Reisepass). Das Kind muss im Pass eines Elternteils eingetragen sein, sofern kein eigenes Visum beantragt wird.
- ☐ Impfpass
- ☐ SOS-Anhänger mit allen wichtigen Daten
- ☐ Kleidung – möglichst strapazierfähige, leichte Sachen
- ☐ Wegwerfwindeln (in Vietnam nachzukaufen)
- ☐ Babynahrung (in Vietnam nachzukaufen)
- ☐ Fläschchen für Säuglinge (in Vietnam nachzukaufen)
- ☐ Walkman und Kassetten
- ☐ Spiele und Bücher
- ☐ Fotos von wichtigen Daheimgebliebenen gegen Heimweh
- ☐ Kuscheltier (muss gehütet werden wie ein Augapfel, denn ein verloren gegangener Liebling kann allen den Rest der Reise verderben – reiseerprobte Kinder beugen vor, indem sie nur das zweitliebste Kuscheltier mitnehmen)
- ☐ Sonnencreme mit hohem Lichtschutzfaktor
- ☐ Kopfbedeckung

Windeln und Babynahrung: Wegwerfwindeln und Milch (oftmals als Pulver) gibt es in allen etwas größeren oder touristisch erschlossenen Orten zu kaufen. Vorsicht vor „ungesüßtem" Milchpulver: Hier wird Süßstoff verwendet, was bei viel Milchgenuss zu Durchfall führt. Besser ist – wenn möglich – Frischmilch, die pasteurisiert in kleinen Tetrapaks verkauft wird.

Medien

Printmedien

Für den Westler interressant ist das in Ho-Chi-Minh-Stadt monatlich erscheinende Magazin **Saigon Inside out**. Es bietet zahlreiche Restaurant-Tipps und viele gute Artikel. Das kostenlose Heft wird in den Restaurants und Lokalen der Touristengebiete verteilt und ist meist bereits am ersten Tag vergriffen. Es liegt aber zur Ansicht in vielen Restaurants und Hotels aus. Auch **The Guide** bietet monatlich hilfreiche Tipps, Veranstaltungshinweise, Adressen und Artikel vor allem für Termine rund um Ho-Chi-Minh-Stadt und Ha Noi. Das Heft liegt meist in Gästehäusern oder Restaurants aus und ist nur selten für etwa 16 000 Dong zu kaufen.

Das Magazin **Time-out** richtet sich vornehmlich an Leute, die in Vietnam Geschäfte machen wollen und hier leben. Das Magazin veröffentlicht jedoch auch immer wieder Artikel mit Wissenswertem über Vietnam: seien es Tipps für einen leckeren Kaffee oder aktuelle Termine, wie etwa ein Golfturnier oder musikalische Veranstaltungen. Time-out erscheint monatlich und ist auch im Web präsent, 💻 www.vir.com.vn/Client/Timeout.

Spannende Reiseberichte finden sich im **Vietnam Pathfinder**, einer monatlich erscheinenden kostenlosen kleinformatigen Zeitschrift, die auch im Internet unter 💻 www.pathfinder.com.vn zu finden ist. Verteilt wird sie in den Touristenvierteln, oft liegt sie zur Ansicht in Restaurants aus.

Das Magazin **Vietnam Discovery** wird von der staatlichen Tourismusbehörde herausgegeben. Auch hier finden sich hilfreiche Tipps, Artikel und Reiseberichte.

Druckerzeugnisse aus dem Ausland bieten Straßenhändler, die u. a. die kostenlosen Zeitungen aus den internationalen Fliegern verkaufen. Beispielsweise gibt es zwei Tage alte Exemplare der **Frankfurter Allgemeinen Zeitung** für 30 000 Dong. Auch die **Bunte** und **Gala** sind zu haben und manchmal der **Spiegel**. Letzterer ist jedoch wesentlich teurer als gewohnt, was auf alle Zeitschriften zutrifft, die nicht regulär im Flugzeug ausliegen.

Die größte englischsprachige Tageszeitung ist die **Viet Nam News**, 💻 www.vietnamnews.vnagency.com.vn. Gute, kurzgehaltene Informationen werden hier gebündelt präsentiert.

Radio

Die **Deutsche Welle** sendet über Kurzwelle auf verschiedenen Frequenzen. Das Programm beginnt am frühen Abend und dauert bis in die Nacht. Schlechter Empfang ist meist dem Wetter geschuldet, wenn z. B. atmosphärische Störungen auftreten, Orkane wehen oder dicke Wolken die Radiowellen ablenken, dann rauscht und knistert es nur noch. Informationen über aktuelle Frequenzen gibt es bei der Deutschen Welle, Abt. Ausstrahlungsmanagement, 50588 Köln, ☎ 0221-3893208, 📠 3893220, ✉ tb@dw-world.de, 💻 www.dw-world.de.

Der vietnamesische Kurzwellensender **Voice of Vietnam** sendet seit dem 1. März 2006 sein Programm zwischen 19 und 19.30 Uhr auch auf Deutsch: Ha Noi IKW 105,5 Mhz, HCMS und Quang Ninh UKW 105,7 Mhz.

Fernsehen

Nahezu jedes Hotel bietet einen Fernseher mit internationalen Sendern. Dazu gehören neben einem Spielfilmprogramm (HBO in HCMS oder Star Movie in Ha Noi) meist auch Nachrichtensender (beispielsweise BBC oder CNN). Nicht immer sind alle Programme verfügbar, manche Betreiber haben nur einen Vertrag für den Empfang an bestimmten Tagen abgeschlossen (z. B. nicht übers Wochenende). Die Bildqualität ist nicht immer perfekt, was jedoch nicht unbedingt mit dem

Standard des Hotels zu tun hat, sondern vom Empfang im jeweiligen Gebiet abhängt. Das 24-stündige Programm der Deutschen Welle, welches abwechselnd in Deutsch und Englisch gesendet wird, ist in den meisten Hotels die ganze Woche über zu empfangen. Zu jeder vollen Stunde gibt es ein halbstündiges Nachrichtenjournal. Es folgen meist halbstündige Features mit deutschlandbezogenen Themen.

Auch im vietnamesischen Fernsehen ist *Derrick* zu sehen, und einige andere Produktionen dürften dem deutschen Zuschauer ebenfalls bekannt vorkommen (sogar Wigald Boning und Barbara Eligmann haben es bis hierher geschafft und plappern munter in Vietnamesisch). Um die Kosten niedrig zu halten, werden die Sendungen jedoch meist nicht fachmännisch synchronisiert, sondern ein einziger Sprecher übernimmt alle Rollen. So kann es vorkommen, dass der Kommissar eine Frauenstimme hat oder eine Dame mit Bassstimme ihr Leid klagt. Das Deutsche versteht man in der Regel nicht mehr.

Post

Die Postämter sind nicht nur unter der Woche, sondern auch am Wochenende geöffnet und dies meist bis spät abends: ◷ 6.30–21 Uhr. In kleinen Städten wird manchmal eine Stunde Mittagspause eingelegt.

Die vietnamesische Post ist recht zuverlässig. Briefe und Postkarten erreichen Europa meist nach etwa zwei Wochen, wenn sie in Ho-Chi-Minh-Stadt oder Ha Noi eingeworfen werden. Nach etwa drei Wochen sind auch Postsendungen aus der Provinz in Europa angelangt. Pakete brauchen i. d. R. zwischen einer Woche und drei Monaten, je nachdem welcher Postweg gewählt wird. Das Porto für Postkarten beträgt 8000–9000 Dong, ein Brief kostet 12 000 Dong. Auch Einschreiben sind möglich, z. B. bei EMS. Dieser Express Mail Service verringert die Zustellzeiten und ist innerhalb des Landes, in die meisten asiatischen Länder (z. B. Thailand und Kambodscha) und in die Schweiz möglich. Deutschland und Österreich sind dagegen keine Vertragspartner von EMS.

Paketpreise der Post

Deutschland und Österreich: Die ersten 500 g kosten per Luftfracht US$19,55, jedes weitere Pfund US$5. Auf dem Seeweg werden für das erste Kilo US$17,45 und jedes weitere Kilo US$1,64 berechnet.

In die **Schweiz** gelten andere Tarife: Luftpost US$13,61 für die ersten 500 g, alle weiteren US$4,45. Seeweg pro erstes Kilo US$11,81, jedes weitere Kilo US$1,42. Sendungen mit EMS bei den ersten 500 g US$42,24, jedes weitere Pfund US$6,58.

Die Zustellung von Express-Sendungen nach Deutschland übernimmt DHL (aufgeben auch über EMS), jedoch nur für Dokumente – also keine Pakete. Auch FedEx hat Kooperationsverträge mit der vietnamesischen Post, sodass über FedEx Expressbriefe und Pakete in alle europäischen Länder geschickt werden können.

Größere **Frachtsendungen** werden auf dem Luft- oder Seeweg nach Europa geschickt. Neben EMS für kleinere Sendungen kann man DHL in Anspruch nehmen. Schenker, 💻 www.schenker-vietnam.com, übernimmt größere Frachten.

Nicht vergessen: Ohne Pass wird kein Paket herausgegeben. In der Regel dauern Pakete –

Paketepacken mit dem Postbeamten

Wer ein Paket nach Hause schicken möchte, sollte die Sachen unverpackt in die Poststelle mitnehmen. Denn hier wird meist der Inhalt geprüft, also das Paket sowieso wieder ausgepackt. Zum einen wird auf manche Waren Zoll erhoben, zum anderen einiges aussortiert: Das Verschicken von CDs und DVDs (nicht nur Raubkopien, sondern auch eigene Foto-CDs) ist zum Beispiel verboten. Fragwürdige Ware wird konfisziert. Der Beamte hilft beim Einpacken, und es wird auch das Verpackungsmaterial zur Verfügung gestellt. Alles zusammen kostet etwa 30 000 Dong.

anders als in den Postämtern meist angegeben – nicht drei Wochen, sondern können auch schon mal bis zu drei Monaten unterwegs sein. Briefe kommen in der Regel an, sollten jedoch möglichst nichts Wertvolles (beispielsweise Geld) enthalten.

Wer sich etwas nach Vietnam schicken lassen möchte (oder vietamesischen Freunden aus Deutschland etwas schickt), muss bedenken, dass die Pakete nur selten ankommen und wenn, dann ist meist eine Zollgebühr zu zahlen. Nicht vergessen: Ohne Pass wird kein Paket herausgegeben. In der Regel dauern Pakete – anders als in den Postämtern meist angegeben – nicht drei Wochen, sondern können auch schon mal bis zu drei Monaten unterwegs sein. Briefe kommen in der Regel an, sollten jedoch möglichst nichts Wertvolles (beispielsweise Geld) enthalten.

Reisende mit Behinderungen

Reisende mit geistigen Behinderungen können problemlos nach Vietnam reisen, sofern sie von einer betreuenden Person begleitet werden und eine Verständigung mit ihnen möglich ist (z. B. um einstudierte Verhaltensweisen, wie Leitungswasser trinken, einzustellen).

Für Menschen mit einer körperlichen Behinderung ist eine Reise durch Vietnam schwierig und nur jenen anzuraten, die bereits über viel Reiseerfahrung und eine gute Kondition verfügen. Die meisten Hotels sind nicht auf Behinderte eingestellt, doch da die Menschen sehr hilfsbereit sind, findet sich für Reiseerprobte sicher eine Möglichkeit, das Land zu besuchen. Einige wenige Hotels haben behindertengerechte Einrichtungen, doch dies ist selten und meist sehr teuer zu bezahlen. Der Reiseveranstalter Saigon Tourist, 💻 www.saigontourist.com.vn, hat bereits einigen behinderten Reisenden weiterhelfen können.

Im dichten Verkehr der Städte ist es schwer, mit dem Rollstuhl zu navigieren. Und auch die Rampen für Mopeds an den Bürgersteigen der Städte, sind nur in den besseren Gegenden eine wirkliche Hilfe. Die meisten sind sehr eng und nicht gerade gut in Schuss. Am besten eignet sich zur Fortbewegung ein Taxi und für längere Fahrten ein gemieteter Minibus mit Fahrer. Auch die Reise per Flugzeug mit Vietnam Airlines ist probemlos möglich. Wichtig ist allerdings, dass die Fluggesellschaft bei der Buchung informiert wird, damit sie sich auf die Betreuung einstellen kann. Dies gilt auch für die gebuchten Hotels.

Wertvolle Tipps können Asienreisende in Thailand bei **Disabled Peoples International**, Council of Disabled People of Thailand, ☎ 02-2551718, 📠 2523676, 78/2 Thanon Tivanon, Pak Kret, Nonthaburi 11120, und **Handicapped International**, 87/2 Soi 15 Thanon Sukkhumvit, Bangkok 10110, erhalten. Eine deutsche Adresse ist die **Nationale Koordinationsstelle Tourismus für Alle e. V.** (Natko), ☎ 0211-3368001, 💻 www.natko.de.

Reiseveranstalter

Im Land lässt es sich problemlos reisen. Wer jedoch gerne weiß, was ihn erwartet, und sich vor Ort keinen Stress mit der Organisation der Reise machen möchte, kann sich einer Gruppe anschließen oder schon von daheim aus mit einem lokalen Anbieter Kontakt aufnehmen. Dies ist für ganze Touren, aber auch für einzelne Ausflüge oder Hotels möglich. Kleine Touren werden gerne vor Ort gebucht, wie etwa ein Ausflug in die Ha Long-Bucht – dann kann man auch die aktuelle Wetterlage berücksichtigen.

Wer eine Vietnam-Reise im Heimatland buchen möchte, kann dies bei zahlreichen Reiseveranstaltern tun. In einigen Reisebüros kann man sich auch eine individuelle, aber vorgebuchte Reise zusammenstellen lassen. Mittlerweile lassen sich Reisen nach Vietnam sogar bei TUI und Tchibo buchen. Es gibt Individualreiseveranstalter und solche, die Kulturreisen anbieten.

In Vietnam selbst kann man sich bei Ankunft eine Tour oder Teile davon zusammenstellen lassen. Dazu gehören Reisen durchs Land, Kurztrips, Tagesausflüge, Hotelbuchungen, Flüge und vieles mehr. Billig, aber aufgrund von Großgruppen und minimalem Service nicht jedermanns Sache sind die Touren der Open Tour-Veranstalter wie Sinh Café und Hanh Café (s. S. 100, Open-Touren).

Schwarze Schafe

Überall werben Reisebüros mit nahezu dem gleichen Angebot: Sei es eine Tour mit dem Boot in die Ha Long-Bucht oder ein Open Tour-Bus zur Durchquerung des Landes. Manche sind in einer Hotellobby, andere haben ein eigenes Büro oder auch nur einen Tisch an der Straße. Die wenigsten dieser Agenturen sind jedoch offiziell befugt, als Reiseveranstalter tätig zu sein. Stichproben des Tourist Inspection Departments ergaben, dass neun von zehn willkürlich wegen ihres Netzauftritts ausgewählte Büros in Ha Noi keine Lizenz vorweisen konnten – das zehnte existierte gar nicht …

Vergleicht man die Inhalte der Webseiten, wird klar: Hier klaut einer vom anderen, hier werden innovative Reisekonzepte geschwind zum eigenen Angebot. Den Touristen kümmert es meist wenig – im Gegenteil, denn da die geklauten Angebote meist billiger sind, profitiert er vermeintlich von dieser Praxis. Doch wer hier Geld sparen will, läuft Gefahr, dass die Reise nicht nur schlecht organisiert ist, sondern auch sein Leben in Gefahr gerät. Einige junge Leute mussten diese Erfahrung 2007 auf einer Bootsfahrt in die Ha Long-Bucht machen. Während eines Sturms geriet ihr Schiff in Schieflage, die Veranstalter waren nicht offiziell gemeldet, die Guides nicht ausgebildet und ohne Notfallplan. Als die Rettungsmannschaften endlich das gekenterte Boot erreichten, war es für einen Passagier zu spät. Große lizenzierte Anbieter haben Kontakte zu Rettungsdiensten und geschultes Personal, was die Gefahren deutlich reduziert. Zudem sind sie finanziell besser abgesichert, denn sie müssen 250 Mill. Dong Geschäftsguthaben vorweisen, bevor sie staatlich zertifiziert werden. Drei ausgebildete Fremdenführer sind zu beschäftigen, und der Chef muss mindestens vier Jahre im Tourismus gearbeitet haben. Allein diese ersten drei einer Reihe von Vorschriften können die wenigsten Anbieter erfüllen.

Wer also gute Führer mit verständlichem Englisch, gut organisierte und sichere Touren erleben möchte, sollte sich an eine lizenzierte Agentur wenden, auch wenn sie etwas teurer ist.

Im Folgenden sind einige der großen und zuverlässigen Anbieter gelistet, die eine individuelle Reise mit hohem Standard ermöglichen und schon von Deutschland aus kontaktiert werden können. Ortsansässige kleinere Agenturen sind in den entprechenden Kapiteln genannt. Lesertipps für lokale kleine Anbieter sind herzlich willkommen und werden auf der Loose-Internetseite unter 💻 www.stefan-loose.de/Asien/Vietnam veröffentlicht.

Buffalo Tours, Ha Noi: 94 Ma May, ☎ 04-828 0702, 📠 826 9370; HCMS: Satra House, Suite 601, 58 Dong Khoi, D. 1, ☎ 08-827 9170, 📠 827 9168. 💻 www.buffalotours.com. Viele kleinere Reiseagenturen arbeiten mit diesem guten und bewährten Organisator zusammen. Im Angebot sind Fahrradtouren ebenso wie Bootsfahrten in die Ha Long-Bucht. Auch spezielle Wünsche können oft erfüllt werden. Für Selbstbucher ist diese Agentur etwas teurer als andere.

Cycling Viet Nam, 212/229 Nguyen Huu Canh, D. 1, Ho-Chi-Minh-Stadt, ☎ 084-91366 2445. Die Agentur hat auch ein Office in Nha Trang bei Viet Nam Explorer, 02 Tran Quang Khai.Informationen hat in Nha Trang außerdem die Zippo Bar. Die Agentur organisiert gute Fahrradtouren durch das ganze Land, vornehmlich in der Gegend um Nha Trang.

Discover Vietnam, 215A/17 Phan Dang Luu, F1 Phu Nhuan, Ho-Chi-Minh-Stadt, ☎ 08-9950627, 📠 8423555, Handy: ☎ 090 331 31 88, 💻 www.discover-vietnam.de.
Spezialisiert auf individuell zusammengestellte Touren. Im Internet bietet die Agentur in deutscher Sprache viele Informationen über die von ihr vermittelten Hotels und Verkehrsmittel. Auch vor Ort gibt es Ansprechpartner, die Deutsch können.

Explore Indochina, Suite 500, Khach San Tuoi Tre, 2 Tran Thanh Tong, Ha Noi, ☎ 04-913093159, 📠 9721607, 💻 www.expolreindochina.com.
Mit der russischen Minsk auf Abenteuertour durch Vietnam. Auf dem Ho-Chi-Minh-Pfad oder anderen wenig touristisch ausgetretenen Pfaden – die engagierte Truppe des Unternehmens macht es möglich.

Exotissimo, Ha Noi: 26 Tran Nhat Duat, ☎ 04-8282150, 📠 828 2146, und im Zentrum: 61 Ly Thai To, Hoan Kiem District, ☎ 04-9351400,

✆ 9351401; HCMS: Saigon Finance Center, 9 Dinh Tien Hoang, D. 1, ✆ 08-8251723, ✆ 8295800. 🖳 www.exotissimo.com. Renommierte und erfahrene Reiseagentur in Südostasien. Bietet individuelle Touren und gute Beratung und hat alles, von der Luxusreise bis zum Abenteuerurlaub, im Programm.

Focus Asia, Hauptbüro in HCMS: 235/3 Vo Thi Sau, ✆ 08-932 0732, ✆ 932 5455, 🖳 www.focus-asia.biz. Bewährter, zuverlässiger Anbieter mit zahlreichen Reisepackages, die auch individuell verändert werden können. Bietet deutsche Reiseleitung mit Thomas Weigelt, der fließend Vietnamesisch spricht und seit 1992 in Vietnam lebt.

Footprint, 6 Le Thanh Tong, Ha Noi, ✆ 04-9332844, ✆ 9332855, 🖳 www.footprintsvietnam.com. Dieser Veranstalter hat neben den Standardangeboten auch umweltfreundliche Touren für Individualreisende im Programm.

Freewheelin Tours, 4 Luong Ngoc Quyen, Ha Noi, ✆ 04-9232590, ✆ 9232593, 🖳 www.freewheelin-tours.com. Die Agentur, 1994 von einem französischen Vietnamesen gegründet, hat sich auf abenteuerliche und individuelle Motorradtouren – vor allem im Norden – spezialisiert. Tolles Team und zuverlässig.

Handspan, Buchungsbüro in Ha Noi: 80 Ma May, ✆ 04-926 0581, ✆ 926 2383, in HCMS: F7, Titan Building, 18A Nam Quoc Cang, D. 1, ✆ 08-925 7605, ✆ 925 7604. Hauptgeschäftsstelle in Ha Noi, 78 Ma May, ✆ 04-926 2828, ✆ 926 2792, ✉ info@handspan.com, 🖳 www.handspan.com. Neben den klassischen Reiseangeboten kann man hier auch Touren abseits der ausgetretenen Pfade buchen oder sich für eine sportliche Abenteuertour entscheiden: Mountainbiken, Klettern und Kayakfahren gehören zum Programm.

Ocean Tours Vietnam, 22 Hang Bac, Ha Noi, ✆ 04-9260463, ✆ 9260502, 🖳 www.oceantoursvietnam.com. Günstige und gute Option für Touren im Land, z. B. der Ausflug in die Ha Long-Bucht oder nach Sa Pa.

Saigon Tourist, 49 Le Thanh Ton Str., D. 1, Ho-Chi-Minh-Stadt, ✆ 08-829 8914, ✆ 822 4987, in Da Nang: 357 Phan Chu Trinh, ✆ 0511-827084, ✆ 827158. 🖳 www.saigon-tourist.net. Eines der ältesten und erfahrensten Reisebüros. Staatlich. Bereits seit 1975 im Geschäft. Großes Angebot und erfahrene Tourguides.

SinhBalo Adventures, 283/20 Pham Ngu Lao, D. 1. Ho-Chi-Minh-Stadt, ✆ 08-8376766, ✆ 836 7682, 🖳 www.sinhbalo.com. Es war Le Van Sinh, der 1991 das erste Open Tour-Café gründete (Sinh-Cafe). 1995 zog er sich zurück und widmete sich der Neugründung des Unternehmens SinhBalo, das sich auf Trekkingtouren, Rafting und vor allem Fahrradtouren spezialisiert hat.

Sicherheit

Betrug und Diebstahl

Leider kommt es in der Metropole Ho-Chi-Minh-Stadt und am Strand von Nha Thrang immer häufiger zu **Handtaschenraub**. Dabei entreißen Motorradfahrer den Unachtsamen die Tasche und verschwinden auf Nimmerwiedersehen. Es ist anzuraten, hier alle Wertgegenstände in den Safe zu schließen. Niemals sollten teure Luxusgüter, wie Film- und Fotokameras, unbeaufsichtigt auf dem Zimmer gelassen bzw. nur locker über die Schulter geworfen werden. Selten wird ein Tourist mit einer Waffe bedroht, eher kommt es vor, dass er von einem harmlos aussehenden Mütterchen, kleinen Kindern oder Prostituierten gekonnt seiner Brieftasche beraubt wird.

Wo Gefahren lauern

Bei Dunkelheit sollten Frauen möglichst nicht mehr alleine durch die Straßen ziehen (außer diese sind sehr belebt). Zudem ist davon abzuraten, nachts mit dem Cyclo oder dem Mopedtaxi zu fahren. Die Distrikte 4 (beginnt hinter dem Ho-Chi-Minh-Stadt-Museum) und Thi Duc (auf der anderen Seite des Saigon-Flusses) sind ohne Begleitung durch einen Führer zu jeder Tageszeit zu meiden. Aktuelle Hinweise zur Sicherheitslage gibt es beim Auswärtigen Amt unter 🖳 www.auswaertiges-amt.de/diplo/de/Laenderinformationen/Vietnam/Sicherheitshinweise.html#t1.

Vorsicht: Diebstähle

In Vietnam kann es leider immer wieder zu Diebstählen kommen. In allen Landesteilen, vor allem in Geschäften und im Hotel gilt: Wer den Inhalt seiner Geldbörse offenherzig herumzeigt oder Geld und Kamera auf dem Tisch liegen lässt, wird schnell zum Opfer.

Dong-Noten können in kleinen Bündeln in der Hemd- oder Hosentasche bereitgehalten werden, damit man beim Zahlen nicht immer die ganze Reisekasse offenbaren muss.

Wer viel mit lokalen Transportmitteln reist, kann sein Gepäck nicht permanent beaufsichtigen: Da landet schon mal ein Rucksack auf dem Dach eines Busses, während man selbst drinnen sitzt. Alle Wertsachen sollten daher unterwegs am Körper getragen werden. Zur Aufbewahrung von Reisepass und Geld bietet sich eine Bauchtasche an, die versteckt unter der Kleidung getragen wird. Zur Sicherheit sollten eine Kopie des Reisepasses mit abgestempeltem Visum, Ersatz-Passfotos, Rechnungsbelege der Reiseschecks und ein paar Reserve-Dollars separat eingepackt werden.

In größeren Hotels gibt es Zimmersafes und auch in einigen Gästehäusern stehen Safes (meist an der Rezeption) bereit. Wer Letztere in Anspruch nimmt, sollte sich den eingelagerten Geldbetrag und eine genaue Auflistung der Gegenstände quittieren lassen. Vor allem die Safes der einfacheren Unterkünfte haben nicht immer den besten Ruf.

Kleinere **Betrügereien**, wie etwa Preistreiberei, sind häufig. Überhöhten Forderungen beugt man am besten vor, indem man z. B. bei Cyclofahrern oder Taxis ohne Taxameter vorher einen Preis vereinbart. Sinnvoll ist es, abgezähltes Geld dabei zu haben, sollte der Fahrer kein Wechselgeld haben. Dies ist häufig der Fall, auch in Restaurants. Nicht immer sollte dahinter Betrug vermutet werden, manchmal ist wirklich kein Kleingeld da.

Im Gegenzug wird es dem Reisenden auch passieren, dass er nicht zahlen muss, sollte er selbst kein Kleingeld haben. Bei einer zu hoch erscheinenden Rechnung nach dem Essen im Restaurant oder im Hotel ist es in Vietnam durchaus üblich, die Rechnung zu kontrollieren.

Das Nachrechnen stellt keine Beleidigung dar. Vielmehr ist es eine Kontrolle für beide Seiten, denn der Ober wird dankbar sein, sollte er darauf hingewiesen werden, dass er auf der Rechnung einen Posten vergessen hat. Wer länger an einem Ort bleibt und die Rechnung für das Zimmer und das Essen am Ende zahlt, tut gut daran, sich aufzuschreiben, was er konsumiert. So kann man im Zweifelsfall eine zu hohe Rechnung zusammen mit dem Personal prüfen und gegenchecken.

Wenn Open Tour-Touren nicht das bieten, was sie versprochen haben, hat man leider meist wenig Chancen, sein Geld zurück zu bekommen. Am besten erkundigt man sich bei anderen Reisenden nach deren Erfahrungen.

Ein oft praktizierter Trick, an Geld zu kommen, wird von Taxi- und Cyclofahrern gerne angewandt: Sie behaupten, das Hotel der Wahl habe geschlossen. Dafür schlagen sie ein anderes Hotel vor, das selbstverständlich „viel besser" ist – zumindest für die Fahrer, denn sie bekommen hier Provision. Diese treibt naturgemäß den Preis für den Reisenden in die Höhe. Am besten lässt man sich trotz angeblicher Schließung zur angefragten Adresse bringen und sieht selber nach, ob die Behauptung stimmt.

Blindgänger und andere Kriegsfolgen

Nicht detonierte Munition stellt vor allem in der DMZ ein ernstes Problem dar. Immer wieder sterben Menschen bei der Detonation dieser tödlichen Überreste der Kriege. Es gilt daher, nicht von ausgetretenen Pfaden und Wegen abzuweichen und sich nicht auf eigene Faust durchs Unterholz zu schlagen.

Auch Reste des Pflanzengifts Agent Orange sind noch immer im Boden und in den Gewässern des Landes nachzuweisen. Kleine Kinder und schwangere Frauen sollten daher von einem Bad in Seen absehen.

Kampfhandlungen und Terroristen

Vietnam gilt in puncto Terrorismus als sicheres Land. So weit bekannt, gibt es keine radikalen Anhänger gewaltbereiter Gruppen. Aufständische Minderheiten leben im zentralen Hochland. Sie geraten immer wieder mal in Konflikt mit der Regierung. Hier sollte auf Hinweise der Bevölkerung geachtet werden, sollte gerade irgendwo ein solcher Konflikt bestehen.

Naturkatastrophen

Im Mekong-Delta, in Mittelvietnam und einigen Provinzen Nordvietnams kommt es zwischen Juni und Oktober immer wieder zu schweren Stürmen und Überschwemmungen. Teilweise führt dies zur Zerstörung der Infrastruktur. Wer zu dieser Zeit in diese Regionen reist, sollte sicherheitshalber die Wettervorhersage beachten und einen ausreichenden Vorrat an Trinkwasser und eine Erste-Hilfe-Ausrüstung im Gepäck haben.

Strafbare und nicht gern gesehene Handlungen

Wer **Drogen** kaufen oder konsumieren will, geht ein hohes Risiko ein. Selbst auf den Besitz einer geringen Menge Drogen steht Gefängnishaft, und bei größeren Mengen (ab 20 kg Opium und 600 kg Heroin) wird noch regelmäßig die Todesstrafe verhängt.

Der **Missbrauch von Kindern** wird hart bestraft! Wer einen solchen Missbrauch beobachtet, sollte bitte der örtlichen Polizei davon Meldung machen!

Das **Fotografieren von militärischen Anlagen** und Lagern ist nicht erlaubt. Auch auf Aufnahmen von Brücken sollte man verzichten. Im schlimmsten Fall wird jedoch nur ein Bußgeld verhängt und der Film beschlagnahmt.

Nicht gern gesehen sind auch **Kontakte zu oppositionellen Gruppen**. Manchmal reicht es schon, die falsche Literatur zu lesen, um unangenehm aufzufallen. Religiöse Aktivisten sind in Vietnam ebenfalls unbeliebt.

Als Ausländer in Vietnam unter Anklage zu stehen, ist kein Honigschlecken, denn die Gerichtsverfahren entsprechen nicht den deutschen rechtsstaatlichen Standards. Oft geht einer Verhandlung eine jahrelange Untersuchungshaft voraus, die Verteidigung durch einen Anwalt ist meist schlecht und sehr teuer und die harten Haftbedingungen bergen schwerste Gefahren und Schäden für die Gesundheit. Die Vertretungen Deutschlands, der Schweiz und Österreichs können diese Bedingungen nicht ändern und haben nur ganz geringen Einfluss auf die Strafverfahren und die Haftumstände.

Das Auswärtige Amt warnt: Der Betreuung deutscher Gefangener sind enge Grenzen gesetzt.

Verkehrsunfälle

Bei dem dichten Verkehr auf Vietnams Straßen ist es kein Wunder, dass in diesem Land mehr Menschen bei einem Unfall sterben als durch tropische Krankheiten.

Vom Umgang mit der Polizei

Touristen können Straßensperren der Polizei, die Motorradfahrer kontrolliert, in langsamer Fahrt passieren. Nur selten werden sie von Polizisten angehalten – nicht zuletzt, weil die wenigsten Englisch sprechen und dem Kontakt mit Westlern aus dem Weg gehen. Wer allerdings in einen Unfall verstrickt ist, muss mit einem Bußgeld rechnen, ob er nun Schuld hat oder nicht. Manchmal hört man von Polizisten, die in abgelegenen Landesteilen Strafgelder von Ausländern einfordern. Hier ist Umsicht geboten: Kein privates Angebot machen (also kein Schmiergeld anbieten). Besser ist es, ruhig und sachlich zu bleiben und ggf. zu versuchen, über die Höhe der Summe zu verhandeln. Selbst wer hier den Polizisten mit logischen Argumenten von der Zahlung abzubringen versucht, wird selten Erfolg haben. Auf die Zahlung ganz verzichten kann der Polizist nicht, denn dann verlöre er sein Gesicht.

In der Weltstatistik rangiert Vietnam ganz vorne: Zurzeit sind es jährlich mehr als 12 000 Menschen, die auf vietnamesischen Straßen sterben. Am sichersten bewegt man sich im Bus, dem Taxi oder zu Fuß. Auf dem Motorrad, vor allem wenn man ungeübt ist und selbst fährt, geht man ein hohes Risiko ein. Auch mit dem Fahrrad ist man den wild herumkurvenden Mopeds und Autos schutzlos ausgeliefert. Zu Fuß eine Straße zu überqueren erscheint dagegen gefährlicher, als es ist: Wer nicht stoppt und unbeirrt seinen Weg fortsetzt, kommt meist unbeschadet auf der gegenüberliegenden Seite an, denn alle Fahrzeuge sind geübt darin, Fußgängern auszuweichen.

Sport und Aktivitäten

Vietnamesen sind sehr sportlich. Überall finden sich abends und morgens kleine Gruppen ein, die Federball spielen oder sich den Fuß- oder Rattanball zukicken. Laute Musik spornt alle an, die sich mit Aerobic fit halten.Das Spiel mit dem Rattanball oder einem Säckchen mit Federn ist besonders beliebt. Meist nehmen 1–8 Spieler teil, die einander den Ball mit den Füßen zuspielen. Ausländer dürfen gern mitmachen. Auch das Zuschauen verspricht eine unterhaltsame Zeit, denn Könner des Spiels beeindrucken mit akrobatischen Sprüngen. Gerne vergnügen sich Angestellte nach Feierabend, Kinder vor dem Zubettgehen oder Großeltern und ihre Enkel mit einem Federballspiel. Die Spielesets gibt es überall zu kaufen, und es macht Spaß, selber einmal den Schläger in die Hand zu nehmen und sich unters Volk zu mischen.

Golf und Tennis

Das Golfspiel ist ein Hobby der reicheren Vietnamesen, der Touristen und der ausländischen Geschäftsleute. Viele Golfplätze stammen noch aus der französischen Kolonialzeit und wurden in den letzten Jahren erneuert. Besonders schön spielt es sich auf dem historischen Platz in Da Lat. Mehr Informationen im Web unter 💻 www.vietnamgolfresorts.com.

Tennisplätze bieten einige größere Hotels. So spielen in Nha Trang zahlreiche Tennisfreunde auch nachts oder ganz früh morgens unter Flutlicht. Hier gibt es außerdem Trainingsoutfits für Kurzentschlossene.

Kampfsport und Tai Chi

Menschen aller Altersklassen praktizieren in den Parks des Landes am Morgen Tai Chi. Ganze Schulklassen sind zu beobachten, wie sie darin unterwiesen werden. Selber kann man Tai Chi in den zahlreichen Sportschulen des Landes erlernen – oder man gesellt sich im Park zu den älteren Menschen (oder reiht sich bei den Schülern ein) und macht einfach mit.

Die Kampfkunst Vovinam wurde in Vietnam entwickelt und weist Gemeinsamkeiten mit Tai Chi und Kung Fu auf. Daneben wird die Tay Son-Kampfkunst praktiziert, die in der Gegend von Tay Son entwickelt wurde. Die verschiedenen Schulen bieten laufende Kurse an.

Wer bereits Erfahrungen im Kampfsport hat, wird sicherlich auch hier einen ansprechenden Kurs finden.

Laufen

Wer sich auch zu Hause mit Jogging fit hält, kann diesen Sport hervorragend in Vietnam ausüben. Sportler sind allgemein anerkannt, und jeder Vorbeilaufende wird – vor allem in den kleinen Orten und Städten – bewundert und angefeuert.

Westlern ist es meist zu warm zum Joggen. Wer jedoch in den frühen Morgenstunden loslegt, hat mit der Hitze keine Probleme.

Motorrad- und Radfahren

Das Fahrrad oder Motorrad stellt eine sehr schöne Alternative zu Bussen, Zügen, Flügen oder Taxis dar (s. auch S. 106, Transport). Tourveranstalter bieten Touren zwischen Ha Noi und Ho-Chi-Minh-Stadt an, die i. d. R. mit dem Rad etwa drei Wochen dauern, mit dem Motorrad etwa 1–2 Wochen. Schön sind auch kürzere Ausflüge mit dem Rad, z. B. im Mekong-Delta oder an der Küste.

Neuester Trendsport der Touristen in Vietnam ist das **Mountainbiking**. Ausgerüstet mit Helm und einem robusten Rad geht es auf die Piste. Zahlreiche Anbieter haben geführte Touren im Programm, die Sport, Spaß und Abenteuer versprechen. Vor allem in Da Lat und rund um Sa Pa lockt bergiges Gelände.

Längere geführte **Motorradtouren** werden vor allem im Norden des Landes angeboten. Wer nur ein bisschen mit dem Moped herumfahren will, kann dies im Grunde überall tun. Hinter einem Easy Rider kann Platz nehmen, wer nicht selber fahren kann oder will. Diese erfahrenen Biker bieten Tages-, aber auch längere Touren an, die z. B. auf dem Ho Chi Minh Highway (dem ehemaligen Ho-Chi-Minh-Pfad) entlangführen – eine beliebte Strecke für alle Fahrrad- und Motorradfans.

Die Standard-Tour führt durch das zentrale Hochland von Da Lat über den Lak-See nach Buon Ma Thuot, Kon Tum und weiter nach Hoi An (s. auch S. 452, Easy Rider).

Paddel- und Kajaktouren

Immer mehr Veranstalter haben Kayak- und Paddeltouren im Programm. Mal erkundet man Teile der Ha Long-Bucht, mal begibt man sich auf abenteuerliche Fahrt auf den Flüssen und zu Wasserfällen in den Bergen (z. B. rund um Da Lat).

Vorsicht beim Paddeln im Meer auf eigene Faust: Hier lauern gefähliche Unterströmungen.

Trekking und Bergsteigen

Die Bergregionen des Landes laden zu zahlreichen Trekkingtouren ein. Viele Gebiete sind noch wenig erforscht, aber dies ändert sich zunehmend. Immer mehr Veranstalter haben das Interesse der Touristen an Treks erkannt, und so wird das Angebot ständig erweitert. Manche Touren beinhalten neben gemeinsamen Wanderungen auch einen Ritt auf dem Rücken eines Elefanten und manchmal auch Wildwasserfahrten.

Es gibt Tagestouren, aber auch Wanderungen, die sich über mehrere Tage ausdehnen und Übernachtungen in entfernten Gegenden mit einschließen. Bisher am besten erschlossen ist die Gegend um Sa Pa. Man muss mindestens einen Tag wandern, um abgelegene Bergdörfer zu erreichen. Auch der höchste Berg, der Fan Si Pan, ist von Sa Pa aus zu erreichen. Weitere Trekking-Gebiete sind die Nationalparks und die Gegend rund um Da Lat und Kon Tum.

Wer einen Tagesausflug plant, kann sich gut auf eigene Faust bewegen. Wer jedoch länger unterwegs sein will, sollte die Angebote der Reiseveranstalter oder der Gästehäuser in Anspruch nehmen und sich mit Tourguide auf den Weg machen.

Wassersport

Kitesurfen, Wellenreiten und Surfen sind die Hauptattraktionen in Mui Ne. Hier gibt es Anfängerkurse und Equipment zu leihen. Badeurlauber sollten dies bei der Wahl des Hotels bedenken, da am Hauptstrand aufgrund der vielen Wassersportler gefahrloses Schwimmen nur in der Nebensaison möglich ist. Auch in Nha Trang wird in der Hochsaison (im Winter und Sommer) das Wasser von motorisierten Verkehrsmitteln heimgesucht, und nicht jeder Jetskifahrer versteht sein Handwerk. Es gibt zwar Kurse für dieses Vergnügen, doch vor allem junge Asiaten aus Singapur und auch Halbstarke aus dem Westen fühlen sich ihrer Sache sicher genug – und machen das Leben für Schwimmer extrem unsicher.

Schwimmen ist wegen der Unterströmungen nur dort zu empfehlen, wo es erschlossene Strände gibt. Die besten Schwimmplätze mit einer auf westliche Touristen zugeschnittenen Infrastruktur bieten Mui Ne, Nha Trang, Hoi An und Da Nang. Viele andere Strände der über 3000 km langen vietnamesischen Küste laden zum Baden ein, doch sind diese noch kaum für westliche Ansprüche erschlossen, was andererseits für einige Traveller sicherlich gerade ihren Reiz ausmacht.

Tauchen und Schnorcheln

Auch Freunde der Unterwasserwelt kommen in Vietnam auf ihre Kosten. Ob Tauchen oder

Schnorcheln – ein fremdes Universum voller bunter Fische, Korallen, Nacktschnecken und Seepferdchen erwartet jeden, der einen Blick unter die Wasseroberfläche wagt.

Am beliebtesten sind die Tauchgebiete bei **Nha Trang**: Eine ganze Anzahl von Tauchbasen konkurriert hier um die Gäste, was die Preise nach unten zieht. Zur Zeit der Recherche war ein regulärer Ausflug mit zwei Tauchgängen für US$35 zu haben – und die Tauchziele lohnen diese Ausgabe allemal (s. S. 483, Nha Trang, Tauchen). Auch Einsteiger kommen auf ihre Kosten, sei es mit einem Schnuppertauchgang („Discover Scuba") oder einem Anfängerkurs („Open Water Diver"). Für Fortgeschrittene werden Aufbaukurse bis hin zur Ausbildung zum Tauchlehrer angeboten; und erfahrene Taucher können, mit speziellen Gasgemischen und anderen „Tek-Diving"-Geräten ausgestattet, tiefere Zonen erforschen.

Weitere beliebte Tauchplätze liegen vor der Insel **Phu Quoc** nahe der Seegrenze zu Kambodscha und, etwas umständlicher erreichbar, um den **Con Dao-Archipel**, wo hin und wieder Dugongs auf den Seegrasfeldern weiden sollen. Dazu kommen kleinere Spots an der Südküste vor **Ca Na** und bei **Quy Nhon**, die von einzelnen, an Resorts gebundenen Tauchbasen bedient werden. Als nördlichstes erschlossenes Tauchgebiet gilt das Seegebiet vor den Cham-Inseln bei **Hoi An**. Bei den kleineren Tauchgebieten mit weniger Anbietern sind die Preise höher (etwa US$60–80 pro Ausflug); und nicht überall ist Tek-Diving-Equipment verfügbar. Anfänger- und Schnupperkurse werden jedoch angeboten.

Sicheres Tauchen

Von Michael Wendling

Die gewählte Tauchschule sollte einer international anerkannten Tauchorganisation wie PADI, SSI, NAUI oder CMAS angeschlossen sein. Am besten verlässt man sich auf sein Gefühl und lässt sich nicht von zu viel Glitzer beeindrucken. Wichtig ist die Frage nach 1. Hilfe und Notfallsauerstoff-Ausrüstung sowie Zugang zu einer Rekompressions-Kammer.

Anfänger

Auf was Tauchanfänger bei der Auswahl der Tauchschule achten sollten:

Man sollte sich die Kurs-Struktur genau erklären lassen. Ein Open Water Diver-Kurs sollte etwa 4 Tage dauern, damit auch der theoretische Teil der Ausbildung richtig durchgeführt wird. Jeder Tauchschüler sollte sein eigenes Kurs-Manual mit Tauchtabelle bekommen und auch behalten! Das leihweise Überlassen eines Lehrbuchs ist nicht mehr erlaubt! Wenn möglich, die Ausbildung in Deutsch machen. Die Teilnehmerzahl im Kurs sollte klein sein: 3–4 Schüler pro Tauchlehrer sind o.k. Zu klären ist, was in den Kurs-Kosten enthalten ist: z. B. Leihgebühr für die Ausrüstung, Zertifizierungs-Gebühr oder Zusatz-Gebühren für Boots-Tauchgänge.

Bei einigen Organisationen (z. B. PADI) besteht die Möglichkeit einer Überweisung *(referral)* für den Fall, dass man den Kurs wegen Krankheit oder Schlechtwetter an der gewählten Tauchschule nicht beenden kann. Dann hat man ein Jahr Zeit, um den Kurs irgendwo anders zu beenden.

Es empfiehlt sich auch, sich mal die Zertifizierungs-Karte des Tauchlehrers zeigen zu lassen, um zu prüfen, ob er überhaupt berechtigt ist, Tauchkurse durchzuführen. Desweiteren sollte die Tauchschule eine Versicherung für Tauchschüler abgeschlossen haben.

Ausgebildete Taucher

Im Tauchshop umschauen: In welchem Zustand befindet sich die Leih-Ausrüstung, wie wird sie aufbewahrt, gibt es Gelegenheit, die eigene Tauchausrüstung zu waschen und sicher zum Trocknen aufzubewahren?

Wichtige Fragen zu den Tauchgängen sind: Wie viele Taucher pro Tauchguide (nicht mehr als vier wäre gut)? Länge der Tauchgänge und Länge der Oberflächen-Pausen (mindestens eine Stunde – besser mehr)? Was ist im Preis des Tauchausflugs inbegriffen (Ausrüstungsmiete, Essen/Snacks, Softdrinks, Wasser usw.)?

Allen Tauchgebieten gemein sind recht angenehme **Wassertemperaturen** um die 27 °C und zum Teil recht gute Sichtweiten bis zu 25 m; 10–15 m sind im Durchschnitt zu erwarten. Einige Tauchgebiete sind ganzjährig betauchbar (z. B. Nha Trang), in anderen Gebieten schließen die Tauchbasen während der Regenzeit für ein paar Monate (z. B. Hoi An in den Sommermonaten). Nähere Informationen in den Regionalkapiteln.

Telefon

Vietnam verfügt über ein internationales **Mobilfunknetz**. Es lohnt sich, das eigene Handy mitzunehmen und sich vor Ort eine SIM-Karte mit vietnamesischer Nummer und eine Prepaid-Karte zu kaufen. Anbieter sind Mobiphone, 💻 www.mobiphone.com.vn, und Vinaphone, 💻 www.vinaphone.com.vn. Die Tarife sind ähnlich. So kann man nicht nur selber im Land oder nach Deutschland telefonieren, sondern sich auch kostengünstig anrufen lassen.

Einige Billigvorwahlen aus Deutschland ermöglichen ein **Gespräch nach Vietnam** für etwa 17 Cent pro Minute. Vorsicht: Über die Telecom wird es teuer. Aktuelle Informationen unter 💻 www.billigertelefonieren.de.

Wer mit seiner deutschen Handynummer in Vietnam telefoniert und Roaming in Anspruch nimmt, muss mit hohen Gebühren rechnen (Informationen und Konditionen beim deutschen Anbieter erfragen).

Auch **Internet-Telefonie** ist möglich und sehr günstig, die Verbindung aber meist eher schlecht. Es gibt im Internetshop die Möglichkeit, eine Prepaidkarte zu kaufen, mit der man vom Internet-Telefon aus nach Deutschland telefonieren kann. Für US$5 kann man mit einer solchen Karte etwa zwei Stunden nach Europa telefonieren. Die Karte kann mehrfach eingesetzt werden (ob auch in verschiedenen Shops bitte vor dem Kauf erfragen) und ist durch eine PIN gesichert.

Nahezu jedes **Hotel** verfügt über ein Telefon, entweder in der Lobby oder sogar auf den Zimmern. Diese bieten meist den Service einer IDD-Anlage, die problemlos Gespräche nach Europa möglich macht.

Wichtige Telefonnummern

Die **Vorwahl** für Vietnam lautet ✆ 0084. Dann folgt die regionale Vorwahl der Provinz (s. immer vor der jeweiligen Nummer im Reiseteil) ohne die erste 0, am Ende die Nummer des gewünschten Gesprächspartners. Wer aus Vietnam nach Europa telefonieren will, wählt ✆ 171 000 (Internet) oder 00 plus die entsprechende Landesnummer. Um im Inland Ferngespräche zu führen, wird 01 gewählt, es folgt die Ortsvorwahl (z. B. Ha Noi: 4, oder HCM-Stadt: 8) und zuletzt die individuelle Rufnummer. Bei Problemen kann der Operator unter ✆ 101 um Hilfe gebeten werden.

Internationale Vorwahlen

Deutschland	✆ 0049
Österreich	✆ 0043
Schweiz	✆ 0041

In Vietnam

Polizei	✆ 113
Feuerwehr	✆ 114
Ambulanz	✆ 115
Ausländerpolizei Ha Noi	✆ 04-822 0579
Zeitauskunft	✆ 117
Weckdienst	✆ 118

Es entsteht keine Wartezeit und die Verbindungen sind gut. Eine Minute kostet etwa US$5. Je nach Preiskategorie des Hotels wird mehr berechnet. Gebühren werden bereits nach dem Wählen fällig. Die Telefongesellschaft Vietnams berechnet also auch etwas, wenn gar keine Verbindung zustande kommt. Etwas preiswerter sind Gespräche von der **Post** aus.

Transport

Reisen ist in Vietnam ohne große Strapazen möglich. Ob durchorganisiert mit einem Reiseveranstalter, zeitlich flexibel gestaltet mit einer Open Tour oder ganz individuell mit öffentlichen Bussen, dem Flugzeug, Zügen, auf dem Fahrrad oder dem Motorrad: Es gibt zahlreiche Methoden, sich im Land fortzubewegen. Die Straßen sind auf den Hauptrouten in perfektem Zustand, im Hinterland etwas weniger komfortabel. Die Entfernungen werden auch in Vietnam in Kilometern angegeben.

Ein Mix aus allen Verkehrsmitteln ist vielleicht der beste Tipp, denn jedes Fortbewegungsmittel hat seinen eigenen Reiz. Stundenlang in einem öffentlichen Bus eingepfercht zu sitzen, gehört für viele Traveller zum Abenteuer Reisen einfach dazu. Da die meisten Strecken jedoch bereits auf großen Highways zurückgelegt werden können, muss man sich für solche Abenteuer in die abgelegenen Gebiete wagen. Im Allgemeinen werden einem Ausländer für die Standard-Routen (auf denen auch ein Open Tour-Bus verkehrt) keine Tickets für die lokalen Busse verkauft.

Für alle Transportmittel gilt, dass die Reise flexibel geplant werden sollte. Nicht nur kann es vorkommen, dass Busse nicht fahren oder voll sind, auch Flugzeuge und Züge können sich verspäten oder ganz ausfallen.

Busse

Es gibt öffentliche große Busse mit etwa 45 Sitzplätzen, manche mit AC, viele noch ohne. Die meisten kürzeren und mittleren Strecken werden auch von Minibussen, u. a. Mercedes Sprinter und Ford Transit, bedient. Diese sind schneller und bequemer.

Busse und Minibusse

Zahlreiche Busse verkehren täglich zwischen den größeren Städten des Landes, und auch nahezu alle Kleinstädte werden regelmäßig angefahren. Je befahrener eine Strecke ist, desto mehr und desto bessere Busse stehen zur Auswahl. Vor allem in die klapperigen und alten Fahrzeuge wird so viel wie möglich hineingepackt. Kleinere Wege lassen sich am besten mit einem Minibus zurücklegen. In einigen Städten holen die Gesellschaften den Reisenden auch vom Hotel ab.

Größere Städte verfügen über einen regionalen und einen Überland-Busbahnhof. Es gibt nur selten feste Abfahrtszeiten, meist fährt ein Bus los, wenn genug Mitfahrer gefunden sind.

Toiletten

In Vietnam gibt es sowohl asiatische Hocktoiletten als auch westliche Sitzklos. Auf dem Land stehen meist nur kleine Holzverschläge mit Löchern und einer darüber gelegten Holzplanke als Toilette zur Verfügung.
Für die Benutzung der öffentlichen Toiletten, die sich an Ausflugszielen oder in Busbahnhöfen finden, ist meist eine geringe Gebühr zu entrichten, was nichts über ihren Zustand aussagt. Auf jeden Fall eigenes Papier mitnehmen!
Auf Überlandfahrten halten die Busse meist mehrmals während der Fahrt auf offener Strecke oder an einem Restaurant. Oftmals können leider nur die Männer austreten, während Frauen auf den Service einer Toilette warten müssen.

Gestartet wird in der Regel am frühen Morgen, einige Busse fahren noch am frühen Abend los. Es lohnt sich in jedem Fall, möglichst frühzeitig am Busbahnhof zu sein. Tickets gibt es an den Schaltern, manchmal auch nur im Bus. Hier ist es meist etwas teurer, bzw. der Fahrpreis hängt in erster Linie von den Geldsorgen des Schaffners ab. Es macht daher Sinn, sich vorher über den üblichen Preis zu informieren. Tickets für Langstrecken sollte man einen Tag vorher besorgen.

Wer den Bus verpasst hat, wird meist noch auf den großen Highways die Chance haben, einen vorbeifahrenden Überlandbus anzuhalten, um zuzusteigen.

Öffentliche Busse dürfen nicht überall von westlichen Besuchern genutzt werden. Sofern es Open-Touren gibt, nehmen die Betreiber Traveller nur ungern oder gar nicht mit.

Open Tour-Busse

Was einmal für Traveller mit Sinh Café als sogenannte Café-Fahrt (auch Open Tour genannt) begann, ist heute auch bei Vietnamesen sehr beliebt. Wer es sich leisten kann, nimmt einen dieser Reisebusse, die die Hauptstrecken des Landes zwischen Ho-Chi-Minh-Stadt und Ha Noi bedienen, und verzichtet auf lokale Überlandbusse. Vor allem bei Hanh-Café-Touren sitzen westliche Touristen in den Bussen nicht unter sich, da die reicheren Vietnamesen den relativ hohen Standard zu schätzen wissen. Bei Sinh Café, über die in letzter Zeit viel geschimpft wird, fahren nur wenige Vietnamesen mit und das überwiegend junge Travellerpublikum ist unter sich.

Die Begründer dieser Reisevariante sind Sinh Café und Kim Café in Ho-Chi-Minh-Stadt, die 1991 bzw. 1993 eröffneten und jenen Tourbetrieb starteten, der heute als Kaffeetour à la Vietnam bekannt ist. Seither sind zahlreiche weitere Anbieter, wie T.M. Brothers und Hanh Café, hinzugekommen. Angeboten werden kurze Strecken, aber auch ganze Reiserouten durchs Land (s. u.). Jeder Reisende kann seine Fahrt zwischen Ha Noi und Ho-Chi-Minh-Stadt an den Hauptorten beliebig lang unterbrechen und sie dann nach kurzfristiger Ansage fortsetzen. Je nach Qualität des Anbieters klappt dies mehr oder weniger gut. Es ist sehr gut möglich, im Ort der Wahl immer nur Teilstrecken zu kaufen. Eine durchgebuchte Tour mit geplanten Stopps ist, wenn überhaupt, nur geringfügig billiger.

Auf den Fahrten werden Pausen eingelegt. Viele Open-Tour-Bus-Veranstalter nutzen die Notwendigkeit einer Essenspause, um an weniger gut zu erreichenden Sehenswürdigkeiten Halt zu machen. Dazu zählen z. B. die Cham-Türme bei Ca Na. Vielfach dienen auch Strände, wie etwa Mui Ne, als willkommener Platz für eine Rast. Immer wird Mittagspause in einem Restaurant gemacht, sodass niemand sich um einen leeren Magen sorgen muss. Diese Stopps werden teils auch dazu genutzt, Buswechsel zu organsieren. Vor allem in der Nebensaison kann es vorkommen, dass man mehrfach umsteigen muss.

Die Touren ins Mekong-Delta sind noch nicht dafür ausgelegt, dass die Reisenden selber über die Dauer ihres Aufenthalts bestimmen. Nach Absprache – und ggf. einem geringen Aufpreis – ist dies jedoch mittlerweile bei manchen Anbietern möglich. Die meisten Verbindungen werden auf Tagesfahrten bedient. Die Strecke Ha Noi–Hue wird jedoch in beide Richtungen immer nachts zurückgelegt.

Wer mit Open Tour-Bussen fährt, hält am Ankunftsort nicht an einem Busbahnhof, sondern wird bei einem toureigenen oder Partnerhotel abgeladen. Es lohnt, sich die Zimmer anzugucken. Wer hier nicht schlafen will, kann sich auch ein anderes Zimmer suchen. Oft bringen die Busse Unschlüssige noch bei anderen Partnerhotels vorbei.

Strecken und Preise

In den Norden verkehren täglich mehrere Busse von Ho-Chi-Minh-Stadt nach Da Lat oder/und Mui Ne, weiter nach Nha Trang, Hue, Hoi An und Ha Noi. Dieselben Orte können auch in der entgegengesetzten Richtung angefahren werden.

Einige Anbieter haben auch die Ha Long-Bucht und Sa Pa im Programm. Diese beiden Ziele sind wie die Touren ins Delta meist als Tages- oder Mehrtagestouren organisiert. Auf Anfrage kann man jedoch meist auch die einfache Strecke mitfahren.

Die Tickets kosten zwischen US$5 für eine Strecke (z. B. Ho-Chi-Minh-Stadt–Mui Ne) und US$20 für die Fahrt von Ho-Chi-Minh-Stadt nach Ha Noi. Mit Unterbrechung kostet dieses Ticket etwa US$24.

Wer eine Fahrt bucht, kann an den Orten der Wahl pausieren, wobei die Weiterfahrt mit dem Touranbieter abgesprochen werden muss. Dies kann bereits bei der Buchung mit Datumsangabe geschehen oder spontan im jeweiligen Ort mindestens einen Tag im Voraus. Letzteres ermöglicht eine flexible Planung.

Ins Mekong-Delta fahren die Anbieter meist in Ein- und Mehrtagestouren, die entweder nach Phnom Penh in Kambodscha oder zurück nach Ho-Chi-Minh-Stadt führen. Ziele sind My Tho, Ben Tre, Can Tho, Vinh Long, Cai Rang, Long Xuyen, Chau Doc und Rach Gia.

Die Tickets in privaten Bussen können sowohl in Dollar als auch in Dong bezahlt werden. Beim Kauf eines Tickets erhält man meist nur den Zahlungsbeleg, die Plätze werden auf einer Platzkarte vermerkt. Im Bus selbst hält sich aber meist niemand daran, sondern jeder sucht sich den ihm genehmen Platz. Wer Glück hat, landet in einem wenig gebuchten Bus und hat sogar zwei Sitze für sich allein. Auf der Rückbank schläft meist der Ersatzfahrer, sodass man von hier wieder schnell vertrieben wird. Wer Pech hat, wird bei nur wenigen Mitfahrern in einen Minibus gesetzt, um an einem Umsteigeort in einen volleren Bus umgeladen zu werden.

Die Tickets für die Open-Touren bekommt man in den toureigenen Büros oder in Reisebüros (die meist mit einem speziellen Anbieter zusammenarbeiten). Alle Busse sollte man spätestens einen Tag im Voraus gebucht haben (in der Hochsaison sind sie oft bereits mehrere Tage vorher ausgebucht). Bezahlt wird sofort. Treffpunkt für die Anfahrt ist meist das Büro, wo man das Ticket gekauft hat. Oder man lässt sich vom Hotel abholen.

Derzeit sind die Busse im Süden weit komfortabler, neuer und besser als jene, die den Norden bedienen. Die Überlandfahrten von Nord nach Süd sind zudem, wegen geringerer Nachfrage, etwas billiger als von Süd nach Nord.

Wer mit Fahrrad reist, kann dieses meist kostenlos oder gegen die Gebühr eines Sitzplatzes im Open Tour-Bus mitnehmen.

Open Tour-Ausflugsfahrten

Das Spektrum der Ausflugsfahrten, die zwischen 1–5 Tage dauern, ist bei den meisten Touranbietern einer Region nahezu identisch. In Ho-Chi-Minh-Stadt gehören dazu die Tunnel von Cu Chi, die im Rahmen einer Tagesfahrt besucht werden, und der Cao Dai-Tempel von Tay Ninh. Zudem gibt es Stadtrundfahrten. 2–5-tägige Fahrten ins Mekong-Delta hat ebenfalls jeder Anbieter im Programm. In Ha Noi ist es der Ausflug in die Ha Long-Bucht, der von den Open Tour-Veranstaltern ebenso angeboten wird wie Ausflüge in die nähere Umgebung (siehe in den jeweiligen Regionalkapiteln).

Reiseagenturen: Der feine Unterschied

Es lohnt, die Preise und Angebote im Detail zu vergleichen: Welcher Service ist im Preis enthalten, wie viele Mitreisende sind in einer Gruppe, welchen Komfort bieten die Busse, sind Essen und Ticketpreise im Gesamtpreis enthalten? Eine gute Einschätzung des Angebots wird möglich, wenn man sich bei Travellern erkundigt, die bereits mit einer Agentur gereist sind. Wenig beliebt sind derzeit die Angebote von Sinh Café und T.M. Brothers.

Die Preise variieren nur geringfügig, sind in jedem Fall aber billiger als die der besseren Reiseveranstalter. In Kauf nehmen muss man jedoch, dass meist sehr viele Mitfahrer dabei sind, die Pausen kurz gehalten werden und das Rahmenprogramm mehr nach dem Motto „Masse statt Klasse" gestaltet ist.

Schlafwagenbusse

Die Gesellschaft Hoang Long fährt die Strecke Ho-Chi-Minh-Stadt – Ha Noi und zurück. Das Besondere hier sind die Betten: Man fährt liegend – auch tagsüber. Die Betten sind sehr kurz und eindeutig für Vietnamesen konzipiert. Große Europäer ab 1,80 m müssen sich zusammenfalten. Für Nachtfahrten und kleinere Menschen allerdings sind diese Busse eine gute Alternative. Kontakt: Hoang Long Buscompany, 28 Tran Nhat Duat, Ha Noi, ✆ 04-9282828.

Eisenbahn

Bahnfahrten sind eine sehr angenehme Art und Weise, längere Strecken zurückzulegen. Vor allem Nachtfahrten im Schlafwagen sind in jedem Fall einer langen Busfahrt vorzuziehen. Das gesamte Land kann der Länge nach auf 2500 km mit dem Zug bereist werden. Die Zugstrecke geht von Ho-Chi-Minh-Stadt nach Ha Noi. Nebenstrecken führen in die Berge bis nach Lao Cai (nahe Sa Pa) zur chinesischen Grenze und bis in die Provinz Yunnan sowie Richtung Norden über Dong Dang ebenfalls nach China (bis Beijing). Auch nach Hai Phong in Richtung Ha Long-Bucht verkehren Züge.

Der Bahnhof Da Lat ist wieder in Betrieb, doch ist die alte Route, die einst das zentrale Hochland mit der Küste verband, nur noch zwischen Phan Rang und Da Lat befahrbar.

Das Streckennetz stammt noch aus der Kolonialzeit. Nach Beendigung des amerikanischen Krieges dauerte die Wiederherstellung der Eisenbahnverbindung zwischen Ha Noi und Ho-Chi-Minh-Stadt acht Monate. Es galt, auf der Strecke von 1726 km, die parallel zur Nationalstraße 1 verläuft, 1134 Brücken, 158 Bahnhöfe, 1370 Weichen und 27 Tunnel zu reparieren. Der erste **Wiedervereinigungszug** fuhr am 31. Dezember 1976. Seither verkehren täglich Züge zwischen Süd- und Nordvietnam.

Die meisten Touristen fahren von Hue nach Da Nang (nahe Hoi An) in 2–3 Std., von Hue nachts bis nach Ha Noi (11–16 Std.) und von Ha Noi nach Sa Pa (8–9 Std.).

Fahrplan

Meist fahren die Züge pünktlich ab und kommen auch zeitnah an. Der aktuelle Fahrplan findet sich im Internet unter 💻 www.vr.com.vn. Da es oftmals zu Verschiebungen kommt, ist es sinnvoll, sich kurz vor der Abreise noch einmal rückzuversichern, dass die Abfahrtzeit jener auf dem Ticket entspricht.

Die Zugbezeichnungen SE1, SE2, E1, E2, S1, S2 und TN1 bis TN6 geben Auskunft über die Richtung des Zugs. Züge mit gerader Zahl fahren nach Norden, jene mit ungerader Zahl nach Süden.

Ab Ha Noi verkehren täglich drei Züge nach Hai Phong und zwei nach Dong Dang. Zudem starten hier drei Nachtzüge und ein Tageszug nach Lao Cai. Die aufwendig ausstaffierten Züge des Victoria Express, deren Ausstattung an den Orient Express erinnert, bedienen die Strecke Ha Noi – Sa Pa, sind aber meist den Gästen des Victoria Resorts in Sa Pa vorbehalten; manchmal kann man diese Fahrt jedoch auch über ein Reisebüro buchen.

Kurzstrecken

Für kurze Strecken kann man sich getrauen, auch einmal die Hartsitzklasse zu buchen. Dies ist aber nur ratsam für Leute, für die Strapazen auf der Reise dazugehören. Für alle anderen ist es sicherlich angenehmer, ein paar Dong mehr auszugeben und einen Platz in der Weichsitzklasse zu buchen.

Langstrecken im Schlafwagen

Die Züge auf der Strecke Ha Noi–Ho-Chi-Minh-Stadt haben alle Schlafwagenabteile und sind 30–40 Stunden unterwegs: Bei den **Softsleepern** befinden sich in einem Waggon 4 Betten (2 Stockbetten), die sehr bequem sind. In einem **Hardsleeper** sind es sechs Betten, wobei jeweils drei übereinander liegen. Die oberen sind besonders billig, aber auch am unbequemsten, und man muss klettern, um ins Bett zu gelangen.

Ankunft am Bahnhof – die Taxifrage

Nachdem man den Bahnhof des Zielortes erreicht hat, sollte man sich vor dem Bahnhof ein Taxi besorgen. Wer direkt am Gleis mit einem Schlepper mitgeht, wird durch den Hinterausgang geschleust, muss mit einem meist nicht lizenzierten Wagen fahren und zahlt oft eine hohe Kommission im Hotel.

Nachts wird das Licht komplett gelöscht, es gibt jedoch kleine Lampen an jeder Liege. Die Türen werden verriegelt, dennoch sollte man auf seine Wertsachen aufpassen, da die Tür auch von außen zu öffnen ist. Tagsüber werden die unteren Betten als Sitzgelegenheit genutzt, allerdings bedarf dies (außer zu Essenszeiten) der Zustimmung des Fahrgasts dieser Etage. Alle Abteile verfügen über einen kleinen Tisch. Das Gepäck wird unter den unteren Liegen oder ganz oben in kleinen Ablagen verstaut. Kinder unter 6 Jahren dürfen offiziell nur die unteren Liegen benutzen. Wenn ein Elternteil mit ihnen ein Bett teilt, ist auch die mittlere erlaubt. Kinder zahlen nichts, solange sie kein eigenes Bett benutzen. Die Züge sind ansprechend sauber, zumindest die Schlafwagen. Alle Abteile haben AC, und es wird Wasser und Essen serviert. Wer jedoch nicht typisch vietnamesisch (meist Fleisch) essen will, sollte sich selbst Proviant mitnehmen.

Fahrkarten

Tickets für Tageszüge und kürzere Fahrten sind i. d. R. kurzfristig zu haben, sollten jedoch mindestens einen Tag im Voraus besorgt werden. Für Nachtzüge muss weitaus früher gebucht werden. Softsleeper sind kurzfristig nicht mehr zu haben, sie sollten am besten mindestens zwei Wochen vorher besorgt werden. Hardsleeper bekommt man ggf. noch 2–3 Tage vor Fahrtantritt. In den Ferien und am Wochenende sind die Tickets besonders schnell weg. Wer sein Ticket nicht selber besorgt, sondern ein Reisebüro beauftragt, zahlt i. d. R. etwa US$8–10 mehr.

Die Preise variieren von Zug zu Zug und orientieren sich erstens an der Schnelligkeit des Zuges (SE1/2, E1/2 und S1/2 sind die schnellsten) und an der erworbenen Sitzkategorie. Sie ändern sich schnell, aktuelle Informationen finden sich auf der Webseite 💻 www.vr.com.vn. Für den schnellsten Zug und den besten Platz im Weichliegenabteil von Ha Noi nach Ho-Chi-Minh-Stadt sind etwa 1 Mill. Dong zu zahlen, für den langsamsten Zug im Hartliegenabteil etwa 750 000 Dong.

Flüge

Vietnam hat zahlreiche kleine und drei internationale Flughäfen: Ho-Chi-Minh-Stadt, Ha Noi und seit 1999 Da Nang. Immer wieder hört man Gerüchte, dieser oder jener Flughafen solle zu einem internationalen Flughafen mit allen dafür notwendigen Modernitäten ausgebaut werden. Diese Prophezeihung dient nicht zuletzt als Anreiz für Investoren, doch meist ist an den Gerüchten nicht viel dran.

Mit einem Flug lassen sich die längeren Strecken am bequemsten zurücklegen. Vor allem die Strecke Ha Noi–Ho-Chi-Minh-Stadt wird von Ausländern gerne genutzt, denn mit dem Flugzeug ist das Land in nur zwei Stunden überquert. Auch Kurzstrecken haben ihren Reiz, denn so spart man sich lange Busfahrten.

Inlandflüge sind seit dem Verzicht auf die teure Ausländerpreispolitik im Jahr 2004 zu sehr günstigen Preisen möglich. Die Flughafengebühr ist i. d. R. im Ticketpreis enthalten. Ansonsten fallen etwa US$2 Tax an. Kinder zwischen 2–12 Jahren zahlen nur die Hälfte der Flughafentax.

Im Inland fliegt die aus dem Staatsbetrieb Hang Khong Viet Nam hervorgegangene Vietnam Airlines nahezu alle Inlandsflughäfen an. Der Ruf der einst stets mit Verspätung abfliegenden Gesellschaft, die als „hang on Vietnam" verspottet wurde, hat sich deutlich verbessert: Vietnam Airlines gilt heute mit ihren mehr als 40 modernen Maschinen als eine der besten Fluggesellschaften Asiens.

Gesellschaften und Flugstrecken

Vietnam Airlines fliegt alle nationalen Flughäfen an. Die Strecke Ho-Chi-Minh-Stadt–Ha Noi und einige andere Flugrouten werden zudem von Vasco (einem Subunternehmen von Vietnam Airlines) und Jetstar Pacific bedient.

Flugbestätigung

Es ist sinnvoll, den Flug zwei Tage vor Abflug zu bestätigen, wenn man ihn einige Zeit im Voraus gebucht hat. So können eventuelle Verschiebungen der Abflugzeit mitgeteilt werden.

Vietnam Airlines, auch Ansprechpartner für Flüge mit Vasco, bedient alle Strecken (siehe auch Routenplan). Aktuelle Informationen unter 💻 www.vietnamairlines.com, besondere Angebote für Reisende aus Deutschland auf 💻 www.vietnamarlines.de.

Das Hauptbüro befindet sich in Ha Noi, 200 Nguyen Son, Long Bien Dist., 📞 04-8732732, 📠 8272291; Ticketverkauf online und auch per Telefon möglich: für Nordvietnam 📞 04-8320320, Südvietnam 📞 08-8320320, Zentralvietnam 📞 0511-811111.

Vietnam Airlines fliegt folgende Flughäfen an: Buon Ma Thuot, Rach Gia, Da Nang, Vinh, Dien Bien Phu, Con Dao, Da Lat, Chu Lai, Ha Noi, Quy Nhon, Hai Phong, Tuy Hoa, Hue, Ho-Chi-Minh-Stadt, Nha Trang, Plei Ku, Phu Quoc und Ca Mau.

Jetstar Pacific, 💻 www.jetstarpacific.com.vn (rechts oben im Suchfeld kann der Text auf die englische Version umgestellt werden), fliegt zwischen Ha Noi und HCMS, zwischen HCMS und Da Nang (dreimal täglich) und mehrmals in der Woche zwischen HCMS und Hue, Vinh, Hai Phong und Nha Trang. Die Tickets können online gebucht werden. Getränke und Essen müssen wie bei den meisten Billigairlines extra bezahlt werden. Jetstar Pacific betreibt in Ha Noi einen Shuttlebus zwischen Flughafen und Innenstadt: Die Haltestelle im Flughafen befindet sich vor der Ankunftshalle der Inlandsflüge. Ab Innenstadt von der Busstation in der 14 Dao Tan, Ba Dinh District.

Reservierungen und Preise

Mindestens einen Tag vor Flugbeginn sollten die Tickets besorgt sein, in der Hauptsaison weitaus früher. Bei Vietnam Airlines wird auf die Zahlung mit Kreditkarte keine Gebühr erhoben. Wer einen Flug der Airline im Reisebüro bucht und mit Karte zahlt, muss mit etwa 1–3 % Aufschlag rechnen.

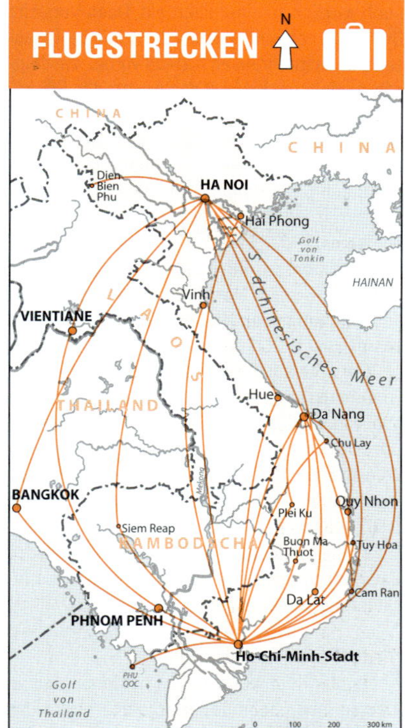

In Ho-Chi-Minh-Stadt und Ha Noi sind Tickets für alle Routen problemlos zu buchen, in kleineren Orten kann sich dies schwieriger gestalten. Alle Städte mit Flughäfen verfügen über ein Büro von Vietnam Airlines, die Adressen sind in den jeweiligen Ortskapiteln gelistet.

Alle Flüge werden in Vietnam in Dong oder US$ gezahlt. Wer bereits in Deutschland bucht, zahlt in Euro. Die Preise liegen je nach Strecke bei etwa US$30–80. Kinder zahlen 75 % des Flugpreises für einen Platz, unter zwei Jahren immerhin schon 50 %, ohne dass ihnen ein Platz zusteht.

Wer sich schon beim internationalen Flug für Vietnam Airlines entschieden hat, bekommt hohe Nachlässe für Inlandsflüge. Derzeit kosten Inlandsflüge bei zeitgleicher Buchung mit dem Hinflug nur 50 % des Normalpreises. Die Gesellschaft arbeitet an einem Online-Buchungssystem, bei dessen Nutzung ebenfalls günstige Flüge angeboten werden sollen.

Es ist immer wieder möglich, noch am Tage des Abflugs direkt am Flughafen ein Ticket zu bekommen. Dieses Verfahren eignet sich jedoch nur für flexible Reisende, die diesen Versuch ggf. am nächsten Tag wiederholen können.

Jetstar Pacific-Flüge können online gebucht werden und sind sehr günstig. Eine Umbuchung ist kostenlos, ggf. muss bei einem gebuchten Sonderangebot die Differenz zum Normalpreis gezahlt werden.

Mietwagen

Die Highways in Vietnam sind sehr gut ausgebaut, dies gilt vermehrt auch für die abgelegenen Gebiete. Ob als Einzelreisender im Mietauto oder in einer Gruppe im Kleinbus, bei der Fahrt mit dem Mietwagen (mit Fahrer) lassen sich auch anstrengende Reisetage gut organisieren. Ein Mietwagen eignet sich zudem für kurze Ausflüge, wie die Cu Chi-Tunnel bei Ho-Chi-Minh-Stadt oder das Mekong-Delta.

Eine Fahrt auf der Landstraße bietet Gelegenheit, Land und Leute kennen zu lernen. Eine Pause auf einem Reisfeld eignet sich prima für schöne Fotos, und ein Kaffee in einem winzigen Dorf irgendwo am Weg ermöglicht den direkten Kontakt zur Landbevölkerung.

In Vietnam gibt es **keine Autovermietung für Selbstfahrer**. Hier sind nur Mietwagen mit Fahrer mietbar. Selbstfahrer sind sehr selten, denn nur Ausländer mit einem Geschäftsvisum, einer Aufenthaltserlaubnis und einem vietnamesischen Führerschein dürfen selbst ans Steuer. Mittlerweile vermieten Agenturen in Laos auch Autos für Selbstfahrer in Vietnam. Von solch einer Reisevariante raten Ortskundige jedoch strikt ab. Erstens darf man offiziell nicht ohne einen vietnamesischen Führerschein fahren, und zweitens ist man bei einem Unfall als Westler immer der Schuldige und wird kräftig zur Kasse gebeten. Dafür gibt es keine Versicherung.

Als Mietauto stehen verschiedene Wagentypen zur Auswahl: Pkw oder kleine Jeeps (für kurze Strecken), große Allradfahrzeuge (für Touren abseits der Straßen) und Minibusse (für größere

Gruppen). Mit Vierrad-Antrieb ausgestattete Wagen sind unabdingbar für abgelegene Wegstrecken, auf den Hauptrouten aber nicht nötig.

An den Straßen finden sich immer wieder Mauthäuser, die **Straßennutzungsgebühren** kassieren. Die Fahrer haben für gewöhnlich abgezähltes Geld dabei, da diese Kosten im Mietpreis enthalten sind.

Vertrag und Preise

Bei der Vermittlung eines Mietwagens helfen Reisebüros, Hotels und Gästehäuser weiter, und auch die Tipps von Reisenden im Internet unter 💻 www.stefan-loose.de können hilfreich sein.

Besuchern werden immer wieder von Taxifahrern Angebote gemacht. Die Preise bewegen sich zwischen US$30–70 pro Tag, je nachdem wie lange das Auto gemietet wird, wohin die Fahrt gehen soll, ob der Fahrer Englisch spricht und auch als Fremdenführer dienen kann und wie geschickt man verhandelt. Wichtig ist auch der aktuelle Benzinpreis, der einen nicht geringen Teil dieses Betrags verschlingt. Die Fahrer sorgen meist selbst für ihre Unterkunft – dies sollte jedoch vor Reisebeginn geklärt werden. Auch die Frage, wer während der Reise für Reparaturen aufkommen muss, sollte vertraglich geregelt sein. Ist der Vertrag individuell aufgesetzt, ist es sinnvoll, auch eine vietnamesische Version zu verfassen, damit der Fahrer alle Vereinbarungen lesen kann. Nachdem ein Vertrag unterschrieben wurde, muss eine Anzahlung hinterlegt werden. Viele Anbieter verlangen den vollen Preis, aber darauf sollte man sich nicht einlassen.

Vor der Unterschrift unter den Vertrag sollte der Wagen inspiziert werden. Wie sehen die Reifen aus, gibt es einen Ersatzreifen und Sicherheitsgurte? Wichtig ist es auch, den Fahrer und ggf. den Guide, mit dem man tage- oder wochenlang unterwegs sein wird, vorher etwas näher kennen zu lernen.

Motorrad und Fahrrad

Die Geografie Vietnams erfreut das Herz aller Fahrradfahrer und vor allem der Motorradfans. Die Fahrt von Ort zu Ort ist für sie reiner Selbstzweck, und die gut ausgebauten Highways laden auch wirklich zu einer Fahrt ein. Doch Vorsicht: Bei Nacht verwandelt sich die N1 in eine Todesstrecke. Laster brausen hupend vorbei, um deutlich zu machen: Hier gilt das Gesetz des Stärkeren. Da es keine Straßenbeleuchtung gibt, hält auch der Seitenstreifen, der für Mopeds, Fahrräder und andere Gefährte gedacht ist, Überraschungen parat: Immer noch fahren hier Ochsenkarren, natürlich ohne warnende Scheinwerfer.

Die schönsten Strecken finden sich im Norden, im zentralen Hochland, im Mekong-Delta und auf dem neuen Ho Chi Minh Highway, dem ehemaligen Ho-Chi-Minh-Pfad.

Wer eine solche Reise plant, sollte sich gut vorbereiten und dennoch flexibel genug sein, die ganze Route den Gegebenheiten anzupassen. Gerne genutzt wird das Angebot spezialisierter Veranstalter, die sich auf Fahrrad- bzw. Motorradtouren konzentrieren (siehe Reiseveranstalter S. 91). Radtouren werden hier oftmals erleichtert, indem ein Minibus mitfährt, der das Gepäck transportiert und mit dem anstrengende Teilstrecken zurückgelegt werden können.

Motorrad

Neben den Highways gibt es natürlich auch in Vietnam noch holprige und schlechte Straßen, die nur routinierte Fahrer meistern können. Für große Maschinen sollte man unbedingt einen Internationalen Motorradführerschein, einen guten Helm und Schutzkleidung mitbringen. Ob ein internationaler Führerschein ausreicht, sollte aktuell bei einer Reiseagentur (s. S. 91) nachgefragt werden, da sich hier die Bestimmungen (und deren Durchsetzung) laufend ändern. Die Notwendigkeit eines Motorradführerscheins und die Helmpflicht gelten offiziell auch für die kleinen 80er-Hondas, doch in den seltensten Fällen will jemand die Unterlagen sehen und ebenso selten hat ein Verleiher einen Helm vorrätig. Aus Sicherheitsgründen sollte man aber in den Städten auf jeden Fall einen Helm tragen (70 % aller Verkehrstoten sind Mopedfahrer). Vermieter größerer Maschinen bieten Helme an, doch ist die Qualität und somit der Schutz nicht besonders gut.

Bei den meisten Polizeikontrollen wird ein Tourist gar nicht angehalten. Da die Polizisten kein Englisch können, lassen sie es dem Touristen durchgehen, wenn er gegen die Helmpflicht verstößt. Wer doch angehalten wird, hat dann das Problem der Verständigung und muss mit Bußgeldforderungen rechnen.

Schöne Touren für alle, die nicht selber mit dem Motorrad fahren wollen, bieten die Easy Rider (s. S. 452, Easy Rider).

Trotz der hohen Temperaturen gehört ausreichende Schutzkleidung ins **Reisegepäck**, d. h. Helm, Gesichtsschutz, lange Hosen und Jacke, Handschuhe und feste Schuhe. Packtaschen sind ebenfalls empfehlenswert. Auf einer Tour nicht fehlen sollten zudem Ersatz-Zündkerzen, eine Pumpe und Flickzeug. Kraftstoff gibt es an großen Tankstellen und auch an kleinen Verkaufsständen. Der in Trinkflaschen abgefüllte Sprit ist meist von minderer Qualität und teurer als jener von der Zapfsäule.

Reparaturwerkstätten finden sich nahezu überall. Sie sind am Honda-Zeichen zu erkennen. Auf dem Land sind sie dünner gesät. Um bei einem Unfall nicht ganz alleine dazustehen, ist es ratsam, eine Motorradreise in einer kleinen **Gruppe** zu unternehmen, damit man sich gegenseitig helfen kann. Kliniken mit internationalem Standard gibt es auf dem Land nur wenige – ein Transport zurück in die Zivilisation lässt sich mit Hilfe von gesunden Mitreisenden mit Sicherheit einfacher bewerkstelligen.

Eine Mietmaschine mit 80 bzw. 125 Kubik kostet am Tag zwischen US$5–10. Bei längerer Mietdauer weniger. Wichtig ist eine penible **Kontrolle** der geliehenen Maschine. Dazu gehören das Profil der Reifen, die Fußpedale, der Ölstand und besonders wichtig: die Bremsen. Jeder Schaden, der nicht im Vertrag aufgelistet ist, kann später teuer werden.

Wer ein Motorrad kaufen will, kann Angebote an den Anschlagtafeln von Gästehäusern und Restaurants finden. Legal ist der Besitz einer Maschine nicht, doch drückt die Polizei meist ein Auge zu. Wer einen **Kauf** plant, sollte sich vorher noch einmal genau umhören, ob dies immer noch so gehandhabt wird.

Motorradfahrer müssen **Mautgebühren** bezahlen. Ein ausreichender Vorrat an kleinen Scheinen spart Zeit. Mopeds können ohne Bezahlung auf der rechten Spur die Schalter passieren.

Verkehrsregeln

In Vietnam herrscht Rechtsverkehr. Die Geschwindigkeitsbegrenzung liegt in Ortschaften bei 40 km/h, auf dem Highway bei 60 km/h. Es gilt das Gesetz des Stärkeren: Überholende LKW erwarten, dass der Überholte ggf. auf den Standstreifen ausweicht. Fahrer biegen von rechts in den Verkehrsfluss ein ohne einen Blick auf den kommenden Verkehr – d. h., sie rechnen mit Hupsignalen von ankommenden Fahrzeugen. Als Warnung wird immer gehupt, daher ist es auf den Straßen vor allem der großen Städte mit hohem Verkehrsaufkommen extrem laut. Noch stärker als sonstwo in Asien gilt: Nach hinten wird nicht geschaut, alle Aufmerksamkeit ist nach vorne gerichtet! Rechts überholen ist weit verbreitet; wer zu weit nach links ausschert, um jemanden regelgerecht zu überholen, verhält sich nicht wie der Rest der Verkehrsteilnehmer. Nachts sollten Selbstfahrer ihre Fahrräder und Mopeds lieber stehen lassen; vor allem auf der N1 wird das Fahren im Dunkeln extrem gefährlich. Wer sein Moped / Fahrrad abstellt, ist gut beraten, dies auf bewachten Parkplätzen *(gui xe)* zu tun (Gebühr etwa 1000–2000 Dong für ein Moped, 500–1000 Dong für ein Fahrrad). Bei Straßensperren brauchen Touristen nur selten anzuhalten (s. S. 95, Sicherheit).

Fahrrad

Radelnde Reisende werden immer zahlreicher. Unbeschreibliche Erinnerungen haben alle, die einmal die Berge bis Sa Pa oder den Wolkenpass mit eigener Kraft gemeistert haben. Anerkennende Zurufe der Einheimischen mobilisieren auch bei längeren und anstrengenden Touren ungeahnte Energiereserven. Vietnam bietet neben Bergtouren auch schöne Strecken durch eine hügelige bis flache Landschaft, z. B. entlang der Zentralküste. Bei der Planung sollten die Jahreszeit und das entsprechende Klima in der bereisten Region bedacht werden (s. S. 35, Klima und Reisezeiten). Anfänger in Sachen Fahrradreisen sollten sich einer organisierten Tour anschließen, wenn sie längere Strecken zurücklegen wollen.

Viele erfahrene Radfahrer bringen ihr **eigenes Mountainbike** ins Land. Das Flugticket aus Europa ist selbst mit diesem Gepäckstück selten teurer. Wer bei den Fluggesellschaften persönlich nachfragt, darf sein Rad oft umsonst mitnehmen (bei Vietnam Airlines ist dies ab Europa möglich und auch im Land selten ein Problem). Meist müssen zwecks Transports die Pedale abgeschraubt werden und das Rad sicher verpackt sein. Speziell vorgefertigte Verpackungkartons gibt es allerdings nur bis zu einer Fahrradgröße von 26 Zoll. Probleme beim Zoll gibt es keine. Der Wert des Fahrrads sollte deklariert werden, damit es bei der Ausfuhr keine Schwierigkeiten gibt.

In Vietnam selbst gibt es natürlich Fahrräder zu mieten und zu kaufen. Die meisten sind jedoch nicht von der Sorte, dass man damit lange Fahrten unternehmen will. Für Kurzausflüge eignen sich die **Mieträder** jedoch allemal, und sie sind eine willkommene Abwechslung und ein angenehmes Transportmittel für alle, die nicht Moped fahren wollen, aber dennoch nicht alles zu Fuß erkunden oder auf ein Taxi angewiesen sein möchten. In den Hauptstädten eignen sich Fahrräder allerdings nicht mehr als Transportmittel, denn der Individualverkehr mit seinen tausenden Mopeds ist unberechenbar.

Mietfahrräder kosten i. d. R. etwa 20 000 Dong pro Tag, je nach Qualität aber auch mehr. Wer in die Berge will, sollte ein Mountainbike wählen. Tourenräder (mit gutem Reifenprofil, z. B. wegen Sandverwehungen in Mui Ne) eignen sich für die Zentralküste.

Einige Busgesellschaften nehmen Fahrräder kostenlos mit, bei allen anderen und im Zug muss ein geringer Aufpreis bezahlt werden.

Es ist in jedem Fall sinnvoll, Ersatzteile und ein Reparaturset mitzubringen. Auch reflektierende Kleidung, ein Helm und eine gute Unfallversicherung sollten im **Gepäck** sein. Um bei einem Unfall nicht ganz auf sich allein gestellt zu sein, ist es ratsam, in einer Gruppe zu radeln. Alleinreisenden ist von einer längeren Fahrradtour auch deshalb abzuraten, weil ein einsamer Radler auf unbefahrenen Straßen oder unbeleuchteten Wegen leicht Opfer eines Überfalls werden kann.

Trampen

Diese Art der Fortbewegung ist möglich, aber nicht gerade üblich. Wer auf der Straße mit seinem Rad liegen bleibt, von einem Bus frühzeitig abgesetzt wird oder nur eine kurze Strecke zurücklegen will, wird jedoch mit ausgestrecktem Daumen auch in Vietnam eine Mitfahrgelegenheit finden. Die Fahrer erwarten aber einen Beitrag zu den Spritkosten, der meist höher ist als ein Busticket. Über die Summe sollte man gleich am Beginn reden, um nicht am Ende der Fahrt in Streit zu geraten. Wie überall birgt das Trampen die Gefahr, ausgeraubt oder in einer anderen Form unter Druck gesetzt zu werden. Frauen sollten daher generell auf diese Art der Fortbewegung verzichten.

Schiffe und Boote

Die meisten Reisenden fahren auf ihrer Tour in die Ha Long-Bucht mit einem Boot. Hier werden auch Ausflüge angeboten, bei denen man die Nacht auf dem Schiff verbringt. Ausflugsfahrten werden zudem häufig im Mekong-Delta unternommen. Vermehrt gibt es auch Bootsausflüge von Hoi An und Nha Trang aus.

Zu den vorgelagerten Inseln Phu Quoc, Cat Ba und Con Dao verkehren regelmäßige Schiffe. In der Ha Long-Bucht gibt es zudem Verbindungen mit öffentlichen Fähren zwischen den Archipelen Cat Ba und Bai Tu Long. Luftkissenboote verbinden Hai Phong mit Ha Long-Stadt und Cat Ba. Von Ha Long-Stadt geht es auch nach Nong Cai. Von Ho-Chi-Minh-Stadt verkehren zudem Luftkissenboote nach Vung Tao. Tickets gibt es auf den Booten.

Auch Kreuzfahrtschiffe haben mittlerweile Vietnam im Programm. Star Cruises fahren Ho-Chi-Minh-Stadt, Da Nang, Nha Trang und die Ha Long-Bucht an. Mehr Informationen unter 💻 www.starcruises.com. Auch Crystal Cruise hat Vietnam im Programm, 💻 www.crystalcruises.com.

Im Frühjahr 2008 hat das Drei-Sterne-**Hotelschiff Hoa Sen** seinen Dienst aufgenommen. Das 186 m lange und 25,6 m breite Schiff kann 630 Passagiere befördern und bedient die Strecken HCMS–Nha Trang für 37 € (Kabine), 19 € (Sitzplatz), Ha Long–Hue–Nha Trang–HCMS für 80 € (Kabine) und 39 € (Sitzplatz), HCMS–Vung Tau–Nha Trang für 37 € bzw. 19 € Ha Long–Hue für 37 € /19 € und Hue–HCMS für 45 € /23 €. Die Routen und Fahrpläne sind noch relativ unstetig, da sich erst zeigen muss, welche Linien sich lohnen. Informationen auf der Website der Gesellschaft unter 💻 www.tauhoasen.com. Derzeit sind die Informationen nur auf Vietnamesisch, es ist aber bereits eine englische Version in Planung.

Nahverkehr

In den Groß- und Kleinstädten, in Dörfern und in den Bergen sind die unterschiedlichsten Nahverkehrsmittel, wie Motorradtaxis und Cyclos, anzutreffen. In den Städten Sai Gon, Ha Noi und Da Nang verkehren Stadtbusse. Zudem gibt es ältere und neuere Pkw, Jeeps, Minibusse und Taxis. In einigen Städten sind motorisierte Cyclos unterwegs. Pferdekutschen für kleine Ausflüge finden sich z. B. in Da Lat.

Cyclos

Diese mit viel Körpereinsatz betriebenen Fahrräder mit Sitzgelegenheit für 1–2 Fahrgäste bedienen die kürzeren Strecken in den Städten. Die ersten Modelle kamen mit den Kolonialherren vor etwas mehr als 100 Jahren ins Land und stellten lange Zeit den Nahverkehr sicher (ihren Namen verdanken sie der französischen Bezeichnung für Rikscha). Heute stellen sie in der Stadt ein Verkehrshindernis dar, sodass ihre Zahl von Tausenden in den 80er-Jahren auf wenige Hunderte schrumpfte. Inzwischen sind es in den Städten vor allem die Motorradtaxen, die den Nahverkehr bedienen. Da es keine festen Preise gibt, müssen sie vor der Fahrt ausgehandelt werden. Als Richtwert gilt ein Betrag von 8000–15 000 Dong für eine etwa 5–10-minütige Fahrt im Zentrum und US$2–5 für eine Stunde – sie sind also etwas teurer als eine Mopedfahrt. Viele Cyclofahrer, vor allem in Ho-Chi-Minh-Stadt, lassen sich von Touristen nur in US$ bezahlen. Die Cyclofahrer in HCMS haben einen schlechten Ruf: Immer wieder wird von Abzockerei berichtet, und der ein oder andere Gast fand sich schon in einer der verwinkelten Gassen allein mit einem Geld fordernden Fahrer wieder. Nachts sollte man daher auf die Fahrt mit dem Cyclo verzichten.

Stadtbusse

Stadtbusse gibt es in Ho-Chi-Minh-Stadt und Ha Noi. Auch in kleineren Städten fahren lokale Busse durch die Stadt und stellen die Verbindung zwischen den nahe gelegenen Ortschaften sicher. In den Großstädten sind die Busse meist neueren Datums. Sie haben feste und günstige Preise (eine Fahrt in HCMS kostet im Innenstadtbereich 3000 Dong). Stadtbusse in Ha Noi und HCMS fahren beispielsweise zum Flughafen und auch zu allen Sehenswürdigkeiten der Stadt. In Ho-Chi-Minh-Stadt gibt es bereits Faltkarten mit dem aktuellen Busplan zu kaufen. Stadtrundfahrten werden von den Open Tour-Anbietern angeboten, und in Ho-Chi-Minh-Stadt verkehrt mittlerweile auch ein Touristenbus, der alle Sehenswürdigkeiten abfährt.

Taxis

Taxis verfügen zumindest in den großen Städten und touristischen Orten i. A. über einen Taxameter, der meist auch eingeschaltet wird. Immer wieder versuchen Taxifahrer jedoch, einen festen Preis auszumachen, und weigern sich, den Taxameter einzuschalten. In der Rushhour kann ein Festpreis auch für den Fahrgast von Nutzen sein, ansonsten ist er i. d. R. höher als ein Taxameterpreis.

Vorsicht ist jedoch auch bei Taxameter angebracht: Manche der Kilometerzähler sind manipuliert und die Dong rattern nur so auf dem Display vorbei. Hier lohnt es sich, das Gefährt zu wechseln, denn so eine Fahrt wird leicht 2–3-mal so teuer wie üblich. Immer wieder versuchen Taxifahrer, mehr Geld herauszuschlagen, und haben z. B. kein Wechselgeld oder wollen sich auch die Rückfahrt bezahlen lassen (z. B. für die Strecke Phan Thiet–Mui Ne), aber darauf sollte sich natürlich niemand einlassen. Am besten hält man eine Auswahl Kleingeld bereit, damit man passend zahlen kann.

Wer ein Taxi für den ganzen Tag mietet, zahlt innerhalb von Ho-Chi-Minh-Stadt zwischen US$25–50, ebenso in Ha Noi. Ein Tagesausflug außerhalb der Stadt kostet immer mehr als in der Innenstadt. Die Preise liegen am äußeren Ende der angegebenen Preisspanne bzw. etwas darüber. Kürzere Strecken in der Innenstadt kosten zwischen US$1–3.

Übernachtung

Der Standard der Zimmer und das Preisniveau sind für asiatische Verhältnisse relativ hoch. Es ist zwar auch in Vietnam möglich, günstige Zimmer zu bekommen, doch beginnt diese Preisklasse bei US$4 p. P. Da für nur wenige Dollar mehr AC und ein eigenes Badezimmer im Preis inbegriffen sind, ziehen die meisten Reisenden ein Doppelzimmer der Kategorie ab US$10 vor. Vor allem in Ho-Chi-Minh-Stadt, Ha Noi und den Haupttouristenorten hat sich ein Zimmerstandard etabliert, der vom Preis-Leistungs-Verhältnis her in Asien seinesgleichen sucht. Minibar, AC, TV und Badezimmer sind ab einem Zimmerpreis von US$10 fast immer vorhanden. Jeder Raum wird täglich gesäubert. Zur Standardausrüstung gehören frische Handtücher, Seife, Toilettenpapier und oft ein Zahnputzset. Auf Wunsch bekommt man nahezu überall auch ein Moskitonetz. Die meisten Hotels bieten guten Service auch auf dem stillen Örtchen. Wer sich jedoch ein paar Sagrotantücher mitnimmt, geht auf Nummer sicher. Das Hotelangebot ist in den meisten Orten so groß, dass sich immer ein freies Bett findet. Lediglich in einigen kleinen Orten, die selten von Ausländern besucht werden, sind Unterkünfte knapp.

Hotelsuche im Dunkeln

Wer relativ spät (in der Dunkelheit etwa ab 18 Uhr) in einer ihm fremden Stadt ankommt, ist gut beraten, ein Hotel vorzubuchen. Die meisten Hotels bieten einen Taxi-Service, wobei die Fahrt genauso teuer ist wie in einem am Flughafen gecharterten Wagen. Man ist jedoch bei einem bestellten Taxi sicher, im richtigen Hotel zu landen, und muss sich nicht mehr auf die Suche nach einer Bleibe machen und dabei eine hohe Kommission an den Taxifahrer für eine Hotelvermittlung mitzahlen.

Doch auch dort wird niemand auf der Straße schlafen müssen, denn zur Not findet sich immer ein Schlafplatz.

Die teuren, gepflegten Großanlagen, die eine kleine Welt für sich darstellen, sind für alle zu empfehlen, die etwas Luxus und auf jeden Fall Sauberkeit vorfinden wollen. Wer mehr Kontakte zu Einheimischen sucht und daher die kleinen Familienbetriebe vorzieht, die mit nur wenigen Zimmern aufwarten, wird ebenfalls zahlreiche Angebote finden. Als *nha tro* wird ein etwas kleineres, als *nha nghi* ein etwas größeres Gästehaus beschrieben (aber das ist ziemlich relativ und oft kaum zu unterscheiden). Bei den billigeren Unterkünften ist meist kein Frühstück enthalten. Für US$1–3 mehr kann man eines bestellen. Umgekehrt bekommt man i. d. R. US$1–2 Rabatt, will man ein im Preis enthaltenes Frühstück nicht haben. In den besseren Hotels gibt es oft ein Buffet.

In Vietnam muss der **Reisepass** im Hotel abgegeben werden, damit das Personal die Meldung bei den örtlichen Behörden und die eigene Buchführung machen kann. Manchmal bekommt man den Pass auf Anfrage am Tag nach Einzug ins Zimmer zurück, manche Hotels behalten ihn aber, bis der Gast auscheckt. **Tipp:** Den Pass frühzeitig wieder abholen, d. h. einige Stunden vor Abreise die Rechnung begleichen – das spart nicht nur Stress bei der Abreise, sondern man beugt auch dem eigenen Vergessen vor: In der Abreisehektik hat schon so mancher Reisender seinen Pass vergessen.

Es ist sinnvoll, den Reisepass mitsamt abgestempeltem Visum zu fotokopieren und sicher zu verwahren. Sollte der Originalpass abhanden kommen, ist die Kopie z. B. für die deutsche Botschaft sehr hilfreich bei der Ausstellung eines Ersatzpasses. Näheres dazu unter www.stefan-loose.de/vietnam/tipps.

Kategorien und Preise

Zimmer können in Dollar oder in Dong bezahlt werden. Die besten Preise bekommt man i. d. R., wenn man nicht in Dollar, sondern in Dong verhandelt. Wer seinen Preis in Dollar aushandelt und ihn dann in Dong begleichen will, bekommt

Die meisten Minihotels befinden sich in solchen schmalen Hochhäusern

meist einen sehr schlechten Umtauschkurs angeboten.

Die Übernachtungsangebote sind im Buch in die Kategorien „untere Preisklasse" (bis US$20), „mittlere Preisklasse" (US$35–50), „obere Preisklasse" (US$50–150) und „Luxusklasse" (ab US$150) unterteilt.

Die im Buch genannten Zimmerpreise sind oft noch verhandelbar, besonders in der Nebensaison, wenn viele Hotels wenig belegt sind. Zudem gibt es Rabatt von etwa US$1–3, wenn man auf die AC oder das evtl. im Preis enthaltene Frühstück verzichtet. Teurere Hotels, die übers Internet gebucht werden, bieten ebenfalls Rabatte. Dies gilt oft auch bei einer Buchung über ein Reisebüro. Wer mehrere Tage zu bleiben gedenkt, kann den Preis auch in den Minihotels etwas herunterhandeln, i. d. R. aber nicht um mehr als US$1 am Tag.

Hotelzimmer werden als Einzelzimmer, Doppelzimmer oder Dreibettzimmer vermietet. Ein Extrabett kostet in den besseren Unterkünften etwa US$10 zusätzlich, in kleinen Minihotels weniger (falls ein solches Bett überhaupt vorhanden ist).

Einfache bis mittlere Preisklasse

Die billigsten Betten gibt es im Schlafsaal (Dorm, Dormitory). Ein Bett kostet hier zwischen US$2–7. Die einfachsten Zimmer ab einem Preis von US$3 bestehen meist nur aus einer Matratze, haben kein eigenes Bad und meist kein Fenster. Derartige Unterkünfte sind allerdings rar, und wer nicht unbedingt auf jeden Dong gucken muss, findet für ein paar Dollar mehr ansprechendere Schlafplätze.

Welches Stockwerk?

Was wir als dritte Etage bezeichnen, ist für Vietnamesen der 4th Floor, und was wir Erdgeschoss nennen, ist für Vietnamesen der 1. Stock.

Elektrizität

Die **Stromversorgung** Vietnams ist immer noch nicht 100 % zuverlässig, das gilt selbst für Metropolen wie Ho-Chi-Minh-Stadt. Hier verfügen jedoch die meisten Hotels über Notstrom-Generatoren. Städte und Dörfer abseits der nationalen Stromversorgung müssen sich selbst helfen und beziehen ihren Strom aus mit Dieselmotoren betriebenen Generatoren.
Standard sind 230 V und 50 Hz. Die **Steckdosen** sind meist für westliche Stecker passend, sodass Akkus problemlos aufgeladen werden können.

Die meisten Zimmer für US$10 sind mit eigenem Badezimmer und manche überdies mit einem Schreibtisch und AC, TV und Minibar ausgestattet. Lohnenswert ist jedoch immer auch ein Blick in die nächsthöhere Preiskategorie desselben Hotels (das gilt vor allem für Ha Noi). Ab US$15–20 gibt es ein Fenster, die Räume sind großzügiger gestaltet und haben manchmal sogar einen Balkon. Zimmer ab der US$30-Kategorie haben zudem oftmals bereits einen eigenen Safe, einen Heißwasserkocher und manchmal eine Badewanne.

Bei großen Hotels und auch bei den Minihotels gehört internationales Fernsehen zum Standard.

Preiskategorien

Die Hotels und Gästehäuser werden in diesem Buch nach den unten aufgeführten Sternchen-Kategorien eingeteilt. Die Preise beziehen sich auf ein DZ in der Hauptsaison.

❶	bis US$10
❷	bis US$20
❸	bis US$35
❹	bis US$50
❺	bis US$80
❻	bis US$150
❼	bis US$300
❽	ab US$300

Um die teuren Gebühren für Satellitenfernsehen zu reduzieren, haben die meisten Betreiber der billigen Hotels den günstigeren Tarif gewählt, der Spielfilmprogramme wie HBO oder Star Movie nur an vier Tagen pro Woche einspeist. Am Wochenende sind die Programme verschlüsselt. Die Deutsche Welle und BBC werden jedoch auch bei diesem Tarif immer gesendet.

Gehobene Preisklasse

Hotels ab etwa US$60 werden i. d. R. von ausländischen Investoren geführt. Sofern sie von Westlern geleitet sind, entsprechen sie dem Hotelstandard dieser Hemisphäre. Sind hingegen Asiaten die Großinvestoren und Hauptbesucher, wird es asiatischer: Große Eingangsportale, Säle für Hochzeitsempfänge und Karaoke-Angebote gehören dann zum Muss. Wellnessbereich und Massageservice, Schwimmbad und ein paar Geräte zur körperlichen Ertüchtigung finden sich in allen größeren Hotels, wenngleich die Schwimmbäder oft zu klein zum Schwimmen sind. In derartigen Hotels gibt es meist auch ein Businesscenter mit Telefon und Faxanlage. Die meisten teureren Hotels berechnen zusätzlich 10 % Steuern und 10 % Servicegebühr.

Hoteleigene Reise- und Tourbüros

Die meisten Hotels betreiben ein eigenes Reisebüro oder haben die Vertretung eines solchen in der Lobby. Immer häufiger betreiben auch ehemals reine Reiseagenturen der Open-Touren ein eigenes Hotel. Es ist daher immer möglich, Transfers und Ausflüge im Hotel zu buchen. Das gilt sowohl für die teuren Anlagen als auch für die billigen Minihotels. Die Preise für die Ausflüge unterscheiden sich nur marginal, denn nicht selten werden dieselben Anbieter gebucht.

Verhaltenstipps

Es gibt nicht besonders viele Verhaltensregeln in Vietnam, vorausgesetzt der Besucher ist zurückhaltend, hält sich an die Gesetze, ist freundlich, kleidet sich angemessen und versucht, sich den Gegebenheiten seines Umfelds anzupassen. Immer mal wieder (vor allem im Norden des Landes) wird der Tourist jedoch damit konfrontiert, dass er mit seinen im Westen praktizierten Verhaltensweisen nicht zum gewünschten Ergebnis kommt – oder gar ablehnendes Verhalten provoziert. Auf der anderen Seite sind Verhaltensweisen möglich, die, hat man sie sich abgeguckt, bei der Rückkehr nach Deutschland Probleme bringen. Dazu gehört das „auf den Boden spucken", das in Vietnam stets und überall praktiziert wird.

Geschenke

Postkarten oder Bilder aus der Heimat machen Freude und erweitern den Horizont der Gastgeber. Auf keinen Fall sollte man wahllos Geschenke austeilen, denn dies fördert nur das Betteln. Kinder kann man vor allem dadurch erfreuen, dass man mit ihnen Zeit verbringt und einfache Spiele spielt. Wer Freunde findet und nach Hause eingeladen wird, ist mit einem Strauß Blumen gut beraten. Und wer ein Geschenk für die Kinder sucht, sollte hochwertiges Spielzeug den billigen Importwaren aus China vorziehen.

Geschenke zum Neujahrsfest

Sollte man zu einem Tet-Fest eingeladen werden, kann man den Kindern der Familie an diesem Tag auch einmal ein Geldgeschenk machen (solche Geldgeschenke dürfen auch an andere Familienmitglieder verteilt werden, aber niemals an Ältere). Bei diesem „Glücksgeld" ist die Summe nicht entscheidend, denn das Geld gilt mehr als Symbol für zukünftigen Erfolg und Reichtum. Vielmehr ist darauf zu achten, dass die Scheine neu sind. Weitere Geschenke, die Glück bringen, sind Tee, Früchte, Süßigkeiten (vor allem kandierter Ingwer ist beliebt) und Blumen. Geschenke werden selten vor den Augen des Besuchers aufgemacht. Meist werden sie ungeöffnet ins Regal gestellt. Wichtig ist auch die Kleiderordnung am Neujahrstag: Keine weißen Sachen tragen.

Letztere können sich auch Vietnamesen leisten, und Eltern wissen es zu schätzen, wenn der Besucher bessere und didaktisch wertvolle Ware auswählt, z. B Holzspielzeug aus Thailand und Singapur.

Helfende Hände

Aufmerksamen Reisenden wird die Armut in Vietnam nicht verschlossen bleiben. Viele Menschen leben am Existenzminimum. Eine Reihe von Hilfsorganisationen und privaten Initiativen versucht, den Menschen vor Ort zu helfen. Oft sind es nur kleine Beträge, die jedoch viel bewirken können.

Eine der ältesten in Vietnam vertretenen Hilfsorganisationen ist Terre des Hommes, das Kinderhilfswerk, das sich in Vietnam seit Jahren mit zahlreichen Projekten einbringt. Die Übernahme einer Patenschaft für ein Kind ist möglich. Zu beachten ist, dass der Pate damit Verantwortung übernimmt und dass das Kind auch im Erwachsenenalter Unterstützung erwartet, sofern der Pate es sich leisten kann. Eine Patenschaft bedeutet, ein Familienband zu knüpfen, und dies sollte man nicht leichtfertig tun.

Viele Vietnam-Reisende haben sich so sehr in das Land und seine Menschen verliebt, dass sich lang währende Freundschaften entwickelt haben, die oft auch materielle Unterstützung beinhalten.

Es sollte sich jeder bewusst sein, dass von Freunden, die in die Familie aufgenommen werden, Hilfe erwartet wird. Man sollte also keine Hoffnungen auf Unterstützung wecken, wenn man diese nicht erfüllen will.

Kleidung

Pagoden und **Tempel** dürfen nur barfuß betreten werden. Generell sollten in Pagoden und Tempeln die Schultern und Beine bedeckt sein, wenngleich sich auch hier die westlicher orientierten Vienamesen selbst nicht immer daran halten. Dies gilt jedoch mehr im Süden als im Norden, wo die meisten Menschen noch wesentlich konservativer sind.

Von der Last, Ehrengast zu sein

In Vietnam ist der ausländische Besucher schnell der Ehrengast einer Runde, was nicht unbedingt von Vorteil ist. Außer man ist erpicht auf den besonderen Genuss ausgefallener Nahrung. Dem Ehrengast stehen nämlich die Delikatessen des Essens zu. So weit, so gut, sollte man denken. Doch als besonders lecker gelten nicht nur Hühnerfüße, sondern auch das pulsierende Schlangenherz im Eigenblut und das Fischauge in der Suppe. Tipp: Als Vegetarier kann man diese Speisen trotz des Status als Ehrengast ablehnen, ohne das Gesicht zu verlieren. Dann muss Mann allerdings auch auf die lecker gebratene Hühnerbrust verzichten. Frauen werden meist ohnehin verschont und müssen selten befürchten, Herzen, Augen oder Füße angeboten zu bekommen.

Innerhalb der großen Städte wie Ho-Chi-Minh-Stadt oder in touristischen Orten wie Mui Ne oder Nha Trang ist die Kleiderordnung nicht mehr sehr konservativ. **Frauen** sollten dennoch außerhalb des Stadtstrandes nicht in Bikinis herumlaufen. Einen BH sollte Frau immer tragen. Für **Männer** gilt es, extrem kurze Hosen zu meiden und natürlich auch nicht nur in Badehose bekleidet auf die Straße zu gehen. Am **Strand** sind mittlerweile Bikinis möglich, doch sollten diese nicht zu knapp geschnitten sein. Wer in Mui Ne morgens ein Sonnenbad nimmt, muss wissen, dass die Fischer direkt am Strand ihre Netze einholen – halbnackt hier zu liegen ist also nicht angebracht.

Saubere und ordentliche Kleidung ist den meisten Vietnamesen sehr wichtig. Es ist eine Frage des Anstands, nicht in zerfetzten und dreckigen T-Shirts oder Hosen umherzulaufen.

Bei chinesischen Festen (außer einem Begräbnis) ist zu beachten, dass keine weiße, blaue oder schwarze Kleidung getragen werden darf.

Kommunikation

Lautstarke Auseinandersetzungen sind unüblich. Wer nicht auffallen will, sollte nicht laut werden oder in der Öffentlichkeit streiten. Dies gilt auch dann, wenn man sich von einem Vietnamesen ungerecht behandelt fühlt, sei es durch einen Reiseveranstalter oder eine Autorität (siehe auch S. 95, Polizei). Unterhaltungen werden in leisem Ton geführt, auch im Restaurant. Bei Fragen muss man darauf gefasst sein, nie ein absolutes Nein zu hören. Es gilt als unhöflich, etwas direkt abzulehnen oder zu sagen, man habe etwas nicht. Eher wird darauf verwiesen, was man zu bieten hat (s. S. 670, Sprache).

Politische Aktivitäten

Politische Gespräche werden in der Öffentlichkeit vermieden, denn das von der Stasi ausgebildete Informationsnetz hört zu. Das offene Gespräch über die Partei und deren Politik ist noch immer tabu, und es ist ungewiss, ob sich dies im Laufe der nächsten Jahre ändern wird. Niemals sollten ausländische Besucher ein Gespräch in diese Richtung lenken, denn es könnte für den Gesprächspartner lange Verhöre oder gar Gefängnis bedeuten.

Schmier- und Trinkgelder

Wer sich nicht in Vietnamesisch auszudrücken vermag und nicht tiefer in die Kultur eingedrungen ist, sollte auf den Einsatz von **Schmiergeldern** lieber verzichten. Zu schnell macht man hier einen Fehler, das Gegenüber verliert sein Gesicht und man erreicht genau das Gegenteil von dem, was man erreichen wollte.

Für die Bedienung im Restaurant oder für Taxifahrer sind **Trinkgelder** zwar nicht üblich, aber natürlich gern gesehen. Die Höhe ist abhängig von der Rechnungssumme und davon, wie viel Service tatsächlich geboten wurde. In Restaurants, in denen die Rechnung bereits eine Service Charge ausweist, ist das Trinkgeld bereits enthalten. Ansonsten gilt bei Zufriedenheit die Praxis, etwa 10 % der Rechnungssumme als Trinkgeld dazulassen. In Vietnam lebende Ausländer geben relativ häufig Trinkgeld: Bei anschließenden Besuchen sind sie sich so der Aufmerksamkeit der Angestellten sicher.

Sonstiges

Fotografierverbote: Es ist streng untersagt, militärische und strategische Einrichtungen oder Uniformierte zu fotografieren. Auch den Leichnam von Ho Chi Minh darf man natürlich nicht ablichten (s. auch S. 76, Foto und Video).

Pärchen: Für alle Paare, seien sie gleichgeschlechtlich oder nicht, gilt es, Zurückhaltung in der Öffentlichkeit zu üben und die Umgebung nicht durch den Austausch von Zärtlichkeiten zu verstören.

Rauchen: Nur Männer rauchen Zigaretten. Rauchende westliche Frauen erregen daher Aufmerksamkeit, sobald sie sich in ländlichen und touristenfernen Orten aufhalten. Auf den Hauptrouten ist hingegen bekannt, dass auch Frauen rauchen.

Versicherungen

Eine optimale Absicherung bietet der Abschluss einer separaten Kranken-, Rat & Tat-, Unfallversicherung. Da sich die Versicherungsbeiträge jedoch auf eine stattliche Summe addieren, sollte das Risiko genau abgewogen werden.

Auf jeden Fall ist eine **Reisekrankenversicherung** notwendig, da die heimischen Kassen keine Zahlungen übernehmen und daher eine Erkrankung leicht Tausende Euro kosten kann (wenn z. B. ein schneller Transport nach Thailand oder gar nach Europa nötig wird). Die Versicherung muss mit dem Tag des Abflugs beginnen und mit dem Tag der Ankunft in Deutschland enden.

Reisekrankenversicherung

Nur wenige Krankenkassen bieten weltweiten Schutz. Um das Risiko einer Erkrankung abzusichern, muss jeder für eine Reise nach Südostasien eine Auslandskrankenversicherung abschließen. Die meisten Reisebüros haben entsprechende Angebote vorliegen. Für eine Versicherung mit einem 30-Tage-Versicherungsschutz zahlt man meist nur 6–10 € jährlich. Bei Langzeitreisen muss ein etwas teurerer Schutz in Anspruch genommen werden. Für Frauen empfiehlt sich die TAS (Assekuranz), mit monatlich gestaffelten Tarifen. Auch die ISA (International Service Assekuranz) bietet Tarife für Langzeitreisende. Diese sind recht günstig. Für Studenten bis 35 Jahre gibt es Rabatt. Sowohl die TAS als auch die ISA können vom Ausland aus verlängert werden. Informationen unter 💻 www.isa-office.de.

Im Krankheitsfall muss Geld vom Kranken vorgestreckt werden, denn die Kosten werden meist von den Versicherungen erst später erstattet. Manche internationalen Krankenhäuser können jedoch bei ernsten Erkrankungen und teuren Behandlungen direkt mit der Versicherung abgerechnet werden.

Im Versicherungsfall

- Folgende Angaben müssen auf der Rechnung stehen, die nach der Heimkehr bei der Versicherung einzureichen ist:
- Name, Vorname, Geburtsdatum, Behandlungsort und -datum
- Diagnose
- Erbrachte Leistungen in detaillierter Aufstellung (Beratung, Untersuchungen, Behandlungen, Medikamente, Injektionen, Laborkosten, Krankenhausaufenthalt)
- Unterschrift des behandelnden Arztes
- Stempel

Zudem sind einige Einschränkungen zu beachten: Bei Zahnbehandlungen werden nur schmerzstillende Notfallbehandlungen bezahlt, und auch chronische Krankheiten sind nicht von der Versicherung abgedeckt.

Erkrankte werden dann nach Hause geflogen, wenn am Urlaubsort keine ausreichende Versorgung gewährleistet ist. Dafür kommen Linienmaschinen oder eigens geschickte Ambulanzflugzeuge zum Einsatz. Der dazugehörige Versicherungspassus lautet: „wenn medizinisch notwendig“ und steht meist im Kleingedruckten. Da die medizinische Notwendigkeit nicht immer leicht zu beweisen ist, ist der Passus „wenn medizinisch sinnvoll und vertretbar“ besser für eine erfolgreiche Argumentation betreffs Rückholung.

Die meisten Versicherungen haben zudem eine Eigenbeteiligung, die 50 € pro Versicherungsfall beträgt.

Versicherungspakete

Die meisten Versicherungen, z. B. die Europäische Reiseversicherung, Elvia, Hanse-Merkur bieten Reisekrankenversicherung, Gepäck-, Haftpflicht-, Unfall- und Rat & Tat-Versicherungen. Rat & Tat lockt mit einer Notrufnummer, die Soforthilfe garantieren soll. Krankenhauskosten werden sofort bei ernsthaften Erkrankungen übernommen, dazu zählt auch der Rücktransport. Transportunfähige, die länger als 10 Tage im Krankenhaus liegen, können von einem Verwandten besucht werden, der auf Kosten der Versicherung einfliegt. Die Versicherungspakete haben eine max. Gültigkeitsdauer von 5–8 Wochen. Längere Reisen (bis zu 1 Jahr) müssen mit Einzelversicherungen abgesichert werden. Vollwertiger Versicherungsschutz ist dann teuer.

ISA (siehe oben) bietet zudem recht günstige Zusatzversicherungen für Sportler und Taucher. In dem Extrapaket ist auch ein Rechtsschutz enthalten, was für Motorradfahrer interessant ist.

Reiserücktrittsversicherung

Bei einer pauschal gebuchten Reise ist die Reiserücktrittsversicherung meist im Preis inbegriffen. Es empfiehlt sich zur Sicherheit nachzufragen. Eine individuelle Reise kann auch versichert werden. Manche Reisebüros vermitteln derartige Versicherungen. Eine Reiserücktrittsversicherung muss kurz nach Buchung (in der Regel spätestens 14 Tage danach) abgeschlossen werden. Bei Krankheit oder Tod eines Familienmitglieds oder Reisepartners ersetzt die Versicherung die anfallenden Stornokosten der Reise. Bei einer Reiseunfähigkeit wegen Krankheit ist ein ärztliches Attest vorzuweisen. Die Kosten der Versicherung richten sich nach dem Preis der Reise und der damit verbundenen Höhe der Stornogebühren, i. d. R. zwischen 15 und 90 € p. P., z. T. mit Selbstbeteiligung.

Reisegepäckversicherung

Viele Versicherungen bieten auch eine Absicherung des Gepäcks, einige haben sich sogar darauf spezialisiert (z. B. Elvia, 💻 www.elvia.de). Die Bedingungen für den Ersatz der verlorenen Gegenstände sind immer sehr eng gefasst. Daher sollten die Versicherungsbedingungen genau gelesen werden. Gepäck darf z. B. nicht unbewacht in abgestellten Kraftfahrzeugen zurückgelassen werden, und Kameras und Fotoapparate müssen, um vor Straßenräubern sicher zu sein, quer über der Brust und nicht nur über der Schulter getragen werden. Bargeld ist nie versichert und auch bei Schmuck sowie Foto- und Videogeräten wird meist nur ein Bruchteil des Wertes ersetzt. Die Stiftung Warentest rät von einer Gepäckversicherung ab, da sich die Versicherer meist auf die Unachtsamkeit des Reisenden berufen und nicht zahlen. Wer sich dennoch für eine Reisegepäckversicherung entscheidet, sollte darauf achten, dass diese Weltgeltung besitzt und die Reisedauer in ausreichender Höhe absichert. Bei einem Schadensfall muss der Verlust bei der Polizei gemeldet werden. Die Ausländerpolizei in Ha Noi nimmt nachträglich keine Schadensfälle mehr an, man muss also auf das örtliche Polizeirevier gehen. Hilfreich ist hierbei eine vorher angefertigte Checkliste, auf der alle Wertgegenstände verzeichnet und beschrieben sind. Alle wichtigen Gegenstände sollten generell im Handgepäck befördert werden. Eine Reisegepäckversicherung mit einer Deckung von etwa 2000 € kostet für 24 Tage ca. 30 €, ein Jahresvertrag 60–70 €.

Fotoversicherung

Da Foto- und Videogeräte selten ganz abgesichert sind, bietet sich bei der Mitnahme einer guten Kamera eine zusätzliche Fotoapparate-Versicherung an. Diese ist relativ teuer, die Gebühr richtet sich nach dem Wert der Ausrüstung bzw. der angesetzten Versicherungssumme.

Visa

Deutsche, Österreicher und Schweizer brauchen für Vietnam ein Visum. Es ist innerhalb weniger Tage zu bekommen – und zwar sowohl in

Deutschland als auch im Transitland Thailand und den Nachbarstaaten, wie z. B. Laos und Kambodscha.

Das Visum wird in den Reisepass geklebt, der über die Reise hinaus noch mindestens zwei Monate gültig sein muss. Wer sein Visum in Deutschland beantragt, sollte zur Sicherheit die Formulare frühzeitig an die Botschaft abschicken, damit sie auch sicher vor Reiseantritt zurück sind. Laut Botschaft dauert die Bearbeitung eine Woche. Die Pässe müssen mit allen erforderlichen Unterlagen (s. u.) in einem frankierten Rückumschlag spätestens zwei Wochen vor Abflug zur Botschaft geschickt werden. Wer es eiliger hat, kann gegen einen Aufpreis auch ein Express-Visum bestellen. Wer das Visum persönlich beantragen will, wird gebeten, vorher bei der Botschaft anzurufen.

Wer eine Tour oder ein Hotel bei einer Reiseagentur bucht, kann auch deren Visahilfe in Anspruch nehmen. Über den Veranstalter bekommt man eine sogenannte „approval number“. Unter Vorlage dieser Nummer erhält man in der Botschaft in kürzerer Zeit ein Visum und muss meist auch weniger dafür zahlen; eine Nachfrage im Reisebüro bei Buchung dort lohnt sich.

Visa-Arten

Ein- oder mehrmalige Einreise

Das normale Touristenvisum berechtigt Besucher, 30 Tage im Land zu reisen. Es gilt der eingetragene Tag der Einreise im Visum, nicht der tatsächliche Einreisetag (sollte diese später erfolgen). Bei kombinierten Reisen, die z. B. eine Weiterreise nach Kambodscha und/oder Laos und danach eine Wiedereinreise nach Vietnam vorsehen, kann ein zweimaliges Visum oder mehrmaliges Visum beantragt werden. Unterlagen können persönlich oder per Post eingereicht werden.

Visa für Kinder

Kinder unter zwei Jahren benötigen rein rechtlich kein Visum. Man kann sie als Mitreisende im Visum eines Elternteils vermerken lassen. Da aber die neuen deutschen Reisepassbestimmungen einen Pass auch für die Kleinsten vorsehen, erwarten die Botschaften Vietnams nun, dass für Kinder jeglichen Alters ein Visum beantragt wird. Kinderausweise werden nicht akzeptiert.

Geschäftsvisa

Zur Erteilung eines Geschäftsvisums (für Geschäftsreisende, Dienstreisende und Studienaufenthalte) benötigt der Antragsteller einen vietnamesischen Partner. Dieser beantragt in Vietnam die notwendige Einreisegenehmigung für seinen Gast. Nach erfolgter Genehmigung wird die vietnamesische Vertretung in Deutschland von den entsprechenden Behörden informiert. Der Geschäftsreisende erhält vom vietnamesischen Partner die Referenznummer für die Einreisegenehmigung. Diese muss nun zusammen mit den Antragsunterlagen bei der Botschaft in Berlin eingereicht werden.

Visa für Auslandsvietnamesen

Seit dem 1.9.2007 können Vietnamesen, die im Ausland leben und einen deutschen Pass besitzen, zusammen mit ihren Angehörigen ein Visum für fünf Jahre beantragen. Jeder Aufenthalt während dieser Zeit darf 90 Tage nicht überschreiten. Mehr Informationen unter 💻 www.mienthithucvk.mofa.gov.vn/.

Antragsunterlagen

Folgende Unterlagen sind bei jedem Visaantrag einzureichen: Der Reisepass im Original (zwei Monate über das Ende der Reise hinaus gültig), das vollständig ausgefüllte Antragsformular (kann unter 💻 www.vietnambotschaft.org/de/pdf/visum-antrag.pdf heruntergeladen werden), ein aktuelles Passfoto (4 x 6 cm), die Visagebühr (Verrechnungsscheck oder Bargeld) und ein ausreichend frankierter Briefumschlag für Einschreiben.

Die Unterlagen werden an folgende Adresse gesendet: Botschaft der Sozialistischen Republik Vietnam, Elsenstr. 3, 12435 Berlin, oder an: Generalkonsulat der Sozialistischen Republik Vietnam, Siesmayerstr. 10, 60323 Frankfurt.

Weitere Informationen über Visumsangelegenheiten (aktuelle Visagebühren, Ausstellungszeit etc.) erhält man bei der Botschaft in Berlin unter ✆ 030-53630108 bzw. beim Generalkonsulat in Frankfurt unter ✆ 069-795 336 50.

Nach Erhalt des Visums

Bitte sofort die Daten kontrollieren: Datum der Einreise, Datum der Ausreise, Passnummer, *single entry* oder die Zahl der beantragten Einreisen (wenn die Bemerkung *multiple entry* gestrichen ist, bedeutet dies die Erlaubnis zur einmaligen Einreise).

Schweizer und Österreicher senden Ihre Unterlagen entsprechend an die jeweiligen Botschaften in ihrem Land, s. S. 45, Botschaften.

Kosten

Die Kosten für Visa differieren stark, je nachdem, wo das Visum beantragt wird. In Deutschland verlangt die Botschaft für ein 30 Tage gültiges Touristen-Visum derzeit 64 ⇔die Kosten in Österreich und der Schweiz sind ähnlich hoch. In den Travellercafés von Phnom Penh in Kambodscha ist dasselbe Visum innerhalb von 24 Std. für US$30 zu haben. Wer es schneller braucht, zahlt US$35 und bekommt das Visum noch am selben Tag ausgestellt. In Bangkok verlangen die Reisebüros meist etwas mehr für die Beschaffung eines Visums. In der Botschaft in Bangkok kostet das Touristen-Visum 1600 Baht (etwas mehr als 30 € / einmalige Einreise). Visa für bis zu sechs Monate mit mehrmaliger Einreise kosten 4000 Baht. Wer über Laos einreist, bekommt ein Visum in Vientiane, Pakse und Savanakhet (siehe Botschaften S. 45). Man kann sich auch ein Visum in China oder Singapur besorgen. Bei diesen Botschaften dauert das Prozedere meist etwa 48 Stunden. Die Bezahlung erfolgt in der Landeswährung oder in Dollar.

Gut aufheben!

Wichtig: Das gelbe Formular bzw. das weiße Arrival-Blatt, das bei der Einreise ausgestellt und kommentarlos überreicht wird, muss bei der Ausreise wieder abgegeben werden und sollte daher sorgfältig aufgehoben werden.

Visumsverlängerung

Es ist möglich, das 30-Tage-Visum zu verlängern. Die 14-tägige Verlängerung kostet um die US$20–25. Möglich ist dies z. B. in Ha Noi, Ho-Chi-Minh-Stadt, Nha Trang und Da Nang. Die Preise variieren je nach Stadt und Bearbeitungszeit. Die Verlängerung liegt in der alleinigen Zuständigkeit der jeweiligen Provinzbehörden, sodass es theoretisch auch in anderen als den genannten Provinzen möglich ist, eine Verlängerung zu bekommen. Ob diese gewährt wird, hängt von der Laune und Lust des jeweiligen Beauftragten ab. Der Pass muss auch bei einer Verlängerung noch zwei Monate über den beantragten Visazeitraum hinaus gültig sein.

Visa on arrival

Mittlerweile sind auch sogenannte *Visa on arrival* möglich, doch der Name ist irreführend, denn sie müssen mit Hilfe eines Reiseveranstalters vor der Reise beantragt werden. Viele Agenturen werben damit, aber von diesen Visa ist abzuraten. Wer sein Visa dennoch *on arrival* plant, muss an der Grenze Zeit einplanen, denn die Prozedur dauert meist etwas länger. Das Visum kostet vor Ort (neben etwa US$25 für die Reiseagentur, die vorher gezahlt wurden) noch einmal US$25 in bar. Sollten Feiertage anstehen oder andere Termine das Land in Atem halten (wie z. B. ein Ländertreffen, hoher Staatsbesuch oder das Tet-Fest), kann es ohne Weiteres vorkommen, dass keine *Visa on arrival* ausgestellt werden. In diesem Fall müssen die Passagiere wieder zurückfliegen. Es lohnt sich also, ein Visum vorher in der Botschaft zu besorgen, um auf Nummer sicher zu gehen.

Weiterreise

Es ist sinnvoll, die Rückflüge aus Vietnam 72 Stunden vor Abflug zu bestätigen, selbst dann, wenn das Ticket einen OK-Status aufweist. Denn dank einer Rückmeldung kann die Fluggesellschaft über eventuell verschobene

Flugzeiten informieren. Die Rückbestätigung kann mit Hilfe eines Reisebüros, eines Hotels oder direkt im Büro der Airline stattfinden. Sofern man ein Handy vor Ort besitzt, wird man auch von den Airlines persönlich per SMS informiert, wenn man die Nummer mitteilt (diesen Service bietet z. B. AirAsia).

Weiterflüge nach Europa (z. B. aus Bangkok) mit Fluggesellschaften, die kein Büro in Vietnam unterhalten, können nur in den Büros in Bangkok telefonisch rückbestätigt werden. Dies ist jedoch i. d. R. nicht mehr nötig (u. a. weil Zeitverschiebungen nicht zu befürchten sind). Auskunft über eventuell verschobene Flugzeiten gibt in diesen Fällen meist das Internet. Die Flughafengebühr ist seit Anfang 2007 im Ticketpreis enthalten.

Wer mit dem Flugzeug eingereist ist, hat meist eine weiße **Arrival-Karte**, wer über Land kam, oft noch ein gelbes dünnes Blatt Papier. Diese Unterlagen müssen zusammen mit dem Beleg über die Flughafengebühr vor dem Betreten der Abflughalle vorgelegt werden und werden einbehalten.

Viele Traveller entscheiden sich, über Kambodscha auszureisen und sich am Ende ihres Vietnamaufenthalts das Mekong-Delta anzusehen. Mit den Tourbussen kann man bis Chau Doc fahren und sich dann mit Bus oder Boot nach Phnom Penh auf den Weg machen. Tickets gibt es in Chau Doc. Wer diesen oder andere kambodschanische Grenzübergänge wählt oder nach China oder Laos ausreist, findet nähere Informationen unter Anreise (s. S. 40) und in den jeweiligen Regionalkapiteln.

Geld-Rücktausch vor der Abreise

Wer seine letzten Dong nicht noch am Abreisetag auf Shoppingtour oder im Flughafenrestaurant loswird, kann sie am Flughafen bei einer Filiale der Vietcom Bank umtauschen. Vorzuzeigen sind hier i. d. R. der Reisepass und ein Nachweis, wie man zu den Dong gekommen ist (ATM-Auszug, Bankbeleg). Es wird eine Gebühr von 1 % erhoben. Sofern man einen Beleg der Vietcom Bank vorweist, ist die Transaktion normalerweise kostenlos.

Zeit und Kalender

Zeitverschiebung

Die Zeit in Vietnam ist um 6 Stunden, in der mitteleuropäischen Sommerzeit um 5 Stunden weiter als in Deutschland. Wer über Thailand, Kambodscha, Laos oder China einreist, muss seine Uhr nicht umstellen.

Kalender

Offiziell gilt in Vietnam der gregorianische Kalender. Es gibt also bei Visadaten, Buchungen von Touren, Hotelübernachtungen, Theaterkarten und Verabredungen keine Besonderheiten zu beachten.

Einer anderen Zeitrechnung hingegen folgen die traditonellen Feiertage: Sie sind vom **Mondkalender** bestimmt. Als Vietnam seine Zeit noch ausschließlich mit dem Mondkalender maß, gab es keine Wochen, wie wir sie aus dem gregorianischen Kalender kennen, vielmehr war der Monat, der 30, manchmal 29 Tage zählt, in drei Dekaden unterteilt, die von den Festtagen unterbrochen wurden. Diese werden heute immer noch gefeiert, wenn auch weniger ausgiebig als früher (s. auch Feste und Feiertage). Dem 1. und dem 15. Tag kamen und kommen eine besondere Bedeutung zu: Es sind die Nächte des Vollmonds und des Neumonds. An diesen Tagen pilgern die Gläubigen zu den Tempeln, um zu beten. Noch heute lassen sich viele Vietnamesen wahrsagen, ob der Mond für sie günstig steht, wenn es darum geht, einen wichtigen Termin zu bestimmen: Ist es passend oder unpassend, an diesem Tag zu heiraten, eine Prüfung abzulegen oder zu verreisen?

Das neue Mondjahr beginnt an **Tet Ngyen Dan** (siehe auch Feste und Feiertage, S. 69). Es sind zehn Himmelstämme und 12 Tiere, die den Mondzyklus bestimmen. Letztere setzen sich aus sieben domestizierten Tieren, einem mythischen (Drache) und vier wilden (Katze, Tiger, Schlange, Affe) zusammen. Diese Tierkreiszeichen sind chinesischen Ursprungs, nur die Katze ist rein vietnamesisch (in China steht an ihrer Stelle der Hase). In der Reihenfolge lauten die Tierzeichen:

Ratte, Büffel, Tiger, Katze, Drache, Schlange, Pferd, Ziege, Affe, Hahn, Hund und Schwein. 2008 begann mit dem Jahr der Ratte eine neue Dekade im Zwölfjahres-Rhythmus.

Jedem Tier sind bestimmte Charaktereigenschaften zugeordnet, die auch den Menschen prägen sollen, der in dem entsprechenden Jahr geboren wurde. Wer im Januar oder Anfang Februar geboren wurde, ist meist noch dem Tierkreiszeichen des Vorjahres zugehörig.

Der Mondkalender kennt 355 Tage, also zehn Tage weniger als der gregorianische Kalender. Diese werden sporadisch (etwa alle vier Jahre) „nachgeholt", indem ein zusätzlicher Monat eingeschoben wird. Da der Mondkalender keiner starren Ordnung folgt, ist es schwierig, die Datumsangaben nach einer einfachen Umrechnungsformel in die uns bekannte Datumsform zu überführen. Die Mondkalender für 2009 und 2010 finden sich im Internet unter 💻 www.stefan-loose.de/vietnam/tipps.

Zoll

Zollfrei können pro Person ein- und ausgeführt werden: 400 Zigaretten (100 Zigarren bzw. 250 g Tabak), etwas mehr als 1,5 l Alkohol mit einem Alkohlgehalt von über 22 % oder 2 l unter 22 % oder 3 l Bier. Zudem 500 ml Parfüm. Ausländische Devisen dürfen bis US$500 ohne Deklaration eingeführt werden. Dong darf man offiziell nicht ausführen (Rücktausch s. S. 119, Weiterreise). Goldschmuck muss, wiegt er mehr als 300 g, deklariert werden. Bis zu 5 kg Tee und bis zu 3 kg Kaffee können zollfrei ausgeführt werden.

Neben den bekannten Beschränkungen betreffend Alkohol und Zigaretten sind es vor allem Produkte aus Tieren, die nach dem Washingtoner Artenabkommen geschützt sind. Deren Ausfuhr aus Vietnam und Einfuhr nach Europa wird streng kontrolliert. Auch **Antiquitäten** kann man nur mit offizieller Genehmigung ausführen (die Papiere dafür sind nur sehr schwer zu bekommen. Wer eine nachgemachte Antiquität kauft, sollte sich bestätigen lassen, dass es sich nicht um ein Original handelt (das schützt jedoch leider nicht 100 % gegen eine Konfiszierung). Argwohn besteht auch bei **CDs und DVDs**: Da Pornografie weder ein- noch ausgeführt werden darf und die Grenzer nicht wissen, was auf den silbernen Scheiben geschrieben steht, kommt es vielleicht mal zu einer Nachfrage, wenn man selbstgebrannte Foto-CDs mit sich führt. Auch manche **Bücher** werden einbehalten, um sie auf pornografischen Inhalt hin zu untersuchen.

Generell verboten ist zudem die Einfuhr von Waffen, Munition und Drogen.

Mobiltelefone und Laptops können problemlos mitgenommen werden. Auch die Einfuhr von Fahrrädern stellt kein Problem dar. Man sollte sie allerdings deklarieren, um unnötigen Stress bei der Ausreise zu vermeiden.

Zollformular

Wer bei der Einreise mitgebrachte Gegenstände deklarieren muss, füllt zwei Formulare aus. Neben der Geräte- bzw. Gegenstandsbeschreibung ist eine Angabe über den Wert des Eingeführten nötig. Eines dieser Papiere wird einbehalten, das andere muss bei der Ausreise vorgezeigt werden. Wird das Gerät nicht wieder ausgeführt, erhebt der Zoll eine dem Preis entsprechend hohe Zollgebühr. Es macht Sinn, den Wert niedrig anzusetzen, da sich der Zoll aus dem Warenwert ergibt. Wurde der Gegenstand gestohlen und kann deshalb nicht ausgeführt werden, dient das Polizeiprotokoll als Nachweis, dass es nicht verkauft wurde. Meist wird dann keine Zollgebühr fällig.

Gefälschte Markenware, geschützte Tiere

Die Ausfuhr gefälschter Markenware ist nicht erlaubt. Wer diese im Kaufwert von etwa 100 € ausführt, bekommt jedoch keine Probleme. Auch der Kauf von Gebrauchswäsche, etwa eine Hose, Schuhe und T-Shirt, bringt keinen Ärger. Genauer schauen die Zöllner bei gefälschten Uhren, Taschen und anderen Luxusartikeln hin, dies gilt auch für CDs und DVDs. Selbstverständlich sollten aus Vietnam keine geschützten Wildtiere in welcher Form auch immer ausgeführt werden. Dazu zählt auch die Schlange in der Schnapsflasche. Die Ausfuhr ist streng verboten.

Land und Leute

Vietnam lässt sich geografisch, klimatisch, geologisch und historisch in drei Regionen gliedern: Nordvietnam, Zentralvietnam und Südvietnam.

Nordvietnam, auf Vietnamesisch Bac Bo, ist geschichtlich betrachtet die Wiege der Viet-Nation. Die Viet siedelten im Delta des Roten Flusses und zogen von dort im Laufe der Jahrhunderte weiter Richtung Süden. Von den Kolonialherren (Chinesen und Franzosen) wurde diese Region Tonkin genannt. Hier leben seit der frühen Steinzeit verschiedene Bergvölker. Das Klima ist subtropisch, d. h. im Winter kann es richtig kalt werden, im Sommer ist es unerträglich heiß (siehe Klimatabellen S. 36).

Zentralvietnam, auf Vietnamesisch Trung Bo, von den Chinesen und anschließend den Franzosen An Nam genannt, wurde ursprünglich von den Cham besiedelt. Die Vietnamesen wanderten erst ab dem 13. Jh. nach Süden. Im Gebirge leben Minderheiten.

In Zentralvietnam siedelten im Hochmittelalter die Hue-Könige und herrschten fast 1000 Jahre über das Land – die längste unabhängige Zeit bisher. Dieser Landesteil ist wenig besiedelt und hat kaum Bodenschätze, dafür wunderschöne Strände, die einst auch die Amerikaner anlockten. Sie richteten hier Erholungsbadeorte und Militärbasen ein.

In Zentralvietnam befindet sich auch die Klimascheide des Landes: der Wolkenpass. Er bildet zugleich die natürliche Grenze zwischen Nord- und Südvietnam.

Südvietnam, auf Vietnamesisch Nam Bo, war ab 1859 das französische Cochinchina und auch erst kurz zuvor, im 17.–18. Jh., von Vietnamesen besiedelt worden. Ursprünglich herrschten und lebten hier die Khmer. Die ehemaligen Gebiete des Angkorreichs (vornehmlich das Mekong-Delta) waren während des amerikanischen Kriegs Hochburgen der Viet Cong. Im Süden herrscht tropisches Klima. Es ist nie richtig kalt hier (ausgenommen in den Bergen, wo es etwas kühler werden kann) und auch im Sommer meist erträglich (siehe Klimatabelle S. 36). Das Mekong-Delta stellt die Reiskammer des Landes dar – auch dem Export dieses Überschusses verdankt Vietnam seinen derzeitigen Wirtschaftsboom.

Geografie

Fläche: 331 212 km^2 (Deutschland: 357 021 km^2)
Nord-Süd-Ausdehnung: 1650 km
Ost-West-Ausdehnung: 600 km (im Norden), 400 km (im Süden), 50 km (im Zentrum)
Küstenlänge: 3260 km
Grenzlänge: 4510 km
Größte Städte: Ho-Chi-Minh-Stadt (ca. 7 Mill. Einwohner), Ha Noi (Hauptstadt, offiziell ca. 3 Mill, inoffiziellen Quellen zufolge schätzungsweise 4 Mill.)
Längste Flüsse: 1. Roter Fluss (1149 km, davon 510 km durch Vietnam), 2. Mekong (4220 km, davon 220 km durch Vietnam)
Höchster Berg: Fan Si Pan (3143 m)

Vietnam, im östlichen Teil der Indochina-Halbinsel gelegen, ist nur ein bisschen kleiner als Deutschland, doch seine Fauna und Flora ist nicht annähernd so homogen. Das liegt vor allem daran, dass Vietnam sich über 16 Längengrade erstreckt und zwei unterschiedliche Klimazonen aufweist: Im Süden ist es tropisch, im Norden subtropisch.

Die Silhouette des langgestreckten Landes erinnert an eine Tragestange, wie sie in Vietnam oft zum Transport von Waren benutzt wird. Oben „hängen" Ha Noi und das Rote Delta, unten Ho-Chi-Minh-Stadt und das Mekong-Delta. Das Schulterstück bildet Zentralvietnam. Vietnam schmiegt sich an seiner westlichen Seite wie ein langgezogenes „S" an Laos (im Nordwesten) und Kambodscha (im Südwesten). Im Norden grenzt das Land an China und im Osten und Süden ans Südchinesische Meer, von den Vietnamesen Bien Dong (Ostmeer) genannt. Hier befindet sich der Knotenpunkt des Schiffsverkehrs zwischen dem Pazifik und dem Indischen Ozean. Nur wenige Inseln gehören zum vietnamesischen Territorium, darunter Con Dao und die fast 570 km^2 große Insel Phu Quoc im Süden des Landes. Die Vietnamesen sind traditionell kein Seefahrervolk, viele Inseln in ihrem Hoheitsgewässer sind daher nicht bewohnt und kaum zu erreichen. Streit um eine Inselgruppe gibt es dennoch: Neben den Chinesen und anderen Nationen erhebt auch Vietnam Anspruch auf die

Spratly- und die Paracel-Inseln. Der Grund liegt vor allem in den dort vermuteten Erdölvorkommen. Offene Grenzstreitigkeiten, die jedoch derzeit nicht gewaltsam ausgetragen werden, hat Vietnam auch auf dem Festland: mit China im Norden und Kambodscha im Süden.

Berge

Dreiviertel des Landes bestehen aus Bergen. Die Ebene des Roten Deltas und mit ihr Ha Noi wird im Osten vom u-förmigen **Hoang Lien Son-Gebirge** begrenzt, dessen höchste Erhebung, der Fan Si Pan, über 3143 m misst. Damit ist es der höchste Gebirgszug des Landes. Das Bergmassiv bildet zudem die natürliche Grenze zu China.

Vom Nordwesten bis in den östlichen Südteil Vietnams erstreckt sich ein weiterer Gebirgszug, das **Truong Son-Gebirge**, mit einer Gesamtgröße von etwa 1400 km^2. Die höchste Erhebung ist hier der Ngoc Hinh mit knapp 2600 m. Viele Teile dieses Gebirges werden vom Meer begrenzt – oftmals fallen die Klippen steil ins Wasser hinab, so auch am **Wolkenpass**, der die Klimascheide des Landes markiert. Er liegt direkt am Meer zwischen Da Nang und Hue. Dieser Pass befindet sich am höchsten Punkt der Nationalstraße und ist die natürliche Grenze, die das chinesisch geprägte Nordvietnam vom indisierten Süden abgrenzt. Er ist also nicht nur Wetterscheide, sondern auch Kulturgrenze: Nördlich liegt das Land der Tempel und Pagoden von Hue, südlich das ehemalige Land der Cham. Im Süden im zentralen Hochland flacht das Truong Son-Gebirge ab und wird zum Hochplateau mit Savannenbewuchs und teilweise noch Bergwäldern auf etwa 1000 m Höhe. Die höchste Erhebung ist hier Da Lat (ca. 1500 m).

Neben festen Bergmassiven besteht ein Großteil der Berge aus Karstfelsen und Kalksteinen, die von **Grotten und Höhlen** durchzogen sind; man findet diese atemberaubenden Naturschönheiten sowohl im Inland als auch am Meer. Hier ist es vor allem die Ha Long-Bucht, die Besucher bezaubert (s. S. 318).

Flüsse

Alle Flüsse zusammengenommen bringen es auf eine Gesamtlänge von 41 000 km. Die meisten Wasserläufe fließen durch die flachen Ebenen inmitten der Berge und Hügel – viele bahnen sich ihren Weg auch durch die Felsen hindurch. Die Flussgebiete sind fruchtbar, doch wegen der Bergmassive nur eingeschränkt nutzbar. Der **Ben Hai-Fluss** in Zentralvietnam, der sich nördlich des 17. Breitengrades befindet, trennte von 1954 bis zur Wiedervereinigung im Jahr 1975 Nord- von Südvietnam.

Westlich von Ha Noi im Roten Delta fließen der **Song Da** (Schwarzer Fluss) und der **Song Lo** (Klarer Fluss) in den **Song Hong** (Roter Fluss). Letzterer verdankt seinen Namen den roten Sedimenten, die er mit sich führt, bevor er fächerförmig ins Meer fließt. Bei Hochwasser steigt der Wasserspiegel nicht selten innerhalb kurzer Zeit um mehrere Meter – Überschwemmungen sind die Folge. Und dank der Ablagerungen, die der Fluss in den Golf von Tonkin spült, wächst das Delta jedes Jahr weiter ins Meer hinaus.

Der **Mekong**, einer der wichtigsten Flüsse Südostasiens, durchfließt nur einen ganz kleinen Teil Vietnams. Doch sein Weg ins Meer, das Mekong-Delta, ist der Grundstock für das Überleben im Süden. Wie auch im Roten Delta war die Fruchtbarkeit dieses Bodens ausschlaggebend für die Entstehung von Siedlungen, und heute werden hier sogar Überschüsse erwirtschaftet.

Deltas und Küste

Entlang der Küste befinden sich fruchtbare Tiefebenen in zwei großen Deltas. Das 40 000 km^2 große Mekong-Delta ist heute die Reiskammer des Landes. Das Delta des Roten Flusses im Norden dient ebenfalls dem Reisanbau. Es erstreckt sich über 15 000 km^2. Hier begann dank erfolgreichem Nassreisanbau die Zivilisation der Viet.

An der Küste findet man zahlreiche Badestrände sowie viele Mangrovenwälder, die sich vom Norden bis ins Mekong-Delta erstrecken (s. auch S. 128, Feuchtgebiete).

Bodenschätze

Der Boden des Landes birgt reiche Erzressourcen. Besonders ergiebig ist das Bergmassiv an der Grenze zu China: Hier gibt es Eisen, Zinn, Mangan, Kohle, Bauxit, Phosphat und auch Gold und Edelsteine. Der Süden ist dagegen eher arm an Bodenschätzen. Lediglich im Meer gibt es Erdölvorkommen. Raffinerien existieren noch nicht – bisher wird nur Rohöl gefördert.

Flora und Fauna

Dank der unterschiedlichen klimatischen und geologischen Gegebenheiten weist Vietnam eine überdurchschnittliche Artenvielfalt auf. Es soll sogar das artenreichste Land in Südostasien sein. Wissenschaftler sehen es auf Platz 16 der weltweit größten biologischen Artenvielfalt. Allerdings sind viele der nur in Vietnam vorkommenden Arten in ihrer Existenz bedroht. Die vietnamesische Regierung hat die Gefahr erkannt und deshalb 2005 ein Gesetz zum Schutz der Umwelt erlassen (damit einher ging die Verabschiedung eines neuen Tourismusgesetzes, denn dieser Wirtschaftszweig trägt nicht unwesentlich zur Verschmutzung und Zerstörung des Landes bei, s. S. 180, Tourismus).

Ebenfalls dem Schutz der einzigartigen Flora und Fauna dienen die zahlreichen Nationalparks. Mehr dazu s. S. 127.

Das Endangered Primate Rescue Center im Cuc Phuong-Nationalpark

Ein Beitrag von Tilo Nadler

Mehr als 50 Jahre waren vergangen, als 1987 der Delacourlangur im Nationalpark Cuc Phuong wiederentdeckt wurde. Er zählt heute zu den 25 weltweit seltensten und höchstbedrohten Primaten. Sehr zahlreich waren diese Languren wohl auch nicht, als der französische Zoologe Jean Delacour sie während einer Expedition 1930 zum ersten Mal sah – wenn auch nicht lebend: Er erwarb sie in der weiteren Umgebung des Nationalparks von einheimischen Jägern. Die spektakuläre Wiederentdeckung dieser ungewöhnlich gezeichneten Affen, schwarz mit rein weißer Hose und langem buschigem Schwanz, war der Anlass für den Start eines Projekts der Zoologischen Gesellschaft Frankfurt. Ein verbesserter Schutz des damals einzigen bekannten Bestands und Kenntnisse über Lebensweise und Anzahl der noch existierenden Tiere waren die Ziele. Nach eingehender Sondierung der Verhältnisse begannen 1993 für mich, den Dresdner Tilo Nadler, als Projektleiter die Herausforderungen: bewaffnete Jäger und Holzfäller zu stellen, die Ranger des Nationalparks zu schulen und sie für die oft gefährlichen Einsätze zu motivieren, gewilderte Tiere zu konfiszieren – und das bei allgegenwärtiger Korruption, Gleichgültigkeit und Unverständnis.

Doch das Projekt begann gleich mit einem Höhepunkt, der den weiteren Verlauf entscheidend beeinflussen sollte: Zwei lebende Delacourlanguren wurden beschlagnahmt. Der Gesundheitszustand der Tiere und die intensive Jagd innerhalb des Nationalparks sprachen gegen eine unmittelbare Freilassung der seltenen Tiere; es waren die ersten, die bekanntermaßen in Gefangenschaft gerieten. Mit zunehmender Routine in der Arbeit nahm auch die Zahl beschlagnahmter Primaten rasch zu. Mit Unterstützung von mehreren Naturschutzorganisationen wurde nicht nur eine finanzielle Basis für die Haltung der Tiere geschaffen, sondern auch das Endangered Primate Rescue Center gegründet, die erste Auffangstation für konfiszierte Tiere in ganz Indochina.

Die Arbeit der Auffangstation

Das EPRC hat inzwischen die dringende Notwendigkeit seiner Existenz unter Beweis gestellt. Der Bestand ist auf 150 Tiere angewachsen, die Anzahl der Arten auf 15, von denen sechs ausschließlich hier gehalten werden. Die Tiere sind in mehr als 40 großen Käfigen untergebracht, einige Gruppen auf den beiden mit Primärwald bestockten Freianlagen, die mit Elektrozäunen gesichert sind. Diese Freianlagen mit einer Fläche von 2 bzw. 5 ha sind sozusagen die Trainingseinrichtungen für geplante Auswilderungen.

Die Arbeit des Centers konzentriert sich auf die seltensten und höchstbedrohten Arten. Diese Beschränkung ist leider notwendig, wenn auch sehr bedauerlich für die (noch) häufigeren Primatenarten. Die Wilderei hat erschreckende

Fauna

Die Zahl der Tierarten in Vietnam wird auf 21 000 geschätzt, und immer wieder kommt es zu Neuentdeckungen. Einige Arten, die bereits als ausgestorben galten, wurden in den abgelegenen Teilen des Landes gesichtet – andere sogar in den letzten Jahren erst entdeckt. Da bisher noch lange nicht alle Teile des Landes erforscht sind, besteht Hoffnung auf weitere spektakuläre Funde. Große unbekannte Gebiete liegen beispielsweise in den Truong Son-Bergen nördlich des Hai Van-Passes, im Süden des zentralen Hochlands und in den Wäldern des Tieflands im Mekong-Delta. Zahlreiche Arten kommen nur in Vietnam vor. Dazu zählen vor allem bestimmte Vögel und Schmetterlinge.

In den Wäldern leben noch heute viele Großtiere, darunter Elefanten, Tiger und Bären. Es gibt Pythons und verschiedene Affenarten, darunter Makaken; Languren, Gibbons und Loris bevölkern die Bäume. Auch Warane, Gürteltiere und Tapire tragen zur Artenvielfalt bei. In den Sümpfen leben Krokodile und im Meer Schildköten und Haie.

Ausmaße angenommen und die Zahl der dann zu beschlagnahmenden Tiere würde alle finanziellen und organisatorischen Möglichkeiten sprengen. Die Forstschutzbehörden des Landes stehen der Wilderei und dem illegalen Tierhandel nahezu hilflos gegenüber. Sie nehmen diese Vergehen deshalb meist mit Gleichgültigkeit und Ignoranz – auch Ignoranz der bestehenden Gesetze – hin. Großabnehmer der Wildtiere ist China, wo diese als Rohstoff zur Produktion sogenannter traditioneller Medizin wie auch für die Zubereitung luxuriöser Menüs verwendet werden.

Die offizielle Schätzung der Masse an Wildtieren, die jährlich illegal gejagt und gesammelt werden, liegt zwischen 3000 und 4000 Tonnen! Nahezu unvorstellbar, aber trotzdem nicht übertrieben. Einen derartigen Druck kann keine der Tierpopulationen ausgleichen, und so ist ihr baldiges Verschwinden bereits absehbar. Besonders tragisch ist das für endemische Arten, d. h. Arten, die ausschließlich in Vietnam vorkommen. Dazu zählen auch mehrere Primatenarten. Mit 22 Arten beherbergt Vietnam unter den südostasiatischen Ländern die höchste Zahl an Primaten. Fünf Arten kommen nur in Vietnam vor, und diese werden zu den 25 am stärksten bedrohten Primaten der Welt gezählt – d. h. 20 % der seltensten Primaten gehören zur Fauna Vietnams. Einige dieser Populationen bestehen aus weniger als hundert Tieren, keine umfasst mehr als tausend.

Eine neue Affengeneration

Das Endangered Primate Rescue Center hat es sich zur Aufgabe gemacht, mit den beschlagnahmten Tieren unter menschlicher Obhut kleine Populationen zu gründen, um die Nachkommen einmal in geschützte und gesicherte Wildgebiete zu entlassen, Restpopulationen in freier Wildbahn aufzustocken oder Tiere dort wieder anzusiedeln, wo sie ehemals vorkamen. Neben den tierpflegerischen Herausforderungen der Haltung dieser meist überaus sensiblen, blätterfressenden Affen bedürfen der Schutz und die Sicherung der natürlichen Lebensräume auch weiterhin großen organisatorischen und finanziellen Aufwands. Mit einem Auswilderungsprogramm für Hatinhlanguren im Phong Nha-Ke Bang-Nationalpark in Zentralvietnam startete das EPRC das erste Modell für die Auswilderung von Languren.

Alle diese Aktivitäten sind nicht ohne enge Kooperation mit den Forstschutzbehörden, anderen Instituten und Wissenschaftlern im In- und Ausland zu realisieren. Kenntnisse über Biologie, Verbreitung, Status, Bedrohung der Arten sind eine Voraussetzung für erfolgreiche Arbeit. Durch dieses Engagement hat sich das EPRC nicht nur den Ruf erfolgreicher Tierhaltung höchst seltener und sensibler Arten erworben, sondern sich auch zu einem Zentrum der Primatenforschung des Landes entwickelt.

Säugetiere

In Vietnam finden sich einige der seltensten Tiere der Welt. Das bekannteste darunter ist das Java-Nashorn *(Rhinoceros sondaicus)*, das größte Säugetier der Erde, von dem es nur noch etwa zehn Exemplare geben soll. Einst lebten diese Tiere in ganz Südostasien, heute sind nur noch einige Exemplare auf Java und in Vietnam zu finden. Bis in die 1990er-Jahre ging man davon aus, dass Bomben und Agent Orange das Java-Nashorn in Vietnam ausgerottet hätten.

Ebenfalls vom Aussterben bedroht sind einige Affenarten, der Indochina-Tiger, der Asiatische Elefant und das Sao La (s. u.). Im Phong Nha-Ke Bang-Nationalpark (s. S. 129, Nationalparks), einem einzigartigen Karstwaldgebiet, finden zahlreiche Tiere ein letztes Rückzugsgebiet. Hier leben bedrohte Affen, wie die Hatinh-Languren und der Rotschenklige Kleideraffe. Neu entdeckt und schon vom Aussterben bedroht ist das hier lebende Annam-Streifenkaninchen. Auch das Sao La und der Riesenmuntjak haben hier Unterschlupf gefunden.

Sao La und Riesenmuntjak

Im Vu Quang-Naturreservat im Dschungel an der laotischen Grenze fanden Forscher 1992 eine bis dahin unbekannte Hirschart. Das zunächst als Vu-Quang-Wildrind benannte Huftier ist eine Mischung aus Ziege, Hirsch, Antilope und Rind und besitzt ein spitzes Geweih. Heute ist das seltene Tier als **Sao La** *(Pseudoryx nghetinhensis)* bekannt. Die Tiere haben in etwa die Größe eines Rehs und werden maximal 100 kg schwer. Sie bewegen sich in kleinen Gruppen von zwei bis sieben Tieren. Auch in Laos sollen noch einige Exemplare leben. Genau bekannt ist ihre Zahl nicht, denn bisher haben gerade einmal elf Menschen lebende Sao La gesehen. Man geht davon aus, dass noch etwa 350 Tiere existieren, für die derzeit neue Reservate eingerichtet werden. In den Provinzen Thua Thien Hue und Quang Nam entstand ein Zusammenschluss aus zwei Reservaten mit einer Größe von 3000 km², die von der Küste Vietnams bis nach Laos reichen. Vor allem die Jagd ist es nun noch, die den Bestand der Tiere bedroht.

Elefanten

In Vietnam ist der Asiatische Elefant zu Hause. Hier gilt er nicht, wie in anderen buddhistischen Ländern, als ehrwürdiges Tier. Vielmehr dienten die Dickhäuter in der vietnamesischen Geschichte als Kriegstiere – auf dem Rücken von Elefanten vertrieben die Trung-Schwestern die chinesischen Besatzer aus dem Land (s. S. 147, Geschichte).

Noch in den 70er-Jahren gab es über 2000 Tiere im Land. Heute sind es Schätzungen zufolge weniger als hundert. Einst lebten sie vornehmlich in den bergigen Regionen an der Grenze zu Kambodscha im Süden und Laos im Nordosten. Da jedoch ihr Lebensraum immer weiter zerstört wird und sich seit Mitte der 70er-Jahre auch Wilderer vermehrt Geld durch den Abschuss der Tiere hinzu verdienen, nimmt der Bestand weiter ab. Besucher können die starken Dickhäuter in der Provinz Dak Lak im zentralen Hochland besuchen. Hier gibt es noch etwa drei wilde Herden. Die meisten Tiere sind jedoch gezähmt und arbeiten als Lastenträger. Diese Tiere sind zwar abgerichtet, doch können sie ihre Kraft nicht immer zügeln. Sie sind sehr impulsiv, und man muss auf jeden Fall dem Rat der Mahouts (ihrer Führer) folgen. Wie gefährlich ein ärgerlicher Elefant werden kann, zeigt ein „Arbeitsunfall" Ende 2007: Die Presse berichtete von zwei Aufsehern, die ihren Elefanten zur Arbeit zwangen und ihn Bäume ausreißen ließen. Sie verweigerten ihm jedoch die Nahrung, selbst als ihr Schützling keine Kraft mehr hatte. Der 25 Jahre alte Riese wehrte sich, und obwohl er nur noch einen Stoßzahn hatte, wusste er diesen geschickt einzusetzen: Er spießte die beiden Aufseher auf und tötete sie. Dann flüchtete er in den Wald. Die Moral von der Geschichte ist leider nicht, dass der Mensch zu einer artgerechteren Haltung angehalten wird; vielmehr wurde dieser Elefant zum Abschuss freigegeben.

Der **Riesenmuntjak** *(Megamuntiacus vuquangensis)* ist ein Großsäugetier, das bis 1994 unbekannt war. Er ist doppelt so groß wie der bekannte indische Muntjak und gilt als Vorfahr der europäischen Hirsche. Das Tier wird etwa 70 cm groß und sein Gewicht beträgt bis zu 50 kg. 1996 fanden Forscher weitere Riesenmuntjaks im Ostteil von Laos.

Vögel

In Südostasien gibt es 49 endemische Vogelarten, 33 davon leben in Vietnam und wiederum elf davon gibt es nur hier. Viele Vogelarten sind bedroht, beispielsweise der **Vietnam-Fasan**, der nur noch in geringer Anzahl in den Provinzen Tinh und Quang Binh gesehen wurde.

Insgesamt beherbergt Vietnam etwa 850 Vogelarten. Nahe der südlichen Grenze zu Kambodscha in der Schilfebene lebt der **Sauruskranich**, der hier erfolgreich wieder angesiedelt werden konnte. Noch viele Jahre nachdem ihn die Amerikaner und Südvietnamesen mit Gift und Bomben von ihren Nistplätzen im Sumpfgebiet vertrieben hatten, war unklar, ob die Wiederansiedelung gelingen würde. 1986 tauchten die ersten Vögel wieder auf und alsbald wurde Tam Nong zum Vogelschutzgebiet erklärt. Heute ist die Gegend als Tram Chim-Nationalpark geschützt. Die Sauruskraniche, deren Population derzeit etwa 400 Tiere umfasst, sind zwar noch bedroht, aber die Umweltschützer geben ihrem Bestand eine positive Prognose. Beobachtet werden können die Tiere in der Trockenzeit.

In der Provinz Kon Tum wurden in den 1990er-Jahren drei neue Arten aus der Familie der **Sperlingsvögel** entdeckt. Im Vogelschutzgebiet von Tra Xu nisten vor allem Reiher, und auch andere Nationalparks bergen eine besondere Vielfalt an Vögeln (s. oben, und S. 128, Feuchtgebiete). Wer sich für Vogelbeobachtung interessiert, kann sich bei Birdlife unter 💻 www.birdlife.org informieren.

Reptilien

Die dichten Urwälder Vietnams halten noch heute Überraschungen für Forscher bereit. Der Kölner Zoo arbeitet mit der Universität von Ha Noi zusammen und hat zur Erforschung der Reptilienwelt ein eigenes Naturschutzprojekt ins Leben gerufen. Da Schlangen und Reptilien oft in der chinesischen Medizin eingesetzt werden oder im Kochtopf landen, sind die Ziele des Projekts die Aufklärung und Erforschung. Forschungsfeld ist der Phong Nha-Ke Bang-Nationalpark (s. S. 130). Die Wissenschaftler können bereits auf die Neuentdeckung von zehn bisher unbekannten Arten verweisen. Zu den aufregendsten Funden zählen zwei gehörnte **Giftschlangen** – eine (aus der Gattung der *Triceratolepidophis*) wurde in einer Schnapsflasche aufbewahrt. Die andere Art (aus der Gattung der *Protobothrops cornutus*) galt als ausgestorben und wurde nun doch noch lebend entdeckt.

Fische und andere Meeresbewohner

Viele Fische und Meeresbewohner wanderten und wandern noch immer auf die Teller der Menschen, und so sind es nicht mehr viele Arten, die vor der Küste Vietnams leben – für einen erfolgreichen Fang müssen die Fischer meist weit hinaus fahren. Es gibt vor der Küste noch Schildkröten und Haie und als Taucher (mehr dazu s. S. 98) sieht man zudem über 30 interessante Hartkorallen und kleine Meeresbewohner, wie Nacktschnecken, Mantis-Krabben, Seepferdchen und Geisterpfeiffenfische. In den Riffen und Korallengärten schwimmen lediglich noch Schmetterlings- und Clownsfische.

Krabben leben vornehmlich an der Zentralküste in den zerstörten Mangrovensümpfen. Dort werden sie in Farmen gezüchtet, die nicht zuletzt durch massiven Einsatz von Chemie die Natur nachhaltig bedrohen.

Nationalparks

Der Cuc Phuong-Nationalpark, seit 1962 geschützt, ist der erste Nationalpark des Landes. Bis heute gibt es 27 solcher geschützter Wälder, und geht es nach dem Willen der Regierung, soll deren Zahl weiter steigen. Auf dem Plan steht zudem der Schutz von Meeresnationalparks und Feuchtgebieten.

Alle geschützten Gebiete vor 1986 waren ausschließlich Wälder. Seit 1986 werden sie „besonders genutzte Gebiete" genannt und in drei Kategorien unterteilt: Nationalpark, Naturreservat und Kulturell-historisches Gebiet (dazu zählen z. B. prähistorische Fundorte). Ziel der Einrichtung derartiger Zonen ist neben dem Erhalt der Umwelt auch die Forschung und die Nutzung als Erholungsort für die Menschen.

Einige Parks haben speziell eingerichtete Pufferzonen, die sich auch auf angrenzende Länder ausdehnen. Mit ihrer Hilfe soll die Population seltener Tiere geschützt werden. Die Entdeckung des Sao La führte beispielsweise dazu, dass das gesamte Naturreservat Vu Quang gesperrt wurde und Verbindungskorridore in Schutzgebiete nach Laos gelegt wurden. Auch im Nationalpark Yok Don wurde eine solche Schutzzone eingerichtet.

Waldgebiete

Die ersten Waldschutzgebiete wurden Anfang der 60er-Jahre auf Initiative von Ho Chi Minh eingerichtet. Heute gibt es 95 geschützte Wälder, davon sind 27 Nationalparks, 40 Naturreservate und 28 Kultur-historische Stätten – die Gesamtgröße beläuft sich auf über 1,8 Mill. Hektar. In Zukunft sollen vor allem weitere Naturreservate und Kultur-historische Stätten entstehen. Zu Letzteren zählt beispielsweise die Cat Beo-Höhle im Cat Ba-Nationalpark.

Feuchtgebiete

In den Feuchtgebieten Vietnams leben viele der meistbedrohten Tiere. Beispielsweise sind hier 20 von etwa 40 weltweit als schützenswert bedachten Vogelarten heimisch. Dazu zählen der Weißschultrige Ibis *(Pseudibis davisoni)* und die Schwarzgesichtige Löffelente *(Platalea minor)*. Der erste Vorstoß seitens der Regierung, die Feuchtgebiete zu schützen, datiert auf das Jahr 1994. Einige sind Teil bereits bestehender Naturschutzgebiete, wie der Nationalparks Cat Tien, Mui Ca Mau, Tram Chim, U Minh Thuong und Xuan Thuy. Da jedoch das Hauptaugenmerk der Reservate auf dem Erhalt der Wälder liegt, bedarf der Schutz der Feuchtgebiete weiterer Aufmerksamkeit.

Positiv anzumerken ist, dass weiterhin Mangrovenwälder angepflanzt werden. Doch auch hier gibt es einen aktuellen Wermutstropfen, denn noch gelingt es der Regierung nur bedingt, der zunehmenden Garnelenzucht in eben diesen Mangrovengebieten an der gesamten Küste Einhalt zu gebieten. Der Einsatz von Antibiotika, Pestiziden und Dünger macht diese Garnelen-Farmen zu einer ökologischen Zeitbombe.

Einige Feuchtgebiete sind in das Programm der UNESCO „Mensch und Biosphäre" aufgenommen. Dazu zählen die Can Gio-Mangroven (seit 2000), Cat Tien (2001), Cat Ba (2004), das Delta des Roten Flusses (2004), Kien Giang (2006) und West Nghe An (2007). Biosphärenreservate müssen nachhaltige Entwicklung umsetzen. Es gilt, Kulturlandschaften für Mensch und Natur ausgewogen zu beleben (mehr Informationen unter 💻 www.unesco.de).

Meeresschutzgebiete

Aufgrund der langen Küste von über 3000 km ist der Schutz des Meeres für Vietnam von besonderer Bedeutung. Bisher konnten 11 000 Spezies in Vietnams Unterwasserwelt klassifiziert werden. Dazu gehören z. B. Hartkorallen und einige Schildkrötenarten, die vor der Küste Vietnams leben.

Der erste Meeresnationalpark wurde 2000 (u. a. mit Unterstützung der Weltbank) gegründet: Der **Hon Mun Marine Park** befindet sich etwa eine 15-minütige Bootsfahrt von Nha Trang entfernt und umfasst ein Gebiet von über 12 000 ha. Die meiste Fläche ist von Wasser bedeckt, dazu sind einige Inseln geschützt. 100 verschiedene Korallenarten finden sich hier, 180 Fischsorten, 110 Schneckenarten und 70 Spezien von Krustentieren.

Der zweite Meeresnationalpark wurde in Zusammenarbeit mit der dänischen Regierung gegründet und befindet sich im Gebiet um **Cu Lao Cham** (Cham-Insel) an der Küste der Provinz Quang Nam in Zentralvietnam. Der Park umfasst acht Inseln und hat eine Größe von knapp über 5000 ha. 165 Korallenriffe mit etwa 135 verschiedenen Korallenarten sind geschützt. Sechs Spezies wurden zum ersten Mal in vietnamesischen Gewässern klassifiziert. 202 Fischarten, vier Hummersorten und 84 Reptilien nennen den neuen Nationalpark ihr Zuhause.

In Zusammenarbeit mit der dänischen Regierung und dem WWF wird auch im **Con Dao-Nationalpark** das Augenmerk vermehrt auf das Meeresleben gelenkt. Der Nationalpark, dessen Gebiet insgesamt 20 000 ha umfasst, besteht hauptsächlich aus Meeresfläche (14 000 ha). Hier leben Dugongs, Schildkröten, Delphine und Korallen. Ziel des Dreijahresplans ist es, das

Ökosystem aktiv zu unterstützen, den Tourismus angemessen zu gestalten und Mensch wie Tier ein Leben im Park zu ermöglichen.

Weitere 15 mögliche Meeresschutzgebiete wurden vom Hai Phong Institut für Ozeanografie ausgewiesen und befinden sich in Planung.

Die interessantesten Nationalparks im Überblick

Ein Besuch in einem Nationalpark lohnt in erster Linie wegen der schönen Natur. Größere und seltene Tiere wird man fast nie zu Gesicht bekommen – und wenn, nur mit viel Zeit, Geduld und einem guten Führer. Alle Besucher können sich jedoch auf duftende Blumen und hübsche Schmetterlinge, trällernde Vögel und erstaunlich große Insekten freuen.

Die Karte Ecotourism Map of Vietnam bietet einen guten Überblick über alle Nationalparks und ist für jeden empfehlenswert, der sich für dieses Thema interessiert. Und da der Erlös allein dem Tierschutz zugutekommt, leistet man mit dem Kauf zugleich einen Beitrag zum Naturschutz.

Der **Ba Be-Nationalpark** befindet sich etwa 150 km von Ha Noi entfernt. Die Fauna des etwa 7000 ha großen Parks wird von tropischem Regenwald bestimmt. Im Park liegt der größte Frischwassersee des Landes mit einer Größe von etwa 500 ha (8 km Länge und etwa 0,8 km Breite). Am Rand des Sees ragen Kalksteinberge etwa 570 bis fast 900 m in die Höhe. Der höchste Felsen der Region bringt es sogar auf eine Höhe von 1546 m. Der See ist mit dem Nang-Fluss verbunden: In der Regenzeit fließt Wasser aus dem See in den Fluss; in der Trockenzeit hingegen speist der Fluss den See. Im Nordwesten des Parks sind die berühmten Dau Dang-Wasserfälle zu bestaunen, die bis zu 45 m hoch sind und sich über eine Strecke von 10 km ergießen. Auch ein paar Grotten sind vorhanden, die bekannteste davon ist die Phuong-Grotte. Im Ba Be-Nationalpark leben 100 verschiedene Vogelarten und 30 Säugetiere, darunter einige, die vom Aussterben bedroht sind. Wunderschön anzusehen sind auch die etwa 180 wilden Orchideenarten. Große Probleme bereiten die Abholzung der Wälder und die Jagd auf Tiere. Näheres zum Park s. S. 294.

Der **Bach Ma-Nationalpark** befindet sich in Zentralvietnam. Er ist 22 000 ha groß und beherbergt den üppigsten tropischen Regenwald des Landes. Über 2000 verschiedene Pflanzen sind hier heimisch, davon stehen 86 auf der Liste der bedrohten Arten. Über 350 Vogelarten sind zu bestaunen, und auch das Sao La – heute Symbol des Parks – lebt hier (s. S. 126). Bereits 1925 wurde das erste Mal darüber nachgedacht, das Gebiet zu schützen. 1962 erklärte die südvietnamesische Regierung das Areal zum Nationalpark, doch im Krieg hielt sich niemand an Naturschutzbestimmungen, und einige Hügel sind noch heute zerstört. Seit 1991 ist Bach Ma wieder ein Nationalpark. Von Juni bis November kann es zu Taifunen kommen, zwischen September und Dezember regnet es viel. März bis April sind die trockensten Monate, doch die Luftfeuchtigkeit beträgt auch dann noch etwa 75 %. Mehr Informationen unter 💻 www.bachma.vnn.vn und auf S. 35.

Der **Cat Ba-Nationalpark** liegt in der Ha Long-Bucht, etwa 8 km von der Küste und 30 km von Hai Phong entfernt. Er hat eine Größe von rund 27 000 ha, wobei 9000 ha Wassergebiet sind. Der Park besteht aus einer Hauptinsel (345 km²) und über 360 kleinen Inselchen. Hier finden sich Korallenriffe, Sandstrände, Mangrovenwälder, Seen und bewaldete Berge. Manche Bäume sind 20 bis 30 m hoch. Die Flora besticht vor allem durch wunderschöne Orchideen. Besonders eindrucksvoll ist die Szenerie auf der Hauptinsel, deren Kalksteinfelsen mit Wasserfällen und Grotten aufwarten. Einige Flüsse durchziehen die Insel, wobei manche nur nach der Regenzeit bestehen. Das Wetter im Park ist stark von den Monsunzeiten geprägt. Die Regenzeit dauert von Mai bis September, die Trockenzeit von November bis März. In der Regenzeit wird es oft über 30 °C heiß und die Luftfeuchtigkeit ist besonders hoch. In der kalten Jahreszeit kann das Thermometer dagegen auf 16 °C fallen.

Über die Tierwelt des Parks ist nicht sehr viel bekannt. Es soll hier große Wildkatzen verschiedener Gattungen geben. Zu sehen sind aber vor allem Menschen: Zahlreiche Dörfer befinden sich innerhalb des geschützten Gebietes. Der Anbau von Kulturpflanzen und das Abholzen der Bäume sind mit Einschränkungen erlaubt. Das

Problem besteht derzeit in der Kontrolle der notwendigen und erlaubten Abholzung und dem manchmal zu weit getriebenen Anbau von Kulturpflanzen.

Im Cat Ba-Nationalpark befindet sich auch eine bedeutende Kulturhistorische Stätte: In der 1938 entdeckten **Cai Beo-Höhle** 1,5 km südöstlich von Cat Ba wurden etwa 7000 Jahre alte Steinwerkzeuge und Knochen gefunden. Mehr zum Park s. S. 308.

Im **Cat Tien-Nationalpark**, etwa 150 km nördlich von HCMS, lebt eine kleine Population von Java-Nashörnern. In den Feuchtgebieten des Parks nisten viele Vögel. Außerdem leben Siam-Krokodile und Asiatische Elefanten im Park, und auch der Asiatische Schwarzbär soll hier noch durch die Wälder streifen. Während des Krieges litt dieser Park besonders unter dem Abwurf von Agent Orange – einige Hügel sind noch immer von ödem Grasland und Bambus statt dichtem Wald bedeckt. 50 % des Parks bestehen aus Regenwald, 40 % aus Bambuswald und etwa 10 % aus Farmland, Grasland und Feuchtgebieten. Mehr zum Park auf S. 456.

Der **Cuc Phuong-Nationalpark** besteht aus tropischem Regenwald und misst etwa 25 000 ha. Er liegt am Fuße der Berge, etwa 100 km südwestlich von Ha Noi. Bereits 1960 wurde das Gebiet zum Waldreservat erklärt und zwei Jahre später zum ersten Nationalpark des Landes. Den Großteil des Parks bestimmt ein flaches Tal, das von zwei Kalksteinfelsgebieten abgeschlossen wird. Im Osten verjüngt sich das Tal zu einem Canyon. Im Nordwesten liegen bewaldete Kalksteinfelsen. Die Felsengebiete des Parks sind von Höhlensystemen und Unterwasserflüssen durchzogen. Das Klima ist subtropisch. In der kalten Jahreszeit kann die Temperatur auf beinahe 0 °C abfallen, in der Regel ist es aber um die 9 °C kalt. Die Höchsttemperatur im Sommer beträgt etwa 35 °C. Das Gebiet ist sehr regnerisch: Etwa 224 Tage im Jahr steht man hier im „Regen-Wald". Trockenzeit ist zwischen November und Februar, am wenigsten Niederschlag fällt im Dezember und Januar.

Die Vegetation ist bemerkenswert. Einige Bäume sind bis zu 70 m hoch. Es gibt wunderschöne wilde Orchideen und Farne zu bestaunen. Die Tierwelt ist besonders artenreich: über 300 Vogel-, 65 Säugetier-, 37 Reptilien- und 16 Amphibienarten sind hier ansässig. Stabheuschrecken krabbeln im Gestrüpp, und wunderschöne Schmetterlinge flattern durch die Luft: Es gibt fast 180 000 Arten von Schmetterlingen aus 127 Familien und jedes Jahr werden fast 700 neue Arten entdeckt. Einige Affenarten, deren Bestand jedoch durch die Jagd stark reduziert ist, leben in den Bäumen. Auch der Asiatische Schwarzbär und Wildhunde streifen durch den Park; ob sie hier leben oder nur auf Wanderschaft gesichtet wurden, ist noch ungeklärt. Großkatzen sollen ebenfalls hier ansässig sein. Mehr zum Park auf S. 339.

Der **Phong Nha-Ke Bang-Nationalpark** im nördlichen Zentralvietnam gehört zum Weltnaturerbe der UNESCO. Die schönste Höhle des Gebiets, die Phong Nha-Höhle, und das Waldgebiet gaben dem Nationalpark seinen Namen. Gegründet wurde der Park, um eine der beiden weltgrößten Karstlandschaften mit 300 Höhlen und Grotten zu schützen. Insgesamt bringen es die unterirdischen Gebiete auf eine Länge von 70 km. Erst 20 der Grotten sind bisher erforscht, 17 davon im Phong Nha-Gebiet. Dieses Gebiet ist berühmt für den weltlängsten unterirdischen Fluss. Für Besucher ist derzeit nur die Phong Nha-Höhle zugänglich (mehr zum Park auf S. 126).

Der **Yok Don-Nationalpark** im südlichen Hochland westlich von Buon Ma Thuot umschließt Vietnams größtes Waldgebiet. Mit einem Gesamtterritorium von über 115 000 ha ist er der größte vietnamesische Nationalpark überhaupt. Der namensgebende Berg Yok Don ist 482 m hoch. Im Park leben Elefanten, Affen und Tiger. Auch einige seltene Vögel sind hier zu finden, darunter Falkenarten, Störche und Bussarde. Der Park setzt sich in Kambodscha fort, sodass die Großtiere die Chance haben, während der Trockenzeit in Gebiete auszuweichen, wo sie noch Wasser finden. Im Park kann bei den örtlichen Bewohnern in Dörfern übernachtet werden, auch Elefantenritte sind möglich. Mehr dazu s. S. 435.

Die Folgen des Krieges

Wenn man die Geschichte des Landes betrachtet, verwundert die noch relativ intakte Natur fast ein wenig, denn während der Freiheitskriege regnete so viel Gift aus amerikanischen Flugzeugen, dass riesige Flächen entwaldet, entlaubt und für immer vernichtet schienen. Diese Umweltzerstörung wurde unter dem Begriff **Ökozid** weltbekannt. Neben Agent Orange (s. S. 132/133, Kasten) fielen auch die etwas weniger giftigen Dioxine auf Wälder und Küsten nieder. Am stärksten betroffen waren der Süden und hier vor allem das Mekong-Delta, das Gebiet des Ho-Chi-Minh-Pfads im zentralen Hochland und die entmilitarisierte Zone um den 17. Breitengrad. Nahezu ein Viertel des vietnamesischen Waldbestands, schätzungsweise über 2,5 Mill. ha, wurde vernichtet. Ein Drittel des Landes gilt seither als Brachland, auf dem kaum mehr etwas gedeiht. Wiederaufforstungsprogramme laufen bis heute, und es ist glücklicherweise gelungen, den Anteil der gesunden Wälder wieder zu erhöhen. Doch noch immer sind die ausgelaugten Böden und der noch niedrige Bewuchs in Gefahr, denn bei kräftigem Regen werden die Bepflanzungen einfach weggespült.

Neben den Wäldern litten vor allem die Mangrovensümpfe unter dem Gift – fast die Hälfte des Bestands wurde vernichtet. Da diese Pflanzen sich nicht selbst regenerieren und neu gepflanzt werden müssen, spürt das Land vor allem in den Feuchtgebieten an der Küste die Folgen der Giftattacken bis heute.

Neben den Giften waren natürlich auch **Bomben** am Ökozid beteiligt: Etwa 13 Mill. Tonnen Sprengstoff wurden abgeworfen und hinterließen Millionen Einschlagkrater. Zudem komprimierten die Bomben die Böden durch ihre Explosionskraft derart stark, dass keine Pflanze mehr wachsen konnte. Und wenn sie Napalm enthielten, was oft der Fall war, führte dies oft zu verheerenden Waldbränden. Bekannt wurde vor allem der Brand im U Minh-Wald im Süden des Landes im Jahr 1968. Sieben Wochen brannte er, lediglich 15 % der Bäume überlebten dieses Inferno.

Nicht giftig, aber dennoch vernichtend war der Einsatz von **Planierraupen**, die auch „römische Pflüge“ genannt wurden. Sie waren fähig, bis zu 3 m dicke Bäume zur Strecke zu bringen. Mit ihrer Hilfe wurden breite Schneisen in die Wälder geschlagen, u. a. um nach den Gifteinsätzen auch die letzten Unterschlupfmöglichkeiten platt zu walzen. Erfolg hatten diese Unternehmungen nicht: Die Nachschubwege des Pfades konnten nie unterbrochen werden (s. S. 164/165, Dschungelwege und Tunnelsysteme).

Abholzung und Brandrodung

Vor Jahrzehnten war Vietnam zu 75 % von Wald bedeckt. Nach dem Zweiten Weltkrieg waren es nur noch 43 %. 1980 war der Tiefpunkt erreicht: Lediglich 24 % des Landes bestanden aus Bäumen. Heute sind immerhin wieder 36 % des Landes bewaldet. Geht die Planung der Regierung auf, dann werden es bis 2010 wieder 44 % sein – ein großer Teil in den Nationalparks. Leider werden meist schnell wachsender Bambus, Kiefern und Eukalyptus angepflanzt – der artenreiche Regenwald bleibt also für immer verloren. Es ist davon auszugehen, dass nur noch etwa ein Drittel des Waldbestands Primärwälder sind.

Unter den Bergvölkern wird oftmals noch der **Wanderfeldbau** praktiziert. Zur Schaffung neuer Anbauflächen werden dafür Berghänge gebrandrodet, damit dort für 1–2 Jahre Bergreis, Maniok, Mais oder andere Nahrungsmittel angebaut werden können. Hatte der Boden früher mehr als eine Dekade Zeit, sich zu regenerieren, so wird die Fläche heute aufgrund des Bevölkerungswachstums bereits nach wenigen Jahren wieder abgebrannt und landwirtschaftlich genutzt. Infolgedessen laugen die Böden schneller aus. Die ohnehin sehr dünne Humusschicht wird vom Regen weggespült. Wissenschaftler gehen davon aus, dass seit Kriegsende durch die Brandrodung und damit auch ungewollt ausgelöste größere Waldbrände bis zu 3 Mill. Hektar Wald vernichtet wurden. Dies ist zwar nicht allein auf die Brandrodung durch die Minderheiten zurückzuführen (wie die Regierung gerne behauptet), doch tragen sie einen wesentlichen Anteil dazu bei.

Land und Leute

Agent Orange

Der Tod kam in Fässern mit orangenen Streifen nach Vietnam: Agent Orange, ein Entlaubungsmittel mit der giftigsten Dioxin-Variante. Um den Viet Cong und die regulären Truppen des Nordens auch aus der Luft sehen zu können, versprühten die Amerikaner und ihre Verbündeten zwischen 1962 und 1975 über 80 Mill. Liter Gift (meist Agent Orange). Die Folge ist eine unsichtbare Verseuchung bis heute, denn die Halbwertszeit dieses Gifts beträgt mehr als zehn Jahre. Dem Staat fehlt das Geld für die Versiegelung des Bodens, sodass das Gift in den Bächen und im Boden weiterhin für Tote und Verseuchte sorgt. Nach Angaben der vietnamesischen Regierung wurden nach dem Krieg eine halbe Million missgebildete Kinder geboren. 2 Mill. leiden an Krebs oder anderen Krankheiten. Lange Jahre war es, aus welchen Gründen auch immer, verboten, über die Opfer zu berichten. 2006 konnte ein deutsches Fernsehteam erstmals Bilder der Betroffenen aufnehmen – vielleicht der Beginn eines neuen Umgangs mit diesem Problem.

Hilfe für die Opfer

Hilfe bekommen Betroffene vom Roten Kreuz. Noch heute, in der dritten Generation, werden Kinder mit starken Missbildungen geboren. Es sind körperliche und geistige Behinderungen, Taub-Stummheit, Krebs, Hautkrankheiten und psychische Erkrankungen, unter denen die Menschen leiden. Und es gibt eine hohe Kindersterblichkeit aufgrund nachhaltiger Gendefekte. Viele Krankheitsbilder sind nicht aufzuschlüsseln, zu viele Symptome aus unterschiedlichen Krankheitsbildern machen eine Analyse unmöglich. Heilung gibt es nicht, und meist fehlt sogar zur Linderung der Schmerzen das Geld. Viele haben keine Überlebenschance und werden die Klinik nie verlassen. Die Ärzte haben das Blut der Eltern getestet und Dioxin gefunden. Beweise, die Amerika nicht gelten lässt.

Obwohl Vietnam heute einen wirtschaftlichen Aufschwung erlebt, ist die medizinische Versorgung (vor allem auf dem Land) noch immer desolat. Es fehlt aber auch an sozialer Hilfe – für die Kinder und die Eltern. Die meisten Kinder werden in den Familien umsorgt, doch diese sind damit überfordert. Wo traditionell die Kinder für die Eltern sorgen, trifft ein derartiges Schicksal besonders hart. Frauen, deren Männer dem Krieg, dem Krebs oder anderen Leiden zum Opfer fielen, leben mit den behinderten Kindern und haben meist nur etwa US$45 im Monat zur Verfügung – sofern sie eine Rente vom Staat bekommen. Oftmals sind ehemalige Soldaten betroffen, denn sie vererben schwere Gendefekte. Doch auch Zivilisten, die später im Dschungel nach Nahrung und Schrott suchten, sind Opfer. Kein Soldat und kein Zivilist wusste um die schleichende unsichtbare Gefahr.

Der Kampf um Gerechtigkeit

Früher dachten die Bewohner Vietnams, dass behinderte Kinder die Strafe für ein schlechtes

Denn neben Brandrodung lässt auch die Nutzung von Holz als Energiequelle – die einzige, die verfügbar ist – die Wälder schrumpfen. Der Staat versucht, die Bauern sesshaft zu machen und Dörfer zu gründen – bisher jedoch nur mit mäßigem Erfolg.

Einen wesentlichen Anteil an der Abholzung der Wälder hat neben Kaffee auch der vermehrte **Anbau von Tee, Kakao und Gummi**. Vor allem das Hochland im Westen eignet sich hierfür. Ein Beispiel ist die erfolgreiche Ansiedlung von Vietnamesen rund um Da Lat. Hier lebten einst Jarai, E De und Sedang (s. S. 134, Bevölkerung) – heute verdienen vor allem Viet am Anbau von Nutzpflanzen und der Haltung von Rinderherden.

Bedrohte Tiere und Pflanzen

In Vietnam sind mindestens 120 Tier- und Pflanzenarten in Gefahr. Ihr Lebensraum ist durch Besiedlung, Abholzung und Umweltverschmutzung bedroht. Am Baumbestand lässt sich dies besonders eindringlich bezeugen: Wo heute Mono-

Verhalten im vorherigen Leben wären, doch heute wissen die Betroffenen: Der Grund ist das Dioxin der Amerikaner.
Die von ehemaligen Funktionären und Soldaten gegründete Organisation **Da Cam Dioxin**, auch **VAVA** (Vietnam Association for Victims of Agent Orange/Dioxin), nimmt sich seit Ende 2003 des Problems an. Ihr Ziel ist es, mit Sammelklagen eine Entschädigung für die Opfer zu erstreiten. Zudem kümmern sich die Mitglieder um die kranken Kinder, stellen Medizin zur Verfügung und leisten den Angehörigen Beistand. Den amerikanischen Staat können sie nicht in die Pflicht nehmen, denn, so lautet ein älteres Urteil zu Agent Orange: „Der Einsatz war zum Zeitpunkt des Kriegs noch nicht verboten." So sollen die Firmen, die einst mit Agent Orange viel Geld verdienten, Schadensersatz leisten. Die Sammelklage, die betroffene Soldaten und Zivilisten im März 2004 vor einem amerikanischen Bundesgericht gegen die Chemieriesen einreichten, wurde im März 2005 von einem Gericht in New York abgewiesen. Begründung: Der Zusammenhang von Agent Orange und den Behinderungen sei nicht nachgewiesen. Auch ein erneuter Versuch der VAVA vor dem amerikanischen Berufungsgericht hatte keinen Erfolg. Im Februar 2008 wurde auch die Klage zur Wiederaufnahme des Verfahrens abgewiesen. Die zynische Begründung: Das Mittel sei nicht gezielt gegen Menschen eingesetzt worden. Und da der Staat sie im Krieg nutzte, könnten die Firmen nicht dafür haftbar gemacht werden. Als letzter Schritt bleibt nunmehr die Klage vor dem obersten Gericht.

Es bleibt die Hoffnung

Die Knauserigkeit und Unnachgiebigkeit der Amerikaner, die im Krieg ihre Waffen an lebenden Menschen testeten, erschüttert die Vietnamesen. Sie wissen, dass die USA bis heute Millionen ausgibt, um gefallene und vermisste Soldaten aus dem Vietnamkrieg zu finden, und auch, dass amerikanische Veteranen in einem außergerichtlichen Vergleich entschädigt wurden, weil sie mit Agent Orange in Berührung kamen. Diese Entschädigung war den Chemiefirmen immerhin US$180 Mill. wert. Auf Opferentschädigungen oder gar eine Schuldanerkennung warten die Vietnamesen dagegen bis heute vergeblich.
Wer aktiv helfen will, kann Geld spenden: Spendensammelkonto, Kontoinhaber: Stiftungsfonds Kirche und Caritas, Bank: Bank Bistum Essen, Kontonummer: 18 000 016, BLZ: 360 602 95. Bitte immer den Verwendungszweck angeben, damit eine Spendenquittung ausgestellt werden kann und das Geld auch für die Opfer von Agent Orange verwendet wird: Adresse des Spenders, Spendenempfänger (z. B. Opfer von Agent Orange oder gezielte Projekte wie das Kinderheim von Father Phan Khac Tu oder Vietnamesischer Verein für die Opfer von Agent Orange in der Provinz Thai Binh).

kulturen stehen, wuchsen einst zahlreiche Arten, mit denen ein wahres Paradies für Tiere aller Art verloren ging. 1994 unterschrieb auch Vietnams Regierung das Washingtoner **Artenschutzabkommen** (CITES) und verpflichtete sich, dem Handel mit vom Aussterben bedrohten Tieren und Pflanzen Einhalt zu gebieten. Dies gelingt jedoch bisher nur bedingt, da die Tierjagd für viele Menschen im Land noch immer die einzige Erwerbsquelle ist. Auf den Märkten und in den Kochtöpfen des Landes landen noch heute viele der geschützten Tierarten (s. S. 52).

Nach wie vor spielt der Glaube an die heilende Kraft einiger Spezies eine wesentliche Rolle bei deren Vernichtung. So ist vor allem der chinesische Markt Förderer des Schmuggels von Wildtieren. Opfer ist beispielsweise der Schwarze Kragenbär, dessen Gallenblase gegen Fieber und Leberprobleme helfen soll. Tigerknochen und vor allem Tigerpenisse sollen die Manneskraft stärken.

Auch Vogelnester sind heißbegehrt auf dem chinesischen Markt. Angeblich sind sie sehr vitalisierend.

Der Wald und der Highway

Asiens neue Autobahn, der Ho Chi Minh Highway, ist 1690 km lang und führt von Ha Noi bis nach HCMS. Aus Sicht von Umweltschützern ist der Bau eine ökologische Katastrophe, denn bis zum Beginn der Arbeiten 1999 war das Hochland Vietnams wieder weitgehend intakt. Bis zur Fertigstellung, vorraussichtlich im Jahr 2010, werden noch mehr als das bisher gefällte Drittel des Baumbestands den Kettensägen zum Opfer fallen. Und auch geschütztes Territorium ist betroffen: Die neue Straße führt durch zehn Naturreservate und einen Nationalpark. 300 000 Menschen fanden eine Festanstellung, sogar Brigaden aus dem Bruderland Kuba helfen mit.

Propagandafilme im Fernsehen begleiten wie eine Daily Soap den Bau der Straße, und die Menschen beiderseits des Highways hoffen auf Teilhabe am Wohlstand der Industriegesellschaft, den die Straße ihnen bringen soll. Wenig erfreut zeigen sich allerdings nicht nur Naturschützer, sondern auch jene Männer, die von der Regierung zum gemeinnützigen Dienst verpflichtet wurden. Wer sich weigert, muss ein Bußgeld zahlen. Das wiederum kann sich nicht jeder Betroffene leisten und nimmt so widerwillig, aber notgedrungen den Spaten in die Hand.

Im Land gibt es einige Projekte, wie z. B. das des Kölner Zoos (s. S. 127) und des Rescue Centres im Cuc Phuong-Nationalpark (s. S. 124/125), die versuchen, durch Aufklärung den Raubbau an der Natur einzudämmen. Auch die seit Jahrzehnten bestehende Zusammenarbeit des vietnamesischen Forstministeriums mit dem WWF zielt auf Entwicklungsprogramme zum nachhaltigen Zusammenleben von Mensch, Natur und Tier.

Bevölkerung

Einwohner: ca. 85 Mill., 87 % Vietnamesen, 3 % Chinesen, 10 % sonstige Minderheiten
Minderheiten: Tay, Thai, Muong, Nung, Hmong, Dao und Giay im Norden; Cham, Jarai, E De, Bahnar (Ba Na), Sedang (Xe dang), Koho (Co Ho), Mong, Bru und Ta-Oi im zentralen Bergland, Khmer und Hoa im südlichen Tiefland.
Bevölkerungswachstum: 1,4 %
Lebenserwartung: 68 Jahre (Männer: 65,5; Frauen: 70,2)
Kindersterblichkeit: 17 von 100 000 Geburten
Kindbettsterblichkeit: 80 von 100 000 Müttern
Alphabetisierungsrate: 93 %

Obwohl Vietnam etwa 20 000 km² weniger Grundfläche hat als Deutschland und weniger Landfläche bewohnbar ist, haben beide Staaten fast gleich viele Einwohner. Die meisten Menschen bewohnen die Delta-Gebiete des Mekong und des Roten Flusses. In den Städten lebt bereits heute ein Viertel der Bevölkerung, und es werden täglich mehr. Die **Landflucht** treibt vor allem junge Menschen in die urbanen Zentren. Sie sind auf der Suche nach Bildung und Jobs. Zurück bleiben die Alten in vergreisenden Dörfern. Dieser Trend beeinflusst die Wirtschaftspolitik des Landes und wird in der Zukunft die Gewichtung der Einnahmequellen weiter deutlich verschieben – statt wie heute noch vorwiegend in der Landwirtschaft wird die nächste Generation voraussichtlich vermehrt in der Industrie und im Dienstleistungssektor tätig sein (mehr dazu s. S. 177, Wirtschaft).

Die Gesamtbevölkerung Vietnams ist, bedingt durch die 30-jährigen Freiheitskriege, die erst 1975 endeten, sehr jung. Zwei Drittel der Bewohner sind jünger als 30 Jahre und über 50 % unter 15 Jahren. Etwa ein Drittel der Menschen sind Zeitzeugen des Krieges.

Als Vietnam 1975 wiedervereinigt wurde, hatte das Land eine Bevölkerung von 48 Mill. Menschen. Heute sind es 85 Mio, also 37 Mill. Menschen mehr.

Ethnische Gruppen

In Vietnam leben 54 verschiedene ethnische Gruppen. Die Viet (auch Kinh genannt) stellen etwa 87 % der gesamten Bevölkerung. 3 % der Bevölkerung sind Hoa (Chinesen), die im Süden des Landes leben. Im zentralen Bergland und im Norden siedeln die restlichen 52 Gruppierungen. Einige Völker leben schon seit über 2000 Jahren auf vietnamesischem Territorium. Jene aus dem zentralen Hochland wurden durch die nach Süden wandernden Viet im Laufe der Jahrtausende in die Berge verdrängt. Andere sind erst in den letzten Jahrhunderten von China vor allem in den bergigen Norden eingewandert. Das wichtigste Unterscheidungsmerkmal der Völker ist ihre Ansiedlung im Tief- oder Hochland.

Die Bergvölker im Hochland mögen die Tieflandbewohner (und damit die Viet) im Allgemeinen nicht besonders gern. In ihrer gesamten Geschichte sind sie bestrebt, jeweils in ihrem Volk oder Dorf so selbstbestimmt wie möglich zu leben. Das hat im Laufe der Zeit mal mehr, mal weniger gut funktioniert. Während sie bis zur französischen Kolonialzeit autonom und nur tributpflichtig waren, änderte sich die Situation mit dem Eintreffen der ersten Missionare, die mit den Franzosen ins Land kamen. Die französischen Kolonialherren gestanden den Bergvölkern zwar lokale Autorität zu, doch sie enteigneten die Landbesitzer, forderten hohe Zölle und Zwangsarbeit.

Im Laufe der Kriege stellten sich einige Gruppen gegen die Vietnamesen und kämpften an der Seite der Franzosen und der Amerikaner gegen die Viet Minh und Viet Cong. Andere standen loyal an der Seite der nördlichen Viet und stellten sich gegen die christlichen Viet im Süden unter Diem, die Kolonialherren und die Amerikaner. Zur Geschichte der Bergvölker während der Kriege gegen Frankreich und die USA s. S. 156/157.

Während die Frauen einkaufen, entspannen die Männer sich beim Rauchen einer Bambuspfeife

Gemeinsame Wurzeln

Betrachtet man die Herkunft der 54 Volksgruppen in Vietnam, reduziert sich die Vielfalt auf drei zugrundeliegende Sprachfamilien: die austronesische, die austro-asiatische und die sino-tibetische Gruppe. Die austronesische Gruppe kam einst aus Indonesien und den pazifischen Inselwelten nach Vietnam. Diese auch als Nam Dao benannte Gruppe siedelte an der Küste des Zentrallandes und stellte vermutlich die ersten Bewohner des Landes. Die austro-asiatische und die sino-tibetische Gruppe wanderten beide aus Südchina ein.

Im Laufe der Zeit differenzierten sich die Gruppen, es bildeten sich Unterethnien, die sich wiederum in kleinere Einheiten unterteilen So besteht allein die Mon-Khmer-Gruppe aus 21 kleineren Ethnien, von denen einige (wie die Odu und Romam) gerade einmal einige hundert Personen zählen.

Die Cham und die E De, die beide zur Nam Dao-Gruppe gehören, haben ihre matrilineare Gesellschaftsform bis heute beibehalten. In diesen Volksgruppen erben nur die Mädchen. Der Mann zieht zur Frau und die Kinder nehmen den Familiennamen der Mutter an. Den Königsthron durften allerdings nur Männer besteigen.

Seit Doi Moi (s. S. 172, Geschichte, und S. 177, Wirtschaft) hat sich die Situation der Bergvölker stetig gebessert. Laut Verfassung genießen sie alle Rechte eines vietnamesischen Staatsbürgers. Es gibt eine eigens für die Bergvölker zuständige Regierungsbehörde. Nachdem die sozialistische Regierung anfangs viele Fehler machte, sind die Angehörigen der wichtigsten und großen Ethnien mittlerweile in den politischen Gremien relativ gut vertreten. Obwohl sich die Regierung bemüht, die wirtschaftliche Situation zu verbessern, stehen die meisten Bergvölker noch am Anfang einer Entwicklung. 75 % der Menschen leben hier unterhalb der Armutsgrenze. Es kommt häufig zu Nahrungsmittelknappheit – nicht zuletzt deshalb, weil diese Völker im Zuge der Ansiedlung von Viet in den fruchtbaren Tälern in unwirtliche Ecken abgedrängt wurden. Oft sind auch die Bildungssituation und die Krankenversorgung schlecht. Positiv zu vermerken ist hingegen, dass in den Schulen wieder Minderheitensprachen gelehrt werden und auch Stipendien zur Verfügung stehen, die ärmeren klugen Köpfen eine Universitätsausbildung ermöglichen. Als Alternative zur Wilderei, zum illegalen Holzschlag und dem Anbau von Mohn zur Gewinnung von Opium wird der Anbau von Obst und Nutzholz forciert.

Leider hat sich aber die Erkenntnis, dass Brandrodung (s. S. 131) dem Boden mehr schadet als nutzt, noch nicht in jedem Dorf durchgesetzt. Auch dass einige Tiere menschlichen Schutzes bedürfen, konnte noch nicht ausreichend vermittelt werden.

Das Verhältnis der Bergvölker zu den Viet hat sich im Großen und Ganzen verbessert, doch kam es erst 2001 und 2004 erneut zu Unruhen und Demonstrationen: Das Ziel der Bauern, die Rückgabe von Land und etwas mehr Freiheit in der Ausübung der eigenen Religion (vor allem die Katholiken müssen auch heute noch um ihr Recht auf freie Religionsausübung kämpfen), konnte zwar erreicht werden, doch zahlt noch manch ein Oppositioneller einen hohen Preis dafür: Die Anführer der Demonstrationen wurden zu Gefängnisstrafen von bis zu 15 Jahren verurteilt.

Viet

Die Wiege der Viet-Nation liegt der Legende folgend im Norden – genauer gesagt in Tonkin im Roten Delta. Gen Süden marschierten die Viet ab dem 13. Jh. und gelangten im 18. Jh. bis ins Mekong-Delta. Die Viet stellen 87 % der Bevölkerung und siedeln im gesamten Tiefland Vietnams. Im Verlauf der letzten Jahrzehnte nach der Wiedervereinigung zogen zudem über 250 000 Viet in die fruchtbaren Ebenen des Hochlands in den Wirtschaftszonen.

Die meisten Viet sind Buddhisten und pflegen den Ahnenkult (s. S. 181, Religion). Das Gesellschaftssystem ist patriarchalisch organisiert. Obwohl immer noch viele Viet von der Landwirtschaft leben, nehmen Berufe in der Industrie und dem Dienstleistungssektor in dieser Bevölkerungsgruppe stetig zu.

Das typische Kleidungsstück der Viet-Frauen ist der Ao Dai.

Die Geschichte des Ao Dai

Übersetzt bedeutet Ao Dai „langes Kleid". Es ist seit langem Symbol für die Grazie und Schönheit der vietnamesischen Frau. Vorläufer dieses Kleidungsstücks war der *Ao tu than*, ein aus vier Teilen bestehendes Langkleid, das im 17. Jh. von der Kleidung der Cham inspiriert auch von vietnamesischen Frauen getragen wurde. Heute gibt es diese Kleider immer noch, doch werden sie nur noch auf Festen und bei Bühnenauftritten (z. B. der *cheo*-Oper, s. S. 204) getragen. Der heutige Ao Dai wurde im Zuge der Kleiderreform Mitte des 20. Jhs. in Ha Noi erfunden. Während die Männer sich im westlichen Stil zu kleiden begannen, änderten auch die Frauen ihr Outfit. Einige der jungen Frauen trugen Kleidung, die den meisten Vietnamesen viel zu vulgär war und die auch den Lehren des Konfuzius widersprach. Die Formen der Weiblichkeit durften nicht zu stark im Vordergrund stehen, eng anliegende und aufreizende Kleidung war deshalb verpönt. Der zwar eng anliegende, aber ab der Hüfte weite und im Winde flatternde Ao Dai war der perfekte Kompromiss. Die Frau konnte anmutig, aber nicht kokett, ihren Liebreiz zeigen. Den Unterrock, der noch beim Vorläufer getragen wurde, ersetzte eine weite Hose, die vier Stoffbahnen wurden auf zwei reduziert und der Gürtel abgelegt. Während in den 1930er-Jahren auf der ganzen Welt eine neue Zeit der Kleiderordnung anbrach, entstand in Vietnam der moderne Ao Dai, wie er heute noch getragen wird. Erst sah man ihn nur an Frauen, die mit Franzosen verheiratet waren, doch bereits Ende der 1930er-Jahre kleideten sich die meisten Stadtfrauen mit dem Ao Dai. Als Stoffe waren vor allem französische Seide in den Farben Dunkelrot und Violett und leichte, bunt gefärbte indische Stoffe angesagt.

Der Krieg beendete die Zeit der schönen Kleider – nur noch zu formalen Anlässen sah man Frauen derart elegant gekleidet. Und auch nach dem Krieg schickte es sich die ersten Jahre im neuen Arbeiterstaat nicht, sich hübsch anzuziehen. Heute sieht man vor allem Schulmädchen in weißen Ao Dais. Zur Schuluniform wurde das Kleidungsstück vor etwas über 20 Jahren. Auf die Initiative eines Schuldirektors, der sowohl Grazie als auch Gleichheit an seine Schule bringen wollte. Innerhalb von nur sieben Jahren nahmen alle Schulen diese Idee auf.

Zum Schutz gegen Sonne (und Regen) tragen die Viet den Non La, einen konischen Hut, der neben dem Ao Dai zu den in aller Welt bekannten vietnamesischen Markenzeichen gehört. Die Viet im Norden erfanden einst das Wasserpuppentheater (s. S. 206), das noch heute aufgeführt wird.

Bergvölker im Norden

In den Bergen des Nordens leben ausschließlich Bewohner, die einst aus Südchina eingewandert sind. Dominierend sind hier die **Thai** und **Tay**, die sich in den fruchtbaren Tälern des Hochlands niedergelassen haben. **Hmong** und **Dao** kamen erst im Laufe des 18. Jhs. nach Vietnam; ihnen blieben nur die unwirtlichen, höher gelegenen Ebenen. Hier haben sie wenig Kontakt zu anderen Bewohnern des Landes und konnten so viele Rituale in die Gegenwart retten. Der Preis für diese Abgeschiedenheit ist das Leben am Existenzminimum.

Muong

Die ethnische Gruppe der **Muong** ist ebenso lange wie die der Vieth (Kinh) auf dem Territorium Vietnams vertreten. Heute zählt das Volk etwa eine Million Menschen. Linguistisch betrachtet gehören die Muong zur Viet-Muong-Gruppe. Ihre Kultur ist derjenigen der Thai ähnlich. Die Muong leben im Norden und bauen Reis an. Sie tun dies wie die Menschen der Hoa Binh-Kultur (s. S. 266, Geschichte), die im heute als Provinz Hoa Binh benannten Siedlungsgebiet der Muong bereits in der Steinzeit Reis anbauten. Daneben ernähren sich die Muong vom Fischfang und betätitgen sich als Jäger und Sammler. Wie die später berühmt gewordene Dong Son-Kultur haben auch die Muong Bronzetrommeln. Diese dienen noch heute als Symbol von Macht. Gongs und Trommeln werden vererbt: Je mehr eine Familie davon besitzt, desto mächtiger ist sie.

Wie aus 100 Eiern vier Völker wurden

Die Gründungslegende der Viet-Muong berichtet: Die Berggöttin Au Co und der Drachengeist Lac Long Quan lebten glücklich zusammen. Au Co wurde schwanger und gebar hundert Eier. Daraus schlüpften hundert Söhne. Die Eltern trennten sich bald wieder, da sie doch zu unterschiedlich waren. Der Drachengeist, der sich nur im Wasser wohlfühlt, zog mit 50 Söhnen in die fruchtbaren Ebenen der Flüsse. Diese Söhne gelten als Vorfahren der Kinh (Viet). Die anderen 50 Kinder kehrten mit ihrer Mutter in die Berge zurück. Sie gelten als Vorfahren der Muong und der Bergvölker Chut und Tho.

Und diese mächtigen Familien organisieren das Dorfleben, denn die Gesellschaft der Muong ist aristokratisch. Die wohlhabenden Familien lassen Bauern auf nominell kommunalem Land gegen Steuerzahlungen arbeiten.

Berühmt ist die Stickerei der Muong: geometrische Muster in Schwarz-Weiß. Die Frauen tragen enge Blusen und lange Röcke, einen breiten, bestickten Gürtel und ein weißes Kopftuch.

Typische Musikinstrumente der Muong sind die aus Holz gefertigten *Khua Long*. Diese Instrumente ahmen die typischen Geräusche von Mörser und Stößel nach, die oft in der Muong-Küche zum Einsatz kommen. Sie haben eine jahrtausendealte Tradition, die bis heute von Jung und Alt gepflegt wird. Oftmals sieht und hört man die Instrumente auf Hochzeiten, wo überlieferte Lieder dazu vorgetragen werden. Auf Reisfeldern hört man das „Willkommen neuer Reis"-Lied oder auch eine Ode an den „Frühen Regen".

Tay

Die Tay sind mit 1,2 Mill. Menschen die größte ethnische Minderheit des Nordens. Sie siedelten sich vor etwa 2000 Jahren in der Region zwischen dem Roten Fluss und den Küstenebenen an und sind auch heute noch vorwiegend hier zu Hause. Im 15. Jh. entwickelten die Tay eine eigene Schriftsprache, die auf den chinesischen Ideogrammen basiert. Durch ihre Nähe zum Tiefland sind sie eng mit den Viet verbunden und haben neben Elementen der Architektur auch deren soziale Ideale und den Konfuzianismus (s. S. 187) in ihr Leben integriert. Nur noch in wenigen Dörfern finden sich die ursprünglichen Häuser: Pfahlbauten, um die herum ein Balkon führt und deren Dach mit Stroh gedeckt ist.

Die typische Tay-Kleidung, die nur noch von Frauen getragen wird, besteht aus einem langen, indigofarbenen Kleid, das mit einem Gürtel geschmückt wird. Das Kopftuch wird so geknotet, dass die Spitze nach vorne zeigt, und mit Silberschmuck verschönt. Die Tay leben von der Viehund Fischzucht und bauen Tabak, Zimt und Sojabohnen an. Sie sind für ein fortschrittliches Bewässerungssystem bekannt: Wasserräder stellen die Versorgung des Nassreises auf den Terrassen sicher.

Thai

Die Untergruppe der Thai dominiert mit etwa 1 Mill. Angehörigen den nordwestlichen Teil des Hochlands. Sie sind entfernt verwandt mit den Thai in Thailand; ihre Kultur ist der der Viet und der Tay sehr ähnlich. Die Thai siedelten erstmals vor über 2000 Jahren aus Südchina kommend in Vietnam. Noch immer leben sie vorwiegend in Pfahlbauten. Ihr Siedlungsgebiet erstreckt sich vom Roten Fluss bis nach Thanh Hoa. Die meisten Thai wohnen in den Provinzen Lai Chan und Son La. Sie leben in feudal strukturierten Gemeinschaften in den fruchtbaren Tälern und ernähren sich von der Landwirtschaft. Die Großgrundbesitzer (Feudalherren) stellen das Land, während die Dorfbewohner es bearbeiten.

Die Thai haben eine auf dem Sanskrit basierende Schriftsprache und können auf ein 500 Jahre altes literarisches Erbe zurückgreifen. Dazu zählen epische Gedichte, historische Dramen und Volkserzählungen. Auch ein großes Tanzrepertoire ist überliefert. Die Thai teilen sich in zwei ethnische Gruppen: Die Thai Trang („weißen Thai") und die Thai Den („schwarzen Thai"). Die Weißen Thai leben bei Mau Chan und Lai Chan, die Schwarzen Thai vorwiegend in Dien Bien Phu, Tuan Giao und Son La). Die Namen basieren auf der Verwendung des Grundfarbstoffs der traditionellen Kleidung, doch ist diese These nicht unumstritten. Heute kann man an der Kleidung keinen Unterschied erkennen. Die Frauen tragen enge lange Röcke, figurbetonte Blusen und bestickte Kopftücher. Das Handwerk der Thai ist die Web- und Stickkunst: Ihre Kleidung weben sie selbst. Die Herstellung sichert ihnen zudem ein Einkommen. Gekonnt erschaffen die Thai Brokatstoffe, als Verzierung werden Drachen, Vögel und Blumen darauf gestickt.

Nung

Vom Volk der Nung leben über 700 000 in Vietnam. Sie teilen sich in weitere Untergruppen und siedeln in Cao Bang, Lang Son, Tuyen Quang, Lao Cai, Yen Bai und Ha Giang. Die Nung kamen relativ spät ins Land und wanderten nach 1954 aus dem Norden ins zentrale Hochland ab. Sie sind mit den Thai verwandt, sprechen dieselbe Sprache und leben oftmals in denselben Dörfern. Die Häuser der Nung haben Lehmwände und ein Ziegeldach und sind nur teilweise auf Stelzen gebaut. Vielfach steht eine Seite des Hauses auf dem Boden, ein anderer Teil auf Stelzen. Wie die Tay sind auch die Nung für ihren Nassreisbau bekannt. Für ihre Reisterrassen nutzen sie ein ausgeklügeltes Bewässerungssystem mit Wasserrädern. Die Nung bauen Gemüse, Mais und Erdnüsse an und gelten als die besten Gartenbauern des ganzen Landes. Zudem ist das Volk berühmt für seine Schmiedekunst. Die traditionelle Kleidung ist wie jene der Tay ein indigofarbenes Langkleid mit Gürtel. Der Unterscheid besteht in der Nuance, dass die Kleider der Nung mit einer kleinen bunten Borte umsäumt sind. Die Frauen tragen oft ein Halstuch mit Fransen und eine bestickte Schultertasche.

Die Nung sind Buddhisten und verehren Quan Am. Daneben huldigen sie auch noch Geistern und ihren Ahnen. Sie sind berühmt für ihren Wechselgesang, auf Festen unterhalten sie die Anwesenden mit diesen improvisierten Duetten.

Giay

Die Giay, ausgesprochen Zay, sind eine kleine Minderheit von 38 000 Menschen, die in den Höhenlagen der Provinzen Lao Cai, Lai Chan und Ha Giang in feudalen Gesellschaftssystemen leben. Die Bauern wohnen in engen Siedlungen in Pfahlbauten und bearbeiten im Auftrag der reichen Familien das kommunale Land. Am Kragen weisen die traditionellen Trachten der Giay bunte Streifen auf. Sie tragen helle Blusen in Rosa, Hellblau oder Hellgrün und die Frauen bei formalen Anlässen auch einen karierten Turban.

Hmong

Heute leben etwa 558 000 Hmong vorwiegend in den Hochlandregionen des Nordens bis ins Zentralland nach Nghe Anh; vornehmlich in Lao Cai, Ha Giang und Tuyen Quang. Die Hmong, was übersetzt „freie Menschen" bedeutet, flohen Ende des 18. Jhs. aus Südchina nach Vietnam, Laos, Birma und Thailand. Sie leben zurückgezogen und gehören wegen der kargen Böden ihres Siedlungsgebietes zu den ärmsten Minoritäten Vietnams. Das Volk unterteilt sich in Weiße, Schwarze, Grüne, Rote und Blumen-Hmong. Diese Untergruppen haben einen eigenen Dialekt ausgebildet und auch die Kleidung und Haartracht der Frauen sind verschieden.

Die Hmong haben keine eigene Schriftsprache und sind generell wenig gebildet. So können etwa 90 % der Frauen nicht lesen oder schreiben. Die Überlieferung der bis heute bekannten Volkslieder, Rätsel und Sprichwörter ist mündlich. Eine schlechte Krankenversorgung, einhergehend mit einer sehr hohen Kindersterblichkeit, sind Folgen der Zurückgezogenheit.

Das Neujahr der Hmong

Die Hmong feiern ein eigenes Neujahr: *Tet Meo* beginnt nach unserer Zeitrechnung am ersten Weihnachtsfeiertag, dem 25.12., und dauert eine Woche bis zum ersten Januar des westlichen Kalenders. Wie beim Neujahrs-Tet der Viet reinigen auch die Hmong ihr Haus und vor allem den Ahnenaltar. Überall hängen glückbringende Sonnen, um das neue Jahr zu begrüßen. Kleine Sonnen werden auch an den Handwerksgeräten befestigt. Sie symbolisieren den Wunsch nach Wohlstand und Glück. Die Frauen weben Kleidung, damit jedes Familienmitglied zu Beginn des neuen Jahres etwas Neues zum Anziehen hat.

Zum Fest wird ein Schwein geschlachtet, und es gibt gutes Essen, zu dem auch die Ahnen eingeladen werden.

Die Hmong sammeln Heilpflanzen und Honig und bestreiten ihren Lebensunterhalt unter anderem als Jäger und Sammler. Sie haben aber auch ein eigenes Kalendersystem entwickelt, mit dem sie ihren Brandrodungsfeldbau und den Anbau von Reis auf den Terrassen organisieren.

Es werden zudem Mais und anderes Gemüse und neuerdings Obst wie Äpfel, Pfirsiche und Pflaumen angebaut, zum Teil auch noch Mohn. Die Hmong züchten Rinder, Wasserbüffel und Pferde.

Als Weber verarbeiten sie Hanf und Baumwolle und färben diese mit Indigo. Zudem fertigen sie Silberschmuck.

Dao

Von den Dao, gesprochen Zao, leben etwa 470 000 in der nördlichen Grenzregion Vietnams; über die Grenzen hinweg siedeln sie auch in Thailand, Laos und China. Über Jahrhunderte hinweg kamen immer wieder kleine Gruppen aus China. Die Dao benutzen noch immer chinesische Schriftzeichen und haben eine reiche literarische Tradition.

Da sich das Siedlungsgebiet der einzelnen Dörfer in verschiedenen Höhenlagen befindet, ist auch der Reichtum bzw. die Armut der einzelnen Dörfer sehr unterschiedlich. In den fruchtbaren Tälern leben die Dao als reiche Reisbauern und Viehzüchter. In den Höhenlagen mühen sie sich mit kargen Ernten ums Überleben.

Erkennen kann man die Dao-Frauen an ihrem großen roten Turban. Die Kleidung ist oft mit fünffarbigen Stickereien versehen, was auf die Legende des Urahnen Ban Ho und die ihm folgenden zwölf Dao-Clans zurückgeht: Ban Ho war ein kräftiger Hund mit fünffarbigem Fell, der einen feindlichen General tötete. Als Lohn nahm er eine Prinzessin zur Frau, die ihm zwölf Kinder gebar.

Minderheiten im zentralen Hochland

Die zahlenstärkste Gruppe der Hochlandbewohner in Zentralvietnam sind die **Bahnar**. Auch die matrilinearen Gesellschaftsformen der **E De** haben sich hier erhalten, wenngleich stark angepasst an die Kultur der Viet. Weit abgeschieden und in mittelalterlichen Strukturen leben noch die **Sedang** im Hochland.

Bahnar

Die Bahnar, oder Ba Na genannt, zählen etwa 136 000 Menschen. Einst lebten sie mit den Gia Rai und den Cham in der Küstenebene, heute siedeln sie im Hochland östlich von Plei Ku und Kon Tum. Der Mittelpunkt des Dorfes ist das Gemeindehaus, *rong* genannt. In dem auf Stelzen gebauten Haus mit etwa 20 m hohem Dach werden alle kulturellen und zeremoniellen Angelegenheiten geregelt. Zudem ist es die Heimstatt der Jungen des Dorfes, die hier nicht nur leben, sondern auch lernen. Gemeinsam werden sie in die Welt der erwachsenen Männer eingeführt, z. B. in die Jagd. Um das Gemeindehaus herum gruppieren sich Pfahlbauten mit Stroh- und Ziegeldächern zu einem Dorf. Viele Häuser sind mit geometrischen Motiven geschmückt. Als Gartenbauern pflanzen die Bahnar Süßkartoffeln, Mais, Hirse, Indigo, Tabak und Hanf an. Sie treiben seit jeher regen Handel mit den Viet und den Cham. Ein erwähnenswertes Kunsthandwerk haben sie nicht ausgebildet.

Sedang

Die Sedang, auch Xe Dang genannt, leben mit etwa 100 000 Angehörigen in der Region zwischen Kon Tum und Quang Nai. Das Volk ist als sehr kriegerisch bekannt und löste im Laufe seiner Geschichte zahlreiche Konflikte gewaltsam. Früher kannten die Sedang auch Menschenopfer und verdienten sich ihren Lebensunterhalt als Sklavenhändler. Heute umranken keine abschreckenden, mit Pfählen gespickten Hecken mehr die Dörfer. Die Sedang leben in Langhäusern auf Pfählen, die nach Osten ausgerichtet sind. Sie haben ein Gemeindehaus, in dem die Jungen und Männer wohnen und in dem Zeremonien stattfinden. Sie betreiben noch immer vorwiegend Brandrodungsfeldbau, pflegen etwas Gartenbau und gehen weiterhin auf die Jagd. Da die Dörfer untereinander – von kriegerischen Auseinandersetzungen abgesehen – nur selten Kontakt hatten, haben sich 17 unterschiedliche Dialekte herausgebildet.

Nachdem die Franzosen das Volk der Sedang vielfach in die Pflicht nahmen und es z. B. in Zwangsarbeit die Nationalstraße 14 (von Kon Tum nach Da Nang) bauen ließen, kam es zu Rebellionen einiger Dörfer.

Der Mittelpunkt des Bahnar-Dorfs ist das auf Stelzen gebaute Gemeindehaus

Ein Königreich für einen blauäugigen Franzosen

Seinen blauen Augen verdankte der Franzose Marie-David de Mayréna den Königstitel Maria I. von Sedang. Und das kam so: Einst diente Monsieur de Mayréna als Soldat in der französischen Armee in Cochinchina. 1860 kehrte er nach Frankreich zurück, doch nachdem er dort erfolglos nach Anerkennung und Erfolg gesucht hatte, zog es ihn wieder nach Asien. 1880 betrat er erneut vietnamesischen Boden. Acht Jahre später wurde er vom amtierenden französischen Gouverneur zur Erkundung des Hochlands nach Kon Tum geschickt. Katholische Missionare machten ihn mit den Sedang bekannt, und da er diese mit seinen strahlenden Augen zu beeindrucken wusste, nahm er die Chance seines Lebens wahr und ernannte sich zu ihrem König. Drei Monate regierte der westliche Herrscher ein Dorf der kriegerischen Sedang, erließ Gesetze, erfand eine Nationalflagge (ein roter Stern auf einem weißen Kreuz auf blauem Hintergrund) und sogar einen Landesorden des Königreichs von Sedang. In *Apocalypse Now*, dem bekannten Film von Francis Ford Coppola, diente die Geschichte dieses Exzentrikers als Vorbild für den durchgedrehten Herrscher Kurtz, gespielt von Marlon Brando. Im realen Leben kehrte der König von Sedang bereits nach wenigen Monaten bei den Sedang nach Europa zurück. Das Leben im Dschungel war ihm wohl doch zu hart. Statt Rechnungen zu bezahlen, verlieh er dort Orden – die niemand haben wollte –, bekam aber nicht die Anerkennung, die er sich erhofft hatte. Abgewirtschaftet ging er 1890 nach Asien zurück und verstarb auf der malaysischen Insel Tioman vermutlich an einem Schlangenbiss.

Andere Dörfer standen hingegen fest an der Seite Frankreichs, sodass sich das Volk während der folgenden Kriege spaltete. Im Zuge der verschärften Bombardierungen flohen die Sedang aus ihren Dörfern und spüren die Folgen dieser Landflucht noch heute, denn ihre angestammten Gebiete besiedeln mittlerweile andere Volksgruppen.

Koho

Die Koho (Co Ho), die rund 100 000 Menschen zählen, leben am südlichen Ende des zentralen Hochlands auf dem Di Ninh-Plateau. Die Häuser der Koho stehen auf Pfählen, sind mit Stroh gedeckt und die Wände und Böden bestehen aus Bambus. Die Religion der Koho ist seit dem frühen 20. Jh. christlich und animistisch. So verehren die Menschen beispielsweise einen Wächtergeist, der die Familie vor Gefahren schützt. Von den Missionaren haben die Koho nicht nur den christlichen Glauben, sondern auch ihre Lautschrift. Die mündliche Tradierung blieb daneben bis heute sehr wichtig. Tänze werden vornehmlich bei religiösen Riten aufgeführt. Das Volk teilt sich in weitere sechs Untergruppen, eine davon ist das für seine Bewässerungstechniken bekannte Volk der Lat, das in und um Da Lat beheimatet ist. Andere Untergruppen sind bekannt für ihre Töpfer- und Eisenbearbeitungskunst.

Mnong

Das Volk der Mnong bewirtschaftet seit Jahrhunderten den Süden des zentralen Hochlands in der Region von Buon Ma Thuot und Da Lat. Die etwa 67 000 Angehörigen leben in ebenerdigen Häusern und sind vor allem für ihre Elefantenjagd und -zähmung berühmt. Einst richteten sie die Tiere zu erfolgreichen Kriegern ab; heute dressieren sie sie zu Reit- und Arbeitstieren. Als Kunsthandwerker haben sich die Mnong in der Verarbeitung von Kupfer, Zinn und Silber einen Namen gemacht, und auch ihre Korbflechtarbeiten werden erfolgreich gehandelt.

Bru und Ta-Oi

Die Bru und die Ta-Oi sind miteinander verwandte Völker, die an der Grenze zu Laos im Gebiet des 17. Breitengrades siedelten. Die **Bru** wurden im amerikanischen Krieg aus ihrem angestammten Gebiet um Khe Sanh vertrieben. Sie dienten als Milizionäre der Amerikaner. Heute haben die etwa 40 000 Bru in ihrem alten Gebiet kaum mehr Einfluss, denn Khe Sanh wurde zu einer neuen Wirtschaftszone erklärt und es siedeln hier viele Viet. Die Häuser der Bru sind an ihrer runden Form zu erkennen – sie sehen beinahe aus wie eine Schildkröte. Manche sind an Vorder- und Rückseite mit geschnitzten Vögeln und Büffelhörnern verziert. Die Bru leben in einem Patriarchat und betreiben Brandrodungsfeldbau. Sie hängen der Ahnenverehrung und dem Geisterglauben an.

Die **Ta-Oi** haben heute etwa 26 000 Angehörige. Im Krieg halfen einige Orte den Viet dabei, den Ho-Chi-Minh-Pfad zu erhalten – andere standen auf Seiten der Amerikaner. Wie auch die Bru flohen im Krieg viele dieser Ta-Oi vor den Kommunisten gen Süden ins Gebiet der E De. Oder sie gingen über die Grenze nach Laos. Ihr altes Gebiet wird heute vermehrt von Viet bewohnt.

E De

Die E De (etwa 195 000 Angehörige) leben heute im Herzen des Dac Lac-Hochlands. Bevor sie nach dem Krieg in Dörfern sesshaft wurden, betrieben sie Brandrodungsfeldbau – vornehmlich in den Regionen des westlichen Plateaus, in dem seit der französischen Kolonialzeit Kautschuk und Kaffee angebaut werden. Heute leben sie in Dörfern in Langhäusern auf Stelzen, die mit Stroh gedeckt und mit Schnitzereien verziert sind. Die Häuser haben die Form eines Bootes und können bis zu hundert Meter lang sein und ebenso viele Bewohner beherbergen. Die E De nutzen Grabhäuser für ihre Verstorbenen, vor denen sie sich einige Jahre regelmäßig zu Ehren des Toten versammeln und feiern. Sobald die Seele zum Himmel aufsteigt, werden diese Feiern eingestellt und das Grabhaus verfällt.

Die E De ernähren sich von der Landwirtschaft und der Tierzucht. Zudem jagen sie noch immer wilde Tiere. Sie huldigen dem Gott des Wassers, des Feuers, des Waldes und anderen animistischen Geistern.

Die E De-Frauen

Die Macht im Haus hat jeweils die älteste und erfahrenste Frau. Ihr folgt in der Erbfolge die jüngste Tochter – eine wohl weltweit einzigartige Tradition. Alle Töchter leben im Haus der Mutter. Planen sie zu heiraten, wird dem Haus ein Zimmer angefügt, weshalb man schon von außen erkennen kann, wie viele verheiratete Töchter zur Familie gehören. Der Begriff *nha dai*, „Langhaus auf Stelzen“ wird synonym mit dem Wort für „Mutter“ verwendet. Und das gesamte Haus ist von weiblichen Symbolen und runden Formen bestimmt. Fenster, Türen, Treppen und Geländer sind mit Brüsten verziert. Auch im Inneren des Hauses sind die Möbel abgerundet und wohlgeformt. Zeremonielle Gongs bestimmen den Reichtum der Familien; sie werden in der mütterlichen Linie vererbt, wie auch die Tongefäße zur Herstellung von Reiswein – alles bekommt beim Tod des weiblichen Oberhaupts deren jüngste Tochter. Die E De-Frauen haben auch außerhalb des Hauses die Macht und regeln das Leben in der Gemeinschaft.

Jarai

Die Jarai werden auch **Gia Rai** genannt. Sie leben vorwiegend in den Provinzen Gia Lai und Kon Tum, einige auch in der Provinz Dak Lak. Während des Krieges kämpften viele Gia Rai auf Seiten der Amerikaner und wurden während der Kampfhandlungen aus ihrem Gebiet vertrieben und in Plei Ku angesiedelt. Heute wandern viele wieder zurück in ihre alten Gebiete. Die Gia Rai pflegen ihre Toten mit großen Zeremonien in Grabhäusern zu bestatten. Diese werden mit Skulpturen von Vögeln, Menschen und Objekten des Alltags geschmückt.

Musikalisch haben die Gia Rai Außergewöhnliches zu bieten: das Kilong Put. Dieses Bambusrohr wird durch Händeklatschen zum Tönen gebracht. Man kann das Instrument in Kon Tum sehen und hören: im Museum des katholischen Seminars (s. S. 422, Kon Tum).

Minderheiten im Süden

Hoa

Derzeit leben etwa 1 Mill. Hoa in Vietnam. Es sind Nachfahren von Flüchtingen aus dem China der Zeit des Zusammenbruchs der Ming-Dynastie im Jahr 1644. Es folgten weitere Flüchtlingswellen, die letzte in den 1940er-Jahren. Die Hoa leben zu 90 % im Süden, hauptsächlich in Cho Lon (HCMS). Außerdem sind sie in Can Tho, Kien Giang, Da Nang, Ha Noi und Hai Phong ansässig. Die Hoa sind gute Händler und Kaufleute, einige haben sich auch als Künstler einen Namen gemacht. Erst im Laufe des 19. Jhs. war es den Hoa erlaubt, offizielle Ämter zu bekleiden. Seitdem werden sie mehr und mehr in die Gesellschaft integriert, wozu auch ihre politische und öffentliche Mitarbeit zählt. Bis zur Unabhängigkeit 1975 mussten die Hoa mit dem Argwohn der Viet leben, die ihren Geschäftssinn nicht immer positiv aufnahmen. Als die Kommunisten die Macht errangen, kam es zu antichinesischen Bewegungen. Daher floh etwa ein Drittel der Hoa und wurde als größte Gruppe der Boat People in der ganzen Welt bekannt (s. S. 170/171, Flüchtlinge auf schwankenden Booten). Heute sind nahezu alle Hoa vietnamesische Staatsbürger. Sie pflegen ihre Bräuche, wie die Löwentänze, und ihre Sprache.

Immer mehr ehemalige Flüchtlinge kommen im Zuge der neuen Grenzöffnungen und vereinfachten Visabestimmungen wieder nach Vietnam zurück. Manche nur um Geld zu investieren, einige, um wieder in Vietnam zu leben. Dies verläuft nicht immer unproblematisch, da die Auslandsvietnamesen nicht nur Geld und Fachwissen, sondern auch den westlichen Lebensstil und eine nicht immer genehme politische Einstellung mitbringen.

Khmer

Von den Khmer leben noch etwa 1 Mill. Menschen am Mekong in Hau Giang, An Giang, Kien Giang, Dong Thap, Long An und Tay Ninh. Sie sind prozentual gut in den Gemeindevorständen und den Regierungen dieser Regionen vertreten. Das Nachbarland Kambodscha versuchte im Laufe der Jahrhunderte immer wieder, Campuchea Krom (was aus dem Kambodschanischen übersetzt „Niederkambodscha" bedeutet) in das eigene Territorium zu integrieren. Die in diesem Gebiet lebenden Khmer stehen jedoch nicht in Opposition zur vietnamesischen Regierung. Auf den Dächern ihrer Tempelanlagen findet sich meist der Drache Neak. Er entspringt alten Glaubensvorstellungen, verschmolz jedoch mit dem seit dem 13. Jh. gelebten Theravada-Buddhismus. Diese Form des Buddhismus wird in Kambodscha, Thailand, Laos und Birma praktiziert. Einige Khmer kamen erst in den 70er-Jahren nach Vietnam, als Pol Pot in ihrer ursprünglichen Heimat wütete.

Die Khmer sind für ihre ausgeklügelten Bewässerungssysteme bekannt. Sie bauen erfolgreich Nassreis an. Als Handwerker haben sie sich in der Herstellung von Korbwaren und Seidenstoffen einen Namen gemacht. Die Stelzenhäuser stehen traditionell auf Erdwällen am Wasser. Moderne Khmer leben jedoch in ebenerdigen Häusern an Kanälen und Straßen. Das meistgetragene Kleidungsstück ist das Krama, ein kariertes Tuch, das als Schal, Kopftuch oder auch mal als kurzer Sarong Verwendung findet.

Cham

Die Menschen dieser alten Hochkultur leben vorwiegend im südlichen Tiefland an der Küste zwischen Phan Rang und Phan Thiet. Einige Cham leben auch an der Grenze zu Kambodscha und andere in HCMS. Insgesamt sind es etwa 100 000. Die Cham sind ihrer Geschichte nach Hinduisten – einige hängen überdies dem Islam an. Letzterer wird vor allem von den in Ho-Chi-Minh-Stadt, An Giang und Tay Ninh lebenden Cham gelebt. Die meisten Cham huldigen noch heute dem Shiva-Kult (Phallusverehrung). Obwohl matrilinear vererbt wird, haben wegen des hinduistischen Einflusses in der Politik die Männer das Sagen.

Die Sprache der Cham, die weltweit von etwa 250 000 Menschen gesprochen wird, hat sich im Laufe der Zeit in Vietnam mit dem Sprachschatz des Vietnamesischen vermischt. Die Cham leben heute mehrheitlich von der Landwirtschaft, dem Fischfang, der Webkunst (vornehmlich Seide) und der Töpferei. Die Kleidung und der Lebensstil der Cham hat sich weitgehend den Viet angepasst. In den letzten Jahren werden jedoch die traditionellen Künste wieder belebt, vor allem der Tanz und die Musik.

Die Cham haben eine große literarische Tradition. Sie besteht aus Erzählungen und Epen, aber auch aus akademischer Literatur. Gesangsstücke mit Tanz werden vor allem auf Festen aufgeführt. Die wichtigsten Kulturgüter der Cham sind jedoch ihre Architektur und ihre Steinmetzarbeiten (s. S. 196, Kunst und Kultur).

Bildung

Das Bildungsniveau in Vietnam ist hoch, die Wissbegier enorm. Über 90 % aller Vietnamesen können lesen und schreiben. Nur etwa 6 % aller Einwohner über 15 Jahren sind Analphabeten (diese Quote ist etwas niedriger als in Deutschland, wo man von 6,5 % Analphabetismus ausgeht). Es ist jedoch ein Nachteil für Kinder auf dem Land auszumachen, denn hier ist die Zahl der Schulen noch gering. Vor allem in den Dörfern der Minderheiten gibt es oftmals keine Schulen.

Schule in Vietnam funktioniert nach dem Prinzip pauken und nicht nachfragen. So ist es absolut unüblich, die Kunst der Diskussion zu lehren. Die Erziehung fördert auch heute noch nicht das konstruktive Denken, sondern zielt auf das konfuzianische Ideal des Gehorsams. Wer seine Ausbildung als Student im Ausland fortsetzt, hat bei der Rückkehr nach Vietnam besonders mit dieser Maxime Probleme.

Für Kinder zwischen 6 und 14 Jahren gilt die Schulpflicht. Diese Schulbildung ist kostenlos und verläuft in zwei Phasen: Fünf Jahre besuchen die Schüler die Grundstufe. Nach einer erfolgreichen Prüfung folgen vier Jahre Sekundarstufe. Freiwillig und wieder nach einer Prüfung kann dann die obere Sekundarstufe bzw. (Fach-)Mittelschule besucht werden. Diese Ausbildung dauert noch einmal 3–4 Jahre. Das Studium bedarf einer erneuten Aufnahmeprüfung. Besonders in den Städten drängen die Eltern ihre Kinder zu einem Hochschulstudium. Sollten diese die Prüfungen nicht schaffen, kaufen manche Eltern gefälschte Zertifikate, um stolz eine Graduierung im Wohnzimmer aufhängen zu können.

In Vietnam gibt es über 150 **Universitäten und Fachhochschulen**. Einige davon sind rein staatlich, andere halbstaatlich, wenige privat geführt. Einen besonders guten Ruf haben die staatliche Universität Ha Noi und jene in Ho-Chi-Minh-Stadt. In der Regel dauert das Studium 3–6 Jahre.

Viele Studenten wollen einen Teil ihrer **Ausbildung im Ausland** absolvieren und schließen dafür mit ihren Universitäten Verträge ab, die sie nach dem Studium an die vietnamesische Universität binden. Entweder die Graduierten bleiben als Lehrer oder Forscher an der Universität oder sie werden von einem staatlichen Betrieb eingestellt. Auf diese Weise arbeiten sie die Kosten ab, die ihre Ausbildung im Ausland verursachte. Das Problem dieses Arrangements liegt darin, dass ihnen wenig Gehalt gezahlt wird und sie ihren Vertrag daher nur so lange einhalten, wie sie müssen. Damit geht dem Staat die wertvolle Ressource gut ausgebildeter, motivierter Mitarbeiter verloren. In einem Staatsbetrieb erhalten die jungen Masterabsolventen beispielsweise gerade einmal 2 Mill. Dong, eine ausländische NGO oder ein privates Unternehmen würde bei derselben Qualifikation etwa 8 Mill. pro Monat zahlen. Zudem sind viele Graduierte frustriert über den geringen Einfluss und die Machtlosigkeit gegenüber älteren Kollegen, die auf der Regel: „Der Ältere hat Recht" bestehen.

Geschichte

Vietnams Geschichte ist äußerst komplex – daher ist dieses Kapitel sehr umfangreich. Im Internet unter 💻 www.stefan-loose.de/Vietnam findet sich eine Kurz-Geschichte zum Ausdrucken für alle, die erst einmal eine Übersicht gewinnen wollen.

Frühgeschichte (28 000–111 v. Chr.)

Steinzeit (28 000–2. Jahrtausend v. Chr.)

In Vietnam finden sich einige frühgeschichtliche Stätten – die meisten im Gebiet der nördlichen Gebirgskette des Truong Son-Zugs. Erste Artefakte und Siedlungsnachweise wurden in den 1920er-Jahren von der Straßburger Archäologin Madeleine Colani gefunden. Bis heute entdecken Forscher immer wieder Siedlungen von Jägern und Sammlern und stellen Steinwerkzeuge und Knochen sicher, die ihnen bei der zeitlichen Einordnung der gefundenen Kulturen helfen. Die ersten Homo Sapiens lebten in Grotten und Höhlen der Kalksteinberge. Die älteste nachgewiesene Kultur ist etwa 30 000 Jahre alt und hat ihren Namen, **Dieu-Kultur**, von einer der Höhlen, in der Funde gemacht wurden: Angehörige dieser Kultur lebten südöstlich von Ha Noi im Westen der Provinz Hoa Binh. In dieser Provinz siedelten auch die Menschen der bekanntesten Steinzeitkultur, der **Hoa Binh-Kultur**, die mindestens 16 000 Jahre alt sein soll. Diese Kultur hat sich, so beweisen Werkzeugfunde, wahrscheinlich über das gesamte Festland Südostasiens erstreckt.

Die etwa 10 000 Jahre alte **Bacson-Kultur** wurde nach einem Gebirgszug in der Provinz Bac Thai, nördlich des Roten Flusses, benannt. Gefunden wurden Steinäxte mit geschliffenen Schneiden und auch Keramik.

Bronzezeit (1500–300 v. Chr.)

Seit Mitte des 2. Jahrtausends v. Chr. war Bronze im Gebiet südwärts vom Wolkenpass bis ins Mekong-Delta verbreitet. Grabbeigaben aus Bronze konnten entlang der Küste bei Ausgrabungen einiger Grabfelder gefunden werden. Sie stammen von der **Sa-Huynh-Kultur**. Auch Leuchter aus Eisen und Perlen fanden als Beigabe Verwendung. Wissenschaftler gehen davon aus, dass dieses Volk der austronesischen Sprachgruppe zugehörig war und von Indonesien aus die Küste des heutigen Vietnam und einige Inseln besiedelte. Es bildete bereits feste Gemeinschaften, fertigte Schmuck an und verbrannte seine Toten, um sie anschließend in Keramikurnen zu bestatten.

Im Norden an den Ufern des Roten Flusses erreichte in dieser Zeit die **Dong-Son-Kultur** ihren Höhepunkt. Benannt ist sie nach dem wichtigsten Fundort am Fluss Ma im Dorf Dong Son nahe Thanh Hoa. In der Metallproduktion war diese Kultur sehr fortgeschritten, und sie entwickelte die Kunst der Metallverarbeitung noch weiter.

Die Trommeln der Dong-Son-Kultur

Die Trommeln wurden mit dem sogenannten Wachsschmelzverfahren hergestellt. Die Kunstfertigkeit besteht im ersten Schritt in der Herstellung einer Vorlage aus Wachs. Diese wird mit Tonerde überzogen. Nachdem der Ton trocken ist, wird er gebrannt. Dabei schmilzt das Wachs und hinterlässt jenen Hohlraum, der anschließend mit dem Gemisch aus Kupfer und Zinn (der Bronze) ausgegossen wird. Abschließend wird die Tonerde gefühlvoll abgeklopft und die Gussränder abgeschliffen. Einige Bronzetrommeln und Funde aus der Frühzeit finden sich im Historischen Museum in Ha Noi (s. S. 526).

Als Folge standen ihr immer effektivere Waffen und Arbeitsgeräte zur Verfügung. Wirtschaft, Kriegspolitik und Kunst änderten sich in diesen Jahrzehnten elementar. Als Grabbeigaben wurden 1924 Dolche mit dekorierten Griffen, Statuen, Schmuck und Waffen gefunden. Besonders berühmt ist die Kultur jedoch für ihre reich verzierten großen Bronzetrommeln. Es ist nicht sicher, ob diese Kunstwerke als Trommeln oder Gefäße genutzt wurden.

Über die Dong-Son-Kultur ist ferner bekannt, dass sie Nassreisbau und Seehandel betrieb. Es wird angenommen, dass die Menschen den Ahnenkult pflegten und Natur- und Fruchtbarkeitsgöttern huldigten. Trommeln, die auf das 1. Jh. v. Chr. datiert werden, sind bereits mit chinesischen Schriftzeichen versehen – was den Einfluss der chinesischen Kultur ab diesem Zeitpunkt belegt. Die Dong-Son-Kultur bestand bis in die Eisenzeit und bildete auch den Grundstein für die folgende Zivilisation, die erste vereinigte Nation der Viet.

Die Reiche Van Lang und Au Lac (300–111 v. Chr.)

Legenden erzählen, das erste Reich der Viet sei **Van Lang** gewesen, das „ Reich der Tätowierten". Es heißt, Hung Vuong, der über außergewöhnliche Kräfte verfügte, habe alle konkurrierenden Völker unterworfen und das Reich gegründet. Diesem Herrscher folgten etwa 18 Könige, bis etwa im 3. Jh. v. Chr. das Reich **Au Lac** gegründet wurde. Dieses Reich ist historisch nachweisbar, doch seine Anfänge liegen im Dunkeln. Vietnamesische Chroniken berichten, Au Lac sei von Thuc Phan (Fürst von Tay Au) gegründet worden. Dieser Fürst soll 257 v. Chr. das Fürstentum Lac Viet übernommen und umbenannt haben. Das Land wurde bereits 207 v. Chr. von einem chinesischen Heer überfallen und vernichtet; die Fürsten wurden zu Vasallen Chinas, doch zur vollständigen Machtübernahme durch den Nachbarn kam es erst Jahrzehnte später.

1000 Jahre chinesische Herrschaft (111 v. Chr.–944 n. Chr.)

Um das Jahr 111 v. Chr. übernahm die herrschende Han-Dynastie die direkte Kontrolle über große Bereiche Vietnams. Dazu zählten Gebiete entlang des Roten Flusses, in der Provinz Thanh Hoa und an der Küste. Sie legte damit den Grundstein für eine über tausend Jahre währende Herrschaft Chinas auf vietnamesischem Gebiet.

Zu Beginn der Besatzungszeit hatten die ehemaligen Lac-Fürsten noch relativ viel Freiheit. Doch als 23 n. Chr. Unruhen in China die Han-Dynastie zu Fall brachten und Wang Mang sich zum Kaiser erhob, änderte sich das politische Klima auch in Vietnam. Viele gebildete Han-Chinesen flüchteten südwärts und begannen die einheimische Gesellschaft zu dominieren und ihre eigene Kultur zu forcieren. Abgaben der örtlichen Bauern sollten die Reform der Landwirtschaft finanzieren. Doch die Tribute belasteten die Bevölkerung derart, dass sich erster Protest regte. Die Trung-Schwestern führten das Land in den 40er-Jahren für eine kurze Zeit in die Freiheit.

Die Einführung des Konfuzianismus

Nach der Niederschlagung des Aufstands organisierten die Chinesen ihre Besatzungszone neu. Alle nicht getöteten Lac-Fürsten wurden in den Süden Chinas verbannt. Chinesische Verwalter und Milizen übernahmen die Kontrolle über das Land.

Die Trung-Schwestern

Im Jahr 39 n. Chr. protestierte der Fürst Thi Sach, der Mann einer Trung-Schwester, öffentlich gegen Chinas Politik. Daraufhin wurde er kurzerhand hingerichtet. Seine Frau und deren Schwester, Trung Trac und Trung Nhi, ließen sich jedoch nicht einschüchtern und führten den Protest fort. Sie organisierten 41 n. Chr. einen großen Aufstand, bei dem weitere Fürsten ihnen beistanden. In kurzer Zeit konnten sie 65 chinesische Militärbasen einnehmen und die Macht Chinas für eine kurze Dauer brechen. Die Schwestern ließen sich zu Königinnen krönen, doch ihre Regierungszeit währte nur kurz: Bereits 43. n. Chr. konnte die wieder erstarkte Han-Dynastie das Land zurückerobern. Die beiden Schwestern setzten ihrem Leben am 6. Tag des zweiten Mondmonats selbst ein Ende und sind bis heute gefeierte Nationalheldinnen, die teils auch als taoistische Gottheiten verehrt werden. Gedenktempel, darunter der Den Hai Ba Trung in Ha Noi, wurden für sie errichtet, und es gibt kaum einen Ort in Vietnam, der nicht eine Straße oder einen Platz nach ihnen benannt hätte.

Das Hauptinteresse der Besatzer bestand in der Ausbeutung der Bodenschätze Gold und Silber und in der Jagd von Nashörnern und Elefanten. Das Volk achteten sie gering. Deren Praktiken, etwa Betelkauen, Zähneschwärzen und Tätowieren, betrachteten sie als barbarisch. Auch die relativ gleichwertige Stellung der Frauen behagte ihnen nicht. Stattdessen priesen sie den Konfuzianismus und setzten dessen Verhaltensnormen mit strenger Hand durch. Immer mehr durchdrang das chinesische Denken das Leben der Bevölkerung. Nur Bildung enthielten die Besatzer der Bevölkerung vor – kaum ein Einheimischer wurde zur Ausbildung in die Akademie aufgenommen, und so konnte auch keiner in den Beamtenapparat vordringen. Erfolg zeigten die Neuerungen in der Landwirtschaft, wo z. B. innovative Arbeitsgeräte eingeführt wurden.

Das Land wurde mit harter Hand regiert und Aufstände waren selten. Nur als die Chinesen im eigenen Land Probleme hatten, nutzte der Adlige Ly Bon 544 die Gunst der Stunde und rief ein unabhängiges Reich aus. Doch nach drei Jahren bereitete eine chinesische Armee dem Treiben des kleinen Herrschers ein Ende.

Das Generalprotektorat An Nam

Unter der Herrschaft der Trang-Dynastie, zwischen 618 und 907, wurde Vietnam noch enger an China angebunden. Herrscher Gaozong erklärte das Land 679 zum Generalprotektorat An Nam („befriedeter Süden"). Er teilte das Rote Delta in vier Provinzen. Die schwer zu kontrollierenden Bergregionen bekamen einen Sonderstatus mit relativ großen Freiheiten.

Während der Trang-Zeit kam es zu einigen Aufständen – die meisten jedoch erfolglos. Geschichte schrieb lediglich ein Angehöriger der Muong namens Mai Thuc Loan, der sich 722 zum König ernannte. Auch die Brüder Phung An und Phung Hung, die einige Jahre später ein Gebiet um Tong Binh besetzten und es bis zur erneuten Übernahme durch China 791 für unabhängig erklärten, werden in den Geschichtsbüchern erwähnt. Als im Jahr 906 die Trang-Dynastie unterging und das chinesische Reich in zehn Königreiche zerfiel, konnten sich auch die Viet von den Fesseln der kolonialen Herrscher befreien. Eine Unabhängigkeitsbewegung entstand. Mit einer List und spitzen Holzpfählen gelang es dem Oberbefehlshaber General Ngo Quyen und seiner Armee 938, die letzten Chinesen zu vertreiben. Zur Entscheidungsschlacht des Ngo Quyen s. S. 304, Hai Phong.

Das unabhängige Dai Viet (944–1848)

Die ersten Dynastien (944–1009)

Der erfolgreiche General Ngo Quyen wurde zum König gewählt. Als der angesehene Herrscher 944 starb, brach die anfängliche Einheit schnell zusammen. 24 Jahre herrschte Anarchie, jeder Fürst kämpfte für seine eigenen Interessen. Erst 968 gelangt es Fürst Dinh Bo Linh, seine Rivalen zu besiegen. Sein Fürstentum südlich des Roten Flusses und seine von Bergen geschützte Hauptstadt Hoa Lu wurden Kernpunkt des neu vereinten Reiches **Dai Co Viet,** „Reich der großen Viet". Unter dem Herrschertitel Dinh Tien Hoang diente er sich zur Absicherung seiner Macht den Chinesen als Vasallenkönig an. Taizu (reg. 960–967), der gerade die Song-Dynastie in China etablierte, erkannte ihn an. Doch trotz dieses Schutzmantels wurde die Macht des neuen Viet-Herrschers schon nach elf Jahren gebrochen: Er fiel gemeinsam mit seinem Sohn einem Attentat zum Opfer. Wenige Jahre später, im Jahr 980, konnte sich General Le Hoan, der unter Dinh Tien Hoang gedient hatte, zum König aufschwingen. Unter dem Namen Le Dai Hanh begründete er die **Frühe Le-Dynastie**. Der Herrscher setzte sich nicht nur erfolgreich gegen einen chinesischen Angriff aus dem Norden zur Wehr, sondern konnte auch die aus dem Süden herannahenden Cham zurückdrängen und 982 deren Hauptstadt Indrapura erobern.

Die Macht der Dörfer

Mauern und dichte Hecken umgaben die Dörfer *(lang)* des Nordens. Diese Dorfgemeinschaften waren eine wichtige Stütze des Staates. Sie waren zwar dem Herrscherhaus der Tran gegenüber tributpflichtig (Abgaben auf Einkommen, Kriegs- und Arbeitsdienste), verfügten jedoch in allen anderen Angelegenheiten über große Autonomie. Ein Sprichwort belegt dies: *Phep vua thua le lang* bedeutet übersetzt „Das Gesetz des Königs weicht den Sitten des Dorfes." Die einst mächtigen Dorfmandarine konnten zwar die Dörfer noch kontrollieren, Entscheidungen aber fällte der Dorfrat. Dieser bestand aus einem 7-köpfigen Gremium, das sich aus den Ältesten und Gebildetsten des Dorfes zusammensetzte. Der Vorsitzende hatte die Funktion eines Bürgermeisters und vertrat das Dorf nach außen. Das soziale und spirituelle Zentrum der Dörfer war, wie in einigen Bergdörfern noch heute zu sehen, das Gemeinschaftshaus (s. S. 195, Der Dinh).

Auch die Muong, ein Volk, das in den Bergen des Nordens lebte, verübten Überfälle und machten die Zeit seiner Herrschaft sehr unruhig. Als der König 1005 starb, folgten Streitigkeiten um seine Nachfolge. Buddhistische Mönche, deren Einfluss im Laufe der letzten Jahrhunderte stark gestiegen war, mischten sich ein und erreichten, dass Van Hanh, ein Mitglied des Ly-Clans, 1009 zum König ernannt wurde.

Die Ly-Dynastie (1009–1224)

Unter dem Namen **Ly Thai To** regierte der Ly-Spross von 1009 bis 1028 und begründete eine Dynastie, die lange für Stabilität sorgen konnte. Das Reich des neuen Königs umfasste weite Teile des Nordens und wurde von der an den Roten Fluss verlegten Hauptstadt Thang Long (dem heutigen Ha Noi) aus regiert. Der Herrscher nannte das Reich **Dai Viet**, „Große Viet", und gestaltete es nach chinesischem Vorbild mit einer zentralistischen Administration. Der militärische und zivile Beamtenapparat wurde ausgebaut. Zudem galt die Maxime, die Kommunikation zwischen den Adelshäusern zu kontrollieren und so den Landadel zu schwächen. Auf diese Weise wurde das Reich stabilisiert. 1042 trat das erste vietnamesische Gesetzbuch *Hinh Thu* in Kraft, das neben Strafmaßen auch Steuergesetze und administrative Belange regelte. Unter **Ly Nhan Tong** (1072–1128) wurde 1076 die Akademie für die Söhne der Nation, *Quoc Tu Giam,* gegründet. Sie stellte die Ausbildung der Beamten sicher. Obwohl eigentlich für alle Volksgruppen offen, studierten ausschließlich Mitglieder des Adels in der Akademie.

Aufgrund der Ausbreitung des Buddhismus und der Neugründung zahlreicher Schulen in den Klöstern, wurden auch die ärmeren Menschen an Bildung herangeführt und lernten lesen und schreiben. Die Ly unterstützten die Buddhisten, ernannten etwa hochrangige Mönche zu Ratgebern. Auch die Klöster ließen sie gewähren, sodass diese sich zu blühenden Zentren entwickeln konnten und sogar eine eigene Dichtkunst hervorbrachten.

Die Tran-Dynastie (1225–1293)

Im Jahr 1224 starb mit Ly Hue Tong der letzte König der Ly-Dynastie. Als Thronfolger stand seine siebenjährige Tochter bereit. Um die Regierbarkeit zu gewährleisten, wurde sie mit einem Spross der Tran, einem mächtigen Fischer-Clan, verheiratet.

Der neue König regierte unter dem Namen **Tran Thai Tong** von 1225 bis 1258 und begründete mit seiner Thronbesteigung die Tran-Dynastie. Einige Adelsfamilien wurden seine Widersacher, doch konnte er sie durch geschickte Politik von seinem Können überzeugen. Er führte eine Steuer- und Verwaltungsreform durch und sorgte für den Ausbau des Deichsystems. Das Reich der Dai Viet war während seiner Regierungszeit stabil und stark.

Doch der Frieden währte nur wenige Jahrzehnte. Aus dem Norden drohte Gefahr: Die **Mongolen** unter ihrem Führer Kublai Khan (reg. 1260–1294) machten sich auf den Weg, Dai Viet zu erobern. 1257 nahmen sie Thang Long ein, mussten das Gebiet aber schnell verlassen, da das Klima und fehlende Nahrung eine dauerhafte Besetzung unmöglich machten. 1285 und 1287 kamen die Soldaten Kublai Khans zurück, konnten aber vom Tran-Herrscher der dritten Generation, Tran Nhan Tong (reg. 1279–1293) und seinem General Tran Hung Dao (1226–1300) vertrieben werden. General Tran Hung Dao ist seither Nationalheld. Kaiser Tran Nhan Tong gab seinen Thron noch zu Lebzeiten ab, wurde Mönch und begründete die monastische Truc-Lam-Schule.

Der Weg Richtung Süden und der Kampf gegen Champa

Das Volk der Viet sah sich bald gezwungen, nach neuen Territorien Ausschau zu halten, da die Bevölkerung stark anwuchs. Diese waren nur Richtung Süden zu finden. Mit *nam tien*, dem „Zug nach Süden", begann die Auseinandersetzung mit den Cham, einer seit Jahrhunderten dominanten Macht im Gebiet des heutigen Zentralvietnam.

982 wurde die damalige Cham-Hauptstadt Indrapura von der Armee König Le Dai Hanhs eingenommen und der Cham-König getötet. Im gesamten 11. Jh. fanden regelmäßig Kämpfe zwischen den Heeren des Dai Viet-Reichs und den Cham statt. Nach vier Kriegen vereinbarten der Sieger Ly Thanh Tong (reg. 1056–1072) und sein unterlegener Rivale Rudravarman III. (reg. 1062–1074) eine Grenze: Sie lag nördlich des 17. Breitengrades am Lao Bao-Pass.

Kublai Khan machte an dieser Grenze nicht Halt. 1283 besetzte sein Mongolenheer die Häfen, zog jedoch nach zwei Jahren wieder ab. Die Streitigkeiten mit dem Viet-Reich klangen ebenfalls nicht ab. Immer wieder waren es auch die Cham, die die Viet herausforderten. 1377 nahm Che Bong Nga sogar die Hauptstadt Thang Long ein. Bis zum Jahr 1400 hatte Champa jedoch alle Gebiete nördlich von Hue verloren und der Niedergang des Cham-Reichs nahm seinen Lauf.

Doch auch die Herrscher der Tran-Dynastie verloren an Stärke. Die Kriege gegen Champa, die Hungersnöte und die darauf folgenden Aufstände der Landbevölkerung führten 1397 zum Ende dieses Herrscherhauses. Die Macht ergriff Le Quy Ly, ein chinesischstämmiger Mandarin. 1400 ließ er sich zum König krönen und regierte als Ho Quy Ly. Mit einer Landreform gelang es ihm, den Hunger zu lindern. Bereits Mitte 1407 besetzten die Chinesen das Land. Ein Heer der Ming-Dynastie soll auf Wunsch der Tran-Herrscher, die wieder an die Macht wollten, einmarschiert sein. Es folgte eine 20-jährige Besatzungszeit, in der Vietnam als Provinz Giao Chi an China angegliedert wurde. Vietnamesische Literatur und Kunst wurden verboten, Kulturgüter zerstört und chinesische Gepflogenheiten Pflicht. Dazu gehörte sowohl eine angemessene Kleidung als auch die Benutzung der Sprache. Über 100 000 aufmüpfige Intellektuelle wurden nach Nanjing verbannt. Kleine Aufstände blieben erfolglos. Erst der **Lam-Son-Aufstand** 1427, angeführt von dem Großgrundbesitzer Le Loi und dem Gelehrten Nguyen Trai, beendete die Besatzungszeit.

Die Späte Le-Dynastie (1428–1497)

Le Loi wurde 1428 König, nannte sich fortan **Le Thai To** (reg. bis 1433) und begründete die Späte Le-Dynastie. Er und seine Nachfolger reformierten die Verwaltung, zentralisierten sie und strukturierten sie neu nach chinesischem Vorbild. Zur Ausbildung niederer Beamter wurden Regionalakademien gegründet. Die Besten studierten weiterhin an der Quoc Tu Giam in Thang Long. Die Le-Dynastie war bestrebt, den Landadel, aber auch den buddhistischen Klerus zu entmachten, und verteilte daher das Land um.

Die Cham

Die erste Erwähnung eines Staates im Gebiet des heutigen Zentralvietnam geht auf eine Chronik der Späten Han-Dynastie zurück. Diese berichtet vom Staat der Linyi, wahrscheinlich ein Zusammenschluss kleiner Fürstentümer. 192 n. Chr. sollen diese Fürsten in die südlichste Provinz Chinas eingedrungen sein; ihre Adelshäuser werden immer wieder als Tributzahlende an den chinesischen Kaiserhof erwähnt. Ob die Linyi tatsächlich dem Volk der Cham entsprechen, ist unklar. Der Name Cham tritt erstmals in einer Sanskrit-Inschrift aus dem Jahre 658 auf. Unsicher ist zudem, inwieweit die Sa-Huynh-Kultur aus der Bronzezeit (s. S. 145, Die Bronzezeit) mit den Cham verschmolz. Sicher ist immerhin, dass die Cham aus Indonesien kamen und von dort die noch heute praktizierte matrilineare Gesellschaftsform mitbrachten. Sie beinhaltet u. a., dass der Mann nach der Hochzeit in das Haus seiner Frau zieht und diese allein erbberechtigt ist. Da jedoch bei den Cham auch der Hinduismus aus Indien Einfluss nahm, ist die Thronfolge patrilinear geregelt: Nur der Sohn eines Königs konnte den Thron besteigen.

Ein Zeitzeuge berichtet

Ma Tuan Lin, ein chinesischer Geschichtsschreiber, berichtet über die Lebensgewohnheiten, die er bei den Cham beobachtete, 1317 in einer seiner Enzyklopädien: „Es sind die Mädchen, die um die Hand der Jungen anhalten, weil Mädchen als niedergestellter gelten." Desweiteren weiß er zu erzählen, wie die Cham sich kleideten: „Männer und Frauen tragen nichts anderes als einen Stoffstreifen *ki-pei* um ihre Hüfte. Sie durchstechen ihre Ohren, um daran kleine Reifen zu hängen. Höher gestellte Personen tragen Lederschuhe, die Normalbürger gehen barfuß."

Der Staat

Die Cham siedelten in einzelnen Clans an den Flussmündungen und bildeten dort Hafenzentren. Ihr Hauptaugenmerk lag auf dem Seehandel zwischen Indien und China. In Zeiten, in denen politische Unruhen diesen Handel lahmlegten, verdingten sich die Cham als Piraten und machten das Südchinesische Meer unsicher. Ihre landwirtschaftlichen Erzeugnisse gewannen sie in den fruchtbaren Flussebenen im Hinterland ihres Territoriums. Handel trieben sie zudem mit den Bergvölkern der E De und Raglai. Die Grenzen ihres jeweiligen Herrschaftsbereichs ergaben sich durch das Meer, die Flüsse und die Berge. Einem einheitlichen Staat standen die Eigeninteressen der Fürsten entgegen, sodass keine starke Zentralmacht ausgebildet wurde. Der indische Einfluss führte auch im Reich der Cham spätestens ab dem 4. Jh. dazu, dass die Fürsten einen shivaitischen Staatskult lebten. In My Son befindet sich der erste Lingam zur Verehrung Shivas. Er wurde von König Bhadravarman I. (reg. 380–413) aufgestellt (s. S. 194).

Das Reich der Champa war China tributpflichtig. Verstöße dagegen wurden regelmäßig mit Strafexpeditionen geahndet, zu einem Krieg mit China kam es jedoch nicht. 774 überfielen Flotten der javanischen Shailendra-Dynastie die Küste und zerstörten das Heiligtum Po Nagar. Danach herrschte für zwei Jahrhunderte Ruhe im Reich. Mit der Wanderung der Viet nach Süden kamen die Cham in Bedrängnis. Doch trotz der nun folgenden Kriege erlebte Champa im 10. Jh. eine kulturelle Blüte.

Die Hochphase Champas wird auf die Zeit zwischen dem 8. und 11. Jh. datiert. Als Zentren gelten Amaravati (Tra Kieu), Vijaya (Binh Dinh), Kauthara (Nha Trang) und Panduranga (Phan Rang). 1471 wurde das Champa-Reich von den Viet zerschlagen.

Historische Stätten

Artefakte aus dem Reich der Cham sind die Cham-Türme an der Zentralküste, der Tempelkomplex My Son und das Cham-Museum in Da Nang (s. S. 388). Auch einige Musikinstrumente, wie etwa die zweifellige Reistrommel (s. S. 203), sind kulturelles Erbe der Cham.

Nutznießer waren in diesem Fall die Bauern. Der Enkel Le Lois, **Le Than Tong** (reg. 1460–1497), setzte die Reformen fort und schrieb sie im Hong-Doc-Erlass fest. Dieses Gesetzeswerk, das Rechts-, Erbschafts- und Besitzfragen regelte, blieb bis Ende des 18. Jhs. in Kraft. Le Thanh Tong war es auch, der den Cham die letzte bittere Niederlage bescherte. 1471 zerstörte er die Hauptstadt Vijaya (Binh Dinh) und besiedelte das Land mit ehemaligen Soldaten.

Die Nguyen und die Trinh (1497–1771)

Die Macht der Le-Dynastie zerfiel, als der charismatische Le Thanh Tong 1497 starb. Innerhalb des Clans kam es zu Streitigkeiten über die Nachfolge, was konkurrierende Familien, wie die der Mac, der Nguyen und der Trinh, zu mehr Einfluss verhalf. 1527 ernannte sich der chinesischstämmige Militärmandarin Mac Dang Dung zum Kaiser, unterstützt von der chinesischen Ming-Dynastie. Dies half ihm jedoch wenig, da die Clans der **Nguyen** und **Trinh** einen Spross der Le als Gegenkönig auf den Thron setzten. Es kam zum Bürgerkrieg, der erst 1592 beendet wurde. Der Clan der Le stellte zwar noch nominal den König, dieser agierte aber als Marionette der Nguyen und Trinh. Da sich diese beiden Clans um die Vorherrschaft stritten und sich sogar teils militärisch bekämpften, war diese Periode sehr instabil, und das Land begab sich erneut in die Isolation. Der Jesuiten-Missionar Alexandre de Rhodes musste Thang Long 1630 auf Veranlassung Trinh Trangs verlassen, da der Trinh-Herrscher begann, die Macht des Katholizismus zu fürchten (s. S. 189, Alexandre de Rhodes).

1673 vermittelte der chinesische Herrscher Kangxi (reg. 1662–1722) zwischen den Kriegsparteien der Nguyen und Trinh. Das Resultat war die **Zweiteilung des Landes** am Giang-Fluss etwa 30 km nördlich von Dong Hoi. Von nun an herrschten die Nguyen von Phu Xuan aus, dem heutigen **Hue**, und konnten ihren Machtbereich bis weit nach Süden (bis zum heutigen Ho-Chi-Minh-Stadt) ausbreiten. Die Trinh herrschten von Thang Long aus über die Nordprovinzen. Hier hatten die Menschen besonders zu leiden, denn die Regierung des Trinh-Clans war nicht nur von Korruption und Vetternwirtschaft geprägt, sondern auch als sehr grausam bekannt. Um die höheren Beamten zufrieden zu stellen, verteilten die Trinh das fruchtbare Ackerland unter ihnen – die einfachen Bauern hatten dagegen nur noch karge Böden zu bearbeiten und verdingten sich hauptsächlich als Tagelöhner für die Großgrundbesitzer. Im Süden herrschten die Nguyen weniger hart, doch auch hier hatte das Volk zu leiden. Da auch noch Naturkatastrophen die Ernte vernichteten, kam es zu Hungersnöten. Als Reaktion darauf schlossen sich viele Menschen den immer wieder auflodernden Aufständen an.

Die Tay Son-Herrscher (1771–1788)

Am Ende des 18. Jhs. herrschten Chaos und Hunger im Land. In dieser Zeit der Not gelang es drei Brüdern eines begüterten BauernClans aus Tay Son 1771, eine große Zahl unzufriedener Bauern und Angehörige der Minderheiten um sich zu scharen und eine Rebellion gegen die Nguyen-Herrscher anzuzetteln. Unter dem Namen **Tay Son-Rebellion** ging dieser Aufstand in die Geschichte ein. Die Brüder Nguyen Nhac, Nguyen Lu und Nguyen Hue und ihre Rebellenarmee brachten in kurzer Zeit viele Landstriche unter ihre Kontrolle und konnten bereits 1774 die Küstenstadt Quy Nhon übernehmen. Die Trinh witterten ihre Chance und begannen von Norden kommend eine Invasion gegen die schwächelnden Nguyen. 1775 nahmen sie deren Hauptstadt (das heutige Hue) ein. Im Süden übernahmen die Tay Son-Rebellen währenddessen 1776 den Militärstützpunkt Gia Dinh (heute Ho-Chi-Minh-Stadt). Gefechte mit den Nguyen folgten, in deren Verlauf fast alle Clanmitglieder starben. In einem Feldzug gen Norden gelang es den Tay Son-Brüdern, die Trinh aus Zentralvietnam zu vertreiben und 1786 sogar ihre Hauptstadt Thong Lang einzunehmen.

1788 wollte der Kaiser von China die vermeintliche Schwäche des Landes nutzen und schickte ein Invasionsheer von 200 000 Mann, das die Rebellen kurzfristig aus Thong Lang vertrieb. Einer der Tay Son-Brüder, Nguyen Hue, marschierte mit seinen kampferprobten Truppen von Hue aus in einer Blitzaktion gen Norden – und besiegte Anfang 1789 das chinesische Heer in der **Schlacht von Dong Da**. Noch im selben Jahr wurde er zum Kaiser **Quang Trung** gekrönt und herrschte über den Norden bis zum heutigen Hue.

Die Tay Son-Rebellen

Die Rebellen waren keine barbarischen Menschen wie ihre Gegner, vielmehr beschrieben Zeitzeugen, darunter der spanische Missionar Diego de Jumilla (1774), sie als edle Ritter: „Sie schadeten weder Mensch noch Eigentum. Im Gegenteil: Sie schienen für alle Cochin-Chinesen Gleichheit zu fordern. Sie betraten die Häuser der Reichen, und wenn ihnen Geschenke angeboten wurden, richteten sie keinerlei Schaden an. Begegneten sie jedoch Widerstand, so entwendeten sie die Luxusgüter und verteilten sie an die Armen. Für sich behielten sie nur Reis und andere Nahrungsmittel. (...) Sie wurden die 'ehrenwerten Diebe' genannt und sollen den Armen gegenüber sehr großzügig gewesen sein."

Sein Bruder Nguyen Nhac kontrollierte Zentralvietnam, der dritte Bruder Nguyen Lu den Süden. Nur drei Jahre später verstarb Quang Trung unter nicht geklärten Umständen, ohne all seine Ideen umgesetzt haben zu können. Immerhin hatte er eine Landreform und ein gerechteres Steuersystem eingeführt. Sein erst zehn Jahre alter Sohn war nicht in der Lage, seine Nachfolge anzutreten. Bereits ein Jahr später verstarb auch der zweite Bruder Nguyen Nhac. Bis 1802 konnte sich der letzte Bruder noch behaupten, dann war das endgültige Ende der Tay Son-Zeit besiegelt.

Die Nguyen-Dynastie (1802–1848)

Der letzte Überlebende der Nguyen-Herrscher, **Nguyen Anh**, sah seine Chance gekommen. Mit Unterstützung siamesischer Truppen und des in Ha Tien residierenden französischen Bischofs Pierre Joseph Pigneau de Béhaine hatte er lange Zeit vergeblich gegen die Tay Son-Brüder gekämpft und sich danach auf Phu Quoc versteckt gehalten: Nun griff er erneut nach der Macht. Bereits 1788 hatte er Gia Dinh zurückerobert und dehnte im Zuge der instabilen Verhältnisse seinen Machtbereich immer weiter gen Norden aus. Er marschierte in Thong Lang ein und ließ sich anschließend in der Geburtsstadt seiner Väter, Phu Xuan, die er in Hue umbenannte, zum neuen Kaiser **Gia Long** krönen. Damit begründete er das letzte Kaiserhaus Vietnams, die Nguyen-Dynastie.

Das Land unter dem Namen Viet Nam

Das Land bekam unter Gia Long erstmals den Namen **Viet Nam,** und auch seine heutige Gestalt ist nur geringfügig anders als zu dieser Zeit. Der Kaiser wählte Hue als Hauptstadt und ließ eine Straße nach Thang Long und nach Gia Dinh bauen. Auch letztere Stadt benannte er um: Sie hieß ab jetzt Sai Gon. In Hue ließ er sich einen prunkvollen Palast nach dem Vorbild des Kaiserpalastes von Peking errichten. Er nahm Reformen der Tay Son-Zeit zurück und baute sein Staatssystem wieder nach streng konfuzianischen Regeln auf. Die Nationalakademie zur Ausbildung seiner Beamten verlegte er von Thang Long nach Hue.

Das Heer, das die Tay Son-Brüder geschlagen hatte, bestand auch aus einer Garnison französischer Soldaten. Als Dank für deren Mithilfe zeigte sich Gia Long tolerant gegenüber der französischen Missionsarbeit. Frankreich beabsichtigte den Ausbau eines Handelspostens, doch bis dieses Ziel erreicht wurde, vergingen noch viele Jahre.

Auf Gia Long folgte von 1820 bis 1841 **Minh Mang**. Der Konfuzianist zentralisierte die Administration noch mehr als sein Vorgänger und setzte auf Machterhalt durch Abgrenzung. Die Isolation bedeutete für die Handel treibenden Nationen, dass sie nur noch in Da Nang anlegen durften. Auch die Missionare galten als unerwünschte Eindringlinge, und der Kaiser ließ die Ausübung der christlichen Religion verbieten. Viele Gläubige wurden ermordet (mehr dazu s. S. 189, Religion).

Die französische Kolonialzeit (1848–1945)

Der Weg in die Kolonialisierung (1848–1887)

Nach einer kurzen Regentschaft von Thieu Tri (reg. 1841–1848) übernahm **Tu Duc** (reg. 1848–1883) die Macht. Er verschärfte das Vorgehen gegen die Katholiken, zwang die Bekehrten, dem christlichen Glauben wieder abzuschwören, und ließ im Jahr 1857 Missionare ermorden (s. S. 189, Religion). Dieses Verhalten war für Frankreich ein willkommener Anlass, sich ab 1858 zu engagieren – auch um endlich in Asien einen Handelsposten zur Sicherung des Seewegs nach China zu etablieren. In Frankreich war Napoleon III. (reg. 1852–70) an die Macht gekommen. Nach all den Jahren der missglückten Versuche, die Handelsinteressen in Asien auszubauen, hatte er nun die Chance, zuzuschlagen. Am 1. September 1858 begann eine spanisch-französische Strafexpedition in Da Nang. Bereits ein Jahr später eroberten die Europäer Sai Gon. Tu Duc wurde gezwungen, ein Abkommen zu unterzeichnen, in dem er ab Juni 1862 Frankreich die Provinzen Sai Gon, Bien Hoa und My Tho und zudem die Insel Phu Quoc abtrat. Ab 1867 fasste Frankreich diese Gebiete als Kolonie *Cochinchine* zusammen. Im Vertrag war zudem festgelegt, dass Missionare wieder tätig sein durften und Frankreich das Recht hatte, den Mekong zu befahren.

Die Teilnehmer der Mekong-Expedition stellten jedoch schnell fest, dass dieser Fluss nicht schiffbar war. Daraufhin versuchten die Teilnehmer Admiral Marie-Jules Dupré, Francis Garnier und der Salz- und Waffenhändler Jean Depuis den Roten Fluss zu befahren und so den Handel mit China zu ermöglichen. Dazu bedienten sie sich militärischer Mittel und ließen im November 1873 die Zitadelle von Ha Noi bombardieren. Zudem brachten sie wichtige Städte wie Ninh Binh und Hai Phong unter ihre Kontrolle. Das königliche Handelsmonopol war damit gebrochen. Da Aufständische – die Schwarzen Ho – immer wieder Angriffe starteten, konnte die Region erst 1884 als Protektorat Tonkin unter französische Herrschaft gebracht werden.

Tu Duc blieb kinderlos, und als er 1883 starb, befand sich der Kaiserhof in existenzieller Krise. Drei Herrscher versuchten innerhalb weniger Monate sich zu etablieren – keiner konnte sich durchsetzen. Dieses Machtvakuum wusste Frankreich zu nutzen und zwang im Juni 1884 den erst 15-jährigen Kien Phuc (reg. 1883–84), auch Zentralvietnam (Annam) und den Norden (Tonkin) an die Franzosen abzutreten, die diese Gebiete zu Protektoraten erklärten. Der Junge verstarb kurz darauf, sein Nachfolger und Bruder Ham Nghi (reg. 1884–85) organisierte den ersten großen Widerstand gegen die Franzosen und konnte diese unter der Parole *Can Vuong* („Helft dem König") kurzzeitig aus Hue vertreiben. Alle im Land auflodernden Rebellionen wurden jedoch niedergeschlagen, und als es den Franzosen im November 1888 gelang, Ham Nghi zu verhaften, war die Macht der einheimischen Herrscher verloren.

Die Kolonialherren setzten Dong Khanh (reg. 1886–88) auf den Thron, ließen ihn aber nur die Rolle des Zuschauers spielen. 1887 erklärte Frankreich die drei Protektorate Annam, Tonkin und Kambodscha sowie die Kolonie Cochinchine zur Kolonie „Union Indochinoise".

Die Wirtschaft in der Kolonialzeit

Es war von Anfang an Frankreichs Ziel, dass sich die Kolonie selber finanzieren musste – und im besten Falle noch Gewinn abwerfen sollte. Monopole, etwa auf Alkohol, Salz und Opium, sicherten einen hohen Gewinn (etwa 70 % der französischen Einnahmen). Auch alle anderen Steuern wurden extrem angehoben, sodass die Bevölkerung fast 10 % mehr abgeben musste als in vorkolonialer Zeit. Viele Bauern verarmten. Frankreich führte außerdem die Plantagenwirtschaft und den Bergbau ein. Auf der Hochebene wurde Kaffee kultiviert und bei Hai Phong Kohle abgebaut. Eine weitere Einnahmequelle kam von Malaysia nach Vietnam: die Kautschukpflanze. Zur Bewirtschaftung der Kaffee- und Kautschukplantagen wurden einheimische Bauern zur Zwangsarbeit verpflichtet.

Ein besonderer Tabubruch war der Export von Reis. Das Grundnahrungsmittel auszuführen, war bis dahin unvorstellbar gewesen, zu groß war die Angst vor Hungersnöten. In kurzer Zeit stieg Vietnam zum drittgrößten Reisexporteur auf. Der Handel blühte, doch die Infrastruktur war schlecht. Zwangsarbeiter wurden eingesetzt, Straßen zu bauen, 3000 km Eisenbahnschienen zu legen und im Mekong-Delta über 1300 km Kanäle zu graben. Viele Vietnamesen starben bei dieser Arbeit.

Die Union unterstand einem französischen Generalgouverneur, der alle Angelegenheiten der Kolonie regelte. Generalgouverneur Paul Doumer (reg. 1897–1902) entschied, eine straff organisierte Administration aufzubauen. Viele Positionen besetzte er mit Einheimischen, vorwiegend aus der katholischen und chinesischen Minderheit. Eine kleine ausgewählte Gruppe wurde sogar nach Frankreich geschickt, um dort zu studieren. Die so entstandene Elite wurde protegiert und lebte recht gut unter der Kolonialmacht.

Doch einige, vor allem Studenten, die die Freiheit im Ausland erlebt hatten, stellten sich im Laufe der Jahre gegen die französischen Machthaber und forderten sie heraus.

Widerstandsbewegung bis zum 2. Weltkrieg (1907–1939)

Die Kolonialmacht Frankreich stand von Anfang an einer widerstandsbereiten Bevölkerung gegenüber. Immer wieder kam es zu Aufständen, doch waren diese nicht zentral organisiert. Besonders die einst vom Kaiserhof protegierten hohen Beamten und Intellektuellen bildeten eine Opposition und entwickelten Ideen, wie ihr Land befreit und regiert werden sollte; auch einige der amtierenden Kaiser mischten sich ein. Auf Dong Kanh, der im Volk sehr verachtet wurde und keinerlei Ambitionen zeigte, sich gegen die fremden Herren zu wehren, folgte 1889 **Thanh Thai**, der weit angesehener war, nicht zuletzt, weil er gegen die Franzosen agierte. 1907 wurde der erst sieben Jahre alte Nguyen Phuc Vinh zum **Kaiser Duy Tan** ernannt. Wie sein Vater Kaiser Thanh Thai (der für verrückt erklärt und nach Vung Tau geschickt wurde) stand auch er der französischen Besatzung ablehnend gegenüber. 1916 verließ er heimlich die Verbotene Stadt und stachelte zusammen mit seinem Mentor, dem Mandarin Tran Cao Van, das Volk zu einem Aufstand an. Die Zeit war günstig, da die Franzosen in den **1. Weltkrieg** verstrickt waren. Doch der Aufstand fand nicht statt, denn schon wenige Tage später wurde der Kaiser verraten und festgenommen, um anschließend zusammen mit seinem Vater auf die Insel Réunion verbannt zu werden.

Ein weiterer wichtiger Oppositioneller war **Phan Chau Trinh** (1871–1926), der ein demokratisches Vietnam aufbauen wollte. Immer wieder erinnerte er die Kolonialmacht an die Grundzüge der Republik Frankreich, die mit ihrem Auftreten als Besatzer nicht im Einklang standen. Wegen seiner nicht endenden Agitation und dem Unwillen der Franzosen, in seinem Sinne zu handeln, sperrten sie ihn 1908 für drei Jahre auf der Gefängnisinsel Con Dao ein. Kurz darauf ging Phan Chau Trinh nach Paris und arbeitete dort mit anderen Oppositionellen zusammen, u. a. mit Ho Chi Minh, dem charismatischen Führer der kommunistischen Bewegung. Dieser hatte bereits nach Ende des 1. Weltkriegs auf der Versailler Friedenskonferenz einige Forderungen nach Unabhängigkeit Vietnams vorgelegt, wenngleich ohne Erfolg. Kurz nachdem Kaiser **Bao Dai** als letzter Kaiser der Nguyen-Dynastie 1926 den Thron bestieg, gründete Ho Chi Minh am 3. Februar 1930 in Hongkong die Kommunistische Partei Vietnams (Dang Cong San Viet Nam). Bereits im Oktober erklärte er seine Partei zur KP Indochina und vereinigte darin Kommunisten aus allen Lagern.

1930, in der Zeit der großen Wirtschaftskrise, fanden zwei größere Revolten statt, in die sich die Arbeiterschaft politisch einschaltete. Beide hatten ihren Ursprung in der immer weiter fortschreitenden Verarmung der Bevölkerung, die durch die Weltwirtschaftskrise 1929 noch verschärft wurde. 1927 hatte sich in Ha Noi die Vietnamesisch-Nationalistische Partei (Viet Nam Quoc Dan Dang) gegründet. Sie organisierte sich nach dem Vorbild der chinesischen Kuomintang und zielte auf den gewaltsamen Umsturz des französischen Kolonialregimes und die Errichtung einer Republik. Im Februar 1930 initiierten die Mitglieder einen Aufstand. 20 000 Demonstranten marschierten auf Vinh zu. Daraufhin warfen die Franzosen Bomben, und die Rebellion wurde niedergeschlagen. Die Bauern, die sich in der Umgebung festgesetzt hatten und dabei waren, die Großgrundbesitzer zu vertreiben, mussten aufgeben. Die Rädelsführer wurden nach Con Dao in die Sträflingskolonie Poulo Condore gebracht. Ebenso erfolglos war der am 1. Mai desselben Jahres von kommunistischen Zellen (Sowjets) in Fabriken und auf Plantagen in den Provinzen Nghe Anh und Ha Tinh angezettelte Aufstand. Dieser wurde mit extremer Gewalt niedergeschlagen. Daraufhin kam es sogar in Frankreich zur Kritik am Verhalten der französischen Kolonialmacht.

2. Weltkrieg und Beginn der 30-jährigen Freiheitskriege (1939–1945)

Als der Zweite Weltkrieg ausbrach, änderte sich die Situation auch in Asien dramatisch. Japan, das bereits in den 1930er-Jahren Korea und Teile Chinas besetzt hielt, dehnte seine Einflusssphäre weiter aus und übernahm ab 1940 die Kolonie Indochina und damit auch die Kontrolle in Vietnam. Deutschland hatte Frankreich eine Niederlage zugefügt, und die mit den Deutschen verbündeten Japaner reagierten prompt. Japan erlaubte dem Vichy-Abgesandten Admiral Jean Decoux (reg. 1940–45) jedoch, die Administration aufrecht zu erhalten. Die Oberherrschaft aber hatte das japanische Militär, das die Parole ausgab: Asien den Asiaten. Wirtschaftlich blutete das Land in den folgenden Jahren so weit aus, dass in den letzten Kriegsjahren viele Vietnamesen verhungerten. Den Dolchstoß versetzte der Bevölkerung der Export der gesamten Reisernte nach Japan.

Doch die Opposition schlief nicht. Anfang 1941 kehrte **Ho Chi Minh** aus China zurück (dort hatte er als Berater der Kuomintang-Regierung gewirkt) und kämpfte gegen jeglichen Einfluss ausländischer Mächte in Vietnam. Bereits im Mai desselben Jahres gründeten die Kommunisten die „Liga für die Unabhängigkeit Vietnams". Die Bewegung nannte sich Viet Nam Doc Lap Dong Minh Hoi und wurde als **Viet Minh** bekannt. Neben den Kommunisten waren es vor allem auch Nationalisten und Antikolonialisten, die sich der Bewegung anschlossen. Das Ziel war die Mobilisierung der Massen gegen die fremden Mächte. Die Viet Minh wurden so zur Keimzelle der 1945 ins Leben gerufenen Vietnamesischen Befreiungsarmee.

Ho Chi Minh betrat als Führer der Viet Minh erstmals die Bühne der Weltpolitik. Im Oktober 1943 konnten die Partisanen der Viet Minh einige Gebiete unter ihre Kontrolle bringen. Japan reagierte auf die wachsende und mächtiger werdende Opposition erst, als es selbst schon geschwächt war: Am 9. März 1945 wurde die französische Verwaltung abgesetzt.

Onkel Ho als Agent

In dieser Zeit pflegte Ho Chi Minh enge Kontakte zum American Office of Strategic Services (OSS). Diese Organisation, aus der später die CIA erwuchs, unterstützte die Kommunisten in ihrem Kampf gegen die Japaner mit Waffen. Eine Legende berichtet, dass die Amerikaner Ho Chi Minh das Leben retteten, als sie sich 1945 an seinem Stützpunkt in Cao Bang mit ihm trafen und ihn schwer krank vorfanden. Wenig später agitierte die CIA bereits gegen Ho Chi Minh und ließ massenhaft Propagandaflugblätter im Süden verteilen, die vor einer Übermacht des Kommunismus warnten.

Am 11. März proklamierte Bao Dai die vietnamesische Eigenstaatlichkeit unter japanischer Kontrolle.

Der lange Weg zur Freiheit (1945–1975)

Vertreibung der Japaner und Ausrufung der DRV 1945

Nach der Kapitulation Deutschlands am 7. Mai 1945 ging der Freiheitskampf in Vietnam weiter. Die Alliierten unterstützten nun die Viet Minh (u. a. mit Waffen), denn diese waren als einzige Kraft gegen Japan übrig geblieben. Unter dem Decknamen Lucius wurde Ho Chi Minh als Agent der Amerikaner geführt. Die Viet Minh organisierten auch in Zusammenarbeit mit antikommunistischen Kräften das **Nationale Befreiungskomitee**, das als provisorische Regierung fungierte. Im Juni schufen sie eine befreite Zone im Norden, die aus sechs Provinzen bestand.

Unabhängig von diesen Bewegungen im Land beschlossen die Siegermächte am Rande der **Potsdamer Konferenz** bereits im Juli 1945 die provisorische Teilung Vietnams am 17. Breitengrad. Das Land sollte weiter besetzt bleiben: im Norden durch China, im Süden durch britische Truppen.

Das Potsdamer Abkommen beinhaltete keine Anerkennung der Republik Vietnam.

Die Geschichte der Bergvölker 1945–1986

Seit Beginn der Kolonialherrschaft versuchten die Franzosen den Graben, der zwischen Bergvölkern und Vietnamesen verlief, für sich zu nutzen. Die Bergbewohner, von den Franzosen Montagnards genannt, sollten als Gegengewicht zu den Viet für die französische Sache gewonnen werden. In den Bergen des Nordwestens schufen die Franzosen eine halbautonome Thai-Regierung. Bewaffnete Milizen und Grenzwächter stellten den Erhalt der Zone sicher.

Die Bergvölker im französischen Krieg

Als 1946 der Krieg ausbrach, stellten sich die Hmong, Thai und Muong auf die Seite Frankreichs und kämpften mit Truppen, die teils Bataillonsstärke erreichten.

Doch auch durch die Bergvölker ging ein Riss: Einige Thai unterstützten die Viet Minh. Auch die verwandten und benachbarten Tay und Nung standen auf Seiten der Viet und ihres Anführers Ho Chi Minh. Ihre Dörfer dienten den Guerillatruppen der Viet Minh als sicherer Unterschlupf. Nachdem Ho Chi Minh sein Land für unabhängig erklärt hatte, richtete er noch 1954 zwei autonome Regionen ein, in denen die Bergvölker zwar Teil des vereinten multinationalen Vietnam waren, aber dennoch begrenzte Selbstbestimmung genossen.

Auch die Minoritäten des zentralen Hochlands spalteten sich in zwei Lager. Um ihre Unabhängigkeit zu wahren, setzten einige Völker auf die Franzosen und richteten ihren Argwohn gegen die Viet. Diese Tendenz verstärkte sich, als Diem 1954 mit der Ansiedlung von Viet im Hochland begann. Sein Ziel, eine Annäherung der Bergvölker zu den Viet zu schaffen, verkehrte sich ins Gegenteil. Die E De, Bahnar und Jarai gründeten eine Oppositionsbewegung und riefen 1958 den Generalstreik aus. Bekannt wurde die Koalition der Bergvölker unter dem Namen **FULRO** (Front Unifié de lutte des Races Opponeés, „Front für den Kampf der unterdrückten Rassen"). Diese Gruppe stand unter Waffen und kämpfte fortan gegen die Viet im Süden, später die Amerikaner und dann die ins Hochland vordringenden Nordvietnamesen. Die Forderungen der FULRO lauteten: mehr Autonomie für die Minderheiten, Repräsentanten in der Nationalversammlung, lokale Selbstverwaltung, Schulunterricht in eigener Sprache und Zugang zu höherer Bildung (einige Ziele konnten erreicht werden, für andere streiten die Bergvölker bis heute.

Als Japan am 15. August 1945 nach den amerikanischen Atombombenabwürfen auf Hiroshima und Nagasaki kapitulierte und seine Truppen auch aus Vietnam zurückzog, starteten die Viet Minh nur wenige Tage später am 19. August eine groß angelegte Offensive, die als **Augustrevolution** in die Geschichtsbücher einging. Bereits nach wenigen Tagen wurde Ha Noi erobert. Bao Dai, der sich den Japanern unterworfen hatte, verzichtete am 25. August 1945 auf den Thron und übergab die Macht offiziell an die Viet Minh. Am 2. September rief Ho Chi Minh die kommunistisch geführte **Demokratische Republik Vietnam (DRV)** aus und proklamierte den Anspruch auf absolute Souveränität der gesamten Republik Vietnam. In seiner **Unabhängigkeitserklärung** bezog er sich auf die Prinzipien der amerikanischen Unabhängigkeitserklärung und setzte sich für die französischen Ideale von Freiheit, Gleichheit und Brüderlichkeit ein – umso mehr erschüttert, wie die USA und Frankreich die Menschen in Vietnam im Laufe der folgenden Geschichte behandelten und ihnen noch einmal 30 Jahre Freiheitskriege aufzwangen.

Die Viet Minh hatten zu diesem Zeitpunkt etwa 5000 Mitglieder, deren Ziel die Unabhängigkeit war. Bereits vier Jahre später nannten sich etwa 700 000 Personen Viet Minh. Der wachsende Einfluss der Viet Minh beunruhigte die Amerikaner. Sie beschlossen deshalb, gegen diese Bewegung vorzugehen, um die Ausbreitung des Kommunismus zu verhindern.

Am 13. September setzten die Siegermächte die Beschlüsse der Potsdamer Konferenz in die Tat um. China drang in den Norden vor und britische Truppen besetzten Südvietnam. Sie befrei-

Einige Mitglieder der FULRO liefen im Laufe der Geschichte zu den Viet Cong über. Viele flohen am Ende des Krieges nach Kambodscha und kämpften von hier weiter gegen den Kommunismus. Als Pol Pot an die Macht kam, flüchteten sie weiter nach Thailand; viele leben heute in den USA.

Die Bergvölker im amerikanischen Krieg

Im Krieg hatten vor allem jene Völker zu leiden, die in den Gebieten des 17. Breitengrads lebten. Nordvietnamesische Truppen kämpften hier gegen die Amerikaner, Entlaubungsmittel und Pestizide setzten Natur und Menschen zu. Zwangsumsiedlungen und die Verrohung ganzer Landstriche waren die Folge. Plünderungen durch marodierende Viet Cong und Brandschatzungen der Amerikaner löschten ganze Dörfer aus. Von den etwa 1 Mill. Bergbewohnern vor dem Krieg mussten 200 000 ihr Leben lassen; viele Überlebende harrten Jahrzehnte in Flüchtlingslagern aus. Etwa 85 % der Dörfer in den Hochlandgebieten wurden zerstört oder verlassen. In der DMZ stand gar nichts mehr.

Jene Dörfer, die auf der Seite Amerikas gekämpft hatten, erhofften sich Unabhängigkeit von den Vietnamesen und versprachen sich von einer westlich orientierten Regierung eine faire Behandlung. Doch als die Amerikaner abzogen, ließen sie ihre Mitstreiter allein.

Die Bergvölker im wiedervereinigten Vietnam

Nachdem der Viet Cong die Macht ergriffen hatte, versprach er den Bergvölkern eine größere Autonomie, lösten dieses Versprechen aber nie ein. Vielmehr wurden die Selbstverwaltungsrechte sogar weiter eingeschränkt, und all jene Völker und Dörfer, die gegen die Nordvietnamesen gekämpft hatten, wurden verfolgt oder zumindest beobachtet; die Anführer mussten in Umerziehungslagern ihre Gesinnung ändern. Die gesamte Politik dieser Zeit setzte auf Assimilierung: In den Schulen wurde nur noch auf Vietnamesisch unterrichtet, traditionelle Bräuche wurden verboten oder zumindest missbilligt und kleine Dorfgemeinschaften in größere Dörfer umgesiedelt. Entlang der chinesischen Grenze wurden Wirtschaftszonen eingerichtet, in denen Viet angesiedelt wurden. Da diese Gebiete meist besonders fruchtbar sind, mussten die aus Lagern oder anderen Zufluchtsorten Heimkehrenden oft mit kargeren Böden vorliebnehmen.

Land und Leute

ten die von Japan inhaftierten französischen Truppen und bewaffneten diese 6000 Mann. Da Frankreich seine Kontrolle über Indochina nicht einfach abgeben wollte, übernahmen die frisch ausgerüsteten französischen Truppen Sai Gon. Weitere Garnisonen folgten aus dem Heimatland. Die Viet Minh hatten sich im Norden fest etabliert und konnten dem Einfluss der Westmächte standhalten, sodass sich der ausländische Einflussbereich auf die großen Städte des Südens beschränkte. Ho Chi Minh fürchtete im Norden vor allem die Kontrolle durch China und sah in den Franzosen im Süden das kleinere Übel.

Der französische Krieg (1946–1954)

Zum ersten Mal in seiner Geschichte werden in Vietnam Wahlen abgehalten. Die Kandidaten der Viet Minh gewinnen die Wahl am 6. Januar 1946 mit absoluter Mehrheit (95 %). Im März tritt die Nationalversammlung unter **Präsident Ho Chi Minh** zusammen. Frankreich betreibt derweil diesen Ergebnissen zum Trotz seine Strategie der Rückeroberung weiter: Bereits im Februar 1946 vereinbaren die Franzosen mit den Kuomintang, dass Frankreich den Norden übernimmt. Auch die Briten ziehen ihre Truppen zurück. Am 6. März 1946 erkennt Frankreich die neue Republik Vietnam offiziell als autonomen Staat innerhalb der Union Française an und schließt sogar einen Friedensvertrag mit den Viet Minh. Darin verpflichtet sich Frankreich, nur bis 1950 zu bleiben und dies auch nur an festgelegten Orten. Vorgesehen ist zudem ein Referendum, in dem die Südvietnamesen abstimmen sollen, ob sie sich dem Staat Ho Chi Minhs anschließen wollen. Frankreich hat jedoch nicht vor, sich an diese Abmachungen zu halten. Und da beide Vertragsparteien unterschiedliche Ziele anstreben, kommt es schnell zu einer Konfrontation. Im Juni erklären die Franzosen Sai Gon zur Hauptstadt des neu ernannten Separationsstaates Cochinchina. Die Spannungen wachsen. In der DRV verabschiedet die Nationalversammlung eine Verfassung und bestärkt darin noch einmal den Wunsch nach Einheit des Landes. Im November 1946 kommt es aufgrund von Zollkonflikten zu schweren Auseinandersetzungen in Hai Phong. Französische Kriegsschiffe und Flugzeuge beschießen die Stadt, über 6000 Zivilisten sterben. Frankreich erklärt, ab jetzt für die Kontrolle und Sicherheit der Region verantwortlich zu sein. Die Regierung der DRV ruft daraufhin den nationalen Notstand aus und zieht sich in die Berge des Nordens zurück. Dies ist der Beginn des ersten Indochina-Kriegs, in Vietnam französischer Krieg genannt.

Die USA im französischen Krieg

Nachdem die Kommunisten 1949 in China die Macht übernahmen und die Viet Minh tatkräftig unterstützten, geriet die Auseinandersetzung, die für die Vietnamesen schlicht ein Freiheitskampf war, im Westen schnell in den Ruf, ein Kampf des Kommunismus gegen den Kapitalismus zu sein. Die Argumente des Kalten Krieges, die Angst vor dem sogenannten Dominoeffekt (der Begriff ist seit 1954 geläufig und bezeichnet die Befürchtung, dass nach Vietnam und China auch alle anderen Länder Südostasiens kommunistisch werden könnten) machte aus den Freunden USA und Ho Chi Minh schnell Feinde. Truman, der am 2. November 1948 wieder gewählt wurde, versprach mit seiner Eindämmungsdoktrin Hilfe beim Kampf gegen den Kommunismus. Bereits im Mai 1950 unterstützte Amerika die Franzosen. Und dies, obwohl sie nicht helfen wollten, die Kolonie zu erhalten – die Angst vor den Kommunisten überwog. Im Jahr 1954 übernahmen die USA bereits 87 % der französischen Kriegskosten. Im Ganzen gaben die Amerikaner den Franzosen 2,76 Milliarden Dollar – neunmal mehr als die DRV von China bekam.

Für die militärische Strategie der Viet Minh war General **Vo Nguyen Giap** (s. S. 159) verantwortlich, der sich für eine Guerillataktik entschied. Frankreich glaubte am Beginn dieser Auseinandersetzung, das Land in einem Blitzkrieg erobern zu können, doch die Taktik Giaps führte die Viet Minh zu vielen Erfolgen und vertrieb Fankreich letztendlich für immer.

Im September 1949 setzte Frankreich in Sai Gon erneut den ehemaligen Herrscher Bao Dai ein und rief die Gegenregierung zur DRV aus. Auch diese beanspruchte volle Kontrolle über das gesamte Land.

Im Januar 1950 konnte Ho Chi Minh einen Erfolg für sich verbuchen, als China, die Sowjetunion und Jugoslawien mit der DRV diplomatische Beziehungen aufnahmen. Amerika reagierte darauf bereits einen Monat später mit der Anerkennung der Regierung in Sai Gon und deren finanzieller Unterstützung. Der vietnamesischen Volksarmee gelang es Ende des Jahres, die Gebiete an der Grenze zu China zu kontrollieren und somit einen besseren Verbindungsweg für militärische Unterstützung durch den Bruderstaat aufzubauen.

Anfang 1951 gründete Ho Chi Minh die Partei der Werktätigen Vietnams, Dang Lao Dong, als Nachfolgepartei der 1945 kurzfristig aus taktischen Erwägungen aufgelösten Kommunistischen Partei. Im Frühjahr 1951 startete das Heer der DRV eine Offensive und konnte fast zwei Drittel des Landes einnehmen, doch 6000 Mann starben. Die Taktik des Guerillakriegs an mehreren Fronten auf für den Feind nur unzulänglich bekanntem Gelände trug Früchte, auch wenn diese Offensive aufgrund des Einsatzes der ersten Napalmbomben noch einmal von den Franzosen gewonnen werden konnte.

Die Schlacht von Dien Bien Phu

Um ein Zeichen zu setzen, beschloss Frankreich, eine Entscheidungsschlacht mit Propagandaeffekt herbeizuführen – gerade dort, wo die Viet Minh besonders viel Unterstützung fanden: in den Bergen. Sie wählten die als uneinnehmbar geltende Garnison **Dien Bien Phu** nahe der laotischen Grenze, die einst ein kleiner Landeplatz der Japaner gewesen war. 12 000 französische Fallschirmjäger wurden Ende 1953 auf den Hügel gebracht. Doch Giap wusste auch hier Fakten in seinem Sinne zu schaffen: Er ließ schweres Geschütz in die Berge bringen und zog einen Belagerungsring um die Festung. 55 Tage konnten die Franzosen die Garnison halten, dann mussten sie sich am 7. Mai 1954 ergeben. Trotz eindringlicher Bitte um Hilfe verweigerten die USA unter Eisenhower Unterstützung in Form von Bodentruppen oder Luftwaffe. Auch der von Frankreich erbetene Einsatz von Atomwaffen wurde abgelehnt. Damit war der französische Vietnamkrieg und mit ihm die Zeit der Kolonialmacht Frankreich in Indochina beendet. 93 000 tote Franzosen und Verbündete und 200 000 tote Viet Minh sind die traurige Bilanz.

Zwischen den Kriegen (1954–1964)

Das Genfer Abkommen und seine Folgen

Bereits einen Tag nach der französischen Niederlage in Dien Bien Phu begann am 8. Mai 1954 die Genfer Indochina-Konferenz. Es wurde der sofortige Stopp der Kampfhandlungen in Vietnam und im Gebiet von Laos und Kambodscha beschlossen. Zudem wurde festgelegt, dass alle drei Staaten als souveräne Staaten anerkannt werden sollten. Vorraussetzung war, dass sie sich keinem internationalen Bündnis anschlossen und keine ausländischen Militärstützpunkte tolerierten. Ferner wurde abgesprochen, dass im Juli 1956 in beiden vietnamesischen Landesteilen freie Wahlen abzuhalten seien, nach denen das Land wieder vereinigt werden sollte. Bis es dazu kam, sollte am 17. Breitengrad die provisorische Teilung erneuert werden. Der heute als entmilitarisierte Zone zum Touristenziel gewordene, etwa 5 km breite Streifen beiderseits der Grenze wurde als Pufferzone errichtet. Innerhalb von 300 Tagen sollte sowohl die DRV als auch Frankreich alle Truppen abziehen. Am 21. Juli unterzeichneten alle Beteiligten das Abkommen – mit zwei Ausnahmen: Die USA und die Regierung Bao Dais verweigerten die Unterschrift.

Der Norden unter Ho Chi Minh

Dem Genfer Abkommen folgend verließen die Franzosen 1954 Ha Noi, und am 9. Oktober zog Ho Chi Minh mit seinen Soldaten ein. Mit den abwandernden Franzosen gingen auch etwa 1 Mill. Vietnamesen aus dem Norden nach Süden.

Vo Nguyen Giap

Als Oberbefehlshaber der Viet Minh-Truppen in der Schlacht von Dien Bien Phu wurde Vo Nguyen Giap unter seinem Vornamen Giap weltberühmt. Der Kopfstratege der vietnamesischen Guerilla-Krieger verzeichnete zahlreiche Erfolge; unter seiner Führung gelangen den Nordvietnamesen entscheidende Siege über die Kolonialmacht Frankreich und den Aggressor USA. Aufgrund seiner taktischen und strategischen Brillanz verlieh Peter Scholl-Latour ihm den Beinamen „Napoleon des Ostens".

Vo Nguyen Giap wurde am 25. August 1911 in An Xa (Provinz Quang Binh) geboren und wuchs als Sohn eines relativ wohlhabenden Dorflehrers auf. Ab 1926 besuchte er in Hue das französische Lyzeum. Mit 15 Jahren schloss er sich der revolutionären Partei von An Nam an. Bereits als 18-Jähriger wurde er aufgrund seiner Teilnahme an Studentenprotesten festgenommen. Giap studierte Rechtswissenschaft und Volkswirtschaftslehre in Ha Noi. Er trat offen gegen die Franzosen auf und wurde daher 1939 auf die Gefängnisinsel Con Dao in die Kolonie Poulo Condore gesperrt. Hier traf er auf viele andere Gesinnungsgenossen, die wie er in der auch als „Universität der Revolution" genannten Anlage eingesperrt waren. 1940, als die Japaner ihren Einfluss ausweiteten, ging Giap ins Exil nach China. 1941 gründete er zusammen mit anderen die Liga für Unabhängigkeit, die später unter dem Namen Viet Minh weltweit bekannt wurde. Das Zentralkomitee der Viet Minh beauftragte ihn, eine Volksarmee zu gründen, was er Ende Dezember 1944 in die Tat umsetzte. Giap befehligte daraufhin den Widerstand gegen die Japaner, dann gegen die Franzosen und später gegen die Amerikaner. 1945 wurde er Innenminister. 1954 bis 1980 bekleidete er das Amt des Verteidigungsministers und ab 1955 bis 1991 auch das des stellvertretenden Ministerpräsidenten – bis 1975 in der DRV, später im wiedervereinigten Vietnam. Lange Zeit war Giap zudem Mitglied des Politbüros (bis 1982) und des Zentralkomitees (bis 1991). Heute lebt er in Ha Noi.

Es waren vornehmlich Christen (s. S. 189, Religion), die unter den Kommunisten Repressalien befürchteten und im Süden Protektion unter dem Katholiken Diem erwarten konnten. Auch in die entgegengesetzte Richtung begann eine kleine Völkerwanderung: Kommunistische Sympathisanten machten sich auf den Weg, um im Norden beim Wiederaufbau zu helfen. Etwa 5000–10 000 Viet Minh verblieben als Basis *undercover* im Süden.

Mit der radikalen Umgestaltung der Wirtschaft begannen die Kommunisten ihren Wiederaufbau. Eine **Bodenreform** enteignete die Großgrundbesitzer: Etwa zwei Millionen Bauern wurde ein Teil des Landes mit einer Gesamtausdehnung von 800 000 Hektar zugewiesen. Im Zuge dieser Umstrukturierung kam es zu Ausschreitungen und Repressionen gegenüber den Grundbesitzern und Unternehmern. Es gab etwa 200 000 Übergriffe und Säuberungsaktionen, etwa 15 000 Menschen starben. Tausende Menschen wurden in Umerziehungslager gebracht, Mönche verfolgt und aufrührerische Bauern mundtot gemacht. General Giap und Ho Chi Minh gestanden daraufhin große Fehler ein und begannen 1956 mit der Kampagne der „Fehlerbehebung". Ho Chi Minh entschuldigte sich, und viele Gefangene wurden freigelassen. Die Strategie der Kollektivierungspolitik wurde überdacht. Im Dezember 1958 begann der Aufbau von Genossenschaften.

Der Süden unter Diem

Die Amerikaner sorgten dafür, dass der amtierende Kaiser Bao Dai ihren Wunschkandidaten **Ngo Dinh Diem** am 7. Juli 1954 zum Ministerpräsident ernannte. Im Dezember verstärkten sie ihren Einfluss auf Südvietnam, indem sie ihren Verbündeten Diem dazu bewogen, die einstigen Vorrechte der Franzosen auf die USA zu übertragen. Diem erklärte im Januar 1955, seine Regierung erkenne die Genfer Beschlüsse nicht an – auch die freien Wahlen im nächsten Jahr lehnte er ab. Stattdessen forderte er die Negierung der DRV.

In der konstitutionellen Monarchie unter Bao Dai und Diem wurde am 23. Oktober ein **Referendum** durchgeführt, in dem das Volk entscheiden konnte, ob es unter einem Kaiser oder in einer Republik leben wollte. Es soll Einschüchterungen und Druck auf die Wähler gegeben haben, damit Diem sich durchsetzen konnte: Angeblich stimmten 98,2 % für ihn. Nach der Wahl rief Diem die souveräne Republik Vietnam aus und ließ sich zum Präsidenten wählen. Bao Dai zwang er zum Rücktritt. Amerika unterstützte Diem mit viel Geld: US$1,4 Milliarden für die Wirtschaft und US$508 Millionen für das Militär. Damit begann der Ausbau einer eigenen südvietnamesischen Streitmacht, der 1955 gegründeten **ARVN**.

Diem gründete seine Macht nicht nur auf die Unterstützung durch die USA, auch seine Famlie und die katholische Minderheit waren ihm eine Stütze. Auf amerikanischen Kurs getrimmt, verfolgte er mit strenger Hand Kommunisten, und auch Buddhisten mussten ihn fürchten. Er bekämpfte erfolgreich die politisierten Religionen der Hoa Hao und der Cao Dai (s. S. 192, Religion). Innerhalb seiner ersten beiden Regierungsjahre starben 12 000 politische Gegner. Eine neue Verfassung wurde verabschiedet, die Diems Amt mit autokratischen Befugnissen ausstattete. Die Vetternwirtschaft uferte immer mehr aus, die Unzufriedenheit wuchs. Der Polizeistaat war in Diems Reich allgegenwärtig. Immer zahlreicher wurden die Anhänger der Freiheitsbewegung, die sich Ende 1956 in einer eigenständigen südvietnamesischen Widerstandsbewegung formierten.

Die FNL

Die FNL bestand aus diversen Gruppierungen, darunter etwa 20 kommunistische Vereinigungen und bürgerliche Parteien, Sekten und Minderheiten. Die größte Gruppierung stellten die Viet Cong; unter diesem Namen firmierte im weiteren Verlauf der Auseinandersetzung meist die gesamte FNL. Nachdem die Gruppe der Viet Cong nach der Tet-Offensive deutlich verringert war, stellten die regulären Truppen der DRV die Mehrheit der Kämpfer. Jene aus dem Süden, Nationalisten wie auch religiöse Gruppen, wurden zunehmend zurückgedrängt innerhalb der FNL und hatten am Kriegsende nicht mehr viel Einfluss. Oder sie gingen sogar, wie die Cao Dai und die Hoa Hao, in die Opposition und kämpften gegen die Kommunisten.

Unterstützt wurden sie von den Regierenden des Nordens, die ab 1959 über den Ho-Chi-Minh-Pfad Menschen und Material in den Süden brachten mit dem Ziel, den Süden zu befreien und die Einheit des Landes wiederherzustellen. Im Dezember 1960 gründete sich auf Geheiß aus dem Norden die **Nationale Befreiungsfront (FNL)** des Südens.

Auf diese Bewegung reagierten die Amerikaner mit dem Abwurf der ersten Napalm- und Chemiebomben zum Zwecke der Vernichtung der Ernte in den Rückzugsgebieten der FNL. Verhaftungen und Verfolgung nahmen bis zum Höhepunkt im Frühjahr 1963 weiter zu. Nachdem im Mai 1963 ARVN-Truppen in Hue auf Mönche schossen, die gerade Buddhas Geburtstag feierten, kam es zu heftigen Unruhen. Die Buddhisten reagierten mit dem extremen Mittel der öffentlichen Selbstverbrennung.

Die Bilder der brennenden Bonzen gingen um die Welt, und so erfuhr auch die Weltöffentlichkeit von den Zuständen unter dem Diem-Regime. Als dessen Frau ihre zynische Zunge nicht zügeln konnte und die brennenden Menschen als BBQ bezeichnete, kam es zum Sturz des Despoten. Die Amerikaner ließen ihn kurzerhand fallen, billigten den Putsch buddhistischer Generäle und halfen auch nicht, den Mordanschlag auf den ehemaligen Machthaber am 1. November zu verhindern. Diem wurde zusammen mit seinem Bruder erschossen.

Nach seinem Sturz dauerte es zwei Jahre, bis wieder eine stabile Situation hergestellt war. Bis dahin gab es fast jede Woche Putsche und Gegenputsche. So kam es, dass zwischen 1963 und 1965 mindestens sieben Militär- und Zivilregierungen den Versuch unternahmen, den Süden zu regieren.

Erst mit der von Amerika unterstützten Machtergreifung durch General Nguyen Van Thieu Mitte 1965 beruhigte sich die Lage etwas. Diese Regierung hatte den Rückhalt der Armee. Wie alle Regierungen zuvor hatte sie kein Interesse an einer gemeinsamen Wahl aller Vietnamesen. Doch zu diesem Zeitpunkt war bereits der Vietnamkrieg ausgebrochen, der im Land selbst amerikanischer Krieg heißt.

Die brennenden Bonzen

Nachdem Angehörige der südvietnamesischen Armee (ARVN) in den Klosteranlagen von Hue Schüsse auf die Buddhas 2527. Geburtstag feiernden Bonzen und Gläubigen abgaben, kam es zu Ausschreitungen. Acht Mönche waren von der ARVN erschossen worden. Der Mönch Tri Quang hielt daraufhin eine regierungsfeindliche Ansprache, und die benachteiligten Buddhisten fühlten sich ermutigt, sich gegen die herrschenden Christen zur Wehr zu setzen. Die kleine Clique der Christen mit ihrem Protegé Diem regierte eine weitaus größere Gemeinde von Buddhisten und unterdrückte sie. Dennoch schafften es Tri Quang oder andere buddhistische Führer nicht, einen kontrollierten Aufstand der Buddhisten zu entfachen. Tri Quang mobilisierte zwar einen Teil der Menschen, aber es waren vor allem die sich aus Protest öffentlich verbrennenden Mönche, die die Amerikaner, auch auf Druck der Weltöffentlichkeit, dazu brachten, Diem zum Abschuss freizugeben. Besonders berühmt wurde das Bild des Mönchs **Thich Quang Duc**, der sich am 11. Juni 1963 vor laufenden Kameras verbrannte. Die Unruhen zogen sich über Monate hin. 14 000 Oppositionelle wurden verhaftet.

Der amerikanische Krieg (1964–1975)

Am Jahresende 1963 versprühten die USA zum ersten Mal Agent Orange. Nur kurze Zeit später betraten die ersten amerikanischen Bodentruppen das Land. Damit begann ein Krieg, der auf der ganzen Welt live am Bildschirm miterlebt wurde. Im Laufe der Kriegsjahre veränderte diese Auseinandersetzung auch die Gesellschaften des Westens.

Der Krieg beginnt (1964)

Der amerikanische Präsident Lyndon B. Johnson traf im Februar auf Hawaii mit dem Ministerpräsidenten von Südvietnam zusammen. Dort unterstrich er die amerikanische Entschlossenheit zur Unterstützung Südvietnams in der „Deklaration von Honolulu". Auf keinen Fall wollte Johnson den Krieg verloren geben. In Manila setzte er sich einen Monat später mit Regierungschefs befreundeter Länder zusammen, um nach einer Friedenslösung für den pazifischen Raum zu suchen. Sicherheit und Ordnung sollten wiederhergestellt werden. Doch eine Lösung wurde nicht gefunden, stattdessen wurde von den USA weiter im südostasiatischen Raum aufgerüstet: Thailand wurde zum größten Stützpunkt amerikanischer Fliegerstaffeln. Politiker aus aller Welt versuchten zu vermitteln – doch alle scheiterten.

Aufrüstung der Nationalen Befreiungsfront

Nicht nur das Süd-Regime rüstete auf. Aus dem Norden kamen über den Ho-Chi-Minh-Pfad unter dichtem Blätterwald Kämpfer und Waffen für die mit Weisung aus Nordvietnam gegründete NLF im Süden. Der Zusammenschluss südvietnamesischer Freiheitskämpfer und oppositioneller Kräfte mit denen des Nordens einschließlich der regulären Truppen der DRV wurde in den Medien schnell zu einer Einheitsfront unter dem Namen Viet Cong („vietnamesische Kommunisten"). So hatte Diem kurzerhand alle Aufständischen genannt, und die Presse übernahm die Bezeichnung. Bereits im März 1964, so schätzte der amerikanische Verteidigungsminister Robert S. McNamara, kontrollierten die Viet Cong 40 % des Südens. Unterstützung fanden sie bei China und Russland. Beide Länder halfen mit Geld und Waffen. Auf die Aussendung von Truppen verzichtete Nordvietnam jedoch ausdrücklich.

Getrieben vom Ehrgeiz, Südvietnam nicht den Kommunisten zu überlassen, verstärkte Amerika mit Beginn des Jahres 1964 seine Militärhilfe. Mehr als 20 000 sogenannte Berater organisierten die südvietnamesische Armee. Am 7. Februar begannen die USA mit ihren Bombardierungen. Ihr Ziel waren nordvietnamesische Städte. Ab April wurde zudem der Ho-Chi-Minh-Pfad in den Dschungelgebieten Zentralvietnams (einschließlich einiger Gebiete in Laos und Kambodscha) Ziel der Bomber. Die Nachschublinien auf dem seit dem Ersten Indochinakrieg bestehenden Pfad sollten zerstört werden.

Am 2. August 1964 „er"-fanden die Amerikaner einen Vorwand zum Angriff, der als **Tonkin-Zwischenfall** in die Geschichte einging (siehe Kasten). Jetzt griffen die USA auch Häfen und Versorgungseinrichtungen in Nordvietnam mit Bombenfliegern an. 64 Bomben gingen direkt auf die Marinestützpunkte des Nordens nieder.

Im Kongress erhielt Präsident Johnson am 7. August 1964 nach diesen angeblichen Zwischenfällen mit der „Tonkin-Resolution" die Ermächtigung zur Entsendung von Kampftruppen. Die ersten Bodentruppen, zwei Bataillone Marine-Infanterie, landeten am 8. März 1965 in Da Nang. Laut Geschichtsbüchern begann damit der **Zweite Indochinakrieg**. Als Reaktion darauf verkündete Nordvietnams Premierminister, die Bemühungen um eine friedliche Lösung aufzugeben. Bereits im September trafen reguläre DRV-Truppen in Südvietnam ein. Und im November griffen die Guerillas mit der Luftwaffenbasis Bien Hoa erstmals eine amerikanische Einrichtung an.

Die ersten Kriegsjahre (1965–1968)

Innerhalb weniger Jahre befanden sich über 500 000 amerikanische Soldaten im Einsatz in Vietnam. Sie kämpften im Dschungel, bei unerträglicher Hitze, auf unbekanntem Boden. Sie erholten sich von den schockierenden Erlebnissen des Guerillakriegs an den Sandstränden in Nha Trang und am China Beach nahe Da Nang. Militärisch waren die Amerikaner und die ARVN der Freiheitsfront der **FNL**, den Viet Cong und den regulären Truppen der DRV überlegen – doch die Bevölkerung stand auf Seiten der Freiheitskämpfer.

Die Tonkin-Resolution und der Kriegsbeginn

Die USA beschuldigten Nordvietnam, am 2. August 1964 eines ihrer Kriegsschiffe angegriffen zu haben, das sich in internationalen Gewässern aufgehalten haben soll. Der US-Zerstörer *Maddox* wurde jedoch von einem Torpedoboot der DRV im Golf von Tonkin in deren Hoheitsgewässern angegriffen. Das Schiff war auf geheimer Mission an der nordvietnamesischen Küste unterwegs. Amerika setzte nach und beschuldigte die Regierung Nordvietnams zwei Tage später, die *Maddox* abermals beschossen zu haben (dies ist mittlerweile eindeutig wiederlegt) und zudem den Zerstörer *C. Turner Joy* außerhalb der 12-Meilen-Zone beschossen zu haben. Nordvietnam dementierte diese Vorwürfe energisch.

Die DDR und der amerikanische Krieg in Vietnam

Wie auch im Westen wurde der amerikanische Krieg von der Bevölkerung der DDR missbilligt. Damit befanden sie sich mit ihrem Staat auf einer politischen Linie. Die Regierung der DDR gewann so an Ansehen in der eigenen Bevölkerung. Selbst der Mauerbau erschien einigen nun in einem anderen Licht.

Während des Vietnamkriegs stieg der Lebensstandard in der DDR. Und da nun auch die Ideologie hinreichend durch die Geschehnisse des Kalten Krieges legitimiert und begründet war, fühlten sich viele Bürger der DDR als Teil der kommunistischen Bewegung gegen den Imperialismus. Viele halfen aktiv und solidarisch mit. Durch die Geschehnisse, die live am Fernsehen mitverfolgt werden konnten, wurden viele dazu animiert, als Arzt, Orthopäde, Stahlwerker, Mechaniker, Wohnungs- und Straßenbauer oder auch als Lehrerausbilder nach Nordvietnam zu gehen. Viele taten dies, noch bevor der Krieg zu Ende war. Sie wollten den Wiederaufbau unterstützen.

Es wurden Handwerksbetriebe gegründet und Zentren für Kriegsversehrte aufgebaut. Viele Handwerker gingen dahin, wo einst die Stadt Vinh gestanden hatte, und halfen dabei, sie wiederaufzubauen. Heute stehen die alten Plattenbauten traurig in den Tropen.

Die Freiheitskämpfer und das Volk

Die Feinde der Amerikaner waren die Freiheitskämpfer: zu allem entschlossene Krieger mit Sach- und Ortskenntnissen und der Überzeugung, moralisch im Recht zu sein. Und obwohl sie viele Fehler machten und oft genug auch das eigene Volk drangsalierten, fanden sie doch im einfachen Volk Unterstützung. Ihr gemeinsamer Traum war der Wunsch nach Unabhängigkeit. Die kriegsgebeutelten Menschen sehnten den Tag herbei, an dem der Krieg enden und die fremden Mächte abziehen würden. Die Dorfbewohner waren nicht mehr nur Zivilisten, sie wurden zu Feinden der amerikanischen Soldaten. Waren sie es doch, die dem Gegner Unterschlupf gewährten und Nahrung gaben. Und sicher war auch eine große Anzahl der agilen Dorfbewohner mit der Waffe im Einsatz. Die im Dorf Verbliebenen, Junge und Alte, Bauern und Viehhirten – sie alle konnten Anhänger des Viet Cong oder gar ein aktiver Kämpfer sein. So kam es zu unvorstellbaren Massakern in kleinen Dörfern. Es sind Bilder von Schlachtfeldern wie aus dem Mittelalter. Und die westlichen Fernsehzuschauer und Zeitungsleser waren sozusagen live dabei.

Die Zivilisten waren in den seltensten Fällen Kommunisten. Um sie zu hindern, den Viet Cong zu helfen, siedelten die Amerikaner ganze Dörfer in eingezäunte Wehrdörfer um.

Die Unterstützung dieser Vietnamesen für ihre Landsleute war jedoch nicht zu verhindern und konnte niemals unterbunden werden. Dies gilt auch für die Zerstörung der Nachschubwege, trotz massivem Einsatz von Napalm, Entlaubungsmitteln wie Agent Orange und einer Bombenflut aus den B-52-Bombern.

Die Antikriegsbewegung

In Amerika begannen die ersten Großdemonstrationen gegen den Krieg. Nachdem Truppen der NVA im Februar 1965 Plei Ku besetzten und Amerika mit der Operation Flaming Dart und einen Monat später mit Rolling Thunder (s. S. 168, Vokabular) antwortete, reagierten die Kriegsgegner überall auf der Welt mit Demonstrationen. Bereits im April 1965 demonstrierten 25 000 Menschen in Washington für einen Abzug der Soldaten aus Vietnam.

Martin Luther King schloss sich dieser Bewegung an und marschierte mit 100 000 Kriegsgegnern nach Washington. 1967 waren es bereits 200 000 Menschen, die den Krieg beendet sehen wollten. Immer mehr junge Amerikaner verbrannten ihre Einberufungsbescheide und verweigerten ihren Dienst in Vietnam.

Auch Intellektuelle, wie Jean Paul Sartre, wandten sich gegen das aggressive Vorgehen Amerikas.

Immer mehr Menschen, darunter viele Frauen, engagierten sich tatkräftig für die Guerilla-Kämpfer im Süden. Auf dem Ho-Chi-Minh-Pfad transportierten sie Nahrung, Waffen und sogar schweres Geschütz bis an die Front. Wenn nicht dichter Blätterwald sie verdeckte, gruben sie Löcher. Bereits gegen die Franzosen hatten die Vietnamesen die Technik des Tunnelbaus erfolgreich eingesetzt. Jetzt entstand ein Tunnelsystem, in dem es Schulen gab und sogar Kinder geboren wur-

Bis Jahresende weiteten sich die Einsätze der USA dennoch aus. Ende des Jahres hatten mindestens 150 000 vietnamesische Zivilisten ihr Leben gelassen. Besonders stark waren die Verluste in den Gebieten, die massiv aus der Luft beschossen wurden: Dazu zählten die Städte Nordvietnams, das Gebiet um den Ho-Chi-Minh-Pfad und die von den Viet Cong kontrollierten Gebiete im Süden, die als *freekill areas* (s. S. 168, Vokabular) ausgewiesen wurden, außerdem die Hochburgen des Südens im Mekong-Delta und die Region nördlich von Sai Gon.

Die Tet-Offensive 1968

General Giap eröffnete am 21. September ein Täuschungsmanöver und startete eine Offensive gegen eine strategisch wichtige Basis der Amerikaner auf den Hügeln von **Khe Sanh**. Das Bergdorf nahe der entmilitarisierten Zone nordwestlich von Hue an der laotischen Grenze wurde zeitweilig zu einem zweiten Dien Bien Phu (s. S. 158). 40 000 NVA-Soldaten griffen an. Der auf Seiten der Amerikaner zuständige General Westmoreland ließ das Gebiet aus Angst vor einer Niederlage heftig bombardieren: 100 000 t Bomben fielen auf wenigen Quadratkilometern. Damit wurde die Gegenoffensive, die sinnfällig „Niagara" genannt wurde, zum stärksten Luftangriff – prozentual zur bombardierten Fläche – in der Geschichte der Menschheit.

den (diese Tunnelkinder sind heute zwischen 33 und 40 Jahre alt). Die Bevölkerung hielt sich hier manchmal wochenlang auf, ohne Tageslicht zu sehen. In Gebieten wie Cho Lon konnte an nahezu jeder Stelle ein Eingang sein. Waren die Tunnel erst nur als Bunker zum Schutz vor Bomben und Gift gedacht, so wurden hier im Laufe des Krieges auch Gefechtsstellungen eingerichtet. Wie aus dem Nichts tauchten die Guerillakämpfer aus dem Boden auf und entschwanden wieder darin. Auch in den Wäldern und auf den Hügeln, den flexiblen Schlachtfeldern des Guerillakriegs, in dem es keine festen Fronten gab, brachte die Kunst der Vietnamesen, Waffen und sich selbst in Tunneln oder unter dem Dschungeldach zu verstecken, viele amerikanische Soldaten und Strategen um den Verstand. Das passende vietnamesische Sprichwort dazu lautete: „Die Wälder belagern den Feind, die Wälder beschützen den Soldaten." Trotz aller Bombenangriffe konnten die Versorgungswege nie zerstört werden, da das Volk in kurzer Zeit wieder alles instandsetzte – die Moral und die Motivation der Viet konnten nicht gebrochen werden.

Der Ho-Chi-Minh-Pfad

Auch das nahezu 20 000 km lange Wegenetz dieses bekannten Pfads verlief unter dichtem Blätterdach und führte durch vietnamesisches, laotisches und kambodschanisches Territorium. Im Laufe des Ersten Indochinakriegs wurden diese Wege, die bereits seit Jahrhunderten bestanden, ausgebaut. Im amerikanischen Krieg ging dieser Ausbau weiter. Im Laufe der Jahre wurde der einst schmale Schmuggelpfad zu einem insgesamt 5500 km langen Straßensystem ausgebaut: Fünf parallel verlaufende Straßen waren durch 21 Querstraßen miteinander verbunden. Monatlich konnten über 10 000 t Kriegsgerät nach Südvietnam gebracht werden – nicht zuletzt dank der Unterstützung einiger Minderheitenvölker (s. S. 156/157, Die Geschichte der Bergvölker), die die Umgebung besonders gut kannten und neben der Sicherung des Wegs auch bei der Suche nach Umleitungen helfen konnten (sollte ein amerikanischer Angriff einmal ein Teilstück getroffen haben). Tausende von Frauen und Männern taten ihren Dienst auf dem Ho-Chi-Minh-Pfad. Sie fuhren Nahrungsmittel und Kriegsgeräte auf Fahrrädern, trugen und schoben Gerätschaften. Wie ein gut funktionierendes Räderwerk wurde alles Benötigte von Nord nach Süd transportiert. Junge Frauen flirteten mit den durchwandernden Soldaten, sie tanzten und sangen – und vergaßen doch nie, dass sie sich in einem Krieg für ihre Freiheit befanden. Dass sie diesen gewinnen würden, davon gingen alle Helfer stets aus.

10 000 Kommunisten starben, aber das Ziel Giaps, militärische Kräfte der Amerikaner zu binden, wurde erreicht.

Am 31. Januar 1968 starteten die Viet Cong die **Tet-Offensive**. In über 60 Städten griffen über 80 000 Guerillas (darunter auch Soldaten der regulären Truppen der DRV) gleichzeitig an. Trotz Waffenstillstand begann die Offensive am Neujahrs-Tet. Innerhalb kurzer Zeit drangen die Kämpfer bis in den Präsidentenpalast und die US-Botschaft in Sai Gon vor. Über 500 000 Viet Cong und 2000 Amerikaner starben im Laufe dieser Offensive. Die Zitadelle von Hue konnten die Freiheitskämpfer einige Tage besetzen, doch dann mussten sie sich auch hier wieder zurückziehen. Sie hinterließen in Hue über 2000 Tote in Massengräbern: südvietnamesische Soldaten ebenso wie Priester und Studenten. Schockierend für Amerika war besonders die sechsstündige Besetzung der US-Botschaft durch eine Viet Cong-Eliteeinheit, bei der fünf Amerikaner starben.

Erfolg oder Misserfolg?

Spätestens nach der kurzen Besetzung der amerikanischen Botschaft durch die Viet Cong wurde den Amerikanern und der Weltöffentlichkeit klar, dass dieser Krieg nicht so schnell zu Ende sein würde, wie die Politiker immer verkündeten.

Der Krieg und die Medien

Die Medien, die den Krieg in jedes Wohnzimmer brachten, prägten eine ganze Generation außerhalb des Kriegsgeschehens. Millionen von Menschen überall auf der Welt wurden über das neue Medium Fernsehen Zeugen des Kriegs. Auch der Reisende von heute hat noch immer den als Vietnamkrieg bezeichneten Konflikt vor Augen, wenngleich viele jung genug sind, nur noch aus Spielfilmen und dem Geschichtsunterricht davon erfahren zu haben. Von den realen grausamen Bildern wurden sie verschont. Fotos, die Geschichte machten, wie etwa das bei einem Napalmbombenangriff verletzte, fliehende nackte Mädchen Kim Phuc, stehen heute stellvertretend für Kriegsgreuel und menschliches Leid. Viele erschütternde Fotos wurden publiziert. Sie trugen die Nachricht vom Wahnsinn des Kriegs in die Wohnzimmer aller Menschen der Welt.
Als dank heimlich gemachter Aufnahmen das Massaker von My Lai bekannt wurde (s. unten), erreichte der Einfluss der Medien einen weiteren Höhepunkt. Die Kriegsgegner bekamen noch mehr Zulauf. Viele Militärs gaben am Ende den Medien die Schuld dafür, dass Amerika den Krieg verlor. Deshalb schränkt die Regierung der USA seit dieser Auseinandersetzung die freie Berichterstattung über von ihr geführte Kriege massiv ein.

Und auch die Art der Kriegsführung wurde immer kritischer hinterfragt: Das Bekanntwerden von Greueltaten wie My Lai trug das Seine zur Antikriegsbewegung bei. Rein militärisch war die Tet-Offensive für die Viet Cong und die FNL eine Niederlage. Sie verloren viele Kämpfer und gingen sehr geschwächt aus der Auseinandersetzung hervor.

Der erhoffte Aufstand der Südvietnamesen blieb ebenfalls aus (zu sehr hatte die antikommunistische Propaganda der USA die Menschen im Süden verunsichert). Im Laufe der noch kommenden Jahre übernahmen daher die regulären Truppen der DRV die militärische Führung und die Hauptlast des Krieges.

Die Tet-Offensive war aus ihrer Sicht dennoch ein Erfolg: Man hatte den Amerikanern nicht nur gezeigt, dass sie nicht unbesiegbar waren, sondern auch, dass der eigene Wille zu siegen ungebrochen war. Die Reaktionen im Westen taten ihr Übriges. Lyndon B. Johnson stellte bereits im Januar einen Teil der Bombenangriffe ein, kündigte Friedensverhandlungen an und verzichtete sogar auf eine Wiederwahl. Die nordvietnamesische Armee hatte ihr Zeil erreicht: Giap hatte beabsichtigt, den Kampfgeist der Amerikaner zu brechen – und das war ihm gelungen.

Die Vietnamisierung des Krieges

Nach der Tet-Offensive stoppte Johnson per Veto die Entsendung neuer Truppen. Richard Nixon versprach im laufenden Wahlkampf, den Krieg schnell zu beenden, wenn er Präsident würde – und gewann die Wahl am 5. November 1968. Bereits ab Mai 1968 waren in Paris Waffenstillstandsverhandlungen mit Nordvietnam geführt worden. Da jedoch die Bombardierungen der Amerikaner nicht endeten, sondern sogar verstärkt und nun auch nach Laos und Kambodscha ausgeweitet wurden, zog sich der Prozess der Verständigung naturgemäß in die Länge.

Im März 1969 erreichte die Zahl der in Südvietnam stationierten Amerikaner mit 543 000 Mann ihren Höhepunkt. Zudem verstärkten Einheiten der verbündeten Länder Thailand, Südkorea, Neuseeland, Australien und den Philippinen die ausländischen Streitkräfte.

Im Mai 1969 beschloss Nixon die „Vietnamisierung des Krieges". Das bedeutete den Abzug amerikanischer Truppen und die Aufrüstung der verbleibenden Südvietnamesen des Marionettenregimes. Mit der im Juli folgenden **Nixon-Doktrin**, bestätigte der Präsident noch einmal den Wunsch nach Frieden und den Abzug der amerikanischen Truppen und sicherte dem Süden zu, ihn vorher verteidigungsfähig aufzurüsten.

Am 8. Juni 1969 erklärte die Nationale Befreiungsfront eine **Provisorische Revolutionäre Regierung der Republik Südvietnam (PRRSV)**. Zahlreiche sozialistische Staaten erkannten diese an.

Das Massaker im Dorf My Lai

1969 erfuhr die Weltöffentlichkeit von einem grauenvollen Massaker. Bereits ein Jahr zuvor, am

16. März 1968 hatte eine kleine Einheit der US-Bodentruppen das Dorf My Lai gestürmt. Die Menschen leisteten keinen Widerstand, sie hatten keine Waffen. Ihre Häuser wurden in Brand gesteckt, Kinder vor den Augen ihrer Mütter getötet. Es starben 507 Dorfbewohner, darunter 173 Kinder, 76 Babys und 60 Greise. Der Fotograf Ronald L. Haeberle machte unbeobachtet Bilder. Der Journalist Seymour Hersh brachte die Geschehnisse an die Öffentlichkeit. So verloren die US-Militärs in der Weltöffentlichkeit den Ruf, Kämpfer für Freiheit und Demokratie zu sein. Die Zivilisten in Amerika und auch in Deutschland gingen in Anti-Vietnam-Märschen auf die Straße und demonstrierten für den Frieden. Im Mai 1971 wurde der amerikanische Leutnant William Callay, der das Massaker zu verantworten hatte, wegen Mordes an lediglich 22 Menschen zu gerade einmal 3 1/2 Jahren Haft verurteilt.

Die Schlacht am Hamburger Hill

Anfang 1969 kam es zu einer Schlacht im A Shan-Tal westlich von Da Nang. In diesem Gebiet des zentralen Hochlands nahe der Grenze zu Laos hatte die FNL seit drei Jahren die Kontrolle. Hier befand sich der Ankunftspunkt der über den Ho-Chi-Minh-Pfad kommenden NVA-Truppen. Im Mai 1969 griffen die Amerikaner an und drängten die FNL an ein Ende des Tals zurück. Auf dem Ap Bia-Hügel, der kurz Hügel 937 genannt wurde, starben 700 Mann. Der Hügel wurde auch unter der Bezeichnung Hamburger Hill bekannt, da die dort Kämpfenden einander „zu Hackfleisch verarbeiteten". Die Schlacht endete mit einer Niederlage für beide Seiten. Die NVA-Truppen zogen sich nach Laos zurück und auch die Amerikaner zogen ab.

Der Tod Ho Chi Minhs

Am 3. September 1969 starb Ho Chi Minh. Keiner konnte sein Erbe antreten, und so teilte sich eine Vierergruppe die Macht in Nordvietnam. Ministerpräsident Pham Van Dong, Verteidigungsminister Vo Nguyen Giap, der Vorsitzende der Nationalversammlung Truong Chinh und der Generalsekretär der Partei der Werktätigen Le Duan. Bei den Friedensgesprächen wurde Ho Chi Minh von Le Duc Tho ersetzt. Nordvietnam bestand in den Gesprächen auf einer Koalitionsregierung aus Nord und Süd. Gemeint war die provisorische Revolutionsregierung – eine Zusammenarbeit mit Präsident Thieu lehnten sie ab.

Die USA forderten ebenfalls Unerfüllbares: den Abzug aller NVA-Soldaten in den Norden.

Die deutsche Beteiligung am Krieg

Die Kriegsgegner gingen auch in Deutschland zu Tausenden auf die Straßen und skandierten den Namen Ho Chi Minh. Die Jugend politisierte sich. Vielfach wurden sie den Kommunisten und Sozialisten zugeordnet, doch die Mehrzahl der Menschen war schlicht gegen den Krieg und gegen die imperiale Macht Amerikas. Als nun Lyndon B. Johnson den amtierenden deutschen Bundeskanzler Ludwig Erhard (CDU) um Mithilfe und Unterstützung bat, sah dieser sich in einer Zwickmühle. Die deutsche Öffentlichkeit erlaubte es nicht, Soldaten nach Vietnam zu schicken, und so entschied sich die Bundesregierung für die Entsendung eines Lazarettschiffs zur Versorgung ziviler Opfer aus der Bevölkerung und für die Zahlung von Entwicklungshilfe. Ab Ende 1965 wurde die Bundesregierung Westdeutschlands zu einem der wichtigsten Geberländer Südvietnams. Jährlich flossen umgerechnet etwa 7,5 Mill. Dollar zur Unterstützung des amerikanischen Marionettenregimes als Entwicklungshilfe nach Vietnam. Der Ausflugsdampfer *Helgoland* wurde zum Hospitalschiff umgebaut: Es gab 150 Krankenbetten und vier Fachabteilungen: Radiologie, Gynäkologie, Innere Medizin und natürlich Chirurgie. Am 10. August 1966 begab sich das Lazarettboot mit einer deutschen Besatzung, Ärzten und Helfern im Auftrag der Bundesregierung unter Aufsicht des Roten Kreuzes auf seinen Weg nach Vietnam. Zwischen 1966 und 1975 arbeiteten 303 Menschen für dieses Projekt, das auch vom Malteser Hilfsdienst betreut wurde. Es waren ausgebildete Ärzte und viele junge Frauen, die als Krankenschwestern Dienst taten. Die Ärzte mussten oftmals bei laufender Fahrt operieren, um selbst einem Beschuss zu entgehen. Später wurde die *Helgoland* nach Da Nang verlegt, bis 1972 ein Krankenhaus erbaut wurde.

Einmarsch in Kambodscha

Im Westen wuchs unterdessen der Widerstand gegen den Krieg. Rund 2 Mill. Amerikaner protestierten in 200 Städten, demonstrierten für den Frieden und sangen die Hymne der Zeit, den Beatles-Song *Give peace a chance*.

1970 marschierten Truppen Südvietnams und der USA mit einer Gesamtstärke von 20 000 Soldaten in **Kambodscha** ein. Die bereits seit 13 Monaten laufenden Bombardierungen unter dem Namen Operation Menu hatten die Nachschubbasis der DRV-Truppen nicht zerstören können. Das kämpfende Fußvolk sollte es nun richten. Der Einmarsch wurde erleichtert durch den von Amerika forcierten Sturz des kambodschanischen Königs Sihanouk. Doch auch diese Aktion hatte keinen Erfolg, sondern motivierte erneut tausende Amerikaner, gegen den Krieg zu demonstrieren. Ihr Erfolg: Der Kongress verweigerte die Mittel für einen ebensolchen Einmarsch in Laos.

Die Aufrüstung Südvietnams und damit die Vietnamisierung des Kriegs schritt hingegen weiter voran: Ende 1970 standen über eine Million Südvietnamesen unter Waffen und moderne Waffentechnik machte die Luftwaffe Südvietnams zur viertgrößten der Welt.

Die Nordvietnamesen auf dem Vormarsch nach Süden (1972–75)

Im März 1972 durchbrechen die ersten nordvietnamesischen Soldaten, ausgerüstet mit Panzern, in einer Armeestärke von 120 000 Mann die Grenzlinien Südvietnams und erobern die fünf nördlichsten Provinzen.

Vokabular des amerikanischen Kriegs im Überblick

Bodycount: Im Anschluss an Gefechte werden die Opfer gezählt. Das Ergebnis dient zur Einschätzung, ob der Einsatz als Erfolg oder Misserfolg zu werten ist.

Fire Bases: Feuerstützpunkte der Amerikaner im Hochland. Von hier werden vorbeiziehende NVA-Truppen beschossen.

Flaming Dart: Als „brennender Pfeil" bezeichnete Vergeltungsaktion der Amerikaner, nachdem die Viet Cong im zentralen Hochland die Helikopterbasis Plei Ku angegriffen haben. 132 Marine-Jagdbomber greifen daraufhin am 7. Februar 1965 militärische Ziele in Südvietnam an.

Freekill Areas: „freie Tötungszonen". Gebiete, die durch Flächenbombardement zerstört werden, wobei auf Zivilisten keine Rücksicht genommen wird.

Frequent Wind: Hubschrauberevakuierung der Amerikaner nach dem Sieg der Kommunisten 1975

Missing in Action: Soldaten, die im Krieg verschwunden sind und nach denen teilweise bis heute gesucht wird.

Phoenix-Programm: Präsident Johnson initiiert dieses Programm, das von Nixon fortgeführt wird. Ziel ist die Infiltrierung der Kader, das Aufspüren und Gefangennehmen von Kommunisten im Süden. Diese werden gefoltert und getötet. Mehrere tausend Menschen sterben, man geht von etwa 50 000 unschuldigen Nichtkommunisten aus.

Rolling Thunder: Die Aktion „rollender Donner" bezeichnet den massiven Luftkrieg, der nach einem erneuten Angriff auf einen amerikanischen Stützpunkt durch die Viet Cong im Februar 1965 ausgeweitet wird. Das Flächenbombardement dauert insgesamt 3 1/2 Jahre. Es werden 350 000 Einsätze geflogen und täglich 800 Bomben abgeworfen.

Scorched Earth: Der Begriff bedeutet übersetzt „Verbrannte Erde". Ziel ist es, mit Hilfe von Brandrodung und Entlaubung den Viet Cong das schützende Blätterdach zu nehmen.

Search and Destroy: Diese Taktik des „Aufspürens und Vernichtens" beginnt Ende 1965. Das Ziel ist die Vertreibung der Viet Cong aus den Dörfern.

Strategische Dörfer: Umsiedlung der Bevölkerung in gesicherte Dörfer, um die Unterstützung der Viet Cong zu verhindern.

Tet-Offensive: Angriff der Widerstandskämpfer auf amerikanische Basen in Zentral- und Südvietnam am vietnamesischen Neujahrstag und Beginn einer neuen Phase des Kriegs.

Im Sommer müssen sich die Nordvietnamesen wieder kurz zurückziehen. Obwohl in Paris die Friedensverhandlungen weiter gehen, kommt es im Dezember zu den schlimmsten Verwüstungen des ganzen Krieges. Diese Bombenangriffe der USA wurden in der Öffentlichkeit unter der Bezeichung **Weihnachtsbombardement** bekannt und sorgten für Empörung. Die Bombenangriffe auf den Nordteil Vietnams dauerten 11 Tage: Ha Noi sowie der Hafen Hai Phong wurden bombardiert. 20 000 t Bomben fielen, 16 000 Zivilisten starben. In dieser Phase des Kriegs begannen immer mehr Soldaten der südvietnamesischen Armee zu desertieren. Ende des Jahres 1972 waren es bereits 130 000 Mann.

Ende Januar 1973 wird das **Pariser Abkommen** verabschiedet. Unterzeichner sind die USA, die Republik Vietnam (unter Thieu), die DRV und die Republik Südvietnam (provisorische Revolutionäre Regierung). Das Abkommen legt die Beendigung des Krieges fest und sieht den Abzug der amerikanischen Truppen vor. Zudem soll ein Nationaler Versöhnungsrat einberufen werden, denn der Konflikt ist noch lange nicht beigelegt. Die Truppen der beiden Teile Vietnams bleiben in ihren Stellungen. Im März werden bis auf wenige Berater (etwa 9000 zivile Personen) alle amerikanischen Soldaten abgezogen. Südvietnamesen, die noch für das Regime kämpfen, laufen reihenweise über. Grund sind zum einen ausbleibende Löhne, zum anderen die Erkenntnis, dass der Norden gewinnen würde. Ohne amerikanische Unterstützung hatte das südvietnamesische Militär keine Chance. Trotz Friedensabkommen halten die Kämpfe an.

Zwischen 1974 und 1975 übernahm die nordvietnamesische Armee Stadt für Stadt und drang über Zentralvietnam immer weiter in den Süden vor. Mit der sogenannten **Osteroffensive** ab März 1975 begannen die letzten Tage des amerikanischen Kriegs. Am 25. März wurde Hue eingenommen, fünf Tage später Da Nang. Nicht einmal einen Monat später, am 25. April 1975, legte der südvietnamesische Präsident Thieu sein Amt nieder und setzte sich nach Taiwan ab. Sein Nachfolger wurde Duong Van Minh, der das Amt jedoch nur wenige Tage innehatte. Als würde sich die Domino-Theorie nun doch bestätigen, übernahmen auch in Laos und Kambodscha die Kommunisten die Macht.

Einen Tag, bevor die Soldaten der DRV in Sai Gon einmarschierten, begannen die Amerikaner mit einer schnell und hektisch organisierten Evakuierung ihrer noch im Land verbliebenen Staatsbürger und Verbündeten.

Am 30. April 1975 stürmten nordvietnamesische Soldaten den Präsidentenpalast. Präsident Van Minh kapitulierte im Namen Südvietnams. Der letzte amerikanische Militärhubschrauber verließ fluchtartig das Dach der amerikanischen Botschaft. Damit war nicht nur der amerikanische bzw. der Vietnamkrieg beendet, sondern auch die 30-jährige Zeit der Befreiungskriege.

Das unabhängige Vietnam (1975–2008)

Von der Wiedervereinigung bis zur Erneuerung (1975–1986)

Die Krise nach dem Krieg

Nachdem die regulären Truppen der DRV in Sai Gon einmarschiert waren, herrschte in der Bevölkerung Freude über das Kriegsende. Doch einen Plan für die Zeit nach der Übernahme schienen die neuen Machthaber nicht zu haben. Banken schlossen für viele Tage. Es gab kleinere Unruhen. Vor allem die Hoa Hao kämpften weiter. In der Stadt kam es zu Plünderungen in den Häusern derer, die geflohen waren. Vielfach folgten daraufhin standesrechtliche Erschießungen. Volkstribunale, waren die erste Maßnahme, der Anarchie entgegen zu treten, wenngleich auch sie Todesurteile verhängten.

Anfänglich sprachen sich viele Parteimitglieder für einen langsamen, sich über mindestens fünf Jahre erstreckenden Wiedervereinigungsprozess aus. Zu groß schien vor allem den Widerstandskämpfern aus dem Süden die Kluft zwischen den beiden Landesteilen. Die provisorische Revolutionsregierung verwaltete zwar pro forma den Süden, doch die Weisungen erhielt sie aus dem Norden. Immer mehr Kader, die *can bo* genannten kommunistischen Funktionäre aus dem Norden, besetzten zudem die offiziellen Stellen, ohne eine entsprechende Ausbildung zu haben. Entgegen allen Hoffnungen der Südvietnamesen kam es bereits ein Jahr nach der Machtübernahme zu einer gemeinsamen Regierung.

Der im Pariser Abkommen anvisierte Versöhnungsrat wurde nie einberufen.

Der Süden wird kommunistisch

Im April 1976 gewannen die Kommunisten in allen Teilen des Landes mit großer Mehrheit die Wahl. Die neue Nationalversammlung beschloss die **Wiedervereinigung**, die am 2. Juli 1976 in Kraft trat: Das Land nannte sich nun Sozialistische Republik Vietnam (SRV). Als Hauptstadt wurde Ha Noi gewählt. Zu Ehren des ersten Präsidenten wurde Sai Gon in Ho-Chi-Minh-Stadt umbenannt.

Auf dem kurz darauf stattfindenden 4. Parteitag beschlossen die Regierenden, in den nächsten vier Jahren die „Sozialistische Umgestaltung der Produktionsverhältnisse im Süden" zu vollziehen. Im Sommer 1977 wurde mit der **Kollektivierung** der privaten Landwirtschaft begonnen. Das Land wurde verstaatlicht, die Menschen umgesiedelt und in Produktionsgenossenschaften zusammengeschlossen. 1978 wurde der private Handel verboten. Die Wirtschaft, die im Süden vielfach aus Dienstleistungen, u. a. auch Prostitution, bestand, brach zusammen, als die amerikanischen Gelder versiegten. Folge der wirtschaftlichen Umgestaltung war eine ökonomische Krise. Wegen des amerikanischen Wirtschaftsboykotts bekam das Land keine internationalen Kredite und war allein von den Zahlungen der Sowjetunion abhängig (die 1991 eingestellt wurden). Viele Menschen flohen vor der Armut und dem Hunger aufs Meer (s. Kasten).

Flüchtlinge auf schwankenden Booten

In den Jahren zwischen 1975 bis fast zur Jahrtausendwende flohen 840 000 Menschen aus Vietnam. Etwa 750 000 von ihnen fanden Asyl in Übersee, und viele sind heute amerikanische, australische oder auch deutsche Staatsbürger. Sie und ihre Familien werden von den Vietamesen Viet Kieu genannt: Auslandsvietnamesen.

Im Jahr 1979 bot sich der Weltöffentlichkeit ein erschütterndes Bild: Auf dem Höhepunkt der Flüchtlingswelle wurden die Boat People überall bekannt. Zu hunderttausenden flohen die Menschen aus Vietnam. In klapprigen Fischerbooten gelangten etwa ein Drittel der Flüchtlinge in die sicheren Häfen vor der Küste Hongkongs, anderer südostasiatischer Staaten oder Australiens. Der Rest starb auf offener See: wurde Opfer von Taifunen, skrupellosen Piraten oder verhungerte.

Die erste Fluchtwelle

Gleich nach der Wiedervereinigung verließen die ersten Menschen das Land über das Meer – die meisten von ihnen Verbündete des alten Regimes und der Amerikaner aus dem Süden. Auch einige Nationalisten und von der Skrupellosigkeit des neuen Regimes abgeschreckte Viet Cong waren dabei. Als die Kommunisten 1978 mit der Verstaatlichung der Wirtschaft begannen, packten die Chinesen des Südens ihre Habseligkeiten zusammen und flohen. Die Stimmung gegen diese Volksgruppe wurde immer aufgeheizter. Spätestens als sich 1979 die Spannungen mit China verschärften, flohen auch die chinesischen Vietnamesen aus dem Norden. In den folgenden Jahren verschlimmerten Missernten die Lage aller Vietnamesen derart drastisch, dass sich viele als Wirtschaftsflüchtlinge auf den Weg in die Ferne machten.

Die Vereinten Nationen nahmen sich des Problems an und organisierten ein Flüchtlingsprogramm, das **Orderly Departure Programm**. 200 000 Menschen konnten die überfüllten Auffanglager verlassen: Ihnen wurde Asyl gewährt. Im Zuge dieses Programms wurden im Laufe der Zeit etwa 500 000 Menschen umgesiedelt, teils nach Amerika, teils in einen der anderen 40 Staaten, die bereit waren, die Menschen aufzunehmen.

Die Cap Anamur

Rupert Neudeck, ein deutscher Journalist, charterte mit Gleichgesinnten den Frachter *Cap Anamur* und richtete darauf ein Hospitalschiff ein.

Umerziehung nach dem Krieg

Nach der Wiedervereinigung kam es zu keiner Versöhnung der Kriegsparteien aus dem Norden und dem Süden. Der dafür geplante Nationale Versöhnungsrat wurde nicht einberufen, und auch die Bitte der südvietnamesischen NLF, die Landesteile einander langsam anzunähern, wurde abgeblockt. Stattdessen wurden die ehemaligen Feinde in Umerziehungslager gesteckt. Im tiefen Dschungel lebten sie in ärmlichen Verhältnissen bei schlechter Ernährung. Viele mussten Bäume fällen und sich Schulungen durch nordvietnamesische Kader unterziehen.

Neben Freunden der Amerikaner wurden auch Buddhisten, Intellektuelle und alle, die nicht der Parteilinie entsprachen, in diesen Lagern umerzogen.

Krieg in Kambodscha (1979)

Das Terrorregime Pol Pots, das sich im Zuge des amerikanischen Kriegs in Kambodscha etablieren konnte, begann drei Wochen vor dem Fall Sai Gons mit dem Einmarsch der Roten Khmer in Phnom Penh. Schon bald suchte Pol Pot an den Grenzen Streit mit den neuen, ebenfalls kommunistischen Herrschern von Vietnam. Er wollte sich die Gebiete im Mekong-Delta und nördlich von Ho-Chi-Minh-Stadt, die einst zum Großreich von Angkor gehört hatten, einverleiben. Da Pol Pot international unter dem Schutz Chinas stand, mischte sich keine Macht ein – außer Vietnam, das seinen Herrschaftsbereich bedroht sah. Mit dem Ziel, Pol Pot zu stürzen und eine Regierung zu installieren, die nicht gegen Vietnam opponierte und die Grenzen akzeptierte, marschierte die

Dank zahlreicher Spenden und einem Team freiwilliger Helfer (Ärzte, Techniker, Pfleger) konnte das Schiff ab Mitte August 1979 den Bootsflüchtlingen im Südchinesischen Meer helfen. Neudeck plante nicht nur die Rettung, sondern auch die Aufnahme der Flüchtlinge in Deutschland. Die deutschen Behörden stellten sich anfangs quer, befürchteten sie doch, Neudeck würde mit seiner Aktion Menschen zur Flucht animieren. Der Druck der deutschen Bevölkerung führte jedoch zu einem tragbaren Kompromiss für beide Seiten: Ähnlich der heutigen Asylpraxis durften Menschen, die erstmals von der *Cap Anamur* aufgefischt wurden, Asyl beantragen. Hatte bereits ein Boot einer anderen Nation geholfen, konnten diese Menschen in Deutschland kein Asyl beantragen. In drei Jahren retteten Neudeck und sein Team 9500 Menschen. Als die BRD im Juli 1982 einen Aufnahmestopp verfügte, mussten sie die Arbeit vorübergehend einstellen. Prominente Unterstützer wie Heinrich Böll und Alfred Biolek und der Druck der Bevölkerung auf die Regierenden sorgten jedoch dafür, dass die Rettungsaktionen bis 1986 fortgeführt und weitere 1000 Menschen gerettet werden konnten.

Die zweite Flüchtlingswelle

Nach 1987 waren es vor allem verarmte Vietnamesen, die den Weg über das Meer in eine bessere Zukunft suchten. In Hongkong landeten erneut 34 000 Flüchtlinge. Insgesamt befanden sich dort im Jahr 1987 56 000 Menschen in Lagern. Ein Auswahlverfahren musste gefunden werden, um Wirtschaftsflüchtlinge von politisches Asyl Suchenden unterscheiden zu können. Die Regierungen setzten auf freiwillige Rückkehr – mit dem Versprechen, dass von Vietnam aus Ausreiseanträge nach Amerika gestellt werden könnten. 1998 wurde dieses Versprechen wahrgemacht und alle, die Beziehungen zu Amerika nachweisen konnten, durften sich dort ansiedeln.

Bei den „freiwilligen" Rückführungsprogrammen kam es allerdings zu Auseinandersetzungen, denn nicht alle wollten nach Vietnam zurückgehen. Da jedoch auch im Land selbst etwas unternommen wurde, hatten viele Rückkehrer durchaus eine Perspektive. Die EU etwa stellte Hilfe bei der Arbeitsbeschaffung und für Ausbildungsprogramme zur Verfügung. Ende 1997 waren dann fast alle Flüchtlinge umgesiedelt oder zurückgekehrt.

vietnamesische Armee am Weihnachtstag 1978 mit etwa 120 000 Soldaten in Kambodscha ein. Am 7. Januar 1979 eroberten sie Phnom Penh. Bereits einen Tag später richteten sie den „Revolutionären Volksrat" ein, der von Vietnam abhängig regieren sollte.

Pol Pot wurde in die Berge vertrieben und führte von hier aus einen Guerillakrieg gegen den kambodschanischen Staat. Truppen der Vietnamesen blieben bis 1989 in Kambodscha stationiert. In diesem Konflikt starben 50 000 vietnamesische Soldaten, die meisten Wehrpflichtige aus dem Süden.

China protestiert mit Kampftruppen

China war dieses Engagement nicht recht. Es befürchtete einen zu starken vietnamesischen Staat, der wiederum die Vormachtstellung der Sowjetunion festigen könnte. Denn die Sowjetmacht war es, die Vietnam in dieser Epoche mehr unterstützte als China. Die Volksrepublik reagierte auf den Einmarsch Vietnams in Kambodscha daher am 17. Februar 1979 mit einer Strafexpedition und marschierte in den Norden Vietnams ein. Es kostete die Chinesen einige Zeit, in die Grenzorte vorzudringen. Die Sowjetunion protestierte gegen diese Aktion und schickte Vietnam erneut Waffen. Nach drei Wochen war dieser Krieg vorbei. Beide Parteien beanspruchten den Sieg für sich. Ab dem 16. März zogen sich die chinesischen Truppen zurück. Beide Seiten hatten herbe Verluste zu beklagen. Einen richtigen Friedensvertrag über den Grenzverlauf gibt es bis heute nicht. Nachdem sich der Konflikt auf der Weltbühne zwischen China und der Sowjetunion durch die Umwälzungen in den sozialistischen Ländern entspannte, besserte sich auch das Verhältnis Vietnams zu China.

Von Doi Moi bis heute (1986–2008)

Wirtschaftsreformen

Angesichts der sich auflösenden sozialistischen Staaten in der Welt und der eigenen wirtschaftlichen Situation sah sich auch die Regierung Vietnams zu wirtschaftlichen Veränderungen gezwungen. Noch war die Sowjetunion wichtigstes Geberland, und jährlich flossen von dort 2 Mill. Dollar nach Vietnam, ohne die das Land nicht existieren konnte. 1985 kam es zu einer großen Hungersnot. Die Inflation kletterte auf 775 %, doch die amtierende Regierung widersetzte sich den Reformbestrebungen der jungen Generation. 1986 starb Le Duan und machte Platz für eine neue Riege von Politikern. Der Reformpolitiker Nguyen Van Linh übernahm das Amt des Generalsekretärs. Die neue Regierung leitete auf dem folgenden 6. Parteitag sogleich marktorientierte wirtschaftliche Reformen ein. **Doi Moi**, „Erneuerung", lautete das Ziel. Gesucht wurde ein Modell, das die Planwirtschaft mit der Marktwirtschaft koppelte, die Wirtschaft ankurbelte und damit den Lebensunterhalt der Menschen gewährleistete. Es wurde dezentralisiert und privatisiert. Die kollektive Landwirtschaft wurde durch die private Bewirtschaftung auf staatlichem Grund ersetzt. Doi Moi sagte auch der Korruption den Kampf an (ein Kampf der bis heute nicht gewonnen ist). Und auch die Presse bekam mehr Spielraum. Dieser wurde jedoch wieder eingeschränkt, als der Ostblock 1989 zusammenbrach. Der Tourismus wurde als Einnahmequelle erkannt und forciert.

Internationale Beziehungen

International anerkannt wurde Vietnam, nachdem es 1989 seine Truppen aus Kambodscha abzog und zu Beginn der 90er-Jahre den Amerikanern half, ihre vermissten Soldaten zu finden. Im Jahr 1993 begannen unter Ministerpräsident Vo Van Kiet internationale Gelder zu fließen, das Handelsembargo wurde 1994 aufgehoben, und am Jahresende hatte Vietnam nur noch 5 % Inflation zu verzeichnen.

Doch Ende der 1990er-Jahre erlahmte der Aufschwung. Es kam zu Nahrungsmittelengpässen und darauf folgenden Demonstrationen. Im Juli 1997 schuf ein Regierungswechsel einen erneuten Aufbruch: **Pham Van Khai** wurde Regierungschef und brachte in den zwei folgenden Amtsperioden die Wirtschaft wieder in Schwung.

In den über 20 Jahren, die seit der Erneuerung vergangen sind, sank die Zahl der Menschen, die mit weniger als einem Dollar am Tag auskommen müssen, von 51 auf weniger als 8 %. Viele Vietnamesen, die lange im Ausland gelebt haben, kommen zurück und beginnen ein neues Leben in Vietnam.

1997 kam es zu einem wichtigen Regierungswechsel, der einmal mehr junge Politiker an die Macht brachte. Diese zeigten sich weltoffen und konnten den Anschluss an die Weltgemeinschaft weiter vorantreiben. Wichtig für das Ansehen und die Bedeutung Vietnams auf der Weltbühne waren aber vor allem politische und wirtschafltiche Zusammenkünfte, so auch das Treffen der APEC in Ha Noi im November 2006. Im Mittelpunkt der Verhandlungen stand dabei die wirtschaftliche Zusammenarbeit der Mitgliedsstaaten.

Heute befindet sich Vietnam auf dem besten Wege, eine Rolle als industrialisierte Nation auf der Weltbühne zu spielen. Stolpersteine hierzu sind derzeit die immer wieder öffentlich angeklagten Menschenrechtsverletzungen und die Tatsache, dass die politische Meinungsfreiheit stärker eingeschränkt wird, als es auf den ersten Blick scheint.

Regierung und Politik

Das erste Mal ausgerufen wurde die Unabhängigkeit und mit ihr die demokratische Republik Vietnam Ende des 2. Weltkriegs am 2. September 1945 von Ho Chi Minh. Russland und China erkannten die Republik offiziell an, die Regierungen des Westens hingegen nicht. Es folgten 30 Jahre Freiheitskampf im französischen und amerikanischen Krieg. Nach der Wiedervereinigung 1975 wurde am 2. Juli 1976 die *Cong Hoa Xa Hoi Chu Nghia Viet Nam,* die Sozialistische Republik Vietnam, proklamiert. Diese Republik ist international anerkannt und wird als unabhängiger sozialistischer Einparteienstaat regiert.

Der Einparteienstaat

Artikel 4 der vietnamesischen Verfassung vom April 1992 legt fest, dass nur eine einzige Partei den Staat und die Gesellschaft führt: Dies ist die 1930 gegründete *Dang Con San Viet Nam,* die Kommunistische Partei Vietnams. Daneben gibt es Organisationen, wie die Frauenunion (s. S. 175), den Jugendverband und die Kriegsveteranenvereinigung, die aber keine verbriefte politische Macht haben, sondern nur als Teile der Partei die Interessen bestimmter Gesellschaftsgruppen vertreten und Einfluss auf die Meinungsbildung ausüben.

Auf Parteitagen, den sogenannten Parteikongressen, die alle fünf Jahre stattfinden, wird der Fünfjahresplan für die nächste Legislaturperiode festgelegt, der die Grundzüge der Politik in dieser Zeit bestimmt und die Ziele formuliert, die dann auf lokaler Ebene umgesetzt werden. Der Parteikongress wählt auf seiner Sitzung zudem die 161 Mitglieder des Zentralkommitees. Aus dieser Gruppe rekrutiert sich das 18-köpfige **Politbüro** unter dem Vorsitz des Generalsekretärs.

Ein besonders wichtiger Parteitag, der noch heute die Politik des Landes bestimmt, fand 1986 statt: Auf diesem 6. Parteitag wurde die Politik der Erneuerung, Doi Moi, beschlossen und damit ein Wandel in Wirtschaft und Gesellschaft eingeleitet (s. auch S. 172, Geschichte).

Die Kommunistische Partei Vietnams

Am 3. Februar 1930 wurde die KPV unter dem Namen „Kommunistische Partei Indochina" gegründet. Die Partei leitete unter ihrem Anführer Ho Chi Minh erfolgreich die Augustrevolution und führte das Land in die Unabhängigkeit. Nach weiteren neun Jahren Kampf gegen Frankreich konnte sie sich im Norden des Landes unter dem Namen PWV „Partei der Werktätigen Vietnams" als politische Macht etablieren und regierte den Norden sozialistisch. Die Partei setzte ihren Kampf für die Vereinigung der beiden Landesteile fort und kämpfte gegen die USA und das Marionettenregime im Süden. Nach der Wiedervereinigung 1976 wurde sie in KPV umbenannt. 1986 setzte sie sich mit Doi Moi das Ziel, den Zusammenbruch des Sozialismus zu verhindern. Während dieser in den Bruderstaaten der Welt nicht aufzuhalten scheint, sucht die KPV ihren eigenen Weg. Heute hat sie etwa 2,8 Mill. Mitglieder, versteht sich als Vertreter aller Arbeiter und führt das Land in marxistisch-leninistischer Tradition. Ein Selbstporträt der Partei findet sich auf deren offizieller Homepage unter 💻 www.cpv.org.vn.

Die Nationalversammlung

Die Nationalversammlung *Quoc Hoi* ist die Legislative und höchste politische Instanz. Ihre 500 Mitglieder werden alle fünf Jahre vom Volk gewählt. Die Wahl zur 12. Nationalversammlung fand am 20. Mai 2007 statt. Bei dieser Wahl standen so viele Kandidaten zur Wahl wie nie zuvor. Für jeden Sitz bewarben sich im Durchschnitt etwa 1,75 Kandidaten. Nicht mehr alle, die sich zur Wahl stellen, sind Mitglieder der Partei, doch werden alle Anwärter vorher auf ihre Staatstreue getestet.

Von den 230 Unabhängigen, die sich selbst nominierten, wurden 30 zugelassen. Eine loyale Opposition ist gewollt (im derzeitigen Parlament sind 8,7 % nicht Parteimitglieder), doch ist auch in Zukunft nicht geplant, andere Parteien zuzulassen.

Wähler an die Urnen

Die Wahlbeteiligung lag 2007 bei stolzen 99,6 %. Die öffentlich verkündete Botschaft „Wählen ist das Recht und die Pflicht eines jeden Bürgers" schallte am Tag der Wahl mahnend aus den Lautsprechern. Die hohe Wahlbeteiligung ist zum einen auf die soziale Kontrolle durch die Nachbarn zurückzuführen. Zum anderen ist sie der Praxis geschuldet, die Wahlkarte an befreundete Wahlgänger abzugeben und diese für sich mitwählen zu lassen.

Erwähnenswert ist, dass sich in sieben Wahlbezirken die Wähler verweigerten, und infolgedessen sieben Sitze nicht vergeben werden konnten. Die Wahlbeteiligung in diesen Bezirken war zu gering bzw. kein Kandidat bekam die nötigen 50 % der Wählerstimmen. Es scheint, als seien die Kandidaten bewusst abgewählt worden; einige Gescheiterte hatten vorher Schlüsselpositionen inne und wurden als Ausschussvorsitzende im neuen Parlament gehandelt. Nur wenige Kandidaten wurden mit breiter Zustimmung gewählt. Die meisten konnten gerade einmal 60–70 % der Wähler von sich überzeugen. Besonders gut war das Ergebnis von Premierminister Nguyen Tan Dung, der mit 99 % der Stimmen seines Wahlkreises gewählt wurde.

Der Frauenanteil des derzeitigen Parlaments beträgt 25,7 % (in Deutschland sind es 31,8 %). 72 % der Abgeordneten des 12. Parlaments wurden erstmalig gewählt. Etwa 30 % der Volksvertreter sind hauptberuflich Parlamentarier und immerhin zwei Drittel haben einen Universitätsabschluss.

Die Nationalversammlung wählt den **Staatspräsidenten** und die **Minister**. Sie bestimmt zudem die **Richter**. Als Verfassungs- und Gesetzgeber ist sie zuständig für die Innen- und Außen-, die Wirtschafts-, Verteidigungs- und Sicherheitspolitik. Das Parlament trifft sich zweimal jährlich, um Gesetze zu verabschieden und ggf. die Verfassung zu modifizieren. Viele Gesetzesvorlagen kommen vom Politbüro, andere von den Fachministern. Bisher bleibt in den insgesamt nur vier Wochen Sitzung pro Jahr nicht viel Zeit, Gesetzesvorhaben zu diskutieren. Eine Reform des Gesetzgebungsprozesses wird jedoch diskutiert.

In den letzten Jahren versucht das Parlament, an Bedeutung zu gewinnen, indem es die Gewaltenteilung und damit die Unabhängigkeit vom Politbüro vorantreibt. Da die gegenseitige Kontrolle der Institutionen in Vietnam keine Tradition hat, wird dieser Prozess noch Zeit benötigen. Da seit 2004 auch die Verabschiedung des Haushalts und die Kontrolle des Rechnungshofs in die Parlamentsaufgaben fallen, hat sich der Einfluss der Nationalversammlung aber bereits erweitert. Und die Parlamentarier machen auch von ihrem Recht Gebrauch, die Minister und den Premier zu befragen und auf die herrschende Korruption auf oberster Ebene aufmerksam zu machen.

Präsident und Minister

Der Staatspräsident ist das Oberhaupt des Staates. Er wird alle fünf Jahre von den Mitgliedern der Nationalversammlung aus deren Reihen gewählt. Desweiteren wird in der Nationalversammlung der Ministerrat gewählt, der als Exekutive fungiert und die laufenden Regierungsgeschäfte wahrnimmt. Im Ministerrat sind auch der Premier und dessen Vize vertreten. Es gibt 17 Ministerien und 12 ministerielle Institutionen.

Das Staatsoberhaupt ist seit Mai 2007 Präsident Nguyen Minh Triet. Er wird vertreten von der Vizepräsidentin Nguyen Thi Duan. Als Regierungschef fungiert Premierminister Nguyen Tan Dung. Außenminister ist Pham Gia Khiem.

Verwaltung

Die im Parlament erlassenen Gesetze und die Vorgaben des Parteitags werden auf lokaler Ebene umgesetzt und kontrolliert. Vietnam ist in 57 Provinzen und die vier zentral verwalteten Städte Ha Noi, Ho-Chi-Minh-Stadt, Hai Phong und Da Nang aufgeteilt. Diese 61 administrativen Einheiten werden weiter in Städte und Bezirke gegliedert und diese wiederum in Kreise (Distrikte) und Gemeinden. Die Staatsmacht wird durch *Uy Ban Nhan Dan*, die lokalen Volksräte, repräsentiert. Diese haben die Aufgabe, die Gesetze umzusetzen und zu schützen. Die Volksräte werden von den Bewohnern direkt gewählt. Exekutivorgane der Volksräte sind die Volkskomitees – auch diese werden von der lokalen Bevölkerung direkt gewählt.

Die Judikative

Die höchste juristische Institution ist das Obervolksgericht. Es besteht aus Richtern, Staatsanwälten und Gerichtssekretären. Über das Volksgericht wachen ein Präsident und sein Stellvertreter. Richter und Sekretäre werden von der Nationalversammlung gewählt. Die Generalstaatsanwaltschaft ist für die Überwachung der Gesetze zuständig. Dies gilt für staatliche wie private Institutionen und für jeden einzelnen Bürger.

Bisher gibt es wenig Rechtssicherheit im Land. Im Zuge von Doi Moi wurden viele neue Gesetze erlassen, die meisten davon, um die Wirtschaft anzukurbeln. Viele Vorgaben und staatlichen Restriktionen wurden gelockert, sodass sich der Wandel auch in der Gesellschaft allgemein bemerkbar macht. Betroffen sind z. B. die künstlerische Freiheit, der Tourismus (der heute nicht mehr staatlich gelenkt wird), die Möglichkeit der Kirchen, sich in der Bildung und Sozialarbeit zu engagieren, und die Diskussion über die Todesstrafe. Sie soll bald nicht mehr auf Eigentumsdelikte oder Betrug angewendet werden.

Die Frauenunion

Die Frauenunion wurde 1930 gegründet und hat heute etwa 11 Mill. Mitglieder. Ihre wichtigsten Themen sind Basisdemokratie und Mitbestimmung mit dem Ziel, die Korruption einzudämmen. Wie auch die Gewerkschaft und der Jugendverband ist die Frauenunion Teil des Einparteienstaats. Die Frauen schaffen es dennoch seit der Gründung der Union immer wieder, sich erfolgreich Gehör zu verschaffen und auf das System Einfluss zu nehmen. Nicht zuletzt, weil das Netz der Massenorganisation bis in die kleinsten Distrikte, Kommunen und Dorfgemeinschaften hineinreicht – also dort, wo Politik umgesetzt wird und aktive Hilfe direkt Wirkung zeigt. So unterstützen die Mikrokreditprogramme der Organisation etwa 2 Mill. Frauen bei der Existenzgründung. Auf dem Land führt die Bewegung zudem Schulungen durch, um die Frauen zu motivieren, sich aktiv an der Politik zu beteiligen, und fördert so die Basisdemokratie.
Die Frauenunion berät die Regierung in Fragen der Gleichberechtigung. Noch immer sind nur wenige Frauen in der Politik – nach den letzten Wahlen nur knapp 26 %. Die Frauenunion fordert eine Quote von mindestens 30 %, doch wurde dieses Vorhaben erst kürzlich erneut abgeschmettert. Ein wichtiges Thema der Union ist auch die Rente für Frauen, die aufgrund eines geringen Einkommensniveaus und eines früheren Renteneintritts mit 55 Jahren (fünf Jahre früher als die Männer) oft so klein ausfällt, dass die Frauen davon selten leben können. Mehr zum Thema in englischer Sprache unter 💻 http://hoilhpn.org.vn/?Lang=EN.

Die Entscheidungen der Justiz bleiben jedoch stark von den Wünschen der Partei geprägt – Justitia ist schwach in Vietnam und noch nicht eine übergeordnete unabhängige Macht.

Militär und Polizei

Etwa 1 Mill. Soldaten zählt die Vietnamesische Volksarmee, die nach 1975 von General Giap gegründet wurde. Es gibt eine allgemeine Wehrpflicht für Männer ab 18 Jahren. Die Technik der Armee ist weitgehend veraltet. Am besten ausgerüstet ist die Luftwaffe. Partei und Militär sind eng miteinander verflochten, sodass das Militär keine Gegenmacht zur politischen Klasse darstellt. Ein Militärputsch ist daher nicht zu befürchten.

Viele Polizisten Vietnams gelten als korrupt, und nicht selten kommt es zu Übergriffen, wenn sie z. B. die Maßgaben der Politik gegenüber Minderheiten umsetzen. Westlichen Besuchern gegenüber sind die meisten Polizisten freundlich, verlangen jedoch oft ein Bußgeld für kleinere oder angebliche Vergehen im Straßenverkehr – sofern sie Englisch sprechen (s. S. 112, Verhaltenstipps).

Außenpolitik

Nach dem Sieg der Kommunisten verhängten die USA ein Wirtschaftsembargo, das bis 1994 aufrechterhalten wurde. Auch der Krieg in Kambodscha, der auf den amerikanischen Krieg folgte, hatte wirtschaftliche Nachteile für Vietnam, denn die angespannte Beziehung zu China führte zu einem Grenzkrieg und stoppte den Handel auch mit dieser Weltmacht.

Politische und wirtschaftliche Beziehungen mit Deutschland

Die Beziehungen der beiden Staaten befinden sich auf einem historischen Höchststand. In den letzten Jahren besuchten etliche ranghohe Politiker, darunter auch die deutsche Bundeskanzlerin Angela Merkel, das Land.

Entwicklungshilfe

Über 800 Mill. Euro **Entwicklungshilfe** hat Deutschland nach offiziellen Angaben Vietnam seit 1990 zugesagt. Hinzu kommen die Zahlungen Deutschlands an internationale Organisationen wie die Weltbank und die Vereinten Nationen und jene der EU. Die deutsche Entwicklungsarbeit konzentriert sich auf drei Schwerpunktbereiche: die nachhaltige Wirtschaftsentwicklung, die Umweltpolitik (Schutz und nachhaltige Nutzung natürlicher Ressourcen, insbesondere Abwasser- und Abfallentsorgung) und die Verbesserung der Gesundheitsversorgung.

Mit dem **Aktionsprogramm 2015** strebt die Bundesregierung die Einkommenserhöhung und die Verbesserung im Gesundheits- und Umweltbereich an. Vietnam ist eines der Pilotländer des Programms, da die armen Regionen des Landes nicht am Aufschwung teilhaben und die Schere zwischen Arm und Reich immer größer wird. Für die Planung dieser Vorhaben ist das Bundesministerium für wirtschaftliche Zusammenarbeit und Entwicklung zuständig. Die Programme werden von Projektgruppen geleitet. Der Deutsche Entwicklungsdienst (DED) setzt sich z. B. für den Ausbau beruflicher privatwirtschaftlicher Bildungssysteme ein. Mit deutscher Hilfe sollen z. B. Fachkräfte geschult werden, die sich später ggf. selbstständig machen können.

Wirtschaftliche Zusammenarbeit

Deutschland ist innerhalb der EU der größte Handelspartner Vietnams. Der Export nach Vietnam ist noch relativ gering. Meist werden Maschinen geliefert. Der Import nach Deutschland ist dagegen eine entscheidende Größe: Nach den USA, Japan, Australien und China sind die Deutschen fünftgrößter Abnehmer. Wichtigste Güter sind Schuhe und Bekleidung, Kaffee, Pfeffer und Fisch.

In verschiedenen Wirtschaftssektoren arbeiten die beiden Staaten eng zusammen, um die Entwicklung Vietnams voranzutreiben. So fördert die Konrad-Adenauer-Stiftung den umweltfreundlichen Nahverkehr in Ha Noi. Neben Geld sind es vor allem deutsche Experten, die hier helfen sollen. Siemens bewirbt sich gerade um den Bau der U-Bahn in Ho-Chi-Minh-Stadt.

Die Kooperation der beiden Länder wird auch im Bereich der Wasser- und Umwelttechnologie intensiviert. Ziel ist es, die Menschen in abgelegenen Orten mit sauberem Trinkwasser zu versorgen. Bisher kommen nur etwa 20 % der Menschen in diesen Genuss.

Doch 1991 wurden die diplomatischen Beziehungen zum großen Nachbarn wieder aufgenommen. In den 90er-Jahren brach die Isolation des Landes allmählich auf und Vietnam konnte der Weltbank, dem Internationalen Währungsfonds, der Asiatischen Entwicklungsbank, der ASEAN und der APEC beitreten. Seit 2007 ist Vietnam 150. Mitglied der.

Für Konflikte auf internationaler Ebene sorgen die Spratly-Inseln im Südchinesischen Meer (s. S. 122, Geografie).

Immer mal wieder gerät Vietnam in die internationale Kritik wegen Verstößen gegen die Menschenrechte. Politische Konflikte hat dies in letzter Zeit jedoch nicht mehr ausgelöst (s. dazu www.amnestyinternational.de).

Wirtschaft

BIP (Bruttoinlandsprodukt): US$232,2 Milliarden
Pro-Kopf-Einkommen: US$835
Bevölkerung unterhalb der Armutsgrenze: 28,9 %
Inflationsrate: 12 %
Import: US$34,44 Milliarden
Import-Partner: China 13,7 %, Taiwan 11,3 %, Südkorea 10,8 %, Japan 10,5 %, Singapur 10,5 %, Thailand 6,2 %, Hongkong 4 %
Exporte: US$31,34 Milliarden
Export-Partner: USA 20,2 %, Japan 13,6 %, China 9 %, Australien 7 %, Deutschland 5,9 %, Singapur 4,8 %, Vereinigtes Königreich 4,6 %

Vietnams Wirtschaft boomt wie derzeit kaum eine andere. Das Wirtschaftswachstum beträgt über 8 % – eine Größenordnung, die Vietnam bereits seit mehreren Jahren hintereinander vorweisen kann. Damit ist das Land eine der am schnellsten wachsenden Volkswirtschaften der Welt, in Asien nur noch hinter China gelegen.

Es sind vor allem die **Exporte** aus der verarbeitenden Industrie, z. B. Kleidung und Schuhe, die den Boom beschleunigen. Die Wachstumsraten lagen hier 2006 um 24 % höher als 2004, und der Absatz stieg auch in den letzten Jahren weiter an: in den ersten sieben Monaten 2007 erneut um 19,4 %. Etwa zwei Drittel aller Staatseinnahmen entstammen dem Export.

Ein Fünftel des Bruttosozialprodukts wird in Ho-Chi-Minh-Stadt erwirtschaftet – mit steigender Tendenz. Wirtschaftlich gesehen ist also die Metropole des Südens die Hauptstadt.

Doi Moi – die Politik der Erneuerung

Der Weg des Landes in die Weltwirtschaft begann Mitte der 80er-Jahre mit der Erneuerung Doi Moi. Bereits im September 1979 beschlossen die Delegierten auf ihrem 5. Parteitag eine Öffnung in Richtung Privatwirtschaft (China hatte diesen Schritt ein Jahr zuvor gemacht).

Markenwaren in Vietnam

Einen Markenschutz, wie wir ihn kennen, gibt es in Vietnam nicht. Obwohl die Regierung bemüht ist, das Problem der Produktpiraterie stärker zu bekämpfen, wird in der Praxis weiterhin kopiert. Als Besucher wird man damit konfrontiert, wenn Restaurants gleichen Namens und mit identischem Angebot nebeneinander bestehen und jedes den Anspruch erhebt, das Original zu sein. Nachgemacht sind auch die Andenken an den amerikanischen Krieg. Raubkopien, ob Bücher, DVDs, Markenschuhe oder Kleidung, finden sich offen zur Schau getragen an jeder Ecke. Die Polizei geht nicht dagegen vor – noch nicht. Es ist zu vermuten, dass die internationale Staatengemeinschaft nun, nach dem Eintritt Vietnams in die WHO, mehr Druck auszuüben gedenkt, damit das Markenrecht geschützt wird. Ob sich Vietnam jedoch wie China auf diesem Ohr einfach taub stellen wird, bleibt abzuwarten.

Einschränkend muss angemerkt werden, dass in Vietnam viel Outlet, also von den Herstellern nicht angenommene und reklamierte Ware, rechtmäßig verkauft wird. Ein Nike-Schuh kann daher auch echt sein – nur durch einen kleinen Fehler gelangte er in diesen Verkaufskreislauf. Ungeübte Augen können allerdings keinen Unterschied zwischen echt und unecht erkennen.

Prompt stiegen die Ernteergebnisse an, und auch der Handel und das Handwerk erlebten einen kleinen Aufschwung. 1985 folgte die Weltwirtschaftskrise und zwang zum Umdenken – auch im Bruderland Sowjetrepublik, wo die Zeit der Perestroika begann. Als der mächtige konservative Generalsekretär Le Duan (1976–1986) starb, war die Zeit reif für Veränderungen größeren Stils. Auf ihrem 6. Parteitag im Dezember 1986 beschloss die Regierung Doi Moi, was so viel wie „Neue Struktur" bedeutet. Kurz darauf folgte ein Gesetz, das ausländische Investitionen ins Land holen sollte. Die Landwirtschaft wurde teils privatisiert, indem das Familienvertragssystem eingeführt wurde. Seither ist es wieder die Familie, die die entscheidende Einheit in der Landwirtschaft darstellt. Das Feld gehört jedoch weiterhin dem Staat. Der neue Weg hatte Erfolg. Schon bald stieg das Pro-Kopf-Einkommen von US$130 im Jahr 1991 auf etwa US$390 Ende der 1990er-Jahre an. Heute liegt es bei über US$800. Das Wirtschaftswachstum betrug schon damals 7 %. 1994 wurde schließlich das US-Embargo aufgehoben. Auch wenn die wirtschaftliche Öffnung keinen Politikwechsel bedeutete, so hat sie doch das Ansehen und die Akzeptanz Vietnams auf der internationalen Handelsbühne verbessert.

Wichtig ist für die Zukunft vor allem der weitere Ausbau des Privatsektors, die Umstrukturierung defizitärer Staatsbetriebe, die Modernisierung des Bank- und Finanzsektors, die Realisierung einer effizienten Verwaltung und die Garantie für Rechtssicherheit (s. auch S. 175, Die Judikative).

Landwirtschaft

Betrachtet man die Zahl der Beschäftigten im größten Wirtschaftszweig (65 % der Bevölkerung arbeiten in der Land-, Forst- und Fischwirtschaft), dann ist Vietnam noch immer ein Agrarland. Doch die **Landwirtschaft** trägt nur noch 18 % zum Bruttoinlandsprodukt bei.

Hauptanbaufrüchte sind Reis, Süßkartoffeln und Maniok. 65 % des erwirtschafteten Reises kommt aus dem fruchtbaren Mekong-Delta – und auch 90 % des exportierten Überschusses stammen aus diesem Gebiet.

Streiks und die Gewerkschaft

Im Dezember 2007 betrug die Inflation 12 %. Die Regierung versuchte gegenzusteuern und beschloss die Anhebung der **Mindestlöhne** – in vietnamesischen Firmen auf 540 000 Dong (23,50 Euro) und in ausländischen Betrieben auf 800 000 Dong (35 Euro) pro Monat. Dennoch kam es zu Protesten und Streiks. Beispielsweise legten 14 000 Beschäftigte der südkoreanischen Schuhfabrik in Dong Nai die Arbeit nieder, um für höhere Löhne und Fahrtkostenzuschüsse zu protestieren. Tausende Arbeiter in anderen Betrieben streikten ebenfalls. Alles in allem wurde der Lohn um drei bis manchmal sogar 6,50 % angehoben.Es gibt in Vietnam auch eine Gewerkschaft, die jedoch bei derartigen Konflikten als Propagandainstrument der Regierung dient: Der stellvertretende Gewerkschaftsvorsitzende Nguyen Hoa Binh rief beispielsweise die Beschäftigten der Post, Telekommunikation, Banken und im Handel auf, die Produktqualität und Konkurrenzfähigkeit zu optimieren, damit sie den internationalen Integrationsprozess nicht gefährden.

Von hier kommt auch der Pfeffer, der weltweit nachgefragt ist: Vietnam ist der weltgrößte Pfeffer-Exporteur und nach Thailand und den USA inzwischen drittgrößter Reisexporteur der Welt (einige Statistiken führen Vietnam bereits an zweiter Stelle hinter Thailand). Zunehmend an Bedeutung gewinnt der Anbau und Export von Kaffee und Tee im zentralen Hochland. So hat sich Vietnam inzwischen zum drittgrößten Kaffeeexporteur der Welt entwickelt.

Die **Fischindustrie**, der Fang, die Zucht und die Verarbeitung von Fisch- und Meerestieren, ist Vietnams drittgrößter Devisenbringer (nach dem verarbeitenden Gewerbe und dem Verkauf von Gas und Öl). Der Nachteil: Immer mehr Farmen entstehen und zerstören die Ökosysteme der Mangrovenwälder bzw. verhindern deren Wiederaufforstung. Das Meer ist vielfach derart leer gefischt, dass sich nun die ersten Fischer zum Umdenken gezwungen sehen. In Long Xuyen gibt es seit neuerer Zeit Welse aus ökologischer Tierhaltung. Die Tiere mit dem Ökosiegel werden in größeren Gehegen gehalten, erhalten besseres Futter und keine Antibiotika (allenfalls homöopathische Medikamente). Es bleibt zu hoffen, dass dieser Geschäftszweig Geld einbringt, damit auch die anderen, schlecht geführten Farmen bald der Vergangenheit angehören.

Industrie

Wichtig für die vietnamesische Exportwirtschaft sind vor allem die Produktionsbetriebe für Kleidung, Schuhe und andere Konsumgüter. Dieser Industriesektor trägt derzeit bereits über 45 % zum Bruttoinlandsprodukt bei. Am einträglichsten sind die Industrien, die Stahl, Textilien, Schuhwaren, Zement und KFZ produzieren. Die Herstellung von Bekleidung und anderen Textilien ist neben der sehr stark exportorientierten Schuhindustrie besonders wichtig. 2006 kam die Schuhindustrie etwas ins Straucheln, als die EU-Kommission durch die Verhängung von Antidumping-Strafzöllen die europäischen Schuhhersteller zu schützen suchte. Viele Produktionsfabriken für Konsumgüter aller Art befinden sich im Süden im Gebiet von Can Tho und My Tho.

Gas und Öl

Mit Abstand die meisten Devisen werden durch den Verkauf von Rohöl und Gas eingenommen. Die Vorkommen wurden im Vietnamkrieg entdeckt. Bisher konnte sich noch kein ausländisches Unternehmen entschließen, den Bau von Raffinerien zu forcieren. Vor Jahren plante Total eine Investition von 1,2 Milliarden Dollar. Doch die Raffinerie durfte nicht nahe der Ölfelder errichtet werden, sondern sollte etwa 700 km davon entfernt an der Zentralküste stehen. Das passte dem Ölmulti nicht, und so kann Vietnam bis heute nur Rohöl verkaufen. Gefördert wird es von australischen und russischen Unternehmen.

Dienstleistungen

Dienstleistungen tragen immerhin zu 37 % zum Bruttoinlandsprodukt bei. Ein wichtiger Sektor ist hier der Tourismus.

Umweltverträglich reisen

Es kostet nicht viel Mühe, den Vietnam-Besuch umweltverträglich zu gestalten. Als Motto gilt: *Take nothing but pictures, leave nothing but footprints.* Hier einige Tipps:

- Wer eine Trekkingtour macht oder mit dem Boot unterwegs ist, kann die einheimischen Guides und Bootsleute darum bitten, nicht kompostierbaren Müll von einer Tour wieder mit nach Hause zurückzunehmen und dort sachgerecht zu entsorgen.
- Souvenirs aus bedrohten Pflanzen- und Tierarten wie wilde Orchideen, Schlangenleder, Tigerzähne, Bärentatzen, Affenköpfe und Krokodiltaschen werden nur angeboten, wenn sich dafür auch Abnehmer finden. Der Import nach Europa ist aufgrund des Washingtoner Artenschutzabkommens ohnehin verboten!
- Taucher, die sich auf Korallen stellen oder sie gar abbrechen, haben bereits ganze Riffe zerstört. Auch für Schmuck und andere Souvenirs werden Korallenbänke abgetragen, wodurch der Lebensraum zahlloser Meerestiere vernichtet wird. Das gilt auch für die zugegebenermaßen schönen großen Muscheln.
- Softdrinks und Bier gibt es meist in Pfandflaschen; wenn nicht, kann man Restaurantbesitzer danach fragen.
- Plastiktüten und überflüssige Verpackungen sind verzichtbar. Wer unterwegs ist, sollte den Müll nicht achtlos in die Landschaft werfen.
- In einigen Gebieten ist Wasser ein knappes Gut. Daher bitte sparsam mit dem kostbaren Nass umgehen. Touristen gelten in den Tropen als die größten Wasserverschwender!
- Wer in abgelegenen Regionen unterwegs ist und auf augenscheinliche Umweltzerstörungen trifft (illegale Abholzung, Müllentsorgung etc.), kann zu Hause mit Solidaritätsgruppen oder Umweltverbänden Kontakt aufnehmen.
- Wer die Entsorgung von ungeklärten Abwässern nicht hinnehmen möchte, sollte Betreiber von Resorts und Restaurants darauf ansprechen: Steter Tropfen höhlt den Stein.

Zahlreiche Helfer der Tourismusindustrie arbeiten in der Schattenwirtschaft, sodass ihre Einnahmen als Dienstleister gar nicht offiziell erfasst sind. Andere Sektoren wie Banken und Finanzdienstleister tragen weniger als 2 % zum Bruttoinlandsprodukt bei.

Tourismus

Der Tourismus gehört zu Vietnams boomenden Wirtschaftszweigen. Die Besucherzahlen steigen jährlich an. 1989 begann die Ära des Tourismus mit der Ausstellung der ersten Visa. Es kamen etwa 70 000 Besucher ins Land, 20 % davon waren Touristen. Heute reisen allein aus Deutschland etwa 100 000 Besucher jährlich nach Vietnam. Bisher galt das Land vor allem für kulturell interessierte Individualtouristen als attraktives Urlaubsziel. Neben dieser Klientel kommen in den letzten Jahren aber auch vermehrt Strandurlauber und Pauschaltouristen nach Vietnam. Das Angebot an Wellness-Oasen, Aktivitäten und luxuriösen Hotels nimmt ständig zu.

2005 wurde ein Gesetz für einen nachhaltigen Tourismus erlassen. Es beinhaltet Direktiven für umwelt- und sozialverträgliches Reisen. Die Bevölkerung soll stärker eingebunden und der Gewinn aus dem Tourismus gerechter verteilt werden. Das Gesetz sieht zudem enge Grenzen vor, um den Raubbau an der Natur zu stoppen. Ungenehmigte Hotelbauten sind seither „streng" untersagt und Verstöße werden häufiger geahndet als früher. Die Abwässer einer jeden Anlage müssen nun geklärt werden. Die Kontrolle dieses Gesetzes wird allerdings lax gehandhabt.

Religion

Die Religion Vietnams ist hauptsächlich von den Strömungen Chinas beeinflusst. Dazu zählen der Mahayana-Buddhismus, der Taoismus (auch Daoismus) und der Konfuzianismus. Geringer, aber nicht zu verleugnen, ist die Prägung aus dem indischen Raum – vor allem im Süden des Landes. Hier sind der Islam, der Hinduismus und der Theravada-Buddhismus anzutreffen. Seit dem 15. Jh. mischten auch westliche Geistesströmungen mit und brachten den Katholizismus und etwas später den Protestantismus ins Land. Politische und soziale Unruhen sorgten ferner Anfang des 20. Jhs. für die Bildung zweier neuer, rein vietnamesischer Religionen: des Caodaismus und des Hoa Hao-Buddhismus.

Nach der letzten statistischen Erhebung aus dem Jahr 1997 gibt es in Vietnam etwa 7,6 Mill. Buddhisten, 5 Mill. Katholiken, 400 000 Protestanten, 1,1 Mill. Caodaisten, 1,3 Mill. Hoa Hao und 93 000 Muslime.

Die geringe Zahl der Buddhisten ist irreführend, denn sie bezieht sich nur auf jene Menschen, die sich der reinen Lehre unterwerfen. Die Mehrzahl der Vietnamesen praktiziert jedoch eine Mischung aus Buddhismus, Animismus, Taoismus und Ahnenkult – in diesem Sinne befragt, bezeichnen sich etwa zwei Drittel aller Vietnamesen als Buddhisten. Die religiöse Mischung aus Taoismus, Konfuzianismus und Buddhismus wird auch als **Tam Giao**, dreifache Religion, bezeichnet.

Religionsfreiheit

Die Verfassung von 1992 garantiert allen Vietnamesen die freie Religionswahl und die uneingeschränkte Ausübung derselben. Das ist ein großer Fortschritt, denn die sozialistische Regierung hatte ab 1975 die Religionsausübung stark eingeschränkt, das Land für atheistisch erklärt, Pagoden und Kirchen schließen lassen und religiöse Anführer verfolgt. Mit Doi Moi verbesserte sich die Situation seit 1986 zwar, aber noch immer ist die Regierung jedweder Religion gegenüber sehr skeptisch eingestellt und darauf bedacht, keine Gruppierung zu mächtig werden zu lassen. Immer wieder kommt es zu Repressalien, wie z. B. Enteignungen. Auch konfessionelle Schulen unterliegen aus diesem Grund bis heute Einschränkungen und starker staatlicher Kontrolle. Auf die Ernennung von Würdenträgern, religiösen Lehrkräften oder die Veröffentlichung von Schriften übt die Politik ebenfalls Einfluss aus. Immer wieder wird berichtet, dass christliche Kinder noch heute in der Schule benachteiligt werden, denn sie gelten als Mitglieder „antirevolutionärer Organisationen" (s. auch S. 189, Christentum).

Ahnenkult

Egal ob ein Vietnamese Buddhist, Katholik, Anhänger einer anderen Religion oder Atheist ist: In jedem Fall wird er seine Ahnen verehren. Denn nach vietnamesischem Glauben leben die Ahnen in einer anderen Sphäre weiter. Haben sie keinen Platz, an dem sie geehrt werden und zur Ruhe kommen können, irren sie ziellos umher und werden zu bösen Geistern. Selbst die monotheistische Religion der Christen oder der auferlegte Atheismus der Kommunisten konnte den Ahnenkult nicht verdrängen.

In jedem Haus gibt es an zentraler Stelle einen Hausaltar – den Ahnenaltar. Hier werden die Ahnen der letzten fünf Generationen geehrt. Zu bestimmten Anlässen, wie z. B. dem Todestag eines Ahnen, dem Neujahrsfest Tet und an Thanh Minh (s. S. 67), wird der Altar gesäubert und mit besonderer Hingabe gepflegt. Es werden Räucherstäbchen angezündet, den Ahnen Geldscheine geschenkt (indem man Papiergeld verbrennt), Votivgaben (in der modernen Zeit z. B. kleine TV-Geräteattrappen oder Miniautos) und neue Kleidung dargebracht. Auch Festmahle werden den Ahnen regelmäßig dargeboten. Die Vorfahren werden außerdem bei allen für die Familie wichtigen Entscheidungen zu Rate gezogen.

Die Ahnen sind Teil der Geisterwelt. Wenn sie sich wohlfühlen, können sie der Familie helfen. Sie können ihr aber auch schaden, wenn sich keiner um sie kümmert. Für die Pflege des Altars und die Durchführung der Zeremonien ist das älteste männliche Familienmitglied zuständig. Stirbt ein Angehöriger der Familie, wird eine neue hölzerne Tafel auf dem Altar aufgestellt. 100 Tage nach der Beisetzung kehren die Ahnen ins Haus zurück und bewohnen ab diesem Zeitpunkt in der Tafel den Ahnenaltar.

Ohne Nachfahren

Wenn ein kinderloser Mensch stirbt, hat seine Seele keinen Ahnenaltar, also keinen Ort, an den sie zurückkehren kann. Um einem Umherirren der Seele vorzubeugen, bezahlen solche Menschen die Priester in den Tempeln, damit diese für sie beten. Oder sie veranlassen, dass sie nach ihrem Tod in eines der kleinen Schreinhäuschen *(cuong)*, die überall an den Straßen und auf den Feldern stehen, einziehen dürfen.

Animismus

Der Geisterglaube bestimmt nach wie vor das Alltagsleben. Die Menschen haben ein gespaltenes Verhältnis zu den Geistern, denn sie können beschützen, aber auch Unglück bringen. Allgemein unterscheidet man drei Geistertypen: Ahnen, ortsgebundene Territorialgeister und Naturgeister. Die Animisten teilen zudem das Universum in drei Sphären: Himmel, Erde und Menschheit. Über all diese Sphären wacht der Herr des Himmels, der Ong Troi genannt wird. Ihm stehen die Geister der Erde, der Berge und des Wassers zur Seite.

Vier Tiere sind wichtig für das System des Geisterglaubens:

Der **Drache** ist Repräsentant des Königtums; er symbolisiert Macht und Klugheit.

Der **Phönix** steht stellvertretend für die Königin und ist zuständig für Frieden und Schönheit.

Die **Schildkröte** gilt als Beschützerin des Reiches und steht für Langlebigkeit.

Der **Kylni**, ein Fabelwesen, das im Deutschen oft als Einhorn bezeichnet wird, repräsentiert Weisheit.

Abbildungen oder Statuen dieser Tiere finden sich in nahezu allen Pagoden und Heiligtümern. Daneben hat jedes Dorf und jede Stadt noch einmal ortsgebundene Schutzgeister. Diesen wird in den Tempeln und Gemeindehäusern gehuldigt. Dazu gehören auch die Gottheiten aus dem taoistischen Pantheon.

Buddhismus

Die wenigsten Vietnamesen leben den reinen Buddhismus. Viele verehren neben Buddha noch andere Götter, glauben an Geister und ehren die Ahnen. Der Buddhismus Vietnams ist daher eher eine Volksreligion, vermischt mit allen anderen prägenden religiösen Strömungen, die die Vietnamesen in den Buddhismus integriert haben. Daher finden sich auch in den buddhistischen Tempeln zahlreiche Götter des vietnamesischen Pantheons (Näheres zur Tempelarchitektur s. S. 194).

Aufgrund ihrer Geschichte genießen die Buddhisten Vietnams den Ruf, auf Missstände aufmerksam zu machen (s. S. 161, Die Brennenden Bonzen). Auch heute noch fordern die Mönche die Einhaltung der Menschenrechte und werden nicht müde, den Staat und seine Regierung zu kritisieren. Nachdem ab 1975 viele Bildungseinrichtungen geschlossen wurden, können heute die sozialen und pädagogischen Programme wieder vermehrt angeboten werden.

Die Grundzüge des Buddhismus

Die Grundlage des Buddhismus ist das Wissen, dass nichts beständig ist. Leben bedeutet, Leiden zu erfahren: Alter, Krankheit, Armut, Schmerz. Und da der Mensch immer wieder geboren wird, durchlebt er diesen Kreislauf stets neu. Der Buddhist weiß um die Regelmäßigkeit des Kreislaufs und richtet sein Verhalten danach aus, indem er versucht, Gutes zu tun und rechtschaffen zu leben. Allein schon die Absicht bewirkt Positives im nächsten Leben. Wer den Ursprung des Leidens und der Wiedergeburten erkennt, den die Buddhisten in der Gier, dem Hass und der Unwissenheit sehen, der kann sein Leben so ausrichten, dass er Erlösung findet. Aus dem Kreislauf der Wiedergeburten austreten kann nur, wer den Achtfachen Pfad des Buddha befolgt.

Die Vier Edlen Wahrheiten

In seiner ersten Predigt im Ishipatanapark („Gazellenhain") von Sarnath legte Buddha die Lehre von den „Vier Edlen Wahrheiten" dar. Mit ihnen zeigt er einen klar strukturierten „therapeutischen" Weg aus dem Leiden auf. Er erläutert, was Leiden ist, was dessen Ursachen sind, welches Ziel anzustreben ist und wie der Weg dorthin aussieht:

1. Alles Dasein ist leidhaft.

2. Ursache allen Leidens ist Begierde *(tanha)* und Anhaftung *(upadana)*.

3. Nur durch das Vernichten von Gier *(lobha)* und Hass *(dosa)* kann Leiden überwunden werden.

Die Swastika

Viele Buddhafiguren haben auf der Brust die Swastika, jenes Zeichen, das die deutschen Nationalsozialisten als ihr Hakenkreuz wählten. Das Zeichen ist seit Jahrtausenden auf der ganzen Welt verbreitet. Im Buddhismus ist die Swastika das Zeichen des Erleuchteten. Die Swastikas auf den Grabsteinen hingegen zeigen nicht, dass die Verstorbenen erleuchtet sind, sondern sind das Symbol des buddhistischen Glaubens.

4. Der Weg dorthin ist der **Edle Achtfache Pfad**, der sich in drei Bereiche untergliedert: wissende Einsicht *(pañña)*, sittliches Verhalten *(sila)* und Konzentration *(samadhi)*. Die acht Teile dieses Wegs sind den drei Bereichen wie folgt zugeordnet:

pañña: 1. rechte Ansicht; 2. rechte Gesinnung;

sila: 3. rechte Rede; 4. rechtes Tun; 5. rechte Lebensführung;

samadhi: 6. rechte Anstrengung; 7. rechte Achtsamkeit; 8. rechte Meditation.

Der historische Buddha

Über den historischen Buddha sind relativ viele Fakten bekannt, die jedoch im Laufe der Zeit mit Legenden durchwirkt wurden. Die Wissenschaft ist sich uneins über das genaue Geburtsdatum Buddhas. Nach neuesten Forschungen wurde Buddha 450 v. Chr. geboren. Seine Herkunft hingegen ist gesichert, seine Lehre überliefert und sein Wandergebiet bekannt. Letzteres befand sich im Himalaya, im heutigen Nordindien, und hatte eine Ausdehnung von 60 mal 300 km.

Geboren wurde Buddha als **Siddhartha Gautama**. Er war der Sohn des Präsidenten einer vom Herrscher Kosala abhängigen Republik mit Namen Sakya. Oft wird er als Königssohn oder Prinz betitelt, was aber historisch nicht stimmt. Er gehörte jedoch sicher der Oberschicht an und nahm schon als junger Mensch an Ratsversammlungen teil. Hier lernte er das Reden und das Recht kennen. Lesen und Schreiben konnte er indes nicht, aber das wäre für seine Zeit auch außergewöhnlich gewesen.

Siddhartha wurde in jungen Jahren mit seiner Cousine verheiratet. Kurz nach der Geburt seines Sohnes verließ er mit 29 Jahren seine Familie, um als obdachloser Bettelmönch spirituelle Erfahrungen zu suchen. Nachdem er mit Hilfe zweier Gurus (was übersetzt „Lehrer" bedeutet) nicht zu der Erkenntnis gekommen war, die er suchte, probierte er es mit Askese. Er lief nackt umher, verzichtete auf die Körperpflege und wurde so mager, dass er beinahe starb. Im Pali-Kanon heißt es dazu, dass seine Rippen herausstanden wie „Dachsparren eines verfallenen Hauses". Kurz bevor er keine Kraft mehr hatte, wurde ihm bewusst, dass der Hunger auch seinen Geist zermürbte, und so begann er wieder regelmäßig zu essen.

Siddhartha begann mit der Meditation. Nachdem er viele Jahre als Bettelmönch gelebt hatte, erkannte er Weisheiten, wusste sie mit dem bereits Bekannten zu verbinden und fügte alles in einem harmonischen System zusammen. Unter dem Ficus religiosa, dem Bodhi-Baum, meditierend erkannte er schließlich die Ursachen allen Leidens und den Weg der Überwindung. So fand er mit 35 Jahren das Dharma, die Lehre, die mit Wahrheit gleichgesetzt wird, und wurde zum Buddha, zum „Erwachten". Er predigte in den folgenden 40 Jahren erst vor seinen einstigen Mit-Asketen, die ihn nach seiner Beendigung des Fastens kurzfristig verlassen hatten, und später vor Königen und anderen Schülern.

Nur vier Monate nachdem Buddha gestorben war, trafen sich seine wichtigsten Mönche. Einer von ihnen war Ananada, der Buddha 25 Jahre lang auf seinem Weg begleitet hatte. Die erfahrenen Mönche rezitierten die Lehren Buddhas, und die jungen Mönche mussten sie auswendig lernen. In Ceylon wurden diese Reden dann im ersten vorchristlichen Jahrhundert in Pali aufgeschrieben. Diese Schrift ist vollständig erhalten und weiß nicht nur von Buddhas Lehren zu berichten, sondern auch von einem Bandscheibenvorfall und einer Mageninfektion, an der er im Alter von über 80 Jahren gestorben ist. Wissenschaftler gehen davon aus, dass dies um 370 v. Chr. geschah. Buddha bezeichnete sowohl sich selbst als auch die vor ihm aus eigener Kraft zur Erleuchtung gekommenen Buddhas als historische Buddhas. Diese werden in den vietnamesischen Tempeln durch A Di Da dargestellt (s. S. 184/185).

Die Geschichte des Buddhismus in Vietnam

Im 2. Jh. wurde der indisch geprägte **Theravada-Buddhismus** („Weg der Alten", auch „Kleines Fahrzeug") im Süden Vietnams bekannt. Diese strenge Schule des Buddhismus, die auf einer asketischen Form des Glaubens basiert und das individuelle Streben nach Erleuchtung anstrebt, konnte sich jedoch nur bei den dort lebenden Khmer durchsetzen. Heute hat der Theravada-Buddhismus etwa 1 Mill. Anhänger.

Rund 100 Jahre später kam der **Mahayana-Buddhismus** („Großes Fahrzeug") über China nach Nordvietnam. Dieser versteht sich als eine „Weiterführung" oder „Transzendierung" der Lehre. Um ihren Weg Richtung Erlösung zu gehen, können die Anhänger des „Großen Fahrzeugs" die Hilfe von Bodhisattvas (Erleuchtungswesen) annehmen. Diese könnten zwar Nirvana erlangen, verweilen aber aus Mitleid mit der Welt im Kreislauf, um anderen zu helfen. In ihrer Funktion kann man diese Wesen mit den Heiligen der katholischen Kirche vergleichen. Die vietnamesischen Erleuchtungswesen tragen meist eine Krone und ihr Gewand gleicht einer Mönchsrobe. In Gebieten der Cham und der Khmer sind die Bodhisattvas meist mit nacktem Oberkörper, kostbarem Geschmeide, einem Wickelrock und einer schönen Haartracht ausgestattet.

Der Buddhismus und die Cham

In Champa verbreitete sich der Buddhismus aller Wahrscheinlichkeit nach zeitgleich zum Hinduismus (s. S. 194). In der Mahayana-Form wurde diese Religion jedoch nur kurz zum offiziellen Staatskult. Indravarman, der von etwa 874 bis ca. 890 regierte, gründete 875 das Kloster Dong Duong. Es war das größte Heiligtum, das die Cham je erschufen (s. S. 197, Architektur). Bereits wenige Jahrzehnte später, unter Bhadravarman II. (reg. ca. 905–917), waren die Cham wieder Anhänger des Shiva-Kultes.

Der Mahayana-Buddhismus ist seit dem 10. Jh. die prägende und dominierende Religion der Vietnamesen und wurde unter der Kaiser-Dynastie sogar zur Staatsreligion. Die Ly etwa erbauten zahlreiche Tempel und Schulen, zudem holten sie sich während ihrer Regierungszeit (1009–1225) Mönche als Berater an den Hof. Unter der Herrschaft der späten Le-Dynastie (etwa ab 1428) ersetzte der Konfuzianismus den Buddhismus als führende Staatsphilosophie. Im 17. und 18. Jh. wurden jedoch viele buddhistische Tempel restauriert. Forscher nehmen an, dass das Volk das Spirituelle suchte, das der Konfuzianismus ihnen nicht geben konnte. In der Kolonialzeit wurde der Buddhismus teilweise vom Christentum verdrängt. Vor allem Minderheiten und Menschen aus dem Süden konvertierten zur westlichen Religion. Hingegen fand der Buddhismus neue Anhänger unter den Intellektuellen. Auch im 20. Jh. erlebte der Glaube an Buddhas Lehren erneut einen Aufschwung. Die Bewegung gewann angesichts der Unterdrückung der Menschen durch das Diem-Regime in den 60er-Jahren wieder mehr Anhänger im Volk. Die Mönche opponierten gegen den herrschenden Christen-Clan, und einige gingen sogar so weit, sich öffentlich zu verbrennen, um auf die Missstände aufmerksam zu machen (s. S. 161, Die brennenden Bonzen). Seither haben die

Buddhas und Bodhisattvas

Die Buddhas

Auf den Altären der Pagoden sind in der obersten Reihe die drei wichtigsten Buddhas aufgestellt. Das sind A Di Da (Amitabha), der Herrscher über das westliche Paradies; Thich Ca Mau Ni oder auch Shakyamuni, der historische Buddha, geboren als Siddharta Gautama; und Di Lac (Maitreya), der Buddha des zukünftigen Zeitalters. Darunter befinden sich die Bodhisattva, von denen einige ebenfalls die wichtigsten Buddha darstellen – nur in anderer Gestalt.

Die Bodhisattvas

Avalokiteshvara und **Quan Am**: Avalokiteshhvara und Quan Am (siehe Foto) ist das Erleuchtungswesen des Mitleids und der Barmherzigkeit. Vielfach wird die männliche Gestalt als Statue mit elf Köpfen und zahlreichen Armen dargestellt. Populärer ist die Verehrung der weiblichen Form, der Quan Am: Mutter oder Göttin der Barmherzigkeit. Manchmal wird sie vom Goldknaben (Kim Dong) und dem Jademädchen (Ngoc Nu) begleitet. Nahezu jeder Hausaltar hat eine Quan Am, und auch in vielen Tempeln findet sich diese Bodhisattva.

Ong Thien und **Ong Ac** sind die Beschützer der buddhistischen Gesetze. Ong Thien ist weißgesichtig und hat eine Perle in den Händen. Er sieht alles, das Gute wie das Schlechte. Der rotgesichtige Ong Ac verteilt die Gerechtigkeit.

Kinh Dia Tang (Kshitigarbha), „dessen Mutterschoß die Erde ist", beschützt die Reisenden und steht jenen zur Seite, die in der Hölle leiden müssen. Kinh Dia Tang wird als einfacher Mönch mit geschorenem Kopf, einem Weisheitsauge auf der Stirn und dem Rasselstab der Bettelmönche in der Hand dargestellt.

The Chi (Mahasthamaprapta), der „die große Macht erlangt", ist ein Begleiter Buddhas und wird oft zusammen mit Avalokiteshvara und Buddha dargestellt. Er weckt den Wunsch in den Menschen nach Erlösung und erinnert an die Notwendigkeit dazu.

Van Thu (Manjushri), „der von lieblicher Schönheit ist", gilt als Bodhisattva der Weisheit und hilft beim Verständnis der buddhistischen Lehre. Als Schutzpatron wird er vor allem von Gelehrten und Studenten angerufen. In der rechten Hand trägt Van Thu das (Feuer-) Schwert, in der linken das Buch der Transzendenten Weisheit. Er reitet oft auf einem blauen Löwen, der als Symbol für Intelligenz gilt.

Di Lac ist der aus China übernommene, fröhlich lachend Dickbauchbuddha, der als besonders kinderfeundlich gilt. Er steht für Sorgenfreiheit und kann Wünsche erfüllen. Vorbild ist wahrscheinlich der chinesische Mönch Budai aus dem 10. Jh. Er ist eine Erscheinungsform des Bodhisattva Maitreya, „der All-Liebende". Dieser wartet auf seine Wiedergeburt im zukünftigen Weltzeitalter.

praktizierenden Buddhisten Vietnams den Ruf, Oppositionelle zu sein. Einflussreich wurde die 1964 gegründete Vereinigte Buddhistische Kirche von Vietnam (UBCV); sie einte die zersplitterten buddhistischen Gruppen und erneuerte die Religion. 1975 wurde die UBCV verboten und die Anhänger sahen sich gezwungen, ins Ausland zu fliehen. Noch heute sind die Mehrheit der vietnamesischen Buddhisten im Ausland Mitglieder der UBCV. Viele leben in Übersee und zählen zu den schärfsten Kritikern des kommunistischen Systems. Jene Mönche, die blieben, wurden größtenteils eingesperrt, einige sitzen noch immer in Haft.

Taoismus

Nach Vietnam gelangte der Taoismus (auch Daoismus genannt) in der Zeit der 1000-jährigen chinesischen Besatzung etwa um Christi Geburt. Es gibt nur wenige rein taoistische Tempel, vielmehr werden die taoistischen Heiligen in den buddhistischen Tempeln und Gemeindehäusern verehrt. Laotse, der vermutlich im 6. Jh. v. Chr. in China gelebt hat, soll das dem Taoismus zugrunde liegende Buch Tao-te Ching, „Buch des Weges", verfasst haben. Tao, „der Weg", gilt als Urquell alles Seins und weist den Gläubigen an, so wenig wie möglich in die Ordnung der Welt einzugreifen.

Tara, die „Retterin", wurde der Legende nach aus einer Mitleidsträne des Avalokiteshvara erschaffen. Sie verkörpert Weisheit und Mitgefühl und gilt als Patronin der Seefahrer, da ihr Name auch „Stern" bedeutet (und dieser den Seeleuten den Weg weist). Im übertragenen Sinne hilft sie allen, den Weg über den Ozean der weltlichen Existenz zu überqueren. Sie steht den Menschen zudem bei, indem sie hilft, die Unwissenheit zu überwinden und zur Erleuchtung zu finden.

Pho Hien (Samantabhadra), „der allumfassend Gute", reitet auf einem Elefanten (dem Symbol für Wahrheit) und hat eine Lotusblüte, manchmal auch eine Schriftrolle, bei sich. Er besitzt zudem das magische Juwel *chintamani*, das dem Hilfesuchenden aus materieller Not hilft. Die eigentliche Aufgabe von Pho Hien ist der Schutz der buddhistischen Lehre.

Kim Cuong (Vajrapani) ist der zweite Wächter des Buddhismus. Er ist der Halter des Diamantzepters und wird in schreckenerregender Gestalt dargestellt.

Tuong Cun Long, dieser Buddha, der als Bodhisattva verehrt wird, ist von neun Drachen umgeben. Die eine Hand weist in den Himmel, die andere zur Erde. Die Figur stellt Siddhartha Gautama dar.

Die Arhats, Nachfolger des Buddha, finden sich in vielen Pagoden Vietnams. Es sind 18 an der Zahl, die die Verehrungswürdigen (Sanskrit *arhat*, Vietnamesisch *la han*) darstellen. Alle diese Nachfolger haben aus eigener Kraft die Erleuchtung erfahren. Ihnen werden jeweils eigene Charaktereigenschaften zugesprochen, die sich auch in der Darstellung widerspiegeln.

Die Geomantik

Das Ritual des **Phong Thuy** (Deutsch „Wind-Wasser", im Chinesischen Fengshui genannt) dient der Auslotung von günstigen Standorten für Tempel, Häuser oder auch Grabsteine. Jedem Platz werden eine nachteilige und eine vorteilhafte Eigenschaft zugeordnet. Sind diese im Gleichgewicht, eignet sich der Platz. Um das herauszufinden, werden Yin und Yang und die ihnen zugeordneten Aspekte betrachtet. Das Schriftzeichen Yin bedeutet „Schattenseite eines Berges". Assoziiert werden damit Erde, Weiblichkeit, Wasser, Schwarz, Dunkelheit, Kälte, Weichheit und Wechselhaftigkeit. Yang bedeutet „Sonnenseite eines Berges". Zugeordnet werden ihm die Begriffe Himmel, Männlichkeit, Rot, Glanz, Licht, Wärme und Beständigkeit.

Aus dem Norden kommt die negative Energie. Daher sollte hier ein Berg stehen. Aus dem Süden kommt die positive Energie, daher sollte hier eine weite Ebene liegen. Stimmt die Umgebung nicht, kann diese verändert werden, um ein Gleichgewicht zu schaffen und die natürliche Harmonie wiederherzustellen. Dazu werden im Norden beispielsweise Hügel aufgeworfen oder Bäume gepflanzt. Da sich böse Geister nur geradeaus bewegen, werden Mauern vor Türen platziert, um ihnen den Durchgang zu versperren. Im Süden runden kleine Seen, die auch künstlich sein können, die Harmonie ab. Pagodentürme dienen als Leiter für negative und positive Energie. Betrachtet werden im Einzelnen die magnetischen Felder des Ortes, der Einfluss der Planeten und die physischen Umstände. Beispiele für eine gelungene Umsetzung der Geomantik sind die Königsgräber und die Zitadelle von Hue. Mitbringsel aus der Geomantik sind die zum Kauf angeboteten Kompasse: Die konzentrischen Kreise sowie die Symbole und Schriftzeichen beziehen sich auf die für die Geomantik bedeutsamen Faktoren.

Dieser Weg basiert auf dem Wissen um den Dualismus aller Dinge: dem männlichen Yang und dem weiblichen Yin – Elemente, die überall vertreten sind. Das männliche Prinzip Yang steht für die Sonne, die aktiv, hart und schöpferisch ist. Das weibliche Yin steht für die Erde, die passiv, flexibel und instinktiv ist. Harmonie ist das Tao. Sind die Dinge aus dem Lot geraten, besteht keine Harmonie mehr, und dies verursacht die Probleme der Welt. Die Lösung besteht darin, die Balance wiederherzustellen, beispielsweise durch yogische Meditation.

Am Anfang kannte der Taoismus keine Götter, doch bereits im 1. Jh. v. Chr. wurde Laotse als sein Begründer verehrt. Der Taoismus wurde zum Kult und entwickelte komplexe Rituale, mit denen die Dualität im Gleichgewicht gehalten werden soll.

Dem philosophischen Taoismus folgte die Herausbildung des religiösen Taoismus. Mit Hilfe von mystischen und magischen Handlungen, wie z. B. der Meditation, der Askese, der Astrologie, der Geomantik und der Alchemie, versuchen die Menschen ihr Leben ausgewogener und glücklicher zu gestalten oder es sogar zu verlängern bzw. Unsterblichkeit zu erlangen.

Die Gläubigen wenden sich mittlerweile an ein großes Pantheon von Göttern, die im Zuge der Verbreitung des Taoismus immer zahlreicher wurden, da auch Helden und lokale Heilige aufgenommen wurden. Analog zur Struktur des kaiserlichen Hofes wurde eine Hierarchie der Götter herausgebildet:

Wie auch in der kaiserlichen Bürokratie bekam jeder Gott seine Aufgabe. In der Zeit vom 11. bis 14. Jh. war der Taoismus gleichberechtigte Religion neben dem Konfuzianismus und dem Buddhismus.

Die Götterwelt der Taoisten

Der **Jadekaiser**, **Ngoc Hoang**, steht an der Spitze des Pantheons, er ist oberster Herrscher über Himmel und Erde und sitzt auf einem prächtigen Thron. Neben ihm nehmen rechts und links meist seine vier Wächter Platz – die *Tu Dai Kim Cuong*. Dieser Name bedeutet „Vier Diamanten" und bezeugt die Härte dieser Männer. Einer von ihnen ist **Nam Tao**, der Nordstern, der die Geburten verzeichnet. Ein anderer ist **Bac Dam**, der Südstern, der die Sterbefälle registriert.

Laotse (Laozi) gilt als Begründer des Taoismus. Im Vietnamesischen heißt er **Lao Te** und wird als Inkarnation des Tao angesehen. In den Darstellungen reitet er i. d. R. auf einem Wasserbüffel oder einem schwarzen Ochsen.

Thien Lao, der Donnergott, heißt in Vietnam **Thien Loi**, was „der Ärger des Himmels" bedeutet. Um seiner Bestrafung zu entgehen, muss man ihn gnädig stimmen. Ansonsten tut er dem Menschen Übles an.

Am Quan und **Duong Quan** sind die Gottheiten des weiblichen Elements Yin (Am Quan) und des männlichen Elements Yang (Duong Quan).

Der **Herdgott**, **Ong Tao** (Chinesisch: Tao Quan), tritt am vietnamesischen Neujahrsfest besonders hervor. Er berichtet dem Jadekaiser über die Geschicke der Familie (s. S. 67, Feste und Feiertage).

Der **Erdgott**, **Tho Cong** (Chinesisch: Ong Dai), ist eine der ältesten Gottheiten in China und Vietnam und geht auf einstmalige Fruchtbarkeitszeremonien zurück. Sein Geburtstag wird mit dem Mittherbstfest gefeiert (s. S. 75, Tet Trung Thu), hier tritt er beim Drachentanz als Mensch mit lachendem Gesicht und Gegenpart zum Drachen auf. Da Tho Cong als Beschützer und Wächter fungiert, verzichtet kaum ein Haushalt oder ein Marktplatz auf seine Anwesenheit.

Ong Than Tai, der **Gott des Geldes**, ist für gute Geschäfte und Reichtum zuständig. Er wird viel verehrt und seine Statue findet sich oft in Geschäften und auf Märkten.

Quan Cong, der **Kriegsgott**, ist die historische Gestalt des chinesischen Generals Guan Yu, der in den Jahren 220–265 lebte. Er gilt als Friedensstifter, der vor Dämonen und Feinden schützt. Quan Cong hat ein rotes Gesicht und einen langen Bart; ihm zur Seite steht sein rotes Pferd.

Tran Thung Dao ist der **Beschützer der Kinder** und Heiler der Kranken.

Thien Hau, die **Himmelsmutter**, wird vor allem von Auslandschinesen und Taiwanesen verehrt. Sie ist die Beschützerin der Seeleute und Fischer. 960 erblickte sie auf der Insel Meizhou in der heutigen chinesischen Provinz Fujian das Licht der Welt. Mit dreizehn wurde sie von einem taoistischen Lehrer unterwiesen. Ihre Kraft offenbarte sich erstmals, als sie Vater und Bruder vor dem Ertrinken rettete. Sie verstarb sehr früh. Die Dorfbewohner errichteten ihr zu Ehren einen Tempel. Auch nach ihrem Tode wurden ihr Wundertaten zugeschrieben, was dazu führte, dass Kaiser Kangyi ihr 1681 den Titel „Gemahlin des Himmels" gab. Thien Hau findet man z. B. in den Tempeln von Hoi An. Ihr zur Seite sitzt oft die Göttin Thuan Phong Nhi, die Hilferufe aus sehr weiter Entfernung hört, und auch die Göttin Thien Ly Nhan, die ein grünes Gesicht hat und über 1000 m weit sehen kann.

Die Unsterblichen: Wie in China werden auch in Vietnam sogenannte Unsterbliche verehrt. Diese heißen *tu bat tu*. **Tan Vien**, der Herr der Berge, besiegte im Kampf um die Tochter des 18. Hung-Königs mit Namen My Nuong den Wassergott Thuy Tinh. Daher wird er besonders bei Hochwasser verehrt. **Giong** stammt aus dem Dorf Phu Dong bei Ha Noi und lebte während der Zeit des 6. Hung-Königs. Als er gerade drei Jahre alt war, besiegte er die Invasoren der An und verschwand auf seinem kleinen Eisenpferd in den Himmel. Der Titel Phu Dong Thien Vung wurde ihm posthum verliehen und bedeutet „Himmlischer König von Phu Dong". **Chu Dong Tu** lebte zur Zeit des 3. Hung-Königs. Ohne dessen Zustimmung ehelichte er die Königstochter und floh vor dem ärgerlichen Vater in den Himmel. Später half er dem König bei der Vertreibung der Chinesen.

Lieu Hanh (Ba Chua), die heilige Mutter, erfreut sich ebenfalls großer Verehrung.

Neben dieser Muttergottheit wurden auch andere alte Muttergottheiten der Vietnamesen ins taoistische Pantheon aufgenommen. Dazu gehören die Urmutter der Vietnamesen **Au Co** (s. S. 138) sowie die weiblichen Erdgottheiten **Mau Dia** (Mutter der Erde), **Mau Thoai** (Mutter des Wassers) und **Mau Thuong Ngan** (Mutter der Berge und Wälder). Vier weitere Mütter, **Tu Phap** oder auch Tu Phu genannt, werden vor allem im Roten Delta verehrt: **Phap Van** (Gottheit der Wolken), **Phap Vu** (Gottheit des Regens), **Phap Loi** (Gottheit des Donners) und **Phap Dien** (Gottheit des Blitzes).

Auch **Konfuzius** ist ein taoistischer Heiliger.

Konfuzianismus

Ein Beitrag von Peter Wrede

Der Konfuzianismus mit seiner fast 2500-jährigen Geschichte stellt neben dem Taoismus und dem

Buddhismus eine der drei großen Geistesströmungen Chinas dar, wobei die Lehren des Begründers und Namensgebers dieser Denkrichtung, Konfuzius, lediglich am Beginn eines langen Werdegangs stehen. Allerdings ranken sich um keine Figur des alten China mehr Legenden als um Konfuzius, kein Gelehrter ist mehr verehrt worden oder hat einen größeren Einfluss auf Staat und Gesellschaft ausgeübt.

Chinesische Verwaltungsbeamte brachten die Lehre des Konfuzius im 2. Jh. nach Vietnam, wo er seither **Nho Giao** genannt wird und tief in der Struktur der Gesellschaft und dem Denken der Menschen verankert ist. Mit ihrem Schwerpunkt auf sozialer Ordnung, Pflichterfüllung und Respekt ist die Lehre des Konfuzius perfekt zur Sicherung von Machtstrukturen – auch innerhalb der kleinsten Einheiten – geeignet. Was als Philosophie für eine Elite mit der Einrichtung von politischen, pädagogischen und sozialen Einrichtungen begann, wurde schnell Allgemeingut auch der Dörfer.

Etwa um 1070 wurde der Kult des Konfuzius formalisiert, als Ly Thanh Tong den Literaturtempel bauen ließ. In dieser Zeit erlebte der Konfuzianismus seine Blüte: Die Bürokratie wurde ausgebaut und der öffentliche Dienst zum Wohle der Allgemeinheit und des Staates zum Ideal. 1428 übernahm der Konfuzianismus unter den Herrschern der späten Le-Dynastie die Rolle des Buddhismus als leitende Lehre am Kaiserhof. 1424 wurde bereits eine Bildungsreform vorangetrieben, nach der die konfuzianischen Texte fortan gelehrt wurden. Angehörige der Oberschicht wurden zu Mandarinen ausgebildet, und diese Elite drängte jene, die „nur" adelig waren, in den Hintergrund (die meisten Anwärter kamen allerdings aus dem höheren Adel und dem Kreise der Wohlhabenden).

Das System war jedoch sehr starr und daher anfällig für Korruption. Dennoch hielt sich der Konfuzianismus als leitende Ideologie der Kaiser bis zum Ende ihrer Herrschaft, wenngleich der Einfluss des Westens ab dem 19. Jh. die Bedeutung dieses Lebensprinzips zu schmälern begann.

Die Leitregeln des Konfuzianismus sind bis heute tief in der vietnamesischen Gesellschaft verwurzelt. Und so wird auch Konfuzius in den Tempeln noch immer als Ahnherr der Nation verehrt. Lediglich der feudale Charakter des Nho Giao wird von der Regierung abgelehnt. Das Ordnungssystem hingegen und die Ideale von Angepasstheit und Pflichterfüllung sind Säulen auch des heutigen Machtsystems.

Das Leben des Konfuzius

Meister Kong, Chinesisch Kongzi oder Kongfuzi, mit eigentlichem Namen Kong Qi, in seiner im 17. Jh. von Missionaren latinisierten Form Confuzius, stammt aus der Stadt Qufu im ehemaligen Staat Lu in der heutigen Provinz Shandong im nordöstlichen Teil Chinas. Seine genauen Lebensdaten (551 v. Chr.– 479 v. Chr.) bleiben ungewiss, es existiert keine verlässliche Biografie aus seiner Zeit über ihn. Aus einer Aristokratenfamilie stammend hatte er laut Überlieferung mehrere Verwaltungsposten am Hof des Herrschers von Lu inne, verließ diesen jedoch enttäuscht über die dortige Politik und begab sich auf eine 13-jährige Wanderschaft, während der er verschiedenen Fürsten seine Dienste anpries. Im Leben wenig erfolgreich, starb er 479 v. Chr., nachdem er in seine alte Heimat zurückgekehrt war.

Die Lehre

Die Lehren des Konfuzius wurden erst posthum von seinen Schülern schriftlich niedergelegt, zusammengefasst im wohl bekanntesten konfuzianischen Klassiker, dem *Lunyu,* auf Deutsch *Gespräche* oder *Die Analekten des Konfuzius*. Dieses schildert Situationen aus dem Leben des Meisters und gibt, oft mit konkreten historischen Bezügen, dessen Kommentare, Lebensweisheiten und Aphorismen zu Themen wie Staat, Moral, Geschichte, Philosophie und alltäglichen Dingen wieder, die mit den immergleichen Worten *zi yue,* „Der Meister spricht", eingeleitet werden.

Zentrales Thema der konfuzianischen Lehre ist die gesellschaftliche Ordnung, die geprägt ist von hierarchischen Abstufungen. In einer patriarchalisch organisierten Gesellschaft kommt dem Herrscher eine Vaterrolle zu: Er hat für seine Untertanen zu sorgen, während diese ihm im Gegenzug Treue und Gehorsam entgegenbringen müssen. Ein Abbild dieser Beziehung findet sich innerhalb der Familie zwischen Eltern und Kindern (besondere Bedeutung kommt hier der kindlichen Pietät, *xiao*, zu), zwischen Mann und Frau sowie zwischen älteren und jüngeren Geschwistern. Der Ahnenkult spielt eine zentrale Rolle, und das Altertum wird als goldene Zeit verehrt. Größten Wert legt Konfuzius auf die Einhaltung der Riten, *li*. Er entwickelt die Lehre vom moralisch guten, einwandfreien Menschen, *junzi*, dem „Edlen" oder „Edelmann". Zentraler Begriff der Sittlichkeit des Menschen ist *ren*, womit das rechte soziale Verhalten bezeichnet wird, oft auch als „Mitmenschlichkeit" übersetzt, der eine Anzahl von Einzeltugenden, *de*, zugrunde liegen, deren wichtigste die Treue, *zhong*, ist. Daneben wird der Rechtschaffenheit, *yi* (auch: „Pflicht"), ebenfalls entscheidende Bedeutung beigemessen. Ein weiteres Mittel auf dem Weg zur Erreichung moralischer Vollkommenheit liegt in der Bildung, nicht umsonst widmen sich die ersten Worte des *Lunyu* dem Wissenserwerb.

Konfuzianismus als Staatsreligion

Der Konfuzianismus wird während der Westlichen Han-Dynastie (206 v. Chr.–24 n. Chr.) langsam in den Rang einer Staatsphilosophie erhoben. Im Laufe der folgenden Jahrhunderte entwickelt sich ein Kult der Verehrung um die Person des Konfuzius. Während der Song-Dynastie (960 n. Chr.–1279 n. Chr.) erfährt der Konfuzianismus eine Blütezeit und seine Lehren werden in den *sishu*, den *Vier Werken*, zusammengefasst, die ein wichtiger Bestandteil des kaiserlichen Bildungskanons und Gegenstand der Beamtenprüfungen werden. Es handelt sich neben dem bereits erwähnten *Lunyu* um das *Daxue* („Große Lehre" oder „Das große Lernen"), das *Zhongyong* („Buch von Maß und Mitte") sowie *Mengzi* („Menzius"). Von dieser Zeit an spricht man vom Neo-Konfuzianismus, der auch in den benachbarten Staaten Korea, Japan und Annan (das heutige Vietnam) weite Verbreitung gefunden hat.

Christentum

Nach den Philippinen lebt in Vietnam die zweitgrößte Gemeinde südostasiatischer Christen. Der hohe Anteil an Christen mit 7–10 % der Bevölkerung (je nach Quelle etwa 5–7 Mill. Menschen), der sich dem christlichen Glauben zuordnet, resultiert aus einer ausgesprochen erfolgreichen Missionierung, die bis heute andauert. Die meisten Christen leben im Süden des Landes, davon etwa eine halbe Million in Ho-Chi-Minh-Stadt.

Missionarsarbeit bis zur Kolonialisierung

Die ersten christlichen Missionare gehörten zum Orden der Dominikaner und waren portugiesische und spanische Landsleute. Sie landeten im 16. Jh. für eine kurze Dauer auch an der Küste Vietnams. Ihnen folgten wenig später, etwa um 1615, französische und portugiesische Jesuiten.

Der Jesuit Alexandre de Rhodes

1627 begann der Jesuit Alexandre de Rhodes mit seiner Missionarsarbeit im Norden Vietnams. Er beeindruckte die Trinh-Fürsten, die diesen Landesteil dominierten, und konnte zu Beginn seiner Arbeit nach eigenen Angaben fast 7000 Menschen vom Glauben an Christus überzeugen. Er fiel jedoch unter den Nguyen in Ungnade und musste im Zuge des Verbots des Christentums 1630 das Land verlassen. De Rhodes kehrte nach Paris zurück und wurde Mitbegründer der Gesellschaft für ausländische Missionen, der Société de Missions Etrangères. Diese Organisation wurde zum bedeutendsten Instrument der Missionsarbeit in Indochina. 1640 kehrte de Rhodes noch einmal nach Cochinchina zurück, musste aber kurz darauf erneut das Land verlassen.

Sein wichtigster Beitrag für Vietnam war nicht seine Missionsarbeit, sondern die Entwicklung der heute gebräuchlichen Schrift. Das vietnamesische Alphabet Quoc Ngu wurde von de Rhodes auf der Basis der lateinischen Buchstaben entwickelt und wird bis heute benutzt.

Diese waren vom Papst ausgesandt mit der Aufgabe, ständige Missionen zu begründen. Es galt, die Menschen von der Ahnenverehrung abzubringen und den Gleichheitsgrundsatz aller Menschen zu verkünden. Dies erschien den Fürsten zu subversiv, und so verboten sie den Katholizismus und wiesen alle Missionare aus. Ihre Begründung lautete, dass das Christentum eine unverständliche Religion sei, die Furcht und Verwirrung verbreite. Viel mehr Sorge bereitete den Machthabern jedoch der sich ausbreitende Einfluss der Kirche auf die politischen Bereiche des Lebens.

Minh Mang, bekennender Konfuzianist, verschärfte in seiner Regierungszeit 1820 bis 1841 das Vorgehen gegen die westliche Religion. 1832 erreichten seine antichristlichen Handlungen ihren Höhepunkt: Kirchen brannten und Konvertiten wurden Brandmale mit der Aufschrift *ta dao*, „falsche Religion", auf die Stirn gebrannt. Dennoch fuhren Missionare mit ihrer Arbeit fort.

Kaiser Tu Duc war ebenfalls kein Freund der Christen: Den Katholizismus verbot er und nannte ihn eine „perverse Doktrin". Weiterhin wurden die vietnamesischen Christen gebrandmarkt, das Vorgehen gegen die ausländischen Missionare verschärft: Wer nicht flüchten konnten wurde ermordet. Einheimische Priester ereilte das gleiche Schicksal. Daraufhin kam es zu Flüchtlingswellen, viele Christen starben dennoch einen gewaltsamen Tod.

117 der Getöteten, teils Westler, teils Asiaten, wurden von der Kirche zu Märtyrern erklärt und heilig gesprochen.

Die Verfolgung der Christen diente schließlich den Franzosen als Argument, das Land zu besetzen und zu kolonialisieren (s. S. 152, Der Weg in die Kolonialisierung). Unter dieser Fremdherrschaft wurde der Katholizismus im Süden zu neuer Blüte geführt.

Ende des 19. Jhs. kamen die ersten **Protestanten** aus Kanada und Amerika nach Vietnam, um *Tin Lanh*, „Gute Neuigkeiten", zu verkünden. Schnell hatten sie Erfolg, vor allem bei den ethnischen Minderheiten im Hochland und im Norden – eine Erfolgswelle, die bis heute anhält.

Das Christentum von der Kolonialzeit bis 1975

Während der Kolonialzeit entstanden zahlreiche christliche Kirchen, Klöster, Missionen, Krankenhäuser und Schulen. Das neue Bildungssystem führte zur Ausbildung einer katholischen Elite. In den 1950er-Jahren waren etwa 2 Mill. Vietnamesen Christen. Der Einfluss der Katholiken war im Süden des Landes besonders hoch, und als im Zuge der Landesteilung 1954 immer mehr christliche Vietnamesen aus dem Norden in den Süden wanderten, verstärkte sich diese Gewichtung. Einige, die den Weg gen Süden antraten, taten dies aus Gründen der Opposition gegen den Kommunismus, die meisten jedoch, weil sie sich im Süden als Christen ein besseres Leben versprachen. Etwa zwei Drittel der Zuwanderer waren Katholiken. Unter der Herrschaft Ngo Dinh Diems wurde der Katholizismus schnell zum Bollwerk gegen den Kommunismus. In dieser Zeit waren es fast ausschließlich Christen, die hohe Ämter in der Politik und beim Militär innehatten. Daher wandten sich viele Südvietnamesen, die nicht christlichen Glaubens waren, vom Regime ab. Die Proteste der Buddhisten führten schließlich zum Sturz Diems (s. S. 161, Die brennenden Bonzen). Als die Kommunisten 1975 den Süden eroberten, flohen viele Christen aus dem Land; nahezu alle büßten ihre Macht ein, und viele wurden eingesperrt.

Das Christentum heute

Der Katholizismus

Ab 1986 durften im Zuge von Doi Moi die Priesterseminare wieder eröffnen und der religiöse Unterricht wieder aufgenommen werden. Heute hat sich das Verhältnis der katholischen Christen in den Tieflandgebieten zum Staat etwas entspannt. Die christlichen Kirchen sind akzeptiert, solange sie soziale Aufgaben übernehmen. Diese Hilfe wird vom Staat gerne angenommen.

Die Berufung geistlicher Würdenträger bedarf hingegen der Zustimmung der Regierung. Wenn etwa ein Kardinal ernannt werden soll, kann die Entscheidungsfindung sehr langwierig sein. Als der letzte Kardinal 1990 verstarb, dauerte die Benennung eines Nachfolgers, der sowohl dem Vatikan als auch der Regierung Vietnams genehm war, sieben lange Jahre.

In den Kirchen finden Gottesdienste statt, nahezu jede Diozöse hat mittlerweile einen Bischof, doch die Situation ist immer mal wieder angespannt. Anfang des Jahres 2008 bekamen die Hoffnungen auf Entspannung einen herben Dämpfer, als die Regierung kurzerhand fast 95 % der Ländereien der katholischen Kirche von Ha Noi beschlagnahmte.

Seit Jahrzehnten versuchen die Katholiken des Landes einen Papstbesuch zu organisieren – bisher ohne Erfolg. 2005 besuchte ein hoher Beamter des Vatikans Ha Noi und Papst Benedikt XVI. erhielt im Jahr 2007 im Vatikan Besuch von Ministerpräsident Dung. Doch bis es zu einem Besuch des Oberhaupts der katholischen Kirche kommt, werden wohl noch einige Jahre vergehen.

Der Protestantismus

Die Verfolgung der protestantischen Minderheiten wurde im Jahr 2001 offenbar, als friedliche Proteste der Gläubigen mit harten Haftstrafen endeten. Obwohl der Protest sich vornehmlich wegen Armut und Landverteilungsdifferenzen formiert hatte und nur am Rande die religiöse Unterdrückung erwähnt wurde, schritt die örtliche Polizei mit harter Hand ein. Offiziell sind die Protestantische Evangelische Kirche Südvietnams (SECV) und die im Norden agierende Evangelische Kirche Vietnams (ECVN) vom Staat anerkannt. Doch jegliche Aktionen, bei denen sich die Kirche in die Politik einmischt, sollen verhindert werden. Die Kirche gilt den Regierenden als subversiv, als Organisation, die das Bestreben der Minderheiten nach Autonomie tatkräftig unterstützt. Damals wie heute führt die örtliche Polizei im zentralen Hochland und in den nördlichen Bergen Razzien durch, vor allem an christlichen Feiertagen wie Ostern und Weihnachten. Aktive Gemeindemitglieder werden unter Hausarrest gestellt oder gar inhaftiert. Ein bereits 2006 aufgelegtes Handbuch, das den örtlichen Behörden als Leitfaden zur Behandlung der Protestanten im nördlichen Bergland diente, wurde 2008 von einem weiteren Trainigshandbuch ersetzt. Dieses weist die Staatsbeamten in klaren Worten an, die „abnormal schnelle und spontane Ausbreitung des protestantischen Glaubens in den nördlichen Provinzen entschieden zu unterdrücken". Die Sprache hat sich gegenüber der nach dem Krieg geändert, die Situation nicht. Nachdem ab 1975 die nationale Sicherheit als Grund für die Verfolgung genannt wurde, wird im neuen Handbuch auf den Schutz der traditionellen Kultur verwiesen. Das Abschwören der Religion wird weiterhin mit Zwang durchgeführt – was im Gegensatz zur Religionsfreiheit steht. Ein vollständiger Bericht über das neue Handbuch findet sich in englischer Sprache unter 💻 www.menschenrechte.de.

Der Hoa Hao-Buddhismus

Diese Religion entstand wie der Caodaismus im Süden. Sie entwickelte sich Ende der 1930er-Jahre in Chau Doc und wurde schnell politisch. Zeitweilig hatte sie eine sehr große Anhängerschaft.

Die Gründung der Religion

Begründer dieser buddhistischen Strömung, die eine einfache Form lehrt und ohne Rituale auskommt, ist der Mystiker Huynh Phu Son. Nach einer schweren Krankheit, die wunderbarerweise die Mönche der Tra Son-Pagode zu heilen wussten, verblieb der noch junge Son im Kloster und lernte die Meditation. Als sein Meister Xon starb, kehrte er in sein Heimatdorf zurück. Während einer Meditation fiel Son in Trance und erkannte, wie er den Buddhismus ab sofort leben wollte. Wichtig war ihm das Prinzip der Hochachtung der Kinder gegenüber ihren Eltern. Zudem verbot er den Genuss von Alkohol und Opium und das Glücksspiel. Für die Ausübung des Hoa Hao-Buddhismus, was übersetzt „Friede und Freundlichkeit" bedeutet, braucht es keine Heiligen oder Mittler. Vielmehr erreichen die Gläubigen durch Meditation, Fasten und Beten die Erleuchtung. Dafür müssen sie nicht ins Kloster, sondern können zu Hause praktizieren.

Die Hoa Hao werden politisch

In den 1940er-Jahren politisiert sich die Hoa Hao-Bewegung. Den französischen Kolonialherren ist der Begründer Son suspekt; sie erklären ihn kurzerhand für geisteskrank und lassen ihn in eine Klinik einweisen. Wieder entlassen, wird er unter Hausarrest gesetzt. Als die Japaner das

Land kurz vor Ende des 2. Weltkriegs besetzen, bewaffnen sie die Anhänger der Hoa Hao. Als der Konflikt mit den Franzosen offen aufflammt, treten die Hoa Hao ihnen gut ausgerüstet entgegen. Aber auch gegen die neuen Machthaber aus dem Norden formiert sich Widerstand. Gegen Ende des Krieges gründet Son mit seinen Anhängern eine anti-kommunistische Partei. 1947 wird Son von den Viet Minh ermordet. Die Bewegung wächst dennoch weiter und mit ihr auch die Zahl der Milizen. Als Diem an die Macht kommt, gelingt es ihm, den militärischen und politischen Arm der Hoa Hao zu zerschlagen und die Anhänger zu spalten. Einige schließen sich der Befreiungsarmee an, die meisten jedoch entscheiden sich dafür, auf Seiten der Amerikaner für ihre eigenen Ziele zu kämpfen. Als Sai Gon 1975 durch die Kommunisten befreit wird und die letzten Amerikaner das Land längst verlassen haben, kämpfen die Milizen der Hoa Hao weiter für ihre Unabhängigkeit. Erst im Laufe des Jahres können die neuen Machthaber viele Anhänger vertreiben bzw. einsperren.

Heute zählt die Religion immerhin noch etwa 1,3 Mill. Mitglieder. Laut eigener Aussage haben die Hoa Hao 5 Mill. Gefolgsleute (mehr dazu unter 💻 http://hoahaobuddhism.org/). 1999 wurde der unpolitische Hauptzweig der Hoa Hao von der Regierung anerkannt. Die antistaatlichen Flügel jedoch sind weiterhin verboten.

Caodaismus

Diese Religion entstand 1925 im Süden Vietnams und ist wie die Hoa Hao eine originär vietnamesische Religion. Heute hat sie etwa 2 Mill. Anhänger. 1926 wurde der Caodaismus von den französischen Herrschern offiziell anerkannt. Schnell entwickelte die Gemeinschaft politische Interessen, baute ihre Macht aus und galt als halbautonomer Staat mit paramilitärischem Flügel. Die Caodaisten widersetzten sich den Kommunisten und auch dem katholischen Regime unter Diem. Nach 1975 gingen viele Priester ins Exil oder landeten in Umerziehungslagern. Die Schulen wurden geschlossen und auch die Tempel durften erst im Zuge von Doi Moi 1990 wieder geöffnet werden.

Das Auge des Höchsten

Repräsentiert wird das hohe Wesen als ein alles sehendes Auge auf einer blauen, von Sternen beleuchteten Erdkugel. Dieses Auge steht hinter dem Altar; als Besucher darf man aber nicht bis dorthin gehen bzw. das Auge umrunden. Besonders in den kleinen Cao Dai-Kirchen sieht das Auge sehr selbstgebastelt aus, ist wunderbar bunt und wenig respekteinflößend. Dies regt vor allem Kinder dazu an, sofort darauf zuzustürzen und das Pappmaché-Gebilde anzufassen. Bei Betreten der Tempel ist außerdem zu beachten, dass man die Schuhe ausziehen muss.

Die Caodaisten leben auch heute nahezu ausschließlich in Südvietnam, die nördlichste Kirche befindet sich in Hue. Einige tausend Anhänger hat die Religion zudem in Übersee. Das Zentrum befindet sich im Heiligen Stuhl, einer riesigen Kathedrale in Tay Ninh nahe HCMS (s. S. 574). Hier betreiben die Cao Dai außerdem ein Krankenhaus, eine Schule und eine landwirtschaftliche Kooperative.

Die Gründung

Begründer dieser Religion ist Ngo Van Chien. Er war Beamter in Phu Quoc, bis ihm 1925 in einer Trance-Sitzung das höchste Wesen erschien: Cao Dai, was übersetzt „hoher Ort" bedeutet. Es offenbarte ihm mit seiner Erscheinung das Wissen von der universellen Gottheit, die alle Religionen in sich aufnimmt. Ngo Van Chien verbreitete diese Lehre, die Elemente aller in Vietnam vertretenen Religionen in sich vereint: Buddhistisches, taoistisches, konfuzianisches, katholisches, islamisches Gedankengut gehört ebenso dazu wie die Ahnenverehrung. Höchste Maximen sind der Respekt vor allen Religionen und das Bestreben, das Gemeinwohl vor das eigene Wohl zu stellen.

Heilige des Caodaismus

Zu den Heiligen dieser Religion gehören nicht nur die taoistischen und buddhistischen Heiligen, sondern auch Menschen aus der westlichen

Welt, wie z. B. die für Freiheit kämpfende katholische Heilige Jeanne d'Arc, die Schriftsteller Victor Hugo und William Shakespeare, die Politiker Napoleon und Churchill sowie Luis Pasteur.

Auch vietnamesische Helden wie Le Loi und Tran Hung Dao sind im caodaistischen Pantheon vertreten. Diese Heiligen können sowohl als Bodhisattva als auch als Propheten angesprochen werden. Man kann ihnen versiegelte Briefe schreiben oder mit Hilfe eines menschlichen Mediums mit ihnen Kontakt aufnehmen.

Rituale und Gebote

Die Caodaisten kennen fünf Gebote, deren Einhaltung hilft, den Kreis der Wiedergeburt zu durchbrechen. Gläubige dürfen keine Gewalt anwenden, nicht stehlen, nicht lügen, keinen sexuellen Ausschweifungen frönen und nicht dem Luxus verfallen. Priestern ist es zudem untersagt, Fleisch oder tierische Produkte zu sich zu nehmen.

Die Hierarchie ist ähnlich wie die der katholischen Kirche straff organisiert. Es gibt neun Ränge, an deren Spitze der Caodai-Papst steht. Die Würdenträger sind an drei Farben zu erkennen: Jene des konfuzianischen Zweigs tragen rote Gewänder, die des taoistischen Zweigs blaue und die des buddhistischen Zweigs safrangelbe. Alle anderen Anhänger tragen Weiß. Diese Farbe gilt als rein und trägt alle anderen Farben in sich.

Der Gottesdienst dauert eine halbe Stunde. Die Zeremonie beginnt mit dem Einmarsch der Würdenträger und der Gläubigen. Dabei gehen diese in drei Reihen, die linke ist für Frauen bestimmt. Sind sie vor dem Auge angelangt, knien die Gläubigen dreimal nieder. Das erste Mal vor dem Höchsten Wesen, das zweite Mal vor der Erde und das dritte Mal vor der Menschheit.

Die Rituale der Caodaisten entstammen dem Buddhismus und dem Taoismus. Es gibt beispielsweise Meditation und auch Seancen. Viermal täglich finden Gebete statt (6, 12, 18 und 24 Uhr), wenngleich Gläubige nur etwa viermal im Monat angehalten sind, im Tempel zu beten (ansonsten zu Hause).

Feiertage der Caodaisten

Der 9. Tag des 1. Mondmonats ist der höchste Feiertag zu Ehren des Höchsten Wesens.

- Am 15. Tag des 2. Mondmonats wird der Tag des Taoismus begangen.
- Am 15. Tag des 4. Mondmonats wird Buddhas Geburtstag gefeiert.
- Der 28. Tag des 8. Monats ist der Feiertag zu Ehren des Konfuzius.
- Am 24. Dezember wird Weihnachten gefeiert.

Islam

Das Wissen um die Lehren Mohammeds ist ab dem 11. Jh. in Vietnam nachweisbar. Damals siedelten arabische Händler in den südlichen Hafenstädten. Größer wurde die Anhängerschaft erst ab dem 15. Jh., als im südostasiatischen Raum islamische Königreiche, wie etwa Melaka, entstanden.

Die Muttergottheiten der Cham

Trotz der Einflüsse des Islams und des Hinduismus blieben viele Glaubensvorstellungen der Cham aus der Zeit davor erhalten. Ein wichtiges Beispiel ist der Kult um Po Yang Ino Nagar (Skt. Yang Pu Nagara), die „himmlische Mutter der Königsstadt" in Nha Trang. Ursprünglich war sie eine lokale Erd- und Muttergottheit und wurde im Zuge der Hinduisierung zur Gefährtin Shivas. Inschriften berichten von der Legende, derzufolge Shiva zudem die lokale Gottheit Uroja auf die Erde geschickt haben soll. Der Name dieser Gottheit beinhaltet sprachwissenschaftlich betrachtet das Wort „Brust" und deutet darauf hin, dass es sich um eine Fruchtbarkeitsgöttin gehandelt haben könnte. Diese wurde der Legende nach der erste König (bzw. Königin) von Champa. Die zahlreichen Darstellungen von Brüsten, z. B. rund um die Podeste, verstärkt die Annahme, dass besonders die weiblichen Gottheiten in Champa eine wichtige Rolle spielten. In Zentralvietnam gibt es einzelne kleine Gruppen, die *Cham Kaphia* oder *Cham Chuh* genannt werden und deren alte Glaubensvorstellungen sich bis heute erhalten haben. Viele Cham sind mittlerweile dem Islam beigetreten, doch ihren Ursprungsglauben haben sie nie ganz verloren.

In dieser Zeit wandten sich viele Cham und Khmer auf dem Gebiet des heutigen Vietnam dem Islam zu. Heute leben etwa 93 000 Muslime vornehmlich an der Küste zwischen Phan Thiet und Nha Trang und in Ho-Chi-Minh-Stadt. Eine kleine Gemeinde gibt es auch in Ha Noi.Aus dem Koran wurde bisher nur wenig ins Vietnamesische bzw. in Khmer oder Cham übersetzt – und die wenigsten Vietnamesen sprechen oder lesen Arabisch. Daher sind die Kenntnisse der hiesigen Muslime nur gering und kaum einer kennt den gesamten Koran. Auch mit den islamischen Geboten nimmt man es in Vietnam nicht so genau. In die Moschee gehen die Gläubigen nur am Freitag, der Fastenmonat Ramadan wird gerade einmal drei Tage lang eingehalten, und das Alkoholverbot wurde ganz aufgehoben. Nur auf Schweinefleisch wird verzichtet. Die Muslime Vietnams huldigen außerdem weiterhin dem hinduistischen Lingam und den animistischen Geistern.

Hinduismus

Indische Kaufleute brachten auf ihrem Handelsweg im 1. Jh. entlang der Küste bis zum Mekong hinauf den Hinduismus vom Delta bis nach Champa. Den ersten Hinweis auf einen shivatischen Staatskult in Champa gibt es im 4. Jh.: König Bhadravarman I. (reg. 380–413) ließ in My Son den ersten Lingam aufstellen und bot damit laut Inschrift „dem Gott Bhadreshvara eine dauernde Heimstatt". Unter dem Namen Bhadreshvara, was „verheißungsvoller Herr" bedeutet, wurde Shiva zum Schutzherrn von Champa. Der bis dahin praktizierte Ahnenkult verschmolz mit der Verehrung des Lingam, da die Herrscher von Champa neben Shiva auch ihre Ahnherren im Lingam verehren ließen. Üblich waren daher sogenannte Mukha-Lingam, die mit einem oder mehreren Gesichtern geschmückt waren. Sie waren entweder aus Stein oder wurden als Gold- bzw. Silbermaske von außen auf den Lingam gesetzt.

Neben Shiva wurden auch die Gottheiten der Himmelsrichtungen und der Elefantengott Ganesh mit Tempeln geehrt. Hingegen war der Vishnu-Kult kaum vertreten.

Kunst und Kultur

Architektur

Die Tempel

Die meisten vietnamesischen Tempel sind aus Holz gebaut und bestehen aus einem Geschoss. Nur selten finden sich mehrstöckige Tempelbauten. Unabhängig davon, welcher Religion in ihnen gehuldigt wird, lehnt sich die Architektur an den traditionellen vietnamesischen, von China mitgeprägten Hausbau an. Der Eingang liegt im Süden und ist so von den aus dem Norden herannahenden Winden des Nordostmonsuns abgeschirmt. Das Dach der Tempel ist schwer und benötigt einen stabilen Unterbau. Dieser ist aus Eisenholz gefertigt und besteht aus Stützpfeilern und Quer- bzw. Längsstreben. Die Größe eines Tempels wird bestimmt durch die Zahl der Abstände *(gian)* zwischen vier Stützpfeilern. Da die Holzbauten regelmäßig renoviert und Teile davon ersetzt werden, sind auch sehr alte Tempel oftmals aus neuem Holz erbaut. Auf den ersten Blick kann man also nicht erkennen, ob eine Tempelstätte eine lange oder kurze Geschichte hat.

Die Pagode

Die Pagode heißt im Vietnamesischen *chua* und bezeichnet eine buddhistische Tempelanlage. Die ersten *chua* wurden im ersten Jahrtausend n. Chr. erbaut. Als ältestes Zeugnis gilt die Tran Quoc-Pagode (Chua Tran Quoc) in Ha Noi, die aus dem 6. Jh. stammen soll. Unter der Ly-Dynastie im 11. Jh. entwickelte sich die Pagode zum Ort kultureller und intellektueller Aktivitäten. Damals wurden drei Pagodentypen unterschieden: *dai danh lam, trung danh lam* und *tieu danh lam*. Die Bezeichnung *dai danh lam* kann mit „großer Ort" übersetzt werden und verweist darauf, dass die Pagode von Herrschern oder Adligen gestiftet wurde. Sie diente neben religiösen Zwecken auch durchreisenden Königen als Rastplatz. Die *trung danh lam* („mittlerer Ort") hatten regionale Bedeutung. *Tieu danh lam* („kleiner Ort") bezeichnete die noch kleinere Einheit der Dorfpagode.

Bis ins 11. Jh. befand sich der Altar im *thap*, dem Pagodenturm. In der Zeit der Tran-Dynastie

Die Cham haben einige eindrucksvolle Heiligtümer hinterlassen

ab 1225 wurde er in einem eigens eingerichteten Gebäude untergebracht.

Die meisten *chua* haben die Grundform eines T. Der Eingang besteht aus drei Toren. Es folgt ein Innenhof. Dann betritt man den Saal der Räucheropfer, der *thieu huong* genannt wird. Hier werden die Zeremonien abgehalten. Es folgt die Haupthalle, *hai hung*, in der der Hauptaltar steht. Hier befinden sich streng hierarchisch aufgereiht in aufsteigender Ordnung die Altäre der Gottheiten (mehr zu den Göttern und Buddhafiguren s. S. 181, Buddhismus).

Größere Pagoden umfassen weitere Gebäude, die z. B. der Verehrung der heiligen Mutter bzw. verstorbener Äbte oder als Mönchsunterkünfte dienen.

Der Dinh

Der *dinh*, das Gemeinschaftshaus, ist Symbol und Stolz der Dorfgemeinschaft. Das wichtigste Gebäude des Dorfes wird von allen Mitgliedern der Gemeinschaft gemeinsam errichtet und in Stand gehalten. Wie reich ein Dorf ist, sieht man vor allem an den Verzierungen und dem Zustand des *dinh*.

Der *dinh* dient der Verehrung des dörflichen Schutzgeistes und als Versammlungsort. Hier werden wichtige Entscheidungen getroffen, fröhliche Feste gefeiert und der männliche Nachwuchs auf das Leben vorbereitet (s. S. 140, Bahnar).

Wie es zur **Entwicklung** des *dinh* kam, ist unklar. Sicher ist nur, dass diese Einrichtung originär vietnamesisch ist. Die älteste Steinstele, die einem *dinh* zugeordnet werden kann, datiert aus dem Jahr 1472 – also aus der Zeit von Le Thai Tong. In jenen Jahren (1460–1497) billigten administrative Reformen den Dörfern mehr Autonomie zu, und diese organisierten sich im *dinh*, um das Dorf zu regieren.

Die **Schnitzereien** im Dachgebälk sind die Schmuckstücke der *dinh*. Bis ins frühe 18. Jh. bestanden die Schnitzereien vornehmlich aus Darstellungen des dörflichen Lebens, wie z. B. der Feldarbeit mit dem Pflug, des Einbringens der Ernte und des Feierns von Festen. Zudem wurden die klassischen Motive der vier mythischen Tiere (Drache, Einhorn, Kranich und Schildkröte) sowie Wolken, Flammen und Pflanzen verwendet. Ende des 18. Jhs. fanden höfische Darstellungen Eingang in die *dinh*. Die Bedeutung des *dinh* als Dorfmittelpunkt schwächte sich in dieser Zeit ab – Ausdruck der schwindenden Autonomie der Dörfer.

Bis ins 17. Jh. hinein stand der Altar in der Mitte des *dinh*, später wurde ihm ein eigener Anbau errichtet. Dadurch erhielt das Gemeindehaus die Form eines T. Ab dem 18. Jh. kamen Nebengebäude hinzu, die *tien te* genannt werden. Hier werden die Zeremonien *(te)* vorbereitet. Gemeinschaftshäuser aus dem 19. Jh. haben manchmal weitere Gebäude und die Gesamtform entspricht dann einem H.

Seit den 1990er-Jahren werden die lokalen Traditionen wiederbelebt und damit kommt auch dem *dinh* wieder mehr Bedeutung zu.

Den und Nghe

Nghe werden jene Schutzgeisttempel genannt, die nicht zu einer Versammlungshalle gehören. Viele davon sind ebenfalls reich mit Schnitzereien verziert.

Den hingegen dienen zur Verehrung von Heiligen, die auf historische Gestalten zurückgehen, wie etwa die Trung-Schwestern oder die Könige. Architektonisch ähneln sie den *dinh*. Im Innenbereich des *den* steht für Könige oft ein Tempel, andere Heilige werden durch Namenstafeln oder Statuen repräsentiert. Auch Gegenstände aus dem Leben des Verehrten werden im *den* gesammelt und ausgestellt.

Paläste und Gräber

Als Vorbild für die Kaisergräber in Hue dienten die chinesischen Kaisergräber der Ming-Zeit. Die Nguyen-Kaiser wollten für das spätere Leben ihrer Seelen vorsorgen. Sieben von ihnen ließen sich Gräber *(lang)* errichten. Den Regeln der Geomantik (s. S. 186) entsprechend, erschien der Süden Hues dafür ideal: Berge als Schutz im Norden, gen Süden offen und am Wasser gelegen.

Paradebeispiel für diese Ausrichtung sind die Gräber von Minh Mang und Gia Long.

Die Anlagen waren dem Kaiserpalast nachempfundene Hofkomplexe und ummauert. Die Seele sollte nach dem Tod einen Ort finden, den sie kannte und an dem sie zur Ruhe kommen konnte. Daher wurden auch Tierfiguren und Statuen bekannter Persönlichkeiten hier aufgestellt.

In der Haupthalle findet sich jeweils eine Gedenktafel zu Ehren des Herrschers. Ein Pavillon auf dem Gelände der Kaisergräber beherbergt zudem eine Steinstele, in die Geschichten aus dem Leben des Herrschers gemeißelt sind. Diese wurden mit Ausnahme jener von Tu Duc von den Nachfahren verfasst und in Auftrag gegeben.

Heute sind die Gräber in unterschiedlichem Zustand. Am meisten besucht sind Lang Minh Mang, Lang Tu Duc und Lang Khai Dinh. Beim Lang Tu Duc bezaubert vor allem der Palastgarten, während das Grab von Khai Dinh einem Rokokoschloss ähnelt.

Auch der Kaiserpalast von Hue, den Kaiser Gia Long errichten ließ, hat sein Vorbild in China: Er ist gebaut wie der Kaiserpalast von Peking. Moderner sind die Sommerresidenzen des letzten Kaisers von Vietnam, Bao Dai, darunter sehenswerte Häuser in Da Lat.

Religiöse Bauten der Cham

Von den Bauten der Cham sind nur die religiösen Stätten erhalten, denn alle anderen Häuser waren aus Holz gebaut und sind längst verfallen. Die **Heiligtümer** der Cham stehen nahe der Küste und entlang der Flüsse im Gebiet Zentralvietnams, meist auf Erhebungen.

Außer dem Mahayana-buddhistischen Tempel Dong Duong (s. S. 197), der 875 bei der einstigen Cham-Stadt Indrapura errichtet wurde, sind die religiösen Bauten dieses Volkes nicht groß. Ein Grund mag darin liegen, dass die Cham – im Gegensatz zum Königreich von Angkor – nie zentralistisch regiert wurden und so weniger Arbeiter zur Erschaffung der Heiligtümer heranziehen konnten.

Die Bauwerke der Cham bestehen aus **Ziegelsteinen**, deren Qualität bis heute unübertroffen ist. Die Ziegel sind leicht, etwas porös und weisen eine besondere Festigkeit auf. Beim Betrachten der Bauten fällt auf, dass die Steine fast nahtlos aufeinander zu sitzen scheinen. Wie dies erreicht werden konnte, versuchen Wissenschaftler mit der besonderen Bauweise zu erklären: Man nimmt an, dass zuerst die äußeren Steine der Mauer gelegt wurden. Dafür nutzten die Erbauer nur sehr wenig Bindemittel. Im Mauerinneren jedoch wurde mehr Bindemittel verwendet. Am Ende waren die Mauern etwa 80–160 cm dick. Um die Fugen nachhaltig abzudichten, wurde das gesamte Bauwerk noch einmal gebrannt. Das Bindemittel bestand vermutlich aus dem Harz des Yangbaums *(Dipterocarpus alatus)*. Dieses wurde erhitzt und mit Ziegelstaub und gemahlenen Muscheln vermischt.

Auch **Sandstein** wurde für den Tempelbau verwendet, jedoch nur für Türstürze, Reliefs und Skulpturen.

Die Gebäude

Jeder Cham-Tempel weist eine Dreiteilung auf: Die Plattform, *bhurloka*, steht für die Welt der Menschen. Der quadratische Mittelbau *bhurvaloka* gilt als Ort der spirituellen Vereinigung von Gott und Mensch. Die dreistufige Spitze, *svarloka* genannt, ist Symbol für den Sitz der Götter.

Die Tempel bestehen aus vier Elementen. Das wichtigste ist der **Kalan**, das Hauptsanktuarium. Dieser Bau ist quadratisch und fensterlos. Es gibt eine offene reale und drei blinde Türen. Die Außenwand des Kalan ist meist reich verziert, und früher soll das Dach mit Gold überzogen gewesen sein. Innen liegt die Konzentration auf dem Heiligtum. Der Weg zum Kalan führt durch den **Gopura**, den Eingangspavillon, der meist in Form eines Turms gebaut ist. Es folgt der **Mandapa**, die Meditationshalle, die meist als längliche Säulenhalle gestaltet war.

Neben dem Tempelgebäude befindet sich die **Bibliothek**, ein kleines Gebäude mit geschwungenem Dach. Hier wurden zeremonielle Gegenstände und Gewänder aufbewahrt. Weitere Türme dienten der Verehrung zweitrangiger Gottheiten.

Baustile der Cham

Die Wissenschaft unterscheidet sieben Baustile der Cham. Vom **My-Son-E-1-Stil** aus dem 8. Jh. sind heute nur noch Altäre und Skulpturen erhalten. Alle Bauten sind zerstört, denn die Wände waren sehr dünn. Das älteste erhaltene Gebäude der Cham wird dem nachfolgenden **Hoa-Lai-Stil** zugeordnet. Ein Beispiel ist der Kalan von Hoa Lai, nördlich von Phan Rang, aus dem 8./9. Jh.

Auf das 9. Jh. wird der **Dong-Duong-Stil** datiert. Er stellt eine Ausnahmeerscheinung der Cham-Kunst dar, sowohl was die Bauten als auch was die Skulpturen betrifft. Grund ist die in dieser Epoche kurze Dominanz des Mahayana-Buddhismus, der sich in der Architektur niederschlug. Das größte Baudenkmal der Cham stammt aus dieser Epoche: das Dong-Duong-Kloster. Leider fiel es im amerikanischen Krieg vollständig den Bomben zum Opfer. Bestechend war die ausladende Ornamentik, und das Ausmaß des Gebäudes beeindruckte mit einer Länge von 1,3 km. Es gab mehrere Tempeltürme und eine Vielzahl an Gebäuden, die von einer Mauer umschlossen waren. Leider sind neben diesem Tempel auch alle anderen dieser Epoche zerstört.

Im 10. Jh. folgt der **My-Son-A-1-Stil**, der als architektonischer Höhepunkt der Cham-Kultur gilt. Ein berühmtes Beispiel war der Kalan A 1 in My Son mit seinen ausgewogenen Proportionen. Er zerfiel leider unter den Bomben zu Staub. Der **Po-Nagar-Stil** folgt im 11./12. Jh., als die Hochzeit der Cham-Kultur überschritten ist. Kriege mit den Khmer und den Viet lassen den Cham wenig Muße, sich um die Weiterentwicklung der Tempelbaukunst zu bemühen.

Die Cham-Kunst und -Forschung

Nicht weit entfernt von den legendären Tempeln von Angkor zogen die Cham-Heiligtümer nicht gerade Scharen von Forschern an. Der erste, der eine Bestandsaufnahme durchführte, war Henri Parmentier von der *École française d'Extrême-Orient* (EFEO). In den Jahren von 1909 bis 1918 veröffentlichte er das vierbändige Werk *Inventaire descriptif des monuments Chams de L'Annam*. Noch heute ist es das Standardwerk der Cham-Forschung. Dank der veröffentlichten Skizzen konnte das Wissen über die Bauwerke – z. B. die Klosteranlage Dong Duong und der Tempelturm A 1 in My Son – den Krieg überdauern.

Farbstoffe aus der Natur

Weiße Pigmente werden aus Austern gewonnen. Schwarz gewinnt man aus verkohlten Bambusblättern, Blau aus Indigo, Gelb aus Blütenextrakten des Japanischen Schnurbaums *(Sophora japonica)*, und das Rot stammt vom Holz des Ostindischen Sappanbaums *(Caesalpinia sappan)*.

Es fehlt an künstlerischer Kreativität. Vieles wird nachgeahmt und von den Vorfahren übernommen. Die Architekten lassen sich aber auch von den Khmer und ihren Tempeln beeinflussen. Dieser Trend setzt sich im 12./13. Jh. mit dem **Binh-Dinh-Stil** fort. Das sichtbare Zeichen dieser Epoche ist die Erhöhung der Kalan, die zudem Ecktürmchen erhalten und gedrängter wirken. Im 14.–16. Jh., der Zeit des **Po-Klong-Garai-Stils**, sind Mittelbau und Spitze jeweils gleich groß.

Bildende Kunst

Kalligraphie

Der Kalligraph Le Xuan Hoa schreibt über seine Arbeit, dass Kalligraphie ein einzigartiges Kunstwerk ist, in dem Harmonie zwischen Bild und Wort herrscht. Da die vietnamesische Kunst seit Anbeginn mit der chinesischen eng verbunden war, hat die Kunst der Kalligraphie auch in Vietnam Fuß gefasst. Bereits ab dem 3. Jh. wurde in Vietnam **Papier**, *do* genannt, verwendet, und schon im 10. Jh. wurde es sogar selbst hergestellt. Dazu wird die Rinde des Maulbeerbaums *(Broussonetia papyrifera)*, Chinagras (Ramie, botanisch: *Boehmeria nivea*), Bambus und Jute genutzt. Das Papier erhält dadurch die für die Kalligraphie nötige Weichheit.

Neben chinesischen **Schriftzeichen** *(chu nho)* fand auch deren vietnamesische Weiterentwicklung, die *nom*-Schrift (s. S. 670, Sprache) Verwendung. Auch während der Kriege und der Kolonialzeit wurde diese Kunst gepflegt, und bis heute finden Kalligraphien ihre Käufer. Die jetzige Künstlergeneration benutzt dafür auch das moderne Schriftsystem *quoc ngu*.

Holzschnitt

Populär ist die Kunst des Holzschnitts. Die Motive werden auf Holz gemalt, herausgeschnitzt, mit schwarzer Farbe bestrichen und anschließend auf Papier gepresst. Die freien Flächen werden mit kräftigen Farben bemalt. Heute gibt es auch künstlich hergestellte Farben, doch traditionell werden Naturfarben verwendet.

Die Drucke bestechen durch naive Darstellungen. Motive sind ländliche Idyllen und historische Szenen. Besonders für das vietnamesische Neujahr werden Bilder gedruckt, die *than tet* heißen. Sie zeigen wohlgenährte Schweine, Hühner oder Wasserbüffel und werden als Glücksbringer in den Häusern aufgehängt. Ein bekanntes Handwerkerdorf, in dem sich die Menschen seit Generationen auf die Herstellung dieses Kunsthandwerks spezialisiert haben, ist Dong Ho in der Umgebung von Ha Noi (s. S. 258).

Lackarbeiten

Im 11. Jh. gelangte die Kunst der Lackarbeit von China nach Vietnam. In der späten Ly-Dynastie (1009–1224) begannen die Vietnamesen, Holzplastiken mit Lack zu überziehen. Ihren Höhepunkt erreicht die Lackkunst in der Le-Dynastie im 15. Jh. Ab 1443 organisierten sich die Handwerker in Gilden, die sich auf unterschiedliche Arbeitsweisen spezialisierten. Im 18. Jh. wurden Arbeiten mit Perlmutt, z. B. in mit Lack bezogenen Möbeln populär (schöne Exemplare dieser Kunstrichtung finden sich noch heute in Hoi An). Im 20. Jh. nahmen westliche Stilelemente Einfluss auf diese Kunst. Im Zuge der Ausbildung auch an der Ha Noi-Kunstakademie wurden die Lackarbeiten weiterentwickelt und die Künstler experimentierten mit neuen bunten Farben und Materialien, wie etwa Eierschalen.

Die **Lackmalerei** wurde von Ngyuen Gia Tri (1906–1993) vorangetrieben: Er war der Erste, der mit Eierschalen und Steinen experimentierte.

Bildhauerei

Figuren aus Sandstein

Die bekanntesten Kunstwerke dieser Stilrichtung stammen von den Cham. In der Relief- und Figuren-Kunst dieses Volkes findet ausschließlich Sandstein Verwendung. Wie andere indisierte Kulturen auch haben es die Cham zu einer gro-

Moderne Skulpturen regen auch in Vietnam die Fantasie des Betrachters an

ßen Kunstfertigkeit in dieser Ausdrucksform gebracht. Aus der ersten Stilepoche, dem My-Son-E-1-Stil des 7./8. Jhs. sind schlichte Verzierungen in realistischer Darstellung erhalten. Die Jahrhunderte vom 7. Jh. bis zum 10. Jh. werden übergreifend als Tra-Kieu-Stil bezeichnet. Offensichtlich ist in dieser Zeitspanne der indische Einfluss auf die Architektur: Realistisch anmutende Tänzer sind Stilbilder dieser Epoche.

Dem Dong-Duong-Stil entspringen Reliefs mit ausgeprägtem Formalismus. Typisches Beispiel sind die breiten Gesichter mit kurzem Kinn, schlitzförmigen Augen und durchgehenden Augenbrauen. Elaborierten Haarschmuck hingegen tragen die Statuen aus der Epoche des Khuong-My-Stils im 10. Jh. Die Figuren sind schlicht und etwas weniger lebensnah als ihre Vorgänger. Darauf folgt im späten 10. Jh. der My-Son-A-1-Stil, in dem die Statuen wieder mehr Dynamik ausstrahlen. Der Architektur entsprechend haben auch die Sandsteinarbeiten eine bemerkenswert fein gearbeitete Ornamentik. Monumentaler ist der Thap-Mam-Stil des 11.–14. Jhs. Die großen Götter- und Fantasiefiguren sind zwar reichlich mit Schmuck verziert, doch fehlt es ihnen an Ausdruck.

Die Seidenmalerei

Dem Künstler Nguyen Phan Chanh (1892–1984) ist es zu verdanken, dass die Seidenmalerei auch in Vietnam zur Tradition wurde. Als einer der ersten Schüler des französischen Künstlers und Lehrers Victor Tardieu an der *École Superieure des Beaux-Arts de l'Indochine* entwickelte er zu Beginn der 30er-Jahre einen ganz eigenen Stil, der sich durch klare Linienführung und Erdtöne auszeichnete.

Mit dem Yang-Mum-Stil ab dem 14. Jh. geht auch die Zeit des Champa-Reichs zu Ende. Die Figuren sind stark symmetrisch, haben halbmondförmige Augen, ein spitz zulaufendes Kinn und verbundene Augenbrauen.

Andere Steinmetzarbeiten

Einige steinerne Arbeiten findet man in den Außenbereichen der Tempelanlagen, meist Steininschriften und Wächterfiguren. Bekannt sind hier vor allem die Steinstelen und die sie tragenden Schildkröten des Literaturtempels von Ha Noi. Auch die Wächter des Weges der Seelen in Hue sind bekannte Steinstatuen.

Moderne Steinmetzarbeiten finden sich in den Parks und Promenaden des Landes. Mal sind sie sehr realistisch und zeigen beispielsweise eine Mutter mit ihrem Kind, mal fordern sie zur eigenen Interpretation auf.

Holzstatuen

Weniger gut erhalten sind Holzarbeiten. Die frühen Exemplare haben die Zeit nicht überdauert. Das älteste Exemplar ist eine aus Eisenholz gefertigte Buddhafigur, deren Herstellung auf das 6. Jh. datiert wird. Sie befindet sich heute im Historischen Museum von Ho-Chi-Minh-Stadt (s. S. 526).

Die Holzfiguren, die zahlreich in den Tempeln, Pagoden und Versammlungshäusern stehen, sind alle in neuerer Zeit hergestellt worden. Viele sind Nachbildungen alter Figuren, die im Laufe der Jahre sukzessive ersetzt werden. Eines der älteren und herausragenden Werke (nicht nur wegen seiner Größe, sondern auch wegen der Kunstfertigkeit seiner Hersteller) ist die aus dem Jahr 1656 stammende Figur des Avalokiteshvara in der Chua But Thap (s. S. 258).

Heute wird für die Herstellung der Figuren das Holz des Jackfrucht-Baums *(Artocarpus heterophyllus)* genutzt. Es lässt sich gut bearbeiten und ist relativ beständig.

Musik

Die Kunst, Musik zu machen, lässt sich bis in die Frühgeschichte Vietnams zurückverfolgen. Mit dem Lithophon – einem steinernen Xylophon – besitzt Vietnam das älteste Musikinstrument der Welt. Etwas später, im 2. Jahrtausend v. Chr., kamen Flöten und Bronzetrommeln aus der Dong-Son-Kultur hinzu. Im Laufe der Jahrhunderte nahmen chinesische und auch indische Elemente Einfluss auf Vietnams Musiktradition. Ab dem 19. Jh. wurde die Musik außerdem vom Westen geprägt. So wurde beispielsweise das Musizieren nach Noten eingeführt, das in der modernen Volksmusik heute die Regel ist, und die improvisierte Musik immer mehr verdrängt. Auch die musikalische Ausbildung orientiert sich seit dem 20. Jh. an europäischen Meistern, vornehmlich aus dem Osten. Während experimentelle moderne elektronische Musik in Vietnam noch nicht sehr verbreitet ist, gewinnt der Jazz immer mehr Freunde.

Volksmusik

Die Gründung des Musikkonservatoriums in Ha Noi 1956 war der erste Schritt hin zu einer moderneren Volksmusik. Fortan wurde diese in Noten aufgeschrieben und eine Vielzahl junger Leute in dieser Musikform ausgebildet. Leider ging dabei die Improvisationskunst verloren. Immer häufiger werden große Orchester und Dirigenten eingesetzt und die einzelnen Künstler verlieren an Bedeutung.

Ebenfalls der Tradition des Westens folgend, wurden auch die Modi der Musik westlichen Harmonievorstellungen angepasst.

Die Absolventen des Konservatoriums singen seither in Hotellobbys ebenso wie im Fernsehen. Ihre Gesänge sind moderne Popsongs, die sich der Melodien bekannter Volkslieder und Lieder der ethnischen Minderheiten bedienen. Auch Mozart und chinesisches Liedgut dienen als Vorlage. Wer einmal vietnamesisches Fernsehen guckt, vor allem an Tet, wird zahlreiche, in Trachten gekleidete Menschen fröhlich neu arrangierte Volkslieder singen sehen.

Popmusik und Jazz

Die Mehrzahl der vietnamesischen Popsongs ist sehr eingängig und immer auch etwas schnulzig. Produziert werden die meisten Alben in HCMS und von den Viet Kieu in Kalifornien. Pop war lange Zeit nicht sehr beliebt bei den Regierenden. Dies bekam auch der bekannteste Popsänger und Komponist Trinh Cong Son 1969 zu spüren, den Joan Baez damals den Bob Dylon Vietnams nannte. Mit seinem Album „Lullaby" feierte er in Japan Erfolge, doch in Vietnam wurde es kurz danach verboten, denn die Regierung empfand die Texte als demoralisierend. 1975 musste der Künstler zur Arbeit aufs Feld und schrieb danach nur noch eingängige Liebeslieder und unpolitische Texte.

Die Zeit zwischen 1975 bis zu Doi Moi 1986 war hauptsächlich von revolutionärer Musik geprägt. Doch als sich die Wirtschaft und das soziale System öffneten, kam auch westliche Popmusik und jene aus den Nachbarstaaten nach Vietnam. Heute schallt ABBA, Boney M. und Modern Talking aus den Lautsprechern, und auch Techno und HipHop erfreuen das junge Publikum in den Bars der Großstädte.

Jazz findet mittlerweile ebenfalls seine Anhänger. Erste Jazzbars in den Großstädten begeistern viele, und es beginnt sich eine Szene zu etablieren: Das Improvisationstalent der vietnamesischen Künstler lässt auf gute Jamsessions hoffen.

Die Kammermusik Nhac Tai Tu

Diese Kammermusik, die ohne Gesang auskommt, gilt als eine der schwierigsten Genres Vietnams. Es existiert lediglich ein Grundskelett: Die Musiker können und müssen improvisieren und schnell auf die Ideen der anderen Musiker reagieren. Diese Musik existiert seit dem 18. Jh. (in Hue) und gilt als Vorbild für die Musik des *cai luong*-Theaters (s. S. 205). Diese anspruchsvolle Kunst wird nicht am Konservatorium gelehrt. Viele junge Musiker versuchen im Selbststudium, die Herausforderung dieses Musikstils anzunehmen.

Der Wechselgesang Quan Ho

Der Wechselgesang hat seine Wurzeln bei Ha Bac an der Mündung des Roten Flusses. Auch in den bergigen Regionen wird diese Form des improvisierten Gesangs von einigen Ethnien gepflegt. Der Gesang kommt ohne die Begleitung durch Instrumente aus. Es ist ein Wechselspiel zwischen Mann und Frau, ein Ritual der Liebeswerbung. Daher wird Quan Ho hauptsächlich im Frühjahr auf Festen gesungen. Je schlüpfriger die Texte werden, desto begeisterter ist das Publikum.

Die Ritualmusik Hat Chau Van

Diese Gesangsform stammt aus Nord- und Zentralvietnam. Es handelt sich um Ritualmusik, die in Pagoden und Dorftempeln zur Beschwörung von Geistern eingesetzt wird. Während einer Trancezeremonie hypnotisiert die Musik (die mal von einer Sängerin, mal von Männern und Frauen zusammen vorgetragen wird) das Medium. Ziel ist, dass das Medium Kontakt mit einer Göttin aufnimmt. Dafür werden in den Schreinen zuvor weibliche Götterstatuen zusammen mit der Muttergöttin aufgestellt.

Bis zur Öffnung des Landes im Zuge von Doi Moi waren diese Rituale offiziell verboten. Teile der Zeremonien fanden jedoch Eingang in die staatlich geförderte Kunst des *cheo*-Theaters (s. S. 204). Heute findet eine Art Renaissance dieser Trancezeremonien statt: Erfolgreiche Geschäftsleute erhoffen sich durch die Kontaktaufnahme mit einer Göttin weitere Unterstützung bei ihren Unternehmungen.

Ca Tru

Diese im 15. Jh. populäre Gesangsform wird auch Hat A Dao genannt, was auf ihre Gründungslegende zurückgeht: Die schöne Sängerin A Dao betörte den Feind mit ihrem Gesang. Willenlos geworden, betranken sich die Soldaten und konnten ohne Gegenwehr in den Fluss geworfen werden, wo sie ertranken. Ca Tru wurde direkt nach der Unabhängigkeit von China entwickelt und die Texte sind berühmten Gedichten entlehnt. Gesungen werden sie von einer Sängerin, die sich selbst mit einem Schlaginstrument aus Bambus begleitet. Zudem spielen eine Trommel und die dreisaitige Laute *dan day*. Die Sängerin muss über ein großes Repertoire verfügen, denn Ca Tru besticht durch seine vielen Gesangsstile, die sich jeweils durch einen anderen Rythmus unterscheiden.

In einer verwandten Form kann man diese Gesangsform auf einer Fahrt auf dem Parfumfluss erleben, wo sie während der Bootsfahrt dargeboten wird.

Eine Renaissance erlebt diese Kunst derzeit vor allem in Ha Noi.

Instrumente

Grundlage der vietnamesischen Musik ist die menschliche Stimme, und daher versuchen die Instrumentbauer Vietnams die Eigenheiten der menschlichen Stimme nachzubilden. Es gibt eine Vielzahl unterschiedlichster Instrumente, von denen im Folgenden nicht alle genannt und beschrieben werden können. Die wichtigste Unterscheidung trennt die Instrumente in Saiten-, Schlag- und Blasinstrumente.

Saiteninstrumente

Einst wurden die Instrumente mit Seide gespannt, heute finden auch in Vietnam Stahl, Darm und Nylon Verwendung. Die *dan bau*, auch *dan doc huyen* genannt, ist das berühmteste vietnamesische Saiteninstrument. Diese Zither, die imstande ist, die Klangmodulation der menschlichen Stimme nachzuahmen, gibt es nur in Vietnam. Vermutlich wurde das erste Instrument 1770 hergestellt. Auf den langen, manchmal klappbaren Körper wird nur eine Saite gespannt. An einem Ende ist diese fest verankert, am anderen ist sie derart gespannt, dass sie während des Spiels bewegt werden kann. Mit dem Plektron wird die Saite gezupft. Die Finger der linken Hand spannen und entspannen die Saite. So erreicht das Instrument eine Tonskala von über drei Oktaven. Bei öffentlichen Darbietungen wird heute oft ein Verstärker angeschlossen. Meist sind es Liebeslieder, die von der *dan bau* begleitet werden.

Es heißt, als junge Frau solle man dem Klang der *dan bau* nicht lauschen – wahrscheinlich ein Ratschlag besorgter Eltern, die ihre Tochter vor den Emotionen des Liebesschmerzes schützen wollen. Die *dan bau* wird zum einen im Orchester gespielt, zum anderen auch als Soloinstrument. Sie kommt in der jüngeren Zeit auch bei Theateraufführungen zum Einsatz.

Die Mondlaute *dan nguyet* bezeichnet eine Laute mit zwei Saiten. Der Name bezieht sich auf die Form des Klangkörpers, der aussieht wie ein großer, runder Mond. Ursprünglich waren die Saiten aus Seide, heute sind sie aus Nylon. Alte Bilder belegen, dass die Mondlaute bereits im 11. Jh. von den Viet gespielt wurde. Zum Einsatz kommt sie bei Volksliedern ebenso wie bei der Hofmusik, im Süden auch im *cai luong*-Theater (s. S. 205).

Konfuzius und die Musiktheorie

Die konfuzianische Musiktheorie kennt acht Klangkategorien für Instrumente: Seide, Stein, Fell, Ton, Metall, Luft, Holz und Bambus. Zudem gilt es der Tradition nach, bestimmte Zeiten zu meiden, um Musik zu machen. Dazu zählen der Sonnenuntergang, die Zeit während eines Sturms, wenn man nicht gut vorbereitet ist, wenn das Publikum nicht zuhört und wenn man keine angemessene Kleidung trägt.

Die *dan tranh*, auch *thap luc* genannt, ist eine 17-saitige Zither. Der Klangkörper besteht aus Holz, die Saiten sind aus Metall. Die Zither ist sowohl ein Solo- als auch ein Orchesterinstrument. Sie stammt wahrscheinlich aus der Zeit der Tran-Dynastie (12.–13. Jh.) und bestand bis zum Jahr 1950 aus 16 Saiten. Dann wurde sie von dem Meister Nguyen Vinh Bao erneuert und hat seither eine Saite mehr. Sie findet vielfach Einsatz bei Theateraufführungen des *cheo* (s. S. 204) und des *cai luong*.

Die *dan nhi*, auch *co* genannt, ist eine zweisaitige Fidel, bei der der Bogen zwischen den beiden Saiten gezogen wird. Der Klangkörper ist mit einer Schlangenhaut bespannt.

Schlaginstrumente

Die **Dan Da** ist ein steinernes Lithophon und gilt als das älteste Instrument der Welt. Sie soll noch aus der Zeit vor der Dong Son-Kultur stammen. Man geht davon aus, dass das Instrument vor 4000–10 000 Jahren erfunden wurde. Das Lithophon besteht aus sechs bis elf Steinplatten, die mit einem schweren Holzschlegel geschlagen werden. Die Steinplatten der ältesten erhaltenen Instrumente stammen alle aus einem Steinbruch im zentralen Hochland. Die Klangeigenschaften der hier geförderten Steine waren besonders gut. Überall in Vietnam sind Lithophone ausgestellt, so z. B. in Da lat.

Die Tradition der in Vietnam gebräuchlichen **Trommeln** kommt zum einen aus Indien – das Einfluss auf die Trommelkultur der Cham nahm –, zum anderen aus China. Wichtig sind Trommeln vor allem für das Theater: Im *cheo* (s. S. 204) beispielsweise gibt die *trong co*, die kleine Trommel, den Takt vor. Die *trong com*, was übersetzt „Reistrommel" bedeutet, kommt aus dem Bereich der Cham-Kultur. Es handelt sich um eine zweifellige Trommel, die aus der indischen *mridangam* weiter entwickelt wurde. Die Trommel verdankt ihren Namen der Tatsache, dass eine Paste aus heißem, gekochtem Reis auf die Membran aufgetragen wird, um sie zu stimmen. Genutzt wird die *trong com* bei allen Theaterformen.

Die *song lang* ist eine Schlitztrommel, die mit dem Fuß gespielt wird. Sie diente bei ihrer Entstehung vermutlich als Ritualinstrument oder auch der Verbreitung von Nachrichten. Im Verlauf der Geschichte Vietnams fand sie am Hofe von Hue bei der Kammermusik ihren Einsatz. Heute kann man sie noch in einigen Bergdörfern erleben.

Bronzegongs werden von den ethnischen Minderheiten gespielt. Traditionell dienen sie als Instrumente der Ritualmusik, mit der den Göttern für ihre Unterstützung gedankt wird. Zum Einsatz kommen sie auch bei Beerdigungen, Hochzeiten, Erntefesten, Neujahrs- und Siegesfeiern. Diese Tradition wurde von der UNESCO in die Liste der „Meisterwerke des mündlichen und immateriellen Kulturerbes der Menschheit" aufgenommen. Bei manchen Ethnien dürfen Gongs nur von Männern gespielt werden. Die *sac bua*, ein Gong der Muong, wird dagegen von Frauen gespielt.

Blasinstrumente

Aus Holz und Bambus gibt es diverse **Quer- und Langflöten**. Diese werden überwiegend für Volkslieder und lyrische Vorträge gebraucht. Auch bei den verschiedenen Theaterformen kommen sie zum Einsatz.

Die *ken* ist eine Oboenart, die vor allem auf Beerdigungen gespielt wird. Am Mundstück hängen fünf kleine Knochen, die das zum Spiel nötige Grinsen verbergen sollen, ist dies doch dem Anlass nicht gerade angemessen. Es heißt zudem, die Knochen symbolisieren eine zarte Frauenhand.

Die *trung* gehört zu den populärsten Instrumenten der Minderheiten (etwa der Bahnar, der Jarai und der E De) und ist eng mit deren spirituellem Leben verbunden. Das Instrument besteht aus verschieden langen Bambusrohren, die mit zwei Bändern der Länge nach aneinandergebunden sind. Die kürzesten *trung* haben fünf Bambusrohre, die längsten bestehen aus 48 Rohren, die in drei Reihen hintereinander befestigt sind. Ähnlich einer Mundharmonika wird die *trung* gerne abends am Lagerfeuer gespielt und dient zur Untermalung von Gesang und Tanz bei kleinen Feierlichkeiten.

Die *tra pun tu*, als Hmong-Flöte bekannt, ist eine Langflöte mit sechs Löchern. Junge Männer spielen sie, um damit, so heißt es, die Herzen ihrer Frauen zu erreichen, und weil ihnen die Arbeit dann leichter von der Hand gehen soll.

Darstellende Künste

Musik und darstellende Künste gehören in Vietnam eng zusammen. Dies gilt nicht nur für das **Musiktheater**, sondern auch das einzigartige **Wasserpuppentheater**. Eine große Tanztradition hat das Land nicht hervorgebracht (s. Kasten). Die Musik, besonders der Gesang, ist das verbindende Element aller darstellenden Künste Vietnams. Musik gehört zu jedem Theaterstück und zu jeder Aufführung.

Tanz in Vietnam

Die höfische Musik und Tanzkultur **Nha Nhac** erfuhr während der Nguyen-Kaiser eine Blütezeit am Hof in Hue. Vorbild waren die chinesischen zeremoniellen Tänze. Es fanden rituelle Tänze in den Tempeln und Pagoden statt. Auch auf weltlichen und militärischen Festen wurde getanzt. Für jeden dieser Anlässe gab es unterschiedliche Aufführungen. Mit dem Untergang der Kaiserdynastien ging auch diese Kunstform zugrunde. Eine gewisse Wiederbelebung erfährt der Tanz in neuester Zeit. Mit Unterstützung der UNESCO wurde bereits das königliche Theater in Hue renoviert, und dank der örtlichen Kunsthochschule finden hier auch wieder Aufführungen statt. 2003 wurde die Kunst des Nha Nhac zudem von der UNESCO in die Liste der „Meisterwerke des mündlichen und immateriellen Kulturerbes der Menschheit" aufgenommen.

Unverkennbar ist der Einfluss aus China und Indien. Aus China entlehnt ist die Tradition des Musiktheaters und der Einsatz von Saiteninstrumenten. Aus Indien stammen der Rythmus und die Trommeln. Ab dem 19. Jh. nahm auch der Westen Einfluss und europäische Stilelemente aus dem Theater und der Musik wurden in die Tradition Vietnams übernommen.

Mit dem *cai luong*-Theater (dem erneuerten Theater, s. S. 205) wurde ab etwa 1920 eine neue Theaterform aus bestehenden Elementen entwickelt.

Das Theater

Originär vietnamesisch ist die Theaterform *hat cheo*. Daneben gibt es *hat tuong*, eine Kunstform, die der Operntradition nach chinesischem Muster entlehnt ist. Sprechtheater findet man nicht, lediglich in der modernen Form ein paar wenige reine Sprechpassagen. Bei allen anderen Stücken ist die musikalische Begleitung obligatorisch. In der traditionellen Theaterkunst Vietnams kennt das Publikum in der Regel die Lieder und auch die Geschichten.

Werden klassische Stücke aus dem Westen aufgeführt, werden musikalische Stücke bevorzugt. So wurde z. B. anlässlich der APEC-Konferenz 2006 die *Zauberflöte* von Mozart präsentiert.

Hat Cheo

Die Volksoper *cheo* ist die älteste Bühnenkunst des Landes. Ihr Ursprung liegt im Delta des Roten Flusses, wo sie bereits im ersten Jahrtausend v. Chr. aufgeführt wurde. Sie diente der Unterhaltung und dem Dank an die Götter gleichermaßen und wurde in den Gemeindehäusern aufgeführt. Bronzegongs waren seit Anbeginn die wichtigsten Instrumente, und noch heute gibt eine Trommel den Takt vor.

Die Stücke waren anfangs sehr kurz. Etwa ab dem 10. Jh. wurden Volksmusik und Tanz integriert; als Theaterkunst am kaiserlichen Hofe ist *cheo* seit dem 11. Jh. überliefert. Gezeigt werden seither Legenden und Alltagsgeschichten der ländlichen Bevölkerung. *Cheo* soll die Menschen zum Lachen bringen, deshalb arbeitet diese Theaterform mit viel Witz und Humor. Die Hauptthemen kreisen um Gut gegen Böse und die Rechte des Menschen.

Aktuelle Ereignisse und Kritik am herrschenden System finden ebenfalls Eingang in diese alte Theaterform. Gepackt ist das Ganze in Geschichten von Liebe und Freundschaft, die manchmal der griechischen Tragödie ähneln – nur dass das Gute immer über das Böse siegt.

Im 15. Jh. war die Sozialkritik den Herrschern der späten Ly-Dynastie ein Dorn im Auge, und Le Thanh Tong verbannte die Künstler vom Hof. Doch das Wissen wurde auch ohne höfische oder staatliche Protektion von Generation zu Generation weitergegeben und kehrte so zu seinen bäuerlichen Wurzeln zurück.

1964 hoben die Machthaber von Ha Noi diese Kunst wieder als nationales Erbe hervor und gründeten ein *cheo*-Theater, dessen offizielle Aufgabe die Förderung und der Erhalt dieser Kunstform ist. Leider ist jedoch trotz neuer moderner Werkinterpretationen kein großes Publikum mehr zu erreichen. 2001 feierte das erstmals organisierte *cheo*-Festival in Ha Long-Stadt Erfolge. Die Darstellungen orientierten sich an der traditionellen Spielweise und setzten bewusst nicht auf neue Interpretationen. Trotzdem ruft diese Kunstform vor allem bei jungen Leuten nicht mehr die Begeisterung hervor wie einst. Fernsehen, Kino und andere neue Medien haben dem Theater einiges an Modernität und Spannung voraus.

Für Touristen ist eine Aufführung auf jeden Fall empfehlenswert, gilt *cheo* doch als *die* vietnamesische Theaterform schlechthin.

Ein Held bleibt ein Held

Im Unterschied zum westlichen Theater machen die Figuren niemals eine Entwicklung durch, sondern sind immer in ihrer Rolle verhaftet. Ein Trinker bleibt ein Trinker und ein Held ein Held. Auch die Erzählweise ist nicht realistisch, sondern stilisiert. Die Stücke sind keine Fünf-Akter wie im Theater des Aristoteles, sondern flexibel. Je nach Aufführung und Zuschauerbeteiligung sind die Szenen mal mehr, mal weniger lang, denn das Publikum nimmt lautstark Anteil an der Darstellung und die Schauspieler reagieren auf das Publikum.

Das Wasserpuppentheater – eine seit Jahrhunderten beliebte vietnamesische Kunstform

Hat Tuong

Diese Theaterform, die auch *hat boi* oder *hat bo* genannt wird, entwickelte sich aus der klassischen chinesischen Oper. In Vietnam wurde *hat tuong* seit dem 13. Jh. zur Unterhaltung am Kaiserhof aufgeführt. Später wurden die Stoffe Repertoire der Wandertruppen, die durchs Land zogen und eine große Besucherschar erfreuten. Die Stoffe sind historische Ereignisse und Epen. Im Vordergrund stehen die auf konfuzianischen Prinzipien beruhenden Beziehungen von Herrscher/Untertan und Eltern/Kind.

Hat tuong folgt strengen Regeln. Das Bühnenbild ist minimalisitisch. Gestik, Mimik und Musik bringen die Stimmung zum Ausdruck. Kleidung und Schminke sind je nach Charakter immer gleich und lassen schnell die Rollenzuteilung erkennen. Wie die Musik sind auch die Figuren dem Publikum bekannt. Es gibt nur noch wenige Aufführungen dieser Kunstform, manchmal kann man sie in Ha Noi im Tuong-Theater erleben.

Hat Cai Luong

Das reformierte Theater entstand etwa 1920 in Südvietnam und kann daher erst auf eine kurze Tradition zurückblicken. Es entwickelte sich als Symbiose aus den traditionellen Theaterformen und Einflüssen der Kolonialherren. Die Stücke beinhalten einige Sprechphasen, was auf den Einfluss des fanzösischen Theaters zurückzuführen ist. Die Musik ist leicht und melodiös (wie alle anderen Musikformen für europäische Ohren aber noch immer sehr gewöhnungsbedürftig). Modern sind die Verwendung von elektronischen Verstärkern und die musikalische Begleitung auf neueren Instrumenten. Aufgegriffen werden klassische Stoffe, aber auch gesellschaftliche Probleme wie Drogenkonsum oder Prostitution. Bei letzterem Thema vermischen sich die alten mit modernen Stoffen: Ein Beispiel ist die „Geschichte vom Mädchen Kieu". Derzeit touren etwa 30 professionelle Ensembles durch Vietnam. Aufführungen kann man u. a. im Cai Luong-Theater in Ha Noi und im Tran Hun Trang Cai Luong-Theater in HCMS besuchen.

Das Wasserpuppentheater

Vietnam ist besonders stark vom Element Wasser geprägt: sei es in den Deltas, am Meer oder auch nur wegen der starken Regenfälle während der Regenzeit. Die Kunstform des Wasserpuppenspiels, *mua roi nuoc* genannt, soll über 1000 Jahre alt sein: Seit dem 11. Jh. ist sie als Darbietung auf einem Pagodenfest belegt. In einer Steinstele aus dem Jahr 1121 in der Doi Son-Pagode wird das Wasserpuppentheater benannt. Eine Legende berichtet, dass diese Theaterform aus der Not heraus geboren wurde: Es regnete viel und alles war überschwemmt. Die Künstlertruppe, die ihr Puppenspiel zeigen wollte, machte aus der Not eine Tugend und spielte ihr Stück im Dorfteich stehend. Andere Überlieferungen besagen, dass diese Theaterform schon Jahrhunderte vorher von den Reisbauern im Delta des Roten Flusses vornehmlich zu Beginn des Frühlings aufgeführt wurde. Vielleicht dienten diese Vorführungen damals dazu, die Regengötter gnädig zu stimmen und für eine gute Ernte zu sorgen. Sicher ist, dass diese Kunstform im 11. Jh. am Hofe sehr beliebt war und sich die Ly und die Tran von Wasserpuppenspielern unterhalten ließen.

In den Reisfeldern des Delta, wo noch immer Nassreis angebaut wird, sind die Aufführungen auch heute noch besonders sehenswert – vor allem wegen der außergewöhnlichen Umgebung. Einen Besuch wert sind jedoch auch die Aufführungen in den Theatern der Künstlertruppen. Das bekannteste befindet sich in Ha Noi, aber auch in HCMS und in Hai Phong gibt es regelmäßig Aufführungen. Vielfach wird daneben noch auf Pagodenfesten Wasserpuppentheater dargeboten.

Die **Geschichten** sind den traditionellen Stücken aus dem *cheo*- und dem *tuong*-Theater entlehnt. Zudem werden Alltagsgeschichten vom Reisfeld, Fischfang, Büffelkampf und Entenhüten gezeigt. Beliebt sind daneben Heldensagen, etwa die Legende vom zurückgegebenen Schwert im Hoan Kiem-See (s. S. 210, Ha Noi), und Mythen von Drachen und Einhörnern.

Die **Figuren** werden in Handarbeit aus Holz geschnitzt und anschließend mit Farbe wasserfest und haltbar gemacht. Die wichtigste Figur ist *chua teu*, der breitgesichtige, dicke und lachende Onkel Teu. Er ist größer als alle anderen Puppen und dient als Vermittler zwischen den Spielern und dem Publikum. Mit Onkel Teu beginnen alle Wasserpuppen-Ensembles ihr Spiel. Er begrüßt das Publikum, fungiert als Erzähler und Kommentator und kritisiert die Politiker.

Das Wissen und Können der **Spieler** wurde immer vom Vater auf den Sohn vererbt. Mädchen und Schwiegersöhne wurden nicht einbezogen – zu sehr fürchtete man, die Kunst könne an Fremde weitergegeben werden. Heute hat sich dies etwas geändert, und auch Mädchen dürfen einige Rollen spielen (z. B. beim Tanz des Phoenix), zudem wird das Wissen inzwischen auch an fremde Schüler vermittelt.

Spieler nutzen Teiche, kleine Seen, überflutete Reisfelder oder eigens errichtete Wasserbühnen für ihre Darstellungen. Bei einer Aufführung stehen sie bis zum Bauch im Wasser und bewegen ihre Stabpuppen mit Hilfe von Bambusstangen. Zwischen dem Publikum und den Puppenspielern befindet sich eine Bambuswand oder im Theater eine kleine Bühne.

Bis 1993 hielten sich die **Musiker** hinter der Bühne auf, seither nehmen sie daneben Platz und haben die Puppen so wesentlich besser im Blick. Zum Einsatz kommen seit jeher Trommeln, Zimbeln und das Horn. Im Laufe der Jahrhunderte kamen weitere Instrumente hinzu, wie etwa die Zither, die Flöte oder die *dan bau*. Heutzutage benutzen kleinere Ensembles auch Aufnahmen vom Band als akustische Untermalung. Gesang gehört ebenfalls zu einer Aufführung (er kann auch als Sprechgesang vorgetragen werden), oftmals sind bekannte Volkslieder zu hören.

Ha Noi und Umgebung

1 HIGHLIGHT

Stefan Loose Traveltipps

Hoan Kiem-See Auf einer schattigen Bank am See über den Lauf der Welt sinnieren. S. 210

Altstadt von Ha Noi Im Gassengewirr auf Entdeckungstour gehen. S. 210

Literaturtempel Sich in Ha Nois erster Universität von der Hektik der Stadt erholen. S. 223

Mausoleum von Ho Chi Minh Den aufgebahrten Onkel Ho besuchen. S. 225

Tran Quoc-Pagode Ha Nois ältestes Bauwerk bewundern. S. 227

Wasserpuppentheater Sich vom Spiel der Holzpuppen verzaubern lassen. S. 241

Handwerksdörfer und Pagoden um Ha Noi Ausflüge zur Wiege der vietnamesischen Kultur unternehmen. S. 243

1 HIGHLIGHT

Ha Noi

Ha Noi, die Hauptstadt Vietnams, liegt am Ufer des Roten Flusses, etwa 100 km von der Küste entfernt. Der heutige Stadtname ist eine recht prosaische geografische Beschreibung: Er bedeutet schlicht und ergreifend „zwischen den Flüssen". Der alte Name *thang long*, „aufsteigender Drache", ist zweifellos romantischer. Tatsächlich könnte er die aktuelle Situation der Stadt nicht treffender beschreiben: Der vietnamesische Wirtschaftsboom, der Sai Gon im Süden in eine glitzernde Metropole verwandelt, ist auch hier allgegenwärtig. Täglich drängeln sich mehr Mopeds in den engen Altstadtgassen, und auf den baumgesäumten Boulevards, die von den französischen Kolonialherren angelegt wurden, gleiten mehr und mehr Luxuskarossen dahin. Obwohl sich in diesem Ballungsraum mehrere Millionen Menschen zusammendrängen, wirkt das Zentrum von Ha Noi übersichtlich und lässt auch heute noch seinen Charme spielen: Ob im Gewusel der Altstadtgassen oder am friedlichen Ufer des Hoan Kiem-Sees – Ruhe und Bewegung, Chaos und Kontrolle, moderner Lifestyle und seit Generationen überlieferte Traditionen ergänzen sich zu einem typisch asiatischen Lebensgefühl, das auch den westlichen Besucher nicht unbeeindruckt lässt.

Geschichte

Im Jahr 2010 ist es so weit: Ha Noi feiert seinen tausendsten Geburtstag. Anno 1010 verlegte der frisch gekrönte König Ly Thai To seine Hauptstadt von Hoa Lu in die kleine Siedlung Dai La und benannte diesen neuen Regierungssitz in Thang Long um. 200 Jahre regierte die von ihm gegründete Ly-Dynastie mit enger Verbindung zum buddhistischen Klerus. Viele Pagoden wurden in dieser Zeit gegründet, aber nicht alle haben die Jahrhunderte überdauert. Im Stadtgebiet sind aus dieser Zeit noch die Einsäulenpagode und der Tran Vu-Tempel zu sehen. Um 1400, als die Ho-Dynastie den Regierungssitz für einige Jahre nach Thanh Hoa verlegte, wurde Thang Long in Dong Do („Zitadelle im Osten") umbenannt.

Ha Noi im Wandel der Jahreszeiten

Ha Noi hat vier ausgeprägte Jahreszeiten, die das Erleben der Stadt sehr unterschiedlich machen. Das Jahr startet kalt. Temperaturen um die 5 °C sind im Januar keine Seltenheit. Gen **Frühling** wird es wärmer: Im April und Mai erreichen die Temperaturen angenehme frühsommerliche Werte von 20–25 °C – perfektes Reisewetter. Im **Sommer**, besonders im Juli und August, kann es unangenehm heiß werden, und auch die häufigen Regenschauer sorgen dann nur bedingt für Abkühlung. Nicht ohne Grund sind schon vor hundert Jahren die französischen Kolonialherren zu dieser Zeit am liebsten in die Berge geflüchtet. Der **Herbst** im September und Oktober gilt vielen feingeistigen Naturen als die schönste Zeit in der Stadt: Das Laub der Bäume färbt die Alleen und Parks bunt, und am Hoan Kiem-See sitzen Dichter und Zeichner, um die poetische Stimmung einzufangen. Ab November steht der **Winter** vor der Tür, und im Dezember kann einem richtig weihnachtlich zumute werden.

Doch schon 1428 übernahm die Le-Dynastie das Ruder und zog zurück in die alte Hauptstadt, die jetzt Dong Kinh („östliche Hauptstadt") hieß – die Wurzel des französischen Namens „Tonkin", den die Kolonialherren für das nördliche Vietnam gebrauchten. Kaiser Tu Duc, der von 1847–83 von Hue aus herrschte, gab der Stadt ihren heutigen Namen, als er sie im Rahmen einer administrativen Neuorganisation zur Provinzhauptstadt machte.

Die Franzosen besetzten 1882 mit einer relativ kleinen Truppe die Zitadelle von Ha Noi unter dem Vorwand, sie seien angegriffen worden. Ziel war die Kontrolle des Roten Flusses, der als alternative Handelsroute zum Mekong galt. Kaiser Tu Duc erkannte seine militärische Unterlegenheit und musste die Franzosen gewähren lassen. Diese bauten auf etwa zwei Quadratkilometern südlich und östlich des Hoan Kiem-Sees Villen und Verwaltungsgebäude und verliehen der Stadt, die bis dahin eher ein Konglomerat aus Zitadelle, Märkten und Dörfchen gewesen war, ein ganz neues Gesicht. In den 20er- und 30er-Jahren strömten

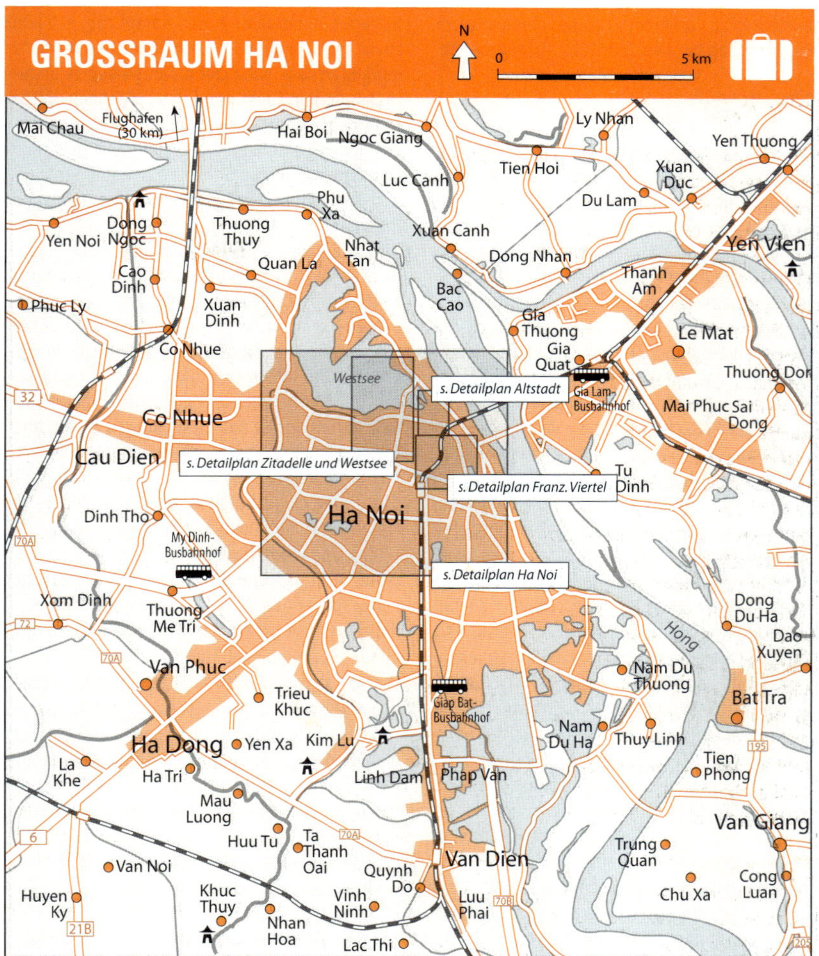

aufgrund der sich verschlechternden Lebensbedingungen auf dem Land viele Wanderarbeiter in die Stadt. Sie wurden von den Franzosen in den entstehenden Fabriken eingesetzt und lebten in neu erbauten, einfachsten Quartieren.

Nach dem 2. Weltkrieg investierte Ho Chi Minh in den wirtschaftlichen Ausbau der Stadt. Von einer Handvoll Fabriken in Privatbesitz stieg die Zahl der Unternehmen bis 1965 auf über 1000 und die der Einwohner von rund 400 000 im Jahre 1954 auf über eine Million. Als dann im Zuge der Operation Rolling Thunder die us-amerikanischen Bombardierungen begannen, mussten bis 1973 zwischen 500 000 und 750 000 Menschen evakuiert werden. Nach Kriegsende setzte die Magnetwirkung der Metropole allerdings wieder ein, und heute leben hier über 3 Mill. Menschen. Hin- und hergerissen zwischen Wachstum und damit einhergehender Bautätigkeit und dem Bekenntnis zum Schutz der alten Bausubstanz, versucht die Stadtregierung einen weiteren Bevölkerungszuwachs durch den Ausbau von Satellitenstädten zu verhindern und hat einen entsprechenden Plan bis zum Jahr 2020 ausgearbeitet.

Orientierung

Das Zentrum von Ha Noi kann in unterschiedliche Bezirke mit jeweils ganz eigenem Flair eingeteilt werden: Die laute, lebendige **Altstadt** mit dem sich südlich anschließenden **Kathedralen-Viertel** strömt viel Atmosphäre aus und hat eine große Vielfalt an Unterkünften. Wer nicht hier wohnt, sollte nicht versäumen, zumindest einige Stunden durch die engen Straßen zu streifen.

Der **Hoan Kiem-See** ist nicht nur geografisch das Herz der Stadt. Sein Ufer mit den vielen Bänken und Sitzgelegenheiten und den tief auf das Wasser hinunterhängenden Trauerweiden ist ein friedliches Plätzchen inmitten des Trubels der Großstadt. Bei Sonnenaufgang beginnen die Älteren hier den Tag mit Tai Chi-Übungen. Im Laufe des Tages bevölkern Zeitungsleser, Schachspieler, Angler, Studenten, Liebespaare, Postkartenverkäufer und Schuhputzer die kleine parkähnliche Anlage, die den See umgibt.

Das **Französische Viertel** erstreckt sich südlich des Sees. Breite Boulevards und große Kolonialvillen mit einer ansprechenden Mischung aus europäischer und asiatischer Architektur schaffen ein weltstädtisches Ambiente. Hier befinden sich einige schöne Hotels mit internationalem Anspruch.

Die Region **südlich des Westsees** wird dominiert vom Ho-Chi-Minh-Mausoleum und der zzt. nicht zugänglichen Zitadelle, in der Regierungsgebäude untergebracht sind. Auf einer kleinen Landzunge im Westsee steht die Chua Tran Quoc, die älteste Pagode der Stadt. Der berühmte Literaturtempel Van Mieu in dieser Ecke der Stadt ist ebenfalls einen Besuch wert.

Sehenswürdigkeiten

Der Hoan Kiem-See

Der Hoan Kiem-See ist für die Bewohner von Ha Noi die Seele der Stadt. Sein Name bedeutet: „Der See des zurückgegebenen Schwertes" und bezieht sich auf eine alte Legende: Im 15. Jh. schlug der vietnamesische Held Le Loi einige erfolgreiche Schlachten gegen die Chinesen. Das Schwert, mit dem er in den Kampf zog, soll ihm zuvor beim Fischen im Hoan Kiem-See ins Netz gegangen sein. Nach zehn Jahren kehrte er zurück, um dem Geist des Sees zu danken. Während der Vorbereitungen zu der Danksagungs-Zeremonie erschien plötzlich unter Blitz und Donner eine riesige Schildkröte – eine Inkarnation der Götter – und nahm ihm das magische Schwert wieder ab.

Tatsächlich leben in dem See auch heute noch riesige Schildkröten, die man allerdings höchst selten zu Gesicht bekommt. Ein konserviertes Exemplar von beachtlicher Größe befindet sich im **Den Ngoc Son** (Jadeberg-Tempel): 2,10 m lang, 1,20 m breit, 250 kg schwer und angeblich 400 Jahre alt! Das Tier wurde 1968 im See gefunden. Es soll sich um eine besondere Spezies von Weichpanzer-Schildkröten handeln, die nur in diesem See vorkommt. Ihnen ist auch der dreistöckige **Schildkröten-Pavillon** auf der kleinen Insel im Süden des Sees gewidmet.

Der **Jadeberg-Tempel** ist über die geschwungene, 1875 gebaute **The Huc-Brücke** („Brücke der aufgehenden Sonne") zu erreichen. Der 9 m hohe Turm am Ufer neben der Brücke, **Thap But**, auch „Schreibpinsel-Turm" genannt, ehrt die Dichter, und auch der Jadeberg-Tempel ist der Literatur geweiht: Besonders verehrt wird der taoistische Schriftsteller- und Poeten-Gott Van Xuong (chin.: Wengchung). Sein Abbild sitzt auf einem Thron hinter dem Hauptaltar, auf dem auch der Wissenschaftler und Arzt La To und der Krieger Quan Vu verehrt werden. Ein weiterer Raum ist dem Gedanken an General Tran Hung Dao gewidmet. ⏲ 7–17 Uhr, Eintritt 3000 Dong.

Folgt man dem östlichen Seeufer von hier nach Süden, flaniert man zuerst durch einen kleinen Skulpturenpark und kann dann über die belebte Straße das **Denkmal des Ly Thai To** sehen. Auf dem Platz davor treffen sich abends und am Wochenende junge Leute zum Breakdance (bei Regen weichen sie gerne in den kleinen Pavillon dahinter aus).

Die Altstadt

Wenn der Hoan Kiem-See die Seele von Ha Noi ist, so ist die Altstadt das Herz: Der wilde Pulsschlag dieses Viertels pumpt täglich eine halbe Million Menschen mitsamt ihren fahrbaren Untersätzen durch die Straßen und Gassen, in denen moderne Boutiquen und Hotels neben jahrhundertealten Handwerksbetrieben und traditionellen kleinen Fachgeschäften angesiedelt sind.

Geografisch liegt die Altstadt zwischen dem Hoan Kiem-See im Süden und der Long Bien-Brücke im Norden. Einst stand als östliche Begrenzung eine Stadtmauer an der Thran Nhat Duat. Die Mauer der Zitadelle an der Ly Nam markiert die westliche Abgrenzung.

Straßennamen in der Altstadt

Viele Straßennamen beginnen mit Hang, was so viel wie „Ware" oder „Geschäft" bedeutet. Die Straßen wurden nach ihren Handwerksstätten und der Herkunft ihrer Bewohner benannt.

Hang Bac – Silberstraße (Silber- und Goldschmiede sowie Steinmetze)
Hang Bo – Straße der Bambuskörbe (heute: Körbe und Geflochtenes)
Hang Bong – Baumwollstraße (Textilien)
Hang Buom – Segel (heute: Import-Nahrungsmittel, Süßigkeiten)
Hang Ca – Fischgasse
Hang Chieu – Grasmatten (heute: Matten und Seile)
Hang Dao – Seidenstraße (heute: Kleidung)
Hang Da – Ledergasse (Schuhe)
Hang Dau – Öl (heute: Schuhe)
Hang Duong – Zuckerstraße (heute: Kleidung)
Hang Ga – Hühnergasse
Hang Gai – Hanfwaren (heute: Seide, Schneider)
Hang Ma – Papierwaren (seit mindestens 500 Jahren)
Hang Non – Hutmacher
Hang Quat – zeremonielle Fächer (heute: religiöse Gegenstände)
Hang Thiec – Blechwaren (heute: zusätzlich Aluminium und Spiegel)
Hang Tre – Bambus (heute: Bambusleitern, Wasserpfeifen)
Hang Trong – Trommelhäute (heute: Polsterer)
Lan Ong – ist der Name eines Heilkundigen aus dem 18. Jh. Heute wird hier traditionelle Medizin hergestellt und gehandelt.

Oft wird das Gebiet der Altstadt auch „Die 36 Straßen" genannt, obwohl es mehr als 36 sind. Forscher glauben, diese Zahl stammt noch aus der Zeit des 15. Jhs., als hier in etwa so viele Handwerkskünste anzutreffen waren. Die Handwerker waren zu Zünften zusammengeschlossen und wohnten nah beieinander in jeweils einer eigenen Gasse. Jede Zunft hatte ihre eigenen Schutzgeister und Patrone, die sie in ihren eigenen Tempeln verehrte.

Wie fast überall in Vietnam sind die Grundstücke der einzelnen Häuser sehr lang gestreckte Rechtecke mit Straßenanschluss an der kurzen Seite. Da die Häuser früher auch nicht besonders hoch gebaut werden durften (niemals höher als die Gebäude in der benachbarten Zitadelle), kam es zum Bau so genannter „Röhrenhäuser" *nha ong* – ein Haus von 3 m Breite und 50 m Länge ist keine Seltenheit. Innerhalb dieser Häuser gab es Freiflächen und kleine Gärten, sodass auch für eine gute Luftzirkulation gesorgt war. Für eine Handwerksfamilie war so ein Haus optimal: An der Straße lag der Laden, dahinter die Werkstatt, an die sich dann die Wohnräume usw. anschließen konnten. Problematisch wurde es in Krisenzeiten, wenn mehrere Familien sich ein Haus teilen mussten.

Das **Restaurierte Haus 87 Ma May** stammt aus dem ausgehenden 19. Jh. und wurde 1999 aufwendig wiederhergestellt. Es kann in Gänze besichtigt werden. Kochstelle und Schlafzimmer sind erhalten. Die einstigen Bewohner müssen sehr reich gewesen sein, so prachtvoll haben sie gelebt. Später wohnte hier nicht mehr nur eine Familie, sondern fünf. Heute werden hier vor allem Handwerkskünste ausgestellt und die Waren zum Kauf angeboten. Die Ausstellung ermöglicht einen guten Überblick über die Künste, die im alten Ha Noi einst gepflegt wurden. Die Preise sind angemessen. Ein etwas Englisch sprechendes Personal gibt ein paar Auskünfte. ✆ 04-928 5605, ⌚ 8.30–17 Uhr, Eintritt 5000 Dong.

Der Name des **Bach Ma-Tempels** in der 76 Hang Buom bedeutet „Weißes Pferd". Das Heiligtum ist eben diesem Schutzgeist Ly Thai Tos gewidmet. Groß und majestätisch steht es vor dem Altar des kleinen Tempels, der im 9. Jh. gegründet wurde und als ältester im Viertel gilt.

Ha Noi

Übernachtung:
1 Sheraton Hotel
2 Daewoo Hotel

Transport:
1 Air Asia

Westsee
Lac Long Quan
Hoang Quoc Viet
Thuy Khue
Hoang Hoa Tham
Vinh Phuc
Nguyen Van Huyen
Nghia Do-See
Ethnologisches Museum
Doc Ng
Nguyen Khang
Song To Lich
Nguyen Khanh Toan
Doi Can
Linh Lang
Lieu Giai Cong
Buoi
Thuy Cau Giay
Doi Can
Van Phuc
Van Bao
ZOO
Dao Tan
Thu Le-See
Kim Ma
Nui Truc
Ngoc Khanh
Tran Huy Lieu
Giang Vo-See
Ngoc Khanh-See
La Thanh
Nguyen Chi Thanh
Lang Ha
Lang
Thanh Cong-See
Dong Da-See
Hoang Cau
Quang Dieu
Tran Duy Hung
Le Van Luong
Lang

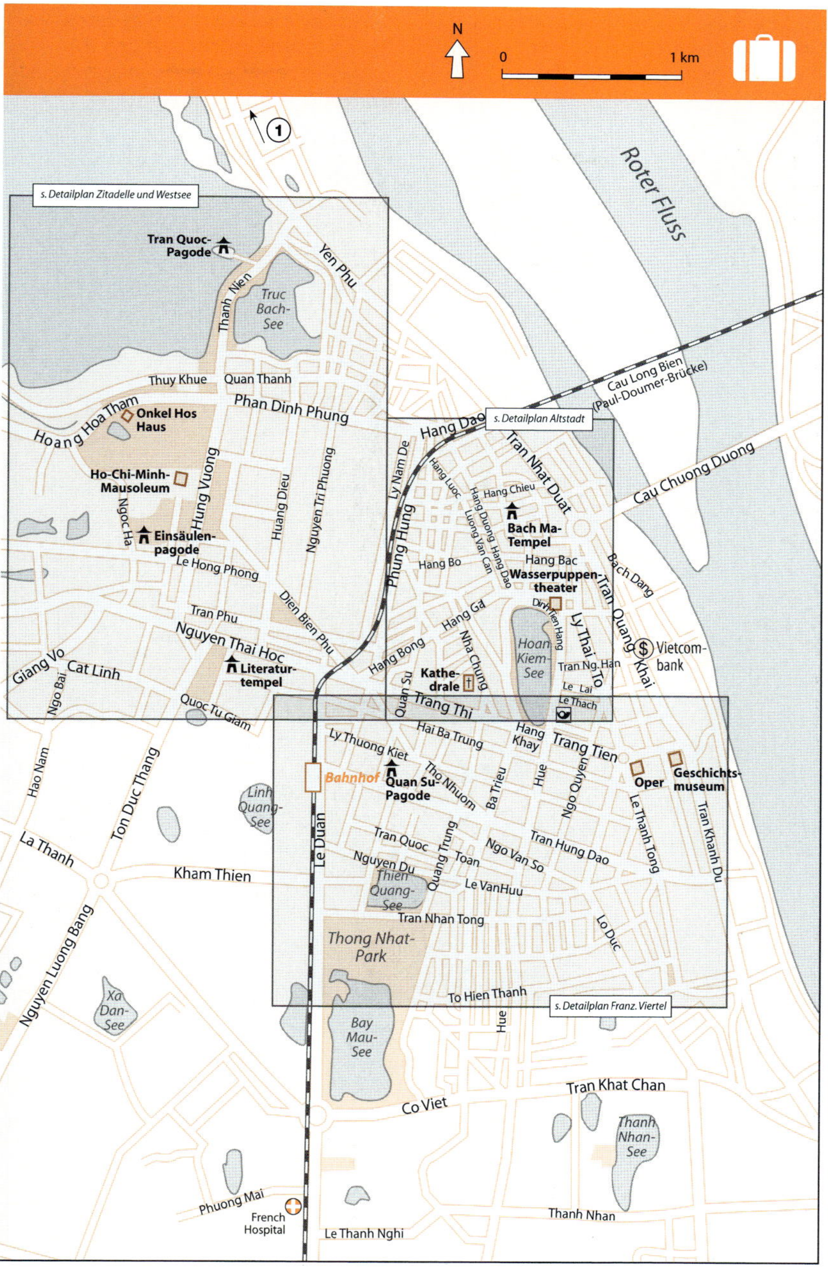
N
0
1 km
1
s. Detailplan Zitadelle und Westsee
Roter Fluss
Tran Quoc-Pagode
Yen Phu
Thanh Nien
Truc Bach-See
Cau Long Bien (Paul-Doumer-Brücke)
Thuy Khue
Quan Thanh
Phan Dinh Phung
Hoang Hoa Tham
Onkel Hos Haus
s. Detailplan Altstadt
Hang Dao
Tran Nhat Duat
Cau Chuong Duong
Ho-Chi-Minh-Mausoleum
Hung Vuong
Huang Dieu
Nguyen Tri Phuong
Ly Nam De
Hang Luoc
Hang Duong Hang Dao
Luong Van Can
Hang Chieu
Bach Ma-Tempel
Ngoc Ha
Einsäulen-pagode
Le Hong Phong
Phung Hung
Hang Bo
Hang Bac
Wasserpuppen-theater
Bach Dang
Tran Quang Khai
Dien Bien Phu
Tran Phu
Nguyen Thai Hoc
Hang Ga
Nha Chung
Dinh Tien Hang
Ly Thai To
Hoan Kiem-See
Vietcom-bank
Giang Vo
Cat Linh
Ngo Bai
Literatur-tempel
Hang Bong
Kathe-drale
Tran Ng. Han
Le Lai
Le Thach
Quoc Tu Giam
Quan Su
Trang Thi
Hai Ba Trung
Hang Khay
Trang Tien
Hao Nam
Ly Thuong Kiet
Bahnhof
Quan Su-Pagode
Tho Nhuom
Ba Trieu
Hue
Ngo Quyen
Oper
Geschichts-museum
Le Thanh Tong
Tran Khanh Du
Ton Duc Thang
Linh Quang-See
La Thanh
Kham Thien
Le Duan
Tran Quoc Toan
Quang Trung
Ngo Van So
Tran Hung Dao
Nguyen Du
Thien Quang-See
Le VanHuu
Tran Nhan Tong
Lo Duc
Nguyen Luong Bang
Thong Nhat-Park
Xa Dan-See
To Hien Thanh
s. Detailplan Franz. Viertel
Hue
Bay Mau-See
Tran Khat Chan
Co Viet
Thanh Nhan-See
Phuong Mai
French Hospital
Le Thanh Nghi
Thanh Nhan

Ha Noi Altstadt

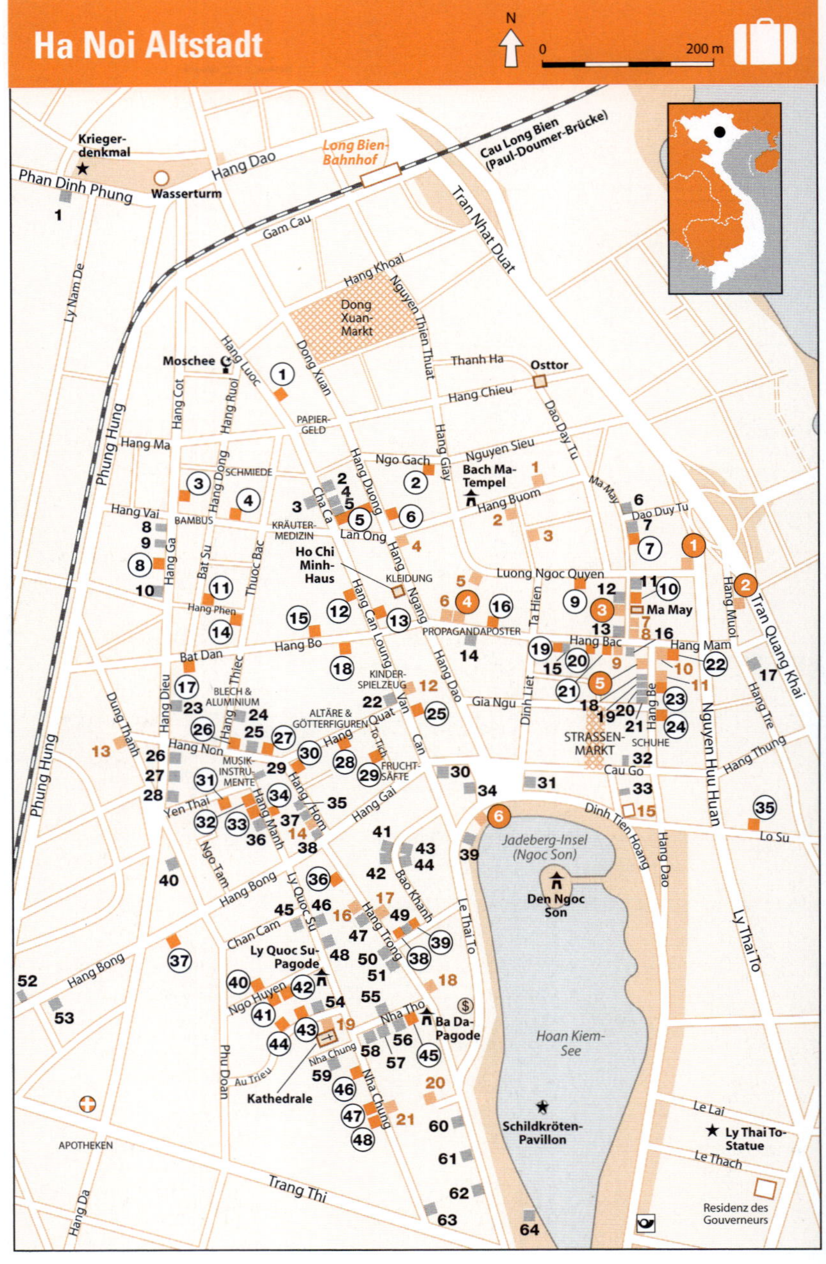

Übernachtung:

1 Hanoi Kangaroo Hotel
2 Sunny Hotel
3 Prince III Hotel
4 Continental Hotel
5 Majestic Salute Hotel
6 Melody Hotel
7 Viet Anh Hotel
8 Sunflower Hotel
9 Camellia Hotel
10 Elegance Hotel
11 Ocean Stars Hotel
12 Venus Hotel
13 Hanoi Riverside Hotel
14 Hanoi Capital Hotel
15 Fortuan Hotel
16 Van Minh Hotel
17 Lucky Star Hotel
18 Hoa Linh Hotel
19 Bamboo Hotel
20 Queen Travel Hotel
21 Hong Ngoc Hotel
22 Hanoi Star Hotel II
23 Hoa Binh Palace Hotel
24 Prince 57
25 Youth Hotel
26 Hanoi Plaza Hotel
27 Tin Tin Hotel
28 Real Darling Café Guest House
29 Prince Hotel
30 Especen Hotel
31 Paradise Hotel
32 Rose Hotel
33 Holidays Hotel
34 Duc Huy Hotel
35 Giabao Hanoi Hotel
36 Lucky Hotel
37 Pacific Prince Hotel
38 Bao Khanh Hotel
39 Nam Phuong Hotel
40 Hanoi Backpackers Hostel
41 Golden Buffalo Hotel
42 New Prince Hotel
43 Spring Hotel 2
44 Little Hanoi Hotel
45 Church Hotel
46 Spring Hotel 1
47 Thien Trang Hotel
48 Nam Phuong (South) Hotel

Essen:

1 See Wan Ton
2 Baan Thai
3 Cha Ca La Vong
4 Golden Land Bar-Café-Restaurant
5 banh cuon-Lokal
6 Master Bake
7 Kebab-Stand
8 banh cuon-Lokal
9 bun cha-Lokal
10 Quen Café
11 69 Bar - Restaurant
12 Tamarind Café
13 Old Hanoi
14 Ancient Town
15 Adam & Eve Restaurant
16 H Silk Café
17 Highway 4 Restaurant
18 Tandoor Restaurant
19 Green Tangerine
20 Hanoi Spirit Café und Restaurant
21 Old Quarter Café und Restaurant
22 Songanh Café
23 Van Thanh – Hu Tieu-Lokal
24 Trong Khach
25 Golden Drum
26 bun bo nam bo-Lokal
27 Sojamilch
28 mien luon-Lokal
29 bun cha-Lokal
30 Little Hanoi Drinks & Food
31 City View Café /Hoa Long /Legends Beer Restaurant
32 bun Rieu cua-Lokal
33 nom-Lokal
34 Long Van
35 Pepperonis
36 Garden Vuon Restaurant - Bar - Coffee
37 Kiti Café-Restaurant
38 Café Le Malraux
39 Thung Ta Café
40 Cyclo Bar, Restaurant & Garden
41 Café Nanh
42 Pepperonis
43 Stop Café
44 Café des Arts
45 Pho
46 La Restaurant & Bar
47 Puku Sandwich Bar
48 Pepperonis
49 Kangaroo Café
50 Dakshin
51 banh my-Lokal
52 Pane e Vino
53 Starmaxx Coffee
54 La Place
55 Moca Café
56 Paris-Deli
57 Mediterraneo
58 La Salsa Tapas Bar & Restaurant
59 Café Cathedrale
60 I-Box Café & Bar
61 Hapro
62 Fanny Ice Cream
63 Biennho
64 Hapro Pavillion

Sonstiges:

1 Spring Fragrance Salon & Spa
2 Red Mask Bar
3 Mao's Red Lounge
4 Hanoi Gallery
5 The Hub Pub
6 Vietnam Old Poster
7 Red Beer
8 Kodakshop
9 Love Planet Tours & Books
10 Map & Photo Shop
11 Le Pub
12 Empty Wall Gallery
13 Finnegan´s Irish Pub
14 Gallery 2
15 Thang Long Wasserpuppentheater
16 Carat
17 The Warehouse
18 S Music Club
19 Gallery Phuong Uyen
20 Intimex Trading Centre
21 Hanoi Gallery

Transport:

1 Voyage Vietnam
2 Vietnam Open Tour
3 Buffalo Tours
4 Trekking Travel
5 Vietnam Geographic Holiday
6 Hanoi Toserco

Ha Noi Französisches Viertel

Luong Yen-Busbahnhof

Übernachtung:
1. Zephyr Hotel
2. Sofitel Metropole Hanoi
3. Hilton Hanoi Opera
4. Camellia Hotel
5. Nikko Hanoi Hotel
6. Green Park Hotel
7. Little Hanoi 2 Hotel
8. M.O.D. Palace
9. Army Hotel

Essen:
1. Highlands Coffee
2. Bobby Chinn Restaurant
3. Kebab-Lokal
4. Pho 24
5. Café 24
6. Duc-Würstchen-Stände
7. Al Frescos
8. Café Dong Vond
9. Tuyet Café
10. Romacafé
11. Nam Phuong
12. X.C Café
13. Palace Café
14. Ha Noi Pho
15. Highway 4 Restaurant
16. Gio Moi

Sonstiges:
1. Centre Culturelle Française
2. Vietbook
3. Vinaconex Mart
4. Than Long Bookshop
5. Infostones Bookshop
6. Botschaft Schweiz
7. Botschaft Kambodscha
8. Vietnam Tourism
9. Botschaft Laos
10. Botschaft Österreich
11. Hom-Markt
12. Institut für Traditionelle
13. Medizin
14. Megastar Cineplex

Transport:
1. Vietnam Airlines-Büro

Zitadelle und Westsee
N
0
500 m
Übernachtung:
1 Sofitel Plaza Hanoi
2 Hoang Duong Hotel
3 Blossom Hotel
4 Hoang Minh II Hotel
5 VMQ Hotel
6 Pacific Hotel
Sonstiges:
1 Tretbootverleih
2 Sieu Thi Fivimart
3 Black and White Fotographic Arts
4 54 Traditions
5 Botschaft China
6 Goethe-Institut
7 Botschaft Deutschland
8 Botschaft Thailand
Essen:
1 Highlands Coffee
2 Potomac Restaurant
3 Café Pinocchio
4 Café Rider
5 Café 36
6 Highlands Coffee
7 Café Goethe
8 Happy Café
9 Brother´s Café
10 Valentine Café
11 Café Smile
12 New World Coffee
Westsee
Truc Bach-See
Tran Quoc-Pagode
Pho Duc Chinh
Thanh Nien
Quan Thanh-Pagode
Quanh Thanh
Thuy Khue
Hoang Hoa Tham
Ngo Xa
Flakschützen-denkmal
Chau Long-Markt
Chau Long
Cua Bac
Yen Phu
Nguyen Khac Nhu
Pham Hong Thai
Ninh
Nguyen Truong
Yen
Hang Bun
Dang Dung
Ng. Bieu
Chau Bac-Kirche
Phan Dinh Phung
Botanischer Garten
Bach Thao-Park
PRÄSIDENTEN-PALAST
Wohnhaus und Arbeitsstätte HCMs
Ng. Canh Chan
Hoang Van Thu
ALTE ZITADELLE
Ngoc Ha
Ngoc Ha-Tempel
Ho-Chi-Minh-Mausoleum
Ba Dinh-Platz
Bac Son
Märtyrer-denkmal
Einsäulen-pagode
Ho-Chi-Minh-Museum
Nguyen Tri Phuong
Cua Dong
Dien Bien Phu
Hoang Dieu
Doi Can
Ich
Hung Vuong
Le Hong Phong
Ong
Museum für Militär-geschichte
Regierungs-viertel
Ly Nam De
Phung Hung
Cot Co-Flaggen-turm
Son Tay
Chu Van An
Le Truc
Nguyen Thai Hoc
Tran Phu
Lenin-Denkmal
Kim Son-Pagode
Giang Van Minh
Museum der Schönen Künste
Cao Ba Quat
Trinh Hoai Duc
Ton Duc Thang
Van Mieu
Giang Vo
Cat Linh
Hang Bong
Literatur-tempel
Nguyen Khuyen
Cua Nam
Trang Thi
Quoc Tu Giam
Pho Giac-Pagode
Ngo Si Lien
Le Duan
Hai Ba Trung
Bich Cau
Doan Thi Diem

Der goldene Slum

Die Altstadt ist inzwischen sehr dicht bevölkert, und das schafft Probleme: Zehn Personen in einem 20 m^2 großen Röhrenhaus-Abschnitt unterzubringen und sich dann auch noch mit 30 weiteren Nachbarn die einzige Toilette zu teilen, ist eine logistische Meisterleistung, die nur unter völliger Zurückstellung eigener Ansprüche und mit Schlafen im Schichtwechsel zu lösen ist – für die meisten westlichen Besucher wohl unvorstellbar.

Nach einer offiziellen Erhebung beträgt der Lebensraum eines Altstadtbewohners etwa 0,9 m^2. Hinter jeder Post-Adresse verbergen sich drei bis zehn Haushalte. Einem Haushalt stehen im Durchschnitt 21 m^2 zur Verfügung. Als Sanitärbereich bleiben 0,2 m^2 pro Person – noch mitten in der Nacht heißt es Schlangestehen vor der Toilette.

Problematisch auch, dass die alten Freiflächen innerhalb der Häuser zugunsten neuer Schlaf- und Arbeitsplätze zugebaut werden. Die schlechte Belüftung führt zu einer sinkenden Lebensqualität. Auch mit der Abwasserentsorgung gibt es immer wieder Schwierigkeiten.

Auf der anderen Seite wird der Boden in der Altstadt immer teurer. Die Grundstückspreise steigen rasant und sind sogar schon mit den Preisen in der Innenstadt von Tokio vergleichbar. Dies ist mit ein Grund, warum kaum jemand aus der Altstadt wegziehen möchte. Es bleibt abzuwarten, wie die Stadtverwaltung die Probleme angehen wird: Renovierung, Restaurierung, Abriss und Neubau – eine Lösung, die alle zufriedenstellt, wird es kaum geben.

Die Legende erzählt, das Pferd habe Ly Thai To beim Bau der Zitadellenmauern geholfen. Mittags zwischen 11.30 und 13.30 Uhr ist der Tempel meist verschlossen.

Neben den unzähligen kleinen Geschäften und Handwerksbetrieben gibt es mit dem **Dong Xuan-Markt** einen wichtigen Handelsplatz, der unter seinem Dach ein weites Spektrum an Waren vereint: Von Textilien und Schuhen über Koffer, Rucksäcke und Taschen bis hin zu einem großen Sortiment an Souvenirs. Unweit entfernt steht das **Osttor** (Quan Truong-Tor) von 1749. Einst war das Viertel von einer Mauer mit insgesamt 16 Toren umgeben.

Kaum zu sehen und daher leicht zu verfehlen ist die einzige **Moschee** der Stadt in der Hang Luoc, eine Querstraße westlich des Marktes – und dies, obwohl sie sich nicht gradlinig in die Häuserreihen eingliedert. Den Glaubensgrundsätzen entsprechend ist sie nach Mekka ausgerichtet und steht daher im schrägen Winkel zum Rest der Gebäude. Noch weiter nördlich liegt der **Wasserturm**, erbaut 1894. Er fasst 1250 Kubikmeter Wasser. Daneben liegt ein kleiner Park mit einem Kriegerdenkmal.

Geschichtsinteressierte können im Süden der Altstadt das **Ho-Chi-Minh-Haus 48 Hang Ngang** besuchen, wo der Landesvater 1945 die Unabhängigkeitserklärung formulierte und sich dabei – Ironie der Weltgeschichte – auf die amerikanische *Declaration of Independence* und die französischen Ideale von Freiheit, Gleichheit und Brüderlichkeit bezog.

Das Kathedralen-Viertel

Südlich der Altstadt, am Westufer des Hoan Kiem-Sees, erstreckt sich das kleine Kathedralen-Viertel mit der namensgebenden St.-Joseph-Kathedrale als Mittelpunkt. Es ist in den vergangenen Jahren etwas „schicker" geworden: Boutiquen, kleine, exklusive Hotels und Restaurants mit westlicher Speisekarte haben das zentrale Viertel außerhalb des Altstadt-Chaos für sich entdeckt. Die Straßen um die Nha Tho entwickeln sich zu einer beliebten Shopping-Gegend.

Die **Kathedrale** stammt von 1883 und erinnert mit ihren zwei wuchtigen Türmen und der neogotischen Architektur an ihre französischen Baumeister. Um sie zu errichten, musste die vorher an dieser Stelle stehende buddhistische Bau Thien-Pagode abgerissen werden. Sie war damals das größte und wichtigste Heiligtum der Stadt. Tagsüber sind die Türen oft verschlossen; meist wird gegen Abend geöffnet. Sollte der Haupteingang verschlossen sein, hilft vielleicht der Nebeneingang in der 40 Nha Chung.

Unweit entfernt, am gegenüberliegenden Ende der Nha Tho, liegt die **Ba Da-Pagode**, die „Pagode der steinernen Frau". In ihrem Innern befin-

Die Tran Quoc-Pagode ist die älteste von ganz Vietnam

det sich eine große Sammlung von Buddhas. Die hier einst aufbewahrte, namensgebende Statue der steinernen Frau, die während der Regierungszeit von König Le Thanh Tong (reg. 1460–1497) beim Neubau von dessen Zitadelle gefunden wurde, ging im Laufe der Jahrhunderte verloren. Die Grabstupas im ersten Innenhof sind noch aus der Gründungszeit erhalten. Der Rest der Anlage wurde im 19. Jh. neu gestaltet. Die kleine Pagode ist tagsüber oft geschlossen. Ihr leicht zu übersehender Eingang liegt in der 3 Nha Tho.

Die **Ly Quoc Su-Pagode** zwei Querstraßen nördlich der Kathedrale wurde 1131 errichtet und war lange Zeit ein Tempel, der dem heilkundigen Mönch Minh Khong gewidmet war. Dieser kurierte König Ly Than Tong von der Vorstellung, ein Tiger zu sein. Sein Bildnis steht auf dem Hauptaltar. Die meisten Skulpturen stammen aus dem 15. Jh., als aus dem taoistischen Heiligtum eine buddhistische Pagode wurde. Weitere Figuren entstanden im 18. und 19. Jh., z. B. die des Bonzen Tu Dao Hanh.

Das Französische Viertel

Anno 1874 erhielten die Franzosen vom vietnamesischen Herrscherhaus die Genehmigung, sich auf einem kleinen Gebiet südwestlich des Hoan Kiem-Sees niederzulassen. Ab 1882, als sie nach der Besetzung der Zitadelle die Macht endgültig an sich gerissen hatten, breiteten sie sich von dort weiter nach Westen aus, in etwa bis zum 2 km entfernten Bahnhof. Im Süden erstreckte sich das Französische Viertel bis an den Bay Mau-See. Viele große Villen wurden außerdem im Bereich zwischen der Zitadelle und dem Westsee gebaut. Die schachbrettartig angelegten, baumgesäumten Alleen mit ihren Villen und Prachtbauten veränderten das Stadtbild nachhaltig und nicht zum Schlechtesten. Später übernahmen die Vietnamesen die fremden Gebäude: Die Proklamation der Augustrevolution 1945 verlasen die Viet Minh vom Balkon des Opernhauses, und die heutige vietnamesische Architektur ist nicht ohne Anspielungen auf den damals entwickelten „indochinesischen" Stil.

Hauptlebensader des Französischen Viertels war die Trang Tien, damals *Rue Paul Bert* genannt, zu Ehren des französischen Generalkonsuls von 1886. Cafés, Restaurants, Hotels und Kaufhäuser säumten die Flaniermeile, und an ihrem östlichen Ende lag das Prunkstück der Kolonie: das **Opernhaus**, ein architektonisches Schmuckstück im Stil der berühmten Garnier-Oper in Paris. Es wurde 1911 nach zehnjähriger Bauzeit eingeweiht. Bis heute ist es ein Ort der Kultur, und wer eine Vorstellung besucht, kann im Inneren die Kristalllüster und Marmortreppen bewundern (s. S. 241, Unterhaltung).

Das nahe gelegene **Geschichtsmuseum** ist in einem imposanten Gebäude untergebracht, das den Franzosen ab 1874 als Konsulat diente. Nach 1910 nutzte die Ecole d'Extreme Orient (EFEO) das Haus erstmals als Museum. Noch heute ist das Emblem der EFEO an der Fassade des oktagonalen Turms zu sehen. Das Haus, das (in seiner jetzigen Gestaltung) 1932 fertiggestellt wurde, lohnt schon allein seiner Architektur wegen einen Besuch. Dank der ansprechenden und umfassenden Ausstellung ist aber auch das Innere äußerst sehenswert Es ist noch dazu angenehm klimatisiert und mit zahlreichen Balkonen ausgestattet.

Rechts vom Eingang befindet sich eine kleine Ausstellung zur Prähistorie. Der große Ausstellungsbereich dahinter widmet sich der vorchristlichen Zeit ab 500 v. Chr. bis zum 14. Jh. Eindrucksvoll sind die Bronzetrommeln, die etwa 100 Jahre v. Chr. erschaffen wurden. Linker Hand in der Mitte des Raumes zeigt ein großes Gemälde die Schlacht vom Bach Dang-Fluss, daneben in einer Nische drei jener Hölzer, die die Mongolen einst diese Schlacht verlieren ließen (s. S. 304). Ganz hinten thront eine Replik des ältesten Buddhas von Vietnam.

In der zweiten Etage empfängt den Besucher eine Steinstele, auf der vom Leben Le Lois berichtet wird. Getragen wird die Inschrift von einer Schildkröte, dem Symbol der Langlebigkeit. Die Ausstellungsstücke auf diesem Stockwerk stammen aus den Jahren nach dem 16. Jh. bis zur Unabhängigkeit Vietnams. Es gibt feinstes Handwerk zu bestaunen, etwa die Statue des Buddhas Avalokiteshvara, eine Replik des aus dem Jahre 1656 stammenden Originals. Ein sehr schönes Werk ist auch die dreiteilige Holzarbeit mit Intarsien aus Perlmutt. Hinter der Treppe im Vorraum finden sich Stücke aus der Zeit von

Champa (2.–15. Jh.). Insgesamt sind 50 Steinarbeiten aus dem 7. bis 12. Jh. hier versammelt, darunter wunderschöne kleine Elefanten, ein Garudakopf aus dem 11. Jh. und kunstvolle Fresken.

Vom Kerker in die Politik

Das Hoa Lo-Gefängnis diente der Unterdrückung des Widerstands und wurde direkt nach der Verkündung der Union Indochina im Zentrum Ha Nois, des Ortes, an dem die französische Verwaltung ihren Platz einnahm, zusammen mit dem Gerichtshof und der Geheimpolizei erdacht. Diese Trias sollte den Widerstand gegen die Kolonialmacht brechen. 1896 begannen die Franzosen mit dem Bau, und noch vor Fertigstellung wurden im Januar 1899 die ersten Häftlinge eingeliefert. Gedacht war das Gefängnis für 500 Insassen, doch in den folgenden Jahren war es um ein Vielfaches überbelegt: Zwischen 1950 und 1953 waren hier ständig fast 2000 Menschen inhaftiert. Doch entgegen den Erwartungen der Kolonialmacht wurde der Widerstand durch die Repressalien im Knast nicht gebrochen, im Gegenteil: Im Gefängnis selbst gründete sich 1930 eine Sektion der Kommunistischen Partei; es wurden Bücher verfasst (geschrieben mit Medizin, die eigentlich zur Wunddesinfektion dienen sollte) und sogar Ho-Chi-Minh-Fahnen gehisst. Auch Ausbrüche gelangen – bis auf eine Ausnahme waren sie alle organisiert und keine Alleingänge. Viele Inhaftierte übernahmen später politische Ämter.

Das Museum befindet sich hinter der Oper, 1 Trang Tien. ◷ Di–So 8–11.30 und 13.30–16.30 Uhr, Eintritt 15 000 Dong, Kinder 2000 Dong, Studenten 8000 Dong. Wer Videoaufnahmen machen will, zahlt 30 000 Dong, Fotos 15 000 Dong.

Das schräg gegenüber liegende **Revolutionsmuseum**, 216 Tran Quang Trai, ist im alten französischen Zollhaus untergebracht und nur für Geschichts- und Sozialismusforscher interessant. In 27 Räumen wird mit fast 40 000 Exponaten der Geschichte der Befreiungsbewegung von 1858 bis 1975 gedacht. In zwei weiteren Räumen ist die wirtschaftliche Entwicklung von 1976 bis 2000 dokumentiert. ◷ Di–So 8–11.45 und 13.30–16.15 Uhr, Eintritt 10 000 Dong.

Südwestlich des Hoam Kiem-Sees befinden sich außerdem die beeindruckende **Außenhandelsbank**, einst die *Banque de l'Indochine*, und die ehemalige **Residenz des Gouverneurs**, ein palastähnliches, 1919 errichtetes neogotisches Bauwerk, das heute als Gästehaus der Regierung genutzt wird. Der Öffentlichkeit leichter zugänglich ist das nahe gelegene **Metropole Hotel**, das 1910 eröffnete. Als Sofitel Metropole Hanoi ist es auch heute wieder eine der ersten Adressen am Ort.

Eine Unterkunft ganz anderer Art ist das zuerst als „Maison Central" und später „Hanoi Hilton" bekannte **Hoa Lo-Gefängnis**, 1 Hoa Lo, ✆ 04-8246358. Zwei Drittel des ehemaligen Gefängnisses aus der französischen Kolonialzeit sind einem großen, modernen Büro- und Wohnkomplex gewichen, den Hanoi Towers. Das letzte Drittel ist heute ein Museum. Hoa Lo war einst ein Handwerksdorf. 48 Familien wurden ab 1887 von den Franzosen umgesiedelt, um auf fast 13 000 m² das Gefängnis zu erbauen.

Das Museum lässt die Härte des französischen Strafvollzugs und die menschenverachtende Gefangenenhaltung erahnen. In Gemeinschaftsräumen und Todestrakten saßen die Gefangenen an Fußfesseln festgekettet auf dem nackten Beton, manche jahrelang zur Bewegungsunfähigkeit verdammt. Auch Frauen waren hier in einem eigenen Gefängnisbereich inhaftiert, und offenbar haben sogar einige Kinder hier gelebt. Der tägliche Ausgang beschränkte sich auf 15 Minuten; es gab lange Zeit keine Toiletten, kein vernünftiges Essen. Erst organisierte Hungerstreiks ab 1930 brachten die Gefängnisleitung dazu, die Haftbedingungen etwas zu verbessern – und beispielsweise Toiletten zu bauen. Nichtsdestotrotz nennen viele Wissenschaftler dieses Gefängnis „das Schlimmste, was Frankreich Vietnam angetan hat".

Nachdem Ha Noi am 10. Oktober 1954 befreit wurde, diente das Gefängnis offiziell als Haftanstalt für ganz normale Straftäter. Anfang August 1964 änderte sich dies: Von da an wurden hier abgeschossene amerikanische Bomberpiloten inhaftiert. Ihnen ist ein Raum in der zweiten Etage des Museums gewidmet. Ausgestellt werden Fotos, auf denen relativ glückliche GIs zu sehen sind. Ihnen hat man nach offizieller Sprechart nichts Böses getan. Ebenfalls im oberen Bereich werden Listen und Fotos von bedeutenden Inhaftierten ausgestellt. Draußen auf dem Hof finden sich neben einer Guillotine auch Bruchstücke eines Fluchttunnels und ein Denkmal, mit dem der Toten gedacht wird. 🕓 Di–So 8–11.30 und 13.30–16.30 Uhr, Eintritt 15 000 Dong.

Die nahe gelegene **Quan Su-Pagode** aus dem 15. Jh. ist ein buddhistisches Heiligtum, das einst als Versammlungsstätte genutzt wurde. Man nennt sie auch Botschafter-Pagode, da sie als Aufenthaltsort für buddhistische Würdenträger aus den Nachbarländern genutzt wurde. Das jetzige Gebäude stammt aus dem Jahr 1942. Die Chua Quan Su ist eine besonders aktive Pagode: Alte und junge Menschen (meist Frauen) zünden hier vor dem Gebet Räucherstäbchen an, verbrennen Papiergeld oder stellen Blumen vor dem Altar ab. Vor der Pagode werden Devotionalien verkauft, u. a. kleine, batteriebetriebene Geräte mit buddhistischen Gesängen. Die Pagode befindet sich in der 73 Quan Su, zwischen Ly Thuong Kiet und Tran Hung Dao, und ist täglich geöffnet. Besonders am 1. und 15. Tag jedes Mondmonats versammeln sich hier viele Gläubige.

Das **Frauenmuseum** ein paar Straßen weiter östlich, 36 Ly Thoang Kiet, ☏ 04-825 9936, dient der Darstellung der Rolle der Frau in der vietnamesischen Geschichte. Über 2000 Exponate zeigen ihre unterschiedlichen Funktionen in der Gesellschaft. Zum einen ist sie natürlich Mutter, der die Vietnamesen in langer Tradition seit über 3000 Jahren huldigen. Doch der kämpfende Einsatz für das Vaterland dominiert die Ausstellung: z. B. die Geschwister Trung oder auch die tapferen Frauen, die Viet Cong Unterschlupf boten oder mit dem Fahrrad Waffen auf dem Ho-Chi-Minh-Pfad transportierten. Viele solcher Kriegsbilder finden sich in der ersten Etage. Zudem sind Belege des weiblichen Einflusses auf die industrielle Entwicklung sowie Erfolge von Sportlerinnen gesammelt. Desweiteren gibt das Museum einen kleinen Einblick in die Zustände im Hoa Lo-Gefängnis, unter denen auch Frauen zu leiden hatten. In der dritten Etage finden sich einige Töpferwaren, Webarbeiten und Erklärungen zur Gründung und Funktion der vietnamesischen Frauenunion. In der vierten Etage ist eine schöne Sammlung traditioneller Frauenkleidung der verschiedenen Völker des Landes zu sehen. 🕓 Di–So 8–16 Uhr, Eintritt 20 000 Dong. Fotos müssen offiziell genehmigt werden. Nach Voranmeldung wird auf Wunsch ein englischsprachiger Führer organisiert.

Der **Hai Ba Trung-Tempel** aus dem 11. Jh., zwischen Französischem Viertel und Thanh Nhan-See, ist den Trung-Schwestern gewidmet und nur an wenigen Tagen geöffnet. Teilweise zugänglich ist er am 1. und 15. eines jeden Mondmonats; komplett geöffnet ist er nur zum Tempelfest am 6. Tag des zweiten Mondmonats. Dann können auch die dazugehörige buddhistische Pagode sowie ein Tempel für die Muttergottheit besucht werden. Im Hai Ba Trung-Tempel wird eine mittelalterliche Waffensammlung aufbewahrt.

Rund um die Zitadelle

Der Bereich der mittelalterlichen **Zitadelle**, die in den 1890er-Jahren von den Franzosen dem Erdboden gleichgemacht wurde, grenzt im Osten an die Altstadt und im Westen an die Parkanlagen beim Mausoleum. Heute wird nur der östliche Bereich für Regierungsgeschäfte genutzt und ist *off limits*; an anderen Stellen verhindern Baustellen und Ausgrabungen eine genauere Erkundung. Möglicherweise werden der Öffentlichkeit zum 1000-jährigen Stadtjubiläum 2010 einige interessante Bereiche in der mittleren Nord-Süd-Achse mit Relikten aus der Kaiserzeit im 15. Jh. zugänglich gemacht.

Einen Überblick verschaffen kann man sich vom **Cot Co-Flaggenturm** aus (fotografieren nicht erlaubt). Er ist eines der wenigen Überbleibsel der Zitadelle von Kaiser Gia Long aus dem frühen 19. Jh. Die Franzosen ließen ihn als Aussichtsposten stehen. Heute weht hier stolz der gelbe Stern auf rotem Grund. Lenin schaut zufrieden von seinem **Denkmal** an der Dien Bien Phu aus herüber, und erbeutete US-Waffen stehen im Innenhof des angegliederten **Museums für Militärgeschichte** Spalier: Panzer, Kanonen, Flugzeuge und ein Hubschrauber. Dort befindet sich auch die düstere, aus Flugzeugschrott zusammengestellte Skulptur eines in den Boden gerammten Kampfbombers, zusammen mit dem berühmten Bild der vietnamesischen Kämpferin, die ein Flugzeugteil mit dem US-Air-Force-Zeichen aus dem Wasser zieht. Am Eingang auf dem Vorplatz steht eine MIG-21, ein legendäres Jagdflugzeug sowjetischer Herkunft.

Das Museum selbst präsentiert in mehreren Räumen, die über einige mit hübschen Arkaden versehene Kolonialgebäude verteilt sind, die Geschichte der vietnamesischen Armee von ihrem Beginn im Widerstand über die Gründung der Volksarmee im Jahre 1944 bis heute. Ausführlich und mit Dioramen und Filmen sind die Befreiungskriege von 1945 bis 1975 dokumentiert. Ein Besuch ist unbedingt empfehlenswert für jeden, der sich für diese Geschehnisse interessiert.

28A Dien Bien Phu, ✆ 04-823 4264, 💻 www.btlsqsvn.org.vn. 🕓 tgl. außer Mo und Fr 8–11.30 und 13–16.30 Uhr, Eintritt 5000 Dong.

Sehr viel feingeistiger geht es im nahe gelegenen **Museum der schönen Künste** in der 66 Nguyen Thai Hoc, ✆ 04-8233084, 💻 www.vnfineartsmuseum.org.vn, zu. Moderne Werke sucht man vergebens. Die ausgestellte Kunst stammt aus der Zeit des 11. Jhs. bis zur ersten Hälfte des 20. Jhs. Interessierte bekommen einen guten Überblick über die Einflüsse der verschiedenen Kulturen, die in Vietnam auch in der Kunst ihre Spuren hinterließen: Chinesische Stilmittel sind ebenso klar zu erkennen wie französische. Neben Darstellungen von Herrschern finden sich auch Bilder aus dem Alltag und Darstellungen der Kriegsgeschehnisse. Zudem sind zahlreiche sehr schöne Skulpturen ausgestellt. Im Obergeschoss des linken Anbaus sind Trachten der ethnischen Minderheiten zu sehen. Es gibt einen Souvenirshop, wo man aktuellere Kunst kaufen kann. Im Untergeschoss vor dem Ausgang befindet sich eine umfangreiche Keramiksammlung. Am Eingang wird eine kleine Broschüre ausgegeben, auf der die Räume und deren Inhalte gelistet sind.

🕓 tgl. außer Mo 8.30–17, Mi und Sa bis 21 Uhr, Eintritt 20 000 Dong, Studenten und Jugendliche bis 16 Jahren 7000 Dong. Es ist möglich, einen englischen Führer zu bekommen; dies sollte jedoch vorher angemeldet werden.

Der Literaturtempel

Südlich der Zitadelle, östlich des Französischen Viertels, liegt der Literaturtempel Van Mieu. Er ist einer der wichtigsten und bekanntesten Tempel des ganzen Landes – und war zugleich Ha Nois erste Universität. Inmitten des Großstadttrubels bildet er eine Oase der Ruhe und Beschaulichkeit: Dichter, Maler und Zeichner lassen sich hier inspirieren, und alte Männer sitzen zum Gespräch beieinander. Wer sich genug Zeit lässt, kann auch als westlicher Besucher zur Ruhe kommen und Kraft tanken.

Geschichte

Die Geschichte des Van Mieu beginnt im Jahre 1070, als hier unter der Regentschaft von Ly Thanh Tong ein Altar zu Ehren von Konfuzius errichtet wurde. Fünf Jahre später ordnete sein Nachfolger, König Ly Nhanh Tong, die Gründung einer Schule an: Es entstand die **Akademie für die Söhne der Nation**. Zuerst studierten hier nur Mitglieder der königlichen Familie, später auch Söhne anderer Adelsfamilien. Ab 1396 konnten auch die Absolventen der Beamtenprüfungen auf Provinzebene an der Schule weiterlernen. Bis 1807 war der Van Mieu die Schmiede der geistigen Elite des Landes. Erst als die Nguyen-Dynastie die Hauptstadt nach Hue verlegte, wurde der Literaturtempel in eine regionale Ausbildungsstätte verwandelt. Die letzten Prüfungen fanden 1915 statt.

Grundriss

Seit dem Beginn des 19. Jhs. besteht der Tempel aus fünf aufeinanderfolgenden Höfen, die auf einer Nord-Süd-Achse angeordnet sind (vorher waren es drei Höfe). Das entspricht dem Aufbau ähnlicher Anlagen in China. Die Zahl 5 hat im

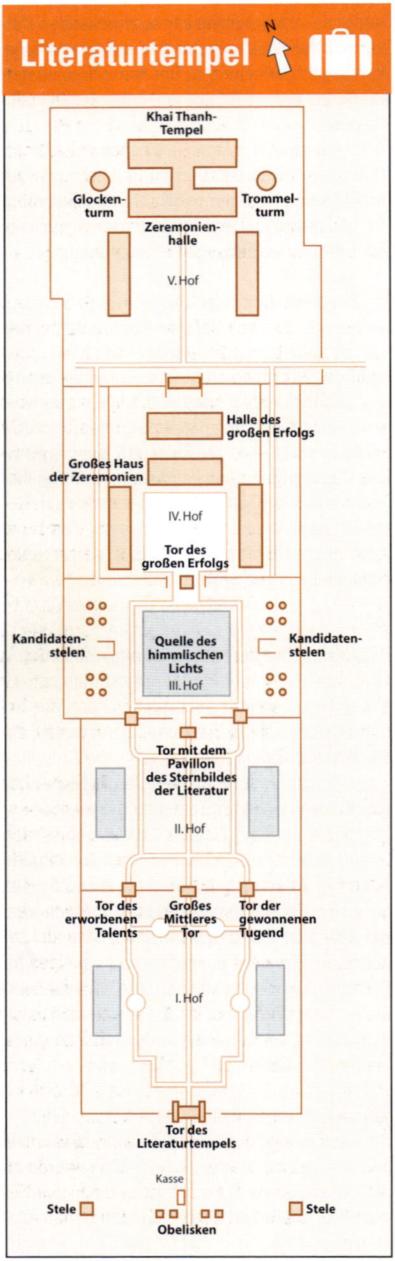

Literaturtempel

Khai Thanh-Tempel
Glockenturm
Trommelturm
Zeremonienhalle
V. Hof
Halle des großen Erfolgs
Großes Haus der Zeremonien
IV. Hof
Tor des großen Erfolgs
Kandidatenstelen
Quelle des himmlischen Lichts
III. Hof
Kandidatenstelen
Tor mit dem Pavillon des Sternbildes der Literatur
II. Hof
Tor des erworbenen Talents
Großes Mittleres Tor
Tor der gewonnenen Tugend
I. Hof
Tor des Literaturtempels
Kasse
Stele
Stele
Obelisken

Konfuzianismus besondere Bedeutung: So gibt es beispielsweise fünf Elemente (Metall, Holz, Wasser, Feuer, Erde) und fünf Tugenden (Güte, Gerechtigkeit, Höflichkeit, Weisheit, Loyalität). Die einzelnen Höfe sind durch Mauern getrennt bzw. durch Tore miteinander verbunden. Ein zentraler Weg teilt den Tempel in zwei symmetrische Hälften. Man betritt den Tempel von Süden. Noch vor dem Eingang befinden sich zwei **Stelen**, auf denen darauf hingewiesen wird, dass Besucher hier von ihrem Pferd abzusteigen haben – selbst der König. Auf vier **Obelisken** wird die Lehre des Konfuzius gepriesen.

Rundgang

Durch das dreiteilige **Eingangstor** gelangt man in den **1. Hof**, der heute eine Grünanlage ist. Früher befanden sich hier Pavillons, in denen Prüfungen abgehalten wurden. Drei Tore führen weiter in den **2. Hof**, der im hinteren Bereich vom **Tor mit dem Pavillon des Sternbilds der Literatur** dominiert wird. Der hölzerne Pavillon, der auf das Tor aufgesetzt ist, diente für Lesungen und Diskussionen. Entweder hier durch oder durch eines der beiden Seitentore gelangt man in den **3. Hof**, in dessen Mitte sich ein quadratischer Teich erstreckt: die **Quelle des himmlischen Lichts**. Rechts und links davon befinden sich 82 Steinstelen, die auf dem Rücken von Schildkröten ruhen. Auf ihnen wurden zwischen 1442 und 1779 akribisch die Namen jedes einzelnen der 1306 Kandidaten festgehalten, die die Prüfungen bestanden hatten und als voll ausgebildeter Mandarin entlassen wurden. Durch das **Tor des großen Erfolgs** geht es weiter in den **4. Hof**. Seitlich befinden sich zwei flache Gebäude, die 1947 nach ihrer Zerstörung durch die Franzosen neu errichtet wurden und heute Andenkenläden beherbergen; früher waren es Tempel zur Verehrung von Schülern des Konfuzius.

Der eigentliche **Konfuziustempel** liegt im nördlichen Bereich des 4. Hofs. Er besteht aus dem **Großen Haus der Zeremonien** und der **Halle des großen Erfolgs**. Das Zeremonienhaus ist ein offener Pavillon, der innen mit wundervollen rotgoldenen Schnitzereien von Drachen (Symbol des Königs/Kaisers) und Phönixen (Symbol des Universums) verziert ist. Die Halle des großen Erfolgs hat eine „Außenhaut" aus leichtem Holz.

Eine konfuzianische Lehrgeschichte

Generationen von Gelehrten haben die Lehre des Konfuzius immer wieder neu interpretiert und umgedeutet. Auch im Laufe der Geschichte hat sie viele Veränderungen durchgemacht (s. S. 187). Im Kern der Lehre stand jedoch immer die Frage: Was ist ein guter Mensch, und wie soll er sich verhalten?

Dazu eine einfache Geschichte:

Eines Tages stellte Konfuzius seinen Studenten zwei Fragen: „Was ist Wissen? Was ist Güte?"

Der erste Student sagte: „Wissen ist es, sich anderen Menschen verständlich machen zu können, und Güte ist es, so zu handeln, dass die anderen einen lieben." – „Gut", sagte Konfuzius.

Der zweite Student sagte: „Wissen ist es, andere Menschen zu verstehen, und Güte ist es, andere Menschen zu lieben." – Wiederum sagte Konfuzius: „Gut."

Der dritte Student antwortete: „Wissen ist es, sich selbst zu verstehen, und Güte ist es, sich selbst zu lieben".

Diese Antwort gefiel Konfuzius am besten.

Jeweils 36 Holzsäulen tragen das schwere gewölbte Dach. Konfuzius' Statue auf dem Hauptaltar wird umgeben von zwei großen, auf Schildkröten stehenden Bronzekranichen (Symbol der Einheit von Himmel und Erde).

Im **5. Hof** befanden sich ab 1075 die eigentlichen Lehr- und Wohnräume. Nach dem Bombardement durch die Franzosen 1947 blieb nichts übrig – alles musste neu gebaut werden. Heute ist hier eine Ausstellung zur Geschichte des Tempels untergebracht.

Das Nordende des Van Mieu bildet der **Khai Thanh-Tempel**. Hier wird eines ehemaligen Rektors der Akademie, des Wissenschaftlers und Poeten Chu Van An (1292–1370) gedacht.

🕓 Sommer: 7.30–17.30 Uhr, Winter: 7.30–17 Uhr, Eintritt 5000 Dong, Studenten die Hälfte, Kinder unter 15 Jahren frei.

Beim Ho-Chi-Minh-Mausoleum

Französische Villen stehen auch im östlichen Bereich der Zitadelle bis zum Ufer des Westsees. Heute beherbergen diese beeindruckenden Häuser mit den umliegenden Parks Regierungsgebäude und Botschaften. Das beeindruckendste Gebäude dieser Art ist wohl der pastellgelbe **Präsidentenpalast** von 1901, einst die Residenz des Generalgouverneurs von Indochina, heute Kulisse von Staatsbesuchen und daher für die meisten Besucher nur von außen zu bewundern. Der Mittelpunkt dieser Gegend ist jedoch das **Ho-Chi-Minh-Mausoleum** mit den es umgebenden Anlagen.

Einmal im Jahr reist Onkel Ho nach Russland, wo ihn die dortigen Balsamierer wiederherstellen. Daher ist das Mausoleum von Anfang September bis Anfang Dezember verschlossen. In der übrigen Zeit kriecht eine stetige, nicht enden wollende Menschenschlange am Leib Ho Chi Minhs vorbei – einige sind enttäuscht, weil sie nach der langen Warterei nur im Vorübergehen einen kurzen Blick auf den Verehrten werfen können, andere, besonders die vietnamesischen Besucher, sind oft zutiefst berührt. Kameras und Fotoapparate sind strengstens verboten; sie werden ebenso wie Handys am Eingang eingesammelt und später zurückgegeben. Ordentliche Kleidung ist angebracht. 🕓 Di–Do 7.30–10.30, Sa und So 7.30–11 Uhr. In den Wintermonaten von Dezember bis März verschieben sich die Öffnungszeiten eine halbe Stunde nach hinten. Der Eintritt ist frei.

Vor dem Mausoleum liegt der **Ba Dinh-Platz**, auf dem morgens und abends die vietnamesische Flagge mit militärischen Ehren gehisst bzw. eingeholt wird, ein Schauspiel, das den ein oder anderen durchaus beeindruckt. Auf diesem Platz verlas Ho Chi Minh vor einer halben Million Menschen am 2.9.1945 die Unabhängigkeitserklärung; ein Ereignis, an das jährlich mit aufwendigen Militärparaden erinnert wird. Östlich von hier befindet sich das **Märtyrer-Denkmal**, eine von einem monumentalen Betonschrein geschützte goldene Urne zu Ehren der Revolutionshelden. Noch weiter östlich, im nicht zugänglichen Bereich der alten Zitadelle, tagt die Nationalversammlung.

Das nahe gelegene **Ho-Chi-Minh-Museum** ist ein großes, imposantes Gebäude. Es wurde mit sowjetrussischer Hilfe gebaut und am 19.5.1990 zum 100sten Geburtstag von Ho Chi Minh eingeweiht.

Unfreiwillig einbalsamiert

Ho Chi Minh hatte testamentarisch verfügt, dass sein Körper nach seinem Ableben verbrannt und die Asche in Urnen auf drei unmarkierten Hügeln in Nord-, Zentral- und Südvietnam begraben werden sollte. Das passte der Führung nach seinem Tod 1969 jedoch gar nicht ins Konzept, und so wurde das Testament erst einmal unter Verschluss gehalten. Die sterblichen Überreste des Landesvaters wurden nach russischem und chinesischem Vorbild einbalsamiert und sind seit 1975 Pilgerstätte für Vietnamesen und ausländische Besucher gleichermaßen.

Ein Rundgang durch die Hallen führt zu Zeugnissen aus seinem Leben und zu seinem Wirken für die Revolution, die aber nicht wirklich viel über den Menschen und seine Eigenarten verraten. Dokumente, Fotos, persönliche Besitztümer – für vietnamesische Schulklassen ein Muss, für westliche Touristen ein „Kann". ⌚ tgl. außer Mo und Fr nachmittags 8–11.30 und 14–16 Uhr, Eintritt 10 000 Dong.

Zwischen dem Mausoleum und dem Museum liegt die **Einsäulenpagode (Chua Mot Cot)**. Umringt von den Monumentalbauten des Sozialismus wirkt sie klein und unbedeutend; dennoch ist und bleibt dieses Heiligtum eines der wichtigsten Wahrzeichen der Stadt. Die Pagode stammt aus dem 11. Jh., als die buddhistische Ly-Dynastie herrschte. Eine einzelne, aus einem quadratischen Teich aufragende Säule trägt das kleine Heiligtum, das über eine Treppe zu erreichen ist. Innen wird die Gnadengöttin Quan Am verehrt. Die tragende Säule war früher aus Holz. Da die Franzosen sie bei ihrem Abzug 1954 zerstörten, ruht das Heiligtum heute auf einer Betonsäule. Hinter der Pagode wächst ein großer Banyan-Baum, der ein Ableger des Baumes sein soll, unter dem Buddha seine Erleuchtung empfing.

In den Parkanlagen hinter dem Mausoleum lohnt sich ein Spaziergang zu **Ho Chi Minhs Wohnhaus und Arbeitsstätte**, 1 Bach Thao. Der Präsident lebte und wirkte von 1954 bis zu seinem Tode 1969 in einem einfachen Stelzenhaus aus Holz. Es liegt idyllisch an einem kleinen See. Seit 1977 kann man hier über einen angebauten Ausguck in die Wohnräume blicken. Das Kopfkissen im Schlafraum ist leicht eingedrückt, ganz so, als hätte Onkel Ho das Haus gerade erst verlassen. Das Areal ist schön begrünt und unter den großen schattigen Bäumen kann man etwas ausspannen von der Hektik der Stadt. In der kleinen offenen Pergola im Park empfing Ho Chi Minh seine Gäste; dort kann man sich noch heute niederlassen. Ebenfalls am Seeufer liegen einige Steinhäuser, in denen Ho Chi Minh von 1954 bis 1958 seine Regierungsgeschäfte erledigte. Dort ist auch sein Auto ausgestellt. Der Präsidentenpalast, der von außen das Gelände dominiert und dessen Pforten nahezu immer verschlossen sind, wurde nie von Ho Chi Minh genutzt.

⌚ Sommer: 7.30–11 und 14–16 Uhr, Winter: 8–11 und 13.30–16 Uhr, Eintritt 5000 Dong. Der Eingang zu dem Gelände liegt zwischen Mausoleum und Präsidentenpalast. Es gibt einen Weg für Vietnamesen und einen für das zahlende westliche Publikum, wobei auf die Einhaltung dieser Vorschriften nur zu Zeiten, wenn hier viel los ist, geachtet wird.

Am Westsee

Der Westsee (Ho Tay) ist ein relativ flaches Gewässer, das entstand, als der Rote Fluss mit den Jahrhunderten seinen Lauf etwas nach Osten verlagerte und einen schmalen Landstreifen trocken fallen ließ, der nach und nach befestigt wurde und den entstehenden See vom Flussbett trennte. Im 17. Jh. bauten Anwohner einen weiteren Damm und schnitten die südöstliche Ecke des Sees als Fischteich ab. Er heißt heute **Truc Bach**, „Weiße Seide". Man erzählt, der Name stamme daher, dass frühere Könige hier ihre abgelegten Konkubinen unterbrachten, um diese hier Seide spinnen zu lassen. An den Ufern des Sees liegen einige nette Cafés.

Könige und Kaiser ließen am Westsee Sommerhäuser und Pagoden errichten, und auch heute wird es hier wieder schick: Die Parteioberen haben sich Villen eingerichtet, und am Ostufer und in dessen Umgebung entstehen exklusive Wohnungen, teure Hotels, noble Boutiquen und luxuriöse Wellnesscenter. Einige ehrwürdige Pagoden bilden einen wirkungsvollen Kontrast dazu.

Ho-Chi-Minh-Mausoleum – unfreiwillige letzte Ruhestätte des großen Landesvaters

Die **Tran Quoc-Pagode**, die über einen schmalen Steg mit dem Damm zwischen Westsee und Fischteich verbunden ist, wurde im Jahre 544 erbaut: Damals hieß sie Khai Quoc, „Gründung der Nation". Sie entstand in einer kurzen Phase der Freiheit nach annähernd tausendjähriger chinesischer Herrschaft und ist die älteste bekannte buddhistische Pagode des Landes. Damals stand sie noch an anderer Stelle am Ufer des Roten Flusses. Erst viel später, im 17. Jh., wurde sie hierher umgesiedelt. Ihren heutigen Namen, der „Nationale Verteidigung" bedeutet, erhielt sie während der Regierungszeit des Königs Le Huy Tong (1680–1705). Die Pagode ist ein wichtiges Symbol für den vietnamesischen Buddhismus. Viele Stupas sind auf dem Gelände versammelt. Am auffälligsten ist der schlanke 12-stöckige Turm, in dessen Nischen Buddhafiguren sitzen. Das Haupttheiligtum beherbergt fünf Altäre und viele Statuen, darunter eine vergoldete des historischen Buddha Shakyamuni.

In der Mitte der Anlage steht ein kleiner Teich mit Steinskulpturen, darunter Quan Am. Etwas deplaziert wirkt der kleine Werbetempel von Lipton-Tee. Im Garten steht ein Bodhi-Baum, der 1959 vom indischen Premierminister Razendia Prasat gepflanzt wurde: Er soll ein Ableger des Baums sein, unter dem Buddha einst seine Erleuchtung fand. Einige Steinstelen berichten von der Geschichte des Tempels; die älteste von 1639 z. B. beschreibt die Restaurationsarbeiten, die damals vorgenommen wurden. Vor der Brücke zum Tempel werden Räucherstäbchen verkauft.

Die **Quan Thanh-Pagode**, auch Tran Vu-Tempel genannt, am Südostufer des Westsees, ist berühmt für ihre fast 4 m hohe, hochverehrte Statue des taoistischen Wächtergeistes Tran Vu. Die Figur wurde 1677 aus Bronze gefertigt und wiegt vier Tonnen. Tran Vu sitzt in der Pose eines taoistischen Eremiten. Seine rechte Hand stützt er auf ein Schwert, um das sich Schlangen winden – Symbol für seine Fähigkeit, das Böse zu bannen. Der Tempel wurde im 11. Jh. auf Anregung von König Ly Thai To erbaut und mehrfach umgestaltet, zuletzt 1893. Vor dem zentralen Heiligtum lädt ein Platz mit einigen Bänken und Elefantenstatuen zum Verweilen ein. Große Mangobäume spenden Schatten. ⌚ 7–17 Uhr, Eintritt 5000 Dong.

Thong Nhat-Park

Ha Noi ist eine Stadt der Seen – nicht weniger als 20 kleinere und größere Wasserflächen fügen sich ins Stadtgebiet, und an ihren Ufern und in den oftmals angegliederten Parks und Cafés lässt sich herrlich entschleunigen.

Sehr schön ruhig und abseits des Lärms liegen der **Thien Quang-See** (Eintritt 2000 Dong) und der **Thong Nhat-Park**, der größte Park Ha Nois. Hier gibt es einen neuen Spielplatz und einen Vergnügungspark. Wenn sich abends die Pferdchen im wunderschönen Karussell drehen, meint man in einer anderen Zeit gelandet zu sein. Ansonsten herrscht hier Ruhe; die Bäume verschlucken den Lärm der Straße und das Areal ist weitläufig. Im Park gibt es kleine Pavillons, wo Getränke und Eiscreme verkauft werden. Am See liegt eine kleine Halbinsel mit Restaurant und Orchideengarten.

Ethnologisches Museum

Das Ethnologische Museum (Bao Tang Dan Toc Hoc) liegt etwa 7 km westlich des Zentrums, ist aber allemal einen Ausflug wert, wenn man plant, in die Berge des Nordens oder ins zentrale Hochland zu fahren. Sehr detailliert wird hier versucht, die 54 unterschiedlichen Völker und ihre Untergruppen zu dokumentieren. Das Museum hat einen Forschungsauftrag und konnte bisher viel interessantes Material sammeln. Schautafeln und Filme, Alltagsgegenstände und Trachten verdeutlichen die verschiedenen Lebensweisen ebenso wie die wachsende Anzahl aus den Bergen heruntergebrachter Behausungen, die sich auf dem Gelände befinden. ⌚ Di–So 8.30–17.30 Uhr, Eintritt 20 000 Dong.

Übernachtung

Die Auswahl an Hotels ist riesig, wenngleich sich viele Angebote nahezu aufs Haar gleichen. Das gilt für einfache Minihotels ebenso wie für die Zwei-Sterne-Kategorie. Gerade in der Altstadt kommen ständig neue Unterkünfte der unterschiedlichsten Preisklassen hinzu, und viele ändern ihren Namen innerhalb kürzester Zeit, wenn der Eigentümer wieder einmal wechselt. Oft ändert sich dann auch der Standard der Unterkunft, weil beispielsweise große Fernseher angeschafft, die Zimmer mit Computern ausgestattet oder das Haus einer Totalrenovierung unterzogen wurde.

Wer billig wohnen will, d. h. für unter US$10, wird nur in der Altstadt etwas finden. Diese Zimmer sind Travellerzimmer, einfach, meist mit Metallbetten und ohne Charme eingerichtet.

Am billigsten schläft es sich im Schlafsaal, hier kostet ein Bett um die US$3. Wer etwa US$30 auszugeben bereit ist, bekommt in 2-Sterne-Unterkünften schöne Zimmer. Ab US$50 gibt es komfortable Zimmer im Französischen Viertel.

Die meisten Minihotels haben unterschiedliche Zimmerkategorien. Manches Hotel bietet Zimmer zwischen US$15 und US$50. Auch wenn die nächsthöhere Kategorie manchmal nur US$3 teurer ist als das billigste Zimmer, ist die Ausstattung meist so viel besser, dass sich die kleine Mehrausgabe lohnt. Die einfachsten Zimmer (US$10–15) haben in der Regel nie ein Fenster und sind klein. Viele Zimmer ab US$18 (außerhalb der Altstadt ab US$25) bieten oft bereits einen Balkon und eine Badewanne.

Alle Zimmer, auch die einfachsten in den Travellerunterkünften, haben TV, Telefon und ein eigenes Bad. Die meisten verfügen zudem über eine kleine Minibar bzw. einen bestückten Kühlschrank.

Wer auf die obligatorische AC verzichtet, spart meist US$1–3. Auch wer auf ein angebotenes Frühstück keinen Wert legt, kann den Preis um US$1–3 reduzieren. Leider verfügt kein Hotel serienmäßig über Heizung. Diese ist zwar nur im Winter vonnöten, dann aber sehnt man sie herbei, da es wirklich empfindlich kalt werden kann. (In den Geschäften, die Elektroartikel vertreiben, nimmt die Zahl der angebotenen Heizstrahler stetig zu, sodass die besseren Unterkünfte hoffentlich bald auch über diesen Komfort verfügen). Dicke Decken werden jedoch immer gestellt.

Altstadt

Untere Preisklasse

Especen Hotel, 1 Hang Hom, ✆ 04-828 9277, 📠 928 7123, 💻 dongnama2004@yahoo.com.vn. Zum Teil sehr ansprechende Zimmer zu günstigen Preisen. Nicht mehr ganz neu, aber durchaus attraktiv für Reisende mit schmalem Geldbeutel, die trotzdem mit Fenster und Badewanne wohnen wollen. ❶–❷

Hanoi Capital Hotel, 1 Hang Phen, ✆/📠 04-825 8707, 💻 www.hanoicapitalhotel.com. Preiswerte, einfache Zimmer in einem alten Eckhaus. Auf den Balkonen wäscht das Personal die Hotel-Wäsche per Hand, und die Gäste müssen auf Um- oder Ausquartierung gefasst sein, wenn die Hotelleitung aus unerfindlichen Gründen ihre Pläne ändert. ❶–❷

Hanoi Kangaroo Hotel, 71 Hang Luoc, ✆ 04-825 8044, 💻 hanoikangaroohotel@yahoo.com. Zimmer ab US$3; einfach, aber sauber und sehr beliebt bei Travellern. Oft lange im Voraus ausgebucht. Alle Zimmer haben AC, TV und Wanne, doch nur wenige verfügen über ein Fenster. Gute Wahl für alle, die wenig Geld ausgeben wollen. ❶

Hanoi Riverside Hotel, 15 Hang Can, ✆ 04-923 2941, 📠 923 2942, 💻 www.vietnamadventurestravel.com. Einfache, saubere Zimmer. Internet in der Lobby und Frühstück inklusive. Bei Reservierung kostenlose Abholung vom Flughafen. ❷

Holidays Hotel, 24 Hang Manh, ✆ 04-828 2814, 💻 www.hanoiholidayhotel.com. Saubere Zimmer, die teureren haben einen Balkon und sind schön geräumig. Freundliche Leute. Inkl. Frühstück und Internet. ❷

Nam Phuong Hotel, 16 Bao Khanh, ✆ 04-928 5085, 📠 825 8964, 💻 ktscom@vnn.vn. Zehn Zimmer nahe dem Hoan Kiem-See, wobei die besseren mit Balkon zur Straße den unwesentlich billigeren fensterlosen Innenräumen vorzuziehen sind. ❷

Nam Phuong South Hotel, 26 Nha Chung, ✆ 04-8246894, Handy 09-83494468, 💻 truongsontour@yahoo.com. Das schlichtere Schwesterhotel des Nam Phuong in der beliebten Gegend nahe der Kathedrale. ❶–❷

Traveller-Treff in der Jugendherberge

Hanoi Backpackers Hostel, 48 Ngo Huyen, ✆ 04-8285372, 💻 www.backpackershostel.com. Gehört als eines der wenigen Hostels in Vietnam zum Verbund der Jugendherbergen (Rabatt für Mitglieder). Schon in der Lobby wird klar: Hier findet jeder schnell Kontakt, es herrscht eine tolle Gemeinschafts-Atmosphäre. Außer zwei separaten DZ wird hier in einfachen, aber sehr angenehmen Schlafräumen übernachtet, in denen jeweils 4–5 Stockbetten stehen. (US$7,50). Es gibt einen Schlafraum nur für Frauen. Das Frühstück wird in der Gemeinschaftsküche oder auf der Dachterrasse eingenommen und ist im Übernachtungspreis enthalten. Viele saubere Duschen und Toiletten. Auf dem Dach findet Mo/Mi/Fr ein BBQ statt. ❶, DZ ❸

Ocean Stars Hotel, 45 Bat Su, ✆ 04-923 2683, 📠 923 2111, 💻 www.oceanstarshotel.com. Zimmer unterschiedlicher Kategorien; die besseren mit Balkon und großer Eckbadewanne, die billigen recht abgewohnt und düster. Freier Internetzugang in der Lobby. Dormbetten US$3. ❶–❸

Rose Hotel, 12B Hang Manh, ✆ 04-828 5639, 📠 734 0651, 💻 greencityhotel@yahoo.com. Sauberes Minihotel mit angenehm großen, sauberen Zimmern. Alle mit Balkon; die meisten mit Computer und Internet. Freundlicher Familienbetrieb mit gutem Reisebüro. ❸

Sunflower Hotel, 34 Hang Ga, ✆/📠 04-828 2812, 💻 sunflowerhotel@hn.vnn.vn. Mehrstöckiges Minihotel ohne Aufzug. Dunkle Möbel, aber ansprechend; zumindest die Fensterzimmer laden zum Verweilen ein. ❷–❸

Tin Tin Hotel, 14 Hang Non, ✆ 04-828 7175, 📠 826 0326, 💻 vihatour@hn.vnn.vn. Ganz einfaches, älteres Minihotel. Die Eigentümer sprechen so gut wie kein Englisch. Die Zimmer sind klein, auch die Bäder laden in ihrer Enge nicht gerade zu langen Duschorgien ein. Sauber. Die billigeren Zimmer haben keine AC. ❶–❷

Nette Travellerunterkunft für Anspruchslose

Real Darling Café Guest House, 33 Hang Quat, ✆ 04-826 9386, 📠 824 3468, 💻 darling_cafe@hotmail.com. Seit Jahren beliebtes Haus mit sehr einfachen Ventilator-Zimmern in einem verschachtelten Haus auf vier Etagen. Es gibt auch 3-Bett-Zimmer und einen Schlafsaal. Im Café günstiges Essen in großen Portionen; man kann aber auch Mitgebrachtes verspeisen, sofern man hier wohnt. Internet-Anschluss in der Lobby. ❶

Thien Trang Hotel, 24 Nha Chung, ✆ 04-826 9823, 📠 828 6717, 💻 Thientranghotel24@hotmail.com. Sauberes Minihotel nahe der Kathedrale. Die einfachen Zimmer sind eher muffig, die besseren mit Fenster und Balkon lohnen einen Blick. Fahrradverleih. ❶–❷

Venus Hotel, 10 Hang Can, ✆ 04-826 1212, 📠 824 6010, 💻 venus_hotel10@yahoo.com. Älteres und nicht sehr sauberes Travellerhotel. Auch ohne Fenster noch recht teuer, kein Frühstück. Hier lohnt sich die Frage nach einem Discount. ❶

Youth Hotel, 33 Long Van Can, ✆ 04-828 5822, 📠 828 5862, 💻 www.trekkingtravel.net. Außen verspiegelt, innen hellblau. Wer mit der Wandfarbe leben kann, bewohnt große Zimmer mit Bambusmöbeln. Alle Travellerservices, viele Computer in der Lobby. Neben DZ auch 3-Bett-Zimmer für US$12–15. ❶–❷

Mittlere Preisklasse

Bamboo Hotel, 85 Hang Bac, ✆ 04-926 2378, 📠 926 2377, 💻 www.tnktravel.com. 10 hübsche, mit viel Bambus ausgestattete Zimmer mit Badewanne. Eigenes Reisebüro und ein im Countryside-Stil eingerichtetes Restaurant. ❷

Camellia Hotel, 13 Luong Ngoc Quyen, ✆ 04-828 3583, 💻 www.camellia-hotels.com. Beliebtes kleines Hotel mit 7 netten, sauberen Zimmern mit schönen Balkonen. ❷–❸

Continental Hotel, 24 Hang Vai, ✆ 04-828 2897, 📠 828 2989, 💻 continental@fmail.vnn.vn. 15 gut ausgestattete Zimmer, wobei sich die Mehrausgabe für die etwas besseren Zimmer mit Badewanne und Balkon lohnt. Inkl. Frühstück. ❸

Duc Huy Hotel, 11 Hang Manh, ✆ 04-928 6479, 📠 824 6725, 💻 www.duchuyhotel.com. Hotel der gehobenen Mittelklasse, oft ausgebucht. Schöne Zimmer, sauber, zentral gelegen, WIFI. ❸–❺

Fortuan Hotel, 68 Hang Bo, ✆ 04-828 1324, 📠 828 1323, 💻 www.fortuanhotel.com. An der Straße der Bambuskörbe gelegen. Zimmer mit Standardausstattung und Teppichboden, z. T. mit großem Balkon zur belebten Straße. ❷–❸

Giabao Hanoi Hotel, 38 Lo Su, ✆ 04-935 1494, 📠 935 1496. Neues, schickes Mittelklassehotel nicht allzu weit vom See mit 25 unterschiedlichen Zimmern. Aus einigen Suiten geht der Blick bis zum Roten Fluss. Zwei VIP-Zimmer mit Flachbildschirmen; eines davon mit Innenbalkon zur Lobby (!), das andere im 7. Stock mit Seeblick. Die preiswerteren Zimmer haben ein Fenster zum Luftschacht – der liebevoll mit einem Ausblick auf die Dächer der Stadt bemalt wurde. ❸–❹

Golden Buffalo Hotel, 11 Ngo Huyen. ✆ 04-928 7989, 📠 928 6989, 💻 goldenbuffalohotel@fpt.vn. Schöne Zimmer in ruhiger Lage. Balkonzimmer sind nur geringfügig teurer. Gutes Preis-Leistungs-Verhältnis. Freundliche Leute und angenehme Atmosphäre. ❷

Hanoi Plaza Hotel, 26 Hang Non, ✆ 04-828 7474, 📠 926 0874, 💻 www.hanoiplazahotel.com. 2006 eröffnetes Boutique-Hotel, doch nicht wirklich etwas Besonderes. Nette Ausstattung, mit Badewanne und ADSL im Zimmer. Aufzug. Frühstück inkl. ❷–❹

Hanoi Star Hotel II, 25 Hang Mam, ✆ 04-825 0273, 📠 926 1918, 💻 www.hanoistarhotel.com.vn. 20 Zimmer, wobei die einfacheren mit Fenster zum Flur sehr klein sind, die besseren hingegen recht groß und mit Balkon. ❷–❹

Hoa Linh Hotel, 35 Hang Bo, ✆ 04-824 3887, 📠 824 3886, 💻 hoalinhhotel@hn.vnn.vn. Saubere, gut ausgestattete Zimmer mit TV, Kühlschrank und Kronleuchter. ❷–❹

Hong Ngoc Hotel, 39 Hang Bac, ✆ 04-926 0322, 📠 926 1600, 💻 hongngochotel@hn.vnn.vn. 25 gut ausgestattete Zimmer, die besseren mit Balkon zur Straße. Das zum Hotel gehörende Lokal befindet sich zwei Häuser weiter, hier

Achtung, Verwechslungsgefahr!

Prince Hotel, 8 To Tich, ☏ 04-828 9465, 📠 828 9467, 💻 www.princehanoihotel.com. Der schöne Prinz: 12 gute Zimmer am Rande der Altstadt in relativ ruhiger Straße nahe dem See. Alle Zimmerpreise inklusive Frühstück und Internet in der Lobby. Wer noch fürstlicher wohnen will, zieht ins schickere (und teurere) Bruderhotel Prince Ha Noi in der 41 Bat Su. ❷–❸

Prince III Hotel, 65 Hang Cot, ☏ 04-828 0620, 📠 928 0772, 💻 www.hanoiprincehotel.com. Mit den zuvor Genannten weder verwandt noch verschwägert ist dieses Standard-Minihotel mit einfachen Zimmern; für eine Nacht o.k., aber kein Hort der Gemütlichkeit. Der Besitzer betreibt auch noch ein Prince I und ein Prince II Hotel (51 Luong Ngoc Quyen bzw. 42B Hang Giay) mit ähnlichem Angebot. ❷–❸

Prince 57, 57 Hang Be, ☏ 04-926 1554, 💻 www.goldenlandtours.com. Der Spar-Prinz: eine der billigsten Unterkünfte der Stadt. Im Schlafsaal kostet eine Übernachtung nur US$2. Etwas heruntergekommen, was bei dem Preis aber einkalkuliert werden muss. ❶

Pacific Prince Hotel, 95 Hang Bong, ☏ 04-828 6708, 📠 824 6331, 💻 pacificprincehotels@vnn.vn, 💻 www.pacifichotelsgroup-travel.com. Der Prinz vom Pazifik entpuppt sich als Mittelklassehotel mit gepflegten Räumen: helle Möblierung, Teppichboden und Badewanne. Aufzug. Preisnachlass bei längerem Aufenthalt. ❸–❹

New Prince Hotel, 9 Ngu Huyen, ☏ 04-9286792, 📠 8289646, 💻 newprincehotel@fpt.vn. Nicht neu, möchte aber auch ein Prinz sein: Die Lage in der ruhigen Seitenstraße ist ein Vorteil. ❷–❸

Der Hoan Kiem-See – für die Bewohner von Ha Noi ist er die Seele der Stadt

gibt es morgens ein Frühstücksbuffet. Der Eigentümer unterhält noch ein zweites, gleichnamiges Haus in der Hang Manh. ❸–❺

Little Hanoi Hotel, 58 Au Trieu, ✆ 04-9288648, 📠 9285667, 💻 littlehanoi@ttm.com.vn. Schönes Hotel in einer relativ ruhigen Straße nahe der Kathedrale; freundliche Leute. Die Zimmer sind geräumig, haben ADSL, Wasserkocher und Haartrockner. Frühstück inkl.; dazu liegt eine aktuelle englischsprachige Tageszeitung aus. ❸–❹

Lucky Star Hotel, 11 Bat Dan, ✆ 04-923 1781, 📠 923 1782, 💻 www.luckystarhotel.com. Große, saubere Zimmer mit dunklen Holzmöbeln. Auch 3-Bett-Räume. ❷–❸

Melody Hotel,17 Hang Duong, ✆ 04-826 7820, 📠 824 3746, 💻 melodyhotel@fpt.vn. Die Rezeption sieht ansprechender aus als die Zimmer. Relativ alte Ausstattung für den geforderten Preis: Die gute Lage will bezahlt sein. Inklusive Frühstück. ❷–❸

Paradise Hotel, 1 Yen Thai, ✆ 04-928 6139, 📠 928 5360, 💻 www.hanoiparadisehotel.com. Am Rande der Altstadt. Schöne, etwas schmale Zimmer mit 16:9-Fernseher und Schreibtisch. Auch 3-Bett-Zimmer. ❸

Spring Hotel 1, 8A Nha Chung, ✆ 04-826 8500, 📠 8260083, und **Spring Hotel 2**, 38 Au Trieu, ✆ 04-8254834, 💻 spring.hotel@fpt.vn. Das Spring 1 ist seit 1990 etabliert – und damit eine der ältesten Unterkünfte für Traveller überhaupt. Beide Hotels liegen günstig. Die über 20 Zimmer sind gut in Schuss. Ohne Frühstück. ❷–❹

Sunny Hotel, 1 Ngo Gach, ✆ 04-928 3803, 📠 928 4136, 💻 www.oldquarterhotel.com. Neues Haus mit gepflegten Zimmern in verschiedenen Größen. Leser berichten, dass sie hier unter dem Vorwand eines Stromausfalls rüde vor die Tür gesetzt wurden, um Raum für andere Gäste zu schaffen. WIFI auf den Zimmern. ❷–❹

Van Minh Hotel, 88 Hang Bac, ✆ 04-926 0150, 📠 926 0149, 💻 nngocminh@ftp.vn. Ein Dutzend annehmbare Zimmer mit Balkon und Badewanne. ❷

Viet Anh Hotel, 11 Ma May, ✆ 04-926 1302, 📠 926 1306, 💻 www.vietanhhotel.com. Sauberes und angenehmes Hotel, Zimmer inklusive Frühstück. Es gibt auch ein geräumiges 3-Bett-Zimmer. ❸–❺

Schöner wohnen für Blogger und Surfer

Elegance Hotel, 85 Ma May, ✆ 04-92628 54, 📠 934 2966, 💻 www.hanoielegancehotel.com. Modernes Hotel mit schönen Zimmern; einige haben einen Balkon mit Tisch und Stühlen, alle verfügen über einen Computer mit Internetzugang. Inkl. Frühstück. ❸–❹

Obere Preisklasse

Bao Khanh Hotel, 22 Bao Khanh, ✆ 04-928 7702, 📠 828 9819, 💻 www.baokanhhotel.com.vn. Gute Adresse in See-Nähe mit gepflegten AC-Zimmern unterschiedlicher Ausstattung. ❹–❺

Church Hotel, 9 Nha Tho, ✆ 9288118, 📠 8285793, 💻 churchhotel@vnn.vn. In der angesagten Gegend nahe der Kathedrale liegt dieses Boutiquehotel; 20 sehr ordentliche Zimmer mit Parkettfußboden. Die preiswerteren Räume sind relativ klein. ❹–❺

Hoa Binh Palace Hotel, 27 Hang Be, ✆ 04-926 3646, 📠 926 2768, 💻 www.hoabinhpalace hotel.com.vn. Auffälliges, etwas protzig in die Straße hineingebautes Haus mit komfortablen, bequem eingerichteten Zimmern. Die einfacheren könnten ein bisschen größer sein. In den Suiten gibt es Jacuzzis. ❺–❻

Lucky Hotel, 12 Hang Trong, ✆ 04-8251029, 📠 8251731, 💻 www.luckyhotel.com.vn. Größeres Minihotel mit schönen Zimmern, die alle über ADSL verfügen. Die Zimmer der gehobeneren Preisklasse liegen in den oberen Stockwerken (es gibt einen Aufzug), sind sehr geräumig und haben teils kleine eigene Balkone mit Tisch und Stühlen und Aussicht über die Dächer der Stadt. Inkl. Frühstück. Das ähnliche Schwesterhotel ist in der 46 Hang Hom. ❹–❺

Majestic Salute Hotel, 54-56 Hang Duong/ 19 Cha Ca, ✆ 04-923 0036, 📠 923 0037, 💻 www.majesticsalutehotel.com. Großes, geräumiges, 5-stöckiges Hotel mit Aufzug und bequemer Einrichtung. Alle Annehmlichkeiten; im Parterre Wellnesscenter mit Sauna, Jacuzzi und Dampfbad. Auf dem Zimmer ADSL, Wasserkocher und Minibar. ❺–❻

Französisches Viertel

Mittlere Preisklasse

Army Hotel, 33C Pham Ngu Lao, ✆ 04-8252896, 📠 8259276, 💻 amryhotel@fpt.vn. Großes Hotel mit ebensolchem Swimmingpool. Obwohl eher mittelmäßig, sind die Zimmer in der Hauptsaison oft ausgebucht. Sauber und mit Badewanne ausgestattet. Die besseren Zimmer haben z. T. Massagestühle und eigenes Jacuzzi. ❹–❻

Camellia Hotel, 12 Pho Hue, ✆ 04-822 5140, 📠 822 5949, 💻 camellia_megaqvnn.vn. Businesshotel, in dem hauptsächlich asiatische Geschäftsleute absteigen. Ordentliche Zimmer. Die Suiten sind groß, liegen aber zur Straße und sind daher sehr laut. Die günstigen Zimmer nach hinten sind ruhiger. Alle Zimmer haben Teppichboden, ADSL und Badewanne. ❹–❺

Green Park Hotel, 48 Tran Nhan Tong, ✆ 04-822 7725, 📠 822 5977, 💻 www.hotel-greenpark.com. Drei-Sterne-Hotel mit 40 sehr schönen und gut ausgestatteten Zimmern nahe dem Thien Quang-See. Safe, Wasserkocher, Haartrockner und Obstkorb auf den Zimmern. Frühstücksbuffet im Park View Restaurant im 7. Stock inkl. ❺–❻

Little Hanoi 2 Hotel, 83B Tue Tinh, ✆ 04-9746347, 📠 9740259, 💻 littlehanoi@ttm.com.vn. Nahe dem Bay Mau-See und dem Thong Nhat-Park. Minihotel mit gehobenem Standard (Haartrockner, Wasserkocher, ADSL). Frühstück inkl. ❸–❹

M.O.D. Palace, 33A Pham Ngu Lao, ✆ 04-826 5538, 📠 826 5539, 💻 modpalace33a@yahoo.com.vn. Imposantes Kolonialhaus, erbaut Ende des 19. Jhs. nahe dem Nationalmuseum. Zimmer z. T. ohne Fenster, aber groß und sauber. Wasserkocher vorhanden. Frühstück inklusive. Das Hotel verfügt über einen großen Pool (Salzwasser) und ein Kinderbecken mit Rutsche, die im Sommer gegen ein geringes Entgelt (45 000 Dong) auch Nichtgäste nutzen können. ❹

Obere Preisklasse

Hilton Hanoi Opera, 1 Le Thanh Tong, ✆ 04-933 0500, 📠 933 0530, 💻 www.hilton.de/hanoi. Nicht nur Geschäftsreisende wissen die bequemen, zweckmäßigen Zimmer und den guten Service in diesem komfortablen, direkt neben der Oper gelegenen Haus zu schätzen. ❻–❼

Klein und mit viel Atmosphäre

Queen Travel Hotel, 65 Hang Bac, ✆ 04-826 0860, 📠 826 0300, 💻 www.azqueentravel.com. 10 schöne Zimmer mit Holzfußboden in einem renovierten alten Haus mitten in der Altstadt. Alle Zimmer haben eine Badewanne mit Massagedüsen und TV mit DVD-Spieler. In den teureren Räumen stehen Computer mit Flatscreen und Internet-Anschluss. Eigenes Reisebüro. ❹–❺

Nikko Hanoi Hotel, 84 Tran Nhan Tong, ✆ 04-822 3535, 📠 822 3555, 💻 www.hotelnikkohanoi.com.vn. Japanisch-vietnamesisches Joint-Venture und daher beliebt bei Besuchergruppen aus dem Land der aufgehenden Sonne, die vermutlich bessere Preise bekommen als die ausgeschriebenen: Denn sonst sind die gut gepflegten, aber ein bisschen unpersönlichen Zimmer doch etwas teuer. Gutes japanisches Restaurant. ❼

Sofitel Metropole Hanoi, 15 Ngo Quyen, ✆ 04-826 6919, 📠 826 6920, 💻 www.sofitel.com. Das erstklassige Luxushotel in einem schönen Kolonialgebäude von 1901 verfügt über nicht weniger als 363 elegant ausgestattete Zimmer, alle mit LCD-Fernseher, DVD und ADSL, und hat einen schönen Innengarten, je ein französisches und ein vietnamesisches Restaurant und einen Pool. ❻–❼

Zephyr Hotel, 4-6a Ba Trieu, ✆ 04-934 1256, 📠 934 1262, 💻 www.zephyrhotel.com.vn. Schickes, 2004 eröffnetes Hotel am Südende des Hoan Kiem-Sees. 40 bequem ausgestattete Zimmer, in denen sich auch Geschäftsreisende wohlfühlen. Etwas nüchtern und nicht gerade preiswert, aber in bester Lage. ❻

Zitadelle und Westsee

Mittlere Preisklasse

Blossom Hotel, 67 Nguyen Truong, ✆ 04-715 1666, 📠 715 1699, 💻 Blossomhotel@fpt.vn. Modernes Mittelklassehotel. Alle Zimmer mit Safe und moderner Dusche. Teils Panoramafenster. Aufzug. Internetzugang in der Lobby. Frühstücksbuffet inklusive. ❸–❹

Hoang Duong Hotel, 44 Nguyen Truong, ✆ 04-7151220, ✆ 7151680, 💻 hoangduong19@yahoo.com. Gerne von Japanern besuchtes Minihotel. Einfache Zimmer, freundliche Leute. ❷–❸

Hoang Minh II Hotel, 53 Hang Bun, ✆ 04-927 4003, ✆ 716 4695, 💻 www.hoangminhhotel.com.vn. Ruhige Lage, angenehm große, gepflegte Zimmer, einige mit Balkon und großer Fensterfront. Ein Aufzug ist vorhanden, funktioniert aber nicht immer. Im Zimmer neben Fernsehen und ADSL auch CD-Spieler. Bad mit Wanne. Inklusive Frühstück. ❸

Pacific Hotel, 30-32 Cua Nam, ✆ 04-9362587, ✆ 9361798, 💻 pacifichotels@hn.vnn.vn, 💻 www.pacifichotel.com.vn. Sauberes kleines Haus mit Teppichboden und hellen Möbeln; z. T. gleicher Preis für Zimmer mit oder ohne Fenster. ❸–❺

VMQ Hotel, 87 Ngyuen Thai Hoc, ✆ 04-8431550, ✆ 8431548, 💻 vmqht@vnn.vn. Großes, etwas unpersönliches Hotel mit unterkühltem Charme, aber teils fantastischem Blick auf die Stadt. ❸–❹

Obere Preisklasse

Sofitel Plaza Hanoi, 1 Thanh Nien, ✆ 04-823 888, ✆ 829 3888, 💻 www.sofitel.com. Am südöstlichen Ufer des Westsees liegt dieses Top-Hotel internationalen Ranges mit 314 gepflegten Zimmern auf 22 Stockwerken und daher z. T. atemberaubenden Ausblicken. Alle Zimmer mit Schreibtisch. Mehrere Restaurants und Bars, Wellness-Bereich und Fitnesscenter. ❻–❽

Übriges Ha Noi

Daewoo Hotel, Ngoc Khanh, ✆ 04-831 5000, 💻 www.hanoi-daewoohotel.com. Abseits des Lärms der Innenstadt an einem kleinen See gelegenes koreanisch-vietnamesisches Joint-Venture; eines der größten und besten Hotels der Stadt. Die schöne Pool-Landschaft kann auch von Nicht-Gästen genutzt werden (US$10). ❻–❽

Sheraton Hotel, 11 Xuan Dieu, ✆ 04-719 9000, ✆ 04-719 9001, 💻 www.sheraton.de. Schickes Hotel, das etwas abseits der Innenstadt hoch am Ostufer des Westsees aufragt und 299 bestens ausgestattete Zimmer internationalen Standards birgt. ❻–❽

Essen

Die Auswahl an Restaurants ist zwar noch nicht ganz so kosmopolitisch wie in Sai Gon, aber auch Ha Noi bietet für jeden Geschmack etwas. Die meisten haben mindestens von 8 bis 23 Uhr geöffnet, nur die nobleren Restaurants schließen zwischen Mittag- und Abendessen. Viele sogenannte Cafés fungieren gleichzeitig als Restaurant und/oder Bar. Spannend ist es auch, an einem der vielen Straßenstände eine Kleinigkeit zu probieren.

Altstadt

Vietnamesisch

69 Bar - Restaurant, 69 Ma May, ✆ 04-926 1720. Hier speist man in einem alten, restaurierten Haus aus dem 19. Jh. Auf zwei Etagen gibt es u. a. Fisch im Hot Pot oder auch Calamari zu angemessenen Preisen. Schön sitzt man auf dem Balkon.

Ancient Town, 89 Hang Bac, ✆ 09-12173472. Vietnamesische Küche auf zwei Etagen in der belebten Hang Bac. Angemessenes Preis-Leistungs-Verhältnis. Leider ist die obere Etage bei wenig Betrieb geschlossen.

Adam & Eve Restaurant, 85 Hang Bac, ✆ 04-926 2378. Im Erdgeschoss des Bamboo Hotels liegt dieses kleine, stimmungsvoll dunkle Restaurant

Der Son Tinh-Likör

Insgesamt 27 Sorten des sogennannten Son Tinh-Likörs gibt es im Highway 4 Restaurant zu probieren. Er wird auf der Basis von Klebereis mit verschiedenen Zutaten, z. B. Rosenapfel, Aprikose, Passionsfrucht oder auch Ginseng angesetzt. Die Rezepte basieren auf uralten Überlieferungen, die der Restaurant-Betreiber in ganz Vietnam gesammelt hat. Hinter beinahe jeder Sorte steht eine Geschichte: Minh Mang beispielsweise, ein herber Likör mit einem karamelligen Nachgeschmack, wird nach dem Rezept des Herrschers Minh Mang (reg. 1820–1840) hergestellt und soll die Potenz fördern. Minh Mang wurde zwar nur 50 Jahre alt, soll aber angeblich 142 Kinder gezeugt haben.

mit lehmverputzten Wänden und viel Bambus und Stroh. Unaufdringliche Musik und das vorgelagerte Reisebüro schirmen Gäste von der Hektik der Straße ab. Es gibt Westliches und Vietnamesisches, darunter einige lokale Fischspezialitäten, z. B. Cha Ca Ha Noi, in Kräutern gekochter Weißfisch mit Reisnudeln und Erdnüssen (50 000 Dong).

Biennho, 2B Trang Thi, ✆ 04-928 6265. Frischer Fisch wartet in Tanks im Eingangsbereich auf Kundschaft. Zahlreiche Tische im AC-Raum. Das Lokal wird v. a. von wohlhabenden Vietnamesen besucht. Lobster kostet etwas über 1 Mill. Dong, es sind aber auch preiswertere Spezialitäten zu haben.

Café Nanh, Ngo Bao Khan, ✆ 04-826 9861. Alteingesessenes vietnamesisches Restaurant, mit zahlreichen Tischen auf mehreren Etagen und auf dem Bürgersteig, der vor diesem Eckhaus breit genug ist, um als Vorhof gelten zu können – wäre er nicht so zugeparkt. Innen echte Bäume, um die herum das Haus gebaut wurde. Gut und günstig, schneller Service.

Cha Ca La Vong, 14 Cha Ca, ✆ 04-825 3929. Nennt sich selbst das älteste Restaurant Vietnams. Das Haus strahlt Tradition aus, Bewirtung gibt es hier seit 1871. Mittlerweile betreibt die Familie das Restaurant in fünfter Generation. Das einzige angebotene Gericht ist stolzer Namensgeber der Straße: Cha Ca, ein speziell zubereiteter Fisch, der inzwischen auch in einigen anderen Restaurants angeboten wird (70 000 Dong). Die Atmosphäre leidet ein wenig darunter, dass das Haus inzwischen auf dem Reiseplan vieler Tourgruppen steht.

Garden Vuon Restaurant - Bar - Coffee, 36 Hang Manh, ✆ 04-824 3402. Restaurant und Bar mit gehobenem Preisniveau und ebensolcher Küche. Hier kann man sich gebratene Ente in Orangensauce oder auch Bananenblütensalat schmecken lassen.

Highway 4 Restaurant, 5 Hang Tre, ✆ 04-926 0639, 💻 www.highway4.com. Berühmt ist dieses Lokal vor allem für seine reichhaltige Auswahl an guten und ausgefallenen Likören. Ob Schlange, Gecko oder Kräuter, für jeden Geschmack (siehe Kasten) gibt es den passenden Drink. Ausgezeichnet und ausgefallen ist auch das Essen: gebratener Reis mit Sauerkraut, gegrillter Skorpion oder Stinkkäfer. Für weniger Mutige gibt es auch Bekanntes wie Frühlingsrollen. Das Restaurant hat drei Etagen, unten sitzt man auf Stühlen, in der zweiten Etage auf dem Boden und in der dritten auf einer Dachterrasse. Bietet auch Kochkurse an (siehe Aktivitäten). Es gibt zwei weitere Highway 4-Restaurants in der 54 Mai Hac De, östlich des Lenin-Parks, ✆ 04-976-2647, und in der 575 Kim Ma, nahe dem Daewoo-Hotel, ✆ 04-212 8998.

Old Hanoi, 106 Ma May, ✆ 04-824 5251, 💻 www.oldhanoi.com. Kleines, feines Restaurant mit zumeist vietnamesischer Küche, aber auch ein paar westlichen Gerichten. Veranstaltet Kochkurse (siehe Aktivitäten).

Songanh Café, 32 Luong Van Can, ✆ 04-928 8388. Morgens günstige und leckere *pho*. Tagsüber bis abends gute vietnamesische Küche. Von der oberen Etage schöner Blick auf das hektische Treiben der Straße. Ruhig, freundlicher Service. WIFI.

Tamarind Café, 80 Ma May, ✆ 04-926 0580. Ruhiges Café mit Sofas an den Seitenwänden. Es gibt gute vegetarische Küche, auch solche ohne Eier, und Fleischesser müssen ebenfalls nicht hungern: Im Angebot ist u. a. Pfeffersteak.

Einfach gut

Pho, 10 Ly Quoc Su, ✆ 04-825 7338. Sehr gutes Nudelsuppenrestaurant mit verschiedenen Rindfleischvariationen: *gau* (Brustfleisch) und *nam* (von der Flanke), jeweils *tai* (halbgar) oder *chin* (durchgegart). Sauber, hell, preiswert. Morgens bis nachmittags geöffnet. Die englische Speisekarte erleichtert die Auswahl.

Andere asiatische Küchen

Baan Thai, 3B Cha Ca, ✆ 04-828 8588. Freunde der thailändischen Küche kommen hier auf ihre Kosten. Groß und nicht gerade preiswert (Gerichte 60 000 bis 350 00 Dong). 🕓 10.30–14 Uhr und 16.30–22 Uhr.

Dakshin, 94 Hang Trong, ✆ 04-928 6872. Vegetarisches Restaurant mit exzellenter Küche. Das Menü kostet 65 000 Dong.

Garküchen und Straßenrestaurants: Auf kulinarischer Entdeckungsreise

Ein Streifzug durch die einfachsten Restaurants der Stadt führt zu wahren kulinarischen Highlights: traditionelle Hausmannskost, preiswert und gut, ebenso frisch gekocht wie schnell verzehrt. Einige Läden schließen, wenn die Tagesvorräte aufgezehrt sind. Wo wann was am besten schmeckt, ist Geschmackssache und ein großes Experimentierfeld: Daher hier nur einige Tipps im Bereich der Altstadt zur Orientierung.

Banh Cuon – Die frischen Frühlingsrollen, gefüllt mit gehacktem Schweinefleisch und Pilzen, in Fischsoße gedippt, sind zu jeder Tageszeit ein Genuss, werden aber besonders gern zum Frühstück gegessen. Etwa 5000–10 000 Dong/Portion. 17 Cha Ca, 14 Hang Ga (Thanh Van).

Banh My – sehr beliebt für den Snack zwischendurch: eine große Auswahl an unterschiedlichsten Sandwiches; etwa mit gegrilltem Schwein, gekochtem Rind, Trockenfleisch, Leberwurst *(paté)* oder Eiern. Ca. 5000–10 000 Dong. 252 Hang Bong.

Bun Bo Nam Bo – sehr lecker: gebratenes Rindfleisch auf kalten Reisnudeln, gewürzt mit gerösteten Erdnüssen und Knoblauch, dazu Salat. 8000 Dong. 67 Hang Dieu ist die bekannteste Adresse.

Bun Cha – leckere kleine Hackbällchen (vom Schwein) mit kalten Reisnudeln und einem Riesen-Teller frische Kräuter, dazu ein paar frisch gebratene Frühlingsrollen mit Krebsfleisch *(nem cua be)*: sehr lecker und sättigend. *Bun cha*: zwischen 7000 und 15 000 Dong/Portion. Frühlingsrolle: etwa 2000 Dong. Das bekannteste Lokal ist Dac Kim in der 1 Hang Manh – so beliebt, dass man für Touristen schon mal einen Extra-Preis macht ... Unschlagbar gut (und mit stabilen Preisen) empfiehlt sich der Ableger Bun Cha Hang Manh in der Hang Ga.

Bun Rieu Cua – Nudelsuppe mit Krebsfleisch, Tomaten und Schalotten: sehr gut zum Frühstück. Ca. 10 000 Dong. 34 Cau Go.

Mien Luon – Die Nudeln mit gebratenen Mini-Aalen gibt es als Suppe oder trocken. 5000–10 000 Dong. 87 Hang Dieu.

Nom – Leckeres „Fastfood" aus fein geschnittenen Papayastreifen, die mit Rind- oder Wachtelfleisch, Chili und Erdnüssen belegt sind. Dazu gibt es eine spezielle Soße. Rind: 5000 Dong, Wachtel oder gemischt: 10 000 Dong. Ab nachmittags in der Pho Hoam Kiem, einer kurzen Straße zwischen Hoan Kiem-See und Cau Go nahe dem Wasserpuppentheater.

Soja-Milch – lecker und gesund: Das Trendprodukt aus dem Bioladen gibt es hier in seiner ursprünglichen Form. 2500 Dong. 51 Hang Dieu. Im gleichen Laden sollte man auch die leckere *Banh my pate* probieren.

Van Than – Hu Tieu – In Stärke gewendete Fleischbällchen, gekocht oder gebraten. Als Nudelsuppe, „trockene Suppe" (gleiche Zutaten nur ohne Wasser) oder auch einzeln. 8000–12 000 Dong. 21 Hang Dieu.

Zu eigenen Erkundungstouren laden einige **Essensstraßen** ein, etwa die **Duong Thanh** gegenüber dem Hang Da-Markt mit kleinen Läden für Leute auf Einkaufstour; die **Hang Khoai** an der Nordseite des Dong Xuan-Marktes, wo es abends unter anderem leckere *lau*-Töpfe (Hot Pot, Brühe-Fondue) gibt, die **Mai Hac De** mit ihren vielen Ständen oder das östliche Ende der Hang Bac, wo diese zur **Hang Mam** wird: Dort gibt es *bun cha, bun nem cua be, pho* und andere Klassiker.

Außerdem die **Tong Duy Tan** in der südwestlichen Ecke der Altstadt mit *chao*, Reisporridges, und anderen Köstlichkeiten.

🕓 11–14.30 und 18–22.30 Uhr. Freier Lieferservice nach telefonischer Bestellung möglich.

Hoa Long, 1 Dinh Tien Hoang, ✆ 04-9361483. In der 3. Etage (4th floor) des Ho Guom Trade Center gelegenes koreanisch-vietnamesisches Restaurant für alle Liebhaber von Kimchi und Feuertöpfen. Gerichte ab 70 000 Dong.

Tandoor Restaurant, 24 Hang Be, ✆ 04-824 5359. Beliebtes und gutes indisches Restaurant mit wechselnden Menüs und à la carte (Samosas, Tandoori und all die anderen indischen

Köstlichkeiten). Mittagsmenüs für 42 000 Dong. Halal-Essen und Nichtraucherecke. ⌚ 11–14.30 Uhr und 18–22.30 Uhr.

Europäisch

Café des Arts, 11B Ngo Bao Khan, ✆ 04-828 7207, 💻 www.cafedesarts.com. Gegrilltes und französische Spezialitäten zu angemessenen Preisen. Westliches Ambiente und schöne Dachterrasse.

Café Le Malraux, 2 Hang Bong, ✆ 04-928 6203. Französische Küche in gehobenem Ambiente auf drei Etagen; moderate Preise. Leckere Crêpes.

Cyclo Bar, Restaurant & Garden, 38 Duong Thanh, ✆ 04-828 6844. Französische Küche mit vietnamesischen Gewürzen verfeinert und traditionelle vietnamesische Küche. Stilvoll essen auf umgebauten Cyclos oder im Garten. Gehobene Preise à la carte, Menü 95 000 Dong.

Green Tangerine, 48 Hang Be, ✆ 05-825 1286. Europäisches und Vietnamesisches finden hier in angenehmer Weise zueinander. Hochpreisig, doch das Geld meist wert. Wer Rippchen in Honig aus Sa Pa oder Hühnchennuggets mit Spinat probieren möchte, ist hier richtig. Menüs für 95 000 Dong, ausführliche Weinkarte. Das Restaurant ist stilvoll in einem Haus aus dem Jahre 1928 untergebracht und liegt ruhig im Hinterhof.

La Restaurant & Bar, 25 Ly Quoc Su, ✆ 04-928 8933. Beliebt bei Expats, aber ziemlich teuer: *pho* für 45 000 Dong, *nem* (Frühlingsrollen) 50 000 Dong. Gute internationale Gerichte: z. B. neuseeländisches Steak in Cognac-Soße (190 000 Dong). Das Restaurant ist weniger stilvoll eingerichtet, als die Preise es vermuten lassen.

Legends Beer Restaurant, 1 Dinh Tien Hoang, ✆ 04-936 0345. Zum Bier aus der hauseigenen Brauerei (Lager, Dunkel, Weizen) schmeckt das Eisbein (95 000 Dong) doppelt gut. Beliebt bei Vietnamesen, die sich etwas leisten wollen.

Pane e Vino, 3 Ngyuen Khac Can / 98 Hang Trong, ✆ 04-934 9885, 💻 info@panevino.com.vn. Minimalistisch eingerichteter Italiener mit guter Küche. Pasta vom Feinsten ab US$8. Hat die wohl größte Auswahl italienischer Weine im ganzen Land.

Pepperonis, 31 Ngo Bao Khan, ✆ 04-928 7030, 29 Ly Quoc Su, ✆ 04-928 5246, 123 Ki Giang Yo, ✆ 04-512 1468, 114 B2 Nguyen Chi Thanh, ✆ 04-711 0160; 💻 www.alfrescosgroup.com. Kette mit vier Filialen in Ha Noi. Große Auswahl an recht leckeren Pizzen, Pasta und Salaten in italienisch angehauchter Atmosphäre. Pizza gibt es je nach Hunger in drei Größen. Kinderteller für die Kleinen. Mo–Fr zwischen 11.30 und 13.30 Uhr Pasta-und-Salat-Buffet für 32 000 Dong. Mo, Mi und Fr von 18 bis 21.30 Uhr zudem Pizza so viel man schafft für 60 000 Dong. Innerhalb eines 7-km-Umkreises kann man sich die Bestellung auch kostenfrei liefern lassen.

Aus aller Welt

Café Cathedrale, Nha Chung. Linker Hand der Kathedrale gelegenes, kleines einfaches Lokal. Preiswertes Frühstück und Fastfood-Snacks, z. B. Hamburger für 12 000 Dong.

Golden Drum, 20 Hang Non, ✆ 04-928 8996. Serviert das übliche Travellerfood, von den kleinen Tischen auf dem Balkon Blick zur Straße. Recht laute Musik. Schmaler Eingang; das Restaurant befindet sich in der 2. Etage.

Golden Land Bar-Café-Restaurant, 15 Cha Ca, ✆ 04-828 1056. Hierher kann man sich aus dem Gewühl der Altstadt zurückziehen und entweder frühstücken, zu Mittag essen oder abends einen Longdrink genießen. ⌚ 7–23 Uhr.

Hapro, 38-40 Le Thai To, ✆ 04-8256923, 💻 www.hapro-vn.com. Preiswerter Kaffee (9000 Dong), Eiskrem und Fastfood in dieser WIFI-Zone mit dem diskreten Charme einer deutschen Bahnhofsgaststätte. Wenn der Teller mit der Pizza (40 000–60 000 Dong) auf der karierten Tischdecke steht, erinnert nur noch der Blick durch die großen Fenster an Vietnam.

H Silk Café, 17 Hang Bac, ✆ 04-825 0804. Im 2. Stock einer Seiden-Boutique liegt dieses kleine Restaurant-Café, auf dessen Balkon zur belebten Silberstraße nur ein kleiner Tisch Platz findet. Geboten wird eine Auswahl an vietnamesischen und westlichen Speisen – preiswert, essbar, aber nicht gerade ein kulinarisches Erlebnis.

Hanoi Spirit Café und Restaurant, 50 Hang Be, ✆ 04-826 7356. Travellerlokal, verwinkelt und weit ins Innere des Hauses reichend; vorne

Internetshop. Günstig, aber mäßig in der Qualität. Viele Shakes und große, etwas zu trockene Pizza (um die 45 000 Dong).

Kangaroo Café, 18 Bao Khanh, ✆ 04-828 9931, 💻 www.kangaroocafe.com. Travellerfood und Touren. Unter australischer Leitung.

Kebab „auf die Hand" gibt es an einem Stand in der 9 Ma May (auch Plätze zum Sitzen) ab mittags für 10 000 Dong.

Kiti Café-Restaurant, 38 Hang Hom, ✆ 04-928 7241. Ordentliche vietnamesische, westliche und vegetarische Standard-Küche in einem kleinen, gemütlichen AC-Raum. Menü für 59 000 Dong. Der Manager Kien Nguyen Van spricht gern Deutsch. Lieferservice.

La Place, 4 Au Trieu, ✆ 04-928 5859, 💻 www.laplacehanoi.com. Kleines, gemütliches Café an der Kathedrale; nettes Frühstück und guter Milchkaffee. Kleine Auswahl an Gerichten. Es wird darauf hingewiesen, dass trotz der recht hohen Preise keine Servicegebühr für die Angestellten inbegriffen ist, diese also auf Trinkgelder hoffen.

La Salsa Tapas Bar & Restaurant, 25 Nha Tho, ✆ 04-828 9052. Direkt an der Kirche liegt dieser feine und daher auch nicht gerade billige Mexikaner. Ein Mittagsmenü gibt es für 95 000 Dong. WIFI-Zone.

Mediterraneo, 23 Nha Tho, ✆ 04-826 6288, 💻 www.mediterraneo-hanoi.com. In diesem Restaurant nahe der Kathedrale werden die Nudeln selbst hergestellt. Besonders schön sitzt man auf dem Balkon. Wer lieber im Hotel isst, kann sich sein Essen auch liefern lassen.

Moca Café, 14-16 Nha Tho, ✆ 04-825 6334. Großes Kaffeehaus mit breiter Fensterfront und Backsteingemäuer in zentraler Lage an der Kathedrale. Gute Küche mit reichhaltiger Auswahl an schmackhaften Gerichten. Lecker ist Ente in Senfsauce, aber auch Samosas und andere indische Snacks. Des Weiteren vietnamesische Gerichte und solche aus der etwas schärferen Thaiküche. Gut besucht und angenehme Atmosphäre.

Old Quarter Café und Restaurant, 32 Hang Be, ✆ 04-919 3394. Einfaches Restaurant mit etwas unterkühlter Atmosphäre. Typische Travellerküche in durchschnittlicher Qualität. Es gibt Pizza, Burger und Pommes, aber auch ein paar vegetarische Gerichte. Das Menü kostet 38 000 Dong und beinhaltet ein Hauptgericht plus Knoblauchbrot, Softdrink und einen kleinen Fruchtsalat.

Stop Café, 11B Ngo Bao Khan, ✆ 04-828 7207. In diesem westlich gestylten zweigeschossigen Restaurant gibt es Vietnamesisches ebenso wie westliche Gerichte, darunter Salate mit Oliven und Mozzarella, aber auch Spezialitäten wie Schwein in Karamell. Auf der Terrasse sitzt man besonders angenehm. Relativ hohe Preise.

Trong Khach, 63 Hang Thiec, ✆ 04-923 2050. Bei Travellern beliebt: Alles vom Frühstück bis zum Absacker. Speisen zum Einheitspreis (Softdrink, Knoblauchbrot, Hauptgang für 39 000 Dong). Manchmal sehr kleine Portionen. Lieferservice. Man spricht Deutsch. 🕒 6–24 Uhr.

Gemütliches Ambiente und gute Musik

Puku Sandwich Bar, 60 Hang Trong (2. Etage), ✆ 04-928 4244. Bei in Ha Noi lebenden Ausländern beliebtes Café mit bequemen Sofas und kleinen Sacks. WIFI.

Cafés, Bäckereien und Eisdielen

City View Café, 1 Dinh Tien Hoang, ✆ 04-934 7911. Getränke, Snacks und eine super Aussicht über den See und die Dächer der Stadt von der Terrasse im 4. Stock (5th floor).

Hapro Pavillion, am See gegenüber von Fanny Icecream. Kaffeehaus-Atmosphäre im Freien. Kaffee, Kuchen und diverse Eiskreationen, Cappuccino, Snacks (Spaghetti, Pommes und Burger) und sogar Heinz-Ketchup.

I-Box Café & Bar, Le Thai To. Noble Café-Bar, Welten vom Treiben der Straße entfernt. Angenehm klimatisiert, bequem möbliert und mit leiser Jazzmusik beschallt. Es gibt Guinness vom Fass und Warsteiner. Die Speisekarte lockt mit australischem T-Bone-Steak und norwegischem Lachs (175 000 Dong). Kaffee 22 000 Dong. Bis Mitternacht geöffnet. WIFI-Zone.

Little Hanoi Drinks & Food, 21 Hang Gai, ✆ 04-8288333. Angenehmer kleiner Rückzugsort im Zentrum des Geschehens. Gute Backwaren von der angeschlossenen Konditorei.

Long Van, 3 Le Thai To, ✆ 04-825 5415. Zentral nahe dem See am Kreisel gelegene Eisdiele (auch Fastfood, sprich Pizza und Pasta). ⏱ 7–23 Uhr. Eiscreme auch zum Mitnehmen.
Master Bake, 36 Dao Duy Tu, ✆ 04-926 2527. Offeriert in einem kleinen AC-Raum eine stattliche Auswahl an leckeren Kuchen und Gebäckvariationen (auch Croissants und Brötchen) und guten Cappuccino. Zudem eine kleine Auswahl an Fastfood.
Paris-Deli, 13 Pho Nha Tho. Bäckerei und Café nahe der Kathedrale mit frischem Baguette und Croissants im AC-Raum.
Quen Café, 54 Hang Ga, ✆ 04-916 1248. Speisecafé mit kleinem Balkon im 2. Stock eines Eckhauses an einer belebten Kreuzung der Altstadt. Abends oft Livemusik vor einheimischem Publikum. ⏱ 10–22.30 Uhr. Die Küche schließt von 14–17.30 Uhr. WIFI.
See Wan Ton, 19A Phan Dinh Phung. Diese Teestube nahe dem Wasserturm besteht seit 1881 und bietet über 100 Teesorten: vom klassischen Darjeeling über Lotuswurzeltee mit Kandiszucker bis zum Kokosnusstee mit Milch; daneben Kaffee und Eis.
Starmaxx Coffee, 163 Hang Bong, 💻 www.starmaxxcoffee.com. Kleines, schmales, AC-gekühltes Restaurant mit etwas höherem Preisniveau. Es gibt leckeren Kaffee und Eiscreme (Kugel zu 18 000 Dong), aber auch Pasta und andere Snacks.
Thung Ta Café, 1 Le Thai To, ✆ 04-8288148. Direkt am Seeufer gelegen, umfangreiche Speisekarte und verlockende Kuchen und Eisbecher. Ein Klassiker.

Französisches Viertel

Vietnamesisch

Gio Moi, 297 Le Duan. Vietnamesisches Restaurant auf der Halbinsel am Thien Quang-See. Beliebt bei Hochzeitsgesellschaften.
Ha Noi Pho, 50 Tran Nhan Tong, ✆ 04-9438890. In sauberer Umgebung kann man hier auf angenehm weichen Stühlen *pho* oder Kuchen essen, Kaffee trinken oder sich eine deutsche Wurst mit echtem Senf schmecken lassen. Sehr günstig und entspannt.

Pflicht-Stopp für Eisesser

Fanny Ice Cream, 48 Le Thai To. Beliebte Eisdiele mit Bistro-Atmosphäre. Exotisches wie Passionsfrucht und Durian, daneben Klassisches wie Stracciatella und sogar zwei Sorten Schokolade. Offen zur Straße, aber dadurch auch Belästigung durch Lärm und Abgase. Auch Eis zum Mitnehmen in der Waffel; eine Kugel kostet 10 000 Dong.

Highway 4 Restaurant, 54 Mai Hac De, ✆ 04-976 2647, 💻 www.highway4.com. Ableger des auch in der Altstadt ansässigen guten und originellen Restaurants, s. S. 235.
Nam Phuong, 19 Phan Chu Trinh, ✆ 04-824 0926, 📱 934 5289, 💻 ando@hn.vnn.vn. Nobles Restaurant in einem alten Kolonialgebäude, mit einem großen Essbereich, abgeschirmt von der Straße. Es gibt Hai, Riesengarnelen und Lobster. Teuer, aber gut und mit frischen Zutaten.
Pho 24, 39 Le Thi Hong Gam, ✆ 04-821 7208, 💻 www.pho24.com.vn. Bekannt gute Suppenkette mit großen Portionen nahe dem Hoan Kiem-See. Bis spät abends kann man hier eine leckere *pho* essen.
X.C Café, 14A Tran Binh Trong. Bietet ein täglich wechselndes Lunch-Buffet („Buffer") für 30 000 Dong von 10.30–13 Uhr. Es stehen verschiedene vietnamesische Gerichte zur Auswahl.

Aus aller Welt

Al Frescos, 23L Hai Ba Trung, ✆ 04-826 7782. Hier werden Pizza, Salate, Steaks und natürlich Pasta serviert. Es gibt Lunch-Deals für 90 000 Dong (wie bei dem bekannten Donald: Hamburger, Pommes, Salat und einen Softdrink, aber auch Nudeln, Steak-Burger oder Pizza mit Getränk). Montags ist Steak-Nacht: Wer dann im Restaurant isst, bekommt ein Bier gratis. Für alle anderen Angebote gibt es auch einen Lieferservice.
Kebab gibt es am Südende des Hoan Kiem-Sees in der Hang Khay, ab mittags für 10 000 Dong.
Frikadellenbrötchen und **deutsche Bratwürstchen** am Spieß *(xuc xich duc)* gibt es

Edel und gut

Bobby Chinn Restaurant, 1 Ba Trieu, ✆ 04-934 8577, 🖳 www.bobbychinn.com. Exquisite Fusion-Küche mit ausgefallenen Kreationen. Teuer (z. B. über grünem Tee geräucherte Entenbrust US$16), aber für viele den Preis wert.

an den Duc-Würstchen-Ständen im 4. Stock der Shopping Mall vor dem Vinaconex Mart, 24 Hai Ba Trung.

Cafés

Café 24, 24 Ba Trieu, ✆ 04-824 1734. Kaffee, Fastfood und Fanny-Eiscreme.

Café Dong Vond, 25 Ly Thuong Kiet, ✆ 04-934 7914. Einfaches, von Vietnamesen besuchtes Café. Viele Gerichte zu günstigen Preisen. Die meisten Plätze drinnen, ein paar Stühle auf dem Bürgersteig. Das Besondere: Hier gibt es Kaffee extra für Frauen, der milder und besser bekömmlich ist.

Highlands Coffee, 49 Hai Ba Trung, am Fuße der Hanoi Towers, Ecke Thi Nhuom und Quan Su. Open-Air-Ableger der bekannten Kette mit gutem Kaffee und Snacks.

Palace Café, 93 Tran Quoc Toam, ✆ 04-8229241. Kleines, beliebtes Ecklokal mit diversen vietnamesischen Snacks, wie Omelette, Brot oder getrocknetes Rindfleisch. Man sitzt draußen oder im verrauchten Inneren. Guter Kaffee und Eiscreme.

Romacafé, 1A Hai Ba Trung, ✆ 04-933 4168. Kleines Café mit Kaffee und Eiscreme, aber auch viel Seafood (der Lachs ist o.k.) und diverse Gerichte der italienisch-vietnamesischen Küche für den größeren Hunger. Angemessene Preise.

Tuyet Café, 39(1) Ly Thuong Kiet. Gegenüber dem Frauenmuseum gelegenes, kleines vietnamesisches Café. Innen- und Außenbereich. Leckerer, starker Kaffee und Snacks.

Zitadelle und Westsee

Café 36, 36 Hang Bun, ✆ 04-716 3678. Kleines Café mit Fastfood und WIFI.

Brother's Café, 26 Nguyen Thai Hoc, ✆ 04-733 3866, 📠 733 3991, 🖳 www.brothercafe.com. Stilvolles Restaurant, das in einer alten Pagode Platz gefunden hat. Im Innenhof ist es schön ruhig. ⏲ 11.30–23 Uhr.

Café Goethe, 56-58 Nguyen Thai Hoc, ✆ 04-7342251. Dieses Café-Restaurant ist dem Goethe-Institut angegliedert und liegt nahe dem Literaturtempel und dem Museum der schönen Künste. Deutscher Milchkaffee sowie deutsche und vietnamesische Gerichte. Im hinteren Bereich befindet sich ein schöner offener Gartenbereich; hier ist es relativ ruhig. Der Service lässt leider etwas zu wünschen übrig. Ab mittags gibt es vor dem Café Kebab auf die Hand für 10 000 Dong.

Café Pinocchio, 28 Tran Vu, ✆ 04-716 1907. Auf fünf Stockwerken, jedes mit einem kleinen Balkon, werden Eis, Kaffee und kleine Snacks serviert. Viele junge Vietnamesen sind hier Stammgäste.

Café Rider, 18b Nguyen Bieu, ✆ 04-823 4319. Kleines modernes Café mit Snacks für zwischendurch. Motorradfreunde können sich an den zahlreichen Fotos erfreuen und die alte ETZ, die mitten im Laden im Scheinwerferlicht steht, bestaunen. Dank WIFI, gutem Kaffee und leckeren Shakes halten sich hier auch viele junge Vietnamesen auf, die mit ihrem Laptop unterwegs sind.

New World Coffee, 59 Hai Ba Trung, ✆ 04-942 9186. Nettes Café auf zwei Etagen und mit der Möglichkeit, draußen zu sitzen. Hier gibt es Eiscreme, und abends kann man sich einen der leckeren Cocktails und etwas zu essen gönnen.

Potomac Restaurant, 36 Than Nien, ✆ 04-911 0203, 🖳 www.potomac.com.vn. Großes schwimmendes Restaurant auf dem Westsee mit zahlreichen Speisen, darunter viele Fischgerichte. Terrasse mit Sonnenschirmen und AC-Raum.

Happy Café, 23 Dien Bien Phu, ✆ 04-733 1894. Kleines Café im Fastfoodladen-Look direkt neben der deutschen Botschaft nahe dem Lenin-Denkmal. Guter Kaffee, wenige Snacks.

Highlands Coffee, 40 Than Nien, ✆ 04-829 2140. Kaffee und Snacks auf einem schön gestalteten Boot mit Plätzen auf dem verbreiterten Steg, im AC-Innenbereich und auf Deck. Viel

Café Zum Guten Zweck

Café Smile, 5 Van Miue, ✆ 04-843 8850. Nahe dem Literaturtempel liegt dieses kleine Café, das neben frischen Baguettes und Croissants auch kleine Snacks anbietet. In den oberen Etagen gibt es einen Raum mit gemütlichen Korbsesseln und ein Esszimmer. Die Toiletten sind nichts für Wohlbeleibtere. Die Betreiber des Cafés unterstützen ein Hilfsprojekt für benachteiligte Kinder. Einige der jungen Leute haben hier einen Job gefunden. Mehr Infos unter 💻 www.hoasuaschool.com. WIFI-Zone.

vietnamesisches Publikum. Ein weiterer Ableger der Kette in Form eines geräumigen Open-Air-Cafés befindet sich nahe dem Lenin-Denkmal.
Valentine Café, 87 Ngyuen Thai Hoc (im Erdgeschoss des VMQ Hotel). Großes Café mit Gerichten wie Hamburger und Steaks. WIFI-Zone; Plätze im AC-Raum und draußen etwas erhöht an der recht lauten Straße.

Unterhaltung

Bars, Kneipen, Clubs

Finnegan's Irish Pub, 16A Duong Thanh, ✆ 04-828 9065. Irische Kneipen-Atmosphäre in rustikalem Ambiente. Leider gibt es das Guinness nur aus der Dose. Gute Küche mit wechselnden Tagesangeboten, z. B. montags Fish & Chips.
Le Pub, 25 Hang Be, ✆ 04-926 2104, 💻 www.lepub.org. Angesagte Restaurant-Bar mit kulturellen Events wie Konzerten oder Ausstellungen. Bierbänke im Außenbereich und zwei erhöhte Sitzgelegenheiten mit Blick auf die belebte Hang Be. Es gibt *pho*, Pfannkuchen und Müsli zum Frühstück, Pizza und Burger den ganzen Tag.
Red Beer, Belgium Famous Brewery, 97 Ma May, ✆ 04-826 0247, 💻 www.red-beer.com. Hinter der Theke stehen die glänzenden Braukessel. Ein Abendessen lohnt für alle, die die deutsche Küche vermissen: Wie wäre es beispielsweise mit Schweinshaxe nach deutscher Art für 90 000 Dong?
Red Mask Bar, 2 Ta Hien, ✆ 04-928 2299. Bier-Bar (kleine Flasche Tiger 20 000 Dong) mit Grafitti-bemalten Wänden, einem kleinen Pool-Tisch und einer integrierten 2. Etage, auf der man sich nur gebückt fortbewegen kann.
S Music Club, 1 Au Trieu, ✆ 04-826 7292, 💻 smusicclub@yahoo.com.vn. Kultivierter Club mit Salsa-Nächten und Live-Jazz. 🕒 20–24 Uhr.
The Hub Pub, 61 Luong Ngoc Quyen, ✆ 04-734 5729. Tagsüber Restaurant mit westlichen, vietnamesischen und Pseudo-Thai-Gerichten; abends Bar (kleine Flasche Tiger 18 000 Dong). Gute Aussicht auf die Straße von der Dachterrasse. 🕒 10 Uhr bis spät.

Klassische Musik, Ballett und Theater

Wer sich für die hohe Kunst begeistert, sollte an der **Oper**, 1 Trang Tien, ✆ 04-565 1806, vorbeigehen: Dort sind die aktuell gastierenden Ensembles plakatiert. Die Vorstellung beginnt meist um 20 Uhr. Eintrittskarten (ca. 100 000–250 000 Dong) gibt es dort ab 17 Uhr, rund um die Uhr im Internet unter 💻 www.ticketvn.com.

Kino

Megastar Cineplex, 191 Ba Trieu, Vincom City Tower, 6. Stock, ✆ 04-974 3333, 💻 www.megastarmedia.net. Englischsprachige aktuelle Filme mit vietnamesischen Untertiteln. Aktuelle Programme liegen in diversen Restaurants aus. Die früheste Vorstellung beginnt um 11.30 Uhr, die letzte um 20.45 Uhr.

Wasserpuppentheater

Thang Long-Wasserpuppentheater, 57B Dinh Tien Hoang, ✆ 04-824 9494, 💻 www.thanglongwaterpuppet.org. Vorstellungen tgl. um 14.45, 16, 17.15, 18.30, 20 und 21.15 Uhr,

Für den späteren Abend

Mao's Red Lounge, 7 Ha Tien, ✆ 04-926 3104. Angesagter Club mit schicker Deko, in dem es abends ganz schön voll werden kann. In der 2. Etage ist es nur wenig ruhiger. Kleines Tiger 15 000 Dong. Nur ein WC, also Wartezeit einkalkulieren! 🕒 18 Uhr bis spät.

sonntags morgens auch um 9.30 Uhr. Erste Klasse 40 000 Dong, zweite Klasse 20 000 Dong, Kinder zahlen die Hälfte. Sonntagmorgens Erwachsene 20 000 Dong, Kinder 10 000 Dong. Es wird gebeten, für die Benutzung einer Fotokamera kurz vor dem Eintritt 16 000 Dong (Videokamera 60 000 Dong) zu zahlen, was jedoch niemand kontrolliert.
Da es Platzkarten gibt, bietet es sich an, schon einige Tage im Voraus eine Karte zu kaufen. Die vorderen Plätze in Reihe A und B (5–9) sind die besten (keine Angst, man wird in der Regel nicht nass), aber meist Tage vorher ausgebucht. Die Vorstellung dauert etwa 50 Min. und ist sehr kurzweilig. Es werden kleine Ausschnitte aus traditionellen Stücken gezeigt, etwa Fischer oder Reisbauern bei der Arbeit, aber auch die Szene vom zurückgegebenen Schwert. Mehr zum Wasserpuppentheater s. S. 206 (Land und Leute).

Aktivitäten

Kochkurse

Beliebt sind die Kochkurse des **Highway 4 Restaurant**, ✆ 04-715 0577, 💻 www.highway4.com. Ab einer Mindestteilnehmerzahl von zwei Personen kann man hier von Chefköchen außergewöhnliche Kochrezepte lernen.
Je mehr Teilnehmer, desto billiger wird der Spaß (ab US$32 p. P., bei 10 Teilnehmern US$19). Der Kurs beginnt mit einem Marktbesuch (Treffpunkt ist der Hom-Markt, 8 Uhr), anschließend geht es mit dem Cyclo zur Kochschule im Restaurant in der 54 Mai Hac De. Hier werden ab 9 Uhr drei Gerichte gekocht und die Herstellung von Dekorationen erlernt. Zum Mitnehmen gibt es ein Kochbuch. Nach dem Kochkurs wird gegen 11 Uhr gemeinsam gespeist.
Old Hanoi, 106 Ma May, ✆ 0913-559096. Die von diesem Restaurant angebotenen Kochkurse beinhalten ebenfalls einen vorhergehenden Marktbesuch, bei dem alle Zutaten frisch eingekauft werden. Beginn 9 Uhr, Ende gegen 13 Uhr. Einige der Rezepte sind auch auf der Homepage veröffentlicht. Kostenpunkt US$19 p. P., unabhängig von der Teilnehmerzahl.

Tretbootfahren

Am Westsee gibt es kleine Tretboote, die, als Schwan getarnt, eine beschauliche Fahrt auf dem See versprechen. Die Gefährte sehen ziemlich wackelig aus; man sollte sich also nicht zu weit vom Ufer entfernen. Ein Zweisitzer kostet pro Stunde 20 000 Dong, ein Dreisitzer 30 000 Dong. Es gibt auch größere Boote, in denen bis zu 14 Personen Platz finden, für 400 000 Dong. Verleih ✆ 04-7164067.

Wellness

Wer sich mit einer **Massage** (meist 1–1 1/2 Std.) verwöhnen lassen will, findet zahlreiche Angebote. Man kann in der Regel zwischen verschiedenen Stilen (Vietnamesisch, Schwedisch, Thai) ebenso wählen wie zwischen Kopf-, Fuß- und Körpermassage. Daneben haben die besseren Salons Gesichtsbehandlung, Dampfbad, Haar- und Nagelpflege im Angebot.
Anam QT Spa, 48A Mai Mac De, ✆ 04-978 3823 und 28 Le Thai To, ✆ 04-928 6116, 💻 www.anam-qtspa.com.vn. Pflege für den ganzen Körper: ob Friseur, Gesichts- oder Fußbehandlungen, Maniküre oder Massage. Anmeldung erforderlich. Die Preise sind relativ hoch, das Ambiente entsprechend angenehm und luxuriös.
Spring Fragrance Salon & Spa, 16 Hang Buom, ✆ 04-926 2032, 💻 www.sfcompany.net. Neben Massagen für etwa US$12 werden hier auch Gesichts- (ab US$14) und Anti-Aging-Behandlungen (ab US$26) angeboten. Es gibt eine Dampfsauna (US$4 für 80 Min.), Schlammpackungen und Peelings mit Salzen.

Zirkus

Neben dem Thong Nhat-Park gegenüber dem Nikko Hotel befindet sich ein fest installiertes Zirkuszelt. Die Vorstellungen beginnen Mi–So um 20 Uhr; ein Ticket der besten Klasse kostet 50 000 Dong. Sonntagmorgens gibt es um 9 Uhr eine Kindervorstellung, Kosten 20 000 Dong. Bunt und lustig inmitten vietnamesischer Familien.

Touren

Von der Stadtrundfahrt bis zur wochenlangen Jeeptour, vom Ausflug ins Nachbardorf bis in die benachbarten Länder – bei dem vielfältigen Angebot bleiben kaum Wünsche offen.

Reiseveranstalter

Die meisten Minihotels und auch viele der besseren Unterkünfte betreiben eine eigene Reiseagentur, wobei sie Touren der bekannten Anbieter, wie die von Sinh Café, vertreiben. Gebucht werden können Überlandfahrten bis nach Ho-Chi-Minh-Stadt, aber auch Tagesausflüge in die Umgebung und Touren mit Übernachtung auf einem Boot in der Ha Long-Bucht. Jedes dieser Büros besorgt außerdem Zug- und Flugtickets, meist auch ein Visum für die angrenzenden Länder. In der Regel werden je nach Dienstleistung etwa US$2–10 auf den Originalpreis aufgeschlagen.
Daneben gibt es Reisebüros, die zum Teil eigene Touren in die Umgebung organisieren und auch für die oben genannten Dienstleistungen zur Verfügung stehen. Einige zuverlässige Reiseveranstalter des höheren Preissegments wie **Buffalo Tours**, 94 Ma May, ✆ 04-828 0702, finden sich im Kapitel Traveltipps von A bis Z, S. 91.
Die Buchung bei einer der kleineren Agenturen oder im Hotel ist oft Glückssache. Wer nicht wie ein Stück Vieh behandelt werden möchte, sollte sicherheitshalber ein paar Dollar mehr ausgeben.
Hanoi Toserco, Buchungskiosk am Seeufer, 1 Le Thai To, ✆ 04-8289366, 💻 www.toserco hanoi.com. Touren nach Sa Pa, Ha Long und in die nähere Umgebung von Ha Noi. Daneben auch 6-tägige Touren mit russischen Jeeps in den Nordosten oder Nordwesten. Open-Tour-Busse in Zusammenarbeit mit Sinh Café.
Sinh Café, 52 Hang Bac, ✆ 04-9261585, 💻 sinhCafé52@yahoo.com. Die Sinh-Café-Gruppe mit mehreren Niederlassungen in Ha Noi bietet Touren in alle Teile des Landes und arbeitet mit vielen Traveller-Hotels zusammen. Einige Leser äußerten sich bitter enttäuscht und warnen nachdrücklich vor diesem Anbieter.
Trekking Travel, 108 Hang Bac, ✆ 04-9260572, 📠 9260617, 💻 trekking-travel@hn.vnn.vn, 💻 www.trekkingtravel.com. Von Reisenden oft wegen ihrer freundlichen und professionellen Guides gelobte Agentur, allerdings auch ein Negativ-Report.
Vietnam Geographic Holiday, 10 Hang Be, ✆ 04-928 3706. Leser lobten das „tolle Tourangebot mit gutem Preis-Leistungs-Verhältnis" und die „super gute Beratung".
Vietnam Open Tour, 10 Hang Muoi, ✆ 926228, 📠 9262329, 💻 vot@hn.vnn.vn, 💻 www. vietnamopentour.com. Bietet u. a. Luxuskreuzfahrten durch die Ha Long-Bucht auf einem nachgebauten Raddampfer an.
Voyage Vietnam, 2 Luong Ngoc Quyen, ✆ 04-926 2373, 📠 926 2417, 💻 www.voyage vietnam.net. Spezialisiert auf individuelle Reisen in Vietnam (sowie Laos und Kambodscha). Kann bei Interesse an Motorradtouren, Trekking oder Kayakfahrten weiterhelfen. Auch für Strecken abseits der großen Straßen bekommt man hier Ratschläge und kann beispielsweise einen Wagen mit Vierradantrieb und Fahrer mieten.

Tagestouren

Stadtrundfahrten

Bei den Fahrten im AC-Bus zu den wichtigsten Sehenswürdigkeiten wie dem Ho-Chi-Minh-Mausoleum, der Einsäulenpagode und dem Literaturtempel ist meist ein Besuch der Altstadt inbegriffen. Ende ist gegen 16 Uhr.

Handwerksdörfer und Pagoden

Meist werden zwei oder drei Sehenswürdigkeiten in der Umgebung (s. S. 252) zu einem Programm verbunden; um 16 Uhr ist man wieder in der Stadt. Angeboten werden etwa Touren ins Töpferdorf Bat Trang und zur Co Loa-Zitadelle; ins Seidendorf Van Phuc und zu den Tram- und Tram Gian-Pagoden; in die Malerstadt Dong Hơ, den Tischler-Ort Dong Ky und zur But Thap-Pagode; oder zur Thay- und Tay Phuong-Pagode.

Parfümpagode

Der Besuch der Parfümpagode kann mit einer Bootsfahrt auf dem Yen-Fluss und einem

Zwischenstopp am Trinh-Tempel verbunden werden. Auf der Rückfahrt ist ein Besuch der Thien Tru-Pagode möglich (s. S. 259).

Hoa Lu und Tam Loc
Bei dieser Tagestour, die erst gegen 18 Uhr endet, geht es über Ninh Binh nach Hoa Lu, nach dem Mittagessen dann mit dem Ruderboot durch die Reisfelder nach Tam Loc, wo es drei Grotten zu besichtigen gibt (s. S. 262).

Cuc Phuong-Nationalpark
Neben Spazierengehen und Picknicken steht natürlich auch ein Besuch im Endangered Primate Rescue Center auf dem Programm. Die Tagesbesucher sorgen inzwischen für viel Trubel im Park (s. S. 339).

Zwei- bis dreitägige Touren

Mai Chau
Der Besuch im Thai-Dorf mit einer Übernachtung in traditionellen Stelzenhäusern beinhaltet immer eine kleine Wanderung durch die Umgebung, wo man die traditionell lebenden Thais bei ihrer täglichen Arbeit sehen kann (s. S. 267).

Ba Be-See
Neben dem See wird gern noch der Dau Dang-Wasserfall und die Puong-Höhle besucht; Übernachtung im Hotel (s. S. 294).

Ha Long-Bucht und **Cat Ba**
Eine Zweitagestour beginnt um 8 Uhr. Es geht von Ha Noi mit dem Bus nach Ha Long-Stadt und von dort mit einem Schiff in die Ha Long-Bucht. Meist gibt es an Bord ein einfaches Mittagessen. Es folgt eine Fahrt durch die Bucht, danach weiter zur Cat Ba-Insel, wo in einem Hotel übernachtet wird. Am nächsten Tag wird die Insel erkundet. Dann geht es mit dem Boot zurück nach Ha Long und nach dem Mittagessen mit dem Bus nach Ha Noi.
Eine Erweiterung der Tour kann einen Besuch des **Cat Ba-Nationalparks** beinhalten. Hier ist es möglich, den kleinen Ngu Lam-Berg zu besteigen oder auf verschieden langen Wegen durch den Regenwald zu wandern.

Viele Reisende haben ihre **Ha Long-Tour** schon in Ha Noi gebucht und brauchen sich über Organisation und Programm keine Gedanken zu machen. Das ist bequem, aber gerade bei den sehr preiswerten Touren auch Glückssache: Während die einen von einem fantastischen Erlebnis mit bequemer Kabine und gutem Essen berichten, so haben andere gegenteilige Erfahrungen gemacht. Als Faustregel gilt: Man bekommt so viel, wie man bezahlt – wer die billigste Tour nimmt, muss damit rechnen, den billigsten Bus, das billigste Boot, das billigste Essen und den unqualifiziertesten Reiseleiter zu bekommen. Andererseits: Bustransport, Bootsfahrt, Kajakfahren, Verpflegung und Unterkunft werden, wenn man alles selbst organisiert, sicher teurer als die billigsten Gesamtpakete. Einige Touranbieter s. S. 317, Ha Long-Bucht, Touren.

Sa Pa
Eine Dreitagestour führt von Ha Noi nach Sa Pa. Um 19.30 Uhr geht es zum Bahnhof Hang Co, wo der Nachtzug bestiegen wird. Ankunft in Lao Cai ist der nächste Morgen. Von dort fährt man mit dem Bus weiter nach Sa Pa, wo es meist erst einmal auf einen kleinen Trek geht, z. B. ins Dorf Cat Cat. Übernachtet wird in Sa Pa. Am nächsten Tag sind Wanderungen und Treks verschiedener Länge und Schwierigkeit möglich, vom Besuch des Nachbardorfs bis zur Besteigung des höchsten Berges Südostasiens, des Fan Si Pan. Dafür sind dann allerdings mehrere Tage einzuplanen. Zurück nach Ha Noi geht es mit dem Nachtzug ab Lao Cai.

Jeeptouren

Jeeptouren, die etwa eine Woche dauern, führen in Rundfahrten durch den Nordwesten (über Son La nach Dien Bien Phu, weiter nach Sa Pa und zurück nach Ha Noi) und den Nordosten (Cao Bang, Hang Be-See, Lang Son, Ha Noi). Besonders die Nordwest-Strecke führt durch herrliche Landschaften und unberührte Regionen. Die Straßen sind oftmals nicht die besten. Zu einigen Jahreszeiten, z. B. im Sommer, ist zudem mit kreuzenden Bächen, Steinschlag und Erdrutschen zu rechnen.

Einkaufen

Märkte

Ein **Straßenmarkt** findet täglich in der Altstadt in der kleinen Gasse zwischen Cau Go und Gia Ngo statt. Es gibt Essen und viele sonstige Waren; manches leider extra teuer für den Touristen, dafür aber fein säuberlich per Hand beschriftet und bereits abgepackt (z. B. Tee, Gewürze und Kaffee).

Im zweistöckigen **Dong Xuan-Markt** in der Altstadt gibt es Alltagskleidung, Taschen und Gebrauchsgegenstände, im unteren Bereich auch leckeres kandiertes Obst und Essenstände. In den Markthallen darf nicht geraucht werden – nachdem das alte Gebäude 1994 niederbrannte und einen Millionenschaden verursachte, ist man hier sehr empfindlich.

Der **Hom-Markt** an der Le Van Huu, Ecke Pho Hue, im Französischen Viertel ist eine belebte Markthalle mit viel Kleidung, Obst und Gemüse in den unteren Etagen. Oben werden Stoffe verkauft. Generell kann man sagen, dass die Kleiderauswahl auf den Märkten nicht unbedingt dem westlichen Geschmack entspricht. Wer nach Stoffen Ausschau halten will, findet hier jedoch meist eine große Vielfalt und die Preise sind günstig. Sehr skurril ist ein Besuch im angeschlossenen **Tanzclub**, wo sich tagsüber einige Bürger Ha Nois bei Gesellschaftstänzen vergnügen.

Supermärkte

Intimex Trading Centre, 22-32 Le Thai To. Zentral gelegener, wenngleich etwas versteckt in einer Seitenstraße verborgener Supermarkt mit einem reichhaltigen Angebot. Im Untergeschoss finden sich Käse, Wurst, Brot, Süßes und Getränke, im Obergeschoss Toilettenartikel und Kleidung. Hier gibt es auch eine kleine Spielarena mit Rutsche und Bällen: Nett für alle, die mit Kind reisen und in Ruhe einkaufen wollen. 🕓 8.30–21.30 Uhr.

Sieu Thi Fivimart, 10 Tran Vu, am Westsee. Große Auswahl, manchmal sogar Bier aus Warstein im 5-l-Fässchen. Es gibt Baguette, Käse, Wurst und Haushaltswaren.

Vinaconex Mart, 24 Hai Ba Trung, im 4. Stock des Shopping Centers am Hoan Kiem-See. Eine Vielzahl an nationalen sowie internationalen Waren. 🕓 Mo 14–21, Di–So 9–21.30 Uhr.

Hapromarkt, hat einige kleine Filialen in der Altstadt (z. B. in der 7 Hang Duong und 45 Hang Bo, 🕓 8–12 und 13.30–22 Uhr, mit einer kleinen Auswahl an westlichen Süßigkeiten (Butterkekse, Schokolade). Kein Baguette oder Käse, aber Milch und Getränke. Etwas größer ist die Filiale in der Le Duan, Ecke Nguyen Thai Hoc.

Bücher

Vietbook (Hieu Sach Hanoi), 34 Trang Tien, ✆ 04-824 1614, 💻 www.vietbookhn.com. Interessante Auswahl englischsprachiger Titel über Vietnam. Schöne Bildbände. Viele Wörter- und Kinderbücher. Sa/So geschlossen.

Than Long Bookshop, 53-55 Trang Tien. Hat ein besonders großes Sortiment an Stadtplänen und Karten.

Map & Photo Shop, 5 Hang Be, ✆ 04-9260564, 💻 www.mapandphoto.com. Dieser kleine Laden führt eine gute Auswahl an Stadtplänen, Landkarten und Atlanten, es gibt Postkarten und eine kleine Auswahl Bücher. Ein Teil aus dem Erlös des Postkartenverkaufs kommt einem Kinderhilfswerk zugute.

Infostones Bookshop, 41 Trang Tien, ✆ 04-826 2993, 💻 infostones@hn.vnn.vn. Große Auswahl an englischen Bildbänden und Büchern; viele Koch-, Architektur- und Design-Titel aus aller Welt.

Edelsteine

Einige Edelsteinhändler haben ihre Geschäfte in der Hang Truong nahe der Kathedrale. **Gallery Phuong Uyen**, 71B5 Hang Trong, ✆ 04-9287686, führt neben vielen Bildern aus Halbedelsteinen auch geschliffene und rohe Steine (Rubin, Saphir, Turmalin) und einige schöne Einzelstücke. Die Betreiber sind ziemlich resistent gegen Versuche, die nicht gerade preiswerten Stücke auf ein angemessenes Niveau herunterzuhandeln.

Ausgewählte Schmuckstücke vertreibt **Carat**, 46 Hang Trong, 🕓 8–21 Uhr.

Fotografien

Faszinierende S/W-Fotografien u. a. des Künstlers Dien Dam werden in zwei gut bestückten Galerien verkauft. In der **Gallery 1**, 4B Dien Liet, und zentral in der Altstadt in der **Gallery 2**, 60 Hang Hom, ✆ 04-825 9881, 🖳 www.diendam-gallery.com. In beiden Galerien gibt es auch Fotos des mehrfach preisgekrönten Ngoc Thai zu kaufen. Seine Bilder werden außerdem am Westsee in der **B&W Gallery - Black and White Fotographic Arts**, 86 Tran Vu, ✆ 04-716 3951, gehandelt.

Kommunistische Propagandaposter

Die alten Motive scheinen noch ihre Freunde zu finden, denn eine ganze Reihe von Künstlern kopiert die alten Poster originalgetreu. Originale kosten je nach Größe US$80–100, gedruckte Kopien US$7–20. Einige Geschäfte befinden sich in der Hang Bac.

Hanoi Gallery, 122 Hang Bac, ✆ 04-9261064. Alte Propagandaposter und Gemälde verschiedener Künstler. 🕓 8–20 Uhr. Filialen in der 127 Hang Buom, 🕓 9–21 Uhr, und in der 17 Nha Chung, ✆ 04-9287943, 🖳 propaganda_175@yahoo.com, 🕓 9–20 Uhr.

Vietnam Old Poster, 110 Hang Bac, ✆ 04-926 2493. Hat eine große Auswahl alter Propagandaplakate fürs sozialistische Wohnzimmer und viele antiamerikanische Motive für die Kommunenküche.

Lackwaren

Zahlreiche Geschäfte in der Altstadt bieten diese schönen Mitbringsel an. Die Auswahl ist immens: Teller, Vasen, Bilder und Tabletts sind fast immer im Angebot. Mal sind die Verzierungen aufwendig und stellen Szenen aus dem Alltag dar, mal handelt es sich um einfarbige schlichte Ware. Je nach Geschmack und Geldbeutel kann man sehr schöne Stücke erstehen. Es lohnt, in einigen Geschäften zu stöbern. Bei einem größeren Einkauf gibt es Rabatte.

Malerei

Moderne Gemälde zeitgenössischer Künstler führt die **Empty Wall Gallery**, 15 Luong Van Can, ✆ 04-9287954, 🖳 emptyallgallery@fpt.vn.

Traditionelle Musikinstrumente

Im Bereich der Hang Non/Hang Manh gibt es kleine Familienunternehmen, die seit Generationen traditionelle vietnamesische Musikinstrumente herstellen und auch Auftragsarbeiten annehmen. Auf dem Ladenschild steht: „Family Specialize Custom Made Traditional Instruments".

Pham Bich Huong, 11A Hang Non, ✆ 04-828 7412, 📱 04-511 3266, 🖳 www.phambichhuong.net. Der Familienbetrieb besteht seit sage und schreibe 800 Jahren.

Thai Khue Dan Moi, 1A Hang Manh, ✆ 04-82 89469, 🖳 www.thaikhue.com.

Stempel

Handgemachte Stempel mit dem eigenen Namen und einem traditionellen Motiv können ein sehr persönliches Souvenir sein.

Stamp Shop, 31 Hang Bac. Stempel und Gravuren auf Bestellung in Holz, Stein, Kupfer oder Gummi. 🕓 8–19 Uhr. In der Nachbarschaft einige ähnliche Läden.

Textilien

In der Altstadt bieten zahlreiche Geschäfte Kleidung an. Das Angebot reicht vom Ao Dai über T-Shirts bis zu modernen Boutiquen mit Jeans und Blusen.

In der Umgebung des Hom-Marktes, vor allem in der Nguyen Du, Richtung Thien Quang-See, befinden sich zahlreiche **Jeansgeschäfte**, wo von der Schlabber- bis zur Röhrenjeans alle Variationen zu haben sind.

54 Traditions – Schätze der Bergvölker

Eine besondere Sammlung von Handwerksarbeiten der 54 ethnischen Minderheiten in Vietnam hat die Galerie 54 Traditions zusammengestellt. Neben ausgewählten Textilien gibt es Jagd- und Kochgeräte, Schmuck sowie schamanische und religiöse Objekte, z. T. auch antik, und alle mit Dokumentation und Echtheitsgarantie. Sammler können hier einzigartige Stücke finden. Die gut ausgebildeten Angestellten führen gerne durch die Ausstellungsräume auf fünf Etagen – eher ein Museum als eine Galerie und ein Tipp für alle, die sich für die Kulturen der Minderheiten interessieren.

Wasserpuppen

In vielen Geschäften der Altstadt werden diese Holzfiguren angeboten. Des Weiteren gibt es sie z. B. im Wasserpuppentheater und im Literaturtempel zu kaufen. Die Puppen kosten ab US$15 für kleine, einfache Versionen, US$30 für eine Menschenfigur und US$50–100 oder mehr für größere Puppen, beispielsweise gut gearbeitete Drachen.

Wein

Eine reichhaltige Auswahl nationaler und internationaler Weine führt **The Warehouse**, 59 Hang Thong. Auch bei **Pane e Vino** (siehe Essen) kann man Weine erstehen. Eine kleine Weinauswahl zudem im **Vinaconex** (siehe Supermärkte).

Sonstiges

Apotheken

Mehrere preiswerte, gut sortierte Apotheken befinden sich an der Quang Su, Ecke Trang Thi, etwas nördlich der Hanoi Towers. Eine große Apotheke ist zudem in der 5-7 Cua Nam, ✆ 04-825 5575, zu finden, eine weitere in der 48 Hai Ba Trung, ✆ 04-936 2981, ⌚ 7–22 Uhr.

Botschaften

Botschaft Deutschland, 29-31 Tranh Phu, ✆ 04-843 0245, 📠 845 3838, 💻 www.hanoi.diplo.de. Hilft bei Passverlust (benötigte Unterlagen siehe Website). ⌚ Mo–Fr 8.30–11.30 Uhr.

Botschaft Österreich, im Prime Center Building, 8. Stock, 53 Quang Trung, ✆ 04-943 3050, 📠 943 3055, 💻 www.bmeia.gv.at/botschaft/hanoi, ⌚ Mo–Fr 8.30–16.30, Konsularabteilung 10–12 Uhr (ausgenommen österreichische Feiertage).

Botschaft Schweiz, Central Office Building, 15. Stock, 44B Ly Thuong Kiet, ✆ 04-934 6717, 📠 04-934 6591, 💻 www.eda.admin.ch/hanoi, ⌚ Mo–Fr 10–12 Uhr.

Botschaft China, 44-46 Hoang Dieu, ✆ 04-845 3736. Ein Touristenvisum mit einem Monat Gültigkeit kostet je nach Nationalität und Dringlichkeit (1–4 Tage) zwischen US$30–80. ⌚ Mo–Fr 8.30–11 Uhr.

Botschaft Kambodscha, 71A Tran Hung Dao, ✆ 04-942 4789, 📠 942 3225, 💻 arch@fpt.vn. ⌚ Mo–Fr 8–12 und 13–16 Uhr.

Botschaft Laos, 22 Tran Binh Trong, ✆ 04-942 5976. Nur wer über Na Meo einreist, muss schon vorher ein Visum im Pass haben, an allen anderen Grenzübergängen sollten Visa on Arrival (Gültigkeit 30 Tage) erhältlich sein. Visaanträge müssen morgens abgegeben werden. In der Regel dauert die Bearbeitung nur einen Tag. ⌚ 8–12 und 13–16 Uhr.

Botschaft Thailand, 63-65 Hoang Dieu, ✆ 04-8235092, 📠 8235088, 💻 www.thaiembassy.org.vn. Hier sind Thailand-Visa erhältlich, die wie bei allen Botschaften in Dollar bezahlt werden.

Geld

Geldautomaten finden sich in der ganzen Stadt. Maestrokarten werden beispielsweise in der Ba Be neben dem Map & Photo Shop, am Hapromarkt an der Le Duan, Ecke Nguyen Thai Hoc, am Valentine Café in der 87 Ngyuen Thai Hoc und in der Filiale der Incombank neben dem Hom-Markt akzeptiert.

Citybank Hanoi, 17 Ngo Quyen, Ground Floor, International Center, Hoa Kiem. Wer Kunde der Citybank ist, kann hier kostenfrei mit der Maestrokarte Geld abheben (maximal 3 Mill. Dong pro Transaktion) und hat sogar Zugriff auf den aktuellen Kontostand.

Vietcombank, Hauptfiliale 198 Tran Quang Khai, ✆ 04-825 0392. Östlich des Hoan Kiem-Sees. Alle üblichen Transaktionen. ⌚ Mo–Fr 7.30–11.30 und 13–17 Uhr. Der Geldwechselschalter öffnet erst um 8 Uhr und schließt schon um 15.30 Uhr.

Informationen

Hanoitourist, ✆ 18 Ly Thuong Kiet, ✆ 04-825 3248, 824 3011, 📠 04-824 3012, 💻 www.hanoitourist-travel.com. Die staatliche Agentur hilft bei Tour- und Flugbuchungen (Air Asia, Singapore Airlines, Thai Airways u. a.). Freundliche, kompetente Mitarbeiter. Die vielen kleinen privaten Agenturen, die mit den Hotels zusammenarbeiten, sind oft ebenso kompetent und haben preiswertere Angebote.

Institute

Centre Culturelle Française, 24 Trang Tien, ✆ 04-936 2164, 📠 936 2165, 💻 contact@espace-ccfhanoi.org. Viele musikalische und filmische Veranstaltungen. Im Fenster ist das aktuelle Programm ausgehängt.
Goethe-Institut, 56-58 Nguyen Thai Hoc, ✆ 04-734 2251, 💻 www.goethe.de/hanoi. Bietet immer mal wieder sehenswerte kulturelle Veranstaltungen. Angegliedert ist eine Bibliothek: Der Mitgliedsbeitrag beträgt 50 000 Dong. In der ruhigen und arbeitsfreundlichen Bücherei stehen auch Computer mit Internetzugang. 🕒 Mo 9–17 Uhr.

Internet

Zugang zum Internet bekommt man fast überall, sei es im Hotel oder in der WIFI-Zone.

Medizinische Hilfe

Benh Vien Viet Duc (Deutsch-Vietnamesisches Krankenhaus), 40-48 Trang Thi, Altstadt, ✆ 04-825 3531, 828 8431. Mit Unterstützung der DDR aufgebaut, daher sprechen einige Ärzte und Schwestern noch Deutsch.
24-Std.-Notaufnahme, Konsultationen ab US$15.
Hanoi French Hospital, 1 Phuong Mai, ✆ 04-574 0740, Notruf 04-574 1111. Internationaler Standard, Konsultationen ca. US$50. Auch zahn-und augenärztliche Behandlungen.
Institut für Traditionelle Medizin, 26-29 Nguyen Binh Kiem, ✆ 04-943 1018. Für alternative Behandlungsmethoden.
International SOS Clinic, 31 Hai Ba Trung, ✆ 04-934 0555 (24 Std.). Konsultation ca. US$60. Internationaler Standard.
Vietnam-Korea Friendship Clinic, 12 Chu Van An, Ecke Tran Phu, ✆ 04-8437231. Preisgünstige Konsultationen ab US$5. 🕒 Mo–Fr 9–12 und 14–17 Uhr.

Post

International Post Office, am Südende des Hoa Kiem-Sees, 87 Dinh Tien Hoang, ✆ 04-825 2030. Bietet einen effizienten Packservice für Pakete nach Übersee. Die Prozedur umfasst das Ausfüllen einiger Papiere und das Erstellen einer Inventarliste. 🕒 7–21 Uhr. Im Winter schließt das Postamt ein halbes Stündchen früher. Im gleichen Gebäude links, 85 Dinh Tien Hoang, ist das lokale Postamt für innervietnamesische Briefe und Päckchen.

Rechtliche Vertretungen

Eine Liste mit Anwälten, auch deutschprachigen, findet sich auf der Webseite der österreichischen Botschaft.

Nahverkehr

Cyclos

War eine Cyclo-Fahrt durch die Altstadt vor Jahren noch eine gemütliche Erfahrung mit echtem Indochina-Flair, so kann sie heute während der Stoßzeiten zu einem wahrhaft atemberaubenden Trip durch Abgaswolken und Menschenknäuel werden. Mit etwas Glück, bei wenig Verkehr und Sonnenschein, kann eine solche Fahrt aber auch heute noch für schöne Erinnerungen sorgen. Cyclo-Fahrer durchkreuzen die touristischen Gegenden nach Passagieren. Eine (angefangene) Stunde kostet etwa US$2–3.

Fahrräder

Radler sind die schwächsten, rechtlosesten und verletzlichsten Teilnehmer des rollenden

Von Mopeds und Menschen

Zahllose Mopeds bevölkern die Stadt, immer mehr Autos kommen hinzu. Vor allem in der Altstadt gleichen die Straßen einem riesigen fahrenden Menschenhaufen, der sich lautstark hupend stoßweise fortbewegt. Auch die Bürgersteige werden vielfach von den Errungenschaften der Moderne blockiert und als Parkplatz genutzt. Oftmals ist hier kein Durchkommen mehr für Fußgänger und man muss auf die Straße ausweichen. Spät am Abend, wenn auch die Geschäfte und Restaurants schließen und die letzten Menschen sich schlafen legen, verschwinden auch die Mopeds. Aus Angst vor Diebstahl nimmt ein jeder sein Gefährt am liebsten mit ins Haus – nicht selten wird das Lieblingsstatussymbol direkt neben dem Bett geparkt.

Cyclos werden auch in Ha Noi immer seltener

Verkehrs in Ha Noi: Kein Wunder, dass sie immer seltener werden. Als Tourist sollte man es vermeiden, sich derart in Gefahr zu begeben.

Stadtbusse

Ha Noi hat ein ausgeklügeltes Stadtbus-System mit über 50 Linien. Wer die Menschenmengen im Bus nicht scheut, kann für wenig Geld (pro Fahrt 3000–5000 Dong) kreuz und quer durch die Stadt düsen und dabei, als bestaunter Exot, auch noch Spaß mit Mitreisenden haben. Ein vollständiger Fahrplan findet sich im Internet unter 💻 www.hanoibus.com.vn/InfobusVN/hanoibus/homeE.asp, links im Menü unter „Bus Routes".

Taxis

Taxis werden in der Regel von den Hotels bei Abfahrt zum Flughafen, Zug oder Bus organisiert. Bei Ankunft am Flughafen besteht kein Mangel an Taxis (s. u., Flüge). Bei Ankunft mit dem Zug warten viele Taxifahrer vor und im Bahnhof. Vorsicht bei Fahrern, die Kunden direkt nach dem Aussteigen abfangen. Hier wird man privat kutschiert, über den Hintereingang hinausgelotst und zahlt meist einen sehr überhöhten Preis.

Es ist zudem leider anzumerken, dass zahlreiche Taxifahrer (vor allem jene, die man auf der Straße anhält oder die am Bahnhof warten) ihre Taxameter manipuliert haben. Wer skeptisch wird, weil die Uhr zu schnell rattert, sollte den Fahrer bitten, anzuhalten, und aussteigen, sofern er nicht bereit ist, den überhöhten Preis zu zahlen. Der Grundpreis liegt meist bei 11 000 Dong, eine Fahrt bis zu 20 km kostet 8500 Dong pro Kilometer, ab 21 km 5000 Dong/km.

Einige Gesellschaften sind **Hanoi Taxi**, ✆ 04-85 35353, 💻 www.hanoitaxi.com.vn; **Airport Taxi**, ✆ 04-873 3333; **Taxi CP**, ✆ 04-826 2626; **Vic Taxi**, ✆ 04-832 0320, und **Hanoi Tourist Taxi**, ✆ 04-856 5656.

Xe om

Xe om sind Legion – und ihre Fahrer oft Legionäre, die sich beim täglichen Überlebenskampf auf der Straße mehr oder weniger bewährt haben. Wer mit einem Fahrer zufrieden war, sollte ihm treu bleiben: Schon der nächste könnte sich als Kamikaze-Pilot erweisen. Kürzere Strecken kosten 5000–10 000 Dong, mittlere 30 000–50 000 Dong. Bei Fahrten von den äußeren Busbahnhöfen in die Innenstadt wird auch mehr verlangt.

Transport

Busse

Open Tour-Busse zu den wichtigsten touristischen Zielen lassen sich in fast allen Hotels und vielen kleinen Reisebüros buchen. Wer sich etwas abseits des Touristenstroms bewegen will, nimmt einen der unzähligen lokalen Busse.

Ha Noi hat mehrere große **Busbahnhöfe**, die die Stadt mit dem Rest des Landes verbinden: Vom **Giap Bat**, Giai Phong, ✆ 04-864 1467, gegenüber dem gleichnamigen Bahnhof etwa 6 km südlich des Hauptbahnhofs, verkehren hauptsächlich Busse gen Süden; vom **Gia Lam**, ✆ 04-827 1529, östlich des Roten Flusses, etwa 2 km von der Altstadt entfernt, geht es meist zu Zielen im Norden und Nordosten; und der **My Dinh**, Pham Van Dong, ✆ 04-768 5549, knapp 10 km westlich des Zentrums, unterhält Busse nach Westen und weitere Langstreckenverbindungen. Zentraler, nämlich am Ostrand des Französischen Viertels, liegt der **Luong Yen-Busbahnhof**, ✆ 04-972 0477, mit Bussen zu näher gelegenen Zielen.

Luong Yen

Hier fahren 4x tgl. die bequemen Direktbusse der Gesellschaft **Hoang Long Bus Company**, 28 Tran Nhat Duat, ✆ 04-928 2828, nach CAT BA (inkl. Fährverbindung). Abfahrt um 5.15, 7.15, 11.15 und 13.15 Uhr, 120 000 Dong, Fahrzeit ca. 4 Std., Tickets am Busbahnhof. Man sollte spätestens eine halbe Stunde vor Abfahrt da sein. Die schicken weißen Busse sind an den roten LED-Anzeigen über der Windschutzscheibe zu erkennen.

Weitere Regionalbusse:
HAI PHONG: ständig zwischen 4.50 und 21 Uhr, 35 000 Dong (2–3 Std.). Die Zahl auf dem Ticket ist die Endziffer des Bus-Nummernschildes.
LANG SON: ständig zwischen 5 und 19 Uhr, 50 000 Dong (5 Std.)
SON LA: 8 Uhr, 68 000 Dong (ca. 8 Std.)
THAI BINH: 14 Busse zwischen 5.30 und 18 Uhr, 35 000 Dong (2–3 Std.)
THAI NGUYEN: 14 Uhr, 25 000 Dong (2 Std.)
THANH HOA: 13 und 14 Uhr, 30 000 Dong (2–3 Std.)

Giap Bat

BUON MA THUOT: 11 Uhr, 191 000 Dong (16–18 Std.)
CAO BANG: 5, 5.30, 6.30, 7.30, 8.30, 10.30 und 17 Uhr, 80 000 Dong (ca. 8 Std.)
DA NANG: 6, 8, 9, 10, 12 und 14 Uhr, 110 000 Dong (ca. 12 Std.)
HAI PHONG: zwischen 5 und 18 Uhr alle 15–20 Min., 35 000 Dong (2–3 Std.)
HUE: 7 und 9 Uhr, 80 000 Dong (9 Std.)
HA GIANG: 4 und 5 Uhr, 46 000 Dong (ca. 6–8 Std.)
HO-CHI-MINH-STADT: 10 und 15 Uhr, 270 000 Dong (30–40 Std.)
LANG SON: 6, 7, 9, 10, 11.30 und 12 Uhr, 50 000 Dong (ca. 5 Std.)
MAI CHAU: 13 Uhr, 35 000 Dong (ca. 4 Std.)
NINH BINH: regelmäßig zwischen 8.10 und 17.30 Uhr, 27 000 Dong (3–4 Std.)
SAM SON: 10 Busse zwischen 5.20 und 14 Uhr, die losfahren, wenn sie voll sind – bzw. an Feiertagen und manchen Wochenenden bis sie mindestens dreifach überbelegt sind; 35 000 Dong (3–4 Std.)
VINH: regelmäßig zwischen 5.40 und 18 Uhr, 56 000 Dong (5–6 Std.)

Gia Lam

BAI CHAY (HA LONG-STADT): alle 15–20 Min. zwischen 5.15 und 18.30 Uhr, 40 000 Dong (ca. 4 Std.)
HA GIANG: ab 3 Uhr vier Busse im 10-Min.-Takt, dann noch einer um 4 Uhr; 60 000 Dong (ca 6–8 Std.)
HAI PHONG: von 4.50 bis 19 Uhr 10 Busse, die fahren, wenn sie voll sind; 30 000 Dong (2–3 Std.)

LANG SON: etwa 10–15 Busse von 4.30 bis 17 Uhr, 35 000 Dong (ca. 5 Std.)
LAO CAI: 4 Uhr, 53 000 Dong (ca. 6 Std.)
MONG CAI: 5.45, 6.10, 6.30, 7, 8 und 10 Uhr, dann ab 14 Uhr halbstündlich bis 16 Uhr, ein letzter um 17 Uhr; 75 000 Dong (7–8 Std.)
THAI BINH: 10.30 und 14.30 Uhr, 35 000 Dong (ca. 3 Std.)
THAI NGUYEN: von 5.30 bis 18 Uhr etwa halbstündlich, 20 000 Dong (2 Std.)

My Dinh

BAI CHAY (HA LONG-STADT): 37 Busse alle 20 Min. zwischen 6 und 18 Uhr, 40 000 Dong (ca. 4 Std.)
CAM PHA: 58 Busse zwischen 5 und 17.15 Uhr, 45 000 Dong (4 1/2 Std.)
CAO BANG: 15 Busse alle 45 Min. von 6.15 bis 17 Uhr, 80 000 Dong (ca. 8 Std.)
DIEN BIEN PHU: 6, 7.30 und 8.30 Uhr, 155 000 Dong (ca. 12 Std.)
MAI CHAU: 6 und 14 Uhr, 35 000 Dong (3–4 Std.)
MONG CAI: 7.30 und 8.30 Uhr, 75 000 Dong (ca. 7 Std.)
NINH BINH: 9.40 Uhr, 30 000 Dong (ca. 4 Std.)
SON LA: 7 und 8 Uhr, 78 000 Dong (ca. 8 Std.)
TAM DAO: 12 und 15.40 Uhr, 15 000 Dong (2–3 Std.)
THAI BINH: 10.15 und 15 Uhr, 35 000 Dong (ca. 3 Std.)
THAI NGUYEN: 26 Busse in regelmäßigen Abständen zwischen 6 und 17.30 Uhr, 20 000 Dong (2 Std.)
TUAN GIAO: 4 Uhr, 98 0000 Dong (ca. 10 Std.)
VIET TRI: 31 Busse zwischen 7 und 17.45 Uhr in regelmäßigen Abständen, 24 000 Dong (2 1/2 Std.)

Eisenbahn

Etwa 200 Züge listet die Website 💻 www.vr.com.vn/english/index.html der vietnamesischen Eisenbahngesellschaft für den **Hauptbahnhof** von Ha Noi, 120 Le Duan, ✆ 04-942 3697. Man kann sich auch an den **Informationsschalter** am Bahnhof wenden. Zwar wird hier nur wenig Englisch gesprochen, aber das Personal ist bemüht zu helfen. Wer sein Ticket nicht über eine Reiseagentur besorgt, muss die Fahrkarte für eine längere Strecke spätestens 4 Std. vor Abfahrt am entsprechenden Schalter im Bahnhof kaufen. Dann sind aber oft schon alle Tickets weg: Es lohnt besonders für die begehrteren Sleeper-Plätze, 1–3 Tage vorher zu buchen. Fahrscheine für Kurzstrecken können bis eine Stunde vorher erworben werden.
Richtung Süden nimmt man am besten einen der schnelleren SE-Züge, z. B. nach HUE mit der Nummer 1, 3 und 5 um 19, 23 und 13.05 Uhr in 12–13 Std.
Richtung Norden nach LAO CAI (SA PA) gibt es tgl. 5 Züge: Einen morgens um 6.10 Uhr, die anderen als Nachtzüge um 20.40 (SP7), 21.15 (SP1), 21.55 und 22.05 Uhr. Fahrtdauer etwa 8–12 Std. SP7 und SP1 sind die schnellsten. Am Wochenende und bei Bedarf werden ein bis drei weitere Züge eingesetzt. Die ebenfalls verfügbaren, bequemen **Privatzüge** (etwa des Victoria Hotels) nach Lao Cai müssen über ein Reisebüro gebucht werden.
Wer nach **China** will, gelangt täglich mit dem Zug an die Grenze nach DONG DANG (Abfahrt 18.30, Ankunft 22.40 Uhr) und weiter nach China bis nach BEIJING (Peking): insgesamt eine Reise von etwa 42 Std. Für die Einreise nach China wird ein gültiges Visum benötigt.

Flüge

Der internationale Flughafen **Noi Bai** liegt etwa 30 km nördlich des Zentrums. Im **Flughafenrestaurant** gibt es einfache Speisen zu sehr hohen Preisen. Hier wie auch in den Geschäften ist alles in US-Dollar ausgepreist, kann aber auch in Dong bezahlt werden. Ein **Geldautomat** befindet sich im Eingangsbereich. Ins benachbarte Ausland starten täglich mehrere Maschinen verschiedener Fluggesellschaften (s. S. 104).

Transport vom / zum Flughafen

Bus Nr. 17 fährt vom Flughafen in die Innenstadt (2500 Dong, Tickets im Bus) und benötigt je nach Verkehr eine knappe Stunde. Die Bushaltestelle befindet sich, wenn man das Gebäude verlässt, rechter Hand etwa 150 m entfernt.
Wer am Flughafen ein Taxi in die Innenstadt nimmt, kann entweder den Taxameter einschalten lassen oder einen Festpreis aushandeln. Realistisch ist ein Betrag von

US$10 (160 000 Dong) für die Strecke. Einige Taxiunternehmer arbeiten auf Provisionsbasis für Hotels und sind nicht immer bereit, Besucher zum Wunschziel zu bringen. Das klärt sich aber zum Glück meist bereits, wenn man die Zieladresse nennt: Ein „Ist geschlossen" oder „Alles voll" sollte man nicht für bare Münze nehmen.
Der Flughafen ist mit dem Taxi in etwa 30–40 Min. zu erreichen (wenn kein Stau ist).

Inlandsflüge

Zu den wichtigsten Zielen starten (oft mehrmals) täglich Flüge. Es empfiehlt sich eine frühzeitige Planung und Buchung.
Von **Vietnam Airlines** angeflogen werden BUON MA THUOT (3x tgl., Direktflüge nur 1x tgl. Di, Do, So; ansonsten Zwischenstopp in Da Nang), DA LAT (3x tgl., direkt nur 1x am Di), DA NANG (8–10x tgl. direkt), DIEN BIEN PHU (2x tgl. direkt), HO-CHI-MINH-STADT (etwa 10 Flüge), HUE (3x tgl. direkt), NHA TRANG (3x tgl., davon 2 direkt), PLEI KU (2x tgl. mit Umsteigen in DA NANG oder HCMS (!)) und QUY NHON (2x tgl. mit Zwischenlandung). Je nach Saison werden die Flüge schon mal etwas zusammengestrichen. Der komplette Flugplan findet sich auf der Website des Unternehmens (s. u.).
Seit Februar 2007 ist die vietnamesische Gesellschaft **Jetstar Pacific** offiziell eine Low-Cost-Airline (Billigflieger) und daher für Traveller interessant. Es bedeutet eine Erhöhung der Flugfrequenz bei gleichzeitiger Kostensenkung. Jetstar Pacific fliegt oder plant in Kürze Flüge aufzunehmen nach DA NANG, HUE, NHA TRANG und HO-CHI-MINH-STADT. Die Preise sind günstiger als bei Vietnam Airlines. Auf der Website (s. u.) sind aktuelle Angebote abrufbar.

Büros der Fluggesellschaften

Air Asia, 303 Kim Ma, ✆ 04-726 2262, 💻 www.airasia.com. Umbuchungen von im Internet gebuchten Flügen sind bei persönlichem Besuch gegen Gebühr möglich.
Air France, 1 Ba Trieu, ✆ 04-525 3484, 💻 www.airfrance.com.
British Airways, 25 Ly Thuong Kiet, ✆ 04-934 7239, 💻 www.britishairways.com.
Cathay Pacific, 49 hai Ba Trung, ✆ 04-826 7298, 💻 www.cathaypacific.com.
China Airlines, 18 Tran Hung Dao, ✆ 04-824 2688, 💻 www.china-airlines.com.
China Southern Airlines, 360 Kim Ma, ✆ 04-771 6611, 💻 www.csair.com.
Japan Airlines, 63 Ly Thai To, ✆ 04-826 6693, 💻 www.jal.co.jp.
Jetstar Pacific, 36 Dien Bien Phu, ✆ 04-733 2162, 💻 www.jetstarpacific.com.vn.
Lao Airlines, 40 Quang Trung, ✆ 04-9425362, 💻 www.laoairlines.com.
Malaysia Airlines, 49 Hai Ba Trung, ✆ 04-826 8820, 💻 www.malaysiaairlines.com.
Quantas Airways, 4 Pham Ngu Lao, ✆ 04-933 3026, 💻 www.qantas.com.au.
Singapore Airlines, 17 Ngo Quyen, ✆ 04-826 8888, 💻 www.singaporeair.com.
Thai Airways, 44B Ly Thuong Kiet, ✆ 04-8267921, 💻 www.thaiair.com.
Vietnam Airlines, 1 Quang Trung, ✆ 04-8250888, 💻 www.vietnamairlines.com. Ein Buchungsbüro befindet sich in der 25 Trang Thi (1. Stock), 🕓 Mo–Fr 7–18.30 Uhr, Sa/So 8–11 und 13.30–17 Uhr.

Die Umgebung von Ha Noi

Die Umgebung von Ha Noi ist die Wiege der vietnamesischen Zivilisation, und so finden sich hier viele lohnende Ziele für einen Tagesausflug. Im näheren Umkreis liegen bedeutende Pagoden und interessante Handwerksdörfer, etwas weiter entfernt eine alte französische Sommerfrische, Nationalparks und bedeutende Tempelanlagen.

Preiswerte Tagestouren, die oft mehrere Ziele ansteuern, können in allen Reisebüros gebucht werden (s. S. 243). Wer lieber mit einem geliehenen Moped loszieht, sollte neben Helm und langer Kleidung auch Ruhe, Fahrsicherheit und Furchtlosigkeit mitbringen – für Anfänger ist der Verkehr in und um Ha Noi nicht geeignet. Das Sich-Verfahren gehört ebenfalls dazu und sollte als Anreiz genommen werden, das Land auf ei-

gene Faust, abseits der Reiseführer-Routen, zu entdecken.

Spuren der vietnamesischen Frühgeschichte

Nördlich des Roten Flusses liegt die alte Zitadelle **Co Loa**, die für die vietnamesische Geschichtsschreibung von großer Bedeutung ist: Sie war im 2. und 3. Jh. vor Chr. die Hauptstadt des jungen vietnamesischen Reiches Au Lac. Nur Reste der Befestigungsanlagen sind übrig geblieben, doch diese zeigen, wie groß die Festung gewesen sein muss: Die innere Zitadelle hat einen rechteckigen Grundriss mit einem Umfang von 1,6 km, der mittlere Wall ist ein Polygon von 6,5 km Umfang, der äußere Wall misst 8 km. Die Basis der Wälle ist 6–8 m breit, die Höhe beträgt heute meist 4–5 m, an manchen Stellen noch 12 m – vietnamesische Historiker vermuten, die Wälle müssten in vorchristlicher Zeit weit größer gewesen sein. Allerdings herrschte hier zwischen 939 und 944 General Ngo Quyen, der die chinesische Armee besiegte – wie weit er den Ausbau der alten Festung vorangetrieben hat und für die heutige Größe verantwortlich ist, lässt sich kaum noch feststellen.

Sicher ist jedoch, dass An Duong Vuong, der hier von 257–207 v. Chr. herrschte, die Festung gegen chinesische Übergriffe, bei denen nach chinesischen Chroniken hunderttausende Soldaten ums Leben gekommen sein sollen, behaupten konnte. Erst ein Verrat in der eigenen Familie brachte den Herrscher und die Festung zu Fall.

Im Bereich der alten Zitadelle sind noch einige Gedenktempel erhalten: So der **An Duong-Tempel**, der seit seiner Gründung im 11. Jh. mehrfach umgebaut wurde. Die ältesten Überbleibsel sind die zwei steinernen Drachen aus dem 13. Jh. an der dreistufigen Treppe. Eine Statue von An Duong wird nur am 6. Tag des ersten Mondmonats gezeigt; ansonsten erinnert ein Gewand auf dem Hauptaltar an den Gründer des Au Lac-Reichs. Auf Seitenaltären wird links seiner Eltern und rechts seiner Ehefrau gedacht. Der **My Chau-Tempel** ist der Tochter des Königs gewidmet. Symbolisiert wird sie durch einen Stein, der wie ein enthaupteter Mensch aussieht. Mindestens ebenso beeindruckend ist der wohl über 1000 Jahre alte Banyan-Baum vor dem Tempel.

Am 6. Tag des ersten Mondmonats wird in der Anlage ein großes Fest mit traditionellem *cheo*-Gesang, Bogenschieß-Wettbewerben, Hahnenkämpfen und Schach mit menschlichen Figuren begangen.

Krieger, Prinzessinnen und Zauberbögen

Jahrelang hatte der Yue-König Trieu Da versucht, Au Lac zu erobern, und war doch immer an der Zitadelle gescheitert. Schließlich griff er zu einer List und schickte seinen Sohn, Truong Thuy, in die Festung seines Gegners: Eine Heirat mit der Tochter von An Duong Vuong sollte den Frieden besiegeln. Drei Jahre dauerte die Ehe, bis der Schwiegersohn dem Geheimnis der Stärke seines Schwiegervaters auf die Spur gekommen war: Er hatte einen Zauberbogen, mit dem er tausende Feinde mit einem Schuss vernichten konnte. Truong Thuy stahl den Bogen und machte sich davon. Wutentbrannt enthauptete der König seine Tochter, der er vorwarf, das Geheimnis verraten zu haben, doch es war zu spät: Trieu Da konnte die Festung erobern und Au Lac war Geschichte: Es wurde dem südchinesischen Königreich Nam Viet („Das Land im Süden") einverleibt.

Anreise: Von Ha Noi aus überquert man die Chuong-Duong-Brücke und folgt der N1A, überquert den Duong-Fluss und biegt anschließend auf die N3. Am Kilometerstein (eigentlich: „Meilenstein") 15 rechts abbiegen; nach 2 km ist die historische Stätte erreicht.

Der **Den Hung** (Tempel der Hung-Könige) erinnert an die legendären Gründer des ersten vietnamesischen Reiches Van Lang (2879–257 v.Chr.). Er liegt etwa 90 km nordwestlich von Ha Noi und umfasst mehrere Bauwerke, die sich auf halber Höhe des 175 m hohen Nghia Linh-Bergs befinden.

Weitere Tempel auf dem Berg huldigen den Erd- und Himmelsgöttern. Am Fuße des Berges liegt der Den Co („Tempel der Quelle"), wo sich die Töchter des letzten Hung-Königs beim Kämmen in einem wundertätigen Brunnen gespiegelt haben sollen.

In der weiteren Umgebung wurden bronzene Speerspitzen, Steinäxte, Keramikscherben und andere Hinterlassenschaften der Van Lang-Zivilisation gefunden. Jedes Jahr vom 9. bis zum 11. Tag des dritten Mondmonats wird ein großes Fest zu Ehren der Hung-Könige begangen, auf dessen Höhepunkt hunderte Ballons in den Nachthimmel steigen.

Quadratische und runde Reiskuchen (*banh chung* bzw. *banh giay*) erinnern an den letzten der Hung-Könige, der sie erfunden haben soll. Den legendären Herrschern wird außerdem die Entdeckung des Reisanbaus zugeschrieben.

Der Tempelkomplex liegt etwa 15 km von Viet Tri entfernt und ist von dort ausgeschildert.

Wer sich für chinesische Architektur interessiert, wird im Ziegelturm **Thap Binh Son** eines der letzten Baudenkmäler aus der Zeit der chinesischen Herrschaft finden. Er wurde im 10. Jh. errichtet, ist 11-stöckig und 16 m hoch. Als er nach einem Erdrutsch 1972 umzukippen drohte, restaurierte man ihn umfassend. Die Fundamente liegen nun 4 m höher als zuvor. Der Turm befindet sich etwa 60 km nordwestlich von Ha Noi. Anfahrt über die N2, hinter Vinh Yen rechts in die N305 bis Lap Tach, von dort nur noch wenige Kilometer auf der N307.

Tam Dao

Als die Franzosen zu Beginn des letzten Jahrhunderts in den Bergen nördlich von Ha Noi einen Kurort einrichteten, um der sommerlichen Hitze in Ha Noi zu entkommen, suchten sie sich ein hübsches Plätzchen aus: **Tam Dao** bedeutet „Drei Inseln" – ein passender Name für die drei bis zu 1592 m hohen Bergspitzen, die oft aus einem Meer von Wolken emporragen.

Die ehemalige Sommerfrische, von den Kolonialherren nach einem nahe gelegenen Wasserfall „Cascade d'Argent" (Suoi Bac, „Silberfall") genannt und einst auch als „Da Lat des Nordens" bekannt, liegt auf 900 m Höhe. Von den einst zahlreichen prächtigen Villen sind nicht viele übrig geblieben: Bei ihrer Flucht 1954 sprengten die Franzosen ihre schönen Häuser lieber, als sie den Vietnamesen zu überlassen. Oder wurden sie doch von den Viet Minh zerstört? Die Quellen widersprechen sich; man schiebt sich hier wohl gegenseitig die Schuld in die Schuhe. Jedenfalls sind von den meisten Häusern heute nur noch Ruinen und Grundmauern übrig, und diese machen in zunehmendem Maße neuen Gästehäusern Platz. Westliche Touristen sind hier zwar noch selten, doch bei den Vietnamesen aus Ha Noi ist Tam Dao schon lange als Ausflugsziel beliebt. Eine Fülle mittelmäßiger Hotels und ebensolcher Karaoke-Bars zieht an Wochenenden und in den Ferien Erholungs- und Vergnügungssuchende an.

Das Bergmassiv, auf dem Tam Dao liegt, befindet sich isoliert von den Bergen des Nordens in der Ebene. Wie auf einer ökologischen Insel hat sich hier eine einzigartige Flora und Fauna entwickelt. Seit Mitte der 1990er-Jahre sind Biologen damit beschäftigt, sie zu katalogisieren. Mehr als 30 zuvor unbekannte Reptilien und Amphibien wurden bereits entdeckt. Um das dicht bewaldete Gebiet zu schützen, wurde es 1996 zum **Tam Dao-Nationalpark** erklärt. Mit einer Ausdehnung von 36 900 ha ist er einer der größten des Landes.

Unkontrolliertes Jagen und Sammeln haben bereits einen großen Teil der ursprünglichen Vielfalt (1300 Pflanzen- und 1200 Tierarten) vernichtet, und durch die Abholzung kam es bereits zu Wassermangel in den umliegenden Gebieten. 1999 wandte sich die vietnamesische Regierung an die deutschen Behörden um Hilfe. So gibt es seit 2003 ein Projekt in Zusammenarbeit mit der regierungsnahen Deutschen Gesellschaft für Technische Zusammenarbeit (GTZ), um den Nationalpark und seine Pufferzonen zu stabilisieren, indem die 100 000 Menschen, die im näheren Umfeld leben, zu einer nachhaltigen Nutzung des Waldes angehalten werden. Doch noch immer landet ein großer Teil der im Wald lebenden Tiere wie Hirsche, Eichhörnchen, Stachelschweine und Waldvögel auf den Tellern von Besuchern aus Ha Noi, für die diese „Spezialitäten" ein besonderes Highlight sind.

Spaziergänge in den Nationalpark können von den Hotels organisiert werden. Neben einer Besteigung der drei Gipfel ist ein Tagesausflug zum 10 km entfernten Silberfall in Tay Thien möglich.

Übernachtung und Essen

Insgesamt sind die Unterkünfte und Restaurants eher auf einheimische Reisende eingestellt: Die preiswerten Unterkünfte sind karg und schlicht; und auf den Speisekarten steht Wild, wohin das Auge blickt: Vegetarier und Naturfreunde werden hier nicht glücklich. In einigen Hotelrestaurants ist jedoch auch „normale", d. h. gezüchtete oder angebaute Kost zu haben und hie und da auch internationale Küche, etwa im Bamboo Restaurant im Mela Hotel.

Green Hotel, Khu Nhi Mat, ✆ 0211-824315, 📠 824276. Der grüne Riese ist mit das größte Hotel am Ort und da recht neu, sind auch die (über 100) Zimmer in Ordnung. Alle Räume mit Heizung und Satelliten-TV, die nach vorne heraus mit Balkon. ❷–❸

Hang Kong Hotel, Khu 1 Thi, ✆ 0211-824208. Sauberes, neues Hotel mit 28 großen Zimmern mit Balkon. Kein Englisch. ❷–❸

Huong Lien Hotel, Khu 1 Thi, ✆ 0211-824282. Einfaches Hotel mitten im Ort; schlichte Zimmer mit Balkon. In der Nähe befinden sich einige Restaurants. Freundliche Leute, aber kein Englisch. ❶

Mela Hotel, Thi Tran, ✆ 0211-824321, 📠 824352. Das schönste Hotel im Ort: Gepflegte Zimmer, alle mit Satelliten-TV und Heizung (Radiatoren), z. T. mit großem Balkon, ein schöner

Swimmingpool und ein Kaminfeuer sorgen für gemütliche Abende. Gutes angegliedertes Restaurant, in dem auch das Frühstück (im Preis inkl.) serviert wird. Auf den Zimmerpreis kommen je 10 % Service-Gebühr und Steuern. ❹–❺

Transport

Anreise über die N2: Erst Richtung Noi Bai-Flughafen, dann links Richtung Vinh Phuc und Vinh Yen, dort rechts nach Tam Dao (ausgeschildert); nach 14 km bergauf ist das Ziel erreicht.
Mit dem **Bus** aus HA NOI (My Dinh- und Gia Lam-Busbahnhof, ca. 10 000 Dong) bis Vinh Yen und von dort weiter mit dem *xe om* für etwa 100 000 Dong oder einem Taxi für ca. 250 000 Dong.

Thai Nguyen und Umgebung

Die 170 000 Einwohner zählende Provinzkapitale Thai Nguyen liegt knapp 80 km nördlich von Ha Noi und ist nur einen Besuch wert, wenn man sich stark für das Leben der 54 Volksgruppen Vietnams interessiert: Das **Völkerkundemuseum** (Bao Tang Van Hoa Cac Dan Toc) zeigt in fünf Räumen über 10 000 Ausstellungsstücke, geordnet nach Sprachgruppen. Trachten und Gegenstände des täglichen Gebrauchs vermitteln einen Überblick über die verschiedenen Kulturen. Ergänzt wird die Kollektion durch Fotografien – ausländerfreundlich in Englisch beschriftet.

Das große, 1960 errichtete Gebäude befindet sich in der 359 Duong Tu Minh, nördlich des Funkmastes der Post. Aus Ha Noi kommend von der N3 rechts in die Hoang Van Thu abbiegen und den Schildern nach Lang Son folgen, bis das Museum erreicht ist. ✆ 028-855781, ⏲ Di–So 7–11 und 15–17.30 Uhr, Eintritt 20 000 Dong.

Thai Nguyen ist leicht mit Bussen von Ha Nois Gia Lam-Busbahnhof zu erreichen (Abfahrt ganztägig, 15 000 Dong, 2 Std.).

Der Tourismus steckt in der Provinz Thai Nguyen noch in den Kinderschuhen, und so ist das 26 km entfernte, als Naherholungsgebiet und Touristenattraktion geplante **Nui Coc Reservoir** eine eher trostlose Angelegenheit mit ein paar einfachen Unterkünften und verschlafenen Restaurants. Außer mit dem Ruderboot auf den nicht gerade sauberen See hinauszupaddeln, gibt es hier nichts zu tun. Die **Phuong Hoang-Höhle** 40 km nordöstlich von Thai Nguyen ist zwar eine der größten und am besten zugänglichen in Nordvietnam, doch die lange Anreise lohnt nur für echte Höhlen-Fans, die für diese Tour schon in Ha Noi nach einem kundigen Führer Ausschau halten sollten, um nicht hinter Thai Nguyen auf holprigen Straßen verloren zu gehen. Taschenlampe nicht vergessen.

Pagoden und Handwerksdörfer östlich von Ha Noi

Östlich von Ha Noi, über den Roten Fluss, wird im **Töpferdorf Bat Trang** seit dem 14 Jh. die Kunst der Porzellanherstellung gepflegt. Die kleinen Familienbetriebe haben ihre Werkstätten für Interessierte geöffnet, und natürlich schließen sich auch Verkaufsräume an. Die hier verarbeitete Keramik ist besonders wertvoll und im ganzen Land berühmt. Neben Tellern, Vasen, Kannen, Räucherstäbchenhaltern und Tierfiguren sind besonders die bemalten Kacheln ein beliebtes (und relativ leicht zu transportierendes) Mitbringsel. Bat Trang liegt knapp 12 km von der Altstadt Ha Nois entfernt. Die einfachste Anreise führt über die Brücke auf die andere Flussseite – dort direkt rechts auf die N195 abbiegen, die nach Bat Trang führt.

Im **Schlangendorf Le Mat**, ebenfalls am anderen Flussufer, werden gefährliche Reptilien gezüchtet – zum Verzehr und für medizinische Zwecke. Vor Ort gibt es einige Restaurants, in denen man ein Schlangen-Mahl probieren kann (siehe Kasten).

Le Mat liegt östlich des Flusses in etwa 10 km Entfernung. Um dort hin zu gelangen, überquert man den Roten Fluss von der Altstadt kommend über die Chuong Duong-Brücke und folgt der Straße (am Abzweiger nach Nhu Quynh vorbei) bis zum Meilenstein 5; einen Kilometer später geht es rechts ab nach Le Mat.

Dong Ky war einmal ein Zentrum für die Herstellung von Feuerwerkskörpern, doch nachdem

Wie man Schlange isst

Der lebendigen Schlange (meist: Kobra) werden vor den Augen der Gäste zuerst einmal Herz und Galle herausgeschnitten. Das Herz kommt, noch zuckend und schlagend, auf einen Teller und wird dem Ehrengast vorgesetzt, meist dem ältesten männlichen Ausländer. Der sollte nun nicht zögern und mutig das Herz verzehren, solange es noch zuckt (was bis zu 15 Minuten dauern kann) – ganz schön brutal das Ganze, aber wenn man sich schon auf so etwas einlässt, ist das Verzehren des Herzens eine Frage der Ehre bzw. Pech für den „ranghöchsten" Touristen. Das Blut der Schlange wird in einer Karaffe aufgefangen und mit Reisschnaps vermischt – von diesem Getränk können alle Anwesenden kosten (zur Not hilft vielleicht die Ausrede: „Ich trinke keinen Alkohol..."). Das Fleisch der ausgebluteten Schlange wird auf verschiedene Art zubereitet: gebraten, gekocht, in Frühlingsrollen gewickelt usw. Meist kommen 6–7 verschiedene Gerichte auf den Tisch; eine Menge, von der eine kleine Gruppe satt werden kann. Eine Kobra kostet je nach Länge und Gewicht um die 500 000 Dong. Einen guten Ruf genießt das Quoc Trieu Restaurant in Le Mat, ✆ 08-272988.

diese 1995 von der Regierung verboten wurden, musste man umsatteln: So ist es heute ein Tischler-Dorf, das sich der Möbelherstellung widmet. Besonders beliebt in vietnamesischen Wohnzimmern sind die hier gefertigten dunklen Holzmöbel mit Perlmutt-Intarsien. Das Dorf liegt knapp 18 km nordöstlich. Aus der Altstadt kommend folgt man der Straße nach Überquerung der Brücke für etwa 15 km und biegt in Tu Son links auf die N295 ab; nach wenigen Kilometern ist das Ziel erreicht.

Ein Ausflug in die Dörfer östlich der Hauptstadt lässt sich verbinden mit einem Besuch in der **But Thap-Pagode**, für einige die schönste Pagode Vietnams. Es wird angenommen, dass sie schon im 13. Jh. auf dem Fundament einer noch älteren Anlage errichtet wurde; allerdings stammt das meiste, was heute zu sehen ist, aus dem 17. Jh. But Thap bedeutet „Kalligrafie-Pinsel", was sich auf die Form des angegliederten Bao Nghiem-Turms bezieht. Erklimmt man den Deich, der den Duong-Fluss bändigt, erkennt man besonders gut die charakteristische Form dieses Turms, der zwischen den Bäumen und geschwungenen Dächern emporragt.

Bei Betreten der Pagode passiert man als Erstes den dreitürigen Eingang, dann einen zweistöckigen Glockenturm mit acht Dächern. Die Hauptpagode steht auf einem 1 m hohen Sockel und ist von einer Galerie umgeben. In ihrer Vorhalle stehen zwei große Wächterfiguren (Ho Phap). In der Haupthalle befindet sich eine beeindruckende, große Statue des Bodhisattwa Avalokiteshvara (Kwan Yin) mit 11 Gesichtern und 42 Armen. Weitere 900 Hände gruppieren sich wie ein Heiligenschein um die Gnadengöttin. Der lotosgeformte Sockel wird von einem Drachen gestützt. Eine Inschrift besagt, dass ein Bildhauer mit Familiennamen Truong dieses Werk im Herbst des Jahres 1656 schuf.

Weitere Gebäude schließen sich an: Über eine steinerne Brücke gelangt man zur Tich Thien-Pagode („Haus der Güte"), in deren Innerem sich eine über 7 m hohe, achteckige, neunstöckige Gebetsmühle befindet, die um ihre Längsachse gedreht werden kann – eine Seltenheit in Vietnam. Sie ist mit aufwendigen Schnitzereien verziert. Darauf folgen das „Mittlere Heiligtum", Treffpunkt der Mönche, das „Gebetshaus", in dem einiger Damen gedacht wird, die sich im 17. Jh. besonders um die Pagode verdient machten, und das „Hintere Heiligtum", in dem einige Patriarchen verehrt werden. Um die Pagoden herum gruppieren sich die Gräber einiger Mönche; auch der Bao Nghiem-Turm wurde 1647 für einen zuvor verstorbenen Mönch errichtet.

Für die Anreise folgt man der N5 für 12 km in Richtung Hai Phong und biegt in Phu Thuy links ab in die N179, dann die nächste größere Straße rechts (N182, wird zur N282) bis nach Dau, von wo es noch 4 km Richtung Fluss sind.

In Dau befindet sich neben einem quirligen Markt eine weitere interessante Pagode mit vielen Statuen und einem hohen Glockenturm. Einige Fachleute halten die **Dau-Pagode** (eigentlich: Thien Dinh-Pagode) für eine der Wiegen des vietnamesischen Buddhismus, denn hier soll sich

Die Legende der Wolkengöttin Phap Van

Am Ende des 2. Jhs. lebte in der Region Ke Dau das Mädchen Man Nuong. Mit 12 Jahren wurde sie von ihren Eltern in die Linh Quang-Pagode am Nordufer des Duong-Flusses geschickt, um bei dem indischen Mönch Khau Da La die buddhistische Lehre zu studieren. Eines Nachts stolperte der Mönch versehentlich über das auf dem Boden schlafende Mädchen, das daraufhin schwanger wurde. Man Nuong wurde nach Hause geschickt und gebar ein Jahr und zwei Monate später ein Baby, das sie zu dem indischen Mönch in die Pagode brachte. Der trug das Neugeborene zu einem Banyan-Baum am Flussufer, spaltete den Stamm mit ein paar Mantras und seinem Zauberstab und setzte das Baby hinein. Das Mädchen erhielt den Zauberstab und das Versprechen, dass es Regen herbeizaubern könne.

Später, als eine Dürre das Land heimsuchte und die Bauern zu verhungern drohten, konnte Man Nuong tatsächlich das ersehnte Nass herbeizaubern – mit Blitz und Donner. Einen Tag später stürzte der Banyan-Baum am Flussufer um und trieb davon. Man Nuong, die gerade ihre Wäsche im Fluss wusch, konnte ihn an Land holen. In der gleichen Nacht noch erschien den Dorfbewohnern ein Geist in ihren Träumen, der ihnen auftrug, aus dem Holz des heiligen Baums Statuen zu schnitzen. Vier Statuen entstanden, und die wichtigste ist die der Wolkengöttin Phap Van, die seither in Dau verehrt wird. Ihr Fest wird am 8. Tag des 4. Mondmonats gefeiert – dem Geburtstag des im Baum eingeschlossenen Babys.

im zweiten nachchristlichen Jahrhundert ein bedeutender Hafen befunden haben, an dem indische Mönche an Land gingen und ihre Lehre predigten. Die heutige Pagode stammt ebenso wie die Chua But Thap aus dem 17. Jh. und wurde auf den Grundmauern eines Gebäudes aus dem 13. Jh. errichtet. Sie ist der Wolkengöttin Phap Van gewidmet (s. Kasten oben).

Folgt man von der Dau-Pagode aus der N282 für weitere 4 km nach Osten, gelangt man an die Kreuzung mit der N38. Links geht es nach Bac Ninh; folgt man dieser Straße, ist nach weiteren 4 km das Südufer des Duong-Flusses erreicht. Links davon liegt das kleine Dorf **Dong Ho**, auch als „Mai" bekannt, das Kennern vietnamesischer Kunst wegen der hier hergestellten Holzdrucke ein Begriff ist. Für die bunten Drucke werden meist mehrere geschnitzte Druckvorlagen benötigt. Auf ein spezielles Papier, das aus einer Wildpflanze namens *do* hergestellt wird, werden in mehreren Drucken Farben aufgetragen, die alle ebenfalls aus Naturmaterialien hergestellt sind. Motive sind Szenen des täglichen Lebens der vietnamesischen Bauern, daneben Legenden, Mythen und historische Figuren. Auch für sakrale Zwecke werden Drucke hergestellt.

Die **Phat Tich-Pagode** liegt nördlich des Duong-Flusses an der Südflanke des gleichnamigen Berges. Sie stammt von 1057 und wurde viele Male restauriert. Im Inneren befindet sich neben Tier-Statuen und einer Stein-Statue des Buddha A Di Da (Amithaba), die aus der Gründungszeit der Pagode stammen soll, eine lebensgroße sitzende Figur: Diese Statue ist die Mumie eines Mönchs, der im 17. Jh. gelebt haben soll. Der Berg hat den Beinamen Lan Kha: „verrottete Axt". Auch darum rankt sich eine Legende (siehe Kasten).

Die bergige Gegend, in der sich die Phat Tich-Pagode befindet, liegt knapp 30 km östlich von Ha Noi. Um hinzugelangen, geht es von Ha Nois Altstadt zunächst über die Brücke. Dann folgt man der Straße durch Yen Vien und Tu Son bis nach Lim.

Die Legende von der verrotteten Axt

Eines Tages ging ein junger Mann namens Vuong Chat in die Berge, um Holz zu fällen. Dabei traf er zwei alte Männer, die Schach spielten. Er lehnte seine Axt an einen Steinblock und gesellte sich zu ihnen, um zuzusehen. Als das Spiel beendet war, flogen die beiden Alten in den Himmel hinauf. Vuong Chat griff nach seiner Axt, um seiner Arbeit nachzugehen, doch siehe da: Der Axtstiel war zerfallen. Die beiden Alten waren Unsterbliche gewesen, und über ihr Spiel waren 100 Jahre vergangen.

Die Liebesduette vom Lim

In **Lim** findet jedes Jahr am 13. Tag des ersten Mondmonats ein großes Gesangsfest statt. Der *quan ho*-Gesang ist eine Besonderheit dieser Region: Die jungen Männer und Frauen singen in einer Art musikalischem Dialog ergreifende Liebeslieder. Am **Lim-Festival** in der gleichnamigen Pagode nehmen fast alle Einwohner der Stadt teil. Hier bewegen sich die in spezielle traditionelle Gewänder gekleideten Sänger während ihrer Darbietung durch die Menge. Überall, in den Straßen, Hügeln und Reisfeldern, kann man Paare beobachten, die sich Liebesduette vorsingen. Die emotionale Intensität steigert sich im Laufe des Tages und erreicht ihren Höhepunkt am Abend, wenn die Sänger und Sängerinnen sich mit ihrem letzten Lied voneinander verabschieden.

Dort geht es rechts ab und auf der N270 in südliche Richtung, vorbei an drei Bergketten bis zur vierten: Lan Kha bzw. Phat Tich Mountains. Wer von Dong Ho kommt, kann dort den Fluss überqueren und muss kurz darauf in Dong Chi links in die N295 abbiegen, die auf die N270 trifft. An der Kreuzung geht es rechts Richtung Berge und Lim.

Die 80 km östlich der Hauptstadt gelegene **Con Son-Pagode** ehrt den hier einst beheimateten General und Poeten Nguyen Trai (1380–1442), der dem Kaiser Le Loi in seinem Kampf gegen die Chinesen zur Seite stand. Der große Komplex liegt auf einem Berg und ist über 600 Stufen zu erreichen (Eintritt 3000 Dong, Parkgebühr 5000 Dong). Der einige Kilometer westlich gelegene **Kiep Bac-Tempel** ist General Tran Hung Dao und seiner Familie gewidmet. Er wurde um 1300 erbaut – angeblich an genau der Stelle, an der der Volksheld (s. S. 149) starb. Die Ausstellung zu seinem Leben ist nur in Vietnamesisch beschriftet.

Ein großes Tempelfest wird vom 18. bis zum 20. Tag des achten Mondmonats begangen. Die Anreise lohnt nur für kulturhistorisch Interessierte oder als Abstecher auf dem Weg nach Hai Phong.

Nach Süden zur Duftpagode

Die Duftpagode Chua Huong (auch: „Parfümpagode") 70 km südlich von Ha Noi ist eines der wichtigsten Pilgerziele des Landes. Hinter dem Begriff Chua Huong verbirgt sich mehr als „nur" eine Pagode: nämlich ein landschaftlich interessantes Gebiet, das auf romantischen Wasserwegen und steilen Bergpfaden erkundet werden kann und in dem die namensgebende Pagode zwar das bekannteste, aber nur eines von mehreren Zielen ist. Jedes Jahr zu Tet strömen hunderttausende Vietnamesen hierher (s. S. 70/71, Feste und Feiertage).

Von Ha Noi aus ist nach knapp zweistündiger Fahrt entlang der N21B **Ben Duc** erreicht – die Pforte zum Huong Son-Gebiet. Nach einem Stopp am Ticketschalter (Eintritt 50 000 Dong) geht es an Bord eines kleinen Sampans etwa eine Stunde lang auf dem Yen Vi-Fluss durch eine schöne Landschaft. Dabei kommt man am **Trinh-Tempel** vorbei, der den legendären Hung-Königen gewidmet ist, und erreicht schließlich den Anleger **Ben Tro**. Hier bieten Essensstände die Möglichkeit zu einer kleinen Stärkung. Die nahe gelegene **Thien Tru-Pagode** stammt eigentlich aus dem 15. Jh., wurde nach den Kriegen des letzten Jahrhunderts jedoch grundlegend erneuert. Zu Fuß geht es weiter zum Felsentempel **Tien Son** und zur Quelle der Reinigung **Giai Oan**, ehe endlich **Huong Tich** erreicht ist, der Höhleneingang zur Duftpagode. Die chinesischen Zeichen über dem Eingang bedeuten „Die schönste Höhle des Südens". Innen wird die Göttin der Barmherzigkeit Quan Am Nam Hai verehrt. Um sie rankt sich eine besondere Legende, die vermutlich chinesischen Ursprungs ist, jedoch ihre eigene, vietnamesische Version hat (s. S. 184).

Nam Dinh und Umgebung

Nam Dinh ist mit einer Viertelmillion Einwohnern die drittgrößte Stadt im Norden Vietnams und an sich kein besonderes touristisches Ziel. Einst war es ein kulturelles und religiöses Zentrum. Doch erst degradierten die Franzosen Nam Dinh zu einer Textilindustrie-Metropole, dann überzogen die Amerikaner sie mit Bombenteppichen.

Quan Am Nam Hai – Die Göttin der Gnade

Als die Königstochter Dieu Thien ins heiratsfähige Alter kam, ging sie, anstatt ihrer Rolle am Hofe gerecht zu werden, in ein Kloster, um sich der buddhistischen Lehre zu widmen. Ihr Vater war entsetzt und zornig, konnte sie jedoch nicht umstimmen. Deshalb ließ er das Kloster anzünden, doch ein Drache kam und löschte das Feuer. Auch ein Mordanschlag misslang: Das Schwert zerbrach wie von Zauberhand. Um die junge Fürstin in Sicherheit zu bringen und der Rache ihres Vaters zu entziehen, brachte ein Tiger sie schließlich in die Huong Tich-Höhle. Dort konnte Dieu Thien sich viele Jahre ungestört der Kontemplation widmen.

Eines Tages wurde der Vater krank, und niemand fand sich, ihm zu helfen, denn derjenige hätte dafür seine Augen und Arme opfern müssen. Als die Kunde davon bis in die entlegene Höhle drang, spendete Dieu Thien ohne zu zögern Augen und Arme. Der Vater ward geheilt und eilte in die Höhle, um sich zu bedanken – da erkannte er seine Tochter wieder. Reue überkam ihn, und fortan lebte er nach der Lehre Buddhas und wurde ein guter Mensch. Die Tochter erreichte noch zu Lebzeiten die Buddhaschaft und wurde ein Bodhisattwa. In den vielarmigen Quan Am-Statuen, in deren Handflächen sich oft ein aufgemaltes oder als Relief gestaltetes Auge befindet, lebt die Erinnerung an sie bis heute fort.

Der Geburtstag von Dieu Thien soll am 19. Tag des zweiten Mondmonats gewesen sein – seit einem halben Jahrtausend alljährlich Anlass für ein großes Tempelfest.

Viel ist nicht übrig geblieben vom einstigen Glanz, nur in der Altstadt finden sich noch ein paar stimmungsvolle Ecken.

In der Umgebung von Nam Dinh sind einige interessante Pagoden und Tempel verstreut, so z. B. im 3 km nordwestlich gelegenen Dorf Tuc Mac, der Heimat der Tran-Dynastie. Die Tran regierten von 1225 bis 1400 und schenkten dem Land eine Periode weitgehender Stabilität. Im **Tran-Tempel** (Den Tran) gibt es einen Altar für jeden der 12 Könige und einen für General Tran Hung Dao, dem auch noch ein eigener, etwas zurückversetzter Tempel gewidmet ist. Ein paar hundert Meter weiter liegt die **Pho Minh-Pagode**, auch Chua Thap, „Turmpagode", genannt. Sie wurde um 1262 angelegt; der schöne, 21 m hohe Turm stammt von 1305. Zur Pagode selbst führt eine von Drachen gesäumte Treppe. Innen wird eine Figur des liegenden (ins Nirvana eingehenden) Buddha besonders verehrt, da sie als Verkörperung des Königs Tran Nhan Tong (reg. 1278–1293) gilt. Der dankte schon mit 35 Jahren zugunsten seines Sohnes ab und zog es vor, sich in einem Kloster der Meditation zu widmen. Später ging daraus eine eigene buddhistische Schule, die Truc Lam-Sekte („Bambuswald"-Sekte) hervor.

Weithin berühmt ist die **Keo-Pagode** (auch: Than Quang Tu, Pagode des Heiligen Lichts). Sie gilt mit ihren tief hinuntergezogenen Dächern, dem markanten Glockenturm und den fantastischen Schnitzereinen an den Eisenholzsäulen als eine der schönsten von ganz Vietnam. So, wie die Pagode heute zu sehen ist, wurde sie 1611 auf der Basis einer Anlage aus dem 11. Jh. angelegt. Allerdings wurde sie durch amerikanische Bomben schwer in Mitleidenschaft gezogen, sodass vieles rekonstruiert werden musste.

Der Grundriss der Anlage ähnelt einem liegenden H, umgeben von einer Außenmauer. Betritt man das Gelände durch das dreiteilige Tor, fällt im mittleren Durchgang eine mit Drachen- und Wolkenmotiven beschnitzte Holztür auf, die fast 300 Jahre alt ist. Vorbei an den beiden Wächterfiguren in der Vorhalle gelangt man ins Hauptheiligtum mit Buddha- und Bodhisattwa-Figuren, die fast alle aus dem 19. Jh. stammen – älter ist nur die vielarmige Quan Am (Bodisattwa Avalokiteshvara) aus dem 17. Jh. Dahinter schließt sich ein weiteres Gebäude an, der Minh Khong-Tempel, in dem ein berühmter Mönch verehrt wird: Duong Khong Ko (auch Minh Khong genannt) lebte von 1066 bis 1141 und war ein großer Heiler, der einst König Ly Than Tong von einer schweren Krankheit genesen ließ. Zu Ehren seines Geburtstags wird jedes Jahr vom 13. bis 15. Tag des neunten Mondmonats ein großes Fest mit Bootsrennen und Wasserpuppentheater abgehalten.

Die Pagode ist etwas schwierig zu finden, deshalb sollte man sich einem lokalen *xe om*-Fahrer anvertrauen (ca. 50 000 Dong). Offiziell gehört die Pagode zum östlich gelegenen, wenig reizvollen Provinzort **Thai Binh**. Noch 10 km weiter östlich liegt der Fischerort **Dong Chau** – zum Baden wenig geeignet, aber gut, um ein bisschen Seeluft zu schnuppern und am Hafen spazieren zu gehen.

Übernachtung

Wer übernachten möchte, kann dies komfortabel im großen **Vi Hoang Hotel**, 153 Nguyen Du, ✆ 0350-3849290, 📠 3646704; in zentraler Lage mit 60 recht gepflegten Zimmern mit AC und TV. ❷–❹

Transport

Nam Dinh liegt an der N1, der wichtigsten Verkehrsader des Landes, daher sind An- und Abreise mit einem Bus tagsüber jederzeit möglich. Bis Ha Noi sind es 85 km, bis Ninh Binh 24 km. Am Bahnhof halten fast alle Nord-Süd-Züge.

Westlich von Ha Noi

Im **Seidendorf Van Phuc** erfüllt das Klackern der Webstühle die Luft. Seide und Brokat sind die Stoffe, aus denen Ao Dais geschneidert werden – das klassische Kleidungsstück der vietnamesischen Frau. Das Dorf befindet sich etwa 10 km südwestlich von Ha Noi am Ufer des Nhue-Flusses. Die Anreise erfolgt über die Nguyen Luong Bang stadtauswärts, dann auf die N6 bis Dong Ha. Die N6 heißt hier Quang Trung. 500 m nach Überqueren der Do-Brücke geht es rechts ab. Van Phuc liegt dann noch etwas über 1 km entfernt. Hier kann man bei der Seidenherstellung zugucken und Seide oder Ao Dais kaufen.

Die **Thay-Pagode** sieht aus wie eine Wirklichkeit gewordene Tuschezeichnung aus einem Buch über asiatische Kunst: geschwungene Dächer und überdachte Steinbrücken am Ufer eines stillen Sees, umgeben von Bäumen, im Hintergrund raue Felsen und Klippen. Die Pagode, deren Name übersetzt „Himmlischer Segen" lautet, besteht seit dem 11. Jh. und ist eines der beliebtesten Pilgerziele in der Region. Hier lebte im 12. Jh. der berühmte Mönch Tu Dao Hanh, dem man magische Kräfte nachsagte.

Das Hauptgebäude besteht aus drei Hallen: der Vorhalle mit zwei grimmigen Ho Phap-Wächterfiguren, einer Zwischenhalle zur Verehrung von Buddha und der Haupthalle, die dem berühmten Mönch gewidmet ist. Drei Statuen auf dem Altar verkörpern ihn: In der Mitte ist er als Buddha auf einem wertvollen Thron sitzend dargestellt, links als geschnitzte Figur mit beweglichen Armen und Beinen, was daran erinnert, dass er auch ein großer Förderer der Kunst des Wasserpuppentheaters war. Rechts ist er als König Ly Than Tong (reg. 1128–1138) zu sehen, als der er wiedergeboren sein soll.

Im See, an dem die Pagode liegt und der den poetischen Namen „Drachensee" trägt, liegt ein kleiner Pavillon. An Festtagen werden hier Wasserpuppenspiele aufgeführt. Das größte Fest findet vom 5.–7. Tag des dritten Mondmonats statt. Die zwei überdachten Brücken stammen von 1602 und führen links (über die Sonnenbrücke) zu einem taoistischen Tempel, in dem der Jadekaiser, der Erdgott und der Wassergott verehrt werden, und rechts (über die Mondbrücke) zu einigen kleineren Heiligtümern.

Wiedergeburt als Wiedergutmachung

Die Legende berichtet, dass der Vater von Tu Dao Hanh von einem Zauberer namens Dai Dien getötet worden sein soll. Tu Dao Hanh fühlte sich zur Rache verpflichtet und zog nach Indien, um dort selbst die Anwendung von Amuletten und Beschwörungsformeln zu lernen. Nachdem er die Zauberei beherrschte, kehrte er zurück und konnte den Mörder seines Vaters tatsächlich bezwingen. Doch überkam ihn Mitleid mit der Witwe des Getöteten, Sung Hien Hau, und so ließ er sich mittels seiner magischen Kräfte als ihr Sohn wiedergebären. Er muss seine Mutter stolz gemacht haben, denn später bestieg er als König Ly Thanh Tong den Thron.

Der Berg hinter den Hauptgebäuden birgt außerdem einige Grotten, darunter die Thanh Hoa-Grotte, in der der verehrte Mönch nach siebenmonatiger Meditation verstorben sein soll.

Die **Tay Phuong-Pagode** („Westliches Land des vollkommenen Glücks") liegt ebenfalls in einer schönen Landschaft, auf einem kleinen Berg in den Reisfeldern. Sie ist viele hundert Jahre alt – wie viele, weiß niemand genau. Sie wurde mehrfach erweitert und zerstört und wieder aufgebaut. Gesichert sind die Daten 1632 (Erweiterung), 1794 (Wiederaufbau nach Zerstörung) und 1958 (Wiederaufbau nach Beschädigungen im Krieg gegen die Franzosen).

Über 200 Stufen sind zu erklimmen, ehe die Pagode erreicht ist. Im dreiteiligen Hauptgebäude befindet sich eine wertvolle Sammlung von Statuen, von denen die der 18 Nachfolger Buddhas (Arhats, *la han*) zu den bedeutendsten zählen. Es sind Beispiele für Menschen, die die Erleuchtung erfahren haben und dies auf sehr unterschiedlichen Wegen erreichten: Meditation, Diskussion, Sorglosigkeit oder Fasten. Die Figuren stammen aus dem 18. Jh., sind durch einen hohen, fast überspitzten Realismus gekennzeichnet und sollen als Vorbilder dienen.

Thay- und Tay Phuong-Pagode liegen nur einige Kilometer auseinander und können nacheinander besucht werden. Man folgt der N32 Richtung Westen bis Dai Phung (Kilometerstein 20), überquert den Day-Fluss, hält sich am Kilometerstein 25 links und folgt der Straße entlang des *quai che*-Deichs für 9 km bis zur Tay Phuong-Pagode. Die Thay-Pagode liegt 5 km weiter südlich.

Die **Tram Gian-Pagode** („Pagode der 100 Abteile") liegt ebenfalls westlich von Ha Noi und kann im Rahmen eines Ausflugs zu den beiden zuvor genannten Pagoden besucht werden. Die große, friedliche Anlage mit vielen schattenspendenden Bäumen steht auf einem Hügel und wurde 1185 unter der Le-Dynastie gebaut. Im 14. Jh. lebte hier der berühmte Mönch Binh An. Der Legende nach konnte er Regen herbeizaubern. Nach seinem Tode wurde er als der Heilige Boi verehrt.

Die Pagode ist berühmt für ihre Statuen-Sammlung. Zwar sind die einzelnen Stücke (insgesamt über 150) weniger kunstfertig als die der Tay Phuong-Pagode, doch da sie aus verschiedenen Jahrhunderten stammen, sind sie historisch von großer Bedeutung. Eine Besonderheit ist eine Figur des Heiligen Boi, die in einem Schrein aufbewahrt wird: Man sagt, es handelt sich um den mumifizierten und lackierten Körper des Heiligen Mannes.

Der **Ba Vi-Nationalpark** liegt 65 km westlich der Hauptstadt und ist für deren stress- und lärmgeplagte Bewohner ein beliebtes Ziel am Wochenende. Das Gebirgsmassiv erstreckt sich über rund 50 km^2. Die höchste Erhebung ist der Vua-Berg (1296 m). Oben befindet sich ein Tempel zu Ehren von Ho Chi Minh, erreichbar über 1229 Stufen. Berühmter ist jedoch der Tan Vien-Berg (1281 m), auf dem nach der vietnamesischen Mythologie Son Tinh, der Berggott, lebt. Westlich der Berge fließt der Da-Fluss, östlich liegt der künstliche Suoi Ha-See, ebenfalls beliebt bei Ausflüglern.

Für die Anreise empfiehlt sich ein Mietwagen mit ortskundigem Fahrer ab Ha Noi. Natur- und Ruhesuchende fühlen sich allerdings in anderen Nationalparks wohler: z. B. im Ba Be-Nationalpark (s. S. 294, Nördliches Bergland) mit seinem schönen großen See, oder dem Cuc Phuong-Nationalpark mit seiner interessanten Primaten-Station (s. S. 339, Nördliches Zentalvietnam).

Nördliches Bergland

Stefan Loose Traveltipps

2 **Mai Chau** Friedliche Tage im Tal der Thai verbringen. S. 267

Dien Bien Phu Auf den Spuren deutscher Söldner durch Schützengräben spazieren. S. 274

3 **Sa Pa** Auf Treks in die Umgebung das Leben der Minderheiten entdecken. S. 279

Bac Ha Das faszinierende Treiben auf dem bunten Sonntagsmarkt beobachten. S. 290

Ba Be-Nationalpark Entspannende Bootsfahrten auf dem größten See Vietnams unternehmen. S. 294

NÖRDLICHES BERGLAND

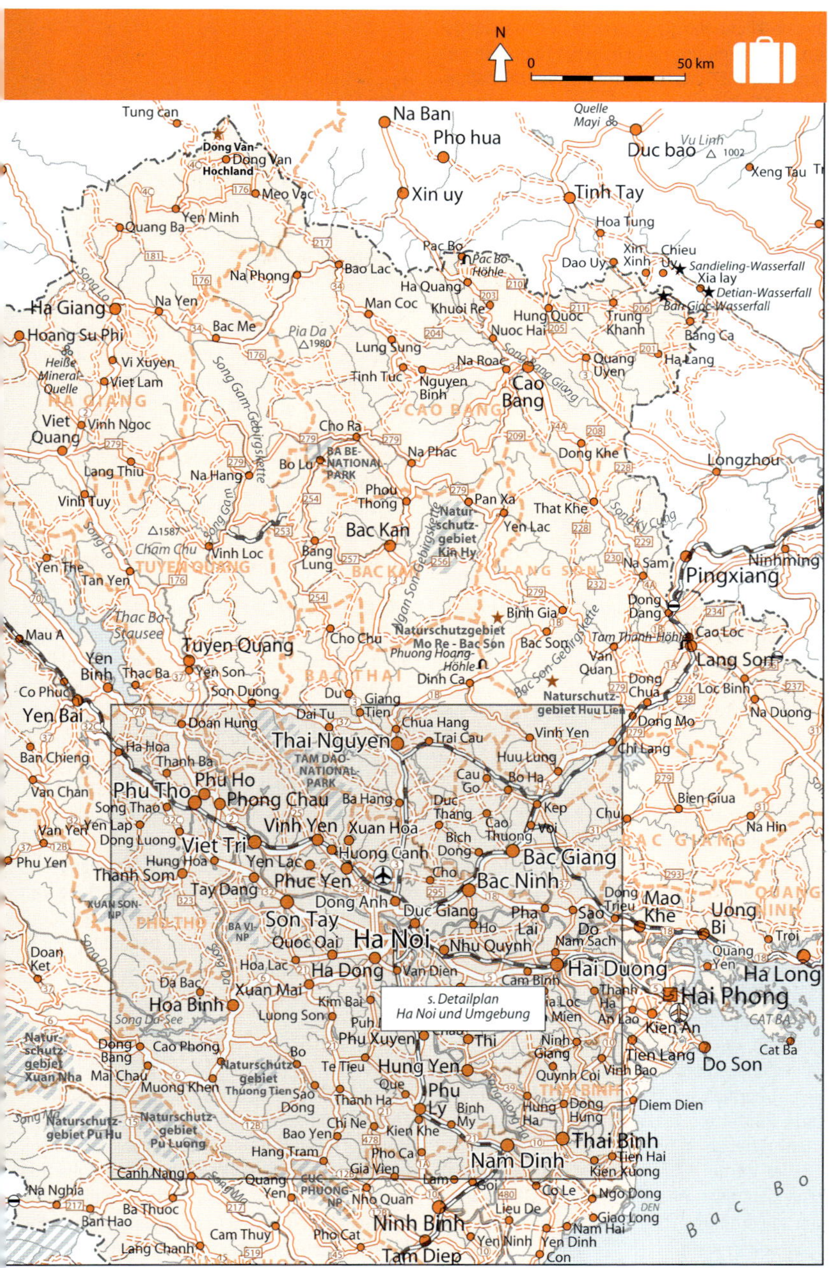

Nördliches Bergland

Das nördliche Bergland ist eine der spannendsten, aber auch unzugänglichsten Regionen des Landes. Es ist die Heimat einer Vielzahl ethnischer Minderheiten, die in den unwegsamen Bergen und Tälern ihre Traditionen bewahren konnten: Wie vor Jahrhunderten beackern sie mit einfachstem Gerät ihre Felder, die über Generationen kunstvoll in die Berghänge terrassiert wurden. Die Völker unterscheiden sich nicht nur durch ihre auffälligen, selbst gewebten Trachten, sondern auch die kulturellen Unterschiede sind groß (s. S. 134, Land und Leute). Es ist möglich, einige Dörfer zu besuchen und in den Pfahlbauten zu übernachten – dieser Blick in eine andere Welt kann eine faszinierende Erfahrung sein.

Die meisten Touristen, die etwas Zeit von ihrem engen Zeitplan für die nördlichen Berge erübrigen, zieht es nach **Sa Pa** – zweifellos ein Highlight der Region. Das Bergdorf, das schon die Franzosen zu schätzen wussten, ist gut von Ha Noi aus per Nachtzug zu erreichen, bietet genügend Unterkünfte für jeden Geldbeutel und eine Anzahl guter Restaurants, die fast alle Hirsch und Wildschwein auf der Speisekarte haben. Von hier aus sind verschieden lange Treks in die Umgebung möglich, daneben Ausflüge auf einen der **Wochenmärkte** in der Umgebung, von denen der Sonntagsmarkt von **Bac Ha** der bekannteste ist.

Näher an Ha Noi liegt **Mai Chau**, wo sich in einem hübschen Tal einige von Reisfeldern umgebene Thai-Dörfer angesiedelt haben: Nicht ohne Grund ist es schon seit Jahren ein beliebtes Ausflugsziel von der Hauptstadt aus und für jeden, der nicht zu viel Zeit für den Norden übrig hat, besonders geeignet.

Ein Besuch in **Dien Bien Phu** ist Pflichtprogramm für Geschichts-Interessierte: Hier wurde 1954 die französische Kolonialmacht in einer fast schon legendären Schlacht vernichtend geschlagen. Auch viele Deutsche, die in der Fremdenlegion dienten, waren damals dabei. Anhand vieler Überbleibsel wie Bunker, Stacheldrahtverhaue, Panzer etc. lässt sich der Schlachtverlauf nachvollziehen.

Wer darauf keinen besonderen Wert legt, kann sich einen Besuch sparen – oder über einen neu eröffneten Grenzübergang ins nördliche Laos weiterreisen.

Vorsicht Kamera!

Wer einen Ausflug zu den Bergvölkern unternimmt, sollte unbedingt vorher den Speicherchip seiner Kamera leeren, aber bedenken, dass nicht jeder einverstanden ist, ungefragt fotografiert zu werden: Vorher fragen ist erste Pflicht, und bei Ablehnung (was oft genug vorkommt) sollte man auf das Foto verzichten.

Internationale Grenzübergänge (die auch von westlichen Reisenden benutzt werden können) verbinden Vietnam zudem mit China: einer in **Lao Cai**, ein weiterer in Dong Dang bei **Lang Son**. Eisenbahnlinien führen von Ha Noi aus über die Grenze; sie stellen gleichzeitig die beiden Hauptschlagadern des ansonsten stellenweise sehr unwegsamen nördlichen Berglands dar.

Relativ leicht zu besuchen ist von Ha Noi aus der **Ba Be-Nationalpark**, wohin auch organisierte Touren angeboten werden. Ebenso wie in Sa Pa und Mai Chau reicht hier eine 2–3-tägige Reise, um einen ersten Eindruck zu bekommen. Wer mehr Zeit hat, kann sich mit Leihwagen und Fahrer, gemietetem Moped oder sogar dem Fahrrad individuell in den Bergen bewegen. Eine schöne Rundtour führt z. B. im nordwestlichen Bergland über Hoa Binh, Son La, Muong Lay und Lai Chau nach Sa Pa. Auch die Orte des nordöstlichen Berglands lassen sich zu einer Rundtour verbinden. Besonders atemberaubend ist die Fahrt in den äußersten Nordzipfel: Von **Ha Giang** aus nach **Meo Vac** und ins Hochland von **Dong Van** – Vietnams wildeste Landschaften gehören (noch) zu den am seltensten besuchten Highlights des Landes.

Hoa Binh

Hoa Binh liegt am Rande der Ebene des Roten Flusses und kann als Zwischenstopp auf dem Weg ins westliche Bergland dienen. Von Ha Noi aus erreicht man die Stadt über die N6, die Hoa Binh durchquert und anschließend in die Berge emporklettert. In der Umgebung leben **ethnische Minderheiten**: Thai, Muong, Hmong und Dao. Sie kommen zu Marktbesuchen in die Stadt. Will man sie in ihren Dörfern besuchen, kann man sich bei der örtlichen Touristenagentur Hoa Binh Tourism im Hoa Binh Hotel 2 (s. u.) um einen Führer bemühen.

Nordwestlich der Stadt befindet sich der 620 m lange **Hoa Binh-Staudamm**, der den Da-Fluss zu einem sich über 200 km in nordwestliche Richtung erstreckenden See staut. Eine touristische Nutzung ist angedacht. Bisher sind lediglich einige Bootstouren im Angebot. Hauptsächlich dienen die Wassermassen (bzw. der von ihnen erzeugte Druck) der Energiegewinnung: Angeschlossen ist Vietnams größtes Wasserkraftwerk, das seit 1994 große Teile des Landes (bis hinunter nach Ho-Chi-Minh-Stadt) mit Strom versorgt. Beim Bau des Damms, der schon Ende der 1970er-Jahre mit russischer Hilfe begann und sich über mehr als zehn Jahre hinzog, kamen 161 Arbeiter ums Leben.

Im örtlichen **Museum** sind neben Dokumenten aus Kriegszeiten auch einige archäologische Funde ausgestellt, die Belegen, dass in der Region schon vor 10 000 Jahren Menschen lebten – Fachleuten als „Hoa Binh-Kultur" bekannt. In 30 km Entfernung gibt es in **Kim Boi** einige Quellen mit warmem Mineralwasser, das sowohl zum Trinken als auch zum Baden geeignet ist.

Übernachtung und Essen

Hoa Binh Hotel 1 & 2, an der N6 Richtung Mai Chau, ✆ 0218-854374, 📠 854372. Unterkünfte im Bergvolk-Stil: Mit nachgebauten Pfahlhäusern, abendlichen Gesangsdarbietungen und gemeinschaftlichem Reiswein-Trinken. Die angeschlossenen Restaurants bieten vietnamesische und internationale Kost. ❷–❹

Thap Vang Hotel, 213 Cu Chinh Lan, ✆ 0218-852864. Saubere Zimmer mit AC und TV an der Hauptstraße im Stadtzentrum. In der Nähe liegen einige *com pho*-Restaurants, wo man für 10 000 Dong eine einfache Mahlzeit erhält. ❶–❷

V Resort, 20 km von Hoa Binh in Bai Chao (nahe Kim Boi), ✆ 0218-871 532, 📠 871751, 💻 www.vresort.vom.vn. Großes Resort mit 90 Zimmern in einem Haupthaus und einzeln stehenden Villen und Pfahlbauten im Bambus-Rattan-Dekor. Hat eine eigene Quelle mit warmem Mineralwasser – gut für Gesundheit und Entspannung. ❹–❼

Sonstiges

Informationen

Die Hoa Binh-Hotels sind auch Sitz der lokalen Touristenagentur **Hoa Binh Tourism**, 💻 www.hoabinhtourism.com. Wer Touren in die Umgebung plant, etwa in eines der Minderheitendörfer oder nach Kim Boi, kann sich an die Angestellten wenden.

Internet/Post

Im Hauptpostamt an der Cu Chinh Lan gibt es Internetzugänge.

Transport

Vom **Busbahnhof** östlich des Zentrums an der N6 bestehen regelmäßige Verbindungen nach HA NOI (2 1/2 Std., 35 000 Dong), MAI CHAU (2 Std., 25 000 Dong) und SON LA (7 Std., 55 000 Dong). Ein *xe om* vom Busbahnhof ins Zentrum kostet 5000–10 000 Dong.

2 HIGHLIGHT

Mai Chau

Das schöne Mai Chau-Tal liegt nur etwa 150 km von Ha Noi entfernt und ist schon seit vielen Jahren ein beliebtes Ziel für Reisende mit wenig Zeit, die dennoch in einem „echten" Bergdorf übernachten möchten. Und auch wenn schon tausende Traveller vorher hier waren: Mai Chau ist immer noch ein Synonym für ein paar friedliche Stunden oder Tage in einem Dorf mit freundlichen Menschen inklusive stilechter Übernachtung im Stelzenhaus und entspannter Spaziergänge durch die Reisfelder, die von steil aufragenden Bergen begrenzt werden. Die Bewohner bestellen weiterhin ihre Reisfelder und weben bunte Stoffe – zum Eigengebrauch, aber inzwischen auch als Souvenir für Touristen.

Die kleine vietnamesische Siedlung am Beginn des Tals ist Endstation für die wenigen Busse, die von Ha Noi hierher fahren, und Ausgangspunkt für Besuche der nahe gelegenen Thai-Siedlungen, in denen westliche Touristen gern gesehene Gäste sind – das nächstgelegene Dorf **Ban Lac** ist nur einen Katzensprung mit dem *xe om* entfernt. Die Unterkünfte sind preiswert und schlicht: Die Spanne reicht von der Matratze im Schlafsaal für wenige Dollar bis zum kleinen Doppelzimmer, immer mit Gemeinschaftsbad. Familienanschluss ist dabei unausweichlich, und einfache Mahlzeiten zum Frühstück, Mittag- und Abendessen werden überall zubereitet.

Die Anreise ist problemlos auf eigene Faust möglich, und auch wer unangemeldet kommt, findet einen Schlafplatz. Zudem werden in Ha Noi an jeder Ecke preisgünstige Touren angeboten. Wer die Gegend erkunden möchte, kann sich entweder auf Schusters Rappen oder mit einem vom Guest House geliehenen Fahrrad oder Moped in die Umgebung aufmachen; hier geht so schnell niemand verloren. Mehrtägige Treks, vor allem Richtung Pu Luong-Nationalpark (s. S. 269), bedürfen allerdings der Planung und können bei einigen der renommierten Reisebüros in Ha Noi gebucht werden. Preiswerter dürfte es sein, sich vor Ort in den Dörfern nach einem Führer umzuhören.

Übernachtung und Essen

In den Dörfern sind die Gästehäuser der Einfachheit halber durchnummeriert. Direkt am Ortseingang von **Ban Lac** liegt **Guest House 1 (Ha Thu Hoa)**, ✆ 0218-867019; sehr freundliche Leute und gute Küche (wenn man isst, was auf den Tisch kommt, und nicht die Köchin oder den Koch dazu verdonnert, etwas Westliches zu fabrizieren). Das Gesagte gilt eigentlich für alle anderen Unterkünfte gleichermaßen. Sie unterscheiden sich kaum, und man sollte nach Gefühl entscheiden. Vorsicht ist geboten, wenn im Schlafsaal der einzige Fernseher steht, wie etwa im **Guest House 5**, ✆ 0218-867075; dann ist die abendliche Unterhaltung schon vorprogrammiert; manch einer zieht in diesem Falle eines der ebenfalls vorhandenen Einzelzimmer vor.
Ähnlich stellt sich die Situation im nahe gelegenen Dorf **Ban Pom Coong** dar. Hier werden im **Guest House 1**, ✆ 0218-867318, abendliche Tanz- und Gesangsdarbietungen organisiert. Die zwei großen Schlafsäle und eine überdurchschnittlich große Anzahl von Duschen deuten darauf hin, dass man in diesem Haus eher auf Gruppen aus Ha Noi eingestellt ist.
Eine Übernachtung kostet im Schnitt 50 000 Dong, ein Essen 20 000 Dong.
Ein Moped ist in den Unterkünften für 100 000 Dong am Tag zu haben, ein einfaches Fahrrad für 20 000 Dong, ein Mountainbike für 50 000 Dong.
In der kleinen Ortschaft **Mai Chau**, in der der Busbahnhof liegt, gibt es das kleine Hotel **Anh Dao**, Thieu Khu 4, ✆ 0218-867231, mit unspektakulären, aber akzeptablen Standard-Zimmern. ❶–❷
Pho, Reis und *bia hoi* bekommt man z. B. im *com pho*-Restaurant in der 210 Thieu Ku 4.
Ein hochkarätiger Neuzugang ist die **Mai Chau Lodge**, ✆ 0218-868959, 📠 868950, 💻 www.maichaulodge.com. Etwas außerhalb des Ortes gelegen, kann man es sich hier in luxuriöser Umgebung gut gehen lassen. Die 15 Zimmer und zwei Suiten sind modern und stilvoll ausgestattet. Pool, Sauna und Jacuzzi sorgen nach einem Spaziergang in die Thai-Dörfer für Entspannung. ❻–❼

Transport

Von Mai Chau nach HA NOI morgens um 5.15 Uhr für 30 000 Dong (zum Giap-Bat-Busbahnhof). Wer diesen Bus verpasst, kann um 6 Uhr auch den nach DONG HA nehmen (26 000 Dong) und dort in einen Anschlussbus in die Stadt umsteigen. Ein weiterer Bus fährt um 8 Uhr nach HA NOI zum etwas ungünstig gelegenen My Dinh-Busbahnhof (30 000 Dong). Entgegen vieler anders lautender Aussagen ist Mai Chau von HA NOI aus tgl. mit einem durchgehenden Bus zu erreichen (s. S. 250, Ha Noi, Transport).
Wer weiter in den Nordwesten ziehen möchte, kann sich mit dem *xe om* bis nach MOC CHAU bringen lassen. Dort können an der Kreuzung westlich des Ortes Busse angehalten werden. Die dreistündige Fahrt kostet 150 000 Dong.

Von Mai Chau nach Na Meo

Eine interessante, selten genutzte Route nach Laos führt über den Grenzübergang Na Meo. Er liegt etwa 200 km von Mai Chau entfernt und ist mit dem *xe om* für 400 000 Dong zu erreichen.

Pu Luong-Naturschutzgebiet

Folgt man von Mai Chau aus der N15 in südliche Richtung, so gelangt man in das Pu Luong-Naturschutzgebiet, eine vom Tourismus noch recht unberührte Gegend und ein fantastisches Trekking-Gebiet, das im Rahmen gebuchter Touren besucht werden kann.

Geografisch ist das Gebiet durch zwei parallele Bergzüge gekennzeichnet, die sich von Nordwest nach Südost erstrecken und ein fruchtbares, lang gestrecktes Tal begrenzen, das von den hier lebenden Ethnien landwirtschaftlich genutzt wird und nicht zum Naturschutzgebiet zählt. Der südwestliche Teil besteht aus bewaldeten, eher sanft bis auf 1700 m Höhe ansteigenden Bergen, der nordöstliche aus wilderen, schroffen Kalksteinfelsen, die sich geologisch vom Cuc Phuong-Nationalpark bis in die Region von Son La hinziehen.

Über 1100 Pflanzenarten und eine große Vielfalt an Tieren machen die Region zu einem ökologisch wertvollen Gebiet. 40–45 Delacour-Languren leben hier; die größte bekannte Population des bedrohten Primaten in Vietnam. Es ist allerdings ziemlich unwahrscheinlich, dass man sie beim

Nördliches Bergland

Trekken entdeckt, ebenso wenig wie Leoparden und Schwarzbären, eher schon eine oder mehrere der 160 verschiedenen Schmetterlingsarten. Die relativ isolierte Lage der Berge sorgte außerdem für die Entwicklung endemischer, nur hier vorkommender Arten: Bisher wurden z. B. 12 völlig unbekannte Landschnecken entdeckt, und die Zoologen sind auf weitere Überraschungen gefasst.

Die französischen Kolonialherren richteten einen Luftwaffenstützpunkt in der Nähe des höchsten Berges, des Pu Luong, ein, um die durch das Tal verlaufende N15 zu kontrollieren, die damals die einzige Straße nach Dien Bien Phu war. Die hier stationierten Soldaten waren übrigens die Ersten, die das nördlich gelegene Mai Chau als Naherholungsgebiet nutzten. Wie die Alten zu berichten wissen, waren sie allerdings eher an den schönen Thai-Frauen als an der herrlichen Natur interessiert.

Thai und Muong wohnen auch in Teilen des Naturschutzgebietes, und von staatlicher Seite wird nun versucht, sie zu nachhaltiger Bewirtschaftung anzuhalten. In ihren Dörfern gibt es einfache Übernachtungsmöglichkeiten in Stelzenhäusern. Berge, Höhlen und Reisfelder, die mit Wasserrädern bewässert werden – Naturfreunde können hier tagelang von Dorf zu Dorf wandern, ohne dass ihnen langweilig wird.

Übernachtung und Transport

Am einfachsten ist es, eine Tour bei einem der größeren Anbieter in Ha Noi zu buchen. Lohnend sind Treks von 3 bis 6 Tagen. Geschlafen wird unterwegs in den Dörfern; Übernachtungen und Essen sind meist im Preis inbegriffen. Wer auf eigene Faust unterwegs ist, kann im Dorf Trang, 1,5 km von Canh Nang entfernt, im **Pu Luong Nature Reserve Headquarter**, ✆ 0373-880396, 880671, ✉ puluongth@vnn.vn, nach einem Führer und einer Bleibe fragen.

Moc Chau

Immer höher klettert die N6 hinter Hoa Binh in die Berge und erreicht schließlich ein Hochplateau, das nach seiner größten Stadt Moc Chau-Plateau genannt wird. Es liegt auf über 1000 m Höhe, ist etwa 80 km lang, 25 km breit und hat eine prärieähnliche Landschaft mit ausgedehnten Grasflächen, auf denen Kühe weiden. Hier wird Milch produziert, und der daraus hergestellte Joghurt, der von Händlern am Straßenrand angeboten wird, ist ausgesprochen lecker. An den Hängen der Berge wird Tee angebaut, mit der beste, den Vietnam zu bieten hat.

Die Siedlung Moc Chau hat nur ein paar tausend Einwohner und ist ein typischer Durchreise-Ort. Motorisierte Individualisten oder Radfahrer können hier aber auch je nach Reiseverlauf eine Nacht verbringen. In der Umgebung gibt es ein paar interessante Ziele zu entdecken: Berge, Wasserfälle und Dörfer ethnischer Minderheiten.

In der Gegend leben neben Thai, Muong, Dao und Kho Mu viele Hmong, die sich jedes Jahr am 1. September in Moc Chau zum großen **Liebesmarkt** treffen, bei dem die Jugend im Vordergrund steht: Es wird gelacht, geflirtet, Händchen gehalten und manche Verbindung fürs Leben geknüpft. Die unterschiedlichen Hmong-Gruppen (Weiße, Schwarze, Grüne und Hoa-Hmong) sind anhand ihrer aufwändigen Trachten zu unterscheiden.

Übernachtung und Transport

Unterkunft findet man im schlichten **Duc Dung Guesthouse**, 100 m von der Post an der N6, ✆ 022-866181, ❶. Eine Alternative ist das saubere **Binh Nguyen** am Ortsausgang Richtung Ha Noi, ✆ 022-866 398, ❶.
Einzige Transportmittel sind die den ganzen Tag über auf der N6 verkehrenden Busse Richtung HA NOI (ca. 4–5 Std., 50 000 Dong) und SON LA (ca. 3 Std., 30 000 Dong), die man einfach heranwinken kann.

Yen Chau

Der Obstanbau ist die Haupteinnahmequelle in dieser kleinen Stadt an der N6 auf halbem Weg zwischen Moc Chau und Son La. Je nach Jahreszeit sind die Ernteprodukte am Straßenrand und auf dem Markt zu sehen: etwa Pflaumen und Mangos von April bis Juni und Longans in den beiden Folgemonaten. Die Schwarzen Thai, die in der Region leben, versuchen sich außerdem als Fischfarmer und züchten eine Karpfenart, die die lokale Speisekarte erweitert.

Falls hier eine Übernachtung nötig ist, findet man Unterschlupf im recht ordentlichen **Hia Chau Hotel** an der N6, ✆ 022-840139, ❶. Ein Restaurant ist angeschlossen.

Den ganzen Tag über kommen Busse Richtung HA NOI (ca. 5–6 Std., 60 000 Dong) und SON LA (ca. 2 Std., 20 000 Dong) durch den Ort. Sie halten bei Heranwinken.

Son La

Die Hauptstadt der gleichnamigen Provinz Son La ist für einige Reisende Zwischenstation auf dem Weg von Ha Noi nach Dien Bien Phu. Sie liegt in einem fruchtbaren Tal, in dem Reis angebaut wird. Der Nam La-Fluss trennt sie in zwei Teile. Drumherum gruppiert sich eine wilde, zerklüftete Berglandschaft, in deren Tälern sich kleine, voneinander isolierte Siedlungen befinden. Die vielen Minoritäten, die dort leben (u. a. Thai, Mong, Muong, Dao, Xinh Mun, Kho Mu, La Ha, Khang und Tay), kommen regelmäßig in die Stadt, um ihre Produkte feilzubieten: So sieht der Reisende sicherlich einige interessante Trachten.

Einen Besuch lohnt der **Markt**, auf dem mit Produkten aus der Region gehandelt wird. Ein schönes oder praktisches Mitbringsel können die Handwerksarbeiten der Bergvölker sein, sei es eine Schultertasche, ein Schal oder Silberschmuck – die hier nicht als Souvenirs angeboten werden, sondern Teil der Alltagskultur sind.

Historisch Interessierte können die **Gefängnisruinen** besuchen, die auf einem kleinen Hügel liegen. Das Areal, dessen Eingang noch mit „Pénitencier" beschriftet ist, wurde 1908 von den Franzosen gebaut. Tatsächlich waren solche Kerker die Keimzellen der organisierten Viet Minh, die hier Anhänger warben – denn wer in den unterirdischen Verliesen litt, war nur allzu leicht davon zu überzeugen, nach seiner Freilassung in den bewaffneten Widerstand zu gehen. Die Zerstörungen sind zum größten Teil auf us-amerikanische Bomber zurückzuführen; sie luden hier auf dem Rückweg nach Thailand ihre

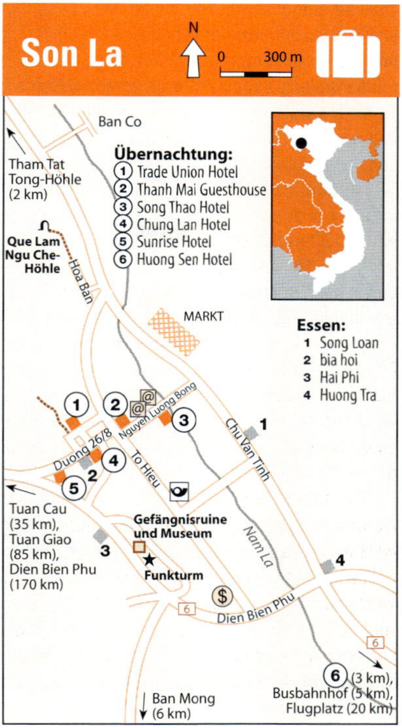

restlichen Bomben ab, die sie in Ha Noi oder Hai Phong nicht losgeworden waren. Zur Erinnerung – und der dramatischen Wirkung halber – wurde einiges wieder aufgebaut, darunter die Wachtürme. Von ihnen hat man einen schönen Blick auf das Gelände und über die Stadt.

Angeschlossen ist das kleine **Provinzmuseum**, das wegen seines im Obergeschoss untergebrachten Raums mit ethnografischen Exponaten einen kurzen Besuch lohnt. Neben Trachten und Webarbeiten werden auch fein gearbeiteter Silberschmuck der Hmong und Dao und handschriftliche Aufzeichnungen der Thai präsentiert. Leider sind nicht alle Ausstellungsstücke in Englisch beschriftet. ⌚ 7.30–11 und 13.30–17 Uhr, Eintritt für Museum und Gefängnis zusammen 5000 Dong.

Ein kleiner Spaziergang führt zur **Que Lam Ngu Che-Höhle** an einem Berghang im Norden der Stadt. Sie ist nicht viel mehr als ein mittelgro-

Im fruchtbaren Tal von Son La wird Reis angebaut

ßer, etwas muffig riechender Raum im Fels, inspirierte jedoch im März 1440 König Le Thai Tong, der hier bei einem Feldzug gegen renitente Bergbewohner Rast einlegte, zu einem Gedicht, das er in die Felswand einmeißeln ließ. Die immer noch gut erkennbaren Gravuren sind heute mit schwarzer Farbe nachgezogen. Der Weg dorthin führt aus dem Zentrum kommend über die Hoa Ban, die bald zur unbefestigten Straße wird. Kurz vor ihrem Ende, zwischen den Hausnummern 83 und 85, geht es links die Treppen hoch, dann am kleinen Le Thai Tong-Tempel rechts. Am späten Nachmittag ist dies eine beliebte Jogging-Strecke.

In der Umgebung befinden sich zahlreiche **Minderheiten-Dörfer**. Wer mit einem fahrbaren Untersatz unterwegs ist, kann auf eigene Faust viel entdecken. Zu Fuß erreichbar sind Ban Co, ein nördlich gelegener Vorort, wo Schwarze Thai siedeln, und das 6 km entfernte Ban Mong, wo es einige heiße Quellen gibt.

Übernachtung

Chung Lan Hotel, 1 Duong 26/8, ✆ 022-858088. Minihotel mit gutem Preis-Leistungs-Verhältnis. Kein Englisch. ❶

Huong Sen Hotel, 228 Duong Truong Chinh, ✆ 022-851980, ℻ 858612. Großes neues Haus an der N6 Richtung Ha Noi (an der rechten Seite, stadtauswärts gesehen). Saubere, angenehme Zimmer und freundliche Mitarbeiter. ❷–❸

Song Thao Hotel, Nguyen Luong Bong, ✆ 022-850058. Relativ neue, ordentliche Standard-Zimmer. ❶–❷

Sunrise Hotel, 53 Duong 26/8, ✆ / ℻ 022-858799, ✉ buixuandai@yahoo.com. Saubere Zimmer und freundliches, Englisch sprechendes Personal; eine gute Wahl. Allerdings sind die Betten ziemlich hart. ❷

Thanh Mai Guest House, 280 To Hieu, ✆ 022-852984. Sehr ordentliche, gut in Ordnung gehaltene Zimmer mit neuwertigen Bädern. Auch 3-Bett-Zimmer. ❶

Trade Union Hotel (Cong Doan Son La), 4 Duong 26/8, ✆ 022-852804, 📠 855312, ✉ congdoan hotelsla@yahoo.com. Das staatliche Hotel bietet große, bequem möblierte Zimmer, ein gutes Restaurant und einen Tourservice. Durchaus empfehlenswert. ❷–❸

Essen

Hai Phi, 189 Dien Bien Phu, ✆ 022-852394. Wer das Restaurant betritt, glaubt zunächst, im Wohnzimmer der Familie gelandet zu sein. Tatsächlich ist dies der Empfangsraum; gegessen wird weiter hinten im Speisesaal. Dort gibt es die Spezialität des Hauses: Ziege. Eine gute Portion geröstetes Ziegenfleisch *(de quang)* kostet 40 000 Dong. Passend dazu gibt es einen Teller mit frischen Kräutern, die der Ziege sicher ebenfalls gut geschmeckt hätten. Mehrere Esser können sich einen Ziegen-Topf (*lau de*, 70 000–80 000 Dong) teilen. Auf der englischen Speisekarte finden sich außerdem Rind, Huhn und gebratener Reis.

Song Loan, 184 Chu Van Thinh, ✆ 022-750367. Ziege *(de)* und Kaninchen *(tho)* für Fleischesser, Reis mit Gemüse *(com chay)* für Vegetarier.

Im **Trade Union Hotel Restaurant** können nur Gäste des Hotels speisen; hier gibt es preiswerte, gute einheimische Küche. Auch das **Sunrise Hotel** verfügt über ein eigenes Restaurant für Hotelgäste.

Einige **Essensstände** befinden sich an der südlichen Kreuzung (Dien Bien Phu und Chu Van Tinh). Hier kann man u. a. schwarzen Reis *(com gao cam)* probieren, eine Spezialität der Thai-Minorität. In der Nähe entspannen die Einheimischen bei einem Glas Bier im **Huong Tra**. Eine nette kleine *bia hoi*-„Garage" mit leckerem Frischgebrautem und einem Tisch auf dem Bürgersteig befindet sich in der Duong 26/8.

Sonstiges

Geld

Eine Zweigstelle der **Agribank** in der To Hieu wechselt US$. 🕓 7.30–11 und 13.30–16.30 Uhr.

Internet

Einige **Internetshops** befinden sich in der Nguyen Luong Bong.

Post

In der To Hieu, ✆ 022-852255.

Transport

Der große **Busbahnhof** befindet sich etwa 5 km vom Zentrum entfernt an der N6 Richtung Ha Noi. Von morgens 5 Uhr bis mittags fahren regelmäßig Busse nach HA NOI (etwa 8 Std., 70 000 Dong) und DIEN BIEN PHU (etwa 6 Std., 40 000 Dong).

Son La besitzt auch einen **Flughafen**, etwa 20 km südlich. Die Flugverbindungen nach Ha Noi sind allerdings bis auf Weiteres eingestellt.

Tuan Chau

35 km nordöstlich von Son La liegt das gemütliche kleine Städtchen Tuan Chau. Die Fahrt dorthin über die N6 führt durch eine schöne Landschaft von Reisfeldern, in die traditionelle Dörfer eingebettet sind. In Tuan Chau scheint ein angenehmes Mikroklima zu herrschen: In einigen Gärten stehen Kokospalmen! Morgens ab Sonnenaufgang ist das Städtchen ein belebter Marktflecken: Dann kommen die Frauen der verschiedenen Minderheiten aus den Bergen, um Handel zu treiben. Gegen 9 Uhr treten sie bereits die Rückreise an; wer etwas sehen möchte, sollte also zeitig da sein.

Tuan Giao

Die kleine, freundliche Bergstadt Tuan Giao markiert die Stelle, an der die N279 in westliche Richtung nach Dien Bien Phu abzweigt. Von hier sind es noch 82 km bis dorthin – über eine Straße, die gerade groß ausgebaut wird und für Zweiräder stellenweise fast unpassierbar ist. Folgt man der N6 nach Norden, so ist nach 98 km Lai Chau erreicht.

Bei einem Zwischenstopp in Tuan Giao kann man sich im **Hoang Quat Restaurant**, ✆ 0230-

862482, an der Straße nach Dien Bien Phu stärken; hier kehren auch die durchreisenden kleinen Tourgruppen ein. Wer übernachten möchte oder muss, findet Unterkunft im **Tuan Giao Hotel**, ✆ 0230-862 613, ❶, gegenüber der Post an der Hauptstraße Richtung Lai Chau, wo es auch eine heiße Dusche gibt.

Dien Bien Phu

Dien Bien Phu liegt in einem weiten, Richtung Laos geöffneten Tal im äußersten Nordwesten Vietnams. Der Name ist Synonym für eine der großen Schlachten des vergangenen Jahrhunderts: Hier fand die französische Kolonialherrschaft ihr Ende. Touristen, die sich hierher verirren, kommen meist in Erinnerung an diese Geschehnisse, wandern durch die Hügel und besichtigen die konservierten Relikte des Kampfes: Panzer, Artillerie, befestigte Stellungen. Ansonsten hat die Stadt nicht viel zu bieten, was es nicht anderswo im Bergland auch gäbe: einen Markt, auf dem neben den schönen Webarbeiten der Schwarzen Thai besonders die große Anzahl in Alkohol eingelegter Maden, Echsen und Krähen auffällt, gegrillte Hunde in den Straßenrestaurants und sehr fotoscheue Angehörige ethnischer Minderheiten, die am Straßenrand die wenigen Erzeugnisse ihrer Felder anbieten.

Die Anreise über Land, sei es von Tuan Giao oder Muong Lay aus, zählt zu den schönsten Bergstrecken des Nordens. Immer wieder ergeben sich überwältigende Ausblicke.

Sehenswürdigkeiten

Der **Hügel A 1** (für die Franzosen: Elaine 2) war eine der bis zum Schluss am heftigsten umkämpften Stellungen während der Schlacht. Stacheldrahtverhaue und mit Sandsäcken abgesicherte Gräben durchziehen das Gelände. Der riesige Bombenkrater stammt vom Vorabend der französischen Niederlage: Bergleute aus den Kohlebergwerken von Hon Gai hatten die Stellung untertunnelt und hier am 6. Mai um 23 Uhr eine Tonne Sprengstoff zur Explosion gebracht: Das bedeutete das Ende der Stellung und das Signal für den letzten Angriff. Ein Panzer thront auf dem Hügel. Ganz in der Nähe, südlich über die Straße, liegt der große **Soldatenfriedhof** und gegenüber das **Museum** mit Kriegsschrott und verblichenen Fotos, 🕒 7–11 und 13.30–18 Uhr, Eintritt 5000 Dong.

Der **Bunker von General De Castries** war die Kommandozentrale der Franzosen und der Ort der Kapitulation am 7. Mai 1954. Er liegt jenseits des Flusses, hinter der aus Holzbohlen gebauten Muong Thang-Brücke, und ist gut erhalten. Innen birgt er einige Informationen zu Schlachtverlauf und Truppenstärken. 🕒 7–11 und 13.30–17 Uhr, Eintritt 5000 Dong. In der Nähe befinden sich zwei Panzer und Geschützstellungen.

Über die Grenze nach Laos

Der **Grenzübergang bei Tay Trang** ist seit 2007 auch für Ausländer geöffnet. Wer will, kann also von Dien Bien Phu aus ins nördliche Laos weiterreisen – eine spannende Tour durch touristisch wenig erschlossenes Gebiet. Ein Laos-Visum ist an der Grenze erhältlich. Es gilt für 30 Tage und kostet US$30 für Deutsche, US$35 für Österreicher und Schweizer.

Nach Laos fahren drei Busse wöchentlich: Di, Do, Sa um 5.30 Uhr für 60 000 Dong. Die Grenze liegt etwa 35 km von Dien Bien Phu entfernt. In Laos sind es etwa 40 km bis nach **Muang Mai** und weitere 40 km bis **Muang Khoua**, der Endstation des Busses aus Vietnam. Dauer der Fahrt (durch eine tolle Landschaft) etwa 10 Std. mit Pausen. Da Flüsse überquert werden müssen, kann die Strecke in der Regenzeit von Juni bis Oktober unpassierbar werden,

Geld tauschen (nur bare US$ und Euro) kann man in Muang Khoua in der Lao Development Bank, 🕒 Mo–Fr 8–11.30 und 13.30–16 Uhr. Busse fahren weiter nach **Oudomxai** um 11 und 14 Uhr (94 km, 3 Std., 23 000 Kip). Übernachtung in Muang Khoua im freundlichen Manhchay Guesthouse, ✆ 088-210841, ❶, oder dem komfortablen Sernaly Hotel, ✆ 088-210811, ❷–❸.

Einreise nach Vietnam: Busse 3-mal wöchentlich ab Muang Khoua: Di, Do, Sa um 7 Uhr, 40 000 Kip. Ein Vietnam-Visum (erhältlich in Vientiane und Luang Prabang) muss bereits im Pass sein.

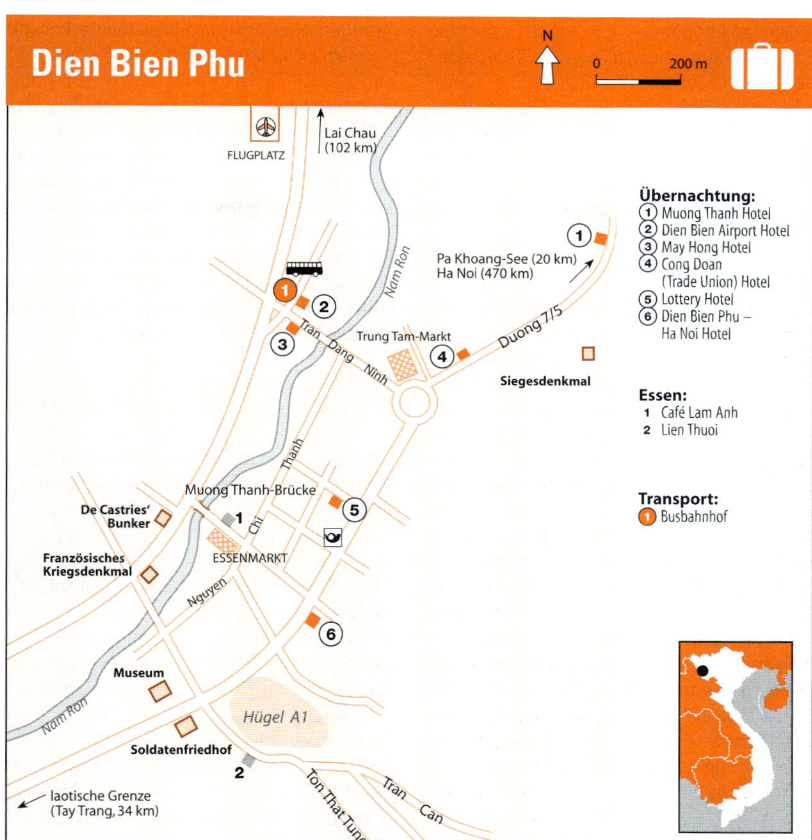

Südlich davon liegt das **Französische Kriegsdenkmal** (Nghia Trang Phap). Der weiße Obelisk wurde 1994 vom ehemaligen Fremdenlegionär Rolf Rodel (Ancien Chef de Commando de la 10ème Compagnie du 3/3 Régiment Etranger d'Infanterie) auf eigene Initiative und eigene Kosten zum Gedenken an die gefallenen Kameraden errichtet. Später erklärte sich der französische Präsident Chirac bereit, ihm das Geld aus der Staatskasse zu erstatten.

Bei einem Staatsbesuch im Herbst 1999 sollte das private Monument als offizielles französisches Kriegsdenkmal eingeweiht werden. Das erlebte Rodel allerdings nicht mehr mit: Er verstarb im Januar 1999.

Das **Siegesdenkmal** der Vietnamesen (Tuong Dai Chien Dien Bien Phu) wurde zum 50sten Jahrestag der Schlacht eingeweiht und steht auf einem Hügel im Norden der Stadt. Die 120 t schwere Bronzeskulptur ist das größte Monument in ganz Vietnam und zeigt drei siegreiche Soldaten, die auf Castries' Bunker stehen. Einer hat ein Thai-Kind im Arm. Der Eingang befindet sich nahe der TV-Station an der 6 Muong Thanh.

Übernachtung

Insgesamt sollte man in Dien Bien Phu keine allzu großen Erwartungen an die Hotels stellen.

Die Hölle von Dien Bien Phu

Für viele Militärhistoriker ist die Schlacht von Dien Bien Phu eine der wichtigsten des 20. Jhs. Sicher ist sie ein Wendepunkt in der Geschichte von Südostasien – und ein entscheidendes Datum für Vietnam: Nach Jahren und Jahrzehnten des Widerstands wurden hier die französischen Kolonialherren endgültig und dauerhaft besiegt.

Dien Bien Phu wird zur französischen Festung

Im Jahre 1953, als beide Seiten sich schon auf die Friedensgespräche in Paris vorbereiteten, bauten die Franzosen das kleine Bergnest Dien Bien Phu zu einer stattlichen Festung aus: Ziel war es, die feindlichen Nachschublinien zu unterbrechen und den Viet Minh, die schon weit gegen Ha Noi vorgerückt waren, von hier aus in den Rücken zu fallen. Außerdem sollten die Viet Minh, die bis dahin mit Guerillataktiken gekämpft hatten, endlich in eine klassische Schlacht verwickelt werden – ein Gebiet, auf dem sich die Franzosen, ausgerüstet mit den neuesten Waffen jener Zeit, maßlos überlegen fühlten.

Die französische Kommandozentrale inmitten des flachen Flusstals war umgeben von befestigten Stellungen auf den umliegenden Hügeln – diese Forts trugen Frauennamen, angeblich die der Freundinnen des befehlshabenden Generals Christian de Castries. Mit großkalibriger Artillerie ausgestattet, glaubte man, sich die als deutlich schlechter ausgerüstet bekannten Angreifer vom Leib halten zu können. Der Nachschub kam aus der Luft, über das Landefeld und per Fallschirm.

Deutsche in französischen Diensten

Die französischen Truppen bestanden im März 1954 aus etwa 16 000 Soldaten; davon 70 % Fremdenlegionäre. Unter den Fremdenlegionären wiederum waren mindestens 50 % Deutsche: Junge Männer, die der Weltkrieg ohne Halt und Orientierung zurückgelassen hatte, aber auch kampferfahrene SS-Offiziere, die so der französischen Kriegsgefangenschaft entkommen waren oder sich einfach vom Eliteverständnis der Legion angezogen fühlten: Die Schlacht wird daher manchmal auch als die letzte Schlacht der Waffen-SS bezeichnet.

Die Festung wird umzingelt

Schon während des Aufbaus der Garnison begannen unter der Führung von General Vo Nguyen Giap Guerillas der Viet Minh und Truppen der vietnamesischen Volksarmee die Stellungen zu umzingeln. Die französischen Truppen fühlten sich sicher in ihrem Labyrinth aus Stacheldraht, Geschützstellungen und Minenfeldern. Doch beim ersten massiven Angriff am 13. März zeigte sich sofort, wie verwundbar die französischen Stellungen waren: Die außen liegende Stellung Gabrielle wurde innerhalb von Stunden überrannt. Weitere Stellungen fielen in wenigen Tagen. Grund war der unterstützende Einsatz schwerer Artillerie auf Seiten der Vietnamesen: Unter unsäglichem Einsatz hatten die Truppen riesige 105-mm-Geschütze in Stellung gebracht, die mühevoll über Dschungelpfade herantransportiert worden waren, was die Franzosen einfach nicht für möglich gehalten hatten. Bezeichnend, dass sich der französische Artillerie-Kommandant schon in dieser Phase selbst erschoss. Ebenso bezeichnend, dass nun die usamerikanische Luftwaffe aktiv eingriff und vietnamesische Stellungen mit Napalm bombardierte.

Untere Preisklasse

Dien Bien Airport Hotel, Trang Dan Ninh, ✆ 0230-825052, 📠 826060. Neben dem Busbahnhof liegt dieses blaue Gebäude mit 34 Zimmern, manchmal auch von Tourgruppen belegt . Im Foyer ein Ticketschalter von Vietnam Airlines. ❶–❷

Lottery Hotel, Muong Thanh 3, ✆ 0230-825789. Einfache Zimmer, recht sauber. ❶

May Hong Hotel, Road 1, ✆ 0230-726300. Auch nicht gerade ein Traumhotel, aber preiswert und nahe dem Busbahnhof. ❶

Mittlere Preisklasse

Cong Doan (Trade Union) Hotel, 7A Duong 7/5, ✆ 0230-824319, 📠 824319, ✉ kscongdoandbp @hn.vnn.vn. 27 einfache, recht große Zimmer,

Die Viet Minh legten die Landebahn unter Feuer und schossen Versorgungsflugzeuge mit Luftabwehrkanonen ab. Die ersten amerikanischen Toten in Vietnam waren zwei zivile Piloten, die sich zu diesem Einsatz gemeldet hatten. Der Nachschub der Eingeschlossenen war nun empfindlich gestört. Dazu kam, dass die Flugzeuge, um nicht abgeschossen zu werden, höher fliegen mussten und ihre Fallschirme mit Nahrung, Waffen und Munition, ja selbst Geheimdienstinformationen, nun immer öfter im vietnamesisch kontrollierten Gebiet landeten. Doch nicht nur mit schweren Kanonen wurde gekämpft – ebenso wichtig war die Schaufel, mit der sich die Viet Minh in Gräben Meter für Meter näher an die französischen Stellungen heranbuddelten. Insgesamt waren diese Stollen am Ende des Kampfes 400 km lang!

Die Festung wurde zur Falle: Von der Außenwelt abgeschnitten, unter ständigem Beschuss und in vom Monsunregen überfluteten Schützengräben wurde die Situation für die Eingeschlossenen von Tag zu Tag schlimmer. Ende April fragte der französische Außenminister Georges Bidault tatsächlich bei der US-Regierung an, ob sie nicht mit dem Einsatz taktischer Atomwaffen aushelfen könne. Einige Quellen sagen, dass dieser Plan erst nach Intervention des britischen Premiers Winston Churchill aufgegeben wurde.

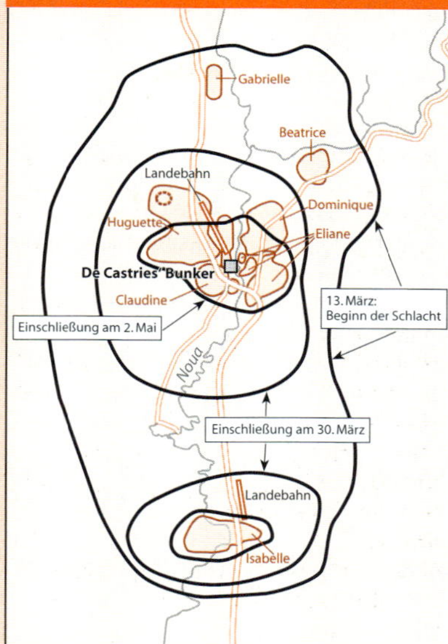

Der Fall von Dien Bien Phu

Schließlich fiel die Festung am 7. Mai, nach 57 Tagen erbittertem Kampf. Von den etwa 50 000 angreifenden Vietnamesen starben etwa 20 000, auf französischer Seite etwa 6000 Soldaten, darunter Hunderte Deutsche. Viele überlebten später die vietnamesische Kriegsgefangenschaft nicht. Einen Tag später begann in Genf die Indochina-Konferenz. Das schockierte Frankreich erklärte sich bereit, sich ganz aus Vietnam zurückzuziehen.

Für die Geschichte war dies ein Wendepunkt: Vor den Augen der Weltöffentlichkeit wurde eine Kolonialmacht militärisch geschlagen aus dem Land geworfen.

z. T. mit Teppichboden; großes Restaurant im Erdgeschoss. ❷–❸

Dien Bien Phu – Ha Noi Hotel, 279A Duong7/5, ✆ 0230-825103, 📠 826290, ✉ dienbienphuhnhotel@vnn.vn. Mittelklasse-Haus, in dem die etwas teureren Zimmer attraktiver sind. Die Rezeptionistin wirkte abweisend – vielleicht bevorzugt man hier Tourgruppen oder einheimische Geschäftsleute, vielleicht hatte sie auch nur einen schlechten Tag. ❷–❸

Muong Thanh Hotel, 25/1 Phuong Him Lam, ✆ 0230-810043, 📠 810713. Etwas nördlich des Zentrums rechts (stadtauswärts gesehen) an der Straße nach Ha Noi und noch das angenehmste Haus am Ort: Mit 50 sauberen Zimmern (deutlich besser sind die im neuen

Flügel), einem großen Restaurant, wo sich Hirsch, Frosch und Wildschwein auf der Speisekarte tummeln, einer Bar und einem Pool mit skurriler Beton-Dekoration. ❷–❹

Essen

Café Lam Anh, 9 Muong Thanh, ☏ 0230-832649. Nettes Café mit vielen Tischen und kleinen Snacks: v. a. Sandwiches und Hamburger.
Lien Thuoi, 22 Muong Thanh 8, ☏ 0230-824919. Das große Restaurant gilt als das beste der Stadt; hier finden auch Hochzeiten und andere Feiern statt. Gerichte um 50 000 Dong.
Das **Muong Thanh-Hotelrestaurant** ist ebenfalls eine gute Option.
Vor dem Trung Tam-Markt befinden sich einige **Essenstände** mit leckeren Kleinigkeiten. Auf dem größeren **Essensmarkt** Richtung Fluss gibt es lokale Lieblingsgerichte wie gegrillten Hund usw.

Transport

Busse

Der **Busbahnhof** befindet sich recht zentral auf der westlichen Flussseite und bietet u. a. Verbindungen nach HA NOI (Giap Bat-Busterminal, etwa 10 Std.) um 4.30, 5, 6.30, 8, 8.30 und 11.30 Uhr für 130 000 Dong; ein geringfügig bequemerer Bus um 7 Uhr kostet 155 000 Dong. Nach SON LA (4–5 Std.) um 4.30 und 12 Uhr für 55 000 Dong; LAO CAI (8 Std.) um 6 und 7.30 Uhr für 84 000 bzw. 115 000 Dong; LAI CHAU (5–6 Std.) um 5, 7, 10, 11 und 12.30 Uhr für 70 000 Dong; MUONG LAY (3 Std.) um 8, 9, 13.30 und 16 Uhr für 33 000 Dong. In die abgelegenen Bergdörfer MUONG TE (6–7 Std.) um 5.30 Uhr für 67 000 Dong und SIN HO (5 Std.) zur gleichen Zeit für 55 000 Dong. Die Fahrzeiten können je nach Fahrzeug und Wetter stark variieren.

Flüge

Der **Flughafen** befindet sich etwas nördlich des Zentrums. Von hier aus starten ein bis zwei Maschinen täglich nach HA NOI: Abflug um 11.20 und/oder 15 Uhr, Flugdauer 1 Std., Ticket 450 000 Dong. Die Flüge sind oft bereits einige Tage vorher ausgebucht.

Muong Lay und Umgebung

Muong Lay ist eine sterbende Stadt: Ein zweiter Staudamm am Da-Fluss wird sie irgendwann in den Fluten eines neuen künstlichen Sees versinken lassen. Einst, als die Stadt noch Lai Chau hieß (siehe Kasten „Namensänderungen"), war der Ort Provinzhauptstadt und ein wichtiges Handelszentum – erst ging das Hauptstadt-Dasein an Dien Bien Phu verloren, dann der angestammte Name, anschließend zerstörten Erdrutsche Teile der Stadt und forderten viele Todesopfer.

Abenteuerlustige Reisende können von hier aus über die N127 weiterreisen nach **Muong Te**, die letzte größere Siedlung im Nordwesten Vietnams (Unterkunft im Gästehaus des Volkskomitees), oder nach **Sin Ho**, wo sich zum Sonntagsmarkt viele Rote, Weiße und Blumen-Hmong mit Dao und anderen Bergvölkern treffen (nördlich von Muong Lay, in Nam Oay rechts ab auf die N128; Achtung: steile, schmale Straße!).

Im weiter nördlich an der N12 gelegenen **Pa So** mit seinem bunten Montagsmarkt biegt die N4D von der N12 nach rechts ab und führt über **Lai Chau** nach **Sa Pa**.

Übernachtung und Essen

Das **Lan Anh Hotel** nahe dem Fluss, ☏ 0231-852370, 852682, ✉ xuanthanh78@hotmail.com, ist eine angenehme Unterkunft mit sauberen kleinen Zimmern, die sich auf 3 Gebäude verteilen. Betreibt ein zweites Haus in Pa So. ❷–❸
Ausflüge in die landschaftlich reizvolle Umgebung können vom Hotelpersonal organisiert werden.
Neben dem Hotelrestaurant empfehlen sich die kleinen **Stände** am Markt für einen Imbiss.

Transport

Es verkehren **Busse** auf der Strecke zwischen Sa Pa und Dien Bien Phu, die in Muong Lay durch Heranwinken angehalten werden können. In diesem Gebiet, besonders auf den Bergstraßen Richtung Dien Bien Phu, Muong Te und Sin Ho, kann es vor allem in der Regenzeit schnell zu gefährlichen Situationen kommen.

Namensänderungen

Einige Namensänderungen in dieser Region können bei der Benutzung älterer Karten leicht zur Verwirrung führen. Das heutige Muong Lay hieß früher einmal Lai Chau. Das frühere Muong Lay (an der N12 nördlich von Dien Bien Phu) heißt heute Muong Tra. Das heutige Lai Chau hieß zuvor Phong Tho (auch: Tam Duong).

Lai Chau

Das ehemalige Phong Tho, das auch Tam Duong genannt wurde, trägt nun den Namen der Provinz, dessen Hauptstadt es ist: Lai Chau. Das bedeutet aber nicht, dass auch schon alle Schilder entsprechend geändert sind und der alte Name Phong Tho nicht mehr benutzt wird.

Erstaunlicherweise ist Lai Chau der heißeste Ort von ganz Vietnam – das verdankt es den subtropischen Föhnwinden, die von Laos aus herüberwehen und sich an der westlich gelegenen Wetterscheide **Deo Tram Ton** (s. S. 287) aufstauen. Über diese führt eine Passstraße nach Sa Pa, das wiederum der kälteste Ort des Landes ist: Dafür sorgen die kalten Kontinentalwinde aus China.

Bis auf diese klimatische Besonderheit hat Lai Chau nicht viel mehr zu bieten als zunehmende Bautätigkeit und umherrumpelnde Lastwagen, die am neuen Staudammprojekt arbeiten – eher ein Ort zur Durchreise. Wer doch übernachten muss, findet einige Gästehäuser und Hotels, z. B. das Tay Bac an der Hauptstraße, ✆ 0231-875879, 📠 876237, ❶–❷, ein modernes Haus mit Standard-AC-Zimmern unterschiedlicher Größe.

3 HIGHLIGHT

Sa Pa

Das kleine Bergstädtchen Sa Pa ist der größte Touristenmagnet des nördlichen Berglands. Seit 1993 die ersten ausländischen Touristen hier ankamen, ist viel passiert. Weit über 100 Hotels und Gästehäuser, von der Budget-Absteige bis zum Luxushotel im Kolonialstil, bieten Unterkunft für jeden Geschmack, und gute Restaurants locken mit lokalen Spezialitäten. Zwar hat das Städtchen ob dieses Booms seinen hinterwäldlerischen Charme verloren, doch die umliegende Landschaft mit ihren Bergen und Wasserfällen, Reisterrassen und Dörfern macht das mehr als wett.

Das Herz der Stadt schlägt am **Markt**. Hierhin kommen täglich die Angehörigen der ethnischen Minderheiten, die in der Umgebung wohnen: hauptsächlich **Schwarze Hmong** und **Rote Dao**. Jeder Besucher wird mit ihnen in Kontakt kommen: Besonders die Hmong-Frauen sind überaus eifrige Händlerinnen, die Kleidung, Silberschmuck, Maultrommeln und andere hübsche Erzeugnisse ihrer Dörfer anbieten, und zwar nachdrücklich. Immer wieder sieht man Touristen, die von einer ganzen Traube Händlerinnen umgeben sind – und immer wieder schallt Gelächter aus der Gruppe herüber: ein optimistisches Lachen, das die Besucher ansteckt und die kulturellen Grenzen überwindet.

Besonders voll wird es in Sa Pa am Wochenende. Vorbei die Zeiten, als sich die Jugendlichen hier unbeobachtet zum *love market* treffen konnten ... Dennoch ist der Markt am Wochenende immer noch besonders belebt und zieht auch die Bewohner weiter entfernter Dörfer an.

Der Ort selbst kann nicht mit besonderen Sehenswürdigkeiten aufwarten. Noch aus französischer Zeit stammt die **Kirche**, die innen im Verfall begriffen ist, aber von den Gläubigen noch genutzt wird (Messe wochentags 19 Uhr, sonntags 7 und 14 Uhr). Über der Stadt erhebt sich der **Ham Rong-Berg**, der über Treppen und Wege erklommen werden kann und eine tolle Aussicht auf das kleine Zentrum der Stadt bietet. Am Berg sind ein kleines Café mit Sitzgruppen aus Natursteinen, ein Orchideenwald (Rung lan), ein Blumengarten (Vuon hoa) und weitere Gärten und Picknickplätze verteilt (ganztags geöffnet, Eintritt 15 000 Dong). Nordöstlich des alten Kerns, in dem sich auch das touristische Leben abspielt, liegt der **Sa Pa-See**, um den sich der neuere Teil der Stadt entwickelt.

Die wahre Sehenswürdigkeit ist aber die Umgebung von Sa Pa, aus der der **Fan Si Pan** (Phan

Xi Pang) hervorragt, mit 3142 m der höchste Berg des Landes. Er kann in einer längeren Tour bestiegen werden. Tagestouren in die nächstgelegenen Dörfer der ethnischen Minderheiten werden in fast allen Hotels angeboten: Ta Phin, Ta Van, Giang Ta Chai und Lao Chai sind in einer Tagestour zu erreichen; nach Muong Huong, Cao Son und Coc Ly sind es Zwei- bis Dreitages-Touren. Meist ist ein gemeinsames Abendessen und Reiswein-Trinken mit den Gastgebern inbegriffen, und nach einer Übernachtung geht es zurück. Der Preis liegt zwischen US$15–35 pro Tag, je nachdem, wohin es geht und wie groß die Gruppe ist, in der man unterwegs ist.

Die beste **Reisezeit** sind Frühjahr und Herbst (März bis Mai und September/ Oktober). Im Sommer macht die Regenzeit die Wege in der Umgebung manchmal unpassierbar, im Winter wird es kalt: Es kommt sogar vor, dass in Sa Pa Schnee fällt – ein seltenes Ereignis, zu dem dann ganze Scharen aus Ha Noi anreisen.

Eine dicke Jacke sollte man das ganze Jahr über im Gepäck haben (oder vor Ort kaufen): Nachts wird es kühl. Daher haben viele Hotelzimmer einen Holzofen.

Übernachtung

Die meisten Hotels haben am Wochenende höhere Preise als unter der Woche. Fast alle bieten auch Tourguides, Internetzugang, Geldwechsel und Ticketreservierung an. Die meisten haben TV auf den Zimmern: Der Empfang englischsprachiger Programme ist jedoch oft gestört oder wird ganz unterbunden.

Untere Preisklasse

Anh Dao Hotel & Restaurant, 37 Cau May, ✆/℻ 020-871290. Preiswerte Zimmer mit Kamin, Tisch und Parkettfußboden. Alle mit Badewanne. Gemeinschaftsbalkone mit Aussicht auf den Fan Si Pan. Im Erdgeschoss ein einfaches Restaurant mit guter Küche. ❶

Cau May Guesthouse, Hoang Lien, ✆/℻ 020-871293. Schlichte Zimmer mit Gemeinschaftsbalkon in ruhiger Lage. Preiswert. Das Personal spricht kaum Englisch. ❶

Zimmer mit Aussicht

Schon bei der Auswahl des Hotelzimmers empfiehlt es sich, auf einen Balkon mit schöner Aussicht zu achten: Der Blick in die umliegenden Täler und auf die zu Reisterrassen geformten Berghänge, zwischen denen Wolkenfetzen fantastische Figuren bilden, ist die perfekte Erholung vom Reise-Stress.

Duc Linh – Green Mountain Hotel, Thac Bac, ✆/℻ 020-872498, hoa_toc_tien83@yahoo.com. Recht neues, geräumiges Kleinhotel mit 14 hellen Balkonzimmern. ❶–❷

Luong Thuy Family Guesthouse, 28 Muong Hoa, ✆ 020-872310, ✉ hoangdathung@yahoo.com. Das kleine Gästehaus hat 10 saubere, preiswerte Zimmer mit toller Aussicht. Der Betreiber Herr Hung ist ein Könner bei der Herstellung diverser Apfelweine und Kräuterliköre und plant die Einrichtung einer kleinen Bar in seinem Haus. ❶

Mimosa Hotel, Phan Xi Pang, ✆ 020-871893, ✉ mimosasapa@hotmail.com. Direkt am Markt: 20 Zimmer auf 4 Stockwerken – ganz oben welche mit zwei Fenstern und toller Aussicht. ❶

Queen Hotel, Muong Hoa, ✆ 020-871301, ℻ 871783, ✉ sapaqueenhotel@yahoo.com. Sehr preiswerte, akzeptable Zimmer (ohne Badewanne) in diesem etwas betagten Haus, z. T. mit kleinen Balkonen. ❶

Son Ha Guesthouse, Phan Xi Pang, ✆ 020-871273. Ein Dutzend einfache, preiswerte Zimmer mit Gemeinschaftsbalkonen und familiärer Atmosphäre. Im Winter werden die Zimmer mit Holzöfen beheizt. ❶

Tien Anh Hotel, Phan Xuan Huan, ✆ 020-871585. Saubere Zimmer mit guter Aussicht – was will der Budgetreisende mehr? Vielleicht englischsprachiges Personal. Weitere vergleichbare Unterkünfte liegen in derselben Straße ein paar Schritte weiter. ❶

Mittlere Preisklasse

Auberge Hotel, 7 Muong Hoa, ✆ 020-871243, ℻ 871666, ✉ sapanow@yahoo.com, 💻 www.

sapadiscovery.com. Seit langem beliebte, etwas alternde Herberge mit 28 Zimmern, die durch Neubauten ein wenig ihrer guten Aussicht beraubt wurden. Räume mit Badewanne und Kamin. Gutes Restaurant, entspannte Atmosphäre. Akzeptiert VISA und MasterCard. ❷–❸

Bamboo Sapa Hotel, Cau May, ✆ 020-871075, 📠 871945, ✉ bamboosapa@hn.vn.vn, 💻 www.sapatravel.com. 64 gut ausgestattete Zimmer in drei Häusern. Die Kamine werden mit Elektroöfen beheizt, um die Gäste vor eventueller Rauchentwicklung zu schützen. In der Diskothek werden am Wochenende Minoritäten-Shows mit Tanz und Gesang veranstaltet. ❸–❺

Darling Hotel, Thac Bac, ✆ 020-871961, 871349, 📠 871963, 💻 www.tulicotourist.com. Freundliches Hotel am Berghang mit unterschiedlich, aber immer gut ausgestatteten

Klein, aber fein

Baguette & Chocolat, Thac Bac, ✆/℻ 020-871766, ✉ hoasuaschool@hn.vnn.vn. Vier nett eingerichtete Gästezimmer (inkl. gutem Frühstück) in einer kleinen Kolonialstil-Villa. Im Erdgeschoss werden leckere Backwaren und Picknickpakete angeboten. Die französischen Betreiber unterhalten eine Schule für benachteiligte Jugendliche, 💻 www.hoasuaschool.com. ❷–❸

Zimmern. Gepflegt. Einige Zimmer mit kleinem Balkon; schöne Ausblicke ins Tal. ❶–❸

Hoang Ha Hotel, 8B, Group10, Thac Bac, ✆ 020-872105, ℻ 872 824, ✉ hahoaihoangha@yahoo.com.vn. Von außen etwas protziges neues Haus mit 47 ordentlichen, sauberen Zimmern (kleiner Kamin, Eckbadewanne), wobei diejenigen mit Balkon Richtung Tal etwas teurer sind. ❷

Hoang Lien Hotel, 8 Cau May, ✆ 020-871178, ℻ 871176, ✉ HR_HLhotelsapa@laocaitourism.com. Das große Haus, das unübersehbar am oberen Ende der Lau Cay neben dem Markt thront, wird hauptsächlich von vietnamesischen Gruppen besucht, was die Angestellten davon entbindet, englische Spachkünste vorweisen zu müssen. Massage, Sauna und Dampfbad. 30 einfach möblierte Zimmer mit lokalem TV, darunter zwei große, unwesentlich teurere Honeymoon-Suiten. ❷

Mountain View Hotel, 54 Cau May, ✆ 020-871334, ℻ 020-871690. Beliebte Unterkunft mit schönen Balkon-Zimmern in zentraler Lage. ❷

Royal Sapa Hotel, Cau May, ✆ 020-871313, ℻ 871684, ✉ royalhotel_sapa@yahoo.com. Am unteren Ende der Cau May gelegen, bietet dieses auch bei Tourgruppen beliebte Haus einladende Zimmer, z. T. mit Parkettfußboden, Kamin und Badewanne. Einige Zimmer haben sogar 2 Balkone. ❶–❷

Sa Pa Hotel, 18 Phan Xi Pang, ✆ 020-721131, ℻ 721130. Ein Dutzend einfache, akzeptable Zimmer mit kleinen Balkonen nahe dem Markt. Achtung: Bei der 305 hängen zwei belebte Bienennester vor dem Fenster – die sollen Glück bringen. ❶–❷

Trade Union Hotel, Ham Rong, ✆ 020-871315, ℻ 871602, ✉ kscdsapa@hn.vnn.vn. 52 Zimmer in einer Handvoll alter kolonialer Gebäude in einem verwilderten Garten – durchaus romantisch, doch wer unbedingt zwischen lokalen Händlern und vietnamesischen Touristen wohnen möchte, sollte sich vorher mit dem Sprachteil im Anhang dieses Buches vertraut machen. ❷

Obere Preisklasse

Die Hotels dieser Preisklasse haben Check-in ab 14 Uhr, was bei einer Ankunft mit dem Zug bedeutet, erst einmal sein Gepäck zur Aufbewahrung geben zu müssen. Bei vorbestelltem Early-Check-in wird eine Extranacht berechnet. Das Frühstück ist bei Hotels dieser Preisklasse nicht inbegriffen.

Chau Long Sapa Hotel, 24 Dong Loi, ✆ 020-871245, ℻ 871844, 💻 www.chaulonghotel.com.vn. Unweit des Marktes liegt dieses neuere Hotel der gehobenen Klasse, das die gleiche Zielgruppe wie das Victoria anspricht: Tourgruppen und Wochenend-Ausflügler aus Ha Noi. Im alten Flügel auf der anderen Straßenseite auch einige günstigere Zimmer. Neuer Flügel ❻–❼, alter Flügel ❹–❺

Royal View Sapa, 16 Cau May, ✆ 020-872989, ℻ 872992, ✉ royalview@royalsapa.com, 💻 www.royalsapa.com. Neues Haus mit großen, komfortablen Balkon-Zimmern. Sauna, Massage, Fitnessraum, Pool. Zimmer für Familien. In der Küche wirkt der Ex-Chef des Victoria. ❸–❻

Topas Eco-Lodge, bei Ban Ho, ✆ 020-871331, 💻 www.topas-eco-lodge.com. Nach ökologischen und sozialverträglichen Gesichtspunkten gestaltetes Resort mit 25 Häuschen aus Granit und Palmblättern. Von den Balkonen fantastische Blicke in die Umgebung. Ca. 15 km außerhalb der Stadt gelegen: Ruhe und Erholung sind garantiert. ❻

Victoria Hotel, Hoang Dieu, ✆ 020-871522, 💻 www.victoriahotels-asia.com. Gediegene Luxusunterkunft am Hang oberhalb des Zentrums. 1998 errichtet, und immer noch die

Travellertreff mit Talblick

Cat Cat Hotel, Cat Cat, ✆ 020-871946, 📠 871133, 💻 www.catcathotel.com. Seit langem beliebt sind die Zimmer verschiedener Preisklassen in zwei gegenüberliegenden Gebäuden. Tolle Ausblicke ins Tal aus dem neuen Flügel. ❶–❸

Grande Dame unter den Hotels. Pool, Tennisplatz, Jacuzzi und schöner Garten. Frühstück US$10/Person. Auf die Zimmerpreise werden 15 % Steuern und Servicegebühr aufgeschlagen. ❻–❼

Essen und Unterhaltung

Die meisten Restaurants haben neben westlichen und vietnamesischen Standardgerichten (Spaghetti, Burger, Frühlingsrollen) auch Wild im Angebot. Fast überall gibt es Wildschwein und Hirsch, daneben oft Kaninchen oder Gans. Einige einfache Restaurants befinden sich im Untergeschoss des Marktes (wo man sich die schmalen Bänke manchmal mit einer Gruppe Hmong teilt) und auf dem kleinen Essensmarkt westlich des Dorfplatzes.

Baguette & Chocolat, Thac Bac, ✆ 020-871766. Gebackenes nach französischer Art: Croissants zum Frühstück, Quiche und Gratin Provençal zu Mittag, Kaffee und Kuchen am Nachmittag. Schnürt auch Lunch-Pakete für unterwegs.

Camellia, Tue Tinh, ✆ 020-871455. Bei westlichen Touristen (oder ihren Gruppenleitern) beliebtes lokales Restaurant am Markt mit weißen Tischdecken und *Alpenmüsli* mit Joghurt für US$3.

Cay Thong, Cau May, günstig gelegen, lockt mit einer Terrasse zur belebten Straße und einer umfangreichen Speisekarte. Kleine Portionen

Zu den Märkten um Sa Pa kommen Angehörige verschiedener Minderheiten

und mäßige Qualität verderben allerdings den Spaß. Bei einem Erfrischungsgetränk lässt sich jedoch gut das Treiben auf der Straße beobachten.

Delta, Cau May, ✆ 020-871799. Einziges italienisches Restaurant im Ort. Gute Weinkarte. Stilvolles Ambiente. Gerichte um US$10.

Discovery, 18 Phan Xi Pang, ✆ 020-721131. Westliche und vietnamesische Speisen; auch einige nordwestvietnamesische Spezialitäten. In Dollar ausgepreist.

Gecko, Ham Rong, ✆ 020-871504. Unter französischer Leitung. Nette Einrichtung. Europäische Speisen. Ein Teller Spaghetti und ein Glas Wein US$5,50, Menü US$10. Akzeptiert VISA und JCB. Vermietet auch einige einfache Zimmer.

Gerbera Restaurant, 31 Cau May, ✆ 020-871 064. Aus dem kleinen Panorama-Restaurant hat man einen tollen Blick über die Dächer der Stadt in Richtung Fan Si Pan. Leckere Hot-Plate-Gerichte – dabei wird das Essen auf einem heißen Metall-Teller serviert (um die 30 000 Dong). Komplette Menüs 45 000–70 000 Dong.

Ly Ly, Cau May. Wer indische Küche sucht, wird hier fündig. Gerichte um US$5. Ein Teller Reis US$1.

Mimosa Family Restaurant, Cau May, ✆ 020-871377. Ein paar Schritte weiter befindet sich dieses etablierte Haus mit weiß gedeckten Tischen und zufriedenen Touristen. Die einstmals gute Aussicht ist inzwischen verbaut.

Nature Grill & Bar, 24 Cau May, ✆ 020-872094. Größeres Restaurant, etwas teurer als die Vorgenannten; führt auch eine ganze Anzahl importierter Weine aus Frankreich, Italien, Chile und Südafrika.

Einheimische Spezialitäten am Lagerfeuer

Friendly Restaurant, 31 Cau May, ✆ 020-871967. Dieses Restaurant direkt neben dem Gerbera hat bei gutem Wetter drei Tische auf der Terrasse stehen. Abends wird im Innenraum ein Feuer gemacht. Gute nordwestliche Spezialitäten zu moderaten Preisen.

Vietnamesisches – preiswert und lecker

Suon Bac – Silver Stream, 30 Tue Tinh. Direkt am Markt liegt dieses kleine vietnamesische Restaurant, das von Einheimischen wegen seiner preiswerten, guten Gerichte empfohlen wird und bei der Größe der Portionen nicht geizt. Lecker: Wildschwein mit Pilzen und Zwiebeln für 30 000 Dong.

Red Dragon, Muong Hoa. Im Erdgeschoss ein kleines Restaurant mit britisch angehauchter Küche: z. B. Fish & Chips, Shepherds Pie oder Sausage & Mash, alle 65 000 Dong. Gute Burger 40 000–53 000 Dong. Darüber der **Red Dragon Pub**.

Twilight Sapa, 18B Cau May. Preiswerte Gerichte mit den üblichen Verdächtigen der westlichen und vietnamesischen Küche auf der Karte. Auch bei Einheimischen beliebt.

Little Sapa, nebenan, hat ein fast identisches Angebot und ein ebenso gemischtes Publikum.

Viet Emotion, Cau May. Hier gibt's Müsli für 15 000 Dong und einige Hmong-Spezialitäten: z. B. *Bamboo Rice Cooker* (Fisch, Reis und Gemüse im Bambusrohr gedämpft) oder die Hmong-Würstchen *Xue Xich*.

Bars und Kneipen

In Sachen Nachtleben ist in Sa Pa nicht viel los. Der **Red Dragon Pub** in der 1. Etage des gleichnamigen Restaurants lockt mit einer gemütlichen, kleinen Theke. Gegen Mitternacht ist allerdings Schluss. Gleiches gilt für die **Tau Bar**, deren lange Theke nur selten voll besetzt ist. Hier gibt es einen Billardtisch. Die Disco des **Bamboo Sapa** ist eher für ihre Minoritäten-Shows bekannt denn als heißer Spot für die Nacht. Bleiben noch die beiden stilvollen Bars im **Victoria Hotel**, für die allerdings eine gut gefüllte Geldbörse mitgebracht werden muss.

Sonstiges

Apotheken

Eine Apotheke befindet sich neben der Hauptpost in der Tach Phu, zwei weitere neben der Post-Filiale in der Cau May.

Einkaufen

Wer nicht schon auf der Straße dem Charme oder der Verkaufstaktik einer der Hmong-Frauen erlegen ist, kann in einem der **Souvenirgeschäfte** in Ruhe im Sortiment stöbern. Kissenbezüge, bestickte Decken oder gar ein komplettes Hmong-Outfit sind tolle Mitbringsel, die auch zuhause noch viel Freude machen.

Wild Orchid, Cau May, ✆ 020-871665. Erfolgreicher, gut sortierter Laden mit einer großen Auswahl an Bekleidung und geschmackvollen Wandbehängen. Hat inzwischen mehrere Zweigstellen in der Cau May eröffnet.

Woodcarving Shop, 14 Muong Hoa. Herr Nguyen Xuan Nha fertigt und verkauft hier schöne Holzarbeiten. Zwei Türen weiter bietet seine Frau hübsche, komplette Hmong-Outfits zum Kauf.

Auch der bunte **Markt** ist eine Fundgrube – ein besonderer Tipp ist eine Kostprobe des lokalen Honigs (*Mat ong*; ca. 120 000 Dong/Flasche).

Kekse und Schokolade (auch als Verpflegung für unterwegs), eine Auswahl an Weinen und gekühltes Bier gibt es im kleinen Supermarkt **Bao Ngoc Wine & Chocolate Shop**, 5 Muon Hoa, nahe dem Hotel Auberge.

Geld

Die **Agribank** in der Cau May tauscht bare Euros und US$ ohne Gebühr in vietnamesische Dong. US$-Travellerschecks werden in Dong oder Dollar, Euro-Travellerschecks in Dong umgetauscht. ⌚ Mo–Fr 7.30–11.30 und 13.30–16.30 Uhr.

Informationen

Fast alle Hotels und Gästehäuser halten Informationen zu Touren in die Umgebung bereit und können Führer vermitteln. Daneben gibt es einige Reiseagenturen.

Sapa Trail Travel (Laocai Tourism), 8 Cau May, ✆ 020-871674, 📠 871842. Das offizielle, staatliche Tourbüro organisiert u. a. Besteigungen des Fan Si Pan auf allen drei Routen.

Etwas die Straße hinunter liegt das **Tourist Information Center**, 28 Cau May, ✆ 020-871975, 📠 871976. Neben Informationen gibt es dort auch eine kleine Ausstellung zu Geschichte, Umgebung und Kultur der Bergvölker zu sehen. ⌚ 8–11.30 Uhr und 13.30–17.30 Uhr.

Internet mit Erlebniswert

Wer nicht immer nur in der Hotellobby schnell seine E-Mails checken will, sondern dabei auch noch ein bisschen vietnamesische Atmosphäre mitnehmen möchte, sollte mal in einem öffentlichen Internetshop online gehen. Ein solcher befindet sich z. B. in der Cau May gegenüber der Agribank. Hier ist man meist der einzige Ausländer zwischen den Jugendlichen, die in allerlei Spielwelten Monster jagen oder sich im virtuellen Tanzen üben. Laut und lustig wird's, wenn nach Feierabend ein Schwarm kostümierter Hmong-Mädchen in den Laden stürmt und aufgeregt per Video-Chat noch schnell ein paar Freunde anruft, ehe es wieder heim in die Berghütte geht.

Internet

Die meisten Hotels und Gästehäuser bieten Internetzugang in ihrer Lobby an.

Mopedverleih

Ein Moped kostet etwa US$6–7 am Tag. Damit lassen sich einige Ziele in der näheren Umgebung erreichen. Die Straßenverhältnisse sind für Ungeübte nicht geeignet.

Post

Tach Phu, ⌚ 7–21 Uhr.

Tanken

Die einzige Tankstelle im Ort befindet sich an der östlichen Ortsausfahrt Richtung Lao Cai an der Tach Phu.

Transport

Fast alle Reisenden erreichen Sa Pa von Ha Noi aus mit dem Zug über LAO CAI; von dort geht es mit dem bereitstehenden **Touristenbus** weiter in die Bergstadt. Wer nicht im Rahmen einer organisierten Tour Hin- und Rückfahrt gebucht hat, sollte sich frühzeitig um seine Rückfahrt kümmern: Die Tickets für die Liegen im Schlafwagen sind oft ein bis drei Tage vorher ausgebucht. Tickets (bzw. Gutscheine dafür, s. S. 289, Lao Cai, Transport) können über das Hotel organisiert werden.

Minibusse direkt zum Bahnhof nach Lao Cai fahren jeweils 2 Std. vor Abfahrt des Zuges, kosten 25 000 Dong (Privatwagen 50 000 Dong) und können ebenfalls im Hotel gebucht werden.

Die Umgebung von Sa Pa

Wanderungen in die Umgebung

Auf verschieden langen Wanderungen können die Hmong-Dörfer der Umgebung erreicht werden. Ein kurzer Ausflug von etwa 2–3 Stunden führt ins nahe gelegene Dorf **Cat Cat**. Hierzu folgt man einfach der Phang Xi bergab. Der Eintritt (5000 Dong) wird in einem kleinen Häuschen an der Straße kassiert. Die Einnahmen sollen für den Ausbau der touristischen Infrastruktur verwendet werden. Man passiert das Gebäude der Forstbehörde, das wie ein kleines Schlösschen auf einem allein stehenden Hügel thront und über eine Brücke mit der Straße verbunden ist, und folgt dann links dem steilen Weg entlang der Strommasten zum Fluss hinunter. Obstbäume und Bambushaine umgeben das Dorf. Etwas südlich befindet sich der **Cat Cat-Wasserfall**, der ideale Ort für eine Rast, ehe man den Rückweg antritt.

Lässt man auf der Straße von Sa Pa die Abzweigung nach Cat Cat links liegen, gelangt man nach etwa 4 km ins Hmong-Dorf **Sin Chai**, das aus etwa 100 Haushalten besteht.

In längeren Tagestouren sind die Dörfer **Lao Chai**, **Ta Van** und **Giang Ta Chai** zu erreichen. Sie liegen im lang gestreckten Muong Hoa-Tal, das sich südöstlich von Sa Pa erstreckt. Der Ta Van-Fluss wird an mehreren Stellen von Brücken überquert, die alle *cau may*, „Rattanbrücke“, heißen – tatsächlich sind die meisten heute aus moderneren Materialien gebaut. Es wird empfohlen, diese Wanderungen mit einem Führer zu unternehmen. Wer alleine losziehen will, sollte genügend Wasser und ein Erste-Hilfe-Set einpacken und in der Nähe (Rufweite) der Wege und Siedlungen bleiben. Eine Wanderung talabwärts zu einem der Dörfer im Muong Hoa-Tal kann auf dem Rückweg verbunden werden mit einem Blick auf die **Gravierten Steine**, über deren Alter und Bedeutung sich die Gelehrten nicht einig sind – sie sehen aus wie Landkarten der terrassierten Hügel und Berge ringsum. Für den langen Weg bergauf zurück nach Sa Pa findet sich bestimmt ein motivierter *xe om*-Fahrer.

Eine weitere Tagestour führt ins Rote-Dao-Dorf **Ta Phin**, das sich über mehrere Hügel verteilt. Hier wird ein großer Teil des Kunsthandwerks hergestellt, das in Sa Pa verkauft wird. Die Wanderung ist landschaftlich nicht ganz so reizvoll wie die im Muong Hoa-Tal: Zuerst folgt man für ca. 7 km der Straße nach Lao Cai, dann geht es links ab, anschließend noch einmal etwa 3 km bis zu den brandgeschwärzten Ruinen eines alten französischen Priesterseminars. Ab hier wird die Strecke schöner: Die letzten 4 km führen durch eine hübsche Reisterrassen-Landschaft.

Zwei- bis dreitägige Touren führen in abgelegenere Dörfer: **Muong Huong**, **Cao Son** und **Coc Ly** sind beliebte Ziele; nach und nach kommen weitere Dörfer hinzu. Diese Touren sollten nicht ohne Führer unternommen werden, die von allen Hotels und Gästehäusern in Sa Pa vermittelt werden können.

Märkte

Lohnenswert ist der Besuch eines Marktes in einem der Dörfer der Umgebung. Diese Märkte finden wöchentlich an einem festgelegten Tag statt und ziehen jeweils die Bewohner der umliegenden Siedlungen an, die sich zu diesem Anlass im Sonntagsstaat präsentieren: ein farbenfrohes Ereignis, das man nicht verpassen sollte. Besonders beliebt sind die **Sonntagsmärkte**, allen voran der in **Bac Ha** (s. S. 290); weitere in **Muong Hum** und **Binh Lu**, an anderen Tagen u. a. in **Muong Khuong** (So und Do), **Pha Long** (Sa), **Can Cau** (Sa), **Phong To** (Mo), **Coc Ly** (Di) und **Lung Khau Nhin** (Do).

Silberfall und Wetterscheide

Der schöne **Thac Ba-Wasserfall (Silberfall)** nordwestlich von Sa Pa sollte vormittags besucht werden, da die Sonne mittags hinter dem Bergmassiv verschwunden ist. Er liegt etwa 20 Moped-Minuten von Sa Pa entfernt (Parkplatz an der Straße). Folgt man der N40 weiter, gelangt

man zum **Deo Tram Ton**, der Wetterscheide 15 km westlich von Sa Pa. Der Pass ist mit 1900 m der höchste Gebirgspass in Vietnam. Während Sa Pa einer der kältesten Orte von Vietnam ist, gilt **Lai Chau** auf der anderen Seite des Passes als einer der wärmsten. Der Pass trennt die zwei Klimazonen.

Fan Si Pan

Der Fan Si Pan ist mit seinen 3143 m der höchste Berg Vietnams und kann in einer mehrtägigen Wanderung bestiegen werden – am besten im Frühling oder Herbst. Im Sommer (Juni bis August) sollte man von einer Besteigung absehen, da das Wetter zu unbeständig ist: Dann drohen bei Regen Erdrutsche.

Drei verschiedene, unterschiedlich anspruchsvolle Wege führen hinauf; insgesamt ist mit 3–5 Tagen Wanderzeit zu rechnen. Unterwegs wird in Zelten geschlafen (was im Winter kalt werden kann). Herausragende bergsteigerische Erfahrung ist nicht vonnöten, doch genügend Trittsicherheit und Ausdauer sollte man mitbringen. Besonders die kurze Drei-Tage-Tour sollte an ihren steilen Passagen nicht unterschätzt werden. Nach Regenfällen sind alle Strecken an manchen Stellen nicht ungefährlich. Eine geführte Tour, übers Hotel oder ein Reisebüro organisiert, kostet mindestens US$30–35 pro Tag. Ohne Führer sollte man sich auf keinen Fall auf den Weg machen.

Der Fan Si Pan ist Teil des 30 000 ha großen **Hoang Lien-Nationalparks**, der 2002 angelegt wurde, um die reiche Biodiversität der Region zu bewahren. Für manche Arten war es bereits zu spät: Die Tiger und Leoparden, die hier früher durch die Wälder und Täler streiften, sind schon seit vielen Jahren nicht mehr gesehen worden.

Dafür ist der Park immer noch Winterquartier für viele Zugvögel, die zwischen Dezember und Februar zu beobachten sind. Von November bis März blüht in den Tälern der Rhododendron – in höheren Lagen erst zwischen Juli und September. Die Sommermonate sind auch die Zeit der Reisernte, während im Winter (Dezember/Januar) Pflaumen-Saison ist.

Lao Cai

Die Grenzstadt zu China sieht einen täglichen Strom von Touristen, die am Bahnhof aussteigen und mit einem der auf dem Vorplatz bereitstehenden Busse die Weiterreise nach Sa Pa antreten. Die Ausreise nach China ist ebenfalls möglich; gültiges Visum vorausgesetzt. Die **Grenze zu China** ist täglich von 7.30 bis 17 Uhr geöffnet. Auf der anderen Seite, in **Hekou**, geht es weiter mit dem Bus Richtung Kunming (5-mal tgl., 12 Std.).

Lao Cai hat keine nennenswerten Sehenswürdigkeiten zu bieten. Bei der chinesischen Invasion von 1979 war die Stadt eine der ersten, die von der chinesischen Armee eingenommen wurde. Schon 1868 war sie nach einjähriger Belagerung von chinesischen Truppen erobert worden, den „Schwarzen Flaggen", Überbleibseln der Tai Ping-Rebellenarmee. 1886 übernahmen die Franzosen das Ruder. Die Schwarzen Flaggen terrorisierten noch jahrelang als Räuberbanden die Umgebung, sofern sie sich nicht als Söldner bei den Kolonialherren verdingten.

Wer genügend Zeit hat, kann den **Pagoden** in der Nähe der Grenze einen Besuch abstatten und über den Fluss einen Blick in das Reich der Mitte werfen. Die Wartezeit am Bahnhof lässt sich aber auch in einigen nahe gelegenen kleinen Restaurants überbrücken.

Übernachtung

Westliche Touristen übernachten kaum in Lao Cai. Wer aber ein Bett für die Nacht braucht, wird in der Nähe des Bahnhofs fündig. Die Zimmer hier sind einfach, aber in Hinblick auf Sauberkeit und Sicherheit akzeptabel. Ein „richtiges" Hotel mit 4-Sterne-Annehmlichkeiten liegt auf der westlichen Flussseite.

Hoang Gia, Phan Dinh Phung, ✆/℻ 020-835371. Zwölf saubere Zimmer, in denen das Fernsehgerät das einzige Fenster nach außen ist. ❶

Lao Cai International Hotel, Thuy Hoa, ✆ 020-826668, ✉ laocaihotel@hn.vnn.vn, 💻 www.laocaihotel.com. Bestes Haus der Stadt mit Swimmingpool und Casino. Beliebt bei chinesischen Geschäftsleuten. ❺–❻

Pho Nui, 82 Ho Tung Mau, ✆ 020-836594, ℻ 836596. Unter den 16 einfachen Zimmern sind auch einige Drei-Bett-Räume. Beliebtes Restaurant im Erdgeschoss. ❶.

Tho Huong, Phan Dinh Phung, ✆ 020-835111. Passable AC-Zimmer an Gemeinschaftsveranden. ❶

Viet Hoa, Phan Dinh Phung, ✆/℻ 020-830082. Prächtige Fassade; von innen nicht ganz so luxuriös. Hauptsächlich von Chinesen bewohnt; das große Restaurant hat chinesische und vietnamesische Küche. Wer an der Rezeption in Gesichter voller Fragezeichen blickt, sollte sich nicht entmutigen lassen: Es gibt jemanden, der Englisch spricht – auch wenn er erst gesucht werden muss. ❷

Essen

Wer in Lao Cai auf seinen Zug wartet, muss nicht hungern: Rund um den Bahnhofsvorplatz gruppieren sich einige Restaurants, und auf dem Platz selbst laden kleine Essensstände mit winzigen Hockern zum Verweilen ein. Egal wo man sich niederlässt: Es ist eine gute – für viele die letzte – Gelegenheit, noch einige nordwestliche Spezialitäten zu probieren.

Thanh Phuong Restaurant, am Bahnhofsvorplatz. Auf Traveller eingestellt. Hat eine gute Auswahl vietnamesischer und westlicher Gerichte. Die Speisen sind nichts Besonderes, aber auch nicht schlecht. Bietet sich als Gepäckaufbewahrungsstelle für Passagiere der Abendzüge an. Gleiches gilt für das **Huy Loan Restaurant** nebenan.

Cho Tau Restaurant & Guesthouse, am Bahnhofsvorplatz. Zusätzlich zum Restaurantbetrieb werden auch einige sehr einfache Zimmer vermietet, ❶.

Hai Nhi Restaurant, am Bahnhofsvorplatz. Unterscheidet sich in der Speisenauswahl kaum von seinen Nachbarn. Vermietet auch Mopeds: 110 000 Dong pro Tag für eine Honda Dream, 80 000 Dong für eine Minsk.

Hiep Van Restaurant, Phanh Dinh Phung, hat einige beliebte nordwestliche Spezialitäten auf der Karte, z. B. *Steamed Deer with Herbs* für 50 000 Dong.

Sonstiges

Geld

Ein ATM befindet sich bei der **BIDV-Bank**, Thuy Hoa, am Westufer hinter der Brücke.

Internet

Ein Internetshop ist am Bahnhofsvorplatz angesiedelt.

Post

Mehrere Zweigstellen in der ganzen Stadt, eine liegt gleich neben dem Bahnhof.

Transport

Busse

Wer mit dem Zug ankommt, kann direkt in einen der wartenden **Touristenbusse** steigen, die für die Fahrt ins 38 km entfernte SA PA etwa 1 1/4 Std. brauchen. Die schöne Aussicht bewundert man unterwegs am besten von einem der Plätze auf der linken Seite (in Fahrtrichtung gesehen).

Weitere **Minibusse** nach Sa Pa fahren auch von der lokalen Busstation am Westufer des Roten Flusses.

Nach HA NOI fahren **Busse** vom Busbahnhof am Ostufer in der Nähe des Bahnhofs in mindestens 10 anstrengenden Stunden. Gestartet wird am späten Nachmittag. Die Tickets kosten etwa 55 000 Dong. Wer nicht total kaputt in der Hauptstadt ankommen will, nimmt besser den Zug.

Eisenbahn

Täglich fahren 5 **reguläre Nachtzüge** nach HA NOI: der LC2 um 18.45 Uhr (Ankunft 4 Uhr), der SP8 um 19.30 Uhr (Ankunft 4.15 Uhr), der LC8 um 19.40 Uhr (Ankunft 4.10 Uhr), der SP2 um 20.15 Uhr (Ankunft 4.30 Uhr) und der SP4 um

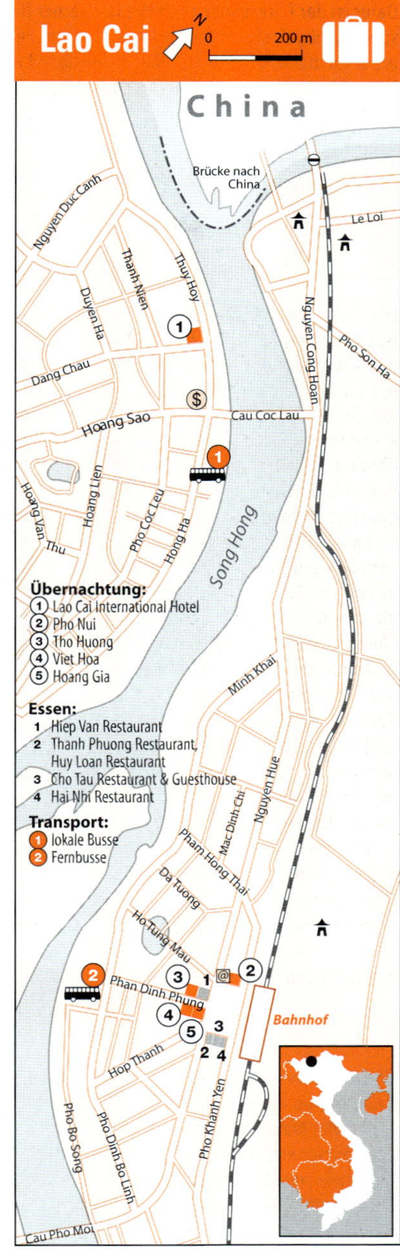

Grenzübergang nach China, Lao Cai

21 Uhr (Ankunft 5.05 Uhr). Tickets bucht man am besten über das eigene Hotel in Sa Pa vor.
Die Strecke wird außerdem von **Privatzügen** bedient: **Tulico Tourist** betreibt einen speziellen Eisenbahnwaggon, der etwas bequemer als die regulären Abteile ist. Abfahrt Lao Cai 23.05 Uhr, Ankunft Ha Noi 6 Uhr. Tickets US$30–90 (eine Strecke)

Achtung: Gutschein in Ticket tauschen

Die meisten Hotels in Sa Pa stellen nicht die Tickets selbst, sondern nur einen Gutschein darüber aus, der vor Fahrtantritt in das richtige Ticket umgetauscht werden muss. Es empfiehlt sich daher, nicht allzu knapp vor der Abfahrt im Bahnhof anzukommen, da dann meist ein ziemliches Gedränge herrscht.

Das luxuriöse Victoria Hotel Sa Pa hat einen ebenso luxuriösen eigenen Wagen: den **Victoria Express**, Tickets US$140–340.
Mehr Informationen und weitere Privatzüge siehe 💻 www.tulicotrain.com.

Bac Ha und Umgebung

Der sonntägliche **Markt der Blumen-Hmong** ist die große Attraktion in Bac Ha, das unter der Woche nicht viel zu bieten hat. Nicht nur besagte Blumen-Hmong, die ihren Namen ihren bunten Trachten verdanken, kommen zum Markt: Auch Phu La, Dao Tuyen, Tay und La Chi wandern aus ihren Dörfern herbei, um an dem Treiben teilzuhaben. Dazu gesellt sich eine wachsende Anzahl internationaler Besucher, die bei all dem Trubel gar nicht wissen, wohin sie ihre Videokamera richten sollen – so abwechslungsreich ist das Bild. Überall wird gehandelt: Kleidung, landwirtschaftliche Produkte, alles, was hier oben zum Leben benötigt wird. Die Frauen stehen zusammen und halten ein Schwätzchen, während die Männer sich beim Tabakhändler niederhocken und in Ruhe ein Pfeifchen probieren. Der Markt beginnt früh morgens und erreicht seinen Höhepunkt mittags, wenn die Ersten, die aus den entfernteren Dörfern kommen, ihre Heimreise antreten müssen.

Wer etwas Zeit mitbringt, kann bei einem kleinen Streifzug durch den Ort den **Dinh Hoang A Tuong** sehen, den ehemaligen Palast des Hmong-Königs Vuong Chiz Sinh, der 1924 von Frankreichs Gnaden eingesetzt wurde. Das mächtige zweistöckige Gebäude mit Säulengängen und Balkonen ist heute Sitz des Volkskomitees und kann nur von außen betrachtet werden.

Die **Umgebung von Bac Ha** lässt sich am besten im Rahmen einer geführten Tour erkunden. Zum Teil werden Sondergenehmigungen benötigt, und die Straßen können sich innerhalb kurzer Zeit in gefährliche, unpassierbare Schlamm- und Geröllpisten verwandeln. Die Gefahr von Erdrutschen oder Steinschlag ist besonders im Sommer stets gegenwärtig.

Ein Spaziergang von etwa vier Stunden führt in die Dörfer **Ban Pho** (Blumen-Hmong und Tay) und **Na Hoi Tay**. Eine etwas längere Tour ins Dorf **Thai Giang Pho** dauert etwa sechs Stunden. Unterwegs trifft man Angehörige der Hmong, Tay und Phu La. Zum **Samstagsmarkt** von **Can Cau** sind es etwa 1 1/2 Stunden per Jeep. Zum **Dienstagsmarkt** von **Coc Ly** kommen Angehörige der Hmong, Dzao und Tay-Minoritäten. Der Ausflug kann mit einer Bootsfahrt auf dem **Chay-Fluss** von Coc Ly nach Bao Nhai verbunden werden. Unterwegs können **Höhlen** besichtigt werden.

Sondergenehmigungen werden benötigt für Besuche in **Nam Mon** (17 km von Bac Ha) und einigen Dörfern in der Umgebung, in denen Hmong, Dzao und Nung leben. Gleiches gilt für Besuche in **Ta Van Chu** (Hmong), **Nam Thang** (Nung) und **Nam Khanh** (Dzao). Dort in der Nähe befindet sich ein **Dorf der Fu La**. Diese Wanderungen führen durch atemberaubende Landschaften. Besonders im Sommer ist unterwegs ein Bad im Wasserfall sehr erfrischend. Die Beschaffung der erforderlichen Sondergenehmigungen übernimmt der Tourveranstalter.

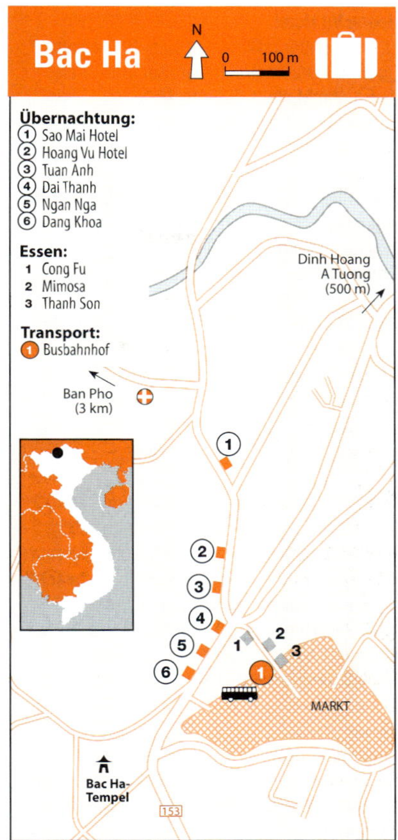

Übernachtung

Wer mehr als einen Tag nach Bac Ha fährt, findet genügend Unterkünfte, fast alle sehr einfach, aber relativ sauber und mit TV und Moskitonetz ausgestattet. Die meisten Hotelbetreiber vermitteln Touren in die Umgebung.

Sao Mai Hotel, ✆/✆ 020-880288, ✉ saomaibh@hn.vnn.vn. Einzige Zwei-Sterne-Unterkunft im Ort. Die 23 AC-Zimmer im neueren (Stein-)Haus, mit Satelliten-TV und Badewanne, sind auch für die Ansprüche westlicher Tourgruppen ausreichend. Preiswerter sind die 10 einfacheren Zimmer im älteren (Holz-)Haus. Organisiert Touren und Kochkurse. ❷–❹

Hoang Vu Hotel, ✆ 020-880264, 880893, ✉ hoangvutours@hotmail.com. 10 preiswerte Doppelzimmer mit relativ großen Balkonen. Jeep- und Minibus-Touren. ❶

Tuan Anh, ✆ 020-880377. Einfache Zimmer, aber o.k. ❶

Dai Thanh, ✆ 020-880448. Die kleinen Zimmer sind wohl die preiswertesten im Ort (70 000 Dong). ❶

Ngan Nga, ✆ 020-880251. Acht Zimmer, alle mit Balkon, darunter auch 3-Bett-Zimmer. Im Erdgeschoss ein Restaurant mit europäischen und vietnamesischen Gerichten. ❶

Dang Khoa, ✆ 020-880290, 880285. Von den 13 Zimmern (z. T. mit 3 Betten) haben 8 einen Balkon. Hier werden Mopeds für 100 000 Dong vermietet (zuzüglich Tankfüllung 60 000 Dong). ❶

Essen

Einige wenige Restaurants haben sich auf die Versorgung westlicher Touristen eingestellt. Das größte ist das **Cong Fu** an der Straße zum Markt, dessen Tische sonntags oft alle besetzt sind. Das **Mimosa** schräg gegenüber hat ein ähnliches Angebot. Ein paar Schritte die Straße hinunter liegt das **Thanh Son**, das sich in Qualität und Auswahl kaum unterscheidet. Die meisten Gerichte sind ab etwa 30 000 Dong zu haben.

Sonntags kann man natürlich auch auf dem **Markt** essen. Die Hmong akzeptieren den Gast an ihren niedrigen Tischen ohne größeres Aufsehen. Die Einzigen, die einen anstarren, sind die anderen Touristen, die kaum glauben können, dass dort ein Westler isst. Eine gute Schale Nudelsuppe kostet 5000 Dong.

Transport

Die meisten Besucher kommen mit einer Tagestour aus SA PA. In den Kosten von US$10–12 ist oft auch noch eine kleine geführte Wanderung in die Umgebung, manchmal sogar ein Mittagessen, enthalten. Sich einer solchen Tour anzuschließen, stellt den bequemsten Weg nach Bac Ha dar. Wer etwas unabhängiger sein will, kann sich zum gleichen Preis mit dem Moped von Sa Pa bringen lassen. Die Fahrtzeit beträgt in beiden Fällen etwa 3 Std.

Vom **Busbahnhof** am Nordende des Marktes fahren Busse tgl. um 6, 12 und 14.30 Uhr über PHO LU nach LAO CAI. Vietnamesen zahlen 28 000 Dong, Ausländer etwa 40 000 Dong; Fahrtdauer ca. 3 Std.

Die Straße über XIN MAN (Guesthouse) und HOANG SU PHI (Resort, s. S. 294, Umgebung Ha Giang) nach HA GIANG ist nicht nur eine Zumutung für jedes Gefährt, sondern stellt streckenweise höchste Anforderungen an das fahrerische Können. Keinesfalls in der Regenzeit befahren! Öffentliche Verkehrsmittel gibt es hier nicht.

Ha Giang

Die Provinzhauptstadt Ha Giang ist mit ihren 40 000 Einwohnern die nördlichste Stadt Vietnams. Jenseits von ihr, in den Bergen Richtung China, gibt es nur noch kleine Ansiedlungen, von denen **Dong Van** und **Meo Vac** als die wichtigsten Minderheitenmärkte der Umgebung besonders erwähnenswert sind.

Die Stadt beiderseits des Song Lo, was „Klarer Fluss" bedeutet, wurde bei der chinesischen Invasion 1979 schwer zerstört und hat daher heute kaum noch historische Gebäude.

Archäologische Funde belegen, dass hier schon vor 30 000 Jahren eine Siedlung bestand. Auf dem **Doi Thong** („Pinien-Hügel"), der sich hinter dem Markt erhebt, wurden Werkzeuge und Waffen ausgegraben. Die Funde sind heute im **Museum** zu sehen; 🕒 8–11 und 14–16 Uhr, Eintritt frei. In der Bronzezeit, als die legendären Hung-Könige regierten, kam es zu einer kulturellen Blüte unter den Tay Vu, einem der frühen vietnamesischen Stämme. Auf diese Zeit geht die Tradition des Herstellens von Bronzetrommeln zurück – einige der schönsten ihrer Art wurden in dieser Region gefunden. Die Franzosen, die 1886 ankamen, entwickelten die Stadt zu einer ihrer wichtigsten Stellungen im Norden Vietnams. Sie brauchten allerdings noch fast 30 Jahre, um die rebellischen Bergstämme niederzuschlagen.

Übernachtung und Essen

An Hotels und Restaurants besteht in Ha Giang kein Mangel; sie sind jedoch wenig auf westliche Besucher eingestellt.

Ha Giang Hotel, Nguyen Trai, ✆ 0219-864640, 📠 868261. Die 15 AC- und Ventilator-Zimmer mit Gemeinschaftsbad sind ziemlich düster, aber mit die billigsten der Stadt. ❶

Hai Dang Hotel, 15 Nguyen Trai, ✆ 0219-866863. Einfache Zimmer nahe dem Busbahnhof. ❶

Phuong Dong Hotel, Nguyen Trai, ✆ 0219-867979. Einfache AC-Zimmer, z. T. mit Balkon. Freundliche, hilfsbereite Angestellte. ❶–❷

Sao Mai Hotel, Nguyen Trai, ✆ 0219-863019. An der Straße nach Ha Noi gelegenes kleines Hotel mit bequemen Zimmern; einige etwas laut wegen Karaoke-Beschallung. ❶–❷

Yen Bien Hotel, 517 Nguyen Trai, ✆ 0219-868229, 📠 866333. Das zum Ha Giang gehörende Hotel ist mit seinen 36 Zimmern eines der größten der Stadt, aber schon ziemlich in die Jahre gekommen. AC- und Ventilator-Zimmer mit Bad und WC. Angegliedert ist ein großes Restaurant. ❶–❷

Einige **Restaurants** liegen an der Tran Hung Dao, die meisten ohne englische Speisekarte. Eine Ausnahme ist das chinesische Restaurant **Pham Ba Cuong** nahe dem Phuong Dong Hotel. Suppen und Reisgerichte gibt es an den **Ständen** rund um den Markt.

Transport

Vom **Busbahnhof** starten jeden Vormittag mehrere Busse nach HA NOI (60 000 Dong, 6–8 Std.); nach DONG VAN 3–4x wöchentlich, Abfahrt morgens früh. Wer mit **Leihwagen und Fahrer** aus Ha Noi anreist, ist deutlich flexibler. Die Strecke nach Ha Giang wird von vielen Fahrern abgelehnt; ein Wagen mit Vierradantrieb ist hier ein Muss.

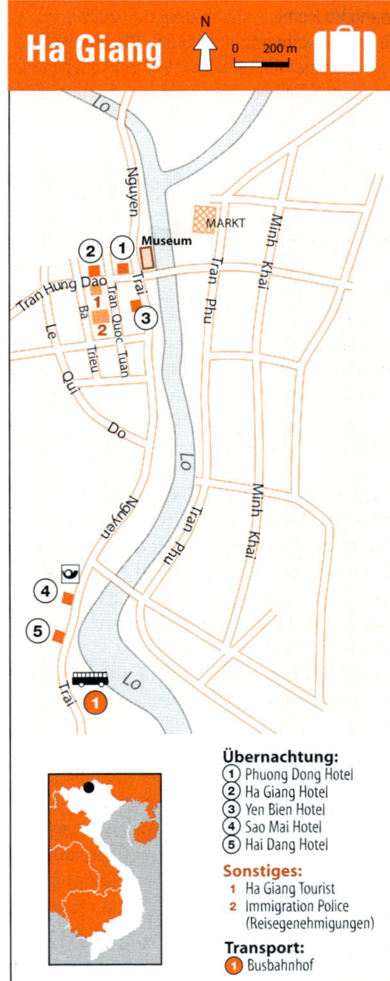

Die Umgebung von Ha Giang

Dong Van und Meo Vac

Mit einer **Reisegenehmigung** in der Tasche (für 150 000 Dong bei der Immigration Police in Ha Giang erhältlich) lässt sich eine der abgelegensten und schönsten Bergregionen von Vietnam erkunden. Eine fast 150 km lange Rundreise führt in den äußersten Norden des Landes, nach Dong Van, wo sich sonntags die Volksgruppen der Region treffen, um Handel zu treiben und sich auszutauschen. Die Fahrt dorthin mutet an wie eine Zeitreise: Das Leben in den Bergen scheint sich seit Jahrhunderten kaum geändert zu haben.

Rund um das kleine **Quang Ba** (auch Tam Son genannt) 40 km nördlich von Ha Giang leben Angehörige der Dao und Hmong, darunter Blumen-Hmong mit ihren bunten Trachten. Sie betreiben traditionell Brandrodungsfeldbau, was den Baumbestand arg dezimiert hat. Häufige Erdrutsche in der Regenzeit sind die Folge. Karstberge und Reisterrassen prägen das Landschaftsbild.

50 km weiter liegt in einem Hochtal **Yen Minh**. Hier beginnt eine wilde Landschaft, die atemberaubende Ausblicke bietet, in ihrer schroffen Kargheit aber härteste Lebensbedingungen für die Bewohner – Lo Lo, Nung und Dzao – schafft. Armut prägt das Bild bis hinauf ins 1025 m hohe **Dong Van**. Die einzigen, die etwas Geld zu haben scheinen, sind aus dem Reich der Mitte eingewanderte Chinesen, die für durchreisende Touristen äußerst zähe Verhandlungspartner sind. In Dong Van gibt es ein einfaches Hotel mit schlichten Zimmern (Dusche, WC). Highlight der Woche ist der Sonntagsmarkt mit Handwerksarbeiten und Lebensmitteln, auf dem die bunt gekleideten Bergvölker der Umgebung sich treffen. 15 km südlich liegt **Sa Phin**, wo einst ein Hmong-König residierte – die Reste seines Palastes erinnern an ihn.

Der Straßenabschnitt von Dong Van nach **Meo Vac** ist wohl der überwältigendste der ganzen Strecke. Hier gilt wirklich: Der Weg ist das Ziel. In Meo Vac findet ebenfalls ein Sonntagsmarkt statt, größer als der in Dong Van. Auch ein Tier-Markt ist angeschlossen. In der Region um Meo Vac werden wie vor tausenden von Jahren Bronzetrommeln für rituelle und zeremonielle Zwecke hergestellt, eine Tradition, die besonders von den Lo Lo und den Pu Peo (einem sehr kleinen Volk von nur 400 Personen) gepflegt wird. Es gibt mehrere einfache Gästehäuser mit Zimmern, die z. T. über eigenes Bad und WC verfügen. Von Meo Vac führt eine Straße zurück nach Yen Minh, wo die Rundreise endet und der Weg zurück nach Ha Giang führt.

Wer genug Zeit hat und intensiv reisen will, kann die Strecke auch mit öffentlichen Verkehrsmitteln zurücklegen, anstatt sich im Mietwagen herumfahren zu lassen. Von Ha Giang fahren etwa alle zwei Tage Busse nach Dong Van. Von dort gibt es keine Busverbindung nach Meo Vac; es ist also auf ein *xe om* auszuweichen. Von Meo Vac fahren Busse nach Ha Giang, allerdings ebenfalls nicht jeden Tag. Für die einzelnen Busstrecken ist jeweils ein ganzer Reisetag einzuplanen: Reifenpannen, Essenspausen und Stopps im Nirgendwo sind Teil des Vergnügens.

Hoang Su Phi

Nahe dem Ort Hoang Su Phi (auch: Vinh Quang), der zwischen Ha Giang und Bac Ha nicht weit von der chinesischen Grenze liegt, gibt es weitab aller Touristenströme ein kleines Öko-Resort, benannt nach dem Dorf, in dem es liegt: Pan Hou Village. Von hier werden ein- bis zehntägige Treks in die Bergwelt angeboten. Nach der Wanderung entspannt ein Kräuterbad in der Holzwanne.

Das **Pan Hou Village Resort**, ✆ 0219-833535, 📠 0219-833555, ✉ panhouresort@vnn.vn, ❹, hat 30 Zimmer in traditionellen Pfahlhäusern mit Bad/WC (das Wasser wird mit Sonnenenergie beheizt). Frühstück ist im Preis inbegriffen, Mittag- und Abendessen US$7 bzw. US$8.

Ba Be-Nationalpark

Der Ba Be-Nationalpark erstreckt sich über etwa 8000 ha tropischen Wald, in dessen Herzen der **Ba Be-See** liegt – der größte (natürliche) See des Landes, 7 km lang und bis zu 1 km breit. In dem maximal 35 m tiefen Gewässer tummeln sich um die 50 Fischarten, die die lokale Speisekarte bereichern. Sonst darf im Park nichts mehr gejagt werden: Die 300 Tierarten stehen ebenso unter Schutz wie die über 500 verschiedenen Pflanzenarten. In der Pufferzone um den Park sind Siedlungen der Tay verstreut, wo auch Übernachtungen möglich sind. Der See liegt auf einer Höhe von 145 m über dem Meeresspiegel; die ihn umgebenden Berge ragen bis zu 1500 m in die Höhe.

Bootsausflüge auf dem See sind das Highlight eines Besuchs hier. Sie führen zu Wasserfällen, Dörfern und Höhlen – Natur pur, abgesehen vom Knattern des Bootsmotors. Ruhiger sind Ausflüge mit dem Einbaum und natürlich Wanderungen durch das landschaftlich reizvolle Gebiet.

Wer mit einer Tourgruppe aus Ha Noi anreist, wird vermutlich in **Cho Ra**, 18 km vom See entfernt, nächtigen, wo es einige preiswerte Gästehäuser gibt. Von hier führt eine Bootstour über den Nang-Fluss nach **Hang Puong**, wo eine 300 m lange Höhle durchquert wird. Meist geht es dann noch weiter zum **Dau Dang-Wasserfall** und in ein Tay-Dorf: **Pac Ngoi** ist inzwischen auch über eine Auto-Straße zu erreichen, andere, weiter entfernte Dörfer können erwandert werden.

Längere Touren können in Absprache mit der **Parkverwaltung**, ✆ 0281-894014, 📠 894026, ausgearbeitet werden. Das Büro befindet sich mitsamt einigen etwas teureren Unterkünften am Ostufer des Sees. Zwei- bis fünftägige Touren mit Übernachtungen in Tay-Dörfern kosten je nach Ziel und Größe der Gruppe zwischen US$25 und US$45, Bootstouren und Übernachtungen eingeschlossen. Der Eintritt in den Park beträgt 10 000 Dong plus 1000 Dong Versicherung, zahlbar am Kassenhäuschen an der Straße zum Park kurz nach Verlassen von Cho Ra.

Übernachtung und Essen

In **Cho Ra** gibt es einige Budget-Unterkünfte, z. B. das ältere **Ba Be 1**, ✆ 0281-876115, und das neuere **Thuy Dung**, ✆ 0281-876354, das auch über ein Restaurant verfügt. Beide ❶–❷
Das **Gästehaus der Parkverwaltung**, ✆ 0281-894136, 📠 894026, liegt näher am See und bietet 50 recht gepflegte Zimmer im Haupthaus und darüber hinaus einige Bungalows, die etwas neuer und teurer sind. Das Restaurant wird gelobt – Spezialität: Ba Be-Fisch. ❷–❸
Die Parkverwaltung kann auch **Privatunterkünfte** in einem der Tay-Dörfer vermitteln. ❶

Transport

Wer mit einer Tourgruppe anreist, muss sich um den Transport keine Gedanken machen. Ansonsten gibt es lokale Busse: Von HA NOI aus fahren tgl. genügend Busse (mit Endstation Cao Bang) entlang der N3 über Thai Nguyen und Bac Kan nach NA PHAC. Für den letzten Abschnitt von Na Phac nach CHO RA ist unter Umständen ein *xe om* zu nehmen; wer früh genug aufgebrochen ist, bekommt aber vielleicht noch einen Anschlussbus.

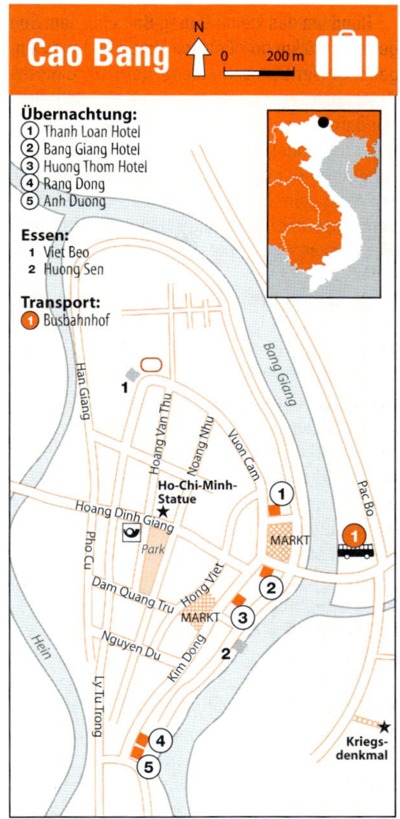

Cao Bang

Cao Bang ist die Hauptstadt der gleichnamigen gebirgigen Provinz, die auf einer Länge von 311 km an China grenzt. Nachdem die Stadt 1979 von den nördlichen Nachbarn zerstört wurde, geht es mit ihr seit 1992/93, dem Ende der politischen Eiszeit zwischen beiden Ländern, wieder bergauf. Das zeigen die belebten Märkte, auf denen sich viele Produkte aus China finden: Die Grenze liegt nur 30 km entfernt.

Besonders sehenswert ist der **Frischwarenmarkt** nahe der Brücke, zu dem morgens die Frauen der umliegenden Bergvölker anreisen – oft per Floß über den Fluss.

Die Stadt liegt auf einer Landzunge, die vom Zusammenfluss der Flüsse Hein und Bang Giang gebildet wird. Eine Brücke führt von der N3 ins Zentrum, in dem einige moderne Gebäude das Wiedererstarken der Provinzhauptstadt andeuten. Ein kleiner **Park** mitten in der Stadt verspricht Ruhe, und eine Statue von Ho Chi Minh erinnert daran, dass der Vater der Nation in den Bergen nördlich von hier eine (kurze) Zeit lang eine Heimat fand (s. unten, Pac Bo).

Übernachtung und Essen

Zimmerknappheit herrscht in Cao Bang nicht. Viele Hotels haben ein eigenes Restaurant. Abenteurer und Genießer zieht es an die **Essensstände** nahe der Märkte. Alternativ bieten sich einige kleine Restaurants an, z. B. das **Huong Sen** nahe dem Fluss und das **Viet Beo** am Sportplatz.

Anh Duong, 78 Kim Dong, ✆ / ℻ 026-858467. Saubere Standard-Zimmer mit und ohne AC. ❶–❷

Bang Giang Hotel, Kim Dong, neben der Brücke, ✆ 026-853431, ℻ 854984, ✉ banggiang-dl@yahoo.com. Das größte Hotel im Ort hat 80 ordentliche Zimmer; einige mit Ventilator, in den höheren Etagen mit AC. Das angegliederte Hotelrestaurant hat eine englische Speisekarte. ❷–❸

Huong Thom Hotel, Kim Dong, ✆ 026-855888, ℻ 856228. Bequeme, saubere AC-Zimmer mit Satelliten-TV. Frühstück inklusive. Organisiert Touren nach Pac Bo und Ban Gioc. ❷

Rang Dong, Kim Dong, im Süden der Stadt, ✆ 026-852707. Sehr einfach und ebenso preiswert; freundliche Leute. ❶

Thanh Loan Hotel, 159 Vuon Cam, ✆ 026-857062, ℻ 857028. Sauberes, freundliches Minihotel; einige Zimmer mit Balkon. ❷

Transport

Am neuen **Busbahnhof** an der Pac Bo, nahe der Brücke, starten Busse nach HA NOI (7 Std.) und LANG SON (4 Std.). In welchem Zustand die im (Aus-)Bau befindliche Straße nach HA GIANG ist, muss vor Ort erkundet werden – möglicherweise gibt es eine Busverbindung.

Die Umgebung von Cao Bang

Die Umgebung von Cao Bang ist mit ihren Karstbergen und Reisterrassen landschaftlich sehr attraktiv. Größtenteils harrt sie noch ihrer Entdeckung, ebenso wie die Dörfer der Nung, Gioa, Mong, Sa, Chay und anderer Volksgruppen, die in den Bergen und Tälern bisher weitgehend ungestört ihrer traditionellen Lebensweise nachgehen.

Pac Bo

Nur sieben Wochen lebte Ho Chi Minh in der Pac Bo-Höhle, doch das reichte aus, um den Ort zu einer Wallfahrtsstätte seiner Verehrer zu machen. Die Höhle liegt etwa 50 km von Cao Bang entfernt an der Grenze zu China in einem Waldgebiet. Nach fast 30-jährigem Exil war dies der erste Ort, den Ho Chi Minh in Vietnam wieder betrat. Zu sehen gibt es neben der Höhle mitsamt einem (nachgebauten) Holzbett auch einen großen Stein mit flacher Oberfläche, der dem Revolutionär als Tisch diente, und einen Stalagmiten, der Karl Marx ähnlich sehen soll. Nach dem deutschen Ur-Kommunisten wurde auch ein nahe gelegener Berg getauft. Der kleine Bach, der Onkel Ho mit Wasser versorgte, wurde von ihm Le Nin genannt. Ein kleines Museum zeigt einige Erinnerungsstücke, darunter zwei wichtige Werkzeuge des Revolutionsführers: Schreibmaschine und Pistole. ◷ 7.30–11.30 und 13.30–16.30 Uhr, Eintritt frei.

Anreise über die N203 in nordwestlicher Richtung (Ha Quang); immer auf der Straße bleiben, bis ein Schild nach rechts weist. Von dort sind es noch 4 km.

Ban Gioc

Die mächtigen **Ban Gioc-Wasserfälle** liegen 90 km nordöstlich der Provinzhauptstadt direkt an der Grenze zu China (von der anderen Seite winken die chinesischen Touristen herüber) und dürfen daher nur mit einer Sondergenehmigung besucht werden. Man bekommt diese für 50 000 Dong an einer Polizeistation in der Nähe der Fälle.

Mit seinen 53 m Höhe und 300 m Breite gilt der Ban Gioc als der größte Wasserfall Vietnams (wenn auch nicht der höchste). Er steigt in drei Stufen empor und führt im Sommer am meisten Wasser. 3 km entfernt liegt die über 2 km lange

Nguom Ngao-Höhle, eine märchenhafte Welt voller fantastisch geformter Stalagmiten und Stalaktiten.

Die **Anreise** ist etwas kompliziert: Zuerst auf die N3, dann (kurz vor dem Ma Phuc-Pass) rechts auf die N205 bis Hung Quoc, darauf die N211 bis Trung Khanh und zuletzt die N206 bis zu den Wasserfällen – man sollte sich fahren lassen und kann dabei in Ruhe die Landschaft bewundern.

Lang Son und Umgebung

Die nur 18 km von der Grenze zu China entfernte Provinzhauptstadt Lang Son erlebt einen kleinen Boom, seitdem sich Anfang der 1990er-Jahre Vietnam und China wieder vertragen haben. Die Stadt war beim chinesischen Überfall 1979 schwer in Mitleidenschaft gezogen worden, ebenso wie das nördlich direkt an der Grenze liegende **Dong Dang**. Zeit (und Geld) scheinen die Wunden der Vergangenheit geheilt zu haben, und der große, dreistöckige **Dong Kinh-Markt** am Ufer des Ky Cung-Flusses quillt über vor Waren aus China. Mehr Lokalkolorit hat der **Ky Lua-Markt** nahe dem Phai Loan-See, ein Markt mit Tradition, denn schon seit Jahrhunderten wird an dieser Stelle Handel getrieben. Kleine Restaurants servieren hier einfache Gerichte und die Bergvölker (Dao, Tay, Nung und andere) verkaufen Kleidung, Webarbeiten und landwirtschaftliche Erzeugnisse. Auf diesem Markt ist auch am Abend noch viel Betrieb.

Die wenigen westlichen Touristen, die die Stadt besuchen, sind meist nur auf der Durchreise von oder nach China. Wer ein paar Stunden Zeit hat, kann neben den Märkten auch zwei nahe gelegene Höhlen besichtigen. Durch die 600 m lange **Nhi Thanh-Höhle** fließt ein unterirdischer Fluss. Der Eingang ist mit historischen Inschriften versehen. Etwas oberhalb liegt die **Tam Giao-Pagode**, erbaut 1779, in der Buddha, Konfuzius und Laotse gleichermaßen verehrt werden.

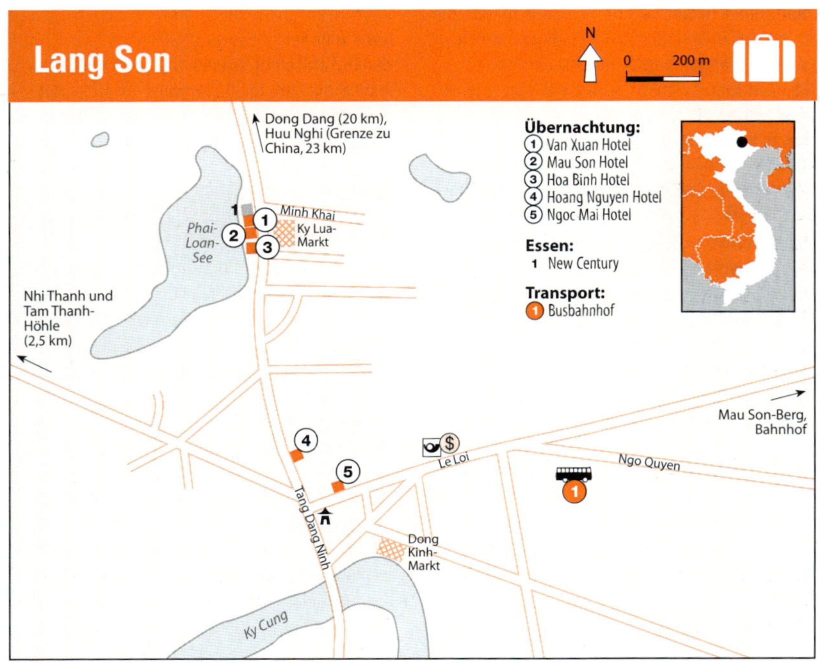

Ein paar hundert Meter weiter erreicht man die **Tam Thanh-Höhle**, die von bunten Lampen illuminiert wird. Die Höhlen liegen etwa 2–3 km westlich des Stadtzentrums.

Wer noch mehr Zeit hat oder mal so richtig weit weg von allem städtischen Alltag sein möchte, fährt auf den 1541 m hohen **Mau Son-Berg** östlich der Stadt (14 km stadtauswärts auf der N4B, dann links dem ausgeschilderten Abzweig für weitere 15 km folgen). Von dort ergibt sich ein fantastischer Rundblick auf die umliegenden Berge und Täler, und wer davon nicht genug bekommen kann, nimmt ein Zimmer in dem hübschen kleinen Gästehaus, das sich auf dem Gipfel befindet (Yen Yen, ✆ 025-874575, ❶). Drumherum liegen Dao-Dörfer, Pfirsich- und Birnbaumplantagen.

Übernachtung und Essen

Eigentlich hat Lang Son genug Hotelzimmer – nur an manchen Wochenenden kann es voll werden, wenn Besucher aus China anreisen. Viele Hotels haben eigene Restaurants. Wer das zu langweilig und das Essen am Markt zu aufregend findet, begibt sich ins beliebte **New Century**, ✆ 025-812125, englische Speisekarte, am Ufer des Phai Loan-Sees.

Hoa Binh Hotel, 127 Tran Dang Ninh, ✆ 025-870807, ℻ 871506. In Ordnung gehaltene Standard-Zimmer nahe dem Ky Lua-Markt am See. ❶–❷

Hoang Nguyen, 84 Tran Dang Ninh, ✆ 025-874575. Seit längerem beliebtes Hotel mit sauberen Zimmern etwas südlich des Marktes.

Mau Son Hotel, Tran Dang Ninh, ✆ 025-876818, ℻ 711001. Zum Teil sehr große Zimmer mit schönem Seeblick. ❶–❷

Ngoc Mai Hotel, 25 Le Loi, ✆ 025-871837, ℻ 871844. Etwas hochwertiger ausgestattete Räume, aber abseits vom See. ❷–❸

Van Xuan Hotel, Tran Dang Ninh, ✆ 025-710440, ℻ 710436. Das angenehme Hotel direkt nördlich des Mau Son Hotel hat eine gute Atmosphäre und freundliches Personal. Empfehlenswert sind die Balkon-Zimmer mit Blick auf den See. ❶–❷

Sonstiges

Geld

Incombank, 51 Le Loi, ✆ 025-873178. Tauscht Devisen. ⏲ Mo–Fr 7.30–11.30 und 13.30–16 Uhr.

Post

49 Le Loi, ⏲ 7–21 Uhr.

Transport

Busse

Von Lang Sons **Busbahnhof** fahren den ganzen Tag über mindestens stündlich Busse nach HA NOI (50 000 Dong, ca. 5 Std.). Weitere Verbindungen bestehen nach Cao Bang und Mong Cai. Bis fast zur chinesischen Grenze nach DONG DANG pendeln Minibusse (Aufschrift *Tam Thanh*), die man am besten an der Le Loi oder nahe dem Ky Lua-Markt anhält. Das letzte Stückchen Weg zur Grenze übernehmen *xe om*.

Eisenbahn

Tgl. um 13.50 Uhr fährt ein Zug nach HA NOI; Ankunft dort um 19.30 Uhr. Um 11.05 Uhr fährt ein Nahverkehrszug in 25 Min. nach DONG DANG, zurück um 13.20 Uhr.

Über die Grenze nach China

Wer mit dem Zug nach China will, kann nicht erst in Dong Dang zusteigen, sondern muss seine Reise bereits in Ha Noi antreten. Dann steht einem Grenzübertritt nichts im Wege – gültiges Visum vorausgesetzt. Wer nicht mit dem Zug fährt, lässt sich von **Dong Dang** an die Grenze bringen, ⏲ 7–17 Uhr. In China angekommen, fährt man mit einem Minibus ins 15 km entfernte **Pingxiang**. Dort gibt es Geldwechsel, Übernachtungsmöglichkeiten und einen Zug nach **Nanning**, der nachmittags abfährt. Achtung, Uhr umstellen nicht vergessen: China ist Vietnam um eine Stunde voraus.

Ha Long-Bucht und nördliche Küste

Stefan Loose Traveltipps

4 Ha Long-Bucht In einer Dschunke die mystische Bucht mit ihren tiefen Höhlen, weißen Stränden und fantastischen Ausblicken entdecken. S. 318

Bai Tu Long-Bucht Abseits des Touristenstroms an kaum besuchten, kilometerlangen Stränden spazieren gehen. S. 324

HA LONG-BUCHT UND NÖRDLICHE KÜSTE

Tam Thanh Cave
Cao Loc
Lang Son
Pho Ngau
Chi Ma
Hsuchin
CHI
Phai Lang
1A
4B
236
Na Vang
Na Tang
Loc Binh
237
Bo Luong
Ban Chat
Dong Chua
238
Na Gia
Na Duong
Na Tang
Khuoi Bao
Phai Dang
Ban Moi
Ban Lao
Co Huong
Ban Ria
31
Ban Com
Co Hoa
Na Xom
LANG SON
Dinh Lap
Na Hat
Vua Ngoai
Lang Giang
Na Van
Binh Lieu
Ban Phieng
296
279
Non Ta
Song Pho Cu
Na Phai
Bac Lu
18C
Thong Chau
Na Song
Lang Lim
Bien Giua
31
Na Hin
31
4B
An Chau
Tien Yen
18
Khe Tam
Ha Dong
Ha Duong
Tan Giao
BAC GIANG
Lang Da
Ba Che
Lang Muc
Dong Giang
Thon Trung
Khe Vay
Vanh Hoa
Van Non
293
Lang Non
Long San
VAN DON
Dai Chuoi
329
Dam Tron
Ha Gian
QUANG NINH
18
Thon 2
Dong Quang
Khe Chuoi
TRA NGO
Uong Thuong
Khe Ho
Cai Rong
Mao Khe
Vang Danh
Dong Coc
Son Duong
Nan De
326
Mong Duong
Uong Bi
Dong Vang
18
Troi
Ca Hanh
Cua Ong
Hoanh Bo
Cam Pha
Ban Sen
Ha Lam
Minh Duc
Quang Yen
18
Ha Tu
THE VANG
TRA BAN
Quang Chau
Quang Cu
10
Ha Long-Stadt
Hung Hoc
Canh Che
Hong Ha
Nui Deo
Luu Khe
VAN CANH
QUAN LAN
5
Gia Luan
Ha Long-Bucht
Yen Hai
Hai Phong
HONG
Ngoc Doa
Truc Cat
CAT BA-NATIONALPARK
HANG TRAI
PHUONG HOANG
Kien An
Cua Cam
Cat Hai
CAT BA
Chung Ngam
THUONG MAI
Nui Doi
An Lap
Cua Bach Dang
HA MAI
Do Son
Cat Ba
Doan Xa
Do So-Strand
Cua Van Uc
Chu Ka
Dong Ngu
Duong Am
Cua Thai Binh
LONG CHAU
LONG CHAU DONG
Long Chau-Inseln

Die geheimnisvolle, mystische Landschaft der **Ha Long-Bucht** ist eines der beliebtesten Reiseziele in Vietnam. Knapp 2000 kleine und kleinste Inseln ragen in bizarren Formationen aus dem Meer. In ihrem Inneren bergen sie oft Höhlen mit fantastischen Stalagmiten- und Stalaktiten, die in grauer Vorzeit besiedelt waren und heute – von bunten Scheinwerfern illuminiert – zu einem Ausflug in eine Märchenwelt einladen. Andere Inseln sind mit wildem, undurchdringlichem Dschungel bewachsen, in dem gefährdete Tierarten eine Zuflucht gefunden haben. Wieder andere Inseln überraschen mit schönen Stränden oder Seen, die durch Kanäle mit dem Meer verbunden sind – kurz, eine Schifffahrt durch das Gebiet ist ein unvergessliches Erlebnis.

Es steht eine große Anzahl von **Touren** zur Auswahl: Vom Tagestrip bis zur mehrtägigen Reise, vom Billigangebot für knapp über US$20 bis zur Luxustour für mehrere hundert Dollar. Diese Ausflüge können schon in Ha Noi gebucht werden und beinhalten Hin- und Rücktransport – eine bequeme Reisemöglichkeit. Wer will, kann aber auch auf eigene Faust losziehen und vor Ort (in Bai Chay / Ha Long-Stadt) einen Platz auf einem Ausflugsboot buchen.

Die Insel **Cat Ba** ist ebenfalls gut als Ausgangspunkt für Touren in die Ha Long-Bucht geeignet. Außerdem kann man hier (bei gutem Wetter) im Cat Ba-Nationalpark trekken: eine anstrengende Tour durch die Karstberge. Wer es ruhiger mag, genießt von der Promenade des kleinen Hauptortes der Insel aus bei einem Kaltgetränk den Sonnenuntergang hinter den Bergen.

Cat Ba ist am besten von **Hai Phong** zu erreichen. Diese Hafenstadt auf dem Festland ist eine der größten Städte des Landes, hat aber einen überschaubaren Ortskern mit baumgesäumten Alleen und französischer Kolonialarchitektur.

Die **Bai Tu Long-Bucht**, die sich westlich an die Ha Long-Bucht anschließt, ist ebenso schön wie ihr Nachbar, aber touristisch weniger erschlossen. **Mong Cai** ist die nordöstlichste Stadt Vietnams und ein wichtiger Handelsplatz, für Touristen jedoch eher auf der Durchreise nach China von Interesse. Immerhin kann man von hier einen Abstecher zum längsten Strand Vietnams machen, dem Strand von **Tra Co**, der sich über 17 km erstreckt.

Hai Phong

Die Hafenstadt Hai Phong liegt etwa 100 km östlich von Ha Noi am Cam-Fluss; von hier sind es noch rund 20 km bis zu dessen Mündung ins Meer. Menschen siedeln hier seit Beginn der Geschichte Vietnams, doch erst mit der offiziellen Stadtgründung durch die französischen Kolonialherren im Jahre 1888 begann das Wachstum der Region. Von damals 10 000 stieg die Einwohnerzahl auf heute über 600 000 (1,6 Mill. mit Umland). Der Ende des 19. Jhs. angelegte Hafen versorgte das Mutterland Frankreich mit den Früchten seiner Kolonie (Kohle, Holz etc.). Aus Europa brachten die Frachter Konsumgüter mit. Das letzte französische Schiff legte hier 1955 ab, als die restlichen Kolonialtruppen nach Hause fuhren. Amerikanische Bomberpiloten warfen während des Krieges ihre tödliche Fracht tonnenweise über dem Hafen und der Stadt ab – wohl wissend um die strategische Bedeutung des Ortes. Heute ist der Hafen einer der wichtigsten Umschlagplätze im Handel mit China.

Dafür, dass Hai Phong die drittgrößte Stadt des Landes ist, geht es in ihrem Zentrum recht beschaulich zu. Viel Atmosphäre verbreiten die relativ breiten, baumgesäumten Straßen, an denen Cafés liegen, und die zum Teil aufwendig restaurierten Kolonialgebäude. Bei einem Stadtbummel locken Märkte und ein quirliges Händler-Viertel. Der **Sat-Markt** ist ein großer Gemischtwarenmarkt etwas westlich des Zentrums. Er wurde Ende des 19. Jhs. eröffnet und war damals eine Konstruktion aus Eisen und Stahl – daher der Name: **Cho Sat** bedeutet „Eisenmarkt". 1992 wurde das heutige sechsstöckige Gebäude mit seiner halbrunden Fassade errichtet. Über 2000 Einzelhändler haben hier ihre Stände. Im Untergeschoss dominiert Elektrik, Elektronik und Werkzeug, in den Obergeschossen gibt es Textilien, Schuhe und Gegenstände des täglichen Bedarfs. Gleich nebenan liegt ein großes Markt-Areal aus Bambusgerüsten und Wellblech, wo fast ausschließlich Trockenfisch gehandelt wird. Richtung Innenstadt schließen sich einige Straßenzüge mit vielen kleinen Geschäften und Händlern an: das alte Kaufmannsviertel. Hier herrscht den ganzen Tag viel Betrieb.

Sehenswürdigkeiten

Niemand kommt wegen der Sehenswürdigkeiten nach Hai Phong, doch wer etwas spazieren gehen will, kann neben den Märkten ein paar schöne Kolonialgebäude, Tempel und Pagoden entdecken.

Das **Stadttheater** von 1904 wurde von französischen Architekten entworfen und mit Materialien gebaut, die eigens aus Frankreich importiert wurden. Zum 100sten Geburtstag wurde das Gebäude (mit französischer Hilfe) restauriert und erstrahlt nun wieder in neuem altem Glanz. Das Auditorium des zweistöckigen Gebäudes bietet Platz für 400 Menschen. Blumenfresken schmücken die Decke. Noch heute finden alle größeren Feierlichkeiten Hai Phongs hier statt. Die **Kathedrale** an der Hoang Van Thu stammt ebenfalls aus der Zeit der Jahrhundertwende.

Im **Nghe-Tempel** wird Le Chan verehrt, eine Generalin unter den Trung-Schwestern, die 39 n. Chr. einen Aufstand gegen die Chinesen anführten. Le Chan soll damals die befestigte Siedlung An Bien gegründet haben, aus der viel später das heutige Hai Phong wurde. Der einstmals kleine Schrein wurde 1919 und 1926 ausgebaut. Das innere Heiligtum ist oft verschlossen, mit Sicherheit aber am ersten und 15. Tag jedes Mondmonats geöffnet, wenn viele Gläubige kommen, um hier zu beten und zu opfern. Besonderer Andrang herrscht am Todestag der Generalin, dem 8. Tag des zweiten Mondmonats. Eine moderne **Statue der Le Chan** steht etwas nördlich an der Quang Trung.

Die **Du Hang-Pagode** (auch: Chua Puc Lam) wurde seit ihrer Gründung im 17. Jh. mehrfach umgestaltet – immer mit viel Sachverstand, sodass das Heiligtum mit seinen Höfen und Teichen auch heute noch ein besonders schönes Beispiel vietnamesischer Sakralarchitektur ist.

Das Gemeindehaus **Dinh Hang Kenh** von 1717 (erweitert 1905) ist bekannt für seine wertvollen Holzschnitzereien. Drachen waren das Lieblingsmotiv der hier tätigen Künstler: Über 300 verschiedene Darstellungen des Fabeltiers schmücken den Tempel. Auf dem Hauptaltar wird der **General Ngo Quyen** (s. Kasten S. 304) durch ein Paar Schuhe und einen Hut symbolisiert; seitlich davon stehen ein Pferd und ein Elefant. Jedes Jahr vom 16.–18. Tag des zweiten Mondmonats

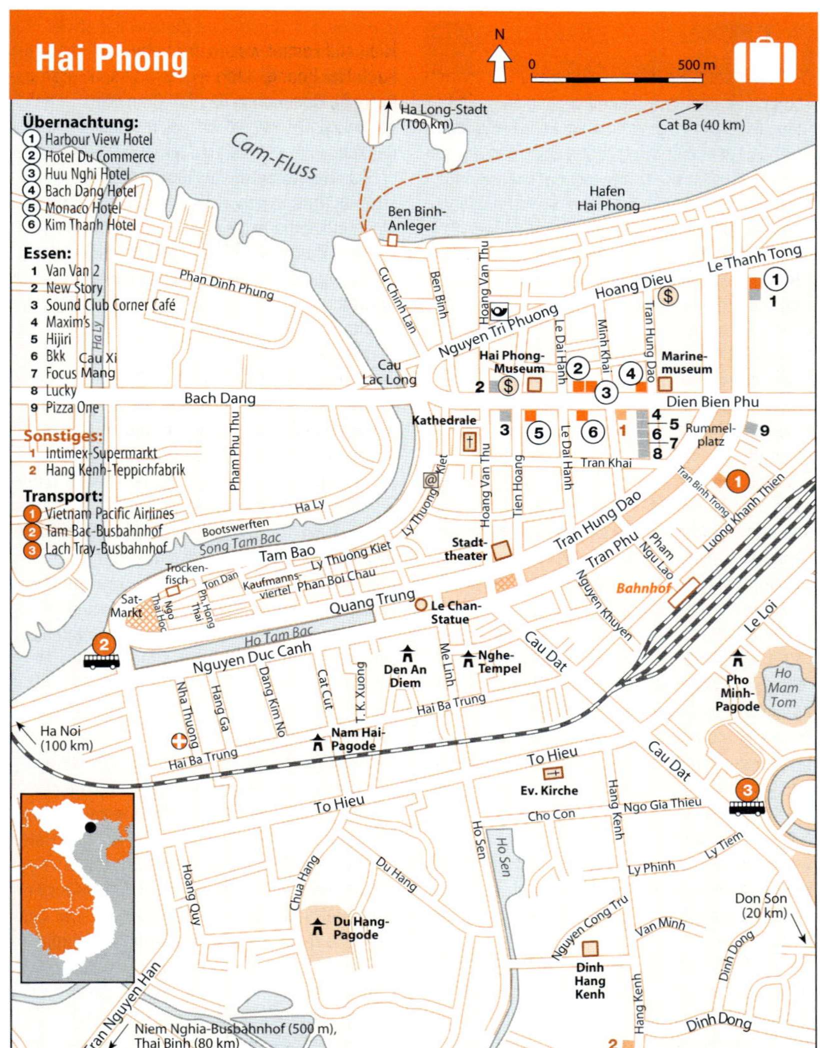

findet ein großes Fest statt, das viele Besucher anzieht, unter anderem wegen der beliebten *cheo-* und *tuong*-Aufführungen (s. S. 204).

Die Museen der Stadt sind unspektakulär und haben ihre Öffnungszeiten entsprechend angepasst: Das **Hai Phong-Museum** in der Dien Bien Phu, 1919 von den Franzosen erbaut, zeigt Exponate zur Stadtgeschichte, 🕓 Di und Do 8–10.30, Mi und So 19.30–21.30 Uhr. Das **Marinemuseum** (Bao Tang Hai Quan) weiter östlich öffnet Di, Do und Sa von 8 bis 11 Uhr.

Wer mit Kindern reist, kann mit ihnen auf einem kleinen **Rummelplatz** an der Ecke Dien Bien Phu, Tran Hung Dao, Karussell fahren.

Die Schlachten am Bach Dang

Folgt man dem Cua Cam-Fluss östlich in Richtung Meer, so gelangt man an die Stelle, wo er sich mit dem mächtigen Bach Dang-Fluss vereinigt, der sehr breit, aber nicht besonders lang ist: Er ist der Zusammenfluss vieler kleinerer Gewässer; die größten sind der Da Bac, der Gia, der Con Khoai und eben der Cua Cam. Die Gezeiten haben einen großen Einfluss auf den Wasserstand, und diese Tatsache machte sich der vietnamesische **General Ngo Quyen** im Jahre 938 zunutze, als er eine eindringende chinesische Flotte vernichtete: Mit einer kleinen, leichten Einheit lockte er sie tief in die Flussmündung hinein, wo die feindlichen Boote bei ablaufender Flut auf angespitzte Holzpfähle aufsetzten, die knapp unter der Wasseroberfläche verborgen waren. Manövrierunfähig waren die Schiffe für die vietnamesischen Truppen eine leichte Beute.

Ein Blick in die Geschichtsbücher hätte den Navigatoren einer 400 Schiffe starken mongolischen Flotte helfen können, denen im Jahre 1288 das gleiche Schicksal widerfuhr. Diesmal war es der **General Tran Hung Dao**, dem der Coup gelang. Beide Male wurden die Invasionspläne erfolgreich und nachhaltig gestoppt. Die Generäle sind in die Geschichte eingegangen und werden in ganz Vietnam als Helden verehrt.

Ein weiterer Spaziergang kann die **Hang Kenh-Teppichfabrik** zum Ziel haben: Von zwei französischen Geschäftsleuten 1929 mit angelernten lokalen Arbeitskräften eröffnet, werden hier bis heute Wollteppiche geknüpft, die im ganzen Land sehr geschätzt sind.

Übernachtung

Die meisten Touristen erleben Hai Phong nur auf der Durchreise. Wer übernachten will, muss etwas tiefer in die Tasche greifen als anderswo.

Untere Preisklasse

Kim Thanh Hotel, 67 Dien Bien Phu, ✆ 031-745264, ℻ 745743, ✉ kimthanhhotel@vnn.vn. Einfache, z. T. fensterlose Zimmer mit etwas in die Jahre gekommenen sanitären Einrichtungen. ❶–❷

Hotel Du Commerce, 62 Dien Bien Phu, ✆ 031-842790, 842706, ℻ 842560. Das in einem pastellgelben Kolonialbau untergebrachte Hotel hat 33 preiswerte, mit schweren Möbeln ausgestattete Zimmer, die zwar schon etwas abgenutzt, aber recht bequem sind. Es lohnt, ein paar Dollar mehr für eines der schöneren Zimmer nach vorne heraus auszugeben. ❶–❷

Mittlere Preisklasse

Bach Dang Hotel, 42 Dien Bien Phu, ✆ 031-842444, ℻ 841625. Von Vietnamtourism betriebenes Mittelklassehotel mit 34 akzeptablen Zimmern mit AC, TV und Kühlschrank, aber wenig Charme. ❸–❹

Monaco Hotel, 103 Dien Bien Phu, ✆ 031-746468, ℻ 746989, ✉ monacohotel@hn.vnn.vn. Einladendes kleines Hotel mit 20 individuellen, geschmackvoll eingerichteten Zimmern, darunter geräumige Suiten und Apartments mit Küchenzeile. Vasen und Bilder verbreiten eine künstlerische Atmosphäre. ❸–❹

Obere Preisklasse

Harbour View Hotel, 4 Tran Phu, ✆ 031-3827827, ℻ 3827828, 💻 www.harbourviewvietnam.com. Großes, angenehmes Hotel im Kolonialstil mit 122 gepflegten Zimmern, die Blick auf den Hafen oder in den Innenhof haben. 60 Business-Deluxe-Zimmer sind mit Internet-Anschlüssen versehen. Wer „nur" *superior* wohnt, kann sich im angegliederten Businesscenter einloggen. Im Restaurant Nam Phuong gibt es asiatische Küche auf zwei Etagen, im Harbour Café internationale Gerichte, in der Piano-Bar manchmal Live-Musik. Pool, Fitnesscenter, guter Service. ❺–❻

Huu Nghi Hotel, 60 Dien Bien Phu, ✆ 031-3823244, ℻ 3823245, ✉ huunghihotel@vnn.vn. Elfstöckiges, zentral gelegenes Haus mit 162 Zimmern, Swimmingpool, Tennisplatz und Fitnesscenter. Im Restaurant wird vietnamesische und internationale Küche serviert. ❺

Essen

Neben einer Handvoll internationaler Restaurants haben sich im Stadtzentrum einige moderne Cafés angesiedelt, in denen sich abends die Jugend von Hai Phong trifft. Tagsüber kann man dort relativ preiswert essen. Ursprünglicher geht es in den kleinen Läden im alten Kaufmannsviertel zu; besonders abends in den *bia hoi*-Bars entlang der Quang Trung, wo die lokale Sorte *Bia Hai Phong* ausgeschenkt wird. Besonders elegant ist das Ambiente im Nam Phuong Restaurant des Harbour View Hotel (s. u.).

Bkk, 22A Minh Khai, ✆ 031-3823944. Das laut Eigenwerbung „trendy thai restaurant" tischt seine siamesische Küche hauptsächlich ausländischen Expats und der lokalen Oberschicht auf.

Du Commerce Restaurant (Nha Hang Que Huong), 62 Dien Bien Phu, ✆ 031-842560. Das Restaurant des gleichnamigen Hotels, das natürlich auch anderen Gästen offensteht, bietet europäische, thailändische und vietnamesische Küche.

Focus, 20 Minh Khai, ✆ 031-3841430. Eines von mehreren modernen Cafés in der Minh Khai: morgens Frühstück, tagsüber Restaurant, abends Musik.

Hijiri, 18B3 Minh Khai, ✆ 031-3569299. Der junge Japaner, der den Laden eröffnet hat, bietet Snacks aus seiner Heimat an, etwa Yakitori-Spießchen für US$0,80. Auch Freunde japanischen Reisweins werden bei ihm fündig.

Lucky, 22B2 Minh Khai, ✆ 031-842009. Asiatische und europäische Gerichte in angenehmer Atmosphäre. Die Besitzerin spricht Deutsch.

Maxim's, 51 Dien Bien Phu, ✆ 031-822934. Tagsüber Restaurant mit europäischer und vietnamesischer Küche, abends Bar: Dann werden die Getränke teurer (ab 18.30 Uhr). Als Gäste kommen viele in der Gegend lebende Ausländer.

Nam Phuong (im Harbour View Hotel), 4 Tran Phu, ✆ 031-827827. Sehr gutes Hotel-Restaurant: Asiatisch dinieren im französischen Kolonial-Ambiente. ⌚ 18–22 Uhr.

New Story, 84 Dien Bien Phu, ✆ 031-651751. Modernes, klimatisiertes Café mit kleinen Gerichten und WIFI.

Pizza One, 11A Tran Phu, ✆ 031-3921632. Das kleine Restaurant offeriert passable Pizza mit dünnem Boden und viel Käse; daneben Reis- und Nudelgerichte.

Sound Club Corner Café, Dien Bien Phu, Ecke Tien Hoang. Beliebtes WIFI-Café mit Drinks und Fast Food.

Van Van 2, 4B Tran Phu, ✆ 031-686788. Restaurant der gehobenen Klasse, direkt neben dem Harbour View Hotel. Auf der über 100 Gerichte umfassenden Speisekarte findet sich eine große Anzahl empfehlenswerter, frischer Seafood-Gerichte, die gekonnt zubereitet werden.

Sonstiges

Einkaufen

Wer nicht im großen **Sat-Markt** nach einem MP3-Player oder einer Regenjacke sucht oder nebenan unter Wellblechdächern im Trockenfisch stöbert, deckt sich vielleicht im **Intimex-Supermarkt** an der Dien Bien Phu mit Reiseproviant ein.

Geld

Vietcombank, 11 Hoang Dieu, ✆ 031-842658. Alle üblichen Transaktionen. ⌚ Mo–Fr 7.30–12 und 13.30–16.30 Uhr. In den Filialen der **Agribank**, 72 Dien Bien Phu, und der **BIDV**, 68 Dien Bien Phu, kann man Dollar in Dong tauschen.

Ein **Bankautomat** steht im Foyer des Huu Nghi Hotels, ein weiterer im Intimex-Supermarkt.

Internet

Eine Handvoll **Internet-Cafés** liegt in der Stadt verteilt, z. B. am Tam Bac-Fluss in der 150 Ly Thuong Kiet. Das **Harbour View Hotel** hat schnelle Zugänge in seinem Businesscenter. Viele Café-Restaurants bieten **WIFI** (drahtlosen Internetzugang) für Laptop-Reisende.

Informationen

Haiphong Tourism, 60A Dien Bien Phu, ✆ 031-842957, 📠 823651, 💻 www.hptourism.

com.vn. Eher auf asiatische Tourgruppen denn auf westliche Individualreisende eingestellt.

Medizinische Hilfe

Ben Vien Viet-Tiep (Vietnamesisch-tschechisches Freundschafts-Hospital), 1 Nha Thuong, ✆ 031-832721, 854185. Nur in absoluten Notfällen – die internationalen Kliniken in Ha Noi liegen nur 2 Std. entfernt.

Post

Hauptpostamt, 5 Nguyen Tri Phuong, ✆ 031-823789, 📠 842521, ⌚ 7–21 Uhr.

Transport

Busse

Hai Phong besitzt drei Busbahnhöfe: den **Ben Xe Tam Bac** nahe dem Sat-Markt mit Bussen nach HA NOI (6–16 Uhr, Abfahrt alle 20 Min., Dauer etwa 2 Std., Ticket 35 000 Dong), den **Ben Xe Niem Nghia** an der Tran Nguyen Han mit Bussen Richtung Süden und den **Lach Tray** im Südosten an der Cau Dat mit Bussen nach DO SON.

Eisenbahn

Der örtliche Bahnhof **Ga Hai Phong**, 75 Luong Khanh Thien, ✆ 031-921333, liegt nahe dem Zentrum und bietet 4 tägliche Verbindungen nach HA NOI: Um 6.10 (Ank. 8.40), 8.55 (Ankunft 11.15) und 14.55 Uhr (Ankunft 17.25 Uhr) bis zum Long Bien-Bahnhof nördlich der Altstadt, und um 18.25 Uhr (Ank. 20.35 Uhr) bis zum Hauptbahnhof. Ein Ticket kostet 22 000 Dong.

Boote

Täglich fahren mehrere **Schnellboote** (Speedboat) und **Tragflächenboote** (Hydrofoil) in einer knappen Stunde von Hai Phong nach CAT BA. Mehrere Gesellschaften bedienen diese Strecke und schreiben jeweils bis zu vier Fahrten pro Tag aus – was nicht heißen muss, dass diese Boote auch alle fahren. Die üblichen Abfahrtszeiten liegen zwischen 8 und 16 Uhr, mit einem Hauptgewicht auf den Vormittags-Fahrten. Wer nicht schon am Vortag ein Ticket (ca. 80 000 Dong für die einfache Fahrt mit dem Schnellboot, 100 000 Dong für das Tragflächenboot) besorgt hat, ist gut beraten, sich vor 8 Uhr am **Ben Binh-Anleger** einzufinden und an den Schaltern nach der nächsten Fähre zu fahnden. Tragflächenboote fahren oft nur einmal täglich: um 8.30 oder 9 Uhr – auch hier empfiehlt es sich, schon um 8 Uhr da zu sein. Weitere Fähren befördern Passagiere nach BAI CHAY (1 Std., 90 000 Dong) und MONG CAI (3 Std., 250 000 Dong). Abfahrt ist planmäßig jeweils um 7.30 Uhr – Nachfrage, Wetterbedingungen und Zustand der Flotte sind allerdings Unsicherheitsfaktoren, die die Reiseplanung durcheinander bringen können. Früher legten alle Boote am ortseigenen Ben Binh-Anleger ab, doch inzwischen haben einige Gesellschaften eigene Anleger, die eine halbe Minibus-Stunde entfernt hinter einem Industriegebiet liegen. Dort wartet man dann unter Umständen ziemlich lange irgendwo im Nirgendwo, ehe das Boot tatsächlich ablegt.

Flüge

Am Flughafen Cat Bi, etwa 7 km vom Stadtzentrum entfernt, starten jeden Tag Vietnam Airlines-Flieger nach HO-CHI-MINH-STADT und 2x wöchentlich nach DA NANG. Jetstar Pacific bietet ebenfalls Flüge nach HCMS an. Sie kosten etwas über eine Million Dong und können übers Internet gebucht werden: 💻 www.pacificairlines.com.vn.

Vietnam Airlines und **Jetstar Pacific** haben eine Niederlassung in der 16 Tran Phu, ✆ 031-823646, 📠 921 373. Das Personal spricht nur wenig Englisch.

Do Son

Das ehemalige Kolonialbad Do Son, 20 km von Hai Phong, ist heute einer der meistbesuchten Strände Nordvietnams – beliebt als Wochenendausflug bei der Mittel- und Oberschicht aus Ha Noi und mehr und mehr bei Touristen aus China. Es gibt regelmäßige Direktflüge zwischen Macau und Hai Phong: von einem Spielerparadies ins andere, denn in Do Son befindet sich ein **Kasino**, das Do Son Casino & Resort Hotel, ✆ 031-861899, ❻, das zwar von Vietnamesen nicht betreten werden darf (es sei denn, sie haben einen ausländischen Pass), aber als ein Magnet für Spieler aus ganz Südostasien gilt. Dementsprechend setzt sich das Publikum zusammen: chinesische Zocker, dollarschwere Angestellte ausländischer Ölfirmen usw. Der Strände wegen kommen diese Gäste sicher nicht, neben dem Spiel lockt sie eher die Aussicht auf Karaoke und „Massage".

Auf der 5 km langen Halbinsel, die in drei Zonen *(khu)* untergliedert ist, verteilen sich viele Hotelanlagen. Zone 1 ist mit gesichtslosen Massenunterkünften zubetoniert, Zone 2 etwas netter mit Promenade und Cafés, und Zone 3 umfasst die bewaldete Südspitze, auf der auch das Kasino steht.

Die neun Hügel der Halbinsel tragen gemeinsam den Namen *Cuu Long Son*, die „neun Drachen". Auf dem Vung-Hügel beim Strand Do Son 2 liegt eine **Villa von Kaiser Bao Dai**, die besichtigt werden kann. Das 1928 errichtete Gebäude wurde ihm 1949 vom französischen Generalgouverneur geschenkt. Auf 900 m^2 verteilen sich Wohn-, Schlaf- und Arbeitsräume. Die kaiserliche Küche ist originalgetreu wiederhergestellt. Einige Fotos zeigen Bao Dai bei staatsmännischen Angelegenheiten.

Ein besonderes Spektakel ist das jährliche **Büffelkampf-Festival**, zu dem am 9. Tag des achten Mondmonats Tausende von Besuchern strömen. Damit wird eines lokalen Helden aus dem 18. Jh. gedacht, der von einem Büffel getötet wurde. Die Büffel kämpfen paarweise in einer großen Arena. Mit ineinander verhakten Hörnern schieben sie sich über den Platz, bis einer die Flucht ergreift und damit der Verlierer ist. Der Gewinner geht in die nächste Runde; und der Gesamtsieger wird in einem Triumphzug zum Gemeindehaus geführt. Doch Sieger oder Verlierer: Am Ende werden sie alle geschlachtet und ihr Fleisch an die Zuschauer verteilt – ein symbolisches Geschenk der Götter.

Cat Ba

Die Insel mit ihren über 350 km^2 ist die größte Landmasse in dieser Küstenregion, in der sich hunderte kleinerer Kalksteinfelsen aus dem Meer erheben. Nach der Ha Long-Bucht ist Cat Ba das beliebteste Ziel in Nord-Vietnam. Besonders in den Sommermonaten wird Cat Ba-Stadt, das in einer Bucht im Süden liegt, von einheimischen Urlaubern überschwemmt, die der Hitze Ha Nois entfliehen wollen. Doch Betrieb herrscht eigentlich das ganze Jahr: Viele Touren in die Ha Long-Bucht haben hier eine Übernachtung auf dem Programm stehen, sodass ein steter Strom von Touristen durch die kleine Stadt fließt.

Doch auch für Individualtouristen ist die Insel interessant: Sie ist leicht von Ha Noi aus zu erreichen, hat in Stadtnähe drei ganz passable Strände aufzuweisen und ist zur Hälfte als Naturpark geschützt: Große Teile der steilen Kalksteinfelsen sind mit immergrünem subtropischem Primärwald bewachsen, Heimat für seltene Tierarten und spannendes, wenn auch nicht ganz anspruchsloses **Trekking-Revier**. An abgelegenen Küsten der umliegenden Inseln und Inselchen sollen Delfine gesichtet worden sein, und die **Lan Ha-Bucht** an der Ostseite der Insel gilt als die schönste weit und breit – ein Paradies für Kajak-Freunde.

Cat Ba-Stadt

Die Stadt Cat Ba hat sich fast komplett dem Tourismus verschrieben und in den letzten zehn Jahren einen beispiellosen Boom erlebt. Sie ist nicht sehr groß und kann zu Fuß erkundet werden. Eine Uferpromenade lädt zum Flanieren ein. Gegen Abend, wenn die Sonne untergeht, wird sie mit Lichterkaskaden und Lampenketten in den Bäumen illuminiert; überall blinkt und funkelt es. Dann werden die Klapptische aufgestellt, und es ist Zeit für ein Glas *bia hoi*. Leider ist auch eine andere Begleiterscheinung des Massentourismus nicht zu übersehen: Junge Frauen sprechen alleinreisende Herren an, um sie in ihre sogenannten Massagesalons zu locken. Ein Blick auf die vierschrötigen Gesellen, die im Eingangsbereich herumlungern, sollte reichen, um von solchen Angeboten Abstand zu nehmen.

Strände

Die drei Strände sind zu Fuß zu erreichen. **Cat Co 1** wird tagsüber oft mit Musik beschallt – zur Unterhaltung der einheimischen Gäste gedacht, von denen einige im großen, am Hang gelegenen

Cat Ba-Stadt hat sich fast komplett dem Tourismus verschrieben

Resort wohnen. Es ist allerdings nicht jedermanns Sache, hier draußen Modern Talking und Boney M. aus scheppernden Lautsprechern zu hören. **Cat Co 2** liegt eine Bucht weiter nördlich und ist über einen interessanten Fußweg zu erreichen, der allein schon einen Spaziergang wert ist, führt er doch außen über eine frei schwebende Konstruktion an den senkrecht abfallenden Felsen entlang. Dieser Strand ist ruhiger, hat ein Restaurant und sogar eine Übernachtungsmöglichkeit: Es gibt Zelte zu leihen. **Cat Co 3** ist der südlichste Strand. Die Bucht wird von einem großen Resort eingenommen, doch der Strand ist öffentlich zugänglich.

Cat Ba-Nationalpark

In den Bergen subtropische Wälder und Seen, an der Küste Mangroven und sogar einige Korallenriffe: Es gibt viel zu entdecken auf der Insel, von der 1986 etwa die Hälfte zum Nationalpark erklärt wurde und die 2004 von der UNESCO in die Liste der schützenswerten Biosphären aufgenommen wurde. Die wilden Kalksteinberge von Cat Ba sind zwar nicht sehr hoch (im Durchschnitt 150 m, die höchste Erhebung ist der Cao Vong mit 322 m), doch in der unzugänglichen, zerklüfteten Landschaft wachsen etwa 620 Pflanzenarten, von denen angeblich mehr als die Hälfte medizinische Wirkung hat. Auch viele Tierarten haben überlebt und verdanken das möglicherweise ihrer Fähigkeit, dem Menschen aus dem Weg zu gehen: Beim Trekken bekommt man kaum ein Tier zu sehen. Wer hier seltene Vögel oder gar Primaten (etwa einen der letzten 200 Weißkopf-Languren auf diesem Planeten) entdecken will, braucht viel Geduld und eine Portion Glück.

Eine der beliebtesten Wanderungen führt vom Hauptquartier des Nationalparks zum **Froschsee Ao Ech**. Am Parkeingang sind 35 000 Dong Eintritt zu zahlen. Für die 6 km zum See über Stock und Stein benötigt man etwa 4 Stun-

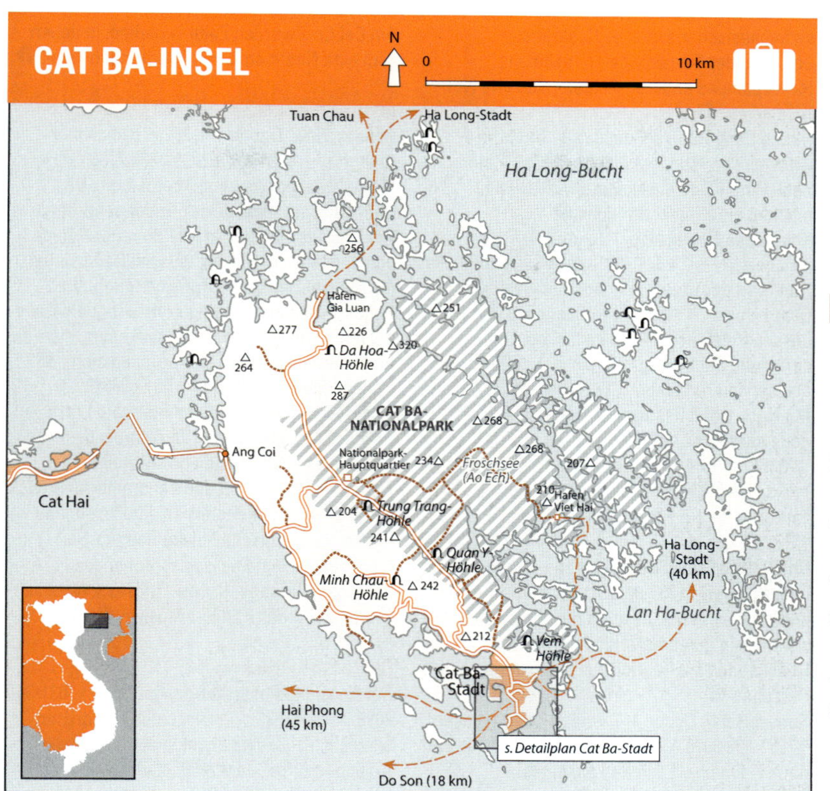

den. Von dort geht es 2–3 Stunden weiter bis zu einer Bucht mit der kleinen Siedlung **Viet Hai**, von wo man sich mit dem (vorher arrangierten) Boot zurück in die Stadt bringen lassen kann. Feste Schuhe, eine Regenjacke für alle Fälle, Moskitoschutz und genügend Wasser sollten zur Standardausrüstung gehören. Nach Regenfällen ist die Strecke aufgrund der schlüpfrigen Pfade noch anstrengender. Besonders in der Regenzeit von Juli bis Oktober nerven außerdem die Blutegel.

Auch zwei Höhlen können besichtigt werden: **Hang Trung Trang** unweit des Nationalpark-Hauptquartiers, und die **Hospital-Höhle Quan Y**, wo während des Krieges Verwundete versorgt wurden.

Übernachtung

Die große Anzahl von Hotels sorgt für starke Konkurrenz untereinander und ein gutes Preis-Leistungs-Verhältnis. AC und TV gehören zur Grundausstattung. Die angegebenen Preisklassen beziehen sich auf die Nebensaison, in der man für US$5 ein sauberes Doppelzimmer bekommen kann. In der Hochsaison zwischen Juni und August und an Feiertagen wie dem 1. Mai verdoppeln die meisten Hotels die Preise.

Untere Preisklasse

Giang Son Hotel, Duong 1-4, westlich des Anlegers, ✆ 031-388 8241, 📠 388 8379. 30 relativ gepflegte Standard-Zimmer, kleines vietnamesisch-westliches Restaurant, umfassender Tourservice – arbeitet mit Handspan und anderen Anbietern aus Ha Noi zusammen. ❶

Huong Cang Hotel & Restaurant, Duong 1-4, westlich des Anlegers, ✆ 031-888399. Recht neue Betten und ein kleiner Privatbalkon machen die Zimmer attraktiv. ❶

Khach San Hoang Ngoc, Duong 1-4, östlich des Anlegers, ✆ 031-368 8788. Dass längst nicht alle Hotels an der Uferpromenade auf westliche Gäste eingestellt sind, beweist dieses Haus, dessen freundliche Angestellte kein Englisch sprechen. Saubere, große Zimmer; toller Blick aus den oberen Etagen. ❶

My Ngoc Hotel Restaurant, Duong 1-4, nahe dem Anleger, ✆ 031-888199, 📠 888422. Ordentliche, preiswerte Zimmer und solide Traveller-Küche. Organisiert Touren in die Ha Long-Bucht und Kajak-Trips. ❶

Quang Duc Family Hotel, Duong 1-4, gegenüber dem Anleger, ✆ 031-888231. Nicht das allerpreiswerteste, aber ein beliebtes, weil zuverlässig gutes Hotel im Zentrum des Geschehens mit freundlichem, hilfsbereitem Personal. ❶

Sunset Hotel, Duong 1-4, westlich des Anlegers, ✆ 031-388 8370, 📠 388 8655. Ein halbes Dutzend neue Zimmer, z. T. mit Balkon: gutes Preis-Leistungs-Verhältnis. Touren und Exkursionen. ❶

The Noble House, Duong 1-4, gegenüber dem Anleger, ✆ 031-888363, ✉ thenoblehousevn@yahoo.com. Der australische Mitbesitzer achtet auf eine geschmackvolle Inneneinrichtung, sodass die sauberen, einladenden Zimmer immer schnell ausgebucht sind. Angegliedert ist ein Restaurant (s. u.). ❶–❷

Tien Thang Hotel, Duong 1-4, östlich des Anlegers, ✆ 031-888568, 📠 887754, ✉ tienthanghotel@yahoo.com. Die sauberen Zimmer, z. T. mit Balkon, sind groß genug für 3 Personen: Neben dem Doppelbett steht noch ein einzelnes. ❶

Tra My Hotel, Duong 1-4, nahe dem Anleger, ✆ 031-888650, 📠 888377. Bequeme, gut ausgestattete Zimmer mit schönem Blick vom Balkon. Freundliche Leute. ❶

Am Cat Co 2 werden **Zelte** verliehen, in denen man eine Nacht am Strand verbringen kann. ❶

Mittlere Preisklasse

Holiday View, Duong 1-4, 300 m östlich des Anlegers, ✆ 031-388 7200, 📠 388 7208, 💻 www.holidayviewhotel-catba.com. Das Hochhaus am Ostende der Bucht beherbergt 120 Drei-Sterne-Zimmer. Die Superior-Räume punkten teils mit Balkon, teils mit Badewanne, die Deluxe-Zimmer mit Fenstern nach zwei Seiten. Alle Zimmer haben Holzfußboden. Dass dennoch wenig Atmosphäre aufkommt, stört die hier unterkommenden Tourgruppen nicht. ❹

Princes Hotel, Nui Ngoc, ✆ 031-888899, 📠 887666, 💻 www.princeshotel-catba.com. Solides Mittelklassehotel im Zentrum des Örtchens. In den meisten der 80 sauberen Zimmer muss man auf den Panorama-Meerblick verzichten, den die Hotels an der Promenade haben. Dafür entschädigt die Rooftop-Bar. Freundliches, gut Englisch sprechendes Personal. Massage, Sauna. Frühstück (westlich-vietnamesisches Buffet) inklusive. ❷–❹

Obere Preisklasse

Cat Ba Island Resort & Spa, Cat Co 1, ✆ 031-368 8686, 📠 368 8989, 💻 www.catbaislandresort-spa.com. Großzügig angelegte, recht neue Anlage (eröffnet Juni 2006), die von sich behauptet, das beste Resort von Nord-Vietnam zu sein. Die 109 Zimmer, alle mit Meerblick, liegen in einer um einen Garten und Pool angelegten Landschaft am Berghang etwa 50 m oberhalb des Strandes, zu dem besonders am Wochenende auch Ausflügler aus Cat Ba-Stadt kommen. Tennisplatz, Sauna und Kinderspielplatz, mehrere Restaurants und Bars. In der Nebensaison Preisnachlässe nur bei längeren Aufenthalten ab 4–5 Tagen. ❻–❼

Sunrise Resort, Cat Co 3, ✆ 031-388 7360, 📠 388 7365, 💻 www.catbasunriseresort.com. In einer eigenen Bucht direkt am Strand gelegene Hotelanlage für höhere Ansprüche. Die gepflegten, nicht allzu großen, aber ordentlich ausgestatteten Zimmer haben Meerblick, viele auch einen Balkon. Ein Pool ist vorhanden, doch das Meer und der weite Strand, den man in der Nebensaison schon mal für sich alleine hat,

sind weitaus verlockender. Der Versuch der Hotelbetreiber, den Streifen offiziell als hoteleigenen Privatstrand zu deklarieren, ist zum Glück gescheitert. ❻

Essen

Die Auswahl in der kleinen Stadt ist groß genug: billiges Traveller-Essen, teure Fusion-Küche, Meeresfrüchte in allen Variationen. Neben den genannten Restaurants gibt es am Markt einige einfache Seafood-Läden und *bia hoi.*

Restaurants

Cat Tien Restaurant, östliche Bucht, ✆ 031-887855. Das schwimmende Restaurant am Ende der Bucht ist ein kleines Familienunternehmen, das über eine wackelige Pontonbrücke zu erreichen ist. Wer weiß: Vielleicht ist es ja bis zum Erscheinen des Buches schon wieder davongeschwommen. Wenn nicht, empfiehlt sich eines der leckeren Fisch- oder Krebsgerichte. Ein sättigender, mittelgroßer gegrillter Fisch kostet um die 40 000 Dong. Zum Hinunterspülen gibt es allerlei Reiswein-Spezialitäten, z. B. mit eingelegten Seepferdchen oder Bärentatzen.

Green Mango, Duong 1-4, nahe dem Anleger, ✆ 031-887151, ✉ greenmangocatba@yahoo.com. Schickes Restaurant in zentraler Lage. Die Küche setzt sich aus Elementen der ganzen Welt zusammen, z. B. argentinisches

Steak für 180 000 Dong, kubanische Schwarze-Bohnen-Suppe für 30 000 Dong, Drei-Gänge-Menüs ab 130 000 Dong. Auf der Weinliste steht u. a. französischer Champagner für 30 000 Dong das Glas bzw. 350 000 Dong die Flasche.

Hoang Y, Duong 1-4, westlich des Anlegers. Einfaches kleines Restaurant mit viel frischem Seafood und leckeren Frühlingsrollen.

Hong Quang, 8-9 Nui Ngoc, ✆ 031-888252. Vietnamesisches Lokal mit einer großen Auswahl an Seafood-Gerichten und einheimischer Hausmannskost.

Huu Dung, Nui Ngoc. Beliebtes kleines Restaurant mit einer großen Auswahl an vietnamesischen Speisen.

Phuong Phuong, Duong 1-4, nahe dem Anleger, ✆ 031-888245. Restaurant und Bar mit Standardgerichten und angegliedertem Internet-Café, in dem sich die Jugend zu Online-Games und zum Chatten trifft.

The Noble House, Duong 1-4, gegenüber dem Anleger, ✆ 031-888363, ✉ thenoblehousevn@yahoo.com. Wer nach westlicher Küche sucht, wird hier fündig: sei es morgens zum Frühstück oder mittags bzw. abends zu Pizza, Pasta und mehr. Natürlich sind auch einige vietnamesische Gerichte erhältlich. Abends Barbetrieb mit freier Benutzung des Pool-Tisches.

Unterhaltung

Bei einem abendlichen Bummel entlang der Duong 1-4 finden sich viele Plätze, um entspannt bei einem Bierchen (oder einem Saft) den anderen Flaneuren zuzusehen. Neben den vielen Restaurants an der Promenade bieten sich besonders die abendlichen Open-Air-Läden an, die bei Einbruch der Dunkelheit ihre Klapptische direkt am Anleger aufstellen.

Flightless Bird Café, Duong 1-4, westlich des Anlegers, ✆ 031-888517. Kneipenatmospäre mit Bier und Cocktails. Von den zwei kleinen Tischen außen kann man das Treiben auf der Straße beobachten. Allerdings ist hier, am Westende der Bucht, nicht so viel los wie nahe dem Pier. ◷ 18.30–24 Uhr.

Barbetrieb herrscht auch abends in der zweiten Etage des **Noble House**.

Das **Lan Song Xanh** ist eine Disco, die um 19 Uhr ihre Pforten öffnet, aber erst ab 21 Uhr voll wird. Schluss ist um 24 Uhr.

Aktivitäten und Touren

Wanderungen in den Cat Ba-Nationalpark können ganz schön anstrengend sein und sollten nicht ohne Führer unternommen werden, die jedes Hotel vermitteln kann.

Routenvorschlag s. S. 308.

Die felsige Insel eignet sich natürlich auch hervorragend zum **Klettern**, aber hier sollten nur erfahrene Kletterer losziehen.

Rock-Climbing-Trips können von den Hotels vermittelt werden und beinhalten oft eine oder mehrere Übernachtungen. Pro Tag muss mit US$15–20 gerechnet werden. Für US$15 kann man auch einen Tag lang mit einem **Kajak** lospaddeln oder einen **Schnorcheltrip** buchen.

Sonstiges

Geld

Es gibt keine Bank und keine ATMs auf Cat Ba; man sollte also mit genügend Barem anreisen. Wer Euro oder Dollar tauschen möchte, kann dies am günstigsten im **Vu Binh-Goldgeschäft** am Markt tun. Der Händler löst auch Travellerschecks ein und gibt Geld auf Kreditkarte, nimmt dafür allerdings 3 bzw. 5 % Kommission. ◷ 7–22 Uhr.

Internet

Internetzugänge sind noch nicht sehr weit verbreitet, werden aber langsam mehr. Zentral gelegen sind die Rechner im **Phuong Phuong Restaurant** für 15 000 Dong pro Stunde.

Mopeds und Pkw

Sie können für ca. US$5 pro Tag ausgeliehen werden (im Hotel fragen). Bei Einbruch der Dunkelheit wollen die Besitzer ihre Maschinen zurück haben. Private **Pkw** oder **Minibusse** kosten mit Fahrer etwa US$40 am Tag.

Post

Gegenüber dem Anleger. Wer nach Hause telefonieren will, kann dies hier tun.

Transport

Bus / Boot

Die **Hoang Long Company** fährt in 4 Std. mit Bus und Boot nach HA NOI: um 7.15, 9.15, 13.15 und 15.15 Uhr. Tickets kosten 140 000 Dong. Bequem ist der Abholservice vom Hotel. Die Angestellten an der Rezeption können bei der Gesellschaft anrufen und den Bus zu ihrem Haus bestellen.

Boote

Fast alle Passagierfähren legen am **Hydrofoil-Pier** mitten in der Bucht ab, nur bei Niedrigwasser wird manchmal in den Fischerhafen am Ostende der Bucht ausgewichen. Die meisten Ausflugsboote für Touristen benutzen den **Ben Beo-Anleger** nordöstlich der Stadt; dorthin wird man mit einem Minibus gebracht. Ankommende Schnellboote aus Hai Phong landen am **Gia Luan-Pier** im Norden der Insel; von dort geht es weiter per Minibus (im Preis inbegriffen).

Nach HAI PHONG fährt um 14.45 Uhr ein **Tragflächenboot** (Hydrofoil) in einer knappen Stunde für 100 000 Dong. Bei viel Betrieb wird zusätzlich ein Boot um 12.30 Uhr eingesetzt. In der Hauptsaison gibt es bis zu vier Fahrten, die erste um 7 Uhr morgens, die letzte um 15.45 Uhr. Ein langsames **Slow Boat** legt morgens am Hydrofoil-Pier um 5.45 Uhr und mittags um 12.30 Uhr nach HAI PHONG ab. Die 2 1/2-stündige Fahrt kostet 70 000 Dong.

Nach HA LONG-STADT (BAI CHAY) gibt es leider keine regelmäßige Fähr-Verbindung. Wer dorthin möchte, kann versuchen, mit den Angestellten seines Hotels einen Transfer per Touristen-Ausflugsboot zu arrangieren: Man begleitet ein paar Ausflügler ein Stück weit auf ihrer Tour und wechselt unterwegs irgendwann auf ein anderes Ausflugsboot mit Heimathafen Bai Chay. Das klappt ganz gut; man vertrödelt zwar einen ganzen Tag auf den Booten, sieht aber mit etwas Glück noch ein paar Highlights der Bucht.

Ha Long-Stadt (Bai Chay und Hon Gai)

Ha Long-Stadt existiert unter diesem Namen seit 1994, als die beiden Orte Hon Gai und Bai Chay, die zu beiden Seiten des Cua-Luc-Kanals liegen, zur neuen Hauptstadt der Provinz Quang Ninh zusammengefasst wurden. Noch immer sind die alten Namen gebräuchlich, z. B. auf Bussen. Bai Chay ist der „touristische" Teil mit über 100 Hotels, vielen Restaurants und einem unspektakulären Strand. Hon Gai ist „einheimischer": Nur selten verirren sich Besucher hier her. Die beiden Ortsteile sind mit einer langen Brücke verbunden, die 2006 eröffnet wurde und zum Stolz der ganzen Region avanciert ist.

Das wirkliche Highlight ist natürlich die weltberühmte Ha Long-Bucht, die der Stadt ihren Namen gegeben hat. Touren in die Bucht starten vom Touristenpier in **Bai Chay** und sind wohl der einzige Grund, hier eine Übernachtung einzulegen: Der Ort an sich ist nicht sonderlich attraktiv. Im Sommer (Juni bis August) ist er zusätzlich mit asiatischen Reisenden überschwemmt: Wer dann auf eigene Faust unterwegs ist, sollte ein Hotelzimmer vorbuchen. Außerhalb der Saison geht es deutlich ruhiger zu. Einen angenehmen Abend kann man dann durchaus hier verbringen: Mit einem *bia hoi* an der Strandpromenade, einem Festmahl in einem der unzähligen auf Meerestiere spezialisierten Restaurants oder einem Besuch im **Royal Amusement Park**, wo verschiedene Unterhaltungsangebote gemacht werden, z. B. Wasserpuppentheater und traditionelle Tänze. ⏲ 18–22.30 Uhr, Eintritt 100 000 Dong. Um ein anderes „Vergnügen" sollte man(n) dagegen einen großen Bogen machen: Wo „Thai Massage" draufsteht, ist was anderes drin. Ein steter Strom chinesischer „Gäste" hat hier einen Wirtschaftszweig befördert, den man nicht unterstützen sollte, nicht zuletzt der eigenen Gesundheit zuliebe.

Wer viel Zeit hat, kann einen Stadtbummel in **Hon Gai** unternehmen und dabei den kleinen **Nui Bai Tho** besteigen. Der 106 m hohe „Gedichtberg" ist durch seine in die Felsen eingeritzten Inschriften bekannt geworden, die die Schönheit der Ha Long-Bucht preisen. Die erste soll von König Le Thang Tong aus dem Jahre 1468 stammen. Nahebei liegt die **Long Tien-Pagode**, das

1941 erbaute, sehr belebte religiöse Zentrum des Ortes. Neben Buddha werden hier außerdem die Heilige Mutter und einige Helden der Tran-Dynastie verehrt.

Um die Stadt herum befindet sich das wichtigste **Abbaugebiet für Steinkohle** von ganz Vietnam. Etwa 15 Mill. Tonnen werden hier jährlich zum Export nach China, Japan oder Korea verladen; 95 % aller Steinkohle Vietnams wird hier gefördert. Der Arbeitsplatzabbau geht rasant voran, denn immer mehr Maschinen ersetzen die Menschen. Wo Anfang der 90er-Jahre noch 23 000 Arbeiter Geld verdienten, sind es heute nur noch 4300. Es gibt keine Umweltauflagen, und obwohl mittlerweile eine Öko-Abgabe an die Regierung gezahlt werden muss, versickern die Kohleschlämme weiterhin ungehindert im Erdreich. Es gibt Pläne, die **Ha Tu Mine** für Besucher zu öffnen; Informationen hierzu bei Hanoitourist, 18 Ly Thuon Kiet, ✆ 04-825 3248, 824 3011, ℻ 04-824 3012, 🖳 www.hanoitourist-travel.com.

Übernachtung

Die meisten Reisenden, die in die Stadt kommen, müssen sich um ihre Unterkunft keine Gedanken machen, da sie mit einer gebuchten Tour reisen. Wer auf eigene Faust unterwegs ist, sollte sich eine Unterkunft in der westlichen Stadt Bai Chay suchen – hier gibt es eine große Anzahl Hotels und Restaurants.
Individualreisende mit schmalem Geldbeutel steuern die „Hotelstraße" **Vuon Dao** an, wo ein preiswertes Minihotel neben dem nächsten liegt – insgesamt über 50, die sich alle nur marginal voneinander unterscheiden. Wer mehr ausgeben möchte, kann luxuriös in einem der Hoteltürme an der **Ha Long Road** nächtigen, die sich an der Küste entlangzieht, und einen tollen Blick von den Balkonen aufs Meer genießen.

Bai Chay

Untere Preisklasse

Hoa Binh (Peace) Hotel, 39 Vuon Dao, ✆ 033-846009. Das Haus mit dem auffälligen blauen Äußeren hat 7 ordentliche Zimmer, z. T. mit Balkon, und punktet mit seinen Internetzugängen. Es akzeptiert auch Kreditkarten, was in dieser Klasse nicht die Regel ist. ❶–❷

Holiday Hotel, 81 Vuon Dao, ✆ 033-848565. Saubere, preiswerte Zimmer, freundliche Leute und praktischerweise nahe am Quan Vinh (Asia Restaurant) gelegen. Hat auch Dreibettzimmer. ❶–❷

Son Duong Hotel, 31 Anh Dao, ✆ 033-848468, ℻ 848469, ✉ songduonghalonghotel@gmail.com. Das schmale, 10-stöckige Gebäude hat neue, helle Zimmer mit Wannenbad und den in dieser Straße üblichen nutzlosen Fernseher mit verrauschtem Lokalfernsehen; auf Wunsch besorgt der Manager jedoch auch einen Satelliten-Receiver. Besonderes Plus ist der Fahrradverleih: Gute Mountainbikes gibt es für US$1 pro Stunde. ❷

Mittlere Preisklasse

Halong Hotel 1, Ha Long Road, ✆ 033-846320, ℻ 846318. Das stimmungsvolle Hotel von 1938 ist zwar schon ziemlich in die Jahre gekommen, bietet aber immer noch mehr Atmosphäre als die meisten anderen Hotels der Umgebung. Die Räume gruppieren sich um einen Innenhof, und von den großen Balkonen im 3. Stock hat man eine schöne Aussicht auf die Bucht. ❹

Van Hai Hotel, Ha Long Road, ✆ 033-848835, ℻ 846115, 🖳 www.vanhaihalonghotel.com. Das etwas nüchtern ausgestattete Hotel hat neben 60 preiswerten Zimmern im alten Flügel (Wing B) 80 bessere, moderner eingerichtete im neuen Bereich (Wing A). Ein Souvenirshop ist gleich im Haus, was die chinesischen Tourgruppen freut. ❷–❺

Obere Preisklasse

Halong Dream Hotel, 10 Ha Long Road, ✆ 033-849009, ℻ 844855, 🖳 www.halongdreamhotel.com. Zentral gelegen mit 184 bequem ausgestatteten Zimmern. Sauna, Dampfbad, Massage, Fitness- und Businesscenter. Von den oberen Stockwerken nach vorne heraus hat man einen tollen Blick über die Bucht. Frühstück inklusive. ❺–❼

Halong Plaza Hotel, 8 Ha Long Road, ✆ 033-845810, ℻ 846867, 🖳 www.halongplaza.com. Erste Wahl in dieser Klasse: Von außen keine Schönheit, aber innen elegant mit gut ausgestatteten Zimmern, die bequem und geschmackvoll möbliert sind. Gute Aussicht

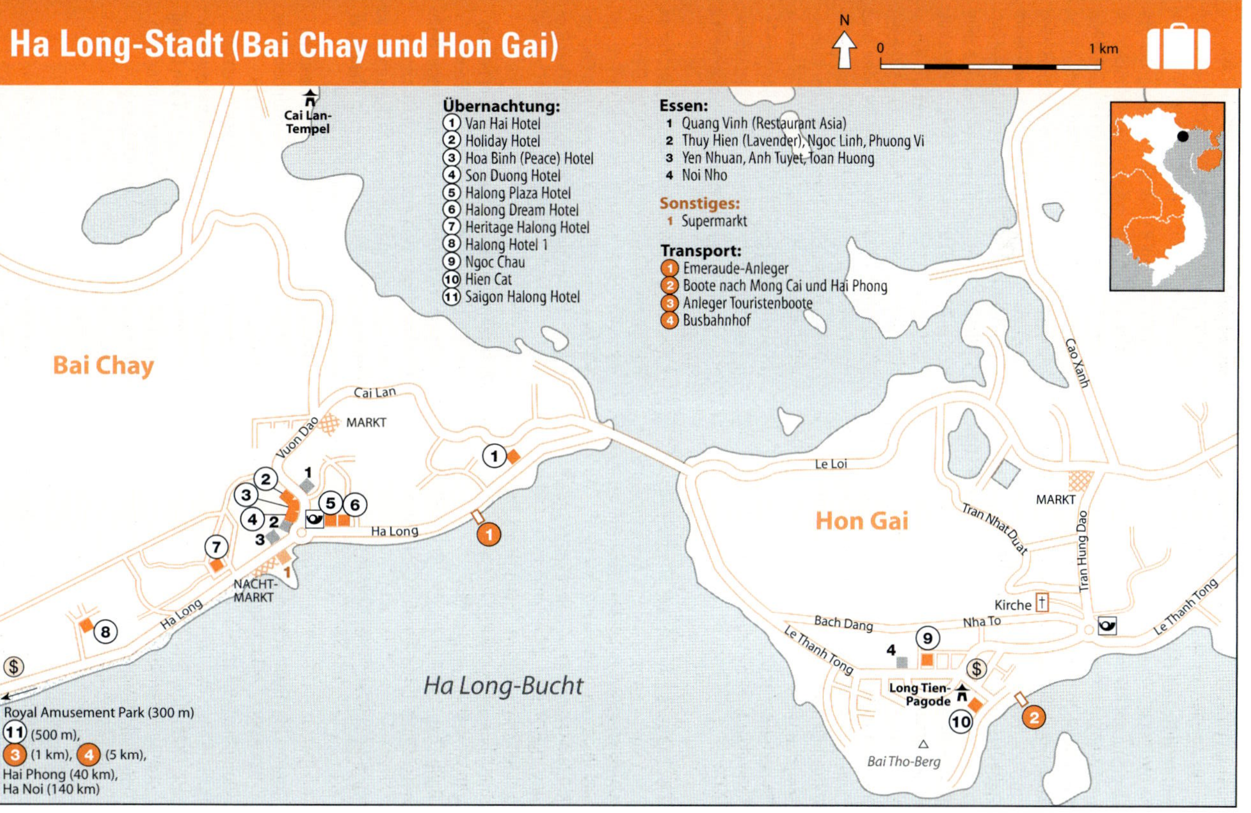
Ha Long-Stadt (Bai Chay und Hon Gai)
N
0
1 km
Cai Lan-Tempel
Übernachtung:
1 Van Hai Hotel
2 Holiday Hotel
3 Hoa Binh (Peace) Hotel
4 Son Duong Hotel
5 Halong Plaza Hotel
6 Halong Dream Hotel
7 Heritage Halong Hotel
8 Halong Hotel 1
9 Ngoc Chau
10 Hien Cat
11 Saigon Halong Hotel
Essen:
1 Quang Vinh (Restaurant Asia)
2 Thuy Hien (Lavender), Ngoc Linh, Phuong Vi
3 Yen Nhuan, Anh Tuyet, Toan Huong
4 Noi Nho
Sonstiges:
1 Supermarkt
Transport:
1 Emeraude-Anleger
2 Boote nach Mong Cai und Hai Phong
3 Anleger Touristenboote
4 Busbahnhof
Bai Chay
Cai Lan
MARKT
Vuon Dao
Ha Long
NACHT-MARKT
Ha Long
Ha Long-Bucht
Le Loi
Hon Gai
Cao Xanh
MARKT
Tran Nhat Duat
Tran Hung Dao
Kirche
Bach Dang
Nha To
Le Thanh Tong
Le Thanh Tong
Long Tien-Pagode
Bai Tho-Berg
Royal Amusement Park (300 m)
11 (500 m),
3 (1 km), 4 (5 km),
Hai Phong (40 km),
Ha Noi (140 km)

auch aus den preiswerteren Zimmern. Sehr gutes Restaurant. Frühstück inklusive. ❼

Heritage Halong Hotel, 88 Ha Long Road, ✆ 033-846888, 📠 846999, ✉ heritagehl.qn@hn.vnn.vn. Als es 1994 eröffnet wurde, war es das erste 4-Sterne-Hotel in der Stadt. Inzwischen hat es ernstzunehmende Konkurrenz bekommen. Die teureren Zimmer sind o.k., die einfacheren haben weder eine Badewanne noch eine schöne Aussicht. In der Nähe liegen viele Safood-Restaurants. ❺–❻

Saigon Halong Hotel, 168 Ha Long Road, ✆ 033-845845, 📠 845849, 💻 www.saigonhalonghotel.com. Modernes, großes, staatliches Hotel mit 228 angenehmen Zimmern und allem Service: Sauna, Massage, Fitnesscenter, Pool und Tennisplatz. Etwas abseits des Stadtzentrums. Die Zimmer mit Meerblick sind etwas teurer, aber auch größer als die nach hinten mit Blick auf den Berghang. ❺–❼

Hon Gai

Wer morgens früh mit dem Tragflächenboot nach Quan Lan oder Mong Cai weiterfahren oder einfach nur dem Touristenstrom entfliehen möchte, kann auch in der östlichen Schwesterstadt sein Lager aufschlagen.

Hien Cat, 252 Ben Tau, ✆ 033-827417. Kleine, freundliche, familiäre Pension mit 5 Zimmern (mit Ausblick, Ventilator und Gemeinschaftsbad) nahe dem Fähranleger. ❶

Ngoc Chau, 15B Cay Thap, ✆ 033-620499. Relativ neues Haus mit sauberen AC-Zimmern. ❷

Essen

Bai Chay

Quang Vinh (Restaurant Asia), 24 Vuon Dao, ✆ 033-846927, 0913-395357, ✉ Quangvinh_restaurant@yahoo.com. Kleines, beliebtes Restaurant mit guter vietnamesischer Küche. Der hilfsbereite Besitzer hat drei Jahre in Berlin gekocht und spricht Deutsch.

Thuy Hien (Lavender), 99 Ha Long Road, ✆ 033-846185. Ebenso wie in den Nachbarrestaurants gibt es hier eher mittelmäßige, dafür leicht überteuerte westliche und vietnamesische Küche frei nach dem Motto: „Die Gäste fahren ja eh morgen weiter".

Seafood-Spezialitäten in Ha Long

In den Seafood-Restaurants entlang der Ha Long Road locken frische Meeresfrüchte in großer Auswahl. Neben vielen Fischgerichten sind **gedämpfte Shrimps** *(tom hap)* in allen Größen beliebt: besonders die daumendicken *King Prawns* und die tellergroßen Hummer mit ihrem zarten weißen Fleisch. **Tintenfisch** wird entweder in der Sonne getrocknet, ehe er auf dem Grill sein charakteristisches Aroma entfaltet, oder mit Salz, Pfeffer und Knoblauch in einem Mörser zerstoßen, zu kleinen flachen Küchlein geformt und in heißem Öl frittiert: ***cha muc*** heißt diese Spezialiät, die traditionell mit gerollten Reispfannkuchen *(banh cuon)* oder Klebereis gegessen wird. **Muscheln** gibt es in großer Auswahl und je nach Sorte verschiedenen Zubereitungsarten, z. B. die hochgeschätzten gebräunten Tellermuscheln mit Chili-Soße *(oc dia xao tuong ot)*.

Kulinarische Abenteurer können **gerösteten Sandwurm** *(sai sung rang)* probieren. Die Würmer werden bei Ebbe gesammelt, in Fett gebräunt und mit frischem Knoblauch und Chili genossen – ein populärer Snack zu einem Glas Bier.

Man kann aber auch Glück haben; am besten erkundigt man sich bei den Travellern am Nachbartisch nach dem Stand der Dinge. Beim Nachbarn **Ngoc Linh** gibt es auch russische Gerichte für die steigende Anzahl Reisender von dort, und auf der anderen Seite legt **Phuong Vi** ein besonderes Gewicht auf Seafood.

Weitere **Seafood-Restaurants** liegen entlang der Ha Long Road Richtung Touristenboot-Pier.

Yen Nhuan, 1 Vuon Dao, ✆ 033-847019. Preiswerte vietnamesische Hausmannskost: Hier essen auch Einheimische, ebenso wie in den Nachbarläden **Anh Tuyet** und **Toan Huong**.

Einige **Cafés** und *bia hoi*-Lokale befinden sich östlich vom Kreisverkehr in Richtung Nachtmarkt.

Hon Gai

Preiswert und gut isst man an den Essensständen am Markt oder in den kleinen *com*-Restaurants gegenüber dem Ngoc Chau Hotel. Schicker ist das **Noi Nho**, 269 Le Thanh Tong, 2.Stock.

Touren

Tagestouren in die Ha Long-Bucht

Wer ohne organisierte Tour Richtung Ha Long gereist ist, kann am Touristenpier selber eine Tour buchen. Hilfreich ist das kleine **Informationsbüro**, ✆ 033-824867, gleich hinter dem Eingang des Geländes, ⌚ 7–16 Uhr. Touren und Boote können dann im **Boat Renting Office** im Zentrum des Geländes gebucht werden, ⌚ 6–18 Uhr. Neben Tickets für ein Boot müssen für bestimmte Ziele auch Eintrittskarten gelöst werden (je 30 000 Dong). Die Preise der Touren variieren je nach Zielen, Fahrtdauer (4–10 Std. oder mit Übernachtung) und Ausstattung der Boote. Eine Vier-Stunden-Tour zur **Thien Cung-Grotte** und der **Dau Go-Höhle** kostet 30 000 Dong (nur Boot). Eine 7-stündige Tour führt weiter zur **Sung Sot-Höhle** und der **Ti Top-Insel** und kostet 40 000 Dong. Andere Touren beinhalten die **Me Cung-Grotte** und das **Fischerdorf Cua Van**. Abfahrt ist meist um 7 Uhr, bei genügend Nachfrage fährt die Vier-Stunden-Tour auch ein zweites Mal um 13 Uhr los. Einige zuverlässige lokale Fährgesellschaften, die von hier starten, sind **Bai Tho**, ✆ 033-427435, mit schönen Holzbooten, auf denen sogar ein paar Topfpflanzen ein wenig Atmosphäre verbreiten, die **Ha Long Tourist Company Fleet**, ✆ 033-846405, **Hai Au**, ✆ 033-847769, **Hoang Long**, ✆ 033-846428, **Huong Hai**, ✆ 033-846263, mit den blauen Plastikstühlen auf Deck nicht gerade stilsicher ausgestattet, und **Sao Mai**, ✆ 033-846592.

Touren mit Übernachtung

Sie werden mit bequem ausgestatteten, teilweise luxuriösen Dschunken durchgeführt. Näheres s. S. 323, Ha Long-Bucht, Touren.

Sonstiges

Einkaufen

Außer dem sehr aufgeräumten großen **Markt** von Bai Chay gibt es einen **Nachtmarkt** entlang der Strandpromenade, der am späten Nachmittag losgeht und gegen 23 Uhr schließt. Hier sollte jeder Souvenir-Suchende fündig werden – aber die zu hoch angesetzten Preise unbedingt auf ein akzeptables Maß herunterhandeln! Im **Supermarkt** ganz in der Nähe bekommt man Reiseproviant, ⌚ 8–22 Uhr.

Geld

Vietcombank, Bai Chay, am westlichen Ende der Ha Long Road, gegenüber dem Royal Amusement Park, ✆ 033-846536, ℻ 845371. Alle Transaktionen. ⌚ Mo–Fr 7.30–11 und 13.30–16.30 Uhr.
Incombank, Hon Gai, 120 Le Thanh Tong, wechselt Dollar und zahlt Geld auf Kreditkarte aus. ⌚ Mo–Fr 7.30–11.30 und 13.30–16 Uhr. Ein **Geldautomat** der Vietcombank in Hon Gai befindet sich bei der Post.

Internet

Bei der Post und in einigen der preiswerten Hotels, z. B. dem Peace Hotel. Zuverlässige Verbindungen und/oder WIFI in den Businesscentern der teuren Hotels.

Medizinische Hilfe

Das **Quang Ninh-Provinzkrankenhaus** hat die Notrufnummer ✆ 033-825505 und liegt etwa 5 km westlich des Touristenpiers.

Post

In **Bai Chay**, Ha Long Road, Ecke Vuon Dao, ✆ 033-840400, in **Hon Gai**, 539 Le Thanh Tong, ✆ 033-825-572, ⌚ jeweils 7–21 Uhr.

Transport

Busse

Der interprovinzielle **Busbahnhof** liegt etwa 5 km westlich des touristischen Zentrums und dient als Drehscheibe für die Region. Von hier geht es für 40 000 Dong nach HA NOI (von 7–17.30 Uhr alle 25 Min. zum Zielbahnhof Gia Lam am Ostufer des Roten Flusses; von 5.30–10 Uhr alle 30 Min. zum 10 km vom Zentrum entfernten Bahnhof My Dinh und von 6–9.30 und 13–15 Uhr alle 30 Min. zum zentraleren Busbahnhof Luong Yen).

Weitere Ziele sind HAI PHONG (5.30–18 Uhr, alle 20 Min., 25 000 Dong), THAI BINH (5.30–13.30 Uhr, alle 30 Min., 40 000 Dong), NAM DINH (6–14 Uhr, alle 30 Min., 45 000 Dong), NINH BINH (5.45, 11.15 und 12.15 Uhr, 50 000 Dong), CAM PHA (6–17 Uhr, alle 10 Min., 7000 Dong) und MONG CAI (7–16 Uhr, alle 20 Min., 42 000 Dong).

Um 7 Uhr morgens startet ein Bus nach SAI GON (280 000 Dong), der dort erst im Laufe des nächsten Tages ankommt. Wer unterwegs aussteigen will, zahlt z. B. bis HUE 134 000 Dong oder bis NHA TRANG 220 000 Dong.

Boote

Tragflächenboote nach MONG CAI starten ihre 4-stündige Reise um 8 Uhr am Pier in Hon Gai; ein Ticket kostet 200 000 Dong. Touristen werden manchmal US$20 abverlangt. Die Abfahrtszeit kann sich verschieben und sollte daher auf alle Fälle noch einmal bestätigt werden. Bei viel Nachfrage fahren zwei Boote täglich.

Eine Fähre nach QUAN LAN legt um 9 Uhr ab (Ank. 12.30 Uhr), manchmal auch um 13.30 Uhr (Ank.17 Uhr), ca. 80 000 Dong.

Nach CAT BA fahren keine öffentlichen Personenfähren, daher muss man auf eines der **Ausflugsboote** zurückgreifen. Diese legen zwischen 7 und 10 Uhr morgens am Touristenpier ab, einige auch um 12 Uhr mittags, und kosten etwa 50 000–60 000 Dong. Am Pier muss meist noch ein Ticket für einen Höhlen-Eintritt (30 000 Dong) erworben werden, zumindest wenn unterwegs eine Höhlenbesichtigung geplant ist. In Cat Ba legen nur die wenigsten Ausflugsboote am Hauptpier in der Stadt an. Viele landen am **Anleger Ben Beo**, von wo es nur noch 2 km bis in die Stadt sind – eine so kurze *xe om*-Fahrt sollte nicht mehr als 10 000 Dong kosten, doch das sehen die Fahrer meist anders.

Der **Phu Long-Pier** an der Westküste ist die schlechteste Landestelle für Individualreisende – wer Glück hat, wird von einer der Tourgruppen im Minibus mitgenommen (am besten schon vor dem Ablegen klären); wer Pech hat, steht 30 km von Cat Ba-Stadt entfernt allein auf weiter Flur.

4 HIGHLIGHT

Ha Long-Bucht

Die berühmte Ha Long-Bucht mit ihren 2000 fantastisch geformten, steil aus dem Wasser ragenden Inseln und Inselchen ist eines der beliebtesten Ziele für Vietnam-Reisende. Die Formationen bestehen aus Kalkstein, den gepressten Korallen- und Muschelresten eines urzeitlichen Meeresgrundes, und Gneis, einem Mischgestein, dessen körnige Zusammensetzung aus verschiedenen Mineralien man mit bloßem Auge erkennen kann. Diese besondere geologische Struktur führte dazu, dass die Erosion durch Wind und Wasser solche bizarren Formationen erschaffen konnte. Das geologische Alter der Inseln beträgt zwischen 250 und 280 Mill. Jahren.

So weit die wissenschaftliche Sicht der Dinge. Die Legende berichtet, dass sich hier eine Drachenfamilie niedergelassen hat („Ha Long" bedeutet „absteigender Drache"): Kurz nach Besiedelung des Landes durch die Vietnamesen kamen Invasoren von Norden. Der Himmel schickte den Bedrängten eine Drachenmutter und ihre Kinder zu Hilfe. Auf die Angreifer herabstoßend, spuckten die Drachen einen Regen von Edelsteinen und Perlen aus, die sich in **Tausende von Inseln** verwandelten und die Schiffe der Invasoren einsperrten: Diese verirrten sich, krachten in die Felsen und wurden in tausend Stücke zerschlagen. Nach dem Sieg verliebten sich die Drachen in die von ihnen geschaffene Bucht und kehrten nicht mehr in den Himmel zurück, sondern bauten hier ihr Nest – die Mutter in der Ha Long-, die Kinder in der nahe gelegenen Bai Thu Long-Bucht.

Seit dem Jahr 1994 steht ein Teil der Bucht als UNESCO-Weltnaturerbe unter besonderem Schutz, insgesamt 775 Inseln auf einer Fläche von 434 km^2 – ein Dreieck, westlich begrenzt durch die Dau Go-Grotte, südlich vom Ba Ham-See und östlich der Cong Tay-Insel. Dabei bezieht sich der Schutz nicht nur auf die von der Seeseite aus zu sehenden fantastischen Gesteinsformationen, sondern auch auf deren Inneres: eine große Anzahl von **Grotten und Höhlen**, die mit zahllosen Stalagmiten und Stalaktiten geschmückt sind.

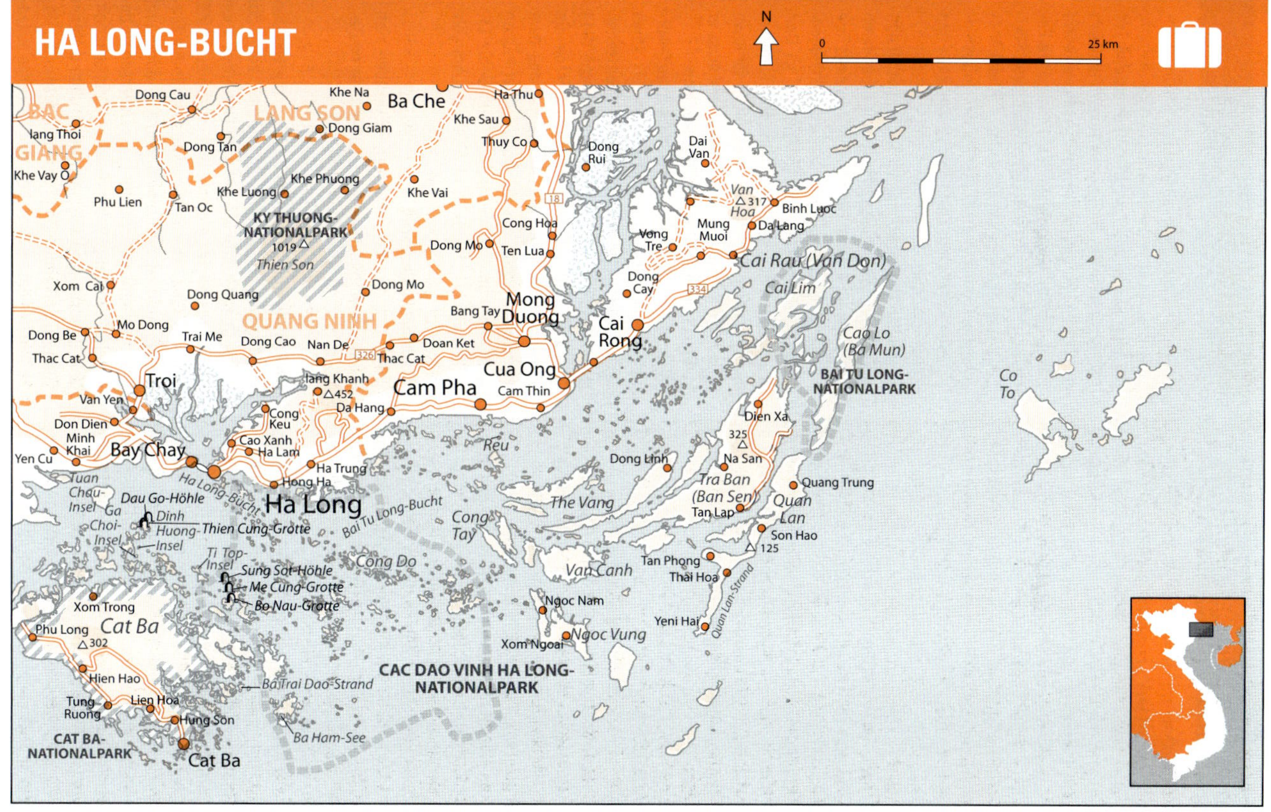
HA LONG-BUCHT
N
0
25 km
Ba Che
Mong Duong
Cua Ong
Cam Pha
Cai Rong
Ha Long
Troi
Bay Chay
Cat Ba
LANG SON
QUANG NINH
BAC GIANG
KY THUONG-NATIONALPARK
BAI TU LONG-NATIONALPARK
CAC DAO VINH HA LONG-NATIONALPARK
CAT BA-NATIONALPARK
Cai Rau (Van Don)
Cai Lim
Cao Lo (Ba Mun)
Co To
Tra Ban (Ban Sen)
Quan Lan
Quan Lan-Strand
The Vang
Van Canh
Ngoc Vung
Cong Tay
Reu
Cong Do
Bai Tu Long-Bucht
Ha Long-Bucht
Tuan Chau-Insel
Ga Choi-Insel
Dau Go-Höhle
Dinh Huong-Insel
Thien Cung-Grotte
Ti Top-Insel
Sung Sot-Höhle
Me Cung-Grotte
Bo Nau-Grotte
Ba Trai Dao-Strand
Ba Ham-See
Thien Son
1019
Dong Cau
Khe Na
Ha Thu
Khe Sau
Thuy Co
Iang Thoi
Dong Tan
Dong Giam
Khe Vay O
Khe Phuong
Khe Luong
Khe Vai
Phu Lien
Tan Oc
Dong Rui
Dai Van
Van Hoa
317
Binh Luoc
Da Lang
Mung Muoi
Vong Tre
Cong Hoa
Ten Lua
Dong Mo
Dong Cay
Xom Cai
Dong Quang
Dong Mo
Bang Tay
Dong Be
Mo Dong
Trai Me
Dong Cao
Nan De
Doan Ket
Thac Cat
Thac Cat
Iang Khanh
452
Da Hang
Cam Thin
Van Yen
Cong Keu
Don Dien
Minh Khai
Cao Xanh
Ha Lam
Yen Cu
Ha Trung
Hong Ha
Dien Xa
325
Na San
Dong Linh
Quang Trung
Tan Lap
Son Hao
125
Tan Phong
Thai Hoa
Yeni Hai
Ngoc Nam
Xom Ngoai
Xom Trong
Phu Long
302
Hien Hao
Tung Ruong
Lien Hoa
Hung Son
18
334
326

Schwimmende Dörfer in der Ha Long-Bucht

Im 1500 m^2 großen Areal der Ha Long-Bucht gibt es derzeit vier schwimmende Dörfer, in denen etwa 1600 Menschen leben. Das größte, mit etwa 100 Hütten und 800 Einwohnern, ist **Cua Van**. Die Dörfer auf dem Wasser, bestehend aus einzelnen, miteinander vertäuten schwimmenden Ein-Zimmer/Küche-Häuschen, die dank einem „Fundament" aus Styropor auf dem Wasser liegen, sind das Zuhause ehemaliger Seenomaden. Sie entstanden dank eines Kompromisses: Nachdem die Bucht 1994 zum Weltkulturerbe erklärt worden war, weigerten sich die Nomaden erfolgreich, aufs Festland zu ziehen. Sie erklärten sich aber bereit, geografisch feste Orte auf dem Wasser zu errichten. Wie einst leben die Menschen hauptsächlich vom Fischfang und können nur im Familienverbund überleben. Das Leben auf dem Wasser ist hart, doch trotz aller widrigen Umstände wollen die meisten Bewohner nicht weg von hier.

Alltag im Dorf

Der Alltag ist bestimmt vom Fischfang und den häuslichen Arbeiten. Traditionell gehen die Männer fischen, die Frauen machen die Hausarbeit und kümmern sich um die Kinder. Heute arbeiten sie z. T. auch als Kleinhändlerinnen oder in der Austernzucht. Unter den Häusern werden in großen Netzen meist Fische, manchmal auch Perlen gezüchtet. Der Song-Fisch, eine Art Barsch, wird ein halbes Jahr gefüttert, ehe er für ca. 200 000 Dong pro Kilo von chinesischen Händlern aufgekauft oder auf dem Festland angeboten wird. Es gibt kaum andere Erwerbsmöglichkeiten, außer auf einer japanischen Perlenfarm, die eine Bootstunde von Cua Van entfernt ist. Die jungen Frauen, die hier die Austern säubern und für die Impfung vorbereiten, verdienen etwa 2 Euro am Tag und bringen damit ihre ganze Familie durch. Ähnlich hoch (bzw. niedrig) ist übrigens auch das Tageseinkommen der Kleinhändlerinnen, die mit ihren Booten zu den Touristenschiffen rudern und dort Früchte, Getränke und Kekse anbieten.

Einmal die Woche kommt ein Tanker mit Frischwasser. Nur die Ärmsten der Armen leben noch auf den ganz kleinen Hausbooten wie einst ihre Vorfahren, die Seenomaden. Sie sammeln Regenwasser zum Trinken. Die „Sesshaften" im Dorf kaufen sich das kostbare Nass. Der Lieferant macht damit gutes Geld: Er verkauft es für etwa 2 Euro pro Kubikmeter; auf dem Festland muss er dafür nur ungefähr 1/8 des Preises zahlen.

Wenn gegen 18 Uhr die Dunkelheit einsetzt, werden die Generatoren angeworfen. Bis etwa 20 Uhr läuft in fast jedem Zimmer ein Fernseher, der Neues aus der für viele unbekannten Welt bringt: Straßen, Kühe, Schweine. Gerade die Kleinen kennen derartige Dinge nur aus dem Fernsehen – oder aus der Schule. Hier mühen sich Lehrerinnen vom Festland, den 5- bis 11-Jährigen das Lesen und Schreiben beizubringen.

Traditionelle Heilmittel

Einen Arzt gibt es nicht, deshalb wenden sich die Dorfbewohner bei Übelkeit oder anderen Be-

Die Ha Long-Bucht ist nicht nur für ihre Schönheit berühmt, sondern war auch eine der ersten Gegenden, die hier von Menschen besiedelt wurden. Das belegen archäologische Funde in Soi Nhu, Thoi Gieng, Dong Mang und Xich Tho. Die tropischen Wälder, die manche Inseln begrünen, beherbergen tausende von Tier- und Pflanzenarten, dazu gibt es wertvolle Mangroven-Ökosysteme und 163 verschiedene Arten Korallenriffe. Viele Fisch-, Shrimp- und Tintenfisch-Arten ernähren die schwimmenden Dörfer, die in den Buchten treiben. Zu den beliebtesten Zielen, die von den Ausflugsbooten angefahren werden, zählt die **Thien Cung-Grotte**. Sie befindet sich etwa 4 km vom Touristenpier entfernt und wurde erst 1993 entdeckt. Fünf Jahre später wurde sie für den Tourismus geöffnet, mit Treppen und Korridoren und einer großen Anzahl bunter Lampen versehen, die die Höhle in ein psychedelisches Licht tauchen. Vom Boot steigend, folgt man einem unter dichtem Blattwerk mäandernden Pfad etwa 30 m in die Höhe und beginnt zu verstehen, wie die Höhle so lan-

schwerden erstmal an den alten Heiler und Priester. Dieser weiß meist Rat und besorgt die Medizin aus der Natur. Bei Bauchschmerzen und Durchfall empfiehlt er, die Wurzel des Kaiku-Baums in Wasser zu kochen und lange ziehen zu lassen. Dieser Sud wird getrunken und verhilft schnell zur Heilung. Andere Heilpflanzen sind La Trang (gegen Fieber), Qua Mam (stillt Blutungen) und Cua Mai (gegen Schmerzen). Doch auch die Götter werden zur Heilung herangezogen. Oft gibt das Werfen von Münzen Auskunft darüber, ob der Kranke gesund wird und die Götter das erbrachte Opfer in Form von Blumen, Räucherstäbchen und Obst annehmen.

ge unentdeckt bleiben konnte. Das Innere zu betreten ist wie der Übergang in eine andere Welt: Kaskaden von bunt beleuchteten Stalagmiten und Stalaktiten entzünden die Fantasie, und wohin man den Blick auch wendet, erweist sich Mutter Natur als großartige Künstlerin.

Nur 300 m nördlich liegt die **Dau Go-Höhle**. Der Name dieser „Höhle der Holzpfähle" erinnert daran, dass General Tran Hung Dao hier im 13. Jh. seine angespitzten Holzpflöcke verbarg, mit denen er später die mongolische Flotte am Bach Dang-Fluss versenkte (s. S. 304, Die Schlachten am Bach Dang). Noch heute sollen hier Reste dieser Pflöcke zu finden sein. Die Franzosen nannten das Eiland wegen seiner Höhle **L'Ile des Merveilles**, „die Insel der Wunder". 90 Stufen gilt es zu erklimmen, ehe der Eingang der Höhle erreicht ist. Innen verbergen sich drei große Räume. Der erste führt zu einer langen, engen Passage, durch die der zweite erreicht wird. Dort bilden die Tropfsteine skurrile Figuren, die an Blumen, Tiere und Menschen erinnern. Im hinteren Raum gibt es einen tiefen Brunnen.

Die „Steinhund"-Insel **Cho Da** passiert man auf dem Weg von Dau Go Richtung Ti Top-Insel nach etwa zehn Bootsminuten: Der 8 m hohe Felsen erinnert an einen sitzenden Hund (mit dem Rücken zum offenen Meer) – seit Jahrtausenden ein treuer Wächter für ausfahrende Boote. Die **Dinh Huong-Insel** südwestlich von Dau Go erinnert an einen riesigen Räucherstäbchenhalter mitten im Meer und wird daher besonders geschätzt – fast wie ein natürliches heiliges Objekt zur Ehrung von Himmel und Meer.

Die **Ti Top-Insel** („Titov"-Insel) erinnert mit ihrem Namen an den sowjetischen Astronauten Gherman Stepanovich Titov (der zweite Mensch im All und mit 26 Jahren bis heute der jüngste), der sie im Jahre 1962 zusammen mit Ho Chi Minh besuchte. Sie ist auf der einen Seite sehr steil, auf der anderen flacher und hat dort einen schönen halbmondförmigen Strand, der gerne von Ausflugsbooten besucht wird. Die höchste Erhebung kann bestiegen werden und bietet einen tollen Ausblick über einen Teil der Bucht.

Die **Sung Sot-Grotte** liegt auf Bo Hon, etwas südwestlich der Ti Top-Insel. Sie ist eine der größten und schönsten in der Bucht. Ein etwa 500 m langer Weg führt durch die drei Kammern, in der Tropfsteine wie Fantasieschlösser emporwachsen; andere erinnern an große Blumen und Bäume und wieder andere, so sehen es die Vietnamesen, an meditierende Drachen. Vom oberen Ausgang eröffnet sich ein schönes Panorama. Die Franzosen nannten die Insel **La Ile des Surprises**, „die Insel der Überraschungen", als Beschreibung für die vielen überwältigenden Formationen, die das Eiland bereithält: Die **Luon-Grotte** im Nordosten, die mit dem Kajak erforscht werden kann, die „Jungfrauen-Grotte" **Trinh Nu**, ein romantischer Treffpunkt für Liebespaare, und 500 m entfernt die **Trong-Grotte** mit ihrer „männlichen Figur" im Eingang, die seit Äonen sehnsüchtig zur Jungfrauengrotte hinüberschaut.

Die **Me Cung-Grotte** liegt 2 km südwestlich der Ti Top-Insel auf Lom Bo. Hier wurden Reste einer steinzeitlichen Siedlung gefunden, die vor 7000–10 000 Jahren existierte: einfache Töpferwaren und massenhaft Schalen einer Süßwassermuschel, von der sich die kleine Gemeinde ernährte. Der Eingang der Höhle ist so eng, dass nur ein Mensch hindurchpasst, und auch im Inneren ist es etwas beengt; die vielen kleinen Kammern erinnern an einen unterirdischen Palast mit einem Labyrinth von Zimmern. Am Ausgang der Höhle befindet sich ein runder See, in dem Fische, Oktopoden und Krustentiere leben. Ein alter Baumbestand am gegenüberliegenden Ufer ist die Heimat vieler Tier- und Pflanzenarten.

Ein anderes beliebtes Ziel ist die **Bo Nau-Grotte**, die ihren Namen „Pelikan-Höhle" ebendiesen Vögeln verdankt, die hier manchmal Schutz suchen. Die Grotte öffnet sich zum Meer hin und ist daher ein beliebtes Fotomotiv: im Vordergrund der Höhleneingang von innen mit seinen Felsen und Stalaktiten, dahinter das türkise Meer mit, wenn man Glück hat, einer fotogenen Dschunke mit roten Segeln. Am Eingang der Höhle stehen drei große Steine, die an drei Mönche erinnern sollen, die sich über ein Schachspiel beugen. Je nach Jahreszeit, Wasserstand und Touristenzahl werden auch noch andere Grotten besucht – auf den fast 2000 Inseln ist die Auswahl groß.

Die 200 ha große **Tuan Chau-Insel**, 8 km vom Touristenboot-Anleger entfernt, wurde zu einem Urlauber-Zentrum ausgebaut: mit Unterkünften, Restaurants, Golfplatz usw. – also eher nichts für Leute, die die natürliche Schönheit der Bucht entdecken wollen.

Die wetterwendische Bucht

Das Wetter in der Ha Long-Bucht ist unberechenbar. In der Hauptsaison in den Sommermonaten kann es heiß werden (bis 35 °C), doch auch mit plötzlichen heftigen Regenfällen und Taifunen, die den Reiseplan durcheinanderwirbeln können, muss gerechnet werden. Ab Oktober ist diese Gefahr gebannt, doch trübes Nieselwetter kann nun das Reise-Vergnügen beeinträchtigen. Außerdem sinken die Temperaturen auf etwa 10–15 °C – manchmal noch tiefer. Ab März wird es wieder wärmer, doch auch dann kann es tagelang neblig sein. Das soll aber nicht heißen, dass es nicht zu jeder Jahreszeit auch wundervolle, himmelblaue Tage geben kann.

Zwei kleine Inseln namens **Ga Choi** liegen 3 km von der Dau Go- und Thien Cung-Grotte entfernt und erinnern (mit etwas Fantasie) an zwei kämpfende Hähne; von Vietnam Tourism wurden sie zu einer Art Wahrzeichen der Ha Long-Bucht gewählt.

Der **Ba Trai Dao-Strand** („Drei-Pfirsiche-Strand") liegt an einer Gruppe von drei kleinen Inseln, deren Name von einer Legende herrührt: Einige Feen kamen aus dem Himmel hierher, um zu schwimmen. Die jüngste verliebte sich in einen Fischer und stahl im Himmel drei Pfirsiche für ihn, die, wenn er sie äße, ihm ewiges Leben schenken sollten. Aber während sie noch auf ihn wartete, bemerkte der Himmelskönig den Diebstahl und verwandelte die Pfirsiche in drei steinerne Inseln. Die ertappte Fee musste zurück in den Himmel, und dem Fischer blieben nur die Inseln.

Der **Ba Ham-See** befindet sich im Südwesten der Bucht auf der **Dau Be-Insel** („Kalbskopfinsel"). *Ba ham* bedeutet „drei Tunnel": Denn nur durch diese ist der See im Inneren der Insel zugänglich. Bei Ebbe sind die Tunnel etwa 4–5 m hoch und können mit flachen Booten oder Kajaks befahren werden. Bei Flut sind sie hingegen nicht schiffbar. Im noch vom Tageslicht erhellten Eingangsbereich des ersten Tunnels sind Stalagmiten und Stalaktiten zu erkennen. Weiter innen wird es dunkel, ehe nach einer Weile der Ausgang auftaucht. Der zweite Tunnel ist ähnlich. Auf einer Klippe südöstlich des Eingangs wächst ein alter Carambola-Baum, der Äffchen und Flughörnchen beheimatet. Im dritten Tunnel leben Schmetterlinge und Fledermäuse.

Touren

Kreuzfahrten mit Übernachtung

Die angegebenen Preisgruppen beziehen sich auf eine Zwei-Tage-Tour mit einer Übernachtung. Die Benutzung etwaiger mitgenommener Kajaks (nachfragen!) ist meist im Preis inbegriffen. Da die Verpflegung unterwegs häufig aus frischen Meeresfrüchten besteht, sollten Vegetarier vorher Bescheid sagen.

Bai Tho Tourist Transportation Company, 11 Le Quy Don, Bach Dang, Ha Long-Stadt, ✆ 033-826898, ✆ 033-625709, ✉ www.baithojunks.com. Der Anbieter operiert seit 1991 und gehört zu den erfahrensten in der Bucht mit einer großen, 30 Schiffe umfassenden Flotte. Besonders gelobt werden die Übernachtfahrten für die außergewöhnlich gute Küche, die manchmal bei einem Landgang als Buffet in einer Grotte serviert wird. ❺–❻

Buffalo Tours, 9-13 Hang Muoi, Ha Noi, ✆ 04-828 0702, 💻 www.buffalotours.com. Betreibt zwei eigene, luxuriöse Schiffe in der Bucht. Sehr gute Kajak-Trips: An Bord der Mutterschiffe befinden sich hochwertige Kajaks, mit denen sich auch jene Ecken erkunden lassen, in die die große Dschunke nicht hineinfahren kann. ❻

Cruise Halong, 1 Vuon Dao, Bai Chay, ✆ Hotline 0912-438588, 💻 www.cruisehalong.com. Mit den wunderschönen Schiffen *Ginger* und *Jasmine* lässt sich die Bucht auf sehr komfortable Weise entdecken. Auf der *Jasmine* gibt es sogar Suiten mit Balkon und Jacuzzi. Ein drittes Schiff, die *Violet*, ist in Bau. ❼

Emeraude Classic Cruises, Press Club Office Centre, Suite 401, 59A Ly Thai To, Ha Noi, ✆ 04-934 0888, 💻 www.emeraude-cruises.com. Die luxuriöseste Option ist eine Fahrt mit der *Emeraude*, der Rekonstruktion eines 100 Jahre alten Raddampfers. Das Schiff hat einen eigenen Anleger an der Ha Long Road. ❽

Huong Hai Junks, 1 Vuon Dao, Bai Chay, ✆ 033-846263, ✉ www.halongdiscovery.com. Die Gesellschaft betreibt insgesamt 24 Boote, davon 11 für Übernachtfahrten. An Bord gibt es neben abendlichen Darbietungen vietnamesischer Volksmusik auch Kochkurse. ❺–❼

Ocean Tours, 22 Hang Bac, Ha Noi, ✆ 04-926 0463, ✆ 926 0502, 💻 www.oceantours.com.vn. Zwei- und dreitägige Fahrten: Neben möglichen Übernachtungen an Bord wird auch im kleinen Ocean Beach Resort geschlafen, das von der Gesellschaft betrieben wird. Die 7 aus Naturmaterialien gebauten Hütten mit jeweils 2 Zimmern stehen auf einer Insel 5 km von Cat Ba entfernt direkt am Strand: Robinson-Gefühle inbegriffen. ❺

Tropical Sails, 404 Ha Long Road, Bai Chay, ✆ 033-848926, und 21 Hong Dong, Ha Noi, ✆ 04-923 2559. 💻 www.tropical-sails.com. Die gut ausgestattete *Dragons Pearl* setzt mit ihren 80 Schwimmwesten, 14 Feuerlöschern, 4 Rettungsbooten und dem automatischen Alarmsystem Maßstäbe in Sachen Sicherheit und ist noch dazu eines der elegantesten Schiffe in der Bucht. ❻

Helikopterflüge

Helikopterflüge über die Ha Long-Bucht sind ein kostspieliges, aber unvergessliches Erlebnis. Nur für Gruppen ab 10 Personen buchbar. Näheres hierzu bei **Hanoitourist**, 18 Ly Thuon Kiet, Ha Noi, ☎ 04-825 3248, 824 3011, 📠 04-824 3012, 💻 www.hanoitourist-travel.com.

Quan Lan und die Bai Tu Long-Bucht

Die Bai Tu Long-Bucht schließt sich östlich an die Ha Long-Bucht an. Sie ist nicht weniger schön, wird aber viel seltener besucht. Auch hier finden sich viele, teils besiedelte, teils von wildem Urwald bewachsene Inseln, von denen einige als Naturpark geschützt sind.

Quan Lan

Am äußeren Rand der Bai Tu Long-Bucht erstreckt sich die von kilometerlangen Sandstränden gesäumte Insel Quan Lan. Einige kleine Siedlungen schmiegen sich zwischen die Hügel des Eilands. Vor Jahrhunderten befand sich hier eines der Zentren des vietnamesischen Seehandels: Die Insel liegt an einer wichtigen Schifffahrtsroute, die China und Japan mit Thailand und den Philippinen verbindet. Versandende Häfen bereiteten dem Boom ein Ende. So handeln die Bewohner heute mit dem, was sie im Überfluss haben: Sand – für die Glasherstellung, das Baugewerbe oder um anderswo neuen Strand aufzuschütten. Und seit kurzem interessiert sich noch jemand für das körnige Gold: Touristen, die zwar noch nicht in großer Zahl kommen, dafür abseits der großen Reiseströme umso mehr Ruhe finden.

Die Insel kann mit einem Fahrrad oder Moped (zu leihen über die Unterkunft) erforscht werden. Außer viel Strand bietet sie im Umkreis des Hauptortes ein recht gut erhaltenes **Gemeindehaus** aus dem 18. Jh. und nebenan die **Linh Quang Tu-Pagode**, in der neben Buddha auch Lieu Hanh verehrt wird, der Erbauer der Pagode. Im nahe gelegenen **Duc Ong-Schrein** wird der lokale Held Pham Cong Chinh verehrt, der in einer Schlacht die Chinesen abwehrte.

Weitere Inseln in der Bai Tu Long-Bucht

Die sich nordöstlich anschließende, 20 km lange und 1,5 km breite Nachbarinsel **Cao Lo (Ba Mun)** ist Kern des 15 783 ha großen Bai Tu Long-Naturschutzgebietes, das sich über die gesamte Insel und die Gewässer um die Inseln westlich davon erstreckt – Heimat für eine große Anzahl von Tier- und Pflanzenarten, von denen einige vom Aussterben bedroht sind. In der Vergangenheit wurden hier über 100 Affen freigelassen, die Schmugglern abgenommen worden waren. Sie finden eine neue Heimat in dem dichten Gehölz, wo hohe Teak- und Eisenholz-Bäume eine dichte bodennahe Vegetation schützen, in der viele Heilkräuter gedeihen. Auch Hirsche haben hier eine Heimat gefunden und können manchmal nach Regenfällen, wenn die frischen Knospen sprießen, am Waldrand gesehen werden, wo sie sich über die jungen Triebe hermachen.

Die große Insel **Tra Ban (Ba Sen)**, die sich nordwestlich an Quan Lan schmiegt, ist kaum erschlossen. Sie könnte sich zu einer interessanten Trekking-Destination entwickeln.

Touristische Infrastruktur entsteht auf der Insel **The Vang**, wo ein Resort samt aufgeschüttetem Sandstrand entsteht, sowie auf **Reu** – beide Anlagen richten sich eher an einheimisches Wochenend-Publikum, ebenso wie das Resort der Cam Pha Coal Construction and Port Company auf **Cong Tay**.

An der Ostseite der Insel **Ngoc Vung** liegt ein 3 km langer, weißer Sandstrand; auch hier wird über eine Entwicklung nachgedacht. Zu Kaisers Zeiten war die Insel ein berühmtes Zentrum der Perlen-Produktion. Funde bearbeiteter Steine machen sie interessant für Archäologen, die hier der alten Ha-Long-Kultur auf der Spur sind.

Die **Cong Do-Insel** liegt im westlichen Teil der Bucht und ist bereits Teil des Ha Long-Nationalparks. Sie erhebt sich bis zu 172 m aus dem Wasser, hat viele Lagunen und an der Süd-West-Seite ein ausgedehntes, weitgehend unzerstörtes Korallenriff, das mehr als 700 m lang und 300 m breit ist – ein mögliches zukünftiges Tauchrevier. An der Südostseite wurden Reste antiker Hafenanlagen gefunden: Vermutlich war die Insel einst ein wichtiges Handelszentrum.

Die abgelegensten Inseln des Archipels sind die **Co To-Inseln** – bewohnt, aber ohne touristische Infrastruktur.

Die größte Insel des Archipels ist **Cai Rau**, nach ihrem alten Seehafen auch **Van Don** genannt. Sie liegt dicht an der Küste und ist mit ihr über eine Brücke verbunden. Die Hauptstadt **Cai Rong** ist ein belebtes Zentrum der Region – mit einem großen Markt und unzähligen Fischerbooten vor der Küste. Von hier aus fahren Boote in die ganze Bucht.

Cua Ong

Auf dem Festland wacht der **Cua Ong-Tempel** (Dong Hai Linh Tu) über die Meerenge, die von der Brücke nach Cai Rau überspannt wird. Er wurde zu Beginn des 19. Jhs. erbaut und ist Tran Quoc Tan gewidmet, dem dritten Sohn von Tran Hung Dao, der sich in Grenzkriegen in der Cua Sot-Gegend auszeichnete. Daneben ist mit 34 kleineren und größeren Statuen fast seine ganze Familie zugegen. Das am Hang liegende Bauwerk, von dem sich ein schöner Blick in die Bai Tu Long-Bucht ergibt, ist in drei Hauptgebäude unterteilt: den unteren, mittleren und oberen Tempel. Nur im oberen wird Tran Quoc Tan verehrt, der untere gilt dem Kult der Mutter-Göttin.

Die N18 führt von Cua Ong nach Westen über Cam Pha mit seinen staubigen Kohlehäfen weiter nach Hon Gai und nach Norden die Küste entlang bis nach Mong Cai und China.

Übernachtung und Essen

Auf den Inseln in der Bai Tu Long-Bucht finden sich naturgemäß viele Meeresfrüchte auf dem Speiseplan: Fische (Barsch, Makrele), Oktopoden, Shrimps, daneben Holothurien (Seegurken) und *sai sung* (Sandwürmer). In kleinen *com*- und *pho*-Läden wird außerdem preiswerte, leckere Hausmannskost angeboten.

Quan Lan

Quan Hai, Quan Lan-Strand, Südende, ✆ 0913-388632, ✉ quanhai-baitulong@yahoo.com. Einfache Holzhütten mit Bad am Ende eines wundervollen, einsamen Strandes – ein Traveller-Traum. Der freundliche Besitzer Quang Mao ist ein guter Führer über die Insel. ❶

Quan Lan Island Resort, Quan Lan-Strand, ✆ 033-877971, 877471, 📠 877257, 💻 www.atiresorts.com/quanlan_island.html. Die am Strand gelegenen, aus Holz und Bambus gebauten Bungalows mit Strohdach und das Stelzenhaus sind die bequemsten Unterkünfte der Insel. ❸–❹

Robinson Hotel, Quan Lan, ✆ 033-877439. Kleines Hotel mit 5 gepflegten Zimmern. Der Besitzer vermietet auch Standbungalows. Kontakt in Ha Noi: Herr Vinh, Kaiserkaffee, 33 Hang Be, ✉ kaiserkaffee@hotmail.com.

Vinh Ly, im Fischerort Quan Lan, ✆ 033-877354. Saubere, einfache Zimmer. Freundlicher Besitzer, gute Küche. ❶

Im **Fischerdorf** gibt es einige weitere einfache Gästehäuser, z. B. das **Ngan Ha**, ✆ 033-877296, gegenüber der Post. Unternehmungslustige fahnden nach neu entstehenden kleinen Anlagen mit ein paar Bungalows oder Zimmern an einem der anderen Strände. In **Minh Chau** vermietet Herr Ty einfache Zimmer in seinem Haus in Strandnähe, ✆ 033-877321.

Cai Rong

Es gibt einige Gästehäuser und Minihotels, die sich in der Nähe des Piers befinden und z. T. schöne Ausblicke auf das Geschehen bieten, darunter das **Hung Toan**, ✆ 033-874220, mit gepflegten Zimmern, die besseren im 2. Stock mit Balkon, ❶, oder das ähnliche **Sy Song**, ✆ 033-874854, ❶.

Transport

Busse

Von CUA ONG besteht eine regelmäßige Busverbindung entlang der N18 nach HON GAI (Ha Long-Stadt), zwischen 7 und 17 Uhr alle 10 Min., und nach MONG CAI, zwischen 7 und 16 Uhr, alle 20 Min. Die 8 km von oder nach CAI RONG kosten auf dem *xe om* etwa 30 000 Dong.

Boote

Die Boote zwischen den Inseln verkehren je nach Jahreszeit mehr oder weniger regelmäßig. Bei zwei angegebenen Fährverbindungen wird im Winter oft auf die frühere verzichtet. Auch das Wetter spielt eine Rolle.

Quan Lan

Der Anleger liegt etwa 3 km vom Hauptort entfernt, eine Fahrt mit dem *xe om* kostet 5000–10 000 Dong. Von hier fährt eine Fähre nach HONG GAI (Ha Long-Stadt) um 9 Uhr, eine weitere um 13.30 Uhr (4 Std., ca. 80 000 Dong). Nach CAI RONG jeweils um 7 und 14 Uhr (3 Std., 60 000 Dong).

Cai Rau

Vom Anleger im Ort Cai Rong fahren planmäßig täglich Schiffe nach QUAN LAN. Die drei- bis vierstündige Fahrt (ca. 60 000 Dong) führt vorbei an kleinen Inselchen, felsigen Türmen, die aus dem Wasser ragen, und schwimmenden Dörfern, in denen Fische gezüchtet werden. Weitere Fahrten gehen nach NGOC VUNG (2 1/2 Std., 40 000 Dong), TRA BAN (2 1/2 Std, 40 000 Dong) und CO TO (5 Std., 70 000 Dong); Abfahrt jeweils morgens ab 7 Uhr.

Mong Cai und Tra Co

Mong Cai ist die nordöstlichste Stadt von Vietnam und für den Handel mit China von größter Bedeutung. Das Reich der Mitte liegt gerade über den Fluss; und die Brücke, die die beiden Länder verbindet, wird täglich von Tausenden überquert. Aus Vietnam fahren Lastwagen voller landwirtschaftlicher Erzeugnisse nach Dongxing, wie die chinesische Stadt am anderen Ufer heißt; Obst, Gemüse (besonders Kohl) und Schweine sind wichtige Handelsgüter. Aus China kommen die Händler nach Mong Cai, um ihre Exportgüter feilzubieten: Elektrogeräte, Plastikartikel, Kinderspielzeug, Kleidung ... Es gibt fast nichts, was es hier nicht gäbe. Auf den Märkten ist Chinesisch fast öfter zu hören als Vietnamesisch.

1979 wurde Mong Cai von China besetzt. Die Anwesenheit chinesischer Truppen war jedoch nur von kurzer Dauer; die kampferprobten nordvietnamesischen Truppen konnten die Angreifer schnell zurückdrängen. Die anschließende politische Eiszeit zwischen den Ländern traf Mong Cai allerdings hart: Die Grenze war geschlossen, die Stadt ein unbedeutender Außenposten. Seit der Wiederaufnahme der Beziehungen und der Grenzöffnung 1991 geht es allerdings steil bergauf, und die Stadt ist eine ökonomische Boom-Zone. Am 8. Juni 2007 wurde die Stadt zu einer „3rd grade city" erklärt: eine wichtige Zwischenstation auf dem Weg zur *than pho*, zur anerkannten „Großstadt" wie Ha Noi, HCMS und Can Tho. Das Ziel soll bis 2010 erreicht sein.

Touristisch ist die Stadt relativ uninteressant; Reisende, die sie auf dem Weg von oder nach China passieren, sehen meist zu, dass sie schnell weiterkommen.

Der nahe gelegene **Tra Co-Strand** ist mit seinen 17 km Ausdehnung der längste in ganz Vietnam. Im Sommer ist er beliebtes Urlaubsziel vietnamesischer und besonders chinesischer Gäste, daher gibt es eine ganze Anzahl von Hotels und Restaurants.

Der kleine Ort **Tra Co** war lange von der Außenwelt ziemlich abgeschnitten, denn nach der chinesischen Invasion von 1979 war das Gebiet nicht zugänglich. Nun dürfen die Besucher jedoch wieder kommen. Neben Hotels, Restaurants und sehr viel Sand gibt es eine **katholische Kirche**. Sie stammt von 1880 und ist damit eine der ältesten des Landes. 1914 wurde sie erweitert und 1995 renoviert. Innen ist sie reich mit Skulpturen ausgestattet.

Der ganze Stolz von Tra Co ist das schöne Gemeindehaus, der **Dinh Tra Co**. Diese Versammlungshalle wurde 1511 erbaut. Die Eisenholz-Säulen, auf denen das Dach ruht, sollen noch von damals stammen. Aufwendige Schnitzereien schmücken das Haus.

Grenzübergang zu China

Die **Grenze zu China** ist täglich von 7–16.30 Uhr geöffnet. Ein Visum muss bereits im Pass sein. Hinter der Grenze warten Moped-Fahrer, die den Reisenden zur nächsten Bus-Station bringen (via Fongcheng nach Nanning).

In der ersten Woche des 6. Mondmonats findet hier ein großes Fest statt. 200 m weiter steht die **Linh Khanh-Pagode** (auch Nam Tho-Pagode genannt), die 1775 unter der Regentschaft von König Le Canh Hung gebaut wurde. Hier wird die Göttin Lieu Hanh verehrt. In der Pagode sind über 60 Statuen versammelt. Die große Glocke stammt von 1843.

Übernachtung

Händler aus China und Vietnam sind die Haupt-Gäste der einfachen Hotels im Stadtzentrum. Der Aufschwung der Stadt bringt mit sich, dass nun auch Häuser im oberen Preissegment entstehen.

Mong Cai

Nam Phong Hotel, 37 Hung Vuong, ✆ 033-887775, 📠 887779. Business-Hotel mit gut in

Ordnung gehaltenen, recht einfachen AC-Zimmern mit Satelliten-TV. Im Haus ist ein vietnamesisches Restaurant. Das Personal spricht Englisch. ❷

Nha Nghi Thanh Tam, Trieu Duong, ✆ 033-881373. Saubere, bequeme Zimmer in einem kleinen Haus bei freundlichen Leuten. ❶

Thang Loi Hotel, Tran Phu, ✆ 033-881002, 📠 881005. Standardzimmer mit AC und TV (lokales Fernsehen) an einer belebten Straße. ❷

Truong Minh Hotel, 36 Trieu Duong, ✆ 033-8833368, 📠 886048. Saubere, helle Zimmer unweit des Marktes. ❶–❷

Li Lai International Hotel, Tue Tinh, ✆ 033-887888, 📠 887889, 💻 www.lilaihotel.com.vn. Noble Herberge mit 218 Zimmern ab 32 m^2 aufwärts für die etwas reicheren Grenzgänger aus China, die im angegliederten Kasino ihr Glück versuchen. Die Hälfte der Zimmer hat einen schönen Blick auf den Fluss. ❺–❼

Tra Co

Sao Bien Hotel, Tra Co-Strand, ✆ 033-881264. 25 saubere AC-Zimmer mit TV und Kühlschrank. ❶–❷

Tra Co Hotel, Tra Co-Strand, ✆ 033-881273. In die Jahre gekommenes Haus mit 50 AC-Zimmern in der Mitte des Strandes. ❷

Tra Long Hotel, Tra Co-Strand, ✆ 033-881131. Kleines Hotel mit 10 preiswerten, einfachen Zimmern. ❶

Essen

Die Restaurants sind ebenso wie die Unterkünfte auf einheimische und chinesische Händler eingestellt. Wer Hunger hat, wird an Straßenständen und in vietnamesisch-chinesischen Restaurants satt, z. B. dem **Nha Hang Long Tu**, Hung Vuong, ✆ 933-770489, einem alteingesessenen Restaurant auf zwei Etagen (oben geht es gepflegter zu). Beliebt ist in derselben Straße auch das **Le Huy**, ✆ 033-881725. Viele kleine ***com*- und *pho*-Restaurants** befinden sich in der Nähe des Nam Phong Hotels. Abends werden rund um den Zentralmarkt viele **Freiluftrestaurants** aufgebaut. In Tra Co finden sich einige gute **Seafoodrestaurants** in Strandnähe.

Sonstiges

Einkaufen

Obgleich westliche Reisende wahrscheinlich eher auf der Durchreise als zum Shopping nach Mong Cai kommen, lohnt auf jeden Fall ein Bummel über die verschiedenen **Märkte** der Stadt, z. B. den achteckigen Zentralmarkt und die Marktgegend nahe dem Grenzübergang (zwischen Hoa Binh und Hoang Quoc Viet), die von chinesischen Händlern bestückt wird. Die müssen allerdings um 16.30 Uhr heim ins Reich – daher ist hier früh Schluss.

Geld

Die **Vietcombank** in der Van Don nahe dem Zentralmarkt übernimmt die üblichen Transaktionen. 🕒 Mo–Fr 7.30–11 und 13.30–16.30 Uhr. **Bankautomaten** befinden sich bei der Post.

Internet

Einige Internet-Cafés sind in der Nähe der Post angesiedelt.

Post

Das Hauptpostamt liegt am zentralen Verkehrskreisel und ist ganztägig geöffnet.

Nahverkehr

Eine Fahrt mit dem **Taxi nach Tra Co** kostet etwa 100 000 Dong, mit dem *xe om* etwa 20 000–30 000 Dong.

Transport

Busse

Der Busbahnhof für Busse Richtung HON GAI (Ha Long-Stadt) liegt etwa 400 m westlich des Flusses (7–16 Uhr, alle 20 Min., 50 000 Dong, Fahrzeit etwa 3 1/2 Std.).

Boote

Tragflächenboote (Hydrofoils) nach HA LONG-STADT um 8 und 13 Uhr, 2 Std., 200 000 Dong. Nach HAI PHONG um 7 und 13 Uhr in knapp 3 Std. für 250 000 Dong. Tickets gibt es im Büro am Verkehrskreisel; der Transfer zum südlich der Stadt liegenden Pier ist im Preis inbegriffen.

Nördliches Zentralvietnam

Stefan Loose Traveltipps

5 **Um Ninh Binh** Einen Abstecher in die fantastische Landschaft der „Trockenen Halong-Bucht" unternehmen. S. 333

Phat Diem Im Herzland des vietnamesischen Katholizismus die beeindruckende Kathedrale mit interessanter europäisch-chinesischer Architektur besuchen. S. 337

Cuc Phuong-Nationalpark Im Endangered Primates Rescue Center viele bedrohte Primaten sehen. S. 339

Vinh Zu Ho Chi Minhs Geburtsort pilgern. S. 343

6 **Phong Nha** Die schönste Höhle Vietnams erkunden – ein Farbenrausch im Innern der Erde. S. 353

NÖRDLICHES ZENTRALVIETNAM

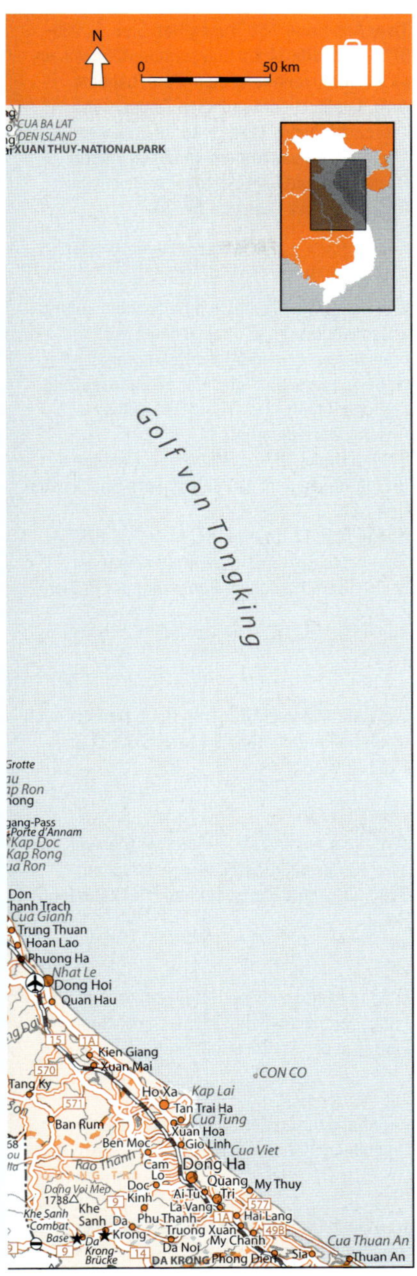

Die meisten Touristen, die sich von Ha Noi aus Richtung Süden aufmachen, durchqueren (oder überfliegen) hunderte von Kilometern, ohne einmal Halt zu machen. Meist geht es direkt durch bis nach Hue, wo es wieder eine gewachsene touristische Infrastruktur gibt. Die wenigen Traveller, die im nördlichen Zentralvietnam unterwegs sind, kommen oft über einen der Grenzübergänge aus Laos. Tatsächlich können einige der Highlights, so die „Trockene Halong-Bucht" oder der Cuc Phuong-Nationalpark im Norden der Region oder die Demilitarisierte Zone im Süden in Tagesausflügen von Ha Noi bzw. Hue aus besucht werden.

Wer sich aber die Zeit nimmt, diese Region etwas langsamer zu bereisen, wird abseits der ausgetretenen Pfade ein einfaches, z. T. recht armes Vietnam entdecken, dessen Bewohner zurückhaltender und weniger offen gegenüber westlichen Besuchern sind als etwa im überschwänglichen Süden. Umso mehr blitzen in dieser scheinbaren Tristesse die freundlichen, herzlichen Begegnungen auf: Die Freude der Suppenköchin, dass die *pho* so gut schmeckt, oder das gesellige Miteinander am reich gedeckten Mittagstisch, der bei der lokalen Bustour mit inbegriffen war.

Ninh Binh

Ninh Binh (50 000 Einw.) ist die Hauptstadt der gleichnamigen Provinz und an sich nicht bemerkenswert. Dass dennoch viele Reisende in dieser Stadt übernachten, liegt an der Nähe zu einigen lohnenden Ausflugszielen: Die Pagoden bei Hoa Lu, die schöne Landschaft von Tam Coc, die Bich Dong-Höhle, der Cuc Phuong-Nationalpark und die Kathedrale von Phat Diem sind alle von hier aus zu erreichen.

Die Region um Ninh Binh und weiter nördlich bis Nam Dinh war bis 1954 die mit dem größten Christen-Anteil in ganz Vietnam. Daher gibt es sehr viele Kirchen in der Region. Allein bei einer Fahrt nach Nam Dinh kommt man gleich an mehreren prächtigen Kathedralen vorbei. Ninh Binhs eigene schöne Kathedrale wurde allerdings bei amerikanischen Bombenangriffen zerstört. Heute steht an derselben Stelle eine neue, weniger bemerkenswerte Kirche.

Übernachtung

Da schon seit Jahren Touristen hier übernachten, haben sich einige Unterkünfte ganz auf Besucher aus dem Ausland eingestellt. Entsprechend gut ist das durchschnittliche Niveau.

Untere Preisklasse

Ngoc Anh Hotel, 30 Luong Van Thuy, ☎ 030-883768, ℻ 883761, ✉ ngocanhhotel@hn.vnn.vn, 🖳 www.ngocanhhotelnb.com. Ein Dutzend Traveller-Zimmer mit „free internet“: Es stehen einige Laptops zur Verfügung, die mit aufs Zimmer genommen werden können. ❶–❷

Queen Hotel, 3 Hoang Hoa Tham, ☎ 030-871874. Nahe dem Busbahnhof, mit unterschiedlichen Zimmern, darunter einige sehr preiswerte, aber entsprechend kleine. ❶–❷

Thanh Binh Hotel, 31 Luong Van Thuy, ☎ / ℻ 030-872439, ✉ tbhotelnb@yahoo.com. Durchschnittliche Traveller-Zimmer mit der üblichen Ausstattung. Bemerkenswert sind die guten Mountainbikes, die für US$2–3 zum Verleih angeboten werden – importierte Fahrräder, die von einem Tourveranstalter im Land gelassen wurden. ❶–❷

Thanh Thuy's Guest House & New Hotel, 128 Le Hong Phong, ☎ 030-871811, ℻ 880441, ✉ tuc@hn.vnn.vn. Sehr beliebt – das einstige Gästehaus mit einfachen, aber ordentlichen Zimmern wurde inzwischen um einen neuen Hotelblock mit Räumen höheren Standards erweitert. Der Besitzer Herr Tuc, ☎ 091-5178903, spricht Deutsch, und so trifft man hier oft auf Landsleute. Gutes Essen im Innenhof. ❶–❷

Viet Hung Hotel, 2 Tran Hung Dao, ☎ 030-872002, ℻ 880247, ✉ viethgunghotel.nb@hn.vnn.vn. Recht neues Hotel mit sauberen Zimmern; einige mit Balkon – Aussicht auf die belebte N1. ❷

Mittlere Preisklasse

Kinh Do Hotel, 99 Phan Dinh Phung, ☎ 030-871352, ℻ 873005. Gepflegtes Hotel in einer relativ ruhigen Straße, das neben 40 Zimmern auch über ein gutes Restaurant verfügt. ❶–❸

Thuy Anh Hotel, 55a Truong Han Sieu, ☎ 030-871602, ℻ 876934, ✉ thuyanhhotel@hn.vnn.vn, 🖳 www.thuyanhhotel.com. Gute, beliebte Anlaufstelle mit ordentlichen Zimmern in verschiedenen Preisklassen: 19 preiswertere im älteren, 17 etwas teurere im neuen Flügel. Restaurant und Café mit toller Aussicht im 6. bzw. 7. Stock (Aufzug). ❷–❹

Essen

Wer nicht, wie die meisten Reisenden, im Hotel essen möchte, kann auch in eines der preiswerten *com*- und *pho*-Restaurants in der Nähe des Busbahnhofs oder an der Kreuzung Le Hong Phong / Tran Hung Dao gehen. Ansonsten zu empfehlen:

Bia Hoi Hanoi, 31 Tran Hung Dao. Beliebter Biergarten, in dem es auch leckere Snacks vom Grill gibt.

Huong Mai, 12 Tran Hung Dao, ☎ 030-871351. Sehr gutes Restaurant mit vielen Ziegenfleisch-Gerichten (eine Spezialität der Region).

Sonstiges

Geld

Die **Vietcombank** in der Tran Hung Dao hat auch einen Geldautomaten. ⏲ Mo–Fr 7.30–11 und 13.30–16.30 Uhr.

Fahrräder und Mopeds

Zweiräder mit und ohne Motor werden von fast allen Hotels und Gästehäusern verliehen. Besonders gute Fahrräder hat das **Thanh Binh Hotel**.

Internet

Zugang in den meisten Hotel-Lobbys, bei der Post oder in einem der Online-Game-Shops, die überall in der Stadt verteilt sind.

Informationen

Informationen zu den Ausflügen in die Umgebung gibt es in den Hotels.

Post

Tran Hung Dao, ☎ 030-873648, ℻ 873873. Ganztägig geöffnet.

Ninh Binh

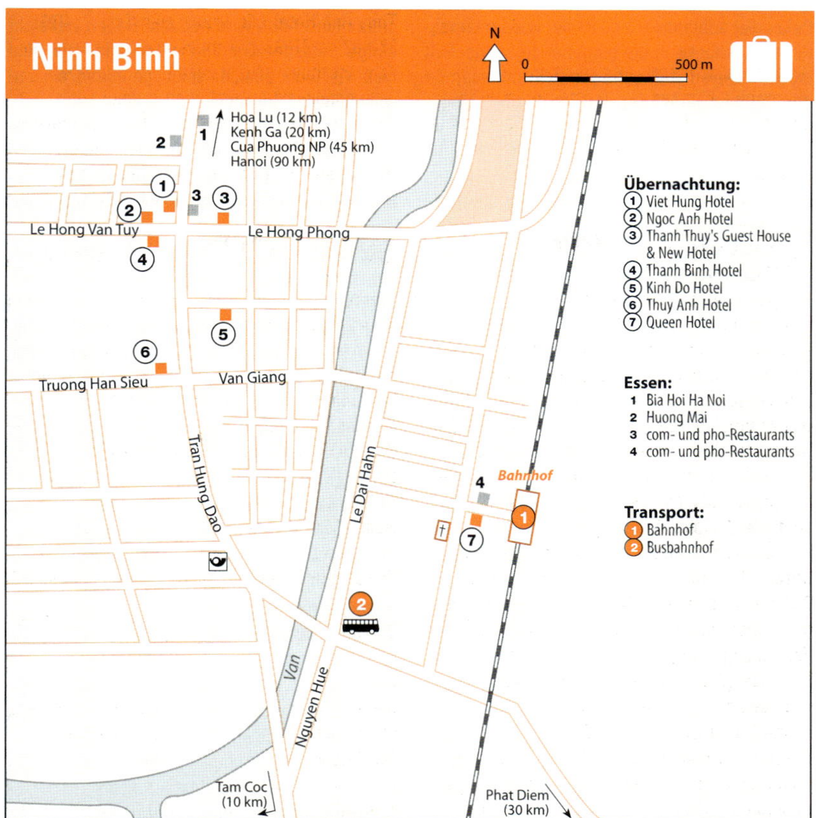

Transport

Busse

Der Busbahnhof liegt hinter der Brücke Richtung Phat Diem und verbindet Ninh Binh im Halbstunden-Takt, oft sogar noch schneller, mit Ha Noi und Zielen im Süden. Nach HA NOI: 90 km, 1 1/2 Std., 20 000 Dong, HAI PHONG: je 2 Busse morgens (5.45 und 6.30 Uhr) und mittags (13 und 14 Uhr), 3 Std., 30 000 Dong. Wer es bequemer mag, kann sich z. T. auch im Hotel abholen lassen – eine Anfrage an der Rezeption genügt.

Eisenbahn

Vom Bahnhof, 1 Hoang Hoa Tham, ✆ 030-881385, fahren tgl. 3 Züge nach HA NOI: um 3.29 (TN2), 5.42 (TN4) und 18.55 Uhr (SE6), 2 Züge nach HUE um 12.35 (TN1) und 18.11 Uhr (TN3). Weitere aktuelle Fahrplaninformationen, Ticketpreise und Ankunftszeiten unter 💻 www.vr.com.vn/english/index.html.

5 HIGHLIGHT

Tam Coc und Bich Dong

Tam Coc bezeichnet die drei Höhlen Hang Ca, Hang Hai und Hang Ba, die alle nur auf dem Wasserweg zu erreichen sind. Auf der zwei- bis dreistündigen Bootsfahrt, die sich durch grüne

Reisfelder schlängelt, sind immer wieder fantastische Ausblicke in die umgebende Landschaft möglich, deren steil aufragende Karstfelsen ihr den Namen „Trockene Halong-Bucht" eingebracht haben.

Hang Ca, die erste Höhle, ist mit 127 m die längste. Hunderte von Booten befahren den Fluss, und oft ist man in einer regelrechten Kolonne unterwegs. Die vielen Souvenir- und Getränkeverkäufer sollte man als Anlass nehmen, sich in freundlicher Gelassenheit zu üben.

Die Landschaft von Tam Coc kann auch auf dem Landweg erkundet werden. Dazu folgt man der Straße am Anleger vorbei. Nach einigen Kilometern erreicht man den Parkplatz der **Bich Dong-Grotte**. Die Grotte wurde von König Tu Duc im 18. Jh. zur zweitschönsten von ganz Vietnam erklärt. Heute befindet sich am Fuße des Felsens eine Pagode. Der kurze Weg zur Grotte führt links hinauf am steilen Berg entlang. Die Grotte, in der drei schwarze Buddha-Figuren verehrt werden, kann durchquert werden. Am Ausgang führt der Pfad steil hinauf zu einer weiteren kleinen Pagode. „Watch your step", rufen die Kinder, die hier herumhüpfen, nicht ganz unberechtigt, denn die Stufen sind uneben – und glitschig, wenn es geregnet hat.. Von der vorgelagerten Plattform hat man einen schönen Ausblick auf die grünen Reisfelder, aus denen sich die Felsen erheben. Noch vor einigen Jahren war der Blick völlig unverbaut. Heute reihen sich Häuser entlang der Straße.

Folgt man am Fuß des Felsens nicht dem Pfad links zur Bich Dong-Grotte, sondern hält sich rechts zwischen Pagode und Felswand, führt ein kleiner Pfad über eine Anhöhe, hinter der sich der Blick in ein „Verborgenes Tal" eröffnet. Wer hinuntersteigt und dem Weg über einen schmalen Damm nach links folgt, gelangt bald zu einer kleinen **Höhle**. In deren Inneren gibt es nur selten Strom für die einzige Glühbirne, doch meist ist sofort der Höhlenwärter zur Stelle, der im kleinen Haus am Taleingang wohnt und mit einer Handlampe aushilft. Begeistert erklärt er die Stalagmiten und Stalaktiten und zeigt den skurrilen kleinen Backsteinaltar mit der Porzellansammlung – in fließendem Vietnamesisch. Dennoch hat sich der freundliche junge Mann eine Spende verdient: 10 000 Dong sind angemessen. Wer genau hinschaut, wird auf dem Boden vielleicht einige Feldspat-Kristalle entdecken. Die sind nicht viel wert, aber, da selbst gefunden, ein umso schöneres Souvenir.

An der Straße nach Bich Dong biegt etwa 100 m vor Erreichen des Parkplatzes ein Weg nach rechts Richtung **Ben Thuyen** ab. Folgt man diesem, ist man in Kürze abseits des Touristenpfades, fährt über Dämme und kleine Brücken durch eine nordvietnamesische Bilderbuchlandschaft und kann die wundervolle Gegend auf eigene Faust erkunden.

Der **Eintritt** nach Tam Coc und Bich Dong beträgt 30 000 Dong pro Person (Kinder 10 000 Dong).

Übernachtung und Essen

Wer sich in die Stimmung der wundervollen Landschaft von Tam Coc verliebt, kann jetzt auch direkt vor Ort wohnen und muss nicht abends nach Ninh Binh zurückfahren. Direkt gegenüber dem Bootsanleger liegt das neue, in neovietnamesischem Barock erbaute
The Long Hotel & Restaurant, ✆ 030-618077, 📠 618133, mit komfortablen, bequemen Zimmern, z. T. mit Fenstern nach zwei Seiten. Besonders von den oberen Balkonen hat man einen tollen Blick auf das Treiben am Anleger (inkl. Sonnenuntergang) und in die weitere Umgebung. Das große Restaurant im Erdgeschoss kann auch Tourgruppen aufnehmen. ❷–❹
Einige kleinere einheimische **Restaurants** befinden sich an der Straße zum Anleger.

Transport

Von Ninh Binh aus ist Tam Coc leicht zu finden: Man verlässt die Stadt über die Hauptstraße (N1) nach Süden und nimmt nach etwa 4 km den breiten Abzweig nach rechts, wo es unter einem großen Tor hindurch und über eine Brücke geht. Ungefähr 5 km weiter ist der Bootsanleger erreicht.
Boote von hier nach TAM COC kosten 40 000, nach BICH DONG 20 000 Dong pro Boot. Maximal zwei Ausländer können sich einen Sampan teilen.

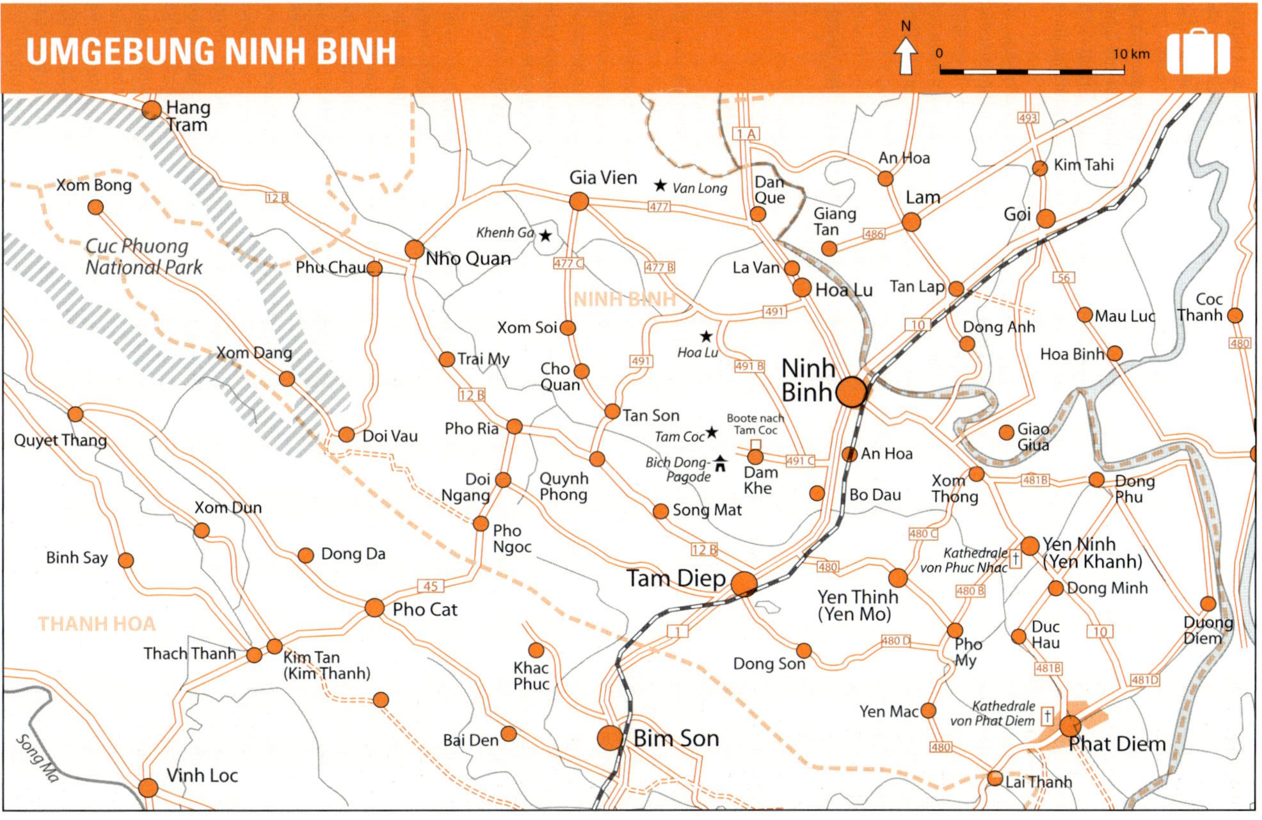

Nördliches Zentralvietnam

Hoa Lu

Knapp 14 km von Ninh Binh liegen zwischen Reisfeldern und steilen Bergen die Reste der alten Hauptstadt Hoa Lu, die von 968 bis 1009 Machtzentrum des Landes war. 12 Jahre regierte hier die Dinh-Dynastie, gegründet von König Dinh Tien Hoang. Ihr folgte die Frühe Le-Dynastie, die mit König Le Dai Hanh begann. Im Jahre 1010 übernahm Ly Thai To die Macht und verlegte die Hauptstadt nach Thang Long – dem heutigen Ha Noi.

Zwei Tempel und die Reste der alten Zitadelle zeugen vom einstigen Glanz dieser Stätte. Der **Tempel des Dinh Tien Hoang** wurde im 11. Jh. an der Stelle des alten Königspalastes errichtet und 1696 renoviert. Er besteht aus einer Reihe von Gebäuden, die über Tore und Innenhöfe miteinander verbunden sind. Im Inneren Heiligtum befindet sich die Statue des Königs, ihm zur Seite seine Söhne. Mit ihnen ist die Geschichte des tragischen Untergangs der Dynastie verknüpft: Denn der Herrscher erwählte einen der jüngeren Söhne, Hang Lang, zu seinem Nachfolger, nicht den ältesten, Dinh Lien. Daraufhin ließ dieser den jüngeren Bruder ermorden. Ein unheilvolles Schicksal hing über dem Königshaus, zu dessen Vollstrecker sich ein Höfling namens Do Thich machte: Er ermordete Vater und älteren Sohn, als sie einen Rausch ausschliefen. Do Tich wurde gefasst und exekutiert. Man sagt, sein Fleisch wurde anschließend an die Bauern der Umgebung verteilt.

500 m weiter nördlich liegt der **Tempel von Le Dai Hanh**, der nicht nur den Thron, sondern auch die Frau seines Vorgängers übernahm. Die beiden haben, ebenso wie ihr ältester Sohn, Altäre im hinteren Teil dieses Tempels, in dem sich auch einige Waffen, Räucherstäbchengefäße und ähnliche Artefakte finden. Ein lohnender Abstecher führt zum **Grab von Dinh Tien Hoang**, das auf einem Hügel südlich des nach ihm benannten Tempels liegt. Der über 200 Stufen hohe Aufstieg wird mit einem schönen Ausblick in die Landschaft belohnt. Vorsicht – nach Regenfällen können die Stufen sehr rutschig werden.

Bei der **Anreise** nach Hoa Lu folgt man aus Ninh Binh der N1 etwa 6 km nach Norden, dann biegt man links ab (Wegweiser nach Truong Yen). Man folgt der Straße etwa 7 km, und kurz hinter Truong Yen ist das Ziel erreicht. Am Eingang informiert eine Karte über die Lage der Tempel. Etwas weiter die Straße entlang können Boote gemietet werden – eine **Bootsfahrt über den Hoang Long-Fluss** dauert knapp zwei Stunden und führt durch eine schöne Landschaft. Der **Eintritt** nach Hoa Lu beträgt 15 000 Dong, der Preis für eine Bootsfahrt etwa 30 000–40 000 Dong.

Wer mit dem eigenen Zweirad unterwegs ist, kann über die kleinen Straßen des Hinterlandes bis nach Tam Coc weiterfahren. Grob gesagt, geht es immer nach Süden, bis man am Ende auf die von der N1 kommende Straße stößt. Dort dann nach rechts abbiegen. Und keine Sorge: Die Einheimischen sind an auf Zweirädern umherirrende Ausländer gewöhnt – verloren gegangen ist hier noch keiner.

Khenh Ga und Van Long

Das **Schwimmende Dorf von Khenh Ga** stellt einen weiteren interessanten Ausflug von Ninh Binh aus dar. Die ungefähr 1500 Einwohner des Dorfes leben in schwimmenden Häusern und haben ihr Leben ganz auf das Wasser ausgerichtet: Fischzucht und Bootsbau sind die Grundlagen der kleinen Gemeinschaft, die ganz eigene Traditionen entwickelt hat: So wird z. B. mit den Füßen gerudert.

Der Name *Khenh Ga* bedeutet „Hühnerkanal" und wird mit einer heißen Quelle in Verbindung gebracht, die sich in der Nähe des Dorfes befindet: Dort wurden seit alters her die Hühner eingetaucht, um sie vorzukochen und leichter rupfen zu können. Heute gibt es die Möglichkeit, in dem heißen Wasser zu baden, allerdings sehen die Anlagen nicht gerade einladend aus.

Das Dorf liegt etwas 25 km nördlich von Ninh Binh. Die **Anreise** erfolgt über die N1, dann nach etwa 11 km links abbiegen Richtung Cuc Phuong-Nationalpark. Bis zum Bootspier sind es noch etwa 10 km. Die meisten Reisenden buchen in ihrem Hotel eine Tour, was die Sache vereinfacht, da die Bootsfahrten von einer staatlichen Touristenagentur kontrolliert werden, zu der die Hotels einen direkten Draht haben. Für das Boot (inkl. Eintritt) sind 40 000 Dong zu entrichten.

Wem die Bootstouren nach Tam Coc zu touristisch sind, dem sei ein Besuch in **Van Long** empfohlen – hier geht es noch deutlich ruhiger zu. Besucht werden ein typisches Dorf und einige Grotten – alles eingebettet in die fantastischen Landschaftsformationen der Trockenen Halong-Bucht. Auch Vogelfreunde kommen hier auf ihre Kosten, und wer besonders viel Glück hat, entdeckt vielleicht einen der hier noch wild lebenden **Delacour-Languren**, ein putziger Primat, dessen Verwandte sich längst in den nahe gelegenen Cuc Phuong-Nationalpark zurückgezogen haben.

Die Anreise ähnelt der nach Khenh Ga, doch schon etwa 5 km nach dem Abzweig Richtung Cuc Phuong geht es nach rechts zum Bootsanleger. Eintritt / Bootsfahrt 40 000 Dong. Beide Ziele lassen sich auch in einer Tour kombinieren.

Phat Diem

Die Kathedrale von Phat Diem ist eine der beeindruckendsten katholischen Kirchen in Vietnam. Ihre Besonderheit ist – neben ihrer Größe – ihr architektonischer Stil, der an eine Mischung aus europäischer Gotik und asiatischer Tempelbaukunst erinnert. Die Anlage umfasst neben der Kathedrale selbst vier Kapellen und drei künstliche Grotten. Auf einer kleinen Insel inmitten eines rechteckigen Sees steht eine große weiße Christus-Statue. An der Kathedrale und den umliegenden Gebäuden wurde von 1875 bis 1899 gebaut.

Der Vorplatz zur Kathedrale wird vom 25 m hohen Glockenturm (Phuong Dinh) beherrscht. Die geschwungenen Doppeldächer erinnern an eine buddhistische Pagode oder einen chinesischen Tempel. Im Innern befinden sich eine große Trommel und eine Glocke, die 2 t wiegt und 10 km weit zu hören ist. Sie wird täglich um 12 Uhr mittags geläutet. Von oben kann man in der Umgebung, je nach Sicht, bis zu 20 weitere Kirchen ausmachen.

Ein paar Schritte weiter stößt man auf das Grab des Erbauers, Truc Lan, auch bekannt als Pere Six. Er war der Priester dieser Gemeinde und starb im selben Jahr, in dem sein Lebenswerk vollendet wurde. Einige Meter weiter liegt der Haupteingang zur eigentlichen Kathedrale.

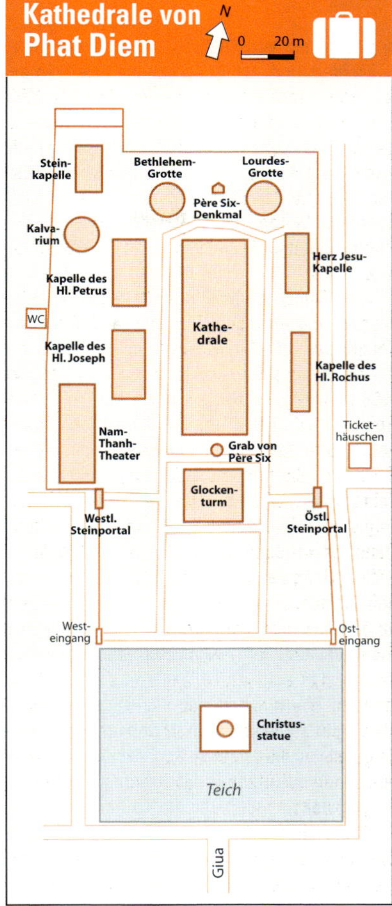

Auch diese ist in der Frontansicht fast mit einem chinesischen Tempel zu verwechseln: Die Dächer weisen den typischen Schwung mit nach oben gebogenen Ecken auf, Lotosblüten krönen einzelne Pfeiler und Säulen. Doch das Kreuz auf der Spitze spricht eine klare Sprache, und beim Betreten des Innenraums besteht kein Zweifel mehr, dass man sich in einem katholischen Gotteshaus befindet.

Vorbei an 52 mächtigen Säulen aus Eisenholz, auf denen das zweiteilige Dach ruht, gelangt

Von innen wie von außen ist die Kathedrale von Phat Diem eine beeindruckende Mischung aus westlicher und asiatischer Architektur.

man zu einem Altar, der aus einem einzigen Block Granit geschnitten ist. Dahinter steht, eingerahmt von vergoldetem Schnitzwerk, eine Statue der Jungfrau Maria mit dem Jesuskind.

Die vier Kapellen, die die Kathedrale umgeben, sind alle in unterschiedlichen Stilen gestaltet. Die Grotten befinden sich im hinteren Bereich. Die schönste ist der Heiligen Jungfrau von Lourdes gewidmet.

Noch heute ist die Kathedrale eine lebendige Stätte des Glaubens, und erstaunlich viele junge Menschen treffen sich hier. „Are you religious?", wird der Besucher von ihnen gefragt. Wer eine Messe mitfeiern möchte, kommt am besten nachmittags: Beinahe täglich um 16 Uhr findet ein Gottesdienst statt. Die offiziellen Besuchszeiten sind 7.30–11.30 und 14.30–17 Uhr.

Rechts des Komplexes befindet sich ein Häuschen, in dem ein kleines englisch-französisches Büchlein über die Kirche verkauft wird (15 000 Dong).

Anfahrt: In Ninh Binh überquert man, von der N1 kommend, die südliche Brücke und folgt der Straße für knapp 30 km in süd-westliche Richtung. Der Weg führt durch kleine Ortschaften und an Reisfeldern vorbei. In Phat Diem muss ein Abzweig nach rechts genommen werden (ausgeschildert), nach wenigen hundert Metern ist das Gelände erreicht.

Schon bei der Anreise fallen die vielen alten Kirchen am Wegesrand auf: besonders beeindruckend nach etwa 18 km, rechts hinter dem Ortsausgang von Ye Kanh, die Kathedrale der Gemeinde von Phuc Nhac, deren Fassade mit den abgeflachten zwei Türmen ein wenig an Notre-Dame in Paris erinnert. Auf der Insel im quadratischen Teich vor der Kirche befindet sich ein kleines Heiligtum. Ein paar Kilometer weiter steht links an der Straße eine große graue Kirche mit schönen architektonischen Details – die Wasserspeier scheinen direkt aus dem europäischen Mittelalter importiert.

Cuc Phuong-Nationalpark

Der Cuc Phuong-Nationalpark ist eine grüne Schatztruhe für Naturfreunde und -forscher gleichermaßen. Schon seit 1962 ist das Gebiet geschützt und damit der älteste Nationalpark des Landes. Ho Chi Minh persönlich hat sich damals dafür eingesetzt. Gleichzeitig ist der Park, etwa 120 km südlich von Ha Noi und 45 km westlich von Ninh Binh, eines der am besten zu erreichenden Naturschutzgebiete des Landes.

Geografisch erstreckt sich der 22 000 ha große Park ca. 25x11 km über zwei dschungelbewachsene, bis zu 648 m hohe Kalksteinbergketten, zwischen denen sich tiefe, unzugängliche Schluchten auftun. Geschätzte 1900 Pflanzenarten teilen sich den Lebensraum mit 320 Vogel-, 110 Reptilien- und 89 Säugetierarten, darunter einige der seltensten Spezies von ganz Asien.

Von den an die 30 000 Angehörigen des Volkes der Muong, die im Park lebten, wurden viele von der Regierung umgesiedelt, um illegale Jagd und Abholzung einzudämmen. Einige Dörfer konnten jedoch bleiben und können besucht werden. Besonders auffällig sind die riesigen Wasserräder, mit denen die Muong ihr Dorf und ihre Felder mit dem kostbaren Nass versorgen.

Prähistorische Funde deuten auf eine lange Besiedlung dieser Gegend hin. So kann eine Höhle besichtigt werden, in der schon vor 20 000 Jahren Menschen lebten. Noch viel älter sind die Reste eines Dinosaurierskeletts.

Ein besonderes Highlight des Parks, das auf keiner Besuchsliste fehlt, ist das **Endangered Primates Rescue Center**, eine Rettungs-, Zucht und Forschungsstation für bedrohte Primaten, die von dem deutschen Biologen Tilo Nadler geleitet wird.

Eintrittspreise: Nationalpark 40 000 Dong, Endangered Primates Rescue Center: 10 000 Dong, ◷ 9–11.30 und 13.30–16 Uhr.

Übernachtung und Essen

Beim **Hauptquartier** am Eingang des Parks befindet sich ein **Restaurant**. Übernachten kann man hier entweder in **AC-Zimmern** mit heißem Wasser und TV, ❶–❸, in einfachen **Stelzenhäusern** ❶ oder **Bungalows** ❷. Im Park selbst gibt es, für mehrtägige Treks, Übernachtungsmöglichkeiten am **Mac-See** in Bungalows mit Ventilator und Warmwasser ❷ und im **Zentrum des Parks** in AC-Bungalows ❸.

Eine Oase für bedrohte Tierarten

Das Endangered Primates Rescue Center, zu Deutsch Rettungszentrum für bedrohte Primaten, besteht seit 1993 und wurde mit Hilfe der Frankfurter Zoologischen Gesellschaft ins Leben gerufen. Es schafft ein Heim für bei Wilderern und Tierdieben konfiszierte Tiere und widmet sich nicht nur der Rehabilitation gefangener Äffchen, sondern auch der Zucht und Forschung. Heute leben fast 150 Primaten verschiedener Arten in der Station, viele davon vom Aussterben bedroht. Falls einem die putzigen Kerlchen bei einem Besuch ans Herz wachsen, gibt es die Möglichkeit, mit einer Spende oder einer Patenschaft die Arbeit der Station zu unterstützen. Mehr Informationen unter 💻 www.primatecenter.org.

Aktivitäten

Cuc Phuong ist ideal für **Wanderungen** und **Trekking-Touren**, die natürlich mit einem Führer unternommen werden müssen. Möglich ist eine Besteigung des Silver Cloud Peak, der mit 648 m höchsten Erhebung des Parks.
Daneben besteht auch die Möglichkeit zum **Fahrradfahren**; Mountainbikes können ausgeliehen werden. Ornithologen kommen für **Vogelbeobachtungen**, und wer sich im Dunklen in den Urwald traut, kann zum sogenannten **Night-Spotting** aufbrechen – und dabei vielleicht ein Flughörnchen entdecken oder der Spur eines Sambar-Hirsches folgen. Im Rahmen eines Öko-Touristik-Programms ist auch ein **Homestay** in einem Dorf der Muong möglich: Ein bis zwei Übernachtungen im Dorf Khanh vermitteln tiefere Einblicke in das Leben der Dorfbewohner als ein kurzer Besuch bei einer Trekkingtour. Inbegriffen ist meist eine abenteuerliche **Rafting-Tour** auf dem Bambus-Floß.

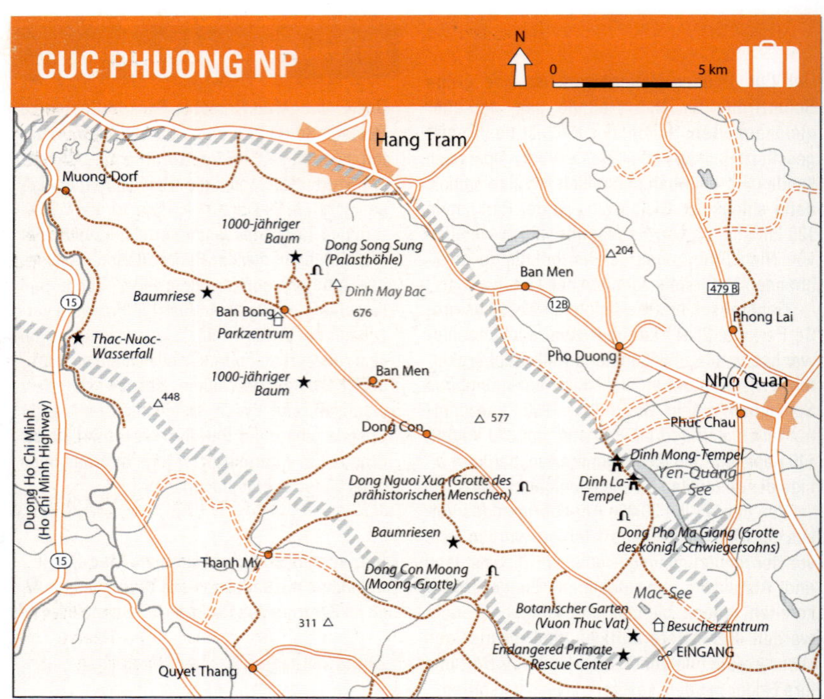

Touren

Die Parkverwaltung bietet ein- bis viertägige Touren an. Bei den längeren wird im Nationalpark übernachtet. Auf dem Programm der Tagestour stehen das Rettungszentrum für Primaten, die Steinzeithöhle und ein 1000 Jahre alter Baum. Die mehrtägigen Touren führen tiefer in den Wald hinein und halten für Wander- und Naturfreunde unvergessliche Ausblicke und Erlebnisse bereit. Ein Führer für ein paar Stunden kostet ab US$7, mit Übernachtung wird's teurer. Viele Besucher buchen bereits in Ha Noi eine Komplett-Tour: Für eine solche Tagestour (Abfahrt 7 Uhr, Rückkehr 17 Uhr) müssen etwa US$40 veranschlagt werden.

Transport

Nach Cuc Phuong gibt es keine öffentlichen Verkehrsmittel. Von Ninh Binh aus folgt man der N1 etwa 11 km nach Norden und biegt dann an der Beschilderung nach Cuc Phuong nach links ab. Nach weiteren 40 km ist der Eingang zum Nationalpark erreicht.

Von Ha Noi aus benötigt man für die 120 km etwa 2 1/2 Std. – es ist also auch möglich, von dort eine Tagestour zu unternehmen. Gebucht werden kann eine solche Tour in fast jedem Hotel und bei allen Reisebüros in Ha Noi.

Thanh Hoa

Die Provinzhauptstadt Thanh Hoa (100 000 Einw.) wird von den meisten Vietnam-Besuchern nur bei einem zufälligen Blick aus dem Busfenster wahrgenommen. Sie präsentiert sich als architektonisch wenig interessante, mittelgroße Ansiedlung entlang der N1. Tatsächlich handelt es sich aber bei der Stadt und der sie umgebenden Provinz um historisch bedeutenden Boden.

Nur 6 km entfernt, im Dorf Dong Son, wurden einige der ältesten Ausgrabungsstücke des Landes gefunden: Die nach dem Fundort benannte **Dong Son-Kultur** gilt als Vorläufer der vietnamesischen Zivilisation. In den Bergen im westlichen Teil der Provinz Richtung laotische Grenze leben heute noch Angehörige der **Muong**, die als erste Bewohner Vietnams gelten.

Historisch Interessierte finden in der Umgebung weitere Zeugnisse der Vergangenheit: So die Überreste einer **Zitadelle der Ho-Dynastie**, auch **Tay Do-Zitadelle** („Hauptstadt des Westens") genannt, erbaut 1397 unter der Regierung von König Ho Quy Ly (1336–1407). Es handelte sich ursprünglich um ein massives Bauwerk, das ganz aus Stein errichtet wurde – alle anderen Zitadellen, z. B. Hoa Lu, bestanden hauptsächlich aus Erde und Lehm. Für die Tay Do-Zitadelle fügten die Baumeister meterhohe Steine aus grünem Granit zusammen. Sie wurden später wohl als Baumaterial an anderer Stelle wiederverwendet, denn heute erhalten ist nur noch das mächtige Südtor. Die Zitadelle befindet sich in Vonh Loc, etwa 3 km außerhalb der Stadt.

In die jüngere Geschichte eingegangen ist die **Ham Rong-Brücke** über den Ma-Fluss, die den nordvietnamesischen Truppen als wichtige Verbindungslinie zum Süden diente und daher von der US-Luftwaffe jahrelang immer wieder angegriffen wurde. 70 Flugzeuge verloren die Amerikaner hier, ehe ihnen 1972 die Zerstörung der Brücke gelang – ein Sieg von kurzer Dauer, denn bald darauf war sie wieder aufgebaut. Heute ist sie in die Liste der Nationaldenkmäler aufgenommen.

Der Ort **Lam Son**, etwa 50 km westlich von Thanh Hoa, war die Heimat des Nationalhelden Le Loi, der 1428 die chinesischen Eindringlinge aus dem Norden zurückschlug und als Kaiser Le Thai To in die Geschichte einging. Zu sehen gibt es Reste eines ihm zu Ehren errichteten Tempels. Unweit davon, in **Tho Xuan**, befinden sich die Ruinen der kaiserlichen Zitadelle **Lam Kinh** und ein Museum.

Übernachtung

Untere Preisklasse

Loi Linh Hotel, 22 Tran Phu, ✆ 037-851667. Kleine, aber saubere und preiswerte Zimmer in der Nähe des Busbahnhofs. ❶

Mittlere Preisklasse

Thanh Cong Hotel, 29 Triu Quoc Dat, ✆ 037-710224, Fax 710656. Hohes Mini-Hotel mit akzeptablen Zimmern mit TV. Aus den oberen Zimmern des schmalen Gebäudes hat man einen schönen Ausblick über die Stadt. ❷–❸

Thanh Hoa Hotel, 25A Quang Trung, ✆ 037-852517, 851346, Fax 853963, ✉ dulichthanhhoa@hn.vnn.vn. Großes Hotel mit 100 Zimmern unterschiedlicher Ausstattung. Sitz der örtlichen Tourismusbehörde. ❶–❹

Obere Preisklasse

Sao Mai Hotel, 20 Phanh Chu Trinh, ✆ 037-712691, Fax 712699. Für gehobene Ansprüche: große, saubere Zimmer, Business-Center mit Internetverbindung, gutes Restaurant und Tennisplatz. ❸–❺

Essen

Entlang der Tran Phu reihen sich die Straßenküchen und Garagen-Restaurants aneinander, z. B. das **Ba Bang**, 31 Tran Phu, wo man nach dem Essen in der *bia hoi*-Kneipe nebenan mit einheimischem Gerstensaft nachspülen kann.
Etwas gediegener geht es im **Da Lan Restaurant** zu, 1 Phan Chu Trinh, ✆ 037-852004. Das Eckhaus mit der halbrunden Front am belebten Kreisverkehr ist berühmt für Fischgerichte und gedämpftes Hühnchen in Lotosblättern.
Wer westliche Küche sucht, wird in der **Polite Bar and Restaurant** im Sao Mai Hotel fündig, wo es neben vietnamesischen auch internationale Gerichte in gepflegter Atmosphäre gibt, oder im **Thanh Hoa Restaurant** im gleichnamigen Hotel.

Sonstiges

Geld

Agribank, 11 Phan Chu Trinh, ✆ 037-852406, Fax 852094. Mo–Fr 7.30–11 und 13.30–16.30 Uhr.

Informationen

Thanh Hoa Tourist, 25A Quang Trung, ✆ 037-852517, Fax 853963, www.

thanhhoatourism.com.vn/index.php?lan=e&id=news. Im Thanh Hoa Hotel.

Internet

Bei der Post und im Business-Center des Sao Mai Hotel. Einige Online-Game-Shops entlang der Tran Phu.

Medizinische Hilfe

General Hospital, Hai Thuong Lan Ong, ✆ 037-950587.
Traditional Medicine Hospital, Thuong Tri Ward, ✆ 037-855758.

Post

33 Tran Phu, ✆ 037-852220, 853800. Ganztägig geöffnet.

Transport

Thanh Hoa liegt an der N1 und an der Eisenbahnstrecke Ha Noi–Sai Gon. Daher bestehen permanente Verbindungen nach Norden und Süden.

Busse

Busse nach Norden fahren vom **Ben Xe Khach Phua Tay**, 340 Nguyen Trai. Etwa alle 20 Min. nach HA NOI (153 km, 45 000 Dong), etwa stdl. nach HAI PHONG (280 km, 50 000 Dong).
Busse nach Süden fahren vom **Ben Xe Nga Ba Voi**, etwa 3 km südlich der Stadt. Abfahrten ganztägig nach VINH (138 km, 42 000 Dong), DONG HOI (335 km, 60 000 Dong) und DA NANG (427 km, 85 000 Dong).

Eisenbahn

Züge Richtung HA NOI um 0.27 (NA2), 2.28 (SE2), 4.24 (TN4), 15.00 (TH2), 17.47 (SE6) und 23.31 Uhr (TN2), Richtung SAI GON 13.53 (TN1), 16.22 (SE5), 19.45 (TN3) und 22.17 Uhr (SE1). Weitere aktuelle Fahrplaninformationen, Ticketpreise und Ankunftszeiten unter www.vr.com.vn/english/index.html.

Xe om

Die 16 km nach SAM SON legt man am besten mit dem Motorradtaxi zurück. Kosten etwa 30 000–50 000 Dong.

Sam Son

Der Badeort Sam Son ist neben Cua Lo bei Vinh und Do Son bei Hai Phong eines der drei großen Strandbäder des Nordens. Im Jahre 2007 feierte er sein hundertjähriges Bestehen. Die hundert Jahre erst kolonialer, dann sozialistischer Tourismus haben ihre Spuren hinterlassen: Entlang der Strandpromenade reiht sich Hotel an Hotel, eines hässlicher als das andere. Das scheint die vielen vietnamesischen Besucher, die aus Ha Noi hierher strömen, nicht zu stören. Der Strand ist breit, das Wasser flach; ein Wochenendausflug hierhin ist beliebt. Beim westlichen Besucher will jedoch kein rechtes Barcadi-Beach-Feeling aufkommen: Unter der Woche in der Nebensaison ist es ziemlich einsam und die vielen leeren Hotels lassen Sam Son wie eine Geisterstadt wirken. Dazu ist es oft windig und kühl. In der Hauptsaison im Sommer gleicht der Strand dagegen einem Rummelplatz. Ausländer trifft man hier keine, und so wird man schnell zum Mittelpunkt des allgemeinen Interesses.

Die Hotels liegen entlang des nördlichen Strandes, an den sich im Süden eine Landzunge aus rund geschliffenen Granitblöcken anschließt – ein beliebter Platz für verliebte Teenager, die von hier Händchen haltend aufs Meer hinausblicken.

Auf einer Landzunge befindet sich der **Den Doc Cuoc**, der wichtigste Tempel der Region. Er ist einem lokalen Helden gewidmet, der ein Seeungeheuer besiegt haben soll. Weiter südlich schließt sich ein zweiter, kleinerer Strand an, der nur zu Fuß zugänglich ist – oder mit dem Pony-Express, denn eine der „Attraktionen" von Sam Son sind mit angemalten schwarzweißen Streifen auf Zebra getrimmte Ponys, die von als Cowboys verkleideten Vietnamesen an Touristen vermietet werden.

Übernachtung und Essen

Die Qualität der Hotels ist nicht gerade begeisternd – dafür ist das Essen umso besser: Seafood in allen Variationen, authentisch vietnamesisch zubereitet. Die beliebtesten Restaurants befinden sich dort, wo die von Thanh Hoa kommende N47 in die

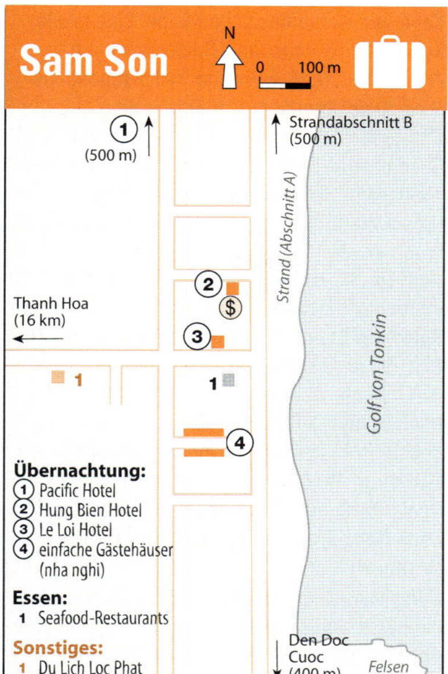

Strandpromenade mündet; gegenüber dem Le Loi Hotel. Links den Strand entlang (Richtung Norden) reihen sich die Hotels aneinander. Rechts in den Querstraßen (Richtung Süden) befinden sich die billigen Gästehäuser. Alle Unterkünfte verlangen in der Hauptsaison und an den besonders belebten Wochenenden die doppelten Preise – ganz offiziell.

Hung Bien Hotel, Bai Tam A, ✆ 037-821317, 📠 821513. Am Strand neben der Agribank gelegen (und zu ihr gehörend); ein typischer Vertreter seiner Art: Akzeptabel, aber nichts Besonderes. Wie die meisten Hotels in Sam Son für das Gebotene eigentlich zu teuer. ❸–❹

Le Loi Hotel, 2 Le Loi, ✆ 037-821327. Unübersehbar in zentraler Lage, etwas verwohnte Zimmer mit AC, TV und Kühlschrank. ❸–❹

Pacific Hotel (Thai Binh Duong), Thanh Nien, Bai Tam B, ✆ 037-823888, 📠 822689, 💻 www.samsonpacific.com. Gepflegte Zimmer ungefähr 100 m vom Strand. Eine der besseren Optionen am nördlich des Zentrums gelegenen Strandabschnitt B. ❸–❹

Sonstiges

Geld

Die Zweigstelle der **Agribank** in der Duong Ho Xuan Huong tauscht Devisen und hat einen Western-Union-Schalter. ✆ 037-821166, 📠 821513, 🕓 Mo–Fr 7.30–11 und 13.30–16 Uhr.

Informationen

Du Lich Loc Phat, 65 Le Loi, ✆ / 📠 037-822903, 💻 www.dulichsamson.com.vn. Vermittelt Hotelzimmer, hat aber nur sehr begrenzte Informationen zur Region. Das kann sich ändern, denn zum Zeitpunkt unseres Besuches war das Büro gerade neu eröffnet. 🕓 tgl. 8–18 Uhr.

Vinh

Wenn es einen Wettbewerb um den Titel der hässlichsten Stadt Vietnams gäbe, würde Vinh (250 000 Einw.) bestimmt einen Spitzenplatz belegen. Das liegt nicht etwa an mangelndem ästhetischen Sinn seiner Bewohner: Schuld sind die französischen und amerikanischen Bombardierungen, die die Stadt zweimal weitgehend dem Erdboden gleichmachten. Die Wiederaufbauhilfe, die daraufhin aus den sozialistischen Bruderländern in das Land floss, hat einige scheußliche architektonische Denkmäler hinterlassen. Dazu zählen besonders die Plattenbauten, die sich entlang der Quang Trung hinziehen. 1972 und in den Folgejahren wurden sie unter anderem von DDR-Architekten errichtet. Heute gleichen sie finsteren Slums, und wer neugierig zwischen den Häusern herumstromert und gar eine Kamera zückt, kann sicher sein, dass in kürzester Zeit der ABV (Abschnittsbevollmächtigte) zur Stelle ist und den Westler mit großem Getue und wüsten Drohungen vertreibt. Doch auch das ist bald Geschichte: An einigen Stellen wurde bereits mit dem Abriss der von der Witterung zerfressenen Bauten begonnen.

Ansonsten hat Vinh nicht viel zu bieten. Der Markt erhält ein neues Hauptgebäude und wird die Position der Stadt als wichtiges Handelszentrum weiter stärken. Die meisten Traveller passieren Vinh nur auf der Durchreise. Auch wer aus Laos kommt, kann meist noch mit einem Anschlussbus weiterfahren.

Übernachtung

Vinh ist kein Ort für einen gepflegten Hotel-Urlaub. Wer aber auf der Durchreise hier unterkommen will, kann durchaus etwas Passendes finden.

Untere Preisklasse

Hai Au Hotel, 115B, Nguyen Thai Hoc, ☎ 038-564166, 0903-437555. Ältliches Haus mit etwas abgewohnten, einfachen, aber komplett eingerichteten Zimmern. ➊–➋

Thanh An Hotel, 158 Nguyen Thai Hoc, ☎ 038-3588366, 0913-273281. Neues Minihotel mit sauberen Zimmern – die billigeren ohne Fenster, die besseren groß und mit Balkon. ➊–➋

Phu Nguyen – Hai Hotel, 79-81 Le Loi, ☎ 038-848429, ℻ 832014, ✉ ctpnh@hn.vnn.vn. Wer abends am Busbahnhof ankommt und nicht lange suchen möchte, kann in dieses nahe gelegene Hotel mit großen, ordentlich ausgestatteten Zimmern mit hoher Decke ziehen. ➋

Mittlere Preisklasse

Nghe An Green Hotel, 2 Mai Hac De, ☎ 038-844788, ℻ 848873. Großes Mittelklasse-Hotel mit 84 recht gepflegten Zimmern, Pool und Dampfbad. Bei schwacher Auslastung sind kleinere Preisnachlässe möglich. ➋–➍

Obere Preisklasse

Saigon Kim Lien Hotel, 25 Quang Trung, ☎ 038-3838899, ℻ 3838898, ✉ sgkl@hn.vnn.vn, 💻 www.saigonkimlien.com.vn. Seit 1990 die luxuriöseste Unterkunft der Stadt: 77 gut ausgestattete Zimmer in zentraler Lage. Eigener Tour-Operator. Von der gleichen Kette gibt es am Cua Lo-Strand das **Saigon Kim Lien Resort** mit ähnlichen Merkmalen und Preisen. ➎–➏

Essen

Vinhs Restaurants richten sich nicht speziell an westliche Besucher – umso authentischer ist daher die vietnamesische Küche. Eine lokale Spezialität ist *chao luon*, Reissuppe mit Aal. An Straßenständen werden Erdnussbonbons *(keo cu do)* angeboten, ebenfalls eine Spezialität der Provinz. Im November und Dezember ist Erntezeit für die *xa doai*-Orangen – einheimische Besucher aus anderen Provinzen decken sich gleich kiloweise mit den Früchten ein.

Binh Thu, 72 Le Loi. Alteingesessenes, einfaches Restaurant.

Café New Style, 150 Nguyen Thai Hoc. Netter Platz für einen Eiskaffee und um ein bisschen den Verkehr zu beobachten.

Minh Hong 1, 3 Phan Boi Chau. Großes, beliebtes Restaurant mit einer Vielzahl von Gerichten, für die es sogar eine englische Speisekarte gibt. Betreibt ein zweites Lokal, **Minh Hong 2**, an der Truong Chinh, Ecke Ly Thuong Kiet.

Dung Men – Pho Ha Noi, 55 Le Loi. Hier gibt's die beste Nudelsuppe der Stadt; eine einfache *pho binh dan* mit Rind *(bo)* oder Huhn *(ga)* für 10 000 Dong, die noblere *pho dac biet* mit besonderen Fleischeinlagen für 15 000 Dong.

Thanh Vinh, 213 Le Loi. Einfaches Bürgersteig-Restaurant vor dem gleichnamigen Hotel mit *bun, chau* und *pho.*

Thuong Hai, 144 Nguyen Thai Hoc. Vietnamesische Hausmannskost: preiswert und beliebt.

Vuon Tram, 49B Le Loi. Vinhs beliebteste *bia hoi*-Schänke serviert neben dem gefragten Gerstensaft auch einheimische Gerichte. Abends oft rappelvoll.

Wer westliche (und asiatische) Küche in ruhiger Umgebung sucht, dem sei das Hotelrestaurant des **Saigon Kim Lien Hotel** empfohlen.

Sonstiges

Einkaufen

Vinhs großer **Markt** bietet eine Vielzahl von Produkten aus der Region. Zurzeit wird eine neue, moderne Haupthalle gebaut. Im **Maximart** an der Nguyen Thai Hoc, Ecke Quang Trung, gibt es eine Auswahl von Weinen, Schokolade, Keksen etc.

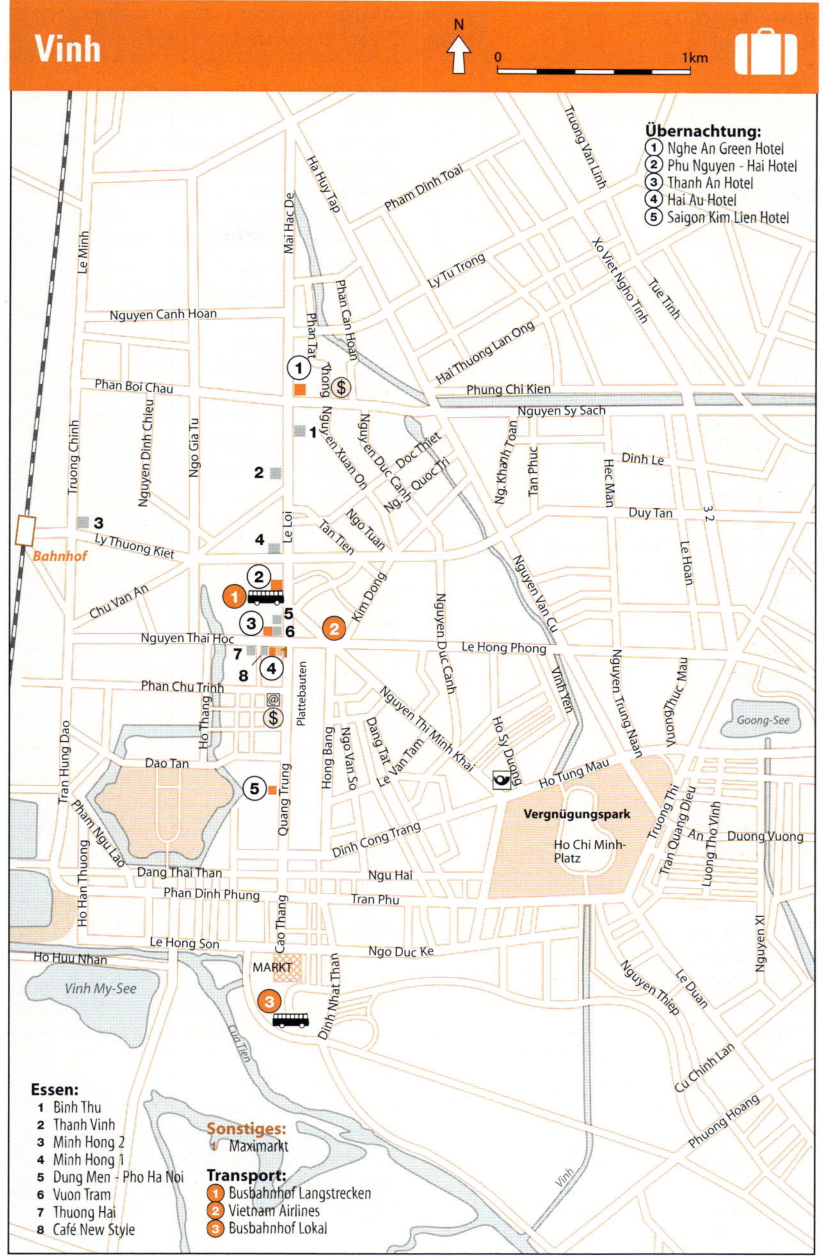
Vinh
N
0
1km
Übernachtung:
1 Nghe An Green Hotel
2 Phu Nguyen - Hai Hotel
3 Thanh An Hotel
4 Hai Au Hotel
5 Saigon Kim Lien Hotel
Essen:
1 Binh Thu
2 Thanh Vinh
3 Minh Hong 2
4 Minh Hong 1
5 Dung Men - Pho Ha Noi
6 Vuon Tram
7 Thuong Hai
8 Café New Style
Sonstiges:
1 Maximarkt
Transport:
1 Busbahnhof Langstrecken
2 Vietnam Airlines
3 Busbahnhof Lokal
Bahnhof
Vergnügungspark
Ho Chi Minh-Platz
Goong-See
Vinh My-See
MARKT
Plattebauten
Truong Van Linh
Ha Huy Tap
Pham Dinh Toai
Mai Hac De
Le Minh
Ly Tu Trong
Xo Viet Ngho Tinh
Tue Tinh
Phan Can Hoan
Phan Tat Thong
Nguyen Canh Hoan
Hai Thuong Lan Ong
Phan Boi Chau
Phung Chi Kien
Nguyen Sy Sach
Truong Chinh
Nguyen Dinh Chieu
Ngo Gia Tu
Nguyen Xuan On
Nguyen Duc Canh
Doc Thiet
Ng. Quoc Tri
Ng. Khanh Toan
Tan Phuc
Hec Man
Dinh Le
Duy Tan
Le Loi
Ngo Tuan
Tan Tien
Ly Thuong Kiet
Le Hoan
Nguyen Van Cu
Chu Van An
Kim Dong
Nguyen Thai Hoc
Le Hong Phong
Nguyen Duc Canh
Vinh Yen
Nguyen Trung Naan
Vuong Thuc Mau
Phan Chu Trinh
Ho Thang
Nguyen Thi Minh Khai
Dang Tat
Ngo Van So
Hong Bang
Le Van Tam
Ho Sy Duong
Ho Tung Mau
Dao Tan
Quang Trung
Tran Hung Dao
Pham Ngu Lao
Dinh Cong Trang
Truong Thi
Tran Quang Dieu
An
Luong The Vinh
Duong Vuong
Ho Han Thuong
Dang Thai Than
Ngu Hai
Phan Dinh Phung
Tran Phu
Cao Thang
Le Hong Son
Ngo Duc Ke
Ho Huu Nhan
Dinh Nhat Than
Nguyen Thiep
Le Duan
Nguyen XI
Cua Tien
Cu Chinh Lan
Phuong Hoang
Vinh

Nördliches Zentralvietnam

Ho Chi Minh – Der Onkel der Nation

Bac Ho, „Onkel Ho", so nennen ihn die Vietnamesen, und der Spitzname verdeutlicht, wie nah ihnen dieser mythische Mann steht: Ho Chi Minh war schon zu Lebzeiten eine Legende, und noch heute hat er für die meisten Vietnamesen den Stellenwert eines hoch verehrten Familienmitglieds.

Ho Chi Minh wurde unter dem Namen Nguyen Sinh Cung im Dorf Hoang Tru als Sohn des konfuzianischen Gelehrten Nguyen Sinh Sac geboren; als **Geburtsdatum** gilt der 19.5.1890. Ganz sicher ist das aber nicht: Ho Chi Minh selbst gab verschiedenste Geburtsdaten zwischen 1894 und 1903 an. Und der 19.5. ist „zufällig" auch das Gründungsdatum der Viet Minh im Jahre 1941.

Der Vater war ein Intellektueller, der die französische Kolonialherrschaft ebenso ablehnte wie eine Auflehnung dagegen – er war ganz dem Konfuzianismus ergeben, der Aufstand gegen die Obrigkeit ablehnt. Immerhin zog er ein einfaches Leben als Dorflehrer einer Laufbahn in der Bürokratie vor. Die spätere Karriere seines Sohnes als Revolutionär lehnte er ab.

Schon in jungen Jahren zeigte der spätere Kommunistenführer Abneigung gegen die Kolonialherrschaft der Franzosen. In **Hue** besuchte er dennoch eine französische Schule und lernte die Sprache der fremden Herrscher. Bei einer Bauern-Demonstration gegen die schlechten Lebensumstände wollte er sich als Dolmetscher nützlich machen – doch die Demonstration endete im Kugelhagel französischer Soldaten, und der junge Student wurde als ein Anführer der Schule verwiesen. Er zog nach **Sai Gon**, nannte sich fortan Nguyen Tat Thanh und heuerte schließlich 1911 auf der *La Touche Treville* an, einem Dampfer mit Ziel Marseille. In **Frankreich** wollte er seine Unterdrücker besser kennen und verstehen lernen.

In den folgenden Jahren zog es ihn dann weiter um die Welt, unter anderem nach New York und London, wo er als Küchenhilfe im Carlton Hotel arbeitete. Viel ist über diese Jahre nicht bekannt – er begann, weitere Pseudonyme zu benutzen. Vermutlich 1917 kehrte er nach Frankreich zurück und begann sich stärker politisch zu engagieren. Er schloss sich der Sozialistischen Partei Frankreichs an und veröffentlichte eine Petition, mit der er für eine größere politische Unabhängigkeit Vietnams von Frankreich eintrat. Er reichte sie bei der Versailler Friedenskonferenz ein, fand jedoch keine Beachtung. Immerhin begleitete ihn der Name, mit dem er die Petition unterzeichnete, für die nächsten drei Jahrzehnte: **Nguyen Ai Quoc**, „Nguyen der Patriot".

Er wirkte noch einige Jahre in Paris und veröffentlichte verschiedene Schriften, ohne viel bewegen zu können. 1923 folgte er einer Einladung nach **Moskau** und begann an der Universität der Werktätigen des Ostens politische Strategie zu studieren. Daraufhin begann eine 20 Jahre dauernde Zeit als umherreisender Organisator kommunistischer Zellen in China und Südostasien. Unter anderem bildete er vietnamesische Exilanten aus, das Heimatland zu unterwandern und Angriffe zu organisieren. Frankreich verurteilte ihn daraufhin 1929 in Abwesenheit zum Tode. 1930 gründete der weiter unter unzähligen Decknamen Reisende in Hongkong die **Kommunistische Partei** Indochinas, die heutige Kommunistische Partei Vietnams.

1941 kehrte der Revolutionär in sein Heimatland zurück. Er pendelte zwischen Nordvietnam und Südchina und legte gemeinsam mit Vo Nguyen Giap den Grundstein für die Viet Minh, eine schlagkräftige Rebellentruppe, die erfolgreiche militärische Aktionen gegen die japanischen Be-

Geld

Die Zweigstelle der **Vietcombank** in der 30 Quang Trung hat auch Geldautomaten. Die Hauptniederlassung befindet sich in der 9 Nguyen Sy Sach, ✆ 038-844044. ◷ Mo–Fr 7.30–11 und 13.30–16.30 Uhr.

Informationen

Informationen und Angebote zu Touren in die Umgebung gibt es bei **Saigon Tourist** im Saigon Kim Lien Hotel.

satzungstruppen führte. Damals arbeitete er auch mit dem amerikanischen Geheimdienst OSS zusammen, aus dem später die CIA hervorgehen sollte. 1945 verlas er vor einer jubelnden Menge die **Unabhängigkeitserklärung** Vietnams, die eng an die amerikanische Unabhängigkeitserklärung angelehnt ist, und wurde wenig später zum Präsidenten gewählt.

Doch die Franzosen wollten ihre alte Kolonie nicht aufgeben und beanspruchten selbst die Herrschaft. So folgten weitere Jahre des Kampfes, bis die geschlagenen Kolonialherren eine Million Tote später im Jahre 1954 nach der Niederlage von Dien Bien Phu (s. S. ###) endgültig das Feld räumen mussten. Ho Chi Minh war nun auch international anerkannter Präsident der „Demokratischen Republik Nordvietnam". Das Land wurde auf der Genfer Konferenz vorläufig entlang des 17. Breitengrades geteilt; nach zwei Jahren sollten Wahlen im ganzen Land abgehalten werden. Dieses Versprechen wurde jedoch nicht eingehalten: Das Regime von Südvietnam, von den USA als Bollwerk gegen den Kommunismus gestärkt und gestützt, blockierte jeden weiteren Versuch einer Einigung. Ansonsten wäre der populäre Ho wohl Präsident des ganzen Landes geworden. Doch so sollte es sein Schicksal sein, bis zu seinem Tode den Befreiungskampf für ein vereintes Vietnam weiterzuführen; allerdings nicht als Kommandant im Feld, sondern als Stratege in der Hauptstadt **Ha Noi**. Als er am 2. September 1969 von der Bühne des Lebens abtrat, war sein Ziel noch nicht erreicht – die endgültige Erfüllung seines Traums durfte er nicht mehr miterleben.

Seine irdischen Überreste ruhen heute in einem großen **Mausoleum** in Ha Noi – entgegen seinem Wunsch, verbrannt und in alle vier Winde verstreut zu werden. Zu Hunderttausenden pilgern die Vietnamesen an der Mumie vorbei, und ein Besuch dort stellt ein sehr wichtiges, denkwürdiges Erlebnis für sie dar. So kommt es, dass auch der Reisende unterwegs manchmal gefragt wird: „Du warst in Ha Noi? – Hast du Onkel Ho besucht?"

Internet

Vinh hat erstaunlich wenige Internet-Shops. Ein winziger Laden in einer Wellblechbaracke befindet sich an der Quang Trung vor dem unattraktiven Bong Sen Hotel, 39 Quang Trung.

Post

2 Nguyen Thi Minh Kai, ✆ 038-561408, 📠 844575, 🕓 6.30–21 Uhr.

Auf eigene Faust nach Laos

Richtig abenteuerlich wird die Reise nach Laos, wenn man mit dem oft maßlos überladenen Bus ins 81 km entfernte **Trung Tam** (eigentlich inzwischen unbenannt in: **Tay Son**) nimmt: Denn von der Endstation des Busses sind die letzten 26 km bis zur Grenze auf eigene Faust zurückzulegen. Die Busse am Markt in Vinh fahren zwischen 5.30 und 7.30 Uhr alle 30 Minuten und von 7.30 bis 14 Uhr alle 20 Minuten und kosten 18 000 Dong. Das klingt preiswert, doch die privaten Taxi- und Moped-Fahrer vor und hinter der Grenze wissen die etwas verlorene Situation des Travellers für sich zu nutzen. Am Ende zahlt man meist genauso viel, als hätte man einen durchgehenden Bus genommen – und hängt möglicherweise noch eine Nacht im ersten größeren laotischen Ort Lak Sao herum, ehe es am nächsten Morgen weitergeht. Empfehlenswerte Unterkunft dort: **Souriya Hotel**, am Markt, ✆ in Laos 054-341111, 30 Zimmer, z. T. mit AC und Balkon, ❶–❷. Der Weitertransport nach Thakek oder Vientiane startet östlich des Marktes früh am nächsten Morgen.
Der Grenzübergang bei Cau Treo (VN) / Nam Phao (LAO) ist von 7–17 Uhr geöffnet. 30-Tage-Visa sind *on arrival* für US$30 (Österreicher und Schweizer US$35) erhältlich. Passbilder nicht vergessen!

Transport

Busse

Vinh hat zwei Busbahnhöfe. Über den nördlichen an der Quang Trung wird der größte Teil des Fernverkehrs abgewickelt, während der südliche am Markt für die nähere Umgebung zuständig ist. Ausnahmen bestätigen die Regel.

Busbahnhof an der Quang Trung
Nach Süden: SAI GON 2x tgl. 5 und 6 Uhr, 1430 km, 266 000 Dong,
DA LAT 5 Uhr, 1226 km, 240 000 Dong,
DA NANG 5 Uhr, 470 km, 79 000 Dong, weitere, etwas bessere Busse um 6.30 und 14 Uhr, 105 000 Dong;
HUE von 5 bis 8 Uhr alle 30 Min., 370 km, 73 000 Dong.
Nach Norden: HA NOI von 5 bis 15 Uhr alle 25 Min., 291 km, 67 000 Dong,
HAI PHONG 5 Uhr, 396 km, 79 000 Dong,
NINH BINH wird nicht eigens angefahren, aber man kann sich unterwegs absetzen lassen: Da immer der volle Fahrpreis entrichtet werden muss, empfiehlt sich für Sparer der Bus nach NAM DINH, 5.30 Uhr, 230 km, 43 000 Dong, oder nach THAI BINH, 6 Uhr, 250 km, 50 000 Dong.
Nach Laos: PHONSAVAN (PHON XA VAN) Mi, Fr und Sa 6 Uhr, 403 km, 142 000 Dong,
VIENTIANE (VIEN CHAN) Do und Sa 6 Uhr, 480 km, 170 000 Dong. Außerdem fährt „alle zwei Tage" ein „VIP"-Bus nach Phonsavan: um 19 Uhr für US$17 (ein Ausländerpreis – statt eigentlich 170 000 Dong).

Busbahnhof am Markt
Neben vielen nahe gelegenen Zielen wird auch HA NOI angefahren: zwischen 6 und 8 Uhr bzw. 13.30 und 15 Uhr halbstündlich für 67 000 Dong, nach HUE geht es um 16, 17 und 18 Uhr für 73 000 Dong.
Eher rustikale Busse fahren (nicht unbedingt jeden Tag) nach **Laos**: um 9 Uhr nach VIENTIANE (VIEN CHAN) für 170 000 Dong, um 8.30 Uhr nach TAKEK (TA KEEC) für 130 000 Dong.

Eisenbahn

Der **Bahnhof** liegt in der 1 Truong Chinh, ✆ 038-853302. Hier halten jeden Tag nicht weniger als 134 Züge. Alle für Touristen interessanten Ziele entlang der Nord-Süd-Route werden mehrmals täglich mit Zügen verschiedener Klassen angefahren.
Nach HA NOI geht es um 15.12 (SE 6), 20.17 (TN 2), 21.00 (NA 2), 23.09 (SE 4), 23.57 (SE 2) und 1.17 Uhr (TN 4), nach SAI GON um 1.02 (SE 1), 4.12 (SE 3), 16.57 (TN 1), 18.39 (SE 5) und 22.17 Uhr (TN 3). Weitere Fahrplaninformationen, Ticketpreise und Ankunftszeiten unter 💻 www.vr.com.vn/english/index.html.

Flüge

Der **Flughafen**, ✆ 038-852777, liegt außerhalb in der Gemeinde Nghi Lien und verbindet Vinh tgl. mit HO-CHI-MINH-STADT. Abflug 14.05 Uhr, außer Fr:12.25 Uhr, Dauer 1 3/4 Std., Ticket etwa US$70.

Das Büro von **Vietnam Airlines** befindet sich in der 2 Le Hong Phong, ✆ 038-595777.

Die Umgebung von Vinh

Cua Lo

In der Umgebung von Vinh befindet sich 16 km nordöstlich der Cua Lo-Strand, einer der drei altsozialistischen Badeorte des Nordens, dessen 10 km langer Strand eigentlich recht schön, aber da ziemlich vermüllt, nicht allzu einladend ist. Im Winter, wenn nicht jedes Wochenende halb Vinh seine Plastikflaschen am Strand verteilt, ist es sauberer – doch dann bläst ein kalter Wind, und Badefreuden wollen nicht aufkommen. Für die Anreise nimmt man am besten ein xe om (etwa 50 000 Dong; die zunächst geforderten Preise liegen meist deutlich höher) oder ein Taxi. Es fahren auch öffentliche Busse.

Kim Lien

Geschichts-Interessierte und Sozialismus-Nostalgiker können Ho Chi Minhs Geburtsort im Dorf Hoang Tru besuchen. Das einfache Haus, in das Touristen heute geführt werden, ist zwar eine Nachbildung von 1959, aber das ändert nichts an der Tatsache, dass es für Vietnamesen eine wahre Pilgerstätte ist: ein sichtbarer Beweis dafür, dass der verehrte Führer wirklich „einer von ihnen" ist.

Das Kind lebte in dem einfachen Bauernhaus aus Bambus und Palmblättern von 1890 bis 1895, ehe die Familie für einige Jahre nach Hue zog. 1901 kehrte sie dann ins nur 2 km von Hoang Tru entfernte Kim Lien zurück, wo sich heute ein kleines Ho-Chi-Minh-Museum befindet. 🕓 7.30–11 und 13.30–17 Uhr. Der Eintritt zu diesen Gedenkstätten ist frei. Der Kauf eines Blumensträußchens für den Hausaltar wird gern gesehen (10 000 Dong).

Echte Fans können weiter wallfahren: Zu **Hoang Duongs Haus**, wo Hos Großvater mütterlicherseits seinen Vorfahren einen Altar errichtete, oder zum **Grab von Hoang Thi Loan**, Hos Mutter, die 1901 im Alter von nur 23 Jahren verstarb. Das Grab befindet sich auf dem **Donh Trang-Berg.** Etwa 300 Stufen führen hinauf. Das Dach des Grabmals ist wie ein Webstuhl geformt, um daran zu erinnern, mit welch einfachen Mitteln die Mutter ihre Kinder großzog.

Die Orte werden am besten per *xe om* oder Taxi besucht. Bequemer ist eine organisierte Tour mit Saigon Tourist (im Kim Lien Hotel, Vinh).

Dong Hoi

Dong Hoi (120 000 Einw.), die Hauptstadt der Provinz Quang Binh, liegt an der Mündung des Nhat Le-Flusses und war schon immer ein bedeutender Fischereihafen. Nachdem die Stadt im Vietnamkrieg fast völlig zerstört wurde, präsentiert sie sich heute als eine freundliche, ruhige Kleinstadt mit Uferpromenade und friedlichen Wohngebieten.

Nur wenig Verkehr knattert durch die Straßen abseits der N1, und wirklich belebt ist es nur auf dem Markt.

Nördlich und südlich der Stadt erstrecken sich lang gezogene Strände, die noch ihrer Entdeckung durch Traveller harren – allerdings ist z. B. der **Nhat Le-Strand** nördlich der Stadt für Touristen aus dem Inland schon kein Geheimtipp mehr.

Außer einer Kirchenruine am Ufer des Flusses und kaum wahrnehmbaren Resten einer Zitadelle der Nguyen-Dynastie aus dem 19 Jh. gibt es kaum nennenswerte Sehenswürdigkeiten. Zurzeit wird ein großes neues Provinz-Museum errichtet. Die meisten Reisenden übernachten hier, um einen Ausflug zur 50 km entfernten **Phong Nha-Höhle** zu unternehmen. Touren werden von den teuren Hotels, z. B. dem Sun Spa Resort, organisiert. Deutlich preiswerter ist es, mit einem privaten *xe om* zu fahren.

Übernachtung

Neben den hier genannten Unterkünften finden sich weitere, vornehmlich auf vietnamesische Gäste eingestellte (kein Englisch), etwas abgelegen nördlich des Zentrums am Flussufer und noch weiter nördlich an der Straße entlang des Strandes.

Untere Preisklasse

Hoa Hong Hotel, 20 Quang Trung, ✆ 052-823333, ✆ 822568. Einfache fensterlose Zimmer und nur unwesentlich teurere mit großem Bett und Balkon mit Blick auf die Baracken am Flussufer. ❶–❷

Huong Giang Hotel, 12A Quang Trung, ✆ 052-825387, ✆ 843878. Standard-Minihotel, von denen es in der näheren Umgebung noch eine ganze Handvoll gibt. ❶

Thai Binh Hotel, 46 Ly Thuong Kiet, ✆ 052-823110. Nichts Besonderes, aber freundlich und um Sauberkeit bemüht – der Zimmerservice nutzt jede Abwesenheit zum Aufräumen (oder ist er / sie bloß neugierig?). ❶

Thien Long Hotel, 16 Quang Trung, ✆ 0915-272737, ✆ / ✆ 052-820519. Ordentliche einfache Zimmer. Die Besitzer haben einige Jahre in Deutschland gelebt und freuen sich, ihre Sprachkenntnisse anwenden zu können. ❶–❷

Mittlere Preisklasse

Phuong Nam Hotel, 36 Ly Thuong Kiet, ✆ / ✆ 052-823194. In die Jahre gekommenes Hotel mit relativ kleinen, mit 70er-Jahre-Kunstledersesseln noch enger gestellten Zimmern; die nach vorne raus mit Balkon. ❷

Obere Preisklasse

Saigon Quang Binh Hotel, 20 Quach Xuan Ky, ✆ 052-822276, ✆ 822404, ✉ sgquangbinhtourist@vnn.com, 🖳 www.sgquangbinhtourist.com.vn. Großes, Mitte 2006 eröffnetes Hotel mit internationalem 4-Sterne-Standard am Ufer des Nhat Le-Flusses. Saubere, bequeme Zimmer, leider ohne Balkon. Massage, Bar, Swimmingpool etc. Der gleiche Betreiber plant auf der vorgelagerten Landzunge die Eröffnung des Saigon Bao Ninh Resort. ❹–❻

Sun Spa Resort, My Canh, Bao Ninh, ✆ 052-842999, ✆ 842555, ✉ sales@sunsparesortvietnam.com, 🖳 www.sunsparesort.com. Luxuriöses Resort am breiten Sandstrand. Drei Restaurants (westlich, vietnamesisch, Meeresfrüchte), Pool, Spa, Wassersportaktivitäten. ❺–❼

Angenehmes Minihotel

Nam Long Hotel, 22 Ho Xuan Hong, ✆ 052-821851, ✆ 829774. Neueres, gepflegtes Haus mit großen, gut ausgestatteten Räumen, auch mit Balkon. Die paar Dollar Mehrausgabe im Vergleich zu den Hotels an der Quang Trung / Ly Thuong Kiet lohnen sich. WIFI. ❶–❷

Essen

Die Einwohner von Dong Hoi scheinen begeisterte Zuhause-Kocher zu sein: Anders lässt sich die relativ geringe Anzahl an Restaurants kaum erklären. Aber hungrig muss auch hier niemand ins Bett gehen.

A2Z Café, 29 Ly Thuong Kiet, ✆ 052-845868, ✉ a2z.jsc@gmail.com. Hier gibt es nicht nur Kaffee, sondern auch Flug- und Bustickets (s. Transport). WIFI.

Café QB, 3 Le Loi, ✆ 052-824694. Kleine Snacks und guter Kaffee in diesem modernen kleinen Café mit gepolsterten Sitzmöbeln und WIFI.

Huong Thuy Café, 25 Ly Thuong Kiet, 052-823314. Modernes Travel-Café, an dem die Busse der Gesellschaft Camel Travel halten (s. Transport).

Hong Nhung, 10 Quang Trung. Serviert eine kleine Auswahl einfacher Gerichte von einer englischen Speisekarte, die allerdings keine Preisangaben enthält. Die (Touristen-)Preise liegen um die 30 000 Dong, aber es empfiehlt sich wie immer in solchen Fällen, sicherheitshalber *vor* dem Bestellen nachzufragen.

Sinh Café, 21 Ly Thuong Kiet, ✆ 052-843668. Kalte Getränke und Bustickets, zum Zeitpunkt der Recherche nicht wirklich in Betrieb: Für Bustickets schien niemand zuständig.

Thanh Hoa, 54 Ly Thuong Kiet. Sehr einfaches Straßenrestaurant, in dem es eine schlichte *pho* für 6000 Dong gibt.

Sonstiges

Apotheke

Eine Apotheke befindet sich in der 57 Ly Thuong Kiet.

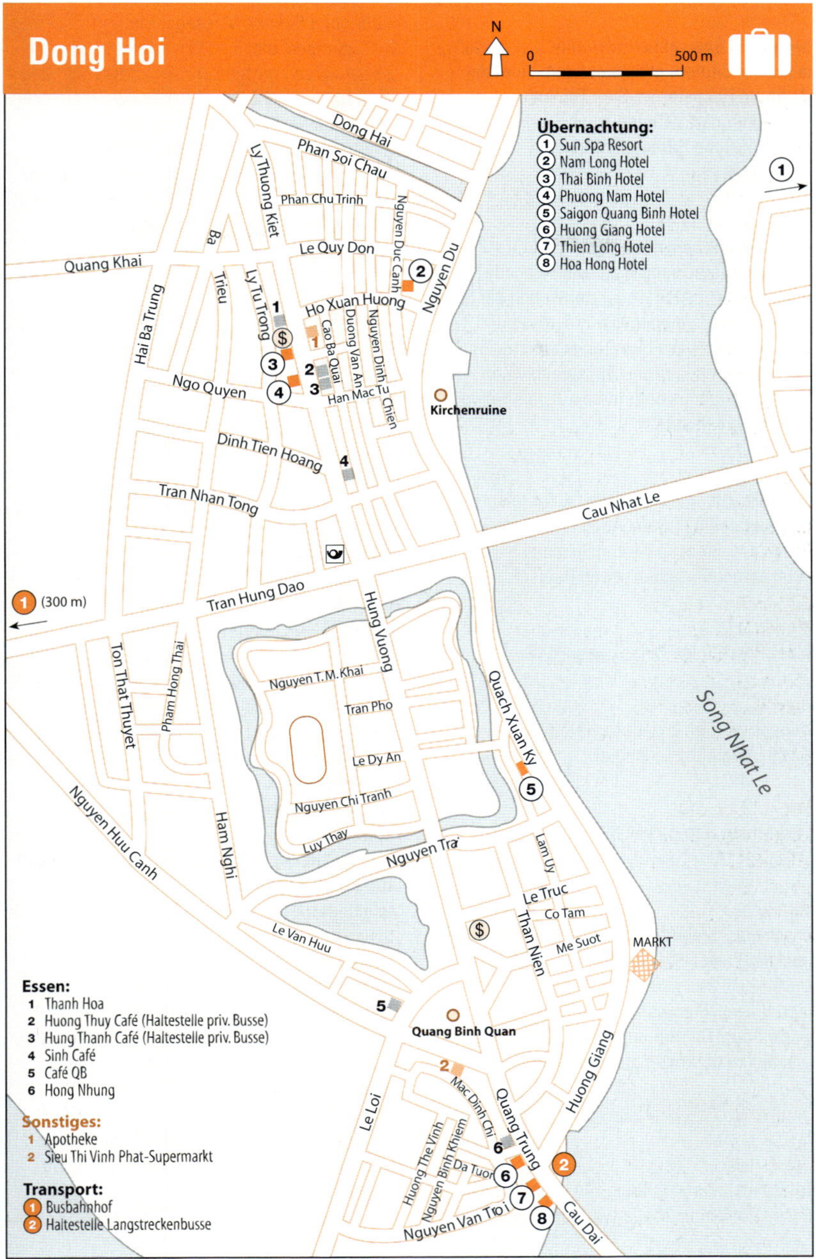
Dong Hoi
N
0
500 m
Übernachtung:
1 Sun Spa Resort
2 Nam Long Hotel
3 Thai Binh Hotel
4 Phuong Nam Hotel
5 Saigon Quang Binh Hotel
6 Huong Giang Hotel
7 Thien Long Hotel
8 Hoa Hong Hotel
Essen:
1 Thanh Hoa
2 Huong Thuy Café (Haltestelle priv. Busse)
3 Hung Thanh Café (Haltestelle priv. Busse)
4 Sinh Café
5 Café QB
6 Hong Nhung
Sonstiges:
1 Apotheke
2 Sieu Thi Vinh Phat-Supermarkt
Transport:
1 Busbahnhof
2 Haltestelle Langstreckenbusse
(300 m)
Dong Hai
Phan Soi Chau
Phan Chu Trinh
Ly Thuong Kiet
Nguyen Duc Canh
Nguyen Du
Le Quy Don
Quang Khai
Ba Trieu
Ly Tu Trong
Hai Ba Trung
Ho Xuan Huong
Cao Ba Quat
Duong Van An
Nguyen Dinh Chien
Han Mac Tu
Ngo Quyen
Kirchenruine
Dinh Tien Hoang
Tran Nhan Tong
Cau Nhat Le
Tran Hung Dao
Hung Vuong
Ton That Thuyet
Pham Hong Thai
Nguyen T. M. Khai
Tran Pho
Le Dy An
Nguyen Chi Tranh
Luy Thay
Quach Xuan Ky
Song Nhat Le
Nguyen Huu Canh
Ham Nghi
Nguyen Trai
Lam Uy
Le Truc
Co Tam
Than Nien
Me Suot
MARKT
Le Van Huu
Quang Binh Quan
Huong Giang
Mac Dinh Chi
Quang Trung
Le Loi
Huong The Vinh
Nguyen Binh Khiem
Da Tuong
Nguyen Van Troi
Cau Dai

Einkaufen

Eine große Auswahl an Waren des täglichen Bedarfs gibt es auf dem belebten **Markt** am Flussufer. Im **Sieu Thi Vinh Phat-Supermarkt**, Quang Trung 32, finden sich auch westliche Güter wie Wein und Schokolade.

Geld

Eine **Agribank** liegt in der Quang Trung schräg gegenüber der Quang Binh Quan-Pagode, eine **Incombank** mit ATM weiter nördlich in der 50 Ly Thuong Kiet, ⌚ jeweils Mo–Fr 7.30–11 und 13.30–16.30 Uhr. Weitere Geldautomaten bei der Post. Einen rund um die Uhr zugänglichen Automaten gibt es außerdem auf dem Gelände des Sun Spa Resort.

Informationen

Eine gute Informationsquelle ist der geschäftige Manager des A2Z Café. Auch die Besitzer des Thien Long Hotel sind freundlich und hilfsbereit – und sprechen zudem etwas Deutsch.

Internet

In der Post. Einige Cafés haben WIFI.

Mopeds

Mopeds werden in einigen Hotels für etwa 15 000 Dong / Std. vermietet.

Post

1 Tran Hung Dao, ✆ 052-822560, 📠 824254, ⌚ 6.30–21 Uhr.

Touren

Ein lokaler Ableger der Hanoier Agentur **Trekking Travel**, 60 Dong Van An, ✆ 052-844428, 📠 844429, bietet eine Transportmöglichkeit nach Phong Nha. Start ist um 8 Uhr, Kosten 50 000 Dong. Die Hin- und Rückfahrt mit einem privaten *xe om* kostet etwa 150 000 Dong.

Transport

Busse

Der Busbahnhof von Dong Hoi befindet sich an der Tran Hung Dao, etwa 1 km westlich der Post. Hier fahren vormittags viele lokale Busse ab. Bequemer ist es allerdings, eine der privaten Busgesellschaften zu nehmen:

Zwei private Anbieter, die die Nord-Süd-Route bedienen, halten an Cafés an der Ly Thuong Kiet: **Camel Tours** am Huong Thuy Café, 25 Ly Thuong Kiet, und **Hoa Long Tours** am Hung Thanh Café, 29 Ly Thuong Kiet. Busse nach HA NOI kommen meist früh morgens (ab 5.30 Uhr) vorbei – Tickets 100 000 Dong, genaue Abfahrtszeiten bitte im A2Z oder Huong Thuy Café erfragen. Oft gibt es auch einen Bus abends um 21 Uhr.

Die Agentur **Trekking Travel** (siehe Touren) wirbt für Busse nach HA NOI, 21 Uhr, 90 000 Dong, und HUE, 5 Uhr morgens, 60 000 Dong.

Das kleine Sinh Café bietet laut Fahrplan ebenfalls eine ganze Reihe von Zielen an.

Viele Busse, die Dong Hoi nur passieren, lassen ihre Gäste gleich hinter der Brücke etwas südlich des Marktes aussteigen.

Eisenbahn

Der **Bahnhof**, ✆ 052-836789, befindet sich etwa 3 km westlich des Flusses. Züge nach HA NOI fahren um 11.29 (SE 6), 15.01 (TN 2), 18.55 (TN 4), 19.17 (SE 2) und 19.33 Uhr (SE 4). Züge nach SAI GON fahren um 3.18 (TN 3), 5.07 (SE 1), 7.57 (SE 3), 22.16 (TN 1) und 22.42 Uhr (SE 5). Weitere Fahrplaninformationen, Ticketpreise und Ankunftszeiten unter 💻 www.vr.com.vn/english/index.html.

Busfahren im Liegen

Hoa Long Tours betreibt Busse, in denen man im Liegen reist. Allerdings sind die Bettgrößen eher auf asiatische Maße abgestimmt – dennoch eine lustige Abwechslung. Inbegriffen ist ein gemeinsames Mittagessen in einem Restaurant unterwegs, bei dem eine typisch vietnamesische Mahlzeit aufgetischt wird.

Die älteste Karstformation Asiens – Überlebensraum und Rückzugsgebiet

Die schwer zugänglichen Karstformationen des Ke Bang-Nationalparks entstanden vor etwa 400 Mill. Jahren im Paläozon und sind damit die ältesten Karstformationen Asiens. Erst seit 2001 ist das Gebiet als Nationalpark geschützt – seitdem versuchen Ranger, die vielen seltenen Tierarten in den schwer kontrollierbaren Gebieten vor illegalen Jägern zu schützen.
Der Kölner Zoo engagiert sich in Zusammenarbeit mit der Zoologischen Gesellschaft Frankfurt für den Aufbau von Schutz-Stationen, in denen konfiszierte Wildtiere aufgefangen werden, die illegal aus dem Park entwendet werden sollten. Im Juli 2007 wurde außerdem eine Ranger-Station eingerichtet, um die Wilderei einzudämmen. Mitarbeiter der Zoos haben im Park bereits eine ganze Reihe neuer oder ausgestorben geglaubter Tierarten entdeckt, unter anderem eine gehörnte Giftschlange – im Schnapsglas eines Medizinmannes! Die Schlange konnte anschließend auch in freier Wildbahn nachgewiesen werden.
Ke Bang ist aber nicht nur ein Rückzugsgebiet für seltene Tiere. Hier leben auch Angehörige vom Volk der Cru, die bis vor kurzem noch als Jäger und Sammler in Höhlen wohnten

6 HIGHLIGHT

Phong Nha-Höhle

Die **Phong Nha-Höhle** und der sich anschließende **Ke Bang-Nationalpark**, der bis an die Grenze zu Laos reicht, wurden im Jahr 2003 von der UNESCO zum Weltkulturerbe erklärt. Die spektakulären Höhlenformationen haben eine Länge von mindestens 65 km – besucht werden kann allerdings nur ein Bruchteil.

Ein vietnamesischer Reiseführer rühmt die Höhlen als die „Sieben Besten…" in Vietnam: die tiefste Höhle, der breiteste Eingang, die schönsten Sandbänke, der schönste unterirdische Fluss, der längste unterirdische Fluss, die allerschönsten Stalagmiten und Stalaktiten und die größte und schönste Trocken-Höhle. Schon die Cham hinterließen Inschriften und Altäre (heute leider in für Besucher nicht zugänglichen Bereichen), und für die Vietcong waren die Höhlen ein wichtiges Rückzugsgebiet. Bombenkrater in den Reisfeldern vor dem Höhleneingang sind stumme Zeugen dieser Vergangenheit.

Der für Besucher erschlossene Bereich ist beeindruckend: Über einen Fluss geht es durch eine Spalte im Fels (*ham long*, „das Drachenmaul") ins Innere des Berges. Durch einen hohen Felsendom folgt der Weg dem Lauf des Gewässers, vorbei an einigen bunt angestrahlten Stalagmiten-Gruppen. Ein sandiges Ufer dient als Anlegestelle und Ausgangspunkt für eine kurze Expedition durch eine große Grotte, die von bunten Lampen und den unzähligen Blitzlichtern sich fotografierender Vietnamesen erhellt wird. Besonders beliebt sind Erinnerungsfotos zwischen den zwei großen Stalagmiten-Säulen in der **Bi Ky-Grotte**. Eine weitere Höhle ist die **Dong Tien Son**. Der Eingang liegt etwa 130 Höhenmeter oberhalb des Flusses in der Felswand – der Aufstieg lohnt sich: Es erwartet den Besucher eine mit unzähligen bunten Lampen ausgeleuchtete Märchenwelt aus Felsen, Stalagmiten und Stalaktiten, die auf einem etwa 1 km langen Rundweg entdeckt werden kann.Der Eintritt beträgt für die Phong Nha-Höhle 30 000 Dong, zusätzlich für die Tien Son-Grotte 20 000 Dong. Die Eintrittsgelder sind am Bootsanleger in Bo Trach zu entrichten. Die letzten Boote fahren gegen 15 Uhr los.

Übernachtung und Essen

Entlang der Dorfstraße von Son Trach, wo sich der Bootsanleger befindet, liegen einige Hotels und Gästehäuser. Viele haben im Erdgeschoss ein Restaurant.

Nha Nghi Binh Minh, Bo Trach,
✆ / ℻ 052-675925. Gästehaus mit preiswerten, einfachen Zimmern. Kein Englisch. ❶

Nha Nghi Thanh Dat, Bo Trach,
✆ / ℻ 052-675328. Etwas teurer, aber dafür

große, helle Zimmer, und es wird sogar etwas Englisch gesprochen. ❶

Nha Nghi Thao Nguyen, Bo Trach, ✆ / 📠 052-675030. Ein Dutzend Zimmer mit AC und TV, Restaurant. ❶

Transport

Vom kleinen Ort Son Trach geht es mit Booten zu den Höhlen. Der Fahrpreis beträgt 150 000 Dong pro Boot – wer zu mehreren kommt, kann sich den Betrag teilen.

Wer in Dong Hoi übernachtet, sollte mit seinem Fahrer auf jeden Fall Hin- und Rückfahrt vereinbart haben. Wer ohne Rücktransport dasteht, kann versuchen, ein *xe om* zu bekommen oder sich einer Tourgruppe anzuschließen.

Dong Ha

Dong Ha (100 000 Einw.) ist die wenig attraktive Hauptstadt der Provinz Quang Tri, die im amerikanischen Krieg traurige Berühmtheit erlangt hat, als hier einige verlustreiche Schlachten stattfanden.

Die Stadt ist Ausgangspunkt für selbst organisierte Touren in die sogenannte Demilitarisierte Zone – ein Name, der euphemistischer nicht sein könnte. Die dortigen Sehenswürdigkeiten bestehen aus Schlachtfeldern, Untergrundtunneln, Panzerwracks und Denkmälern für gefallene Soldaten und sind beliebt bei amerikanischen Veteranen. Viele heutige Traveller betrachten das aber als durchaus verzichtbar. Organisierte Touren in die DMZ werden auch von Hue aus angeboten.

Auch wer auf eigene Faust über den Grenzübergang **Lao Bao** nach Laos einreist, passiert Dong Ha – wer früh genug aufbricht, kann sich die Übernachtung hier jedoch sparen.

Übernachtung

Entlang der N1, die innerorts Le Duan heißt, liegt eine ganze Reihe von Hotels und Gästehäusern. Reisende berichten, dass Ausländer hier nicht überall willkommen sind.

DMZ Café, Le Duan, ✆ 053-857026, ✉ dmzcafedh@yahoo.com. Sehr preiswerte, einfachste, aber saubere Zimmer mit Gemeinschaftsbad. Freundliche Leute. ❶

Hanoi 2 Hotel, 129 Le Duan, ✆ 053-858827, 📠 852452. Saubere Zimmer mit dem üblichen Standard. Etwas laut, wie alle Hotels an der Le Duan. ❶–❷

Phung Hoang Hotel, 146 Le Duan, ✆ 053-853359, 📠 855441. Seit Jahren beliebte Unterkunft, bei der die preiswerten Zimmer weniger überzeugen als die etwas teureren, die groß und sauber sind. Die Angestellten sind freundlich und hilfsbereit. Gäste haben kostenlosen Internet-Zugang. ❶–❸

Thuan An Hotel, 9 Le Van Huu, ✆ 053-554554, 📠 852725. Preiswerte AC-Zimmer in günstiger Lage nahe dem Busbahnhof, einige Räume mit ADSL-Anschluss. ❶

Essen

Eine ganze Anzahl einfacher *com*- und *pho*-Restaurants erstreckt sich entlang der Le Duan.

Bia Tuoi Dong Ha, Huyen Trai Cong Chua. Frisch gezapftes Bier (7000 Dong pro Liter) und vietnamesische Gerichte (keine englische Speisekarte). Etwas abseits der Le Duan; am besten per *xe om* hinbringen lassen.

Dong Que, 159 Le Duan, ✆ 053-852303. Gute vietnamesische Küche, recht große Auswahl.

Thanh Chau 2, 222 Le Duan. Gilt als eines der besseren Restaurants der Stadt.

Trung Tan, 201 Le Duan, ✆ 053-852972, ✉ ttquan@dng.vnn.vn. Einfaches Restaurant, bekannt für seine gute *pho*. Vermietet auch zwei sehr schlichte Zimmer.

Sonstiges

Geld

Bank for Investment and Development, 24 Hung Vuong, ✆ 053-850841, 📠 851514. Ein Geldautomat befindet sich außerdem neben dem Büro von Sepon Travel.

Informationen und Touren

Sepon Travel, 189 Le Duan, ✆ 053-855289, ✉ sepontravel@vnn.vn. Informationen und Mietwagen.
Herr Dien, ✆ 0985-197538, vom **DMZ Café** bietet geführte Touren in die Demilitarisierte Zone an. Als ehemaliger Übersetzer für die US-Armee hat er viele Geschichten zu erzählen.

Internet

Wer nicht in einem der lauten, engen Online-Game-Shops ins Netz gehen will, kann auch die Zugänge im **Phung Hoang Hotel** nutzen. Nichtgäste zahlen 15 000 Dong pro Stunde.

Motorräder

Andere Städte – andere Sitten: In Dong Ha dürfen keine Motorräder an Ausländer verliehen werden.

Medizinische Hilfe

Quang Tri General Hospital, 83 Le Loi, ✆ 053-854095. Nur in Notfällen.

Post

291 Le Duan, ✆ 053-851515, 📠 852850. Ganztägig geöffnet.

Transport

Busse

Stärker als anderswo ist der Busbahnhof von Dong Ha, der nahe der Kreuzung von N1 und N9 liegt, von der lokalen Ticket-Mafia regiert, was dazu führt, dass es fast unmöglich ist, einen regulären Fahrschein am Schalter zu erstehen. So ist man der Willkür des Fahrkartenverkäufers im jeweiligen Bus ausgesetzt und zahlt meist das Doppelte des normalen Fahrpreises.
Nach HUE geht es zwischen 5 und 17 Uhr für regulär 20 000 Dong; manchmal fahren auch später noch Busse. Die Fahrtdauer beträgt etwa 1 Std. Nach HA NOI fahren tgl. zwei Busse, einer morgens um 5.30 Uhr (Ankunft ca. 22 Uhr, 100 000 Dong), einer abends um 19.30 Uhr (Ankunft ca. 5.30 Uhr, 110 000 Dong).
Nach SAVANNAKHET in **Laos** starten alle zwei Tage Busse um 7.30 Uhr (Ankunft in Savannaketh ca. 10 Uhr, US$14). Auf der laotischen Seite wird der Bus gewechselt.

Eisenbahn

Der Bahnhof befindet sich nahe der N1 etwa 1 km südöstlich des Busbahnhofs.
Nach HA NOI um 12.46 (TN2), 16.42 (TN4) und 17.11 Uhr (SE2).
Nach SAI GON um 5.19 (TN3), 6.59 (SE1) und 0.48 Uhr (TN1).
Nach HUE entweder mit einem der Expresszüge Richtung Sai Gon oder mit einem lokalen Zug (Hartsitz-Klasse) um 15.42 Uhr (Ankunft 18.15 Uhr, 14 000 Dong).
Weitere Fahrplaninformationen, Ticketpreise und Ankunftszeiten unter 💻 www.vr.com.vn/english/index.html.

Lao Bao

Von Dong Ha führt die Nationalstraße 9 nach Westen ins 89 km entfernte Lao Bao, dem meistgenutzten Grenzübergang nach Laos. Die erst kürzlich erneuerte Straße ist von großer wirtschaftlicher Bedeutung für Vietnams Nachbarn: Ganze Kolonnen von Lastwagen mit sicherlich nicht ordentlich deklarierten Gütern pendeln zwischen Dong Ha, Savannakhet in Laos und Mukdahan in Thailand. Busse passieren Khe Sanh und erreichen Lao Bao etwa zwei Stunden nach Abfahrt.

Lao Bao hat einen großen **Grenzmarkt** mit vielen Gütern aus Thailand und den *cho tien* (Geldmarkt): Geschäftstüchtige Frauen, die mit dicken Bündeln Geldscheinen unterwegs sind und das Devisengeschäft kontrollieren. Hier können vietnamesische Dong gegen laotische Kip getauscht werden.

Achtung: Dollar sind besonders beliebt, werden aber oft nur zu haarsträubenden Kursen getauscht.

Übernachtung und Essen

Wer spät in Lao Bao ankommt und dort eine Nacht verbringen muss, kann dies relativ bequem im **Bao Son Hotel**, ✆ 053-877848, akzeptable Zimmer. ❷

Über die Grenze nach Laos und Thailand

Ein Moped-Taxi vom Busbahnhof in Lao Bao sollte nicht mehr als 10 000 Dong kosten (Einheimische zahlen 5000). An der Grenze, ⏲ 7–17 Uhr, gibt es auf der vietnamesischen Seite den Ausreisestempel, dann folgt ein kurzer Fußmarsch zu den laotischen Grenzern, die ein Visum *on arrival* bereithalten: 30 Tage für US$30 (Österreicher und Schweizer US$35). Passbilder nicht vergessen!

In **Laos** liegt etwa 1 km von der Grenze entfernt das Dorf **Dan Savan**, von dem vormittags zwei bis drei Busse nach Savannakhet fahren (5 Std., 30 000 Kip). Abgefahren wird, wenn der Bus voll ist. Songtheos (Pickup-Taxis) fahren tagsüber in unregelmäßigen Abständen ins größere Xepon (1–2 Std., 15 000 Kip). Wer aus Dan Savan nicht mehr wegkommt, kann im Linda Guesthouse am alten Busbahnhof übernachten und im Friendly Restaurant laotische Gerichte probieren. Wenn man nicht schon auf dem *cho tien* in Lao Bao Geld gewechselt hat, kann man dies nun unter seriöseren Bedingungen in der Lao Development Bank nachholen ⏲ Mo–Fr 8–15.30 Uhr.

Wer nicht lange in Laos verweilen möchte, sollte nach Xepon weiterfahren und dort in einen Bus oder ein Songtheo nach Savannakhet umsteigen: Am gegenüberliegenden Flussufer funkelt Mukdahan wie ein siamesisches Juwel.

Von Laos nach Vietnam

In Savannakhet fahren je nach Nachfrage alle ein bis zwei Tage Busse nach Dong Ha, Abfahrt 8 Uhr, Ankunft ca. (!) 16 Uhr, US$12, Tickets bei Savanbanhao Tourism im Savanbanhao Hotel. Anschlussbusse von Dong Ha nach Hue verkehren bis etwa 17 Uhr, manchmal länger. Es werden auch Direktbusse nach Hue (22 Uhr, 16 Std., US$11), Da Nang (2–4-mal wöchentlich, 22 Uhr, 18 Std., US$14) und Ha Noi (sonntags gegen Sonnenuntergang, 24 Std., US$20) angeboten. Großer Nachteil dieser Touren ist, dass die Busse mitten in der Nacht am hochgelegenen Grenzübergang ankommen und den Reisenden eine sehr kalte Nacht im Bus bevorsteht, ehe die Grenze am nächsten Morgen öffnet.

Com- und *pho*-Restaurants befinden sich in der Umgebung des Marktes.

Transport

Busse nach DONG HA verkehren den ganzen Tag über. Die zweistündige Fahrt kostet etwa 40 000 Dong (der offizielle Preis für Einheimische ist 20 000 Dong).

Quang Tri

Die ehemalige Hauptstadt der gleichnamigen Provinz wurde im amerikanischen Krieg dem Erdboden gleichgemacht – oder besser: in eine Mondlandschaft verwandelt – und ist seitdem nicht wieder auf die Füße gekommen. Ein trauriger Ort, den die meisten Touristen im Bus auf der Durchreise passieren, ohne groß Notiz von ihm zu nehmen.

Einige organisierte Touren besuchen die Reste der **Zitadelle von Quang Tri**. Das einst bedeutende Bauwerk wurde 1842 während der Regierungszeit von Minh Mang errichtet. 1972 hatten sich nach einer Offensive nordvietnamesische Truppen hier verschanzt – Anlass für eine 81-tägige Belagerung durch südvietnamesische Truppen mit amerikanischer Luftunterstützung. 80 000 t Bomben wurden abgeworfen; das sind 7 t für jeden Einwohner von Quang Tri oder auch: die siebenfache Sprengkraft der Atombombe von Hiroshima.

Die **Ruine der La Vang-Kirche** an der N1 Richtung Hue ist ein weiterer stummer Zeuge der Vergangenheit. Die N1 Richtung Hue trug in den 50er-Jahren während des französischen Krieges den Beinamen **Route sans Joie,** „Straße ohne Freude".

Der amerikanische Historiker Bernhard Fall machte den Namen berühmt, als er 1969 ein Buch über diesen Krieg schrieb – Titel: *Street Without Joy.* Sieben Jahre später starb er als Kriegsberichterstatter auf eben dieser Straße.

Die Demilitarisierte Zone

„Demilitarisierte Zone" – was für eine Bezeichnung für eine der am stärksten vom Krieg versehrten Regionen der Welt!

Eingerichtet wurde die Zone 1954 nach der Genfer Konferenz, als Vietnam in Nord und Süd geteilt wurde: Die Grenze entlang des 17. Breitengrades sollte durch einen 10 km breiten Streifen Niemandsland geschützt werden, in dessen Mitte der Ben Hai-Fluss verlief. Brutale und (bei Militärhistorikern) legendäre Schlachten wurden in dieser Region ausgefochten.

Wer eine Tour zu den historischen Orten bucht, wird Schlachtfelder, Bunkerruinen und Denkmäler sehen – und bewegende Geschichten aus der Vergangenheit hören: Viele der heutigen Tourguides waren damals als Übersetzer in der US-Armee tätig und haben die Geschehnisse hautnah miterlebt.

Hien Long-Brücke

Die Hien Long-Brücke überspannt den ehemaligen Grenzfluss Ben Hai und wurde während des Krieges ständig zerstört und wieder aufgebaut. Heute ist die 230 m lange Brücke nur noch für Fußgänger geöffnet. Die N1 verläuft 20 m weiter östlich über eine neue Brücke parallel dazu. Wer gut aufpasst, kann diese „Sehenswürdigkeit" bei einer Bustour im Vorüberfahren abhaken (22 km nördlich von Dong Ha).

Die Tunnel von Vinh Moc

Diese Sehenswürdigkeit ist bedrückend – und von allen Zielen in der DMZ das beeindruckendste. Kleiner als das Tunnelsystem von Cu Chi, aber besser erhalten und im Originalzustand

Wem kann man eine DMZ-Tour empfehlen?

Wer nur auf der Suche nach Spaß und Erholung ist, sollte sich die Tour auf jeden Fall sparen. Wer ein ernsthaftes Interesse an diesem kriegerischen Teil der vietnamesischen Geschichte hat, wird den Besuch der DMZ nicht versäumen. Und alle anderen? Sollten sich überlegen, ob sie sich wirklich hier der Auseinandersetzung mit der grausamen Vergangenheit stellen wollen oder ob ein in der DMZ gesparter Tag nicht in schönere Erinnerungen investiert werden kann: Etwa in einen Bummel durch die verträumte Altstadt von Hoi An, in einen Elefantenritt im zentralen Hochland oder in einen entspannten Tag an den Traumstränden von Phu Quoc.

präsentiert sich diese unterirdische Welt. Sie wurde von 1965 bis 66 geschaffen: auf drei Ebenen und bis zu 20 m tief. Der unterste Level diente als Warenlager, der mittlere als Rückzugsgebiet bei Bombenangriffen und der obere als Lebensraum. Mehr als 300 Menschen lebten hier sechs Jahre lang, 17 Kinder wurden hier sogar geboren. Einige leben heute noch in der Gegend und können dramatische Geschichten erzählen. Eintritt 25 000 Dong, ganztägig geöffnet.

Khe Sanh

In Khe Sanh tobte die vielleicht erbittertste Schlacht des gesamten Vietnamkrieges. Amerikanische Marines hatten sich auf dem Berg in einer Festung verschanzt, als im Januar 1968 etwa 40 000 Vietnamesen mit einer 75 Tage langen Belagerung begannen. Wohl kein Platz der Welt wurde derart heftig bombardiert wie die Umgebung der Festung. Vier nordvietnamesische Divisionen hielten die Amerikaner fest im Griff. Alle Versuche, die Umklammerung mit einem Bombenhagel zu sprengen, waren vergebens: Die Schlacht endete mit dem Rückzug der Amerikaner.

Kriegsreporter ließen sich mit Hubschraubern in der umkämpften Festung absetzen, daher ist diese Schlacht in all ihrem Horror gut dokumentiert (s. S. 681, Literatur).

Strategisch diente die Belagerung als Ablenkungsmanöver: Während die ganze Welt wie gebannt auf Khe Sanh blickte, bereitete die Nordvietnamesische Armee zusammen mit der Südvietnamesischen Befreiungsfront die Tet-Offensive vor, konnte dann, für die Amerikaner total überraschend, Hue und andere Städte einnehmen und sogar in Sai Gon in die US-Botschaft vordringen.

Heute ist Khe Sanh eine trostlose Landschaft mit ein paar Ruinen und der immer noch erkennbaren Landebahn der Amerikaner. Ein kleines **Museum** enthält eine Fotoausstellung. Es lohnt sich, einen Blick in das Gästebuch zu werfen: Dort finden sich viele Notizen amerikanischer Veteranen. Eintritt 25 000 Dong, ganztägig geöffnet.

Auf dem Weg nach Khe Sanh passiert man **The Rockpile**, einen einzeln stehenden Berg, der den Amerikanern als Beobachtungsposten diente. Ein kurzer Stopp wird von Bustouren auch am **Ho-Chi-Minh-Pfad** eingelegt oder besser: an dem, was heute daraus geworden ist – ein geteerter Highway (s. Kasten S. 164/165, Ho-Chi-Minh-Pfad). Die **Dakrong-Brücke**, an der Halt gemacht wird, war im Krieg von größter strategischer Bedeutung und wurde viele Male zerstört und wieder aufgebaut.

Nordwestlich von Dong Ha

Die **Con Tien-Geschützstellung** etwa 10 km nordwestlich von Dong Ha ist noch ein „Highlight" auf dem Besichtigungsprogramm der DMZ. Einige Bunker erinnern hier an einen weiteren wichtigen strategischen Außenposten der Amerikaner, der entsprechend vehement von den Nordvietnamesen bedrängt wurde.

Am Ende einer DMZ-Tour sollte ein Besuch auf dem **Truong Son-Friedhof** stehen. Er liegt etwa 25 km nordwestlich von Dong Ha an der N15. Die 15 000 Gräber enthalten die Überreste längst nicht aller in der Region gefallenen Vietnamesen, angeordnet nach ihrer Heimatprovinz. Nach dem Glauben der Vietnamesen finden nur diejenigen Seelen nach dem Tod Ruhe, deren irdische Hüllen ordentlich beerdigt und deren Gräber respektiert werden. Wie viele unerlöste Seelen mögen in den trostlosen Weiten der DMZ herumirren?

Zentralvietnam: Hue, Da Nang und Hoi An

Stefan Loose Traveltipps

7 **Hue** Nach einem Spaziergang durch die alte Kaiserstadt königlich speisen. S. 360

Kaisergräber Wo Landschaft und Architektur miteinander verschmelzen. S. 377

Bach Ma-Nationalpark Einer der schönsten und am besten zu erreichenden Nationalparks des Landes. S. 383

Da Nang Im Cham-Museum das Vermächtnis einer untergegangenen Kultur bewundern. S. 386

8 **Hoi An** Die einzigartige Atmosphäre der Altstadt genießen. S. 398

9 **My Son** Zwischen geheimnisvollen Ruinen über Werden und Vergehen nachdenken. S. 416

Auf halbem Wege zwischen Ha Noi und Sai Gon liegen einige der schönsten Ziele für Vietnam-Reisende. Die alte Kaiserstadt **Hue** mit ihrer Zitadelle und den Kaisergräbern ist ein Muss für alle kulturell und historisch Interessierten, aber auch ein lohnender Zwischenstopp für alle anderen: Die angenehmen Hotels und Gästehäuser bieten ein gutes Preis-Leistungs-Verhältnis, und in den Cafés und Restaurants treffen sich seit den 1990er-Jahren die Traveller, um Tipps und Erfahrungen auszutauschen. Darüber hinaus ist Hue eine gute Ausgangsbasis für Trips in die DMZ oder in den **Bach Ma-Nationalpark**.

Auf dem Weg von Hue nach Da Nang unterquert der Reisende den Wolkenpass – die natürliche Grenze zwischen Süd- und Nordvietnam: Früher schlängelte sich die N1 über den Berg, heute erleichtert ein Tunnel die Reise. **Da Nang** mit seinem internationalen Flughafen ist eine wichtige touristische Drehscheibe und wird in Zukunft wohl noch an Bedeutung gewinnen. Heute fahren die meisten, die hier mit dem Zug oder dem Flugzeug ankommen, direkt weiter nach **Hoi An**, zweifellos eines der Highlights jeder Vietnam-Reise. Die gut erhaltene Altstadt hat viel Atmosphäre. Gute Unterkünfte und einladende Restaurants laden zum Verweilen ein. Ausflüge sind möglich zu den als Weltkulturerbe geschützten Cham-Ruinen von **My Son** ebenso wie zu den nahe gelegenen Stränden, sei es der nur 4 km entfernte „Stadtstrand" Cua Dai oder der angenehme **Non Nuoc-Strand** Richtung Da Nang. Dort ragen auch die **Marmorberge** mit ihren mystischen Höhlen-Pagoden empor.

7 HIGHLIGHT

Hue

Hue, die historische Hauptstadt von Vietnam (1802–1945) und Sitz der letzten Kaiser, schmiegt sich an die Ufer des Song Huong, **Parfümfluss**. Am nördlichen Ufer liegt das Gebiet der alten **Zitadelle**, der kaiserlichen Befestigungsanlage. Zeitgeschehen und Krieg haben sie weitgehend ins Stadtbild integriert; heute liegen Wohnungen und Arbeitsstätten in dem Bereich der Stadt, der früher nur dem Kaiser und seinem umfangreichen Hofstaat zugänglich war. Auch einige Hotels und Restaurants sind hier angesiedelt.

Die weitaus meisten Hotels und andere touristische Einrichtungen liegen am Südufer des Parfümflusses. Drei Brücken verbinden die beiden Stadtteile. Am südlichen Flussufer laden Parks und Promenaden zum Verweilen ein, wie an vielen Orten in Vietnam geschmückt mit Skulpturen einheimischer Künstler. Besonders schön ist es hier am Abend, wenn die letzten Drachenboote von ihren Ausflugsfahrten heimkommen und sich die Silhouette der bunt illuminierten Truong Tien-Brücke im Wasser des ruhig dahingleitenden Parfümflusses spiegelt.

Geschichte

Hue gehört seit 1306 zum Herrschaftsgebiet der Vietnamesen. Damals tauschte der Cham-König Jaya Simhavarman III. (reg. ca.1287–1307) seine nördlichste Provinz gegen die Hand einer Prinzessin. Der vietnamesische König Tran Anh Tong (reg. 1293–1314) machte damals ein gutes Geschäft: Der Cham-König starb ein Jahr später, und seine Tochter kehrte nach Hause zurück, angeblich ohne die Ehe vollzogen zu haben. Doch erst viel später, im Jahre 1636, gewann Hue an Bedeutung, als sich das Adelsgeschlecht der Nguyen hier niederließ und begann, von Hue aus den Süden zu beherrschen. Erst der Tay Son-Aufstand im 18. Jh. beendete diese erste Blüte. In den Wirren der Revolte besetzten erst die nördliche Trinh-Dynastie und dann die Tay Son-Rebellen die Stadt: Letztere rotteten den Clan der Nguyen bis auf einen einzigen Überlebenden aus, der sich nach Siam retten konnte: Nguyen Phuc An, der sich sogleich zielstrebig und erfolgreich an die Rückeroberung des Landes machte. 1802 ließ er sich in der Stadt seiner Väter zum Kaiser ausrufen (genauer gesagt: zum *Hoang De*; „Erhabene Gottheit") und gab seiner Regentschaft den Namen Gia Long – gebildet aus den damaligen Städtenamen Gia Dinh (heute HCMS) und Thang Long (heute Ha Noi) und damit symbolisch für die neue Einheit des Landes. Ein steiler Aufstieg der Stadt zum politischen, religiösen und kulturellen Zentrum des Landes folgte. Gia Long und seine Nachfolger legten die dreifach ummauerte Zitadelle nach chinesischem Vorbild

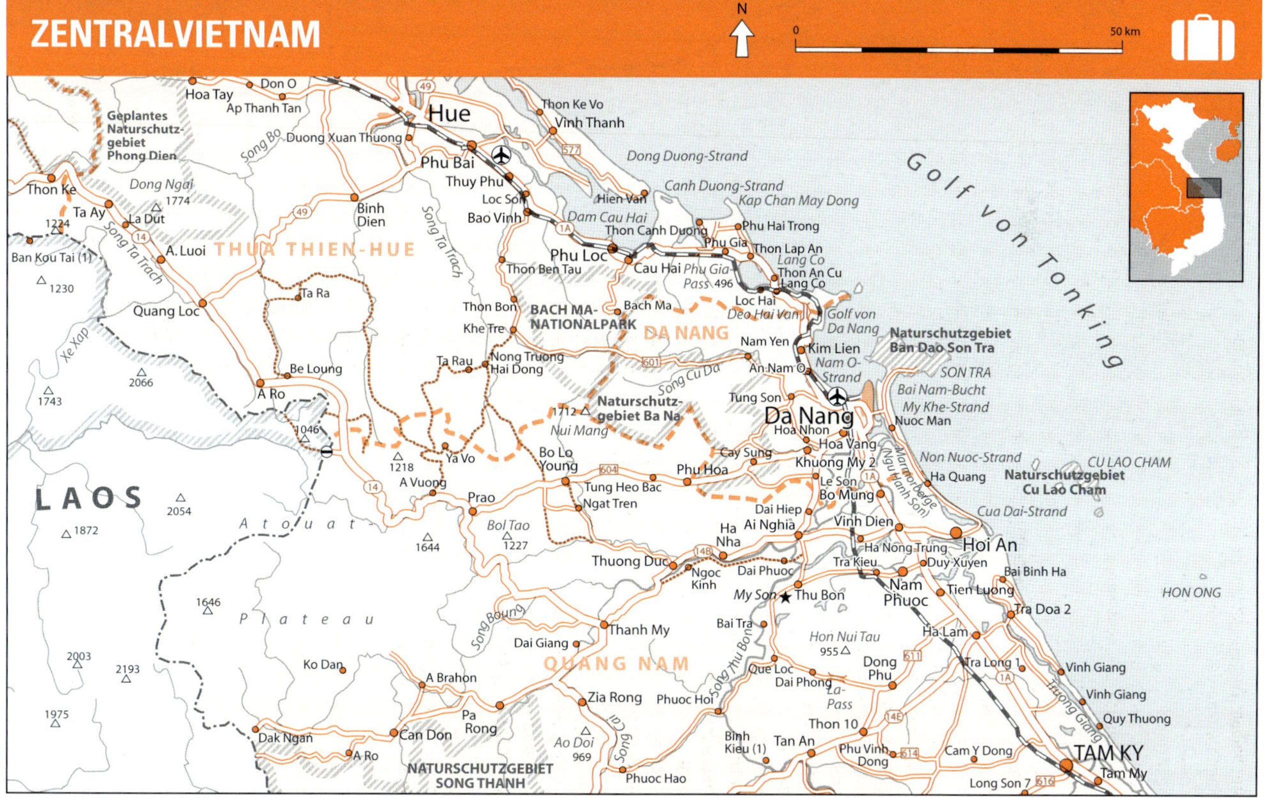

Zentralvietnam: Hue, Da Nang und Hoi An

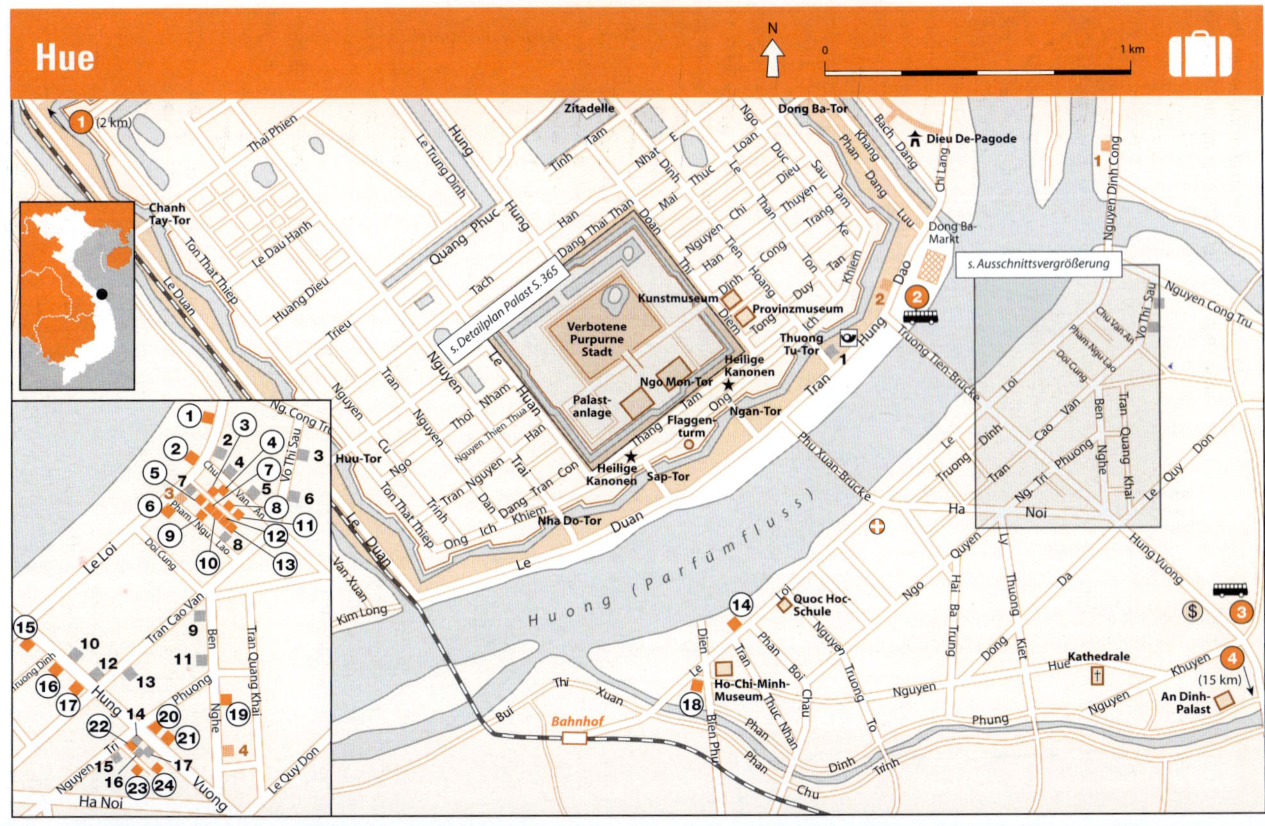
Hue
N
0
1 km
Zitadelle
Verbotene Purpurne Stadt
Palast-anlage
Kunstmuseum
Provinzmuseum
Ngo Mon-Tor
Flaggen-turm
Heilige Kanonen
Dong Ba-Tor
Thuong Tu-Tor
Ngan-Tor
Sap-Tor
Nha Do-Tor
Huu-Tor
Chanh Tay-Tor
Dieu De-Pagode
Dong Ba-Markt
Truong Tien-Brücke
Phu Xuan-Brücke
Huong (Parfümfluss)
Quoc Hoc-Schule
Ho-Chi-Minh-Museum
Kathedrale
An Dinh-Palast
Bahnhof
(15 km)
(2 km)
s. Ausschnittsvergrößerung
s. Detailplan Palast S. 365
Le Duan
Tran Hung Dao
Le Loi
Hung Vuong
Le Quy Don
Ben Nghe
Tran Quang Khai
Nguyen Dinh Chieu
Ha Noi
Hai Ba Trung
Ly Thuong Kiet
Dien Bien Phu
Nguyen Truong To
Phan Boi Chau
Doi Cung
Vo Thi Sau
Chu Van An
Pham Ngu Lao
Ton That Thiep
Le Trung Dinh
Thai Phien
Huong Dieu
Le Dau Hanh
Van Xuan
Kim Long
Chi Lang
Bach Dang

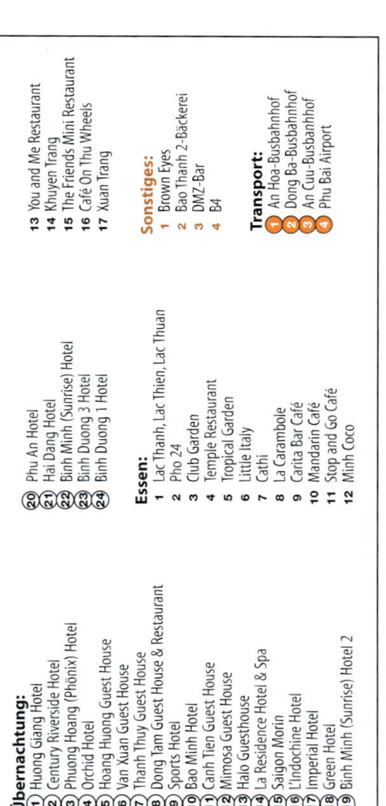

an und bauten auch ihre Verwaltung ähnlich der der chinesischen Kaiser auf: Minister und Beamte kümmerten sich um die Staats-Angelegenheiten und wohnten im äußeren Bereich der Zitadelle.

Stürmisches Jahresende

In Hue fallen mit die meisten Niederschläge von ganz Vietnam. Besonders am Jahresende kann es tagelang wie aus Eimern schütten. Dann ist auch Taifun-Saison: Im November und Dezember können gefährliche Stürme heranbrausen, vor denen man sich besser rechtzeitig in Sicherheit bringt.

Innerhalb der noch einmal ummauerten Palastanlage lebte der Herrscher mit seiner Familie und einer großen Anzahl von Konkubinen und Eunuchen. Ganz im Zentrum befand sich die Verbotene Purpurne Stadt, zu der nur der Kaiser und seine engsten Vertrauten Zutritt hatten.

Der Glanz dieses Hofes schwand etwas mit dem Beginn der französischen Kolonialzeit, als der Herrscher zur Marionette der Besatzer wurde. Ihren Tiefpunkt erlebte die Stadt dann 1968, als nordvietnamesische Truppen heranstürmten, etwa 3000 Bewohner ermordeten, denen sie Kollaboration mit den Truppen des Südens vorwarfen, und sich anschließend einen wochenlangen erbitterten Kampf mit amerikanischen Spezialeinheiten lieferten – auch im alten Kaiserpalast, der nur durch den Rückzug des Viet Cong vor seiner endgültigen Zerstörung bewahrt wurde.

Nach 1975 wurde es ruhiger. Die sozialistische Ablehnung der feudalen Vergangenheit führte dazu, dass sich niemand mehr um die alten Gemäuer kümmerte, die zusehends verfielen.

Seit 1993 stehen die Baudenkmäler aus der Kaiserzeit auf der UNESCO-Liste des Weltkulturerbes. Damals begann eine neue Zeit: Um sich vorwärts zu entwickeln, musste die Stadt rückwärts blicken. Die Restaurierung einiger Kulturdenkmäler lockte schon bald eine steigende Anzahl Touristen in die Stadt – ein Prozess, der noch in vollem Gange ist.

Zitadelle

Die **Zitadelle**, die die Nguyen-Herrscher anlegen ließen, hat einen quadratischen Grundriss von knapp 10 km Umfang. Unter Gia Long wurde ein 23 m breiter Wassergraben um die Stadt gezogen und als weitere Befestigung Erdwälle aufgeschüttet, die ab 1818 durch eine 21 m dicke und 6,60 m hohe Mauer ersetzt wurde, welche heute noch steht.

Am Entwurf der Befestigungsanlage waren erfahrene französische Festungsbaumeister und teilweise bis zu 80 000 Arbeiter beteiligt. So entstanden die 24 ausgeprägten Bastionen, die der Mauer zu ihrer besonderen Form verhalfen. Zudem wurden beim Bau Prinzipien des Feng Shui beachtet. Bei der Anlage der Zitadelle von Hue diente der 3 km südöstlich liegende Berg Nui

Ngu Binh („Berg des Königlichen Schirmes") ebenso zum Schutz vor bösen Einflüssen wie die zwei vorgelagerten Flussinseln Con Hen, die „Insel des Blauen Drachens", und Con Da Vien, die „Insel des Weißen Tigers".

No woman, no cry

Zwar übertrieben es die Nguyen-Herrscher nicht so sehr wie ihre chinesischen Vorbilder, wo sich tausende Konkubinen im Palast drängten, doch mehr als hundert waren es auch in Hue – trotzdem kein Paradies für den Kaiser: Sein Sexualleben wurde von Eunuchen anhand astrologischer Kalender genau geplant, und besonders einfach scheint das Zusammenleben auch nicht gewesen zu sein. Kaiser Gia Long plauderte im Gespräch mit einem französischen Journalisten 1858 aus dem Nähkästchen: „Nachdem all die politischen und bürokratischen Arbeiten erledigt sind, sollte man doch denken, meine Pflichten seien vorbei und ich könne mich ins Innere des Palasts zurückziehen? Nein, Sie ahnen ja nicht, was mich dort erwartet. [...] Ich treffe dort auf eine Horde weiblicher Dämonen. Sie meckern herum, misshandeln und beschimpfen sich gegenseitig ... und jede einzelne kommt zu mir und will Recht haben."

Der Journalist schlug vor, doch einfach die Anzahl der Frauen zu reduzieren. „Das geht nicht", gab der Kaiser zu bedenken. „Es sind die Töchter hoher Mandarine; die mir von ihren Vätern als Beweis der Untergebenheit überlassen werden. Würde ich sie ablehnen, würden ihre Väter sehr leiden."

Wie sehr die Frauen gelitten haben, lässt sich nur erahnen. Einmal im Palast, konnten sie nur noch selten in die Außenwelt zurück. Drinnen waren sie Teil einer komplizierten Hierarchie, innerhalb derer sie aufsteigen konnten. Mal mit Hingabe, mal mit Intrigen versuchten sie, die Gunst des Herrschers zu gewinnen.

Der Kaiser sah die Sache so: „Ich möchte die Welt beherrschen – aber hauptsächlich die Frauen, denn sie sind viel gefährlicher als Männer."

Nähert man sich der Zitadelle vom Fluss aus, so sieht man schon von weitem den **Flaggenturm** (Co Cot), an dem die Nationalfahne weht. Er steht auf drei in die Festungsmauer integrierten Terrassen von jeweils etwa 6 m Höhe und befindet sich genau auf der Mittelachse der ganzen Anlage – eine gedachte Linie durch ihn, rechtwinklig zum Fluss, zerteilt die Zitadelle in zwei gleich große Hälften.

Die wichtigsten Gebäude sind entlang dieser Mittelachse angelegt. So etwa das Mittagstor, durch das Besucher heute die inneren Teile der Anlage betreten. Auf dem Weg dorthin passiert man die **Neun Heiligen Kanonen** (Cuu Vi Than Cong), die der Gründer der Dynastie aus den erbeuteten Waffen der besiegten Tay Son gießen ließ.

Kaiserstadt und Verbotene Purpune Stadt

Die Kaiserstadt wird durch das Mittagstor betreten, wo sich auch der Ticketschalter befindet. 🕓 7.30–17.30, So 6.30–17.30 Uhr, Eintritt 55 000 Dong. Wenn man es ruhig angehen lässt, hat man das Gelände in etwa zwei Stunden erkundet.

Das **Mittagstor** (Ngo Mon-Tor) ist das schönste der vier Eingangstore in die Kaiserstadt. Es wurde 1833 von Minh Mang im Stil des gleichnamigen Tores in Beijing errichtet. An dieser Stelle endete 1945 die Regentschaft der Nguyen-Dynastie, als der letzte Kaiser Bao Dai seine Insignien an Ho Chi Minh übergab.

Auf das u-förmige Tor ist ein hübscher, zweistöckiger Pavillon gesetzt, der **Pavillon der fünf Phönixe** (Ngu Phung). Er kann über eine Treppe erreicht werden. Von dort hat man einen schönen Blick auf den rechteckigen Thai Dich-Teich, in dem sich eine gefräßige Bande dicker, roter Karpfen tummelt, über den Hof des Großen Empfangs (San Dai Trieu) zur **Halle der höchsten Harmonie** (Dien Thai Hoa). In dieser Halle fanden offizielle Zeremonien statt, die mit viel Pomp und nach einem genauen Ritual inszeniert wurden. Die 44 x 30 m große Halle stammt wie das Mittagstor von 1833. 80 Säulen aus Eisenholz schützen das bemerkenswerte Dach: Im Gegensatz zu den sonst typischen, geschwungenen Walmdächern handelt es sich um ein „Paralleldach" *(trung thiem diep oc)* – zwei gestaffelte Satteldä-

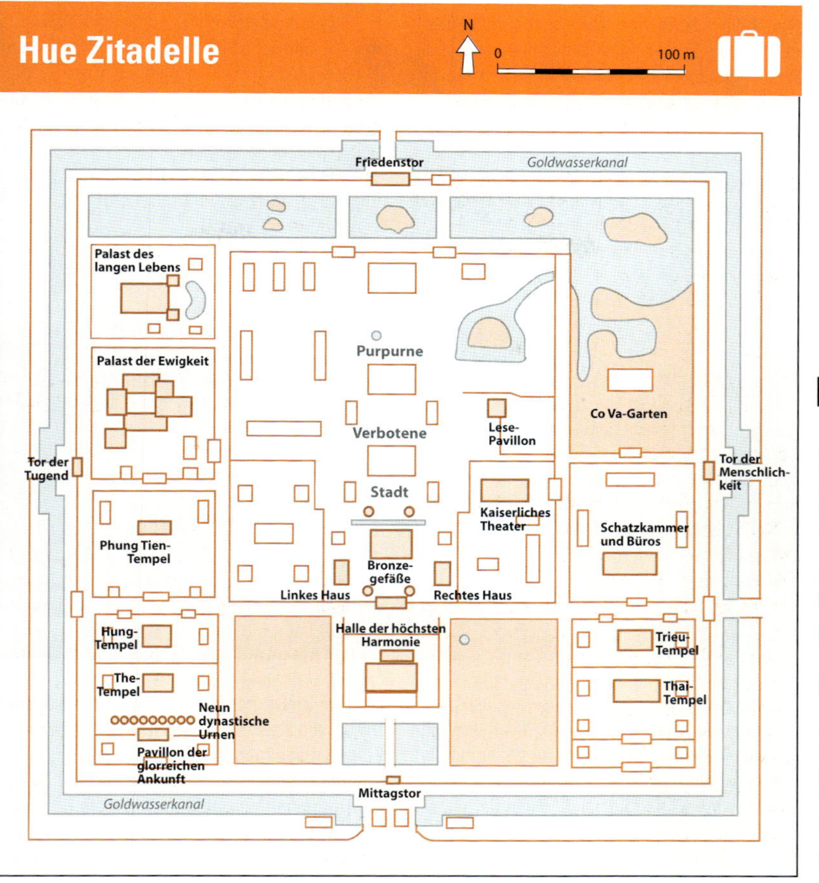

cher. Diese Dachform bietet weniger Angriffsfläche bei Taifunen. Auf dem Dachfirst wachen Drachen, Symbol der kaiserlichen Macht. In der Halle befindet sich nicht viel außer einem Thron, auf dem der Kaiser zu sitzen pflegte.

An die Halle der höchsten Harmonie grenzt der Bereich der **Verbotenen Purpurnen Stadt** (Tu Cam Thanh), die ausschließlich dem Kaiser und seinem Gefolge (hauptsächlich: seinen über 100 Konkubinen) vorbehalten war. Der Name stammt aus der chinesischen Astrologie, wo es im Himmel einen „purpurnen Bereich" gibt, an dem der Polarstern steht – eine Metapher für die Stellung des Kaisers als unverrückbarer Herrscher des Himmels auf Erden. Der südliche Bereich war offiziellen Anlässen vorbehalten, im nördlichen lagen die Frauengemächer. Die meisten der etwa 40 Gebäude im Bereich des alten Palastes sind zerstört. Einige wurden inzwischen rekonstruiert oder sollen wieder aufgebaut werden, etwa das Große Goldene Tor (Dai Cung Mon) nördlich der Halle der höchsten Harmonie, das einst das prächtigste der ganzen Zitadelle war. Noch erhalten sind das **Linke Haus** und das **Rechte Haus**; wo sich ranghohe Mandarine umkleiden konnten, ehe sie zum Kaiser vorgelassen wurden. Die beiden **Bronzegefäße** links und rechts des ehemaligen Goldenen Tors stammen von 1660 bzw. 1662 und wurden von

Auf dem Flaggenturm der Zitadelle von Hue weht die Nationalfahne

Nguyen Phuc Tan in Auftrag gegeben, um seinen Sieg über die Trinh zu verewigen. Das **Kaiserliche Theater** (Duyet Thi Duong) diente der kulturellen Erbauung des Herrschers. Minh Mang ließ es 1826 errichten. Es ist komplett wiederhergestellt. Heute finden dort mehrmals täglich Aufführungen statt. Auch im hübschen, nördlich liegenden **Lesepavillon** (Thai Binh), fünf Jahre zuvor errichtet, verbrachten die Kaiser kulturelle Mußestunden.

Im Inneren der Kaiserstadt, aber außerhalb des verbotenen purpurnen Bereichs liegen (bzw. lagen) zu beiden Seiten der Mittelachse weitere Gebäude: im Osten der **Thai-Tempel** (Thai Mieu) und der **Trieu-Tempel** (Trieu Mieu), beide 1804 von Gia Long zu Ehren der Vorfahren erbaut, nördlich daran anschließend eine Schatzkammer, Büroräume und eine Gartenanlage.

Der westliche Bereich ist in vier einzeln ummauerte Abschnitte unterteilt. Durch den **Pavillon der glorreichen Ankunft** (Hien Lam) betritt man den zentralen Bereich des ersten Hofs, der der Verehrung der Nguyen-Herrscher gewidmet ist. Hier stößt man auf die **Neun dynastischen Urnen**, die zwischen 1835 und 1837 entstanden. Zu deren schönen Verzierungen mit Landschaften und Fabelwesen wurden später die Namen der Herrscher hinzugefügt, denen die Urnen gewidmet sind. Der Hof wird vom großen **The-Tempel** (The Mieu) von 1822 dominiert, dem zentralen Heiligtum für die Verehrung der Nguyen-Herrscher. Für die im Exil verstorbenen Kaiser wurden 1959 drei Altäre hinzugefügt. Im sich anschließenden **Hung-Tempel** (Hung Mieu) werden die Eltern des Dynastie-Gründers verehrt.

Der zweite Hof ist heute fast unbebaut. Nur wenige Überbleibsel erinnern an den **Phung Tien-Tempel** (Dien Phung Tien), der ebenfalls der dynastischen Ahnenverehrung gewidmet war. Im dritten und vierten Hof lebten die Mutter und Großmutter des Herrschers im **Palast der Ewigkeit** (Cung Dien Tho) bzw. dem **Palast des langen Lebens** (Cung Truong Sinh). Während der Großmutter-Palast noch seiner Wiederherstellung harrt, präsentiert sich der Palast der Ewigkeit mit seiner Mischung aus vietnamesischen und französischen Architekturstilen fast wieder so wie in den 1920er-Jahren, als der letzte Kaiser Bao Dai hier lebte.

Museen

Das **Kunstmuseum** (Bao Tang Co Vat), 3 Le Truc, liegt außerhalb der Kaiserstadt am Tor der Menschlichkeit (Cua Hien Nhon) im schön renovierten Long An-Palast. Das Gebäude befand sich bei seiner Erbauung durch Kaiser Thieu Tri 1845 noch innerhalb der Kaiserstadt; 1909 wurde es dort abgebaut und an seiner heutigen Stelle als Nationale Universitätsbibliothek wieder errichtet. Kai Dinh machte 1923 ein Museum daraus. Heute findet sich hier eine wertvolle Sammlung von Alltagsgegenständen aus herrschaftlichem Besitz: Keramik, Bronze, Wandschirme und des Kaisers alte Kleider. ◷ Di–So 7–17 Uhr (Mitte April bis Mitte Oktober ein halbes Stündchen länger), Eintritt 22 000 Dong. Fotografieren verboten.

Direkt gegenüber liegt das **Provinzmuseum**, 23 Thang 8, das mit seiner Waffensammlung im Park und seiner Dokumentation der grausamen Ereignisse 1968 eher als Militärmuseum durchgeht. Auch zum buddhistischen Widerstand gegen das Diem-Regime finden sich Dokumente. Nebenan ist die ehemalige Schule der Prinzen angesiedelt, zu der der 1808 erbaute **Di Luan-Pavillon** gehört, wo heute einige Funde aus vorvietnamesischer Zeit (Prähistorie und Cham) gezeigt werden. ◷ tgl 7–11 und 13.30–17 Uhr, Eintritt Museum 22 000 Dong.

Südlich des Flusses

An Dinh-Palast

Ein kaiserliches Gebäude außerhalb der Zitadelle ist der An Dinh-Palast, den Kaiser Khai Dinh 1918 für seinen Sohn und Nachfolger Bao Dai errichten ließ. Er liegt in einem schönen, über 23 000 m² großen Park am Südrand von Hue; angelegt als neobarockes, pastellgelbes Schlösschen, das vietnamesische und europäische Stilelemente vereint. Der letzte Kaiser wohnte zeitweise mit seiner Familie und einigen Dienstboten hier. Später waren in dem Haus Regierungsbeamte und Professoren der Universität von Hue untergebracht. 2001 wurde das Haus dem Hue Monuments Conservation Center unterstellt und einer aufwendigen Restauration unterzogen.

Die Nguyen-Dynastie

Als Nguyen Anh, der einzige Überlebende seines Clans nach dem Massaker durch die Tay Son-Rebellen, nach Siam floh und sich anschließend auf Phu Quoc versteckte, um von dort seine Rückeroberung zu organisieren, standen seine Chancen schlecht. Er erhielt jedoch die Hilfe eines französischen Bischofs, Pigneau de Béhaine, der ihn mit Waffen, Soldaten und strategischem Wissen unterstützte – und war schließlich erfolgreich: Als *Hoang De* Gia Long gründete er eine Dynastie, die vom damals zu Ende gehenden vietnamesischen Mittelalter bis in die Moderne reichte.

Gia Long: 1802–1820

Minh Mang: 1820–1841 (vierter Sohn von Gia Long)

Thieu Tri: 1841–1847 (ältester Sohn von Minh Mang)

Tu Duc: 1847–1883 (zweitältester Sohn von Thieu Tri)

Duc Duc: 1883 (ältester Adoptivsohn von Tu Duc; nach drei Tagen entthront)

Hiep Hoa: 1883 (Bruder von Tu Duc, nach vier Monaten vermutlich vergiftet)

Kien Phuc: 1883–1884 (Adoptivsohn von Tu Duc)

Ham Nghi: 1884–1885 (jüngerer Bruder von Kien Phuc; von den Franzosen nach Algerien verbannt, wo er begraben ist)

Dong Khanh: 1885–1889 (älterer Bruder von Ham Nghi und Kien Phuc)

Thanh Thai: 1889–1907 (Sohn von Duc Duc, nach Réunion verbannt)

Duy Tan: 1907–1916 (Sohn von Thanh Thai, nach Réunion verbannt)

Khai Dinh: 1916–1925 (Sohn von Dong Khanh)

Bao Dai: 1926–1945 (Sohn von Khai Dinh; 1997 an der Côte d'Azur verstorben)

Weitere Sehenswürdigkeiten

Im **Ho-Chi-Minh-Museum** (Bao Tang Ho Chi Minh) am südlichen Flussufer, 7 Le Loi, gedenkt man des Landesvaters, zu dem man hier eine ganz besondere Beziehung hat, denn einen großen Teil seiner Jugend verbrachte der spätere Präsident in Hue (vgl. S. 346/347, Kasten, Ho Chi

Minh). Familienfotos und Bilder des alten Hue unterscheiden die Ausstellung von anderen Ho-Chi-Minh-Museen. 🕓 Di–So 7.30–11.30 und 13.30–16.30 Uhr, Eintritt 15 000 Dong.

Die **Quoc Hoc-Schule** (Truong Quoc Hoc) in der Le Loi ist besonders stolz darauf, Ho Chi Minh unterrichtet zu haben: Allerdings dauerte es nicht lange, bis er wegen aufrührerischer Umtriebe entlassen wurde. Andere berühmte Revolutionäre, die hier zur Schule gingen, waren General Giap, Parteisekretär Le Duan und Ministerpräsident Pham Van Dong, und auch deren südvietnamesischer Gegenspieler Ngo Dinh Diem.

Die mächtige katholische **Kathedrale** (Dong Cua Cuu The) in ihrer eigentümlichen Architekturmischung aus europäischer Moderne und asiatischer Tradition wurde Anfang der 1960er-Jahre errichtet.

Restauration mit Hindernissen

Vier deutsche Restauratoren aus Potsdam waren federführend bei den Arbeiten am An Dinh-Palast beteiligt. 3600 m^2 Wandgemälde und Stuckverzierungen galt es in die Gegenwart zu retten. Das Auswärtige Amt schoss fast eine halbe Million Euro zu, aber einfach war das Projekt nicht: Der Palast war in einem traurigen Zustand, und die Dokumente aus der Vergangenheit waren bei us-amerikanischen Bombenangriffen 1968 vernichtet worden – bis auf drei wertvolle Fotos. Rezepte für den speziellen Mörtel, der damals benutzt wurde, mussten mühsam neu erfunden werden. Die Farben und Lacke, aus denen die fantastischen Wandgemälde bestehen, sind alle in geduldiger Forschungsarbeit neu gemischt worden. Dabei konnten die Restauratoren auf Fachwissen einiger älterer Bewohner Hues zurückgreifen.

Die 15 Angestellten, die das deutsche Team unterstützten, wurden im Laufe der Jahre zu Spezialisten ausgebildet. Nach Beendigung der Arbeiten am Palast (voraussichtlich Ende 2008) können sie nun ihr Wissen an anderen Stätten in Hue einsetzen. Geplant ist, den Palast 2009 auch für die Öffentlichkeit zu öffnen. Mehr zu den Restaurierungsarbeiten unter 💻 www.gcrep.org.

Stahlbeton und massive Eisenträger, geliefert von der Firma Eiffel in Paris, machten eine selbsttragende Konstruktion möglich, sodass innen keine Säulen benötigt wurden. Der Altar ist aus Marmor, der aus den Marmorbergen bei Da Nang stammt. Geöffnet ist meist zwischen 17 und 19 Uhr – wer nach architektonischem oder spirituellem Kontrastprogramm sucht, ist hier richtig.

Chinesisches Viertel

Nordöstlich der Zitadelle liegt auf einer dreieckigen, durch den Parfümfluss und zwei Kanäle gebildeten Insel das Chinesische Viertel (Phu Cat), eine belebte Gegend, in der einige weniger spektakuläre Pagoden und Versammlungshallen zu sehen sind; etwa die buddhistische **Dieu De-Pagode**, die in den 60er-Jahren im Zentrum von Demonstrationen gegen das Diem-Regime stand, oder ganz in der Nähe nördlich davon die **Ong-Pagode** an der Bach Dang. Letztere flog 1968 mit in die Luft, als der Viet Cong ein hier liegendes US-Munitionsschiff mit Raketen versenkte, wurde aber wieder aufgebaut.

Der in chinesischen Pagoden allgegenwärtige legendäre General Quan Cong und die Meeresgöttin Thien Hau mussten ihren Platz auf dem Hauptaltar im Jahre 1918 räumen, als eine Cholera-Epidemie ausbrach: Damals wurden hier die heute noch zu sehenden Abbilder bedeutender Ärzte platziert.

Übernachtung

Ein Mangel an Unterkünften herrscht in Hue nicht – außer zu Festivalzeiten. Den Rest des Jahres profitieren Besucher von einer mäßig starken Konkurrenz der Hotels untereinander, die zu einem recht guten Preis-Leistungs-Verhältnis führt; besonders, wenn man nicht auf die allerbilligsten Zimmer (US$4–5) angewiesen ist. Reisende mit großzügigem Budget haben die Auswahl unter einigen schönen, stilvollen Unterkünften.

Untere Preisklasse

Binh Duong 1 Hotel, 10/4 Nguyen Tri Phuong, ☎ / 📠 054-833298, ✉ binhduong1@dng.vnn.vn. Preiswerte Zimmer mit Fenster zum Flur und bessere mit viel Licht, guter Möblierung und

Computer mit Internet-Zugang auf dem Schreibtisch. ❶–❷

Binh Duong 3 Hotel, 4/34 Nguyen Tri Phuong, ✆ 054-830145, ✉ binhduong1@dng.vnn.vn. Das Schwesterhotel schräg gegenüber hat weitere saubere, gut ausgestattete Zimmer mit Computer. ❷–❸

Binh Minh (Sunrise) 1 Hotel, 36 Nguyen Tri Phuong, ✆ 054-825526, ℻ 828362, ✉ binminhhue@dng.vnn.vn, 💻 www.binhminhhue.com. Beliebtes, sauberes Haus mit routiniert freundlichem Service. Das 3 Fußminuten entfernt liegende **Binh Minh 2**, 45 Ben Nghe, ✆ 054-849007, ℻ 828362, ist etwas kleiner und einfacher. ❷

Hai Dang Hotel, 43 Hung Vuong, ✆ 054-824755, ℻ 830981, 💻 www.haidanghotel.com. Saubere, mit schweren dunklen Möbeln eingerichtete Zimmer in einem gut geführten Budget-Hotel mit freundlichem Personal. ❶

Van Xuan Guest House, 10 Pham Ngu Lao, ✆ 054-826567. Einfache, nicht mehr ganz taufrische Zimmer; dafür eine der preiswertesten Unterkünfte in der Stadt. Der lange Gemeinschaftsbalkon mit Tischen und Stühlen ist ein echtes Plus. ❶

Einige beliebte, preiswerte Unterkünfte befinden sich in einer ruhigen Seitengasse der Le Loi:

Bao Minh Hotel, 8/66 Le Loi, ✆ 054-829953, ℻ 829956, ✉ baominh.2673@dnhg.vnn.vn. Komplett mit AC, TV und Badewanne ausgestattete Zimmer, einige mit kleinen Balkonen. ❶

Hoang Huong Guest House, 46/2 Le Loi, ✆ 054-828509. Wer jeden Euro zweimal umdrehen muss, nimmt in diesem freundlichen Familienbetrieb eines der schlichten, preiswerten Travellerzimmer oder ein Bett im 4-Personen-„Schlafsaal". ❶

Mimosa Guest House, 46/6 Le Loi, ✆ 054-828068, ℻ 823858. Kleine Zimmer, aber sehr preiswert und daher beliebt – abends trifft man sich auf dem Gemeinschaftsbalkon. ❶

Phuong Hoang (Phönix) Hotel, 66/3 Le Loi, ✆ 054-826736, ℻ 828999, ✉ Phoenixhotel@dng.vnn.vn, 💻 www.phuonghoanghotel.com. Recht komfortable, saubere AC-TV-Zimmer, die besseren mit Balkon oder Badewanne. ❶–❷

Thanh Thuy Guest House, 46/4 Le Loi, ✆ 824585, ✉ thanhthuy66@dng.vn.vn. Eine weitere sehr preiswerte Option in dieser Gasse. ❶

Gästehäuser in einer ruhigen Seitengasse

Canh Tien Guest House, 9/66 Le Loi, ✆ 054-822772, ℻ 831540. Empfehlenswertes, freundliches Haus mit Zimmern verschiedener Preisklassen, vom einfachen AC-Raum bis zum Dreier-AC-Zimmer mit großem Balkon. ❶–❷

Dong Tam Guest House, 7/66 Le Loi, ✆ 054-828403, ✉ dongtam_guest_house@yahoo.com.vn. Preiswerte, einfache Zimmer in schönem, zurückversetztem Haus. In den einfachsten Räumen mit sauberem Bad und Ventilator steht nur ein Bett, in den etwas teureren auch ein paar Möbel und ein TV. Angeschlossen ist ein gutes vegetarisches Restaurant. Thuan, der Sohn der Familie, bietet Motorradtouren bis nach Hoi An. ❶

Halo Guesthouse, 10a/66 Le Loi, ✆ 054-829371, ✉ huehalo@yahoo.com. Besonders empfehlenswert ist eines der großen Zimmer mit Badewanne und riesigem Balkon, auf dem sogar eine Hollywoodschaukel Platz findet. ❶–❷

Mittlere Preisklasse

L'Indochine Hotel, 2 Hung Vuong, ✆ 054-823866, ℻ 825910, ✉ indochine-hotel@dng.vnn.vn. Etwas in die Jahre gekommenes, aber gepflegtes Haus mit relativ nüchterner Ausstattung und zwei preiswerten, wenig stimmungsvollen Restaurants. ❷–❺

Orchid Hotel, 30A Chu Van Am, ✆ 054-831177, ℻ 831213, 💻 www.orchidhotel.com.vn. Neues Haus mit modern ausgestatteten, bequemen Zimmern und sehr gutem Service. ❸

Phu An Hotel, 42 Nguyen Tri Phuong, ✆ 054-821168, ℻ 830982, 💻 www.phuanhotel.com.vn. Geräumige, wenngleich etwas nüchtern eingerichtete Zimmer, z. T. mit Balkon, in einer Gegend mit vielen Internetshops und Traveller-Restaurants. WIFI. ❷–❸

Sports Hotel, 15 Pham Ngu Lao, 054-828096, 830199, www.huestays.com. Gepflegte Zimmer in einem recht neuen Hotel; die preiswerteren sind nichts Besonderes, die besseren mit Balkon zur Straße dafür recht schön. ❷–❸

Obere Preisklasse

Century Riverside Hotel, 49 Le Loi, 054-823390, 823394, www.centuryriversidehue.com. Langgestrecktes Hotel am Flussufer mit 135 gepflegten Zimmern mit Holzfußboden. Bei 6 Restaurants dürfte für jeden etwas dabei sein. Das Haus hat in den vergangenen Jahren allerlei Auszeichnungen gewonnen, u. a. für den Service. Starke Preisnachlässe bei Buchungen über die Website. ❻

Green Hotel, 2 Le Loi, 054-824668, 824527, www.greenhotel-hue.com. Das moderne, staatliche 4-Sterne-Hotel macht seinem Namen alle Ehre und würde bei einem Wettbewerb um experimentelles vietnamesisches Design bestimmt einen vorderen Platz belegen. Das Grün-und-Bambus-Motiv zieht sich bis in die Zimmer, die mit leichten Rattanmöbeln ausgestattet sind. Ansonsten bietet das Haus die üblichen Annehmlichkeiten dieser Klasse und beherbergt hauptsächlich Gruppenreisende. ❻–❼

Huong Giang Hotel, 51 Le Loi, 054-822122, 823102, www.huonggiangtourist.com. Älteres staatliches Hotel, das um einen neuen Flügel erweitert wurde. Die Internet-Preise sind halb so hoch wie die Walk-in-Rate; hier ist man eher auf Gruppen- als auf Individualreisende eingestellt. Nahe am Fluss gelegen, bietet es einige schöne Ausblicke. ❻–❼

Imperial Hotel, 8 Hung Vuong, 054-882222, 882255, www.imperial-hotel.com.vn. Hues neu eröffnetes, erstes 5-Sterne-Hotel hält alle Erwartungen, die man an ein so hochkarätiges Haus stellt: Bestens ausgestattete Zimmer und gut geschultes Personal. Mehrere Restaurants, darunter ein japanisches, und ein hervorragender Wellnessbereich. ❻–❽

La Residence Hotel & Spa, 5 Le Loi, 054-837475, 837476, www.la-residence-hue.com. Eines der besten Hotels der Stadt in den Räumen der renovierten Gouverneursvilla am Ufer des Parfümflüsses: Schick und elegant eingerichtet, fängt es koloniale Themen ein, ohne altmodisch zu wirken. Tolle Ausblicke auf den Fluss. ❻–❼

Pilgrimage Village Boutique Resort & Spa, 130 Minh Mang, 054-885461, 887057, www.pilgrimagevillage.com. Etwa 15 km außerhalb von Hue, in der Nähe des Minh Mang-Grabs, liegt dieses stilvoll ausgestattete Resort mit Bungalows und Villen eingebettet in die üppige Natur der Umgebung. Ein halbes Dutzend Shuttlebusse täglich verbindet die friedliche Oase mit Hue, sodass man hier draußen nicht abgeschnitten von der Außenwelt lebt. ❻–❼

Saigon Morin, 30 Le Loi, 054-823526, 825155, www.morinhotel.com.vn. Ein französischer Geschäftsmann baute dieses stilvolle Hotel 1901 nahe dem Parfümfluss und der Trang Tien-Brücke. Die 180 Zimmer und Suiten sind elegant ausgestattet. Nach einer Renovierung 1997 und einer Erweiterung 2003 erstrahlt das Haus nun wieder in kolonialem Glanz. Leser loben besonders das Frühstücksbuffet. ❺–❼

Essen

In Hue gibt es genug Auswahl an Restaurants: Traveller-Cafés mit Pizza-Pasta-Pancake oder Lokale mit etwas gehobener internationaler Küche ebenso wie kleine, vietnamesische Familienbetriebe. In Letzteren ist es manchmal empfehlenswert, dem freundlichen jungen Mann, der sich zu einem an den Tisch gesellt, frühzeitig klarzumachen, dass man zum Essen gekommen ist und nicht, um sich eine Motorradtour aufschwatzen zu lassen. Unbedingt probieren sollte man einige der „authentic hue dishes“; z. B. eines der Hotpot-Gerichte *(lau)*, wie hauchdünne Scheiben Rindfleisch (oder Fisch, Huhn etc.), die man selbst am Tisch in einer heißen Brühe kocht. Weiteres zur Küche von Hue s. S. 58, A–Z.

Restaurants/Cafés

Café On Thu Wheels, 10/2 Nguyen Tri Phuong, 054-832241. Kleines Café, in dem

Generationen von Travellern die Wände und Decken mit Sprüchen und Grüßen verziert haben. Die legendäre Wirtin Thu sorgt dafür, dass der Laden läuft. Gutes Essen von morgens bis abends. Sehr beliebt sind die hier angebotenen Touren. Außerdem gibt es Lesestoff (auch deutschen) in der Tauschbibliothek. Abends wird es voll und laut.

Carita Bar Café, 2 Ben Nghe, ✆ 054-838777. Hauptsächlich von Einheimischen frequentiertes Café mit preisgünstigen Snacks und Getränken. WIFI-Zone, daher klappert hier und da eine Laptop-Tastatur.

Cathi, 64 Le Loi, ✆ 054-821281. Atmosphärisches kleines Restaurant mit schönem Innenhof – etwas teurer, aber einladend.

Dong Tam Restaurant, 7/66 Le Loi, ✆ 054-828403. Zum gleichnamigen Guesthouse gehörendes, gutes vegetarisches Restaurant. Von Orchideen umrankt in einer ruhigen Seitenstraße; von Lesern empfohlen.

Freundlich, preiswert und gut

Lac Thanh, 6A Dinh Tien Hoang, ✆ 054-824674. Preiswertes vietnamesisches Restaurant mit vielen Hue-Spezialitäten und vegetarischen Gerichten. Der taubstumme Besitzer, Herr Lac, ist ein freundlicher Mensch, der trotz Erwähnung in vielen Reiseführern weiterhin kompromisslos gute Küche zu korrekten Preisen anbietet. Empfehlenswert: *banh khoai*, kleine Pfannkuchen aus Ei und Reismehl mit Shrimps, Fleisch und Sojabohnen, zu denen eine Erdnuss-Sesam-Soße, grüne Bananen und Minze gereicht werden. Biertrinker können sich manchmal zudem an einer kleinen Showeinlage erfreuen.

Der Erfolg des Lac Thanh hat dazu geführt, dass rechts und links nebenan zwei weitere, zum Verwechseln ähnliche Restaurants aufgemacht haben: das **Lac Thien**, ✆ 054-527348, wo ebenfalls Taubstumme arbeiten, und das **Lac Thuan**, ✆ 054-531362.

Beide bieten ein ähnlich gutes Preis-Leistungs-Verhältnis.

Khuyen Trang, 40 Nguyen Tri Phuong, ✆ 054-849739. Preiswerte, passable vietnamesische und westliche Küche, von Touristen und Einheimischen gleichermaßen besucht. Der Kaffee ist allerdings zum Weglaufen.

La Carambole, 19 Pham Ngu Lao, ✆ 054-810491. Der Name verrät es: Hier steht ein französischer Chef in der Küche. Die westlich-vietnamesische Küche wird hauptsächlich von Touristen geschätzt. Angenehmes Ambiete. 🕒 7–23 Uhr.

Little Italy, 2A Vo Thi Sau, ✆ 054-826928, 💻 www.littleitalyhue.com. Wer unbedingt eine Pizza will, statt die kaiserliche Küche von Hue zu kosten, wird hier bestens bedient. Falls die Renovierungsarbeiten noch nicht abgeschlossen sind, ist der Laden in der 1 Nguyen Thai Hoc zu finden.

Mandarin Café, 12 Hung Vuong, ✆ 054-821281. Das alteingesessene Traveller-Café ist auch nach seinem Umzug eine gute Anlaufstelle für westlich-vietnamesische Konsens-Küche und Tourbuchungen. Vermietet recht gute Fahrräder.

Minh & Coco, 3 B Hung Vuong, ✆ 054-821822. Einfache, sättigende Hausmannskost bei den freundlichen Schwestern Minh und Coco.

Pho 24, 92 Le Loi, ✆ 054-831306. Immer eine gute Suppe in diesem Ableger der erfolgreichen Kette mit sauberen, klimatisierten Restaurants.

Stop and Go Café, 18 Ben Nghe, ✆ 054-827051, 0905-126767, ✉ stopandgocafe@yahoo.com. Freundliches kleines Café mit Snacks und gutem Kaffee. Der silberhaarige Herr Do ist die Seele des Cafés und vermittelt empfehlenswerte, von Ex-Soldaten geführte Touren in die DMZ.

Temple Restaurant, 5 Chu Van An, ✆ 054-830716, ✉ temple-restaurant@vnn.vn. Gemütliches Gartenrestaurant; nicht ganz billig (Menüs 120 000–260 000 Dong), aber gut. Beliebt bei kleineren Tourgruppen, die dann mit traditioneller Live-Musik beschallt werden. Umfangreiche Weinkarte. 🕒 8–21 Uhr.

The Friends Mini Restaurant, 30 Nguyen Tri Phuong, ✆ 054-825248. Gar nicht so minikleines Traveller-Restaurant mit den üblichen Verdächtigen auf der Speisekarte und Tourvermittlung. Vermietet auch Mopeds und Fahrräder. Punktet besonders mit gutem Kaffee

und leckerer *pho* – sollte sie ohne Kräuter und Limone geliefert werden, nachfragen!
Tropical Garden, 27 Chu Van An, ✆ 054-847143, ✉ tropicalgarden@vnn.vn. Hübsches Gartenrestaurant mit etwas überteuerten Gerichten, aber dafür stimmt das Ambiente. Jeden Abend traditionelle Live-Musik. Selbst wenn Tourgruppen bewirtet werden, findet sich oft noch ein gemütliches Plätzchen. Sollte das nicht der Fall sein, hilft ein Blick ins ebenso schöne Schwesterrestaurant **Club Garden**, 8 Vo Thi Sau, ✆ 054-826327, ✉ clubgarden@vnn.vn.
Xuan Trang, 16 Hung Vuong, ✆ 054-832480. Zur Zeit der Recherche gab es hier empfehlenswerte und preiswerte vietnamesische Küche, daneben ein paar westliche Gerichte wie Spaghetti und Sandwiches, aber keine Burger. Stattdessen: *banh duc*, Kartoffelpuffer! Vor Drucklegung erreichte uns allerdings eine Lesermeinung: „Essen miserabel, Service ließ zu wünschen übrig". Wiederum ein anderer Leser war zur gleichen Zeit begeistert von der Motorradtour mit dem hier erreichbaren Herrn Minh.
You and Me Restaurant, 38 Tran Co Van, ✆ 054-831671. Westliche und vietnamesische Traveller-Küche und eine kommunikationsfreudige Besitzerin.

Unterhaltung

Bars

B4, 75 Ben Nghe, ✆ 0914-065618. In der kleinen Bar mit blauer Fassade versorgt der Belgier Bruno seine Gäste manchmal bis in die frühen Morgenstunden mit Leffe, Guinness und Huda, Letzteres vom Fass! Daneben gibt es Cocktails, eine Auswahl an Brettspielen und eine Büchertausch-Ecke.
Brown Eyes, 55 Nguyen Sinh Cung, ✆ 054-827494, ✉ browneyes@pmail.vnn.vn. Bar-Café mit Pooltisch und DJ. Tolle Lage am Fluss.
DMZ-Bar, 44 Le Loi, ✆ 054-823414, 💻 www.dmz-bar.com. Seit seiner Eröffnung 1994 der Klassiker für alle, die abends nach dem Essen noch nicht gleich ins Hotel wollen. Große Auswahl an Cocktails (20 000–50 000 Dong). ⏲ bis 2 Uhr morgens. Während der Renovierungsarbeiten befindet sich die Bar ein paar Häuser weiter in der 60 Le Loi.

Hue Festival

Im Jahr 2000 ging das erste große Hue Festival über die Bühne, eine Großveranstaltung über 12 Tage und Nächte, an der sich über 30 Künstlergruppen aus Vietnam und Frankreich beteiligten – insgesamt über 1000 Künstler. Der große Erfolg ermutigte das Organisationsteam, das seitdem in zweijährigem Abstand weitere Festivals organisiert: das nächste im Sommer 2010. Informationen unter 💻 www.huefestival.com.

Traditionelle Musik und Tanz

Aufführungen der 2003 von der UNESCO in die Liste immateriellen Kulturerbes aufgenommenen **Nha Nhac-Musik**, die am kaiserlichen Hof von größeren Orchestern gespielt wurde, können ebenso wie Tanzaufführungen im **Kaiserlichen Theater** (Duyet Thi Duong) in der Verbotenen Purpurnen Stadt gesehen werden. Dort finden (in der Hauptsaison) mehrere Aufführungen täglich statt.

Touren

Eine große Zahl von **Touranbietern** bemüht sich in Hue um Kunden: freiberufliche Mopedtaxi-

Hue zu Festival-Zeiten

Es ist immer etwas teurer und unbequemer, zur Hauptsaison zu reisen; je mehr Kunden, desto höher die Preise und desto niedriger der Service-Standard. Wer zu Festival-Zeiten nach Hue fährt, sollte das einkalkulieren: Erstens früh genug ein Hotel buchen, und zweitens darauf gefasst sein, dass selbst einfachste Dinge wie eine Schale *pho* oder eine Cyclo-Fahrt das Drei- bis Vierfache kosten – da hilft auch kein Handeln, denn, so der Kommentar eines Cyclo-Fahrers, „Das Festival dauert ja nur ein paar Tage", und in denen will ein jeder so viel verdienen wie nur möglich.

Fahrer ebenso wie viele kleinere und größe Reisebüros.
In fast jeder Hotellobby und vielen Restaurants werden Touren angeboten. Schwierig, hier eine Empfehlung zu machen, aber als Faustregel gilt: Die billigsten Touren sind selten die besten. Auf jeden Fall sollte man vorher mit seinem Führer ein paar Worte wechseln; schon alleine um zu schauen, wie es mit dessen Englisch bestellt ist. Auch sollte man sich vergewissern, dass an den einzelnen Orten genügend Zeit bleibt.
Einige Leser raten von einer der preiswerten **Drachenboot-Touren** ab: Von den Anlege stellen ist es oft noch recht weit zu den Sehenswürdigkeiten und es fallen weitere schlecht kalkulierbare Kosten für Transportmittel an. Außerdem sind hier die Zeiten an den Sehenswürdigkeiten oft zu knapp bemessen. Für andere war eine Drachenboot-Fahrt auf dem Parfümfluss allerdings ein schönes, entspannendes Erlebnis. Am besten ist es, sich vor Ort bei anderen Reisenden umzuhören: Die Traveller-Cafés sind meist gute Info-Börsen. Für **Touren in die DMZ** kann uneingeschränkt das Stop&Go-Café empfohlen werden, das von einem Ex-Soldaten geleitet wird. Er und seine Führer können das Geschehen von damals eindringlich vermitteln. In den **Bach Ma-Nationalpark** sind ein- bis dreitägige Touren möglich (ab 500 000 Dong).
Man kann die Sehenswürdigkeiten in der Umgebung auch mit einem eigenen Fahrzeug ansteuern; sei es mit **Fahrrad** oder **Moped**. Viele (wenn auch nicht alle) Ziele sind einfach zu erreichen und ausgeschildert. Wer keine Angst hat, sich auch mal zu verfahren, wird vielleicht gerade auf diesem Wege seine schönsten Erlebnisse haben; irgendwo, wo noch kaum ein Tourist vorher war, an einer geheimen Stelle, die so schön ist, dass sie in keinem Reiseführer stehen sollte.

Sonstiges

Einkaufen

Auf dem **Dong Ba-Markt** am Nordufer des Flusses gibt es so ziemlich alles, was ein normaler Haushalt braucht, und so herrscht den ganzen Tag viel Betrieb. Ein Streifzug lohnt sich eigentlich immer, auch wenn man nichts zu kaufen plant – einfach nur, um ein bisschen Atmosphäre zu schnuppern. Ein beliebtes Souvenir sind die **Gedichthüte** *(non bai tho)*. Die klassische vietnamesische Kopfbedeckung gibt es auf diesem Markt in einer besonders schön verzierten Ausführung.
In der Pham Ngu Lao haben sich einige **Galerien** angesiedelt.
Eine Bäckerei, **Bao Thanh 2**, befindet sich in der 171 Tran Hung Dao.

Geld

Die Hauptfiliale der **Vietcombank**, 78 Hung Vuong, ✆ 054-824629, erledigt alle üblichen Transaktionen. Bequemer erreichbar ist die Zweigstelle (samt Bankautomat) im Saigon Morin Hotel, 30 Le Loi, ⌚ Mo–Sa 7–22 Uhr. Ein weiterer ATM befindet sich linker Hand des Imperial Hotels.

Internet

In fast allen Hotels stehen Internet-Computer in der Lobby, in einigen sogar auf dem Zimmer.

Medizinische Hilfe

Das **Hue Central Hospital**, 16 Le Loi, ✆ 054-822325, ist erste Anlaufstelle bei medizinischen Notfällen.

Post

Ein Postamt liegt in der 91 Tran Hung Dao, ✆ 054-531927, ⌚ 6.30–21.30 Uhr.

Nahverkehr

Cyclos

Kurze Fahrten innerhalb des Zentrums sollten etwa 10 000 Dong kosten. Wer länger unterwegs sein will, muss mit rund US$3 pro angefangener Stunde rechnen.

Fahrräder

Fahrradfahren kann hier richtig Spaß machen: Der Verkehr in Hue ist einigermaßen überschaubar, und in der Umgebung locken ruhige Landstraßen und eine herrliche Landschaft. Räder in vielen Hotels ab US$1 pro Tag, gute Mountainbikes teurer.

Mopeds

Meist reicht es, einen der Hotelangestellten zu fragen: Sie vermieten ihr Bike dann bis zum späten Nachmittag für etwa US$5.

Taxis

Taxis (mit Taxameter) gibt es z. B. unter ✆ 054-830830 oder 833333.

Transport

Busse

Open Tour

Nach DA NANG und HOI AN geht es um 8 und 14 Uhr.
Die Busse nach NHA TRANG, MUI NE, DA LAT und SAI GON fahren um 14 Uhr ab.
Der Bus nach HA NOI startet um 18 Uhr und erreicht die Hauptstadt zwischen 8 und 10 Uhr am nächsten Morgen. Unterwegs werden Pausen eingelegt, z. B. in Dong Ha zum Abendessen und in Ninh Binh zum Frühstück. Tickets gibt's in allen Reisebüros.

Reguläre Busse

Am lokalen **Busbahnhof Dong Ba** fahren ausschließlich Busse in die nähere Umgebung (Phong An, Xia, Thuan An etc.).
Am **Busbahnhof An Cuu** an der Hung Vuong stadtauswärts starten Fahrzeuge nach BUON MA THUOT (6.30 und 15 Uhr, 155 000 Dong), DA LAT (14, 15 und 16 Uhr, 120 000 Dong), DONG HA (9, 10, 13 und 16 Uhr, 25 000 Dong), HO-CHI-MINH-STADT (6.30, 7.30 und 8.30 Uhr, 154 000 Dong, Endstation Mien Dong), LANG CO (7.30 und 8.30 Uhr, 12 000 Dong), QUANG NGAI (13, 14 und 15 Uhr, 55 000 Dong), QUY NHON (7 und 15.30 Uhr, 110 000 Dong) und zu einigen weiteren Zielen.
16-sitzige Mercedes-Kleinbusse starten um 13.30 und 14.30 Uhr nach HO-CHI-MINH-STADT (300 000 Dong), um 6 und 17 Uhr nach QUY NHON (110 000 Dong) und um 7 Uhr nach TUY HOA (130 000 Dong).
Vom **Busbahnhof An Hoa** (eigentl. Ben Xe Phia Bac) etwa 4 km nordwestlich des Zentrums, an der Nordwestecke der alten Zitadelle, fahren den ganzen Tag über Busse nach DONG HA (17 000 Dong), stdl. zwischen 6 und 16 Uhr nach DONG HOI (30 000 Dong), außerdem nach QUANG TRI (4x tgl. zwischen 13 und 16 Uhr, 15 000 Dong), VINH (7x tgl. zwischen 5.30 und 10.30 Uhr, 66 000 Dong), HA NOI (16 Uhr, 95 000 Dong) und LAO BAO (3x tgl. 6.30, 7.30 und 8.30 Uhr, 35 000 Dong).

Busse nach Laos

Die anstrengende Tagesreise nach SAVANNAKETH startet um 5, 6, 7 und/oder 9 Uhr mit Touristenbussen für US$14, um 6, 8 und 10 Uhr mit lokalen Bussen für US$11. Das laotische Unternehmen Sepon Travel wirbt mit durchgehenden Bussen ohne Aufenthalt an der Grenze (ab: 6 Uhr, an: 15.30 Uhr). Tickets gibt es in fast allen Reisebüros.
Zeitweise fahren an geraden Tagen (2, 4, 6 = Di, Do, Sa) Touristenbusse nur bis Dong Ha, von wo es dann mit dem lokalen Bus weiter geht. Ankunft in Savannaketh am späten Nachmittag. Eine weitere Option ist die Abfahrt um 17 Uhr (US$13); nach 2 Std. ist Dong Ha erreicht, wo übernachtet wird. Weiter geht es am nächsten Morgen um 7.30 Uhr, Ankunft am frühen Nachmittag.
Nach VIENTIANE mit dem Touristenbus um 5.30 Uhr für US$17, Ankunft 15–16 Uhr. Ein weiterer Bus startet um 17 bzw. 18 Uhr: Da er mitten in der Nacht an der Grenze ankommt, muss man sich auf eine Übernachtung im ungeheizten Bus in den kalten Bergen einstellen, ehe es morgens weitergeht.

Eisenbahn

Der **Bahnhof** liegt am Ende der Le Loi, südwestlich des Zentrums.
Neben vielen lokalen Zügen fahren die bequemeren Special Express-Züge Richtung HA NOI um 8.20 Uhr (SE 6, Ank. 21.20 Uhr), 15.55 Uhr (SE2, Ank. 5.40 Uhr) und 16.38 Uhr (SE 4, Ank. 4.30 Uhr).
Richtung SAI GON um 8.17 Uhr (SE 1, Ank. 5.20 Uhr), 10.44 Uhr (SE 3, Ank. 4.30 Uhr) und 1.32 Uhr (SE 5, Ank. 20.45 Uhr). Weitere Verbindungen siehe 💻 www.vr.com.vn/english/index.html.

Flüge

Der **Phu Bai-Airport** liegt etwa 15 km südlich der Stadt und ist mit einem gut funktionierenden Shuttlebus an die Stadt angebunden (Phu Bai

Airport Bus, 30 000 Dong). Wer vorher Bescheid sagt, wird vom Hotel abgeholt.
Vietnam Airlines fliegt bis zu 3x tgl. nach HO-CHI-MINH-STADT (um 9.10, 13.40 und 18.40 Uhr) und ebenso oft nach HA NOI (um 8, 12.10 und 21.35 Uhr).

Die nähere Umgebung von Hue

Gartenhäuser

Westlich der Zitadelle liegt der Stadtteil Kim Long, wo sich 1636 Nguyen Phuc Lan ansiedelte und damit einen der Grundsteine für den Aufstieg Hues legte. Nach der Gründung der Zitadelle errichteten im 19. Jh. vornehme Mandarine ihre Gartenhäuser in dieser Gegend. Manche sind gut erhalten und stehen heute unter Denkmalschutz. Bei einem Streifzug durch die Gassen können einige von ihnen besichtigt werden. Interessante Beispiele liegen an der Phu Mong, von der Kim Long aus zwischen den Hausnummern 68 und 70 nach Norden, etwa 1 km westlich der Bahnschienen, z. B. **Thao Trang Vien**, 34 Phu Mong, im frühen 20. Jh. vom Mandarin Ton That Thuyet errichtet; oder **An Lac Vien**, 54/7 Phu Mong, erbaut 1888 und umgeben von einem großen Garten. Man sollte bedenken, dass es sich um Privathäuser handelt, und sich daher respektvoll und zurückhaltend verhalten. Nicht zur Mittagszeit stören! Eine kleine Spende in Höhe von 15 000–20 000 Dong ist angebracht.

Thien Mu-Pagode

Folgt man der Kim Long-Straße am Flussufer entlang etwa 4 km Richtung Westen, so gelangt man zur berühmten Thien Mu-Pagode, einem der Wahrzeichen von Hue. Sie wurde 1601 von Fürst Nguyen Hoang gegründet, nachdem ihm mehrfach eine alte Frau im Traum erschienen war und erklärt hatte, die Stelle habe magische Kräfte und solle durch eine Pagode markiert werden. Das dazugehörige Kloster ist das älteste in Hue. Der auffällige siebenstöckige, 21 m hohe **Turm der Freude und Anmut** (Thap Phuoc Duyen) wurde 1844 von Thieu Tri hinzugefügt. Dem oktagonalen Turm stehen zwei **Pavillons** zu Seite. Im rechten steht eine Steinstele von 1715, die auf dem Rücken einer großen Schildkröte ruht. Ihre Inschriften erzählen von der Geschichte der Pagode. Die Glocke im linken Pavillon ließ Fürst Nguyen Phuc Chu im Jahre 1710 gießen. Sie wiegt mehr als zwei Tonnen.

Durch das dreiteilige **Tor**, flankiert von grimmigen Wächterfiguren, betritt man den Hauptteil der Anlage, wo sich die **Haupthalle** mit ihrem dikkbäuchigen Di Lac-Buddha und weiteren Buddhafiguren befindet. Seitlich liegen die Mönchsunterkünfte.

In einer Garage steht ein alter Austin: Es ist jenes Fahrzeug, mit dem der 73-jährige Mönch Thich Quang Duc sich am 11.6.1963 zu seiner Selbstverbrennung an einer Straßenkreuzung in Sai Gon fahren ließ, um damit gegen die Unterdrückung des Buddhismus durch den katholischen Präsidenten Diem zu protestieren. Der Mönch hatte zuvor in diesem Kloster gelebt.

Einen knappen Kilometer weiter westlich liegt der **Literaturtempel Van Mieu**, in dem ab 1802 etwa alle drei Jahre die wichtigen Mandarinats-Prüfungen abgelegt wurden, zuletzt 1918. Davor hatten sie über viele Jahrhunderte im Literaturtempel von Ha Noi stattgefunden. Heute sind nur noch ein paar Pavillons und 32 Steinstelen mit den Namen der Prüflinge zu sehen. Auf zwei weiteren Stelen verbaten Minh Mang und Thieu Tri das Beschimpfen von Eunuchen und Verwandten des Kaisers.

Tempel der Himmlischen Mutter

Falls man zur Thien Mu-Pagode nicht über die Straße, sondern beschaulich per Drachenboot angereist ist, geht die Fahrt vielleicht noch weiter zur südlichen, 5 km flussaufwärts gelegenen **Dien Hon Chen**. Der Tempel liegt an einem Berg und markiert die Stelle, wo schon zu vor-vietnamesischen Zeiten die Cham-Göttin Po Nagar verehrt wurde. Für die Vietnamesen wurde daraus ihre Himmlische Mutter, Thien Ya Na. Sie wird im Haupttempel Dien Hue Nam verehrt. Die heutige Anlage wurde von Minh Mang 1832 angelegt und von Dong Khanh 1886 erneuert. Ein großes Tempelfest zu Ehren der Göttin findet am 15. Tag des dritten und siebten Mondmonats statt. Die Rituale gehen z. T. auf sehr alte Überlieferungen zurück und beinhalten Tänze zu rhythmischer Musik, bei denen die Tänzerinnen in Trance geraten. Von 1975 bis 1986 waren diese Feste verboten. Unten am Fluss begrüßt in der Thanh-Pagode der verehrte General Quan Cong die Besucher. Hier befindet sich auch die Fährstation, die den Tempel mit dem anderen Ufer und der dortigen Landstraße verbindet. ⏲ tgl. 8–17 Uhr, Eintritt 22 000 Dong.

Südwestlich von Hue

Um zu den südlich gelegenen Sehenswürdigkeiten und den Kaisergräbern zu gelangen, nimmt man am besten die Dien Bien Phu, die von der Le Loi in der Höhe des Ho-Chi-Minh-Museums abzweigt. Nachdem die Bahnlinie überquert ist, führt rechts ein kleiner Weg zur **Bao Quoc-Pagode**, die im Laufe der Jahrhunderte mehrfach erneuert wurde, zuletzt 1957.

3 km weiter südlich stößt man auf eine kaiserliche Hinterlassenschaft, den **Altar für Himmel und Erde** (Dan Nam Giao). Hier fanden zwischen 1806 und 1945 jedes Jahr aufwendige, mehrere Tage dauernde Riten und Opferzeremonien statt, mit denen die Kaiser ihre Herrschaft untermauerten. Ab 1900, unter Thanh Thai, wurden sie aus Kostengründen nur noch alle drei Jahre durchgeführt.

Engagierter Buddhismus – Thich Nhat Pham

Der vietnamesische Mönch Thich Nhat Pham ist neben dem Dalai Lama einer der angesehensten und meistgelesenen Lehrer des Buddhismus in der westlichen Welt. Schon in seiner Jugend zeigte er ein ausgeprägtes Interesse auch am Theravada-Buddhismus (in den Klöstern Vietnams wird meist die Mahayana-Schule gelehrt) und an den Schriften westlicher Denker. Ein Forschungsstipendium der Universität Princeton 1961 war der Beginn vieler Reisen in den Westen; bei einer Gelegenheit traf er Martin Luther King, der den Mönch daraufhin für den Friedensnobelpreis vorschlug und erstmals öffentlich gegen den Vietnamkrieg Stellung bezog. Nach einer Reise zu den Friedensverhandlungen nach Paris verbot die kommunistische Regierung ihm die Rückkehr in seine Heimat – Nhat Pham blieb in Frankreich und gründete dort zuerst eine Landkommune und später, im Jahre 1982, in der Nähe von Bordeaux das Meditationszentrum „Pflaumendorf" (Village des Pruniers), zu dem alljährlich tausende Besucher kommen, 💻 www.plumvillage.org.

Die Offenheit der Lehre des Meisters eröffnet auch westlichen Menschen einen Zugang zum Buddhismus. Ähnlich wie bei der Vipassana-Meditation wird besonderer Wert auf die Entwicklung der **Achtsamkeit** gelegt: etwas verkürzt gesagt die Kunst, voll und ganz und bei klarem Bewusstsein in der Gegenwart zu leben.

Im Jahre 2005 konnte der verehrte Mönch nach 39-jährigem Exil erstmals wieder nach Vietnam reisen und hielt Vorträge im ganzen Land. Weitere Besuche folgten, zuletzt im Mai 2008. Abschluss dieser Tour war ein Besuch in der Tu Hieu-Pagode – die Lehre kehrte also an ihren Ursprungsort zurück.

Zu dieser Zeit war das angeschlossene Kloster ein bedeutendes buddhistisches Zentrum. Auch im Widerstand gegen Präsident Diem engagierte es sich. In der Haupthalle wird einiger bedeutender Äbte gedacht. Auf dem Altar die Buddhas der Vergangenheit, Gegenwart und Zukunft. ⌚ tgl. 7–18 Uhr, Eintritt frei.

Etwa 500 m weiter südlich, an der Kreuzung mit der Tu Dam, liegt die **Tu Dam-Pagode**, die ebenfalls in die Geschichte des buddhistischen Widerstands einging, als ein katholischer Mob (angeblich speziell ausgesuchte Truppen des Diktators) im August 1963 in die heilige Stätte eindrang und 30 Mönche und Novizen tötete. ⌚ tgl. 7–18 Uhr, Eintritt frei.

Nur ein paar Schritte weiter liegt die **Gedenkstätte des Phan Boi Chau** (1867–1940), ein ehemaliger Mandarin, der zum Freiheitskämpfer wurde und als einer der Wegbereiter der Revolution gilt. Er wurde 1925 in Ha Noi zum Tode verurteilt, doch die Proteste der Bevölkerung waren so heftig, dass die Strafe in lebenslangen Hausarrest in Hue umgewandelt wurde. Er liegt im Hof des Hauses begraben, in dem er die letzten 15 Jahre seines Lebens verbrachte. Die 7 t schwere Bronzebüste zu seinem Gedenken stammt von 1974. ⌚ tgl. 8–11.30 und 14–16 Uhr, Eintritt frei.

Die Mauer, die die Anlage einst umgab, ist ebnsowenig erhalten wie die Pavillons, in denen die Zeremonien vorbereitet wurden. Der Altar ist jedoch noch vorhanden. Er besteht aus drei Ebenen: Zuunterst zwei quadratische Terrassen mit 165 bzw. 83 m Seitenlänge als Symbol für die Erde und die Menschheit, darauf eine runde Plattform von ca. 40 m Durchmesser als Symbol für den Himmel und darauf der Altar. Ansonsten gibt es nicht viel zu sehen. ⌚ tgl. 7–18 Uhr, Eintritt frei. Der Parkplatzwächter am Eingang verlangt einen kleinen Obulus für die Bewachung des Mopeds/Fahrrads.

Folgt man der Le Ngo Cat nach Westen, so zweigt nach etwa 1 km ein durch zwei Obelisken markierter Weg rechts ab zur **Tu Hieu-Pagode**, die für einige der am Hof lebenden Eunuchen der Altersruhesitz war. Die Pagode wurde 1843 als Einsiedelei gegründet und später von den Eunuchen erweitert. Noch heute finden täglich um 11 und 16 Uhr Gedenkzeremonien für sie statt. Überregional bekannt ist die Pagode auch deshalb, weil hier der berühmte Mönch Thich Nhat Pham (geb. 1926) ordiniert wurde. ⌚ 7–18 Uhr, Eintritt frei.

Etwas abgelegen befindet sich die kaiserliche **Arena** (Ho Quyen), wo von 1830 bis 1904 jedes Jahr spektakuläre Kämpfe zwischen Elefanten und Tigern inszeniert wurden. Eine grausame Angelegenheit von hoher Symbolwirkung: Der Elefant versinnbildlichte den Kaiser, der Tiger den Rebellen. Damit auch alles nach Plan verlief, wurden den Tigern die Krallen und Zähne gestutzt; später wurden sie sogar angebunden. Die Kämpfe fanden früher am Flussufer statt, während der Kaiser vom Boot aus zuschaute. Als jedoch einem Tiger ein Ausbruch gelang und er auf das Boot von Minh Mang zuschwamm, beschloss dieser den Bau der Arena. Sie hat einen Durchmesser von knapp 40 m und ist noch recht gut erhalten. Deutlich erkennen kann man die Tigerkäfige am einen Ende, gegenüber dem kaiserlichen Aussichtsposten, und das große Elefantentor.

Um hin zu gelangen, folgt man der Bui Ti Xuan am Südufer des Flusses gen Westen bis zum Metallgießerdorf Phuong Duc. Dort zweigt beim Haus Nummer 198 ein Weg nach links ab. An der Gabelung nach 20 m wieder links halten, und bald ist die Ziegeltreppe erreicht, die zur Arena führt.

Kaisergräber

Elf der dreizehn Ngyuen-Kaiser sind in sieben großen Grabanlagen südlich und südwestlich der Zitadelle beigesetzt. Die meisten planten und bauten schon zu Lebzeiten jahrelang an ihrer Anlage herum; bestes Beispiel ist Tu Duc, der sich immer wieder in seine spätere Grabanlage zurückzog, um sich dort in Gesellschaft seiner Konkubinen seinem Weltschmerz hinzugeben und melancholische Gedichte zu verfassen. Jedes der Gräber versinnbildlicht auch die Persönlichkeit seines Erbauers: Der Unterschied zwischen Tu Ducs poetischer Gartenanlage und Khai Dinhs emporstrebender Rokoko-Architektur könnte größer nicht sein.

Gemeinsam ist allen Gräbern, dass sie aus drei Haupt-Elementen bestehen: erstens einem zentralen Tempel zu Ehren des Herrschers und seiner ersten Frau, umgeben von Nebengebäuden, in denen die Konkubinen des Kaisers nach dessen Tode eine Zeit lang zu leben hatten (Tu Ducs 103 Konkubinen mussten zwei Jahre lang an dessen Grab ausharren); zweitens einem Stelenhaus, in dem die biografischen Einzelheiten auf Steinplatten verewigt sind und auf dessen Vorhof (genannt: Ehrenhof) oft steinerne Minister und Mandarine in Reih und Glied aufgestellt sind, drittens dem eigentlichen Grab auf dem höchsten Punkt der Anlage.

Die beiden besonders attraktiven Anlagen von Tu Duc und Minh Mang können im Rahmen einer Bootstour besucht werden.

Grab von Duc Duc

Duc Duc regierte 1883 nach dem Tode von Tu Duc genau drei Tage, ehe er von seinen einflussreichsten Höflingen abgesetzt wurde. Ein Jahr später starb er im Gefängnis. Sein Sohn Thanh Thai bestieg 1889 den Thron. Als die Franzosen eine Verschwörung aufdeckten, an der der Kaiser beteiligt war, wurde er 1907 entmachtet. Thanh Thais Sohn Duy Tan wurde daraufhin im Alter von acht Jahren auf den Thron gesetzt. Mit 17 musste er fliehen – auch er ein Revolutionär gegen die Franzosen. Vater und Sohn wurden nach Réunion exiliert: Duy Tan starb 1945 bei einem Flugzeugabsturz in Zentralafrika, als er auf Seiten der Alliierten im Zweiten Weltkrieg kämpfte. Thanh Thai konnte 1947 nach Vietnam zurückkehren und starb in den 1950er-Jahren in Sai Gon.

Großvater, Sohn und Enkel liegen nun für die Ewigkeit vereint in einer vergleichsweise kleinen Grabanlage in den südlichen Bezirken Hues: Duc Duc und seine Frau in einer eingefriedeten Anlage, die beiden anderen in Gräbern hinter dem 1899 erbauten Haupttempel. Das Grabmal liegt in der Duong Duy Tan auf der rechten Seite etwa 100 m nach dem Abzweig gegenüber der 74 Tran Phu. Es ist oft verschlossen, doch mit etwas Glück findet sich jemand, der einen herumführt: Zwei Enkel des letzten Kaisers Bao Dai leben heute bei der Anlage.

Grab von Tu Duc

Dieses Grab, auch Lang Khiem, **Grab der Bescheidenheit**, genannt, liegt ungefähr 5 km südwestlich der Stadt. Mehr als 4000 Gedichte verfasste der Kaiser hier, und die Theatervorstellungen, denen er hier beiwohnte, dauerten bis zu 100 Tage. Eine Seifenoper zur Entspannung nach einem anstrengenden Regierungstag? Weit gefehlt, es scheint vielmehr, als habe der Kaiser sich von der immer komplizierter werdenden Welt abgewandt und seinen Sinn stattdessen auf die Poesie gerichtet. Schon als er 1847 die Macht ergriff (wobei er seinen älteren Bruder überging), drangen die Franzosen im Süden immer weiter vor, und als sie gegen Ende seiner Regentschaft zu Beginn der 1880er-Jahre auch Ha Noi erobert hatten, war es um sein Reich geschehen: Seine Nachfolger waren bloße Marionetten der Kolonialregierung, ansonsten wurden sie direkt ins Exil geschickt.

Man betritt das parkähnliche Gelände durch das **Tor des bescheidenen Ereignisses** (Vu Khiem) und sieht rechts den **See des bescheidenen Bewahrens** (Luu Khiem). Vorbei an der Stelle, wo linker Hand einst die Wohnräume der Konkubinen lagen, erreicht man einen Vorplatz, an dessen Seeufer der **Pavillon des bescheidenen Schwebens** (Du Khiem) steht, heute ein beliebter Picknickplatz.

Am gegenüberliegenden Seeufer sieht man den **Pavillon der bescheidenen Vorausschau** (Xung Khiem), wohin der Kaiser sich zum Dichten und Teetrinken zurückzog.

Über eine breite Treppe erreicht man durch das **Tor des Palastes der Bescheidenheit** (Khiem Cung Mon) und vorbei an zwei seitlichen Gebäuden, die der Verwaltung dienten, die **Halle des bescheidenen Friedens** (Hoa Khiem Dien), wo der Kaiser damals ein Büro hatte. Heute ist es ein Tempel zur Ahnenverehrung. Westlich davon liegt ein Innenhof, um den sich drei Gebäude gruppieren: im Süden die **Halle des bescheidenen Rückblicks** (On Khiem Duong), der ehemalige Speisesaal; im Westen die **Halle der bescheidenen Ehrlichkeit** (Luong Khiem Dien), einst das Schlafgemach, heute Gedenktempel für die Mutter des Kaisers; und im Norden die **Halle der bescheidenen Helligkeit** (Minh Khiem Duong), der ehemalige Theatersaal.

Der nördlich dieses Bereichs gelegene Grabkomplex wird über den Weg am See entlang erreicht. Im **Stelenpavillon** befindet sich die riesige

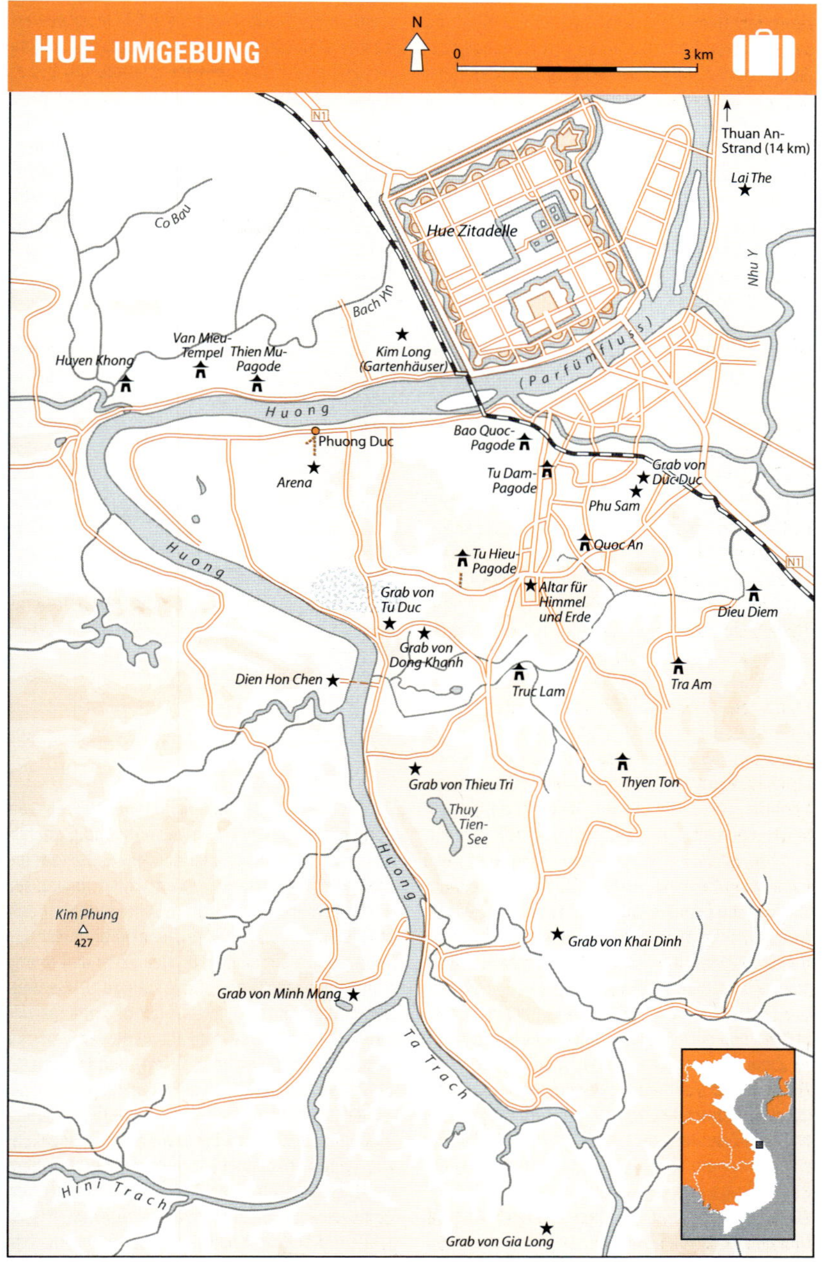

Zentralvietnam: Hue, Da Nang und Hoi An

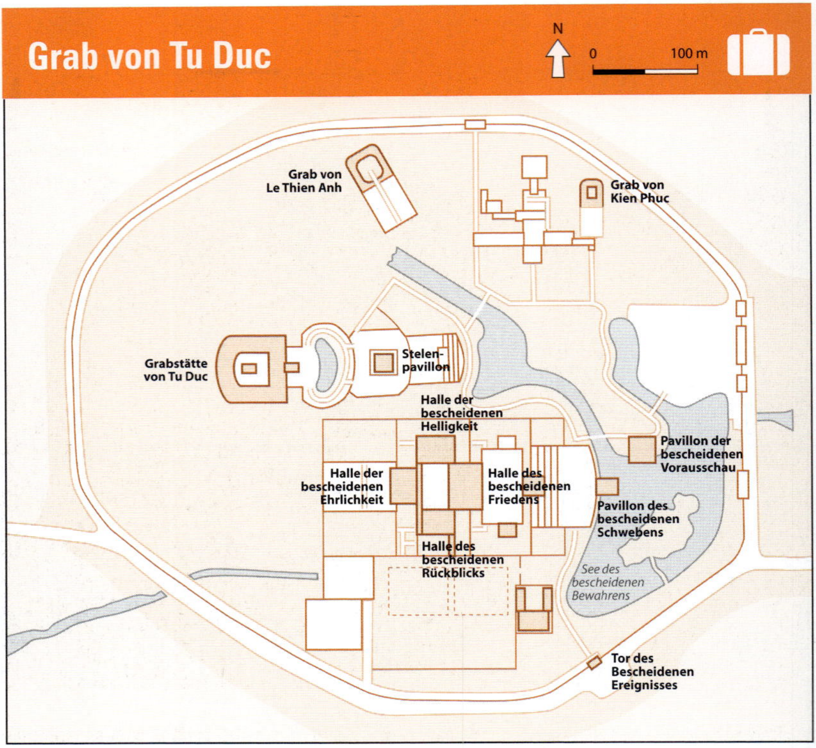

Grab von Tu Duc

N
0 100 m

Grab von Le Thien Anh
Grab von Kien Phuc
Grabstätte von Tu Duc
Stelen-pavillon
Halle der bescheidenen Helligkeit
Halle der bescheidenen Ehrlichkeit
Halle des bescheidenen Friedens
Pavillon der bescheidenen Vorausschau
Pavillon des bescheidenen Schwebens
Halle des bescheidenen Rückblicks
See des bescheidenen Bewahrens
Tor des Bescheidenen Ereignisses

Steinplatte, auf der die Biografie des Kaisers verzeichnet ist – entgegen den üblichen Gepflogenheiten von ihm selbst verfasst. Mit 5400 Schriftzeichen ist es die längste aller Biografien, wie auch seine Regentschaft mit 36 Jahren die längste war. Die Granit-Stele soll 20 t wiegen. Weiter westlich liegt hinter einem halbmondförmigen See die eigentliche **Grabstätte**. In ihrem Zentrum steht ein steinerner Sarkophag, der jedoch leer ist: Der Leichnam ruht versteckt in einem von elf Stollen, die im Gelände angelegt wurden.

Zwei weitere Grabstätten befinden sich im nördlichen Bereich des Geländes: Hier ruhen die erste Frau des Kaisers, Le Thien Anh (1828–1902) und sein Adoptivsohn Kien Phuc, der 1883/84 für sieben Monate regierte, ehe er vermutlich einer Palastintrige zum Opfer fiel.

⏲ Nov–Feb tgl. 7–17, März–Okt tgl. 6.30–17.30 Uhr, Eintritt 55 000 Dong.

Grab von Dong Khanh

Das nur 500 m südöstlich gelegene Grab von Dong Khanh ist weit weniger aufwendig gestaltet und auch seltener besucht. Die Stätte war ursprünglich von dem Regenten als ein Tempel zur Ahnenverehrung gebaut, wurde jedoch nach dem frühzeitigen Ableben Dong Khanhs mit nur 25 Jahren zu seinem Grab. Sein Sohn und dritter Nachfolger Khai Dinh ließ die Anlage 1917 erweitern; daher zeigt sie im Bereich des neu gestalteten Grabes mit seinem Pavillon europäische Einflüsse, die damals bereits en vogue waren.

Der von Dong Khanh selbst angelegte Haupttempel im vietnamesischen Stil beherbergt neben Altären für den Kaiser, seine Hauptfrauen (seitlich) und seine Konkubinen (im Hinterzimmer) in einem Nebenraum auch einen Altar für die Göttin Thien Ya Na, die im Hon Chen-Tempel verehrt wird (s. S. 375). Der König hielt viel von dieser Göttin, die ihm

Kaisergrab von Khai Dinh – eine Mischung aus neobarockem Anwesen und vietnamesischem Palast

im Traum erschienen war und ihm weissagte, dass er Kaiser werden würde. ⌚ Nov–Feb tgl. 7–17, März–Okt tgl. 6.30–17.30 Uhr, Eintritt 55 000 Dong.

Grab von Thieu Tri

Als Thieu Tri nach siebenjähriger Regentschaft 1847 verstarb, hatte er noch keine Zeit gehabt, sich um ein Grabmal zu kümmern. So verfügte er in seinem Testament, es möge „angemessen" und „ökonomisch" sein. In nur achtmonatiger Bauzeit entstand eine kleine Anlage, die von einer Mauer umgeben ist und ihre Gebäude ähnlich wie bei Minh Mangs Grab auf einer Hauptachse gruppiert. Allerdings fehlen die schönen Parkanlagen. Nur der Haupttempel befindet sich in einem guten Zustand, der Rest ist etwas vom Zahn der Zeit angenagt.

Grab von Khai Dinh

Als Kaiser Khai Dinh drei Jahre vor seinem Tod Frankreich besuchte, war er sehr beeindruckt von der dortigen Architektur, deshalb wirkt die jüngste kaiserliche Grabstätte wie eine Melange aus neobarockem Anwesen und vietnamesischem Palast. Sie ist zwar nach Feng Shui-Prinzipien angelegt, lässt der Natur jedoch kaum noch Raum und steigt in steinernen Stufen zum Grabmal empor. Der Bau wurde 1920 von Khai Dinh begonnen und 1931 von seinem Sohn und Nachfolger Bao Dai beendet. Das Heiligtum ist noch im Originalzustand erhalten. Der dunkelgraue Beton, der verwendet wurde, könnte es schwer und bedrohlich wirken lassen – die elegant geschwungenen Drachen, vereinzelte Anleihen bei der Cham-Architektur und feinsinnige Rokoko-Anspielungen heben diesen Effekt jedoch auf.

Breite Treppen, die mit Drachengeländern versehen sind, führen auf eine erste Ebene mit zwei seitlichen Hallen. 30 Stufen höher liegen der Ehrenhof und der Pavillon mit der Grabstele, außerdem zwei hohe Obelisken. Noch drei

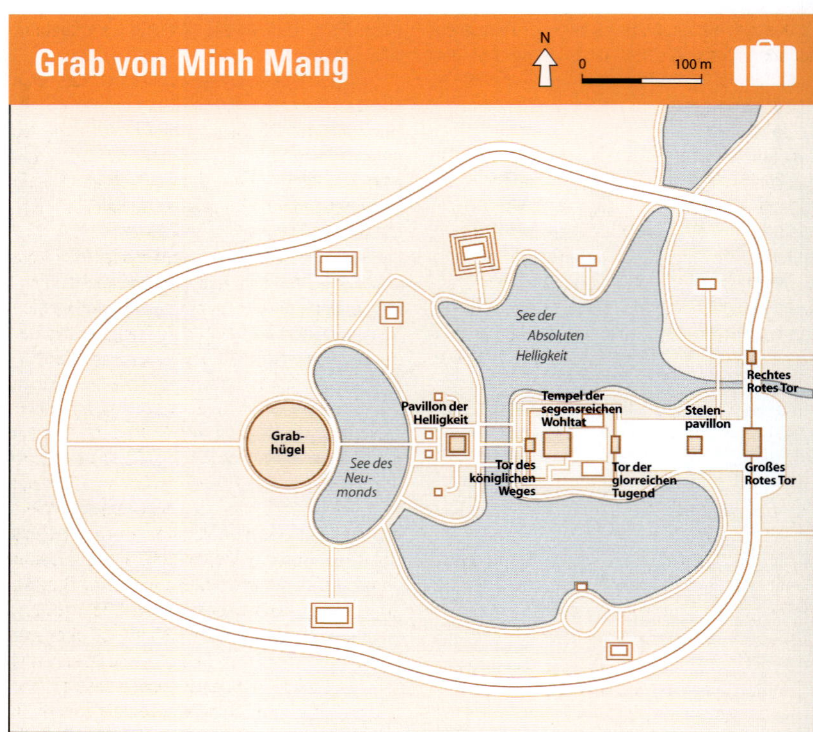

Zwischenebenen sind zu überqueren, ehe die oberste Ebene erreicht ist, wo das aufwendig verzierte Mausoleum steht. Es lohnt sich, einen Blick ins Innere zu werfen: Durch den Vorraum mit seiner sinnenverwirrenden Fülle an Porzellan- und Glasscherben erreicht man die Ehrenhalle: Hier sitzt eine in Frankreich gefertigte, vergoldete Bronzestatue des Herrschers in Lebensgröße auf ihrem Thron. Ein verzierter Ahnenaltar befindet sich im dritten Raum.

🕓 Nov–Feb tgl. 7–17, März–Okt. tgl. 6.30–17.30 Uhr, Eintritt 55 000 Dong.

Grab von Minh Mang

14 Jahre waren die Feng Shui-Spezialisten des kaiserlichen Hofes damit beschäftigt, den richtigen Platz für die Grabanlage des Kaisers Minh Mang zu finden: Und als es endlich so weit war, verstarb dieser überraschend. So musste sein Sohn und Nachfolger Thieu Tri die Arbeiten beenden. Er gab sich viel Mühe und verwandelte das Stück zugewucherte Wildnis in einen schönen Park. Im Gegensatz zu den meisten anderen Gräbern sind die Gebäude hier um eine zentrale, 700 m lange Ost-West-Achse gruppiert. Sie entlangzugehen und sich dem Grab zu nähern, versinnbildlicht den Übergang von der irdischen in die himmlische Sphäre.

Man betritt das Gelände durch das **Rechte Rote Tor** (Huu Hong Mon), denn das **Große Rote Tor** (Dai Hong Mon) ist seit der Begräbniszeremonie verschlossen. Über einen Seitenweg geht es zurück auf die Mittelachse, hier **Weg der Seelen** (San Chau) genannt. Nach dem Passieren einiger Steinfiguren gelangt man zum **Stelenpavillon** mit der in Stein gemeißelten Biografie des Herrschers. Drei Terrassen führen hoch zum **Tor der glorreichen Tugend** (Cua Hien Duc). Am Ende des sich öffnenden Hofes liegt der **Tempel der segensreichen Wohltat** (Dien Sung An), der Haupttempel zur Ahnenverehrung. Hier wird des Kaisers und seiner ersten Frau, die schon mit 17 Jahren verstarb, gedacht. Durchquert man den Tempel, geht es durch das einfachere **Tor des königlichen Weges** (Hoang Trach Mon) zum hübschen **Pavillon der Helligkeit** (Minh Lau), der inmitten von Frangipani-Bäumen steht. Etwas entfernt zwei Steingärten, deren Muster das chinesische Schriftzeichen für langes Leben ergeben. Es schließt sich der **See des Neumonds** (Ho Tan Nguyet) an, über den eine Brücke führt: An deren Ende liegt der **Grabhügel**, unter dem Minh Mang ruht.

🕓 Nov–Feb tgl. 7–17, März–Okt. tgl. 6.30–17.30 Uhr, Eintritt 55 000 Dong.

Grab von Gia Long

Das Grab des ersten Nguyen-Herrschers liegt am weitesten von der Zitadelle entfernt ca. 16 km südlich an einem Platz von großer natürlicher Schönheit. Leider ist die Anlage stark beschädigt; neben einigen Reliefs ist nur noch das eigentliche Grab erhalten, wo der Herrscher und seine erste Frau bestattet sind.

Auf dem Landweg ist das Mausoleum schwer zu finden. Möglich ist die Anreise über den Fluss: Am Anleger von Minh Mangs Grab können Boote genommen werden (ca. 100 000 Dong, Fahrzeit 20–30 Min.).

Das Grab ist selten besucht; daher sind die Erfrischungsgetränkeverkäufer besonders hartnäckig.

Thuan An-Strand

Wer nach so viel Kultur und Historie dringend einen Sandstrand unter den nackten Füßen braucht, kann zum **Thuan An-Strand** fahren, der auf einer lang gezogenen, über eine Brücke erreichbaren Landzunge vor der Cau Hai-Lagune liegt, wo der Parfümfluss ins Meer mündet. Hierhin ziehen sich die Bewohner Hues gern im Sommer zurück, um der Hitze zu entfliehen.

Liegestuhlvermieter und einige kleine Meeresfrüchte-Restaurants (vor dem Bestellen Preis erfragen) bilden die einzige touristische Infrastruktur direkt am Wasser. Parkgebühr 5000 Dong.

Auf dem Weg nach Thuan An kann man einen kleinen Abstecher in das 6 km nordöstlich von Hue links der Straße liegende Dorf **Duong No** unternehmen, wo der junge Ho Chi Minh von 1898 bis 1900 wohnte. Das gut erhaltene, am Flussufer liegende Haus ist ausgeschildert, Eintritt frei.

Wer mit dem Moped unterwegs ist, kann vom Thuan An-Strand die Küste in südöstlicher Richtung entlangfahren – allerdings erstrecken sich hier über viele Kilometer große Friedhöfe mit tausenden von Gräbern: Zum Picknicken oder Baden lädt das nicht gerade ein. Dazwischen liegen kleine Fischer-Siedlungen, aber auch ein paar einsame Stellen. Die Straße endet schließlich in **Vinh Hien** (Hien Van) wo inzwischen eine Brücke fertig gestellt sein sollte, die zurück aufs Festland führt; wenn nicht, sind noch die Fähren in Aktion, die tagsüber alle Viertelstunde ablegen (10 000 Dong pro Person, Moped 5000 Dong). Weiter geht's zurück entlang der Lagune – eine Strecke mit schönen Ausblicken; insgesamt fast 100 km, was mit dem Moped kein Problem ist, aber wer sich fürs Fahrrad entscheidet, sollte fit sein und früh aufbrechen. Auf dem Rückweg passiert man unterwegs in **Cau Hai** einen Abzweig zum Bach Ma-Nationalpark, in dem es Unterkunft gibt, falls die Puste nicht ausreicht.

Bach Ma-Nationalpark

Der Bach Ma-Nationalpark ist einer der schönsten und am einfachsten zu erreichenden in Vietnam. Er wurde 1991 gegründet und umfasst neben dem 22 000 ha großen Schutzgebiet einen ebenso großen Schutzgürtel, in dem die Siedlungen einiger ethnischer Minderheiten liegen. Der Park ist ein Paradies für Botaniker und Ornithologen. Mehr als 1400 Pflanzenarten sind hier gezählt worden: etwa ein Fünftel aller in Vietnam vorkommenden Arten. Vogelfreunde können sich an 350 verschiedenen Arten erfreuen: Manche, wie der Edwardsfasan *(Lophura edwardsi)*, kommen nur hier vor und werden höchst selten gesichtet, ebenso wie die Leoparden und Languren, die die Wälder durchstreifen. Doch auch weniger an Biologie Interessierte kommen auf ihre Kosten, denn auf Wanderungen findet man Ruhe und Einsamkeit – eine seltene Kostbarkeit in Vietnam.

Zwei Haupt-Vegetationszonen machen den Park aus: Tropischer Regenwald bis zu einer Höhe von 900 m und subtropischer Regenwald in der höheren Zone, die vom 1450 m hohen Gipfel des Bach Ma-Berges gekrönt wird. Hier unterhielten die Amerikaner einen heftig umkämpften Hubschrauberlandeplatz. Die dadurch entstandenen Zerstörungen sind inzwischen weitgehend zugewachsen. Vor Querfeldein-Touren auf eigene Faust muss gewarnt werden: An einigen Stellen im Wald könnte durchaus noch nicht explodiertes Waffenmaterial herumliegen.

Schon in den 1930er-Jahren hatten die Franzosen das Gebiet für sich entdeckt und 139 Villen und ein Hotel gebaut. Nach 1954 geriet die Siedlung in Vergessenheit – ein leichtes Opfer für die üppig wuchernde Natur. Das starke Wachstum verdanken die Pflanzen auch einer besonderen klimatischen Bedingung: Es ist relativ kühl und sehr feucht. Die Parkverwaltung hat einige schöne Wege durch das Naturreservat angelegt: z. B den **Fasanenweg** (*pheasant trail*; 2,5 km), bei dem man die schönen Vögel allerdings weniger zu Gesicht als zu Gehör bekommt. Besonders nach vorherigen Regenfällen verstehen viele Besucher auch den besonderen Spitznamen des Pfads: „Leech Alley" (Blutegel-Gasse). Eine Tour durch die Randgebiete am Fuße des Bach Ma kann auch nach **Khe Su** führen, ein Minderheitendorf, das vom Obst- und Gemüseanbau lebt.

Extrajacke nicht vergessen

Wer einen Besuch plant, sollte bedenken, dass es in Bach Ma immer etwa 8–10 Grad kälter ist als an der Küste. Außerdem gehen besonders in den Hochlagen riesige Mengen Regen auf das Gebiet nieder: nicht weniger als 8000 mm Niederschlag pro Jahr. Die Wahrscheinlichkeit, unterwegs nass zu werden, ist also groß. Als beste Reisezeit empfiehlt sich der Sommer von Anfang Mai bis Ende August, doch selbst dann sollte man ein Regencape dabei haben.

Beeindruckend ist ein Spaziergang durch den **Parashorea-Wald**; diese Hartholz-Urwaldriesen werden bis zu 70 m hoch.

In höheren Lagen lockt der **Rhododendron-Weg** (*rhododendron trail*; 1,5 km), der besonders im Februar und März ein Tipp ist, wenn der Namensgeber in voller Blüte steht. Aber auch während des restlichen Jahres lohnt der Weg, führt er doch zu einem Wasserfall, der sich über 200 m in die Tiefe ergießt. Nicht weniger als 689 noch dazu ziemlich unregelmäßige Stufen führen zum Fuß des Wasserfalls – gutes Konditionstraining. Das Wasser bildet einen der vielen Zuflüsse des Parfümflusses.

Der **Fünf-Seen-Weg** (*five lakes trail*; 2 km) führt zu besagten fünf Wasserbecken, die von einem Wasserfall gepeist werden. Badesachen mitnehmen!

Der **Gipfelweg** (*summit trail*; 1 km) endet an der höchsten Stelle des Parks. Bei klarer Sicht bietet sich ein fantastischer Ausblick in die Berge und bis zur Cua Lai-Lagune. Für den Rückweg empfiehlt sich der **Naturkundeweg** (*nature exploration trail*), der auch an den Ruinen einiger französischer Villen vorbeiführt.

Mehr **Informationen** zum Park unter 🖳 www.bachma.vnn.vn. Eintritt 10 500 Dong, Kinder und Studenten 5500 Dong, englischsprachige Führer 150 000 Dong.

Übernachtung und Essen

Die Parkverwaltung unterhält zwei **Gästehäuser am Parkeingang**, ❶, die eigentlich nur in Frage kommen, wenn man nach Einbruch der Dunkelheit ankommt und erst am nächsten Morgen auf den Gipfel will.
Vier weitere **Unterkünfte in Gipfelnähe**, ❶–❷, können ebenfalls über die Parkverwaltung reserviert werden.
Kontakt unter ✆ 054-871330, 📠 054-871329, ✉ bachmaeco@dng.vnn.vn.
Einige wenige der hier liegenden französischen Villen wurden inzwischen gründlich renoviert und dienen heute als Hotel, darunter das **Morin Bach Ma**, ✆ 054-871199, 📠 871177, bei KM 19 der Straße, die den Berg hinauf führt. Bequem ausgestattete Zimmer mit Satelliten-TV und internationalem Telefon in einer 2-stöckigen

kleinen Villa: Nur 12 Zimmer, daher im Sommer sicherheitshalber vorbuchen. ❸
Es gibt auch einen **Campingplatz** in der Nähe des Gipfels, aber wer hier ein Zelt aufschlagen will, muss es auch selbst mitbringen.

Transport

Wer auf eigene Faust anreist, nimmt einen der vielen Busse, die zwischen Hue und Da Nang/Hoi An verkehren und steigt in der kleinen Distrikthauptstadt **Cau Hai** aus. Die 3 km von dort bis zum Parkeingang können mit dem *xe om* zurückgelegt werden (ca. 10 000 Dong). Wer selber mit dem Moped gekommen ist, muss hier absteigen: Im Park dürfen nur noch die Jeeps der Verwaltung fahren. Sie bringen Gäste in 45 Min. auf den Gipfel: Einzelreisende zahlen etwa 250 000 Dong, Gruppen bis 4 Personen 350 000 Dong (hin und zurück; bei Übernachtung teurer).

Lang Co

Der schöne **Strand von Lang Co** ist touristisch noch weitgehend unerschlossen – die meisten Reisenden kennen den Ort nur als Mittagessen-Stopp bei einer Busfahrt. Einige kleinere Hotels und sogar ein großes Resort machen ihn jedoch als Zwischenziel auf einer Fahrt die Küste entlang interessant. Der Ort Lang Co liegt auf einer sandigen Halbinsel und wirkt mit seinen Kokospalmen, Fischerbooten und dem langen flachen Strand beinahe romantisch. Die vielen Fischerboote können den Strand zu manchen Jahreszeiten zwar etwas verschmutzen, wenn mal wieder eine Menge Plastiktüten „einfach so" über Bord geweht sind ..., die nördlichen Strandabschnitte sind davon jedoch weniger betroffen.

Ein Ausflugsziel in der Umgebung sind die **Elephant Springs** (Suoi Voi) etwa 15 km nördlich. Ein natürlicher Pool unter einem kleinen Wasserfall verlockt besonders an heißen Tagen zum Hineinspringen. Weitere Pools finden sich flussaufwärts.

Unter der Woche hat man den Platz oft für sich alleine: Dann heißt es Picknick mitnehmen, denn Essens- und Getränkeverkäufer kommen nur am Wochenende. Anreise über die N1 bis zum Schild „P. Bai 44 km", dann links dem verblichenen Schild „Suoi Voi" folgen, vorbei an der Thua Lau-Kirche aus dem 19. Jh. Bis zum Eingang sind es ab der N1 knapp 2,5 km. Eintritt 10 000 Dong; Parkgebühr 5000 Dong.

Übernachtung und Essen

Anh Nguyen, ✆ 054-874448. Ca. 1,5 km nördlich des Ortes gelegenes kleines Hotel gegenüber dem Thanh Tam Beach Resort (s. u.). Gepflegte Zimmer mit eigenem Bad. ❶–❷
Chi Na, ✆ 054-874597. Unweit des Anh Nguyen gelegene einfache Zimmer bei einer freundlichen Familie. ❶
Lang Co Beach Resort, ✆ 054-873555, ✉ langco@dng.vnv.vn. Große Anlage mit 60 Häusern und Bungalows, Pool, Wellnessbereich und Fitnesscenter. Unterschiedlich hochwertige Ausstattung: Von Budget-Zimmern im Haupthaus bis zur Villa am Strand. Guter Service. ❹–❻
Lang Co Hotel, ✆ 054-874426, ✉ codolangca @dng.vnn.vn. Freundliches Hotel am Strand mit einer schattigen Gartenanlage. Besonders schön sind die großen Zimmer zum Meer hin. Alle Zimmer mit TV und Kühlschrank, einige mit Badewanne. ❷–❸
Thanh Tam Beach Resort, ✆ 054-874456, 📠 873762. Die preiswerteren Bungalows am Strand sind ihren teureren Nachbarn mit Blick auf den Parkplatz vorzuziehen. Das Restaurant ist ein beliebter Stopp für Tourgruppen auf dem Weg zwischen Hue und Da Nang/Hoi An. ❶–❷

Transport

Busse

Durch Lang Co kommen täglich einige Touristenbusse mit Ziel HUE oder DA NANG und HOI AN. Die Angestellten der Hotels können bei der Reservierung eines Platzes behilflich sein. Ein Ticket sollte nicht mehr als US$2–3 kosten. Man kann auch Busse an der N1 heranwinken, muss sich dann aber dem Preisdiktat des mitfahrenden Fahrkartenverkäufers beugen.

Eisenbahn

Der kleine **Bahnhof** von Lang Co liegt etwa 3 km vom Strand entfernt. Die von den meisten Touristen benutzten Expresszüge halten hier nicht, dafür aber Lokalbahnen: Nach HUE um 5.11 Uhr (Ankunft 7.25 Uhr) mit dem VQ2 oder besser um 17.12 Uhr (Ankunft 18.30 Uhr) mit dem SH2.

Nach DA NANG um 8.17 Uhr (Ankunft 9.48 Uhr) mit dem TN3 oder um 8.47 Uhr (Ankunft 10.32 Uhr) mit dem SH1.

Der Wolkenpass

Der Wolkenpass (Deo Hai Van) ist die natürliche geografische Grenze zwischen Nord- und Südvietnam. Bis ins 16. Jh. war er auch die Grenze zwischen dem Reich der Champa und dem der Viet. Mitsamt den bis zu 2598 m hohen Truong Son-Bergen, die sich wie ein Gürtel bis nach Laos erstrecken, stellt der Pass eine Wetterscheide dar: Im Winter verhindert er das Vordringen der kalten Luftmassen nach Süden – schön für das nur 30 km entfernte Da Nang, weniger schön für Hue, wo sich die angestauten feuchten Luftmassen abregnen.

Der Pass verläuft über einen 496 m hohen Ausläufer der Truong Son-Berge. Bis vor einigen Jahren verlief die N1 über diesen Pass. Busse mussten sich mühsam den Berg hinaufquälen, und oben angekommen, wurden die Reisenden noch nicht einmal mit einem fantastischen Ausblick belohnt, denn der Pass macht seinem Namen meist alle Ehre.

Inzwischen ist eines der größten Bauprojekte des modernen Vietnam beendet: Ein 12 km langer Tunnel durch den Berg hat den Pass entlastet. Er zählt zu den 30 längsten Tunneln der Welt und ist der längste in Südostasien. Das Reisen entlang der N1 ist dadurch deutlich erleichtert und um mindestens eine Stunde kürzer geworden.

Da Nang

Da Nang ist mit etwa 750 000 Einwohnern die größte Stadt Zentralvietnams. Sie liegt am südlichen Ufer einer ausgedehnten, geschützten Bucht, wo sich der drittgrößte Hafen des Landes befindet. Die Stadt ist ein Verkehrs- und Handelsknotenpunkt von wachsender Bedeutung. Nur am Ufer des Han-Flusses verbreiten einige Gebäude aus der französischen Kolonialzeit etwas Flair, ansonsten präsentiert sich die Stadt eher schmucklos. Die breite Promenade am Flussufer zeigt allerdings ebenso wie die am Fluss entstehenden Indochina Riverside Towers, wo es in Zukunft hingehen soll: in Richtung einer modernen Metropole mit Lebensqualität. Und Potenzial hat die Stadt, nicht nur aufgrund des Wirtschaftsbooms, sondern auch wegen des viele Kilometer langen **My Khe-Strands**, der sich von hier aus nach Süden Richtung Hoi An erstreckt und seit dem Krieg als **China Beach** bekannt ist. Ein echtes Highlight ist auch das gut sortierte **Cham-Museum**, das einen umfassenden Einblick in diese untergegangene Kultur bietet.

Geschichte

Schon zu Zeiten der Cham wurde die geschützte Bucht als Hafen genutzt. Ab 1802, als Hue Hauptstadt wurde, war Da Nang Hauptanlaufstelle für Schiffe aus Europa. Damals war die Stadt unter dem Namen Tourane bekannt, eine französische Ableitung der damaligen vietnamesischen Ortsbezeichnung Cua Han („Mündung des Han-Flusses").

In den 1950er-Jahren begannen die Amerikaner hier Flugzeuge zu stationieren: Den Fall von Dien Bien Phu (s. S. 276/277, Die Schlacht von Dien Bien Phu) konnten sie zwar nicht mehr verhindern, doch flogen sie ab 1954 Attacken über die etwa 200 km nördlich gezogene Trennungslinie zwischen Nord- und Südvietnam und griffen den entstehenden Ho-Chi-Minh-Pfad an. Der Luftstützpunkt wurde massiv ausgebaut, und die Stadt wuchs ebenso schnell mit.

Am 8. März 1965 rückte die Stadt ins Rampenlicht des Weltgeschehens, als zwei Spezialeinheiten der US-Streitkräfte hier am Nam O-Strand medienwirksam inszeniert an Land gingen. In den folgenden Jahren war der My Khe-Strand sehr beliebt – seit Ende der 1980er-Jahre aufgrund einer gleichnamigen US-TV-Serie einer breiten Öffentlichkeit als China Beach bekannt. Er diente den vielen tausenden US-Soldaten, die in Vietnam stationiert waren, als Naherholungsgebiet

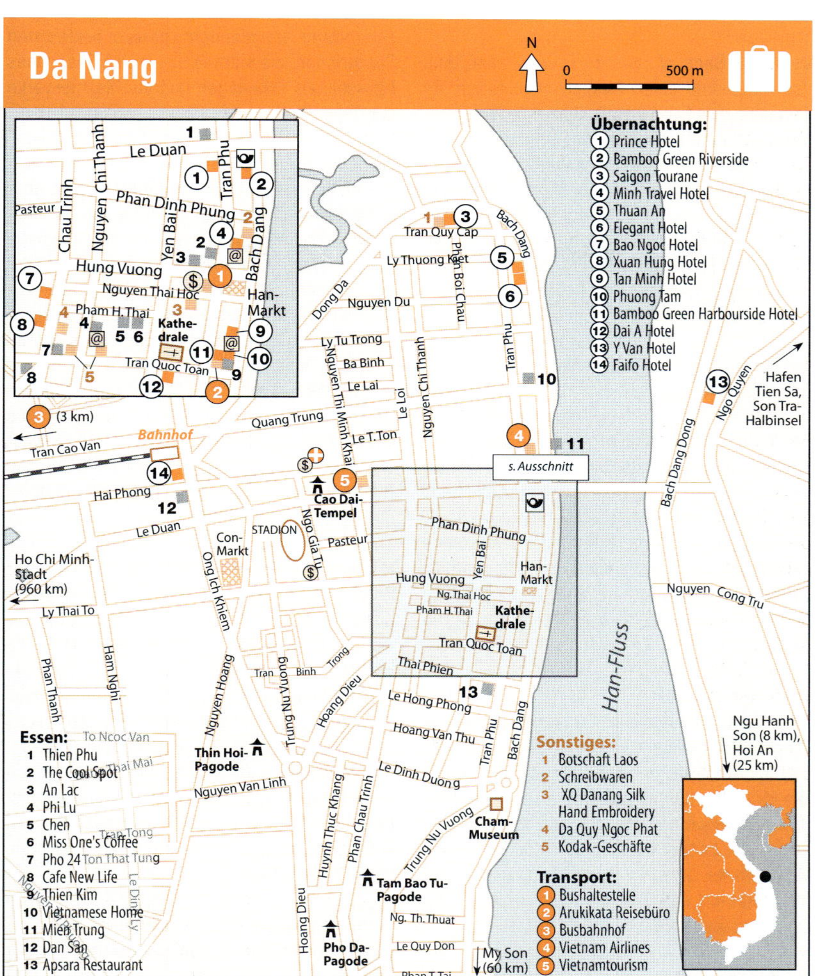

zwischen ihren Kampfeinsätzen. Die Stadt schwoll an: Flüchtlinge, Arbeiter, Huren, Drogenhändler – alle lebten zusammen auf engem Raum in der Nähe der Militärbasis. Hatte Da Nang in den 1940er-Jahren nur etwa 20 000 Einwohner, so waren es während des Krieges fast eine Million.

1975 hatte die nordvietnamesische Armee leichtes Spiel: Die südvietnamesischen Truppen, von ihren westlichen Alliierten im Stich gelassen, flohen in heilloser Panik und schlugen sich und der Zivilbevölkerung beim Kampf um die wenigen Transportmittel die Köpfe ein. Viele Flüchtlinge kehrten aufs Land zurück, andere wurden zwangsumgesiedelt. Die Armee übernahm die Stadt, und viele Jahre schlug westlichen Besuchern ein nicht immer freundliches Klima entgegen. Inzwischen hat sich die Situation jedoch normalisiert und das Einzige, was Touristen heute noch nerven könnte, ist die Ticket-Mafia im lokalen Bus.

Das Cham-Museum

Wer in Da Nang ist, sollte nicht versäumen, dem Cham-Museum einen Besuch abzustatten. Es liegt nahe dem Fluss etwas südlich des Zentrums am Kreisverkehr Bach Dang/Trung Nu Vuong. Gegründet wurde es 1915 von der Französischen Schule für Fernost-Studien *(Ecole Française d'Extreme Orient)*. Es enthält mit 300 Exponaten die weltweit größte Sammlung an Cham-Kunst. So ist es auch die perfekte Ergänzung zu einem Besuch in My Son, denn viele der Ausstellungsstücke stammen von dort. Einige Räume zeigen aber auch Fundstücke aus verschiedenen anderen Regionen und unterschiedlichen Stilepochen (s. S. 196, Land und Leute).

Das hübsche, u-förmige Gebäude, in dem die Ausstellung untergebracht ist, wurde mit Anklängen an den Cham-Stil entworfen. Schon im Garten wird der Besucher von einigen Drachen und Garudas begrüßt. Die Ausstellungshallen gruppieren sich um einen Innenhof. Kunstfreunde sollten sich unbedingt eines der informativen Druckerzeugnisse aneignen, die es im Museum zu kaufen gibt. ⏲ tgl. 8–11 und 13–17 Uhr, Eintritt 20 000 Dong.

My Son-Halle

Die Objekte hier stammen hauptsächlich aus der 60 km südwestlich liegenden Tempelstadt My Son und datieren überwiegend aus dem 7.–9. Jh. Die Mitte des Raums wird von einer großen Altarbasis eingenommen, die sich seinerzeit im Tempel E1 befand und mit aufwendigen Steinmetzarbeiten geschmückt ist. Zwei schöne Ganesh-Statuen und eine fast 2 m große Shiva-Figur sind weitere Highlights.

Tra Kieu-Halle

Die mittlere, südliche Halle ist die größte und beherbergt den Altar von Tra Kieu; Letzteres ist der heutige Name der Cham-Stadt Simnhapura, 40 km südwestlich von Da Nang. Der Altar stammt aus dem 10. Jh. und hat eine quadratische Basis. Seine Seiten schmücken wundervolle Reliefs, über deren Bedeutung sich die Forscher streiten: Ist es eine Darstellung der Hochzeit von Rama und Sita oder doch eher eine Szene aus Krishnas Leben? Weniger mysteriös, dafür umso attraktiver sind die beiden seitlich an einer Wand zu findenden, sparsam bekleideten Tänzerinnen, die sich an das Bruchstück eines Altarsockels schmiegen und als Meisterwerke der Cham-Kunst gelten.

Duong Dong-Raum

Im dahinter (südlich) liegenden Duong Dong-Raum, der nach einer im Vietnamkrieg fast vollständig zerstörten buddhistischen Klosteranlage benannt ist, finden sich eher buddhistische als hinduistische Motive. Ungewöhnlich ist der Buddha, der in europäischer Haltung aufrecht auf einem Stuhl zu sitzen scheint. Vielleicht am bedeutendsten ist die 1,20 m hohe Bronzestatue von Tara aus dem 9. oder 10. Jh. Sie wurde erst 1978 entdeckt und ist die größte je gefundene Cham-Bronze. Barbusig, mit ernstem Gesicht und einem Tuch um die Hüften steht sie da, die Hände zu einer unbekannten Mudra geformt.

Thap Mam-Halle

In dieser Halle, die nach einem Tempel in der Provinz Binh Dinh benannt ist, finden sich Zeugnisse aus späteren Stilepochen (ca. 12. Jh.). Beeindruckend und wuchtig wirkt das große Fabelwesen, das Elemente von Löwe und Elefant vereint. Hier findet sich auch eine runde Altarbasis, die von einem Ring bloßer Brüste umgeben ist.

Die einzelnen Hallen und Räume des Museums sind durch Korridore miteinander verbunden, in denen sich weitere Exponate befinden. Über eine Treppe kann man auch auf das Dach des Gebäudes gelangen und sich die Umgebung von oben anschauen.

Sonstige Sehenswürdigkeiten

Neben einigen buddhistischen Pagoden, z. B. der **Chua Tam Bao Tu** mit ihren fünf Türmen, der 1927 gegründeten **Chua Pho Da** oder der größeren **Chua Thin Hoi** lohnt ein Blick auf die rosarote **Kathedrale**, die 1923 für die französischen Stadtbewohner errichtet wurde. Der Seiteneingang ist meist offen. Innen gibt es nicht allzu viel zu entdecken außer zwei bunten Glasfenstern, die 1927 in Frankreich von Louis Balmet hergestellt wurden, demselben Glaser, der auch die Fenster für die Kirche in Da Lat lieferte. Im hinteren Bereich des Geländes werden bunte Marien- und Jesus-Poster und andere Devotionalien verkauft. Messe: Mo–Sa um 5 und 17.30 Uhr, So um 5.15, 7.30, 15.30 und 17 Uhr.

Der **Cao Dai-Tempel** (Trung Hung Bun Toa) ist nach dem in Tay Ninh der zweitgrößte des Landes und ist nach ebendiesem Vorbild erbaut. Gebetszeiten sind um 6, 12, 18 und 24 Uhr – außerhalb dieser Zeiten ist es Glückssache, ob die Türen offen sind. Innen beeindruckt das große Allsehende Auge. Ein Bild, auf dem Lao-Tse, Buddha, Jesus, Konfuzius und Mohammed vereint sind, verdeutlicht den synkretistischen Ansatz dieser jungen Religion.

Im März 2008 wurde erstmalig ein großer **Feuerwerk-Wettbewerb** veranstaltet – ein buntes, lautes Spektakel mit 30 000 Zuschauern und internationaler Beteiligung (gewonnen hat das kanadische Team). Nach den positiven Erfahrungen ist geplant, den Wettbewerb in Zukunft jährlich zu veranstalten.

Übernachtung

Die Hotels in Da Nang sind überwiegend auf Gruppen oder Geschäftsreisende eingestellt; die meisten Touristen zieht es ins nahe gelegene, idyllischere Hoi An oder an den China Beach. Wer jedoch ein urbaneres Umfeld bevorzugt, findet in Da Nang eine große Auswahl an Zimmern verschiedenster Preisklassen und Standards.

Untere Preisklasse

Bao Ngoc Hotel, 48 Phan Chu Trinh, ✆ 0511-381 7711, 📠 381 7733, ✉ baongochotel@dng.vnn.vn. Minihotel mit ansprechender Atmosphäre. Saubere Zimmer mit Minibar und TV, die oben gelegenen mit weitem Blick auf das Leben vor dem Hotel. ❷

Minh Travel Hotel, 105 Tran Phu, ✆ 0511-381 2661. Alte Traveller-Absteige mit verwohnten, einfachen Zimmern. Wer ganz billig wohnen möchte, kann sich für US$3 ein Bett in Knast-Atmosphäre ohne eigene Toilette mieten. Selbst das teuerste Zimmer lädt nicht zum Verweilen ein, denn trotz Klimaanlage liegt ein leichter Geruch von Schimmel in der Luft. Die Betreiber sind sehr hilfsbereit bei der Suche nach den günstigsten Reisemöglichkeiten. ❶

Tan Minh Hotel, 142 Bach Dang, ✆ 0511-382 7456, 📠 383 0172, ✉ tanminhhotel@dng.vnn.vn. Am Fluss gelegenes, einfaches vietnamesisches Hotel. Die Zimmer sind geräumig, die Einrichtung mit den Kunstledersofas ist jedoch nicht jedermanns Geschmack. Am schönsten sind die Zimmer mit den großen Balkonen und Blick aufs Wasser. ❶–❷

Thuan An, 14 Bach Dang, ✆ 0511-382 0527. Travellerhotel nahe dem Hafen mit unterschiedlichsten Zimmern. Einige sind riesengroß, haben drei Betten und bieten einen schönen Blick auf den Fluss; andere gleichen trotz desselben Preises eher einer Absteige. Die Zimmer sind verwohnt, aber sauber, verfügen über einen kleinen Fernseher und manche über eine Badewanne. ❶–❷

Mittlere Preisklasse

Dai A Hotel, 51 Yen Bai, ✆ 0511-382 7532, ✉ daihotel@dng.vnn.vn. Großes Hotel mit bereits etwas verwohnten Zimmern. Das Haus liegt zentral und das Personal ist freundlich. ❷–❸

Phuong Tam, 174 Bach Dang, ✆ 0511-382 4288. Am Flussufer gelegenes Hotel für Geschäftsleute. Die Zimmer sind einfach eingerichtet und sauber und verfügen über Minibar und TV. Im Bad gibt es eine Wanne. Einige Zimmer bieten Flussblick durch große Fensterfronten und vom Balkon. Aufzug vorhanden. ❷–❸

Prince Hotel, 60 Tran Phu, ✆ 0511-318 17929, 📠 181 7928. Minihotel nahe der Brücke in der dahinter gelegenen Straße, bietet den normalen Standard zu etwas überhöhten Preisen. ❸–❹

Xuan Hung Hotel, 56 Phan Chu Trinh, ✆ 0511-384 3333, 📠 384 3456, ✉ xuanhunghotel.dn@vnn.vn. Blau, schmal und neunstöckig präsentiert sich dieses Businesshotel. Die Doppelbett-Zimmer sind ihren Preis nur wert, wenn man auch ohne Fenster auskommen kann. Wer als VIP absteigt, hat mehr Ausblick. Es gibt einen Karaokeraum, Internetzugang, Sauna, Fitnessbereich, Parkplatz und Aufzug. ❸–❺

Y Van Hotel, 21 Tran Hung Dao, ✆ 0511-393 6156, 💻 www.yvanhotel.com. Das saubere, recht neue Minihotel liegt auf der anderen Seite des Flusses, hat 10 sehr gut eingerichtete Zimmer und von der Bar auf dem Dach tolle Ausblicke über den Fluss auf die Stadt. ❸–❹

Obere Preisklasse

Bamboo Green Harbourside Hotel, 177 Tran Phu, ✆ 0511-382 2722, ✆ 0511-382 4165, ✉ bamboogreen2@dng.vnn.vn. Gegenüber der Kathedrale gelegen und hoch genug gebaut, um aus den Zimmern auf der Hinterseite den Blick auf den Fluss zu ermöglichen. Eine solche Aussicht bietet auch das Dachrestaurant. ❹–❺

Bamboo Green Riverside, 86 Bach Dang, ✆ 0511-383 2591, ✉ riversidets@dng.vnn.vn. Neben der Post und nahe der Brücke. Die meisten Zimmer bieten Flussblick, sind aber alle recht klein; z. T. mit Balkon. ❹–❺

Elegant Hotel, 22A Bach Dang, ✆ 0511-389 2893, ✆ 383 5179, ✉ elegant@dng.vnn.vn. Die Zimmer sind modern ausgestattet, bieten Safe und Wasserkocher und sind gepflegt. Mit dem Aufzug geht es in die oberen Etagen, aus deren Zimmern sich ein toller Blick auf den Fluss oder die Stadt ergibt. Der Reiseservice hilft bei Buchungen von Flugtickets. ❹–❺

Faifo Hotel, 200 Hai Phong, ✆ 0511-382 7901, ✆ 382 7972, ✉ faifohotel@dng.vnn.vn. Beim Bahnhof (das Hotel gehört der örtlichen Bahn-Betriebs-Gesellschaft); 67 Zimmer, die recht groß und mit Kunstleder-Sitzecke ausgestattet sind. 3-Sterne-Standard mit Bar, Konferenzraum, Tennisplatz, Massage und Sauna, aber insgesamt etwas ungemütlich. ❸–❻

Saigon Tourane, 5 Dong Da, ✆ 0511-382 1021, ✆ 389 5285, ✉ sgtouran@dng.vnn.vn, 💻 www.saigontourane.com.vn. Staatsbetrieb mit 82 Zimmern im Norden der Stadt. Die etwas unpersönlichen, aber sauberen Zimmer haben WIFI. Drei große Restaurants, in denen auch Hochzeiten veranstaltet werden. ❹–❺

Essen

An Lac, 46 Tran Hung Dao, ✆ 0511-382 4477. Einfaches vegetarisches Straßenrestaurant nahe dem Han-Markt in einem kleinen Raum mit ein paar Stühlen; lecker und günstig.

Spaß am Tischgrill

Chen, 29 Pham Hong Thai, ✆ 0511-384 3888, 💻 www.chen-restaurant.com. In diesem hell erleuchteten Restaurant ist jeder sein eigener Koch. Das Gewünschte wird appetitlich vorbereitet und kochfertig serviert. Der Gast kann sein Essen dann selbst am Tisch garen oder brutzeln. Wenn nötig, helfen die Angestellten. Dank eines modernen Abzugsystems stören keine Kochgerüche. ⏲ 9–22 Uhr.

Apsara Restaurant, 222 Tran Phu, ✆ 0511-356 1409. In der Nähe des Cham-Museums gelegen, bietet dieses Restaurant der gehobenen Klasse Platz für 300 Gäste. Dekoriert im Cham-Stil, abendliche Tanz- und Gesangsvorführungen. Spezialität sind die hervorragenden Seafood-Gerichte, die alle recht teuer sind. ⏲ 10–14.30 und 17–22 Uhr.

Cafe New Life, Phan Chu Trinh, Ecke Hoang Dieu. Großes vietnamesisches Kaffeehaus mit AC. Im 2. Stock Fensterfront mit Blick auf den belebten Verkehrskreisel. Das Café ist schon etwas in die Jahre gekommen, doch bei Einheimischen aller Altersklassen sehr beliebt. Es gibt u. a. Fruchtsäfte und natürlich frisch gebrühten Kaffee.

Dan San, 2 Hoang Hoa, ✆ 0511-383 0449. Liegt gegenüber dem Bahnhof. Kaffee und Fastfood für Hungrige kurz vor der Zugabfahrt.

Mien Trung, 9 Bach Dang, ✆ 0511-382 4088. Großes vietnamesisches Restaurant direkt am Flussufer nahe der Brücke. Preiswerte authentische Gerichte in großer Auswahl. Eignet sich neben einem Abendessen auch gut für einen mittäglichen Snack.

Phi Lu, 225 Nguyen Chi Than, ✆ 0511-382 3772, 💻 www.philures.com. Chinesisches Restaurant in großer Halle, AC-Raum in der 2. Etage. Hier speist man in lebhafter Atmosphäre. Gutes Preis-Leistungs-Verhältnis.

Pho 24, 90 Tran Quoc Toan, ✆ 0511-384 3777. Bekannt gute Kette für eine *pho*-Suppe. Sauber und klimatisiert, große Portionen. Während in anderen Lokalen ab Mittag keine *pho* mehr zu bekommen ist, gibt es sie hier von 6.30 Uhr bis Mitternacht.

The Cool Spot, 112 Tran Phu, ✆ 0511-382 4040, ✉ ccdng@dng.vnn.vn. Nahe dem Markt; eigentlich eine Bar, an deren Tresen man jedoch auch essen kann. Das Restaurant befindet sich im 2. Stock. Auf der Speisekarte stehen Gerichte aus der japanischen Küche und Westliches wie Hamburger und Spaghetti. Die Preise sind recht hoch. ◷ 10–23 Uhr.

Thien Kim, 182 Bach Dang. Im Innenbereich schön kühl, auf der Dachterrasse mit schönem Ausblick. Guter Kaffee und Eis.

Thien Phu, 4 Le Duan, ✆ 0511-384 0668, einfaches, überdachtes Restaurant nahe der Brücke mit vietnamesischen Gerichten. Bequeme Stühle und angenehme Atmosphäre.

Vietnamese Home, 34 Bach Dang, ✆ 0511-388 9575, ✉ dnshipchanco@dng.vnn.vn. Nahe dem Hafengelände lädt dieses schattige Restaurant von morgens bis abends zu einer stärkenden Rast ein. Über einen Lingam am Eingang plätschert das Wasser, und ein Schaukelpferd wartet auf kleine Reiter. Jeden Samstagabend findet auf einer kleinen Bühne eine Tanzveranstaltung statt. Die Qualität des Essens ist gut, die Auswahl sowohl vietnamesisch als auch westlich und die Preise niedrig.

Einkaufen

Es lohnt sich, in Da Nangs Geschäften nach Mitbringseln Ausschau zu halten, denn die Preise sind niedriger als in touristischeren Orten.

Märkte und Shoppingcenter

Tee, Trockenobst, Nudelsuppen und Haushaltswaren gibt es im **Han-Markt** nahe dem Fluss. Abends werden auch auf der Straße davor zahlreiche kleine Stände aufgebaut, die frisches Obst verkaufen. Kleidung wird von morgens bis etwa 18 Uhr abends in der 2. Etage des Marktes angeboten. Alles, was es hier nicht gibt, findet man im riesigen **Con-Markt** im Stadtzentrum.

Unweit der Post entsteht das **Indochina Riverside**, 💻 www.indochinariverside.com, zwei mächtige Hochhaustürme mit Wohnungen, Büros und einem großen Shoppingcenter.

Gemütliches Gartenrestaurant

Miss One's Coffee, 25 Pham Hong Thai, ✆ 0511-383 0087. Schön gestaltetes Gartenrestaurant auf zwei Ebenen im Hinterhof mit Biergartenatmosphäre und asiatischem Flair dank künstlichen Flüsschen und plätschernden kleinen Wasserfällen. Empfehlenswert zum traditionellen Frühstück mit schmackhaftem Kaffee, für eine Erfrischungspause am Mittag oder zum gemütlichen Abendessen mit Bier und Cocktail.

Edelsteine

Da Quy Ngoc Phat, 85 Phan Chau Trinh, ✆ 0511-384 3123, ✉ daquyngocphat@yahoo.com. Neben farbenfrohen Bildern aus Edelsteinsplittern gibt es hier eine Auswahl roher und geschliffener Steine, u. a. Rubine, Spinelle und Peridot. Wer sich für schön gewachsene Turmalin-Kristalle oder Tektit (Bruchstücke von Meteoriten) interessiert, kann diese hier deutlich günstiger bekommen als etwa in den einschlägigen Läden im Kathedralen-Viertel von Ha Noi.

Seidenstickereien

XQ Danang Silk Hand Embroidery, 39-41 Nguyen Thai Hoc, ✆ 0511-381 6847, 📠 381 2599, 💻 www.xqhandembroidery.com. Das traditionelle Handwerk der Seidenstickerei wird in diesem Hause zur Vollkommenheit gebracht. Die Bilder aus dem Niemandsland zwischen Kitsch und Kunst verblüffen nicht nur durch ihre Leuchtkraft, sondern auch die hyper-reale Abbildung des Dargestellten: Die Portraits scheinen den Betrachter anzuschauen, und in den Landschaftsbildern kann die Fantasie spazierengehen. Wer will, kann hier den Künstlern bei der Arbeit zuschauen oder ein Foto mitbringen (bzw. vorher mailen), um daraus ein Portrait sticken zu lassen.

Schreibwaren

Cty CP Sach & TBTH, 78 Bach Dang. Hier gibt es Stifte, Hefte und sonstige Schreib-, Mal- und Bastel-Utensilien. Weiterere sehr nützliche

Artikel im Sortiment sind die preisgünstigen **Kompasse**.

Sonstiges

Fotos

In der Tran Quoc Toan, Ecke Nguyen Chi Tranh, und der Phan Chu Trinh gibt es **Kodak-Geschäfte**. Hier werden Fotos entwickelt, und man kann eine CD von seinen Digitalfotos brennen lassen. Wer wegen eines Visums für Laos noch ein aktuelles Passfoto benötigt, dem wird hier innerhalb weniger Stunden geholfen.

Geld

Es gibt zahlreiche Banken und Geldautomaten in der Stadt. Zentral am Han-Markt liegt eine Filiale der **Viet A Bank**, 33 Hung Vuong, ✆ 0511-382 1152, 📠 382 3369, ✉ danabank @dng.vnn.vn. Hier kann man beispielsweise Travellerschecks einlösen. ⌚ Mo–Fr 7.30–11.30 und 13.30–17, Sa 8–11 Uhr. Ein **Automat**, der auf Maestro-Karten Geld herausgibt, steht vor dem Benh Vien C-Krankenhaus gegenüber dem Cao Dai-Tempel. Auch der ATM nahe dem Café New Life akzeptiert diese Karten.

Informationen

Zentral am Markt bietet das Reisebüro **Arukikata**, die Reiseagentur von Herrn Hung, eine Anlaufstelle für Reisende mit dem Sinh-Café-Bus. Hier kann auch ein privates Taxi organisiert werden. Das staatliche Reisebüro **Vietnamtourism**, 83 Nguyen Thi Minh Khai, ✆ 0511-382 3660, ✉ vitoursdad@dng.vnn.vn, hilft bei der Buchung von Flügen oder anderen Fragen der Reisegestaltung.

Internet

Die meisten **Hotels** bieten ihren Gästen kostenlosen Internetzugang. Wenn dieser Service nicht geboten wird, handelt es sich meist um ein rein vietnamesisches oder ein extrem billiges Haus. Wer dort wohnt, kann sich in einem **Online-Game-Shop** unter die jungen Leute mischen, z. B. neben dem Tan Minh Hotel oder dem Minh Travel Hotel. Ein weiterer **Internetshop** befindet sich neben dem Phi Lu Restaurant.

Medizinische Hilfe

Family Medical Practice, 50-52 Nguyen Van Linh, Nam Duong Ward, 💻 www.vietnam medicalpractice.com. Ableger der renommierten Kliniken in HCMS und Ha Noi mit westlichen Ärzten. Eine Erstbehandlung kostet ab US$50, Nachuntersuchungen jeweils ca. US$30. Notfallbehandlungen sind teurer. Angeschlossen ist eine Zahnklinik. Der 24-Std.-Notfalldienst steht bei Unfällen zur Verfügung und ist unter ✆ 0511-358 2699 oder 358 2700 zu erreichen. Notrufnummer: ✆ 0913-917303.

Benh Vien C- Krankenhaus, ✆ 0511-382 1480. Das staatliche Krankenhaus liegt gegenüber dem Cao Dai-Tempel und wird seit 2006 um einen Neubau erweitert.

Post

Die **Hauptpost** befindet sich an der Brücke, 60 Bach Dang, Ecke Le Duan. ⌚ 6–22 Uhr.

Visa für Laos

Laos-Visa gibt es im **laotischen Konsulat**, 16 Tran Quy Cap, ✆ 0511-382 1208. Visa kosten etwa US$50 (der Preis kann je nach Herkunft des Antragstellers schwanken, also lieber ein paar Extra-Dollar mitbringen) und werden in der Regel sofort ausgestellt. Es werden zwei Passbilder benötigt. ⌚ Mo–Fr 8–11 und 14–16.30 Uhr.

Nahverkehr

Es warten Taxis vor dem Bahnhof, deren Preis je nach Geräumigkeit schwankt. Mit kleinen Taxameter-Taxis kommt man für etwa 12 000–15 000 Dong bis zum Han-Markt. Die größeren kosten etwa doppelt so viel. Ein Taxi-Service ist **Deluxe Taxi**, ✆ 0511-356 5656.

Reiseagenturen helfen bei der Beschaffung eines Privattaxis für längere Strecken, z. B. in die Marmorberge oder nach Hoi An. Taxis nach Hoi An kosten ohne Stopp US$12–15. Ein Zwischenstopp in den Marmorbergen oder am China Beach erhöht den Preis um einige Dollar.

Transport

Da Nang ist die zentrale Verkehrs-Drehscheibe in Zentralvietnam und entsprechend groß ist das Angebot.

Busse

Der **Busbahnhof** für Langstrecken (Ben Xe Tam Da Nang), ✆ 0511-376 7678, liegt etwa 3 km außerhalb an der N1 Richtung Hue. Regelmäßig fahren hier den ganzen Tag bis in die Nacht hinein Busse in alle Landesteile ab. Die Ziele und Fahrpreise sind an den Schaltern ausgeschildert. Der Busbahnhof ist einer der größten des Landes, und wer vormittags aufkreuzt, wird sicher einen Bus zum gewünschten Reiseziel bekommen. Die Preise variieren je nach Ausstattung des Busses, z. B. nach HUE 22 000–28 000 Dong (3 Std.), HA NOI 100 000–200 000 Dong (ca. 14 Std.) und HO-CHI-MINH-STADT 160 000–220 000 Dong (ca. 16 Std.).

Nach Hoi An

Stündlich zwischen 8 und 16 Uhr starten Busse nach Hoi An. Um einen solchen zu nehmen, muss man sich nicht eigens zum großen Busbahnhof begeben, denn die öffentlichen Busse nach Hoi An stoppen direkt gegenüber dem Han-Markt an der Bushaltestelle auf der anderen Straßenseite. Während man am Straßenrand wartet, kann man in einem benachbarten kleinen Laden Milch, Käse und kalte Getränke für unterwegs kaufen. Die Fahrt kostet regulär 10 000 Dong, wobei oft versucht wird, westlichen Touristen mit Tricks oder auch purer Dreistigkeit deutlich mehr abzuknöpfen (50 000 Dong sind keine Ausnahme). Zum Teil werden die Ticketverkäufer recht unangenehm. Mehr als 20 000 Dong sollte man nicht bezahlen.
Die Fahrt dauert etwa 1 Std. und ist etwas holprig, aber auszuhalten. In den Bussen, die tagsüber fahren, ist meist weniger Betrieb als am Morgen oder Abend. Der Bus stoppt in Hoi An etwas außerhalb des Zentrums, wo *xe om* für etwa 10 000 Dong die Weiterfahrt ins Zentrum zu den Hotels übernehmen.

Nach Laos

Grenzübergreifende Verbindungen bestehen über die Grenze bei Lao Bao nach PAKSE für 170 000 Dong, Abfahrt 6.30 Uhr, Dauer ca. 15 Std.; SAVANNAKETH Mo, Mi und So für 120 000 Dong, Abfahrt 20 Uhr, ca. 12 Std., THAKHAEK Di und Do für 200 000 Dong, ca. 16 Std., und VIENTIANE für 230 000 Dong, Abfahrt 14 und 15.30 Uhr tgl. außer So, Dauer fast 24 Std. Visa sollte es an den Grenzübergängen geben; wer ganz sicher sein will, besorgt sich vorher eines vom laotischen Konsulat (s. Sonstiges).

Eisenbahn

Eine große Anzahl Züge nach Norden und Süden hält Tag und Nacht am Bahnhof **Ga Da Nang**, 202 Hai Phong, ✆ 0511-382 3810. Auf dem Vorplatz lässt ein ausgemustertes altes Dampfross das Herz eines jeden Eisenbahnromantikers höher schlagen. Zugtickets gibt es im Bahnhof oder von einer Reiseagentur. Ein Ticket für eine Nachtfahrt im Hardsleeper kostet für die Strecke Da Nang–Ha Noi im Schnitt um die 500 000 Dong. Über eine Agentur besorgt, kostet die Fahrt meist US$5–10 mehr.
Nach HUE nimmt man am besten den SE2 um 13.05 Uhr (Ankunft 16.50 Uhr) oder den schnelleren SE4 um 14.14 Uhr (Ankunft 16.33 Uhr), alternativ den SE6 um 5.53 Uhr (Ankunft 8.15 Uhr). Diese drei Züge fahren weiter bis nach HA NOI (Ankunft dort 5.40, 4.30 bzw. 21.10 Uhr).
Richtung SAI GON starten der SE1 um 11.26 Uhr (Ankunft Sai Gon 5.20 Uhr), der SE3 um 13.15 Uhr (Ankunft 4.20 Uhr) und der SE5 um 4.11 Uhr (Ankunft 20.45 Uhr), die unterwegs z. B. in NHA TRANG und PHAN THIET (Mui Ne) halten.

Flüge

Der **Da Nang Airport** ist neben dem Noi Bai Airport in Ha Noi und dem Tan Son Nhat Airport in Ho-Chi-Minh-Stadt der dritte **internationale Flughafen** des Landes.
Er liegt am Stadtrand von Da Nang, etwa 10 Min. mit dem Taxi. Wer aus Hoi An anreist (US$10–15), sollte etwa 3 Std. vor Abflug aufbrechen, da die Fahrt 30–60 Min. dauern kann.

Aus Da Nang kostet ein *xe om* zum Flughafen etwa 30 000–35 000 Dong, ein Taxi etwa 60 000 Dong.

Nationale Flüge

Vietnam Airlines fliegt u. a. Mo, Mi, Fr ohne Zwischenstopp nach BUON MA THUOT, 1x tgl. nach NHA TRANG, 4x tgl. direkt nach HA NOI und ebenso oft nach HO-CHI-MINH-STADT. Das Hauptbüro von Vietnam Airlines liegt in der 223 Tran Phu, gegenüber vom Apsara Restaurant, und ein Buchungsbüro in der 35 Tran Phu. ◷ Mo–Fr 7–19, Sa, So 7.30–11.30 und 13.30–17 Uhr. Weiteres unter 💻 www.vietnamairlines.com.

Jetstar Pacific verbindet Da Nang und HO-CHI-MINH-STADT fast täglich. Tickets kosten 720 000–850 000 Dong; manchmal gibt es Promotion-Flüge für 500 000 Dong. Über den aktuellen Flugplan und etwaige Sonderangebote informiert die Website 💻 www.jetstarpacific.com.vn.

Internationale Flüge

Die kleine thailändische Fluggesellschaft **Pb Air** fliegt Di, Do, Sa und So nach BANGKOK. Tickets kosten 6500 Baht einfach. Näheres unter 💻 www.pbair.com.

Silk Air verbindet Da Nang 5x wöchentlich mit SINGAPUR. Drei dieser Flüge legen einen Zwischenstopp in SIEM REAP in Kambodscha ein. Dort gibt es ein Visum *on arrival*. Flugplan und Buchungsmöglichkeiten unter 💻 www.silkair.com.

Zwei Verbindungen nach Korea sollen aufgenommen werden, während dieses Buch im Druck ist: Informationen bei **Korean Air**, 💻 www.koreanair.com, und 💻 www.flyasiana.com. Nach Fertigstellung des neuen Terminals 2010 ist mit weiteren internationalen Flügen zu rechnen.

Strände bei Da Nang

Strände, Berge, Höhlen und Grotten – in der Umgebung von Da Nang gibt es einiges zu sehen. Wenige Touristen besuchen den Nam O-Strand nordwestlich der Stadt; mehr sind es am breiten, weißen My Khe-Strand, an dem einige Unterkünfte liegen, darunter Vietnams erstes (inzwischen nicht mehr einziges) 5-Sterne-Resort. Noch weiter südlich lockt der Non Nuoc-Strand. An allen Stränden ist noch viel Platz; lange, relativ einsame Spaziergänge sind möglich – und tatsächlich auch eine der besseren Möglichkeiten, das Meer zu genießen. Beim Baden ist Vorsicht angebracht, denn das Wasser kann in dieser Gegend sehr gefährlich sein.

Son Tra-Halbinsel

Die Son Tra-Halbinsel ist größtenteils militärisches Sperrgebiet. Wer zu neugierig ist, muss damit rechnen, von Uniformierten zurückgeschickt zu werden. Legal fahren kann man bis zum **Thien Sa-Strand**, der sich gleich nördlich des gleichnamigen Hafens erstreckt. Weiter geht es an der Nordseite (offiziell) nicht. Doch an Stränden herrscht in der Umgebung von Da Nang kein Mangel, warum sich also mit der vietnamesischen Marine anlegen?

Die höchste Erhebung, der **Nui Son Tra** (Affenberg), ist definitiv *off limits* – schön für die dort lebenden Affen, die dem Berg seinen Namen geben.

My Khe-Strand

Der auch als **China Beach** bekannte My Khe-Strand erstreckt sich über einige Kilometer südlich von Da Nang. Viel los ist eigentlich nur gegen Abend, wenn viele Bewohner von Da Nang hier den Tag ausklingen lassen.

An sonnigen Sommertagen sollte man den Strand zur Mittagszeit auch als Tourist meiden:

Vorsicht, Rissströmung!

Besonders im Winter kommt es an dieser Küste zu gefährlichen Strömungen, die einen noch so guten Schwimmer weit aufs Meer hinausziehen – wer hier abgetrieben wird, hat kaum eine Chance, lebend wieder an Land zu kommen. Man sollte hier daher nicht unbeaufsichtigt ins Wasser gehen. Die Hauptbadestellen werden in den meisten Monaten von Rettungsschwimmern bewacht.

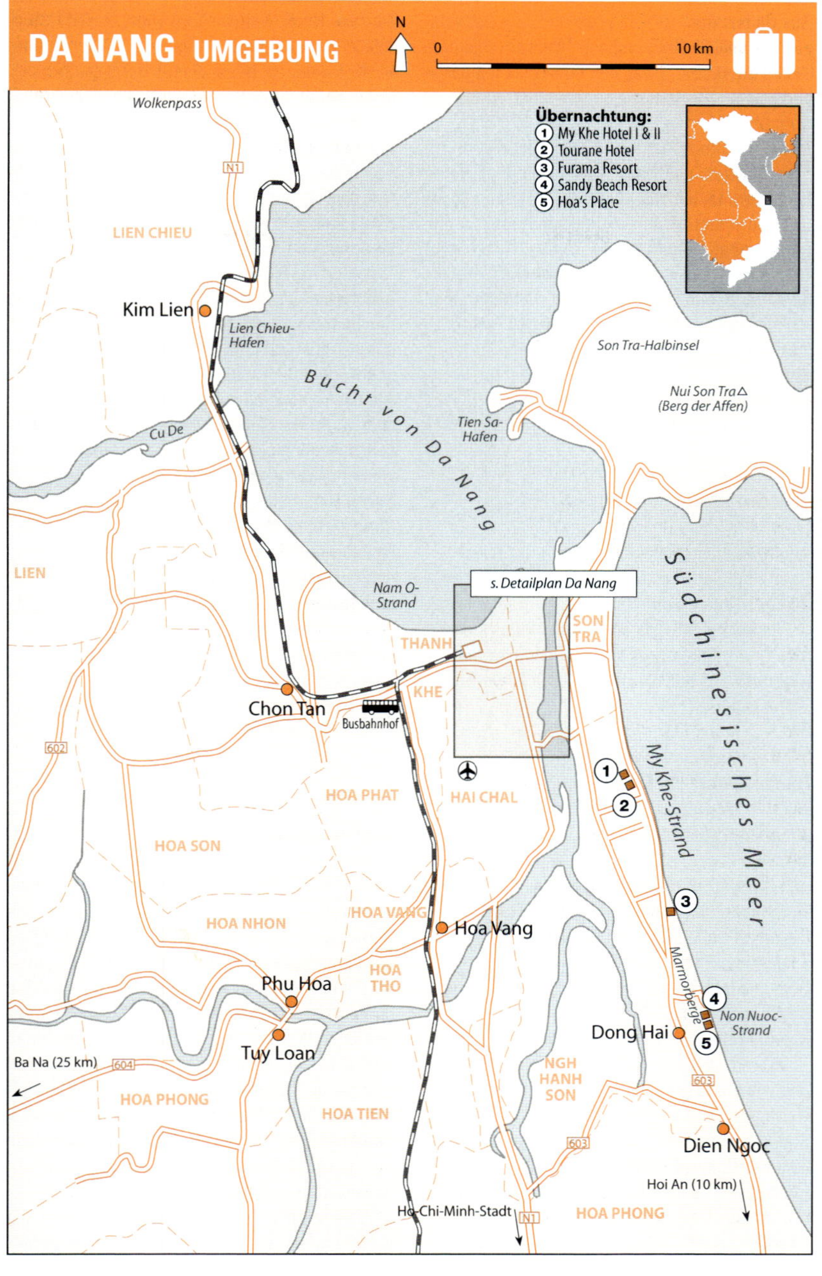
DA NANG UMGEBUNG
N
0
10 km
Übernachtung:
1 My Khe Hotel I & II
2 Tourane Hotel
3 Furama Resort
4 Sandy Beach Resort
5 Hoa's Place
Wolkenpass
N1
LIEN CHIEU
Kim Lien
Lien Chieu-Hafen
Bucht von Da Nang
Son Tra-Halbinsel
Nui Son Tra
(Berg der Affen)
Tien Sa-Hafen
Cu De
LIEN
Nam O-Strand
s. Detailplan Da Nang
SON TRA
THANH
KHE
Südchinesisches Meer
Chon Tan
Busbahnhof
602
HOA PHAT
HAI CHAL
My Khe-Strand
HOA SON
HOA NHON
HOA VANG
Hoa Vang
Marmorberge
Phu Hoa
HOA THO
Non Nuoc-Strand
Dong Hai
Tuy Loan
Ba Na (25 km)
604
NGH HANH SON
603
HOA PHONG
HOA TIEN
Dien Ngoc
Hoi An (10 km)
Ho-Chi-Minh-Stadt
N1
HOA PHONG

Das Sonnenlicht ist sehr stark und wird noch dazu vom weißen Sand und dem Wasser reflektiert. Jedes Stückchen Haut, das nicht dick mit hochwirksamem UV-Schutz eingecremt ist, verbrennt.

Non Nuoc-Strand

1 km südlich der Marmorberge liegt der Non Nuoc-Strand, ein Tipp für alle, die etwas abseits des Touristentrubels wohnen möchten. Es gibt nur ein paar Unterkünfte, darunter ein schickes Resort und ein kultiger Traveller-Treff. Davon, dass der Strand nach 1975 als Erholungsgebiet für russische Aufbauhelfer entwickelt wurde, ist inzwischen nichts mehr zu spüren. Für Surfer ist der Strand ein Paradies, v. a. im Winter, wenn der Nordostmonsun für hohe, lange Wellen sorgt. Surfbretter gibt es an einigen Stellen zu leihen.

Übernachtung und Essen

Am Strand liegen einige Restaurants, deren Spezialität natürlich frische Meeresfrüchte sind. Von den Unterkünften macht das Furama Resort am meisten Spaß: Mit seinen drei Pools stellt es eine Alternative zum manchmal etwas rauen Meer dar. Für US$10 erhalten auch Nicht-Gäste Zutritt zum Gelände.

My Khe-Strand

Furama Resort, 68 Ho Xuan Hong, ✆ 0511-384 7333, ℻ 384 7666, 💻 www.furamavietnam.com. Als erstes 5-Sterne-Resort in Vietnam schon fast eine Legende. 200 Zimmer, 6 Restaurants und Bars, 4 Tennisplätze, 3 Swimmingpools, eine Tauchbasis, ein Schönheitssalon: Luxus für Resort-Urlauber. Besonders attraktiv sind die Zimmer mit Balkon zum Strand, der hier am Südende besonders schön ist. Etwa 7–8 km von Da Nang entfernt. ❼–❽

My Khe Hotel, 241 Nguyen Van Thoai, ✆ 0511-383 6125, ℻ 383 6123, ✉ mkbeach@dng.vnn.vn. 50 relativ preiswerte Zimmer am Nordende des Strandes, ca. 2–3 km von der Stadt entfernt. Ein paar Häuser weiter liegt das Schwesterhotel **My Khe II**, 233 Nguyen Van Thoai, ✆ 0511-394 1095, mit etwas neueren Zimmern zum gleichen Preis. ❸–❺

Tourane Hotel, Nguyen Vam Thoai, ✆ 0511-393 2666, ✉ touranehotel@dng.vnn.vn. Neben dem My Khe gelegen, bietet dieses Hotel große, einfache Zimmer in einzelnen Villen, die dem französischen Kolonialstil nachempfunden wurden. ❹–❺

Non Nuoc-Strand

Hoa's Place, ✆ 0511-396 9216, ✉ hoasplace@hotmail.com. Seit Jahren beliebter Traveller-Treffpunkt – wer hier ankommt, bleibt meistens länger als geplant. Grund ist neben dem nahe gelegenen schönen Strand und der leichten Erreichbarkeit von Da Nang und Hoi An die freundliche, persönliche Atmosphäre, gemeinsames Abendessen in lustiger Runde eingeschlossen. Falls alles voll sein sollte, besorgt Hoa ein Zimmer in einem vietnamesischen Gästehaus in der Nähe. ❶

Sandy Beach Resort, 251 Huyen Tran Cong Chua, ✆ 0511-383 6214, ℻ 383 6335, 💻 www.sandybeachdanang.com. In der Nähe des Parkplatzes am Non Nuoc-Strand gelegenes 4-Sterne-Resort mit neuen, komplett renovierten Zimmern, zwei einladenden Pools und einer großzügigen Platzgestaltung auf insgesamt 20 ha – viermal so groß wie das Furama am My Khe-Strand. Am schönsten wohnt es sich in einem der 30 luftigen Beach-Bungalows. ❺–❼

Die Marmorberge

Die fünf Kalksteinfelsen, die südlich von Da Nang unvermittelt emporragen, enthalten so reiche Marmorvorkommen, dass Kaiser Minh Mang sie bei einem Besuch 1825 **Nui Non Nuoc** taufte: „Marmorberge". Die einzelnen Berge sind den fünf Elementen der chinesischen Kosmologie zugeordnet: Wasser, Metall, Erde, Holz und Feuer. Zu Füßen der Berge liegen einige Dörfer, deren Bewohner sich fast vollständig auf die Herstellung von Marmorstatuen verlegt haben: Von kleinen Souvenirs bis hin zu großen, aufwendigen Steinmetzarbeiten aus der vietnamesischen Götter-und Legendenwelt.

Viele Höhlen und Grotten durchziehen die Berge und werden schon seit Menschengedenken als Wohn-, besonders aber als Andachtsräume genutzt. Die ursprünglich animistischen Heiligtümer und die religiösen Stätten der Cham sind inzwischen allesamt in buddhistische Pagoden verwandelt worden. Während des Krieges versteckten sich Guerilla-Kämpfer in den Höhlen. Von hier hatten sie einen fantastischen Blick auf Da Nang und die dortige Garnison mitsamt dem Flughafen.

Am häufigsten besucht wird der **Nui Thuy Son** („Wasserberg"). Hier steht an der Stelle eines älteren Cham-Heiligtums die **Tam Thai-Pagode**, die über eine Treppe am Berghang erreicht wird. Minh Mang gründete sie bei seinem Besuch 1825. Seitdem wurde sie einige Male renoviert. Innen befindet sich eine Statue des historischen Buddha, flankiert von Quan Am (Gnade) und Van Thu (Weisheit). Über einen Gang gelangt man in die **Huyen Khong-Grotte**, deren Eingang von vier Wächterfiguren beschützt wird. In der hohen Decke der Höhle sind einige Löcher, durch die das Sonnenlicht einfallen kann, was zusammen mit den Schwaden von Räucherstäbchenqualm für eine mystische Stimmung sorgt. Kurz vor der Mittagszeit wird die zentrale Statue des Buddha Shakyamuni von einem Lichtstrahl illuminiert.

Weitere Grotten und Pagoden sind über diesen und die vier Nachbarberge verteilt. Kinder und Jugendliche aus den Dörfern führen Interessierte gegen ein angemessenes Entgelt herum.

Die Pagoden sind ganztägig geöffnet. Einige kosten Eintritt (Tam Thai-Pagode 10 000 Dong), bei anderen kann man eine Spende dalassen. Von Da Nang oder Hoi An kann man einen der vielen Busse nehmen, die zwischen diesen Städten verkehren, oder per *xe om* anreisen. Auch die eigene Anreise per Moped oder Fahrrad ist möglich; man kann sich hier kaum verfahren und der Verkehr hält sich in Grenzen.

Ba Na

Das „Da Lat Zentralvietnams" – so nannte man diese von den Franzosen in den 1920er-Jahren als Luftkurort gegründete Bergstation knapp 40 km Luftlinie westlich von Da Nang. Sie liegt am 1467 m hohen Chua-Berg auf einer Höhe von 1200 m. Spektakuläre Aussichten und frische Luft sind hier oben garantiert. Es ist deutlich kälter als am Meer: Wenn in Da Nang 35 °C gemessen werden, so sind es in Ba Na 25 °C – tagsüber; nachts fällt die Temperatur noch weiter. Man sagt, Ba Na habe vier Jahreszeiten pro Tag: morgens Frühling, mittags Sommer, nachmittags Herbst und nachts Winter. Also lieber einen Extra-Pulli einpacken!

Die Natur um Ba Na ist ebenso attraktiv wie einige der übrig gebliebenen französischen Villen, die renoviert wurden: Spaziergänge in die Umgebung oder zu den „Traumquellen" **Suoi Mo** (Eintritt 3000 Dong; Schwimmen am Wasserfall möglich) sind die Hauptattraktion des Ortes. Ebenso wie das „Da Lat Nordvietnams", Tam Dao, ist Ba Na allerdings eher für vietnamesische Gäste interessant. Mittelmäßige Hotels mit angeschlossenen lauten Karaoke-Bars bestimmen das Bild. An den Wochenenden wird es voll, und die Preise verdoppeln sich. Für Ba Na wird ein Eintritt bzw. eine „Kurtaxe" von 10 000 Dong erhoben.

Übernachtung und Essen

Fast alle Resorts haben unterschiedlich teure Zimmer mit ebenso unterschiedlicher Ausstattung. Restaurants sind angeschlossen.

Ba Na By Night Resort, ✆ 0511-321 4971, 📠 381 0459, ✉ bananight@dng.vnn.vn. Unterschiedliche Zimmer in einem Haupthaus und einige alleinstehende Bungalows auf Stelzen in einer interessant gestalteten Anlage. Die Franzosen hinterließen einen Weinkeller in der Flanke des Berges, der zum Resort gehört. Beliebte Bar. Für Tourgruppen werden lokale Tänze aufgeführt und das unvermeidliche Reisweinfass mit Strohhalmen kommt zum Einsatz. ❶–❸

Le Nim Resort, ✆ 0511-379 1504. Die große Anlage mit 100 Zimmern verfügt wohl über die beste Aussicht weit und breit. Die Standard-Zimmer sind gut ausgestattet und bequem; schlichter sind die „Valentine House" genannten Bungalows. Erwähnenswert ist die gemeinsame Feuerstelle, an der es am Wochenende hoch her gehen kann. Die teuersten Räume haben eigene Feuerstellen. ❶–❹

Transport

Die Anreise von Da Nang führt über die N604. Endstation für **Busse** aus DA NANG (10 000 Dong) ist ein Parkplatz, von wo aus seit dem Jahr 2000 eine von einer österreichischen Firma gebaute **Seilbahn** auf den Berg führt (35 000 Dong hin und zurück). Alternativ bewältigen **Shuttlebusse** die letzten Kilometer (15 000 Dong).

8 HIGHLIGHT

Hoi An

Das kleine Städtchen Hoi An ist eines der beliebtesten Ziele für ausländische Touristen, und das nicht ohne Grund: Die hübsche Altstadt hat die letzten 200 Jahre fast unverändert überdauert – ein Freilichtmuseum mit einer einzigartigen Atmosphäre, freundlichen Bewohnern, interessanten Sehenswürdigkeiten, guten Restaurants, preiswerten Unterkünften, tollen Shopping-Möglichkeiten und dann auch noch einem Strand in der Nähe. Kein Wunder, dass fast alle Besucher länger bleiben als geplant: Ein Besuch in Hoi An ist eines der großen Highlights jeder Vietnam-Reise.

Über 800 einzelne Objekte in der Altstadt von Hoi An wurden 1999 in die Liste des UNESCO-Weltkulturerbes aufgenommen, darunter die niedrigen, zweistöckigen Häuser, die eine interessante architektonische Mischung aus vietnamesischen, chinesischen und japanischen Einflüssen aufweisen. Abends verwandeln sich die engen Straßen der Altstadt in heimelige Gassen, verkehrsberuhigt und von zahllosen bunten Seidenlampen beleuchtet. Das Gefühl, in eine andere Welt einzutauchen, hat der westliche Besucher vielerorts in Vietnam, doch wohl nirgendwo ist diese Welt so angenehm entspannend wie hier.

Geschichte

Schon die Cham nutzten Hoi An vom 4. bis zum 10. Jh. als Hafen. Als sie sich nach Süden zurückziehen mussten, verlor die kleine Siedlung vorübergehend an Bedeutung, bis um 1600 die herrschenden Nguyen-Fürsten den Hafen für den Außenhandel öffneten: Ein beispielloser Boom begann. Die damals Faifo genannte Stadt war bis nach Europa bekannt. Chinesische und japanische Händler ließen sich nieder. Der direkte Handel zwischen China und Japan war damals nicht möglich, da sich beide Länder abgeschottet hatten: Hier, auf „neutralem Boden", konnten sich die Händler begegnen. Viele bauten sich Häuser nach den architektonischen Prinzipien ihrer Heimatländer. Während die Japaner sich ab 1636 zurückzogen (als die Shogune den Außenhandel endgültig und gänzlich verboten), blieben die Chinesen – und machten ihre Geschäfte fortan mit Portugiesen, später auch Holländern, Engländern und Franzosen.

Im Laufe der Jahrzehnte und Jahrhunderte versandeten die Mündung des Thu Bon-Flusses und der Hafen von Hoi An immer mehr, während die Handelsschiffe größer wurden. Als mehr und mehr Schiffe in den aufsteigenden Hafen von Da Nang ausweichen mussten, begann der Niedergang des Handelsfleckens. Eigentlich ist es der Bedeutungslosigkeit der Stadt in den letzten 200 Jahren zu verdanken, dass sie heute noch recht unverändert ist. Und der Tourismus sorgt bislang dafür, dass das auch so bleibt: So manches Haus wäre wohl andernfalls inzwischen einem Neubau zum Opfer gefallen.

Sehenswürdigkeiten

Hoi Ans bekannteste Sehenswürdigkeiten zu besuchen, hat seinen Preis und ist etwas kompliziert organisiert. Man kauft für 75 000 Dong eine Eintrittskarte, die einem für diesen Tag erlaubt, in jeweils eine Sehenswürdigkeit aus den verschiedenen Kategorien zu gehen. Wer also mehrere Versammlungshallen oder alte Häuser sehen will, muss sich jedes Mal ein neues Ticket kaufen, ebenso alle, die am nächsten Tag weitere Besuche planen. Um einen Überblick zu gewährleisten, sind die Sehenswürdigkeiten im Folgenden nach den vorgegebenen Kategorien der Eintrittskarten gelistet. Sehenswürdigkeiten, für die kein Eintritt zu zahlen ist, werden anschließend genannt.

Ein Tipp: Wenn abends (ab 17 Uhr) die staatlichen Kontrolleure nicht mehr gucken, gewährt der ein oder andere Bewohner eines alten Hauses oder Schreins für ein geringes Eintrittsgeld (10 000–20 000 Dong) Einlass – inklusive einer ganz persönlichen Führung.

Alte Häuser und Familienschreine

Einige der alten Häuser, die sich besichtigen lassen, werden seit vielen Generationen von ein und derselben Familie bewohnt. Auf Altären oder in größeren Familienschreinen werden die Vorfahren verehrt. Die Häuser sind bis zu 60 m lang und schmal (sogenannte „Tunnelhäuser"). Das Vorderhaus enthielt (bzw. enthält) oft einen Laden oder eine Werkstatt. Ein Innenhof dient dem Lichteinfall, der Belüftung und der Erholung. Das sich daran anschließende Hinterhaus mit Wohn-, Schlaf- und Wirtschaftsräumen hat oft einen Hinterausgang auf die nächste Parallelstraße.

Im **Alten Haus der Tan Ky** (Nha Co Tan Ky) in der 101 Nguyen Thai Hoc leben heute – mittlerweile in der 7. Generation – die Nachfahren der Kaufmannsfamilie, die dieses Haus einst Ende des 18. Jhs. erbauen ließ. Zur Begrüßung wird ein Tee gereicht. Besichtigt werden kann nur der untere Bereich. Die Stiegen zum Dachboden sind nicht zugänglich. Zu sehen sind neben alten Bildern, Keramik und wunderschönen Einlegearbeiten in Holz ein Hausaltar, ein Platz für einen winzigen Buddha, die Küche und vor allem die das Haus tragende Holzkonstruktion, eine Mischung aus vietnamesischem und japanischem Stil. An den Wänden sind mit Strichmarkierungen die Wasserstände markiert. Deutlich wird: Das Untergeschoss steht bei Regenzeit fast immer unter Wasser, manchmal gar fast bis zur Decke. Ein paar Erklärungen liefert eine freundliche Führerin. Wer mehr als die Standard-Fragen stellt, bekommt allerdings von ihr keine erschöpfenden Antworten.

Das **Alte Haus von Diep Dong Nguyen** (Nha co Diep Dong Nguyen) ist das jüngste unter den alten Häusern. Es wurde Ende des 19. Jhs. erbaut und steht in der gleichen Straße schräg gegenüber (80 Nguyen Thai Hoc). Es gehörte einem chinesischen Kaufmann und war später eine Apotheke. Heute ist es wegen der großen Antiquitätensammlung im Inneren interessant.

Das sehenswerte **Alte Haus der Phung Hung** (Nha co Phung Hung) befindet sich etwas jenseits der japanischen Brücke in der 4 Thi Nguyen Minh Khai. Die chinesische Familie kam um 1780 in Hoi An an und handelte damals mit Holz, Zimt und Seide. Heute ist das Haus voll mit Souvenirs. 80 Hartholzsäulen bilden das Grundgerüst des zweistöckigen Gebäudes. Balkon und Fensterläden sind im chinesischen Stil angelegt, aber auch einige japanische Einflüsse sind zu sehen. Im Obergeschoss befinden sich ein kleiner Ahnenaltar und ein Schrein für die Meeresgöttin Thien Hau, die um Schutz für die auf Seereise befindlichen Familienmitglieder gebeten wurde.

Was tun in Hoi An?

Neben dem Besuch einiger Sehenswürdigkeiten, die alle recht nah beieinander liegen, und einem Bummel durch die Gassen und Gässchen sollte man nicht versäumen, in einem der vielen Cafés und Restaurants Stunden des Müßiggangs einzulegen, auch um Kraft zu sammeln für die weitere Reise durch Vietnam. Unzählige Souvenirgeschäfte laden zum Shoppen ein, viele Galerien stellen Bilder lokaler Künstler aus, und eine unüberschaubare Anzahl von Schneidern und Bekleidungsgeschäften bietet die Möglichkeit, sich ein Kleidungsstück anfertigen zu lassen. Ob traditioneller vietnamesischer Ao Dai oder die Kopie eines westlichen Anzugs: Hier bleiben keine Wünsche offen. Lohnend ist neben einem Streifzug durch die Modeläden auch ein Besuch auf dem Kleidermarkt. Man sollte die Stücke anprobieren und ggf. korrigieren lassen, bis man zufrieden ist.

Einige Handwerksdörfer in der Umgebung laden zu Ausflügen ein, und der nahe gelegene Cua Dai-Strand verlockt zum Schwimmen, Sonnenbaden und Spazierengehen. Wer weiter aufs bzw. ins Meer hinaus will, sollte einen Ausflug zur Cham-Insel unternehmen, wo Taucher und Schnorchler die Unterwasserwelt entdecken können.

Besonders romantisch ist Hoi An am 14. Tag eines jeden Mondmonats (ein Tag vor Vollmond). Dann kleiden sich die Einheimischen in traditionelle Gewänder, die Stadt wird nur noch vom Licht der Seidenlaternen erhellt, und traditionelle Musik erklingt in den Gassen.

Hoi An

Übernachtung:
1. Thao Nguyen – Grassland Hotel
2. Thien Thanh (Blue Sky) Hotel
3. Thanh Xuan Hotel
4. Thien Nga Hotel
5. Dai Long Hotel
6. Übernachtung 30?
7. Nhi Trung Hotel
8. Thuy Duong III Hotel
9. Hop Yen Hotel
10. Vinh Hung 3
11. Vinh Hung 2
12. Thanh Binh III Hotel
13. Thanh Binh II Hotel
14. Thien Trung Hotel
15. Hoi An Hotel
16. Thanh Binh I Hotel
17. Thuy Duong I Hotel
18. Thuy Duong II Hotel
19. Vinh Hung 1
20. Phu Thinh Hotel
21. Pho Hoi I Hotel
22. Minh A
23. Huy Hoang I Hotel
24. An Huy Hotel
25. Ha An Hotel
26. Life Resort
27. An Phu Hotel
28. Dong Khanh Hotel
29. Vinh Hung Riverside Resort
30. Pho Hoi II Hotel

Sonstiges:
1. Internet Nguyen Tan Hieu
2. Galerie TiTin
3. Fine Arts Handicraft Workshop
4. Than Ba
5. Minh Tan Gallery
6. Anh Thu Art Gallery
7. Hoa Nhap
8. Cham Island Diving
9. Kim Kim Souvenir Shop
10. Rainbow Divers
11. Traveller's Friend Ceramic Store

Transport:
1. Busbahnhof
2. Hoi An Travel
3. Bootsanleger

Hai Ba Trung
Tran Cao Van
Ba Trieu
Tran Hung Dao
Nhi Trung
Phan Dinh Phung
Phan Chu Trinh
Le Loi
Nguyen Thi Minh Khai
Schrein der Tran-Familie
Dinh Cam Pho-Gemeindehaus
Kantonesische Versammlungshalle
Schrein der Truong-Familie
Altes Haus von Diep Dong Nguyen
Altes Haus der Phung Hung
Tempelbrücke (Japanische Brücke)
Museum der Sa Huynh-Kultur
Altes Haus der Tan Ky
An Hoi

N
0
200 m
Essen:
1 Pho Hoi 2
2 Dong Hai
3 Truc Vien
4 Vinh Hung Restaurant
5 Jean's Café
6 Omar Restaurant
7 Re-Treat Cafe
8 Same Same But Better Cafe
9 Ngoc Tuyet Restaurant
10 Bobo Café
11 Good Morning Vietnam
12 Before & Now Bar & Restaurant
13 Treat's Same Same But Different Café
14 Faifo Restaurant
15 Tam Tam Cafe
16 The Cargo Club Restaurant
17 Mango Rooms
18 Pha 99
19 Cham Pa Bar Café
20 Café U Hai
21 Hai Scout Café
22 La Chuon (Banana Leaf) Café
23 Café Can
24 Hoi An Hai San
25 Quan An 19
26 Café des Amis
27 Blue Dragon
28 Banana Split
29 Brothers Café
30 Green Moss Restaurant
31 Xuan Han Cafe Restaurant x2??
32 Quan Tu Anh / Quan Vuon Hoang
33 Goc Pho
34 For You (4 U) Bar & Restaurant
35 Lighthouse Café & Restaurant
kath. Kirche
Nguyen Truong To
Ly Thuong Kiet
Thai Phien
Tran Hung Dao
Hoang Dieu
Nguyen Hue
Cua Dai-Strand (4 km)
Museum für Geschichte und Kultur
Keramik-museum
Phuoc Kien-Versammlungs-halle
Hai Nam-Versammlungs-halle
Trieu Chau-Versammlungs-halle
Nguyen Duy Hieu
Versammlungshalle der chinesischen Gemeinde
Tran Phu
Quan Cong-Tempel
Altes Haus der Quan Thang
Tran Quy Cap
MARKT
KLEIDER-MARKT
Phan Boi Chau
Nguyen Thai Hoc
Hoang Van Thu
Bach Dang
Handwerks-ausstellung
Cam Nam-Brücke
Thu Bon
Cam Nam

Zentralvietnam: Hue, Da Nang und Hoi An

Ein chinesischer Kapitän aus Fukien erbaute Anfang des 18. Jhs. das **Alte Haus der Quan Thang** (Nha co Quan Thang) in der 77 Tran Phu. Das einstöckige Gebäude ist etwas kleiner als z. B. das Tan Ky-Haus, kann dafür aber im Inneren mit besonders schönen Schnitzereien aufwarten.

Im **Schrein der Tran-Familie** (Nha tho toc Tran) verehrt die gegenwärtige Generation der Tran ihre Vorfahren. Zu denen zählte ein wichtiger Mandarin unter Kaiser Minh Mang, der seinen Nachkommen einige wertvolle Elfenbeinschnitzereien und sein Zeremonienschwert mitsamt kaiserlichen Insignien hinterließ – heute ist es zusammen mit einem Porträt im Empfangszimmer zu sehen. Im hinteren Teil des Hauses befindet sich ein kleiner Kräutergarten mit einigen hübschen Bonsai-Bäumchen. ⌚ alle: 8–12 und 13–17 Uhr – die Mittagsruhe sollte bei allen Häusern in Privatbesitz eingehalten werden.

Chinesische Versammlungshallen

Die chinesischen Einwanderer aus den verschiedenen Regionen organisierten sich in Vereinigungen mit eigenen Schulen und Tempeln. Mittelpunkt dieser Vereinigungen waren die Versammlungshallen (Hoi quan). Es sind ihrer fünf in Hoi An: Vier von verschiedenen regionalen Gruppen und eine für alle zusammen sowie für durchreisende Händler und Seeleute. ⌚ ganztägig.

Die Fukien-Gemeinde war die zahlenstärkste Einwanderergruppe aus China, und daher ist die **Phuoc Kien-Versammlungshalle** (Hoi quan Phuoc Kien) in der 46 Tran Phu auch die größte. Etwa um 1690 übernahmen die Chinesen hier einen älteren vietnamesischen Tempel und bauten ihn im Laufe der Jahre zum heutigen beeindrukkenden Heiligtum aus: Die letzten Arbeiten fanden in den 1970er-Jahren statt, als das große dreitürige Tor hinzugefügt wurde. Beim Betreten der Versammlungshalle fallen die schönen hängenden Räucherspiralen auf, die jeweils mit einem Zettel versehen sind, auf dem Wünsche und Namen stehen. Auf dem Hauptaltar wird Thien Hau verehrt, die Meeresgöttin und Beschützerin der Seeleute. Die beiden Assistenten an ihrer Seite befähigen sie, 1000 km weit zu sehen und zu hören. Hinter dem Hauptaltar befinden sich drei weitere Schreine. Der rechte beherbergt die Mutter-Gottheit Van Thien und ihre Helferinnen, die zwölf Ammen. Paare mit Kinderwunsch kommen ebenso hierher, um zu beten, wie Schwangere. Es heißt, dass die Gottheiten die Veranlagung des Kindes positiv beeinflussen und die Ammen sogar das Ungeborene schon lehren, wie es einmal erfolgreich durchs Leben gehen kann. Auch hier hängen viele Räucherringe, vornehmlich mit Kinderwünschen. Auf dem mittleren Altar stehen die sechs Führer der Fukien-Chinesen, die als Erste nach Hoi An kamen. Auf dem linken Altar steht der Gott des Geldes. Zu diesem Altar pilgern die Gläubigen, um für einen guten Verdienst am nächsten Tag zu bitten.

Eingewanderte Chinesen aus Chaozhou treffen sich seit Ende des 18. Jhs. in der **Trieu Chau-Versammlungshalle** (Hoi quan Trieu Chau), 157 Nguyen Duy Hieu, auf deren Hauptaltar Ong Bon, der Herrscher über Wind und Wellen, verehrt wird.

Die **Kantonesische Versammlungshalle** (Hoi quan Quang Trieu), 176 Tran Phu, wurde 1786 gegründet und seitdem mehrmals erneuert und erweitert. Der Innenhof ist mit schattenspendenden Bäumen bewachsen und lädt zur Rast. Auf dem Hauptaltar wacht General Quan Cong über die Geschehnisse und erinnert an die Tugenden der Loyalität und Ehrlichkeit.

Tempel

Die 18 m lange, überdachte **Tempelbrücke** (Cau Nhat Ban), so genannt, weil sich auf der Mitte der Brücke ein kleiner Tempel befindet, wurde zwischen 1593 und 1595 erbaut und überspannt einen Seitenarm des Thu Bon-Flusses. Sie wird auch **Japanische Brücke** genannt, weil sie zur Zeit ihrer Erbauung das chinesische mit dem japanischen Viertel verband. Die Hunde- bzw. Affen-Statuen an den beiden Enden erinnern an das Jahr des Baubeginns (Jahr des Affen) bzw. der Fertigstellung (Jahr des Hundes).

Auf dem Altar des Brückentempels steht Tran Vu, eine taoistische Gottheit, zu der die Bewohner beten, um von der Flut verschont zu werden. Leider klappt dies nicht immer. So wurde Hoi An beispielsweise 1999 von einer großen Flut heimgesucht, bei der die am Fluss stehenden Häuser nur noch im zweiten Stock begehbar waren. Auch 2006 stand das Wasser den Menschen hier bis zu den Hüften.

Im Tempel werden auch Postkarten verkauft. Im hinteren Bereich, hinter dem Altar, befindet sich – nichts; ein Blick dort hinein entlockt dem Bewacher des Tempels ein herzhaftes Lachen, guckt hier doch jeder einmal nach.

Der Ticketabschnitt für die Brücke ist auch nach dem Besuch noch für den **Quan Cong-Tempel** (Mieu Quan Cong oder auch: Chua Ong) gültig. Wo immer in Vietnam Chinesen sich niederließen, ist ein Tempel zu Ehren des legendären General Quan Cong nicht weit. Dieser hier (24 Tran Phu) wurde 1653 gegründet und mehrfach erneuert; Kaiser Minh Mang persönlich spendete 1825 Geld zu diesem Zweck. Passiert man die mit Drachen bemalten roten Eingangstüren, gelangt man in einen aufwendig geschmückten Innenbereich. Auf dem Hauptaltar thront der verehrte rotgesichtige General mitsamt seinen Mandarinen Chau Thuong (links) und Quan Binh (rechts). Man sagt, Menschen mit einem unaufrichtigen Herzen könnten seinen durchdringenden Blick nicht lange ertragen. Im hinteren Bereich findet sich ein kleines Museum (s. u.).

Museen

Das **Museum der Sa Huynh-Kultur** (Bao Tang Van hoa Sa Huynh) zeigt in zwei Räumen und zahlreichen Vitrinen einige Exponate aus der Zeit der Sa Huynh-Kultur, die in der Nähe von Hoi An ausgegraben wurden. Ausführliche Informationen finden sich jeweils bei den Exponaten – auch in Englisch.

Im Obergeschoss ist das **Museum für Geschichte und Revolution** angesiedelt, das Bilder, Fotos und Waffen ausstellt. Die Bilder zeigen Reales, aber auch Gemaltes aus dem Krieg. Vieles ist nur in Vietnamesisch ausgeschildert. Zu sehen ist z. B., wie die Bewohner Hoi Ans 1954 gegen die Beschlüsse von Genf demonstrieren oder wie sie einen GI abführen und seinen Wagen im Meer versenken.

Das kleine **Museum für Geschichte und Kultur** (Bao tang lich su – Van hoa Hoi An), 7 Nguyen Hue, widmet sich der Geschichte Hoi Ans. Es ist in einem ehemaligen Quan Am-Tempel hinter dem Quan Cong-Tempel untergebracht.

Das **Keramikmuseum** (Bao Tang gom su mau dich Hoi An) stellt anhand von beispielhaften Exponaten die Geschichte und Herstellung der Keramik in Vietnam dar. Einige der Ausstellungsstücke wurden von Tauchern aus Schiffswracks geborgen.

Kultur

Ein guter Ort, sich einen Überblick über die traditionellen Handwerkskünste in Hoi An zu verschaffen, ist die **Handwerksausstellung** in der Nguyen Thai Hoc. Im Vorraum findet täglich außer montags um 10.15 oder 15.15 Uhr eine **traditionelle Musikvorführung** statt, die kurzweilige 15 Minuten dauert. Sie beinhaltet traditionelle Musik, Tanz und Gesang. Wer etwas mehr sehen will und vorne sitzen möchte, sollte spätestens 15 Minuten vor der Aufführung kommen. Aufnahmen traditioneller Musik werden zum Verkauf angeboten.

Sehenswürdigkeiten ohne Eintrittskarte

In einer kleinen Seitengasse der Phan Chu Trinh (die bei Haus Nr. 69 abzweigt) liegt der **Schrein der Truong-Familie** (Nha tho toc Truong), die Anfang des 18. Jhs. nach Hoi An zog. Stolz ist man auf einige Mandarine in der Ahnenreihe. Die Holztrennwände mit den aufwendigen Schnitzereien brachte ein Vorfahr Ende des 19. Jhs. von einer China-Reise mit. Der Schrein ist nicht Teil des Ticket-Systems, doch eine kleine Spende ist nach der Besichtigung angebracht.

In der **Hai Nam-Versammlungshalle** (Hoi quan Hai Nam), der Versammlungshalle der Hainan-Chinesen, gibt es außer dem goldverzierten Altar nicht allzu viel Spektakuläres zu sehen. Bekannt ist die Stätte vor allem wegen der mit ihr verbundenen Geschichte: Hier wird 107 Händlern gedacht, die bei ihrer Heimreise nach China am 16. Juli 1851 von einem vietnamesischen Offizier brutal ermordet wurden. Der Offizier war angewiesen, nach Piraten zu fahnden, und als er die drei ankernden Schiffe der Chinesen entdeckte, eröffnete er ohne Vorwarnung das Feuer. Als sich jedoch herausstellte, dass es sich um Händler handelte, war das kein Grund zum Innehalten: Vielmehr ließ der Offizier anschließend die Schiffe schwarz anmalen, um sie als Piratenschiffe auszugeben. Kaiser Tu Duc brachte die Sache jedoch später ans Tageslicht und ließ die Schuldigen zum Tode verurteilen.

Die **Versammlungshalle der chinesischen Gemeinde** (Hoi Quan Ngu Bang) teilten sich alle in Hoi An ansässigen Chinesen mit durchreisenden Händlern und Seeleuten. Sie wurde 1773 gegründet und ist auch als **Chua Ba**, Tempel der Göttin, bekannt. Heute beherbergt sie eine Schule, in der die Kinder die Sprache ihrer Vorfahren lernen sollen.

Übernachtung

Hoi An bietet eine Vielzahl von Unterkünften. Das Preis-Leistungs-Verhältnis ist verglichen mit den großen Städten sehr gut. Wer länger bleibt, kann einen Rabatt von etwa US$1 pro Nacht aushandeln. Eine interessante Möglichkeit, nahe Hoi An zu wohnen, bietet der Cua Dai-Strand. Er ist nur 4 km von der Altstadt entfernt, hat jedoch keine Billig-Unterkünfte (s. S. 414).

Untere Preisklasse

Dai Long Hotel, 680 Hai Ba Trung, ☏ 0510-916232, 📠 916800. Saubere Zimmer mit AC und TV. Es lohnt, ein paar Dollar mehr für eines der besseren Zimmer auszugeben. ❶–❷

Dong Khanh Hotel, 42 Nguyen Duy Hieu, ☏ 0510-914400, 📠 861732, 💻 www.hoiandongkhanhhotel.com. Einfache, günstige Zimmer; ruhig und etwas abseits Richtung Strand gelegen, der Markt von Hoi An ist jedoch noch immer bequem zu Fuß zu erreichen. Es gibt private, aber auch für alle zugängliche Balkone und einen kleinen Pool. Vermietet DVD-Spieler und Filme an seine Gäste. ❶–❷

Hoa Binh (Peace) Hotel, 696 Hai Ba Trung, ☏ 0510-916838, ✉ peace_hoian@yahoo.com.vn. Dieses Hotel betreut Hanh-Café-Kunden und hat sehr günstige Zimmer in recht gutem Zustand. AC-Zimmer sind unwesentlich teurer; keinen Preisunterschied macht das Vorhandensein eines Fensters. ❶

Hop Yen Hotel, 16A Nhi Trung, ☏ 0510-863153, 📠 916986, ✉ hopyenhotel@yahoo.com. Preiswerte, etwas verwohnte Traveller-Zimmer und Betten im Schlafsaal (Dorm). Freundliches und hilfsbereites Personal. Hier halten Sinh-Café-Touren. ❶

Wohnen mit Atmosphäre

Minh A, 2 Nguyen Thai Hoc, ☏ 0510-861368. Hier kann man die Gelegenheit wahrnehmen, in einem schönen alten Haus zu wohnen. Es hat nur wenige Zimmer, die alle unterschiedlich ausgestattet sind. Es gibt natürlich weder Fernsehen noch Kühlschrank, das würde die Atmosphäre zerstören. Besonders das Dachzimmer mit drei Betten und einem kleinen Balkon, auf dem Seidenlaternen schimmern, ist einladend. Die sanitären Anlagen, die die wenigen Gäste gemeinsam nutzen, sind sauber und ordentlich. ❶–❷

Huy Hoang I Hotel, 73 Phan Boi Chau, ☏ 0510-862211, 📠 863722, ✉ kshuyhoang1@dng.vnn.vn. Beliebte Unterkunft mit 26 Zimmern (AC, Badewanne) nahe der Cam Nam-Brücke. Einfache Ausstattung und z. T. verwohnt. Schöne Frühstücksterrasse mit Blick auf den Fluss. ❶–❸

Nhi Trung Hotel, 700 Hai Ba Trung, ☏ 0510-863436, 📠 916436, ✉ nhitrunghotel@yahoo.com. Typisches Kleinhotel mit z. T. sauberen und guten Zimmern, Balkon zur Straße oder zum Garten. Es lohnt sich, mehrere Zimmer anzusehen, denn das Gebotene reicht von schön bis schäbig. ❶–❷

Pho Hoi I Hotel, 7/2 Tran Phu, ☏ 0510-861633, 📠 862626, 💻 www.phohoiriversidehoian.com. Nahe dem Markt gelegen. Kleine, verwohnte und spärlich eingerichtete Zimmer, z. T. mit Gemeinschaftsbad. Sehr günstig, freundliche Leute. ❶–❷

Thanh Binh I Hotel, 1 Le Loi, ☏ 0510-861740, 📠 864192, ✉ vothihong@dng.vnn.vn. 16 preiswerte, recht große, z. T. schon etwas verwohnte Zimmer (Kühlschrank, Badewanne) in einem alten Haus im Kolonialstil. Anfang der 90er-Jahre eines der ersten Hotels in der Stadt, die westliche Touristen aufnahmen. Gäste dürfen den Pool des Thanh Binh III mitbenutzen. Manche Zimmer mit Balkon. ❶–❷

Thanh Binh II Hotel, Hai Ba Trung, ☏ 0510-863715, 📠 864192, ✉ vothihong@dng.vnn.vn. Gutes Preis-Leistungs-Verhältnis. Das Haus ist ruhig gelegen und hat schön gestaltete Zimmer, die Betten sind groß, es gibt eine Badewanne, und alles ist sauber. Gäste können den Pool im Schwesterhotel Thanh Binh III mitbenutzen. ❶–❷

Thao Nguyen – Grassland Hotel, 22 Hai Ba Trung, ✆ 0510-921921, 📠 921931, 💻 www.grasslandhotel.com.vn. Empfehlenswertes neues Hotel etwas außerhalb des Zentrums, mit ordentlichen Zimmern, Badewanne, Balkon, z. T. WIFI. Pool hinter der Rezeption. Kostenloser Fahrradverleih (ziemlich alte Drahtesel). Online-Bucher werden vom Flughafen oder Bahnhof abgeholt. ❶–❷

Thien Trung Hotel, 63 Phan Dinh Phung, ✆ 0510-861720, 📠 863799, ✉ thientrungha@dng.vnn.vn. Ruhiges Hotel mit sauberen Zimmern (Ventilator oder AC, TV, Kühlschrank, Badewanne), preiswert. ❶–❷

Thuy Duong I Hotel, 11 Le Loi, ✆ 0510 861574, 📠 861 349, 💻 www.thuyduonghotel-hoian.com. Vor Jahren das erste private Hotel in Hoi An. 10 etwas abgewohnte unspektakuläre Zimmer mit AC und TV; viele Internet-Computer in der Lobby. Zentral gelegen, oft ausgebucht. Gäste können den Pool des Thuy Duong III Hotel mitbenutzen. ❶–❷

Thuy Duong II Hotel, 68 Huynh Thuc Khang, ✆ 0510-916565, 📠 861349, 💻 www.thuyduonghotel-hoian.com.Die jüngere Schwester des Thuy Dong I. 14 Zimmer mit angemessenem Preis-Leistungs-Verhältnis. Gäste können den Pool des Thuy Duong III Hotel mitbenutzen. ❶–❷

Mittlere Preisklasse

An Huy Hotel, 30 Phan Boi Chau, ✆ 0510-862116, 📠 914597, ✉ anhuyhotel@vnn.vn, 💻 www.anhuyhotel.com. Dieses kleine, aber feine Hotel liegt nahe dem Markt. Die Zimmer sind ansprechend ausgestattet, die Angestellten freundlich und alles ist sehr sauber. ❷–❸

An Phu Hotel, 30 Nguyen Duy Hieu, ✆ 0510-914345, 📠 914054, ✉ anphutourist@hoian.zzn.com. Großes Hotel mit riesiger Lobby, Pool und Fitnessbereich. Die Zimmer haben große Betten, sind gut ausgestattet und sauber. Einige Balkone geben den Blick auf den Pool frei, von anderen hat man einen herrlichen Blick auf die Umgebung. Wer auf das Frühstücksbuffet verzichtet, zahlt US$3 weniger. ❷–❹

Einfaches Hotel im Herzen der Altstadt

Phu Thinh Hotel, 144 Tran Phu, ✆ 0510-861297, 📠 861757, ✉ minhthaoha@dng.vnn.vn. Einfache, preiswerte Zimmer (TV, Kühlschrank) in Spitzenlage mitten in der Altstadt. Die unteren Zimmer sind die am wenigsten attraktiven. Fast immer voll. ❶–❷

Ha An Hotel, 6-8 Phan Boi Chau, ✆ 0510-863126, 📠 914280, ✉ tohuong@fpt.vn. Ansprechendes Hotel mit Vorgarten und angegliedertem Restaurant. Die billigeren Zimmer mit Dusche sind etwas vollgestellt und befinden sich im Haupthaus, die schöneren mit Badewanne und viel mehr Platz sind im Nebengebäude. Frühstück und Fahrrad sind bei allen Zimmern im Preis inklusive. Neben einem Fernsehgerät gibt es auch eine Musikanlage. ❸–❹

Pho Hoi II Hotel, 1 Hamlet Cam Nam, ✆ 0510-862628, 📠 862626, ✉ phohoiht@dng.vnn.vn. Ableger des alteingesessenen Pho Hoi auf der kleinen Insel Cam Nam. 38 etwas unterkühlt wirkende, geflieste Zimmer; z. T. schöne Aussicht, auch aus dem Restaurant. ❷–❹

Thanh Binh II Hotel, 712 Hai Ba Trung (Nhi Trung), ✆ 0510-863715, 📠 864192, 💻 www.thanhbinhhotel.com.vn. Dieses Hotel der Thanh Binh-Kette bietet 32 saubere Zimmer mit guter Ausstattung. Ein paar Schritte weiter vom Zentrum entfernt als das Thanh Binh I, dafür aufwendigere Innenausstattung mit Pool und vielen Holzschnitzereien. ❷–❸

Thanh Binh III Hotel, 98 Ba Trieu, ✆ 0510-916777, 📠 916 779, 💻 www.thanhbinhhotel.com.vn. Der jüngste und prächtigste Ableger hat einen recht großen, schön gestalteten Indoor-Pool. Schöne Zimmer mit Moskitonetzen und Badewanne, Balkone z. T. mit Blick auf den Pool oder nach draußen auf die Straße. Frühstücksbuffet. ❸

Thanh Xuan Hotel, 22-23 Ba Trieu, ✆ 0510-916696, 📠 916697, 💻 www.thanhxuanhotel.com. Gut ausgestattete Zimmer mit Moskitonetz und Badewanne, viele mit kleinem Balkon. Schön sind jene mit Blick auf die Felder. Im idyllischen Gartenrestaurant wird das Frühstück serviert. Wer darauf verzichtet, zahlt US$2 weniger. ❷–❸

Thien Nga Hotel, 52 Ba Trieu, ✆ 0510-916330, 📠 916209, ✉ thiennga_hotel@pmail.vnn.vn. Saubere, schöne Zimmer. Dusche und z. T. Balkon mit Blick auf die Felder oder zur Straße. Frühstück muss extra bezahlt werden. Freier Internetzugang. Kleiner Pool für eine Abkühlung zwischendurch. ❷

Thien Thanh (Blue Sky) Hotel, 16 Ba Trieu, ✆ 0510-916545, 📠 916546, 💻 www.hoianthien thanhhotel.com. Geschmackvoll gestaltete Zimmer unterschiedlichster Größe. Die bessere Wahl sind jene nach hinten, denn hier bietet sich ein wunderschöner Blick auf die Felder. Nach hinten hinaus liegt auch der kleine Pool, inkl. Liegestühle. Frühstück inbegriffen. ❷–❸

Thuy Duong III Hotel, Ba Trieu, ✆ 0510-916566, 📠 916567, 💻 www.thuyduonghotel-hoian.com. Jüngster Spross der Hotel-Familie. 40 Zimmer, gepflegt und komfortabel, aber auch etwas teurer als die umliegenden. Der Pool kann von den Gästen der beiden anderen Thuy Dongs mitbenutzt werden. ❷–❹

Vinh Hung 2, Nhi Trung, ✆ 0510-863717, 📠 864094, 💻 www.vinhhunghotels.com.vn. Zentral gelegen und oft voll. Balkone mit Blick auf die Straße oder in den Innenbereich, in dessen Mitte ein Pool lockt. Inklusive Frühstück im Restaurant gegenüber dem Vinh Hung 3. ❷–❸

Vinh Hung 3, 96 Ba Trieu, ✆ 0510-916277, 📠 916359, 💻 www.vinhhunghotels.com.vn. Nebenan gelegenes kleineres Schwesterhotel. Saubere Zimmer. Auf dem Dach befindet sich ein kleiner Pool mit einigen Liegen, die zum Sonnenbaden einladen. Wer auf das Frühstück verzichtet, spart etwa US$3. ❷–❸

Obere Preisklasse

Hoi An Hotel, 10 Tran Hung Dao, ✆ 0510-861373, 📠 861636, ✉ hoianhotel@dng.vnn.vn. Die 160 Zimmer in diesem großen Haus im Kolonialstil beherbergen hauptsächlich Tourgruppen, die den internationalen Standard des Hauses zu schätzen wissen. Großer Swimmingpool, der auch Nichtgästen gegen eine geringe Gebühr offen steht. Zudem Tennisplätze, manchmal Musikvorführungen. ❺–❻

Altstadthotel mit Poolbenutzung

Vinh Hung 1, 143 Tran Phu, ✆ 0510-861621, 📠 864094, 💻 www.vinhhunghotels.com.vn. Zentral in der Altstadt gelegen. Etwas verwohnte Zimmer mit besonderem Charme und altertümlich anmutender Einrichtung: Kein Wunder – dieses zweistöckige, ehemalige chinesische Handelshaus ist 125 Jahre alt. Besonders empfehlenswert sind die Zimmer im oberen Geschoss. Besucher können den Pool der Schwesterhotels 2 und 3 mitbenutzen. Inklusive Frühstück. ❷–❸

Insel An Hoi

Vinh Hung Riverside Resort, Ngo Quyen, ✆ 0510-910393, 📠 864094, 💻 www.vinhhung hotel.com.vn. Großes Resort mit Zimmern in zweigeschossigen Häusern gruppiert um eine schöne Poollandschaft. Das Resort verfügt über ein kleines Zubringerboot und hat einen Tennisplatz, Frisör und Wellness-Angebote. ❹–❻

Essen

Viele der gastronomischen Unternehmen erfüllen eine Doppelfunktion: tagsüber Restaurant, abends Bar. Oftmals befinden sich diese beiden Bereiche auf getrennten Etagen. Damit hat Hoi An sogar eine Andeutung von Nachtleben: In einigen Lokalen ist auch spät abends noch was los.

Von morgens bis abends bieten **Foodstalls** in den Straßen unterschiedlichste kleine Gerichte an, sei es die morgendliche *pho*, die beliebte Spezialität *cao lau* oder ein Wurstbrot. Man sollte sich die Speisen vorher genau ansehen und abschätzen, ob der eigene Magen robust genug dafür ist. Viele Garküchen dieser Art finden sich morgens in der Le Loi und ganztägig auf dem Markt.

Banana Split, 53 Hoang Dieu, ✆ 0510-861136, ✉ bananasplitcafe@hotmail.com. Beliebtes

Schöner wohnen in Hoi An

Life Resort Hoi An, 1 Pham Hong Thai, ✆ 0510-914555, 914515, www.life-resorts.com. Luxuriöses Resort mit entspannter Atmosphäre in zentraler Lage nahe dem Markt, am Flussufer. Schöne, minimalistisch gestaltete Zimmer mit allen Annehmlichkeiten. Gute Wellnessprogramme und einladender Pool. Internationale Restaurants mit kolonialem Flair. Ein Busservice stellt morgens und abends die Verbindung zum Cua Dai-Strand sicher. Wer über einen Reiseveranstalter bucht, bekommt die besten Preise. Über das Internet gibt es ebenfalls Rabatt. ❻–❼

Travellerrestaurant mit Internetshop und Tourschalter. Einfachste Ausstattung, aber fast immer voll. Das Essen ist italienisch und vietnamesisch inspiriert, aber es gibt natürlich auch Shakes, Pommes und Hamburger. Empfehlenswert sind die leckeren Eiskreationen.

Before & Now Bar & Restaurant, 51 Le Loi, ✆ 0510-910599. Einladend in der Altstadt gelegen, bietet italienische und vietnamesische Küche in guter Atmosphäre. 9–22 Uhr. Die Bar im Erdgeschoss ist eine Stunde länger geöffnet und lockt mit Happy Hour, Pool, Dart und Kicker.

Blue Dragon, 46 Bach Dang, ✆ 0510-910742, www.bdcf.org. Gute Küche in netter Atmosphäre an wenigen Tischen. Schön sind die zwei Plätze mit Blick auf die Straße. Kein besonderes Ambiente, doch wer hier isst, unterstützt ein Kinderhilfswerk (ein Teil des Gewinns wird gespendet). Man kann zudem von behinderten Kindern hergestellte Mitbringsel erstehen. Bietet auch Kochkurse an.

Bobo Café, 18 Le Loi. Hat die üblichen Gerichte auf der Karte und zwei Tische an der Straße, einige im Innenraum und weitere im schattigen Innenhof. Bietet sich an für ein nettes Frühstück im Schatten mit Kaffee, Müsli und Pancake.

Brothers Café, 27 Phan Boi Chau, ✆ 0510-914150, www.brothercafehoian.com. Herausgeputztes Altstadthaus mit dekorativ gestaltetem Gartenrestaurant. Etwas teurere, aber dafür auch sehr gediegene Küche mit traditionellen vietnamesischen und westlichen Gerichten. Wer hier abends speisen will, sollte einen Platz reservieren.

Café Can, 74 Bach Dang, ✆ 0510-861525. Schönes altes Haus mit relativ vielen Tischen auf dem Vorplatz, von denen sich der Verkehr auf Straße und Fluss beobachten lässt. Westlich angehauchte vietnamesische Gerichte zu moderaten Preisen (Ente 30 000–40 000 Dong, Seafood 40 000–60 000 Dong, Drinks bis 35 000 Dong), aber keine Spaghetti & Co.

Café U Hai, 62 Nguyen Thai Hoc, ✆ 0510-910589. Dieses kleine Restaurantcafé befindet sich in einem alten chinesischen Haus. Man isst neben mit Perlmutt versehenen chinesischen Schriftzeichen in gediegen dunkler Holzausstattung. Es gibt Papayasalat und andere asiatische Köstlichkeiten, aber auch Pancake, Cappuccino und Sandwiches zum Mitnehmen.

Café Vienna, 1 Pham Hong Thai, im Life Resort. Köstliches Gebäck in gehobenem Ambiente; sehr wienerische Wohlfühlatmosphäre. Morgens speisen hier die Gäste des Hotels, doch das Café steht auch Nichtgästen den ganzen Tag lang offen.

Cham Pa Bar Café, 75 Nguyen Thai Hoc, ✆ 0510-862974. Mitten in der Altstadt gelegen, gibt es hier neben vietnamesisch-italienischem Speise- und Getränke-Angebot (in manchmal eher mäßiger Qualität) zwei Pool-Tische und abends um 21 Uhr eine traditionelle Musikshow (Eintritt 40 000 Dong).

Täglich wechselnde Tagesgerichte

Café des Amis, 52 Bach Dang, ✆ 0510-868616. Der Chefkoch und Eigentümer Herr Nguyen Manh Kim nennt sein Essen das beste in ganz Hoi An – und es lohnt wirklich, eines seiner täglich wechselnden Menüs (auch vegetarische Versionen) zu probieren. Tische und Stühle sind zwar etwas wackelig, aber darüber sehen die Freunde dieser Küche gerne hinweg.

Preiswert und gut

Com Ga (Chicken Rice): Einige Straßenrestaurants im Bereich der Altstadt bieten Reis mit Huhn und Gemüse zum sofortigen Verzehr (Stühle und Tische in Kinderzimmergröße) oder zum Mitnehmen an. Für nur 10 000 Dong eine gut schmeckende und sättigende Mahlzeit.

Dong Hai, 45 Ba Trieu. Dieses kleine Café und Restaurant bietet nur wenige Tische und eignet sich für alle, die etwas Privatsphäre suchen. Korbsessel im vorderen Bereich laden zur gemütlichen Rast ein.

Faifo Restaurant, 104 Tran Phu, ✆ 0510-861548. Traditionelle vietnamesische Gerichte in ansprechender Atmosphäre. Besonders schön sitzt man in der 2. Etage in der ersten Reihe (Reservierung empfohlen). Das Menü kostet 50 000 Dong; man kann aus zehn Gerichten fünf auswählen. Wenn zwei Personen jeweils ein Set ordern, kann man also alle traditionellen Gerichte einmal ausprobieren. Für 80 000 Dong gibt es gutes Seafood.

Good Morning Vietnam, 34 Le Lo, ✆ 0510-910227. Ein Vertreter der in allen Touristenhochburgen Vietnams verbreiteten Kette mit italienischer Küche. Pizza und Pasta in mediterran angehauchter Atmosphäre.

Green Moss Restaurant, 155 Nguyen Duy Hieu, ✆ 0510-863728, ✉ dieuthu@dng.vnn.vn. Ob auf dem Balkon oder im kleinen Essbereich innen: Hier speist man glutamatfrei, und das Eis ist laut Angaben der Betreiber aus Mineralwasser hergestellt. Es gibt leckere und günstige thai-vietnamesische Gerichte.

Hai Scout Café, 98 Nguyen Thai Hoc, ✆ 0510-863210, 💻 www.visithoian.com. Schönes Restaurant mit Korbsesseln im Hofgarten. Abends ab 18 Uhr BBQ. Gutes Seafood. Bietet auch Kochkurse an.

Hoi An Hai San, 64 Bach Dang, ✆ 0905-124424. Der schwedische Chef Carl Andreason mischt in seinem einladenden, nicht ganz preiswerten kleinen Restaurant schwedische und vietnamesische Elemente. Weinkarte und Import-Biere.

Jean's Café, 48 Phan Dinh Phung. Kleines Lokal mit italienischem Flair. Es gibt Pizza, Pasta und mehr und alles zu günstigen Preisen.

La Chuon Café (Banana Leaf Café), 88 Bach Dang, ✆ 0510-861346. Das kleine Restaurant liegt am Fluss und offeriert wie die meisten Restaurants hier Gemischtes aus der vietnamesischen und westlichen Küche zu moderaten Preisen. Schöner Blick und rustikale Einrichtung.

Mango Rooms, 111 Nguyen Thai Hoc, ✆ 0510-910839, 💻 www.mangorooms.com. Ob am Flussufer oder im Innenbereich, das Design lädt zum Besuch, ob gepflegt am Tisch oder in den Sitzecken auf dem Boden. Die Karte verspricht glutamatfreies Essen, und es wird großer Wert auf frische Zutaten gelegt. Die Gerichte sind etwas teurer als anderswo, doch dafür werden z. T. außergewöhnliche Kreationen angeboten.

Ngoc Tuyet Restaurant, 41 Tran Hung Dao, ✆ 0510-861673, gehobenes Ambiente und etwas teureres Preisniveau. Große Weinauswahl und eine Vielfalt schmackhafter Gerichte. Wer Lust auf Thaiküche hat, kann hier eine *tom yum* probieren. Zudem gibt es Spezialitäten aus Hoi An.

Omar Restaurant, 14 Phan Dinh Phung. ✆ 0510-864538. Beliebtes indisches Lokal mit herzhaften Speisen. Scharfe Currys, Spezialitäten vom Lamm oder vegetarische Köstlichkeiten – zubereitet mit Zutaten aus der Region. Abends immer gut besucht.

Pha 99, Bach Dang 99. Kleines Café mit schönem Sitzbereich an der von Bäumen und Blumen verdeckten Hausfassade. Leckere Shakes und Cocktails. Herrlich entspannt blickt man auf die untergehende Sonne und den Fluss und kann sich in der Happy Hour zwischen 16–21 Uhr z. B. einen Gin Tonic für 15 000 Dong oder einen erfrischenden Bolito mit Minze schmecken lassen.

Pho Hoi 2, 12 Ba Trieu, ✆ 0510-864463, 📠 863292, ✉ lebatruyen@dng.vnn.vn. Dieses große Restaurant bietet Platz für viele Gäste. Vornehmlich machen Reisegruppen hier Station. Das Essen ist gut, das Ambiente gehoben, wenn auch auf Masse ausgerichtet. Schöner sitzt es sich auf der Terrasse im 2. Stock.

Gutes Essen, bestes Bier

Quan An 19, 19 Hoang Van Thu, ✆ 0510-910409. Kleines, preiswertes, nach seiner Hausnummer benanntes Restaurant mit guter vietnamesischer Küche. Hotpot, Fisch im Bananenblatt oder gebratener Spinat sind allesamt zu empfehlen. Besonders beliebt ist das Restaurant wegen des Inhalts des blinkenden Edelstahl-Bierfasses am Eingang: Hier wird in Da Nang gebrautes *bia hoi* ausgeschenkt. Das schäumt nicht nur schöner, sondern schmeckt auch besser und ist verträglicher als das in Hoi An hergestellte Bier, das in den Restaurants der Umgebung aus Plastikflaschen eingeschenkt wird.

Quan Tu Anh, Tham Nam, ✆ 0510-862692. Kleines, bei Hoi Ans Bewohnern beliebtes Gartenrestaurant in einem kleinen Bambuswald, wo auch einzelne Pavillons für kleinere Gruppen stehen. Daneben liegt das ebenfalls bei Einheimischen beliebte **Quan Vuon Hoang**, ✆ 0510-923432. Beide Lokale haben reichlich kühles Bier und typisch vietnamesische Snacks im Angebot.

Tam Tam Cafe, 110 Nguyen Thai Hoc, ✆ 0510 862212, europäisch-vietnamesische Küche; Steaks aus Australien. Große CD-Sammlung, ein Billardtisch in der 2. Etage des schönen Altstadthauses – ein beliebter Traveller-Treffpunkt. ◷ 10–1 Uhr.

The Cargo Club Restaurant, 107 Nguyen Thai Hoc, ✆ 0510-910489, 🖳 www.hoianhospitality.com. Speisen in gepflegter Atmosphäre, mit Blick auf den Fluss vom Balkon oder auf das Treiben in der Straße von der Terrasse. Oft empfiehlt sich eine Tischreservierung. Große Weinkarte. Im Erdgeschoss eine **Patisserie** mit leckeren Törtchen, frisch gebackenem Brot und belegten Baguettes (auch zum Mitnehmen).

Truc Vien, 98 Ba Trieu. Dieses kleine Restaurant kredenzt leckere traditionelle vietnamesische Nudelsuppe, im Freien oder drinnen.

Vinh Hung Restaurant, 147B Ba Trieu, ✆ 0510-862203, 🖳 www.vinhhungrestaurant.cm.vn. Große Auswahl typischer Travellergerichte zu günstigen Preisen; dazu einige Menüs von US$5–10. Einige Tische an der Straße. Angeschlossen ist ein Internetshop, wo man auch drucken kann.

Xuan Han Cafe Restaurant, 67 Nguyen Duy Hieu. Günstige und einfache Küche, auch Vegetarisches, Pizza und Pasta.

Insel An Hoi

Auf der Insel An Hoi haben einige Restaurants *(quan an)* geöffnet, von denen sich ein schöner Blick auf das Leben auf dem Fluss und die Fassaden der Altstadt eröffnet. Außerdem ist es hier noch etwas ruhiger als auf der Stadt-Seite.

For You (4 U) Bar & Restaurant, B3 Nguyen Phuc Chu, ✆ 0914-081960. Preiswerte Gerichte (gebratene Ente 30 000 Dong). Kleine Gläser lokal gebrautes Bier kosten 3000 Dong. Die Nachbar-Restaurants haben ähnliche Angebote.

Goc Pho, 37 Nguyen Phuc Chu, ✆ 0510 862819. Ein weiteres kleines, freundliches Familienunternehmen, wo es neben ordentlicher Küche auch frisches einheimisches *bia hoi* gibt.

Insel Cam Nam

Lighthouse Café & Restaurant, 5 Thon Xuyen Trung, ✆ 0510-936235, 🖳 www.lighthousecafehoian.com. Schöner Blick auf Hoi Ans Fluss von der gegenüber liegenden Insel Cam Nam.

Treat me ... like a traveller

Treat's Same Same But Different Café, Bar & Restaurant, 158 Tran Phu, ✆ 0510-861125. Dass das Konzept einer auf Traveller zugeschnittenen Gastronomie aufgeht, beweist dieses Unternehmen, das neben dem zu Recht sehr beliebten Stammhaus mit schönem Innenhof in der Tran Phu noch zwei weitere Filialen eröffnete: Das **Re-Treat**, 31 Tran Hung Dao, Außentische und Korbsessel mit Blick auf die belebte Straße, und ein paar Häuser weiter das **Same Same But Better**, 13 Tran Hung Dao. In allen Läden gibt es Pasta, Burger und mehr; alles zu günstigen Preisen.

Gäste werden mit dem Boot kostenlos von der Bach Dang zum Restaurantgefahren (9–21 Uhr); das mit dem Restaurant-Namen beschriftete Boot wartet am Hauptanleger.

Aktivitäten

Kochkurse

Zahlreiche Lokale bieten ihren Gästen Kochkurse an, Mindestteilnehmerzahl in der Regel zwei Personen.

Blue Dragon, 46 Bach Dang, ✆ 0510-910742, 💻 www.bdcf.org. Interessierte können aus der Speisekarte des Restaurants drei Gerichte auswählen, die sie dann zu kochen lernen. Man kann diese Kochstunde morgens zwischen 10 und 12 Uhr buchen oder für den Nachmittag zwischen 14 und 16 Uhr. Kosten: 125 000 Dong bzw. US$8.

Hai Scout Cafe, 98 Nguyen Thai Hoc, ✆ 0510-863210, 💻 www.visithoian.com/haicafe.html. Hier findet zwischen 18–20 Uhr ein abendlicher Kochkurs statt – wobei die Zeit des Kochens auf etwa eine Stunde beschränkt ist. Die Teilnehmer helfen bei der Vorbereitung und können dem Koch über die Schulter schauen, wenn vegetarische Frühlingsrollen, Tintenfischsalat und gegrillter Fisch im Bananenblatt zubereitet werden. Sie erhalten die Rezepte nicht nur auf Englisch, sondern auch auf Deutsch oder Niederländisch. Danach wird gemeinsam gespeist, wobei noch zwei weitere Gerichte serviert werden: White Rose und Fried Wonton. Mindestteilnehmerzahl 4 Personen, die Kosten belaufen sich auf 125 000 Dong (oder US$8).

Red Bridge Kochschule, Thon 4, ✆ 0510-933222, 💻 www.visithoian.com/redbridge.html. Treffpunkt für diesen Kochkurs, der um 8.15 Uhr beginnt, ist das Hai Scout Café (s. o.). Der Kurs beginnt mit einem Besuch auf dem Markt, wo alle Zutaten frisch eingekauft werden. Danach fahren die Teilnehmer mit einem Boot 25 Min. bis zur Kochschule. Nachdem der Kräutergarten besucht wurde, beginnt das Kochen: Der Koch des Red Bridge Restaurants zeigt, wie es geht, und die Teilnehmer kochen es an eigenen Kochstellen nach. Gelehrt wird zudem, wie man aus Gemüse schöne Dekorationen herstellt. Nach dem Kochen wird das Ganze gemeinsam verzehrt, zzgl. eines Fischgerichts. Vegetarier können auf Wunsch ein anderes Mittagessen bekommen, sollten dies aber bereits bei der Anmeldung erfragen. Gegen 13.30 Uhr werden die Teilnehmer zurück nach Hoi An gefahren. Private Kochkurse am Nachmittag gibt es auf Anfrage. Der morgendliche Kochkurs kostet 235 000 Dong (oder US$15) p. P. Die Getränke in der Kochschule müssen extra bezahlt werden.

Tauchen

Während der Tauchsaison von März bis Okt können interessante Tauchausflüge zu den vorgelagerten Cham-Inseln unternommen werden, die inzwischen zur geschützten Zone *(Marine Protected Area)* erklärt wurden.

Cham Island Diving Center, 88 Nguyen Thai Hoc, ✆ 0510-910782, 💻 www.chamislanddiving.com. Wer zum ersten Mal unter Wasser geht, kann einen Schnupperkurs *Discover Scuba Diving Course* für US$60 belegen. Ein *Open Water Course*, der zum weltweiten Tauchen befähigt, kostet US$320. Ein Tauchausflug mit 2 Tauchgängen schlägt mit US$70 zu Buche. Weiterhin bietet Cham Island Diving Ausflüge mit Übernachtung auf der großen Cham-Insel an; auch für **Schnorchler** interessant (US$69). Ein abendliches Lagerfeuer am Strand ist inbegriffen.

Tauchen bei den Cham-Inseln

Die verschiedenen Tauchstellen um die Cham-Inseln bieten für jeden etwas: Für **Schnorchler** und **Anfänger** gibt es flache Stellen, wo sich in 3–13 m Tiefe viele bunte Kleinfische und Weichkorallen entdecken lassen. Weitere Tauchstellen wie *The Junction* locken mit einer interessanten Unterwasserlandschaft; hier wurde auch schon ein Walhai gesichtet. **Fortgeschrittene** können an Stellen wie *The Crazy Pinnacle* und *The Hole* (45 bzw. 60 m tief) Großfische bei der Jagd beobachten (bitte bedenken: bei 40 m sollte Schluss sein).

Rainbow Divers, 99 Le Loi und im Cua Dai Beach Resort, ✆ 0510-927678. Tagesausflüge: ein Tauchgang US$50, 2 Tauchgänge US$75, 3 Tauchgänge US$100.

Einkaufen

Hoi An ist ein Paradies für alle, die gerne einkaufen und in den verschiedensten Läden stöbern. Hier kann man nach schönen Ao Dais oder maßgeschneiderten Anzügen und Kleidern Ausschau halten oder sich an den bunten Lampenschirmen erfreuen, Holzschnitzarbeiten suchen oder in einer der vielen Galerien zeitgenössische vietnamesische Kunst kaufen. Auch Freunde feiner Lackwaren sind hier am rechten Ort. Dutzende Hersteller und Verkäufer von Waren wetteifern um das Interesse der Kunden. Da es in den meisten Werkstätten ohne Probleme (und ohne Kaufzwang) möglich ist, den Handwerkern bei der Arbeit zuzusehen, ist ein Bummel durch die Stadt nicht nur kurzweilig, sondern auch lehrreich.

Aquarelle und Gemälde

Es gibt derart viele Galerien in Hoi An, dass eine Auflistung nahezu unmöglich ist. Auch eine Auswahl zu treffen ist nicht leicht, hat doch jeder einen anderen Geschmack. Die folgenden Adressen sind daher auch nur als Ideengeber zu verstehen. **Minh Tan Gallery**, 135 Tran Phu, bietet Aquarelle zum Kauf. In der **Anh Thu Art Gallery**, 122 Tran Phu, gibt es sehr schöne Lackbilder in modernem Design (zum Transport werden die Bilder sicher in Styropor verpackt). Bilder des in Da Nang lebenden Künstlers Tran Huu Duong verkauft die **Galerie TiTin**, 33 Le Loi. Die Bilder sind sehr einfach gemalt und oftmals Unikate mit ganz eigenem Stil. Die recht großen Bilder sind mit US$25 günstig. Verpackt wird das Ganze in ein stoßsicheres Plastikrohr. Kleine standardisierte Tuschezeichnungen von anderen Künstlern kosten US$2–3.

Bücher

Zahlreiche Buchläden bieten neue oder bereits gelesene Bücher zum Kauf. Meist handelt es sich um englischsprachige Titel. Die Preise sind im Vergleich zu Sai Gon sehr hoch. Bei offiziellen Hoi An-Titeln lohnt sich ein Blick auf die Verkaufsstände der Sehenswürdigkeiten (z. B. im Tempel der Tempelbrücke) oder in den Museen. Hier sind die Preise für solche Literatur günstiger.

Juwelen und Edelsteine

Einige Juweliere bieten Schmuckstücke oder fertigen sie auf Wunsch. Auch Roh-Edelsteine sind zu bekommen, so etwa im **Kim Kim Souvenir Shop**, 57 Le Loi, ✆ 0510-910728, der eine Auswahl schöner Rubine und Saphire anbietet. Der Preis richtet sich nach der Reinheit des Steins und dem Schliff: Ein gelber Saphir von einem Karat kostet etwa US$15–50.

Keramik

Travellers Friend Ceramic-Store, 36 Bach Dang, ✆ 0510-864382, ✉ ceramics@dng.vnn.vn. In Marktnähe. Teefreunde werden schwach beim Anblick der vielen schönen Tee-Service. Bietet auch einen Verpackungs- und Versandservice für seine zerbrechliche Ware – sowohl mit teuren Kurierdiensten als auch auf dem See- oder Luftpostweg.

Kleidung

Es gibt so viele Kleidergeschäfte, dass man sich ruhig länger umschauen sollte, um Stoffe und Verarbeitung zu vergleichen. Auch ist es nicht unwesentlich, ob man sich gut beraten fühlt. Für Eilige, die keine Zeit haben, sich etwas maßschneidern zu lassen, besteht natürlich die Möglichkeit, sich bereits gefertigte Sachen zu kaufen. Da dies meist Ausstellungsstücke sind, kann man den Preis gut etwas herunterhandeln. Zentral liegen zahlreiche Geschäfte in der Le Loi bis hin zur Trang Hung Dao. Um den Markt herum gruppieren sich einige Schuhläden und viele weitere Schneidereien. Richtig spannend wird es, wenn man sich auf dem Kleidermarkt etwas schneidern lässt (in ein bis zwei Tagen).

Kunsthandwerk

Besondere Erwähnung verdient das Projekt **Hoa Nhap**, 103 Nguyen Thai Hoc, ✆ 0510-910168, 💻 www.reachingoutvietnam.com. Es zielt auf die Ausbildung junger Kunsthandwerker, die hier Kleidung, Handtaschen,

Kissenbezüge, Wandbehänge und allerlei Nippes zum Mitbringen und Verschenken herstellen. Das Besondere ist, dass sich die Initiative um behinderte Kinder kümmert und so nicht nur hilft, das Wissen um die Handwerkskünste zu erhalten, sondern auch Benachteiligten die Chance gibt, sich selbst zu ernähren. Das Geschäft ist täglich geöffnet. Die Werkstätten, in denen man den jungen Künstlern bei der Arbeit zusehen kann, befinden sich im hinteren Bereich. Zwischen 12 und 14 Uhr ist hier Mittagspause, der Verkauf geht jedoch weiter. Es wird gebeten, sich ordentlich zu kleiden, um den jungen Menschen ein Vorbild zu sein.

Lampenschirme

Seidenlaternen gibt es in allen Größen und den verschiedensten Formen in zahlreichen Läden der Stadt. Ein kleiner Schirm kostet ab 15 000 Dong, die etwas größeren 30 000 Dong bis hin zu ganz großen, ballonartigen Lampen für etwa 150 000 Dong. Je mehr Lampen man kauft, desto besser wird der Preis. Hinweise zum Kauf s. S. 51, A–Z.

Seide

Einen Blick wert ist in jedem Fall der **Fine Arts Handicraft Workshop**, 41 Le Loi, ✆ 0510-862164, 📠 862334, ✉ quanghiep@dng.vnn.vn. Im Eingangsbereich sticken Frauen aufwendige **Seidenbilder**, eine Handarbeit, deren Fertigstellung z. T. Monate dauert. Die fertigen Bilder werden zum Kauf angeboten, wobei die Handwerkerinnen als Lohn einen Anteil am Verkauf ihrer Bilder bekommen, nicht aber ein Festgehalt. Spätestens nach ein paar Minuten findet sich jemand, der dem Besucher das Haus zeigt und ihn zu den Webstühlen führt: Der erste ist noch per Hand betrieben, der zweite stammt schon aus der Zeit der Industrialisierung und schafft statt 2–4 m am Tag bereits 20 m. Im hintersten Bereich werden die Schlafmatten gewebt, die den Vietnamesen als Matratze dienen. Im 2. Geschoss kann man sich in die Stadien der Seidengewinnung einführen lassen. In einem Käfig sind die ganz kleinen **Seidenraupen** zu sehen, dann kommen die älteren, die sich bereits eingesponnen haben – und am Ende der traurige Tod im heißen Wasser, bevor der Kokon zu Seide gesponnen wird. Im Obergeschoss befindet sich eine **Schneiderwerkstatt**, wo man sich zu angemessenen Preisen traditionelle Kleidung oder auch westliche Modelle schneidern lassen kann.

Skulpturen

Schöne, auf antik getrimmte Buddha- und Apsarafiguren gibt es bei **Than Ba**, 170 Tran Thu.

Touren

Touren werden in fast jedem Hotel angeboten. Standards sind z. B. ein Besuch im **Holzschnitzerdorf Kim Bong**, dem **Töpferdorf Thanh Ha** und dem **Bronzedorf Phuoc Kieu**. Hier gehen die Handwerker ihren alten Berufen nach. Touristen werden meist an *show rooms* abgeladen, wo die Produkte zum Verkauf stehen. Die Touren beinhalten oft ein Mittagessen und/oder eine Bootsfahrt auf dem Thu Bon-Fluss; verschiedene Kombinationen sind möglich.

Ein **Ausflug zu den Cham-Inseln** wird mit dem Boot angeboten. Auf der Hauptinsel der 20 km vor der Küste liegenden Inselgruppe befindet sich eine Siedlung mit einigen kleinen Tempelchen. Interessant ist eine Tour mit Cham Island Divers, die gutes Schnorchel-equipment haben: Die Unterwasserwelt rund um die Cham-Inseln ist einen Blick wert (s. Tauchen).

Das etwa 45 km entfernte **My Son** kann im Rahmen einer Tagestour besucht werden, oft in Verbindung mit einem Handwerksdorf und einer Bootsfahrt. Auch zu den **Marmorbergen** und ins **Cham-Museum** in Da Nang sind organisierte Ausflüge im Angebot.

Sonstiges

Fotos

Gute **Passbilder** macht der Fuji-Laden in der Tran Hung Dao, Ecke Le Loi. Wer selber eine Vorlage als Datei mitbringt, zahlt 20 000 Dong, für vier Bilder inklusive Fotografieren werden 30 000 Dong berechnet. Die Entwicklung dauert i. d. R. nur wenige Stunden.

Geld

Es gibt in Hoi An zahlreiche **Geldautomaten**, von denen einige auch Maestro-Karten akzeptieren, z. B. der Automat in der 11 Le Loi neben dem Thuy Duong Hotel.

Agribank, 6 Hoang Dieu, ✆ 0510-910365, und 92 Tran Phu. VISA, MasterCard, Western Union-Geldtransfer. Nimmt 1 % Kommission auf Travellerschecks. ⌚ Mo–Fr 7–17 Uhr. Nebenan in der 4 Hoang Dieu liegt die **Incombank**.

Vietcombank, 25 Hai Ba Trung. Alle üblichen Transaktionen.

Internet

Fast alle Hotels haben einen oder mehrere Computer mit Internetanschluss in der Lobby. Ein großer öffentlicher **Internetshop** befindet sich in der Post, ein weiterer in dem Gebäude dahinter. Obwohl hier sehr viele Computer stehen, sind nach Schulschluss oft sämtliche Terminals von spielenden Kindern besetzt. ⌚ bis 22 Uhr. Wer etwas ausdrucken oder auf CD brennen muss, kann dies bei **Internet Nguyen Tan Hieu**, 89 Tran Hung Dao, ✆ 0510-910212, ✉ tanhieu2002@yahoo.com.

Medizinische Hilfe

Das staatliche **Krankenhaus** befindet sich gegenüber der Post, 4 Tran Hung Dao, ✆ 0510-914660, 861365, ℻ 864566, ✉ budkhoian @dng.vnn.vn. Bei ernsten Erkrankungen empfiehlt sich (wenn möglich) eine Fahrt nach Da Nang zur Klinik Family Medical Practice.

Post

Bei der großen **Hauptpost**, 4B Tran Hung Dao, ✆ 0510-861649, ℻ 861382, können auch Pakete ins Ausland aufgegeben werden. ⌚ 7–21 Uhr.

Reisebüros

In nahezu jedem Hotel gibt es ein Reisebüro, das sowohl Bahnfahrkarten und Bustickets als auch Tagesausflüge organisieren kann.

Hoi An Travel, 10 Tran Hung Dao, ✆ 0510-862224, ℻ 910 445, 🖳 www.hoiantravel.com. In diesem Büro befinden sich auch die örtlichen Schalter von **Vietnam Airlines** und **Jetstar Pacific** (Flüge ab Da Nang, siehe dort). ⌚ tgl. 7–21 Uhr.

Nahverkehr

Fahrräder und Mopeds werden in fast allen Hotels verliehen. Fahrräder sind manchmal im Preis inbegriffen, manchmal kosten sie um die 20 000 Dong am Tag, Mopeds ca. 80 000 Dong/Tag.

Kleine **Boote** fahren von der Anlegestelle nahe dem Markt ganztägig etwa alle 30 Min. zu den Dörfern am Thu Bon-Fluss; einfache Fahrt ab 5000 Dong.

Ein **Taxi** mit Taxameter kann man entweder anhalten, sich vom Hotel bestellen lassen oder selbst rufen. **Taxi Hoi An**, ✆ 0510-910910, **MTaxi**, ✆ 0510-914914.

Transport

Busse

Open Tour

Open Tour-Busse in den Süden fahren von Hoi An die Strecke NHA TRANG–DA LAT–SAI GON oder statt Da Lat nach MUI NE.

In Richtung Norden fahren die Tourbusse über DA NANG nach HUE und HA NOI bzw. von Hue nach SAVANNAKHET (Laos) oder von Hoi An direkt nach VIENTIANE (Laos). Visa für Laos gibt es in Da Nang.

Die Busse nach HUE verlassen Hoi An um 7.30 und 8 Uhr morgens und erreichen ihr 130 km entferntes Ziel gegen 13 Uhr. Nachmittagsbusse starten um 13.30 und 14.30 Uhr und sind gegen 18 Uhr in Hue.

Lokale Busse

Sie fahren mindestens stündlich zwischen 8 und 16 Uhr vom Busbahnhof in der Ly Thuong Kiet nach DA NANG (ca. 45 Min., 10 000 Dong regulär, oft wird mehr verlangt). Vom dortigen großen Busbahnhof bestehen den ganzen Tag über regelmäßige Verbindungen in alle Landesteile.

Taxis

Von Hoi An zum **Bahnhof** oder dem **Flughafen** von DA NANG gibt es bei den Hotel-Tourunternehmen Taxis für etwa US$10. Die Fahrt dauert i. d. R. eine halbe Stunde. Wer in den Marmorbergen oder am China Beach eine

Pause einlegen will, muss entsprechend mehr Zeit (und Dollar) einplanen.

Cua Dai-Strand

4 km östlich von Hoi An liegt der breite, lang gestreckte Cua Dai-Strand. Eine wachsende Anzahl von Unterkünften verlockt dazu, hier zu wohnen und nicht in der Stadt: Allerdings muss man dafür etwas tiefer in die Tasche greifen. Ebenfalls interessant sind die Wohn-Alternativen zwischen Strand und Stadt: Sei es am Flussufer oder inmitten von Gärten und Reisfeldern.

Übernachtung

Zwischen Stadt und Strand

Hanoi Riverside Resort & Spa, 175 Cua Dai, ✆ 0510-864800, ℻ 864900, ✉ hoianriver@dng.vnn.vn. Die Doppelhaus-Villen liegen in einer üppigen Gartenanlage am Ufer des Flusses. Großer Pool, gutes Restaurant, Wellnessangebote und Sportmöglichkeiten. Shuttle-Transfer zu Stadt und Strand. ❺–❼

Phu Thinh Hotel II, 144 Cua Dai, ✆ 0510-923923, ℻ 923259, 💻 www.phuthinhhotels.com. Dreigeschossiges Haus mit 52 sauberen Zimmern und Pool in schönem, tropischem Garten. Die Zimmer im Erdgeschoss haben keinen Balkon, also lieber im 2. oder 3. Stock einziehen – am besten in ein Zimmer nach hinten mit Blick auf den Pool und die Reisfelder. Nette Ferienatmosphäre weitab aller Hektik. ❹–❺

Vuon Trau (Betelnuss Garten) Homestay, Thanh Nam, Cam Chau, ✆ 0510 924165, ℻ 924175, 💻 www.vnhomestay.com. Schöne Bungalows in einem schattigen Areka- und Betelnussgarten inmitten eines Wohnviertels zwischen Strand und Altstadt gelegen. Badezimmer mit Dusche und Badewanne, großes Bett und Moskitonetz. Im Garten kleiner Pool mit Yacuzzi. Familiäre Atmosphäre. Fahrräder, Frühstück und Wäscheservice sind im Zimmerpreis enthalten. ❸

Strandnah

Hai Yen, 22A Cua Dai, ✆ 0510 862445, ℻ 862 443, ✉ kshaiyen@dng.vnn.vn. 41 teils recht große, saubere Zimmer (AC, TV, Badewanne). Kleiner Pool, Fahrradverleih, Internet. In der Hauptsaison sind die Zimmer fast doppelt so teuer wie in der Nebensaison. ❸–❺

Hoi An Beach Resort, Cua Dai, ✆ 0510-927011, ℻ 927019, 💻 www.hoiantourist.com. Staatliche Anlage mit großen Zimmern und allen Annehmlichkeiten, die in dieser Preisklasse zum Standard gehören: großer Pool, Jacuzzi, Dampfbad etc. Die „Zimmer zum Strand" mit Blick auf die Straße sind weniger attraktiv als die hinten gelegenen mit Flussblick. ❺–❼

Sea and Sand Hotel, 15 Cua Dai, ✆ 0510-927999, ℻ 927666, 💻 www.seaandsandhotel.com. Schöne Zimmer, freundliches Personal und ein kleiner Swimmingpool empfehlen dieses Hotel als Alternative zu den großen Beach-Resorts. Etwa 200 m vom Wasser. ❺–❻

Direkt am Strand

Palm Garden Resort, Tan My Block, ✆ 0510-927927, ℻ 927928, 💻 www.palmgardenresort.com.vn. Gepflegte Luxusanlage mit 160 Zimmern in steinernen 2-stöckigen Häusern und Bungalows. Vielfältige Wassersportangebote und ein Wellnessbereich von Qi Shiseido. ❼–❽

Swiss Belhotel Golden Sand Resort, Than Nien, ✆ 0510-927550, ℻ 927565, 💻 www.swiss-belhotel.com. Große Luxusanlage mit 195 Zimmern mitten am Strand. Klassisch moderne Architektur mit großen, luftigen Räumen. Großer Pool-Bereich mit Kinderbecken, hervorragende Küche, alle Annehmlichkeiten. WIFI im gesamten Resort. ❼

Victoria Hoi An Hotel & Resort, Than Nien, ✆ 0510-927040, ℻ 927041, 💻 www.victoriahotels-asia.com. Sehr schöne Anlage mit tollen Zimmern direkt am Strand, stilecht bis zu den antiken Renault-Bussen. ❻–❼

Essen

Leckeres Seafood gibt es in einigen vietnamesischen Restaurants am Cua Dai-Strand. Einige weitere Lokale befinden sich zwischen dem Strand und der Stadt.
Ein einladendes Café, das auf Stelzen über den Fluss gebaut ist, liegt ungefähr auf halbem

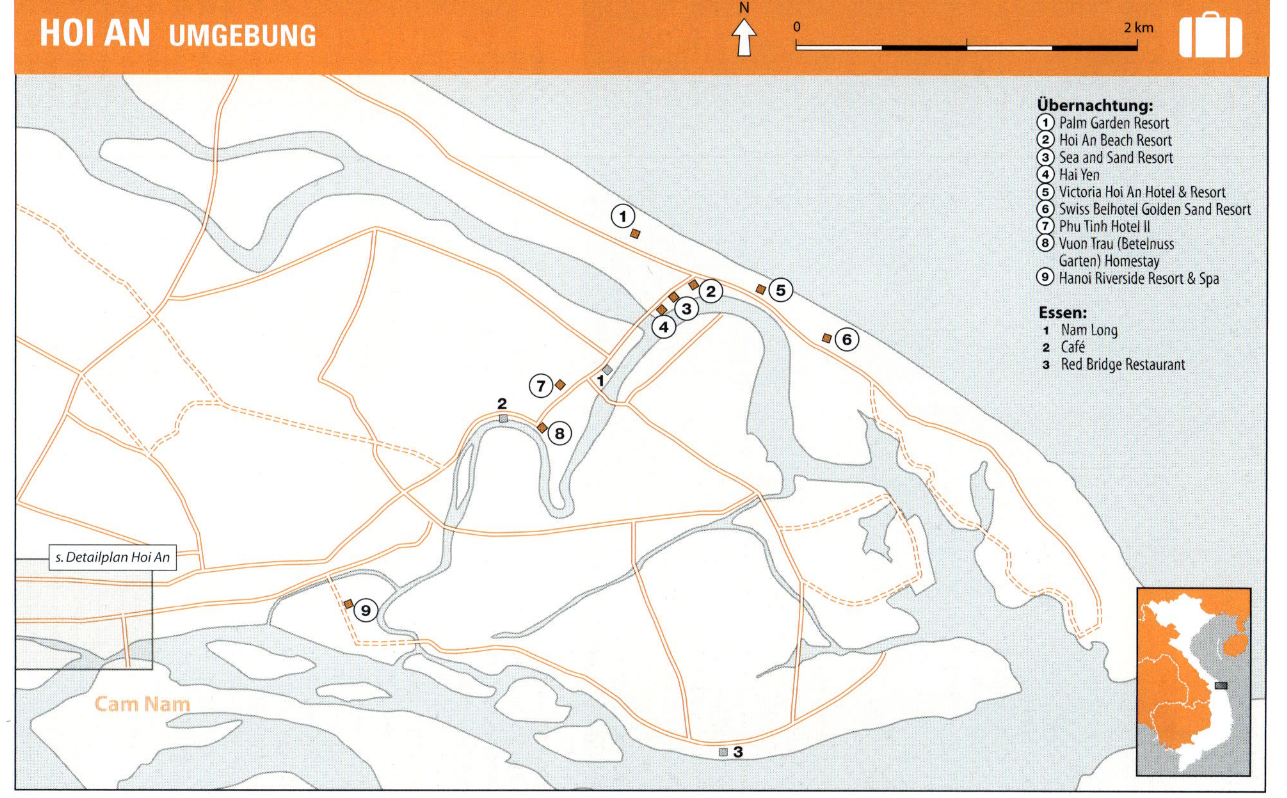
HOI AN UMGEBUNG
N
0
2 km
Übernachtung:
1 Palm Garden Resort
2 Hoi An Beach Resort
3 Sea and Sand Resort
4 Hai Yen
5 Victoria Hoi An Hotel & Resort
6 Swiss Belhotel Golden Sand Resort
7 Phu Tinh Hotel II
8 Vuon Trau (Betelnuss Garten) Homestay
9 Hanoi Riverside Resort & Spa
Essen:
1 Nam Long
2 Café
3 Red Bridge Restaurant
s. Detailplan Hoi An
Cam Nam

Der Thu Bon-Fluss verbindet Hoi An mit dem Cua Dai-Strand

Wege zwischen Strand und Stadt und bietet kalte Getränke, guten Kaffee und eine schöne, friedliche Aussicht aufs Wasser.

Nam Long, 103 Cua Dai, ✆ 0510 923723, ✉ namlong-hoian@vnn.vn, 💻 www.namlonghoian.com. Am Thu Bon-Fluss gelegen, nicht weit vom Cua Dai-Strand entfernt, bietet dieses Luxus-Restaurant vietnamesisches Essen mit Elementen der Hoi An-Küche, aufbereitet für den internationalen Gaumen.

Red Bridge Restaurant, Thon 4, Cam Thanh, ✆ 0510-933222, 💻 www.visithoian.com/redbridge.html. Moderne und gute vietnamesische Küche am Ufer des Flusses einige Kilometer außerhalb von Hoi An. Besucher können mit dem hauseigenen Boot anreisen, das tgl. um 12 und 13.30 Uhr gegenüber dem Café Can in der 74 Bach Dang abfährt. Rückfahrt um 14 und 15.30 Uhr. Fr, Sa und So oder auf Anfrage fahren zudem Boote am Abend um 17.30 und 19 Uhr, zurück geht es um 19.30 und 21 Uhr. Die Fahrt dauert etwa 25 Min. Es werden auch Kochkurse angeboten (s. S. 410, Aktivitäten). 🕒 Mo–Do 10–18, Fr–So 10–22 Uhr.

9 HIGHLIGHT

My Son

Die Tempelanlage von My Son liegt etwa 40 km südöstlich von Hoi An und ist einen Besuch wert: Das von der UNESCO zum Weltkulturerbe erklärte Areal war die heiligste Stätte der Cham-Zivilisation. Sie liegt in einem dicht bewaldeten Tal, umgeben von steil aufragenden Felsen, von denen einer nicht umsonst „Katzenzahn-Berg" heißt. Heute stehen noch etwa 70 Gebäude des ursprünglich viel größeren Komplexes. Inschriften belegen, dass zwischen den Steingebäuden einst auch viele Häuser und Heiligtümer aus Hartholz und Bambus gestanden haben müssen. Keines davon hat die Zeiten überdauert.

In My Son finden sich verschiedene Stilepochen der Cham-Architektur (s. S. 196). Von den zwischen dem 2. und 6. Jh. erbauten Holzgebäuden ist keine Spur geblieben, doch ab dem 7. Jh. bauten die Cham ihre Heiligtümer aus Ziegelsteinen: Mehr als ein halbes Jahrtausend lang wuchs die Anlage um immer neue Tempel an. Einen Höhepunkt erreichte die Bauaktivität im 10. Jh., als das Königreich Champa auf dem Zenit seiner Macht stand. Die schönsten heute noch zu sehenden Bauwerke stammen aus dieser Zeit (Gruppe A). Nach Kämpfen mit den Vietnamesen und den Khmer wurden im 12. und 13. Jh. die letzten Tempel errichtet (Gruppen G und H); im 14. Jh. wurde die Anlage dann aufgegeben. Der Dschungel übernahm die Herrschaft, bis Ende des 19. Jhs. französische Truppen auf die überwachsenen Ruinen stießen. Der französische Archäologe Henri Permentier begann sie ab 1901 freizulegen und zu katalogisieren: Von ihm stammen die heute noch gebräuchlichen Bezeichnungen der Gebäude mit Buchstaben und Zahlen.

Ein großer Teil dieser Ruinen, die viele Jahrhunderte überdauert hatten, wurde leider bei US-amerikanischen Bombardierungen schwer beschädigt. Nach dem Krieg wurde mit Restaurierungsarbeiten begonnen – ein polnisches Team war 1980 das erste, das sich in die zerbombten Tempel wagte. Noch heute ist nicht ganz klar, wie weit das Gesamtgelände von nicht detonierter Munition gesäubert wurde. Man sollte sich daher sicherheitshalber an die angelegten Wege halten.

Der **Haupteingang** des Geländes befindet sich etwa 2 km nordwestlich der eigentlichen Tempelgruppen. Hier gibt es nicht nur einen großen Parkplatz und ein kleines Restaurant, sondern auch ein interessantes Museum mit aufschlussreichen Karten und den Ticketschalter: Eintritt 60 000 Dong. Inbegriffen ist die Fahrt im Minibus bzw. im antiken Militärjeep vorbei an der fast völlig zerstörten Tempelgruppe H bis zum zweiten Besucherzentrum beim Hauptareal.

Folgt man den angelegten Wegen, so gelangt man zu den nahe beieinander liegenden Gruppen C, B und D. Wer mit einer gebuchten Tour unterwegs ist, wird von seinem Führer meist hierhin begleitet und dann nach einer kurzen Erklärung sich selbst überlassen. Ein Rundweg führt durch das Gelände bis zum Parkplatz zurück. ⏲ 8–18 Uhr.

Gruppe C

Der Pfad vom Besucherzentrum führt als Erstes zur Gruppe C, die vom Kalan **C1** aus dem 10. Jh. beherrscht wird. Die Shiva-Statue, die seinerzeit dort verehrt wurde, befindet sich heute im Cham-Museum in Da Nang. Ungewöhnlich ist neben dem bootsförmigen Dach – meist wurden mehrstöckige turmartige Dächer gebaut – auch der rechteckige Grundriss. Betreten wurde der Tempel über das Vestibül an der Ostseite. Die Außenmauern sind zwischen den Pilastern mit Wächterfiguren versehen. Sehenswert sind auch der etwas gedrungenere Kalan **C7** aus dem 9. Jh.

Hinter dem ehemaligen Eingangspavillon **C2** stößt man auf die separat stehende Vorhalle **D2**, deren Bezeichnung irreführt, da sie eigentlich zur C-Gruppe gehört. Die Stuttgarter Gesellschaft der Freunde der Cham-Kultur e.V. engagierte sich bei der Restauration dieses Gebäudes, sodass Besucher im Inneren nun ein kleines Museum besichtigen können. Die interessanten Exponate können den Reichtum der Cham-Bildhauerkunst allerdings nur andeuten. Wer sich dafür interessiert, sollte unbedingt dem Cham-Museum in Da Nang einen Besuch abstatten.

Den Cham-Baumeistern auf der Spur

Lange Zeit fragte man sich, mit welchem Mörtel die Cham-Baumeister gearbeitet haben, um die Steine und Mauern zusammenzufügen. Im Jahre 2003 kamen italienische Wissenschaftler einem der Geheimnisse der antiken Baukunst auf die Spur: Die Steine wurden mithilfe eines klebrigen Baumharzes verfugt, das aus dem lokalen *dau rai*-Baum *(Dipterocarpus alatus)* gewonnen wurde. Das flüssige Harz kam nicht nur bei den soliden Grundmauern und den elaborierten Dekorationen zum Einsatz, tatsächlich wurde nach Fertigstellung das gesamte Bauwerk mit dem Harz überzogen, um es vor Witterung und Erosion zu schützen.

Gruppe B

Die benachbarte Vorhalle **D1** leitet über in die B-Gruppe, die ursprünglich durch eine Mauer von der C-Gruppe getrennt war. Vom zentralen Kalan **B1** sind nur noch die Grundmauern übrig – man kann ahnen, dass er einst das größte Gebäude von My Son war. Einer Inschrift zufolge stammte er aus dem 11. Jh und ersetzte einen älteren Holzbau. Aus dem 10. Jh. datieren der etwas schiefe Tempelturm **B3** und der etwa ebenso alte Lagerraum für Kultgegenstände **B5**, dessen Äußeres mit Säulen und Götterstatuen verziert ist und an dessen westlicher Seite sich ein hübsches Basrelief von zwei Elefanten findet, die sich unter einer Kokospalme die Rüssel reichen. Das Dach von **B6** fiel Bomben zum Opfer. Innen befindet sich ein Becken, das heiliges Wasser für Zeremonien und rituelle Waschungen enthielt.

Gruppe A

Von der Vorhalle D2 geht der Weg weiter zur südöstlich gelegenen Gruppe A, die im Krieg schwer beschädigt wurde; mit etwas Fantasie kann man sich die ursprüngliche Größe ausmalen. Vom Hauptturm, Kalan **A1**, ist nur noch die Basis übrig – als Forscher das Gebäude um 1901 freilegten, war der Turm 24 m hoch. Er hatte zwei Eingänge und sechs kleine Seitenschreine. In der Mitte des Fundaments ist noch die Basis eines Lingam zu sehen. Bei einem Streifzug über das Gelände finden sich im Gras herumliegende Türstürze und andere Bruchstücke, die mit schönen Verzierungen versehen sind.

Weitere Gruppen

Von der Gruppe A führt der Rundweg nach Norden. Vorbei an der **Gruppe G**, die auf einem kleinen Hügel liegt und deren Kalan **G1** an der Basis

Die Tempelanlage von My Son war einst die heiligste Stätte der Cham-Zivilisation

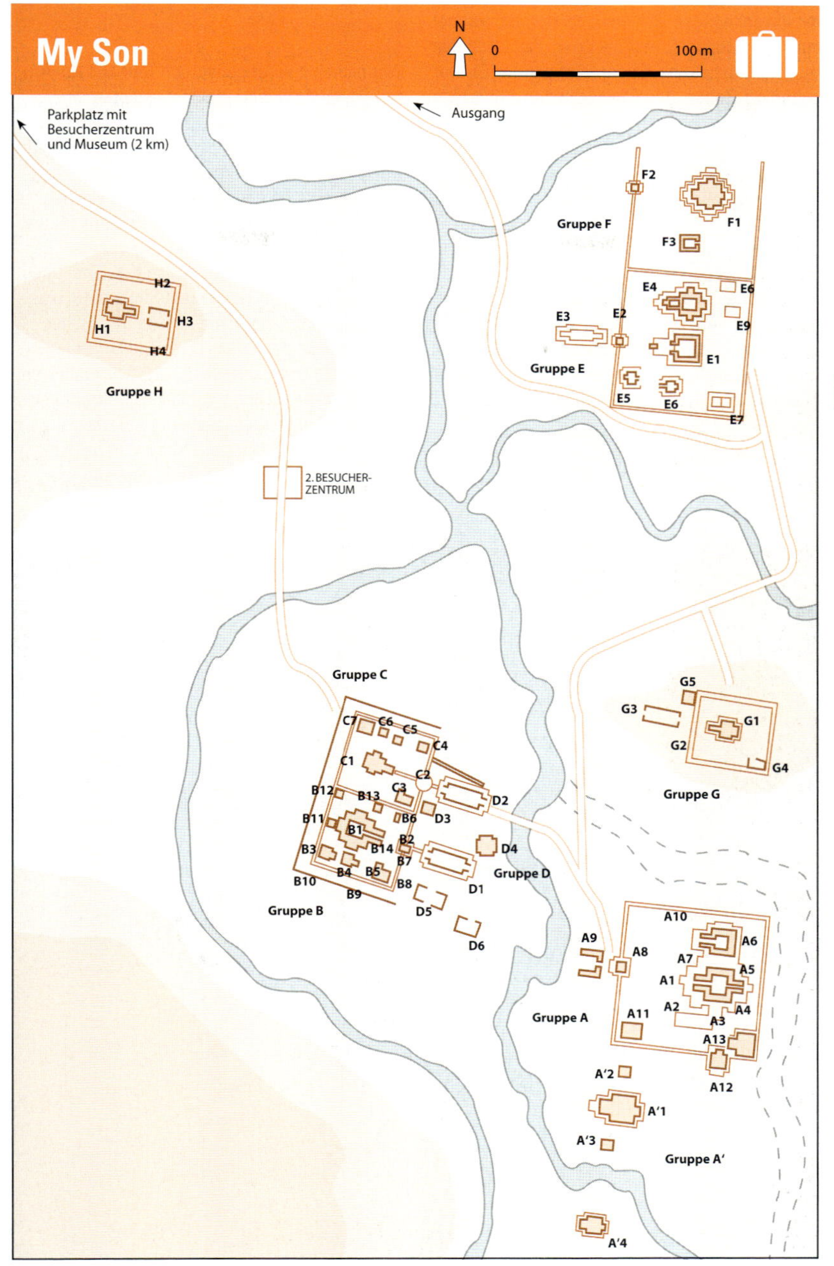
My Son
N
0
100 m
Parkplatz mit
Besucherzentrum
und Museum (2 km)
Ausgang
Gruppe F
F1
F2
F3
Gruppe E
E1
E2
E3
E4
E5
E6
E6
E7
E9
Gruppe H
H1
H2
H3
H4
2. BESUCHER-
ZENTRUM
Gruppe C
C1
C2
C3
C4
C5
C6
C7
Gruppe G
G1
G2
G3
G4
G5
Gruppe D
D1
D2
D3
D4
D5
D6
Gruppe B
B1
B2
B3
B4
B5
B6
B7
B8
B9
B10
B11
B12
B13
B14
Gruppe A
A1
A2
A3
A4
A5
A6
A7
A8
A9
A10
A11
A12
A13
Gruppe A'
A'1
A'2
A'3
A'4

mit löwenköpfigen Dämonen verziert ist, gelangt man zur **Gruppe E**, wo im Krieg der bis dahin recht gut erhaltene **E4** zerstört wurde; **E1** war schon zu Zeiten der französischen Entdecker zerfallen. Sein bemerkenswerter Altar aus dem 7. Jh. steht heute im Cham-Museum in Da Nang. In der südöstlichen Ecke ist **E7**, einst ein Lagerraum für rituelle Gegenstände, einigermaßen erhalten.

Die sich nördlich anschließende **Gruppe F** besteht aus weniger Gebäuden. Der zentrale Kalan **F1** ist an der Basis mit Löwenköpfen und Lotosblumen verziert. Die **Gruppen K, L, M** sind heute fast verschwunden. Auf dem Weg zurück zum Besucherzentrum kann man noch einen Abstecher zum einzeln stehenden Kalan **N** machen.

Transport

Wer nicht mit einer gebuchten Tour aus Hoi An anreist, verlässt die Stadt in westlicher Richtung über die Phan Dinh Phung. Etwa 8 km weiter, in Vinh Dien, stößt die Straße auf die N1 – dieser gen Süden folgen. Nach knapp 20 km überquert die N1 über eine lange Brücke den Thu Bon-Fluss und erreicht den Ort **Nam Phuoc**. Dort, etwa 2 km hinter der Brücke, rechts abbiegen in die Straße nach **Tra Kieu**. Tra Kieu war die alte Cham-Hauptstadt **Simhapura**, was allerdings nicht mehr auffällt. Auf dem Hügel, auf dem einst das Cham-Zentralheiligtum lag, steht heute eine Marienkirche. Etwas weiter, im kleinen Ort **Kien Lam**, biegt links ein Sträßchen nach My Son ab (ausgeschildert). 6 km weiter ist der Parkplatz erreicht. Wer selbst anreist, sollte früh aufbrechen, um den Touristengruppen und der Hitze des Tages zu entgehen.

Zentrales und südliches Hochland

Stefan Loose Traveltipps

Kon Tum In einem der Dörfer der Umgebung den Alltag der Bergvölker kennen lernen S. 422

Buon Ma Thuot Den besten Kaffee von ganz Vietnam probieren. S. 431

10 **Lak-See** Entspannende Tage am friedlichen See verbringen. S. 436

Gia Nghia Abseits aller touristischen Pfade auf eigene Faust Vietnam entdecken. S. 439

11 **Da Lat** Im „Paris der Berge" ausruhen oder auf Abenteuertour gehen. S. 442

Dambri-Wasserfall Den schönsten Wasserfall von Süd-Vietnam bestaunen. S. 455

Cat Tien-Nationalpark Sich auf die Suche nach dem Java-Nashorn begeben. S. 456

Das zentrale und südliche Hochland ist eine faszinierende Landschaft voller Berge, Seen, Wälder und Wasserfälle, in der viele ethnische Minoritäten ihre althergebrachten kulturellen Wurzeln pflegen. Neben Da Lat, das vor 100 Jahren von den französischen Kolonialherren als Erholungsgebiet aufgebaut wurde und heute wieder Scharen von Besuchern anzieht, gibt es noch viele andere Orte zu entdecken; manche davon absolutes touristisches Neuland.

Abenteuersportler kommen im Hochland ebenso auf ihre Kosten wie Ruhesuchende. Ob Elefantenreiten, Einbaumfahren, nächtliche Safaris im Nationalpark oder eine Partie Golf in wunderschöner Umgebung – hier lassen sich einzigartige Erinnerungen sammeln. Kaffeetrinker werden sich am besten Kaffee des Landes erfreuen. Der Anbau der aromatischen Bohne prägt das Landschaftsbild ganzer Regionen.

Das **Klima** ist in zwei klar definierte Jahreszeiten getrennt: Die Regenzeit dauert von Mai bis November und kann mit heftigsten Regenfällen zu Überflutungen und unpassierbaren Straßen führen. In der Trockenzeit von Dezember bis April herrscht mildes Klima. Die Tageshöchsttemperaturen liegen bei etwa 18–25 °C. Abends kann es, besonders in Da Lat, frisch werden – überraschend für viele, die gerade aus der heißen Küstenregion kommen.

Die **Anreise** kann bequem per Flugzeug nach Da Lat, Buon Ma Thuot oder Plei Ku erfolgen. Open-Tour-Busse fahren nur nach Da Lat. Lokale Busse stellen das wohl preiswerteste Transportmittel dar und verbinden regelmäßig alle Ziele. Viel teurer, aber bequemer, sind Touren im Minibus, wie sie von vielen Agenturen angeboten werden. Wer es abenteuerlicher mag, fährt auf dem Rücksitz eines Motorrads mit einem *Easy Rider* durch die Berge (s. S. 452, Da Lat).

Kon Tum

Das verschlafene Kon Tum (85 000 Einw.) lag lange Zeit abseits der touristischen Standardrouten und wurde nur selten besucht. Das beginnt sich zu ändern, seit der Ho-Chi-Minh-Pfad zum Highway ausgebaut wird und im nahe gelegenen Bo Y ein internationaler Grenzübergang ins unentdeckte Süd-Laos eröffnet worden ist: Ein Abenteuerspielplatz für Traveller, die eine Zeitlang auf *banana pancake* verzichten können.

Kon Tum selbst hat einige wenige Überbleibsel der französischen Kolonialzeit und gar nicht so schlechte Unterkünfte und Restaurants zu bieten. Das beginnt sich bei den Reisenden herumzusprechen. Das wirkliche Highlight sind aber die weit über 500 Dörfer, die in der Umgebung verstreut liegen – darunter einige, in die noch nie ein Westler seinen Fuß gesetzt hat. Trecks und Touren in dieser Gegend sind spannend und ursprünglich – anders als in anderen Regionen Vietnams, wo tausendundeine Tourgruppe den Pfad schon ausgetreten hat.

Die kleine Stadt entlang des Dakbla-Flusses hat nur wenige Sehenswürdigkeiten aufzuweisen, die alle mit einem Spaziergang zu erreichen sind: Besonders schön ist die **Holzkirche** von 1913, die mehrfach restauriert wurde und in einen freundlichen, hellen Innenraum einlädt. Sie besteht aus Pinienholz, Bambus, Stroh und Lehm – fast wie ein Fachwerkbau. Die bunten Glasbilder an den Seitenfenstern sind besonders wirkungsvoll am späten Nachmittag, wenn die sinkende Sonne sie von hinten erleuchtet. Auf dem Grundstück befinden sich auch ein Besucherzentrum, ein Gemeinde- und ein Waisenhaus.

Aus Stein und in Pastellfarben gestrichen präsentiert sich die unweit entfernte **Tan Huong-Kirche**, deren Fassade mit Darstellungen zweier Heiliger geschmückt ist: links St. Martin, der seinen Mantel teilt, und rechts St. Georg, der den Drachen bezwingt.

In typisch moderner vietnamesisch-katholischer Architektur hingegen ist die **Marien-Kirche** mit ihrem freistehenden Glockenturm und der wie eine Grotte gebauten Kapelle im Vorhof gestaltet. Ein paar Schritte weiter, über die Straße, befindet sich das große **Katholische Priesterseminar**. Im Haus ist ein **ethnologisches Museum** untergebracht, das meist verschlossen ist – doch wer höflich fragt, wird Einlass finden. Innen befinden sich neben einer Dokumentation der Missionstätigkeit in der Region, eine Sammlung von Holzschnitzereien, alte Fotos und ein (leerer) großer Familiensarg, der aus einem ausgehöhlten Baumstamm besteht. Zudem sind Waffen, Werkzeuge und ein Musikinstrument

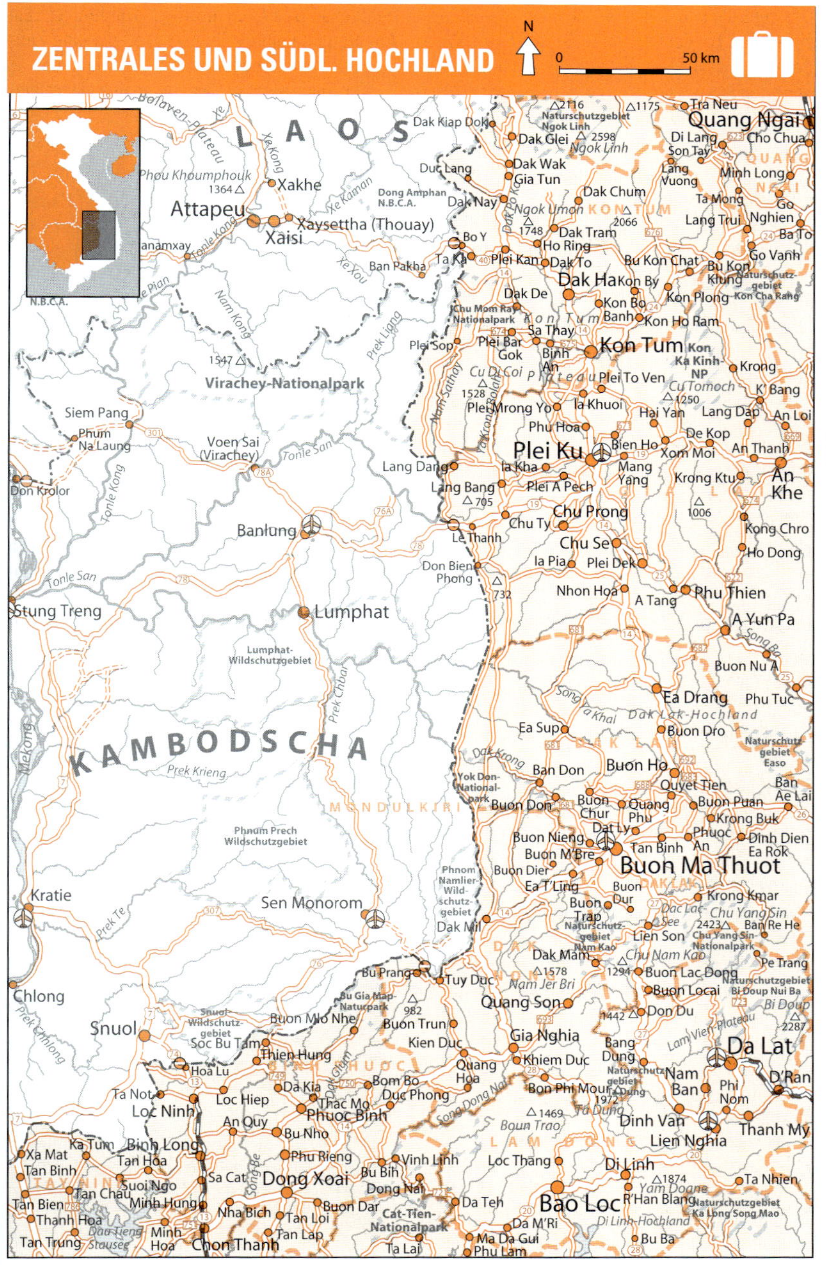
ZENTRALES UND SÜDL. HOCHLAND
N
0
50 km
LAOS
KAMBODSCHA
Bolaven-Plateau
Phou Khoumphouk
1364
Attapeu
Xakhe
Xaisi
Xaysettha (Thouay)
Dong Amphan N.B.C.A.
Ban Pakha
Dak Kiap Dok
Duc Lang
Dak Nay
Bo Y
Ta Ka
Virachey-Nationalpark
1547
Siem Pang
Phum Na Laung
Voen Sai (Virachey)
Tonle San
Tonle Kong
Don Krolor
Banlung
Lang Dang
Lang Bang
705
Le Thanh
Don Bien Phong
732
Stung Treng
Lumphat
Lumphat-Wildschutzgebiet
Prek Chbar
Prek Krieng
Mekong
MONDULKIRI
Phnum Prech Wildschutzgebiet
Phnom Namlier-Wild-schutz-gebiet
Kratie
Sen Monorom
Dak Mil
Chlong
Prek Chhlong
Snuol
Snuol-Wildschutz-gebiet
Soc Bu Tam
Bu Gia Map-Naturpark
982
Bu Prang
Tuy Duc
Buon Mlo Nhe
Buon Trun
Kien Duc
Thien Hung
Hoa Lu
Ta Not
Loc Ninh
Loc Hiep
Da Kia
Thac Mo
Phuoc Binh
Bom Bo
Duc Phong
Quang Hoa
An Quy
Bu Nho
Binh Long
Ka Tum
Xa Mat
Tan Binh
Tan Hoa
Tan Chau
Suoi Ngo
Tan Bien
Minh Hung
Thanh Hoa
Tan Trung
Dau Tieng Stausee
Minh Hoa
Chon Thanh
Sa Cat
Phu Rieng
Dong Xoai
Nha Bich
Tan Loi
Tan Lap
Buon Dar
Bu Bih
Vinh Linh
Dong Nai
Cat-Tien-Nationalpark
Ta Lai
Da Teh
Ma Da Gui
Phu Lam
Da M'Ri
Bao Loc
Loc Thang
Di Linh
Di Linh-Hochland
Bu Ba
R'Han Blang
1874
Yam Doang
Naturschutzgebiet Ka Long Song Mao
Ta Nhien
Lien Nghia
Dinh Van
Thanh My
Nam Ban
Phi Nom
Da Lat
D'Ran
Lam Vien-Plateau
2287
Bi Doup
Naturschutzgebiet Bi Doup Nui Ba
Don Du
1442
Bang Dung
Gia Nghia
Khiem Duc
Bon Phi Mour
1972
Ta Dung
1469
Boun Trao
LAM DONG
Quang Son
Nam Jer Bri
Buon Locai
Buon Lac Dong
1294
Chu Nam Kao
Pe Trang
Dak Mam
1578
Lien Son
Naturschutzgebiet Nam Kao
Chu Yang Sin-Nationalpark
2423
Chu Yang Sin
Dac Lac See
Ban Re He
Krong Kmar
Buon Trap
Buon Dur
Ea T'Ling
Buon Dier
Buon M'Bre
Buon Nieng
Buon Ma Thuot
Tan Binh
Dat Ly
Phuoc An
Dinh Dien
Ea Rok
Krong Buk
Buon Puan
Quang Phu
Buon Chur
Buon Don
Yok Don-National-park
Ban Don
Buon Ho
Quyet Tien
Ban Ae Lai
Naturschutzgebiet Easo
Buon Dro
Ea Sup
Ea Drang
Phu Tuc
Song Ya Khal
Dak Lak-Hochland
Buon Nu A
A Yun Pa
Song Ba
Phu Thien
A Tang
Nhon Hoa
Ia Pia
Plei Dek
Chu Se
Chu Prong
Chu Ty
Plei A Pech
Ia Kha
Plei Ku
Mang Yang
Bien Ho
Xom Moi
Krong Ktu
1006
An Khe
Kong Chro
Ho Dong
An Thanh
De Kop
An Loi
Lang Dap
Hai Yan
K'Bang
1250
Cu Tomoch
Krong
Kon Ka Kinh-NP
Kon Tum
Plei To Ven
Ia Khuoi
Phu Hoa
Plei Mrong Yo
1528
Cu Di Coi
Plei Sop
Plei Bar Gok
Binh An
Sa Thay
Chu Mom Ray Nationalpark
Kon Tum Plateau
Dak De
Kon Bo
Banh
Kon Ho Ram
Kon Plong
Naturschutzgebiet Kon Cha Rang
Dak Ha
Kon By
Plei Kan
Dak To
Bu Kon Chat
Bu Kon Klung
Go Vanh
Ho Ring
Dak Tram
1748
2066
Ngok Umon
KON TUM
Dak Chum
Dak Wak
Gia Tun
Dak Glei
2598
Ngok Linh
2116
Naturschutzgebiet Ngok Linh
1175
Tra Neu
Quang Ngai
Di Lang
Son Tay
Cho Chua
QUANG NGAI
Lang Vuong
Minh Long
Ta Mong
Lang Trui
Go Nghien
Ba To
N.B.C.A.
anamxay

aus unterschiedlich langen Bambusrohren, das gespielt wird, indem man vor der Rohröffnung in die Hände klatscht, zu besichtigen.

An „Kon Tum City" schließen sich westlich übergangslos zwei Bhanar-Dörfer an: Kontum K'-pong und Kontum K'nam, was so viel wie Ober- und Unter-Kontum bedeutet. In Ober-Kontum befindet sich ein schönes **Rong-Haus**. Diese Häuser mit dem charakteristischen hohen Dach, das in seiner Form an eine Axtklinge erinnert, sind der Mittelpunkt jedes Bahnar-Dorfes und dienen als Versammlungshalle oder Gerichtssaal. Zum hoch liegenden Eingang des Stelzenhauses führen die typischen Treppen: Baumstämme mit eingekerbten Stufen. Das Dach ist eine komplizierte Konstruktion aus gespaltenem Bambus und wird mit trockenem Gras gedeckt.

Übernachtung

Untere Preisklasse

Family Hotel, 55 & 61 Tran Hung Dao, ✆ 060-862448, 0905-316599, 📠 865748, ✉ Phongminhkt@yahoo.com. Freundliche Unterkunft mit einfachen Ventilator- und besseren AC-Zimmern. Sehr zu empfehlen schon wegen des hübsch gestalteten Innenhofs, in dem die Speisen und Getränke des hauseigenen Restaurants serviert werden. ❶–❷

Tay Nguyen Hotel, 53 Tran Hung Dao, ✆ 060-869484, 📠 868324. Ein paar Schritte vom Family Hotel entfernt, preiswerte Zimmer mit Fenster zum Gang, einige mit Balkon zur Straße, alle mit TV. ❶

Viet Tram Hotel, 162 Nguyen Hue, ✆ 060-869269, 📠 869334. Saubere Zimmer mit hohen Decken, TV und AC, daneben auch ein etwas teureres Familienzimmer für bis zu 5 Personen. Wie auch das Tay Nguyen eher auf vietnamesische Gäste eingestellt. ❶

Mittlere Preisklasse

Dakbla Hotel, 02 Phan Dinh Phung, ✆ 060-863333, 📠 863336. War einmal das führende Hotel in Kon Tum, doch diese Zeiten sind lange vorbei. Die Zimmer mit Badewanne, AC und TV sind heruntergekommen; Brandflecken zieren den Teppichboden. Die Preise sind inkl. Frühstück – im Indochine Hotel. Das Dakbla Hotel ist auch Sitz des örtlichen Tourismus-Büros. ❷

Obere Preisklasse

Indochine Hotel, 30 Bach Dang, ✆ 060-863334, 📠 863961, ✉ indochinevn@kontumtourism.com. Kon Tums „bestes" Haus wurde 2005 eröffnet und bietet sehr saubere, gepflegte Zimmer; die mit Flussblick sind jeweils etwas teurer. Keine Balkone. Die VIP-Rooms sind mit 2 Bädern, großer Eckbadewanne und dickem Teppichboden ausgestattet. Insgesamt wirkt das Haus etwas nüchtern; eine Tourgruppenunterkunft. ❸–❺

Essen

90 Restaurant, 63 Nguyen Hue, ✆ 060-862594. Das große Restaurant ist gut geeignet für Reisegruppen; Einzelreisende werden sich vielleicht etwas verloren vorkommen. Die Küche bietet ein umfassendes Programm vietnamesischer Spezialitäten.

Dakbla's Restaurant, 168 Nguyen Hue, ✆ 060-862584, ✉ Vandakbla@yahoo.com. Ethno-authentisch mit Holzschnitzereien und Feldwerkzeugen dekoriertes Restaurant mit leckeren Gerichten von einer englischen Speisekarte. Es gibt auch Wildschwein oder Frosch (von der französischen Speisekarte). Daneben sind Souvenirs der Bergvölker erhältlich.

Oase des guten Geschmacks

Eva Café, 01 Phan Chu Trinh, ✆ 060-862944, ✉ evacoffee2002@yahoo.com. Nicht entgehen lassen sollte man sich einen Kaffee im Gartencafé von Herrn An. Der Künstler, der sein Café zusammen mit seiner Frau Cam und ihren drei Kindern betreibt, gestaltete eine hübsche kleine Landschaft, in der sogar ein Wasserfall plätschert. Das Haus ist mit ethnischen Motiven dekoriert. Herr An ist ein interessanter Gesprächspartner und unternimmt auch Touren in die Dörfer der Umgebung.

Hiep Thanh, 129 Nguyen Hue. Gutes, einfaches Restaurant. Klassiker wie *com ga* (Reis mit Huhn) sind schmackhaft und preiswert.
Hoan Vu, 81 Hguyen Hue, ✆ 060-862792. Großes Restaurant auf 2 Etagen mit guter, nicht zu teurer vietnamesischer Küche von einer englischen Speisekarte.
Pho 86, 86 Tran Hung Dao. Für die tägliche Nudelsuppe empfehlen Einheimische dieses einfache Restaurant – zu Recht.
Quan Chay, 33 Le Loi. Der Name ist Programm: „vegetarisches Restaurant". Sehr preiswert.

Unterhaltung

Auch in Kon Tum geht man am Wochenende gern aus, und zwar in die **Paradise Bar** oder ins **Ngoc Lan**, beide nahe beieinander in der Phan Chu Trinh. Diese beiden Unternehmen fungieren tagsüber als Restaurant und nach Sonnenuntergang als Tanzsaal. Kurz nach 22 Uhr ist Schluss. ◷ Fr, Sa und So.
Das **Paradise**, 30 Phan Chu Trinh, ✆ 060-861962, hat eine eigene Bühne, auf der lokale Musiker die gerade beliebtesten Schnulzen und Balladen ins Publikum schmettern, das sich mal unbeholfen, mal verzückt auf der Tanzfläche dreht. Die Getränkepreise sind recht günstig. Neben Bier und Softdrinks gibt es eine große Auswahl an Tees. Es kommen 5000 Dong Sitzplatzgebühr p. P. hinzu. ◷ Sa und So 8–22 Uhr.
Das **Ngoc Lan**, 32 Phan Chu Trinh, ✆ 060-911531, hat schon freitags geöffnet und schließt eine halbe Stunde später als das Paradise. Der Sitzplatz ist im Getränkepreis inbegriffen.

Touren

Touren in die Umgebung werden von **Kon Tum Tourist** organisiert. Es gibt eine ganze Reihe vorgefertigter Angebote, die aber nach eigenen Vorstellungen modifiziert werden können. Besondere Zeremonien finden nur selten statt. Wer z. B. bei einem **Bo Ma-Fest** der Bahnar oder Jarai dabei sein möchte, sollte sich Wochen zuvor erkundigen. Diese Begräbniszeremonie findet einige Jahre nach der Bestattung des Toten statt und ist der wichtigste Teil des Begräbnisses, denn dann wird die Seele des Toten endgültig ins Jenseits entlassen. Das Fest dauert meist einige Tage.

Sonstiges

Geld

BIDV (Bank for Investment & Development in Vietnam), 1 Tran Phu, ☎ 060-862163, 📠 864150; hat einen Bankautomaten (Visa). Mit MasterCard kann während der Öffnungszeiten Geld geholt werden. 🕒 Mo–Fr 7–16.30 Uhr.

Informationen

Kon Tum Tourist, 2 Phan Dinh Phung, ☎ 060-861626, 📠 863336, 💻 www.kontumtourism.com/english/index.php. Das Büro im Dakbla Hotel hält Informationen bereit und bietet Touren an. „Ober-Guide" Nguyen Do Huynh spricht verschiedene Stammessprachen, gutes Englisch (und Französisch) und ist ein exzellenter, auskunftsfreudiger Führer. Herr Huynh bildet auch jüngere Guides aus und plant zurzeit die Eröffnung eines eigenen, privaten Tour-Büros. ☎ 0905-112037, ✉ huynhguide@yahoo.com.

Eine weitere gute Informationsquelle ist Herr An vom Eva Café.

Internet

Im Business-Center in der Lobby des Indochine Hotel für 10 000 Dong / Std., im Family Hotel für 7000 Dong / Std. und im Viet Tram Hotel für Gäste kostenlos.

Medizinische Hilfe

Das **Provinzkrankenhaus** befindet sich in der 224 Ba Trieu, ☎ 060-862571, und sollte nur in Notfällen angesteuert werden.

Post

205 Le Hong Phong, ☎ 060-862216, 📠 862110, 🕒 7–11 und 13–17 Uhr.

Transport

Busse

Nach PLEI KU ganztägig stdl. (30 000 Dong, 2 Std.), BUON MA THUOT um 7, 12.30 und

Über die Grenze nach Laos

Ein neuer Grenzübergang nach Laos hat nördlich von Kon Tum bei **Bo Y** eröffnet. Er gehört (noch) zur Gruppe „abgelegener Außenposten": Mittags wird die Grenze geschlossen, und Laos-Visa bei Ankunft gibt es nicht. Noch dazu landet man im abgelegenen Südosten des Landes – also genau das Richtige für Abenteuernaturen. Allerdings ist das gesamte Dreiländereck Vietnam, Laos, Kambodscha zur Sonder-Entwicklungsregion erklärt worden: In einigen Jahren herrscht möglicherweise mehr Betrieb.

Do, Fr und So startet ein Bus um 10 Uhr von KON TUM nach ATTAPEU (US$20, ca. 5 Std.). Diese Busse fahren Do und Sa die umgekehrte Strecke von Laos nach Vietnam.

Für die anderen Tage gilt: Von Kon Tum aus fahren tgl. 3–4 Busse nach NGOC HOI (30 000 Dong, Abfahrt, wenn voll, 60 km, 2 Std.). Von dort bestehen nur unregelmäßige Verbindungen zur 20 km entfernten Grenze in Bo Y. Man nimmt also am besten ein *xe om*. Zur Not gibt es in **Ngoc Hoi** ein paar einfache Gästehäuser. Die Grenze ist von 7–17 Uhr (11–13 Uhr Mittagspause) geöffnet. In Laos steht nur ein einsamer Grenzposten nahe dem Grenzort **Phu Kua** („Salzberg").

Es gibt keine regelmäßige Busverbindung ins 90 km westlich gelegene Attapeu; hier ist also Improvisationstalent gefragt.

Glücklich in **Attapeu** angekommen, kann man sich preiswert im recht neuen Chanthavon Guesthouse einmieten, westlich des Marktes, über dem Motorradladen, ☎ 036-211044, ❶–❷, oder etwas teurer im Attapeu Palace, gegenüber der Post, ☎ 036-211204, ❷–❹, und anschließend im Parkongsap Restaurant am Ufer des Xe Kong mit einem leckeren Fischgericht oder einem Steak und einem Beer Lao das überstandene Abenteuer feiern.

Vom 3 km nordwestlich gelegenen Busbahnhof kann die Reise dann am nächsten Tag weitergehen nach **Pakse** (5 Busse vormittags, 30 000 Kip, 5 Std.) und von dort weiter ins Backpacker-Paradies **Si Pha Don**, nach Thailand oder nach Kambodscha.

Traditionelles Haus in Kon Tum

13.30 Uhr (50 000 Dong, 4 Std.), DA LAT um 5 Uhr (95 000 Dong, 8 Std.), DA NANG um 7 und 17 Uhr (85 000 Dong, 5 Std.), QUY NHON um 6.15, 8, 9.30, 12, 12.30 und 13.30 Uhr (60 000 Dong, 5 Std.), QUANG NGAI um 6.30 (80 000 Dong, 6 Std.), HO-CHI-MINH-STADT um 17.30 und 19 Uhr (130 000 Dong, 11 Std.) und HA NOI um 7.15 Uhr (240 000 Dong, 24 Std.).
Bei Ausländern wird meist ein Zuschlag für das Gepäck berechnet (15 000–20 000 Dong).

Die Umgebung von Kon Tum

Mehrere Dutzend Dörfer befinden sich in der näheren Umgebung von Kon Tum. Die meisten können besucht werden, wobei sich die Mitnahme eines einheimischen Führers empfiehlt: Um sich nicht in den Bergen zu verirren und auch, um einen Übersetzer dabei zu haben, den man mit Fragen löchern kann.

Wer jedoch gern allein losziehen möchte, kann einen Ausflug nach **Kon Koi Tu** unternehmen, das etwa 5 km östlich von Kon Tum liegt. Die Bewohner des Bahnar-Dorfes sind an Ausländer gewöhnt; in dem großen Rong-Haus übernachten hin und wieder Reisegruppen. Die meisten Dörfer in der Region sind an Flussufern angesiedelt, und Kon Koi Tu liegt am Dakbla-Fluss. Um hinzukommen, folgt man der Tran Hung Dao östlich aus Kon Tum heraus und überquert den Dakbla über die Brücke in **Kon Klor**. An der Brücke befindet sich ein großes Rong-Haus. Etwa 200 m hinter der Brücke geht es links ab nach Kon Koi Tu. Man folgt der Straße entlang den Flusswindungen einige Kilometer, ehe links das hohe Dach des Rong-Hauses von Kon Koi Tu auftaucht.

Touren in die weitere Umgebung von Kon Tum führen zu Dörfern der Jarai, Bahnar, Sedang und anderer Völker. Über 500 verschiedene Siedlungen liegen in den Bergen verstreut. Nur wenige sind bisher von westlichen Touristen besucht worden. Meist beginnt der Ausflug mit einem Auto- oder Moped-Transfer in die Umgebung. Dann folgt eine Wanderung zu einem Dorf, die mehr oder weniger lang und anstrengend sein kann. Manchmal müssen schwankende Hängebrücken aus Bambus überquert werden. Oft ist ein Picknick oder eine Bootsfahrt in einem Schlauchboot bzw. Einbaum inbegriffen. Bei abendlichen Veranstaltungen wird Gong-Musik gespielt, getanzt und gemeinsam aus einem großen Fass Reiswein mit dem Strohhalm getrunken. Bei mehrtägigen Touren wird in den Gemeinschaftshäusern der Dörfer übernachtet – nicht immer sehr bequem –, und es ist mit längeren Marsch-Etappen zu rechnen.

Plei Ku und Umgebung

Plei Ku (150 000 Einw.) ist die Hauptstadt der Provinz Gia Lai, die über einiges touristisches Potential verfügt, das jedoch von der Provinzregierung noch ziemlich unter Verschluss gehalten wird. Ausländer sind hier nicht überall gern gesehen. Einheimische Guides warnen vor nächtlichen Hotelbesuchen durch die Polizei, und insgesamt ist die Atmosphäre nicht unbedingt touristenfreundlich. Das hat geschichtliche Gründe: Im Krieg hat diese Region unendlich unter amerikanischen Bombenangriffen und nordvietnamesischen Militäraktionen gelitten – Wunden, die bis heute nicht verheilt sind. Dazu kam, dass ein großer Teil der Bergvölker der Region auf amerikanischer Seite gegen die Vietnamesen kämpfte. Der Abzug der GIs wurde als Verrat wahrgenommen; und die Bergvölker hatten der Rache der Vietnamesen wenig entgegenzusetzen.

Noch vor einigen Jahren kam es zu einer vergleichbaren Situation, als Teile der Bergbevölkerung über die Grenze nach Kambodscha flüchteten, wo sie hofften, von amerikanischen Hubschraubern ins Gelobte Land abgeholt zu werden – vergeblich: Es warteten Flüchtlingslager und die Rücksendung nach Vietnam, wo sie natürlich alles andere als mit offenen Armen empfangen wurden.

Insgesamt hält man hier also vom weißen Mann nicht allzu viel, aber die Situation beginnt sich zu entspannen. Tourgruppen-Reisende sind sowieso weitgehend von des Volkes Meinung abgeschirmt. Und Individualreisende können, soweit sie glaubhaft machen können, dass sie weder Amerikaner sind noch von der CIA oder einer christlichen Missionsgruppe geschickt wurden, noch ursprüngliche Erfahrungen machen in einem „touristischen Grenzgebiet", in dem die Bewegungsfreiheit allerdings weiterhin von der lokalen Touristenbehörde eingeschränkt wird.

Plei Ku ist, nachdem es im Krieg dem Erdboden gleichgemacht und in den 80er-Jahren mit sowjetischer Hilfe wieder aufgebaut wurde, keine schöne Stadt. Die Sehenswürdigkeiten beschränken sich auf zwei Museen, das wenig überraschende **Ho Chi Minh Museum**, gegenüber dem Plei Ku Hotel, ◷ Mo–Sa 7–11 und 13.30–16 Uhr, Eintritt frei, und das **Gia Lai Museum**, 28 Quang Trung, ◷ Mo–Fr 7–11 und 13.30–16 Uhr, Eintritt US$1, wo Fundstücke aus der Region ausgestellt werden; darunter eine Kollektion von Bronzegongs.

7 km nördlich der Stadt befindet sich der kreisrunde Vulkansee **Bien Ho**. Es ist das Lieblings-Ausflugsziel von Plei Kus Jugend, die sich, cool oder kichernd, an dem kleinen Pavillon trifft, der auf eine erhöhte Landzunge in den See hineingebaut ist und von dem aus man eine gute Rundumsicht hat.

Um dort hin zu gelangen, folgt man der Tran Hung Dao (später: Pham Van Dong) stadtauswärts nach Norden und biegt nach ungefähr 6 km an den Getränkeständen links ab; die Straße führt talwärts zum See.

Übernachtung

Die Hotelsituation in Plei Ku war lange Jahre wenig begeisternd. Seit der Eröffnung des Hoang An Gia Lai hat sich dies inzwischen dahingehend geändert, dass auch Reisende mit erhöhten Ansprüchen an Komfort Unterkunft finden. Englisch wird allerdings weiterhin längst nicht überall gesprochen.

Untere Preisklasse

Hung Vuong Hotel, 215 Hung Vuong, ✆ 059-824270, 📠 827170, ✉ hungvuonghotel@gialaitourist.com. Passable Zimmer mit AC, TV

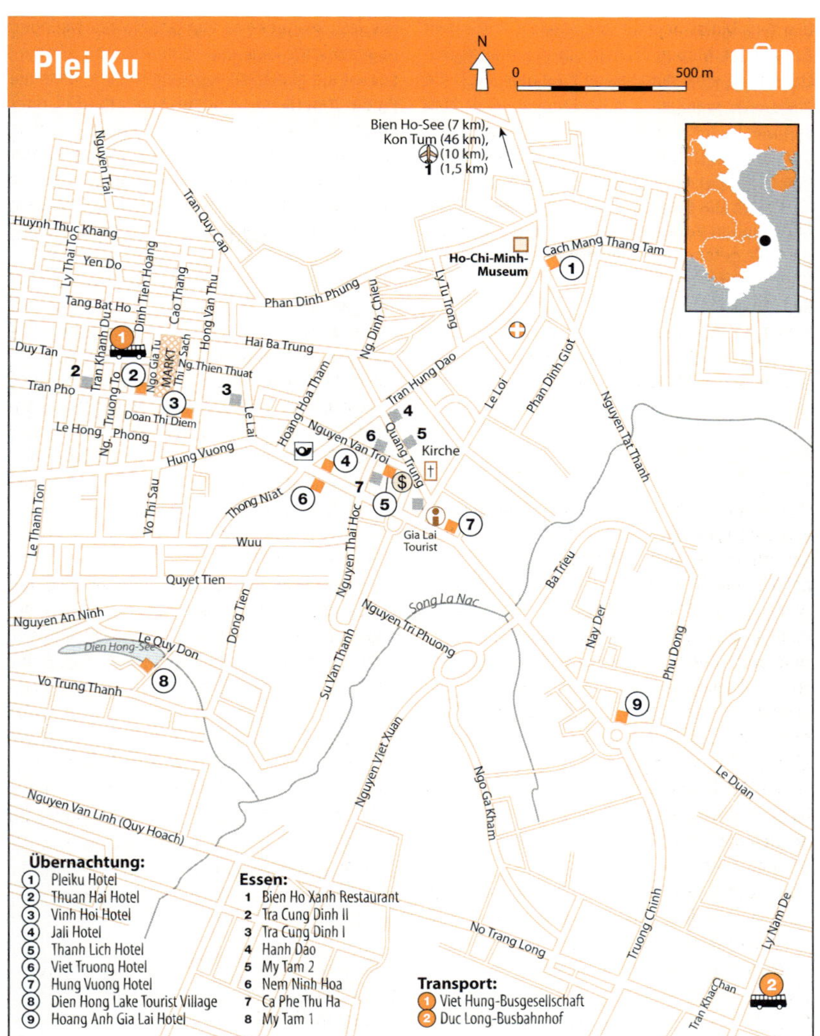

und heißem Wasser. Die Zimmer nach vorne raus wegen der belebten Straße besser meiden. ❷

Thanh Lich Hotel, 86 Nguyen Van Troi, ☏ 059-824674, 📠 828319, ✉ thanhlichhotel@gialaitourist.com. Recht kleine und nicht immer super-saubere AC- und Ventilator-Zimmer, alle mit TV und Warmwasser. Hilfsbereites englischsprachiges Personal. ❶–❷

Thuan Hai Hotel, 94-98 Tran Phu, ☏ 059-827690, 📠 830650. Die vielleicht preiswertesten Zimmer der Stadt (ohne eigenes Bad) liegen direkt in der belebten Marktgegend. In diesem Haus lohnt es sich, sich mehrere Räume in anzusehen. ❶

Viet Truong Hotel, 84 Hung Vuong, ✆ 059-824515, ℻ 897371, ✉ viettruongpleiku@yahoo.com.vn. Einfache, z. T. relativ große Zimmer, in denen die wenigen Möbel etwas verloren herumstehen. Nach vorne heraus 3 Zimmer mit Balkon zur belebten Straße. ❷

Vinh Hoi Hotel, 39 Tran Phu, ✆ 059-824644, ℻ 871637. Die frisch renovierten Zimmer präsentieren sich sauber und einladend. ❷

Mittlere Preisklasse

Ialy Hotel, 89 Hung Vuong, ✆ 059-824843, ℻ 827619, ✉ ialyhotel@dng.vnn.vn. Ordentliches Hotel in zentraler Lage mit 50 gepflegten Zimmern auf 5 Stockwerken (Aufzug). In der großzügigen Lobby stehen zwei Geldautomaten. ❷–❸

Dien Hong Lake Tourist Village, Ho Dien Hong, ✆ 059-716450, ℻ 716452, ✉ dienhonglake@gialaitourist.com. Ruhige Bungalowanlage am Ufer eines kleinen Sees; eine Alternative zu den Hotels der Stadt. Die AC-Bungalows sind recht komfortabel und verfügen über TV und Badewanne. ❷–❸

Pleiku Hotel, 124 Le Loi, ✆ 059-824628, ℻ 822151, ✉ pleikuhotel@gialaitourist.com. In die Jahre gekommenes Tourgruppen-Hotel in Staatsbesitz; alle Zimmer mit AC, TV und Badewanne, die teureren recht komfortabel. ❷–❹

Obere Preisklasse

Hoang Anh Gia Lai Hotel, 1 Phu Dong, ✆ 059-718459, ℻ 718457, ✉ gialaihotel@hoanganhhotelgroup.com, 💻 www.hoanganhotelgroup.com. Große Bettenburg mit 150 schicken Zimmern; definitiv die komfortabelste Unterkunft der Stadt. Saubere, hell eingerichtete Räume mit allen Annehmlichkeiten, dazu Sauna, Tennisplatz, Fitnessraum und zwei Restaurants mit vietnamesischer, chinesischer und westlicher Küche. Etwas abgelegen. ❺–❻

Essen

Wer in Plei Ku essen geht, ist hauptsächlich auf die lokale Küche angewiesen. Ausnahme: das Hotelrestaurant des Hoang Anh Gia Lai Hotel, wo es auch westliche Küche an ordentlich gedeckten Tischen gibt.

Beliebt bei Einheimischen sind:

Ca Phe Thu Ha, Nguyen Thai Hoc. Für die tägliche Dosis guten, starken Kaffees.

Bien Ho Xanh, 662 Pham Van Dong, ✆ 059-825596. Vor den Toren der Stadt liegt dieses schicke Ausflugsrestaurant, das gern bei festlichen Gelegenheiten besucht wird. In einer Gartenlandschaft mit Teich und Springbrunnen wird eine große Bandbreite an Gerichten serviert.

Hanh Dao, 20A Quang Trung, ✆ 059-827314. Eine gute Auswahl einfacher, preiswerter vietnamesischer Gerichte.

Nem Ninh Hoa, 80 Nguyen Van Troi. Hat leckere Frühlingsrollen zum Selbstdrehen.

My Tam 1, 3 Quang Trung, und **My Tam 2**, 6 Quang Trung, ✆ 059-824730. Zwei Lokale, die abends oft rappelvoll sind mit Gästen, die sich über die Brathähnchen hermachen.

Tra Cung Dinh I, 28 Tran Phu, ✆ 059-824834. Freundliches Teehaus, in dem auch kleine Snacks erhältlich sind. Eine weitere Niederlassung, **Cung Dinh II**, befindet sich in der 130 Tran Phu, ✆ 059-824835.

Sonstiges

Geld

Vietcombank, 33 Quang Trung, ✆ 059-828593, ✉ vcbgialai@vietcombank.cm.vn, wechselt Bargeld und Travellerschecks und gibt Bares gegen Kreditkarte. Viele Bankautomaten sind in der Stadt verteilt.

Informationen

Gialai Tourist, 02 Le Loi, ✆ 059-824645, ℻ 824891, ✉ info@gialaitourist.com, 💻 www.gialaitourist.com. Die staatliche Agentur hat in dieser Provinz das Monopol auf Touren in die Umgebung, was dazu führt, dass die angebotenen Ausflüge oft teurer sind als vergleichbare Touren in anderen Gegenden des Landes. Wer mit einem privaten Führer oder einer anderen Agentur die Provinz bereisen möchte, muss hier das erforderliche **Travel Permit** beantragen (lassen).

Internet
Mehrere Online-Shops sind im Zentrum verteilt; einer liegt neben dem Thanh Lich Hotel.

Medizinische Hilfe
Giai Lai General Hospital, Ton That Tung, ✆ 059-824125.

Post
Die Hauptpost befindet sich in der 69 Hung Vuong, ✆ 059-824011, ⌚ 7–21 Uhr.

Nahverkehr

Bei der Vermittlung von *xe om*-Fahrern können die Hotels behilflich sein. Mopeds für Selbstfahrer werden u. a. im Thanh Lich Hotel vermietet. Taxis der Gesellschaft Hung Nhan erreicht man unter ✆ 059-717171.

Transport

Busse
Vom **Duc Long-Busbahnhof**, der etwa 2,5 km südöstlich des Zentrums liegt, fahren ständig Busse nach KON TUM (18 000 Dong, 1 Std.) und BUON MA THUOT (40 000 Dong, 4 Std.), die sich auf den Weg machen, sobald sie voll sind. Nach QUI NHON an die Küste fahren zwischen 6 und 11.30 Uhr etwa stdl. Busse (40 000 Dong, 4 Std.). Nach DA LAT um 6.15 und 20 Uhr (98 000 Dong, 15 Std.). Auch Ho-Chi-Minh-Stadt und Ha Noi werden von hier aus angefahren: nach HA NOI 6 Busse zwischen 7 und 9 Uhr (205 000–280 000 Dong, 24 Std.), SAI GON etwa stdl. zwischen 6 und 20 Uhr (115 000–125 000 Dong, 12 Std.). Empfehlenswerter als die z. T. recht klapperigen lokalen Vehikel sind die 45-sitzigen Busse der Gesellschaft **Viet Hung**, die ein Büro am Busbahnhof, ✆ 059-824117, und eines in der Nähe des Marktes hat (77 Dinh Tien Hoang, ✆ 059-715785). Die Busse fahren um 7.30 Uhr nach HA NOI und um 20, 20.15 und 20.45 Uhr nach HO-CHI-MINH-STADT.

Flüge
Der Flughafen liegt etwa 10 km nördlich der Stadt. 2x tgl. nach HO-CHI-MINH-STADT (teils mit Zwischenstopp) und über DA NANG nach HA NOI. Von Da Nang kann man z. B. auch direkt nach HAI PHONG weiterfliegen. Die Abflugzeiten variieren je nach Wochentag. Aktuelle Abflugszeiten unter 💻 www.vietnamairlines.com.

Buon Ma Thuot

Buon Ma Thuot (190 000 Einw.) ist die Hauptstadt der Provinz Dak Lak, die einige landschaftliche Schönheiten und interessante, von kleinen Ethnien bewohnte Dörfer aufweist. Leider können bei Weitem nicht alle besucht werden, da das Verhältnis der Minderheiten zur Regierung nicht das beste ist: Zuletzt kam es 2004 zu Demonstrationen, und allein im Umland herumreisende Ausländer sind generell verdächtig, als Aufwiegler tätig zu sein... also keine Gegend, die es auf eigene Faust zu erkunden gilt. In Buon Ma Thuot selbst merkt man nichts von ausländerfeindlicher Stimmung. Die Stadt, die auch Ban Me Thuot genannt wird, hat selbst nicht allzu viele Attraktionen zu bieten, ist jedoch Durchreise- und Übernachtungsstopp auf vielen Hochland-Touren und Ausgangspunkt zu einigen Zielen in der Umgebung.

Der zentrale Punkt von Buon Ma Thuot ist das **Siegesmonument**, um den der Kreisverkehr braust. Viele Hotels, Restaurants und Cafés befinden sich in der Nähe, ebenso zwei Museen: Das **Revolutionsmuseum**, 1 Le Duan, ⌚ Mo–Fr 7.30–11 und 14.30–17 Uhr, Eintritt 10 000 Dong, dessen Besuch absolut verzichtbar ist, und das **Ethnografische Museum**, 182 Nguyen Du/ Y Nong, ⌚ Mo–Sa 7–11 und 14.30–17 Uhr, Eintritt 10 000 Dong, in dem Kleidung und Werkzeuge der ethnischen Minderheiten der Umgebung ausgestellt sind – immerhin auch in Englisch beschriftet. Das 1927 fertig gestellte Gebäude diente zuerst dem französischen Gouverneur und später Kaiser Bao Dai als Residenz. Es ist umgeben von einem 5 ha großen Park.

Ein längerer Spaziergang führt ins **Dorf Akho Dong**, das am Rande der Stadt einigen Angehörigen der ethnischen Minderheit der E De Heimat bietet. Es handelt sich eigentlich nur um einen Straßenzug, an dem sich etwa 30 Langhäuser befinden. Einige E De sind bereits in vietnamesische Betonhäuser umgezogen. Wer Glück hat, wird noch einige traditionelle Weber bei der Arbeit sehen.

Das Dorf befindet sich weniger als 2 km vom Zentrum entfernt. Vom Siegesdenkmal aus folgt man der Phan Chu Trinh nach Nordosten und biegt nach etwa 800 m in die Nguyen Dinh Chieu ab. Die Straße führt in einem Bogen als Tran Nhat Duat auf die Phan Chu Trinh zurück. Die Tour lässt sich gut mit einem Abstecher in das Po Lang Café verbinden.

Absolutes Highlight in der Stadt ist der **Kaffee** – zweifellos der beste in Vietnam und für alle, die den vietnamesischen Kaffee besonders schätzen, einer der besten der Welt. Ein Besuch in einem der vielen Kaffeehäuser ist ein Muss, aber Vorsicht bei der Dosierung: Der Kaffee hier ist nicht nur sehr aromatisch, sondern auch besonders stark. Die Cafés sind immer auch Orte der Kommunikation: Individualtouristen, die ohne einheimischen Führer unterwegs sind, werden neugierig beäugt – so entwickeln sich schnell Gespräche.

Angebaut wird die Kaffeepflanze in der gesamten Provinz und in den Nachbarprovinzen Gia Lai (Hauptstadt: Plei Ku) und Dak Nong (Hauptstadt: Gia Nghia). Zwei Sorten der edlen Bohne sind verbreitet: *Arabica* (wächst an kleineren) und *Robusta* (wächst an größeren Bäumen). Die Erntezeit dauert vom Tet-Fest Ende Januar bis in den Juli.

Übernachtung

Untere Preisklasse

Duy Hoang Hotel, 30 Ly Thuong Kiet, ✆ / ℻ 0500-858020. Wer aufs Geld schauen muss, kommt hier sehr preiswert in einem der Ventilator-Zimmer mit Gemeinschaftsbad unter. Etwas teurer die Räume mit AC, TV und Kühlschrank. ❶

Thanh Cong Hotel, 51 Ly Thuong Kiet, ✆ 0500-858243, ℻ 858728, ✉ daklaktour@dng.vnn.vn. Nicht mehr ganz neue Zimmer mit AC, TV und Kühlschrank; Frühstück inbegriffen. ❷

Thanh Binh Hotel, 24 Ly Thuong Kiet, ✆ 0500-853812, ℻ 811511. Zum Teil recht große Zimmer in zentraler Lage. Auch Vierer-Zimmer vorhanden. Im 1. Stock befindet sich eine Reiseagentur. ❶–❷

Thanh Phat Hotel, 41 Ly Thuong Kiet, ✆ 0500-854857, ℻ 813366. Recht preiswert, doch nur die größeren Zimmer sind einigermaßen einladend. ❶

Mittlere Preisklasse

Bach Ma (White Horse), 9-11 Nguyen Duc Canh, ✆ 0500-815656, ℻ 815588, ✉ whitehorsetours@dng.vn.vn, 💻 www.bachma.com.vn. Gutes, gepflegtes Hotel mit 58 Zimmern, Pool, Karaoke und Massage. ❷–❹

Damsan Hotel, 212-214 Nguyen Cong Tru, ✆ 0500-851234, ℻ 852309, ✉ damsanhotel@dng.vnn.vn, 💻 www.damsan.com.vn. Etwas abseits des Zentrums gelegen, bietet dieses ruhige, empfehlenswerte Hotel einladende, saubere Zimmer, ein gutes Restaurant, einen Swimmingpool und einen Tennisplatz. Frühstück inkl., die teureren Zimmer mit ADSL-Internetverbindung. ❸–❹

Thang Loi (La Victoire), 1 Phan Chu Trinh, ✆ 0500-857615, 857622. Das staatliche Hotel gegenüber dem Siegesdenkmal zählt zu den besseren der Stadt. Sehr zentrale Lage, Frühstück inkl. ❹

Essen

Restaurants

Bon Trieu, 28A Hai Ba Trung. Das preiswerte kleine Restaurant ist bekannt für seine Rindfleisch-Variationen und hat eine englische Speisekarte mit einigen westlichen Gerichten.

Damsan Hotel-Restaurant, 212-214 Ngyen Cong Tru. Hier sind auch Nicht-Gäste willkommen. Eine englische Speisekarte und englischsprachiges Personal vereinfachen Auswahl und Bestellung, und die Geldbörse wird nicht über Gebühr beansprucht.

Quan Ngon, 72-74 Ba Trieu, ✆ 0500-851909. Großes vietnamesisches Restaurant mit Gartenbereich und vielfältiger Speisenauswahl. Beliebt nicht nur wegen des Ambientes und der Qualität, sondern auch wegen der Reiswein-Spezialitäten: Neben Schlangen-, Ratten- und Vogel-Schnaps gibt es hier sogar eine eingelegte Katze.

Thanh Cong Hotel-Restaurant, 51 Ly Thuong Kiet. Sonntags lockt ein tolles, preiswertes Frühstücksbuffet (25 000 Dong) mit leckeren lokalen Spezialitäten, das man sich nicht entgehen lassen sollte. Auch Nicht-Gäste sind willkommen. 🕓 6–9 Uhr

Thanh Loan, Ly Thuong Kiet. Eines von mehreren guten *nem*-Restaurants in dieser Straße: Die leckeren Frühlingsrollen werden in Einzelteilen serviert und vom Kunden selbst nach Geschmack zusammengerollt. In die Erdnusssoße dippen – köstlich. Ein preiswertes, sättigendes Ess-Vergnügen.

Cafés

50A Café, 50A No Trang Long. Zentral gelegenes Café mit starkem Kaffee, lauter Musik und niemals langweiligem Ausblick auf die belebte Straße – eher unterhaltend als erholsam. Nebenan das ähnliche **Café 54**.

Po Lang Café, 26D Tran Khanh Du, ✆ 0500-953322. Aufwendig dekoriertes Café im Langhaus-Stil auf zwei Stockwerken. Etwas abseits gelegen, aber das Ambiente und der gute Kaffee lohnen den Weg. Auch andere Getränke und kleine Snacks im Angebot.

Y Niem Club, 37 Le Thanh Tong, ✆ 0500-853980. Tagsüber Café, abends Bar und Nachtclub: Hier ist immer viel los. Oft auch Live-Musik. WIFI-Zone.

Bäckereien

Banh Mi Hanoi, 123-125 Le Hong Phuong und 55 Le Thanh Tong. Gut für einen Snack zwischendurch oder um die Vorräte für die nächste Reiseetappe aufzufüllen.

Kneipen

Eine Reihe billiger *bia hoi*-Läden findet sich an der Kreuzung Mac Thi Buoi / Phan Boi Chau. Meist dauert es nicht lange bis zum ersten „Hello, you!" vom Nachbartisch.

Sonstiges

Geld

Vietcombank, 6 Tran Hung Dao, ✆ 0500-855039, 📠 855038, ⏲ werktags 7.30–11 und 13.30–16.30 Uhr. Wechselt Devisen (auch Euro) und Traveller-Schecks. Ein Automat dieser Bank befindet sich nahe dem Siegesdenkmal. Die **Agribank**, 40 Quang Trung, ✆ 0500-852781, 📠 859867, ⏲ werktags 7.30–11 und 13.30–18 Uhr, wechselt ausschließlich US$.

Informationen und Touren

Dak Lak Tourist, 3 Phan Chu Trinh, ✆ 0500-852108, 📠 852865, 💻 www.daklaktourist.com. Die staatliche Touristen-Agentur dieser Provinz. ⏲ 7.30–11 und 13.30–17 Uhr.

Dam San Tours, 212 Nguyen Cong Tru, ✆ 0500-638456, ✉ damsantour@dng.vn.vnn. Im gleichnamigen Hotel; Standardtouren zu den Wasserfällen etc.; englisch- und französischsprachige Guides.

Vietnam Highland Travel, 24 Ly Thuong Kiet im 1. Stock des Thanh Binh Hotel, ✆ 0500-855009, 📠 854525, 💻 www.vietnamhighlandtravel.com.vn, bietet Touren in die Umgebung an; von der City-Tour bis zum mehrtägigen Ausflug ins Hochland.

Internet

Ein paar Internet-Shops befinden sich entlang der Hong Phong. Oft sind alle Plätze von Online-Game-Spielern besetzt.

Medizinische Hilfe

General Hospital (Ben Vien Da Khoa Tinh), 2 Mai Hac De, ✆ 0500-853953, 0955-917375.

Post

6 Le Duan, ✆ 0500-811270, ⏲ 6.30–21 Uhr.

Transport

Busse

Der Busbahnhof befindet sich 3 km östlich des Zentrums an der Ausfallstraße nach Plei Ku und Kon Tum. Mehrere Busgesellschaften operieren von hier aus.

Mai Linh Express, ✆ 0500-877078, schickt seine grünen Sprinter um 7, 9, 14 und 16 Uhr nach DA LAT (65 000 Dong, knapp 5 Std.), DA NANG um 16, 17 und 17.30 Uhr (135 000 Dong, etwa 6 Std.) und NHA TRANG um 9, 9.45, 15 und 15.45 Uhr (60 000 Dong, etwa 4 Std.). Die Hauptniederlassung der Gesellschaft befindet sich in der Nguyen Tat Thanh.

Die **Dak Lak Bus Company**, ✆ 0500-876833, fährt 9x tgl. zwischen 5.30 und 11.30 Uhr nach DA NANG und hat Tickets in unterschiedlichen Klassen: 1. Klasse 217 000 Dong, 2. Klasse 150 000 Dong. HUE 7x tgl. zwischen 5 und 16 Uhr, 249 000 bzw. 146 000 Dong, KON TUM 7 und 8 Uhr, 80 000 bzw. 56 000 Dong, NHA TRANG 13x tgl. zwischen 6 und 16 Uhr, 84 000 bzw. 56 000 Dong, PLEI KU 11x tgl. zwischen 5.30 und 15.30 Uhr, 64 000 bzw. 43 000 Dong.

Wer direkt nach SAI GON möchte, fährt am besten mit dem **Rang Dong Bus Service**, ✆ 0500-818222, 0915-111111. Die recht bequemen AC-Busse starten um 9, 11, 13, 14.30, 21 und 22 Uhr, kosten 120 000 (16-Sitzer) bzw. 100 000 Dong (45-Sitzer) und benötigen an die 8 Std. Das Büro befindet sich in der Le Duan direkt südlich der Post – Anruf genügt, und man wird am Hotel abgeholt.

Mehrere weitere private Kleinbus-Gesellschaften haben ihre Büros und Abfahrtsstellen an der Nguyen Van Cu, der Ausfallstraße nach Nha Trang. Nach DA LAT fährt z. B. **Tuan Anh**, 31 Nguyen Van Cu, ✆ 0500-866144, etwa alle 2 Std. für 70 000 Dong. Die Fahrt dauert ungefähr 5 Std.

Die Erfahrung zeigt, dass in dieser Gegend Ausländer in privaten Kleinbussen oft mehr zahlen als Einheimische. Das kann deutlich über den üblichen Dollar Gepäckzuschlag hinausgehen. Es gilt: Erst handeln, dann einsteigen!

Flüge

Der Flughafen befindet sich 5 km südöstlich an der Nguyen Luong Bang. Mit dem *xe om* sollte die Anfahrt etwa 50 000, mit dem Taxi etwa 100 000 Dong kosten.

Vietnam Airlines, 19 No Trang Long, ✆ 0500-954442, 📠 852591, 🕓 werktags 7.30–11 und 13.30–16.30 Uhr, Sa 8–11 und 13.30–16 Uhr, fliegt tgl. nach HO-CHI-MINH-STADT und alle 2 Tage nach DA NANG, wo Anschluss nach HA NOI besteht. Aktuelle Abflugszeiten unter 💻 www.vietnamairlines.com.

Die Umgebung von Buon Ma Thuot

Buon Don

Das E De-Dorf Buon Don (auch: Ban Don) am Serepok-Fluss am Rand des Yok Don-Nationalparks, 42 km von Buon Ma Thuot, ist das wohl meistbesuchte Minderheiten-Dorf dieser Gegend. Es wirkt ein bisschen wie ein ethnologisches Disneyland: Die traditionellen Langhäuser sind voller Souvenirs, und sobald eine Tourgruppe kommt, beginnen einige Bewohner damit, Musik auf traditionellen Instrumenten zu spielen. Angeboten werden auch Elefantenritte, die eine Flussüberquerung beinhalten (300 000 Dong pro Stunde, ein Elefant kann zwei Touristen tragen). Abends wird das Reisweinfass geöffnet, und wer möchte, kann im Anschluss an die Zecherei in einer kleinen Hütte mit Matratze und Moskitonetz übernachten (US$5).

Das Volk der E De hat einen besonderen Ruf als Elefantenjäger und -bändiger. Zu den Sehenswürdigkeiten in Ban Don zählt daher das **Grab des Königs der Elefantenjäger**. Ein Stammesführer namens N'Thu Knul fing und zähmte im Laufe seines Lebens hunderte Elefanten. Im Jahre 1861 gelang es ihm, einen weißen Elefanten aufzuspüren. Er brachte ihm dem König von Thailand als Geschenk dar, und der dankte ihm dafür mit dem Titel „Khunjunob" – König der Elefantenjäger. Nach seinem Tod 1939 wurde er in einem aufwendigen Grab im Stil der M'Nong bestattet.

Wer auf eigene Faust nach Buon Don fahren möchte, folgt der Phan Boi Chau stadtauswärts nach Westen und orientiert sich an den Schildern zum Yok Don-Nationalpark. Etwa 4 km vor Erreichen des Parks zweigt die Straße nach Buon Don ab (Wegweiser: „Ban Don, 800 m"). Von dort sind es etwa 1,5 km bis zum Dorf.

Yok Don-Nationalpark

Der Yok Don-Nationalpark (Vuon Quoc Gia Yok Don) liegt 40 km westlich von Buon Ma Thuot. Er ist die Heimat von Wildrindern und frei lebenden Elefanten, Hirschen, Pfauen, großen Waranen und etwa 200 Vogelarten. Viele Pfade durchziehen den Park und laden zu Wanderungen ein. Wer tiefer eindringen will, kann hier campen, sollte aber sein eigenes Zelt dabei haben.

Ein Besuch des Parks wird am besten von Buon Ma Thuot aus organisiert, was inklusive Anreise etwa US$50–60 am Tag kostet. Wer auf eigene Faust kommt, zahlt für einen Guide etwa 300 000 Dong am Tag – doch nicht immer sind Führer am Parkeingang verfügbar. Ohne Guide kann der Park nicht betreten werden.

Übernachtungsmöglichkeiten gibt es beim Hauptquartier, ✆ 0500-853110: Einfache Doppelzimmer mit kaltem Wasser; ❶. Die **Verpflegung** für Treks muss man selbst mitbringen. Ein Restaurant befindet sich in Ban Don.

Für die **Anreise** folgt man der Phan Boi Chau stadtauswärts nach Westen. Nach 40 km ist der Park erreicht. Nicht vom alten Schild 6 km südlich des Haupteingangs verwirren lassen. Wer an einer der Straßengabelungen nicht 1000 % sicher ist, welches der richtige Weg ist, fragt am besten einen Einheimischen. Der Eintritt in den Park beträgt 3000 Dong.

Dray Sap-Wasserfall

Der **Dray Sap-Wasserfall** ist eines der eindrucksvollsten Naturspektakel der Region. Offiziell gehört er schon zur von Dak Lak abgespalteten neuen Provinz Dak Nong, doch ein Besuch gestaltet sich von Buon Ma Thuot aus am einfachsten. Besonders beeindruckend ist der Wasserfall gegen Ende der Regenzeit im September / Oktober, doch auch in der Trockenzeit führt der Fluss noch Wasser, und der breite Wasserfall gibt an mehreren Stellen die Sicht frei auf die Abbruchkante, die wie eine riesige flache Steinplatte wirkt. Vom Parkplatz, an dem es auch ein kleines Restaurant und eine einfache Unterkunft gibt, führt ein etwa 2 km langer Weg am Fluss entlang zum Wasserfall. Unterwegs passiert man eine Hängebrücke, die zum etwas weniger beeindruckenden Schwesterfall **Dray Nur** führt. Bei vietnamesischen Besuchern sind Picknicks auf den Steinen am Ufer des Flusses beliebt, unschwer zu erkennen am zurückgelassenen Plastikmüll. Am rechten Rand des Wasserfalls führt ein Weg empor, und in der Trockenzeit ist es möglich, ziemlich nah an die Kante heranzugehen – aber keine Experimente bitte! Gut markierte Wanderwege führen in die umliegenden Waldgebiete, in denen einige große Bäume zu finden sind.

Echte Wasserfall-Fans, die mit einem Fahrer unterwegs sind, können darüber hinaus die nahe gelegenen Fälle **Gia Long** und **Trinh Nu** besuchen.

Für die Anreise mit öffentlichen Verkehrsmitteln nimmt man einen der blau-weißen Busse Richtung Dak Nong / Gia Nghia. Nach 22 km auf der N14 lässt man sich am Abzweig nach Dray Sap absetzen. Von hier sind es noch 5 km, für die man auf ein *xe om* zurückgreifen sollte. Für den Rückweg oder die Weiterreise nach Gia Nghia begibt man sich zurück auf die N14 und wartet an einer der Bushaltestellen unweit des Abzweigs oder versucht es mit Heranwinken.

10 HIGHLIGHT

Der Lak-See

Der friedliche Lak-See, der mit seinen 500 ha Fläche der zweitgrößte des Landes ist, war schon ein Ausflugsziel für Vietnams letzten Kaiser Bao Dai, der bis in die 1950er-Jahre in den Wäldern der Umgebung Tiger und Elefanten jagte. Heute sind die Tiger verschwunden und die Elefanten gezähmt: Brav gehen sie zur Arbeit und tragen Touristen durch die Reisfelder und Hügel, die den See umgeben.

Direkt am See liegt die kleine Siedlung **Lien Son**. Auf einem Hügel oberhalb der Stadt ließ sich Kaiser Bao Dai seinerzeit ein modernes Jagdschlösschen errichten – heute ein kleines Hotel. Am Rande des Örtchens schließt sich das Dorf **Jun** an. Hier leben Angehörige der ethnischen Minderheit der **M'Nong**, von denen es etwa 10 000 im Distrikt gibt. Die M'Nong haben ihre eigene Sprache und Kultur. Die Gesellschaft ist matriarchalisch: Die Frauen entscheiden, welchen Mann sie heiraten, und bauen selber das Haus, in das der Erwählte dann einziehen darf. Bei allen wichtigen Entscheidungen scheint die Frau das Sagen zu haben. Und die Männer? Die trinken Reiswein und machen Musik. Eine entsprechende Show gehört zum Standardprogramm vieler Touranbieter und Guides. Benutzt werden viele Arten Bambusinstrumente und Bronzegongs. Das Geschepper der Letzteren ist nicht jedermanns Sache; Freunde selten zu hörender Musik kommen dagegen auf ihre Kosten.

Bei den Bewohnern von Jun handelt es sich um M'Nong Rlam, die im Gegensatz zu den M'Nong Gar in auf Stelzen gebauten Langhäusern leben. Die Bambus-Stroh-Konstruktion ruht auf Holzpfeilern – kein einziger Nagel ist beim Bau nötig. Heutzutage sind allerdings schon die ersten Beton-Langhäuser zu sehen. Das Dorf Jun wird relativ viel von Touristen besucht, und so gibt es ein Restaurant, Souvenirs etc. Hier ist auch der Startpunkt für Elefantenritte (Abmarsch bis spätestens 15 Uhr, 300 000 Dong pro Elefant

Weintrink-Zeremonie am Totempfahl

Die Weintrink-Zeremonie ist ein altes Freundschaftsritual der M'Nong, dem man sich nicht entziehen sollte, wenn man eingeladen wird. Wenn der Abend von einer Agentur oder einem verlässlichen Guide organisiert wird, kommt es kaum zu größeren Gelagen; meist darf jeder Anwesende ein- bis zweimal nippen, dann ist die Freundschaft besiegelt. Die Zeremonie findet am Totempfahl statt. Dessen Dekor versinnbildlicht den Kosmos der M'Nong (von unten nach oben):

1. Bambusblüten: die alles gebende Natur, 2. Ofen mit aufgesetztem Topf: gute Ernte, genug zu Essen, 3. vier Einbaum-Kanus: Kommunikation und Reisen, 4. ein Fass Reiswein: Freundschaft, 5. Adler: Freiheit und Kraft, 6. Bananenblüte: Fruchtbarkeit und Bevölkerungswachstum.

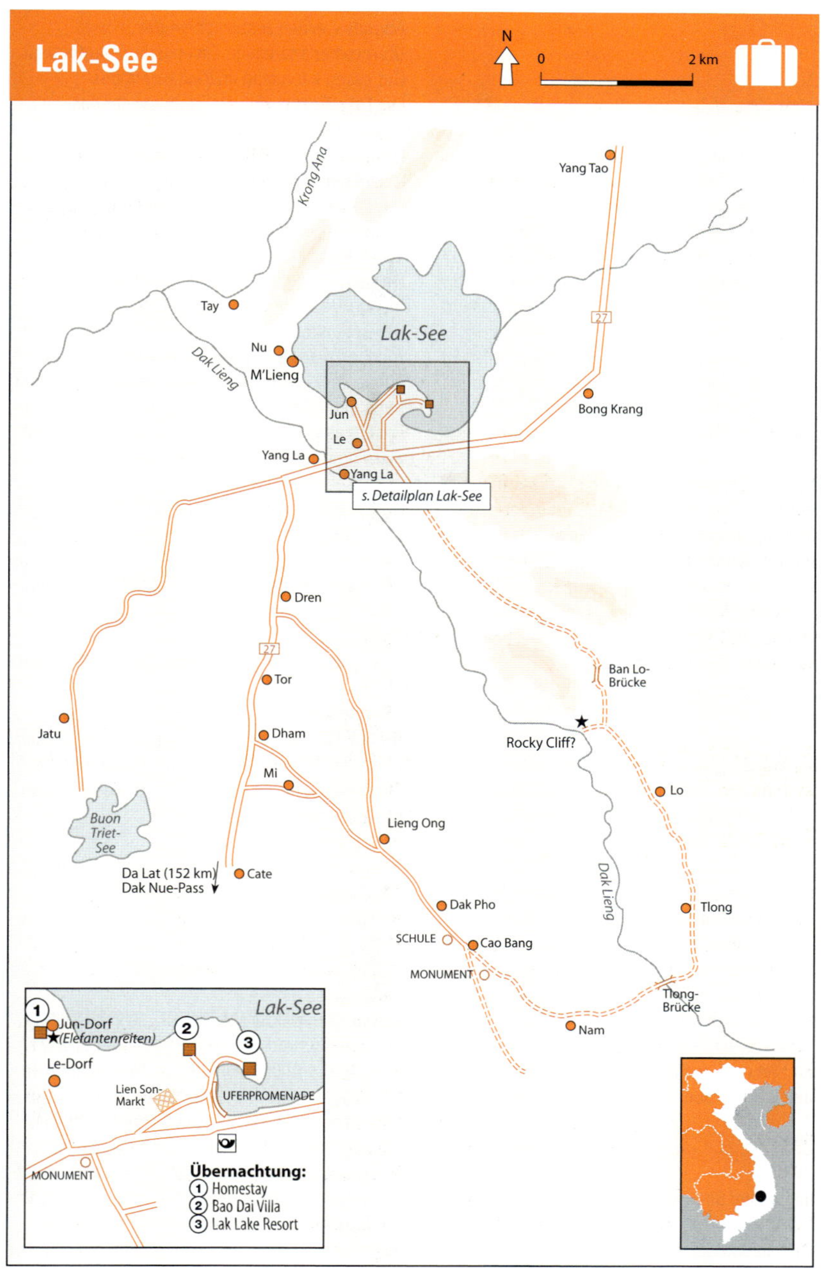
Lak-See
N
0
2 km
Krong Ana
Yang Tao
Tay
Lak-See
27
Nu
M'Lieng
Dak Lieng
Jun
Bong Krang
Le
Yang La
Yang La
s. Detailplan Lak-See
Dren
27
Tor
Ban Lo-
Brücke
Jatu
Dham
Rocky Cliff?
Mi
Lo
Buon
Triet-
See
Lieng Ong
Da Lat (152 km)
Dak Nue-Pass
Cate
Dak Lieng
Dak Pho
Tlong
SCHULE
Cao Bang
MONUMENT
Tlong-
Brücke
Nam
Lak-See
1
Jun-Dorf
(Elefantenreiten)
2
3
Le-Dorf
Lien Son-
Markt
UFERPROMENADE
MONUMENT
Übernachtung:
1 Homestay
2 Bao Dai Villa
3 Lak Lake Resort

Im Bett des letzten Kaisers schlafen

Bao Dai Villa, Lien Son, ✆ 0500-586767, ✆ 586184, ✉ laklaketourist@daklaktourist.com.vn. Einmal leben wie ein Kaiser: Das ist in diesem Jagdhaus des letzten Kaisers von Vietnam, Bao Dai, möglich. Ruhig auf einem kleinen Hügel gelegen, sind die weitgehend im Originalzustand belassenen Privatgemächer des Kaisers eine tolle Alternative zu den üblichen Hotel-Unterkünften. Wer Glück hat (oder lange genug vorbucht), kann sogar in des Kaisers Bett schlafen: Vom „King Room" aus hat man außerdem eine fantastische Aussicht über den See und die Stadt. ❷–❹

und Stunde). Die Tour führt meist über einen flachen Teil des Sees ins gegenüberliegende Fischer- und Bauerndorf **M'Lieng**. Wer eine Tour mit dem **Fahrrad** oder **Moped** unternehmen will, kann auf eigene Faust die Gegend südlich des Sees erkunden. Die schöne Landschaft mit ihren freundlichen Bewohnern lädt zum Wandern und Radfahren geradezu ein.

Übernachtung

Die Auswahl an Unterkünften am See ist begrenzt, aber dafür sind diese sehr vielseitig.
Lak Lake Resort, Lien Son, ✆ 0500-586184, ✆ 586343, ✉ laklake@daklaktourist.com. Dieses hübsche Resort am Ufer des Lak-Sees hat ganz unterschiedliche Unterkünfte: Billige Schlafplätze im Langhaus, einfache Zimmer (ohne TV) im Gästehaus und gut ausgestattete neue Bungalows mit viel Platz und Seeblick. Ein Pool und ein gutes Restaurant machen das Angebot komplett. ❶–❸
Homestay ist möglich im Jun-Dorf: Hier übernachtet man in den Langhäusern der Einheimischen. Vorbuchung über Daklak Tourist. ❶

Essen

Neben den üblichen *com*-Shops in der Nähe des Marktes hat das kleine Lien Son nicht allzu viele kulinarische Alternativen zu bieten. Abends werden zusätzlich an der Uferpromenade einige Essensstände aufgebaut.
Gut essen kann man im Restaurant des **Lak Lake Resort**, das als „schwimmendes Restaurant" in den See hineingebaut ist. So kann man sich beim Essen an der schönen Aussicht auf das mit Lotos bewachsene Gewässer erfreuen. Vorsicht: Die steilen Stufen an der Holzbrücke können recht glatt sein.
Das Restaurant der **Bao Dai Villa** serviert eine kleine Auswahl vietnamesischer Gerichte.
Im Jun-Dorf gibt es eine leichte und erfrischende **Zwischenmahlzeit: *Dau Hu***, frischen warmen Sojabohnenquark, über den etwas Zucker-Ingwer-Wasser gegossen wird – nach einer Dame mit einer runden Frischhaltebox für den Quark und einer eckigen Kiste fürs Geschirr Ausschau halten.

Sonstiges

Fahrräder
Gibt es im **Lak Lake Resort** für 40 000 Dong/Tag.

Geld
Kein Geldautomat, also genug Bares mitbringen!

Informationen
Daklak Tourist, Lak Lake Resort, ✆ 0500-586550, ✉ laklake@daklaktourist.com.vn. Die örtliche Tourismusbehörde regelt sämtliche Buchungen und Reservierungen.

Post
Das kleine Postamt von Lien Son liegt an der N27 in der Nähe des Sees.

Transport

Busse nach BUON MA THUOT (50 km, 10 000 Dong) verkehren den ganzen Tag über in etwa stündlichen Abständen. Am besten hält man an der Straße in der Nähe des Marktes Ausschau nach einem der blauweißen Gefährte, die sich mit der Handfläche nach unten heranwinken lassen. Auch DA LAT (150 km, 30 00 Dong) wird mehrfach am Tag angefahren.
Ein **Moped** zum Lak-See kostet von Buon Ma Thuot etwa US$20, ein **Taxi** US$50.

Die einst wilden Elefanten am Lak-See tragen heute brav die Touristen durch die Gegend

Gia Nghia

Das kleine, über ein paar Hügel verstreut liegende Gia Nghia war viele Jahre lang ein verschlafenes Nest am Ende der Welt. Seit Schaffung der neuen Provinz Dank Nong, die von Dak Lak abgetrennt wurde, ist es stolze Provinzhauptstadt – und immer noch ziemlich verschlafen. Es wird noch einige Zeit dauern, bis sich das ändert. Nur für das vietnamesische Militär ist die Stadt von großer Bedeutung: Die Armee hat sich auf einem Hügel südlich des Zentrums ein großes, festungsähnliches Hauptquartier errichtet.

Westliche Touristen sind bisher eine absolute Rarität in Gia Nghia: Man kann sicher sein, viele neugierige Blicke auf sich zu ziehen. Die Menschen sind freundlich und unaufdringlich. Fast niemand spricht Englisch, und so hat man, obgleich Mittelpunkt des Interesses, weitgehend seine Ruhe.

Das fordert allerdings auch Einsatz: Ohne Gebrauch eines Sprachführers ist man hier ziemlich hilflos, und es gibt weder Guides noch Tourveranstalter, die Ausflüge in die Umgebung anbieten. Mit ein wenig Überredungskunst kann man sich vielleicht ein Moped mieten, sollte aber dann wiederum nicht allzu weit aus der Stadt herausfahren: Wer auf eigene Faust diese politisch und militärisch etwas brisante Provinz an der Grenze zu Kambodscha erkunden will und dabei von der Polizei erwischt wird, muss sich darauf gefasst machen, im besten Fall zurückgeschickt, im schlimmsten Fall mitgenommen und verhört zu werden.

Wer sich von all dem nicht abschrecken lässt, findet in Gia Nghia ein Vietnam, das es woanders schon längst nicht mehr gibt: Keine Touristen, keine Tourbusse, keine Pancakes, sondern eine freundliche, aufstrebende kleine Stadt am Ende der Welt, die darauf wartet, entdeckt zu werden.

Übernachtung

Die Unterkünfte in der neuen Provinzhauptstadt richten sich nicht in erster Linie an westliche Touristen: Es wird so gut wie gar kein Englisch gesprochen.

Untere Preisklasse

Hoang Gia, 4-5 Quang Trung, ✆ 0501-545088, 📠 543088. Lokales Gästehaus (Nha Nghi) mit etwas beengten Zimmern unweit des Zentrums. ❶

Son Lam, 13 Hung Vuong, ✆ 0501-543203. Sehr zentral gelegenes Gästehaus (Nha Nghi) mit gutem Preis-Leistungs-Verhältnis und AC, TV und Kühlschrank in den nicht zu kleinen Zimmern. ❶

Sunrise, Dien Bien Phu, ✆ 0501-544665, 📠 546345. Neues Hotel mit gut ausgestatteten Zimmern abseits des Zentrums. ❶–❷

Tuong Vy, Khoi 7, No Trang Long, ✆ 0914-160098. Saubere, preiswerte Zimmer mit AC, TV und Kühlschrank in diesem kleinen privaten Gästehaus nahe der Militärbasis. ❶

Mittlere Preisklasse

Daknong Lodge Resort, Khoi 7, Phuong Nghia Trung, ✆ 0501-546200, 📠 546201, 💻 www.daknonglodge.com. Etwas abgelegenes, an einem kleinen See platziertes großes Resort-Hotel mit hundert neu eingerichteten, sehr geräumigen Zimmern. Am Wochenende oft Ziel vergnügungssüchtiger Großstädter aus Ho-Chi-Minh-Stadt. Einziges Haus mit englischsprachigen Fernsehkanälen in der Stadt. An der Rezeption wird etwas Englisch gesprochen, im Restaurant allerdings nicht. ❷–❸

Essen

In Gia Nghia finden sich ausschließlich einheimische Restaurants und keinerlei englische Speisekarten. Wer preiswert satt werden möchte, begibt sich zu einem der vielen Marktstände oder in eines der kleinen Restaurants, die sich in der Nähe des Marktes angesiedelt haben.

Einheimische oder Besucher, die sich etwas leisten wollen, gehen entweder ins **Hoang Anh**, 20 Nguyen Van Troi, ✆ 0501-544678, oder ins auf Wildgerichte spezialisierte **Hai Duong**, Le Thanh Ton, ✆ 0501-544988, das über eine schöne Gartenanlage verfügt und als das beste Restaurant der Stadt gilt.

Wer in der Daknong Lodge abgestiegen ist, kann in der 50 m entfernten **Xanh Coffee Bar** am Seeufer bei einem guten Kaffee über den Lauf der Welt sinnieren. Einige weitere gute Cafés finden sich in der Duong Mo The und der Quang Trung.

Sonstiges

Geld

Die Geldautomaten dieser Stadt sind nur mit lokalen Bankkonten zu gebrauchen, und selbst die größte Bank der Stadt, die **Agribank**, Tran Hung Dao, ✆ 0501-543164, 📠 544610, wechselt bisher weder ausländische Währung noch Travellerschecks. Wer Geld wechseln muss, wende sich an die Goldhändler am Markt.

Internet

Einige Internetshops sind im Zentrum verteilt, einer davon liegt gegenüber dem Son Lam Guesthouse.

Post

Ein Postamt befindet sich schräg gegenüber der Agribank.

Nahverkehr

Die wenigen *xe om*-Fahrer versammeln sich am Busbahnhof, wenn ein Bus aus Ho-Chi-Minh-Stadt erwartet wird. Ansonsten sind sie im Straßenverkehr kaum auszumachen. Moped-Vermietungen gibt es offiziell nicht, aber für eine Handvoll Dollar findet sich sicher jemand, der einem sein Zweirad für einen halben oder ganzen Tag überlässt.

Transport

Am Busbahnhof starten **Busse** nach BUON MA THUOT (50 000 Dong, 2 Std.) und

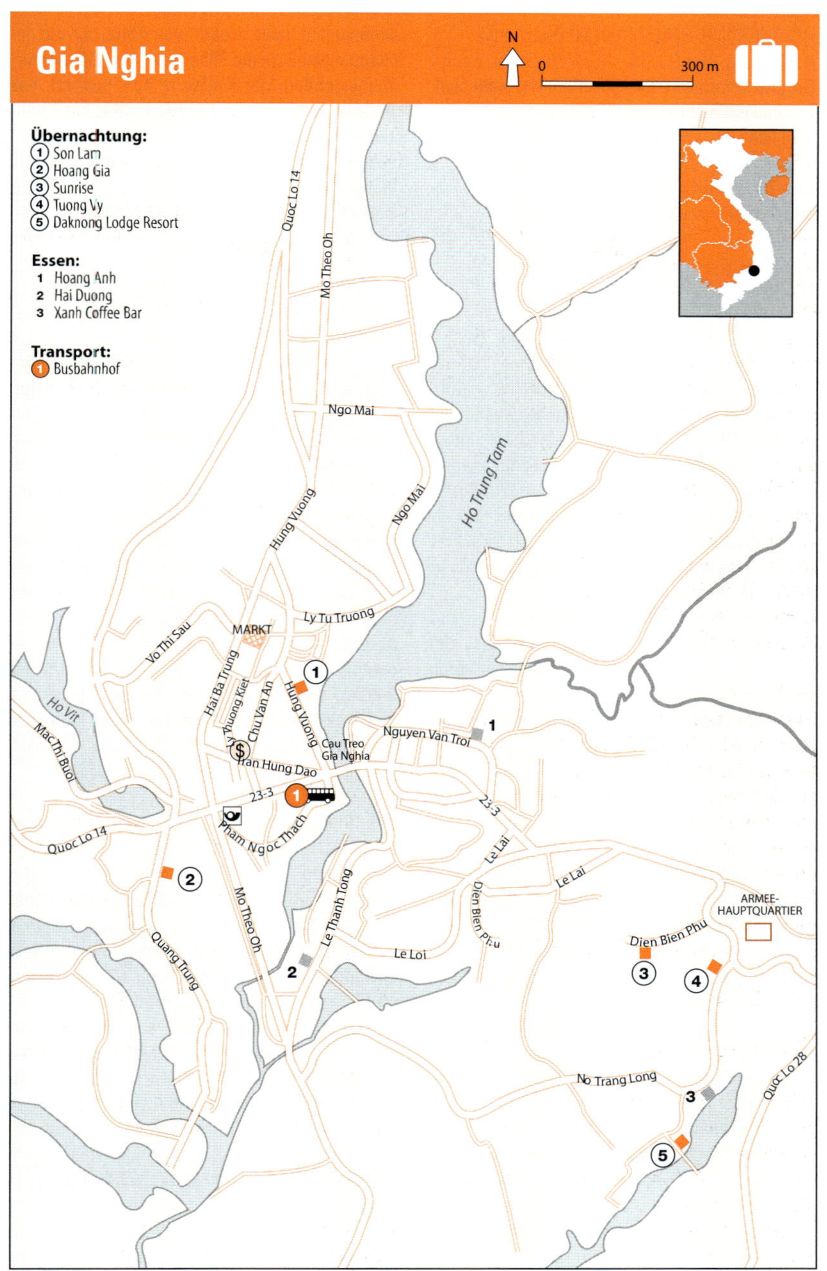

Gia Nghia
N
0
300 m
Übernachtung:
1 Son Lam
2 Hoang Gia
3 Sunrise
4 Tuong Vy
5 Daknong Lodge Resort
Essen:
1 Hoang Anh
2 Hai Duong
3 Xanh Coffee Bar
Transport:
1 Busbahnhof
Quoc Lo 14
Mo Theo Oh
Ngo Mai
Ho Trung Tam
Hung Vuong
Ly Tu Truong
MARKT
Vo Thi Sau
Hai Ba Trung
Ly Thuong Kiet
Chu Van An
Ho Vit
Mac Thi Buoi
Nguyen Van Troi
Cau Treo
Gia Nghia
Tran Hung Dao
23-3
Pham Ngoc Thach
Quoc Lo 14
Le Thanh Tong
Le Lai
Dien Bien Phu
Quang Trung
Le Loi
ARMEE-
HAUPTQUARTIER
No Trang Long
Quoc Lo 28

HO-CHI-MINH-STADT (100 000 Dong, etwa 4 Std.) über DONG XOAI. Auch die Busse nach DA LAT fahren von hier. Die Abfahrtszeiten sind unregelmäßig; vormittags sollte es jedoch kein Problem sein, weiterzukommen. Busse, die Gia Nghia nur durchqueren, können an der Kreuzung der N14 mit der Duong 23/3 angehalten werden.

11 HIGHLIGHT

Da Lat

Da Lat (130 000 Einw.) ruft gemischte Reaktionen hervor: „Hier sieht's ja aus wie in China", meint einer. „Das ist doch wie in Paris", sagt ein anderer angesichts des hell beleuchteten Eiffelturms, und wischt sich die Baguette-Krümel von der Jacke. „Da Lat ist der schönste Ort von Vietnam", beteuern 800 000 Vietnamesen, die hier jedes Jahr hinkommen.

Da Lat wurde 1897 gegründet, als einige französische Kolonisatoren beschlossen, dass sich hier, im milden Klima in 1500 m Höhe, ein prima Resort errichten ließe, in dem man dem feuchtheißen Klima des Deltas entkommen könnte. In den kommenden Jahren entwickelte sich eine boomende Stadt mit breiten Alleen und hunderten von Villen. Es mutet fast wie ein Wunder an, dass die Stadt während der Vietnamkriege verschont blieb und hier kein einziges größeres Gefecht stattfand. So sind viele Villen bis heute erhalten geblieben, teils als in die Jahre gekommene Ruine, teils zu Luxus-Unterkünften renoviert.

Heute stehen die alten französischen Villen neben modernen vietnamesischen Gebäuden. Klein und idyllisch ist diese Stadt nicht mehr, doch überall finden sich Oasen der Ruhe. Die Mischung der Kulturen und Besucher macht den Reiz dieser Stadt aus. Strahlend flanieren die Besucher aller Nationen durch diese Stadt der Blumen, und alle scheinen nur eines zu kennen: die Kühle der Berge zu genießen und die Seele baumeln zu lassen. Besonders voll ist es am Wochenende – abends von 19 bis 22 Uhr werden dann die Straßen um den Hoa Binh-Platz für Fahrzeuge gesperrt. Aus dem Kino-Lautsprecher scheppert „I had a dream" von Abba, und die gepflegten Straßen, die Silhouette des „Eiffelturms" (der eigentlich der Funkturm der Post ist), das Treiben am Markt und die vielen glücklichen Vietnamesen schaffen eine einzigartige Atmosphäre.

In jüngster Zeit hat sich Da Lat außerdem zu Vietnams bester Action-Sport-Destination entwickelt: Für Klettern, Wildwasserfahren, Abseiling und andere Outdoor-Sportarten bietet die Umgebung perfekte Möglichkeiten.

Sehenswürdigkeiten

Markt

Turbulent geht's am Markt von Da Lat zu. Hier zeigt sich, dass die Stadt ihren Beinamen „Blumenstadt" zu Recht trägt: Viele frische Schnittblumen sind im Angebot, ebenso Obst und Gemüse bester Qualität: Die Umgebung von Da Lat ist fruchtbar und bringt viele Produkte hervor, die in ganz Vietnam verkauft werden und sogar in den Export gehen. Rund um den Vorplatz stehen Kleinhändler, die ihre Waren feilbieten. Die hier von Ausländern geforderten Preise sind oft sehr hoch und nicht verhandelbar. Das gilt für Obst ebenso wie für Kleidung oder Blumen. Je weiter man in den Markt vordringt, desto realistischer werden die geforderten Preise. Im Hauptraum des Untergeschosses werden viele kandierte Früchte angeboten, die eine Kostprobe wert sind.

Xuan Huong-See

Der 1919 angelegte Stausee mit dem klingenden Namen „Frühlingsduft" oder auch „Wohlgeruch der Jugend" ist das Zentrum Da Lats. Das Gewässer ist von einer 6 km langen Straße umgeben: morgens eine schöne Jogging-Strecke, abends eine Flaniermeile mit einladenden Restaurants.

Ein paar alte Pferdekutschen haben sich gehalten, die heute zwar nicht mehr den Nahverkehr organisieren, aber immerhin noch Besucher um den See herum kutschieren. Beliebt bei vietnamesischen Touristen sind auch die kleinen Tretboote, mit denen man auf dem See herumfahren kann. Die Ausleihe befindet sich gegenüber dem Eingang zum **Botanischen Garten**, in dem Orchideen, Rosen und allerhand exotische Pflanzen gezüchtet werden. Ein kleiner Zug befördert Lauffaule über das Gelände. 2 Tran Nhan

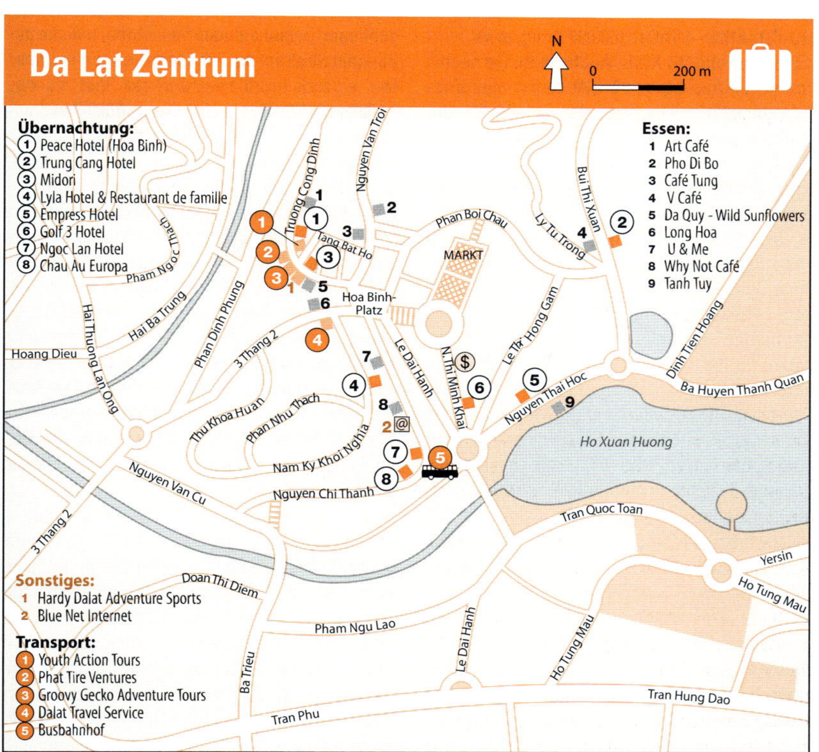

Tong, ✆ 063-822151, ⏲ 6.30–18 Uhr, Eintritt 4000 Dong.

Golfplatz

Für einige betuchte Besucher ist der 50 ha große Golfplatz westlich des Xuan Hoang-Sees die Hauptattraktion von Da Lat. Er gilt als einer der schönsten in ganz Südostasien. Angelegt wurde er zu Beginn der 30er-Jahre im Auftrag von Kaiser Bao Dai, der den Sport bei einem Frankreichaufenthalt für sich entdeckt hatte. Das heutige Clubhaus stammt noch aus dieser Zeit. In den 50er- und 60er-Jahren wurde der Platz weiter ausgebaut, die heutige Anlage mit 18 Löchern wurde Anfang der 90er-Jahre geschaffen.

Bahnhof (Ga Da Lat)

Der restaurierte Bahnhof mit seiner charakteristischen Fassade und dem parkähnlichen Vorgarten ist der älteste in ganz Vietnam und wurde vom Kultusministerium 2001 zum Nationaldenkmal erklärt. Von 1928 bis 1964 verlief eine Eisenbahnverbindung von Da Lat nach Thap Cham. Heute ist nur noch eine kurze Strecke befahrbar, und der Besucher fühlt sich wie in einem Museum. Zu sehen sind eine Dampflok aus dem Jahr 1936 und ein Waggon aus den 1950er-Jahren. Im Souvenirshop gibt es Kleidung der Minderheiten und T-Shirts mit einem Spezialdruck des Bahnhofs zu kaufen.

Der Bahnhof befindet sich in der 1 Quang Trung, ✆ 063-834409. Täglich fahren bis zu sechs Züge ins 7 km entfernte **Trai Mat**, ein K'Ho-Dorf, wo man dem 3,50 m hohen Buddha Avalokitesvara in der **Linh Phuoc-Pagode** einen Besuch abstatten kann. Die Pagode wurde 1945 von Tich Minh Duc gegründet. In einem Turm mit 7 Dächern befindet sich eine große, 8 t schwere

Glocke. Erste Abfahrt 6.30 Uhr, letzte Abfahrt 15.30 Uhr, alle anderthalb Stunden. Ein Ticket kostet für Ausländer 70 000 Dong, allerdings müssen sich mindestens drei Reisende einfinden.

Hang Nga Gallery & Guesthouse (Crazy House)

Das „verrückte Haus" etwas südlich des Zentrums ist der in Beton gegossene (Alp-)Traum eines jeden Architektur-Interessierten. Verschiedene Gebäude mit seltsam organisch anmutenden Strukturen sind durch Treppchen und Übergänge miteinander verbunden. Das Ganze wirkt wie die Kulisse eines Fantasy-Films. Die einzelnen Zimmer haben alle einen eigenen Charakter. Die Architektin Dang Viet Nga ist die Tochter eines ehemaligen Präsidenten Vietnams, Truong Chinh (reg. 1981–88) – nur so lässt sich erklären, dass die Behörden den Bau dieses auffälligen Hauses erlaubten. Wer will, kann hier (relativ teuer) übernachten. 3 Huynh Thuc Khang, ✆ 063-822070, 📠 831480, 🕓 7–20 Uhr, Eintritt 7000 Dong.

Dinh 3 (Bao Dais Sommerpalast)

Dieser Palast, eigentlich eher eine Villa, ist die letzte für Touristen zugängliche Residenz von Kaiser Bao Dai. Sie diente dem Herrscher als Sommersitz. In den 1930er-Jahren, als das Haus erbaut wurde, muss es das Maximum an Moderne dargestellt haben.

Beim Betreten der Räumlichkeiten sind Überschuhe aus Filz anzuziehen. Im Erdgeschoss befinden sich das Arbeitszimmer des Kaisers und dahinter ein Raum mit Vitrinen, in denen Gegenstände des täglichen Gebrauchs ausgestellt sind: Essgeschirr, eine Golftasche mit Schlägern usw. An das große Kaminzimmer, in dem ein alter Flügel steht, schließt sich ein Konferenz- und Festsaal an. Weiter geht es in ein kleineres Thronzimmer, in dem der Besucher sich heute als Kaiser oder Kaiserin verkleiden und davon ein Foto machen lassen kann (15 000 Dong) – sehr beliebt bei den zahlreichen vietnamesischen Besuchern.

Im Obergeschoss befinden sich Schlafzimmer und Privatgemächer der kaiserlichen Familie. Von einem Balkon, von dem aus der Sohn des Kaisers, Nguyen Vin Thuy, nachts den Mond angeschaut haben soll, eröffnet sich ein Blick in die gepflegte Gartenanlage: Von oben in Richtung Parkplatz betrachtet, ergeben die Blumenbeete das kaiserliche Siegel. 1 Trieu Viet Vuong, ✆ 063-826858, 🕓 7–17 Uhr, Eintritt 5000 Dong.

Lam Dong-Provinzmuseum (Bao Tang Lam Dong)

Das Museum beherbergt neben Erinnerungen an die Kriege mit den Franzosen und Amerikanern auch Töpferwaren, Kleidungsstücke und Musikinstrumente der ethnischen Minoritäten der Region – darunter ein Steinxylophon, das als ältestes Musikinstrument der Welt gilt. In der Villa wohnte seinerzeit Nguyen Huu Hao, der Vater von Kaiser Bao Dais Frau Nam Phuong. Das Museum befindet sich östlich des Stadtkerns in der 4 Hung Vuong, ✆ 063-822339, 🕓 tgl. außer So 7.30–11.30 Uhr und 13.30–16.30 Uhr, Eintritt 10 000 Dong.

Kirchen

Die **katholische Kirche** (Nha Tho Chanh Toa), die auch irgendwo in Europa stehen könnte, befindet sich neben dem Novotel. Der Innenraum ist schlicht. Eine Besonderheit ist die Krypta unterhalb des Eingangsbereichs (kleine Tür links vom Haupteingang): Hier werden die Urnen mit der Asche Verstorbener ordentlich in Reih und Glied auf Wandregalen aufbewahrt. Fast alle der kleinen Kästchen sind mit einem Foto des Dahingegangenen geschmückt. Viel Neonlicht, Plastikhocker und kitschige Engelchen helfen, dass die Atmosphäre nicht allzu bedrückend wirkt. 15 Tran Phu, Gebetszeiten: tgl. 5.30 und 17 Uhr bzw. So 5.30, 7, 8.30, 16 und 18 Uhr. Da Lats **evangelische Kirche** liegt etwas nördlich des Marktes an der Nguyen Van Troi (Gottesdienste nur am Sonntag).

Yersin-Gymnasium (Truong Cao Dang Su Pham) und Universität

Ein anderes Gebäude mit einem hohen Turm war weltlicheren Dingen gewidmet: das **Yersin-Gymnasium**. Es wurde von der Union der internationalen Architekten zu einem der 1000 bedeutendsten architektonischen Denkmäler des 20 Jhs. erklärt und befindet sich in der 29 Yersin, ✆ 063-822489 (Besichtigung nur nach Voranmeldung).

Bao Dais Sommersitz aus den 30er-Jahren – damals hochmodern

An Da Lats **Universität** nördlich des Golfplatzes studieren 13 000 Studenten, die ihren Teil zur Atmosphäre in Da Lat beitragen. Die Gebäude, die 1957 auf Initiative von Hues Erzbischof Ngi Dinh Tuc errichtet wurden, sind keine wirkliche Sehenswürdigkeit, doch ausländische Besucher sind auf dem Campus willkommen – schnell finden sich einige Studenten, die ihr Englisch erproben wollen.

Pagoden

Ein kurzer Spaziergang führt vom Markt zur **Linh Son-Pagode**, 120 Nguyen Van Troi, auf einem Hügel nordwestlich des Zentrums. Es handelt sich um die älteste Pagode der Stadt, erbaut 1935. Man sagt, in die große Bronze-Glocke sei Gold mit eingeschmolzen. Die etwa 20 Mönche, die hier leben, pflegen die Kaffee- und Teeplantangen, die sich an die Pagode anschließen.

Die **Lam Ty Ni-Pagode**, 2 Thien My, ⌚ 8.30–18.30 Uhr, wird nur von einem einzigen Mönch bewohnt: Vien Thuc, wegen seiner exzentrischen Art manchmal auch als „crazy monk" bekannt. Thuc malt mit breiten Pinseln japanisch anmutende Tuschzeichnungen, die an Kalligrafien erinnern – ein Renner bei Touristen, die seit langem in die Pagode pilgern, um den Mönch zu treffen und ein Bild zu erstehen. Seine Geschäftstüchtigkeit hat dem Mönch vor Ort schon den weiteren Beinamen „business monk" eingebracht. Das Geld benötigt Thuc, um sich seinen großen Traum von einer Reise um die Welt zu erfüllen.

Die **Linh Phong-Pagode**, 72 Hoang Hoa Tham, befindet sich 5 km südöstlich des Stadtzentrums. Die Anlage wurde 1944 von der Nonne Tich Nu Dieu Huong gegründet, ihr Grab befindet sich im Garten. Auf dem Hauptaltar stehen drei Statuen der Buddhas Amitabha, Avalokitesvara und Dai The Chi.

In der **Tau-Pagode**, auch **Chua Thien Vuong Co Sat**, am gegenüberliegenden Hang befinden sich drei 4 m hohe, stehende Buddhas, die zur Fertigstellung der Gebäude 1958 aus Hongkong hergeschafft wurden. Jede einzelne wiegt 1,5 t. Die Pagode ist besonders bei chinesischen Touristen ein sehr beliebtes Ziel. Hier wird Buddhismus der chinesischen Hue Nghiem-Schule praktiziert. Vier weitere, 2,60 m große Statuen stellen die vier Himmlischen Könige dar. Unweit entfernt liegt die ebenfalls chinesische **Minh Nguyet-Pagode**, 1962 erbaut. Das zentrale Heiligtum ruht auf einer runden Plattform, die eine Lotosblüte versinnbildlicht.

Cam Ly-Wasserfall

Dieser Wasserfall, bei dem es sich eher um eine große Stromschnelle handelt, liegt im Einzugsgebiet von Da Lat, 3 km westlich des Zentrums. Ein kleiner Pavillon spendet Schatten nach der Wanderung. Der Eingang befindet sich zwischen der 57 und 59 Hoang Van Thu. ◷ 6–18 Uhr, Eintritt 5000 Dong.

Übernachtung

Es gibt weit über hundert Hotels in Da Lat, und so sollte es eigentlich kein Problem sein, ein Zimmer zu bekommen. Wer jedoch an einem vietnamesischen Feiertag anreist, wird eines Besseren belehrt: „Sorry, we are full", heißt es dann, und das ist keine Übertreibung: Da Lat ist als Ferienziel bei Vietnamesen derart beliebt, dass viele sogar bereit sind, auf dem Boden zu schlafen, um überhaupt unterzukommen. Außerdem ziehen die Preise dann gewaltig an.

Da Lat Zentrum

Untere Preisklasse

Chau Au – Europa, 76 Nguyen Chi Thanh, ✆ 063-822870, ℻ 824488, ✉ europa@hcm.vnn.vn. Unweit des Marktes gelegenes, von einer Familie betriebenes Hotel mit gutem Service und gut ausgestatteten Zimmern, davon einige mit Balkon und schöner Aussicht. WIFI in den Räumen. Nimmt Amex, VISA und MasterCard. ❶–❷

Lyla Hotel & Restaurant de famille, 5A Nam Ky Khoi Nghia, ✆ 063-834540, ℻ 835940, ✉ lylahotel@hcm.vnn.vn. Gepflegtes Minihotel, einige Zimmer haben Blick auf den See. Gutes Restaurant auf zwei Etagen. ❷

Midori, 36 Truong Cong Dinh, ✆ 063-210645, ✉ hilfinger_vn@yahoo.com. Modefan Tommy vermietet über seinem neuen kleinen Traveller-Restaurant 4 einfache, preiswerte Zimmer. ❶

Peace Hotel (Hoa Binh), 64 Truong Cong Dinh, ✆ 063-822787, ℻ 834223, ✉ peace12@hcm.vnn.vn. Alteingesessene Traveller-Unterkunft mit einfachen, etwas verwohnten Zimmern; z. T. Balkon mit Blick auf den belebten Patz und – bei gutem Wetter – auf den Lang Bian. Unten im Haus befindet sich das ebenso alteingesessene Peace Café. 24-Std.-Check-in. Etwas den Hügel hinauf liegt auf der anderen Straßenseite das neuere, gemütliche **Peace Hotel 2**, 67 Truong Cong Dinh (zwischen Phat Tire Ventures und Green Gecko Adventure Tours), ✆ 063-831823. ❶

Mittlere Preisklasse

Ngoc Lan Hotel, 42 Nguyen Chi Tanh, ✆ 063-822136, ℻ 824032. Großes, alteingesessenes Hotel; komfortable Zimmer, davon viele mit Seeblick. Inkl. Frühstück. ❷–❸

Trung Cang Hotel, 4A Bui Thi Xuan, ✆ 063-822663, ℻ 836701, ✉ trungcangdl@sinhcafevn.com. 27 Zimmer in einem gut geführten Hotel neueren Datums, das zur Sinh Café-Gruppe gehört: Wer mit einem dieser Busse kommt, wird hier abgesetzt. ❷–❸

Obere Preisklasse

Empress Hotel, 5 Nguyen Thai Hoc, ✆ 063-833888, ℻ 829399, 💻 www.empresshotelvn.com. Sehr hübsche Zimmer in einer gepflegten Villa am See in bester Lage. Gemütliche Bar und gutes Restaurant, WIFI. ❹–❻

Golf 3 Hotel, 4 Nguyen Thi Minh Khai, ✆ 063-826042, ℻ 830396, ✉ golf3hot@hcm.vnn.vn. Super zentral gelegenes 7-stöckiges Hotel mit angenehmen Zimmern, 2 Restaurants, Nachtclub und Dampfbad. ❹–❺

Da Lat Außenbezirke

Untere Preisklasse

Dreams Hotel, 151 und 164B Phan Dinh Phung, ✆ 063-833748, ℻ 837108, ✉ dreams@hcm.vnn.vn. Beliebte, recht zentral

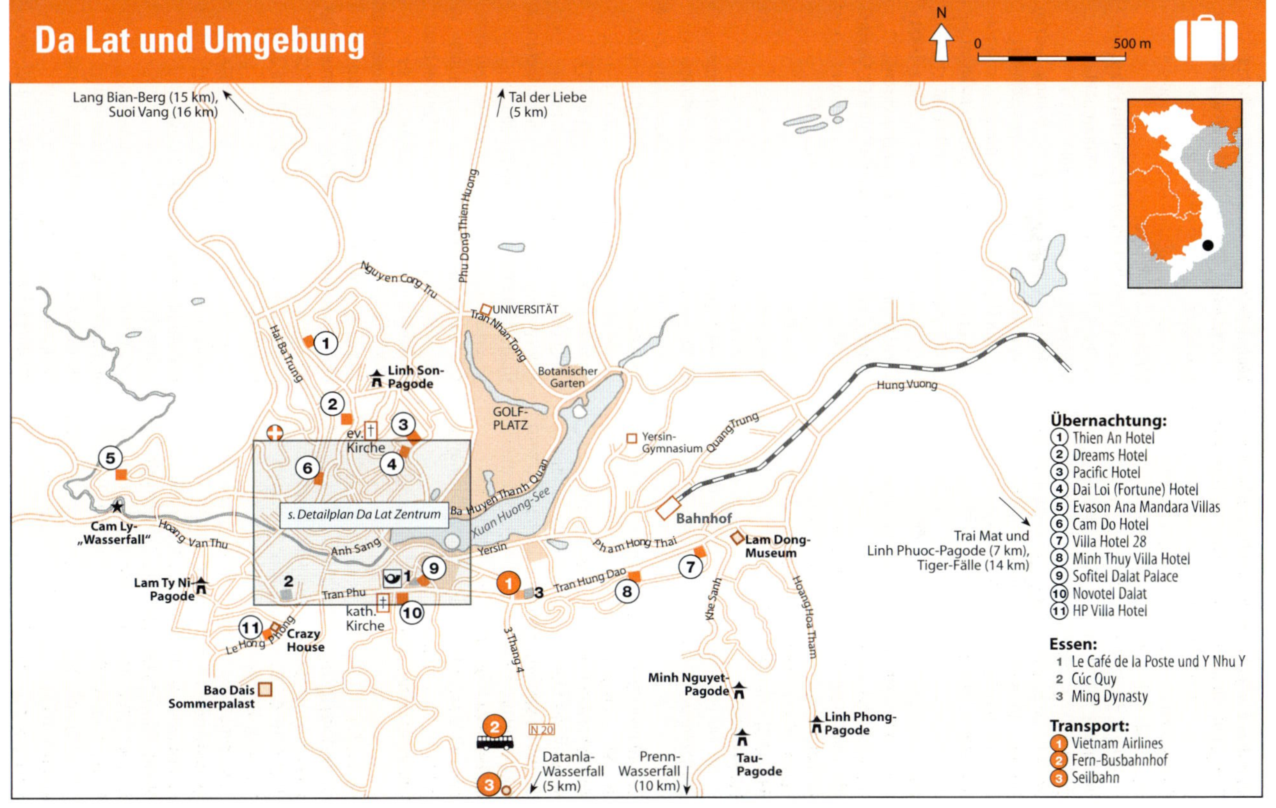
Da Lat und Umgebung
N
0
500 m
Lang Bian-Berg (15 km),
Suoi Vang (16 km)
Tal der Liebe
(5 km)
Phu Dong Thien Huong
Nguyen Cong Tru
UNIVERSITÄT
Tran Nhan Tong
Botanischer
Garten
GOLF-
PLATZ
Hai Ba Trung
Linh Son-
Pagode
ev.
Kirche
s. Detailplan Da Lat Zentrum
Ba Huyen Thanh Quan
Xuan Huong-See
Yersin
Anh Sang
Hoang Van Thu
Cam Ly-
„Wasserfall“
Lam Ty Ni-
Pagode
Tran Phu
kath.
Kirche
Crazy
House
Le Hong Phong
Bao Dais
Sommerpalast
3 Thang 4
N 20
Datanla-
Wasserfall
(5 km)
Prenn-
Wasserfall
(10 km)
Tran Hung Dao
Pham Hong Thai
Yersin-
Gymnasium
Quang Trung
Hung Vuong
Bahnhof
Lam Dong-
Museum
Khe Sanh
Hoang Hoa Tham
Minh Nguyet-
Pagode
Tau-
Pagode
Linh Phong-
Pagode
Trai Mat und
Linh Phuoc-Pagode (7 km),
Tiger-Fälle (14 km)
Übernachtung:
1 Thien An Hotel
2 Dreams Hotel
3 Pacific Hotel
4 Dai Loi (Fortune) Hotel
5 Evason Ana Mandara Villas
6 Cam Do Hotel
7 Villa Hotel 28
8 Minh Thuy Villa Hotel
9 Sofitel Dalat Palace
10 Novotel Dalat
11 HP Villa Hotel
Essen:
1 Le Café de la Poste und Y Nhu Y
2 Cúc Quy
3 Ming Dynasty
Transport:
1 Vietnam Airlines
2 Fern-Busbahnhof
3 Seilbahn

gelegene Budget-Unterkunft für den etwas höheren Anspruch. Im Haus in der 164B Phan Dinh Phung begeistern die Bäder mit Jacuzzi oder Massage-Dusche. Familiäres Frühstück am großen Tisch, Internet und WIFI in der Lobby und der 1. Etage. ❷

Minh Thuy Villa Hotel, 14A Tran Hung Dao, ✆ 063-821681. Dieses kleine, zum Hotel umgestaltete Kolonialhaus ist eine der vielen kleinen Herbergen, die in ehemaligen Ferienresidenzen der Kolonialherren untergebracht sind. Die Zimmer sind funktional und mit TV (kein internationales Programm), wenn auch nicht besonders geschmackvoll eingerichtet. Wer Kontakt zu Vietnamesen sucht, ist hier richtig. Alle sind sehr freundlich, doch bisher spricht selten ein Angestellter Englisch. Die Zimmer nach hinten bieten einen besonders schönen Blick auf die Umgebung. ❶–❷

Pacific Hotel, 9 Bui Thi Xuan, ✆ 063-824752, 📠 836308. Im Jahre 2007 renovierte Zimmer mit Balkon für wenig Geld. Freundliches Personal. Recht zentral gelegen. Im Untergeschoss befindet sich ein Reisebüro des Hanh Café. ❶–❷

Thien An Hotel, 272A Phan Dinh Phung, ✆ 063-520607, 📠 825383. Recht neues Haus mit drei Etagen und schönen, ruhigen Zimmern mit Ventilator, TV und Kühlschrank; Frühstück und Internet inklusive. Vermietet Mopeds und Fahrräder, mit denen man schnell in der Stadt ist. Der Besitzerin gehört auch das Dreams Hotel, von dort kann man sich bringen lassen. ❷

Zimmer mit Aussicht

Villa Hotel 28, 28 Tran Hung Dao, ✆ 063-822764, 📠 835639. Familiäre Atmosphäre in einem alten französischen Landhaus. 14 kleinere und größere Zimmer zu günstigen Preisen, auch Schlafräume für sechs Personen. Moskitonetze und Schrank, Tisch und Stuhl in fast allen Zimmern. Kein internationales TV. Schöner Ausblick aus den hinteren Zimmern im Haupthaus. Die Zimmer im Anbau linker Hand im Vorhof sind nicht so heimelig. Kamin im Gemeinschaftszimmer und kleine Snackbar mit Chips und Ritter-Sport-Schokolade. ❷

Mittlere Preisklasse

Dai Loi (Fortune) Hotel, 3A Bui Thu Xuan, ✆ 063-837333, 📠 837747. Saubere, gut ausgestattete Zimmer mit Minibar im Kühlschrank und Kabel-TV, z. T. Balkon. Aufzug. 7 Min. von Markt und See entfernt. ❷–❸

HP Villa Hotel, 2B Le Hong Phong, ✆ 063-822607, 📠 837222, ✉ hpdalat@hcm.vnn.vn. 2005 neu eröffnetes Haus mit 20 Zimmern unterschiedlicher Größe, z. T. mit schöner Aussicht. Gepflegte Einrichtung, im Eingangsbereich steht ein gestimmtes Klavier. ❷–❹

Obere Preisklasse

Cam Do Hotel, 81 Phan Dinh Phung, ✆ 063-822732, 📠 830273, 💻 www.camdohotel.com.vn. Recht neues 3-Sterne-Hotel mit 54 gut ausgestatteten Zimmern und einem Konferenzraum für 200 Leute. Sauna, Massage, Dampfbad, gutes Restaurant. ❸–❺

Novotel Dalat, 7 Tran Phu, ✆ 063-825777, 📠 825888, ✉ novotel@bdvn.vnd.net, 💻 www.accorhotels.com/asia. Reservierung in Deutschland unter ✆ 069-9530 7595. Angenehmes 4-Sterne-Hotel mit 144 sauberen Zimmern. Neben kleineren Standardräumen, in denen Holzfußböden und große Fenster eine wohnliche Atmosphäre schaffen, gibt es 12 große Suiten für den anspruchsvolleren Gast. Das Haus öffnete erstmals 1932 als Hotel Du Parc seine Pforten und wurde 1995 saniert. Der alte Aufzug ist noch in Betrieb. Frühstück mit französischem Flair gegenüber im Café de la Poste. ❺–❻

Luxus

Evason Ana Mandara Villas, Le Lai, ✆ 063-555888, 📠 555666, 💻 www.sixsenses.com/evason-dalat. Traumhafte Anlage mit 17 renovierten französischen Villen aus den 1920er- und 30er-Jahren; 15 davon bewohnbar (57 Zimmer insgesamt), zwei weitere für die hervorragenden Spa-Awendungen und das Spitzen-Restaurant. Leben wie Gott in Frankreich. ❼–❽

Sofitel Dalat Palace, 12 Tran Phu, ✆ 063-825444, 📠 825666, ✉ sofitel@bdvn.vnd.net, 💻 www.accorhotels.com/asia. Reservierung in Deutschland unter ✆ 069-9530 7595. Der Name ist Programm. Dicke Teppiche auf poliertem Holzfußboden, schwere Vorhänge, Ölgemälde, Bronzebüsten und funkelnde Kronleuchter: In dem großartig restaurierten alten Lang Bian Hotel von 1922 lebt es sich wie ein König. 43 geräumige, geschmackvoll antiquarisch ausgestattete Zimmer, die meisten mit Kamin. Besonders luxuriös die 125 m² große Präsidentensuite. ❼–❽

Essen

Die Restaurants sind in der Regel von morgens bis abends durchgehend geöffnet. Gegen 23 Uhr gehen meist auch die letzten Gäste nach Hause. Immer mehr Cafés entstehen, und vor allem junge Vietnamesen verbringen hier ihre Nachmittage oder Abende in der Kühle der Aircondition. Die meisten Cafés haben auch kleine Speisen im Angebot.

Da Lat Zentrum

Art Café, 70 Truong Cong Dinh, ✆ 063-510089. Typisches Traveller-Café mit Pizza, Pasta und Burgern. Nettes Bambus-Dekor, billige Cocktails.

Café Tung, 6 Khu Hoa Binh. Kleines legendäres Café nahe dem Markt. Der Kaffee allein ist den Besuch wert, die Atmosphäre erst recht. Man sitzt wie eh und je an kleinen Tischchen, wartet, bis der Kaffee durch den Filter läuft, und unterhält sich mit seinem Nachbarn.

Da Quy – Wild Sunflowers, 49 Truong Cong Dinh, ✆ 063-510883, ✉ locanh2000@yahoo.com. Familiäre Atmosphäre und preiswerte Gerichte, darunter lokale Spezialitäten wie *chao tom,* gehackte Shrimps mit Zuckerrohr, oder *ca hap chung tuong,* gedämpftes Fischfilet mit Pilzen, getrockneten Äpfeln und *kim cham*-Blumen.

Long Hoa, 3 Thang 2, Tel. ✆ 063-822934, beliebtes, freundliches Familienrestaurant im Stadtkern. Vielen Reisenden gefällt es hier: Der Hausherr unterhält die Gäste auf Englisch und Französisch, und seine Frau kocht leckere vietnamesische und europäische Küche.

Pho Di Bo, 2 Nguyen Van Troi, ✆ 063-510852. Einheimische und Touristen mischen sich hier im kühlen Neonlicht, um aus dem umfangreichen Menü auszuwählen. Einige Gerichte sind, wenn Ausländer kommen, z. T. stark dem westlichen Geschmack angepasst: Frühlingsrollen werden mit Ketchup und Mayonnaise serviert! Gut zum Frühstück: Hue-Nudeln mit Rindfleisch.

Tanh Tuy, 2 Nguyen Thai Hoc, ✆ 063-531688. Nicht weit vom Westufer des Sees entfernt, etwa 10 Gehminuten vom Marktplatz, liegt dieses große Restaurant mit schöner Aussicht über den See. Westliche, vietnamesische und chinesische Küche. Beliebt bei Einheimischen wie Ausländern gleichermaßen.

U & Me, Ban & Toi Café-Bar, 14 Nguyen Chi Thanh, ✆ 063-831876. Kleines Restaurant unweit des Marktes. Es gibt Pizza und ausländische Biere in angenehmer Atmosphäre. Freundliche Leute. Nicht immer sind tatsächlich alle auf der Karte gelisteten Gerichte zu bekommen.

V Café, 1 Duong Bui Thi Xuan, ✆ 063-520215. Beliebtestes westliches Restaurant der Stadt. Burritos, Tacos, Pizza, dazu Salate und vegetarische Gerichte. Calcutta-Curry und Phuket-Hühnchen würzen die Karte mit asiatischem Flair.

Why Not Café, 24 Nguyen Chi Thanh, ✆ 063-832540. Schickes modernes Café auf zwei Etagen mit bequemen Polstermöbeln; sehr beliebt bei der einheimischen Jugend, die hier zum Klönen und Musikhören hinkommt.

Eine Vielzahl weiterer kleiner **Cafés und Restaurants** reiht sich südlich des Marktes die Le Dai Hanh bzw. Nguyen Chi Thanh entlang, darunter das **Town of Flowers**, das **Artista** und das **Pink Cross**. Alle haben Eiscreme, Kaffee und Snacks im Angebot. Oft wird laute Musik gespielt.

Da Lat Außenbezirke

Cúc Quy, Tran Phu. Kleines Café im 2. Stock an der Rue Pasteur, Ecke Tran Phu, bietet kühle

Getränke und kleine Speisen (englische Speisekarte). Selten pausieren Ausländer auf der Terrasse, wo die Musikbeschallung Gespräche oft nahezu unmöglich macht.

Le Café de la Poste und **Y Nhu Y**, gegenüber vom Novotel. Der Küchenchef, der vor über 20 Jahren im Palace Hotel sein Handwerk lernte, zaubert allerlei Gutes und Fantasievolles aus der westlichen und asiatischen Küche. Auch hier werden einige Gerichte mit Blumen verfeinert. Im vietnamesischen Restaurant im 2. Stock gibt es von 18–22 Uhr Raffiniertes aus der offenen Küche – man kann bei der Zubereitung zuschauen. Das vietnamesische Abendmenü wechselt jeden Tag, kostet US$8,50 und ist seinen Preis wert. Das Frühstücksbuffet im Café de la Poste steht in der Saison nur den Gästen des Hotels zur Verfügung. In der Nebensaison lohnt die Nachfrage auch für Nicht-Gäste, schon allein wegen der tollen Schokocroissants aus der hauseigenen Bäckerei.

Le Rabelais, im Sofitel Dalat Palace. Feines französisches Restaurant im großartigen Ambiente des schönsten Hotels am Ort. Der Chef, Herr Huong, zaubert exquisite Menüs aus besten Zutaten. In Da Lat geboren, kennt er viele Kräuter und Blumen, mit denen er seine Gerichte verfeinert.

Ming Dynasty, 7 Tran Hing Dao, ✆ 063-813816. Nobles Restaurant in einer renovierten französischen Villa; ein Ableger des gleichnamigen Luxus-Lokals in Ho-Chi-Minh-Stadt. Essen und Ambiente sind vom Feinsten. Gerichte von 70 000 bis 250 000 Dong.

Unterhaltung

Ein Nachtleben im eigentlichen Sinne existiert in Da Lat nicht. Das **Golf 3 Hotel** hat einen Nachtclub, der um 19 Uhr öffnet und um Mitternacht schließt. Einen netten, wenn auch teuren Abend kann man in **Larry's Bar** im Dalat Palace Hotel verbringen. Die gemütliche Kellerbar mit dem rustikalen Ambiente wird hauptsächlich von Gästen des Palace und des Sofitel frequentiert. Außerdem ist die Bar ein Treffpunkt für die Golfer, die in Da Lat Station machen.

Aktivitäten

Da Lat ist das Eldorado für Kletterer, Kajakfahrer und andere Outdoor-Sportler. In der Umgebung gibt es genug Flüsse, Wasserfälle, Berge, Schluchten und Wälder, wo Erlebnishungrige auf ihre Kosten kommen können.

Anbieter sind u. a.:

Groovy Gecko Adventure Tours, 65 Truong Cong Dinh, ✆/℻ 063-836521, 💻 www.groovygeckotours.com. Verschiedene Action-Sport-Angebote, z. B. Klettern für US$25 am Tag.

Hardy Dalat Adventure Sports, 57 Truong Cong Dinh, ✆ 063-836840, 💻 www.hardyadventuretours.net. Ausrüstung und Mitarbeiter machen einen zuverlässigen Eindruck. Organisiert auch naturkundliche Safaris.

Phat Tire Ventures, 73 Truong Cong Dinh, ✆ 063-829422, 0918-438781 (Brian), ℻ 820331, 💻 www.phattireventures.com. Bietet Abenteuertouren vom Mountainbike fahren bis zum Wildwasserkajak. Gutes Equipment.

Youth Action Tours, 40 Truong Cong Dinh, ✆ / ℻ 063-510357, ✉ youthactiontour@hcm.vnn.vn, 🕒 tgl. 7.30–20.30 Uhr. Alle möglichen Touren, auch Klettern (Schwierigkeitsstufe 5.7 bis 5.11).

Abseiling und Canyoing

Ein Angebot für alle Abenteurer, die sich an einem Wasserfall abseilen können oder Lust haben, das einmal auszuprobieren. Es gibt eine einfachere und eine schwierige Route (US$22 / US$28). Generell sollten die Teilnehmer körperlich fit sein und sich nicht vor schäumender Gischt und luftiger Höhe fürchten.

Golf

Der 18-Loch-Golfplatz am Xan Huong-See gilt als einer der schönsten in ganz Südostasien. Wer hier den Schläger schwingen will, zahlt für das Bespielen aller 18 Löcher US$70 (am Wochenende US$90), für die kleine Runde mit 9 Löchern US$40 (am Wochenende US$55). Ein Caddie schlägt mit US$15 zu Buche.

Da Lat Palace Golf Club, Phu Duong Thien Vuong, ✆ 063-821201, ℻ 824325, ✉ dpgc@vietnamgolfresorts.com.

Kajakfahren
Beschauliche Fahrten mit einem Leichtkajak auf den Seen und Flüssen in Da Lats Umgebung versprechen Natur pur. Es geht z. T. zu Fuß, aber meist auf dem Wasser durch eine faszinierende Landschaft. Keine Wasserfälle oder sonstige Gefahren. Täglich Touren für US$25.

Klettern
Kletterpartien unterschiedlicher Schwierigkeitsgrade sind eines der Highlights in Da Lats Action-Sport-Programm. Wer das Klettern lernen will, kann dies in den Bergen der Umgebung. Täglich gibt es Kurse für Anfänger und Ausflüge für Könner in die faszinierende Landschaft der Umgebung. Das Equipment, inklusive Kletterschuhen, wird vom Veranstalter gestellt. Einige Touren sind mit Abseiling-Aktionen gepaart.

Mountainbike
Täglich können Mountainbike-Touren organisiert werden. Es gibt verschiedene Routen und Schwierigkeitsgrade, die ab US$30 p. P. kosten. Betreute Touren gibt es auch nach Mui Ne und Nha Trang (US$67). Auf Wunsch mit Übernachtung (US$135). Gestellt werden das Fahrrad, ein Helm und Handschuhe.

Reiten
Wer meint, dass das größte Glück der Erde auf dem Rücken der Pferde liegt, sollte sich einen Ausritt in die Pinienwälder nördlich von Da Lat nicht entgehen lassen.

Tennis
Es gibt etwa 20 Tennisplätze in Da Lat, angegliedert an verschiedene Hotels, so das Novotel und das Dalat Palace Hotel.

Trekking
Trekking-Touren werden von allen Veranstaltern mit und ohne Übernachtung angeboten. Alle Tourpreise beinhalten die Begleitung durch einen Führer, Transfer, Eintrittsgebühren und Mittagessen. Tagestouren kosten etwa US$20–30, Touren mit Übernachtung US$40–50. Man sollte die Angebote mehrerer Veranstalter vergleichen. Auch die Open-Tour-Veranstalter (s. u. „Transport") bieten Trekking-Touren an; deren Pfade sind wohl die am stärksten ausgelatschten.

Touren

Die Open-Tour-Bus-Betreiber (Adressen siehe „Transport") bieten Stadtrundfahrten und Ausflüge in die Umgebung an. Diese Touren eignen sich nur für Leute, die auch in einer zusammengewürfelten Gruppe ihren Spaß haben. Die meisten Touren sind mit viel obligatorischem Besichtigungsprogramm verbunden. Man wandert daher auf ausgetretenen Pfaden, was aber nicht unbedingt jeder nachteilig findet. Es lohnt sich, die aktuellen Prospekte durchzublättern oder nach speziellen Touren zu fragen, denn die Betreiber passen ihr Angebot immer wieder den Wünschen der Kunden an.

Stadtrundfahrten
Die Tour führt zum Tal der Liebe, zur Drachen-Pagode, zum Bahnhof, Tuyen Kam-See, Botanischen Garten, Crazy House, Datanla- oder Prenn-Wasserfall und zu einem Lat-Dorf. Beginn um 8.30 Uhr, Kosten US$10 plus US$2 für die Seilbahn zum Robin Hill.
Etwas teurer ist ein ähnliches Besichtigungsprogramm (Tuyen Lam-See, Bootstrip oder 2 Std. Trekking, Datanla-Wasserfall, Crazy House, Botanischer Garten und Drachen-Pagode), bei dem Elefantenreiten inklusive ist (ab US$28, mind. 2 Pers.).

Ein- bis zweitägige Touren
Es gibt verschiedene Kombinationsmöglichkeiten für Touren in die Umgebung: Eine Wanderung auf den Lang Bian-Berg kann z. B. durch eine Besteigung des Mt. Pinhatt ersetzt werden. Zudem können Dörfer der ethnischen Minderheiten der Lat, Lach und Chil besucht werden. Die Preise beinhalten den (englischsprachigen) Führer, die nötigen Permits, Mahlzeiten und ggf. die Übernachtung.

Mehrtägige Touren
Daneben werden Touren in den Nam Cat Tien-Nationalpark angeboten, die man mit einer

Auf dem Motorrad durchs Hochland

Eine bei vielen Travellern beliebte Alternative ist eine Tour mit einem der **Dalat Easy Rider**. Hierbei handelt es sich um einen Zusammenschluss von Motorradfahrern, die, ausgerüstet mit großen, verlässlichen Maschinen, Tages- und Mehrtagetouren anbieten. Bei Ausflügen in die Umgebung werden etwa US$10–15, bei längeren Touren über Land US$60 am Tag berechnet. Dabei sind Übernachtungen und Eintrittsgelder inbegriffen. Viele Reisende berichten, dass eine mehrtägige Tour durch die Highlands zu den absoluten Höhepunkten ihres Vietnam-Trips gehörte – und die Schmerzen im Hinterteil würden am zweiten Tag vergehen... Zweifellos hat man auf dem Rücksitz eines Motorrads ein weit intensiveres Reise-Erlebnis als in einem Bus. Zielpunkt für solche Touren sind oft Nha Trang oder Hoi An, sodass es auch möglich ist, die Tour in umgekehrter Richtung von dort nach Da Lat zu machen.

Die echten Dalat Easy Rider, von denen es etwa 70 gibt, haben eine eigene Uniform. Lange Jahre war das Peace Café ihr einziger Treffpunkt, heute trifft man sie außerdem etwas die Straße hoch im Hangout, 71 Truong Cong Dinh. Aber man muss sie nicht suchen – sie finden einen! Mehr Infos unter 💻 www.easy-riders.net.

Weiterfahrt nach Ho-Chi-Minh-Stadt verbinden kann. Eine kurze Tour durchs Zentrale Hochland führt über den Lak-See nach Nha Trang. Eine weitere Option ist eine Fahrt vom Lak-See nach Buon Ma Thuot und Plei Ku. Von dort geht es weiter nach Kon Tum. Die Reise endet in Hoi An. Kosten auf Anfrage beim Veranstalter; sie variieren je nach Saison und Anzahl der Gäste.

Sonstiges

Einkaufen

Der Markt von Da Lat ist ein Shopping-Paradies für Liebhaber von **Blumen** und **frischen Früchten**. Doch auch die weiterverarbeiteten Produkte sind nicht zu verachten: Beim **Da Lat-Wein** sollte man allerdings eher zu einer der teureren Flaschen greifen, um nicht enttäuscht zu werden (ab 50 000 Dong). Sehr lecker sind auch die gezuckerten, **kandierten Erdbeeren**. Eigentlich ein tolles Mitbringsel für daheim, doch selten schafft es eine Tüte ungeöffnet nach Europa...

Wer vom Klima überrascht ist und **etwas Warmes zum Anziehen** braucht, wird in den Geschäften links vom Haupteingang des Marktes fündig. Billiger ist der Secondhand-Kleidermarkt, der abends in der Straße an der rechten (östlichen) Seite des Marktes aufgebaut wird. Allerdings ist es hier manchmal schwierig, die passende Größe zu finden.

Freunde von **Seidenstickereien** kommen bei **Diem Thanh Quan** auf ihre Kosten, einem Ableger der XQ Silk Hand Embroidery-Kette, die in ganz Vietnam einige Niederlassungen hat, 56-58 Hoa Binh, ✆ 063-830042, 💻 www.xqhandembroidery.com.

Weitere lohnenswerte Produkte der Region sind **Kaffee** und **Tee**, die es in guter Qualität zu kaufen gibt.

Fotoentwicklung

In der Stadt gibt es nahe dem Markt zwei Kodak-Geschäfte, die neben der Entwicklung von Filmen auch den Service bieten, digitale Daten von Digitalkamera auf CDs zu bannen. Eine CD kostet 39 000 Dong, die Prozedur dauert etwa eine halbe Stunde. Hier gibt es auch

Videofilme, Filmmaterial und die gängigen Fotobatterien zu kaufen.

Geld

Vietcombank, 6 Nguyen Thi Minh Khai, ✆ 063-510479. hat einen Geldautomaten und wechselt Devisen. Ein weiterer ATM der Vietcombank befindet sich am Eingang des Novotel. Von diesen Automaten werden auch Maestro- und Cirrus-Karten akzeptiert. Einige weitere Banken haben ihre Niederlassung im Zentrum von Da Lat am Hoa Binh-Platz. Alle haben Geldautomaten, die internationale Kreditkarten akzeptieren. Die meisten Banken öffnen Mo–Fr 7.30–16.30 Uhr, Mittagspause 11–13.30 Uhr.

Informationen

Dalat Travel Service, 7, 3 Thang 2, ✆ 063-822125, ✉ ttdhhd@hcm.vnn.vn. Die offizielle staatliche Touristenagentur im Eingangsbereich des Thuy Tien Hotels vermittelt Touren, Mietwagen etc. Daneben gibt es eine Vielzahl privater Agenturen, die um die Gunst der Besucher buhlen; vgl. hierzu die Adressen unter „Aktivitäten" und „Touren". Auch einzelne *xe om*-Fahrer und natürlich die Easy Rider sind gute Informationsquellen.

Internet

Die meisten Hotels und Gästehäuser bieten ihren Gästen Internetzugang in der Lobby, oder auch WIFI auf dem Zimmer an. Weitere Zugänge gibt es bei der Post oder im **Blue Net Internet**, 26 Nguyen Chi Thanh.

Medizinische Hilfe

Das Provinzkrankenhaus **Benh Vien Tinh** befindet sich in der 4 Pham Ngoc Tach, ✆ 063-834158. Bei Notfällen kann man hier Hilfe suchen. In schwerwiegenden Fällen ist es ratsam, nach Ho-Chi-Minh-Stadt zu fahren bzw. zu fliegen.

Mopeds und Fahrräder

Mopeds und Fahrräder gibt es in fast allen Hotels und Gästehäusern für etwa US$6 (Moped) bzw. US$1–2 (Fahrrad) pro Tag zu mieten.

Post

14 Tran Phu, direkt neben dem „Eiffelturm", ✆ 063-822643, 📠 823567, 🕓 tgl. 6.30–21 Uhr. Umzug in die 2 Le Dai Hanh geplant. In der Post befindet sich auch ein Schalter des Kurierdienstes EMS. Zudem einige schnelle Internetzugänge mit Webcam. Wer ein 5 kg schweres Paket nach Deutschland schicken möchte, zahlt dafür auf dem Seeweg 387 000 Dong (1–3 Monate Dauer), auf dem Luftweg 1 Million Dong (kommt i. d. R. innerhalb einer Woche in Deutschland an).

Nahverkehr

Neben den üblichen *xe om*-Fahrern gibt es in Da Lat auch noch etwas ausgefallenere Möglichkeiten des Nahtransports: So werden am Ufer des Sees **Tandems** vermietet (10 000 Dong / Std.), oder man nimmt eine **Pferdekutsche** – halbstündige Fahrt am See für 100 000 Dong oder weitere Touren für entsprechend mehr Geld.
Es gibt zahlreiche **Taxiunternehmen**, z. B. Mai Linh Taxi, ✆ 063-511111 oder 511511, oder Dalat Taxi, ✆ 063-530530.

Transport

Busse

Der kleine Busbahnhof am Kreisverkehr in der Nähe des Marktes dient hauptsächlich dem Nahverkehr. Da Lats **Fernbusbahnhof** (Ben Xe Lam Dong) liegt etwa 3 km vom Zentrum entfernt an der 3 Thang 4. Eine Fahrt mit dem *xe om* dorthin sollte nicht mehr als 15 000 Dong kosten.
Von hier fahren stündlich Busse ins 360 km entfernte HO-CHI-MINH-STADT (Busbahnhof Mien Dong). Empfehlenswert sind die der Mai Linh Company für 70 000 Dong (bis zu 7 Std. Fahrzeit). Die gleiche Gesellschaft fährt um 7, 10, 14 und 16 Uhr nach NHA TRANG (60 000 Dong, 5 Std.) und um 8, 10 und 16 Uhr nach BUON MA THUOT (60 000 Dong, 5 Std.). Andere Gesellschaften sind manchmal etwas preiswerter, aber oft deutlich unbequemer.
Nach PHAN RANG fährt ein Bus morgens um 10 Uhr (25 000 Dong, 3 Std.).

Open Tours
Wer in einem Hotel der Tourbusbetreiber wohnt, kann dort direkt seine Weiterfahrt buchen. Wer anderweitig untergekommen ist, kann in den unten genannten Büros seine Weiterfahrt organisieren. In der Regel holen die Tourbusse die Passagiere von ihrem Hotel ab.
HO-CHI-MINH-STADT: Tgl. mehrere Busse der Gesellschaften Hanh, Sinh und T. M. Brothers. Preis um 60 000 Dong, Abfahrt 8 Uhr, Ankunft in Ho-Chi-Minh-Stadt ca. 15 Uhr.
NHA TRANG: Bustouren starten um 7 und 7.30 Uhr und meistern die 220 km in etwa 5 Std. Preis um 60 000 Dong.
MUI NE: Die frühen Busse starten gegen 7.30 Uhr, kosten um 80 000 Dong und brauchen etwa 5 Std. für die Strecke. Nachmittags fahren einige Gesellschaften, z. B. T.M. Brothers, gegen 14 Uhr los, Ankunft im 300 km entfernten Mui Ne um 18.30 Uhr.
Die Busse nach Nha Trang und Mui Ne treffen sich bei einigen Gesellschaften an den Pok Long Garai Cham-Türmen. Hier müssen einige Reisende ihren Bus wechseln, je nachdem, ob sie nach Mui Ne oder nach Nha Trang wollen.
Ein Office von **Hanh-Café** befindet sich in der Lobby des Pacific Hotel, 09 Bui Thi Xuan, ✆ 063-510639, ✉ hanhcafedalat@yahoo.com. Ein zweites Büro befindet sich in der Truong Cong Dinh, neben T. M. Brothers.
Das Büro von **Sinh-Café** ist im Trung Cang Hotel angesiedelt, 4A Bui Thi Xuan, ✆ 063-822663, 📠 836701, ✉ trungcangdl@sinhcafevn.com.
T. M. Brothers, 58 Truong Cong Dinh, nahe Youth Action Tours, ✆ 063-828383, ✉ tmbrotherdl@vnn.vn, bietet auch täglich allerlei routinierte Touren in die Umgebung.

Flüge
Vietnam Airways fliegt tgl. nach HO-CHI-MINH-STADT: Mo, Mi und Sa um 12.10 Uhr und Di, Fr und So um 14 Uhr. Das Ticket kostet 429 000 Dong, die Flugdauer beträgt 35 Min. Nach HA NOI geht's 4-mal wöchentlich: Di, Do, Fr und Sa um 9.10 Uhr, Ticket 1,43 Mill. Dong, Dauer 1 Std. Der Flughafen liegt rund 30 km südlich der Stadt. Der Shuttlebus bis nach Da Lat kostet etwa 50 000 Dong.
Das Büro von Vietnam Airlines befindet sich in der 2 Ho Tung Mau, ✆ 063-833499, 📠 531720, 🕓 Mo–Fr 7.30–11.30 und 13.30–16.30 Uhr, Sa und So 7.30–11 und 13.30–16 Uhr.
Bei Erscheinen dieses Buches sollte der Flughafen auch für internationale Flüge erreichbar sein: Geplant sind Verbindungen nach Bangkok und Singapur.

Taxis
Eine neue Straße verbindet Da Lat mit NHA TRANG. Sie ist allerdings gegenwärtig nur mit PKW befahrbar. Die schaffen die Strecke nun in 2 1/2 Std. – die Busse, die über Phan Rang fahren müssen, benötigen 5 Std. Ein Taxi nach NHA TRANG kostet etwa US$65.

Die Umgebung von Da Lat

Das **Tal der Liebe** einige Kilometer nördlich von Da Lat ist ein bei Vietnamesen besonders beliebtes Ziel: Kutsche fahren, Ponyreiten, sich als Cowboy verkleiden und dann gegenseitig fotografieren, an einem der unzähligen Verkaufsstände Mitbringsel für die Lieben daheim kaufen – westlichen Reisenden herrscht hier meist zu viel Trubel, um die Schönheit der Region wirklich zu genießen. Eintritt 6000 Dong.

Ebenfalls beliebt sind Bootsfahrten auf dem **Seufzer-See**, um den sich viele traurige Legenden ranken, die alle damit enden, dass sich ein verliebtes Mädchen im See ertränkt. 6 km nordöstlich der Stadt. Eine Stunde Kutsche fahren kostet 140 000 Dong.

Auch am idyllischeren **Tuyen Lam-See** (auch: Quang Trung Reservoir) südlich von Da Lat gibt es Bootstouren zum gegenüberliegenden Ufer (200 000 Dong für ein Boot, das bis zu 5 Personen fasst), wo die Möglichkeit zum Elefantenreiten besteht und einige Restaurants mit gebratenem Hirsch und Wildschwein locken. Am Hang über dem See liegt das **Thien Vien Truc Lam-Kloster**, ein gepflegtes buddhistisches Bauwerk von 1993. Es handelt sich um eines von sieben zen-buddhistischen Meditationszentren in Vietnam. Zum See kommt man am besten mit der Seilbahn *(cap treo)*, deren eine Station auf dem **Robin Hill** nahe dem Fernbusbahnhof zu finden ist (einfache Fahrt 35 000 Dong, hin und zurück 50 000 Dong). Achtung: Die Seilbahn macht werktags eine Mittagspause von 11.30–13.30 Uhr. Eine andere Möglichkeit: Der N20 stadtauswärts nach Süden folgen, nach etwa 5 km rechts abbiegen und auf dieser Straße weitere 2 km fahren.

Ein Besuch des **Datanla-Wasserfalls**, 5 km südlich des Stadtkerns, lässt sich gut mit einem Ausflug zum Tuyen Lam-See verbinden. Der Wasserfall liegt an der N20, knapp 400 m von der Straße entfernt. Die Legende berichtet, hier hätten in früheren Zeiten Feen gebadet und ihre Haare zum Trocknen auf den glatten Steinen ausgelegt, daher der Zweitname: *Suoi Tien*, „Feenfluss". Für die Anreise über die N20 einige hundert Meter nach dem Abzweig zum Tuyen Lam-See rechts abbiegen und dem Waldweg folgen. 🕓 6–18 Uhr, Eintritt 5000 Dong.

Vom **Lang Bian-Berg** 15 km nördlich von Da Lat hat man an einem klaren Tag eine fantastische Aussicht: Die zwei Gipfel des Berges sind 2169 und 2287 m hoch. Den Berg zu besteigen, dauert etwa drei bis vier Stunden (es gibt auch eine Straße). Der Pfad für Wanderer beginnt im Dorf **Lat**, das am Fuße des Berges liegt. Hier leben K'Ho in Langhäusern auf Stelzen. Sie sind gute Weber und bieten ihre Arbeiten feil. Auf halber Höhe am Berghang liegt das Lang Bian Resort. Wer hier wohnen möchte, wende sich an Dalat Tourist Service (s. S. 453).

Suoi Vang („Goldene Quelle") liegt 16 km nördlich von Da Lat. Der kleine Wasserfall und die zwei Seen, der obere namens **Dan Kia** und der untere namens **Ankoret**, sind ein populäres Touristenziel. Im Hintergrund erhebt sich der Lang Bian. Besonders in der Regenzeit ist die Straße dorthin ziemlich schlecht.

Das berühmte **Chicken Village (Lang Ga)** ist eine Ansammlung von Häusern an der Straße nach Nha Trang. Das K'Ho-Dorf verdankt seinen Namen einem 5 m hohen Betonhuhn, das ohne ersichtlichen Grund auf dem Dorfplatz hockt – niemand weiß genau, was es mit dem Huhn auf sich hat, wenngleich es viele Theorien gibt: Vom verliebten Mädchen, das bei der Hühnerjagd starb, bis zur sozialistischen Ehrung für die tapferen Hühner-Bauern. Auf jeden Fall ist es seit vielen Jahren Fotomotiv für Busladungen voller Touristen. Entsprechend viele Souvenirgeschäfte reihen sich aneinander.

Der **Prenn-Wasserfall**, 10 km von Da Lat an der N20 am Fuße des Prenn-Passes gelegen, ungefähr 100 m von der Straße entfernt, ist etwa 10 m hoch. Eine Brücke führt unter dem vorspringenden Felsen hindurch, über den sich das Wasser ergießt. So kann man den Wasserfall „von hinten" bestaunen und eine besondere Aussicht durch einen Vorhang aus Gischt genießen. Eintritt 10 000 Dong.

Die **Tiger-Wasserfälle** liegen 14 km östlich von Da Lat. Der Name erinnert daran, dass bis vor 50 Jahren in der Umgebung noch viele Tiger, Elefanten und anderes Großwild lebten. Schon Kaiser Bao Dai und seine Jagdgesellschaften sorgten dafür, dass dieser Zustand seinem Ende zuging. Fortschreitende Entwaldung und die Vernichtung natürlicher Lebensräume taten ein Übriges. Für die Anreise folgt man der Hung Vuong stadtauswärts bis durch Trai Mat hindurch und nimmt etwa 4 km hinter dem Dorf die ausgeschilderte Abzweigung nach links.

Der **Gougah-Wasserfall** knapp 40 km südlich von Da Lat ist 17 m hoch und teilt sich in zwei Kaskaden. Anreise über die N20, von der der Fall einen halben Kilometer entfernt liegt. 10 km weiter erreicht man den spektakuläreren **Pongour-Wasserfall**. Er ist 40 m hoch. Das Wasser donnert mit viel Getöse in einen See zu seinen Füßen, sein Rauschen ist weithin zu hören. Anreise: Bei Duc Trong von der N20 abbiegen, dann sind es noch etwa 8 km. Der Eintritt beträgt 6000 Dong.

Der größte und beeindruckendste Wasserfall der Region ist der **Dambri-Wasserfall**, der sich etwa 100 km südlich von Da Lat befindet. Er donnert über 80 m in die Tiefe – ein großartiges Schauspiel. Ein Pfad schlängelt sich seitlich am Wasserfall hoch; immer wieder bieten sich tolle Ausblicke. Oben, etwas weiter den Fluss hoch, liegt ein Restaurant; im angeschlossenen Tiergehege fristen ein paar Affen ein trauriges Dasein. Für die Anreise folgt man der N20 Richtung Ho-Chi-Minh-Stadt.

Kurz vor Erreichen von **Bao Loc**, wo es auch einige Unterkunftsmöglichkeiten gibt, biegt der Weg nach rechts ab; von dort sind es noch etwa 20 km.

Die Letzten ihrer Art

Das **Java-Nashorn** (Rhinoceros sondaicus) ist ein Riese: 3 m lang, 1,70 m hoch und fast 2 t schwer. Einst lebten die Tiere in ganz Asien: In Bangladesch, Myanmar, Thailand, Laos und auf der Insel Java. Inzwischen sind sie fast überall ausgerottet und gelten als die am meisten bedrohte Säugetierart der Welt: Nur auf Java lebt im Ujung Kulon-Nationalpark noch eine Population von etwa 50 Tieren. In Vietnam galt das seltene Tier, das hier in einer eigenen Unterart (Rhinoceros sondaicus annamiticus) vorkommt, bereits als ausgestorben, als 1992 überraschend ein Exemplar gesichtet wurde: In Cat Loc, einem Gebiet, das daraufhin zum Schutzgebiet erklärt und 1998 an den Cat Tien-Nationalpark angegliedert wurde. Es wird jedoch vermutet, dass weniger als zehn Tiere überlebt haben, sodass das Aussterben dieser Art fast vorprogrammiert scheint.
Die scheuen Riesen sind Einzelgänger, schlafen tagsüber und machen sich nachts auf Nahrungssuche. Sie leben von Blättern, Zweigen und Früchten. Nur zur Paarungszeit finden Bullen und Kühe für kurze Zeit zueinander. Das Nashorn-Baby wird 16 Monate lang ausgetragen, ein Jahr lang gesäugt und zieht weitere zwei Jahre mit der Mutter durch die Wälder, ehe es eigene Wege geht.

Cat Tien-Nationalpark

Der Cat Tien-Nationalpark, der nordwestlich der N20 etwa auf halber Strecke zwischen Ho-Chi-Minh-Stadt und Da Lat liegt, ist ein wichtiges Rückzugsgebiet für viele bedrohte Tierarten. Neben Elefanten, Wildschweinen und riesigen Echsen soll es hier möglicherweise noch Leoparden geben – und das sagenumwobene Java-Nashorn. Mit seinen Gibbons, Makaken, Schmetterlingen und bunten Vögeln ist der Park ein Paradies für Naturfreunde.

Es gibt einige **Trekkingrouten** im Park, doch ohne Guide sollte man sich bei längeren Touren nicht auf den Weg machen. Keinerlei Markierungen helfen bei der Orientierung, direkt hinter dem Hauptquartier beginnt Natur pur. Ein Guide kostet 100 000 Dong am Tag und 150 000 Dong, wenn eine Übernachtung eingeplant ist. Der Dong Nai-Fluss, der den Park durchquert, ist schiffbar und kann als Transportweg in entferntere Teile des Parks genutzt werden. Auch eine Tour mit einem Minibus ist machbar: Ein Abstecher zu den Stromschnellen des Dong Nai-Flusses kostet 150 000 Dong, eine achtstündige Rundfahrt 500 000 Dong. Auch Nacht-Safaris sind möglich: Bei zwei Personen werden 85 000 Dong, bei vier Leuten 50 000 Dong pro Teilnehmer fällig.

Der Eintrittspreis in den Park beträgt 40 000 Dong, Kinder zahlen die Hälfte. Die beste Reisezeit ist von November bis April – Dezember und Januar sind wegen des meist angenehmen Klimas besonders günstig.

Übernachtung und Essen

Beim **Hauptquartier**, ✆ 061-791228, 📠 791227, am Eingang des Parks befindet sich ein **Restaurant** (Tipp: tagesfrischer Fisch aus dem Dong Nai-Fluss) und die Möglichkeit zur **Unterkunft**. Das Gästehaus besteht aus vier Gebäuden mit verschiedenen Optionen: 3-Bett-Zimmer, 2-Bett-Zimmer und Einzelzimmer, alle ❷.

Transport

Bei der Anreise über die N20 (Bus HCMS–Da Lat oder Da Lat–HCMS) lässt man sich in TAN PHU nahe der Post absetzen und nimmt von dort ein *xe om* für die letzten 30 km bis zum Hauptquartier.

Südküste

Stefan Loose Traveltipps

Quy Nhon Abseits der Touristenströme Strände und Cham-Tempel entdecken. S. 462

12 **Nha Trang** Tagsüber am Stadtstrand dösen und nachts mit anderen feiern. S. 471

Hon Mun Bei Nha Trang die beliebtesten Tauchreviere Vietnams erkunden. S. 483

Phan Rang Die Nachkommen der Cham besuchen. S. 493

13 **Mui Ne** Entspannen oder Kitesurfen am 10 km langen Strand und die atemberaubenden weißen Sanddünen bewundern. S. 498

Phan Thiet Bei einem Ausflug in die Umgebung an Drachenfruchtplantagen und Salzfeldern Halt machen. S. 513

An Vietnams Südküste liegen einige der beliebtesten Reiseziele von ganz Vietnam, darunter zwei Strände, die unterschiedlicher nicht sein könnten: Nha Trang und Mui Ne. Der Stadtstrand von Nha Trang ist von einem breiten Boulevard gesäumt, hinter dem die geschäftige, 300 000 Einwohner zählende Provinz-Metropole mit hunderten Hotels und Restaurants die unterschiedlichsten Reisenden anlockt. Es gibt sogar ein nennenswertes Nachtleben – vermutlich das zweitbeste im Süden Vietnams hinter Sai Gon. Am 10 km langen Strand von Mui Ne hingegen wurde erst 1995 das erste Resort in den Palmenhain gebaut, der hier die Küste säumt. Dutzende andere entstanden und entstehen seitdem, und es wird nicht mehr lange dauern, bis auch das letzte Strandgrundstück zugebaut ist. Ein reines Urlaubsgebiet – das nahe gelegene Fischerdorf erscheint wie eine andere Welt. Kitesurfer haben den Strand ebenso für sich entdeckt wie Pauschalurlauber, für die es eine Reihe bequemer Unterkünfte mit Pool gibt. Doch auch Individualreisende kommen noch auf ihre Kosten. Bei Ausflügen in die Umgebung sind mächtige Sanddünen zu bewundern. Zahllose weitere Strände säumen die Südküste, und für abenteuerlustige Reisende mit Entdeckerdrang gibt es viel zu sehen. Als Startpunkt eigen sich die Provinzhauptstädte. Motorradhelm und Wörterbuch nicht vergessen!

Geschichte

Viele Jahrhunderte lang, etwa vom 2. Jh. bis in die Mitte des 17. Jhs., herrschten in dieser Region die Cham. Nach und nach wurden ihre Königreiche von den von Norden anrückenden Vietnamesen erobert. Die Kultur der Cham war hinduistisch beeinflusst. Händler und Abenteurer aus Indien brachten ihre Ideen mit an die Küsten und prägten die entstehenden Staaten der Cham. Zeitgleich zu den Khmer in Kambodscha entwickelte sich eine Gesellschaft, die etwa ab dem 8. Jh. begann, ihren Göttern Tempel aus Ziegelsteinen zu bauen. Diese Heiligtümer sind noch heute überall an der Küste zu sehen: gedrungene, oftmals aufwendig verzierte Türme mit quadratischem Grundriss, in deren Inneren oft ein Lingam verehrt wird. Das phallische Symbol verkörpert den Gott Shiva, der meist mit einem lokalen Cham-König assoziiert wurde. Auch heute leben noch etwa 100 000 Nachkommen der Cham in dieser Region Vietnams, zum Teil in eigenen Dörfern – etwa in der Gegend von Phan Rang –, wo sie weiterhin ihre Traditionen pflegen. Das Cham-Erbe wird auch vom Tourismusgewerbe aufgenommen: So schmücken üppige Cham-Statuen die Gärten mancher Resorts, und die überlieferten Muster der Weber sind wieder gefragt.

Quang Ngai und Umgebung

Quang Ngai ist die Hauptstadt der gleichnamigen Provinz. Es liegt 100 km südlich von Hoi An und 410 km nördlich von Nha Trang. Touristen erleben die Stadt seit dem Bau einer Umgehungsstraße nicht einmal mehr auf der Durchreise. Wer hier Halt macht, wird daher neugierig beäugt und freundlich willkommen geheißen. Bei einem Bummel über den sehenswerten, weil sehr geschäftigen **Markt** ist man die große Attraktion, doch kommunizieren muss man mit Händen und Füßen – Englisch spricht hier niemand. Gerade das ist für manche Reisende reizvoll.

Quang Ngai präsentiert sich mit seinen 120 000 Einwohnern als geschäftige Stadt ohne größere Sehenswürdigkeiten. Wer einen längeren Spaziergang nicht scheut, kann jenseits des Flusses nordöstlich der Stadt den etwa 100 m hohen **Thien An-Berg** besteigen, dessen Gipfel von der gleichnamigen Pagode gekrönt wird. Weitere Sehenswürdigkeiten liegen außerhalb und sind nicht mit öffentlichen Verkehrsmitteln zu erreichen. Doch die Angestellten der Hotels helfen gerne bei der Organisation einer Transportmöglichkeit. Je nach Länge des Ausflugs zahlt man für ein *xe om* einige Zehntausend Dong.

My Khe-Strand

Dieser attraktive Strand (Bai Bien My Khe), der auch zum Schwimmen einlädt, liegt etwa 17 km östlich von Quang Nai auf der anderen Seite des Flusses. Er ist etwa 8 km lang, besteht aus sauberem weißem Sand und wird von Schatten spendenden Bäumen gesäumt. Die touristische Erschließung steckt noch in den Kinderschuhen bzw. den Planungsschubladen der Provinzregierung. Einige kleine Restaurants sorgen fürs leibliche Wohl. Außer entspannen gibt es hier nichts zu tun – vielleicht noch die großen Schiffe beobachten, die den Tiefseehafen Dung Quat etwa 20 km nördlich ansteuern. Am Horizont liegt 14 Seemeilen (ca. 26 km) entfernt die Insel Ly Son, an deren Ostseite die Hang-Pagode aufs Meer hinaus schaut.

Son My (My Lai)

My Lai – dieser Name ging einst um die Welt als ein Synonym für eines der grausamsten (bekannt gewordenen) Kriegsverbrechen, die von der US-Armee in Vietnam verübt wurden. My Lai war der Name eines kleinen Dorfes, das im Rahmen einer größer angelegten „Search & Destroy"-Aktion dem Erdboden gleichgemacht wurde. Alle 504 Bewohner wurden brutal ermordet: hauptsächlich Frauen, Kinder, Babys – mit Maschinengewehren, Handgranaten, Pistolen (s. S. 166, Das Massaker von My Lai).

Heute befindet sich dort, wo einst das Dorf stand, eine Wiese, auf der granitene Grabsteine an die einzelnen Hütten und ihre hingemetzelten Bewohner erinnern. Eine Statue zeigt eine Frau, die inmitten einer Gruppe Sterbender mit ihrem toten Baby auf dem Arm trotzig ihre Faust in die Höhe reckt.

Ein kleines **Museum** („House of Evidence" – „Haus der Beweise") zeigt Fotos, Dokumente, von Kugeln durchlöchertes Kochgeschirr, Kindersandalen und andere Fundstücke. 🕓 Mo–Fr 8–11.30 und 13–16.30 Uhr, Eintritt 14 000 Dong.

Übernachtung

Untere Preisklasse

502 Hotel, 28 Hung Vuong, ✆ 055-822656. Zentral und dennoch ruhig in einer Seitengasse gelegen. Die einfachen Zimmer sind um einen Innenhof gruppiert. ❶–❷

Kim Thanh Hotel, 19 Hung Vuong, ✆ 055-826134. Ebenfalls zentral liegt dieses empfehlenswerte, freundliche Haus, dessen saubere Zimmer mit TV und Ventilator oder AC ausgestattet sind. Einige Räume haben eine Badewanne. ❶–❷

Mittlere Preisklasse

Hung Vuong Hotel, 45 Hung Vuong, ✆ 055-710477, 📠 710474, 💻 www.hungvuong-

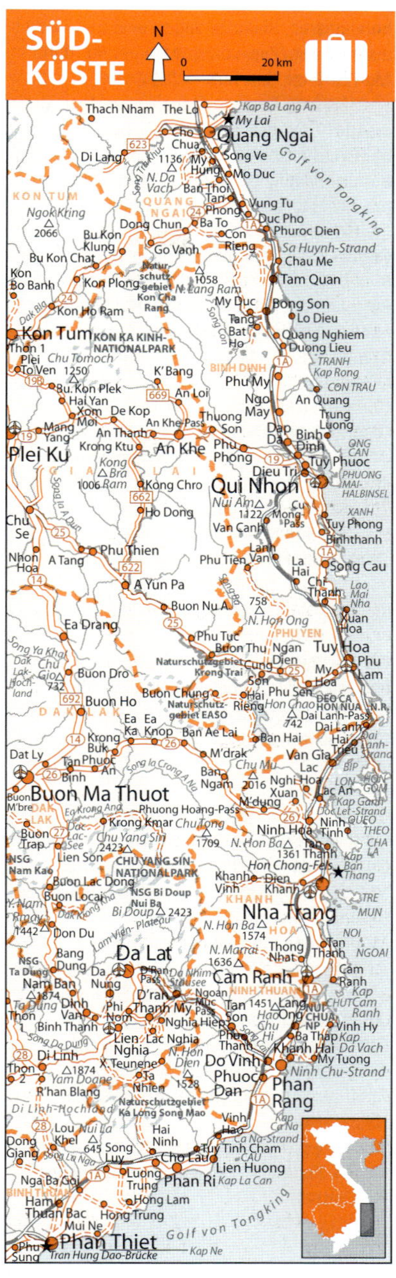

hotel.com.vn. Saubere, relativ einfach eingerichtete Zimmer auf 8 Etagen. ❸–❹

My Tra Hotel, Son Tinh, ☏ 055-842985, ℻ 842980, ✉ ks-mytra@dng.vnn.vn. Die staatliche Herberge liegt am Fluss jenseits der Brücke; so können einige der durchschnittlichen, aber sauberen Zimmer mit einem tollen Ausblick aufwarten. Frühstück inklusive. ❸–❹

Petro – Song Tra Hotel, 2 Quang Trung, ☏ 055-822665, ℻ 822204. Die 84 Zimmer verschiedener Preisklassen sind zwar etwas in die Jahre gekommen, aber durchaus akzeptabel. ❸–❹

Obere Preisklasse

Central Hotel, 784 Quang Trung, ☏ 055-829999, ℻ 822460, ✉ central@dng.vnn.vn. Luxuriöses 4-Sterne-Hotel mit 90 modern ausgestatteten Zimmern mit internationalem TV. Restaurant mit westlicher und asiatischer Küche, Pool, Tennisplatz, Fitnesscenter. ❹–❺

Südküste

Essen

Die Restaurants der besseren Hotels in Quang Ngai bieten vietnamesische und westliche Küche zu vernünftigen Preisen. Besonders zu empfehlen ist das des **My Tra Hotels**, dessen Terrasse ein gepflegtes Abendessen im Freien ermöglicht.

Spannender ist eine kulinarische Entdeckungsreise auf eigene Faust.

Dabei wird man auf jeden Fall auf *com ga* stoßen, Reis mit Huhn, das in dieser Region eine besondere Spezialität ist: Angerichtet mit Minzblättern und eingelegtem Gemüse, erhältlich zum Beispiel im **Hue Restaurant**, 314 Nguyen Nghiem, ☏ 055-821037, oder schräg gegenüber im **Bong Hong Restaurant**.

Das **Mimosa Restaurant**, 21 Hung Vuong, ☏ 055-822438, neben dem Kim Thanh Hotel serviert preiswerte vietnamesische Hausmannkost.

Bei den **Essensständen** am Südufer des Tra Khuc-Flusses ist besonders abends viel Betrieb.

Sonstiges

Geld

Incombank, 97 Hung Vuong, ☏ 055-827059, wechselt Devisen und Travellerschecks. ⏲ Mo–Fr. 7.30–11 und 13.30–16.30 Uhr. Auch im My Tra Hotel kann gewechselt werden.

Informationen

Quang Ngai Tourist Company, 321 Quang Trung, ☏ 055-829829, 823610, ℻ 822836, ✉ qngaitourist@dng.vnn.vn, Vermittlung von Taxis und Touren in die Umgebung. ⏲ Mo–Fr 8–11 und 13.30–16 Uhr.

Internet

In der **Post** und in einigen kleinen **Online-Game-Shops**, z. B. weiter südlich der Post in der Phan Dinh Phung.

Medizinische Hilfe

Das **Quang Ngai General Hospital** befindet sich westlich des Zentrums in der Hung Vuong, ☏ 055-823070, 822888.

Post

80 Phan Dinh Phung, ☏ 055-822899, ℻ 826799, ⏲ 7–21 Uhr.

Transport

Busse

Der **Busbahnhof** befindet sich nahe dem Markt in der Innenstadt. Es gibt regelmäßige Verbindungen nach BUON MA THUOT, DA LAT, HOI AN, KON TUM, PLEI KU und HO-CHI-MINH-STADT. Busse ins zentrale Hochland starten am frühen Morgen. Ziele entlang der N1 werden den ganzen Tag über bedient.

Eisenbahn

Der **Bahnhof**, ☏ 055-822660, liegt westlich des Zentrums in der Nguyen Chanh. Hier halten alle Expresszüge in nord-südlicher Richtung und viele lokale Züge. Allein nach Da Nang sind es über den Tag verteilt 14 Abfahrten. Aktuelle Fahrplaninformationen, Ticketpreise und Ankunftszeiten unter 🖳 www.vr.com.vn/english/index.html.

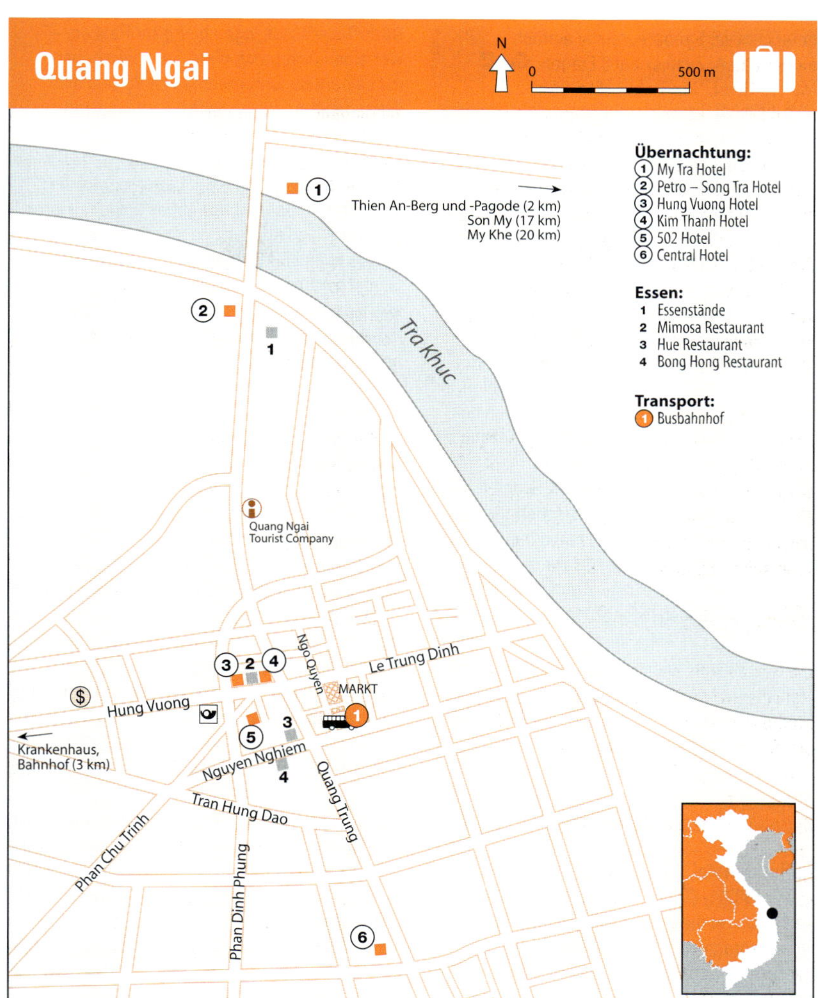

Sa Huynh

Das kleine Örtchen Sa Huynh liegt an der N1, die hier sehr nahe an der Küste verläuft. Viele Tour-Busse legen einen kleinen Stopp ein, um den Mitfahrern die Gelegenheit zu geben, kurz am wunderschönen **Sa Huyhn-Strand** zu entspannen. Wer länger an dem goldgelben, von Palmen gesäumten Strand verweilen möchte, findet sogar eine Unterkunft, die allerdings nicht gerade auf den westlichen Geschmack zugeschnitten ist.

In der Gegend um Sa Huynh wurden einige archäologische Funde gemacht, die dazu führten, dass der kleine Fischerort einer ganzen Kultur seinen Namen geben durfte.

Die Sa Huynh-Kultur

Als 1909 bei Grabungsarbeiten in der Nähe von Sa Huynh über 200 Tonkrüge freigelegt wurden, war schnell klar, dass es sich hierbei um die Hinterlassenschaften einer bisher unbekannten prähistorischen Kultur handeln musste. Weitere Fundstücke wie Schmuck und Waffen wiesen auf eine hoch entwickelte Bronzezeit-Kultur hin, die in vorchristlicher Zeit die Küste des heutigen zentralen und südlichen Vietnam besiedelte. Neben der damals vorherrschenden Bronze wurden bereits Eisen und Glas verarbeitet. Wie Funde mit Sa Huynh-Ornamenten in Thailand, Taiwan und auf den Philippinen belegen, pflegte dieses Volk ausgedehnte Handelsbeziehungen.

Um 200 n. Chr. war es mit der Sa Huynh-Kultur zu Ende, als die Cham die Herrschaft über den Küstenbereich übernahmen und mit ihnen religiöse und politische Einflüsse aus Indien ins Land kamen. Jüngste linguistische und kulturelle Untersuchungen legen jedoch die Vermutung nahe, dass es zu einer Verschmelzung der älteren Sa Huynh-Kultur mit der jüngeren Cham-Kultur kam.

Funde aus der Region sind im Sa Huynh-Museum in Hoi An ausgestellt (s. S. 403).

Übernachtung und Essen

Sa Huynh Hotel, 2 km südlich des Ortes, ✆ 055-860311, 860661. Die wenig attraktive Anlage bietet die einzige Möglichkeit, am Strand unterzukommen. ❶–❷

Neben dem **Hotelrestaurant** gibt es nicht weit entfernt an der N1 einige weitere kleine Restaurants. Spezialität: Seafood.

Transport

Busse

Alle öffentlichen Busse, die auf der N1 zwischen Nha Trang / Quy Nhon und Quang Ngai / Da Nang verkehren, können Reisende am Strand absetzen – für den Weitertransport muss dann ein Bus herangewinkt werden.

Open-Tour-Busse legen hier öfter Rast ein – wer einen Aufenthalt plant, kann versuchen, mit seinem Busunternehmen im Vorfeld die Weiterfahrt zu arrangieren.

Eisenbahn

Am Bahnhof von Sa Huynh halten nur lokale Züge. Die brauchen zwar etwas länger zu ihren Zielen als die Expresszüge, doch die vielen Stopps in kleinen Örtchen erlauben auch immer wieder lokalen Händlern, zuzusteigen und ihre Snacks anzubieten – ein besonderes kulinarisches Erlebnis. Alle Abfahrtszeiten und Ticketpreise unter 🖳 www.vr.com.vn/english/index.html.

Quy Nhon

Quy Nhon ist mit einer Viertelmillion Einwohner das geschäftige Zentrum der Provinz Binh Dinh. Als Touristenmagnet kann man die Stadt nicht gerade bezeichnen, doch das kann sich ändern. Der lange Stadtstrand ist nicht zu verachten, und weitere schöne, unerschlossene Strände befinden sich in der Umgebung.

Der Aufbau einer touristischen Infrastruktur geht langsam, aber stetig voran. Entlang der An Duong Vuong am südlichen Strandabschnitt wurden bereits viele Gebäude abgerissen, um Platz für Neubauten zu schaffen. Auch das alte Fischerdorf am Südende der Nguyen Hue, einst ein Paradies für Seafood-Liebhaber, wird bereits von Baggern dezimiert. So sind vermutlich auch die Tage der Fangflotte gezählt, die bislang noch am Strand ankert.

Im 11. Jh. war die Stadt ein wichtiger Hafen der Cham. Noch heute zeugen viele Cham-Türme in der Region von dieser Zeit. Zwei davon befinden sich nördlich des Stadtzentrums: **Thap Doi**, die „Zwillingstürme". Sie wurden renoviert und liegen in einem kleinen Garten. Die Dachform weist auf eine Verwandtschaft mit der Khmer-Architektur hin; daher werden die Türme ins 12. Jh. datiert. Um sie zu erreichen, folgt man der Tran Hung Dao am Bahnhof vorbei stadtauswärts. Nach etwas mehr als 2 km biegt rechts die Duong Thap Doi ab. Von dort sind es noch etwa 100 m.

In der jüngeren Vergangenheit war Quy Nhon eine wichtige Basis für die amerikanischen Truppen. Davon zeugt noch ein fast im Sand begrabener Panzer am Strand, dessen Geschützturm und muschelverkrustetes Kanonenrohr bei Ebbe freigelegt werden.

Bei einem Spaziergang durch die Stadt sollte man keinesfalls den belebten **Markt** verpassen, der sich in einem großen, neuen Gebäude befindet.

Zwei Pagoden im Stadtzentrum bieten anschließend Ruhe: Die **Long Khanh-Pagode** ist unschwer an der großen blauen Buddha-Statue zu erkennen. Ihr größter Schatz ist die 1805 gegossene Hong Thai-Glocke. Nahebei liegt die kleinere, hübsche **Tam An-Pagode**. Es gibt mehrere Kirchen in Quy Nhon, von denen die blau-orangene **Kathedrale** an der Tran Hung Dao am beeindruckendsten ist. Im **Provinzmuseum**, 28 Nguyen Hue, ✆ 056-822452, findet sich eine Sammlung von Cham-Statuen, die in der Umgebung gefunden wurden, und eine Bronzetrommel der Sa Huynh-Kultur, außerdem natürlich Zeugnisse aus den Kriegen gegen Frankreich und die USA. Die Ausstellungsstücke sind in Englisch beschriftet. 🕓 Mo–Fr 8–11.30 Uhr, Eintritt frei.

Einige schöne Strände schließen sich südlich an die Stadt an: Der **Queens Beach** ist nach der Gattin von Kaiser Bao Dai benannt, die sich hier gerne aufhielt. An dem felsigen Strandstück kann es zu gefährlichen Strömungen kommen. Oberhalb auf dem Hügel liegt das Grab von Han Mac Tu, einem Dichter aus Quang Binh, der 1940 mit nur 28 Jahren an Lepra verstarb. Die letzten Jahre seines Lebens verbrachte Mac Tu in **Quy Hoa**, etwa 1,5 km weiter südlich, wo es eine Lepra-Station gibt, die von den Franzosen gegründet wurde. Um das Krankenhaus herum ist ein kleines Dorf entstanden, in dem Ex-Patienten und Familienmitglieder wohnen.

Der **Strand** von Quy Hoa, unter der Woche meist ziemlich leer, ist am Wochenende ein beliebtes Ausflugsziel für die Bewohner Quy Nhons. Um dorthin zu gelangen, folgt man in südlicher Richtung entweder der Han Man Tu am Ende der Duong Vuong oder der neuen Küstenstraße N1D, die am Ende der Nguyen Thai Hoc beginnt.

Übernachtung

In Quy Nhon finden sich Unterkünfte für jeden Geschmack, vom Traveller-Treff bis zum 4-Sterne-Hotel.

Untere Preisklasse

Am Bahnhof gibt es für 55 000 Dong sehr einfache Zimmer mit Weckservice im **Train Station Guesthouse**. ❶

Au Co Hotel, 8A-24 An Duong Dong, ✆ 056-747699. Am südlichen Strandabschnitt liegt dieses kleine Hotel, dessen Zimmer etwas obskur mit Zementbäumen verziert sind. Laptop-Reisende werden sich freuen, dass es für einen kleinen Aufpreis WIFI gibt. ❷

Hai Yen Hotel, 104 Hai Ba Trung, ✆ 056-822480. Das freundliche kleine Hotel in zentraler Lage (wenngleich nicht am Strand) bietet ein halbes Dutzend saubere, gepflegte Zimmer. ❷

Mittlere Preisklasse

Quy Nhon Hotel, 8-10 Nguyen Hue, ✆ 056-892401, 📠 891162, ✉ hotelquynhon@dng.vnn.vn, 🖳 www.quynhonhotel.com.vn. Direkt am Hauptstrand gelegenes, etwas in die Jahre gekommenes Mittelklasse-Hotel, das viele Tourgruppen beherbergt. ❸–❹

Der Traveller-Treff in Quy Nhon

Barbara's (The Kiwi Connection), 18 Nguyen Hue, ✆ 056-892921, 0905-108589, ✉ nzbarb@yahoo.com. In einem alten Eckhaus an der Strandpromenade heißt die namengebende Besitzerin ihre Gäste willkommen. Barbara aus Neuseeland verliebte sich bei der Arbeit für eine Hilfsorganisation in das Land und beschloss, dazubleiben. Sie weiß alles über Quy Nhon und die Umgebung und spart nicht mit Tipps für die wenigen Traveller, die hier Halt machen. Die sauberen, einfachen Zimmer mit Waschgelegenheit und Außentoilette könnten mal wieder gestrichen werden – aber vielleicht würde das auch die Atmosphäre zerstören. ❶

Quy Nhon

Südküste

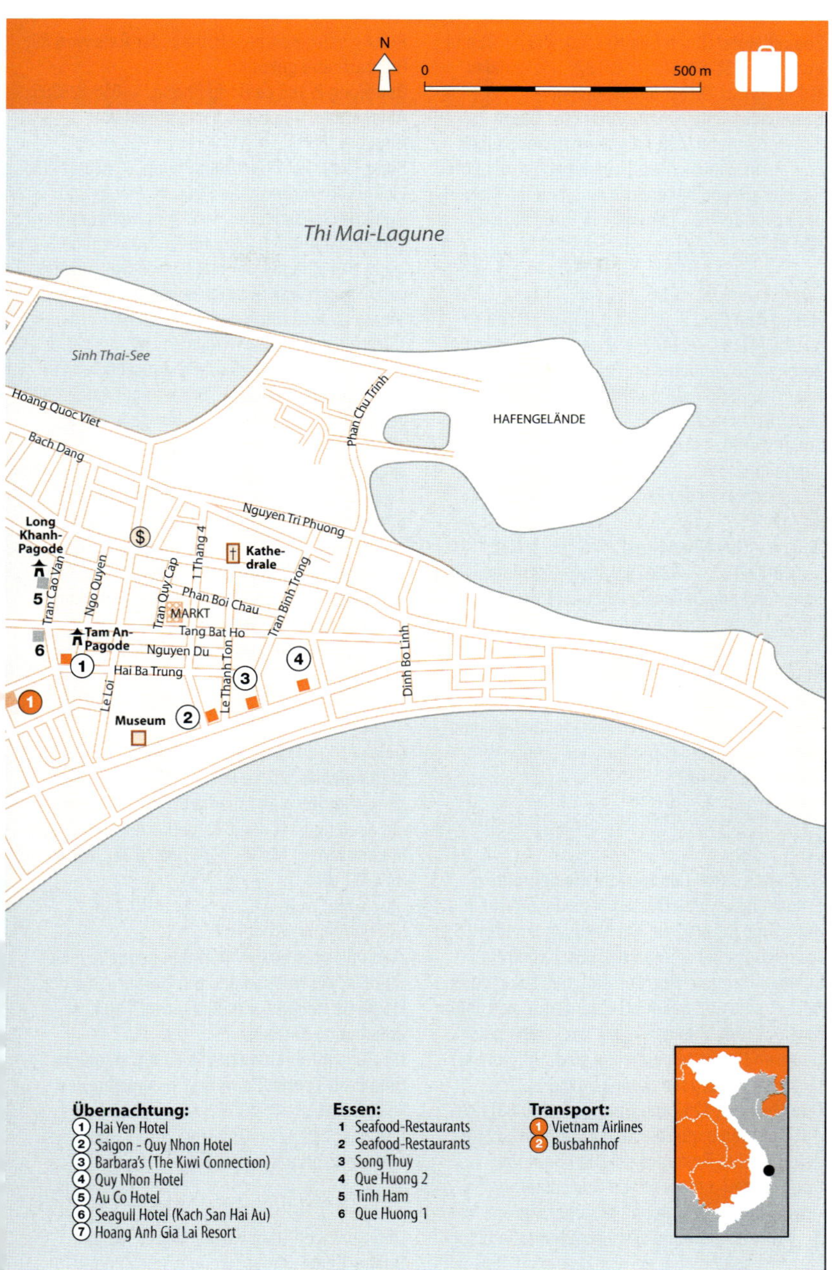
N
0
500 m
Thi Mai-Lagune
Sinh Thai-See
HAFENGELÄNDE
Hoang Quoc Viet
Bach Dang
Phan Chu Trinh
Nguyen Tri Phuong
Long Khanh-Pagode
Kathedrale
Tran Cao Van
Ngo Quyen
Tran Quy Cap
1 Thang 4
Phan Boi Chau
MARKT
Tran Binh Trong
Tam An-Pagode
Tang Bat Ho
Nguyen Du
Hai Ba Trung
Le Thanh Ton
Le Loi
Dinh Bo Linh
Museum
Übernachtung:
1 Hai Yen Hotel
2 Saigon - Quy Nhon Hotel
3 Barbara's (The Kiwi Connection)
4 Quy Nhon Hotel
5 Au Co Hotel
6 Seagull Hotel (Kach San Hai Au)
7 Hoang Anh Gia Lai Resort
Essen:
1 Seafood-Restaurants
2 Seafood-Restaurants
3 Song Thuy
4 Que Huong 2
5 Tinh Ham
6 Que Huong 1
Transport:
1 Vietnam Airlines
2 Busbahnhof

Seagull Hotel (Kach San Hai Au), 489 An Duong Vuong, ✆ 056-846473, 📠 846926, ✉ ks.haiau@dng.vnn.vn. Direkt am südlichen Strandabschnitt. Neu eröffnet (das ältere Schwesterhotel liegt nebenan), daher sauber und gut in Schuss. Der Swimmingpool, ein gutes Restaurant und besonders der „eigene" Strand direkt vor der Tür machen das Hotel attraktiv. ❸–❺

Obere Preisklasse

Hoang Anh Gia Lai Resort, 1 Han Mac Thu, ✆ 056-747100, 📠 747111, 💻 www.hagl.com.vn/hotel_resort/aboutus.php?tpl=2. Schickes Resort am Südende des Strandes. Die Zimmer sind geschmackvoll mit viel Holz und Parkett ausgestattet. 2 Pools und ein gutes vietnamesisches Restaurant. Deutliche Preisnachlässe bei Buchung übers Internet. ❹–❻

Saigon – Quy Nhon Hotel, 24 Nguyen Hue, ✆ 056-820100, 📠 828128, 💻 www.saigonquynhonhotel.com. Das vielleicht beste Haus am Platze bietet saubere, bequem ausgestattete Zimmer in zentraler Lage, Sauna, Dampfbad, Massagen und einen Pool, der für 20 000 Dong auch Nicht-Gästen offensteht. Gutes, aber nicht gerade billiges Restaurant mit westlichen (und vietnamesischen) Gerichten und einer Weinkarte. ❹–❻

Essen

Barbara's „Kiwi Connection" Restaurant im Erdgeschoss ihres Gästehauses (s. o.) ist ein guter Tipp für alle, die nach schmackhafter westlicher (und vietnamesischer) Küche suchen: Der gute Ruf, den sich das Lokal durch faire Preise und gekonnte Zubereitung errungen hat, lockt auch Reisende an, die in einem der teureren Hotels abgestiegen sind. Oft gibt es leckeres selbstgebackenes Vollkornbrot.

Que Huong 1, 125 Tang Bat Ho, ✆ 056-821123. Auf 3 Etagen bietet dieses bei Einheimischen sehr beliebte Restaurant neben Seafood auch allerlei andere lokale Spezialitäten, etwa gegrillte Vögelchen oder gefüllte Schweine-Innereien. Weniger abenteuerlustige Naturen sollten sich an *com ga* halten: Reis mit Huhn – sehr aromatisch, denn der Reis wird mit Hühnerbrühe gekocht.

Que Hong 2, 185 Le Hong Phong, ✆ 056-829395. Ableger des Que Hong 1 mit ähnlichem Angebot.

Song Thuy, 107 Phan Dinh Phung, ✆ 056-817733. Eine große Auswahl an Fleisch-, Fisch- und Geflügel-Spezialitäten in diesem Restaurant mit schönem Blick über die Thi Nai-Lagune. Nicht alle sind auf der englischen Speisekarte verzeichnet, was aber im Falle von Meeresschildkröten und anderen bedrohten Tierarten durchaus verzeihlich ist.

Einige sehr gute **Seafood-Restaurants** sind in der Nähe der Thap Doi-Türme angesiedelt. Sie liegen an der Brücke zu beiden Seiten des nördlich der Türme verlaufenden Flusses und sind zu erreichen, indem man der Straße zu den Thap Doi-Türmen weiter folgt. Weitere Seafood-Restaurants im Bereich der Nhon Hoi-Brücke.

Vegetarische Restaurants befinden sich nahe der Long Khanh-Pagode, z. B. das **Tinh Ham**, 141 Tran Cao Van. Viele preiswerte Gemüse- und Soja-Gerichte um die 10 000 Dong.

Sonstiges

Geld

Vietcombank, 152 Le Loi, ✆ 056-822408. Hier kann man Devisen tauschen, Travellerschecks einlösen und auf seine Kreditkarte Geld bekommen. ⏲ Mo–Fr 7–11 und 13.30–16, Sa 8–11 Uhr.

Informationen

Zweifellos die beste Informationsquelle in der Stadt ist die Neuseeländerin Barbara, die das kleine Gästehaus und Restaurant **The Kiwi Connection** betreibt.

Offizielle Informationsstelle ist die staatliche **Binh Binh Tourist Company**, 10 Nguyen Hue, ✆ 056-892953, 📠 891162, 💻 www.binhdinhtourism.com.vn, im Quy Nhon Hotel, die allerdings oft unbesetzt ist.

Internet

Überall in der Stadt verteilt liegen kleine **Online-Game-Shops**, die Internet-Zugang für

3000–4000 Dong pro Std. anbieten. Im Business-Bereich des **Saigon – Quy Nhon Hotels** gibt es ebenfalls Internetzugang, allerdings für 40 000 Dong die Stunde: 10-mal so teuer wie „draußen", aber auch um ein Vielfaches ruhiger. Eine weitere Alternative sind die Internet-Terminals in der Post.

Medizinische Hilfe

Das **Allgemeine Provinzkrankenhaus** (Ben Vien Da Khoa Tinh Binh Dinh) liegt in der 106 Nguyen Hue, ✆ 056-822330.

Post

Hauptpostamt, 19 Phan Boi Chau, ✆ 056-821441, 📠 825098. Hat preiswerte Internet-Zugänge. 🕒 tgl. 7–21 Uhr.

Transport

Busse

Der **Busbahnhof Ben Xe Khach Lien Tinh** liegt südlich des Zentrums an der Tay Son. Ein *xe om* hier her sollte nicht mehr als 15 000, maximal 20 000 Dong kosten. Gleich mehrere Busgesellschaften operieren von hier, sodass von früh morgens bis spät abends viel Verkehr herrscht.

Für Fahrten nach NHA TRANG empfehlen sich die flotten 16-sitzigen Sprinter von **Mai Linh Express** (8, 9, 15 und 16 Uhr, 65 000 Dong, 4 Std.). Die gleiche Gesellschaft fährt auch in die Provinz GIA LAI (PLEI KU 10.45, 11.20, 17.40 und 17.50 Uhr, 50 000 Dong, 3 Std.).

Nach HO-CHI-MINH-STADT fahren die Unternehmen **Phuong Trang** (18.30 und 19.15 Uhr, 140 000 Dong, 10 Std.) und **Trung Tam** (17.25, 18.25 und 19.15 Uhr, 155 000 Dong, 10 Std.) mit relativ bequemen 45-sitzigen Bussen. In den 16-Sitzern des Anbieters **Vataco** kann die lange Fahrt zur Qual werden (7.25, 17, 18, 18.30, 19.15 Uhr, 155 000 Dong, 10 Std.).

Weitere Ziele (Auswahl):

BUON MA THUOT: 6.30 Uhr, 85 000 Dong, in 5–6 Std. mit Trung Tam.

DA NANG: 8, 8.10, 8.30, 8.40 Uhr für 60 000 bzw. 65 000 Dong (16- bzw. 45-Sitzer), in 6 Std. mit Vataco oder um 5, 5.20 und 5.40 Uhr für 65 000 Dong mit Trung Tam.

KON TUM: 7.45 Uhr, 50 000 Dong, in 4 Std. mit Vataco und 5.45, 6.30 und 10.50 mit Trung Tam zum gleichen Preis.

QUANG NGAI: 7 und 8 Uhr, 35 000 Dong, 3 Std., Vataco.

Die Busse nach LAOS werden ebenfalls von Vataco betrieben. Sie verlassen den Busbahnhof in Quy Nhon am Do, Fr und So morgens um 6.30 Uhr, fahren über Kon Tum und Attapeu und enden in PAKSE. Dafür benötigen sie mindestens 20 Std.: Ein echter Horrortrip für 250 000 Dong. Das Visum für Laos muss schon im Pass sein.

Eisenbahn

Quy Nhons kleiner **Bahnhof**, ✆ 056-822036, ist so unbedeutend, dass er sogar Schließzeiten hat, 🕒 7.30–11.30 und 13.30–18 Uhr. Das liegt daran, dass er als Sackbahnhof bloß eine Verbindung zum nächstgrößeren **Bahnhof Dieu Tri** darstellt, der an der Nord-Süd-Verbindung liegt und entsprechend belebt ist. Ein einziger Zug verlässt Quy Nhon am Tag mit dem Ziel DIEU TRI: um 18 Uhr für 5000 Dong. Er benötigt für die 15 km fast 45 Min. Allerdings sieht es so spät abends mit Anschlusszügen schlecht aus, weshalb man sich wohl doch eher mit einem *xe om* oder einem Taxi (40 000 bzw. 80 000 Dong) zum Zug seiner Wahl bringen lässt.

Einige Abfahrtszeiten in Dieu Tri:

Nach HA NOI fahren 13 Züge, darunter die 3 bequemen Special Express-Züge um 0.21 Uhr (SE6, Ankunft 21.10 Uhr), 6.24 Uhr (SE2, Ankunft 5.40 Uhr) und 9.11 Uhr (SE4, Ankunft 4.30 Uhr).

Nach SAI GON sind es sogar 20 Züge, darunter um 9.53 Uhr der SE5 (Ankunft 20.45 Uhr), um 17.27 Uhr der SE1 (Ankunft 5.20 Uhr) und um 18.25 Uhr der SE3 (Ankunft 4.30 Uhr).

Weitere aktuelle Fahrplaninformationen, Ticketpreise und Ankunftszeiten unter 💻 www.vr.com.vn/english/index.html.

Flüge

Der **Flughafen Phu Cat** liegt 35 km nördlich der Stadt. Passagiere werden mit einem Minibus von Vietnam Airlines in die Stadt befördert (25 000 Dong). Täglich um 8.25 Uhr startet eine Maschine mit Ziel HO-CHI-MINH-STADT (Ankunft 9.45 Uhr). Wer nach HA NOI möchte,

kann hier um 11.30 Uhr den Anschlussflieger nehmen (Ankunft 13.30 Uhr). Je nach Saison gibt es Mo, Mi und Sa einen weiteren Flug nach HCMS um 15.50 Uhr (Ankunft 17.10 Uhr).
Nach DA NANG geht es Mo, Mi und Sa um 12.30 Uhr (Ankunft 13.20 Uhr). Dort hat man Anschluss nach HA NOI um 14.20 Uhr (Ankunft 15.30 Uhr).
Das Büro von **Vietnam Airlines** befindet sich in der 55 Le Hong Phong, ✆ 056-825313, ⌚ Mo–Fr 7.30–11.30 und 13.30–16.30 Uhr.

Die Umgebung von Quy Nhon

Cham-Türme

Liebhaber von Cham-Türmen kommen in der Gegend um Ninh Binh auf ihre Kosten, denn die heutige Provinz Binh Dinh war einst das Zentrum der Cham-Provinz Vijaya, die vom 4. Jh. n. Chr. bis 1471 bestand, als die von Norden anstürmenden Vietnamesen unter der Führung von Le Thanh Tong die Cham weiter nach Süden verdrängten.

Etwa 30 km nördlich von Quy Nhon steht auf einem Hügel östlich der N1 der **Vang Thap** („Goldener Turm"), der Einflüsse des Khmer-Stils aufweist und daher auch Thoc Loc („Khmer-Turm") genannt wird. 2 km westlich davon ragt der **Can Thien** („Kupfer-Turm") in die Höhe, damals das Zentrum der Hauptstadt Vijaya. Früher befand sich noch eine heute zerstörte Eingangshalle vor dem Schrein, dessen vier Ecken mit Motiven von Phönix-Schwänzen dekoriert sind. 300 Jahre nach der Zerstörung der Stadt bauten die Tay Son-Brüder 1776 hier eine Festung, deren Reste heute noch zu sehen sind: die **Do Ban-Zitadelle** (auch Hoang De oder Cha Ba genannt). Sie war während der Tay Son-Rebellion von großer strategischer Bedeutung und entsprechend heiß umkämpft (s. u.). Zwei nahe gelegene Pagoden, die **Thap Di Da-Pagode** und die **Nhan Thap-Pagode**, enthalten einige Objekte aus der Cham- und der Tay Son-Zeit.

Knapp 20 km nördlich von Quy Nhon bei Phuoc Hiep nahe der N1 ist der **The Bac** („Silberturm") zu finden, der von drei weiteren Gebäuden flankiert wird. Die Gruppe wird auch **Banh It** genannt, was so viel wie „dreieckiger Reiskuchen" bedeutet, denn daran sollen die Bauwerke aus der Ferne erinnern – meinen zumindest die Vietnamesen. Der Turm in der Mitte stellt das zentrale Heiligtum dar. Das Gebäude südlich davon wird als Bibliothek bezeichnet und weist besonders schöne Ornamente auf. Französische Archäologen fanden hier zur Zeit der Kolonialherrschaft wertvolle Statuen von Shiva, Ganesh und der Göttin Uma. Sie befinden sich heute in Frankreich.

Weitere Türme sind westlich von Quy Nhon abseits der großen Straßen zu finden: Besonders erwähnenswert sind die **Duong Long** („Elfenbein"-)Türme aus dem 12. Jh., eine Gruppe von drei eng beieinander stehenden Heiligtümern, deren mittlerer Turm mit seinen 36 m Höhe besonders groß ist, aber auch die beiden anderen sind immerhin noch 29 m hoch. Bemerkenswert sind die Naga-Darstellungen, die auf einen Austausch zwischen der Cham- und der Khmer-Kultur hinweisen. Auch die Reliefs über den Türen haben Ähnlichkeit mit denen der Bauwerke in Angkor. Einige der Sandstein-Reliefs sind recht gut erhalten, was die Gruppe zu einem der schönsten Zeugnisse der Cham-Kultur in dieser Region macht. Die Türme befinden sich nahe dem Dorf Binh Hoa (Tay Binh) im Distrikt Tay Son, etwa 40 km westlich von Quy Nhon bzw. 10 km östlich von Phu Phong. Zur Anreise folgt man in Phu Phong der Straße am Quang Trung Museum vorbei (s. u.).

Phu Phong (Tay Son)

Das Städtchen Phu Phong im Tay Son-Distrikt an der N19 Richtung Plei Ku war die Heimat eines großen Helden der vietnamesischen Geschichte: Des Rebellen und späteren Kaisers Quang Trung, nach dem heute in fast jeder größeren Stadt eine Straße benannt ist.

Heute erinnert das **Quang Trung Museum** an den Rebellenführer und späteren Kaiser. In mehreren Räumen befinden sich eine Reliefkarte der Umgebung, alte Dokumente und die Familienannalen der Trungs, außerdem Details zu den Aufständen: Eine Karte mit Schlachtverläufen und ein großes Bild vom Kampf bei Gia Dinh 1782, als die Tay Son-Armee vier stählerne Schlachtschiffe der Franzosen versenkte, die den Nguyen zu Hilfe eilen wollten. Kleine Kanonen, ein Gewehr

Südküste

und ein Flammenwerfer (!) lassen allerdings keinerlei Revolutionsromantik aufkommen. Am Ende des Rundgangs warten die Statuen von Kaiser Quang Trung und seinen Mandarinen Ngo Thi Nham (zivil) und Ngo Van So (militärisch).

In einem neuen, wenig stimmungsvollen **Tempel** neben dem Museum sitzen weitere lebensgroße Statuen von Quang Trung, flankiert von seinem älteren Bruder Nguyen Nhac links und dem jüngeren Bruder Nguyen Lu rechts – alle vergoldet, was etwas kitschig wirkt. An den Seiten jeweils die Statuen von drei weiteren Generälen. Der große Tamarindenbaum und der Brunnen im Hof stammen noch aus der Zeit, als die Familie hier auf ihrem Anwesen wohnte.

Seit der Zeit der Tay Son-Aufstände ist die Region ein Zentrum des Kampfsports geblieben, und der Ruf der Tay Son-Schule ist bis nach Europa gedrungen. Wer eine Kostprobe des Könnens der Kämpfer erleben möchte, kann sich am Kartenhäuschen am Eingang des Museumsgeländes eine Kung Fu-Show organisieren lassen. Sie kostet 200 000 Dong bei einer Gruppe von bis zu 20 Leuten, 300 000 Dong für bis zu 35 Leute.

Das Museumsgelände liegt nur wenig außerhalb der Stadt, nördlich des Kon-Flusses, ◷ tgl. außer Di 7–11.30 und 13.30–17 Uhr, Eintritt 10 000 Dong.

Ein einfaches Hotel, das **Hoa Chan**, ❶, liegt am Flussufer am östlichen Ortsrand am Abzweig zum Museum.

Busse (Richtung Plei Ku) halten an der Kreuzung, wo es zum Museum abgeht.

Mit dem eigenen **Moped** fährt man von Quy Nhon auf der Tran Hung Dao stadtauswärts nach Westen, wo nach einigen Kilometern rechts die N19 abzweigt. Phu Phong liegt dann noch etwa 40 km entfernt. Wer den Abzweig verpasst, biegt, wenn er auf die N1 stößt, rechts ab, passiert Dieu Tri und nimmt knapp 10 km später den Abzweig nach links auf die N19.

Ham Ho

Wenige Kilometer südlich von Phu Phong liegt Ham Ho, ein hübscher, ansteigender Landstrich entlang des Kut-Flusses. Die bewaldeten Ufer des malerisch zwischen den Hügelketten dahinmäandernden Gewässers laden zu Spaziergängen ein, doch Essen und Trinken müssen mitgebracht werden – Essenstände gibt es hier keine.

Der Name Ham Ho ist eine Verkürzung des Ausdrucks „Ho phong hoang vu", was in etwa „nach Wind und Regen rufen" bedeutet und auf ein Naturphänomen zurückgeht: Auf dem Höhepunkt der Trockenzeit, wenn die Bauern um Regen beten, ertönen in Ham Ho seltsame Klänge, die an das Murmeln vieler Stimmen erinnern, die um Regen bitten – der dann auch tatsächlich kurz darauf kommt! Das resultiert aus den geologischen Gegebenheiten der Region, denn dem Regen geht kältere Luft voraus, die in das Tal zwischen den Hügeln strömt und dort in den Wäldern und Höhlen diese heulenden und murmelnden Geräusche erzeugt.

Wer längere Spaziergänge in Ham Ho unternehmen möchte, sollte Kontakt aufnehmen mit dem **Ham Ho Tourism Management Commitee**, ✆ 056-880860, das auch über ortskundige Führer verfügt.

Südküste

Bai Dai-Strand

Folgt man der Uferstraße N1D von Quy Nhon aus nach Süden, passiert man mehrere unerschlossene Küstenstreifen, ehe man nach etwa 15 km den schönen Bai Dai-Strand erreicht, wo eine luxuriöse Unterkunft betuchteren Reisenden Entspannung bietet.

Das **Life Resort Quy Nhon**, Ghenh Rang, Bai Dai, ✆ 056-840132, 📠 840138, ✉ liferesort-qn@dng.vnn.vn, 💻 www.life-resort.com, ❻–❼, ist eine schöne Anlage mit einem hervorragenden Wellness-Bereich, die in puncto Ausstattung und Komfort kaum Wünsche offen lässt.

Song Cau

Bei Song Cau, knapp 50 km südlich von Quy Nhon, vereinigt sich die neue Uferstraße N1D wieder mit Vietnams Hauptschlagader, der N1. Der kleine Ort bietet außer einigen wenigen Gästehäusern an der Nationalstraße keine touristische Infrastruktur. Einige Tourbusse machen hier Halt, da es in dieser Bucht einen schönen Strand gibt.

Tuy Hoa

In der kleinen Hauptstadt der Provinz Phu Yen steigt kaum jemals ein Tourist ab – umso herzlicher wird der seltene Gast hier willkommen geheißen. Die Stadt an der Mündung des Da Rang-Flusses präsentiert sich als freundliches, geschäftiges Zentrum der Region. Seit im Jahre 2003 der alte Flughafen der US-Armee ausgebaut wurde und regelmäßige Verbindungen nach Ho-Chi-Minh-Stadt bestehen, sind endgültig die Weichen Richtung Zukunft gestellt. Ein Stadtpark mit Teichen gleich westlich der Bahngleise bietet Ruhe, der große Vergnügungskomplex Thuan Thao im Stadtzentrum Unterhaltung – und drahtlosen Internet-Zugang. Tuy Hoas Stadtstrand zählt nicht gerade zu den allerschönsten in Vietnam, doch nördlich und südlich schließen sich einige Strände an, die von Schatten spendenden Pinien gesäumt und zum Schwimmen geeignet sind.

Am Nordufer des Da Rang-Flusses liegt der 64 m hohe Nhan-Berg, der vom gleichnamigen **Cham-Turm** gekrönt wird. Er wird auf das späte 11. oder frühe 12. Jh. datiert, ist vierstöckig und misst 25 m. Der quadratische, mit Lotosblumen verzierte Sockel mit einer Seitenlänge von 11 m ist original erhalten, alles andere wurde in den 1960er-Jahren rekonstruiert.

10 km weiter nördlich liegt der postkartenreife **My A-Strand** mit weißem Sand und Kokospalmen. Drei vorgelagerte Inseln sind sichtbar, von denen eine, die 22 ha große **Hon Chua**, von ökologisch besonders reichen Gewässern umgeben sein soll.

30 km südlich von Tay Hoa liegt der **Dai Lanh-Strand**, von dessen Schönheit König Minh Mang so begeistert war, dass er den Namen in eine der neun Urnen vor dem Literaturtempel in Ha Noi eingravieren ließ. Es gibt einige Restaurants, die sehr einfache Bambushütten und Zelte vermieten. Da der Strand direkt an der N1 liegt, herrscht viel Durchgangsverkehr – man sollte also gut auf seine Sachen aufpassen.

Übernachtung

Untere Preisklasse

Hoa Anh Dao Hotel, 250 Tran Hung Dao, ✆ 057-819944, ℻ 819946, ✉ khachsanhoaanhdao250@yahoo.com. Recht neues Hotel mit sauberen Zimmern (AC, Satelliten-TV) mit Badewanne, 500 m vom Strand. Frühstück inklusive. ❶–❷

Nhu Y Hotel, 7 Nguyen Cong Tru, ✆ 057-827639, ℻ 820374. Durchschnittliche Zimmer, z. T. mit Gemeinschaftsbalkonen, Hotelrestaurant mit vietnamesischer Küche. ❷

Vinh Tuan Hotel, 227 N1A, ✆ 057-823275, ℻ 822639, ✉ vinhtuanpy@dng.vnn.vn. Nahe dem Bahnhof gelegenes großes Hotel; einfache Zimmer mit AC, TV und Kühlschrank. ❶–❷

Mittlere Preisklasse

Huong Sen Hotel, 22B N1A, ✆ 057-823775, ℻ 826460. Das staatliche Hotel mit 62 Zimmern liegt recht zentral. Die meisten Zimmer sind mit AC ausgestattet, einige wenige preiswertere gibt es mit Ventilator. Großes Restaurant. Organisiert auch Touren. ❷–❸

Essen

Tuy Hoa bietet einige **Seafood-Spezialitäten**. Beliebt sind Thunfisch-Gerichte (vor der Küste werden jedes Jahr bis zu 2000 t Thunfisch gefangen) – als seltener und besonderer Hochgenuss gelten seine Augen. Die sogenannten Blutmuscheln genießt man am besten frisch vom Grill. Experimentierfreudigere Esser können zwischen März und September frischen, rohen Quallen-Salat probieren.

01 Doc Lap Restaurant, ✆ 057-823236. Nach seiner Adresse benanntes Lokal, das neben Reisgerichten und Seafood auch Omelettes und als Steaks bezeichnete Rindfleisch-Scheibchen zum Frühstück serviert.

Café Tung, 23 Nguyen Trai, ✆ 057-823799. Hübsches, stilvolles Café, beliebt bei jungen Leuten. Der Besitzer spricht Englisch.

Cuu Long Restaurant, 35 Duy Tan, ✆ 057-826543. Lokale Spezialitäten und einige europäische Gerichte.

Dong Phuong Restaurant, 189 Nguyen Cong Tru, ✆ 057-824649. Einheimische Gerichte; keine englische Speisekarte.

Shanghai (Thuong Hai) Restaurant, 50 Duy Tan, ✆ 057-825261. Größeres Restaurant mit kleiner Bühne, in dem auch Hochzeiten und andere Feiern ausgerichtet werden. Westliche und asiatische Küche.

Sonstiges

Einkaufen

Der **Markt** ist der wichtigste Waren-Umschlagplatz der Provinz und befindet sich im Bereich der Straßen Tran Hung Dao, Le Loi, Nguyen Trai und Luong Van Chanh. Ein **Supermarkt** liegt in der 134 Le Loi.

Geld

Incombank, 236 Hung Vuong, ✆ 057-824994. Devisentausch und Kreditkarten-Transaktionen. ⌚ Mo–Fr 7.30–11 und 13.30–16.30 Uhr.

Informationen

Phu Yen Tourist Company, 2A Tran Hung Dao, ✆ 057-823697, 📠 826459.

Post

206A Tran Hung Dao, ✆ 057-823053.

Transport

Busse

Der **Busbahnhof**, ✆ 057-823056, liegt an der N1 und verbindet Tuy Hoa von morgens bis abends mit allen Zielen an der Nationalstraße. Für die Reise nach PLEI KU entlang der N25 (schöne Strecke!) sollte man früh morgens am Busbahnhof sein (ca. 70 000 Dong, 5 Std.).

Eisenbahn

Der **Bahnhof**, 149 N1, ✆ 057-824195, liegt unweit des Busbahnhofs. Es halten alle Expresszüge; daneben fahren viele lokale Bummelzüge in nördlicher und südlicher Richtung ab. Weitere aktuelle Fahrplaninformationen, Ticketpreise und Ankunftszeiten unter 💻 www.vr.com.vn/english/index.html.

Flüge

Der Flughafen liegt südlich der Stadt im Vorort Phu Lam, ✆ 057-851951. Flüge nach HO-CHI-MINH-STADT starten Di, Fr und So um 15.35 Uhr, Ankunft 16.50 Uhr.
Ein Ticketbüro von **Vietnam Airlines** liegt in der 253 Tran Hung Dao, gegenüber dem Hoa Anh Dao Hotel, ✆ 057-826508.

12 HIGHLIGHT

Nha Trang

Nha Trang, die Hauptstadt der Provinz Khan Hoa, steht auf dem Plan der allermeisten Vietnam-Reisenden. Während die einen schon bald weiterziehen, weil ihnen die Stadt allzu touristisch vorkommt, bleiben die anderen umso länger, dösen tagsüber am belebten Strand oder entdecken die Sehenswürdigkeiten der Umgebung und lassen sich abends in Richtung Nachtleben treiben, das hier deutlich mehr zu bieten hat als anderswo.

Der größte Touristenmagnet von Nha Trang ist zweifellos der **Strand**, der sich über knapp 7 km in nörd-südlicher Richtung erstreckt. Es gibt Liegestühle zu mieten, und fliegende Händler verkaufen Getränke und Snacks. Das Wasser wird schnell tief und ist zum Schwimmen geeignet. Die beste Strand-Zeit ist vormittags: Gegen Mittag nimmt die Sonnenstrahlung an Intensität zu, nachmittags kommt oft ein stärkerer Wind von der See auf, und gegen Abend füllt sich der Strand mit Einheimischen, die nach der Arbeit noch schnell ein Bad nehmen oder sich zum Fußballspielen treffen. Die Uferpromenade lädt zu Spaziergängen ein, die immer wieder unterbrochen werden können, um in einem der Restaurants oder Cafés auszuruhen.

Vor der Küste liegen Vietnams beste Tauchreviere. Zahlreiche Tauchschulen laden ein, die abwechslungsreiche Unterwasserwelt zu entdecken. Wer den Fisch lieber auf seinem Teller sieht, kann in Nha Trang im kulinarischen Himmel schweben: Snapper und Thunfisch, Squid und Octopus, Shrimp und Hummer – sie alle werden jeden Morgen fangfrisch angeliefert, zusammen mit einer großen Auswahl an Muscheln.

In Nha Trang ist immer Saison, nur im November regnet es oft den ganzen Tag. Hauptsaison ist zwischen Juni und August. Dann ist der Strand brechend voll und die Bars verleiten mit lauter Musik vor allem junge Reisende dazu, sich ins Nachtleben zu stürzen.

Die Schattenseiten des Booms sind tagsüber in Form von stetig neu entstehenden Hotels sichtbar, die nicht unbedingt zur Verschönerung der Stadt beitragen – zuletzt erregte der Bau ei-

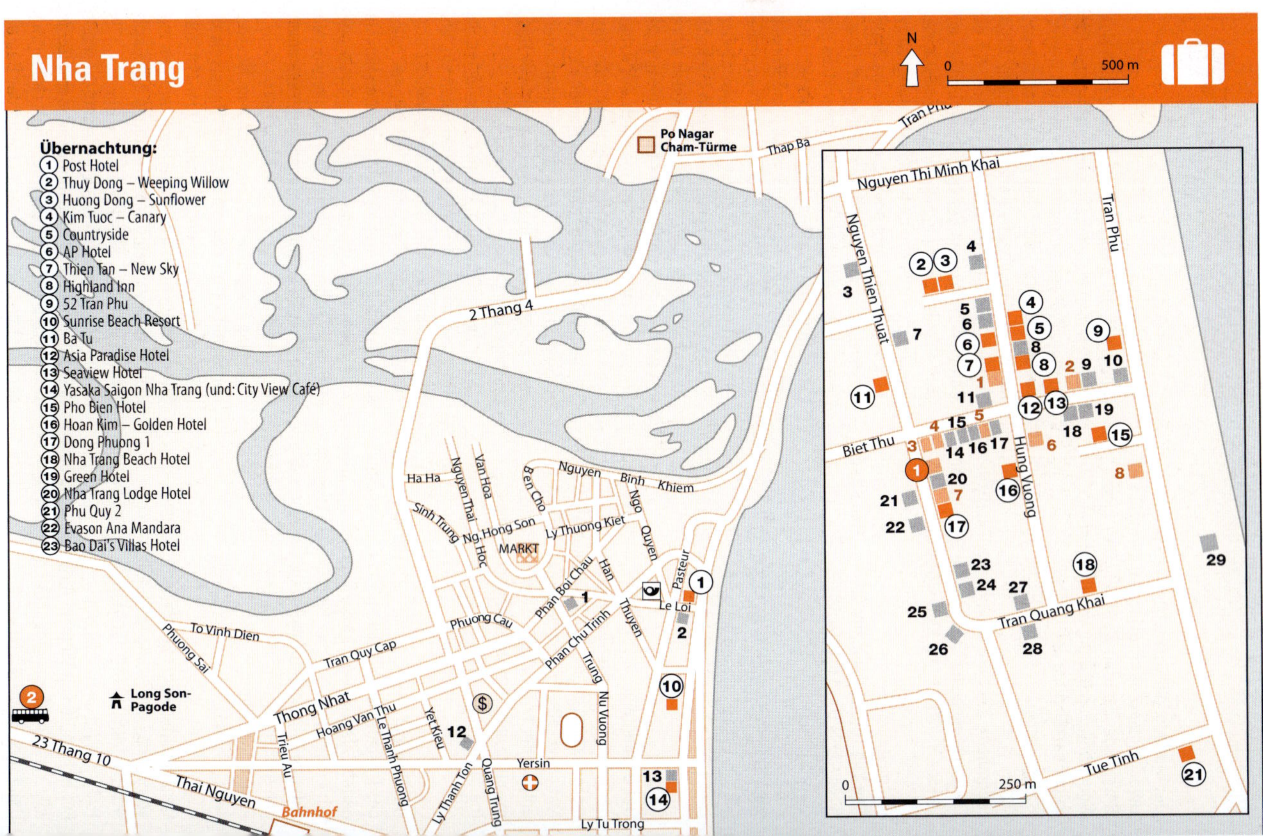
Nha Trang
N
0
500 m
Übernachtung:
1 Post Hotel
2 Thuy Dong – Weeping Willow
3 Huong Dong – Sunflower
4 Kim Tuoc – Canary
5 Countryside
6 AP Hotel
7 Thien Tan – New Sky
8 Highland Inn
9 52 Tran Phu
10 Sunrise Beach Resort
11 Ba Tu
12 Asia Paradise Hotel
13 Seaview Hotel
14 Yasaka Saigon Nha Trang (und: City View Café)
15 Pho Bien Hotel
16 Hoan Kim – Golden Hotel
17 Dong Phuong 1
18 Nha Trang Beach Hotel
19 Green Hotel
20 Nha Trang Lodge Hotel
21 Phu Quy 2
22 Evason Ana Mandara
23 Bao Dai's Villas Hotel
Po Nagar
Cham-Türme
Thap Ba
Tran Phu
2 Thang 4
Ha Ha
Nguyen Thai
Van Hoa
Ben Cho
Nguyen Binh Khiem
Sinh Trung
Ng. Hong Son
Ng. Hoc
MARKT
Ly Thuong Kiet
Ngo Quyen
Han Thuyen
Pasteur
Le Loi
Phan Boi Chau
Phan Chu Trinh
Trung Nu Vuong
Phuong Cau
Tran Quy Cap
To Vinh Dien
Phuong Sai
Long Son-
Pagode
Thong Nhat
Hoang Van Thu
Le Thanh Phuong
Yet Kieu
Trieu Au
Ly Thanh Ton
Quang Trung
Yersin
Ly Tu Trong
23 Thang 10
Thai Nguyen
Bahnhof
Nguyen Thi Minh Khai
Nguyen Thien Thuat
Biet Thu
Hung Vuong
Tran Quang Khai
Tue Tinh
0
250 m

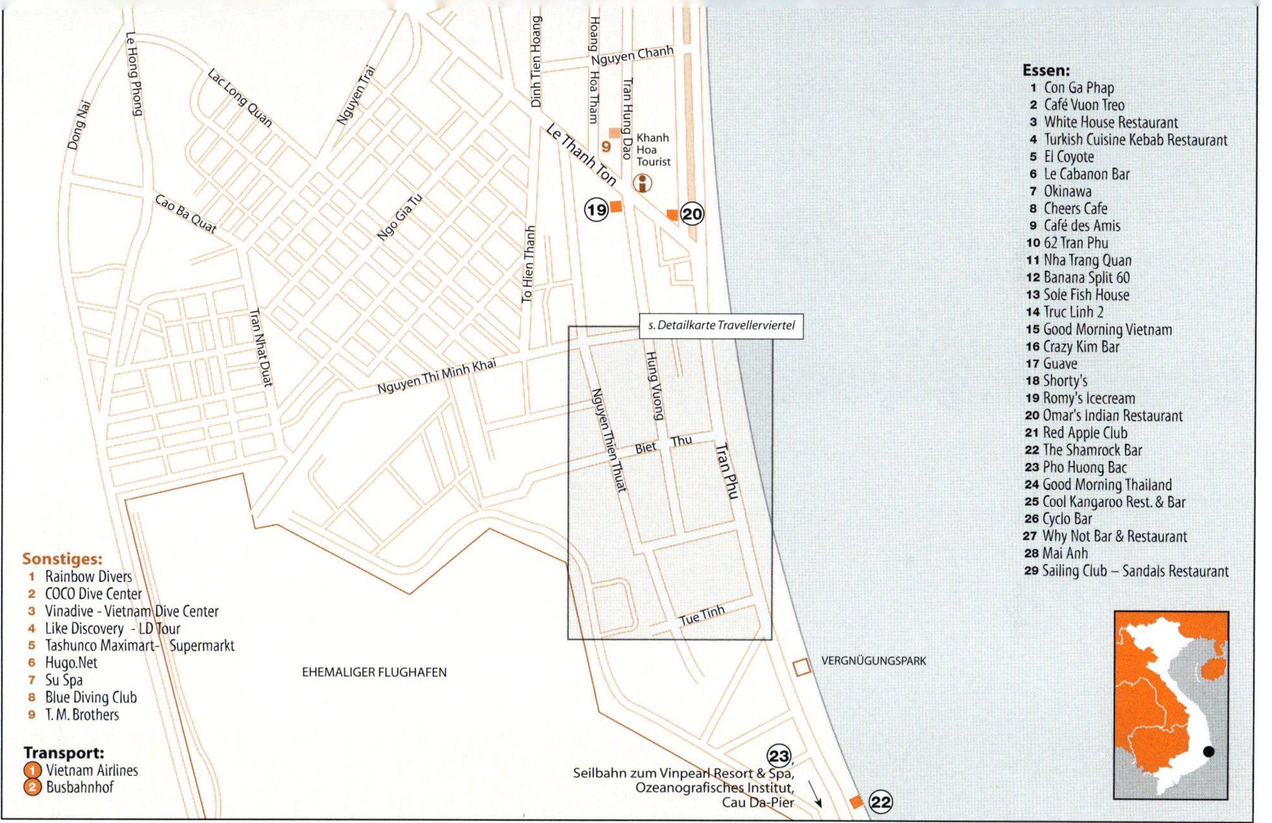
Essen:
1 Con Ga Phap
2 Café Vuon Treo
3 White House Restaurant
4 Turkish Cuisine Kebab Restaurant
5 El Coyote
6 Le Cabanon Bar
7 Okinawa
8 Cheers Cafe
9 Café des Amis
10 62 Tran Phu
11 Nha Trang Quan
12 Banana Split 60
13 Sole Fish House
14 Truc Linh 2
15 Good Morning Vietnam
16 Crazy Kim Bar
17 Guave
18 Shorty's
19 Romy's Icecream
20 Omar's Indian Restaurant
21 Red Apple Club
22 The Shamrock Bar
23 Pho Huong Bac
24 Good Morning Thailand
25 Cool Kangaroo Rest. & Bar
26 Cyclo Bar
27 Why Not Bar & Restaurant
28 Mai Anh
29 Sailing Club – Sandals Restaurant
Sonstiges:
1 Rainbow Divers
2 COCO Dive Center
3 Vinadive - Vietnam Dive Center
4 Like Discovery - LD Tour
5 Tashunco Maximart- Supermarkt
6 Hugo.Net
7 Su Spa
8 Blue Diving Club
9 T. M. Brothers
Transport:
1 Vietnam Airlines
2 Busbahnhof
s. Detailkarte Travellerviertel
Tran Phu
Hung Vuong
Biet Thu
Nguyen Thien Thuat
Tue Tinh
Le Thanh Ton
Tran Hung Dao
Hoang Hoa Tham
Nguyen Chanh
Khanh Hoa Tourist
Dinh Tien Hoang
To Hien Thanh
Nguyen Thi Minh Khai
Ngo Gia Tu
Nguyen Trai
Lac Long Quan
Cao Ba Quat
Tran Nhat Duat
Le Hong Phong
Dong Nai
EHEMALIGER FLUGHAFEN
VERGNÜGUNGSPARK
Seilbahn zum Vinpearl Resort & Spa, Ozeanografisches Institut, Cau Da-Pier
Südküste

ner Seilbahn zu einem Resort auf der vorgelagerten Insel Hon Tre Unmut, weil diese das Gesicht der Bucht stark verändert hat. Einige Bauruinen zeugen von einem Aufbruch, der wohl manchmal etwas zu überhastet erfolgt. Nachts sollte man sich in Acht nehmen, da sich am Strand und in den Straßen neben Travellern, Partyvolk und einheimischen Reisenden auch allerlei Gesindel herumtreibt, das vom schnellen Geld angelockt wird: Betrunkene Touristen sind leichte Opfer. Wer aber seine Sinne beieinander hält, dunkle Ecken meidet und sich nicht mit Schwärmen leicht bekleideter Mädchen einlässt, dem droht keine besondere Gefahr.

Sehenswürdigkeiten

Cham-Tempel Po Nagar

Weit über 1000 Jahre, genauer gesagt von 243 bis 1653, hieß das heutige Nha Trang *Aya Trang* („Schilf-Fluss") und war die Hauptstadt des Cham-Königreichs Kauthara. Aus dieser Zeit stammen die Cham-Tempel Po Nagar, die sich auf einem kleinen Hügel am Nordufer des Flusses befinden und vor Ort auch **Thap Ba** genannt werden. Sie stehen auf der Liste von Vietnams Nationalheiligtümern und sind auch heute noch Pilgerstätte, nicht nur für einheimische und ausländische Touristen, sondern auch für Gläubige, die zum Gebet hierher kommen. Betritt man das Gelände, passiert man als Erstes eine Reihe von dicken achteckigen Säulen, die früher ein hölzernes Dach trugen: die ehemalige Meditations- und Eingangshalle. Ebenso wie die Tempel sind sie teilweise restauriert; wie viel noch original aus der Entstehungszeit im 9. Jh. stammen, ist schwer zu sagen. Früher führte eine Treppe von hier direkt hoch zum Haupttempel; heute folgt der Besucher einem geschwungenen Aufgang an der linken Seite, von dem aus man eine schöne Aussicht über die Flussmündung mit den Fischerbooten und den zwei Brücken hat.

Inschriften an den Tempeln erzählen von der wechselvollen Geschichte der Heiligtümer. Die ursprünglichen Holzbauten wurden bei einer Invasion aus Java anno 774 zerstört; danach begann die Konstruktion von Steintürmen. Wohl um 817 war der Hauptturm, heute **Nordturm** (Thap Chinh) genannt, fertig. Andere Quellen nennen das 11. Jh. als Entstehungszeit.

Die Göttin Po Yang Y No Nagar

Der Nordturm ist der Cham-Göttin Po Yang Y No Nagar gewidmet, einer uralten Muttergottheit, die im Zuge des wachsenden Einflusses des Hinduismus auf die Cham mit Parvati, der Gefährtin Shivas, verschmolz. Als das Cham-Reich unterging, wurde sie von den herandrängenden Vietnamesen adoptiert, die sie Thien Y Ana oder Thien Y Thanh Mau nennen: Himmlische Mutter. Sie thront im Innenraum des Nordturms, festlich geschmückt mit gelben Gewändern, einem hohen Kopfschmuck und Perlenketten. Von wann der rotgesichtige Kopf der Figur stammt, ist unklar, doch der kunstvoll verarbeitete schwarze Stein, vor dem sie sitzt, wurde 1050 vom Cham-König Jaya Parameshvaravarman gestiftet. Gut zu sehen sind noch einige der zehn Arme der ursprünglichen hinduistischen Figur, die hinter dem gelben Kleid hervorlugen. Die fantastischen, dämonenartigen Verzierungen, die oberhalb der Arme sichtbar sind, könnten ein Hinweis auf die zweite Natur von Shivas treuer, schöner Gattin Parvati sein: als Durga, die schrecklichste aller weiblichen Gottheiten, die, oft mit bluttriefender Zunge und einer Schädelkette um den Hals dargestellt, ihre dämonischen Gegner vernichtet.
Ein großes Fest zu Ehren der Göttin findet vom 20. bis zum 23. des dritten Mondmonats statt.

Möglicherweise haben damals Reparatur- oder Umbauarbeiten dem ursprünglichen Bau sein heutiges Erscheinungsbild verliehen. Der Nordturm ist mit 25 m der höchste der vier erhaltenen Türme. Nach der in ihm wohnenden Göttin ist der Tempelbezirk benannt.

Von außen bietet der Nordturm mit seinen hohen Türen und dem dreiteiligen Dach einen schönen Anblick. Mit seinen Verzierungen und Scheintüren erinnert das Dach an aufeinander gestapelte Tempel – immer ein Tempel im Dach des anderen enthalten. An den Ecken der Dachebenen stehen weitere ähnlich gestaltete Modell-Türme. Damit wird der ganze Tempel zu einem Symbol für die Ordnung des Kosmos. Über dem Eingang befindet sich ein Relief, das entweder Shiva darstellt, der auf seinem Reittier, dem Stier Nandi, tanzt, oder aber, wahrscheinlicher, seine Gattin Durga, die einst in Gestalt von Mahisha Suramardini einen Dämonen tötete, der sich im Moment seines Todes in einen Wasserbüffel verwandelte.

Nebenan liegt der **Zentralturm** (Thap Nam) aus dem 12. Jh., in dessen Inneren sich ein kleiner Lingam und ein kleiner Altar befinden, ebenso wie im schräg dahinter liegenden **Nordwestturm** (Thap Tay Bac), der an den Seiten mit Tierdarstellungen verziert ist, und dem kleinen **Südturm** (Mien Dong Nam). Vom **Westturm** aus der ersten Hälfte des 9. Jhs. ist so gut wie nichts erhalten. Ein kleines **Museum** nahe dem Nordturm zeigt ein paar Fundstücke. Wer wirklich beeindruckende Cham-Kunst sehen möchte, sollte jedoch das Cham-Museum in Da Nang besuchen. Da die Tempel auch heute noch Stätten des Glaubens sind, gilt es, sich respektvoll zu verhalten (z. B. beim Fotografieren) und vor dem Betreten die Schuhe auszuziehen.

Das Tempelgelände befindet sich etwa 2 km nördlich des Zentrums. Man folgt der 2 Thang 4 und hält sich hinter der zweiten Brücke links. Alternativ kann man auch die Tran Phu-Brücke nehmen und dann links in die Thap Ba abbiegen. 🕓 6–18 Uhr, Eintritt 4500 Dong.

Long Son-Pagode

Die Pagode am Fuße des Trai Thui-Berges wurde Ende des 19. Jhs. errichtet und 1940 und 1975 größeren Erweiterungs- und Renovierungsarbeiten unterzogen. Sie ist Hauptsitz der Buddhistischen Organisation dieser Provinz und unterhält eine große Mönchsschule. Über ihr auf dem Berg, zu erreichen über eine 150 Stufen lange Treppe, die rechts der Pagode beginnt, thront ein 14 m großer, schneeweißer Buddha auf einer Lotusblüte und blickt über die Stadt. Außen am Sockel der Statue befinden sich von Flammen eingerahmte Portraits von Mönchen und Nonnen, die sich 1967 aus Protest gegen die Buddhisten-Verfolgung des südvietnamesischen Diem-Regimes verbrannten. Der Sockel hat hinten eine von zwei grimmigen Krieger-Reliefs bewachte Tür; innen befindet sich ein kleines Heiligtum. Auf halbem Wege nach oben zum großen Buddha geht es links ab zu einem 14 m langen liegenden Buddha, der 2003 gebaut wurde. 🕓 7–18 Uhr, Eintritt frei.

Kathedrale

An der Kathedrale im Stil der französischen Neogotik wurde von 1928 bis 1934 gebaut. Seit 1961 ist sie Sitz des Bischofs. Eine Besonderheit sind die bunten Glasfenster, die im Original erhalten sind und wie die Fenster der Kathedralen in Da Lat und Da Nang von Louis Balmet in Grenoble hergestellt wurden. Die Altarbilder zeigen neben Jesus, Maria und Josef die heilige Therese und Jeanne d'Arc. Geöffnet ist die Kirche täglich gegen Abend, wenn eine Messe abgehalten wird.

Pasteur-Institut / Alexandre Yersin-Museum

Angegliedert an das Pasteur-Institut, 10 Tran Phu, 📞 058-822355, das Grundlagenarbeit für die medizinische Versorgung der Region leistet und auch Patienten behandelt, ist das Alexandre Yersin-Museum, das dem Andenken an den Gründer des Instituts gewidmet ist. Es enthält eine Dokumentation des Lebens von Yersin und seines Beitrags zur Formung des kolonialen Vietnam. Begehbar sind sein Büro und seine Bibliothek. Neben vielen Büchern und Briefen sind Laborgeräte, ein Teleskop und ein Modellschiff zu sehen, das ihm lokale Fischer schenkten, aus Dankbarkeit dafür, dass er sie vor Taifunen gewarnt hatte. 🕓 Mo–Fr 8–11 und 14–16.30 Uhr, Eintritt 25 000 Dong.

Dr. Alexandre Yersin

Alexandre Yersin wurde am 22.9.1863 in Lavaux in der Schweiz geboren. Von seinem Vater erbte er das Interesse an der Naturkunde. Schon als kleiner Junge sammelte und studierte er die Insekten seiner Heimat. Mit 20 begann er das Studium der Medizin, zuerst in Lausanne, dann in Marburg und ab 1885 in Paris, wo er an Louis Pasteurs berühmtem Institut seine Dissertation über Tuberkulose verfasste. Um in Frankreich als Arzt arbeiten zu können, erwarb er die französische Staatsbürgerschaft. Doch bald schon zog es ihn in die Ferne: Erst arbeitete er als Schiffsarzt der Handelsmarine in der französischen Kolonie Indochina, dann begann er Forschungsreisen in das Hinterland der Kolonie zu unternehmen, teils auf eigene Faust, teils im Auftrag der Regierung. Er lernte Vietnamesisch, führte Kautschukbäume und andere nützliche Pflanzen ins Land ein und gab der Regierung den Tipp, im angenehmen Klima des südvietnamesischen Hochlands einen Erholungsort zu schaffen – so entstand Da Lat.
Yersins große Stunde kam 1994, als eine Pestepidemie in Südchina auf Hongkong übergriff und der dortige Gouverneur ihn um Hilfe bat. Innerhalb von nur drei Wochen entdeckte er das später nach ihm benannte Virus *Yersinia pestis* und identifizierte Ratten als Überträger der Krankheit. Zurück in Paris, entwickelte er ein Serum, das ab 1896 erfolgreich zur Heilung der Pest eingesetzt wurde – einer Krankheit, die jahrhundertelang eine der schlimmsten Geißeln der Menschheit gewesen war.
Dieser Erfolg öffnete Yersin alle Türen (und Geldbeutel): So konnte er am Ende des Jahrhunderts in Nha Trang eine Filiale des Pariser Pasteur-Instituts eröffnen, die ganz der Grundlagenforschung gewidmet war. Yersin war auf vielen Gebieten tätig und unter anderem erfolgreich bei der Bekämpfung der Rinderpest und bei – Wettervorhersagen: Das brachte ihm hohes Ansehen, nicht nur in Fachkreisen, sondern auch bei den Bauern und Fischern der Umgebung. So wurde Dr. Alexandre Yersin zum bei den Vietnamesen wohl beliebtesten französischen Staatsbürger während der gesamten Kolonialzeit.
Von 1902 bis 1904 leitete Yersin eine von ihm neu gegründete Medizinische Schule in Ha Noi, ansonsten lebte er bis 1943 von kurzen Reisen nach Frankreich abgesehen sehr zurückgezogen in Nha Trang und dem 20 km südlich gelegenen Dorf Suoi Dau, wo heute sein einfaches Grab zu finden ist. An dem von ihm gegründeten Institut wird bis heute weiter geforscht und gearbeitet.

Ozeanografisches Institut

Südlich der Stadt, am Ende der Bucht nahe dem Hafen, liegt in einem großen französischen Kolonialbau das 1923 gegründete Ozeanografische Institut, 1 Cau Da, ✆ 058-590035.

Neben ein paar bedauernswerten Leopardenhaien im kleinen Pool und Aquarien voller bunter Fische befindet sich im Haupthaus ein großer Raum mit Regalen voller bleicher, eingelegter Meeresbewohner – der eine findet's interessant, der andere unappetitlich. 🕓 6–18 Uhr, Eintritt 9000 Dong.

Die Landzunge Hon Chong

Die Landzunge Hon Chong bildet das Nordende der großen Bucht, an der Nha Trang liegt. Die Strände an der Landzunge und nördlich davon sind weniger touristisch als der Stadtstrand, allerdings nicht immer sehr sauber.

Zu den Felsformationen gibt es eine klassische Legende aus der Zeit, als Vietnam ein Spielplatz für Riesen und Feen war: An einem Felsen findet sich eine Stelle, die aussieht wie ein riesiger Handabdruck. Den hinterließ ein betrunkener Riese, als er von einem benachbarten Felsblock fiel. Er hatte eine Fee beobachtet, die nackt am Strand badete. Der Riese rappelte sich auf, lief zum Strand und entführte die Fee. Die beiden verliebten sich ineinander, aber die Götter zürnten dem Riesen und verbannten ihn. Die Fee wartete jahrhundertelang auf ihren Liebhaber, dann aber brach es ihr das Herz, denn sie glaubte, ihn nie wiederzusehen. Sie legte sich hin und verwandelte sich in Stein – den Feenberg Nui Co

Wer sich in Nha Trang die Nacht um die Ohren schlägt, braucht nicht zu hungern

Tien. Ein Gipfel ist ihr Gesicht, das zum Himmel schaut, zwei weitere sind ihre Brüste und etwas weiter daneben erstrecken sich ihre übereinander geschlagenen Beine. Als der Riese eines Tages doch noch zurückkehrte und das Schicksal seiner Geliebten sah, starb er vor Trauer und wurde ebenfalls zu Stein.

Übernachtung

Nha Trang verfügt als einer von Vietnams führenden Strandorten über eine Vielzahl von Hotels in allen Preisklassen. Seit Jahren ist ein erstaunlicher Zuwachs an Unterkünften zu verzeichnen. Dennoch kann es besonders zur Hauptsaison in den Sommermonaten voll werden.

Travellerviertel

Untere Preisklasse

Ba Tu, 34G1 Nguyen Thien Thuat, ✆ 058-522466, 0905-369867. Kleines, feines Gästehaus *(nha nghi)*. Die charmanten Zimmer (mit und ohne Balkon) haben im Schachbrettmuster geflieste Fußböden und bequeme Möbel. Besonders schön ist das große Familienzimmer. ❶–❷

Countryside, 27 Hung Vuong, ✆ 058-522 692, ✉ info@countrysidetour.com. Reisebüro und Gästehaus mit dem Vorteil der Nähe zum Strand und zu den Kneipen im Travellerviertel. Wer nachts ausgeht und spät zurückkommt, braucht dank eigenem Haustürschlüssel nicht wie sonst üblich erst die Belegschaft zu wecken. ❶–❷

Dong Phuong 1, 101 Nguyen Thien Thuat, ✆ / ℻ 058-526986, ✉ dongphuongnt@dng.vnn.vn. Das empfehlenswerte, 6-stöckige Minihotel überragt das alte Mutterhaus bei weitem – auch in der Qualität der Zimmer, die neu und sauber sind. Dafür gibt's im alten Haus noch preiswertere Unterkunft. ❶–❷

Highland Inn, 17B Hung Vuong, ✆ 058-524 477, 📠 524 379, 💻 www.vietnamhighlandtour.com. An das gleichnamige Tourbüro angegliedertes Gästehaus mit einfachen Doppelzimmern oder einem Platz im Dorm (Schlafsaal) für US$3. ❶

Huong Duong – Sunflower, 24/41 Hung Vuong, ✆ 058-523 785. Freundliches Minihotel mit preiswerten, relativ großen TV-AC-Zimmern. An einer kleinen Seitenstraße gelegen. ❶–❷

Kim Tuoc – Canary, 27C Hung Vuong, ✆ 058-522 617, 📠 522 618, ✉ kimtuochotel@dng.vnn.vn. Neue, saubere Zimmer (z. T. AC, Badewanne) auf 5 Etagen (mit Aufzug) nahe am Strand. ❶–❷

Pho Bien Hotel, 64/1 Tran Phu, ✆ 058-524858, ✉ phobienhotel@yahoo.com. Nur ein paar Schritte vom Strand liegt dieses preiswerte, gepflegte Hotel mit freundlichen Angestellten. Einige ähnliche Häuser in der Nachbarschaft. ❶–❷

Seaview Hotel, 4B Biet Thu, ✆ 058-524333, 📠 524335, ✉ Seaviewhotel@dng.vnn.vn. Zentral gelegenes, großes Hotel mit 60 sauberen Zimmern (AC, TV, Kühlschrank), die teureren Zimmer mit Meerblick. Im Erdgeschoss befindet sich ein Pool. Aufzug. Moped- und Fahrradverleih. ❷

Thuy Dong – Weeping Willow, 24/39 Hung Vuong, ✆ 058-523468. Nebenan; ein ähnliches Haus. Gegenüber noch weitere Minihotels als Ausweichmöglichkeiten. ❶–❷

Mittlere Preisklasse

52 Tran Phu, ✆ 058-524228, 📠 524230. Nach seiner Adresse an der Strandpromenade benanntes Haus mit 46 Zimmern, die besseren mit Balkon zum Meer. Etwas nüchtern, aber sauber und preiswert. In dieser Lage (mit Strandblick) durchaus eine Empfehlung. ❷–❸

AP Hotel, 34 Nguyen Thien Thuat, ✆ 058-527544, 📠 527268. Hohes schmales Haus mit großen, sauberen, modern ausgestatteten Zimmern, die ein sehr gutes Preis-Leistungs-Verhältnis haben. Zum Strand sind es nur ein paar Minuten. ❷–❸

Bei Kaisers zu Hause

Bao Dai's Villas Hotel, Cau Da, Vinh Nguyen, ✆ 058-590147, ✉ baodai@dng.vnn.vn. Etwas südlich der Stadt, auf der Cau Da genannten Landzunge, liegt das anmutige Hügel-Gelände, auf dem sich Kaiser Bao Dai 1923 sein Privatrefugium einrichtete. Die 5 Villen, die sich in der 120 000 m² großen, von kleinen Wegen durchzogenen Gartenlandschaft verteilen, sind schön erhaltene Beispiele französischer Kolonialarchitektur. Der kleine Privatstrand, an dem schon Kaiserin Nam Phuong lustwandelte, rundet das Gefühl ab, in eine andere Welt einzutauchen. Die Angestellten scheinen dem Zauber der Historie erlegen und geben sich freundlich, unaufdringlich und ein bisschen vornehm, was vielleicht damit zusammenhängt, dass die ganze wechselvolle Geschichte des Landes hindurch Repräsentanten der jeweils führenden Gesellschaftsschicht hier logierten. Prunkenden Luxus sollte man nicht erwarten – eher spät-sozialistischen Charme. Die 5 Villen und 2 Neubauten bieten insgesamt 48 Zimmer. Das Frühstück ist inbegriffen. 2 Meerblick-Restaurants, Konferenzraum und Tennisplatz. ❸–❺

Hoan Kim – Golden Hotel, 1K-2K Hung Vuong, ✆ 058-524496, 📠 524498, 💻 www.goldenhotel.com.vn. Saubere, gepflegte AC-Zimmer, freundliches Personal – eine gute Wahl. ❷–❸

Nha Trang Beach Hotel, 4 Tran Quang Khai, ✆ 058-524468, 📠 521159, ✉ nt_beachhotel@dng.vnn.vn. Hoch aufragendes Hotel nahe dem Strand mit 64 einfachen, sauberen Zimmern, die alle über AC, TV und Kühlschrank verfügen. Frühstück inklusive. ❷–❸

Phu Quy 2, 1 Tue Tinh, ✆ 058-525050, 📠 525722, 💻 www.phuquyhotel.com.vn. Direkt am Meer: Moderne, komfortabel eingerichtete Zimmer in 6 Preiskategorien. Je höher das Stockwerk, desto besser die Aussicht auf Stadt und Meer und desto höher der Preis. ❸–❹

Thien Tan – New Sky, 78 Hung Vuong, ✆ 058-525755, 📠 525445, ✉ newskyhotel@dng.vnn.vn, 💻 www.newskyhotel.com. Ordentliche Zimmer in diesem hauptsächlich von asiatischen Reisegruppen belegten Hotel. ❷–❸

Obere Preisklasse

Asia Paradise Hotel, 6 Biet Thu, ☎ 058-524686, ☏ 527148, 🖥 www.asiaparadisehotel.com. Fast schon luxuriös zu nennende Unterkunft mitten im Zentrum des Geschehens. Die Zimmer des 3-Sterne-Hauses sind bestens ausgestattet, allerdings sind die mit Balkon deutlich teurer als die ohne. ❺–❻

Übriges Nha Trang

Mittlere Preisklasse

Post Hotel, 2 Le Loi, ☎ 058-821252, ☏ 824205, ✉ posthotel@dng.vnn.vn. Alteingesessenes Hotel an der Strandpromenade nahe dem Markt. Alte, weiß getünchte Fassade und einfache, z. T. recht verwohnte Zimmer. Die AC-Räume mit Blick aufs Meer sind dennoch empfehlenswert für alle, die nicht im Travellerviertel wohnen wollen und lieber eine Unterkunft am anderen Ende der Stadt suchen. ❷–❸

Obere Preisklasse

Green Hotel, 6 Hung Vuong, ☎ 821 404, ☏ 826 865, 🖥 www.greenhotelnhatrang.com. Neueres Haus mit 3 Sternen und 60 Zimmern. Die Einrichtung besteht aus Rattanmöbeln und Furnierholzschränken. Die teureren Zimmer haben Badewanne. Es gibt Massage, Sauna und Internetzugang. ❹–❺

Nha Trang Lodge Hotel, 42 Tran Phu, ☎ 058-521500, ☏ 521800, 🖥 www.nhatrang lodge.com. Mitten im Zentrum von Nha Trang direkt an der Strandpromenade liegt dieser langjährige Klassiker im oberen Preissegment mit zweckmäßig eingerichteten Räumen. 2 Restaurants, Pool und Casino. Die Zimmerpreise beinhalten Steuern und Frühstück. ❹–❻

Yasaka Saigon Nha Trang, 18 Tran Phu, ☎ 058-820 090, ☏ 825 226, ✉ sg-nthotel@ dng.vnn.vn, 🖥 www.yasanhatrang.com. Viersternehotel direkt an der Strandpromenade. Gepflegt, freundlich, alle Zimmer sind geräumig und bieten große Betten. Besonders schön: Jedes Zimmer hat Meerblick. Tennisplatz, kleiner Swimmingpool, Sauna, Massage und einige Fitnessgeräte. Abends ab 20 Uhr gibt es täglich eine kleine Vorführung traditioneller Tänze und Gesang vor dem kleinen, 200 Jahre alten Nostalgie-Haus am Fuße des Hotels. Die Liegen am hauseigenen Strand kosten 15 000 Dong. Dafür gibt es nicht nur Schatten unterm Sonnenschirm, sondern auch ein Handtuch. Alle Zimmerpreise inkl. Frühstücksbuffet. ❻

Luxus

Evason Ana Mandara, Tran Phu, ☎ 058-524705, ☏ 524704, 🖥 www.sixsenses.com/ evason-anamandara. Im Südteil des Strandes liegt diese luxuriöse Bungalow-Anlage, deren klangvoller Name Ana Mandara „schönes Zuhause für den Gast" bedeutet – zu Recht. Die bestens ausgestatteten Unterkünfte liegen direkt am Strand. Die Pool-, Bar- und Restaurant-Bereiche haben alle 5-Sterne-Standard. Im angeschlossenen Six Senses Spa werden Körper und Geist von qualifizierten Fachkräften verwöhnt. Hier lässt es sich leben, allerdings nicht gerade preiswert. Wer auf den Geschmack gekommen ist, sollte sich einmal die Schwesteranlage anschauen: **Evason Hideaway**, in einer privaten Bucht nördlich von Nha Trang (s. S. 492, Umgebung von Nha Trang). ❼–❽

Melia Sunrise Nha Trang, 12-14 Tran Phu, ☎ 058-820999, 5 822866, 🖥 www.sunrise hotelvietnam.com oder www.solmelia.com. 5-Sterne-Hotel mitten in der Stadt an der Strandpromenade. Gepflegt und angenehm, mit Pool und Wellness-Bereich (Qi Spa) und einem guten vietnamesischen Restaurant, dem Huong Viet. Bei Buchungen über das Internet gibt es deutliche Preisnachlässe. ❻–❼

Vinpearl Resort & Spa, Hon Tre, ☎ 058-598188, ☏ 598199, 🖥 www.vinpearlresort.com. Auf der dem Strand gegenüberliegenden Insel Hon Tre ist dieses schicke Resort angesiedelt, dessen Name in großen Lettern am Hang prangt. Seit Februar 2007 ist das Resort durch eine 3320 m lange Gondelbahn mit dem Festland verbunden – nicht wirklich zur Freude der Einheimischen, die, vorsichtig ausgedrückt, Zweifel am ästhetischen Wert der Bahn haben. Das Resort glänzt mit einem erstklassigen Wellness-Bereich (Shiseido-Spa) und dem größten

Swimmingpool von ganz Südostasien. Ein Besucherpass kostet US$20; für US$50 sind Mittagessen und Pool-Benutzung inbegriffen. ❼

Essen

In Nha Trang gibt es eine große Auswahl an Restaurants, die den westlichen Gaumen bedienen. Besonders im Viertel um die Biet Thu sind es immer nur ein paar Schritte bis zum nächsten Laden. Hier sollte jeder fündig werden, denn es sind auf engem Raum fast alle internationalen Küchen vertreten: französisch, italienisch, englisch, türkisch, indisch, mexikanisch, japanisch und was man Touristen als vietnamesisch verkauft.

Travellerviertel

62 Tran Phu. Nach seiner Adresse benanntes und bei Einheimischen beliebtes Restaurant an der Tran Phu, Ecke Biet Thu. Relativ preiswerte Standardgerichte und Seafood nach Auslage. Nicht zu empfehlen sind Plätze direkt am Bürgersteig (wegen der permanenten Störung durch Straßenhändler) und der Tomatensaft, der sich als Tomaten-Milchshake entpuppt.

Café des Amis, 2D Biet Thu, ✆ 058-521009. Dauerbrenner bei Rucksacktouristen, wohl eher der Lage wegen, weniger aufgrund herausragender Qualität der Speisen. Auch Vegetarisches ist im Angebot.

Cheers Cafe, 15 Hung Vuong, ✆ 058-524840. Preiswerte italienische, französische und vietnamesische Standardgerichte im schlichten Garagenrestaurant mit nur wenigen Tischen. Zur großen Pizza gibt es einen Softdrink gratis.

Cool Kangaroo Rest. & Bar, 116 Nguyen Thien Thuat, ✆ 058-527307. Westliche und vietnamesische Küche, Burger, Pizza, Cocktails usw., dazu abends ein englischsprachiger Film. ◷ 7–23 Uhr.

Crazy Kim Bar, 19 Biet Thu, ✆ 058-523072, 💻 www.crazykimbar.com. Tagsüber Restaurant, Grill und Steakhaus, abends Barbetrieb. WIFI. 3 Bars, 2 Pool-Tische, eine Tanzfläche. Gute Burger, Nachos, Pizza etc. Interessante Cocktails. ◷ 9.30–1 Uhr.

Im Kampf für die Kinder

Als Kimmy Le, die 1980 nach Kanada geflohen war, Mitte der 90er-Jahre in ihre Heimat zurückkehrte, beobachtete sie geschockt, wie ein Tourist am Strand ein Kind belästigte. Sie beschloss daraufhin, in Nha Trang zu bleiben, um den Kampf gegen pädophile Besucher aufzunehmen. Die Polizei hielt sie erst für verrückt – und verpasste ihr den Spitznamen Crazy Kim. Inzwischen arbeitet sie erfolgreich mit der Polizei und den Behörden zusammen. Die ersten beiden Verhaftungen, die auf ihr Konto gingen, waren übrigens Deutsche. Inzwischen hat Kim hinter ihrer Bar eine kleine Schule für Straßenkinder eröffnet, in der Besucher nach Absprache gerne ein paar Stunden unterrichten können. Kim ist weiter aktiv in ihrer Mission, und wer Zeuge der Aktivitäten von Kinderschändern wird, kann sich an sie oder ihre Leute wenden: ✆ 0903-582 257.

Cyclo Bar, 130 Nguyen Thien Thuat, ✆ 058-524208. Kleines Restaurant mit vietnamesischer und italienischer Küche. Eine Weinkarte komplettiert das Angebot. Abends oft rappelvoll.

El Coyote, 76 Hung Vuong. Chili con Carne und andere Tex-Mex-Gerichte, aber auch Französisches. Recht gemütlich. ◷ 7–23 Uhr

Good Morning Thailand, 111B Nguyen Thien Thuat, ✆ 058-527308. Die asiatische Schwester des bekannten Italieners. Der thailändische Koch garantiert authentische Küche aus seinem Heimatland. ◷ 11–23 Uhr.

Good Morning Vietnam, 19 B Diet Thu, ✆ 058-522071. Hiesiger Ableger der italienischen Restaurantkette. Leckere Küche unter Verzicht auf den Geschmacksverstärker MSG. Italienische und französische Weine. In der Lounge in der ersten Etage werden tgl. um 17 und 20 Uhr Filme auf DVD gezeigt.

Mai Anh, 1/26 Tran Quang Khai, ✆ 058-815920. Der französische Chef Olivier versucht sich für relativ wenig Geld in Grande Cuisine, was ihm auch ganz gut gelingt. Wie wär's z. B. mit Shrimps in Cocktailsauce als Vorspeise

(40 000 Dong), dann Cordon Bleu mit echtem Blauschimmelkäse (90 000 Dong) und als Dessert eine flambierte Banane (20 000 Dong)? Oder gar ein 9-Gänge-Menü für Verliebte (200 000 Dong)? Nebenbei gibt's hier noch – ganz unfranzösisch – den besten Hamburger weit und breit und klasse Fruchtsäfte: In einem Glas Orangensaft erfüllt sich das Schicksal dreier Orangen.

Nha Trang Quan, 8B Biet Thu, ✆ 058-527086. Ein weiteres Traveller-Café mit den üblichen Gerichten. Gutes Preis-Leistungs-Verhältnis und leckere Schoko-Croissants!

Okinawa, 55/2 Nguyen Thien Thuat, ✆ 058-524890. Erweitert die übliche westlich-vietnamesische Speisekarte um klassische japanische Gerichte, darunter auch Gemüse-Sushi. ⌚ ab 16 Uhr.

Omar's Indian Restaurant, 89B Nguyen Thien Thuat, ✆ 058-221615, ✉ omarnewdelhi@yahoo.com. Spezialitäten aus Nordindien, je nach Geschmack mild oder scharf. Gute Qualität und akzeptable Preise: Hauptgerichte zwischen 25 000 und 55 000 Dong.

Pho Huong Bac, 109 Nguyen Thien Thuat. Zwischen all den Traveller- und Touristen-Restaurants gibt es eine einfache, authentische Alternative: dieses gute Suppen-Restaurant mit Klapptischen, Plastikstühlen, Wellblechdach und Neonlicht. Leckere *pho* für 13 000–15 000 Dong; englische Speisekarte.

Romy's Icecream, 1D Biet Phu. Eis essen in Strandnähe, mit echtem Eisdielen-Flair.

Sailing Club – Sandals Restaurant, östl. von 72-74 Tran Phu, ✆ 058-826528, 💻 www.sailingclubvietnam.com. Gute internationale Küche (westlich-mediterran, vietnamesisch, japanisch, indisch) in angenehmer Atmosphäre direkt am Strand. Frische Meeresfrüchte 65 000–165 000 Dong, kleine Auswahl an vegetarischen Gerichten, Holzofenpizza. Siehe auch Unterhaltung.

Shorty's, 1E Biet Thu. Die üblichen Traveller-Gerichte, dazu internationales Frühstück und Britisches wie Shepherds Pie. Hat einen recht umfangreichen Bücherschrank; fast alles auf Englisch. ⌚ 6–22 Uhr.

Truc Linh 2, 21 Biet Phu, ✆ 058-521089. Frisches aus dem Meer ist die Spezialität der drei Truc Linh-Restaurants. Das Mutterhaus steht in der 11 Biet Phu, ✆ 058-526742, und ein kleinerer „High Class Seafood"-Ableger in der 80 Hung Vuong, ✆ 058-525259. Fisch, Lobster, Muscheln... das Tagesangebot kann jeweils in der Auslage betrachtet werden. Dabei moderate Preise und angenehme Atmosphäre. Im Truc Linh 2 gibt es zusätzlich einige Thai-Gerichte.

Turkish Cuisine Kebab Restaurant, 24B Hung Vuong, ✆ 058-525328, ✉ muratkaymakcioglu@hotmail.com. Murat aus Istanbul zaubert leckere Döner, türkische Pizzen, Humus und Shish Kebab, nicht schlechter als irgendwo in Berlin-Kreuzberg oder Köln-Mühlheim. Besonders reizvoll die Spezialitäten vom Grill, z. B. die Lammschulter. Nur unwesentlich teurer als die umliegenden 08/15-Cafés, aber definitiv ein anderes Geschmackserlebnis. Auf den Tischen stehen Wasserpfeifen für den Rauch danach.

White House Restaurant, 30B Nguyen Thuen Thuat, ✆ 058-524438. Großes Restaurant mit umfangreicher westlich-vietnamesischer Speisekarte, beliebt bei Vietnamesen, die sich mal was gönnen wollen: Wegen der guten Gerichte und des *bia duc*: „deutsches" Bier (aus lokaler Produktion), das in hell und dunkel erhältlich ist.

Übriges Nha Trang

Banana Split 60, 60 Phan Chu Trinh. Einfaches Restaurant, das schon mal mehr Gäste gesehen hat und sich heute auf alle Traveller stürzt, die hier vorbeikommen. Es gibt leckere Eiscreme, Pancakes, Kaffee, Fruchtshakes und Bier. Für den größeren Hunger Pizza, Pasta, Pommes und Burger.

Café Vuon Treo, Pasteur, Ecke Le Loi, nahe der Post. Lädt in einem schönen Gartenlokal zu Kaffee oder Essen ein. Tagsüber ist hier meist weniger los als abends. Es gibt westliche Gerichte, aber auch typisch vietnamesische Küche.

Con Ga Phap, 33 Le Loi, ✆ 058-823884. Französische und vietnamesische Küche in gepflegtem Ambiente im offenen Restaurant nahe dem Markt. Wer will, bekommt hier französischen Wein zum gebratenen

Froschschenkel. Als Nachtisch lockt französische Eiscreme. Es gibt ab 6 Uhr morgens Frühstück mit gutem Kaffee. Warme Küche bis 22 Uhr von US$1,50 bis US$4–5.

City View Café, das hoteleigene Restaurant des Yasaka Saigon im 11. Stock hat westlich ausgerichtete Küche. Das Ambiente im AC-Raum ist kühl, auf der Dachterrasse hat man jedoch einen wunderschönen Ausblick aufs Meer und die Strandpromenade. Die Preise sind moderat, aber die Portionen recht klein.

Sole Fish House, 1 Yersin, ✆ 058-828656, frischer Fisch wird allabendlich auf Eis ausgelegt und nach Wunsch auf dem Grill zubereitet. Zudem gibt es Hot Pot-Gerichte. Angenehme Atmosphäre.

Unterhaltung

Wer abends ausgehen will, ist in Nha Trang richtig. Das Nachtleben hier kann sich sehen lassen, und es gibt genügend Auswahl, um sich eine Nacht (oder mehrere) um die Ohren zu schlagen. Es sei jedoch daran erinnert: Im Zustand weitgehender Hilflosigkeit alleine den Rückweg zum Hotel zu suchen, ist in dieser Stadt keine gute Idee. Ein nächtliches Nickerchen am Strand sollte man sich ebenfalls sparen.

Guave, 17 Biet Thu, ✆ 058-524140. Stylishe Lounge mit bequemen Sesseln, aktueller Musik und guten Snacks. ⌚ 11 Uhr bis spät.

Le Cabanon Bar, 6A Hung Vuong. Wer nachts um die Häuser ziehen will, braucht natürlich etwas Auswahl – und kann hier loslegen. Bier, Vietnam-Wodka, drei Tiger zum Preis von zweien und Happy Hour von 16–22 Uhr. ⌚ 8 Uhr bis spät.

Red Apple Club, 54 Nguyen Thien Thuat, ✆ 058-525599. Den ganzen Abend Happy Hour, laute Musik und ein Pool-Tisch sorgen dafür, dass besonders am späteren Abend reger Betrieb herrscht. ⌚ 15 Uhr bis spät.

Sailing Club Bar, östl. von 72-74 Tran Phu, ✆ 058-826528, 💻 www.sailingclubvietnam.com. Seit 1994 der Hotspot in Nha Trang für Feierfreudige und Tanzwütige. Besonders am Wochenende ist hier oft richtig was los. Gute Location, gute Anlage, gut gemischtes Publikum.

The Shamrock Bar, 56A Nguyen Thien Thuat, ✆ 058-527548. Gemütliche Bar im Stil eines Irish Pub.

Why Not Bar & Restaurant, 24 Tran Quang Khai. Nachtschwärmer-Hangout, oft bis in die frühen Morgenstunden geöffnet. Tagsüber ist in der AC-Bar nur was los, wenn Fußballspiele übertragen werden, gegen Mitternacht wird es voll. Restaurantbetrieb auf der schönen Terrasse zur Straße hin bis 1 Uhr nachts.

Aktivitäten und Touren

Fast alle Hotels und jede Menge Reisebüros überschütten den Reisenden mit als Informationen getarnten Tour-Angeboten. Dabei unterscheiden sich die dahinter stehenden Aktivitäten oft nicht mal, denn viele der kleineren Anbieter sind bloß Vermittler für die größeren. Alles in allem scheinen die Kunden überall recht zufrieden, zumindest sind uns aus Nha Trang noch keine Beschwerden zugetragen worden.

Highland Tours, 17B Hung Vuong, ✆ 058-524477, im Highland Inn. Organisierte in der Vergangenheit u. a. zur Hauptsaison

Beachpartys am Strand von Bai Dai, etwa 30 Min. von Nha Trang entfernt. Auf dem zweitägigen Strandfestival wird Musik von Reggae, Funky House, Live Rock bis hin zu Techno und Trance gespielt. Es gibt Lagerfeuer, WCs, Duschgelegenheiten und Shuttle-Busse, zudem eine Schlafzone, aber eigentlich soll durchgetanzt werden. Auch für erste Hilfe und die Unterbringung von Wertsachen versprechen die Veranstalter zu sorgen. Auf Plakate achten!

Javitours, 18 Tran Phu, ✆ 058-820090, in der Lobby des Yasaka Saigon Nha Trang Hotel. Dieses Reisebüro organisiert zahlreiche Touren, an denen auch Vietnamesen und andere Asiaten (nicht nur Traveller) teilnehmen. Freundlich und zuverlässig.

Khanh Hoa Tourist, 1 Tran Hung Dao, ✆ 058-823709, 📠 824206, ✉ khtourism@dng.vnn.vn, ist die offizielle staatliche Tourismusbehörde, die preislich mit den privaten Anbietern nicht mithalten kann.

Like Discovery – LD Tour, 23B Biet Thu, ✆ 058-525251, 0905-701700, ✉ ledongld@yahoo.com. Leser empfehlen diesen privaten Guide, der interessante, individuell gestaltbare Minibus-Touren zu reellen Preisen ins ganze Land anbietet.
T.M.Brothers, 22 Tran Hung Dao, ✆ 058-814556, 📠 815366. Billige Touren in die Umgebung und Tickets für Open-Tour-Busse, Buchungsservice für Zug- und Flugtickets. Massenabfertigung.

Mama Soundsos Inseltouren

Berühmt berüchtigt sind die **Bootstouren zu den vorgelagerten Inseln** von Nha Trang, die meist von Reiseagenturen mit dem Begriff „Mama" im Namen angeboten werden. Es geht feucht-fröhlich zu, und daher ist dieser Ausflug nichts für jene, die nur des Schnorchelns oder der Natur wegen mitfahren. Wer derartige Ambitionen hat, sollte sich privat ein Boot chartern. Wer jedoch schon immer mal in einem Rettungsring auf dem Meer treibend schlechten Wein in sich hineinschütten oder in angeheiterter Stimmung schnorcheln gehen wollte, kommt hier auf seine Kosten. Das Essen, Früchte und die sogenannte „floating bar" sind im Preis inbegriffen, für Bier oder Softdrinks muss extra gezahlt werden. Zudem sollte jeder einige Zehntausend Dong extra mitnehmen, da für den Besuch der Insel Hon Tam und das Schwimmen im Nationalpark noch vor Ort gezahlt werden muss.
Die Boote verlassen den Hafen Cau Da um 9 Uhr und steuern als Erstes die Insel **Hon Mun** an. Hier ankert das Boot, man kann von Bord hüpfen und schnorcheln oder sich für US$3 in einem Boot mit Glasboden trockenen Fußes die Unterwasserwelt anschauen. Nur wer gelangweilt auf dem Boot bleibt, muss nicht extra zahlen: Für alle anderen wird eine Gebühr von 5000 Dong Nationalpark-Eintritt fällig. Die Fahrt geht weiter zu einem weiteren Halt im Nationalpark nahe der Insel **Hon Mot**. Ein Buffet wird auf den zum Tisch umgestalteten Sitzen aufgebaut, meist bestehend aus Fisch, Baguette, Reis und kleinen Gerichten. Anschließend wird die schwimmende Bar zu Wasser gelassen und Wein ausgeschenkt, oft im Rahmen einfacher Trinkspiele. Viele haben riesigen Spaß dabei und genießen auch das Unterhaltungsprogramm: Die Crew singt und spielt Gitarre. Weiter geht die Fahrt zum Strand der Insel **Hon Tam**, wo weitere 5000 Dong Eintritt zu zahlen sind. Hier stehen Liegestühle (die dem angrenzenden Resort gehören) bereit. Außerdem sind Jetski für 100 000–150 000 pro 10 Min. zu mieten. Vorsicht: Nicht jeder, der hier über die Wellen brettert, weiß, was er tut! Immer wieder kommt es zu gefährlichen Situationen.
Zurück auf dem Boot werden Früchte zur Stärkung angeboten. Den Abschluss bildet ein Besuch vor einem Fischerdorf auf der Insel **Hon Mieu**, wo man sich von Einheimischen in kleinen runden Booten herumfahren lassen kann und Fischfarmen zu sehen sind. Auch dieser Service kostet etwa 5000 Dong p. P. Ins Dorf selber wird man nicht gebracht. Zwischen 16.30 und 17 Uhr läuft das Boot in den Hafen ein; von dort wird man zu seinem Hotel zurückgebracht.
Die Ausflüge kosten ab US$6 p. P. Unzählige Veranstalter im Travellerviertel bieten solche Touren an. Eine gezielte Empfehlung lässt sich kaum aussprechen, da es zum großen Teil von den Mitreisenden abhängt, wie viel Stimmung aufkommt. Zu den alteingesessenen Anbietern gehören u. a. die für besonders beschwipste Touren bekannte Mama Hanh und Mama Linh, 23C Biet Thu, ✆ 058-522844. Auch bei T.M.Brothers, ✆ 058-814556, wird fleißig Alkohol ausgeschenkt.

Weitere Inseltouren

Ein besonderes kulinarisches Highlight ist die **BBQ-Tour** zum **Con Se Tre Tourist Village**. Um 17 Uhr geht es los, bei Sonnenuntergang ist die Insel erreicht. Es besteht die Möglichkeit zu schwimmen oder einfach nur das Panorama zu genießen. Um 19 Uhr gibt es Essen, zurück geht es um 21.30 Uhr. Der Preis beträgt bei 5–9 Personen etwa 260 000 Dong p. P., bei Gruppen über 10 Personen zahlt jeder 230 000 Dong. Gruppen mit mehr als 40 Personen wird auch noch traditionelle Musik geboten. Kontakt über Reisebüros oder im Büro in der 100/16 Tran Phu, ✆ 058-811163, ✉ nhadan@hcm.vnn.vn.

Weitere Inseltouren verbinden meist zwei bis drei Ziele miteinander; etwa einen Besuch bei den **Ba Ho-Wasserfällen** mit einem Besuch auf der Insel **Hon Thi**, wo Liebhaber von Orchideen auf ihre Kosten kommen. Dort sind die namensgebenden Blumen in einer riesigen Variation zu finden, und auch der Rest des hier angelegten Gartens ist für Freunde der Botanik einen Besuch wert. Auf dieser Tour muss mit Gruppenanimation gerechnet werden: Es wird zum Singen aufgefordert, was vor allem die teilnehmenden Vietnamesen erfreut, die in der Regel ausgesprochene Sangesfreunde sind. Ein Bootsausflug führt nach **Hon Lao** („Affeninsel"), wo es neben den namensgebenden Affen auch Krokodile und Vögel zu sehen gibt. Zudem wird Kunsthandwerk vorgestellt und eine Zirkus-Show mit Affen, Elefanten und Bären besucht, die sicher nicht jedermanns Geschmack ist. Einige Touren schließen auch den **Doc Let-Strand** mit ein; dort ist Relaxen angesagt (siehe auch S. 490, Inseln und Strände um Nha Trang).
Diese Touren werden von allen Reisebüros und an fast allen Hotelrezeptionen in den verschiedensten Kombinationen und zu unterschiedlichen Preisen angeboten.

Thap Ba-Schlammbad

Ein Tag oder ein paar Stunden in den Mineralwasserquellen Thap Ba und ein Bad in heißem Schlamm verspricht Entspannung und Stressabbau pur. „Soaking in mineral mud is interesting", versprechen die Werbeschilder in der Stadt: „Einweichen in Mineral-Schlamm ist interessant." Den neugierig gewordenen Besucher erwarten kleine Becken, die frisch mit warmem Schlamm gefüllt werden. 15 Minuten dauert das Bad in der mineralhaltigen Brühe, das sehr gesund für die Haut sein soll. Wenn die Sonne scheint, sollte man sich von ihr vor dem Abduschen einmal trocknen lassen. Nach der reinigenden Dusche folgt eine aktivierende Massagedusche und danach ein bis zu 45-minütiger Aufenthalt in einem 40 °C heißen Mineralwasserbad. Nach diesem Programm kann man den Pool nutzen, dessen 36 °C warmes Wasser sich definitiv nur zum Ausspannen eignet.

Ausflugsziele auf dem Festland

Die drei Wasserfälle von **Ba Ho** sind ein schönes Ausflugsziel, falls man mal einen Tag nicht am Strand liegen möchte. Hier kann man wunderbar im kühlen Flusswasser schwimmen und bei einem Spaziergang die Natur genießen. Auf eigene Faust sind die Wasserfälle nicht ganz einfach zu finden: An der N1 Richtung Norden biegt nach etwa 22 km ein kleiner Weg links ab, der nur von zwei kleinen Steinpfosten markiert ist. Findet man den Abzweig, durchquert man anschließend das Dorf Ba Ho, hält sich an der Gabelung rechts und endet an einem Parkplatz, von wo es zu Fuß 2 km bis zum ersten See weitergeht. Bis zum zweiten ist es ein weiterer Kilometer, der dritte liegt nur noch ein paar hundert Meter entfernt. Der Eintritt beträgt 5000 Dong. Am bequemsten erreicht man die Wasserfälle, ebenso wie die folgenden Ziele, mit einer Tour oder einem einheimischen Führer.
Die **Yang Bay-Wasserfälle** liegen etwa 50 km von Nha Trang. Hier wurden die Wasserbecken zu Füßen der Fälle künstlich um Schwimmgelegenheiten erweitert. Sie stehen ebenso auf dem Programm einiger Touranbieter in Nha Trang wie die **Dien Khanh-Zitadelle**, die nicht sehr spektakulären Überreste einer Festungsanlage aus dem 18. Jh., und das **Raglai-Dorf**, in dem Angehörige der Minderheit der Raglai relativ unbeeindruckt von der Moderne ihrem traditionellen, auf der Landwirtschaft basierenden Lebensstil nachgehen.
Der **Feenfluss Suoi Tien** liegt etwa 20 km von Nha Trang im Distrikt Dien Khanh. Der Fluss entspringt auf dem Hon Ba-Berg und schlängelt sich talwärts, ehe er sich im Örtchen Suoi Tien in zwei Arme teilt: Einer fließt nordwärts und bewässert die Reisfelder, der andere ergießt sich nach Osten über einen felsigen Untergrund, ehe er sich mit dem Cai-Fluss vereinigt. Die schöne Umgebung gebar einige Legenden von Feen, die in diesem Fluss baden oder sich auf den Steinblöcken zum Schachspiel treffen. Natürlich hat auch ein Riese seinen Fußabdruck hinterlassen, als er heimlich die Feen beobachtete und, betört von deren Schönheit, ausrutschte.

Der Kinderpool ist etwas kälter, aber auch hier ist Schwimmen nahezu unmöglich. Am Pool befinden sich zahlreiche schattige Liegen. Im Restaurant kann man einen erfrischenden Drink bestellen oder essen gehen. Wer einen Besuch plant, sollte sich mindesten 3 1/2 Stunden Zeit nehmen, ansonsten bleibt die Entspannung auf der Strecke.
Handtücher und Badesachen können für ein paar Tausend Dong gekauft oder geliehen werden. Das Leih-Handtuch kostet 25 000 Dong, Kleidung je nach Größe unwesentlich mehr. Wer einen Schlamm-Pool für sich allein will, zahlt etwas mehr (180 000 Dong p. P.) als wenn man sich ein Bad mit mehreren Personen teilt (300 000 Dong / Pool).
Einen ganzen Tag Entspannung und Luxus bietet der VIP-Bereich. Für US$105 im Einzelzimmer oder US$145 im Doppelzimmer kann man hier von 8 Uhr morgens bis 9 Uhr abends so oft und so lange man mag in der eigenen Holzschlammwanne liegen, es sich im persönlichen Jacuzzi mit Mineralwasser gut gehen lassen oder im VIP-Pool schwimmen. Im Preis inbegriffen sind eine 75-minütige Massage (mit Kräuteranwendung), ein Besuch beim Friseur, ein leichtes Essen, Früchte und Tee sowie Badesachen und Handtücher. Im Zimmer gibt es internationales TV und DVD sowie eine Minibar. Selbstverständlich wird man vom Hotel abgeholt und am Ende des Tages dorthin zurückgebracht.
Kontakt: Thap Ba Hot Spring Center, 25 Ngoc Son, ✆ 058-830090, ℻ 835287, 💻 www.thapbahotspring.com.vn.

Fahrradtouren

Geführte Fahrradtouren sollen das Leben der Landbevölkerung näher bringen. Zu sehen ist ein altes Haus aus dem 19. Jh., die Herstellung von Reispapier und von Matten, außerdem wird gezeigt, wie die Arbeit auf dem Reisfeld vonstatten geht. Mittagessen gibt es in einem Flussrestaurant. Wer diese Tour alleine macht, zahlt 455 000 Dong, bei 5 Personen zahlt jeder nur noch 250 000 Dong. Im Preis enthalten sind die Mieträder, ein Tourguide, Essen, Eintrittsgelder und ein Mineralwasser sowie ein Hut als Geschenk. Los geht die Tour planmäßig um 9 Uhr und endet gegen 15 Uhr.
Man kann natürlich auch auf eigene Faust eine Radtour machen: Kleinere Touren in die Umgebung sind problemlos möglich, bei längeren Ausflügen sollte man aber besser einen Führer mitnehmen, der Vietnamesisch spricht und die Gegend kennt.

Flussfahrten

Dieser Tagesausflug beginnt mit der Abholung vom Hotel und anschließender Bootsfahrt zur Ha Ra-Brücke. Dort wird ein Fischerdorf besucht. Zu sehen ist, wie Matten geflochten und Räucherstäbchen hergestellt werden. Mittagessen gibt es auf dem Boot. Danach steht der Besuch eines alten Hauses aus dem 19. Jh. mit zahlreichen Skulpturen auf dem Programm. Weiter geht es zur Höhlenpagode Chua Hang und einer Bootswerft. Am Ende lässt das Boot die Besucher an den heißen Quellen aussteigen, wo sie relaxen können (der Eintritt ist nicht im Tourpreis enthalten). Das Boot startet um 8.30 Uhr und kehrt gegen 16.30 Uhr zurück. Andere Anbieter fahren zudem zu den Cham-Türmen und einer Kokosnussplantage. Außerdem kann der Bootsausflug mit einer Fahrt in der Pferdekutsche kombiniert werden.

Stadtrundfahrten

Eine Tour durch die Stadt beinhaltet i. d. R. den Besuch des Ozeanografischen Instituts, der Bao Dai Villa, Long Son-Pagode, Cham-Türme und der Chong-Landzunge. Manche Veranstalter haben zudem den Markt und die heißen Quellen mit im Angebot. Diese Tour kostet mit dem Motorrad für eine Person 410 000 Dong, mit dem Taxi knapp 800 000 Dong. Bei mehreren Teilnehmern wird es etwas billiger. Im Preis inbegriffen ist neben dem Transport ein Fremdenführer (meist nur Englisch sprechend), Wasser, Früchte und ein Mittagessen. Eintritt muss nur noch in den Mineralquellen bezahlt werden. Das Programm beginnt gegen 8.30 Uhr und endet gegen 16.30 Uhr.

Tauchen

Nha Trangs Tauchplätze zählen zu den schönsten von Vietnam. Inzwischen gibt es zahlreiche Tauchschulen, mit denen man die reizvollen Unterwassergebiete im Nationalpark entdecken kann.

Tauchplätze um Nha Trang

Die typischen Tauchausflüge führen zu den Inseln Hon Mun und Hon Rom. Rund um diese Eilande liegen mehr als ein Dutzend interessante Tauchstellen verteilt, die von der Crew je nach aktuellen Sichtweiten und Strömungen ausgewählt werden. Anfänger und PADI-Kurse steuern den flachen, bis 15 m tiefen Mama Hanh Beach an der Nordküste von **Hon Mun** an, eine flache Trainings-Stelle mit viel sandigem Untergrund, benannt nach den Bootstouren, die hier einen Schnorchel- und Trink-Stopp einlegen. Der Moray Beach im Westen der Insel ist mit 18 m nur wenig tiefer, bietet aber viele Hart- und Weichkorallen, Seepferdchen, Clownfische und Riesen-Muränen. Die South Bay ist bis zu 25 m tief; gesichtet werden neben allerlei bunten Riffbewohnern auch Barrakudas und Drückerfische. Am Big Wall an der Ostseite geht es 38 m in die Tiefe – hier kann man Löwenfischen begegnen. Rund um die vorgelagerte kleine Insel **Hon Rom** sind Höhlen und Tunnel zu entdecken. Dabei kann man auf Oktopusse und Rochen stoßen.

Weitere Tauchstellen sind erfahrenen Tauchern vorbehalten: Bei **Hon Noc** am Ostzipfel der großen Insel Hon Tre trifft man auf große Grouper und Riffhaie. Hier geht es bis zu 50 m in die Tiefe. Noch weiter herunter geht es bei **Hon Vung** und **Hon Cau**, die in nordöstlicher Richtung liegen – man sollte bedenken, dass seriöse Tauchanbieter von Tauchgängen tiefer als 40 m abraten. Bei **Hon Mot** schließlich ist ein Schiffswrack aus dem amerikanischen Krieg zu sehen.

Die Unterwasserwelt zählt zwar nicht gerade zu den spektakulärsten der Welt, doch wer das Tauchen erlernen will oder als lizenzierter Taucher mal wieder unter Wasser gehen möchte, kann ein paar schöne Ausflüge unternehmen. Die Sichtweiten betragen oft 15–20 m, auch 30 m sind möglich.

Tagestouren starten um 7.30 Uhr. Vom Cau Da-Pier im Süden Nha Trangs geht es meist nach Hon Mun und Hon Rom. Kurz vor 9 Uhr beginnt der erste Tauchgang am Ufer dieser Insel, wo Korallen, Fische und kleine Höhlen zu sehen sind. Der zweite Tauchgang an einer anderen Stelle beginnt gegen 11 Uhr. Etwa um 13.30 Uhr geht es zurück Richtung Festland. Aufgrund des hohen Konkurrenzdrucks sind solche einfachen Tauchausflüge schon für US$30–40 zu haben – sehr preiswert: Auf Phu Quoc zahlt man leicht das Doppelte. Wer einen Tauchschein machen will, kann dies in Nha Trang ebenfalls vergleichsweise günstig.

Alle **Tauchanbieter** haben ihre Büros im Traveller-Viertel um die Biet Thu, darunter:

Blue Diving Club, 66 Tran Phu, ✆ 058-527034, 💻 www.vietnam-diving.com. PADI-authorisiertes 5-Sterne-IDC. Chef Andre Salvatage ist ein professioneller Unterwasser-Fotograf.

COCO Dive Center, 2E Biet Thu, ✆ 058-522900, 📠 522444, 💻 www.cocodivecenter.com. Der Franzose Jean Pierre, der über 35 Jahre Taucherfahrung verfügt, hat viele der Tauchstellen um Nha Trang selbst entdeckt. Er bietet PADI- und SSI-Kurse an. Seine Partnerin Miss Xuan hat er selbst zur ersten lizenzierten vietnamesischen Tauchlehrerin ausgebildet. Täglich Tauchtouren mit kleinen Gruppen auf einem schönen großen Holzboot mit Sonnendeck und Liegestühlen. NITROX-Tanks und Unterwasserkameras vorhanden.

Rainbow Divers, 90A Hung Vuong, ✆ 058-524351, 💻 www.divevietnam.com. Renommiertes Tauchunternehmen, eines der ersten in Vietnam. PADI National Geographic-Kurse. Die Schule von Jeremy Stein hat so einen guten Ruf, dass sie es sich leisten kann, etwas teurer als die anderen zu sein. Hinter dem Office eine kleine Restaurant-Bar mit einer großen Auswahl an importierten

Dekompressions-Bieren. WIFI-Zone. Rainbow Divers betreiben auch ein Divecenter im Whale Island Resort, 60 km nördl. von Nha Trang, in wildnatürlicher Umgebung. DZ im einfachen Bambusbungalow am Strand US$140 (!) inkl. Transfer und 3 Mahlzeiten. Für Reservierungen: ✉ graham@divevietnam.com.

Sailing Club Divers, 72-74 Tran Phu, ✆ 058-826528, 💻 www.sailingclubvietnam.com. Das Büro liegt im Eingangsbereich des Sailing Clubs an der Tran Phu. In Zusammenarbeit mit dem schräg gegenüber liegenden **Octopus Diving** bieten die Sailing Club Divers Tauchtrips für Anfänger und Fortgeschrittene, darunter Nitrox-, Tieftauch- und Nachttauchgänge. Wer will, kann sich hier sogar zum Tauchlehrer (PADI-Instruktor) ausbilden lassen.

Vinadive – Vietnam Dive Center, 23D Biet Thu, ✆ 058-526575, 📠 526576, 💻 www.vietnamdive.com. Eine PADI-Tauchschule unter vietnamesischer Leitung. Einige der größeren Hotels (z. B. Yasaka) arbeiten mit diesem Team zusammen.

Wellness

Entspannung und Körperpflege können nach einem anstrengenden Ausflug oder einer durchzechten Nacht auf wunderbare Weise die seelische und körperliche Harmonie wiederherstellen. Auch wer nicht in einer hochklassigen Hotelanlage mit angeschlossenem Spa-Bereich wohnt, kann sich in Nha Trang entsprechend verwöhnen lassen. Dass hier Bedarf besteht, hat als eine der ersten Crazy Kim erkannt, die ihr **Crazy Kim Spa** in bester Lage in der Biet Thu eröffnet hat (neben Shorty's). Auch **Su Spa**, 93AB Nguyen Thien Thuat, lockt mit Entspannungsangeboten von der Nagelpflege bis zum Dampfbad in angenehmem Ambiente.

Sonstiges

Einkaufen

Der **Markt** (Cho Dam) ist von morgens bis abends ein belebtes Zentrum der Stadt. Neben Lebensmitteln und Dingen des täglichen Gebrauchs haben sich auch einige Souvenirhändler angesiedelt, die eine große Auswahl landestypischer Mitbringsel anbieten. Das meiste unterscheidet sich nicht wesentlich von den Souvenirshops in Sai Gon.

Supermärkte: **Tashunco**, 17A Biet Thu, ✆ 058-827035, ist ein kleiner Supermarkt mit westlichen Produkten wie Chips, Käse, Wein etc.; im Travellerviertel direkt neben dem Guave gelegen. Der **Maximarkt**, 66 Quang Trung, befindet sich am Schnittpunkt Ly Than Ton, Yersin und Quang Trung. Hier gibt es Milchprodukte und Wein, daneben Rasierklingen und andere Hygieneartikel (u. a. Tampons). Wer mit Kleinkind reist, kann bei Bedarf Windeln erstehen. Im Obergeschoss werden Kleidung und Spielsachen verkauft. Wer sich spontan entschließt, Tennis spielen zu wollen, findet hier das passende Outfit zu günstigen Preisen.

Fotografien: Long Thanh ist ein bekannter vietnamesischer Fotograf, stammt aus Nha Trang und betreibt eine Galerie in der 126 Hoang Van Thu, ✆ 058-824875, 📠 823819, ✉ Lvntrang50@hotmail.com. Wer sich in eines seiner großartigen Schwarzweißbilder verliebt hat, kann hier ein ganz besonderes Souvenir erstehen. Eine Auswahl seiner Bilder findet sich auch im Internet unter 💻 www.elephantguide.com/longthanh.

Geld

Vietcombank, 17 Quang Trung, ✆ 058-825120, 📠 823806, tauscht Devisen und wechselt Travellerschecks. 🕒 Mo–Fr 7.30–11 und 13.30–16.30 Uhr.

Zahlreiche Geldautomaten befinden sich in der Stadt und überall entlang der Strandpromenade (z. B. am Yasaka Saigon und auf der Höhe des Travellerviertels), die meisten sind nur für VISA und MasterCard-Abhebungen. Der ATM neben der Apotheke beim Maximarkt gibt auch Geld auf Maestro und Cirruskarten heraus.

Internet

Viele **Hotels** haben Internetzugänge in der Lobby. Daneben hat Nha Trang zahlreiche **Internet-Cafés**, in denen vornehmlich Jugendliche vor Onlinespielen sitzen. Eine Stunde kostet um die 3000 Dong. Recht stabile Verbindungen gibt es bei **Hugo.Net**, 41 Hung

Vuong, ✆ 058-521339. Dort kann man auch CDs und DVDs brennen.
In der **Rainbow Bar**, 90A Hung Vuong, die zur gleichnamigen Tauchschule gehört, gibt es eine WIFI-Connection. Gute Verbindungen offeriert auch die **Post**.

Medizinische Hilfe

Provinzkrankenhaus (Benh Vien Tinh),19 Yersin, ✆ 058-822393.

Musik

Wer neue Musik braucht (und es mit dem Urheberrecht nicht so genau nimmt), kann seinen MP3-Player im **Groove Shack**, 17 Hung Vuong, neben dem Highland Inn aufladen, einem Musikladen mitten im Travellerviertel, der zudem noch billiges Bier und Wodka-Mixgetränke anbietet.

Post

Das große **Hauptpostamt**, 4 Le Loi, ✆ 058-821271, 📠 821614, hat neben Internetverbindungen im Obergeschoss auch einen EMS- und DHL-Schalter für Kuriersendungen. 🕓 6.30–22 Uhr.

Nahverkehr

Neben ganzen Schwärmen von *xe om* bieten auch Cyclos ihre Dienste an. Wer selber fahren möchte, kann sich im Hotel ein **Moped oder Fahrrad leihen**, Ersteres für US$4–6, Letzteres für US$1–2, je nach Ausstattung und Zustand.
Taxis werden u. a. von Mai Linh, ✆ 058-817111, und Nha Trang Taxi, ✆ 058-824000, betrieben.

Transport

Busse

Von Nha Trang fahren **Open Tour-Busse** nach Da Lat, Mui Ne oder Hoi An sowie über Mui Ne nach Sai Gon oder über Hoi An weiter nach Hue und Ha Noi.
Nach DA LAT (205 km) Abfahrt um 8 Uhr, 50 000 Dong, Dauer etwa 5 Std. (je nach Länge des Stopps an den Cham-Türmen bei Phan Rang).

Bei Moped-Touren auf den Bauch hören

In Nha Trang bieten viele sogenannte **Easy Rider** ihre Dienste an; „sogenannt", weil nicht alle zu den „echten" Dalat Easy Ridern gehören, sondern sich nur deren guten Ruf zunutze machen. Oft versucht ein gut Englisch sprechender Vermittler, Reisende zu einer Motorrad-Tour zu überreden, und kommt dann beim nächsten Treffen mit seinem gar nicht oder nur gebrochen Englisch sprechenden „Bruder" an, der sich ja so gut auskenne, *no problem*. Besonders verdächtig sind Tagespreise unter US$50.
Wer kein 100 % gutes Gefühl mit seinem potentiellen Fahrer hat, sollte kurz und schmerzlos die Notbremse ziehen und die Tour absagen: Höflich, aber bestimmt, denn ein „maybe tomorrow" hat nur zur Folge, dass man dem gleichen Fahrer alle paar Stunden „zufällig" in die Arme läuft…
Dalat Easy Rider erkennt man an ihren Uni- und Umgangsformen (s. S. 452, Da Lat).

Nach HOI AN (500 km) Abfahrt um 6 und 6.30 Uhr, Ankunft 18 Uhr. Nachtbusse starten um 18 Uhr und 18.30 Uhr und erreichen Hoi An gegen 6 Uhr morgens. Das Ticket kostet US$6. Beim Tagesbus wird mittags eine Essens- und Strandpause eingelegt.
Nach MUI NE mit dem Nachtbus Richtung Sai Gon, Abfahrt 7.45, Ankunft ca 0 Uhr, US$6.
Reguläre Busse starten am interprovinziellen **Busbahnhof Ben Xe lien tinh Phia Nam**, 58, 23 Thang 10, ✆ 058-820227, und verbinden Nha Trang den ganzen Tag über mit allen wichtigen Zielen in der näheren und ferneren Umgebung.
BUON MA THUOT (190 km) alle 45 Min. zwischen 6 und 16 Uhr für 60 000 Dong.
CAM RANH (60 km) wird den ganzen Tag über angefahren, 25 000 Dong.
DAC NONG (298 km) um 5.30 Uhr für 80 000 Dong.
DA LAT (205 km) 4x halbstündlich zwischen 5.30 und 8 Uhr, daneben um 11.30, 14 und 16 Uhr für 60 000 Dong.
DA NANG (523 km) um 6 und 6.30 Uhr für 120 000 Dong.

HA NOI (1300 km) um 7 Uhr für 280 000 Dong.
HO-CHI-MINH-STADT (448 km) 19x tgl. zwischen 5.30 und 23.30 für 100 000 Dong.
PLEI KU (397 km) um 5.45 und 6.30 Uhr für 65 000 Dong.
PHAN THIET (258 km) 50 000 Dong (mit dem Bus Richtung HCMS).
QUANG NGAI (405 km) um 6 Uhr für 80 000 Dong.
QUY NHON (235 km) alle 30 Min. zwischen 5.15 und 7.15 Uhr und um 11 und 12 Uhr für 65 000 Dong.

Eisenbahn

Nach HO-CHI-MINH-STADT fahren tgl. der SE 1 (Abfahrt: 22.30 Uhr, Ankunft: 5 Uhr), der SE 5 (Ab.: 14.25, An.: 22.20 Uhr), der TN 3 (Ab.: 18.30, An.: 3.30 Uhr), der TN 7 (Ab.: 2.21, An.: 11.05 Uhr) und der TN 1 (Ab.: 17.36, An.: 2.45 Uhr).
Nach DA NANG verkehren tgl. der SE 6 (Ab.: 2.30, An.:8 Uhr), der D 2 (Ab.: 7.30, An.:10 Uhr) und der SE 2 (Ab.:18, An.: 16 Uhr).
Weitere aktuelle Fahrplaninformationen, Ticketpreise und Ankunftszeiten unter
www.vr.com.vn/english/index.html.

Flüge

Der **Flughafen** befindet sich etwa 40 Min. Fahrt von Nha Trang entfernt bei Cam Ranh. Flughafentaxis verkehren von den Hotels und kosten US$5 p. P. Bei Ankunft am Airport warten Shuttlebusse nach Nha Trang (30 000 Dong).
Vietnam Airlines, 91 Nguyen Thien Thuat, 058-526768, verbindet Nha Trang tgl. um 12.55, 16.10 und 16.45 Uhr, dazu Mo und Fr um 8.30 Uhr und alle anderen Tage der Woche um 8.40 Uhr mit HO-CHI-MINH-STADT (1 Std.).
HA NOI wird 3x tgl. angeflogen; nonstop um 8.30 und 16.40 Uhr (Flugzeit 1 Std. 40 Min.) und mit einem Zwischenstopp in DA NANG um 12.05 Uhr (Ankunft Da Nang 13.30, Ha Noi 15.30 Uhr).

Inseln und Strände um Nha Trang

Die Inseln

Vor der Küste der Provinz Khanh Hoa befinden sich Dutzende von Inseln, von denen einige im Rahmen von Bootsausflügen besucht werden können.

Unübersehbar liegt **Hon Tre**, die „Bambusinsel" gegenüber von Nha Trang. Dort lockt das luxuriöse Vinpearl-Resort mit dem größten Pool Südostasiens. Von Nha Trang aus sieht man nur den Nordwestzipfel der großen Insel. Neben militärischen Anlagen gibt es einige Siedlungen, darunter Con Se Tre Tourist Village, zu dem Bootsausflüge mit anschließendem BBQ möglich sind (s. S. 482, Nha Trang, Touren).

Eine Fährverbindung besteht mit **Hon Mieu**, eine Insel nahe dem Cau Da-Anleger südlich von Nha Trang. Anleger auf Hon Mieu ist das Fischerdorf Tri Nguyen, wo sich eine große Fischzuchtanlage (mit angeschlossenem Restaurant) befindet.

Südöstlich schließt sich **Hon Tam** an, wo es ein bei vietnamesischen Ausflüglern beliebtes Resort und einen Kajakverleih gibt. Beide Inseln sind Ziel von Bootstouren, die in Nha Trang angeboten werden.

Hon Mot und **Hon Mun** („Ebenholz-Insel", wegen ihrer dunkel aufragenden Klippen) mit dem daneben liegenden Felsen **Hon Rom** sind besonders wegen ihrer Unterwasserwelt beliebte Ziele von Tauchbooten und Schnorcheltouren. Die Inseln sind Schutzgebiete („Marine Protected Area"), deshalb wird ein geringer Eintritt bzw. eine Schnorchelgebühr von 5000 Dong fällig.

Die „Affen-Insel" **Hon Lao** liegt in der Na Phu-Bucht nördlich der Landzunge Hon Chong und wird täglich von Tourveranstaltern aus Nha Trang angefahren. Sie besitzt einen kleinen Zoo, in dem auch Tiershows mit dressierten Bären abgehalten werden. Vorsicht vor den frechen Affen, die sich als geschickte Diebe erweisen. Ein Besuch dort kann mit einem Strandaufenthalt auf **Hon Thi** und einem Besuch des Blumengartens auf **Hon Heo** gekoppelt werden, wo der hübsche Orchideenfluss zwischen Klippen und Wäldern talwärts rauscht.

Auf einer ganzen Reihe von Inseln vor der Küste der Provinz Khan Hoa wird eine besondere kulinarische Spezialität geerntet: Schwalbennester – unter anderem auf **Hon Yen**, der kleinen Insel, die man vom Stadtstrand in Nha Trang aus sehen kann (nördlich bzw. rechts von Hon Tre).

Die teuerste Suppe der Welt

Hon Yen bedeutet „Seeschwalbeninsel": Tausende dieser kleinen Vögel nisten auf dem felsigen Eiland und produzieren dabei die Zutat für die teuerste Suppe der Welt, der Schwalbennestersuppe.

Die Seeschwalbe oder **Salangane** *(Collocallia esculenta gray)* hat lange, schmale Flügel und fliegt besonders schnell und wendig. Sie ernährt sich hauptsächlich von Insekten, außer kurz vor der Brutzeit: Dann stellt sie ihre Kost auf Seetang um, der ihren Speichel besonders zäh und klebrig macht. Bis zu vier Mal im Jahr brütet die Salangane und klebt dabei ihre Nester hoch oben an unzugängliche Felswände, indem sie dort mit ihrem Speichel einen künstlichen Vorsprung anbaut. Dieser wird innen mit Naturmaterialien ausgekleidet und bildet so einen bequemen und vor Räubern sicheren Nistplatz – vor fast allen Räubern sicher: Denn Vogelnestsammler haben es auf die Nistplätze abgesehen und riskieren ihr Leben, um mit wackeligen Bambusleitern und in waghalsigen Kletteraktionen die Nester zu ernten. Die durchscheinend weißliche oder bräunliche Außenwand aus dem getrockneten Schwalbenspeichel ist ein wertvolles Gut. Für mehrere tausend Dollar pro Kilo werden die Nester nach China exportiert, wo sie die Hauptzutat der berühmten Schwalbennestersuppe sind. Die Nester werden dort weniger wegen ihres Geschmacks (der nicht sehr intensiv ist, entfernt an warme Spucke erinnert und daher durch die Beimengung vieler Gewürze überdeckt wird) als wegen ihrer angeblich sehr vitalisierenden Wirkung genossen (die vielleicht eher den vielen Gewürzen zugeschrieben werden kann). Ein teures Vergnügen ist ihr Genuss jedenfalls: Eine Schale Schwalbennestersuppe kostet in Hongkong bis zu US$300.

Van Phong-Bucht

Etwa 65 km nördlich von Nha Trang verbindet eine 18 km lange Sanddüne als natürliche Brücke das Festland mit der vorgelagerten Insel **Hon Gom**. Feiner Sand und bunte Korallenriffe, Palmen und Mangrovenwälder – ein herrlicher Küstenabschnitt, den inzwischen eine Straße erschließt, sodass die Errichtung von Unterkünften nicht mehr lange auf sich warten lassen wird. Nördlich folgt der Strand **Dai Lanh** (s. S. 470, Tuy Hoa). Südwestlich liegt die tiefe **Van Phong-Bucht** mit ihren kleinen Inseln und fantastischen Tauchrevieren, darunter die „Wal-Insel" **Hon Ong**. Dort liegt in einer schönen Bucht das **Whale Island Resort**, ✆/℻ 058-840501, 💻 www.iledelabaleine.com, ❻–❼, mit teuren, vergleichsweise simplen, aber schönen und gepflegten Bungalows aus Naturmaterialien. Von hier aus kann man tauchen, surfen, segeln und Kanu fahren – ein abgelegenes Wassersportparadies für alle, die es sich leisten können. Wale gibt's hier allerdings nicht mehr.

Doc Let und die Hon Heo-Halbinsel

30 km nördlich von Nha Trang ragt die große Halbinsel **Hon Heo** ins Meer – das Südufer der Van Phong-Bucht. Hier befindet sich der 10 km lange Strand von **Doc Let** (auch Doc Lech genannt).

Doc Let war lange Zeit ein Garant für totale Ruhe und Abgeschiedenheit, und auch wenn inzwischen der Betrieb zunimmt – noch ist hier viel Platz. Das Meer lädt zum entspannten Schwimmen ein, denn aufgrund der geschützten Lage in der Bucht sind die Wellen meist nicht sehr hoch. Wer sich vom Strand losreißen kann, hat nahe dem Fischerörtchen Dong Hai die Möglichkeit, bei der Salzgewinnung zuzuschauen. Vielen jedoch erscheint eine zwischen Palmen gespannte Hängematte die bessere Alternative. Langsam wächst die Auswahl an Resorts am Strand, und der Besucher kann zwischen unterschiedlich aufwendigen Anlagen wählen.

Eine weitere, sehr exquisite Anlage befindet sich am Südzipfel von Hon Heo.

Übernachtung

Untere und mittlere Preisklasse

Doc Let Beach Resort, Ninh Hai, ✆ 058-849152, ℻ 849506, ✉ docletresort@dng.vnn.vn. Eines

NHA TRANG Umgebung
N
0
25 km
Phu Nhieu
Phu Lac
My Khe
Buon Chung
Hai Rieng
Bun Tung
Hon Chao
742
Hoa Son
Lang Thuong
Naturschutz-gebiet Easo
Ban Pa
Ban Thing
PHU YEN
Naturschutzgebiet Deo Ca Hon Nua
Dai Lanh
Dai Lanh-Pass
Dai Lanh-Strand
Hai Trieu
Ninh Ma
Heiße Quelle Tu Bong
Tuan Le
Ban Ae Lai
Ban Hai
Ban Ho
26
Ninh Lam
Binh Trung
BIP
Vinh Giat
M'Drak
Van Gia
Diep Son
Tan Dan
Khanh Duong
Chu Mu
2016
Dam Mon 2
Ban Ngam
HON ONG
HON GOM
M'Trong (2)
Bai Tre
Song Io Song A Na
B. M'Hap
Lac Hoa
HON KHOI
HON LON
DAC LAC
Nghi Xuan
Dong Hoa
Lac An
Kap Ganh
M'Dung
Thuy Dam
Doc Let-Strand
Van Phong-Bucht
Phuong Hoang-Pass
Heiße Quelle Duc My
HON QUEO
Ninh Hoa
Tien Du
HON THEO
Thon Le Cam
Ninh Tinh
Buon Phan
Suoi Ba Ho
1A
Na Phu-Bucht
HON HEO
Kap Ban Thang
1361
N. Hon Ba
Thon Tan Phu
Tan Thanh
HON THI
HON LAO (DAO KHI)
HON CHA LA
Ap Luong Son
Dien My
HON CHONG
Mai Dai
Po Nagar-Türme
Hon Chong-Fels
Khanh Vinh
Dien Khanh
HON YEN
NHA TRANG
Thach Trai
Cay Sung
HON TRE
Suoi Cat
Naturschutzgebiet Bi Doup Nui Ba
Suoi Tien
HON MIEU
Bich Dam
HON NOC
KHANH HOA
Truong Tay
Cam Lam
HON TAM
HON MOT
HON MUN
Mo Yersin
Dong Cau
N. Hon Ba
Cam Tan
Lich Son-Pagode
1574
Cam Vinh
Bai Dai-Strand
Bi Doup
2287
E Lam Thuong
Cam Hai
Khanh Son
HON NOI
Ta Giang
Vinh Thai
Tan Thanh
HON NGOAI
To Hap
N. Marrai
1636
Suoi Moc
Thong Nhat
Da Nhim-Stausee
Kap Cam Ranh
US Naval Base Cam Ranh 1965-1972
CAM RANH
Cam Ranh
Cam Ranh-Bucht
Phuoc Thang
Thon Ma Ty
Ma Ty
Ngoan Muc-Pass
Cam Binh
Tra Co
NINH THUAN
D'Ran
CHUT
Hao Chu Hi
Hai Lam
Ninh Son
1451
Du Long
Kap Da Vach
Nui Chua
1040
Übernachtung:
1 Whale Island Resort
2 Paradise
3 Ki-Em Art House Resort
4 Doc Let Beach Resort
5 White Sand Resort & Spa
6 Jungle Beach
7 Evason Hideaway

der ältesten Resorts an diesem Strand. Die teureren Bungalows mit Strandblick sind o.k., die preiswerten Zimmer im zurückversetzten Haupthaus wirken vernachlässigt. Bar, Karaoke und Massage sprechen eher die einheimische Kundschaft an. Großer Pool mit flachem Bereich für Kinder. ❷–❹

Jungle Beach, ☏ 058-622384, 0913-429144. Diese abgelegene, entspannte kleine Anlage ist mit ihren einfachen Unterkünften (schlichte Zimmer, Holzbungalows und Campingmöglichkeiten) sicher nicht jedermanns Geschmack; doch viele, die hierher kommen, bleiben länger als geplant. Besitzer Sylvio aus Kanada ist ein Naturfreund und organisiert Touren in den umgebenden Dschungel, in dem noch seltene Tierarten leben. Mahlzeiten sind im Preis inbegriffen. Da die Anlage nicht einfach zu finden ist, empfiehlt sich eine telefonische Voranmeldung. ❷

Paradise, Ninh Hoa, ☏ 058-670480, ℻ 670479, ✉ paradise_doclech@hotmail.com. Einfache, preiswerte Steinbungalows unter französischer Leitung. Drei Mahlzeiten im Preis inbegriffen. ❷

Obere Preisklasse

Evason Hideaway, Ninh Van-Bucht, ☏ 058-524268, ℻ 728223, 💻 www.sixsenses.com/hideaway-anamandara. Diese Anlage ist eine Klasse für sich: Fantastisch ausgestattete Holzvillen mit einer Mindestgröße von 150 m^2, eigenem Pool und allem Komfort in einer abgelegenen Bucht, die nur per Boot zu erreichen ist. Die Beach-Villas sind direkt am Meer, die Unterkünfte am Hang liegen weit auseinander und sind individuell in die Landschaft eingebettet. Dabei wurde auf weitgehende ökologische Verträglichkeit geachtet. Das Gelände ist so groß, dass Fahrräder zur Verfügung gestellt werden. Über 400 Angestellte kümmern sich um das Wohl der Gäste, denen persönliche Butler zur Verfügung stehen. ❽

Ki-Em Art House Resort, Ninh Hai, ☏ 058-670952, ℻ 670954, 💻 www.ki-em.com. Sehr schöne, geschmackvolle Anlage, mit der sich die deutsch-vietnamesische Künstlerin Ki-Em einen Traum erfüllt hat. Die acht Bungalows, darunter ein Familienbungalow, wurden von Ki-Em liebevoll gestaltet. Kunstgalerie, Antiquitätenmuseum und Meditationsraum sind angeschlossen, das Spa wird bei Erscheinen dieses Buches ebenfalls eröffnet haben. ❻

White Sand Resort & Spa, Ninh Thuy, ☏ 058-670670, ℻ 058-671671, 💻 www.whitesandresort.com.vn. Großes Resort am Doc Let-Strand mit 600 m Strand und gepflegten Zimmern in Bungalows (3 verschiedene Preisklassen) und einem Hotel-Haus. Preisnachlass bei Buchung über die Website. 10 % Steuern und 5 % Service-Gebühr werden aufgeschlagen. Die Bungalows haben WIFI. ❻–❼

Cam Ranh

Ungefähr 30 km südlich von Nha Trang erstrecken sich die Nordausläufer der **Cam Ranh-Bucht**, eines tiefen Einschnittes entlang der Küste, der einen riesigen, perfekt geschützten natürlichen Hafen darstellt und daher von den Franzosen und den Amerikanern als Militärhafen genutzt wurde. Nach dem Abzug Letzterer mieteten 1979 die Russen das Gelände, zogen sich jedoch 2001 zurück. Daraufhin meldete sich die US-Regierung mit einem Angebot, den einstigen Stützpunkt, der von großer strategischer Bedeutung ist, wieder zu pachten. Dem gebot jedoch (bisher) China Einhalt, das keinen Stützpunkt für amerikanische Flugzeugträger vor seiner Haustür dulden will. So kommt es, dass gegenwärtig keine großen grauen Schlachtschiffe in der Bucht ankern, sondern nur hunderte kleiner Fischerboote.

Touristisch ist die Bucht aufgrund dieser Vorgeschichte unerschlossen. Vor der Stadt Cam Ranh liegen unzählige Fischfarmen an der Küste – Strand ist hier kaum übrig. Den gibt es allerdings an zwei anderen Stellen: An der dem Meer zugewandten Seite der Landzunge, die vor der Küste liegt, und an der Halbinsel, die den südlichen „Türpfosten“ der Bucht bildet. Bis auf den **Bai Dai-Strand** nördlich des Flughafens, wo es einige Restaurants und Foodstalls und so gut wie keine westlichen Touristen gibt, sind sie völlig unerschlossen. Wer auf eigene Faust auf Entdeckungsreise geht, braucht Geduld und Ausdauer – findet dafür aber am Ende vielleicht seinen ganz privaten Traumstrand. Dabei sollte man sich auf die Halbinsel im Süden konzentrieren, denn die lange Landzunge ist als Militärgebiet teilweise gesperrt.

Der Ort **Cam Ranh** präsentiert sich als unspektakuläre Kleinstadt entlang der N1. Am auffälligsten ist die hellblaue katholische Kirche in interessantem westlich-asiatischen Stilmix.

Übernachtung und Essen

Die Hotels, z. B. das **Hoang Nhat**, 125 N1, ✆ 058-856692, ❶, sind einfach und preiswert, jedoch nicht auf westliche Besucher eingestellt. Das Gleiche gilt für die Restaurants, wobei das **Ngoc Suong** 4 km südlich des Zentrums an der N1 sogar über Tischtücher und eine englische Speisekarte verfügt. Spezialität der Region ist natürlich Seafood, das frischer nicht sein könnte.

Transport

Der **Busbahnhof** liegt am nördlichen Stadtrand; die letzte Verbindung nach NHA TRANG besteht um 17.45 Uhr (20 000 Dong, 1 Std.). Den ganzen Tag über fahren außerdem Busse in einer knappen Stunde für 15 000 Dong gen Süden zum nächstgelegenen Ziel PHAN RANG THAP CHAM.

Phan Rang und Umgebung

Panduranga, so lautet der klangvolle Name eines Cham-Königreichs, das einst in der Küstenregion der heutigen Provinz Ninh Tuan bestand. Phan Rang war seine Hauptstadt. Das Reich ging erst 1832 offiziell ganz im vietnamesischen Staat auf, war aber schon in den Jahrhunderten davor stark vom Wohlwollen der vietnamesischen Herrscher abhängig. Heute ist Phan Rang eine Provinz-Kapitale und mit seinen 150 000 Einwohnern ein geschäftiges Zentrum der Region. Touristen nehmen meist nur aus dem Busfenster die Randbezirke der Stadt wahr, auf dem Weg nach Nha Trang oder Da Lat, wo Tourbusse an den berühmten Cham-Türmen Po Klong Garai Halt machen. Die stehen etwa 8 km außerhalb von Phan Rang im **Schwesterort Thap Cham** (was übersetzt „Cham-Türme" bedeutet).

Abgesehen von einem 150 Jahre alten **Quan Cong-Tempel** mit einem schön verzierten Dach, der in der Nähe des Marktes liegt, gibt es in der Stadt Phan Rang nicht viel zu sehen. Außer natürlich den **Markt** selbst: Er ist wichtiger Umschlagplatz für die Erzeugnisse der Region. Bei einem Bummel sieht man bergeweise Drachenfrüchte und – Weintrauben! Denn die Provinz Nin Tuan ist mit ihrem trockenen, sonnigen Klima eines der besten Weinanbaugebiete Vietnams. Ein großer Teil des im ganzen Land erhältlichen „Dalat"-Weins wird hier angebaut. Tatsächlich liegt Da Lat nicht viel mehr als 100 km entfernt: drei Busstunden, da sich die Fahrzeuge mühevoll in Serpentinen die Berge hochschleppen müssen.

Nur wenige Kilometer von Phan Rang liegt der **Strand von Ninh Chu** mit einigen Unterkünften. Der 10 km lange Strand ist nur in der Hauptsaison und an einigen Wochenenden belebt, ansonsten bietet er Ruhe abseits der Touristenströme. Piniengesäumt und mit weichem Sand, war er in den 70er-Jahren dem südvietnamesischen Präsidenten und dessen Schergen vorbehalten.

Übernachtung

Fa Ra Guesthouse, 281 Thong Nhat, ✆ 068-820641. Traveller empfehlen dieses kleine Guesthouse unweit des Busbahnhofs. Freundliche Leute und saubere Zimmer mit TV und Ventilator oder AC. ❶

Huu Nghi Hotel, 398 Thing Nhat, ✆ 068-920434, 📠 920431, ✉ huunghihotelphanrang@vnn.vn. Recht gut ausgestattete, neuwertige Zimmer mit einem ordentlichen Preis-Leistungs-Verhältnis. In dem 2005 eröffneten Haus gibt es Sauna, Massage und Karaoke. ❷–❸

Thong Nhat Hotel, 343 Thong Nhat, ✉ 068-825406, 📠 822943. In den sauberen Zimmern mit Kühlschrank, TV und AC gibt es sogar eine Internet-Verbindung per WIFI. Frühstück inklusive. ❷–❸

Essen

Beliebte lokale Delikatessen sind **Ziege** *(de)* und **Gecko** *(ky nhong)*. Letzterer wird geröstet und

Südküste

manchmal sogar roh gegessen. Mehrere Restaurants zum Kosten dieser Spezialitäten befinden sich an der Thong Nhat, so z. B. das **Quan An Bay Hoa**, 418 Thong Nhat, ✆ 068-823238. Gecko gibt's nicht immer, aber ein kräftiger Ziegeneintopf *(lau de)* ist vielleicht sowieso die bessere Wahl.
Wer das alles zu fleischig findet, kommt im **Quan Nhut Huong**, 287 Thong Nhat, auf seine Kosten. Das vegetarische Restaurant *(quan com chay)* hat leckere Speisen, darunter viele Tofugerichte.

Sonstiges

Geld

Incombank, 468 Thong Nhat, ✆ 068-839140. Kreditkarten-Transaktionen und ein Geldautomat. ⌚ 7.30–11 Uhr und 13.30–17 Uhr.
Agribank, 540-544 Thong Nhat, ✆ 068-830075. Wechselt Devisen. ⌚ 7–11 Uhr und 13.30–16.30 Uhr.

Ziegeltürme und Handwerksdörfer: Das Erbe der Cham

Die Cham-Türme **Po Klong Garai** an der Straße nach Da Lat gehören zu den besterhaltenen im Land und sind einen Zwischenstopp wert. Die drei Türme aus dem 13. Jh. liegen auf einem kakteenbewachsenen Hügel und wurden in den 1980er-Jahren mit Hilfe polnischer Experten restauriert. Über dem Eingang des zentralen Turmes befindet sich ein Relief des tanzenden Shiva, die Türpfosten sind mit Cham-Inschriften geschmückt. Im Eingangsbereich steht eine Statue von Shivas Reittier, dem Stier Nandi. Ihm wurden früher täglich Opfer dargebracht. Heute geschieht dies nur noch zu Festtagen, besonders am großen **Kate-Fest**, das am 1. Tag des siebten Monats im Cham-Kalender (ca. Ende Oktober / Anfang November, s. S. 74) begangen wird. In der zentralen Kammer wird ein Mukha-Lingam verehrt, der Shiva symbolisiert und ein Gesicht hat, das König Klong Garai darstellen soll: Die Cham-Herrscher identifizierten sich mit den hinduistischen Göttern.
Der Hügel mit den Türmen ist leicht zu finden: Einfach der Straße nach Da Lat folgen, dann taucht er nach etwas über 6 km rechter Hand auf. Etwa 150 m hinter den Bahngleisen zweigt die Einfahrt rechts ab. Zu Fuße des Hügels liegt ein Parkplatz mit einem überdimensionierten Besucherzentrum.
Der **Cham-Turm Po Rome**, der etwa 15 km von Nha Trang in südwestlicher Richtung liegt, ist nicht so einfach zu erreichen. Mehr als 6 km von der N1 entfernt, nahe dem Dorf Hau Sanh gelegen, muss man mehrfach abzweigen, weshalb man sich besser einem einheimischen *xe om*-Fahrer anvertraut. Der einzeln stehende Turm auf einem kleinen Hügel ist gut erhalten, aber nicht sehr aufwendig verziert. Er stammt aus dem 15./16. Jh. und gilt als einer der letzten Türme, die gebaut wurden. Eine Grabstele erinnert an König Rome, der sich 1651 in vietnamesischer Gefangenschaft selbst entleibte.
Einige Dörfer in der Umgebung sind hauptsächlich von Cham bewohnt, so die Handwerksdörfer **Bau Truc** und **My Nhiep**, die etwa 10 km von Nha Tran auf dem Weg nach Po Rome besucht werden können. Bau Truc ist ein Töpferdorf, in dem die Tradition der Cham-Töpferkunst weiter gepflegt wird. In jüngster Zeit ergeben sich durch den Tourismus neue Verdienstmöglichkeiten: So sind Töpferwaren aus diesem Dorf beliebte Schmuckstücke in Resorts am Ninh Chu-Strand, z. B. dem Den Gio Resort. In My Nhiep wohnen Weber, die bis heute die überlieferten Muster ihrer Vorfahren fabrizieren. My Nhiep liegt etwa 1 km von der N1 entfernt, Abzweig im Dorf Phuoc Dan. Auch hier empfiehlt sich die Mitnahme eines ortskundigen Führers, der von den Angestellten des gewählten Hotels vermittelt werden kann. Leichter zu finden ist das Dorf **Tuan Tu**, wo etwa 1000 musilimische Cham leben. Es liegt rund 4 km von Phan Rang in südöstlicher Richtung. Keine 400 m hinter der südlichen Brücke geht es den Weg nach rechts ab. Ein *xe om* dorthin kostet etwa 30 000 Dong, bis nach Po Rome mit Stopp in den Handwerksdörfern etwa 70 000–100 000 Dong.

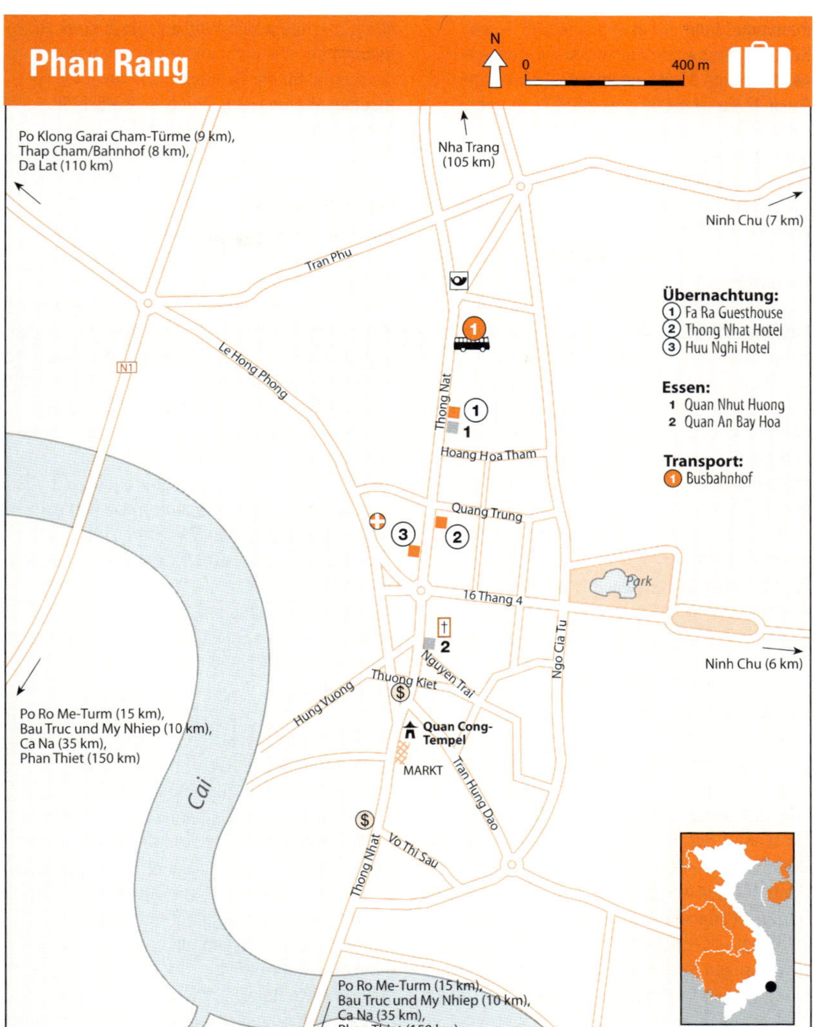

Internet
Einige lärmige Online-Game-Shops liegen an der Thong Nhat. Wer im Thong Nhat Hotel wohnt, hat dort WIFI.

Medizinische Hilfe
General Hospital, 05 Le Hong Phong, ✆ 068-822661.

Post
217A Thong Nhat, ✆ 068-824823, 📠 823199, ⏲ 7–21 Uhr.

Transport

Busse
Der **Busbahnhof** befindet sich etwas südlich der

Post gegenüber der Thong Nhat 226. Nach DA LAT geht es um 5 und 6 Uhr morgens (30 000 Dong, 3 Std.), nach NHA TRANG um 6 und 15 Uhr (24 000 Dong, 2 Std.) und nach PHAN THIET (3 Std.) um 6 und 13 Uhr (60 000 Dong).
Nach SAI GON fahren 3 Busse morgens um 6, 7 und 8 Uhr und 4 Busse zwischen 20.30 und 23 Uhr (60 000–70 000 Dong, 8 Std.).

Eisenbahn

Der **Bahnhof**, 7 Phan Dinh Phung, ✆ 068-888029, befindet sich etwa 8 km außerhalb von Cam Ranh in der Schwesterstadt **Thap Cham**, östlich des Hügels, auf dem die Cham-Türme stehen. Nach NHA TRANG fahren bis zu 22 Züge tgl., darunter der D6 um 15.06 Uhr (Ankunft 16.40 Uhr) und der SE4 um 18.41 Uhr (Ankunft 20.07 Uhr). Nach MUONG MAN (PHAN THIET / MUI NE) sind es ebenso viele Züge; z. B. der D5 um 10.35 Uhr (Ankunft 13.34 Uhr) oder der SE5 um 14.49 Uhr (Ankunft 17.22 Uhr).
Weitere aktuelle Fahrplaninformationen, Ticketpreise und Ankunftszeiten unter www.vr.com.vn/english/index.html.

Ninh Chu

Der Strand von Ninh Chu liegt etwa 6–7 km von Phan Rang entfernt. Wer in der Gegend übernachten möchte, sei es als Zwischenstopp oder für länger, der sollte sich überlegen, ob eine Unterkunft am Strand nicht netter ist als in der Stadt. Viel los ist nicht in Ninh Chu – selbst fürs Surfen im Internet ist eine Fahrt nach Phan Rang angesagt –, doch genau das macht den Reiz des 10 km langen Strandes aus: viel Platz und wenig Leute. Nur im Sommer, in der Hauptsaison, bietet sich ein anderes Bild, wenn viele Vietnamesen hier Urlaub machen. Auch an den Wochenenden kann es voller werden. Doch zu welcher Jahreszeit auch immer: Westliche Touristen trifft man hier selten.

Übernachtung und Essen

Außer in der Hauptsaison während der vietnamesischen Sommerferien im Juli/August ist es überhaupt kein Problem, ein Zimmer zu bekommen. Wie nicht anders zu erwarten, ist die Spezialität der Restaurants in den Resorts frisches Seafood. Das Den Gion Resort hat auch ein paar westliche Gerichte auf der Speisekarte.

Untere Preisklasse

Hoan Cau Resort, ✆ 068-890077, ℻ 890252, ✉ dlhoancaunt@hcm.vnn.vn. Skurrile Anlage mit 110 runden und sechseckigen Steinbungalows in Form von Baumstümpfen aus Beton. Am 1 km langen Strand, der recht sauber gehalten wird, führt eine eigene Promenade entlang. Zum Resort gehören zwei Restaurants und eine Disco, die ebenfalls mit kitschigen Beton-Elementen verziert sind: An jeder Ecke auf dem Gelände stehen rosa Flamingos, himmelblaue Fische und andere bunte Fabelwesen. Massage, Tennisplätze und ein Wasserpark mit langen Rutschen bilden ein Rundum-glücklich-Paket für die vietnamesische Ferien-Familie. ❷
Huong Bien Guesthouse, ✆ 068-873044. Einfaches kleines Guesthouse mit sauberen Zimmern in der Nähe des Saigon-Ninh Chu Hotels. ❶

Mittlere Preisklasse

Den Gion Ninh Chu Resort, ✆ 068-874047, ℻ 874431, www.dengionninhchu.com. Im Cham-Stil mit roten Ziegeln erbautes Resort, dessen Bungalows und Zimmer in kleinen Reihenhäusern alle mit AC und TV ausgestattet sind, die besseren auch mit Kühlschrank. Der Strand wird täglich gepflegt. Soll zu einem 4-Sterne-Resort ausgebaut werden und wird dann teurer. ❸–❹
Tim Paradise Hotel, 58 Yenh Ninh, ✆ 068-837096, www.timparadisevn.com. Große, gut ausgestattete, geflieste Räume mit sauberen Badezimmern (z. T. mit Jacuzzi). ❸–❹

Obere Preisklasse

Sai Gon – Ninh Chu Hotel, Khanh Hai, ✆ 068-876000, 876005, ℻ 873023, www.saigonninhchuhotel.com.vn. Sehr saubere, komfortable Zimmer mit weichen Teppichen im besten Hotel an diesem Strand. Ein Restaurant, zwei Bars, Fitnesscenter und großer Pool; Letzterer ist einladender als der Strand, der zum Zeitpunkt unseres Besuchs nicht gerade gepflegt wirkte. ❹–❻

Transport

Ein *xe om* nach PHAN RANG kostet etwa 30 000 Dong, für ein Taxi sind 70 000 Dong zu veranschlagen.

Ca Na

Der kleine Fischerort Ca Na etwa 35 km südlich von Phan Rang ist Namensgeber für die nahe gelegenen Strände, die für die meisten Touristen (wenn überhaupt) nur einen kurzen Zwischenstopp darstellen, aber auch Unterkünfte für einen längeren Aufenthalt bieten.

Besonders Taucher und Schnorchler werden hier auf ihre Kosten kommen, denn die Tauchgründe von Ca Na gehören zu den besten von ganz Vietnam. Einige Korallenriffe beginnen direkt am Strand. Das macht sie leicht erreichbar für Unterwasserfreunde – wer aber nur schwimmen möchte, sollte sich vorher erkundigen, wo er ins Wasser gehen kann, ohne sich die Füße an den scharfen Kanten aufzuschneiden. Auch Seeigel fühlen sich hier sehr wohl und wissen sich gegen tapsige Touristenfüße zu verteidigen.

Doch wie lange die fantastische Unterwasserwelt noch zu bewundern sein wird, ist ungewiss: Entlang der Straße bieten die Einheimischen große Korallenstücke, Muscheln und anderes Seegetier zum Kauf an – und mit jedem Stück verarmt das einzigartige Wasser-Biotop.

Der kleine Ort Ca Na hat außer einem kleinen, an den Berg gebauten Tempel, von dem man einen tollen Ausblick hat, nichts zu bieten. Banken und Internet sucht man vergeblich. Die kleine Post bietet die Möglichkeit für Ferngespräche.

Übernachtung und Essen

Die Unterkünfte befinden sich etwa 2 km südlich von Ca Na entlang des Strandes. Die meisten verfügen auch über ein Restaurant.

Untere Preisklasse

Ca Na Hotel, ✆ / ℡ 068-861320. Neben einigen Zimmern in einem Hotelbau nahe der Straße gibt es auch Doppel-Bungalows, die in Reih und Glied am Strand stehen. ❶–❷

Hai Son, ✆ 068-861312, ℡ 861339. In die Jahre gekommene Unterkunft in zentraler Lage, alle Zimmer mit AC. ❷

Hon Co – Ca Na Motel, Ninh Phuoc, ✆ 068-860999, ✉ honcocana@hcm.vnn.vn. Auf einer kleinen Landzunge liegt dieses Resort mit 8 Bungalows und einem Dutzend Motel-Zimmern, alle mit TV, AC und Kühlschrank. Restaurant mit vietnamesischer und europäischer Küche, Massage, Karaoke, Tennis. ❸

Mittlere Preisklasse

Vietnam Scuba Resort, Vinh Hao, ✆ 062-853917, ℡ 853918, 💻 www.vietnamscuba.com. Tauchresort unter koreanischer Leitung mit 14 AC-Bungalows an einem schönen, flachen Strandabschnitt in Richtung des Dorfes Vinh Hao. Die Bungalows mit ihren schwarzen Möbeln sind nicht die allergemütlichsten, doch die meisten Gäste kommen ohnehin wegen der Unterwasserwelt. Getaucht wird bei der **Insel Lao Cau**, die 12 km vor der Küste liegt und mit einem eigenen Boot angefahren wird. Die Mutter des Tauchmeisters, der die Anlage aufgebaut hat, ist die Küchenchefin: Daher gibt es neben vietnamesischer Küche auch gutes Kimchi und andere koreanische Spezialitäten. ❹

Transport

Jeder Bus, der zwischen Nha Trang und Phan Tiet verkehrt, kann nahe den Resorts halten. Umgekehrt muss man sich für die Weiterreise an die Straße stellen und einen Bus heranwinken. Wer im Vietnam Scuba Resort gebucht hat, kann mit dem dortigen Management eine Abholung vereinbaren.

Südküste

13 HIGHLIGHT

Mui Ne

Das Fischerdorf Mui Ne und der gleichnamige schöne Strand liegen etwas mehr als 200 km nördlich von Ho-Chi-Minh-Stadt – weniger als vier Autostunden entfernt. Die Landschaft ist atemberaubend: Schwarze und rote zerklüftete Felsen, türkisblaues Meer und Sanddünen, die an die Sahara erinnern. Palmen säumen den Strand und die Uferstraße, sie ragen aus Dächern der Resorts und Restaurants empor und sind so gut gepflegt, dass keine Kokosnüsse herunter zu fallen drohen.

Bis Mitte der 1990er-Jahre war Mui Ne ein armes kleines Fischerdorf und der kilometerlange Strand verwaist, lediglich die nahe gelegenen Dünen waren bereits bei Profifotografen ein beliebtes Fotoobjekt. Die Menschen lebten mehr schlecht als recht von der Produktion der berühmten Fischsoße *nuoc mam* und vom Fischfang. Erst als ein in Sai Gon lebendes deutsch-französisches Ehepaar 1995 das Coco Beach Resort eröffnete, begann die Erschließung des Strandes. Heute ist Mui Ne kein Geheimtipp mehr, sondern gilt als ein Muss für Naturfreunde und Strandliebhaber. Mehr und mehr Mittelklasse- und Luxusanlagen eröffnen, während die preiswerteren Unterkünfte weniger werden. Doch auch Backpacker finden heute noch ihr Plätzchen.

Auch Sportler haben den Strand für sich entdeckt. Die Hochsaison der **Kitesurfer** beginnt im Oktober und endet Mitte Mai. Die meisten finden sich zwischen Februar und März hier ein. Auch Surfer tummeln sich am Strand. Von August bis Dezember ist der starke Wellengang ideal für diese Wassersportarten. Meist frischt es nachmittags auf und der Wind beginnt zu wehen. In Mui Ne herrscht ein besonderes Mikroklima: Es gibt nur ganz wenig Niederschlag, selbst während der Regenzeit. Geschützt durch die Dünen ist Mui Ne den Monsunen und dem Regen weniger stark ausgesetzt als die Nachbarstrände. Dennoch ist von Mai/Juni bis August/September nicht viel los am Strand, dann haben viele Resorts günstigere Preise.

Orientierung

Im Osten sind vor allem morgens noch viele Fischer am Strand und holen ihre Netze ein (Vorsicht, vermehrte Gefahr von Sandfliegen). In diesem Bereich, in Richtung des Fischerdorfes Mui Ne, liegen auch die meisten preiswerteren Unterkünfte. In der Mitte des Strandes befindet sich eine Kaimauer und man kann den Strand, der bei Flut überspült ist, meist nur über Treppen erreichen. Im Westen haben sich Kite- und Windsurfer-Resorts und -Schulen etabliert. Ganz im Westen sind steinerne Felsen im Meer, sodass schwimmen nicht möglich ist.

Weitere Strände der Umgebung sind gen Westen der **Can Rha-Strand**, eine mit Pinien statt Palmen durchsetzte, karge und windige, aber beeindruckende Landschaft, in deren Hinterland Meersalz gewonnen wird und Drachenfruchtplantagen das Bild bestimmen. Weiter im Osten nahe den Sanddünen hinter dem Fischerdorf befindet sich der **Hom Rom-Strand**.

Lange Zeit wurden die Adressen der Resorts nach ihrer Entfernung von Phan Thiet angegeben. Noch heute ist diese Orientierung sinnvoll. Vermehrt geben die Betreiber aber ihre nun erhaltenen Straßennamen, manchmal sogar mit Hausnummer an: Die **Strandstraße** heißt im westlichen und im mittleren Abschnitt Nguyen Dinh Chien und wird kurz vor dem Mui Ne Cottage im Osten zur Huynh Thuc Khang. Der Strand erstreckt sich von KM 10 im Westen bis KM 19 im Osten. In der Mitte, bei KM 15 und 16, also noch in der Nguyen Dinh Chien, befinden sich einige Häuser der einheimischen Fischer. Hier findet jeden Morgen ein kleiner Markt statt.

Sehenswürdigkeiten

Die Sanddünen

Die Sanddünen von Mui Ne sind atemberaubend. Wie aus dem Nichts ragen die sandigen Berge auf und erinnern an Bilder aus der Sahara. Kleine Kinder umringen die Besucher und bieten Unterlagen für eine sandige Rutschpartie an. Nahe dem Strand von Mui Ne befinden sich die **Roten Sanddünen**, etwas weiter entfernt sind die **Weißen Sanddünen**.

Letztere liegen am großen **Ban Ba-See**, was so viel wie „Lotussee" oder auch „weißer See" bedeutet. Nach der Anfahrt (s. „Touren und Aus-

Südküste

flüge") geht es zu Fuß durch einen kleinen schattigen Pinienwald, in dem ein Restaurant kalte Getränke und kleine Mahlzeiten anbietet. Dahinter erheben sich die weißen Sandberge, die auch tolle Fotomotive abgeben. Oft herrscht starker Wind und wirbelt Sand auf. Man sollte eine Tasche für die Kamera dabeihaben, um sie vor Flugsand zu schützen. Mittags wird der Sand nahezu unerträglich heiß und die Sonne brennt, daher sollte für einen Ausflug der frühe Morgen oder der späte Nachmittag gewählt werden.

Suoi Tien – Fairy Spring

Zu Fuß geht es linker Hand der Brücke bei KM 19 durch den Flusslauf vorbei an roten zerklüfteten Dünen zu einem kleinen Wasserfall. Der Weg durch das kühle Nass hat seinen Reiz, der Wasserfall selbst ist eher unscheinbar. Gleich am Beginn gesellen sich Kinder zu den Wandernden, die auf Gefahren (z. B. Untiefen, Tiere, Steine etc.) aufmerksam machen. Sie erwarten vor der Rückkehr eine kleine Entlohnung von etwa 10 000 Dong je Führer. Vor allem abends kurz vor Sonnenuntergang muss an der Uferkante mit Schlangen gerechnet werden. Es ist ratsam, seine Schuhe bei der Wanderung durch den Fluss mitzunehmen, anstatt sie am Ufer zurückzulassen, da kurz vor Erreichen des Wasserfalls eine Untiefe zu durchwaten ist, die man auch umgehen kann (dann sind Schuhe auf dem heißen Sand eine große Hilfe). Wer gerne bis zur Brust nass wird, kann natürlich auch durch das Wasser waten.

Der Rote Canyon

Bisher ist der kleine Rote Canyon nur über einen kleinen Eingang im Zaun kurz hinter der Stadt Mui Ne an der Strandstraße zu erreichen. Fast wirkt es, als betrete man verbotenes Gebiet. In den Canyon selbst, der nach ein paar Minuten Aufstieg erreicht ist, kann man nicht mehr gehen, hier versperrt Stacheldraht den Zugang. Die Ero-

Morgens sind in Mui Ne noch viele Fischer bei der Arbeit zu sehen

Mui Ne

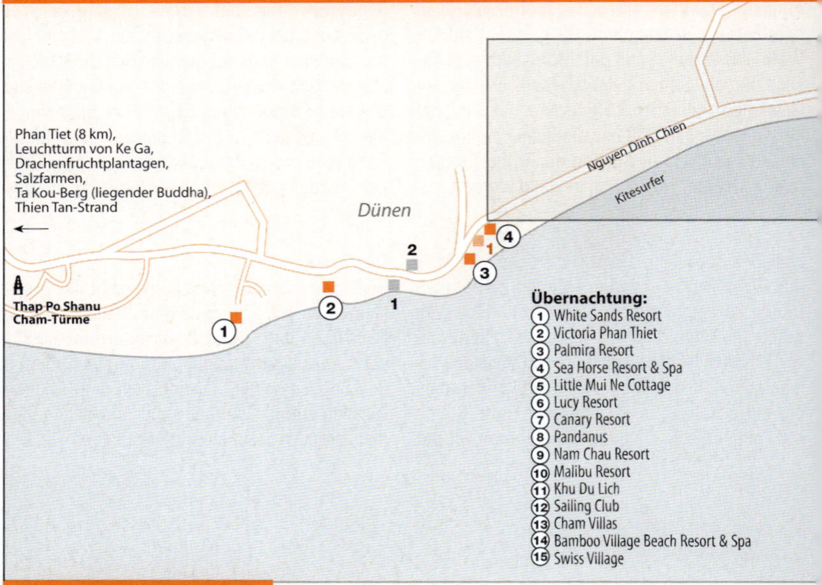

Phan Tiet (8 km),
Leuchtturm von Ke Ga,
Drachenfruchtplantagen,
Salzfarmen,
Ta Kou-Berg (liegender Buddha),
Thien Tan-Strand
Dünen
Nguyen Dinh Chien
Kitesurfer
Thap Po Shanu
Cham-Türme
Übernachtung:
1 White Sands Resort
2 Victoria Phan Thiet
3 Palmira Resort
4 Sea Horse Resort & Spa
5 Little Mui Ne Cottage
6 Lucy Resort
7 Canary Resort
8 Pandanus
9 Nam Chau Resort
10 Malibu Resort
11 Khu Du Lich
12 Sailing Club
13 Cham Villas
14 Bamboo Village Beach Resort & Spa
15 Swiss Village

Mui Ne Strand

Dünen
Essen:
1 Fischrestaurants
2 Dat Rang – Saigon Noodle House
3 Fischrestaurants
4 Shree Ganesh
5 Good Morning Vietnam
6 Rung Restaurant
7 Cat Tuong
8 Hot Rock
9 Bamboo, Sunset, Hoang Vi

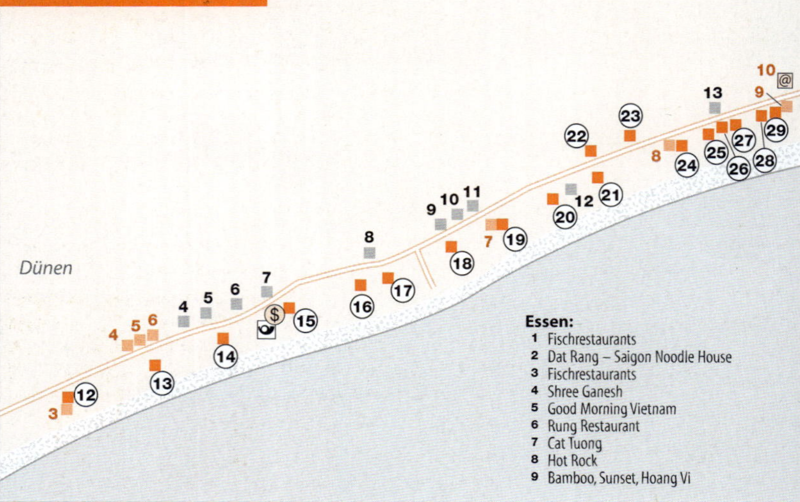

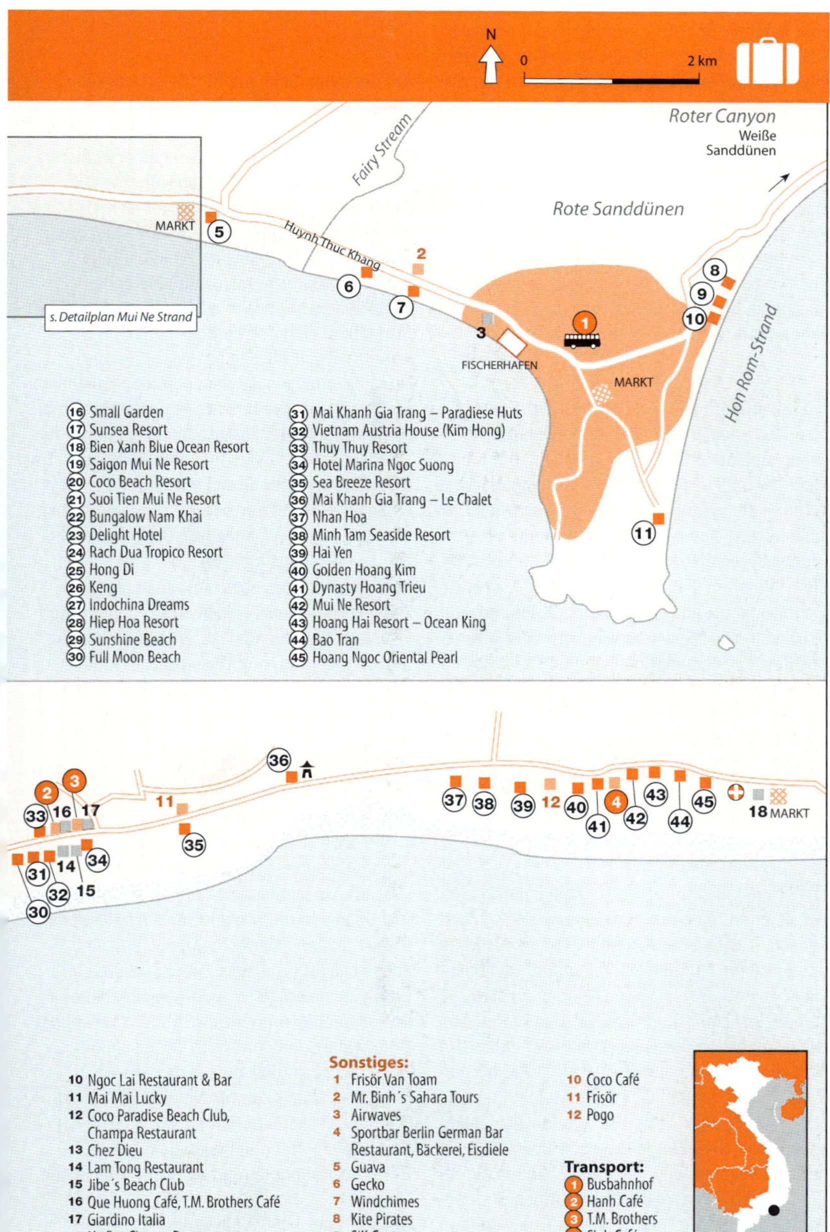

N
0
2 km
Roter Canyon
Weiße Sanddünen
Fairy Stream
Rote Sanddünen
MARKT
Huynh Thuc Khang
s. Detailplan Mui Ne Strand
FISCHERHAFEN
MARKT
Hon Rom-Strand
16 Small Garden
17 Sunsea Resort
18 Bien Xanh Blue Ocean Resort
19 Saigon Mui Ne Resort
20 Coco Beach Resort
21 Suoi Tien Mui Ne Resort
22 Bungalow Nam Khai
23 Delight Hotel
24 Rach Dua Tropico Resort
25 Hong Di
26 Keng
27 Indochina Dreams
28 Hiep Hoa Resort
29 Sunshine Beach
30 Full Moon Beach
31 Mai Khanh Gia Trang – Paradiese Huts
32 Vietnam Austria House (Kim Hong)
33 Thuy Thuy Resort
34 Hotel Marina Ngoc Suong
35 Sea Breeze Resort
36 Mai Khanh Gia Trang – Le Chalet
37 Nhan Hoa
38 Minh Tam Seaside Resort
39 Hai Yen
40 Golden Hoang Kim
41 Dynasty Hoang Trieu
42 Mui Ne Resort
43 Hoang Hai Resort – Ocean King
44 Bao Tran
45 Hoang Ngoc Oriental Pearl
18 MARKT
10 Ngoc Lai Restaurant & Bar
11 Mai Mai Lucky
12 Coco Paradise Beach Club, Champa Restaurant
13 Chez Dieu
14 Lam Tong Restaurant
15 Jibe´s Beach Club
16 Que Huong Café, T.M. Brothers Café
17 Giardino Italia
18 Na Dat Claypot Restaurant
Sonstiges:
1 Frisör Van Toam
2 Mr. Binh´s Sahara Tours
3 Airwaves
4 Sportbar Berlin German Bar Restaurant, Bäckerei, Eisdiele
5 Guava
6 Gecko
7 Windchimes
8 Kite Pirates
9 SIK Center
10 Coco Café
11 Frisör
12 Pogo
Transport:
1 Busbahnhof
2 Hanh Café
3 T.M. Brothers
4 Sinh Café

Südküste

sion hat tiefe Spuren im roten, sandig-lehmigen Boden hinterlassen, die ebenso bizarr wie verletzlich sind: Herumkletternde Touristen würden die Schluchten und Türmchen schnell zerstören.

Der Hafen

Eine riesige Flotte kleiner Fischerboote kann am Fischerhafen von Mui Ne bewundert werden. Wer die Treppen zum Strand hinuntersteigt, tritt unweigerlich auf die Schalen kleiner Muscheln, die hier zu hunderten herumliegen. Abends verlassen die Boote den Hafen, um nach etwa zwei Tagen mit ihrem Fang wieder zu kommen.

Die Cham-Türme Thap Po Shanu

Die Cham-Türme, zwischen Mui Ne und Phan Thiet auf einem Berg gelegen, sind nicht zu übersehen. Rot leuchten sie im Abendlicht. Der Sandstein der im 9. Jh. entstandenen Heiligtümer ist schon sehr verwaschen. Der Innenraum ist schmucklos; dem kleinen Lingam werden jedoch regelmäßig frische Blumen und Räucherstäbchen geopfert. Ein Denkmal ein paar Schritte weiter erinnert an Kriegshelden. Die Ruinen auf der Spitze des Hügels stammen von der Villa eines französischen Adligen, der sich zu Kolonialzeiten hier niederließ. Sie wurden später als Bunker genutzt, wenn der nahe gelegene Aussichtsturm unter Feuer lag. Von der Anhöhe aus ergibt sich ein weiter Ausblick auf die Stadt Phan Thiet und auf das Meer. Unterhalb des Cham-Heiligtums befindet sich ein buddhistischer Tempel.

Pagoden und Tempel

Immer mehr kleine Tempel entstehen in Mui Ne, ein Zeichen, dass es der Gegend seit einigen Jahren finanziell besser geht. Etwa in der Mitte des Strandes befindet sich ein neuer buddhistischer Tempel, in dem einige Nonnen wohnen. Im Tempel im Fischerdorf Mui Ne, kurz hinter dem Hafen rechts an der Hauptstraße, ist immer ein Mönch anwesend, der Besucher gerne herumführt. Dieser Tempel ist unwesentlich älter und stammt aus dem Jahr 1997. Beide sind nicht spektakulär, aber Zeugen gelebter Religion. Stets finden sich junge und alte Menschen ein, um zu Buddha und den chinesischen Gottheiten zu beten. Besucher sind gern gesehen und werden herzlich willkommen geheißen.

Übernachtung

Auf der einen Seite der Straße erstrecken sich auf etwa 9 km weißer Sandstrand, türkisblaues Meer und eine Vielzahl an Resorts und Hotels. Auf der anderen Straßenseite gibt es vermehrt Restaurants, dahinter breiten sich rote und weiße Sanddünen aus. Das Meer ist mal spiegelglatt, mal peitschen hohe Wellen heran. Daher haben viele Resorts Wellenbrecher angebracht, was nicht immer sehr schön aussieht und vor allem bei der Wahl von Strandbungalows zu berücksichtigen ist.
Am Strand von Mui Ne gibt es zahlreiche Bungalowanlagen mit dem unterschiedlichsten Preisniveau. Teure Resorts liegen direkt neben einfachsten Hütten, und so findet sich an jedem Strandabschnitt etwas für jeden Geldbeutel. Der Mittelteil des Strandes ist mit einer Kaimauer versehen, sodass der Zugang zum Meer meist nur über Treppen möglich ist. Links und rechts dieses Abschnitts lockt weicher Sandstrand. Fast am gesamten Strand arbeiten morgens Fischerfamilien und ziehen ihren Fang an Land (Vorsicht: Sandfliegen). Im Westen sind in der Saison viele Kite- und Wellensurfer auf dem Wasser. Schwimmbegeisterte sollten daher lieber die Mitte oder den Osten wählen.

Mui Ne-Strand

Untere Preisklasse

Bao Tran, KM 13 Nguyen Dinh Chieu, ✆ 062-847062. Einfache Zimmer in gegenüberliegenden Reihenbungalows, kleine Veranda. Im Innenhof schattige Sitzgelegenheit und Hängematten, wo auch Essen serviert wird. Die schlichten Zimmer mit Doppelbett sind etwas billiger als die mit zwei Einzelbetten. Einige Zimmer mit AC, andere mit Ventilator. Breite Treppen führen zum Strand. Kostenlose Liegen und Sonnenschirme. Zwei schöne Bungalows mit Blick aufs Meer. ❶–❷

Bungalow Nam Khai, 107 Nguyen Dinh Chieu, ✆ 062-847728. Nicht am Strand und auch sonst nur zweite Wahl. Neun Reihenbungalows aus Beton, Moskitonetze und AC. Sehr freundliche Leute. ❶

Delight Hotel, 109B Nguyen Dinh Chieu, ✆ 062-741251, 📠 741252, ✉ the_delight_hotel

@yahoo.com. Schönes Hotel, aber leider nicht am Strand, sondern auf der gegenüberliegenden Seite der Straße. Alle 20 Zimmer haben TV, AC und Internetzugang. Die billigen Zimmer sind recht klein, es lohnt sich, ein paar Dollar mehr für die größeren auszugeben, denn diese haben auch einen Balkon. ❷

Golden Hoang Kim, ✆ 062-847689, nahe dem Mui Ne Resort, versucht von den ankommenden Tourbusgästen zu profitieren. Hier gibt es einfachste, nicht immer saubere Zimmer zu manchmal recht hohen Preisen, die je nach Nachfrage extrem schwanken. ❶–❸

Hai Yen, 132 Nguyen Dinh Chieu, ✆ 062-847243, ✉ haiyenguest@yahoo.com, 💻 www.muinebeach.net/haiyen. Zimmer im zweigeschossigen Haupthaus und in Bungalows mit einfacher Ausstattung mit und ohne AC. Nette Atmosphäre und daher oft voll. ❶–❷

Hiep Hoa Resort, 80 Nguyen Dinh Chieu, ✆ 062-847262, ✉ hiephoatourism@yahoo.com, 💻 www.muinebeach.net/hiephoa, an einem schönen Strandabschnitt gelegen. Betonbungalows und Zimmer im zweigeschossigen Haus. Alle Zimmer haben AC und Warmwasser. Kein Pool. Das hoteleigene Restaurant befindet sich nach vorne zur Straße. ❷

Hong Di, 70 Nguyen Dinh Chieu, ✆ 062-847014, ✉ hdhongdi@yahoo.com. Einfache Bungalows aus Beton mit Bambusfassade. Alle Zimmer haben Fan und Moskitonetz. Von den kleinen Balkonen blickt man auf den hübschen sandigen Innenhof, auf dem zahlreiche Hängematten und Liegestühle zu finden sind. Der Strandabschnitt ist sehr schön. Leider blicken die Bungalows am Strand direkt auf den Windbrecher aus Drahtzaun. Gute Atmosphäre und beliebt bei Low-Budget-Reisenden. ❶–❷

Keng, 72 Nguyen Dinh Chieu, ✆ 062-847015, 📠 847645, ✉ songhaisgon@yahoo.com. Einfache Bambushäuser umgeben einen Platz zum Ausspannen. Nette Traveller-Atmosphäre und oft voll. Schöner Strandabschnitt. ❶

Minh Tam, 130 Nguyen Dinh Chieu, ✆ 062-847831. Zweigeschossiges Haus und Betonbungalows mit großem Pool. Etwas in die Jahre gekommen, aber günstig und relativ sauber. Das Essen wird auch in den zum Meer gelegenen kleinen Pavillons serviert. Steile Mauer zum Strand. Die Zimmer sind nicht sehr geschmackvoll eingerichtet, eine Ausnahme bildet der VIP-Raum. 16 EZ und 4 große Zimmer. ❷–❸

Nhan Hoa, bei KM 15, 128 Nguyen Dinh Chieu, ✆/📠 062-847371. Einfache, etwas kühl eingerichtete Zimmer in 4 zweigeschossigen Häusern mit Blick aufs Meer – wenn man ein Zimmer im Obergeschoss ergattert. Es gibt Tee auf dem Zimmer, Warmwasser und TV. Die Zimmer im oberen Geschoss haben zwei Betten und sind unwesentlich teurer als die unteren mit einem Doppelbett. Das Hotel hat einen Pool; der Strand ist leider nur über den leicht abfallenden Betonwall zu erreichen und bei Flut überspült. ❷–❸

Small Garden, 48 Nguyen Dinh Chieu, ✆ 062-847012, 📠 847377. Sieben einfache Hütten mit Ventilator in weitläufiger Gartenanlage. Sehr nette Atmosphäre und schöner Strandabschnitt mit Liegen und Sonnenschirmen. Empfehlenswert für alle ohne besondere Ansprüche an Komfort. Gleicher Preis für alle Hütten, auch für jene direkt am Strand. ❷

Vietnam Austria House (Kim Hong), KM 13, Nguyen Dinh Chieu, ✆ 062-847047. Für das Gebotene relativ teuer: einfache, stuckverzierte Zimmer, einige mit Schimmel im Badezimmer. Vielleicht der kleinste Pool in Mui Ne. Freundliche Leute. Die Surfschule nebenan benutzt den Strand als Einfahrtschneise. ❷–❸

Mittlere Preisklasse

Bamboo Village Beach Resort & Spa, ✆ 062-847007, 💻 www.bamboovillageresort.com. Kleine Zimmer im Haus und in Bungalows mit allem Komfort, wie AC, TV und Minibar. Schön gelegen unter Palmen und mit Bambus und Holz gestaltet. Sehr gutes Wellness-Center. Inklusive Frühstück. ❹–❺

Canary Resort, 60 Huynh Thuc Khang, ✆ 062-847258, 📠 847338. Angenehme Anlage mit zahlreichen Zimmern und Bungalows an einem schönen Strandabschnitt. Die Zimmer im Hotel sind teurer als jene in Bungalows. Alle haben TV und zwei große Betten. Am Pool garantiert eine Bar die Versorgung mit kalten Getränken. Inklusive Frühstück. In der

Nebensaison sind die Preise verhandelbar, und auch wer länger bleibt, bekommt oft Rabatt. ❷–❹

Full Moon Beach, Nguyen Dinh Chieu, ✆ 062-847405, 📠 847160, 💻 www.windsurf-vietnam.com. Das Resort für Kitesurfer und andere stylishe junge Leute. Es gibt Zimmer unterschiedlichster Preiskategorien, von US$25 für einen AC-Raum im Haupthaus in der Nebensaison bis zu US$80 für einen Bungalow am Strand. Alle Zimmerpreise inklusive Frühstück. Der Pool eignet sich gut zum Schwimmen. Das Resort hat einen guten Ruf, ist schön angelegt und daher vor allem in der Hauptsaison oft ausgebucht. ❸–❺

Hotel Marina Ngoc Suong, 94 Nguyen Dinh Chieu, ✆ 062-847515, 📠 847580, ✉ ngocsuong@hcm.fpt.vn. Schönes Hotel mit geschmackvoll eingerichteten, sauberen Zimmern. Freundliche Leute. Rabatte bei längeren Aufenthalten. ❹

Indochina Dreams, 74 Nguyen Dinh Chieu, ✆ 062-847271, ✉ baquyen@hcm.vnn.vn. Diese kleine und gepflegte Anlage umfasst 5 recht große, schöne, gemauerte Steinbungalows mit Ziegeldach und Veranda. Preis inklusive Frühstück im Restaurant, das leider Richtung Straße liegt. Es gibt keinen Pool, aber der Strandabschnitt ist sehr schön. ❸–❹

Lucy Resort, km 2, ✆ 062-847801, 📠 847803, 💻 www.lucyresort.net. Kleines, gepflegtes Resort unter vietnamesisch-österreichischer Leitung mit Bungalows verschiedener Preisklassen. Die einfachsten haben AC, die besseren zusätzlich TV und WIFI. Am teuersten sind die Luxusbungalows am Strand. Kleiner Pool, toller Strandabschnitt im Osten. Alle Zimmer sind sauber und mit großem Bett, Moskitonetz, AC und Minibar ausgestattet. Bar und Restaurant, Billardtisch. Frühstück zwischen 7–9 Uhr inklusive. ❷–❹

Mai Khanh Gia Trang – Paradise Huts, 86 Nguyen Dinh Chieu, ✆ 062-847177, ✉ cheznina@hcm.vnn.vn. Schöne Anlage mit sauberen, aber relativ kleinen Zimmern in Holzbungalows. Meerblick kostet etwas mehr. Alle Preise inklusive Frühstück, AC und TV. Das Restaurant hat Strandblick. Oft ausgebucht. Gäste zahlen für eine Wellness-Anwendung bei Nina im Mai Khanh Gia Trang – Le Chalet 20 % weniger. ❸–❹

Mai Khanh Gia Trang – Le Chalet, 165 Nguyen Dinh Chieu, ✆ 062-847577, ✉ cheznina@hcm.vnn.vn. Das aus dem Jahr 1867 stammende renovierte Holzhaus nahe dem Tempel liegt auf der strandabgewandten Seite der Straße. Schönes 2-geschossiges Haus mit aufwendig gestalteten Zimmern, die allen Komfort bieten. Von den oberen toller Blick aufs Meer, daher sind diese etwas teurer. Auf Wunsch internationales TV. Relativ großer Pool hinter dem Haus. Im Gebäude befindet sich auch Ninas Spa (s. u.) mit Massage und Schönheitspflege. ❷–❸

Mui Ne Resort, KM 16, ✆ 062-847654. Das Resort vom Sinh Café ist recht teuer, bietet aber nichts Besonderes. Die Anlage ist sehr groß und verbaut. Großer Pool. 14 Doppel- und 3 Vierer-Bungalows. Zum Strand hin befindet sich eine kleine Mauer, oberhalb derer Liegestühle und Sonnenschirme zum Relaxen einladen. Wer mit dem Tourbus hier ankommt, sollte sich nicht scheuen, ein anderes Resort zu suchen, wenn das Gebotene nicht gefällt oder zu teuer ist. ❸

Palmira Resort, 14 Nguyen Dinh Chieu, ✆ 062-847004, 📠 847006, 💻 www.palmiraresort.com. Mehrstöckige Villen mit Balkonen, manche mit Meerblick. Großer Pool. Zudem Sauna, Fitnessraum und Tennisplatz. ❹–❺

Rach Dua Tropico Resort, ✆ 062-847001, 📠 847153, ✉ rachduaresor@hcmc.vnn.vn, 💻 www.muinerachduaresort.com.vn. Große Anlage mit 25 schönen Bungalows und Cottages am Strand und in der Gartenanlage, am Wochenende teurer als werktags, immer inklusive Frühstück. Es gibt zudem 4-Bett-Zimmer mit Ventilator und Gemeinschaftsbad für Reisende mit kleinerem Budget oder Famlien. Auch Zimmer für vier Personen. Geboten wird AC, TV, Minibar und ein großer Pool (auch Kinderbecken). Eine kleine Disco lädt zum Feiern ein. ❹–❺

Sunsea Resort, 50 Nguyen Dinh Chieu, ✆ 062-847700, 📠 847701, 💻 www.sunsearesort-muine.com. Diese ansprechende und gepflegte Anlage bietet 12 Zimmer in Cottages und im Reihenhaus mit Zugang direkt zum großen Pool. Die Zimmerausstattung ist geschmackvoll mit TV, CD- und DVD-Spieler, AC und Minibar. Im Restaurant u. a. gute Thai-Küche. ❹–❺

Sunshine Beach, 82 Nguyen Dinh Chieu, ☏ 062-847788, 📠 847790, 💻 www.sunshine-beach.com. Das Resort ist auf Kitesurfer eingestellt. Das zweigeschossige Haus hat angenehme AC-Zimmer mit TV und DVD, Warmwasser, Minibar und Terrasse. Inklusive Frühstück. Für Surfer wird ein Storage-, Beachboy- und Life Guard-Service angeboten (s. auch Kitesurfen). Nichtgäste haben für 50 000 Dong am Tag die Möglichkeit, einen Strandstuhl zu mieten, inkl. WIFI-Internet-verbindung, Strandtuch und Fruchtsalat bzw. kleinem Snack. ❸

Suoi Tien Mui Ne Resort, 60 Nguyen Dinh Chieu, ☏ 062-847146, 📠 741013, ✉ suoitienmuine resort@vnn.vn. Gelegen an KM 12,6; hat günstige Bambusbungalows mit Ventilator und Moskitonetzen und teurere Zimmer aus Beton mit AC und Strandblick. Die Anlage ist gepflegt, und der schöne Strandabschnitt tröstet darüber hinweg, dass es keinen Pool gibt. Für Kinder findet sich eine kleine Rutsche. Das Restaurant bietet Meerblick. ❷–❹

Thuy Thuy Resort, ☏ 062-847357. Die 4 großen AC-Bungalows nahe der Straße sind zwar luxuriös, aber dennoch eher zweite Wahl, da sie nicht direkt am Meer liegen. Es gibt einen Pool. ❹

Obere Preisklasse

Bien Xanh Blue Ocean Resort, 54 Nguyen Dinh Chieu, ☏ 062-847322, 📠 847351, 💻 www.blueoceanresort.com. Vertragshotel von DerTour und TUI mit heimeligen Betonbungalows mit Meer- oder Garten-aussicht in einer schön, aber z. T. etwas beengten Gartenanlage. Frühstück für zwei Personen inklusive; max. zwei Kinder bis 12 Jahre werden umsonst verpflegt, sofern sie im Bungalow der Eltern schlafen. Pool mit Barbereich. Die Zimmer können auch in Euro bezahlt werden. ❹–❻

Cham Villas, ☏ 062-741234, 📠 741147, 💻 www.chamvillas.com. 16 hochwertig ausgestattete Bungalows mit als Himmelbett gestalteten Moskitonetzen gegenüber den Loungebars Berlin, Gecko und Guava. In der gepflegten Gartenanlage stehen Skulpturen im Cham-Stil. Internationales Publikum, schöner Strandabschnitt. ❺–❻

Coco Beach Resort, 58 Nguyen Dinh Chieu, ☏ 062-847111, 📠 847115, 💻 www.cocobeach.net. In der großen und ältesten Anlage des Strands stehen weitläufig verteilt sehr schöne Holzbungalows mit allem Komfort. Die 31 Zimmer samt Veranda sind geschmackvoll eingerichtet: Es gibt Moskitonetze, AC und Minibar. 3 Familienbungalows bieten Platz für mehrere Personen. Schöner großer Pool mit Jacuzzi, Liegen und Sonnenschirmen am schönen Strand. Der Entspannung zuliebe wird auf TV-Geräte in den Bungalows verzichtet. Empfehlenswert. ❻–❼

Dynasty Hoang Trieu, 140A Nguyen Dinh Chieu, ☏ 062-847816, Buchungen in Ho-Chi-Minh-Stadt über ☏ 08-8355886, 📠 8356401, 💻 www.dynastyresorts.com. Große Anlage mit 2-geschossigen Häuserreihen rund um einen großen Pool (inklusive Kinderpool) mit vielen Liegen zum Sonnen. Alle Zimmer mit Meerblick. Die teureren sind sehr groß und mit Sofa und breiter Fensterfront ausgestattet. Den nur bei Ebbe zu sehenden Sandstrand begrenzt eine kleine Mauer. Zimmer mit allem Komfort. ❹–❻

Hoang Hai Resort – Ocean King, 146 Nguyen Dinh Chieu, ☏ 062-847991, 📠 847910, ✉ hoanghai_vn@myway.com. Saubere Zimmer in schöner Anlage. Großer Pool mit künstlichem Wasserfall und einem Becken für die Kleinen mit Wasserrutsche und Jacuzzi. Die schönsten und teuersten Zimmer sind die modern eingerichteten Strandvillen. ❹–❻

Hoang Ngoc Oriental Pearl, Km 16,2, ☏ 062-847858, 💻 www.hoangngoc-resort.com. Schöne Bungalows und viele Liegen am erhöhten und vor Wellen gesicherten Strandabschnitt. Treppen zum Meer. Security-Service, der auch auf die Badegäste achtgibt. Schönes Restaurant mit Meerblick, freundliche Leute. ❺–❻

Little Mui Ne Cottage, 10B Huynh Thuc Khang, ☏ (062) 847550, 📠 847514, 💻 www.littlemuine.com. Schön gestaltete Zimmer mit Rattanmöbeln in einem großen Haus und

Südküste

in Bungalows. Es gibt auch Familienzimmer. Großer Pool. Hier bringen Touranbieter wie Neckermann und DerTour ihre Kunden unter. Restaurant im oberen Geschoss, viele Bücher und Informationen. ❹–❻

Saigon Mui Ne Resort, Nguyen Dinh Chieu, ☏ 062-847302, ℻ 847307, 💻 www.saigon muineresort.com. Große, schöne 4-Sterne-Anlage mit 85 Zimmern im Haus oder in Bungalows. Alle mit dem nötigen Komfort, inklusive TV. Tennisplatz, Massage, Sauna. Großer Pool mit Jacuzzi. Kinder bis 12 Jahre können kostenlos im Zimmer der Eltern schlafen, bekommen aber kein Frühstück. Vertragshotel von TUI und Neckermann. Auch vietnamesische Reisegruppen und Familien. ❺–❼

Sailing Club, 24 Nguyen Dinh Chieu, ☏ 062-847440, ℻ 847441, 💻 www.sailing clubvietnam.com. Bei KM 13. 30 Zimmer mit gemütlichen Sitzgelegenheiten in schöner Gartenanlage. Pool mit Meerblick. Guter Service und zahlreiche Wassersportangebote (Kitesurfen usw.). Inklusive Frühstück. ❺–❻

Sea Breeze Resort, 100 Nguyen Dinh Chieu, ☏ 062-847373, ℻ 847430, 💻 www.muinesea breeze.com. 6 schöne, wenn auch in die Jahre gekommene A-Frame-Bungalows. Alle haben AC, Warmwassr, TV und ein großes Bett. Von den vorderen kann man von der Veranda aufs Meer blicken. Weitere 6 Zimmer befinden sich im Haupthaus, alle mit Blick aufs Wasser. ❸–❹

Sea Horse Resort & Spa, am Westende des Strandes, ☏ 062-847507, ℻ 847774, 💻 www.seahorseresortvn.com. Schön gestaltete Anlage mit komfortablen Bungalows, alle mit eigener Terrasse und Open-Air-Badezimmern. ❺–❻

Swiss Village, 44 Nguyen Dinh Chieu, ☏ 062-847399, ℻ 847491, 💻 www.swiss villageresort.com. Diese große und gepflegte Anlage liegt zentral bei KM 12 und bietet schöne Zimmer in traditionell vietnamesischem Design, mal in 4-Zimmer-Bungalows mit Blick aufs Meer, mal im etwas günstigeren Hotelkomplex. Es gibt einen Tennisplatz und einen Pool mit Jacuzzi, diverse Bars und Restaurants. Hier befinden sich der Postschalter von Mui Ne, eine Bank und ein Beauty-Salon, der Schweizer Produkte führt. ❺–❻

Victoria Phan Thiet, ☏ 062-813000, 💻 www.victoriahotels-asia.com, ganz im Westen bei KM 9 gelegen. 50 große, liebevoll eingerichtete Cottages inmitten einer hübsch gestalteten Gartenlandschaft. Schöner Strand, aber wegen der Felsen im Wasser zum Baden weniger ideal. Dafür entschädigt der Pool. ❻–❼

White Sands Resort, ☏ 062-741175. Angenehme Bungalows mit schönem Garten. Der Strand ist von Felsen durchsetzt und eignet sich nicht zum Schwimmen, ist aber schön anzusehen. ❺–❻

Hon Rom-Strand

Dieser Strand ist wegen seiner starken Strömungen für Schwimmer ungeeignet. Zudem schützen die Hotels (nahe den roten Sanddünen) ihre Anlagen durch große Wellen- und Windbrecher.

Khu Du Lich, ☏ 062-848503, ℻ 849230. Große Anlage am Südende des Strandes nahe dem Dorf Mui Ne, vornehmlich am Wochenende von vietnamesischen Gästen besucht. Es gibt große und kleine Zimmer im Haus oder in Bungalows unterschiedlichster Ausstattung, deren Gestaltung eher funktional als schön ist (und auch nicht immer neu). Fliesenboden und einfache Betten ohne viel Schnickschnack. Zudem gibt es die Möglichkeit, Zelte aufzuschlagen (20 000 Dong). Einsame Gegend am rauen Meer. Im nahe gelegenen, auf den breiten Strand blickenden Ausflugslokal lässt es sich (oft als einziger Gast) gut entspannen. ❶–❷

Malibu Resort, ☏ 062-849669, ℻ 849475, 💻 www.malibu-resort.com. 40 saubere Zimmer der gehobenen Mittelklasse mit schönen Balkonen. Die Anlage ist vornehmlich auf asiatische Gäste ausgerichtet: Karaoke-Bungalows laden zum Singen in trauter Atmosphäre ein. Schöne Parkanlage mit Spielgeräten für Kinder, die leider nicht immer sachgerecht gepflegt sind. Es gibt einen Pool und kostenlose Fahrräder für Gäste. Mopeds werden für 150 000 Dong pro Tag vermietet. ❺–❻

Nam Chau Resort, Khu Pho 5, ✆ 062-849323, ℻ 849672, 💻 www.resortnamchau.com. Sehr weitläufige Anlage mit 25 großzügig gestalteten Bambusbungalows – wirkt wie ein kleines Dorf (inkl. Teich). Die Ausstattung ist geschmackvoll, z. T. Badewanne und eine sehr große Terrasse mit Sitzgelegenheit. Da die Anlage vornehmlich von asiatischen Reisenden aufgesucht wird, spricht hier kaum jemand Englisch, doch das Personal ist freundlich und bemüht, sodass es keine Verständigungsprobleme geben sollte. Für das Gebotene sehr preiswert. ❷–❸

Pandanus, ✆ 062-849849, ℻ 849850, 💻 www.pandanusresort.com. Große Luxusanlage nahe dem Malibu Resort und den roten Sanddünen mit ferienhausähnlichen Bungalows und Hotelzimmern im Nebenbau. Sehr großer Pool. Einige Restaurants und Bars. Hier bringen zahlreiche Pauschalanbieter ihre Gäste unter. Es gibt einen Busservice zum Hauptstrand und nach Phan Thiet. Der Kinderspielplatz ist mehr etwas fürs Auge. Auf Wunsch wird ein Kindermädchen gestellt. ❻–❼

Essen

Die meisten Gäste essen im Restaurant ihres Resorts oder Hotels. Man kann sich das Essen und die Getränke oft auch an den Strand bringen lassen oder in kleinen Pavillons speisen. Wer etwas Abwechslung sucht, findet zahlreiche Restaurants entlang der Strandstraße, wobei sich die meisten nicht direkt am Strand, sondern auf der anderen Straßenseite befinden.

Drei sehr gute und große **Fischrestaurants**, die vor allem bei Vietnamesen beliebt sind, liegen am westlichen und östlichen Ende des Strandes, so z. B. das **Da Ong Dia** am Westende, benannt nach dem benachbarten kleinen Schrein, an dem die Fischer beten (die es übrigens gar nicht mögen, wenn man ihrem Gott mit der Kamera zu nahe kommt). Eine große Auswahl an Muscheln (ab 40 000 Dong) und anderen frischen Meeresfrüchten (bis hin zum Riesenlobster für 630 000 Dong) müssten jeden Seafood-Liebhaber glücklich machen. Das Ambiente ist allerdings sehr schlicht, und gen Sonnenuntergang versammelt sich die Belegschaft zum gemeinsamen Soap-Opera-Gucken.

Zahlreiche kleinere Fischrestaurants (mit mehr Konzessionen an den westlichen Geschmack) haben sich zudem gegenüber den großen Hotels Coco Beach, Blue Ocean und Saigon Mui Ne am westlichen Strandabschnitt angesiedelt. Sie bieten tagsüber Gerichte von der Karte und abends zusätzlich frisch gekühlten Fisch zur Auswahl, der nach Wunsch zubereitet wird. Die Preise werden nach Gewicht berechnet: 100 g frisches Seafood liegen zwischen 25 000–50 000 Dong. Dazu gehören **Bamboo, Hoang Vi** und **Mai Mai Lucky**. Sie alle locken mit mehr oder minder gleichem Angebot. Die Wahl fällt schwer, denn sie unterscheiden sich nicht groß.

Cat Tuong, gegenüber vom Swiss Village, hat internationale Speisen in einfachem Ambiente. Leckere Frühlingsrollen.

Chez Dieu, 121 Nguyen Dinh Chieu, ✆ 0908-435604. Familiäres Gartenrestaurant mit sehr schmackhafter Küche; vietnamesisch mit französischem Einschlag. Wird vom Franzosen Philippe und seiner vietnamesischen Frau Dieu geführt. Spezialität BBQ-Gerichte, sehr gute Muscheln. Lesertipp!

Im **Coco Paradise Beach Club** kann man sich Eis (16 000 Dong pro Kugel) mit Blick aufs Meer schmecken lassen. Zudem gibt es BBQ und viele weitere Gerichte, die auf den westlichen Geschmack ausgerichtet sind. Spaghetti ab US$2,50.

Giardino Italia, neben dem T.M. Brother's Café, hat Pizza ab US$5 im Angebot. Nettes Ambiente. Etwas los ist hier erst abends.

Beste französische Küche

Das **Champa Restaurant** im Coco Beach Resort bietet abends französische Küche in gehobenem Ambiente. Große Weinkarte und ebensolche Auswahl an Zigarren. Tischreservierung über das Resort.

Die beste *pho* am Strand

Die beste Nudelsuppe weit und breit gibt es im schön gestalteten kleinen **Dat Rang – Saigon Noodle House** am Westende des Strandes. Man sitzt an Steintischen und lässt sich eine der leckeren *pho* schmecken (bisher nur auf Vietnamesisch ausgeschrieben, zur Identifizierung der Suppen siehe Sprachteil) oder genießt einen frisch aufgegossenen Eiskaffee.

Good Morning Vietnam, KM 11, ✆ 062-847342, bekannt aus Sai Gon, Ha Noi und Da Lat, hat auch in Mui Ne ein Restaurant eröffnet und bietet gute Pizza und andere italienische Speisen. Holt seine Gäste auch vom Resort ab: Hotline ✆ 062-847585.

Hot Rock, KM 12,5. Großes Restaurant mit westlicher Küche und Frühstück den ganzen Tag über. ◷ 8.30–24 Uhr.

Jibe's Beach Club, 90 Nguyen Dinh Chieu. Das schön gestaltete Restaurant samt Bar zieht vor allem Kitesurfer an, die hier eine Pause machen. Die Atmosphäre ist angenehm, das Essen o.k. und die Preise sind moderat. Manchmal wird hier abends ein BBQ mit anschließender Party veranstaltet. Mehr Informationen unter „Aktivitäten".

Das **Lam Tong Restaurant** neben dem Jibe's veranstaltet samstags manchmal Beachparties für die Surfer und bietet dann leckeres BBQ. Ansonsten lässt es sich hier nett essen mit Blick auf den Strand, wo man die Kitesurfer beobachten kann.

Na Dat Claypot Restaurant, Nguyen Dinh Chieu, nahe dem Markt. Schönes großes Haus mit Sitzplätzen auf zwei Etagen. Empfehlenswert ist die überdachte Dachterrasse im 2. Stock. Der leckere Hot Pot, ein Tontopf mit Stövchen, in dem man z. B. Fischkopfsuppe kredenzt bekommt, kostet ab 60 000 Dong. Leider gibt es nur Importbier, und die Bedienung spricht wenig Englisch.

Ngoc Lai Restaurant & Bar, 83 Nguyen Dinh Chieu, ✆ 062-847283, gegenüber vom Bien Xhan Resort unweit KM 12, lockt mit blinkenden Herzchen. Im Open-Air-Restaurant auf der 2. Etage lässt es sich gut sitzen, und es gibt sowohl Frühstück als auch Mittag- und Abendessen. Neben westlicher Küche auch traditionelle vietnamesische Gerichte. Spezialität ist der Phan Thiet-Fischsalat *(goi ca phan thiet)*, ein leckerer frischer Salat mit kleinen ganzen Fischchen.

Que Huong Café, KM 13, Nguyen Dinh Chieu, ✆ 062-847687. Gegenüber von Jibes Kitesurfing, einfaches Open-Air-Restaurant mit Travellergerichten zu jeder Tageszeit. Die Reissuppe ist lecker mit Sesamöl verfeinert. Nach Anruf Abholung vom Hotel.

Rung Restaurant, 67 Nguyen Dinh Chieu, ✆ 062-847589, 📠 847590, 💻 www.forest restaurant.com. Schönes Restaurant der oberen Kategorie; geschmackvolle Dekoration im Cham-Stil, abends wird traditionelle Musik gespielt und jeder Gast bekommt ein kleines Abschiedsgeschenk. Hervorragende Küche. ◷ 10–15 und 18–23 Uhr.

Shree Ganesh, 57 Nguyen Dinh Chieu, ✆ 062-741330. Für alle Liebhaber der indischen Küche.

T.M. Brothers Café, bei KM 13, sehr einfach; günstige Preise. Pizza kostet hier nur US$2–3, doch ist die Qualität nicht mit den italienischen Pizzerien vergleichbar. Zudem Shakes und sonstige Travellergerichte.

Deutsches Brot bekommt man neben der Sportsbar Berlin (siehe Unterhaltung) in einer kleinen **Bäckerei**. Hier befindet sich auch eine kleine **Eisdiele**.

Unterhaltung

Wegen des Nachtlebens kommt bisher vermutlich kein Tourist nach Mui Ne. Da jedoch immer mehr Kneipen aufmachen, kann es auch abends lustig und gesellig zugehen.

Café Uyen, ✆ 062-848142, in der Hauptstraße im Zentrum des Fischerortes Mui Ne, bietet abends im 2. Stock manchmal Live-Musik – ein etwas schmuddeliger Ort, an dem die Einheimischen noch unter sich sind.

Gecko, Lounge, Bar & Restaurant, 51 Nguyen Dinh Chieu, ✆ 062-741033, 📠 741034, 💻 www. geckohotel.com. Schöne Bar mit französisch-vietnamesischer Küche. Liegt direkt neben dem Guava.

Schöner Platz zum Abhängen

Pogo, KM 16, 138 Nguyen Dinh Chieu. Die offen gestaltete Kneipe hat ein sehr schönes Ambiente und die deutsche Betreiberin Edith spielt gute Musik. Es gibt Bier und Cocktails. Sehr gute Pommes, auch noch zu später Stunde. Sitzkissen im Sand oberhalb des Meeres an der Kaimauer. In der Saison wird am Wochenende ein vietnamesisches Buffet angeboten. Kostenlose Nutzung des Billardtischs. Manchmal finden Beachpartys statt.

Guava, 53 Nguyen Dinh Chieu, ✆ 062-741246, am westlichen Strandabschnitt. Moderne Lounge mit guter Musik, schöner Bar und bequemen Clubsesseln. Gehobenes Ambiente und ebensolche Preise. Es gibt Hamburger und andere Snacks, zudem eine einladende Menükarte. Die Steaks werden aus Australien importiert. Cocktails ab 50 000 Dong. Für Bloody Mary-Fans ein Muss, denn es gibt immer zwei zum Preis von einem. Mittwochs ist Ladies' Night, d. h. ein Bellini für die weiblichen Gäste ist umsonst. Samstag Houseparty. Zudem immer wieder Live-Veranstaltungen, über die mit Handzetteln informiert wird. ⌚ ab 11 Uhr.
Sportbar Berlin German Bar Restaurant, gegenüber von Cham Villas. Deutsche und internationale Küche. Am Eingang begrüßen zwei echte, extra aus Berlin angereiste Bären die Gäste.

Aktivitäten

Kitesurfen

Mui Ne ist während der Hauptsaison zwischen Oktober und Mai ein Paradies für Kitesurfer, die vor allem den westlichen Strandabschnitt für sich in Anspruch nehmen. Es gibt zahlreiche Schulen, die auch Equipment ausleihen oder verkaufen.
Die meisten Kitesurfer wohnen im Full Moon Resort und den angrenzenden Anlagen.
Hier ist der Strand besonders fürs Surfen geeignet, das Hotel wird in Kooperation mit der alteingesessenen **Kitesurfschule Jibe's Beach Club** betrieben, 90 Nguyen Dinh Chieu, ✆ 062-847405, 📠 62847160, ✉ jibe@windsurf-vietnam.com, 💻 www.windsurf-vietnam.com. Hier werden Schulungen im Kitesurfen angeboten, es gibt Boards zum Ausleihen für Fortgeschrittene und einen Shop mit einer großen Auswahl an Equipment. Zudem ein Restaurant mit Bar und netter Atmosphäre. Die Schule hat einen guten Ruf und sowohl Betreiber als auch Angestellte sind sehr freundlich. Die Preise sind ähnlich wie bei den Kite Pirates (s. u.).
Airwaves, im Sailing Club, ✆ 062-847440, 💻 www.airwaveskitesurfing.com, genießt ebenfalls einen guten Ruf. Auch hier gibt es Kitesurfausrüstung und Windsurfing, zudem Wasserski.
SIK Center, 💻 www.sikcenter.com, im Sunshine Beach Resort bietet für Kitesurfer ein Service-Paket an: Für die Aufbewahrung der Ausrüstung, eine Luftstation, einen Beach Boy als Aufpasser und WIFI für Internetnutzung mit dem eigenen Laptop werden 160 000 Dong pro Woche verlangt. Hier gibt es in der Hauptsaison auch Tai Chi Aero-Boxing (s. u.)
Kite Pirates, ✆ 084-919530448, ✉ muine-club @hotmail.com, 💻 www.kitepirate.com.ru, befindet sich im Rach Dua Tropico Resort. Unterricht im Kitesurfen kostet hier für einen 5-stündigen Tageskurs US$175. Zehn Std. in 3–5 Tagen kosten US$350, für zwei Personen US$580. Wer seine Kenntnisse in einer Stunde auffrischen will, zahlt US$50. Auch Windsurfkurse werden angeboten: 1 Std. US$37, 5 Std. US$160, 10 Std. US$290. Wer nur das Equipment leihen will, zahlt dafür US$32/Std. oder US$98/Tag, für ein Surfbrett US$15/Std. Wer seine eigene Ausrüstung mitbringt und hier abstellen will, zahlt US$3/Tag bzw. US$15/ Woche. Der Rettungsdienst mit dem Jetski kostet US$10.
Windchimes, die Schule und der Laden sind im Saigon Mui Ne untergebracht, Buchungen und Informationen über die Mobilnr. ✆ 0909-720017, 💻 www.kiteboarding-vietnam.com. Beim Kauf von Equipment gibt es 50 % Rabatt auf einen Kurs. Wer einen Freund vermittelt, bekommt 20 % Rabatt.

Schwimmen

Das Meer eignet sich zu jeder Tageszeit zum Schwimmen, es sei denn, die Wellen sind zu stark. Am Strandabschnitt rund um das Jibe's haben die Kitesurfer das Meer für sich erobert, Schwimmen ist daher kaum gefahrlos möglich. Das gilt auch für die Hauptsaison, wenn Jetski-Verrückte über die Wellen brettern. Da nicht jeder Fahrer das Gefährt auch beherrscht, ist unbedingt Vorsicht geboten. Die meisten Resorts und Hotels ab der Mittelklasse aufwärts bieten einen Pool, doch leider sind nur die wenigsten groß genug für Leute, die sportlich ihre Bahnen ziehen wollen.

Surfen, Wellenreiten, Kayakfahren und Wasserski

Windsurfer zieht es von August bis Dezember an den Strand. Surfbretter sind bei den Kitesurfschulen auszuleihen (s. o.). Auch Kayaks und Wasserski werden vermietet. **Vorsicht** wegen der starken Strömungen und der Felsen im Meer an den Ausläufern der Bucht von Mui Ne.

Tai Chi und Aero-Boxing

Im **SIK Center** wird in der Hauptsaison Tai Chi (Mo und Sa 8–8.45 Uhr, Mi 16.45–17.15 Uhr) und Aero-Boxing (Di und Fr 16–17.15 Uhr) angeboten.

Wellness

Neben entspannenden Stunden auf einer Strandliege kann man sich bei **Nina Spa** fachgerecht verwöhnen lassen. In einem sehr schönen Haus (im Mai Khanh Gia Trang Cottage) nahe der Pagode in der Mitte des Strandes wird Fuß- und Ganzkörper-Massage, Körpertherapie mit Salz oder Schlammanwendungen und Gesichtspflege angeboten. Zudem kann man für US$8 eine Stunde in der Kräutersauna zubringen. Preise für Anwendungen ab US$15 bis US$26. Reservierungen (bis 22.30 Uhr) unter ✆ 062-847577, ◷ 9–23.30 Uhr.

Touren

Ausflüge mit dem *xe om*

Motorradfahrer offerieren Tagesausflüge in die Umgebung. Für US$3 geht es zum Fischerhafen, dem roten Canyon, den roten Sanddünen und dem Wasserfall. Wer noch US$3 drauflegt, kann sich zu den weißen Sanddünen fahren lassen. Meist dauert der kürzere Ausflug etwa 4 Std. Wer sich mehr Zeit nehmen will, muss dies vorher absprechen. Inklusive der weißen Sanddünen sollten mindestens 6 Std. eingeplant werden. Bei diesen Touren wird man nur gefahren, es gibt keinen sonstigen Service.

Geführte Touren

Zahlreiche Veranstalter haben eine Kombination verschiedener Sehenswürdigkeiten im Angebot. Dazu gehören neben den bekannten Adressen auch vermehrt kleinere Agenturen, die als Familienbetrieb aufgezogen sind. Ein gutes Beispiel ist **Mr. Binh's Sahara Tours**, gegenüber vom Canary Resort, 81 Huynh Thuc Khang, ✆ 0989-297648, ✉ mrbinh-muine@hotmail.com. Mr. Binh ist ausgesprochen freundlich, und seine Touren bestechen durch den persönlichen Einsatz. Sehr zu empfehlen ist eine Ganztagstour inklusive Mittagessen. Die Zutaten (Fisch, Muscheln etc.) werden morgens früh gemeinsam auf dem Markt gekauft und später köstlich zubereitet. Zur Entspannung hat Mr. Binh immer seine Hängematten dabei, die – an schattigen Plätzen aufgehängt – eine angenehme Mittags-pause versprechen. Touren können sowohl im Jeep (um die US$25 p. P. inklusive Essen und Guide) als auch auf dem etwas günstigeren Motorrad (ca. US$15) unternommen werden. Auch 2-tägige Touren mit Programm in Mui Ne und Sai Gon oder Da Lat oder Nha Trang stehen auf Mr. Binhs Programm. Diese Ausflüge kosten US$50 am Tag p. P. inkl. Übernachtung und Essen. Besuchstouren zu allen umliegenden Sehenswürdigkeiten werden auch von den bekannten **Open-Tour-Unternehmen** angeboten (Adressen s. u.). Besuche eines Fischerdorfs, des Strandes, des roten Canyons und der Dünen sind hier Standardprogramm. Eine weitere Tour führt zum Ta Kou-Berg und dem liegenden Buddha (s. Umgebung von Mui Ne).

Mit dem Moped nach Ke Ga und Ta Ku

Ein schöner Tagesausflug, der auch auf eigene Faust unternommen werden kann, führt von Mui Ne bzw. Phan Thiet zum **Ta Ku-Berg** und dem dort liegenden Buddha, vorbei an **Salzfarmen** und **Drachenfrucht-Plantagen** (Haupterntezeit ist von September bis November) bis zum **Leuchtturm** von Ke Ga (vgl. Umgebung von Phan Thiet).
Auf dem Weg passiert man eine wechselhafte Landschaft bis zur bizarr rauen Küste westlich von Phan Thiet. Der Weg beginnt auf der N1 über Phan Thiet in Richtung Ho-Chi-Minh-Stadt. Nach KM 168 geht es über eine Brücke. Die anschließende Abfahrt nach links führt direkt auf die Seilbahnstation zu. Nach einem Besuch beim liegenden Buddha geht die Fahrt weiter links am Berg vorbei. Nach etwa 12 km wiederum links halten. Nach weiteren 15 km erreicht man den Leuchtturm von Ke Ga. Von hier aus führt die Straße wieder zurück in Richtung Phan Thiet, diesmal am Meer entlang. Überall kann man eine Rast einlegen und mit den Menschen in Kontakt kommen, die sich fremden Besuchern meist interessiert zuwenden.
Diese beschriebene Route kann auch in umgekehrter Richtung gefahren werden, doch dann gilt es, rechtzeitig zu starten, denn die Rückfahrt auf der nachts unbeleuchteten und stark frequentierten N1 sollte unbedingt vor Sonnenuntergang in Angriff genommen werden.

Selbstfahrer

In Mui Ne kann man sich problemlos **Motorräder und Fahrräder** leihen. Ein Moped kostet US$5–7. Auf eigene Faust lassen sich viele Sehenswürdigkeiten erkunden. Es sei allerdings noch einmal darauf hingewiesen, dass zum Fahren eines Mopeds eigentlich ein vietnamesischer Füherschein erforderlich ist. Außerdem besteht Helmpflicht (auch wenn es nicht so aussieht). Ziemlich häufig gibt es eine Polizeikontrolle auf langen Geraden zwischen Phan Thiet und Mui Ne. Allerdings wird, in Ermangelung englischsprechender Beamter, bisher darauf verzichtet, Touristen zu kontrollieren. Ein letzter Tipp: Nachtfahrten auf der N1 sind unbedingt zu vermeiden! Die Unfallgefahr ist einfach zu groß.
Die Sanddünen kann man sehr gut mit dem geliehenen Moped besuchen. Die **Roten Dünen** erreicht man sogar mit dem Fahrrad problemlos über die Küstenstraße. Einfach im Fischerdorf Mui Ne an der ersten großen Kreuzung links abbiegen. Nach ein paar Kilometern ragen die Dünen linker Hand auf. Ein paar Kilometer weiter auf dem Highway, wo die Straße direkt am Meer entlang führt, befindet sich links ein kleiner Durchgang im Drahtzaun. Hier geht es zum **Roten Canyon**. Diese Stelle ist jedoch bisher für Selbstfahrer schwer zu finden.
Die Fahrt zu den **Weißen Sanddünen** dauert mit dem Motorrad etwa 20–30 Min. Der Weg führt den Highway entlang; nach dem großen Abzweig in Mui Ne folgt man immer der Straße. Nach etwa 15 Min. ändert sich die Landschaft: Keine Dünen sind mehr zu sehen, viel Grasland und zahlreiche Kühe bestimmen das Bild. Dann kommen rechts die weißen Dünen ins Blickfeld. Ein Feldweg, der gewiss bald geteert sein dürfte, führt rechts zu den Dünen. Am Ende der sehr staubigen Straße befindet sich ein Mopedunterstand, für dessen Nutzung 5000 Dong gezahlt werden müssen.

Sonstiges

Einkaufen

Zahlreiche kleine Läden säumen die Strandstraße. Im westlichen Abschnitt bei den größeren Resorts ist die Auswahl reichlicher und man kann auch Souvenirs erstehen. Es gibt Sonnenmilch und Moskitoschutz, Schwimmreifen und Wasserbälle. Zudem eine kleine Auswahl an Getränken, z. B. Milch und Wasser. Der kleine **Markt** etwa in der Mitte des Strandes hat nur morgens geöffnet. Neben ein paar T-Shirts wird hier vor allem Obst und Fisch verkauft. Im Fischerdorf Mui Ne findet ein größerer Markt statt, der jedoch auch nur für Einkäufe von frischen Waren lohnt.

Frisör

Wer sich einen neuen Haarschnitt verpassen lassen möchte, findet zwischen Palmira und

Sea Horse Resort den Frisör Van Toam und einen weiteren gegenüber dem Sea Breeze.

Geld

Die **Incombank** hat eine Filiale bei KM 13 neben dem Tropico Resort. Sie wechselt Bargeld und zahlt auf Visakarten Geld aus. ⌚ Mo–Fr 8–16 Uhr. Auch bei KM 12 (Swiss Village) befindet sich eine Bankfiliale. ⌚ Mo–Fr 7.30–12 und 13–16.30 Uhr. Hier besteht zudem die Möglichkeit, mit der Visakarte rund um die Uhr Geld von einem Automaten abzuheben. Travellerschecks lösen einige der größeren Resorts ein.

Informationen

Ein privates **Tourist Information Center (TIC)**, ✆ 062-743033, ist bei der Sportsbar Berlin angesiedelt. Hier gibt es auch Informationen auf Deutsch und gegen eine Schutzgebühr von 5000 Dong einen Faltplan vom Mui Ne-Strand.

Internet

Online-Anbieter eröffnen an allen Strandabschnitten ihre kleinen Läden; manche haben noch mit den Tücken der Technik und schlechten Verbindungen zu kämpfen. Eine Stunde kostet zwischen 5000 und 10 000 Dong, oft auch mehr. Einige Reiseagenturen bieten beim Buchen einer Tour freien Zugang ins Netz (z. B. T.M. Brothers). Günstige Tarife hat u. a. das **Coco Café** gegenüber vom Full Moon Resort.

Medizinische Hilfe

Nahe dem Denkmal und Markt an der Strandstraße befindet sich eine kleine **Krankenstation**, wo am frühen Abend medizinische Hilfe angeboten wird. Bei ernsteren Problemen wendet man sich am besten an das Krankenhaus in Phan Thiet. Ein Arzt steht auch im **Swiss Village Resort**, 44 Nguyen Dinh Chieu, zur Verfügung. Eine Konsultation kostet US$20. ⌚ 9–21 Uhr. Notfallnummer ✆ 0918-210504.

Vorsicht vor Sandfliegen! Wer allergisch reagiert, kann Antihistamintabletten nehmen (die in Deutschland gegen Heuschnupfen verkauft werden). Zudem hilft Kühlung.

Post

Die **Hauptpost** befindet sich im Dorf Mui Ne, 348 Huynh Thuc Chang, ✆ 062-849799, und bietet internationale Telefongespräche an. ⌚ 7–21.30 Uhr. Ein Ableger hat tagsüber neben dem Swiss Village Resort geöffnet.

Telefon

Einige Internetshops bieten internationale Telefonverbindungen für etwa 5000 Dong pro Minute.

Nahverkehr

Motorradtaxis

Zahlreiche Fahrer bieten ihre Dienste an. Gerne helfen sie auch herumirrenden Reisenden weiter, die vollbepackt eine Unterkunft suchen. Da die Fahrer meist Provision kassieren, ist die Auswahl natürlich nicht immer unvoreingenommen. Vor allem Reisende, die nachts mit dem Bus aus Ho-Chi-Minh-Stadt ankommen, werden gern in überteuerte Anlagen geführt. Dennoch sind diese Fahrer oft eine angenehme Hilfe. Kurze Strecken sollten nicht mehr als 10 000 Dong kosten. Am besten spricht man den Preis vor der Fahrt ab. Für einen ganzen Tag berechnen die Fahrer i. d. R. US$7–9.

Jeeps

Lange Jahre war ein Besuch der Sanddünen nur mit einem Jeep möglich. Heute ist es eher das Safarigefühl, das einen Jeep attraktiv macht, denn wegen der gut ausgebauten Straße ist er nicht mehr wirklich notwendig. Ein Jeep kostet für 4 Std. etwa US$8–10 p. P. (bei mind. 3–4 Personen).

Fahrräder und Motorräder

Einige Anlagen vermieten **Fahrräder**, mit denen man kurze Ausflüge in die Umgebung machen kann. Meist handelt es sich um einfache Räder aus chinesischer Produktion. Es sind aber auch schon Mountainbikes gesichtet worden. Je nach Qualität und Alter des Fahrrads kostet die Miete US$1–4 am Tag. In jedem Fall sollte man die Bremsen checken und auch den Rahmen, die Kette

und die Bereifung in Augenschein nehmen.
Motorräder werden sowohl von Mopedverleihern als auch von Resorts und freien Mopedfahrern vermietet. Ein Tag kostet bis zu US$7. Bei längerer Miete bekommt man meist Rabatt. Was die Probleme mit Reparaturen anbelangt, so sind die Erfahrungen der Reisenden sehr unterschiedlich. Einige fühlten sich über's Ohr gehauen, andere hatten überhaupt keine Probleme. In jedem Fall ist es ratsam, das Motorrad bei der Übergabe genau zu überprüfen und bei bereits vorhandenen Schäden auf selbige hinzuweisen. Je professioneller ein Verleiher sein Geschäft betreibt, desto eher wird er Papiere haben, in denen Mängel gelistet werden können. Ansonsten kann man sich hier nur auf die eigene Menschenkenntnis verlassen. Selbstverständlich sollte jeder vor Abfahrt Bremsen und Lenkverhalten testen und feststellen, ob die Tankanzeige noch funktioniert (wenn nicht, ist frühzeitiges Nachtanken angesagt). Helme werden oft nicht mit vermietet, obwohl eigentlich **Helmpflicht** besteht. Bei Nachfrage sollte jedoch ein Helm aufzutreiben sein, was bei der großen Zahl an Verkehrsunfällen in Vietnam durchaus Sinn macht.
Benzin gibt es an kleinen privaten Tankstellen, die das Benzin meist in Plastikflaschen gefüllt vor der Tür stehen haben. Größere Tankstellen mit Zapfsäulen befinden sich in Phan Thiet.

Taxis

Unter ✆ 062-898989, 814814, 838838 oder 833833 kann man sich ein Taxi bestellen. Vorsicht: Die Taxifahrer versuchen immer wieder, den Touristen mehr Geld abzunehmen, als das Taxameter anzeigt. Es ist vorgekommen, dass ein Fahrer für eine Fahrt von Phan Thiet nach Mui Ne auch den Preis für die Rückfahrt eingefordert hat, was natürlich jeder Grundlage entbehrt. Am besten man hat einige kleine Scheine und Münzen parat, sodass man passend zahlen kann und sich auf keine Diskussion um Wechselgeld einlassen muss.

Transport

Busse

Vom Dynasty Resort fahren tgl. um 14 Uhr Busse für 75 000 Dong nach HO-CHI-MINH-STADT (220 km), Fahrzeit etwa 4–5 Std. Tickets am besten einen Tag im Voraus buchen. Sinh Café startet um 13 Uhr und um Mitternacht.
DA LAT (275 km) in 4–5 Std. inklusive Essenspause. Die Open-Touren starten um 7 bzw. 8 Uhr morgens und fahren über PHAN RANG.
NHA THRANG (275 km) in 5–6 Std. Die Open-Touren fahren mittags (oft mit Stopover in Ca Na) und um Mitternacht ab.
T.M. Brothers hat zwei Büros: eines kurz hinter den Fairy Streams und eines im gleichnamigen Restaurant, KM 13, Nguyen Dinh Chieu, ✆ 062-847359. Daneben liegt das **Hanh Café Booking Service**, gegenüber vom Jibe's, bei KM 14, ✆ 062-847347. Wer mit **Sinh Café** fahren will, findet das Office neben dem Mui Ne Resort, ✆ 062-847542.

Taxis

Ein Taxi nach SAI GON kostet etwa US$50–60.

Eisenbahn

Es bestehen tägliche Zugverbindungen zwischen HO-CHI-MINH-STADT und dem 22 km von Mui Ne entfernten PHAN THIET mit einem anschließenden Shuttlebus nach Mui Ne, s. S. 518, Phan Tiet, Transport.

Phan Thiet

Wer sich Phan Thiet nähert, dem wird gleich ein charakteristischer Geruch in die Nase steigen: Ein würziges, modrig-fischiges Aroma, das auf eine besondere Spezialität der Region hinweist: die in ganz Vietnam beliebte Fischsauce, die hier in großen Mengen hergestellt wird.

Die Hauptstadt der Provinz Binh Thuan stand bis 1692 unter Cham-Herrschaft, doch schon um 1306 knüpften die Vietnamesen (zarte) Bande in diese Region, als König Tran Nhan Tong seine Tochter Huyen Chan an den Cham-König Jaya Sinhavarman III. verheiratete. Besonderes Kennzeichen der Region ist ihre große Trockenheit. Das freut den Touristen, der weitgehend von Regen verschont bleibt. Selbst in der Regenzeit ist der Himmel zwar grau, doch schwere Güsse kommen kaum vom Himmel.

Die große Fischereiflotte im Hafen macht deutlich: Das Haupteinkommen in dieser Region ist der Fischfang. Landwirtschaftlich ist die Region fast nur zum Anbau von Drachenfrüchten geeignet: Die Kakteen-Art verträgt die trockene Hitze gut. Seit Mitte der 1990er-Jahre kommt in wachsendem Maße der Tourismus hinzu. In Phan Thiet selber übernachten allerdings fast nur einheimische Touristen. Zwei luxuriöse Unterkünfte am ausgezeichneten Golfplatz ziehen zwar einige Golfer aus aller Welt an, doch die weitaus meisten Besucher aus dem Westen fahren weiter an den 20 km entfernten Mui Ne-Strand.

Nuoc Mam: Kostbare Essenz aus verrottenden Fischen

Nuoc mam ist die Seele der vietnamesischen Küche und dient dank des hohen Salzgehalts als Geschmacksverstärker. Da die Soße aber auch viel Protein (die beste Qualität besteht aus etwa 35–40 % Eiweiß) und B-Vitamine zu bieten hat, ist sie zudem sehr gesund. Sie wird seit Jahrhunderten verwendet, und schon uralte Volkslieder berichten von diesem vietnamesischen Lebenselexier.

Von den Köchen und Dichtern Vietnams wird die *nuoc mam* als essbares Parfum bezeichnet. Die Herstellungsorte kann man erschnüffeln, denn um die Lagerstätten herum riecht es stark salzig und gegen alle dichterische Lautmalung für die westliche Nase ziemlich streng. Wer in Mui Ne am Strand Urlaub macht und einmal die Hauptstraße entlang flaniert, kommt unweigerlich an einer *nuoc mam*-Lagerstätte vorbei (aber keine Sorge, am Strand riecht es nicht).

Drei Orte buhlen um den Ruf, die beste Fischsoße zu produzieren: Phu Quoc, die Insel nahe Kambodscha, Phan Thiet und Phan Rang.

So wird's gemacht

Kleine Sardinen werden zusammen mit Meersalz über Monate hinweg in Holzfässern eingelegt. Während der Fischsaison zwischen September und November werden die neuen Fässer (meist aus dem Holz des Brotfruchtbaumes, in der Gegend um Phan Thiet auch aus Kokosholz) angesetzt. Dabei werden Fische und Salz im Verhältnis 3:1 in den Fässern geschichtet. Die Fische dürfen nicht zu viel Fleisch auf den Gräten haben, sonst würde das Eingelegte nicht wie gewollt gären, sondern verschimmeln. In Phu Quoc schwören die Hersteller auf *ca con*, eine Sardinenart, die vor allem um Phu Quoc gefangen wird und einen hohen Ölgehalt aufweist. Während des Fermentierungsprozesses entsteht eine dünnflüssige braune Soße, die wieder auf die Fische gegossen wird. Nach einem 6–12-monatigen Gärungsprozess wird die fertige *nuoc mam* aus dem Sud herausgefiltert und gepresst. Aus etwa 6 kg Fisch wird ein Liter *nuoc mam* gewonnen. Die erste Pressung *(nuoc mam nhi)*, die aus etwa 60 % reiner *nuoc mam* besteht, dient als Medizin und zur Herstellung von Dips. Etwas verdünnter sind die zweite *(nuoc mam thuong)* und dritte Pressung *(nuoc mam kho)*, die neben Salzwasser noch etwa 40 % *nuoc mam* enthält und in der Küche verwendet wird.

Nase zu und …mmhh!

Für den westlichen Gaumen wird zwischen den Spitzenqualitäten kaum ein Unterschied festzustellen sein, und viele getrauen sich gar nicht, diese schmackhafte Soße zu probieren. Wer sich jedoch überwindet und vergisst, wie diese Soße hergestellt wird, möchte sie wahrscheinlich – wie wir – nicht mehr missen. So führen die Vietnamesen uns Westler zurück zu unseren Ursprüngen, denn schon die Griechen und Römer wussten Sardinen und andere Fische so einzulagern, dass eine schmackhafte Soße entstand. Sie wurde Garum genannt und war einst in der mediterranen Küche des Griechischen und Römischen Reiches verbreitet.

Phan Thiet
N
0
200 m
Mui Ne (19 km)
Bahnhof
Nguyen Hoi
Tran Hung Dao
Hoa Huau
Phan Trung
GOLFPLATZ
Cao Thang
Nguyen Tat Thanh
Ho-Chi-Minh-Museum
Duc Thanh-Schule
Doi Cung
Ng. Truong To
Nguyen Thi Minh Khai
Ng. Tran Quoc Toan
Trung Nhi
Phan Dinh Phu
Le Lai
Tran Phu
Ong-Pagode
Nguyen Van Cu
Ng. Hue
MARKT
Ly Thuong Kiet
Ly Tu Trong
Nguyen Thai Hoc
Dinh Tien Hoang
Ngo Si Liea
Nguyen Quang Phuc
Trieu Quang Phuc
Tran Hung Dao
Du
Van Thu An
Hoang Van Thu
Ha Thuyen
Phan Cau Trinh
Nguyen Cong Tru
Nguyen Van Troi
Ngu Ong
Van Thuy Tu-Gemeindehaus
Ca Ty
FISCHERHAFEN
Phat Quang-Pagode
Va Thi Sau
Hung Long-Kirche
Vinh Phu-Kirche
Ke Ga (30 km), Ta Ku (35 km)
Übernachtung:
1 19/4 Hotel
2 The Palms
3 Novotel Coralia Ocean Dunes
4 Ca Ty Hotel
5 Binh Minh Hotel
6 Doi Duong Hotel
Essen:
1 Gossip
2 Café-Bar Goc Pho
3 Seafood- und bia hoi-Restaurants
4 MTV
5 Café Tin Tin
6 Strandrestaurants (Seafood)
Transport:
1 Busbahnhof

Südküste

In Phan Thiet gibt es eine Reihe von Pagoden und Kirchen, darunter die große, belebte **Ong-Pagode** im Stadtzentrum und die **Hung Long-** und **Vinh Phu-Kirchen** in einem strandnahen Stadtviertel, das hauptsächlich von Christen bewohnt wird. Am Ostufer des Flusses liegt die **Phat Quang-Pagode**, die eine Zeitlang verwaist war und nun wieder in Gebrauch ist. Bei Aufräumarbeiten wurde unter dem Altar ein seltenes hölzernes Gebetbuch gefunden, an dem zwei Mönche und zwölf Helfer von 1706 bis 1734 gearbeitet haben sollen.

Pagode mit Walskelett

Das **Gemeindehaus Van Thuy Tu**, das wie ein chinesischer Tempel aussieht, wurde 1762 erbaut. Seitdem beten hier die lokalen Fischer zu den Göttern der See, zollen ihnen Respekt und bitten sie um Schutz. Besondere Verehrung haben bei den Fischern in den südlichen Gefilden Vietnams schon immer die Wale genossen, die als Inkarnationen der Meeresgötter gelten. Stirbt ein Wal vor der Küste Phan Thiets, so wird er auf dem Grundstück des Gemeindehauses beerdigt. Nach drei Jahren werden seine Knochen dann in die Pagode überführt. So kommt es, dass sich über 100 Walskelette in der Pagode befinden – darunter eines, das mit seinen 22 m Länge das wohl größte in ganz Südostasien ist. Es handelt sich um die sterblichen Überreste eines Finnwals *(Balaenoptera physalus)*, der über 120 Jahre alt wurde und 65 t wog. Für das Betreten der Halle, in der das Skelett ausgestellt ist, wird manchmal ein geringer Eintritt erhoben (3000 Dong).

Das Ritual des Wal-Begräbnisses ist noch heute lebendig: Der letzte Wal wurde hier im Jahre 2002 beigesetzt. Im Innenhof der Anlage kann man hin und wieder Fischer beim Flechten von Korbbooten beobachten.

Ho-Chi-Minh-Museum und Duc Thanh-Schule

Das **Ho-Chi-Minh-Museum** zeigt auf zwei Etagen die übliche Sammlung an Fotos und fotokopierten Dokumenten, dazu einige Gegenstände, die von Ho Chi Minh benutzt wurden: ein Tropenhelm, ein Paar Holzschuhe, ein Hemd, ein Füller, ein Kompass usw. Daneben weitere Artefakte wie z. B. eine einfache Holzkiste, die im Hause Ho von 1883 bis 1895 benutzt wurde. Wer den Weg bis an die chinesische Grenze scheut, kann ein Modell von Onkel Hos Höhle in Pac Bo bestaunen. Eine Weltkarte mit eingezeichneten Reiserouten beweist, dass der Revolutionsführer ein echter Traveller war. Im zweiten Stock gibt es eine kleine Heimatecke, in der lokale Produkte ausgestellt sind.

Onkel Hos Schule, ein kleiner Gebäudekomplex in einem gepflegten Garten, liegt gegenüber auf der anderen Straßenseite. Im Hof schwatzen die Spatzen, und der Verkehrslärm dringt nur gedämpft hinein. Die Schule wurde 1907 eröffnet, und von 1909 bis 1910 unterrichtete Ho hier, damals unter dem Namen Nguyen Tat Thanh. Die weiß getünchten Wände und blank polierten dunklen Holzmöbel wirken, als sei seitdem die Zeit stehengeblieben. ⌚ Di–Fr 7–12 und 14–17 Uhr, Eintritt 10 000 Dong.

Übernachtung

Fast alle westlichen Touristen zieht es ein paar Kilometer weiter an den Mui Ne-Strand, deshalb sind die Hotels in Phan Thiet eher auf einheimische Gäste eingestellt. Einzige Ausnahmen sind das Novotel und das The Palms.

Untere und mittlere Preisklasse

19/4 Hotel, 1 Tu Van Tu, ☏ 062-821794, 📠 825184, ✉ 19-4hotel@hcm.vnn.vn. Zwei-Sterne-Hotel nahe dem Busbahnhof mit 70 Zimmern. Beliebt für Hochzeiten und Familienfeste. ❷–❸

Binh Minh Hotel, Le Loi, ☏ 062-823344, 📠 823354, 💻 www.binhminhhotel.com.vn. 93 etwas nüchterne, aber ordentliche Zimmer mit gefliestem Fußboden. WIFI. ❷–❸

Ca Ty Hotel, 40 Phan Boi Chau, ☏ 062-815900, 📠 816619, 💻 www.catyhotel.com.vn. Zwei-Sterne-Hotel im Stadtzentrum, am Flussufer gelegen. Die 41 Zimmer sind oft von asiatischen Reisegruppen belegt. ❷–❸

Doi Duong Hotel, 403 Le Loi, ☏ 062-821579, 📠 825858, 💻 www.binhtuantourist.com/doiduonghotel. Ebenfalls an der Strandpromenade. 76 Zimmer, alle mit TV, Kühlschrank etc., in etwas kühler Atmosphäre. Freundliches Personal. Pool mit Kinderbecken. ❸–❹

Obere Preisklasse

Novotel Coralia Ocean Dunes, 1 Ton Duc Thang, ☎ 062-822393, 📠 825682, ✉ novpht@hcm.vnn.vn, 💻 www.accorhotels.com/asia. Erstklassiges Luxushotel direkt am Stadtstrand in unmittelbarer Nähe des Golfplatzes (Sondertarife für Hotelgäste). 122 gut ausgestattete Zimmer mit Balkon. 2 Swimmingpools, Tennisplätze mit Flutlicht, Wassersportmöglichkeiten und Kinderbetreuung. Restaurant mit asiatischer und europäischer Küche. In der Nebensaison Preisnachlässe möglich. ❻

The Palms, ☎ 062-810226, 📠 810227, 💻 www.thepalmsvietnam.com. Neues Boutique-Hotel nördlich des Golfplatzes. Geschmackvoll eingerichtete Zimmer mit TV, Minibar und Balkon. Pool, Bar und gutes Restaurant. ❹–❺

Essen und Unterhaltung

Gegenüber dem Binh Minh und Doi Duong Hotel haben sich einige **Restaurants am Strand** angesiedelt, in denen gutes Seafood serviert wird – allerdings heißt es dann, seine Auswahl auf vietnamesischsprachigen Speisekarten zu treffen. Weitere kleine Restaurants, in denen es Seafood, besonders Muscheln, und dazu frisches *bia hoi* gibt, befinden sich am Fischereihafen am östlichen Ufer des Ca Ty-Flusses.

Das **Café Tin Tin**, ☎ 062-827151, am Strand, ist Anlaufpunkt für viele junge Einheimische, die es sich mit einem preiswerten Eiskaffee (6000 Dong) oder einem Softdrink im Liegestuhl bequem machen. Wer sein Moped vor dem Tin Tin parkt, muss (mindestens) 2000 Dong Parkgebühr bezahlen.

Das **Sea Horse Restaurant** in Novotel kredenzt sehr gute internationale Küche mit leicht mediterranem Einschlag. Allerdings muss hier etwas tiefer in die Tasche gegriffen werden. Gleiches gilt für das **Mogambo Restaurant** im The Palms.

Sehr preiswert hingegen die **Essenstände** im Innenbereich des zentralen Marktes, wo allerlei lokale Spezialitäten zubereitet werden: Kräftige Suppen (die Schale ab 5000 Dong), Kurzgebratenes, Frühlingsrollen und Süßigkeiten. Wer auf einem der winzigen Stühle Platz nimmt und hier isst, sollte seinen Magen allerdings bereits ein wenig mit der vietnamesischen Küche (außerhalb der Hotelanlagen) vertraut gemacht haben.

Die modern aussehende, blau gestrichene **Café-Bar Goc Pho** an der Ausfallstraße nach Mui Ne ist ein bei Phan Thiets Jugend angesagter Platz. Laute Popmusik einheimischer Herkunft verhindert hier zwar jede gepflegte Konversation, dafür sorgen unzählige Luftbefeuchter in dem offenen, zweistöckigen Haus für ein angenehmes Klima auch in der heißen Jahreszeit. Kaffee, Eis, Cocktails etc. zu moderaten Preisen.

Die einheimische Jugend trifft sich in zwei Discos: dem **MTV** und dem **Gossip**. Als Ausländer ist man dort ein ziemlicher Exot. Welcher der beiden Läden gerade der angesagtere ist, wechselt ständig und muss vor Ort erfragt werden. Wenn nicht gerade eine größere Gruppe hinter verschlossenen Türen weiterfeiert, ist allerdings in beiden Läden um Mitternacht Schluss.

Aktivitäten

Golfer zieht es in den **Oceans Dunes Golf Club**, Reservierungen unter ☎ 062-822393, 📠 825682, 💻 www.acorhotels.com/asia. Dieser 18-Loch-Platz (entworfen vom berühmten Golfer Nick Faldo) liegt direkt am Meer. Preisrabatt für Gäste des Coco Beach Resort am Mui Ne-Strand und des Novotel Ocean Dunes.

Sonstiges

Einkaufen

Auf dem zentralen Markt gibt es hauptsächlich Lebensmittel und Gegenstände des täglichen Bedarfs, dazu Schmuck, Kleidung, Spielzeug etc. Ein typisches Mitbringsel ist natürlich die Fischsauce *nuoc mam*, die in kleinen, gut verschlossenen Glasflaschen erhältlich ist. Sehr lecker sind auch die Drachenfrüchte.

Geld

Incombank, 62 Tran Hung Dao, Ecke 02 Nguyen Tat Tanh, ☎ 068-821058, 📠 824103.

Devisentausch und Geld auf Kreditkarte.
Mo–Fr 7.30–11 und 13.30–16.30 Uhr.

Informationen

Das staatliche Tourismusbüro **Binh Thuan Tourist** liegt im Stadtzentrum am Kreis- (bzw. Oval-)Verkehr an der großen Brücke, 15 Nguyen Du. Besser aufgehoben ist man bei einem der vielen privaten Informations- und Tourbüros, die in Mui Ne entlang des Strandes liegen.

Internet

Einige kleine Internetshops sind in der Stadt verteilt. Die Kundschaft besteht fast ausschließlich aus jugendlichen Onlinespielern.

Medizinische Hilfe

Das staatliche **Binh Thuan-Krankenhaus** befindet sich in der Hai Thuong Lang Ong, 062-822733, Notruf 062-821733.

Post

Das **Hauptpostamt** liegt an der Nguyen Tat Thanh, Ecke Ton Duc Thong, am großen Funkmast, 062-821921, 821500, 7–21 Uhr.

Transport

Busse

Der **Busbahnhof** liegt etwa 2 km nördlich des Zentrums. Von hier starten jeden Tag mehrere Busse nach Ho-Chi-Minh-Stadt, Phan Rang, Da Lat und zu weiteren Orten. Die aktuellen Abfahrtszeiten werden täglich frisch auf Whiteboards notiert.
Nach HO-CHI-MINH-STADT 6x tgl. (4–5 Std., 35 000–45 000 Dong) – wer morgens früh da ist, kommt also auf jeden Fall weg. Allerdings ist das Warten am nicht sehr zentralen Busbahnhof ziemlich langweilig. Alles in allem sind die Open-Tour-Busse von Mui Ne aus sehr viel bequemer.

Eisenbahn

Der winzige **Bahnhof**, 062-821161, etwa 1 km nördlich des Zentrums, verbindet Phan Thiet mit der Nord-Süd-Achse 12 km weiter in **Muong Man**. Dort halten alle wichtigen Express- und Bummelzüge, die zwischen Nha Trang und Sai Gon unterwegs sind.
Von Phan Thiet nach MUONG MAN geht es tgl. um 13.40 Uhr in 30 Min., nach SAI GON tgl. um 13.40 Uhr (Ankunft 18.47 Uhr) und zusätzlich Fr, Sa und So um 23.25 Uhr (Ankunft 4.54 Uhr).

Die Umgebung von Mui Ne und Phan Thiet

Thien Tan-Strand

Der Thien Than-Strand einige Kilometer südlich von Phan Thiet ist der längste durchgehende Strand der Region. Es gibt kaum Schatten, sodass es viel heißer ist als in Mui Ne. Die Landschaft ist atemberaubend und auf jeden Fall einen Besuch wert. Wer Einsamkeit sucht, ist hier richtig. Vorsicht: Es ist dringend davon abzuraten, hier schwimmen zu gehen, denn die Strömungen und Steine im Wasser sind unberechenbar. Zudem Vorsicht vor der Sonne, die hier erbarmungslos die heftigsten Sonnenbrände hervorrufen kann.

Leuchtturm von Ke Ga

Der Leuchttum, etwa 30 km von Phan Thiet entfernt, liegt auf einer kleinen Insel vor der Küste und ist der älteste und mit 54 m der höchste Vietnams. Er wurde von den Franzosen 1897 erbaut. Boote zum Leuchtturm müssen gechartert werden. Am besten lässt man sich erst einmal in einem der Cafés am Hafen einen Kaffee schmecken und fragt nach einem Fischer, der einen hinüber bringt. Je nach Verhandlungsgeschick und Uhrzeit kostet die Fahrt in einem der kleinen runden Fischerboote zwischen 50 000 und 300 000 Dong. Mittags in brütender Hitze verlangen die Bootsleute die höchsten Preise.

Nahebei gibt es eine Übernachtungsmöglichkeit, das **Blue World Resort**, 062-682222, 682229, www.blueworldresort.com.vn, ❸. Mit Blick auf den Leuchtturm kann man hier abseits der Touristenströme in einem der 45 Zimmer der für vietnamesische Touristen gestalteten Hotelanlage wohnen. Es gibt ein Restaurant und einen großen Pool inmitten einer aus künstlichen Steinen geschaffenen Landschaft. Schöner Strand, davor jedoch Windbrecher. Keine west-

Der liegende Buddha am Ta Ku-Berg gehört zu den wichtigsten buddhistischen Pilgerstätten des Landes

Südküste

lichen Touristen, und nur am Wochenende ist etwas Betrieb, wenn asiatische Gäste einen Kurzurlaub machen. Ein Boot zum Leuchtturm kostet hier 500 000 Dong.

Der Ta Ku-Berg und der liegende Buddha

Dieser Berg liegt etwa 26 km Luftlinie südlich von Mui Ne. Er ist fast 700 m hoch und steht inmitten einer ebenen Landschaft. Große alte Bäume und Bambushaine begrünen seine Hänge. Ein knapp 12 000 ha großes Gebiet, in dessen Nordwesten sich der Berg erhebt, wurde per Regierungsdekret zur „Nature Reserve" erklärt. Es erstreckt sich im Süden von der Küstenlinie etwa 20 km landeinwärts und wird im Westen vom Phan-Fluss und im Norden vom Tre-Fluss begrenzt. Abholzung zur Erschließung von landwirtschaftlich nutzbarem Land, Kohleproduktion und Jagd bedrohen das Ökosystem, denn von den etwa 50 000 Einwohnern der Umgebung, die im Durchschnitt drei Monate im Jahr unter Lebensmittelknappheit leiden, sind einige auf die natürlichen Reserven dieses Gebietes angewiesen.

Mit der Seilbahn geht es etwa 400 m hoch auf den Berg, wo man die **Thruong Tho Phat Nam-Pagode** erreicht, erbaut zwischen 1861 und 1878. Am Treppenaufgang rechts, kurz vor Erreichen der Pagode, befindet sich das Grab des Mönchs Ta Huu Duc (1812–1872), der als Begründer der Pagode gilt. An seinem Grab steht die Figur eines Tigers. Die Legende erzählt, dass der Mönch in trauter Zweisamkeit mit einem wilden, weißen Tiger lebte. Die beiden sollen sich gegenseitig beschützt haben. Als der Mönch verstarb, schied drei Tage später auch der Tiger aus dem Leben. Er wurde neben dem Mönch beigesetzt.

Hinter der Pagode führen Treppen zu einem 49 m langen und 12 m hohen **liegenden Buddha** hinauf. Er wurde 1964–65 inmitten grüner Baumriesen errichtet. Dieser Buddha ist nicht nur der längste in ganz Vietnam, er gehört inzwischen auch zu den wichtigsten buddhistischen Pilgerstätten des Landes. Dargestellt ist Siddharta Gautama, der historische Buddha, der als Begründer des Buddhismus gilt. Viele Einheimische begegnen diesem Ort mit allergrößtem Respekt. Wer ihn nicht achtet, so heißt es, und hier dumme Witze macht, dem wird ein großes Unglück widerfahren: „Very dangerous"!

Die Fahrt mit der Seilbahn (sie stammt aus Österreich, die Gondeln aus der Schweiz) kostet inklusive kleinem Zubringerbus 55 000 Dong, Fahrzeit etwa 10 Min. Man kann den Weg natürlich auch laufen. Der Aufstieg dauert je nach Konstitution etwa ein bis zwei Stunden. Unterwegs laden Erfrischungsstände zur Rast ein. Ohne Seilbahn beträgt der Eintritt 30 000 Dong, Kinder zahlen die Hälfte. Die Seilbahn fährt werktags von 7–11 und 13.30–17 Uhr, Sa, So und feiertags 7–11.30 und 12.30–17.30 Uhr.

Ho-Chi-Minh-Stadt und Umgebung

Stefan Loose Traveltipps

14 **Ho-Chi-Minh-Stadt** Die glitzernde Metropole des Südens entdecken, kulinarische Abenteuer erleben und in mystischen Pagoden den buddhistisch-taoistischen Kosmos erkunden. S. 524

Cu Chi In engen Tunneln die Leiden der Widerstandskämpfer nachempfinden. S. 573

Tay Ninh Eine Andacht im Heiligen Stuhl der Cao Dai erleben. S. 574

Can Gio Einen Ausflug in die Mangrovenwälder unternehmen. S. 575

Vung Tau Entspannen, wo Sai Gons Oberschicht sich vergnügt. S. 577

14 HIGHLIGHT

Ho-Chi-Minh-Stadt

Sai Gon, nach 1975 lange Zeit zur Stagnation verdammt, hat sich inzwischen seinen einstigen Ruf als eine der dynamischsten Metropolen Asiens zurückerobert. Seit Anfang der 90er-Jahre zieht die Stadt wieder Besucher aus aller Welt an, denn sie hat eine einzigartige Atmosphäre, die vietnamesisch und kosmopolitisch zugleich ist. Es sind die Gegensätze, die die Metropole prägen: verräucherte Tempel und glitzernde Einkaufszentren, Tai Chi im Park und der ununterbrochene Verkehrsstrom, bedrückende Kriegsmuseen und ein neongeschminktes Nachtleben, Essen am Straßenstand oder in internationalen Gourmet-Tempeln.

Saigon, Sai Gon oder Ho-Chi-Minh-Stadt?

„Ho-Chi-Minh-Stadt" *(Thanh pho Ho Chi Minh)* ist seit 1975 die offizielle Bezeichnung für den gesamten urbanen Großraum inklusive der Vorstädte. Die Stadt selbst ist in 17 Distrikte unterteilt. Distrikt Nummer 1, die Innenstadt, heißt offiziell weiterhin Sai Gon. Manchmal werden auch einige Straßenzüge im angrenzenden Distrikt 3 noch mit dazugerechnet. Distrikt Nummer 5 heißt Cho Lon. Sai Gon und Cho Lon waren einst eigene Siedlungen, die nach und nach zusammenwuchsen.

Dieses Buch schließt sich der offiziellen Schreibweise an: „Ho-Chi-Minh-Stadt" für die gesamte Metropole, „Sai Gon" für die Innenstadt. Die Zusammenziehung „Saigon", die aus der französischen Kolonialzeit stammt, übernehmen wir, sofern sie sich in einem Eigennamen wiederfindet.

Geschichte

Vom Dorf im Sumpf zur Perle des Orients

Das heutige Ho-Chi-Minh-Stadt entwickelte sich aus einer kleinen, von Sümpfen und Wäldern umgebenen Siedlung, die jahrhundertelang ein unauffälliges Dasein führte. Funde zeigen, dass schon zur Oc Eo-Zeit (1.–6. Jh. n. Chr.) Menschen in dieser Region lebten. Später war die Siedlung Teil des Khmer-Reichs. Der Name Sai Gon stammt wahrscheinlich ursprünglich aus der Khmer-Sprache: *Soai Gon* bedeutet „Holz des Kapok-Baums". Adlige aus Angkor kamen zum Jagen in diese wilde, von Tigern und Krokodilen bewohnte Gegend.

Mit dem Niedergang des Khmer-Reichs und dem Vorrücken der Vietnamesen wuchs auch die Bedeutung der kleinen Siedlung. Bauern und Soldaten wurden von den Kaisern in die sumpfige Region im Süden entsandt, um sie urbar zu machen. 1698 kam Sai Gon dann endgültig unter vietnamesische Kontrolle. Es folgten Wellen chinesischer Auswanderer, deren Handelsgeschick bald dazu führte, dass der Ort sich zu einem bedeutenden regionalen Zentrum entwickelte. Um 1790 hatte die Stadt bereits 50 000 Einwohner. Kaiser Gia Long nutzte sie einige Zeit als Residenz, ehe er seine Hauptstadt nach Hue verlegte.

Mitte des 19. Jhs. begannen die Franzosen, die vietnamesische Herrschaft im Süden zu untergraben. Von 1859 bis 1862 dauerte der Feldzug, der Sai Gon und die Provinzen Ha Tien, An Giang und Vinh Long unter ihre Kontrolle brachte. Der Kaiser war gezwungen, einen Vertrag zu unterschreiben, der den Franzosen die eroberten Gebiete zusprach: So entstand die französische Kolonie Cochinchina.

Saigon (von den Franzosen in einem Wort geschrieben) wurde von den neuen Herrschern nach heimischem Vorbild entwickelt: Breite, baumgesäumte Boulevards, an denen Cafés lagen, elegante Architektur und der Duft von frisch gebackenem Baguette prägten das Stadtbild: Saigon wurde zur „Perle des Orients".

Eine rasante Entwicklung setzte ein, und bis 1965 zählte die Stadt 2,4 Mill. Einwohner.

Ein Bild geht um die Welt

Als die Amerikaner Mitte der 60er-Jahre in Sai Gon einzogen, veränderten sie die Stadt: Nachtclubs und Bars verwandelten die Rue Catinat, die heutige Dong Khoi, in eine riesige Amüsiermeile, während rings um Sai Gon monströse Militäranlagen entstanden. Kriegsflüchtlinge strömten ebenso in die Stadt wie Agenten der Nord-Armeen, und während der Tet-Offensive brach

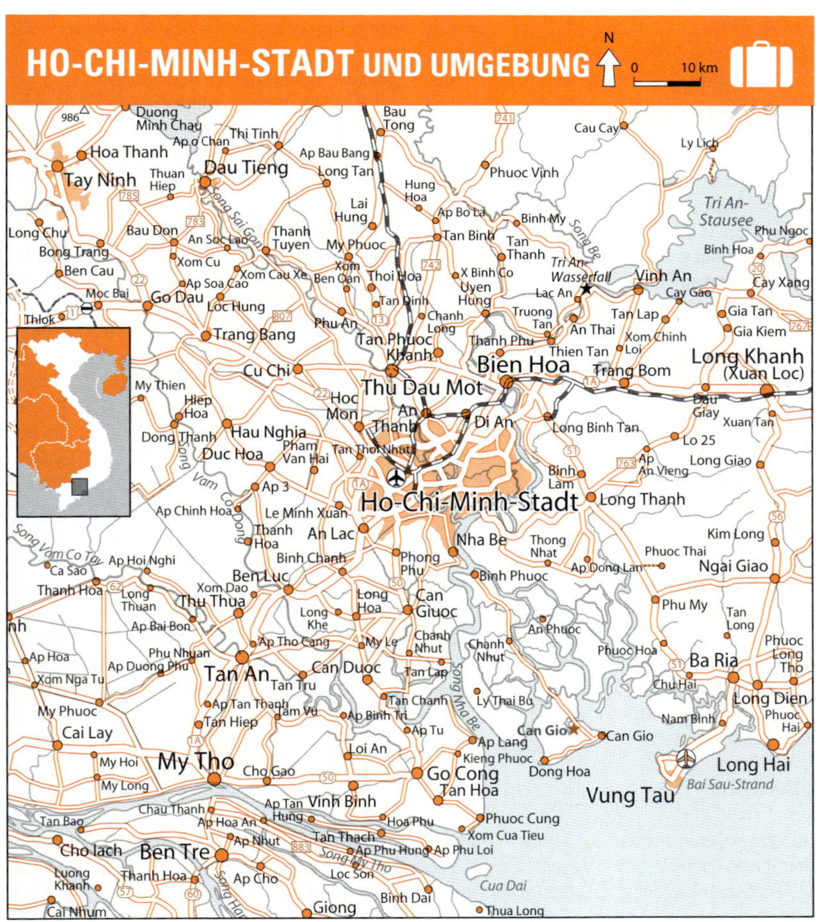

HO-CHI-MINH-STADT UND UMGEBUNG

ein Chaos aus, das nur mühsam eingedämmt werden konnte. Die dramatischsten Stunden erlebte die Stadt jedoch in den letzten Apriltagen 1975, als der Fall des Süd-Regimes offensichtlich wurde und eine große Evakuierung begann: Mit 70 Hubschraubern konnten die Amerikaner in 18 Stunden 1373 Landsleute, 5595 Südvietnamesen und 851 Angehörige anderer Nationen ausfliegen: Unvergessen das Bild, wie die letzten Flüchtlinge vom Dach der US-Botschaft gerettet werden, während die Panzer schon durch die Stadt rollen, um wenig später durch das Tor des Unabhängigkeitspalastes zu brechen. Der Krieg war zu Ende – zumindest der mit dem Gegner aus Übersee, denn nun begann die Jagd nach dem „inneren Feind", zerriss das Land ein weiteres Mal und ließ die Entwicklung der Stadt erst einmal stagnieren.

Stadt der Veränderungen und der Kontraste

Zehn Jahre später kam *doi moi*, die Politik der Veränderung, und seit Anfang der 90er-Jahre ging es durch die Förderung der Privatinitiative wieder bergauf. Ausländisches Kapital begann zu fließen. Heute verändert sich wohl kaum eine andere Stadt in Südostasien so schnell wie Ho-Chi-Minh-Stadt. Die Metropole zählt inzwischen 6 Mill. Einwohner, wächst ununterbrochen und zieht die Menschen an wie ein Magnet. Hunderttausende strömen jedes Jahr hierher, trotz aller Versuche der Regierung, die Zuwanderung zu bremsen. Doch die Löhne sind durchschnittlich dreimal so hoch wie im Rest Vietnams, was in vielen, die auf dem Land keine Zukunft sehen, Hoffnungen weckt.

Bagger und Abrissbirnen reißen immer größere Löcher in das Zentrum von Sai Gon. Neue Hochhäuser und Shopping-Center entstehen, Gucci, Armani, Versace und Chanel eröffnen ihre Luxus-Konsum-Tempel. Besonders die Jugend ist vom Rausch der Moderne erfasst: Mit der einen Hand am Lenker des brandneuen Scooters, mit der anderen das neueste Handy am Ohr haltend – das ist der Inbegriff von Schick-Sein. Die Jungs stylen ihre Haare wie die Popstars, die Mädels zwängen sich in hautenge Jeans. Sie drängeln sich auf den Straßen neben verkrüppelten Bettlern, westlichen Geschäftsleuten im Anzug und Händlern, die ihre Ware an Tragestangen durch die Viertel tragen. Und alle jagen sie nach einem Zipfelchen vom Glück – egal ob in Dong oder in Dollar.

Sai Gon

Bei einem Bummel durch die Straßen des alten Sai Gon wird der Besucher an jeder Ecke mit einem anderen Ausschnitt aus der Geschichte der Stadt konfrontiert: Mystische Tempel, Gebäude aus der Kolonialzeit und Kriegsmuseen. Wer will, kann sich ein abwechslungsreiches Besuchsprogramm zusammenstellen.

Unbedingt empfiehlt sich ein Spaziergang über die von Boutiquen und Cafés gesäumte **Dong Khoi**. Sie erstreckt sich vom Ufer des Sai Gon-Flusses bis zur 1890 von den Franzosen erbauten **Kathedrale Notre Dame**. Hier wandert man auf den Spuren der Kolonialzeit: Vom berühmten, 1925 fertiggestellten **Majestic Hotel** am Flussufer, in dem in den 50er-Jahren Graham Greene seinen Roman *Der stille Amerikaner* entwarf, vorbei am Stadttheater (der alten französischen Oper) und dem **Continental Hotel** von 1880, bis zur Kathedrale und dem rechts daneben liegenden, 1891 eröffneten **Hauptpostamt**.

Auf halber Strecke trifft im rechten Winkel die **Le Loi** auf die Dong Khoi. Sie endet an der Oper am Lam Son-Platz. Dreht man dem Opernhaus den Rücken zu und folgt der Le Loi, so kommt man, vorbei an Souvenirhändlern, Buchläden, Eiscafés und Dutzenden anderer Geschäfte zu einem Platz rechter Hand, auf dem sich eine Statue von Onkel Ho mit einem Kind befindet. Das großartige weiße Gebäude mit rotem Dach im Hintergrund ist das **alte Rathaus**, erbaut 1901–1908. Hier residiert heute das Volkskomitee – und bleibt beim Regieren lieber ungestört. So muss es beim Blick von außen bleiben.

An der nächsten Straßenecke liegt das **Rex Hotel**, dessen Dachterrasse schon von Generationen von Touristen besucht wurde. Weiter führt die Straße bis zu einem großen Kreisverkehr. Dort lädt der **Benh Thanh-Markt**, der mitsamt seinem Uhrturm eines der Wahrzeichen der Stadt ist, zum Stöbern ein. Vom Touristenkitsch für den heimischen Wohnzimmerschrank bis zum getrockneten Seepferdchen für die vietnamesische Hausfrau findet sich ein wirklich umfassendes Angebot (s. S. 547, Einkaufen). Das Denkmal auf dem Kreisverkehr erinnert an **Tran Nguyen Han**, einen General, der im 15. Jh. im Krieg gegen China als Erster Brieftauben einsetzte, um seine Truppen zu koordinieren.

Stadttheater (Nha Hat Thanh Pho)

Das alte **Opernhaus** aus der französischen Kolonialzeit in der 7 Cong Truong Lam Son, ✆ 08-829 9976, wurde am 17. Januar 1900 eröffnet und bietet 800 Besuchern Platz. Nachdem es ab 1956 auch einmal Sitz des Unterhauses des Saigoner Parlaments war, ist es seit 1975 wieder der Präsentation von Kultur gewidmet. Die wöchentlich wechselnden Programme beinhalten Theater, Ballett und Musik. Die Vorstellungen beginnen abends um 20 Uhr. Das Programm wird in Schaukästen im Eingangsbereich angekündigt.

Jamia-Moschee

Sai Gons größte Moschee, Dong Du 66, wurde 1935 erbaut und ist heute das Zentrum des muslimischen Glaubens in der Stadt. Wer durch das

Marienstatue vor der Kathedrale Notre Dame

Tor tritt, gelangt in einen Vorhof, von dem aus Stufen zur Moschee hoch führen. Dort befindet sich zur Linken ein offenes Wasserbassin.

Wer sich an die Regeln hält (kein T-Shirt, keine kurze Hose, keine Schuhe) und männlichen Geschlechts ist, kann die Moschee auch betreten – Frauen müssen draußen bleiben. Viel verpassen sie allerdings nicht: Der Innenraum ist mit Teppichen ausgelegt, doch ansonsten, den islamischen Vorschriften gemäß, recht schmucklos.

Notre Dame-Kathedrale

Die neoromanische Kathedrale in der Nguyen Du, am Ende der Dong Khoi, mit ihren zwei 40 m hohen Türmen wurde von 1877 bis 1883 erbaut. 1900, als die beiden Turmspitzen aufgesetzt wurden, wuchs sie um 17 m. Erst 1959 wurde das Gebäude mit der Einwilligung des Vatikans zu einer Marien-Kathedrale geweiht. Im stillen, nicht übertrieben prunkvollen Inneren befindet sich in einer Ecke eine neonbeleuchtete Statue der Mutter Gottes, die von unzähligen Dankesplaketten mit der Aufschrift *merci* oder *cam on* umgeben ist – die Gnadenreiche scheint schon viele Gebete erhört zu haben. Auf dem Platz vor der Kathedrale, der nach dem französischen Missionar Pigneau de Behaine benannt ist (vgl. Kasten S. 367), befindet sich eine weitere, große Statue der Jungfrau.

Die Kathedrale ist, ebenso wie die Oper, ein beliebter Foto-Hintergrund für vietnamesische Brautpaare.

🕓 Messe werktags 5.30 und 17 Uhr, sonntags 5.30, 6.30, 7.30, 9.30 (Hochamt; wer eine Messe besuchen möchte, sollte um diese Zeit kommen), 16, 17.15 und 18.30 Uhr. Besucher sind zudem werktags zwischen 8 und 10.30 Uhr und 15 und 16 Uhr willkommen.

Wiedervereinigungspalast (Hoi Truong Thong Nhat)

Der „Palast“ an der 106 Nguyen Du, ✆ 08-829 4117, ist ein typisches Beispiel für die 60er-Jahre-Architektur und beileibe keine Schönheit. Sein Grundriss soll dem chinesischen Schriftzeichen Hung ähneln, was „Ewiger Wohlstand für die Nation“ bedeutet.

Das heutige Gebäude wurde 1963 errichtet. Zuvor stand an derselben Stelle ein älterer Palast, der lange Zeit dem französischen General-Gouverneur als Wohnung diente und 1954 vom südvietnamesischen Präsidenten Ngo Dinh Diem und seiner Familie übernommen wurde.

1962 wurde der Palast von der südvietnamesischen Luftwaffe bombardiert, um Präsident Diem auszuschalten – der überlebte jedoch, ließ das beschädigte Gebäude abreißen und gab den Auftrag für das heute zu sehende Bauwerk; damals Independence Palace („Unabhängigkeitspalast“) genannt.

Unterhalb des Palastes befindet sich ein System von Tunneln, durch die Diem 1963 vor einem Putsch flüchtete – er erreichte die Oberfläche im heutigen Ho-Chi-Minh-Stadt-Museum, wo einer der Tunnel endet. Von dort konnte er noch bis Cho Lon in die Cha Tam-Kirche (s. S. 533) fliehen, wurde jedoch am nächsten Tag dort aufgespürt und ermordet. So erlebte er die Fertigstellung seines Präsidentenpalastes 1966 nicht mehr mit.

Der Palast war bis Kriegsende die Residenz des südvietnamesischen Präsidenten. Der Moment, als am 30. April 1975 ein Panzer der nordvietnamesischen Armee durch das Gittertor brach, markiert das symbolische Ende des Krieges. Das stählerne Ungetüm steht heute im Garten.

Das Gebäude hat zwei Kellergeschosse und drei Stockwerke mit zwei Zwischen- und einem Obergeschoss. Zu den etwa 100 Zimmern gehören ein großer Ballsaal für festliche Anlässe und ein kleines Kino.

Bei einer Besichtigung kann man Privatgemächer und Räume für offizielle Anlässe sehen, außerdem den Funkraum und andere Zimmer, die während des Krieges für strategische Besprechungen genutzt wurden. ◷ tgl. 7.30–11 und 13–16 Uhr, Eintritt 15 000 Dong.

Ho-Chi-Minh-Stadt-Museum (Bao Tang Thanh Pho Ho Chi Minh)

Das koloniale Gebäude in der 65 Ly Tu Trong, in dem sich das Museum befindet, hat schon viele Verwandlungen durchgemacht.

Von 1885 bis 1890 wurde es als Ausstellungsraum erbaut: Damals war es ein Handelsmuseum. Später wohnte hier der Gouverneur der Kolonie Cochinchina. Im Jahre 1945 war es Hauptsitz fünf verschiedener Verwaltungen: Nachdem der französische Gouverneur ausziehen musste, folgte ihm kurz sein japanischer Amtsbruder, dann verschiedene Vertreter des Regimes von Bao Dai, darauf südvietnamesische Revolutionstruppen und schließlich der englische Colonel B. W. Roe. 1947 löste ihn der französische Hochkommissar ab, und nach 1954 okkupierte das Diem-Regime den Palast. Nach dessen Sturz 1963 tagte hier das Oberste Gericht. 1975 schließlich wurde das Revolutionsmuseum eingerichtet, das Ende 1999 seinen heutigen Namen erhielt.

Unterhalb des Gebäudes befindet sich ein Netzwerk von Tunneln und Gängen, die bis zum Wiedervereinigungspalast reichen. Sie können allerdings nicht besichtigt werden. Im Museum sind verschiedene Ausstellungen zu sehen. Ein Schwerpunkt liegt auf der Stadtgeschichte, ein weiterer auf der Geschichte des Befreiungskampfes im 20. Jh., die anhand unzähliger Fotos erzählt wird. Dazu kommen einige ethnische und archäologische Ausstellungsstücke sowie Sonderausstellungen zu verschiedenen kulturellen, soziologischen und ökologischen Themen. Über das aktuelle Programm informiert die Webseite des Museums, 💻 www.hcmc-museum.edu.vn. Nicht alle Exponate sind in Englisch beschriftet.

Auf dem Außengelände befinden sich einige Kriegsgeräte: Ein russischer Panzer, ein US-Helikopter und der Kampfjet der südvietnamesischen Luftwaffe, mit dem 1975 ein abtrünniger südvietnamesischer Pilot den Präsidentenpalast bombardierte.

Die F-5, die bei den Einsätzen über Vietnam den Spitznamen „Tiger“ erhielt, war damals eines der modernsten Jagdflugzeuge und wurde vom amerikanischen Hersteller Northrop extra für den Export produziert. Noch heute ist das

Die Pagode des Jadekaisers – eines der wichtigsten Heiligtümer der Stadt

Nachfolgemodell F-5E Tiger II im Einsatz; unter anderem bei der Schweizer Luftwaffe.

✆ 08-829 9741, ◷ tgl. 8–17 Uhr, Eintritt 20 000 Dong.

Die Pagode des Jadekaisers

Phuoc Hai Tu bedeutet „Schildkröten-Heiligtum", doch im Volksmund heißt diese sehenswerte Pagode **Chua Ngoc Hoang – Die Pagode des Jadekaisers**. Das Heiligtum in der 73 Mai Thi Lu ist eines der wichtigsten von Ho-Chi-Minh-Stadt; sowohl für die Gläubigen als auch für die Touristen, die hier in Scharen hin eilen. Man muss sich schon über die Geduld und Nachsicht der Gläubigen wundern, wenn wieder einmal eine Gruppentour wenig respektvoll und wild fotografierend die **Haupthalle** stürmt – wahrscheinlich verbietet es sich, in Gegenwart der Götter schlechte Gefühle aufkommen zu lassen.Bei Betreten des Tempels wird man hinter dem Eingang von Tho Than, dem Erdgott (links) und Mon Quan, dem Türgott (rechts) begrüßt. Im darauffolgenden Vorraum, in dem Shakyamuni, der historische Buddha, verehrt wird, stehen links und rechts des Altars zwei riesige Statuen furchteinflößender Generäle, die den Blauen Drachen (der Osten; das Zeugen) und den Weißen Tiger (den Westen; das Sterben) gezähmt haben.

Der Jadekaiser, dem die um 1900 von Kanton-Chinesen errichtete Pagode gewidmet ist, gilt als Wächter des Tors zum Himmel. Er wacht zentral hinter dem mittleren Altar über die Haupthalle. Beschützt wird er von seinen vier Wächtern „Die vier Diamanten" – nur die Stärksten und Reinsten dürfen in die Nähe des Kaisers. Auf dem Altar rechts des Jadekaisers steht die 18-armige, dreigesichtige Phat Mau Chuan De, zur Linken eine Reinkarnation des Kaisers als Ong Bac De.

Wer vom Jadekaiser, der höchsten Gottheit des Taoismus, in den Himmel gelassen werden will, muss ein Leben voller Verdienste geführt haben – ansonsten geht es ab in eine der zehn Höllen, die in der **Halle links der Haupthalle** anhand geschnitzter Holzbilder eindrucksvoll dargestellt werden. Rechts, hinter dem Altar, beobachtet der König der Hölle, Thanh Hoang, das Treiben. Gläubige streichen seinen hinter dem Durchgang stehenden Pferden über den Kopf und dann sich selbst, um Glück zu erbitten. Die vier Herren mit den hohen Hüten vor dem Altar sollen Gutes belohnen und Böses bestrafen.

An den Wänden in der **Halle vor dem Altarbereich** demonstrieren Holzschnitzereien die Foltern der zehn Höllen: Die Höllenrichter haben alle bösen Taten in ihren Büchern verzeichnet, und detailgetreu wird dargestellt, was den Sünder erwartet. Etwas Hoffnung vermittelt eine Göttin der Barmherzigkeit, Quan Am, die hier mit Kind zu sehen ist. In einem weiteren Bereich stehen die Bildnisse von 12 Frauen, die dem chinesischen 12-Jahres-Kalender zugeordnet sind und menschliche Eigenschaften verkörpern. Die größte Figur stellt Thanh Mau, die göttliche Mutter, dar.

In der Pagode finden sich viele weitere Bildnisse – sowohl taoistischen als auch konfuzianischen und buddhistischen Ursprungs. Über einen kleinen Gang, der vor dem Chua De-Altar links aus der Haupthalle abbiegt, gelangt man, vorbei an einem Raum, der dem Ahnengedenken gewidmet ist, zu einer Treppe ins **zweite Stockwerk**. Hier ist es nicht ganz so verräuchert. Die Statuen einiger Buddhas und Heiliger sind mit blinkenden Leuchtdioden-Heiligenscheinen versehen. Von der Terrasse hat man einen schönen Blick in den mit alten Bäumen bewachsenen Vorhof, in dem sich auch mittags ein schattiges Plätzchen findet. In den Becken leben Fische und Schildkröten. Vor dem Eingang zum Gelände verkaufen Frauen gefangene Vögel: einen freizulassen, soll Glück bringen. ◷ 7–18 Uhr, an Feiertagen 5–19 Uhr.

Tran Hung Dao-Tempel

Dieser Tempel in der 36 Vo Thi Sau, der im Stil nordvietnamesischer Tempel und Gemeindehäuser errichtet ist, steht nicht allzu weit von der Pagode des Jadekaisers entfernt und ist dem Militärstrategen Tran Hung Dao geweiht, dessen Statue den Innenhof beherrscht. Ihm gelang es, im 13. Jh. die angreifenden Mongolen unter Kublai Khan mit einer List zurückzuschlagen. Das sicherte ihm einen ewigen Platz im Bewusstsein des Landes. Die Öfen rechter und linker Hand des Tempels dienen zur rituellen Verbrennung von Papiergeld.

Links in einem Nebengebäude gibt es eine Ausstellung über die Tran-Dynastie des 13.–14. Jhs. zu sehen. Leider sind die Informationstafeln nicht auf Englisch beschriftet.

Am 20. Tag des achten Mondmonats findet hier ein großes Fest zu Ehren des Helden statt. ◷ Mo–Fr 6–11 und 14–18 Uhr.

Tan Dinh-Kirche

Das rosafarbene Gotteshaus liegt nördlich des Zentrums an der Hai Ba Trung. Das Kirchenschiff mit seinen meist geöffneten Seitenfenstern ist kühl und luftig. Zwei Engel flankieren den neobarocken Altar, vor dem ein großes dreifußiges Messinggefäß steht – so kennt man es auch aus buddhistischen Tempeln. Messe ist So um 5, 6.15, 7.30 und 9, 16, 17.30 und 19 Uhr. Werktags treffen sich die Gläubigen um 5, 6.15 und 17.20 Uhr zum Gottesdienst. Neben der Kirche befindet sich ein Devotionaliengeschäft mit derart kitschig-schönen Marien- und Jesusfiguren oder gar neon-erleuchteten Kalender-Uhren der heiligen Familie für den Hausaltar, dass man eine Vorstellung davon bekommt, wie sehr die Vietnamesen den christlichen Glauben ihrer Tradition und Ästhetik entsprechend leben.

◷ tgl. 8–20 Uhr. Das Haupttor ist nur zur Messe geöffnet, ein Seiteneingang befindet sich nahe dem Shop.

Kriegsrelikte-Museum (War Remnants Museum, Bao Tang Chung Tich Chien Tranh)

In der 28 Vo Van Tan liegt Sai Gons meistbesuchtes Museum – jede Stadtrundfahrt macht hier halt, und auch Ausflüge in die Umgebung werden oft mit einem Stopp hier gekoppelt. Der einstige Name „Museum der amerikanischen und chinesischen Kriegsverbrechen" beschrieb die Exponate besser, schreckte jedoch viele Besucher ab. 1990 wurde das „chinesischen" weggelassen, und vier Jahre später der ganze Name geändert. Nun strömen die Touristen hierher, auch aus den USA, und verlassen das Museum oft in Tränen aufgelöst. Tatsächlich kann einem das Studium der auf Fotos dokumentierten Grausamkeiten ganz schön nahe gehen. Manche sagen, der Besuch hier ist ein Muss – andere meinen: Das muss ich mir nicht antun.

Das Museum wurde kurz nach Kriegsende im September 1975 eröffnet. Auf dem Außengelände befinden sich Panzer, Flugzeuge; Hubschrauber, Bomben und anderer Kriegsschrott. Innen verdeutlichen drastische Fotos die Brutalität der Auseinandersetzungen: Folter- und Napalm-Opfer, von Agent Orange deformierte Babys, zerstückelte Leichen. Immerhin werden auch Fotos von Anti-Kriegs-Demonstrationen in den USA gezeigt, doch Hinweise auf Gewalttaten des Vietcong und der Nordvietnamesischen Armee bleiben natürlich ausgespart. Ein eigener Raum ist den Fotos von in Vietnam gestorbenen Kriegsreportern gewidmet.

☏ 08-930 5587, ◷ tgl. 7.30–12 und 13.30–17 Uhr (letzter Einlass: 16.30 Uhr), Eintritt 10 000 Dong.

Xa Loi-Pagode

Die Xa Loi-Pagode mit ihrem markanten mehrstöckigen Turm, der eine Reliquie Buddhas enthalten soll, wurde 1963 zu einem Ort der Weltgeschichte, als Truppen des Präsidenten Ngo Dinh Diem unter der Führung seines Bruders Ngo Dinh Nhu das Gelände stürmten und mehr als 400 Mönche, einschließlich des ehrwürdigen Abtes, festnahmen. Einige wurden in der Haft ermordet.

Die Freveltat verstärkte die Opposition gegen den Präsidenten, was wenig später zum Putsch führte – Diem floh, wurde jedoch schon am nächsten Tag gefasst und getötet. Die Pagode befindet sich in der 89 Ba Huyen Thanh, in der Nähe des Kriegsrelikte-Museums. Nahebei gibt es eine ganze Reihe von Essenständen. ◷ 6.30–11 und 14.30–17 Uhr.

Ein paar Straßen südlich der Pagode, an der Cach Mang Thang Tam, Ecke Nguyen Dinh Chieu, steht ein **Stupa zum Gedenken an Thich Quang Duc**. Der sehr angesehene Mönch hatte sich mit 73 Jahren am 11.6.1963 aus Protest gegen das buddhismusfeindliche Diem-Regime mit Benzin übergossen und verbrannt – ein Ereignis, das nicht unwesentlich dazu beitrug, dass die USA schließlich ihre Unterstützung für den Willkürherrscher zurückzogen.

Sri Mariamman Hindu-Tempel

Nahe dem Benh Thanh-Markt, in der 45 Truong Dinh, liegt dieser nicht nur von der kleinen tamilischen Minderheit Sai Gons, sondern auch von Vietnamesen und Chinesen besuchte Hindu-Tempel. Er wurde Ende des 19. Jhs. erbaut und ist der südindischen Mutter- und Fruchtbarkeitsgöttin Mariamman geweiht, die heilende Kräfte hat. Die Gläubigen in Sai Gon erzählen sich Geschichten von Wundern, die hier geschehen sein sollen. So kommt mancher, der eigentlich mit Hinduismus nicht viel zu tun hat, zum Entzünden von Räucherstäbchen vorbei – ein weiterer Beleg für den pragmatischen Umgang mit Religion in Vietnam.

Gläubige Hindus übergeben ihre Opfergaben den Brahmanen, die für den Kontakt mit Mariamman zuständig sind. Ihr Schrein befindet sich im Zentrum des Tempels. Wer sich für den Tempel und die dargestellten hinduistischen Gottheiten interessiert, findet oft einen netten Gesprächspartner. ◷ 7–19 Uhr.

Museum der Schönen Künste (Bao Thang My Thuat)

In einem alten Kolonialgebäude in der 97A Pho Duc Chinh ist das Museum der Schönen Künste untergebracht, das mit seiner großzügigen Architektur und seinen Marmorböden eine angenehme Atmosphäre verbreitet. Die Ausstellungsstücke sind auf drei Etagen untergebracht.

Im Erdgeschoss befindet sich eine kleine Sammlung an Gegenwartskunst; die Werke sind z. T. käuflich. Eine Treppe höher, im ersten Stock, ist vornehmlich sozialistische Propagandakunst aus Kriegszeiten ausgestellt: heroische Gestalten mit Gewehren in der Hand, rote Fahnen und immer wieder Ho Chi Minh.

Das oberste Stockwerk zeigt eine Sammlung antiker Kunst: Skulpturen aus der Oc Eo-Zeit und einige Objekte der Cham.

☏ 08-822 2441, ◷ tgl. außer Mo 9–17 Uhr, Eintritt 10 000 Dong.

Huyen Si-Kirche

Das grau-weiße Gebäude nahe dem Zirkuszelt im Travellerviertel stammt von 1905. Katholische Messen werden um 5 und 17.30 Uhr abgehalten.

Geschichtsmuseum (Bao Tang Lich Su)

Da Ho-Chi-Minh-Stadt ein eigenes Kriegsrelikte-Museum und ein Militärmuseum besitzt, kann es sich ein Geschichtsmuseum leisten, das sich mit Vietnam seit prähistorischer Zeit beschäftigt und dessen Darstellung mit der Gründung der kommunistischen Partei endet. Eine große, über 10 000 Objekte umfassende Sammlung mit Stücken aus der Bronzezeit (Dong Son-Periode, etwa 1200 bis 100 v. Chr.) und der Funan-Zeit (Oc Eo-Periode, etwa 100–600 n. Chr.), dazu einige Belege aus der Cham-Zeit (etwa 800–1300 n.Chr.; manche davon stammen aus Angkor Wat in Kambodscha); mehr Cham-Exponate befinden sich im Cham-Museum in Da Nang.

Das großartige Gebäude in der 2 Nguyen Binh Khiem wurde 1929 von der Französischen Gesellschaft für Südostasien-Studien im chinesisch-europäischen Stil errichtet. Es schließt direkt an das Zoo-Gelände an.

✆ 08-829 8146, ◷ Di–So 8–11 und 13.30–16 Uhr, Eintritt 10 000 Dong.

Militärmuseum

Das Museum in der 2 Le Duan ist interessant für Militaria-Freunde; alle anderen können sich einen Besuch sparen. Das Außengelände, das der militärischen Kampagne zur Unterwerfung bzw. Befreiung des Südens durch die nordvietnamesischen Truppen gewidmet ist, zeigt Panzer und Flugzeuge. Innen befinden sich weitere Waffen, Fotos und Dioramen, die die Schlachtverläufe erläutern.

✆ 08-822 9387, ◷ tgl. 7.30–12 und 13.30–17 Uhr, Eintritt 20 000 Dong, die Fotogebühr beträgt 5000 Dong.

Ton Duc Thang-Museum (Bao Tang Ton Duc Thang)

Dieses Museum, 5 Ton Duc Thang, am Flussufer etwas nördlich der Tran Hung Dao-Statue, ist dem kommunistischen Helden und späteren Nachfolger Ho Chi Minhs im Präsidentenamt, Ton Duc Thang, gewidmet, der das Land nach Onkel Hos Tod bis zu seinem eigenen Dahinscheiden 1980 regierte. Ton Duc Thang war aufgrund seines Widerstands gegen die französische Kolonialherrschaft lange im berüchtigten Gefängnis auf Con Dao eingesperrt. Im Erdgeschoss sind vier Räume seinen persönlichen Besitztümern gewidmet; ansonsten befindet sich auf vier Stockwerken eine große Sammlung von Fotos und Dokumenten.

✆ 08-829 7542, ◷ tgl. außer Mo 7.30–11 und 13.30–17 Uhr, Eintritt 20 000 Dong.

Ho-Chi-Minh-Museum (Khu Luu Niem Bac Ho)

Wo sich der Ben Nghe-Kanal in den Saigon-Fluss ergießt, liegt das ehemalige, 1863 erbaute Zollhaus (auch *Nha Rong*, „Drachenhaus", genannt), 1 Nguyen Tat Thanh. Hier heuerte der junge Ho Chi Minh 1911 auf einem Frachter Richtung Frankreich an und begann seine 30-jährige Reise durch die Welt. Heute befindet sich in den Räumen sein Museum. In den ersten zwei Stockwerken befinden sich Ausstellungsstücke, die einst im Besitz des Revolutionsführers, Landesvaters und Volksonkels waren: vom Schlafanzug bis zum Zahnstocher. Das dritte Stockwerk beherbergt die landesweit wohl größte Sammlung von Ho-Chi-Minh-Fotos. ✆ 08-840 0647, ◷ tgl 7.30–11.30 und 13.30–17 Uhr, Eintritt 5000 Dong.

Cho Lon

Ho-Chi-Minh-Stadts chinesisches Zentrum ist leicht mit dem Cyclo oder auch einem ausgedehnten Spaziergang zu erreichen und einen Besuch wert: Nicht nur wegen des großen Binh Tay-Marktes oder der sehenswerten Pagoden, die zu den schönsten der Stadt zählen. Cho Lon bedeutet „Großer Markt", und so fühlt sich das Viertel auch an: Ein quirliger, lebendiger Bezirk, in dem alle geschäftig durcheinandereilen, an jeder Ecke ein Händler steht und fast jede Straße eine Einkaufsstraße ist. Fast eine halbe Million chinesischer Einwanderer lebt hier, die meisten schon seit vielen Generationen. Dennoch haben sie ihre Sprache und ihre kulturelle und religiöse Identität bewahrt. Die meisten Einwohner sind bilingual und wechseln problemlos zwischen Vietnamesisch und ihrem jeweiligen chinesischen Heimatdialekt hin und her. So wird dieser Stadtteil wohl für immer seinen speziellen chinesischen Geist bewahren.

Märkte

Das Herz von Cho Lon ist der **Binh Tay-Markt**, einer der schönsten Märkte der Stadt, auf dem man stundenlang herumstöbern kann und immer etwas Nützliches oder Schönes findet. Neben Lebensmitteln gibt es Kleidung aller Art, Elektrogeräte und Haushaltswaren. Wer sich traut, im Erdgeschoss auf einer der Bänke bei den offenen Garküchen Platz zu nehmen, kann gut und preiswert essen. Englische Speisekarten sucht man allerdings vergeblich.

Rund um den Markt haben sich allerlei Handwerker angesiedelt. Der Gründer des Marktes, Quach Dam, war ein angesehener Geschäftsmann, der sich vom Altglas sammelnden Jungen zum mächtigen Mogul hocharbeitete. Er baute unter anderem 1925 das Majestic Hotel, bevor er drei Jahre später den Markt gründete. Die Händler bringen seiner Bronzestatue, die in einem Schrein im Innenhof des Marktes steht, regelmäßig Opfergaben dar.

Der fünfstöckige **An Dong-Markt** wurde 1991 von lokalen chinesischen Geschäftsleuten eröffnet, die dafür die damals (wie heute) nicht unerhebliche Summe von US$5 Millionen aufbringen mussten. Vielleicht hätten sie noch ein paar Hunderttausend ins Design stecken sollen... Doch das unattraktive Äußere tut dem betriebsamen Handel hier keinen Abbruch. Es gibt nicht nur frische Lebensmittel und billige Garküchen, sondern in den oberen Stockwerken auch ein großes Angebot an exklusiven Importwaren.

Spaß macht auch ein Bummel über die kleinen Straßenmärkte wie z. B. den **Xa Tay-Markt** in einer Gasse nahe der Moschee und der Nghia An Hoi Quan-Pagode. Andere Straßenzüge sind speziellen Warengruppen gewidmet; z. B. die **Hai Thuong Lan Ong**, in der traditionelle chinesische Medizin gehandelt wird.

Jeanne d'Arc-Kirche

Die rosafarbene Kirche von 1928 in der 116 Hung Vuong ist innen nicht allzu prunkvoll ausgestattet. Bis auf die Lautsprecherboxen und die Ventilatoren hat sich hier in den vergangenen Jahrzehnten wohl nicht allzu viel verändert. Der Kirchplatz ist von etwas Grün umgeben und wird von Anwohnern genutzt, um kurz etwas Abstand von dem geschäftigen Treiben auf der Straße zu bekommen. Händler verkaufen Snacks, z. B. *ca vien chien*, frittierte Fischbällchen. Eine Messe wird täglich um 16 Uhr abgehalten, sonntags zudem eine Frühmesse um 5 und 7 Uhr.

Nghia An Hoi Quan-Pagode

Diese mit aufwendigen Schnitzarbeiten versehene Pagode, 678 Nguyen Trai, ist dem chinesischen General Quan Cong gewidmet, dessen Abbild hinter dem Altar über das Geschehen wacht. Flankiert wird er von seinen Assistenten; links Chau Xuong und rechts Quan Binh. Die Figur rechts vom Altar stellt Thien Hau dar. Quan Congs Pferd, dem Gläubige vor Antritt einer Reise ein Opfer bringen, befindet sich links vom Eingang der Pagode. Rechts vom Eingang steht ein Altar, auf dem Quang Bon, der Glücksgott, verehrt wird.

Der Name *Hoi Quan* kennzeichnet den früheren Verwendungszweck der Gebäude als Versammlungshallen – diese hier war der Treffpunkt der chinesischen Einwanderer aus Chaozhou. Über dem Eingang hängt ein geschnitztes, vergoldetes Schiff; vielleicht eine Erinnerung an die lange Reise, die die Chaozhou-Chinesen hinter sich hatten, ehe sie sich hier niederließen und die Pagode als ihr spirituelles Zentrum gründeten. 🕓 4–18 Uhr.

Moschee

Auch eine Moschee befindet sich in Cho Lon: schräg gegenüber der Nghia An-Pagode. Sie stammt von 1932 und dient heute einer kleinen indonesisch-malayischen Gemeinde zum Gebet.

Tam Son Hoi Quan-Pagode

Diese Pagode, 118 Trieu Quang Phuc, D. 3, wurde im 19. Jh. von chinesischen Einwanderern aus Fukien erbaut und ist seither kaum verändert worden. Sie ist Ba Me Sanh, der Göttin der Fruchtbarkeit, geweiht und daher ein beliebtes Ziel kinderloser Frauen. Ihr Abbild (in Weiß, umgeben von ihren Töchtern) befindet sich rechts von der Thien Hau-Statue hinter dem Hauptaltar. Ong Bon, der Glücksgott, und Quan Cong samt seiner zwei Begleiter und seinem Pferd sind ebenfalls vertreten. Auch diese Pagode begann als Versammlungshalle und wurde erst nach und nach zu einem reinen Sakralbau. Heute herrscht hier ein ständiges Kommen und Gehen.

Thien Hau-Pagode

Die Göttin Thien Hau, der diese Pagode in der 710 Nguyen Trai gewidmet ist, wurde als Mädchen von ihrem Vater vor dem Ertrinken gerettet und ist seither die Beschützerin der Seeleute. Nach 1975 beteten und opferten viele Chinesen aus Cho Lon hier, ehe sie vor den neuen Herrschern über das Meer flüchten mussten. Viele von denen, die die gefährliche Reise überlebten, schickten später Spenden und Geschenke, sodass die Pagode sich reich geschmückt und in gutem Zustand präsentiert. Die Wände sind mit Seidenbildern verziert, und aufwendige Reliefs zeigen Szenen aus den chinesischen Mythen, speziell der Zeit der Drei Königreiche.

Noch heute herrscht in dieser Pagode ein ständiges Kommen und Gehen, und die Luft ist geschwängert vom Qualm der Räucherstäbchen. Erbaut wurde die Pagode von der kantonesischen Gemeinde.

Ha Chuong Hoi Quan-Pagode

Diese zweite Thien Hau geweihte Pagode, 802 Nguyen Trai, wurde schon 1730 von Fukien-Chinesen errichtet, doch von dem alten Gebäude ist nach vielen Umbauten und Renovierungen nichts mehr übrig. Sie ist bekannt für ihre kunstvollen Dekorationen; die Friese und Schnitzarbeiten zählen zu den schönsten des Landes.

Die Geschichte der Göttin Thien Hau, Beschützerin der Fischer, Seeleute und Reisenden, wird auf einem besonders schönen Fries dargestellt. Eine Besonderheit sind auch die zwei Steinsäulen; sie sind mit Drachen geschmückt, die in den Himmel fliegen, und wurden zur Gründung des Tempels aus China importiert.

Quan Am-Pagode

Die Pagode in der 12 Lao Tu, D. 3, im Volksmund Quan Am-Pagode genannt, heißt ursprünglich **Hoi Quan On Lang**, „Versammlungshalle der On Lang-Gesellschaft". Fukien-Chinesen gründeten sie im Jahre 1740. Damit ist das Heiligtum eines der ältesten der Stadt. Es wurde einige Male restauriert und umgebaut, zuletzt 1862. Die namensgebende Göttin Am *(Quan Te Am Bo Tat)* ist die Göttin der Gnade. So viele Gläubige zieht es zu ihr, dass die Pagode als eine der beliebtesten in Ho-Chi-Minh-Stadt zu gelten hat.

Das Gebäude ist aufwendig geschmückt: Von den mit Gold- und Lackarbeiten verzierten Eingangstüren über die mit Lackbildern verschiedener Geister und Götter versehenen Wände bis zu den Dachfirsten, auf denen sich Figuren aus chinesischen Mythen tummeln.

Eine weiße Statue der Quan Am ziert den Hauptaltar. Daneben sitzen der historische Buddha Tich Ca und der zukünftige Buddha Di Lac. Seitlich befindet sich ein Bett für die Gnadengöttin. Ein weiterer Altar ist Thien Hau Thanh Mau (auch: A Pho), der Heiligen Mutter, gewidmet. Zusätzliche Opferstätten stehen bereit für Gebete zu General Quan Cong oder dem Richter Bao Cong. Insgesamt werden von den Mitgliedern der Gemeinde hier 16 verschiedene Götter verehrt. Pilger opfern je nach Anliegen an einem der Altäre Räucherstäbchen, die am Eingang der Pagode verkauft werden.

Phuoc An Hoi Quan-Pagode

Ebenfalls dem chinesischen General Cong gewidmet ist diese 1902 von Fujian-Chinesen erbaute Pagode in der 184 Hung Vuong, die innen und außen aufwendig dekoriert ist und eine große Sammlung von Götterfiguren und Schnitzereien beherbergt. Links vom Eingang passiert der Besucher eine lebensgroße Pferde-Statue: Es handelt sich um das Reittier von Quan Cong; ein Opfer hier soll Glück auf einer bevorstehenden Reise bringen. Ein Abbild des großen Generals befindet sich hinter dem Hauptaltar. Auf dem Altar links davon steht Ong Bon, ein Glück bringender Gott taoistischer Herkunft. Rechts davon einige buddhistische Gottheiten – ein Hinweis darauf, wie sehr die einzelnen Religionen in Vietnam miteinander verwoben sind.

Ong Bon-Pagode

Diese Pagode in der 264 Hai Thuong Lan Ong, deren eigentlicher Name **Nhi Phu Hoi Quan** ihren Ursprung als Versammlungshalle einer Gemeinde von Fukien-Chinesen verrät, ist dem Glücksgott Ong Bon geweiht und daher entsprechend beliebt. Doch Beten und Opfern alleine reicht nicht: Ong Bon ist zugleich der Patron der Tugend, und auch in der taoistisch-buddhistischen Weltanschauung muss echtes Glück erst verdient werden. Ein Abbild des bärtigen Herrn steht gegenüber dem Haupteingang. Sein vergoldeter Altar ist mit feinen Schnitzarbeiten versehen.

Cha Tam-Kirche

Mitten in Chinatown steht in der 25 Hoc Lan die pastellfarbene Cha Tam-Kirche, die eine kurze, aber wichtige Rolle in der Geschichte Vietnams spielte.

Am 1. November 1963 mussten der damalige Präsident von Südvietnam, Ngo Dinh Diem, und sein Bruder durch einen Geheimtunnel aus dem Palast flüchten. Schließlich versteckten sie sich in dieser Kirche in Cho Lon. Sie konnten hier eine letzte Nacht verbringen, ehe sie am nächsten Morgen entdeckt wurden und in einem Militärtransporter, der sie ins Hauptquartier der Putschisten bringen sollte, getötet wurden. Diem wurde in einem nicht markierten Grab in der Nähe des Wohnsitzes des US-Botschafters verscharrt.

Khanh Van Nam Vien-Pagode

Dieser Tempel unterscheidet sich von den buddhistisch-taoistischen Versammlungshallen Cho Lons dadurch, dass in ihm ein besonders starkes Gewicht auf der Pflege des überlieferten chinesischen Taoismus liegt – eine Seltenheit in Vietnam. Er ist noch nicht sehr alt; eingeweiht wurde er erst 1942. Einwanderer aus Guangdong in China stifteten ihn zu Ehren von Lao Tse, dem Gründer des Taoismus.

Doch auch hier werden die religiösen Grenzen nicht zu eng gezogen: Hinter dem Hauptaltar finden sich neben dem allgegenwärtigen taoistischen General Quan Cong eine Statue von Van Xuong, einem konfuzianischen Dichter, und eine buddhistische Quan Am. Die Acht Unsterblichen in dem Glasbehälter davor sind allerdings wieder rein taoistischen Ursprungs, ebenso wie die auf Seitenaltären verehrten Hoa De (links), ein Heilkundiger aus der Han-Dynastie (206 v. Chr.–9. n. Chr.), und Hyunh Dai Tien (rechts), ein Schüler von Lao Tse.

Dem großen Lehrer und Begründer des Taoismus ist die zweite Etage des Tempels gewidmet. Neben einer Statue des Meisters stehen zwei Steintafeln, auf denen scheinbare Landschaftsbilder eine Anleitung zur Atemtechnik darstellen. Dabei stehen die einzelnen Bildelemente für Teile des menschlichen Körpers: Der Bambushain stellt die Leber dar, der Magen wird versinnbildlicht durch einen Bauern, der mit einem Wasserbüffel pflügt, der Regenbogen ist der Mund und das Gebirge mit dem Eremiten der Geist.

Die Pagode steht in der 46/5 Lo Sieu (eine Gasse, die rechts hinter der Hausnummer 269 von der Nguyen Thi Nho abbiegt).

Parks und Gärten

Wer einmal Ruhe vom Verkehr braucht, kann am Wiedervereinigungspalast im **Cong Vien Van Hoa-Park (Kulturpark)** mit seinen schattenspendenden Bäumen, kleinen Plätzen und Bänken Zuflucht nehmen. Eingänge befinden sich an der Nguyen Du und der Nguyen Thi Minh Khai. Früh morgens treffen sich die Tai Chi-Adepten und die Badminton-Spieler, während am späten Nachmittag die Aerobic-Freunde zusammenkommen – Mitmachen erlaubt.

Sportlichere Naturen können sich im **Workers Club** ertüchtigen: Es gibt ein Schwimmbad und Tennisplätze, 55B Nguyen Thi Minh Khai, D. 3, ✆ 08-930-1819, Eintritt Schwimmbad 10 000 Dong / Stunde.

Im sehr gepflegten kleinen **Le Van Tam-Park** nahe der Tan Dinh-Kirche treffen sich vereinzelte Liebespaare zum Händchenhalten: Die neue Generation selbstbewusster junger Vietnamesen lässt vergessen, dass es sich um einen ehemaligen französischen Friedhof handelt. Unter den großen Bäumen des Geländes haben ein kleiner Spielplatz und ein Erfrischungsstand mit kalten Getränken längst die Gräber der alten Siedler verdrängt.

Ho-Chi-Minh-Stadt

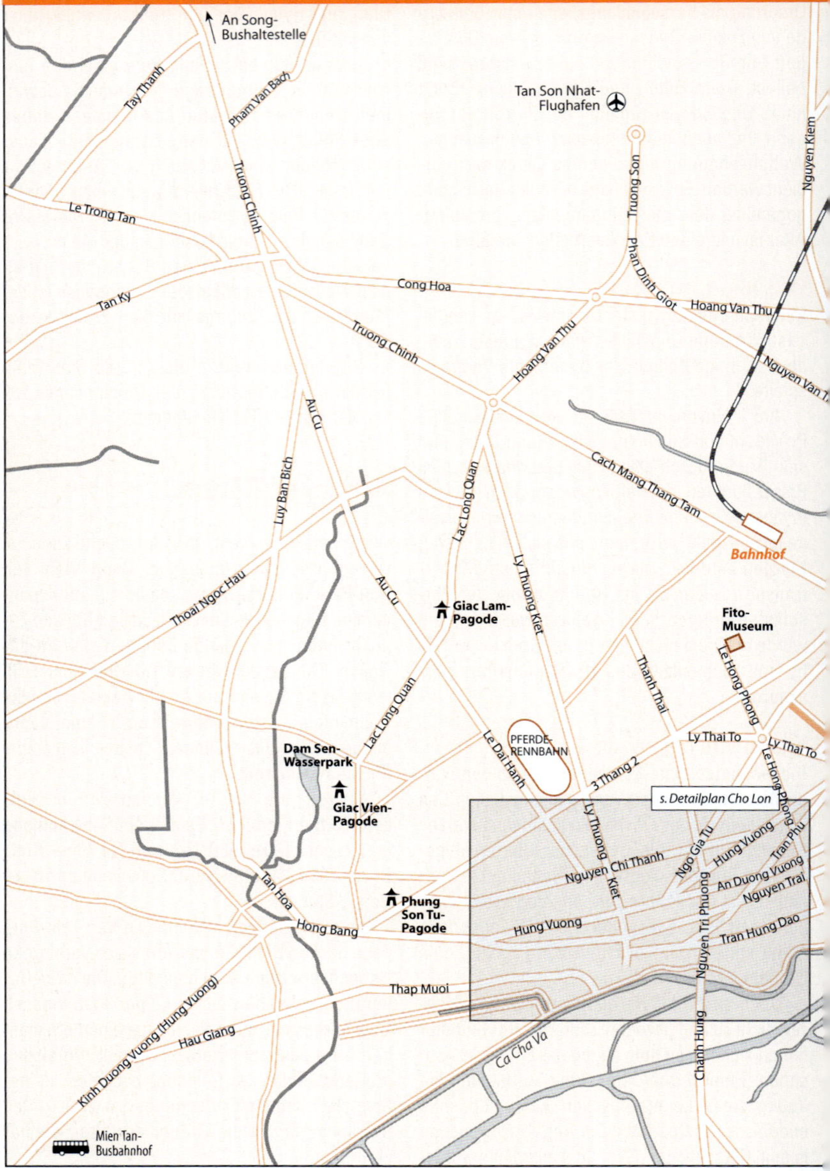

An Song-
Bushaltestelle
Tan Son Nhat-
Flughafen
Tay Thanh
Pham Van Bach
Truong Chinh
Truong Son
Nguyen Kiem
Le Trong Tan
Phan Dinh Giot
Cong Hoa
Hoang Van Thu
Tan Ky
Truong Chinh
Hoang Van Thu
Nguyen Van T
Au Co
Cach Mang Thang Tam
Luy Ban Bich
Lac Long Quan
Bahnhof
Thoai Ngoc Hau
Au Co
Ly Thuong Kiet
Giac Lam-
Pagode
Fito-
Museum
Thanh Thai
Le Hong Phong
Lac Long Quan
Le Dai Hanh
PFERDE-
RENNBAHN
Ly Thai To
Ly Thai To
Dam Sen-
Wasserpark
3 Thang 2
Le Hong Phong
Giac Vien-
Pagode
s. Detailplan Cho Lon
Ly Thuong Kiet
Ngo Gia Tu
Hung Vuong
Tran Phu
Nguyen Chi Thanh
An Duong Vuong
Nguyen Trai
Tan Hoa
Phung
Son Tu-
Pagode
Hung Vuong
Nguyen Tri Phuong
Tran Hung Dao
Hong Bang
Thap Muoi
Kinh Duong Vuong (Hung Vuong)
Hau Giang
Ca Cha Va
Chanh Hung
Mien Tan-
Busbahnhof

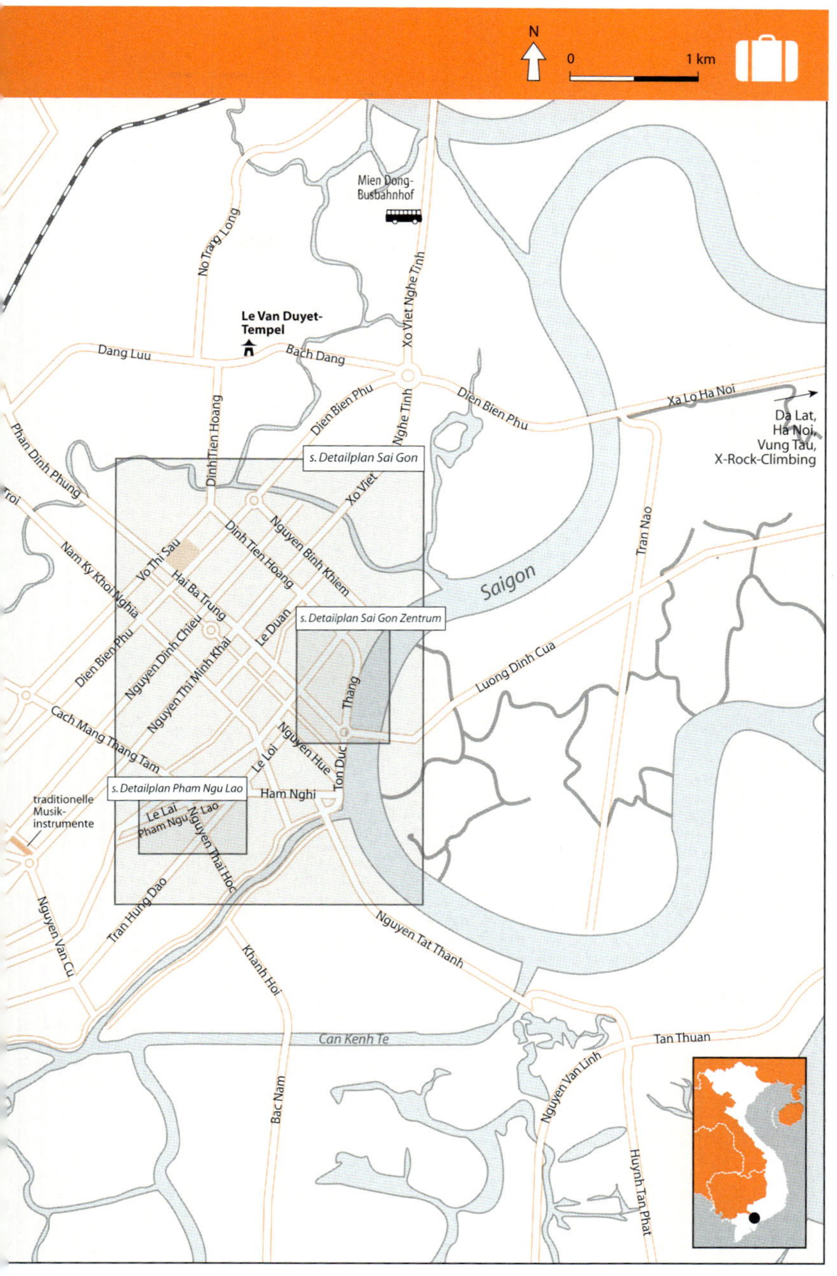
N
0
1 km
Mien Dong-Busbahnhof
No Trang Long
Xo Viet Nghe Tinh
Le Van Duyet-Tempel
Dang Luu
Bach Dang
Dien Bien Phu
Nghe Tinh
Dien Bien Phu
Xa Lo Ha Noi
Da Lat,
Ha Noi,
Vung Tau,
X-Rock-Climbing
Phan Dinh Phung
Dinh Tien Hoang
s. Detailplan Sai Gon
Xo Viet
Nam Ky Khoi Nghia
Vo Thi Sau
Dinh Tien Hoang
Nguyen Binh Khiem
Hai Ba Trung
Saigon
Tran Nao
s. Detailplan Sai Gon Zentrum
Le Duan
Dien Bien Phu
Nguyen Dinh Chieu
Nguyen Thi Minh Khai
Thang
Luong Dinh Cua
Cach Mang Thang Tam
Nguyen Hue
Le Loi
Ton Duc
s. Detailplan Pham Ngu Lao
Ham Nghi
traditionelle Musik-instrumente
Le Lai
Pham Ngu Lao
Nguyen Thai Hoc
Tran Hung Dao
Nguyen Van Cu
Khanh Hoi
Nguyen Tat Thanh
Can Kenh Te
Tan Thuan
Bac Nam
Nguyen Van Linh
Huynh Tan Phat

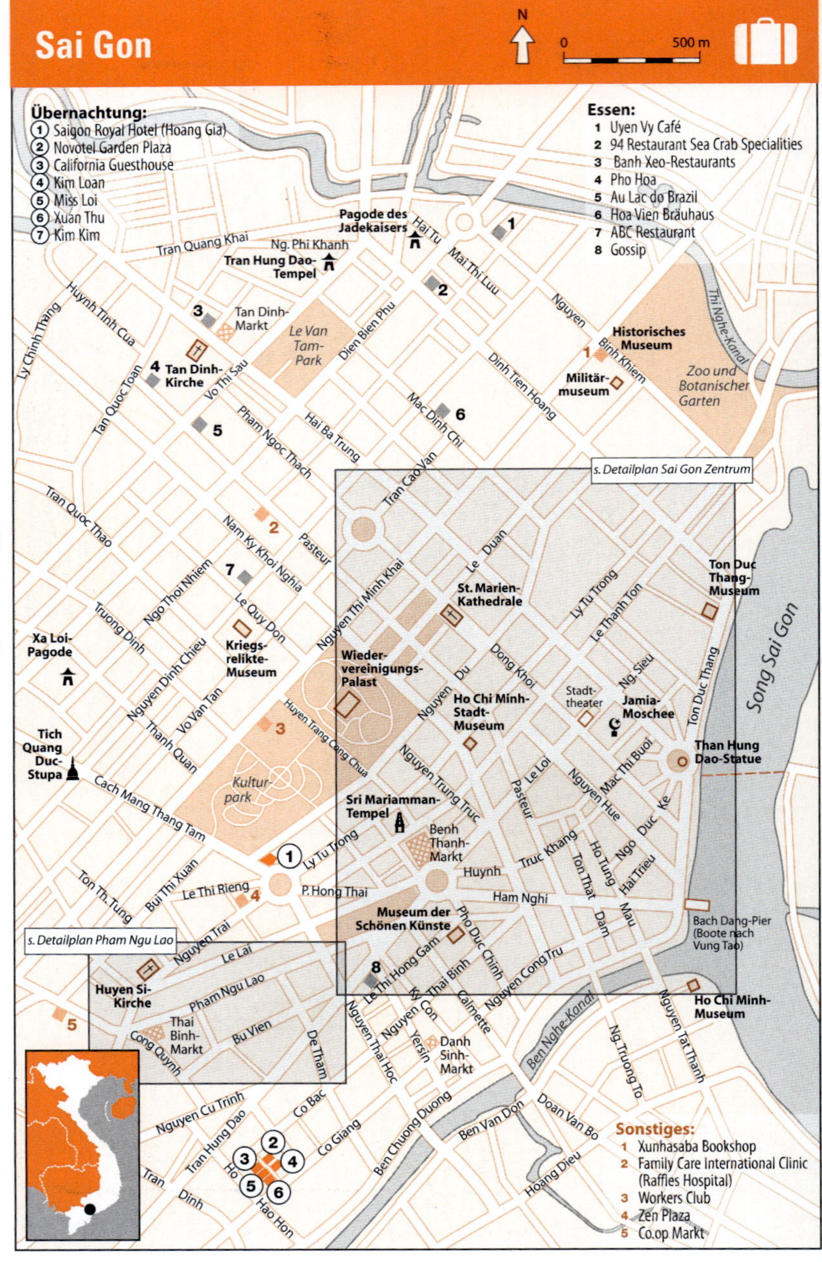
Sai Gon
N
0
500 m
Übernachtung:
1 Saigon Royal Hotel (Hoang Gia)
2 Novotel Garden Plaza
3 California Guesthouse
4 Kim Loan
5 Miss Loi
6 Xuan Thu
7 Kim Kim
Essen:
1 Uyen Vy Café
2 94 Restaurant Sea Crab Specialities
3 Banh Xeo-Restaurants
4 Pho Hoa
5 Au Lac do Brazil
6 Hoa Vien Bräuhaus
7 ABC Restaurant
8 Gossip
Sonstiges:
1 Xunhasaba Bookshop
2 Family Care International Clinic (Raffles Hospital)
3 Workers Club
4 Zen Plaza
5 Co.op Markt
Pagode des Jadekaisers
Tran Hung Dao-Tempel
Tan Dinh-Markt
Tan Dinh-Kirche
Le Van Tam-Park
Historisches Museum
Militär-museum
Zoo und Botanischer Garten
s. Detailplan Sai Gon Zentrum
Ton Duc Thang-Museum
St. Marien-Kathedrale
Kriegs-relikte-Museum
Xa Loi-Pagode
Wieder-vereinigungs-Palast
Ho Chi Minh-Stadt-Museum
Stadt-theater
Jamia-Moschee
Than Hung Dao-Statue
Tich Quang Duc-Stupa
Kultur-park
Sri Mariamman-Tempel
Benh Thanh-Markt
Museum der Schönen Künste
Bach Dang-Pier (Boote nach Vung Tao)
s. Detailplan Pham Ngu Lao
Huyen Si-Kirche
Thai Binh-Markt
Danh Sinh-Markt
Ho Chi Minh-Museum
Song Sai Gon
Thi Nghe-Kanal
Ben Nghe-Kanal
Tran Quang Khai
Ng. Phi Khanh
Hai Tu
Mai Thi Luu
Nguyen
Binh Khiem
Dinh Tien Hoang
Mac Dinh Chi
Dien Bien Phu
Hai Ba Trung
Pham Ngoc Thach
Vo Thi Sau
Huynh Tinh Cua
Ly Chinh Thang
Tan Quoc Toan
Tran Quoc Thao
Tran Cao Van
Pasteur
Nam Ky Khoi Nghia
Le Duan
Ly Tu Trong
Le Thanh Ton
Ngo Thoi Nhiem
Truong Dinh
Le Quy Don
Nguyen Thi Minh Khai
Dong Khoi
Nguyen Du
Ng. Sieu
Ton Duc Thang
Nguyen Dinh Chieu
Vo Van Tan
Thanh Quan
Huyen Trang Cong Chua
Nguyen Trung Truc
Le Loi
Nguyen Hue
Mac Thi Buoi
Duc Ke
Cach Mang Thang Tam
Ly Tu Trong
Truc Khang
Ho Tung
Ngo
Hai Trieu
Huynh
Ton That
Dam
Mau
Ham Nghi
Bui Thi Xuan
Le Thi Rieng
P. Hong Thai
Ton Th. Tung
Nguyen Trai
Le Lai
Pham Ngu Lao
Bu Vien
De Tham
Cong Quynh
Le Thi Hong Gam
Pho Duc Chinh
Thai Binh
Ky Con
Calmette
Nguyen Cong Tru
Nguyen Thai Hoc
Nguyen
Yersin
Ng. Truong To
Nguyen Tat Thanh
Nguyen Cu Trinh
Tran Hung Dao
Co Bac
Co Giang
Ben Chuong Duong
Ben Van Don
Doan Van Bo
Hoang Dieu
Ho
Hao Hon
Tran
Dinh

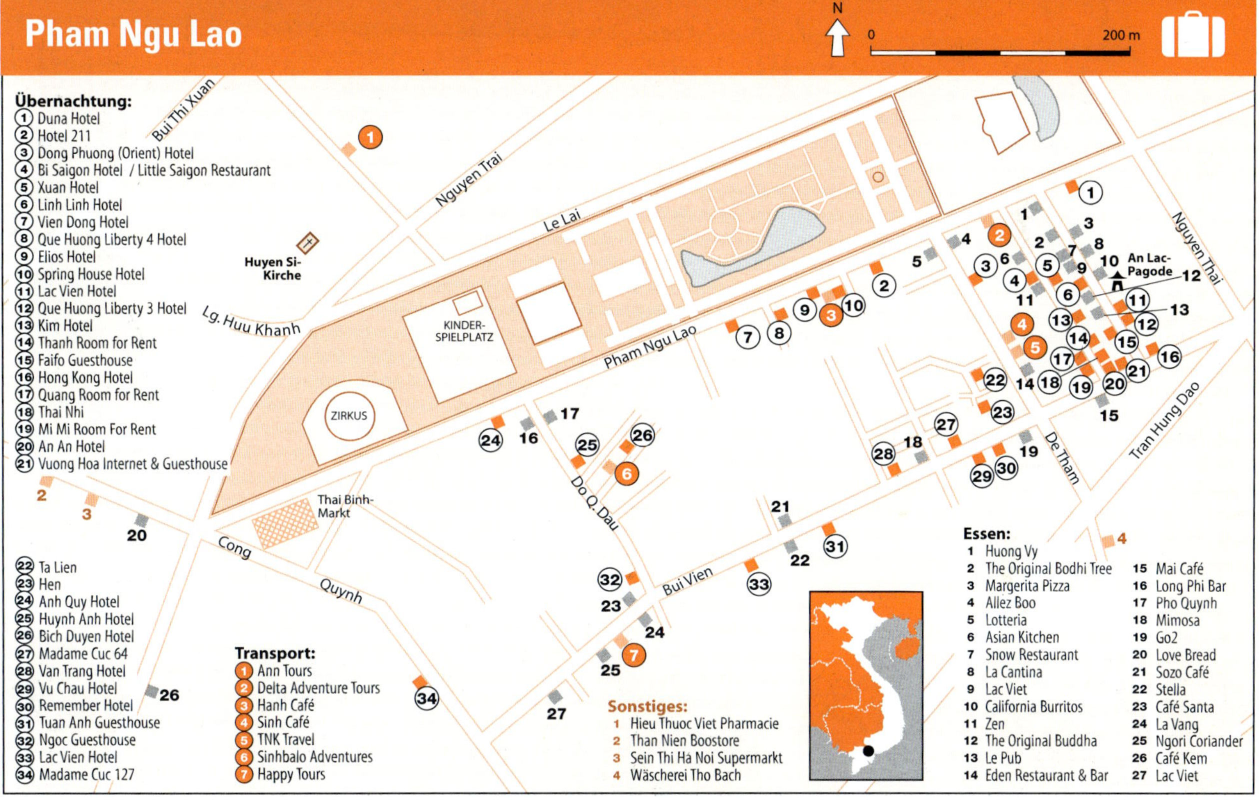
Pham Ngu Lao
N
0
200 m
Übernachtung:
1 Duna Hotel
2 Hotel 211
3 Dong Phuong (Orient) Hotel
4 Bi Saigon Hotel / Little Saigon Restaurant
5 Xuan Hotel
6 Linh Linh Hotel
7 Vien Dong Hotel
8 Que Huong Liberty 4 Hotel
9 Elios Hotel
10 Spring House Hotel
11 Lac Vien Hotel
12 Que Huong Liberty 3 Hotel
13 Kim Hotel
14 Thanh Room for Rent
15 Faifo Guesthouse
16 Hong Kong Hotel
17 Quang Room for Rent
18 Thai Nhi
19 Mi Mi Room For Rent
20 An An Hotel
21 Vuong Hoa Internet & Guesthouse
22 Ta Lien
23 Hen
24 Anh Quy Hotel
25 Huynh Anh Hotel
26 Bich Duyen Hotel
27 Madame Cuc 64
28 Van Trang Hotel
29 Vu Chau Hotel
30 Remember Hotel
31 Tuan Anh Guesthouse
32 Ngoc Guesthouse
33 Lac Vien Hotel
34 Madame Cuc 127
Transport:
1 Ann Tours
2 Delta Adventure Tours
3 Hanh Café
4 Sinh Café
5 TNK Travel
6 Sinhbalo Adventures
7 Happy Tours
Sonstiges:
1 Hieu Thuoc Viet Pharmacie
2 Than Nien Boostore
3 Sein Thi Há Noi Supermarkt
4 Wäscherei Tho Bach
Essen:
1 Huong Vy
2 The Original Bodhi Tree
3 Margerita Pizza
4 Allez Boo
5 Lotteria
6 Asian Kitchen
7 Snow Restaurant
8 La Cantina
9 Lac Viet
10 California Burritos
11 Zen
12 The Original Buddha
13 Le Pub
14 Eden Restaurant & Bar
15 Mai Café
16 Long Phi Bar
17 Pho Quynh
18 Mimosa
19 Go2
20 Love Bread
21 Sozo Café
22 Stella
23 Café Santa
24 La Vang
25 Ngori Coriander
26 Café Kem
27 Lac Viet
Bui Thi Xuan
Nguyen Trai
Le Lai
Huyen Si-Kirche
Lg. Huu Khanh
KINDER-SPIELPLATZ
ZIRKUS
Pham Ngu Lao
Thai Binh-Markt
Cong Quynh
Do Q. Dau
Bui Vien
De Tham
Tran Hung Dao
An Lac-Pagode

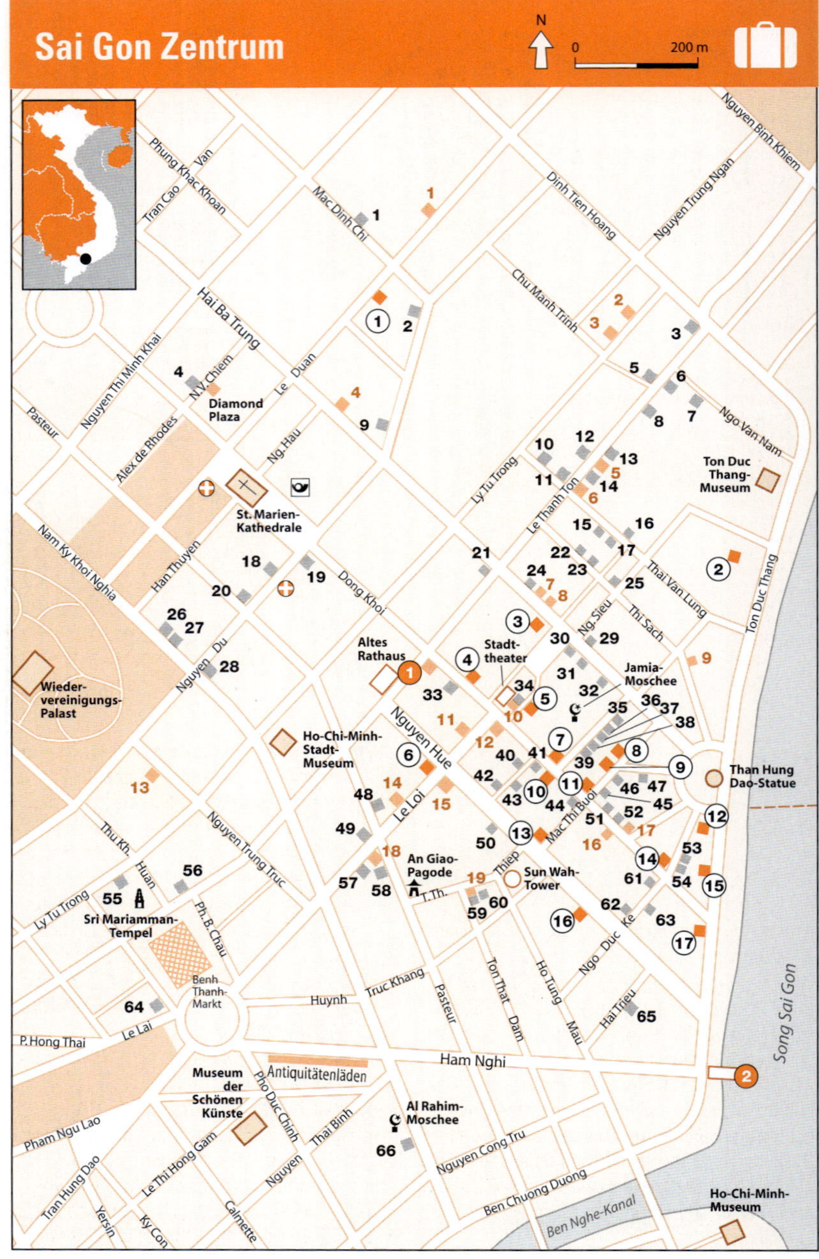

Ho-Chi-Minh-Stadt und Umgebung

Übernachtung:
(1) Sofitel Plaza Saigon
(2) Legend Hotel
(3) Park Hyatt Saigon
(4) Continental Vietnam Hotel
(5) Caravelle Hotel (und Saigon Saigon Bar)
(6) Rex Hotel
(7) Sheraton Saigon (und: Level 23 Bar)
(8) Thang Long Hotel
(9) Kim Long Hotel
(10) Bong Sen Hotel
(11) Huong Sen Hotel
(12) Renaissance Riverside Hotel
(13) Palace Hotel
(14) Grand Hotel
(15) Riverside Hotel
(16) Duxton Hotel
(17) Majestic Hotel

Essen:
1 Nice Karaoke Café
2 Asia Beerhouse Munich Beer Germany
3 The Sushi Bar
4 Ca Phe Trung Nguyen
5 New York Diner
6 Hoi An
7 Mandarin
8 Pho 24
9 Citi-Café
10 Chao Thai
11 Lotteria
12 Restaurant 13
13 Chautari
14 Ashoka
15 Arab Kebab
16 BiBi
17 Skewers
18 Pho Ta
19 Highland Coffee
20 Nguyen Du Brauhof
21 Nam Phan
22 Mogambo
23 La Camargue
24 The Refinery
25 La Habana
26 Quan An Ngon
27 Bun Ta
28 Nua Hang Vuon Phian
29 Wrap & Roll
30 Pacharan
31 Mr. Sushi
32 Pho 24
33 Givral
34 Qucina
35 Café Latin
36 Al Fresco's
37 Malee Thai
38 Le Mekong
39 Bombay
40 Lemongrass
41 Brodard Cafe (und: Samsara Club)
42 Augustin's
43 Pho 24
44 Vietnam House
45 Annie's Pizza
46 Juice Bar
47 Con Meo Den
48 Kem Bach Dang
49 Kem Bach Dang
50 Pho Ca
51 Nam Kha
52 Gartenstadt
53 La Fourchette
54 Restaurant 13 doppelt??
55 Banh Cuon LA
56 Nam Giao
57 Paris-Deli
58 Café Terrasse
59 Fanny's Icecream
60 Cantina Central
61 Jaspas
62 Santa Lucia
63 Seoul House
64 Pho 2000 nicht doppelt??
65 Urvashi
66 Blue Ginger

Sonstiges:
1 Phung Nam
2 Lush
3 Carmen
4 Saigon Square
5 Heart of Darkness
6 Sheridan's Irish House
7 O'Brien's Factory
8 Vasco's Bar & Club
9 Apocalypse Now
10 Q-Bar
11 Sax'n'Art
12 Parkson
13 Club Berlin
14 Fahasa
15 Tax Trade Center (Russian Market)
16 The Underground
17 Manna
18 Saigon Center
19 Temple Club

Transport:
(1) Saigon Tourist
(2) Bach Dang-Pier (Boote nach Vung Tau)

Zoo (Thao Cam Vien Sai Gon) und Botanischer Garten

Der Botanische Garten, 2 Nguyen Binh Khiem, ✆ 08-829 1425, 🖳 www.saigonzoo.org, der 1864 von zwei Franzosen, einem Botaniker und einem Tierarzt, gegründet wurde, bietet Ruhe inmitten der Großstadt. Die anfangs nur 12 ha groß geplante Anlage entlang des Rach Lang-Flusses wuchs bis zur Fertigstellung im Jahr 1865 auf 20 ha an und heißt seit 1956 Zoo und Botanischer Garten. Einige Bäume der insgesamt 2000 verschiedenen Sorten – vom winzigen Bonsaibäumchen bis zum Urwaldriesen – sind über 100 Jahre alt. Liebhaber von Kakteen und Orchideen finden hier etwas zum Staunen. Zu Tierformen zurechtgestutzte Büsche erfreuen vor allem die kleinen Besucher. Rechter Hand neben dem Eingang ist eine pittoresk anmutende kleine Insel mit Brücke angelegt, auf der steinerne Dinosaurier zu bewundern sind.

Die Tiergehege des Zoos sind relativ sauber und z. T. auch neu angelegt. Das Gehege für Elefanten beispielsweise ist ähnlich wie in deutschen Zoos relativ groß, und auch Schweine und Rehe sind augenscheinlich gut untergebracht. Weniger tiergerecht sind die kleinen Planschbecken der Nilpferde und die Verschläge der Raubkatzen. Gänzlich abschreckend ist das alte Affengehege, in dem immer noch einzelne Tiere wie in einem Gefängnis aus der Kolonialzeit gehalten werden.

Für Kinder gibt es einen Streichelzoo, ◷ 9–11 und 14–16 Uhr. Das kleine Gehege befindet sich vom Nilpferd kommend Richtung Elefantengehege. Es warten Hasen, Schafe, Schweine und neugierige Ziegen auf streichelnde Hände. Auf dem Gelände des Zoos ist ein kleiner Imbiss angesiedelt, der jedoch außer einigen Erfrischungsgetränken nicht viel im Angebot hat.

Direkt nebenan liegt das **Geschichtsmuseum** (s. S. 530). Auf dem Gelände des Zoos befindet

sich zudem die **Den Hung Vuong-Pagode**. Drachen bewachen den Aufgang der luftig gestalteten Halle.

🕓 7–22 Uhr, Eintritt Erwachsene 8000 Dong, Kinder im Alter von 6–10 Jahren 4000 Dong. Fütterung der Raubtiere um 15 Uhr; gegen 17 Uhr kommen viele Tiere (z. B. die Elefanten) in ihre Häuser, Nester und Ställe. Das Eintrittsgeld verringert sich dann auf die Hälfte und die Besucher gehen nur noch flanieren oder in den Vergnügungspark auf dem Zoogelände. Am Wochenende gibt es morgens um 9.15 Uhr eine Elefantenshow und um 9, 10, 14.15 und 15.30 Uhr Vogelschauen.

Großraum HCMS

Giac Lam-Pagode

Die 1744 gegründete Giac Lam-Pagode, 118 Lac Long Quan, ist die älteste und am besten im Originalzustand erhaltene Pagode von Ho-Chi-Minh-Stadt. Die letzte Renovierung erfolgte 1900. Die Gläubigen kommen hierher, um für kranke oder jüngst verstorbene Angehörige zu beten. Viele platzieren Porträts ihrer Lieben in der Pagode.

In der Haupthalle beeindruckt ein großer Altar, auf dem Buddha gehuldigt wird. Im Garten vor dem Gebäude befindet sich eine große, schneeweiße Statue von Quan Am. Sie steht auf einer Lotosblüte, dem Symbol der Reinheit. Außerdem findet sich hier ein alter Bodhi-Baum – unter einem solchen hatte Buddha einst seine Erleuchtung gefunden (*Giac Lam* bedeutet „Wald der Erleuchtung"). Einige der Mönche, die hier leben, sprechen Englisch, sodass sich vielleicht ein interessantes Gespräch ergibt.

Da die Pagode in einiger Entfernung von den touristischen Gebieten liegt, sollte man ein Taxi, Cyclo oder *xe om* nehmen – jeder Fahrer kennt den Weg. 🕓 6–21 Uhr.

Giac Vien-Pagode

Die Giac Vien-Pagode („Pagode der vollständigen Erleuchtung"), Lac Long Quan, stammt von 1771 und ist ähnlich wie die Giac Lam aufgebaut. Sie gehört zu den besterhaltenen buddhistisch-taoistischen Sakralbauten in Vietnam und ist dem Kaiser Gia Long gewidmet, der hier vor seinem Tod 1819 gebetet haben soll. In den drei Hauptgebäuden finden sich Schnitzereien, Altäre und Statuen, alle beherrscht von einer großen vergoldeten Darstellung des Buddhas A Di Da (Amithaba). Die Pagode wird selten von Touristen besucht (was nach Besichtigung der Giac Lam auch nicht unbedingt lohnt), ist recht dunkel und voller Räucherstäbchenqualm. Auf dem Außengelände befindet sich ein Pavillon mit Urnen, die die Asche Verstorbener enthalten. ◷ 7–19 Uhr.

Phung Son Tu-Pagode

Diese Pagode, die auch als **Go-Pagode** bekannt ist, wurde Anfang des 19. Jhs. an der Stelle errichtet, an der sich einst ein Heiligtum aus der Oc Eo-Zeit befand.

Auf dem Gelände in der 1408 3 Thang 2, D. 3, wurden bei Ausgrabungen Tonstatuen und Keramiken gefunden.

Es gibt die Geschichte, dass die Pagode einmal an einen anderen Ort verlegt werden sollte. Alle Schätze und Wertgegenstände wurden auf einen heiligen weißen Elefanten verladen, der sie an den neuen Ort bringen sollte. Der Elefant stolperte jedoch bald und all die Schätze fielen in den kleinen Teich in der Nähe. Das wurde als ein klares Zeichen der Götter gesehen, dass die Pagode an ihrem Platz bleiben sollte.

Im Inneren sitzt ein großer, vergoldeter Buddha, und da es sich um eine rein buddhistische Pagode handelt, herrscht eine besinnlichere, ruhigere Stimmung als in den quirligeren, buddhistisch-taoistischen Tempeln von Cho Lon. Die einstündigen Gebetszeiten beginnen um 4, 16 und 18 Uhr.

Le Van Duyet-Tempel

Le Van Duyet (1763–1832) war ein Militärführer und Regierungsberater. Indem er westliche Waffen und Taktiken einführte, trug er entscheidend dazu bei, dass Prinz Nguyen Anh (der spätere Kaiser Gia Long) ganz Vietnam unter seine Kontrolle bringen konnte. Sein Schicksal wendete sich unter Gia Longs Nachfolger Minh Mang, dessen Verfolgung katholischer Missionare er strikt ablehnte. Nach Le Van Duyets Tod ließ der rachsüchtige Kaiser sein Grab umpflügen und verbot das Verbrennen von Räucherwerk zu seinem Gedenken. Kaiser Thieu Tri nahm den Fall 1841 wieder auf, ließ das Grab reparieren und stellte die Ehre des Helden offiziell wieder her. Seitdem ist der Tempel in der 126 Dinh Tien Hoang gut besucht und wird ständig erneuert.

Wer sich den Tempel anschaut, sollte hinterher noch einen kleinen Rundgang über den nahe gelegenen **Ba Chieu-Markt** machen – östlich die Bach Dang hinunter, an der Ecke Le Quang Dinh.

Fitomuseum: Traditionelle vietnamesische Medizin

Traditionelle Medizin von der Steinzeit bis in die Gegenwart dokumentiert dieses schön ausgestattete Museum, 41 Hoang Du Khuong, D. 10, ✆ 08-864 2430. Auf sechs Stockwerken werden in 18 Räumen fast 3000 Objekte gezeigt: Töpfe, Kessel, Kannen und andere Instrumente zum Zubereiten der Medizin; daneben Bücher und Dokumente. Eine Besonderheit des Museums sind die aufwendigen Schnitzarbeiten, die die Räume verzieren und die verschiedenen Arten von traditionellen Heilmitteln erläutern: 50 Handwerker waren drei Jahre lang mit der Herstellung beschäftigt. Die Architektur des Ausstellungshauses spiegelt verschiedene Stile aus Vietnam wider: Cham-, Hue- und nordvietnamesische Bauformen fließen in diesem Haus zusammen. Die freundlichen Angestellten erläutern dies alles (und mehr) gern auf einem Rundgang. ◷ 8.30–17.30 Uhr, Eintritt 32 000 Dong.

Übernachtung

Ho-Chi-Minh-Stadt bietet eine Vielzahl an Übernachtungsmöglichkeiten für jeden Geldbeutel und jeden Geschmack. Die günstigsten Unterkünfte sind die Minihotels im Travellerviertel der Pham Ngu Lao. Etwas teurer und mit dem Flair der französischen Kolonialzeit lebt es sich an der Dong Khoi in großen Hotels nahe der Kirche Notre Dame. Continental, Majestic und Grand Hotel sind klassische Kolonialhotels, die liebevoll und fachgerecht renoviert wurden.
Auch in Chinatown (Cho Lon) finden sich Unterkünfte. Sie sind nicht unbedingt die erste

Wahl für westliche Reisende, aber wer einmal mit den Chinesen der Stadt leben möchte, verbringt hier bestimmt ein paar intensive Tage.

Pham Ngu Lao und Umgebung (Karte S. 537)

Links der ehemaligen Bahnhofsstraße, in der das US-Militär während des amerikanischen Kriegs wohnte, hat sich ein eigenes Viertel etabliert, in dem Minihotels, Restaurants, Reiseagenturen und sogar ein Zirkus ihr Glück versuchen. Die billigsten Gästehäuser sind naturgemäß die verwohntesten. Für ein paar Dollar mehr, also ab etwa US$8–10, sind gute Zimmer im Angebot, meist mit AC, Minibar, Fernseher und eigenem Bad. Noch bessere Zimmer bieten meist einen Balkon oder eine Badewanne und sind in der Regel sauberer.

Untere Preisklasse

Anh Quy Hotel, 335 Pham Ngu Lao, ✆ 08-920 5696, ✉ lekimnhu@yahoo.com. Preiswerte, einfache AC- und Ventilatorzimmer; die Zimmer zur Straße sind zurzeit durch eine benachbarte Baustelle sehr laut. Discount bei Langzeitmiete (ab einem Monat). ❶–❷

Bee Saigon Hotel, 185/16 Pham Ngu Lao, ✆ 08-360678, 📠 367947, 💻 www.bisaigon.com. Dieses Hotel bietet einen etwas besseren Standard als die meisten Hotels in dieser Gegend und ist sehr sauber. Im Erdgeschoss lockt das Little Saigon Restaurant mit leckerem Essen. Wer hier absteigen will, sollte vorbuchen. ❶–❷

Bich Duyen Hotel, 283 Pham Ngu Lao, ✆ 08-8374588, 📠 4041821. Sehr sauberes Hotel mit mittelgroßen Zimmern in einer ruhigen Seitenstraße. Neben normalen DZ gibt es auch Dreibettzimmer zu günstigen Preisen. WIFI in den Zimmern und in der Lobby. ❷

Faifo Guesthouse, 28/9 Bui Vien, ✆ 08-9203268, ✉ hotelfaifo@yahoo.com. Ruhig gelegen, hat jedoch eher kleine Zimmer im Angebot. Diejenigen ohne Fenster sind zudem recht dunkel und beengt. Einfach, aber sauber. ❶–❷

Hotel 211, 211-213 Phan Ngu Lao, ✆ 8367353, 📠 8361883, ✉ hotelduy@hotmail.com. 30 ordentliche AC-Zimmer; Badezimmer mit Duschkabine bzw. Badewanne. Dachterrasse im 5. Stock. Frühstück inklusive. ❶–❷

Hong Kong Hotel, 22 Bui Vien, ✆ 08-9204089, 📠 8368757, ✉ nthutan@yahoo.com. Alteingesessen im Travellerviertel. Es gibt Zimmer in allen Preisklassen und Ausstattungen. Die teureren haben neben der obligatorischen Ausstattung von AC bis Minibar und TV auch eine Badewanne. Die Zimmer sind schon etwas verwohnt und jene zur Straße relativ laut. Die Preise sind verhandelbar. Wer nur ein paar Stunden Zeit überbrücken will, kann ein Zimmer auch stundenweise mieten: 2 Std. 100 000 Dong, jede weitere Stunde 10 000 Dong. Das Hotel hat ein eigenes Reisebüro, das einen recht guten Ruf genießt. ❷

Kim Hotel, 40/18 Bui Vien, ✆ 08-8367495, 0989-599416, 💻 www.kimhotel.com. Einladende neue Unterkunft in der Minihotel-Gasse. Gepflegte Zimmer mit AC, TV, Kühlschrank, z. T. mit Balkon. Badezimmer mit Wanne. Aufzug. Freundliche Leute. Auf Wunsch Abholung vom Flughafen. ❷

Linh Linh Hotel, 175/14 Pham Ngu Lao, ✆ 08-373004, 📠 361851. Große Zimmer mit zwei Betten, großen Fenstern und z. T. Balkon. Es gibt Minibar, AC und internationales TV. Stuck ziert die hohen Decken. Neben den großen DZ gibt es EZ ohne Fenster. Das ruhig gelegene Haus wird von zwei netten Schwestern geleitet. Das Reinigungspersonal bedürfte einer Schulung in puncto Sauberkeit, denn meist wird nur oberflächlich geputzt. Kein Restaurant oder Reisebüro angegliedert. ❷

Madame Cuc 64, 64 Bui Vien, ✆ 08-8365073, 📠 836 0658, ✉ madamcuc@hcm.vnn.vn. Einfaches Minihotel, das bei Travellern einen sehr guten Ruf genießt. Kleine Zimmer mit Fenster zum Flur, größere mit Außenfenster und Badewanne. Oft ausgebucht. Einfaches Frühstück und Abendessen im Preis inbegriffen. Madame Cuc betreibt in der Cong Quynh zwei weitere Häuser, die ebenfalls sehr beliebt sind: **Madame Cuc 127**, 127 Cong Quynh, ✆ 08-8368761, und **Madame Cuc 184**, 184 Cong Quynh, ✆ 08-8361679. ❷–❸

Mi Mi Room For Rent, 40/5 Bui Vien, ✆ 08-8369645, ✉ mimihotel405@yahoo.fr.

Preiswerte Privatunterkünfte in Sai Gon

Im Gassengewirr jenseits der De Tham vermieten mehr und mehr Familien Zimmer an Reisende. Diese preiswerten Unterkünfte (ca. US$5–8) garantieren näheren Kontakt zur Bevölkerung: Wer morgens früh aufsteht, muss auf dem Weg nach draußen vorsichtig um die im Vorraum schlafenden Familienmitglieder manövrieren, und wer abends noch ein wenig im Zimmer entspannen möchte, sollte sich darauf einstellen, dass das Lärmen in den engen Gassen erst lange nach Mitternacht aufhört. Wer einen Blick riskieren möchte, kann von der De Tham gegenüber der Eden-Bar in die kleine Gasse auf der anderen Seite einbiegen. Hier finden sich nach ein paar Schritten z. B. das Haus **Hen**, 199/13 De Tham, ✆ 08-8374750, oder das **Ta Lien**, 199/28 De Tham, kein Tel. Aufgepasst: In den Gassen kann man sich leicht verlaufen, und abends kann das enge Labyrinth manchmal etwas unheimlich wirken – es sind uns aber keine Zwischenfälle bekannt.

Preiswert und schlicht. Schlepper und selbsternannte Führer, die am Halteplatz der Busse lauern, laden ihre Kundschaft hier und in den ähnlichen Häusern der Nachbarschaft ab. ❶

Ngoc Guesthouse, Do Quang Dau, hat sehr preisgünstige Zimmer ab US$4 für ein EZ und US$6 fürs DZ. Die Zimmer sind klein und nicht besonders sauber, wegen der günstigen Preise jedoch oft ausgebucht. Es ist nicht möglich, ein Zimmer zu reservieren. ❶

Quang Room for Rent, 40/7 Bui Vien, ✆ 08-8369079, ✉ quanghotel@hcm.vnn.vn. In der relativ ruhigen Minihotel-Gasse gelegen; etwas älter, aber sauber. AC, TV, Kühlschrank. ❷

Remember Hotel, 25 Bui Vien, ✆ 08-9203200, 📠 8365232, 💻 www.remembertour-hotel.com. Koreanisch-vietnamesisches Joint-Venture, daher viele Gäste aus dem Tigerstaat und Kimchi zum Frühstück. Zum Teil große Zimmer mit Fenster zu drei Seiten. Recht gutes Preis-Leistungs-Verhältnis. ❶–❷

Spring House Hotel, 221 Pham Ngu Lao, ✆ 08-8378312, ✉ hanhhoahotel@hcm.vnn.vn. Passable Budget-Unterkunft mit nicht allzu großen, aber gut in Ordnung gehaltenen Zimmern. ❷

Thai Nhi, 40/4 Bui Vien, ✆ 08-8377480, ✉ lethaiduy2001@yahoo.com. Das Minihotel hat einige Zimmer mit Badewanne und einem kleinen Balkon und ist sehr sauber. Die Zimmer sind recht groß und alle haben TV, AC und Minibar. ❶–❷

Thanh Room for Rent, 40/6 Bui Vien, ✆ 08-8361924, ✉ minhchau_2310@yahoo.com.vn. Relativ kleine, nicht gerade gemütliche Zimmer. Alte klapprige AC. Eine Option für Leute, die auf jeden Dollar schauen müssen. ❶

Tuan Anh Guesthouse, 103 Bui Vien, ✆ 08-360166, 📠 8370427, t_haithanh@yahoo.com. Preiswerte Zimmer und familiäre Atmosphäre. ❶

Van Trang Hotel, 80 Bui Vien, ✆ 08-8394669, 📠 8364230. Minihotel mit preiswerten Zimmern, z. T. mit Badewanne. ❶

Vu Chau Hotel, 37 Bui Vien, ✆ 08-8368464, ✉ vuchau@hcm.fpt.vn. Kleine, saubere, in hellem Holz möblierte Zimmer mit großem Fenster. ❶

Vuong Hoa Internet & Guesthouse, 36 Bui Vien, ✆ 08-8369491, 0903-887562, ✉ huynhminht@hotmail.com. „Good price for you": Stockbetten im Schlafsaal für US$3 über einem Internetshop. ❶

Xuan Hotel, 185/34 Pham Ngu Lao, ✆ 08-372115, 📠 9201970, ✉ springhotel@saigonnet.vn. Das Haus, dessen Name „Frühling" bedeutet, bietet einfache Zimmer zum kleinen Preis. ❶

Mittlere Preisklasse

An An Hotel, 40 Bui Vien, ✆ 08-8378087, 📠 8378088, 💻 www.ananhotel.com. Beliebtes Haus mit 20 großen, sauberen, gut ausgestatteten Zimmern mit AC und Badewanne auf 10 Etagen. ❸

Dong Phuong (Orient) Hotel, 274-276 De Tham, ✆ 08-920 39993, 920 39994, 📠 836 9886, ✉ orient-hotel@hcm.vnn.vn. In zentraler Lage mitten im Zentrum des Geschehens, was sich im Preis niederschlägt. Die preiswerteren Zimmer bis US$20 haben keine Fenster, aber an den teureren mit Aussicht auf den Park gibt es nichts auszusetzen. Bei Tourgruppen beliebt. Frühstück inklusive. ❷–❹

Duna Hotel, 167 Pham Ngu Lao, ☎ 08-8373699, ✉ dunahotel@hcm.vnn.vn. Saubere AC-Zimmer inklusive Frühstück. Von den Zimmern in den oberen Etagen (Aufzug) schöne Aussicht auf die Straße. ❷–❸

Huynh Anh Hotel, 26A/2 Do Quang Dau, ☎ 08-9203566, ℻ 9203588, ✉ huynhanhhotel@yahoo.com. Saubere Unterkunft mit internationalem Standard. 30 Zimmer mit AC, TV, Badewanne, einige mit Balkon. Massage-Center und Sauna/Dampfbad. ❷–❸

Lac Vien Hotel, 28/12-14 Bui Vien, ☎ 08-9204899, ℻ 9204900, 🖳 www.lacvienhotel.com. Angenehmes neues Haus mit 36 bequem möblierten Zimmern in der relativ ruhigen Gasse zur An Lac-Pagode. WIFI. ❸

Que Huong Liberty 3 Hotel, 28/10 Bui Vien, ☎ 08-8374208, ℻ 8376885, 🖳 www.libertyhotels.com.vn. Kleinhotel in ruhiger Lage für Traveller und Geschäftsleute. Moderne Einrichtung, freundliche Leute, aber sehr geschäftig und wenig familiär. ❷–❹

Obere Preisklasse

Elios Hotel, 231-235 Pham Ngu Lao, ☎ 08-8385585, ℻ 8385583, 🖳 www.elioshotel.com.vn. Neues, 2007 eröffnetes 3-Sterne-Haus mit komfortabel ausgestatteten Zimmern. Ebenso wie die beiden nahe gelegenen, im Folgenden beschriebenen Hotels lockt es auch anspruchsvollere Reisende ins (ehemalige?) Billigviertel um die Pham Ngu Lao. ❹–❺

Que Huong Liberty 4 Hotel, 265 Pham Ngu Lao, ☎ 08-8364556, ℻ 914197, 🖳 www.libertyhotels.com.vn. Gepflegt und geschäftig. 75 Zimmer. Von den oberen Stockwerken hat man eine schöne Aussicht über den Park auf die Stadt. WIFI. ❺–❻

Vien Dong Hotel, 275 Pham Ngu Lao, ☎ 08-8368941, ℻ 836881, 🖳 www.vietnamtourism.com/viendong. Neues, 2007 eröffnetes Haus mit 3-Sterne-Standard und einladenden Zimmern. Fitnesscenter, Pool und Sauna. ❹–❺

Co Bac / Co Giang

Ein paar Blocks südlich der Pham Ngu Lao befindet sich eine Gasse, in der einige Gästehäuser Zimmer abseits des Touristentrubels anbieten. Sie zweigt von der Co Bac als Hem (Gasse) 171 bzw. von der Co Giang als Hem 178 ab. Hier ist es nicht nur deutlich ruhiger als im Travellerviertel, auch das Umfeld ist authentischer. Vormals beliebt bei Langzeitgästen und Insidern, inzwischen kommen aber auch vermehrt „normale" Traveller.

California Guesthouse, 171A Co Bac, ☎ 08-8378885, ✉ guesthousecaliforniasaigon@yahoo.com. Ein amerikanisches Paar leitet diesen Neuzugang in der kleinen Gasse. Ein halbes Dutzend saubere Zimmer mit AC, TV und Kühlschrank. Die Küche kann mitbenutzt werden. ❷

Kim Kim, 178/13 Co Giang, ☎ 08-8374693, 8378060. Einfach und nicht mehr ganz neu; 10 unterschiedliche Zimmer mit AC (oder Ventilator), TV und Kühlschrank. ❶

Kim Loan, 171/1 Co Bac, ☎ / ℻ 08-8368351, ✉ letrann@yahoo.com. Einfache, preiswerte Ventilator-Zimmer in diesem familiären Haus. Vom Balkon aus schaut man auf das direkt gegenüberliegende, schickere California Guesthouse. ❶

Miss Loi, 178/20 Co Giang, ☎ 08-8379589, 0908-200242, ℻ 8367973, ✉ missloi@hcm.fpt.vn. Das einladende Gästehaus war das erste in dieser Gegend und einst ein Geheimtipp. Heute ist ohne Reservierung nur noch selten 'ein Zimmer frei. Gepflegte Räume mit Ventilator oder AC. Großes Foyer, in dem man sich trifft. ❷

Xuan Thu, 178/17 Co Giang, ☎ 08-8369335. Nur 5 saubere, recht neue AC- oder Ventilator-Zimmer mit TV und Kühlschrank. Familiäre Atmosphäre. Frühstück inklusive. ❷

Sai Gon Zentrum / Dong Khoi und Umgebung (siehe Karte S. 538)

Mittlere Preisklasse

Kim Long Hotel, 58 Mac Thi Bui, ☎ 09-822 8558, kimlonghotel@hcm.vnn.vn. Es gibt nicht nur teure bis sehr teure Herbergen im Zentrum von Sai Gon – das beweisen einige Minihotels in der Mac Thi Buoi, so z. B. dieser „Goldene Drache".

Wer preiswert wohnen will, findet im Travellerviertel allerdings mehr Auswahl und größere Zimmer. ❸

Saigon Royal Hotel (Hoang Gia), 12D Cach Mang Thang Tam, 08-829 4846, 822 5346, saigonroyal@hcm.vnn.vn. Etwas abseits des Travellerviertels am Phu Dong-Verkehrskreisel gelegen. 35 gut ausgestattete Zimmer mit weichen Teppichböden und Frühstück. Karaoke Lounge. Besonderer Clou ist das sich drehende Dachrestaurant (Royal Revolving Restaurant), das sich in einer Stunde einmal um seine Mittelachse dreht und aus 40 m Höhe einen schönen Blick auf die Stadt erlaubt. ❸–❹

Thang Long Hotel, 48 Mac Thi Buoi, 08-822 2595, 824 5220, thanglonghotel@hcm.vnn.vn. Noch ein „Drache" in der Mac Thi Buoi. Die einfacheren Zimmer haben keine Fenster, von den besseren ganz oben kann man sogar den Fluss sehen. ❸–❹

Obere Preisklasse

Bong Sen Hotel, 117-123 Dong Khoi, 08-829 1721, 829 8076, www.hotelbongsen.com. 3-Sterne-Unterkunft in zentraler Lage mit gepflegten, aber nicht besonders aufwendig ausgestatteten Zimmern. Die besseren gehen zur Straße hinaus. ❺

Duxton Hotel, 63 Nguyen Hue, 08-822 2999, 8241 888, www.duxton.com. Die sauberen, mit komfortablen Möbeln und vietnamesischer Kunst eingerichteten Zimmer haben leider keine Balkone. Kleiner Pool, zentrale Lage. Ein Leser lobt das Buffet. ❻

Continental Vietnam Hotel, 132-134 Dong Khoi, 08-829 9201, 829 0936, www.continentalvietnam.com. Eigentlich ein schönes Kolonialgebäude in bester Lage an der Dong Khoi, doch die altbackene Ausstattung der Zimmer enttäuscht. ❺–❻

Grand Hotel, 8 Dong Khoi, 08-823 0163 , 827 3047, www.grandhotel.vn. Das 1930 erbaute Hotel ist eines der ältesten der Stadt und versprüht im alten Flügel dank Holzfußböden und antiken Möbeln eine Menge kolonialer Atmosphäre. Die Zimmer im neuen Flügel sind bequem, aber wenig bemerkenswert. Die Benutzung des Pools im Atrium kostet extra. ❻–❼

Huong Sen Hotel, 66-70 Dong Khoi, 08-829 1415, 829 0916, www.vietnamtourism.com/huongsen. Bei Tourgruppen beliebte 3-Sterne-Herberge in guter Lage an der Ecke zur Mac Thi Buoi. Die besseren Zimmer gehen zur Straße hinaus, bekommen aber eine Menge Verkehrslärm ab. Ein Plus ist die schöne Open-Air-Bar. ❺

Legend Hotel, 2A-4A Ton Duc Thang, 08-823 3333, 823 2333, www.legendsaigon.com. Sehr gepflegtes Haus mit 282 bestens ausgestatteten Zimmern. Unter japanischer Leitung, daher viele Gäste aus Japan. Mehrere Restaurants, darunter – natürlich – ein sehr gutes japanisches. Nicht-Gäste dürfen den tollen, in einen Garten eingebetteten Pool für US$10 am Tag mitbenutzen. ❻–❼

Palace Hotel, 55-66 Nguyen Hue, 08-829 2860, 824 4230, www.palacesaigon.com. Ordentliche, wenig aufregende Zimmer; die teureren „Signature"-Räume sind geschmackvoller ausgestattet. Wegen der lauten Disco im 1. Stock sollten Zimmer in höherer Lage bevorzugt werden. Zentral gelegen, Fitnessraum, kleiner Swimmingpool auf der schönen Dachterrasse. Schöner Blick auf die Stadt aus der Saigon Pearl Bar im 15. Stock. ❻

Renaissance Riverside Hotel, 8-15 Ton Duc Thang, 08-822 0033, 823 5666, www.renaissancehotels.com/sgnbr. Großes 5-Sterne-Hotel mit 349 Zimmern auf 21 Etagen direkt am Saigon-Fluss am Ende der Dong Khoi. Modern eingerichtete Zimmer, mal mit Fluss-, mal mit Stadtblick. Sauna, Fitnesscenter und Massage. Das hoteleigene Riverside Café bietet westliche und asiatische Küche. Frühstück US$15. ❻–❼

Rex Hotel, 141 Nguyen Hue, 08-829 2185, 829 6536, www.rexhotelvietnam.com. Gediegene Luxusherberge mit Geschichte. Während des amerikanischen Kriegs trafen sich hier Journalisten, Diplomaten und Offiziere zum Meinungsaustausch; und ein Whisky in der Hotelbar gehört heute noch zum Programm vieler Reisender. Die 217 Zimmer sind bequem und komfortabel, aber nicht gerade luxuriös ausgestattet. Ein Leser gab zu Protokoll, dass Frückstücks- und Abendbuffet vergleichsweise knapp bemessen seien. Bei Erscheinen dieses Buches soll ein neuer Hotelflügel fertiggestellt sein. ❻–❼

Riverside Hotel, 18-20 Ton Duc Thang, 08-823 1117, 825 1417, www.vietnamtourism.com/riverside. Wer einen Blick in die luxuriöseren Nachbarhäuser geworfen hat, wird hier etwas enttäuscht. Immerhin gibt es ein wenig Kolonialatmosphäre und Flussblick für den nicht ganz so großen Geldbeutel. ❺–❻

Sofitel Plaza Saigon, 17 Le Duan, 08-824 1555, 824 1222, www.sofitel.com. Fast 300 gepflegte, hochwertig und elegant ausgestattete Zimmer mit WIFI und allem Komfort. Fitnesscenter, Sauna, Massage und ein Pool mit Super-Aussicht im 18. Stock. ❻–❼

Luxus

Caravelle Hotel, 19 Lam Son-Platz, 08-823 4999, 824 3999, www.caravellehotel.com. Sehr schickes Luxushotel, das keine Wünsche offen lässt: eines der besten der Stadt. Es gibt einen alten, 7-stöckigen Flügel, in dem zu Kriegszeiten amerikanische Nachrichtenagenturen unterkamen; daneben wurde das Haus um einen über 30 Stockwerke hohen Turm erweitert. Zentrale Lage neben der Oper. Fitnesscenter, Qui-Spa und Pool laden zur Entspannung nach einem anstrengenden Tag auf den Straßen von Sai Gon. ❼

Majestic Hotel, 1 Dong Khoi, 08-829 5517, 829 5510, www.majesticsaigon.com.vn. Ein Klassiker, der sich zum 5-Sterne-Hotel herausgeputzt hat – als erstes staatliches Hotel in dieser Kategorie. 1925 in bester Lage am Flussufer erbaut. Pool, Spa, hervorragend geschultes Personal und geschmackvoll eingerichtete Zimmer machen es heute zu einer Top-Adresse in Sai Gon. ❼–❽

Park Hyatt Saigon, 2 Lam Son Square, 08-824 1234, 823 7569, saigon.park.hyatt.com. Das 10-stöckige Haus mit 252 Zimmern mischt französische Kolonialarchitektur mit vietnamesischen Einflüssen. Komfortable Zimmer mit geschmackvoller Möblierung und Flachbildschirmen. Seit seiner Eröffnung im Jahre 2005 wohl das beste Hotel der Stadt. ❼–❽

Sheraton Saigon, 88 Dong Khoi, 08-827 2828, 827 2929, www.sheraton.com/saigon. Luxuriöse Zimmer in bester Lage. 382 Zimmer und nicht weniger als 8 Restaurants und Bars. Sehr beliebt bei Geschäftsreisenden, die Schreibtisch und Breitband-Internetzugang auf den Zimmern zu schätzen wissen. ❼

Cho Lon (siehe Karte S. 540)

In Cho Lon steigen hauptsächlich einheimische Reisende und Besucher aus Hongkong und Taiwan ab. Wer sich hier eine Unterkunft sucht, um dem Strom (westlicher) Touristen zu entkommen, sollte sich auf möglicherweise geräuschvolle Flurnachbarn einstellen. Dafür ist der Kontakt zum asiatischen Alltag garantiert intensiver als im nur wenige Kilometer entfernten Travellerviertel.

Arc En Ciel Hotel, 52-56 Tan Da, 08-8554435, 8552424, www.arcenciel-hotel.com. 86 gut möblierte, nicht mehr ganz taufrische Zimmer, die gerne von asiatischen Tourgruppen belegt werden. Für diese gibt's eine Karaoke-Disco. Alle anderen genießen den Ausblick aus der Rooftop Bar. WIFI. ❹–❺

Bat Dat Hotel, 238-244 Tran Hung Dao, 08-8551662, 8555817, www.batdathotel.com. Eine andere gute Option in Cho Lon: 84 Zimmer, alle mit Badewanne und 24-Std.-Roomservice. WIFI. ❹–❺

Phuong Hoang – Phoenix Hotel, 411 Tran Hung Dao, 08-8551199, 8552228, hotelphoenix@vnn.vn. Könnte auch in einem Industrieort in China stehen, um Handlungsreisenden Unterkunft zu bieten. Kein Frühstück. Ungemütlich, aber zentral. ❷

Windsor Plaza Hotel, 18 An Duong Vuong, 08-833 6688, 833 6888, www.hotel-windsorplaza.com/index_de.html. Der 25 Stockwerke hohe Riese überragt alle Gebäude der Umgebung und bietet aus allen Zimmern (die erst im 9. Stock beginnen) eine Super-Aussicht – und von der Dachterrasse kann man ein 360-Grad-Panorama genießen. Die über 400 Zimmer in 8 verschiedenen Preisklassen sind gepflegt und entsprechen dem internationalen Standard. Restaurants, Einkaufscenter, Spa, Fitnesscenter und Disco (die größte von ganz Vietnam): Alles ist im Haus. ❻–❽

Essen

In Sai Gon gibt es eine Vielzahl unterschiedlicher Restaurants, die ihr Angebot am Geschmack und Geldbeutel der dort verkehrenden Ausländer, aber auch der Vietnamesen ausgerichtet haben. Man kann beim Milchkaffee nahe Notre Dame mit den Gewinnern der Marktwirtschaft den Tag beginnen, in einer *pho*-Küche Suppe mit Stäbchen essen und in kleinen Restaurants Frühlingsrollen selber rollen. Den Kleinhandel unterstützt, wer in einer kleinen Garküche am Straßenstand eine Suppe testet und zum Nachtisch bei der Dame nebenan eine verzehrfertige Ananas ersteht.

In der Pham Ngu Lao gibt es nahezu überall Frühlingsrollen, Pizza und Pasta, Burger und Pommes. In der Dong Khoi finden sich gute vietnamesische Restaurants mit französischem Einschlag und teurere Restaurants mit z. T. exquisiter Küche. Hier essen neben Touristen vor allem neureiche Vietnamesen. Straßenstände, die Obst, Getränke und Nudelsuppen anbieten, sind über die ganze Stadt verteilt.

Pham Ngu Lao (siehe Karte S. 537)

Asiatisch

Asian Kitchen, 185/22 Pham Ngu Lao, ✆ 08-8367 397. Ausgefallenes wie „japanischer Hamburger“, der fast so schmeckt wie eine Frikadelle mit Jägersoße – wenn er denn richtig durchgebraten wäre. Doch auch Vegetarier werden hier satt.

Lac Viet, 175/12 Pham Ngu Lao, ✆ 0903-176622, und in der Bui Vien. Beide Restaurants haben günstiges Essen. Spezialität: vietnamesisches Essen im Hue-Stil. Darüber hinaus internationale Traveller-Küche. WIFI in der Pham Ngu Lao 175: Mehrere Laptops stehen auf den Tischen. Dort auch meist rund um die Uhr geöffnet.

Little Saigon, 185/16 Pham Ngu Lao, ✆ 08-836 0678, im Untergeschoss des Bi Saigon Hotel. Angenehme Atmosphäre und zahlreiche Speisen zur Auswahl. Das Lokal ist sehr gepflegt; man sitzt an schönen Holztischen und auf angenehmen Stühlen. Hier gibt es von früh bis spät Essen und Trinken aus der westlichen, vietnamesischen und japanischen Küche. Selbst wenn die meisten Lichter der Straße erloschen sind, ist hier noch etwas Essbares zu bekommen. Vor allem die wenigen Tische im Freien sind oft belegt.

Ngori Coriander, 185 Bui Vien, ✆ 08-837 1311, bietet eine Auswahl an traditionellen Thaigerichten ab US$2. Die Küche ist recht authentisch, jedoch auf den Travellergaumen abgestimmt.

Pho Quynh, 323 Pham Ngu Lao, Ecke Do Quang Dau. Gute *pho* für wenig Geld in einem der letzten hier verbliebenen authentischen Nudelsuppen-Restaurants. Ein Lichtblick für alle, die eine Alternative zum Pizza-Pasta-Pseudo-Vietnamesisch in dieser Gegend suchen.

Snow Restaurant, 175/8 Pham Ngu Lao. Wirbt mit der Ankündigung für scharfes indisches Essen. Je nach Wunsch kann aber auch milder gewürzt werden. Die Portionen sind groß und lecker und die Preise ab einem Dollar aufwärts sehr moderat.

International

Café Santa, Bui Vien, Ecke Do Quang Dau. Ausführliche Karte mit den klassischen westlichen und vietnamesischen Gerichten; die Portionen sind reichlich. Geworben wird mit hausgemachter Pasta, doch nicht alle Nudeln, die auf den Teller kommen, sind wirklich frisch und selbstgemacht. Auf der Karte auch Müsli für ein gesundes Frühstück, Thaigerichte und marokkanischer Kuskus.

California Burritos, 175/19 Pham Ngu Lao, ✆ 08-822 6178. Hat Tortilla, Tacos und anderes Mexikanisches zur Auswahl. Die Portionen können in klein, mittel und groß bestellt werden. Die Preise sind relativ hoch für diese Gegend, aber den Gästen schmeckt es. ⏲ 10–23 Uhr.

Huong Vy, 175 Pham Ngu Lao. Bietet sowohl Tische an der großen Straße als auch ruhige Plätze in der Nebengasse. Die Frühlingsrollen mit Shrimps sind frisch und empfehlenswert. Das Steak weniger; auch die meisten anderen Gerichte sind eher durchschnittlich. Frisch gebrühten Kaffee gibt es hier ebenso wie günstiges Bier – und das zu jeder Tages- und Nachtzeit (24-Std.-Service).

La Cantina, 175/3 Pham Ngu Lao. Gerne von Expats besucht. Es gibt Mexikanisches, aber auch Frühlingsrollen, Pizza und Spaghetti. Jeden Sonntag wird zudem ein BBQ angeboten. Wer sich das Essen aufs Hotelzimmer bestellt, muss dafür nichts extra zahlen.

La Vang, 169 Bui Vien. Lohnt besonders wegen des Balkons in der 1. Etage, von dem aus sich herrlich das Treiben auf der Straße beobachten lässt. Es gibt Kaffee zum Selberbrühen und eine lange Karte mit dem üblichen Travelleressen: Von Burger und Pommes bis zu Pizza und Pasta. Ein besonderer Tipp sind die hervorragenden Frucht- und Gemüsesäfte: Wie wäre es mit einem gesunden Möhre-Apfel-Ingwer-Drink?

Lotteria, De Tham, Ecke Pham Ngu Lao, gegenüber von Allez Boo. Bietet Sitzgelegenheiten auf drei Etagen. Die Menüauswahl ist begrenzt, doch die angebotenen Hamburger und Pommes kommen den der großen Ketten der Könige und Donalds sehr nahe. Geordert wird im Erdgeschoss, serviert wird im AC-Raum in der 2. Etage oder im Dachgarten ganz oben. Es gibt auch ganz guten Kaffee. Die Preise sind recht hoch, das Personal sehr freundlich. Die Hamburgerkette betreibt weitere Restaurants in der ganzen Stadt.

Mai Café, 5 Bui Vien. Lockt mit zwei schönen Plätzen an Rattantischchen im Freien, an denen man das Geschehen auf der Straße beobachten kann. Die Karte bietet das Übliche von Frühlingsrolle bis Burger. Die Pizza ist recht groß und lecker.

Margerita Pizza, 175 Pham Ngu Lao. Leckere Pizza, die in drei Größen bestellt werden kann. Die größte ist wirklich groß; die Medium lohnt nur, wenn man nicht viel Hunger hat. Gute Minestrone. Natürlich gibt es auch hier einige vietnamesische Gerichte, wie z. B. Frühlingsrollen. Der Eigentümer hat das Restaurant gegenüber dazugemietet. Dort gibt es vornehmlich Vegetarisches, aber man bekommt auch eine Pizza serviert, wenn im Margerita kein Platz mehr ist.

Mimosa, 88-90 Bui Vien, ✆ 08-837 7544. Eine der besten preiswerten Pizzas der Gegend mit knusprigen dünnen Böden in drei Größen, außerdem ein breites Angebot an internationaler und vietnamesischer Küche.

Stella, 121 Bui Vien, ✆ 08-836 9220. Ein vietnamesischer und ein italienischer Koch zaubern ihre Speisen nach einer Karte mit über 100 Gerichten (ab 65 000 Dong). Modern-nüchternes Ambiente. Kaffee-Lounge im 1. Stock.

Vegetarisch

The Original Bodhi Tree, 175/4 Phan Ngu Lao, ✆ 08-837 1910. Die Küche ist o.k., kann aber mit dem echten Bodhi Tree, das einst direkt daneben lag (und heute ein paar Häuser weiter unter dem Namen The Original Buddha wieder eröffnet hat, s. u.), nicht mithalten. Es gibt vegetarische Speisen ebenso wie Gerichte mit Fleisch und Huhn.

The Original Buddha, 175/16 Pham Ngu Lao, ✆ 08-837 3595, ✉ Bodhitree1995@hotmail.com, hat sehr gutes und günstiges vegetarisches Essen. Das Lokal, das sich einst unter dem Namen Bodhi Tree einen Namen machte, hat Anfang 2006 neu eröffnet und bietet Platz auf zwei Etagen. Einige Gerichte werden in Kokosnüssen oder ausgehöhlten Ananas serviert. Ein Tipp für Vegetarier.

Zen, 185/30 Pham Ngu Lao, ✆ 08-837 3713. Schmackhafte, wenn auch nicht sehr preisgünstige vegetarische Küche. Die Auswahl der Gerichte ist groß und einfallsreich. Es gibt mexikanisch, japanisch, italienisch, indisch und vietnamesisch inspiriertes Essen.

Cafés, Bäckereien und Eisdielen

Café Kem, 343 Nguyen Trai, ✆ 08-920 0988. Vor allem bei Vietnamesen beliebt. In dem von wassersprühenden Ventilatoren frisch gekühlten Open-Air-Lokal werden Eis, Kaffee und Snacks serviert.

Love Bread, nahe dem Supermarkt Sein Thi Ha Noi am Ende der Pham Ngu Lao hinter dem Kreisel. Die kleine Bäckerei verkauft Kekse, Croissants, leckeres französisches Baguette und weitere Brotsorten. Der Laden ist bis abends geöffnet, dann jedoch oft schon leergekauft.

Schnecken ertränkt man in Bier

Asia Beerhouse Munich Beer Germany, 3 Le Van Huu, ✆ 08-823 3942. Überdachter Biergarten, ein paar Schritte hinter der Post. Wirbt mit dem Slogan „born in Munich, loved by the world“: Das Plakat zeigt einen etwas rotgesichtigen, übergewichtigen Deutschen und in seiner Hand ein großes frisch gezapftes Bier. Dies kann man sich hier schmecken lassen, als Helles oder als Dunkelbier, aus großen oder kleinen Krügen. Dazu wird vietnamesische Küche geboten. Einige Gerichte werden auf dem Grill oder in einem Suppentopf frisch auf dem Tisch zubereitet. Auch Schnecken, gebraten oder gekocht, sind im Angebot: Diese Delikatesse lassen sich vor allem etwas wohlhabendere Vietnamesen von den kurzberockten Kellnerinnen servieren. Auf die Rechnung werden 20 % Servicegebühr aufgeschlagen.

Sozo Café, 176 Bui Vien, ✆ 095-870 6580, 💻 www.sozocentre.com. Bietet Muffins, Bagels, Käsekuchen und Kekse. Dazu Caffè Latte, Cappuccino und sogar entkoffeinierten Kaffee. Die Erlöse kommen armen vietnamesischen Familien zugute. Produkte dieses Cafés werden auch von Straßenhändlern im Travellerviertel angeboten.

Sai Gon Zentrum / Dong Khoi und Umgebung (siehe Karte S. 538)

Vietnamesisch: Preiswert und gut

Banh Cuon LA, 221 Ly Tu Trong, ✆ 08-822 8213. Dieses kleine, klimatisierte Restaurant ist auf Reispapier-Rollen zum Selberwickeln spezialisiert. Es gibt eine Auswahl von 16 Reispapier-Gerichten und 12 Klebereis-Variationen. Zudem sehr guter Kaffee. Die Portionen sind recht klein, eignen sich aber hervorragend als Mahlzeit zwischendurch. 🕒 7–23 Uhr.

Bun Ta, 136 Nam Ky Khoi Nghia, ✆ 08-822 9913, ✉ bunta@tamsonco.com. Bietet nicht weniger als 52 verschiedene Reisnudel *(bun)*-Gerichte als Frühstücks-, Mittags- oder Abendmahlzeit an, die Portion etwa US$2–3. Sitzplätze in der umgebauten Kolonialvilla gibt es im Freien ebenso wie in einem AC-Raum. WIFI. 🕒 7–23.30 Uhr.

Nam Giao, 136/15 Le Than Ton, ✆ 08-825 0261. Einfaches Restaurant mit einer kleinen Auswahl an preiswerten Hue-Gerichten: z. B. der Teller *bun bo hue* (Nudeln mit Rindfleisch) für korrekte 15 000 Dong. 🕒 8–21 Uhr.

Nua Hang Vuon Phian, Nguyen Du, Ecke Nam Ky Khoi Nghia. Großes überdachtes Open-Air-Restaurant, das vor allem abends beliebtes Ziel zahlreicher hungriger Vietnamesen ist. Es gibt Bier aus der Flasche, kalt gestellt in Eis und frisch gezapft im Glas oder Krug. Die Speisekarte listet neben Büffel- und Wildschweingerichten auch Ente und Frosch. 🕒 bis 22 Uhr.

Pho 2000, 1-3 Phan Chu Trinh, ✆ 08-822 2788. Bill Clinton zeigte sich volksnah (und stresste seine Leibwächter), als er in dieser Filiale der Nudelsuppen-Restaurantkette eine Schüssel *pho* schlürfte. Neben der Suppe mit Rindfleisch (20 000–30 000 Dong) gibt es auch ein paar andere Gerichte, etwa *bun thit nuong* (Nudeln mit Schweinefleisch und Fischsoße). Aus dem offenen Restaurant kann man auf den Verkehr auf der Kreuzung schauen. Eine weitere Filiale befindet sich in der Le Thanh Ton. 🕒 6–22 Uhr.

Pho 24, 67 Hai Ba Trung, 5 Nguyen Thiep und 30 weitere Niederlassungen im Stadtgebiet, 💻 www.pho24.com.vn. Die Erfolgskette serviert das vietnamesische Nationalgericht in sauberer, klimatisierter Umgebung für 25 000 bis 30 000 Dong: einfach lecker. Viele der Pho 24-Filialen bieten WIFI, z. B. in der 15/5 Le Thanh Ton. 🕒 meist 6.30–23 Uhr, z. T. auch länger.

Pho Ca, 99 Nguyen Hue, ✆ 08-914 0108. Das vietnamesische Nationalgericht einmal anders: Mit Fisch anstelle von Rind oder Huhn. Für 23 000 Dong pro Schale sitzt man im angenehm klimatisierten Innenraum. Weitere Gerichte sind Lachs mit Curry-Reis oder *cha ca cha*: Fisch nach nordvietnamesischer Art, bei dem man die Gewürze selbst hinzumischt – Vorsicht mit der Shrimpspaste! 🕒 7 Uhr bis spät abends.

Pho Ta, Nguyen Du, direkt bei der Notre-Dame-Kathedrale. Hat vietnamesische Küche und bietet Gerichte vom Huhn und Rind. Das Café mit seiner kleinen Terrasse versprüht einen

Straßenessen ohne Straße

Das **Quan An Ngon** („leckeres Restaurant") in einem Kolonialbau in der 138 Nam Ky Khoi Nghia, ✆ 08-825 7179, ist seit seiner Eröffnung 2001 ein Klassiker in der Gastro-Szene von Sai Gon – gleichermaßen beliebt bei Einheimischen und Touristen. Die Idee ist ebenso einfach wie genial: Man suche sich 20 der besten Straßen-Köche der Stadt, biete ihnen ein festes Einkommen und eine angenehme Umgebung und schaffe so ein erstklassiges, preiswertes Spezialitätenrestaurant, das eine Vielzahl verführerischer Gerichte unter einem Dach vereint, denn jeder kocht weiterhin nur sein Spezial-Gericht. So kommt es, dass, obwohl das Restaurant über 400 Plätze hat, zur Mittagszeit kaum ein Fleckchen frei ist.

Einen Besuch sollte man sich nicht entgehen lassen: Selten findet man eine so große Auswahl von Streetfood auf so engem Raum. Und wer sich an „echtes" Straßenessen nicht herantraut, kann es hier in einem restaurantähnlichen Umfeld probieren, wobei die Atmosphäre immer noch eher einem quirligen Markt als einem Spezialitätenlokal ähnelt. Gerichte ab 15 000 Dong.

Hauch von Frankreich. Angeschlossen ist eine Bäckerei.

Quan An 13, 13 Ngo Duc Khe, ✆ 08-823 9314. Mit Mahlzeiten ab 30 000 Dong ist dieses einfache, saubere Restaurant das preiswerteste weit und breit – und entsprechend beliebt.

Wrap & Roll, 62 Hai Ba Trung, ✆ 08-822 2166, 💻 www.wrap-roll.com. Straßen-Essen in sauberer, klimatisierter Umgebung. Rind, Fisch, Shrimps und Schweineohren; alles, was das Herz begehrt, wird zusammen mit Gemüse in Reispapier gedreht, in Sauce gedippt und aus der Hand gegessen. Hauptgerichte um die 50 000 Dong. Das Konzept geht auf: Es gibt inzwischen einen Ableger in Phu My Hung (D. 7), SA1-1 Nguyen Van Kinh, ✆ 08-412 0446, und zwei kleine Filialen in Einkaufszentren: im Parkson Plaza, 35B-45 Le Than Ton, im 3. Stock, und im Parkson Hung Vuong Plaza (D. 5), 126 Hung Vuong, ebenfalls im 3. Stock. ⌚ Hai Ba Trung-Filiale: 7.30–22.30 Uhr.

Vietnamesisch: Fein essen gehen

Blue Ginger, 37 Nam Khy Khoi Nghia, ✆ 08-829 8676, ✉ blueginger@hcm.ftp.vn. Authentische vietnamesische Küche in Räumen, die groß genug für Tourgruppen sind. Konzerte traditioneller Musik können organisiert werden. ⌚ 7–11 Uhr (Frühstück im Hof), 11–14 Uhr und 17–22 Uhr.

Hoi An, 11 Le Than Ton, ✆ 08-823 7694. Schön mit Holz gestaltetes Restaurant der oberen Preisklasse mit vietnamesischen Spezialitäten; besonders aus der Hue-Küche. ⌚ 17.30–22.30 Uhr.

Lemongrass, 4 Nguyen Thiep, ✆ 08-822 0496. Beliebtes, vielleicht schon etwas zu touristisches Restaurant, in dem zum hervorragenden Essen dezent traditionelle Musik gespielt wird. ⌚ 10–22 Uhr.

Nam Kha, 46-50 Dong Khoi, ✆ 08-823 8309. Sehr schickes Restaurant, in dessen Inneren sich ein echter Lotosteich befindet, der für ein angenehmes Raumklima sorgt. Die Speisen, hauptsächlich aus der kaiserlichen Hue-Küche, sind über jede Kritik erhaben. ⌚ 10.30–14 und 17.30–22 Uhr.

Nam Phan, 64 Le Than Ton, ✆ 08-829 2757. Eines der luxuriösesten Restaurants mit vietnamesischer Küche im ganzen Land befindet sich in zwei Villen, die gut vom Verkehrslärm abgeschirmt sind. Ebenso edel wie teuer. Die gleiche Qualität gibt's anderswo deutlich günstiger. Aber darauf kommt es den Gästen hier gar nicht an. ⌚ Mo–Fr 11–14 und 17.30–22.30, Sa und So 17.30–22.30 Uhr.

Vietnam House, 93-95 Dong Khoi, ✆ 08-829 1623. In einem schönen Kolonialhaus untergebrachtes Restaurant, das eine gute Einführung in die vietnamesische Küche bietet: samt traditionell kostümierter Bedienung und leise im Hintergrund klimpernden exotischen Instrumenten. Etwas touristisch. ⌚ 10–22 Uhr.

Weitere asiatische Küchen

Ashoka, 17A/10 Le Thanh Ton, ✆ 08-823 1372. Gutes, relativ teures indisches Restaurant mit

Kunst zum Essen

Mandarin, 11A Ngo Van Am, ✆ 08-822 9783. Spitzenrestaurant, in dem schon Präsidenten und Könige speisten. Jedes Gericht ist ein kulinarisches und gestalterisches Kunstwerk: fast zu schön zum Essen (aber es lohnt sich). Seit 10 Jahren unverändert auf der Karte: *vit nam cau*, Ente in Orangensauce – ein Gedicht. ◷ 11.30–14 Uhr und 17.30–23 Uhr.

gehobenem Ambiente. Viele vegetarische Gerichte. ◷ 11–14 Uhr und 17–22.30 Uhr.

Bombay, 49 Dong Du, ✆ 08-829 8354. Einfaches, alteingesessenes malayisch-indisches Restaurant, viel frequentiert von den Besuchern der schräg gegenüber liegenden Jamia-Moschee. Das Essen ist *halal* (nach islamischen Vorschriften zubereitet) und scharf. Empfehlenswert sind die preiswerten, guten Currys (um die 20 000–30 000 Dong). Kein Alkoholausschank. ◷ 11–22 Uhr.

Chao Thai, 16 Thai Van Lung, ✆ 08-08-824 1457. Thailändische Currys, Salate und Suppen zu Preisen um die 60 000 Dong. ◷ Mo–Sa 11–14 und 18–22.30 Uhr, So nur 18–22.30 Uhr. WIFI.

Chautari, 15B4 Le Than Ton, ✆ 08-822 3017. Hausgemachte traditionelle nepalesische Gerichte mit Ausflügen in die chinesischen und indischen Provinz-Küchen. Momos, Aloo Timbur, Currys: Bei über 70 Gerichten fällt die Auswahl schwer. Wer sich nicht entscheiden kann, sollte auf eines der Menüs für ca. 100 000 Dong vertrauen. ◷ 11–14 und 18–23 Uhr.

Malee Thai, 37 Dong Du, ✆ 08-829 3029. Wer auf der Suche nach gutem *som tam* oder *tom yam* ist, wird in diesem seit Jahren beliebten Haus fündig. ◷ 11–14 und 18–22 Uhr.

Mr. Sushi, 93 Hai Ba Trung, ✆ 08-823 3804. Japanische Spezialitäten: Nicht gerade billig, aber sehr authentisch, da fast alle Zutaten aus Japan importiert werden, z. B. Tempura für 65 000–140 000 Dong; daneben verschiedene Sushi-Sets: Die Krönung ist das „Familien-Set" mit 44 verschiedenen Sushi für 320 000 Dong.

Quan Com Ca Ri An Do, Jamia-Moschee, Dong Du. Auf dem Gelände der Moschee im Herzen von Sai Gon befindet sich dieses kleine Restaurant – ein paar Tische und Plastikstühle in einem Innenhof hinter dem Gebetshaus. Wie im Bombay schräg gegenüber der Moschee ist die Küche hier eher malayisch als indisch. Es gibt preiswerte Fleisch-, Fisch- und vegetarische Currys; nicht scharf, aber lecker. ◷ ca. 10–20 Uhr.

Seoul House, 37 Ngo Duc Ke, ✆ 08-829 4297. Das älteste koreanische Restaurant am Platze (seit 1991) ist sauber, hat eine schlichte Innenausstattung und bietet gute Landesküche von der wohl umfangreichsten koreanischen Speisekarte zu realistischen Preisen, z. B. *bulgoki* (am Tisch gegrilltes Rindfleisch) für 120 000 Dong. Ein Tipp sind die Kimchi-Pfannkuchen (100 000 Dong): außen goldgelb und knusprig, innen zart und saftig. ◷ 7–22 Uhr.

The Sushi Bar, 2 Le Thanh Ton, ✆ 08-823 8042. Sehr beliebtes japanisches Restaurant mit täglich frisch eingeflogenen Zutaten. An der Bar kann man von den vorbeiziehenden rohen Köstlichkeiten auswählen; in der 2. Etage gibt es privatere Sitzgelegenheiten. Sushi ab US$1. ◷ 10 bis etwa 23.30 Uhr.

Urvashi, 27 Ha Trieu, ✆ 08-8213102. Preiswertes, einfaches indisches Restaurant mit südindischen Dosas, vegetarischen Gerichten und Currys aus dem Norden des Subkontinents. Von der schlichten Innenausstattung sollte man sich nicht täuschen lassen: Das Essen ist hervorragend.

Französisch

Augustin's, 10 Nguyen Thiep, ✆ 08-829 2941. Eines der beliebtesten französischen Restaurants der Stadt. Die eng stehenden Tische tragen zur Gemütlichkeit bei. Die relativ leichten Gerichte sind nicht billig, aber ihr Geld wert. Kleine, aber feine Weinkarte. Aufmerksames Personal. ◷ 11.30–14 und 18–22.30 Uhr.

BiBi, 8A/8D2 Thai Van Lung, ✆ 08-829 5783. Spezialitäten des Mittelmeerraums mit französischem Einschlag. 5-Gänge-Menü für US$20–30.

La Camargue, 16 Cao Ba Quat, ✆ 08-824 3148. Feinste mediterrane und internationale Küche, immer mit französischem Einschlag, in einer

Fein speisen in der Opiumhöhle

The Refinery, 74/7C Hai Ba Trung, ✆ 08-823 0509. Wer bei „Raffinerie" an Öl denkt, liegt hier falsch: Tatsächlich befindet sich dieses schicke Bistro-Restaurant in den Räumen der einst vielleicht größten Opium-Raffinerie Südostasiens. Zu französischen Kolonialzeiten produzierte diese Opium-Fabrik fast ein Viertel des Einkommens der gesamten Kolonie! Nach Beendigung der Produktion verkam die Gegend um die Fabrik und zog Drogensüchtige und Prostituierte an, bis 1975 für eine Zeit lang der Zoll einzog. Heute erinnern nur noch die Opiumpflanzen-Motive auf den Servietten an die vergangenen Zeiten und ein Hauch von Paris in der Dekoration an die frühere französische Vormachtstellung. Die europäisch orientierte Küche und die Weinkarte haben internationalen Standard. Zu zweit muss man bei einem mehrgängigen Menü mindestens mit einer halben Million Dong rechnen. Der Eingang liegt etwas zurückversetzt, durch das große Tor hindurch.

liebevoll restaurierten Villa mit Garten. Seit Jahren einer der angesagtesten Plätze der Stadt. Teuer und stimmungsvoll. Sehr aufmerksames Personal. ◷ 18–23 Uhr. Anschließend lädt der angeschlossene Nachtclub Vasco's (s. u.) zu einem Drink oder einer Runde Pool.

La Fourchette, 9 Ngo Duc Khe, ✆ 08-829 8143. Französische Küche in ebensolchem Ambiente; Hauptgerichte US$7–10. Hat eine Auswahl an importiertem Käse. ◷ 12–14.30 und 18.30–22 Uhr.

Le Mekong, 57 Dong Du. Alteingesessenes französisches Restaurant mit Menüs ab ca. US$10. ◷ 11–14 und 17–22 Uhr.

Weitere europäische Küchen

Gartenstadt, 34 Dong Khoi, ✆ 08-822 3623. Wer an Heimweh leidet, kann sich hier an einem Wiener Schnitzel mit Spätzle und Rotkohl (135 000 Dong), einem Kassler mit Sauerkraut und Kartoffel-Ecken (138 000 Dong) oder einer deftigen Schlachtplatte (399 000 Dong) satt essen. Dazu gibt es Krombacher vom Fass oder Schneider Weiße (Happy Hour von 14–20 Uhr). Einen Garten hat das Lokal allerdings nicht. Ganztägig geöffnet.

Nguyen Du Brauhof, 98 Nguyen Du, ✆ 08-822 6891. Frisch gebrautes helles und dunkles Bier nach deutschem Rezept: Der Besitzer hat das Brauereihandwerk in Deutschland gelernt. Dazu gibt es deftige Küche vom Würstchen bis zur Schweinshaxe: preiswerter als in der „Gartenstadt". ◷ 11–23 Uhr.

Pacharan, 97 Hai Ba Trung, ✆ 08-822 2372. Authentisches Tapas-Restaurant unter der Leitung eines spanischen Chefs. Anchovys, Oliven und Käse sind importiert: So schmecken die Gerichte wie in einer Tapas-Bar in Madrid. ◷ 7–24 Uhr.

Qucina, 7 Lam Son-Platz, ✆ 08-824 6325. Schickes modernes italienisches Restaurant, angeschlossen an die Q-Bar (s. u.). ◷ 18–23 Uhr.

Santa Lucia, 14 Nguyen Hue, ✆ 08-822 6562. Stilvoll dekoriertes italienisches Restaurant, in dem Essen und Service stimmen. ◷ 9.30–23 Uhr.

Skewers, 9A Thai Van Lung, ✆ 08-822 4798. Mediterrane Küche: Pasta und Salate, Suppen und Grillgerichte in gepflegter Umgebung. ◷ 18–23 Uhr, in der Woche auch zum Mittagessen 11.30–14 Uhr.

Aus aller Welt

Al Fresco's, 27 Dong Du, ✆ 08-822 7318. Trendiges Restaurant mit italienischen, amerikanischen und mexikanischen Gerichten, z. T. in großen Portionen. Mittagsmenü um die 100 000 Dong. ◷ 8.30–23 Uhr.

Annie's Pizza, 45 Mac Thi Buoi, ✆ 08-839 2577. Lecker, große Auswahl, reelle Preise: darum seit Jahren erfolgreich. Lieferservice. ◷ 11–23 Uhr

Arab Kebab, 9B Thai Van Lung, ✆ 08-827 9867. Lamm- oder Huhn-Kebabs und Falafel zum Mitnehmen oder vor Ort auf einem Barhocker verzehren für etwa 30 000–40 000 Dong. Alle typischen Extras wie Hummus, Harissa und Tsatsiki sind verfügbar.

Cantina Central, 51 Ton That Thiep, ✆ 08-914 4697. Der Neuzugang in Sai Gons gastronomischer Szene (eröffnet 2007) ist

Gesunder, gemütlicher Saftladen

Juice Bar, 49 Mac Thi Buoi, ✆ 08-829 6900. Säfte und Fruchtshakes, Salate und Sandwiches in buntem, komfortablem Ambiente, dazu Kaffee aus einer italienischen Espressomaschine und eine Auswahl an Gerichten von 35 000 bis 90 000 Dong. Nichtraucherbereich, mit Ausnahme des obersten Stockwerks. ◷ 7.30–24 Uhr.

sofort ein Renner bei der ansässigen Ausländergemeinde geworden, die sich die Burritos, Tacos, Tapas und anderen mexikanischen Gerichte auf zwei Etagen schmecken lässt. ◷ 10–24 Uhr.

Con Meo Den, 13 Phan Van Dat, ✆ 08-829 2055. Die „Schwarze Katze" offeriert auf zwei Etagen neben ausgezeichneten frischen Frühlingsrollen und einer Vielzahl an leckeren Sandwiches auch Pizza. Das Restaurant ist klein und modern. Leider kann man nicht draußen sitzen. Ein Besuch ist sowohl morgens zum Frühstück bei Milchkaffee und Bagels als auch tagsüber für Snacks oder abends beim Cocktail sehr angenehm. Und wer richtig Hunger hat, kann sich hier am größten Hamburger der Stadt versuchen: fast 1,5 kg Fleisch, Käse und Schinken ... ◷ 7.30–24 Uhr.

Jaspas, 33 Dong Khoi, ✆ 08-822 9925. Globalisierte Küche: Mexikanische Tacos, australische Steaks, mongolisches Lamm, malayisches Roti ... dazu allerlei Salate – hier wird jeder fündig. Vorspeisen ab 55 000 Dong, Nudelgerichte ab 80 000 Dong, Steak mit Salz und Pfeffer 200 000 Dong. WIFI. ◷ 8.30–24 Uhr.

La Habana, 6 Cao Ba Quat, ✆ 08-829 5180. Tortillas, Quesadillas und andere kubanische Tapas; dazu eine Auswahl internationaler Fisch- und Fleischgerichte. Sehr beliebt bei Sai Gons Ausländergemeinde. Eine philippinische Band spielt Live-Musik von 20.30–23.30 Uhr (Di–Sa). Sonntags Ruhetag, aber das kann sich ändern. ◷ 10–24 Uhr.

Lotteria, Le Thanh Ton. In HCMS's führendem Burgerladen mit mehreren Filialen gibt es Fischburger, Shrimpsburger, Cheeseburger und natürlich Hamburger. Dazu Pommes und Salat. Zudem im Angebot: panierte Hühnerteile und Hot Dogs. Burger ab 12 00 Dong, Menüs 30 000–50 000 Dong. Kaffee wird entweder amerikanisch (bereits gebrüht aus der Maschine) oder im vietnamesischen Stil zubereitet.

Mogambo, 20 Thi Sach, ✆ 08-825 1311. Restaurant / Kneipe / Mini-Hotel; beliebt bei Sai Gons (amerikanischer) Ausländergemeinde. Es gibt Burger, Fish & Chips etc.

New York Diner, 8A Le Thanh Ton, ✆ 08-829 7460, 🖳 www.newyorkdiner.com. Sandwiches, Hot Dogs, Burger und deftige Frühstücksteller. Die Atmosphäre mit Plastiktischen und langer Bar ist kühl bis cool; die Angestellten fangen oft unvermittelt an zu singen und zu tanzen (was Teil des Konzepts ist). ◷ 7–22 Uhr, Fr und Sa bis Mitternacht.

Schwimmende Restaurants

Einige schwimmende Restaurants ankern am Ufer des Saigon-Flusses zwischen Tran Hung Dao-Denkmal und Bach Dang-Pier. Besonders nett ist die Fahrt auf dem 120-sitzigen Holzboot des Anbieters **Bonsai River Cruise**, ✆ 08-910 5560 (8.30–19 Uhr). Täglich Dinner Cruise, Einlass aufs Boot um 19 Uhr, Abfahrt 19.30 Uhr, Rückkehr um 21.30 Uhr. Am Wochenende lädt der Veranstalter zu „Cool Jazz and Lunch". Der Kapitän lässt Interessierte ab 11 Uhr an Bord und legt um 12 Uhr ab. Rückkehr um 14 Uhr. Geboten wird ein euro-asiatisches Buffet. Das gediegen ausstaffierte Holzschiff startet je nach Nachfrage von zwei Häfen: Zentral liegt der Bach Dang-Pier, 10B Ton Duc. Etwas weiter außerhalb befindet sich der Than Da-Pier, 1017 Binh Quoi, dorthin gibt es bei Buchungen einen freien Zubringerservice. Ein besonderes Angebot ist der Bonsai-Kochkurs: Von 9–12.30 Uhr inklusive selbstgekochtem vietnamesischen Mittagessen. Mehr Informationen auf der Webseite 🖳 www.bonsaicruise.com.vn.

Cafés und Eisdielen

Brodard Café, 131 Dong Khoi, ✆ 08-822 3966. Café-Klassiker mit Pariser Charme, gutem

Eis essen für Genießer

Fanny's Icecream, 29-31 Ton That Thiep, ✆ 08-821 1633. Das beste Eis der Stadt (nach französischem Rezept) in schöner Umgebung – das Gebäude war einmal eine Pagode. Auf der Terrasse kann man dem vorbeiziehenden Verkehr zuschauen. An heißen Tagen verspricht – neben dem Eis – der klimatisierte Innenraum Kühlung. Ein Stockwerk darüber befindet sich der **Temple Club** mit einer angenehmen Lounge-Atmosphäre, geschmackvoller Dekoration und einer guten Küche. ⌚ beide 8–23 Uhr.

Kaffee und Gerichten von 20 000–100 000 Dong. Ganztägig geöffnet. Im 1. Stock befindet sich das modernere **Samsara**, ✆ 08-823 2630, mit Apsaras im Cham-Design gestylt, das abends zum Cocktail lädt. ⌚ ab 17.30 Uhr.

Café Latin, 21 Dong Du, ✆ 08-822 6363. Beliebter Platz zum Re-Koffeinieren beim anstrengenden Bummel durch die Straßen oder für einen Snack. Sport-Übertragungen auf großen Bildschirmen. Bar-Tische und Sitzecken, internationales Publikum (Treffpunkt der australischen Expats), WIFI.

Café Terrasse, im Saigon Center, Le Loi, ✆ 08-821 4958. Einfallsreiche Gerichte, die eine Kostprobe wert sind; allerdings recht teuer. Etwas weniger schick, aber ebenso modern wie das benachbarte Paris-Deli. Das Café wirbt mit freiem Internetzugang via WIFI, und so finden sich hier vor allem Vietnamesen aus der Oberschicht, die mit ihrem Laptop ausgestattet einen Kaffee trinken und eine Kleinigkeit essen.

Ca Phe Trung Nguyen, 7 Nguyen Van Chiem, liegt direkt hinter dem Diamond Plaza und bietet Speisen und leckeren Kaffee der Sorte Trung Nguyen in einem großen gepflegten Innenhof, der teils überdacht ist. Hier ist es wunderbar ruhig und es lässt sich herrlich ausspannen in angenehmem Ambiente unter weißen Sonnenschirmen.

Citi-Café, im Gebäude des Citimart im Saigon Square, führt Spaghetti, Hamburger und Pommes (22 000 Dong) und sogar Bratwurst (42 000 Dong), zudem Café au lait und Eiscreme. Die Atmosphäre ist angenehm, denn es dringt absolut kein Straßenlärm herein. ⌚ 9–21 Uhr.

Givral, 169 Dong Khoi, ✆ 08-824 2750. Alteingesessenes Café in zentraler Lage mit gutem Kaffee und vielen preiswerten Gerichten. ⌚ 7.30–23 Uhr.

Highland Coffee, hat mehrere Filialen in der Stadt. Den wohl schönsten Blick hat man auf dem Platz nahe der Notre-Dame-Kathedrale, Dong Khoi, Ecke Nguyen Du: Sehen und gesehen werden ist hier das Motto. Wer Abkühlung sucht, findet im Innenraum eine angenehm klimatisierte Atmosphäre vor.Die Karte offeriert viele verschiedene Kaffees. Der Milchkaffee wird mit frischer aufgeschäumter Milch serviert. Hier gibt es auch Pizza (ab US$4), Eis (14 000 Dong pro Kugel) und gezapftes lokales Bier (20 000 Dong).

Kem Bach Dang, bekanntes Eiscafé mit zwei Läden an der Le Loi, Ecke Pasteur, die einander direkt gegenüber liegen. Eines hat einen AC-Raum, das andere ist im Freien. Es gibt Eis und Kaffee, der mit cremigem Eis verfeinert wird. Auch Fruchtshakes sind im Angebot. Die Preise sind etwas höher als in der Pham Ngu Lao, aber moderat. Hier trifft man vor allem junge Vietnamesen, die sich die Zeit vertreiben.

Paris-Deli, 65 Le Loi, ✆ 08-821 6127. Boulangerie und Café in modernem, gediegenem Ambiente. Hat neben zahlreichen Kaffeevariationen auch kleinere Mahlzeiten (Pasta etc.) im Angebot.

Die beste *pho* der Stadt

Pho Hoa, 260C Pasteur. Die beste *pho bo* weit und breit gibt es in diesem kleinen Restaurant, in dem von morgens bis abends Hochbetrieb herrscht, weshalb man sich meist irgendwo dazusetzen muss. Die Suppe schmeckt fantastisch, die beigelegten Kräuter sind frisch und knackig – Freunde des vietnamesischen Nationalgerichts verlassen den Laden satt und glücklich. Ein Taxi aus der Innenstadt kostet ungefähr 40 000–50 000 Dong.

Großraum Sai Gon (siehe Karte S. 536)

94 Restaurant Sea Crab Specialities (Dac San Cua Bien), 94 Dinh Tien Hoang, ✆ 08-8258633. Etwas südlich der Kreuzung mit der Dien Bien Phu liegt dieses unscheinbare kleine Lokal, das ausgezeichnete, preiswerte Krebsgerichte anbietet.

ABC Restaurant, 172 Nguyen Dinh Chieu. Chinesisches Restaurant, das sich besonders mit seinen langen Öffnungszeiten hervortut: Hier kann man bis 3 Uhr nachts einen ordentlichen Teller Nudeln bekommen.

Au Lac do Brazil, 238 Pasteur, ✆ 08-820 7157, 💻 www.aulacdobrazil.com. Wen es nach typisch brasilianischem Essen und einem richtigen Steak gelüstet, der ist hier richtig. Dazu gibt es leckeren Caipirinha. ⌚ 11–14 und 17–23 Uhr.

***Banh Xeo*-Restaurants**, Dinh Cong Trung, nördlich des Tan Dinh-Marktes. Die knusprigen Reismehl-Crêpes mit einer Füllung aus Shrimps oder Schweinefleisch, Sojasprossen und Kräutern gibt es hier gleich in mehreren kleinen Läden, die augenscheinlich darum wetteifern, wer die leckersten macht. Den Kunden freut's: Ähnlich gute findet man nur weit draußen im Mekong-Delta.

Hoa Vien Bräuhaus, 28 Mac Dinh Chi, ✆ 08-829 0585. Vielleicht das beste Bier der Stadt gibt es in diesem riesigen (über 500 Plätze), lauten Brauhaus, wo ein mildes helles *(bia vang)* und ein kräftigeres dunkles Bier *(bia den)* nach tschechischem Rezept gebraut werden. 'Ein kleines Helles (0,3 l) kostet 14 000 Dong. Für den großen Durst gibt es Krüge bis zu einem Liter (38 000 Dong), doch man sollte bedenken, dass das Bier bei den Außentemperaturen schnell warm wird. Zu essen gibt es passende Snacks: Würstchen, Schinken, Frühlingsrollen etc. Das Personal wirkt manchmal ein wenig gestresst – kein Wunder in dieser vietnamesischen Schützenfest-Atmosphäre. ⌚ 7–24 Uhr.

Uyen Vy Café, 48/1 Nguyen Binh Khiem, ✆ 08-910 5344. Kleines Café im 2. und 3. Stock mit angenehm temperierter AC und einer guten Auswahl an kleinen Erfrischungen. Es gibt Kaffee, Cocktails, Speiseeis und frisch gepresste Säfte.

Cho Lon

Wer authentische chinesische Küche essen möchte, sollte nach Cho Lon fahren und dort etwas probieren. Ein Tipp sind die Essenstände im hinteren Bereich des Binh Tay-Marktes. Wer durch das Viertel streift, findet in einfachen Restaurants leckere Gerichte.

Café Central, im Windsor Plaza Hotel. Hat rund um die Uhr geöffnet und bietet von 11 Uhr vormittags bis 3 Uhr nachts ein Buffet, an dem man sich ab US$5 satt essen kann.

Dong Nguyen, 801 Ngyen Trai. Ein beliebtes, alteingesessenes Restaurant, das seine Kunden seit 1945 bewirtet. Sehr gut ist das Huhn mit Ingwer und Pilzen auf Reis. Experimentierfreudigere Esser bevorzugen vielleicht Schweinehirn mit Kräutern. Doch Vorsicht vor den „Spare Ribs": Was da auf dem Teller landet, hat mit den uns bekannten Rippchen nicht viel zu tun.

My Huong, 131 Nguyen Tri Phuong, ✆ 08-856 3586. Weithin bekannt wegen seiner Spezialität: *mi vit tiem*, eine köstliche Nudelsuppe mit Ente.

Chinesische Gerichte in Cho Lon

Die chinesische Küche in Cho Lon ist sehr abwechslungsreich. Sie entstammt den Provinzen Chaozhou, Guangzhou, Fujian und der Insel Hainan. Kaum ein Restaurant in Cho Lon hat eine englische Speisekarte, doch meistens gibt es eine vietnamesische. Einige beliebte, empfehlenswerte Gerichte sind: Reis mit Huhn auf chinesische Art *(ga luoc)* oder mit süßem geröstetem Schweinefleisch *(xa xiu)* und kantonesischer gebratener Reis *(com chien duong chau)*. Zu Letzterem gibt es meist chinesische Würstchen (*lap xuong* – mag nicht jeder). Populär sind auch die gefüllten Teigklößchen mit Schwein *(ha cao)*, die meist mit Chilisoße gegessen werden. Es gibt auch die Variation mit Gehacktem und Frühlingszwiebeln *(sui cao)*; dazu wird ein Dip aus Sojasoße, Essig und Knoblauch gereicht. Klassiker sind daneben Wonton-Suppe *(hoanh thanh nuoc)* und gebratene Nudeln mit Schweinefleisch, Chow Mein *(mi xao xa xiu)*.

Tiem An Lam Long, 47 Pham Dinh Ho, ✆ 08-969 4659. Eine englische Speisekarte erleichtert die Auswahl in diesem Restaurant nahe dem Binh Tanh-Markt. Preise stehen zwar keine darauf, doch für etwa 30 000 Dong bekommt man ordentliche Küche aus dem Wok.

Unterhaltung

Kneipen, Bars und Discos

Pham Ngu Lao

Allez Boo, 187 Pham Ngu Lao, Ecke De Tham. Große Bar und Restaurant mit Bambusdekoration. Das Restaurant ist bereits seit Jahren an dieser Stelle ansässig und auf junge westliche Reisende eingestellt. Zu teuer.
Cyclo Bar, 163 Pham Ngu Lao, ✆ 08-920 1567, ✉ sandythai_2005@yahoo.com. Beliebte Bar mit lauter Musik; füllt sich besonders zu späterer Stunde.
Eden Restaurant & Bar, 236 De Tham, ✆ 08-836 8154. Tagsüber Restaurant, abends und nachts Barbetrieb. Von 11–18 Uhr 10 % Discount auf alles.
Gossip, 79 Tran Hung Dao. Am Wochenende die vielleicht angesagteste Disco am Platze. DJ Thuc bringt den fiberglasgedeckten Tanzboden zum Kochen, wenn er House-Tunes mit Dance-Hits aus den Charts der letzten Jahre mixt. Manchmal rappt sogar ein MC dazu.
Go2, 187 De Tham, Ecke Bui Vien. Strategisch günstig gelegene Bar mit kleinen Snacks und guter Aussicht. Relativ teuer. Rund um die Uhr geöffnet.
Le Pub, 175/22 Pham Ngu Lao, ✆ 08-837 7679. Kleine Bar mit einer großen Auswahl an Cocktails (um 50 000 Dong) und Snacks (Burger, Pizza, Salate). WIFI. 🕓 19–24 Uhr.
Long Phi Bar, 325 Pham Ngu Lao, ✆ 08-920 3805. Restaurant (europäische Küche) und Musik-Bar, die sich erst am Abend füllt und bei genügend Gästen oft sehr lange geöffnet hat.

Zentrum

Apocalypse Now, 2D Thi Sach, ✆ 08-825 6124. *Der* Klassiker in Sai Gons Nightlife-Szene zieht Touristen wie Einheimische gleichermaßen an. Der DJ pumpt aktuelle Tunes auf den Dancefloor und das Publikum versucht, möglichst cool auszusehen oder sich gegenseitig beim Tanzen zu beeindrucken. Man(n) trifft hier mehr und hübschere Mädchen als anderswo; siehe dazu den Kasten No means No. 🕓 19–2 Uhr.
Carmen, 8 Ly Tu Trong, ✆ 08-829 7699. Wer sich durch den engen Eingang gezwängt hat, erlebt einen kultivierten, bei Vietnamesen (die es sich leisten können) sehr beliebten Club, in dem eine Live-Band ab 21 Uhr westliche und lateinamerikanische Musik spielt. Im Cocktailglas bricht sich das Licht der Tischkerzen, und je besser man sich anzieht, desto weniger fällt man auf. 🕓 17–24 Uhr.
Heart of Darkness, 17B Le Thanh Ton, ✆ 08-823 1080. Ableger der beliebten Bar/Kneipe in Phnom Penh. Spartanisch und dunkel eingerichtet, macht es seinem Namen alle Ehre. Das Publikum ist ebenso gemischt wie die Musik – je nach Abend und

No means no

Die jungen Vietnamesinnen, die abends in den Bars und Discos mit männlichen Touristen ins Gespräch zu kommen versuchen, haben genau wie die Feuerzeuge verkaufenden Kriegsveteranen und die Postkarten-Kinder ein untrügliches Gespür dafür, wenn auch nur das geringste Interesse an ihnen besteht. Und dann lassen sie nicht so schnell locker.
Nun bekundet der Reisende durch seine bloße Anwesenheit in einer Bar sein Interesse an Unterhaltung. Wer also partout nicht angesprochen werden möchte oder sich durch zu offensive Weiblichkeit gestört fühlt, sollte entweder Bars grundsätzlich meiden oder fähig sein, schon beim allerersten (oft nonverbalen) Kontaktversuch sein Desinteresse an einer Unterhaltung ebenso überzeugend wie höflich deutlich zu machen. Einfacher als Alleinreisende haben es Gruppen: Ein intensives Gespräch untereinander kann auch das hübscheste Mädchen nicht stören. Paare haben nur sehr selten Probleme.

DJ. Ab 22 Uhr wird es richtig voll. ⌚ 17 Uhr bis spät.

Level 23 (Sheraton Saigon Hotel), 88 Dong Khoi, ✆ 08-827 2828. Sehr schicke Bar mit teuren Cocktails und Weinen – und einem atemberaubenden Rundumblick auf die Stadt vom 23. Stock. Live-Musik ab 20.30 Uhr, außer montags.

Lush, 2 Ly Tu Trong. Stilvolle, dezent dekorierte kleine Bar mit angenehmer Atmosphäre auf zwei Etagen; beliebt bei Expats. Am Wochenende kann es voll werden, und obwohl es keine ausgewiesene Tanzfläche gibt, kommt hier manche(r) in Bewegung. Preiswerter als viele andere Clubs in der Stadt (z. B. Tiger-Bier 35 000 Dong). ⌚ 18–2 Uhr.

Manna, 26 Ho Huan Nghiep, ✆ 08-823 3978. Tagsüber ein Café, abends eine Bar: Im Manna speisen am Tag Angestellte der nahe gelegenen Büros und Konsulate, während sich abends schick gestylte Party People in den bequemen Lounge-Sesseln räkeln.

Nice Karaoke Café, 8 Mac Dinh Chi, ✆ 08-823 3994. Gegenüber dem Seiteneingang der amerikanischen Botschaft. Lädt als Kaffee, Lokal und Restaurant sowohl zum Trinken als auch Essen und vor allem zum Singen. Es gibt zahlreiche Karaokezimmer, in denen man auf dem Sofa oder Boden sitzend inbrünstig seine Lieblingssongs schmettern und sich dazu verköstigen lassen kann. Das übrige Restaurant ist groß und verwinkelt auf mehreren Ebenen gestaltet. Innenraum mit AC. Es gibt Vietnamesisches, Vegetarisches, Indonesisches, Chinesisches, dazu Beefsteak, Pommes und Pasta. Wein, Bier, Shakes, Kaffee mit Rum oder Fruchtsäfte. Die Preise sind moderat, ein Beefsteak kostet beispielsweise 65 000 Dong.

O'Brien's Factory, 74A2 Hai Ba Trung, ✆ 08-829 3198. Bar / Restaurant, wo es eher auf die Musikauswahl und den Pool-Tisch ankommt als auf die umfangreiche, westlich geprägte Speisekarte. ⌚ 17–24 Uhr.

Palace Club, im gleichnamigen Hotel, 55-65 Nguyen Hue. Diese Disco ist am Wochenende sehr beliebt. Der DJ mixt House-Tunes mit Dancefloor-Klassikern; dazu huschen Laser über die Metall-Deko. Eine Flasche Tiger-Bier kostet US$3,50. ⌚ 19 Uhr bis spät.

Q Bar, 7 Lam Son Square, ✆ 08-824 6325. Modern gestaltete, stylische Bar, die 1992 die erste ihrer Art in Sai Gon war und zur Legende wurde. Zwischendurch geschlossen und 2001 wiedereröffnet, ist sie immer noch ein Hotspot mit oft interessantem, gemischtem Publikum. Es gibt viele billigere Plätze, ein Bier zu trinken, aber nur wenige coolere. Angeschlossen ist das italienische Restaurant Qucina. ⌚ 20 Uhr bis spät.

Sax'n'Art, 28 Le Loi, ✆ 08-822 8472. Der bekannte vietnamesische Saxophonist Tram Manh Tuan eröffnete diese Bar und spielt jeden Abend ab 21 Uhr mit seiner Band modernen Jazz mit vietnamesischen Einflüssen. Jazzfans sollten sich einen Besuch hier nicht entgehen lassen – die einzige Möglichkeit, in

Minimalistisch chillen im Club Berlin

Eine Alternative zu den In-Bars von Sai Gon liegt verborgen hinter Tamarinden-Bäumen im 1. Stock über einem Café in der 33 Nguyen Trung Truc: Der **Club Berlin**, zu dem eine enge, dunkle Treppe hinaufführt, könnte mit seinem minimalistischen Rohbau-Design direkt aus dem Berlin der frühen 90er-Jahre stammen. Der Club punktet mit seinen Lichtinstallationen, den bequemen Lounge-Sesseln, guter Musik und einem interessanten Publikum. Beliebt (natürlich): der Caipirinha (80 000 Dong). Nur der Blick von der Terrasse auf die darunterliegende Straße erinnert daran, wo man sich eigentlich befindet. ⌚ 19–24 Uhr.

Luxus-Bar mit Weitblick

Saigon Saigon (Caravelle Hotel), 19 Lam Son Square, ✆ 08-823 4999. Die Bar auf dem Dach des Luxushotels serviert hervorragende Sandwiches und Burger (mit Ei und Käse: US$8,10) und exzellente Cocktails, z. B. den Cool Cyclo Driver und den Saigon Saigon Slammer. Abends die hauseigene Kapelle. ⌚ 11 Uhr bis spät.

der Stadt guten Jazz zu hören. Noch vor 10 Jahren war das anders, doch die jungen Musiker zieht es nun eher zur Popmusik. ◷ 17–24 Uhr.

Sheridan's Irish House, 17/13 Le Thanh Ton, ✆ 08-823 0793. Beliebte irische Bar mit Live-Musik und westlichem Essen. ◷ 20 Uhr bis spät.

Temple Club, 29-31 Ton That Thiep, ✆ 08-829 9244. Im 1. Stock über Fanny's Icecream befindet sich dieser Club mit einer angenehmen Lounge-Atmosphäre, geschmackvoller Dekoration (antike Möbel und Samtsofas) und guter Küche. ◷ 11.30–23.30 Uhr.

The Underground, 69 Dong Khoi, ✆ 08-829 9079. Mittags ein Restaurant, am späten Nachmittag ein Nach-der-Arbeit-Treffpunkt und abends beliebt zum Relaxen: Ein gutes Konzept und eine gute Lage bescheren diesem erfolgreichen Lokal ein treues Publikum. Oder ist es doch die Happy Hour bis 21 Uhr, die mit dem billigsten Tiger-Bier vom Fass im ganzen Viertel lockt? ◷ 10 Uhr bis spät.

Vasco's Bar & Restaurant, 74/7 D Hai Ba Trung, Dist. 1, ✆ 08-242 888. Am Wochenende sehr beliebter Nightspot mit Live-Musik; es spielen Bands aus Vietnam und dem Ausland. Richtig was los ist meist erst ab 23 Uhr, wenn das angeschlossene Restaurant La Camargue schließt.

Cho Lon

America, im 3. Stock des Windsor Plaza Hotels, 18 An Duong Vuong, die größte Disco in ganz Vietnam: Die 3 Dancefloors bieten über 1000 Gästen Platz. Trotzdem kann es ganz schön eng werden. Der Pacific Room ist der House- und Ibiza-Sound-Fraktion gewidmet; im New York Room gibt's Hip Hop und R&B. Öfters legen auch Top-DJs aus Bangkok oder Singapur auf. Teure Getränke. ◷ 19 Uhr bis spät.

Theater

Stadttheater, Lam Son-Platz, Dong Khoi, Ecke Le Loi, ✆ 08-829 1249. Hier gibt es regelmäßig wechselnde Veranstaltungen. Termine und Programm an den Anschlagtafeln am Eingang. Beginn ist meist um 20 Uhr, Tickets ab etwa 20 000 Dong.

Cai Luong – Das Theater des Südens

Zu Beginn des 20. Jhs. entwickelte sich im Mekong-Delta aus verschiedenen Einflüssen eine neue Form des Theaters. Traditionelle Volkslieder und klassische Musik aus Hue fanden zusammen mit französischer Theaterkultur und vietnamesischem Volkstheater: Es entstand das *cai luong*, das in den 1920er-Jahren sehr erfolgreich wurde, weil es mit der Aufarbeitung von Alltagsproblemen und der Verwendung „leichter" Musik (für vietnamesische Ohren) breite Schichten erreichen konnte. Die Geschichten basierten zuerst auf vietnamesischen und chinesischen Vorlagen; später wurden auch Elemente von Shakespeare und anderen westlichen Autoren hinzugenommen. Sehr bühnenwirksam waren die Stücke durch die z. T. aufwendigen Kostüme und gelegentliche Tanz- und Kampfeinlagen.

In den 1960er-Jahren gab es in Sai Gon mehrere Schulen und Aufführungsstätten, ebenso wie im gesamten Mekong-Delta. Doch nach dem Krieg hatten die Leute andere Sorgen, und das Wiedererstarken des Einflusses westlicher Kultur und Mode seit Beginn der 90er-Jahre trägt auch nicht dazu bei, dass die Jugend sich für den Erhalt dieser Theaterform interessiert. Die verbliebenen Truppen versuchen nun, durch die Aufnahme moderner Einflüsse wieder interessant zu werden: Statt nur klassischer Instrumente werden inzwischen auch elektrische eingesetzt und die Geschichten der Gegenwart angepasst.

Hung Dao-Theater (Nha Hat Kich TPHCM), 136 Tran Hung Dao, ✆ 08-836 9718. Dies ist der letzte Ort in Sai Gon, um einer *cai luong*-Vorstellung beizuwohnen. Vor Jahren waren es noch fast ein Dutzend Plätze, wo diese Theaterform zu sehen war – nach und nach schlossen alle wegen zurückgehender Besucherzahlen. Hier wird die Tradition am Leben erhalten: Jedes Wochenende werden klassische oder auch etwas modernisierte *cai luong*-Stücke aufgeführt. Beginn Sa und So um 20 Uhr. Eintritt 20 000–80 000 Dong.

Kino

Mehrere Kinos mit vietnamesischem Programm finden sich über die Stadt verteilt; westliche Filme gibt's im 9. Stock des Diamond Plaza, 34 Le Duan.

Klassische vietnamesische Musik

In mehreren der auf Touristen ausgerichteten vietnamesischen Restaurants in der Innenstadt wird leichte klassische und traditionelle Musik zum Essen gespielt – von wechselnder Qualität. Eine gute Truppe spielt seit 15 Jahren im **Cung Dinh Restaurant (Rex Hotel)**, 141 Nguyen Hue. Das Restaurant, gestaltet wie ein kleines Theater, beherbergt die Phu Dong Band, die hier die klassische Hofmusik aus Hue, *nha nhac*, vorträgt, und darüber hinaus ein breites Spektrum an traditioneller Musik aus dem Norden und Süden des Landes beherrscht. Trommeln, Gongs und hölzerne Glocken geben den Rhythmus vor, Flöten, *k'longput* (aus Bambusröhren) und *ko ni* spielen die Melodien. Konzerte tgl. von 12–13 und 19.30–21 Uhr.

Im **Musikkonservatorium**, 112 Nguyen Du, ✆ 08-824 3774, finden regelmäßig Aufführungen klassischer vietnamesischer Musik statt. Konzerttermine siehe Aushang am Eingang.

Pferderennen

Auf der **Pferderennbahn Phu To** (Cau Lac Do The Thao Phu Tho), 2D Le Dai Hanh, D. 11, ✆ 08-855 1205, treffen sich samstags und sonntags von 12.30–16.30 Uhr die Wettbegeisterten. Wer eine Wette abgibt (mindestens 10 000 Dong) und sich auf die Tribüne begibt, wird unweigerlich mitgerissen von der anfeuernden Menge, unter die sich allerdings – Vorsicht – auch einige Taschendiebe mischen. Der Gewinn bei einem 10 000-Dong-Einsatz liegt übrigens bei nur 2500 Dong – mehr bekommt, wer die ersten zwei oder gar drei Pferde richtig vorausgesagt hat. Jede halbe Stunde startet ein neues Rennen.

Wasserpuppentheater

Vorstellungen werden im **Kriegsrelikte-Museum**, 28 Vo Van Than, ✆ 08-930 2112, und im **Geschichtsmuseum**, 2 Nguyen Binh Khiem, ✆ 08-829 8146, gezeigt, aber wer sich wirklich für diese traditionelle Theaterform interessiert, sollte eine Vorstellung in Ha Noi besuchen.

Aktivitäten

Kegeln und Billard

Mehr als 20 Bowling-Bahnen sind in der 4. Etage des Diamond Plaza angesiedelt, außerdem Billardtische (Snooker und Pool) und ein Raum voller lauter, bunter Spielautomaten. Speis und Trank gibt's auf der gleichen Etage. 34 Le Duan, 🕓 9.30–22 Uhr.

Kinderspielplätze

Direkt neben dem Zirkuszelt befindet sich ein **Erlebnis-Spielplatz** mit Bällen, Autos, Tunneln und jeder Menge Rutschen. Außerdem stehen hier ein Autoscooter und eine Hüpfburg. Man kann Gipsfiguren bemalen und aus einem Teich bunte Plastikfische angeln. Wer mit Kindern reist, macht ihnen bestimmt eine Freude, wenn er hier vorbei guckt. Inmitten all der vietnamesischen Kinder, die meist recht aufmerksam sind und von denen die Größeren auf die Kleinen achtgeben, fühlen sie sich sehr wohl. Allerdings sollte man seine Kleinen gut im Auge behalten: Wer vom Karussell fällt, schlägt auf Betonboden auf. Jede Attraktion kostet einen kleinen Betrag in Dong. Die Preise sind am Kassenhäuschen ausgeschrieben.

Weitere Spielplätze mit Rutschen, Wippen, Drehkarussells und anderen Geräten befinden sich im **Le Van Tam-Park** an der Kreuzung Dien Bien Phu und Hai Ba Trung und im **Kulturpark** (Eingang an der Tuong Dinh). Letzterer ist relativ neu; ein großes Schild (auf Vietnamesisch) verkündet, dass er nach internationalen Standards erbaut worden sei.

Klettern

Kletterfreunde können sich in Ho-Chi-Minh-Stadt an einem künstlichen Felsen erproben, dem **X-Rock**. Die 26 m hohe Struktur ist einem echten Felsen nachgebildet und bietet 9 verschiedene Routen für Anfänger, Fortgeschrittene und Experten. Auch Abseiling ist möglich. Ein

Gartenrestaurant und ein Pool laden zur Entspannung danach.
Der Felsen liegt im Distrikt 2, auf der anderen Seite des Saigon-Flusses: In der 503A Nguyen Duy Trinh, im Binh Truong Dong-Viertel. Die Anreise erfolgt über die Saigon-Brücke entlang des Hanoi Highways. Nach der Mautstation hinter der zweiten Ampel rechts. Nach 2 km an der Ampel geradeaus und nach ein paar hundert Metern über eine kleine Brücke. Direkt hinter der Brücke links in die Nguyen Duy Trinh abbiegen und weiter für 1,7 km bis zum Binh Trung-Supermarkt, wo sich X-Rock-Climbing links befindet. ⌚ Di–Sa 9–20, So 9–18 Uhr. Tageskarte US$10, mit Studentenausweis US$8. Anfänger müssen einen zweistündigen Sicherheitskurs für US$25 machen (der dann die Tageskarte beinhaltet). Fortgeschrittene können auf den Kurs verzichten, nachdem sie ihre Fähigkeiten unter Beweis gestellt haben. Wer unter 18 ist, braucht eine volljährige Begleitung.

Schwimmen

Nicht nur für Kinder (die die langen Rutschen toll finden) ist der **Sharkland Water Park**, 586 Ham Tu, interessant: Das Highlight in diesem Wasserpark sind die Schwimmbecken für Erwachsene, in denen man nicht nur herumplanschen, sondern richtig schwimmen kann. Dazu gibt es Dampfbäder, Pools mit Massagedüsen und Fitnessgeräte. Eintritt 50 000 Dong (nur Fitnessbereich: 30 000 Dong).
Einige Hotels erlauben auch Gästen anderer Unterkünfte die Nutzung ihres **Swimmingpools**. Meist ist ein Eintritt zu entrichten (US$3–10). Beliebt ist der Hotelpool des Rex: Auf dem Dach, recht klein, aber schön, um einen Nachmittag abzuhängen. ⌚ 6.30–21.30 Uhr, Eintritt 50 000 Dong. Weitere schöne Hotelpools im Sofitel und The Metropole und im Garten des Legend.
Öffentliche Schwimmbäder sind das **Lam Son**, Tran Binh Trong, D. 5, ⌚ 8–20 Uhr, Eintritt 5000 Dong / Std., und das des **Workers Club**, 55B Nguyen Thi Minh Khai, D. 3, ✆ 08-930 1819, Eintritt 10 000 Dong / Std.

Tai Chi

In den Parks der Stadt finden sich morgens viele alte und junge Menschen, die Tai Chi praktizieren. Es gibt ganze Gruppen, die ein Programm zusammen durchlaufen, aber auch Einzelne, die ganz für sich ihren Tag mit ein paar Übungen beginnen. Hier bekommt man zwar keine Anleitung, aber wer etwas Vorkenntnis mitbringt, kann sich anschließen und mitmachen.

Tennis

Im Sharkland Waterpark (s. „Schwimmen") gibt es auch Tennisplätze. Die Nutzung kostet 60 000 Dong pro Stunde. Auch einige Hotels haben einen Court.

Vergnügungsparks

Der **Dam Sen-Wasserpark** ist ein 52 ha großer Vergnügungspark für die ganze Familie: mit Blumengarten, einem See, einem Pavillon für Wasserpuppentheater, Karussels, einer Spielhalle, einer Tierschau (die nicht jedem gefällt) und einem Erlebnis-Schwimmbad mit langen Rutschen und allem Drum und Dran.
An der Lac Long Quan, Ecke Hoa Binh gelegen, Ong Ich Kiem, D. 11, ungefähr 20 Min. Fahrzeit vom Zentrum. Ganztägig geöffnet, Eintritt Erwachsene 15 000 Dong, Kinder 8000 Dong. Zusatz-Eintritt im Erlebnis-Schwimmbad 50 000 Dong (Kinder unter 1,40 m 35 000 Dong).

Wellness

Es gibt zahlreiche Beauty- und Spa-Angebote in Sai Gon. Neben einer entspannenden Massage kann man sich das Gesicht reinigen, die Beine rasieren, die Nägel maniküren oder auch die Haare schneiden lassen.
Top Salon & Spa, 32 Dong Khoi, ✆ 090-331 5315. Hier kostet eine 75-minütige Ganzkörpermassage inklusive einer heißen Stein-Therapie US$10, eine Fußmassage derselben Dauer kostet US$7, eine 60-minütige Gesichtsreinigung US$15, Maniküre und Pediküre jeweils US$3. Wer sich die Nägel auch noch fachgerecht lackieren lassen möchte, zahlt insgesamt US$7. Es gibt weitere

Komplettangebote, die bis zu 3 1/2 Std. dauern und neben Massage auch Maniküre und Gesichtsreinigung beinhalten, für max. US$29. ⌚ 9.30–24 Uhr.

Hair Beauty Salon, jeweils im 1. Stock in der 43 Le Loi, ✆ 08-821 7556, und in der 27 Dong Khoi, ✆ 08-912 5042, wirbt mit einem Friseur, Nagelpflege, Gesichtsreinigung und Make-up, Ganzkörper- und Fußreflexzonen-Massage. Es gibt Shiatsu- (75 Min. / US$15) und Thaimassage (60 Min. / US$11) und eine sogenannte königliche Fußmassage (90 Min. / US$13). Männer können sich rasieren lassen (US$3–5) und Frauen ein Party-Make-up ausprobieren (US$20). ⌚ 9–22.30 Uhr.

Lan Anh Hair Beauty Salon, 8 Ho Huan Nghiep, ✆ 08-823 7747, hat ähnliche Preise für Haar-, Nagel- und Gesichtspflege. Das Spezialpaket für US$20 beinhaltet 3 Std. Entspannung von Kopf bis Fuß.

Leser fühlten sich wohl im **Daisy Spa**, 124 Bui Vien, ✆ 08-920 1917, und lobten besonders das professionelle, freundliche Personal.

Zirkus

Ein lokaler Zirkus (Doan Xiec) hat sich am Ende der Pham Ngu Lao gegenüber dem Thai Binh-Markt niedergelassen. Die Vorstellungen mit Trapezartisten, Schlangen-Essern und allem, was dazugehört, beginnen Sa und So jeweils um 19.30 Uhr, manchmal auch werktags. Erwachsene zahlen 40 000 Dong, Kinder 20 000 Dong.

Einkaufen

Sai Gon und Cho Lon sind echte Einkaufsparadiese: Wer gern shoppen geht, kann dies ausgiebig und intensiv. Ein Bummel über die Dong Khoi mit ihren vielen kleinen Läden und Boutiquen gehört ebenso zum Pflichtprogramm wie ein Besuch auf einem der vielen Märkte: Sei es der touristische Ben Tanh-Markt in Sai Gon oder der belebte Binh Tay-Markt in Cho Lon. Interessante Läden gibt es außerdem entlang der Le Loi und im Travellerviertel in der De Tham und Bui Vien.

Antiquitäten

Viele Antiquitätenläden mit Asiatika und Gegenständen aus der Kolonialzeit sind in der Le Cong Kieu angesiedelt, die gegenüber dem Kunstmuseum abzweigt.

Bücher

Händlerinnen mit einem riesigen Stapel Bücher sprechen mögliche Kunden vor allem in den touristischen Gegenden der Pham Ngu Lao an. Daneben gibt es kleinere Stände und größere private Buchläden. Diese finden sich auch in der Dong Khoi. Alle diese Verkäufer haben fast ausschließlich Raubkopien im Angebot. Es lohnt ein Blick, denn hier gibt es neben englischen Titeln auch deutsche Literatur, die z. T. in Deutschland gar nicht mehr verlegt wird.

Neben den privaten Kleinhändlern finden sich in HCMS einige weitere Buchhandlungen, die Originale verkaufen:

Fahasa hat mehrere Geschäfte in Sai Gon. Eine gute Auswahl an Karten führt der Laden in der 60/62 Le Loi, ⌚ 8–22 Uhr. Hier gibt es auch Schreibwaren. Die Preise sind nicht verhandelbar, aber günstig. Die Filiale in der 40 Nguyen Hue, gegenüber der Citibank, bietet eine große Auswahl an englischer Literatur, Kinderbüchern und Fotobänden. In der Dong Khoi befindet sich ein weiterer Laden dieser Kette, der viele französische Titel, vor allem Bildbände (z. T. auch in Englisch), im Angebot hat. Zudem viele Wörterbücher.

Than Nien Bookstore, unweit des Travellerviertels in der Cong Quynh, hat eine große Auswahl an Stadtplänen und Deutsch-Vietnamesischen Wörterbüchern. Außerdem Busfahrpläne und (englische) Bücher zum Vietnamesischlernen, Spielwaren und Hygieneartikel. ⌚ 7–22 Uhr.

Phung Nam, 2A Le Duan, zwischen der amerikanischen Botschaft und dem Zoo. Kleiner Buchladen mit zahlreichen Kinderbüchern in englischer Sprache, Wörterbüchern und Kochbüchern. Zudem einige Zeitschriften und englische Trivialliteratur. Auch Schreibwaren sind im Sortiment. ⌚ 8–19.30 Uhr.

Xunhasaba Bookshop, Nguyen Binh Khiem, in der Nähe des Zoos, führt interessante japanische und chinesische Kunstbücher. Zudem gibt es zahlreiche Zeitschriften von *Marie-Claire* bis zum *Rolling Stone* und *PC World* in englischer Sprache.

Kunst und Kunsthandwerk

Zahlreiche kleinere Ateliers und größere Galerien befinden sich in der Dong Khoi und der Bui Vien bzw. De Tham. Hier gibt es Kopien vieler klassischer und bekannter Gemälde sowie buddhistische Motive in unterschiedlichen Abmessungen. Auf Anfrage malen die Künstler auch das eigene Lieblingsbild in jeder gewünschten Größe (Foto mitbringen). Bei **Thanhson Calligraphy**, 40/1 Bui Vien, kann man fertige Kalligraphien kaufen oder eigens anfertigen lassen. Es gibt Kalligraphien in Zettelgröße, aber auch große Blätter, die eine ganze Wand schmücken können. Meist bedeuten die Zeichen Sinnsprüche oder auch Glückwünsche.
Kunsthandwerk wie Lackteller, Tassen und Vasen findet man in den zahlreichen kleinen **Souvenirshops** in der Pham Ngu Lao, der Dong Khoi und nahe dem Ben Than-Markt. Hier gibt es auch aufwendig gebastelte Schiffsmodelle. Diese sind nur im Handgepäck zu transportieren und sollten daher eher am Ende einer Reise erstanden werden. Eingepackt kann man sie recht gut tragen, sofern sie nicht zu groß sind.

Märkte

Der **Ben Thanh-Markt** ist ein quirliges Marktzentrum mitten in der Stadt, auf dem Weg zwischen Pham Ngu Lao und Dong Khoi am Denkmal von Tran Nguyen Han. Er wurde 1914 von den Franzosen errichtet und beherbergt unter seinem Dach zahlreiche Bekleidungsgeschäfte, wo es Ao Dais, T-Shirts und anderes von der Stange zu kaufen gibt. Außerdem finden sich hier Stoffe, Schuhe und Andenken, z. B. Geschnitztes und Gedrechseltes, wie Holzschwerter und Figuren. Im inneren Mittelgang werden vor allem getrocknetes Obst und Nüsse angeboten. Weiter hinten warten die Obst- und Fleischverkäufer. Im hinteren Außenbreich gibt es Koffer und Taschen zu günstigen Preisen. Hier ist Handeln angesagt – die zuerst genannten Preise sind immer sehr hoch, nicht nur, weil sehr viele Touristen diesen Markt besuchen, sondern auch, weil die Standgebühren in diesem beliebten Markt extrem hoch sind, sodass die Händler gezwungen sind, die Waren entsprechend teurer zu verkaufen. ⌚ 6–18 Uhr.
Ein riesiges Sortiment unterschiedlichster Waren findet sich im **Binh Tay-Markt** in Cho Lon, dem geschäftigen Chinesenviertel. Dort steht auch der moderne **An Dong-Markt**, und viele Straßen und Gassen laden zum Stöbern ein (s. S. 531).
Am Rande des Travellerviertels liegt der **Thai Binh-Markt**, der die nähere Umgebung mit allem versorgt, was man zum Leben braucht. Die Essenstände und Bürgersteig-Restaurants dort sind eine authentisch vietnamesische Alternative zu den Pizza-Pasta-Pancake-Läden in den nahe gelegenen Straßen.
Viel frisches Obst und Gemüse bekommt man auf dem **Tan Dinh-Markt** nahe der Tan Dinh-Kirche an der Hai Ba Trung. Hier kann man ebenfalls gut eine Kleinigkeit essen (vgl. *Banh Xeo*-Restaurants, S. 555).
Ein gemischtes Warenangebot hat auch der **Danh Sinh-Markt**, doch hier sind es besonders die Stände hinter dem Markt, die für manche von Interesse sind. In dem auch als „amerikanischer Markt" bezeichneten Areal gibt es Kriegsandenken und Armeebestände zu kaufen. Die amerikanischen Dienstmarken („dog tags") und Zippos sind inzwischen wohl alle Fälschungen (bzw. „Repliken"), doch ein paar der Uniformteile, Schuhe, Kompasse etc. sind durchaus als Ergänzung der Reiseausstattung zu gebrauchen.

Musikinstrumente

Eine große Auswahl traditioneller vietnamesischer Instrumente findet man in der Nguyen Thien Thaut, im Südzipfel von Distrikt 3, westlich des Travellerviertels. Außerdem gibt es hier Gitarren, Mandolinen und Geigen. Eine einfache akustische Gitarre ist schon für US$30 zu haben, eine einfache elektrische für US$50. Aufwendigere Modelle sind teurer. Die meisten Geschäfte bauen auch Instrumente nach Wunsch und Vorstellung des Kunden – ein ganz besonderes Mitbringsel. Hereinschauen sollte man bei **Cung Chieu**, 106 Nguyen Thien Thuat, bekannt für Sonderanfertigungen (kein Englisch – Übersetzer mitnehmen), oder dem kleinen **Ngoc Son Guitars**, 109 NTT, dessen Besitzer etwas Englisch spricht. Aber auch in den anderen Läden kann man schöne Stücke finden: Stöbern lohnt sich.

Shoppingcenter

Das **Tax Trade Center** (Thuong Xa Tax), 135 Nguyen Hue, an der Ecke Le Loi, gegenüber dem Rex Hotel, ist auch als Russian Market bekannt, eine Bezeichnung aus der Zeit, als hier noch Bürger der Sowjetunion in Sachen sozialistischer Bruderhilfe unterwegs waren. Heute ist das dreistöckige Gebäude voller kleiner Läden, die billige Kleidung, Rucksäcke, Koffer ebenso wie raubkopierte CDs / DVDs und nachgemachte Designer-Uhren verkaufen. Ein Ableger der Highland Coffee-Kette bietet Rast.

Das **Saigon Center** mit seinem kleinen Supermarkt befindet sich eine Kreuzung weiter, an der Ecke Le Loi und Pasteur. Der Supermarkt hat wenig Auswahl, doch für Reisende mit Kindern lohnt ein Besuch im Spielwarenladen, wo es schönes Holzspielzeug gibt. Das Kleidungsgeschäft offeriert hübsche, aber teure Kinderkleidung. Eine Ecke für Kinder mit Legosteinen und Malsachen macht den Kleinen einen Einkaufsbummel angenehm. ⌚ 9.30–20.30 Uhr.

Im **Diamond Plaza**, 34 Le Duan, ✆ 08-825 7750, dem Turm, der hinter der Marien-Kathedrale emporragt, sind drei Stockwerke dem Konsum gewidmet: Zu hohen Preisen werden hier internationale Markenartikel gehandelt. Außerdem gibt es einen großen Entertainment-Bereich mit Kino, Spielhalle und Bowlingbahn. ⌚ 9.30–22 Uhr.

Das **Parkson**, 35-45 Le Thanh Ton, Ecke Dong Khoi, ✆ 08-821 3849, hat ein ähnliches Angebot: Designer-Waren und Luxus-Kosmetik und im obersten Stockwerk ein Vergnügungscenter. ⌚ 9.30–22 Uhr.

Das **Zen Plaza**, 54-56 Nguyen Trai, ✆ 08-925 0339, mit seinem markanten schwarz-weiß karierten Äußeren bietet auf 6 Stockwerken Konsumartikel: Designer-Uhren, Spielzeug, Möbel, Kleidung und Kosmetik. In der 7. Etage befinden sich ein vietnamesisches Restaurant und eine Sushi-Bar. ⌚ 9.30–22 Uhr.

Streetwear und vietnamesische Designer

Wer nach aktueller junger Mode sucht, sollte einmal die Nguyen Trai nördlich des Parks an der Pham Ngu Lao entlangschlendern, wo sich viele Boutiquen angesiedelt haben.

Supermärkte

Im **Zen Mart**, im Zen Plaza, findet sich viel importierte Ware – beliebt bei Expats und Langzeit-Reisenden, die mal wieder heimische Kost brauchen.

Der **Citimart Saigon**, 39 Le Duan, im kleinen Einkaufscenter Saigon Square, bietet eine große Auswahl an Konserven, frischem Brot, Käse aus Frankreich, mit Schafskäse gefüllten Oliven und Leberwurst aus Deutschland. Natürlich gibt es auch vietnamesische Produkte und diverse Dosengetränke. Dieser Supermarkt führt als einer der wenigen auch Tampons und für die ganz Kleinen Nuk-Flaschen und Schnuller. Die Preise sind moderat.

Näher am Travellerviertel liegt der Supermarkt **Sein Thi Ha Noi** in der Cong Quynh, der ebenfalls viel Importware anbietet. Es gibt Käse und Wurst, aber kein Brot. Das Obst ist bereits abgewogen und ausgepreist. Im oberen Geschoss finden sich Kleidung und Schuhe.

Der **Co.op Markt** in der Cong Quynh, ein paar Gehminuten am Sein Thi Ha Noi vorbei, ist sehr gut sortiert und hat eine riesige Auswahl an Importware wie Käse und Wurst, daneben frisches Gemüse und Obst zum Abwiegen. Ein sehr guter Bäcker führt leckeres und günstiges Baguette. Wer übervolle Supermärkte nicht mag, sollte Stoßzeiten wie etwa den Sonntag meiden. Dann ist es hier so voll, dass es nahezu kein Vorankommen gibt und ein kleiner Einkauf eine ganze Stunde dauern kann.

Touren

Reiseveranstalter

Es gibt in Sai Gon zahlreiche kleinere und größere Reiseveranstalter, von denen hier nur

eine kleine Auswahl genannt werden kann. Die kleineren Reisebüros vertreiben Tickets der größeren Tour-Gesellschaften, bieten aber z. T. auch selbst organisierte Touren und vermitteln Mietwagen mit Fahrer.
Manchmal besteht das Angebot, sich vom Hotel abholen zu lassen. Sicherer ist es jedoch, sich spätestens eine halbe Stunde vor Abfahrt in dem Reisebüro einzufinden, in dem man das Ticket erstanden hat.

Pham Ngu Lao

Ann Tours, 58 Ton That Tung, ✆ 08-833 2564, 💻 www.anntours.com. 1989 als eines der ersten privaten Tourunternehmen gestartet, ist dieses Reisebüro eines der zuverlässigsten und erfahrensten, aber nicht der billigsten. Die Touren sind jedoch ihren Preis wert.

Delta Adventure Tours, 267 Pham Ngu Lao, ✆ 08-836 8542, 💻 www.deltaadventuretours.com. Lange Erfahrung im Delta-Gebiet. Bietet als einziger Veranstalter Bootstouren ins Delta, die auf dem Fluss in Sai Gon starten. Der kleine Rabatt für Studenten (US$1) ist eher ein Werbegag.

Hanh Café, Pham Ngu Lao 221, ✆ 08-920 5679, ✉ hanhcafesaigon@yahoo.com. Open-Tour-Tickets und Standardtouren zu günstigen Preisen. Die Busse sind nicht immer die neuesten.

Happy Tour, 139 Bui Vien, ✆ 08-837 9567, 📠 920 4085, 💻 www.happytourvietnam.com. Im unteren Preissegment. Touren im ganzen Land und nach Kambodscha. Bemüht um „lustige" Tourbegleitung, was manchmal nervig, manchmal witzig sein kann. Ein T-Shirt (verfärbt nach einmal Waschen) oder ein Frühstück gibt's als Zugabe.

Sinhbalo Adventures, 283/20 Pham Ngu Lao, ✆ 08-837 6766, 📠 836 7682, 💻 www.sinhbalo.com. Sehr empfehlenswertes Unternehmen mit gut geführten Touren im ganzen Land. Besonders interessant auch für Radfahrer, siehe 💻 www.cyclingvietnam.net.

Sinh Café, 248 De Tham, ✆ 08-836 7338, 💻 www.sinhcafe.com. Preiswerter, alteingesessener Anbieter mit viel Durchlauf, der Bustickets und 08/15-Touren ins ganze Land anbietet. Nicht jeder Reisende war hier zufrieden. Ganz in der Nähe liegen die Büros von **Kim Travel**, 270 De Tham, ✆ 08-836 9859, cafekim@hcm.vnn.vn, und **T.M. Brothers**, 228 De Tham, ✆ 08-837 7764, ✉ nguyenhuuhanh@yahoo.com, die ähnliche Angebote haben.

TNK Travel, 230 De Tham, ✆ 08-837 8276, 920 4766, 📠 920 5377, 💻 www.tnktravelvietnam.com. Beliebt und zuverlässig: Touren in alle Landesteile.

Dong Khoi

Saigon Tourist, 49 Le Thanh Ton, Ecke Dong Khoi, ✆ 08-829 8914, 📠 822 4987, 💻 www.saigontourist.net. Diese staatliche und seit vielen Jahren tätige Reiseagentur bietet viele verschiedene Touren, die meist gut organisiert sind.

Stadtrundfahrten

Stadtbesichtigungen kann man mit dem Bus oder privat mit dem Cyclo oder Taxi unternehmen.

Busse

Täglich zwischen 7 und 8.30 Uhr starten AC-Busse der verschiedenen Gesellschaften mit dem Ziel Wiedervereinigungspalast, Notre Dame, Post, Pagode des Jadekaisers, Stadthalle, Kriegsmuseum, Lackwaren-Fabrik. Nachmittags geht es zur Giac Lam-Pagode, nach Cho Lon (Chinatown) und dem dortigen Hauptmarkt Binh Tay. Nach dem Besuch des Thien Hau-Tempels folgt noch die Nha Rong-Werft, bevor man gegen 17 Uhr ins Zentrum zurückkehrt. US$6–8 p. P., Minimum sind 10 Teilnehmer. Buchbar in allen Reisebüros.

Cyclos

Die Cyclofahrer in der Dhong Khoi und der Pham Ngu Lao bieten ihre Dienste für kurze und längere Ausflüge an. Zu bedenken ist, dass auf dem Sitz nur ein Erwachsener (mit einem Kind) Platz findet, zumindest, wenn man relativ bequem sitzen will. Für kurze Fahrten kann man sich zusammen quetschen, für eine Besichtigungstour sollte sich jedoch jeder ein eigenes Vehikel gönnen. Nicht zuletzt der Fahrer wird es einem danken. Die Preise sind Verhandlungssache; etwa US$1–2 pro Stunde.

Taxis

Taxifahrer sind gerne auch Fremdenführer. Meist werden die gleichen Ziele wie bei der Bustour angefahren, doch da man allein unterwegs ist, kann man sich die Zeit freier einteilen. Ein Taxi kostet etwa US$35 am Tag für eine Stadtrundfahrt, wer weiter hinaus will und z. B. auch noch Cu Chi besuchen will, muss mit US$50 rechnen.

Ausflüge in die Umgebung

Cu Chi-Tunnel

Die Gesellschaften der Tour-Cafés bieten Bustouren zu den berühmten Cu Chi-Tunneln an. Erst wird der Ben Dinh-Tunnel besucht, wo eine Dokumentation angeschaut wird. Danach beginnt die Tour durch das Tunnelgebiet, mitsamt Krater- und Bombentrichter-besichtigung. Nach einem Maniok-Essen geht es dann zu den Schießständen, wo jeder selber böser Mann spielen kann, ein recht zweifelhaftes Vergnügen. Beendet wird die Tour meist im Kriegsmuseum. Diese Halbtagstour beginnt um 8 Uhr und endet gegen 14 Uhr, Kosten US$4 p. P. Das Eintrittsgeld für die Tunnel (65 000 Dong) muss jeder selbst zahlen.
Tagesausflüge werden mit dem Besuch des Cao Dai-Tempels verbunden (s. u.).
Die Tunnel sind auch mit dem Stadtbus, der aus Cho Lon losfährt, auf eigene Faust zu erreichen. Ein Taxi ermöglicht ebenfalls die individuelle Gestaltung eines solchen Tagesausflugs, ist allerdings mit etwa US$50 pro Tag vergleichsweise teuer.
Delta Adventure organisiert Touren zu den Tunneln mit einem Speedboot auf dem Saigon-Fluss. Vom Wasser aus sieht man einen schwimmenden Tempel. Los geht es um 8 Uhr, Rückkehr um 14 Uhr, Kosten US$9 p. P.

Cao Dai-Tempel

Einen Tagesausflug kann man auf eigene Faust unternehmen oder sich einer Gruppe anschließen. Bei organisierten Touren steht vormittags der Besuch des Tempels an, wo die Mittagsmesse besucht wird. Nachmittags folgen die Cu Chi-Tunnel (s. o.). Kostenpunkt US$5 p. P., zzgl. Eintritt in die Tunnel.

Mekong-Delta

Im Angebot sind sowohl Tagesausflüge als auch Mehrtagestouren.
Bei der **Tagestour** wird mit dem Bus die Stadt My Tho angefahren. Mit dem Boot geht es weiter zu kleinen Dörfern. Es gibt traditionelle Leckereien, wie z. B. Honigwein. Kosten US$7–9 p. P. Gestartet wird um 7 Uhr bis kurz vor 8 Uhr, Rückkehr ist zwischen 18–19 Uhr. Delta Adventure startet am Saigon-Fluss mit einem Boot, während die meisten anderen Anbieter erst einmal mit dem Bus fahren. Ein anderer Tagesausflug führt für US$10 nach Cai Be und Vinh Long. Hier ist eine Fahrradtour Teil des Programms.
Eine Tagestour wird zudem zum schwimmenden Markt von Cai Be angeboten. Abfahrt ist kurz vor 8 Uhr, Rückkehr gegen 18 Uhr. Der Besuch des Vinh Long-Marktes und des Bonsaigartens von Ben Tre sind bei diesem Ausflug ebenfalls Programmpunkte. Kosten US$9 p. P.
Touren von 2–4 Tagen Dauer führen nach My Tho, Ben Tre, Vinh Long, Can Tho und Cai Rang. Der erste Teil der Reise entspricht meist dem Tagestrip, am Abend geht es dann weiter mit dem Boot nach Can Tho, der Hauptstadt des Deltas, wo übernachtet wird. Am nächsten Morgen wird der schwimmende Markt von Cai Rang besucht. Es folgen ein Blick in eine Reisnudelfabrik und der Besuch des Vinh Long-Marktes. Kosten US$15 p. P., inkl. einmal Abendessen, einmal Frühstück und eine Hotelübernachtung. Wer einen Homestay machen möchte, also bei Einheimischen auf einem Holzbett und Strohmatte schlafen will, bekommt dies auf Anfrage für US$5 extra organisiert. Mit dem Motorrad oder Pferdewagen geht es zum Fluss, von dort weiter in ein Dorf, wo die Einheimischen mit einem traditionellen Essen warten. Dieses Angebot gilt auch für die Dreitagetour.
Die **Zweitagetour** von Delta Adventure oder Vamco Travel startet um 7 Uhr am Saigon-Fluss und führt von hier über den Mekong zu den Zielen My Tho, Ben Tre, Can Tho und dem schwimmenden Markt von Cai Rang. Kosten

US$16–24. Die meisten Kilometer der Strecke werden per Boot zurückgelegt, nur zwischen My Tho, Vinh Long, Ben Tre und Can Tho wird i. d. R. ein AC-Bus eingesetzt. Auch die Rückfahrt nach HCMS nach dem Besuch des schwimmenden Marktes erfolgt im Bus. Einige Anbieter fahren auf Anfrage auch die Stadt Long Xuyen an, von wo aus Rach Gia und somit die Insel Phu Quoc leicht zu erreichen sind.

Der **Dreitage-Trip** ins Delta ist die meistgebuchte Variante dieser Touren. Besucht werden die Städte My Tho, Ben Tre, Vinh Long, Can Tho und Chau Doc. Nach den ersten beiden Tagen, die wie oben beschrieben verlaufen, wird in Long Xuyen die größte Krokodilfarm Vietnams besucht. Danach geht es nach Cha Doc, wo der heilige Sam-Berg bestiegen wird und der Sonnenuntergang bestaunt werden kann. Übernachtet wird in einem kleinen Hotel. Am nächsten Tag geht es mit dem Ruderboot zu einem schwimmenden Dorf, wo Fische gezüchtet werden. Danach steht der Besuch eines Cham-Dorfs auf dem Programm, wo das Weben von Sarongs und Tüchern demonstriert wird. Auch eine Moschee kann besichtigt werden. Den Schlusspunkt bildet wie bei allen Fahrten ein Besuch der Gärten in My Tho. Kosten US$23, inkl. Übernachtung in Zweibettzimmern (Twin Bed), ein Abendessen und zweimal Frühstück im Preis enthalten. Eine alternative Dreitagetour führt nach Cai Be, Vinh Long, Can Tho, Long Xuyen und Chau Doc für US$26.

Ebenfalls im Programm ist ein **Viertage-Trip**, der neben dem normalen Programm noch einen Homestay und die Fahrt nach Long Xuyen einschließt. Hier wird mit einem kleinen Ruderboot und mit dem Fahrrad die Umgebung erkundet. Preis US$42–44, inkl. AC-Bus und Bootstransfer, Fahrradmiete, einem Frühstück, Mittag- und Abendessen und den Eintrittsgeldern. Minimum sind 6 Teilnehmer.

Touren ins Delta, die nicht nach HCMS zurückführen, sondern die **Weiterfahrt nach Kambodscha** einschließen bzw. eine Tour nach Phu Quoc ermöglichen, siehe unter Transport.

Nam Cat Tien-Nationalpark

Ein Tagesausflug und eine Dreitage-Tour gehen in den Nationalpark. Abfahrt um 8 Uhr, nach Bus- und Bootsfahrt ist gegen 12 Uhr mittags die AC-Unterkunft im Park erreicht. Um 15 Uhr beginnt ein dreistündiger Trek in die Umgebung. Bei Mehrtagestouren stehen in den nächsten Tagen vor allem Wanderungen, z. B. zum Krokodilsee, aber auch eine nächtliche Jeeptour zur Tierbeobachtung auf dem Programm. Eine Jeeptour bringt die Gäste zudem zum Bau Sau-See (inkl. Übernachtung). Bei diesen Touren sind nur die Übernachtungen, der Transfer und der Guide im Preis inbegriffen, für Verpflegung und Getränke muss jeder selber aufkommen. Die eintägige Tour mit Tierbeobachtung und Trek kostet US$30 p. P., längere Aufenthalte nach Absprache.

Phu Quoc

Ein 3-tägiger Ausflug von HCMS nach Phu Quoc inkl. Unterkunft, Flug, Transfer zum Hotel und zwei volle Tage Verpflegung kostet p. P. US$175, bei mindestens 2 Teilnehmern. Eine 5-Tage-Tour, die mit einem Ausflug ins Delta kombiniert wird, beinhaltet zwei Tage Delta inklusive einer Übernachtung im Bungalow. Es folgt der Anreisetag nach Rach Gia, dort eine Übernachtung. Auf die Insel geht es per Speedboot; dort werden zwei Nächte Unterkunft inklusive Verpfegung geboten. Auf der Insel steht ein Auto zur Erkundung der Umgebung zur Verfügung. Am 5. Tag geht es per Flieger oder Bus zurück nach HCMS oder wahlweise mit Bus und Boot nach Phnom Penh. Wer fliegt, zahlt US$197, wer den Landweg wählt, US$165. Mindestteilnehmer 2 Personen.

Mui Ne, **Vung Tau**, **Da Lat** und **Nha Trang** können auf Wunsch in Zweitage-Touren besucht werden. Im Angebot inbegriffen sind ein Tourguide mit Auto und die Übernachtung im Hotel bzw. Resort. Ab US$35 p. P.

Sonstiges

Apotheken

Kleinere Apotheken mit einem Basissortiment finden sich in allen Gegenden, in denen

Touristen wohnen. Wer hier nicht das gewünschte Medikament bekommt, kann in der sehr gut ausgestatteten und von fachmännischen Mitarbeitern geführten Apotheke **Pharmacie Dong Khoi** in der Dong Khoi oder unweit des Travellerviertels in der **Hieu Thuoc Viet Pharmacie**, 246 Cong Quynh, nachfragen.

Fotogeschäfte

Das Brennen von Daten digitaler Kameras kostet pro CD im Schnitt 30 000 Dong. In den Touristengebieten finden sich zahlreiche Kodak-Geschäfte, die diese Dienste anbieten, aber auch Internetshops können helfen. Es ist sinnvoll, die Daten auf der CD im Geschäft zu checken (am besten in einem anderen Laufwerk als dem, mit dem die CD gebrannt wurde), bevor man die Speicherkarte löscht.

Fotokopien

Zahlreiche kleine Schreibwarenläden bieten einen Kopierservice. Eine Kopie sollte nicht mehr als 500 Dong kosten.

Geld

In der Stadt gibt es zahlreiche Automaten, für deren Nutzung eine geringe Gebühr einbehalten wird. Die heimische Bank berechnet i. d. R. 3,50 € bei der Nutzung einer Maestro-Karte. Wenn nur mit Visa oder MasterCard Geld zu bekommen ist, werden zu Hause mindestens 2 % des abgehobenen Betrags berechnet. Bargeld und Travellerschecks lassen sich i. d. R. in allen Banken in HCMS tauschen.
Ein Bankautomat der **Citibank** befindet sich im Erdgeschoss des Sun Wah Tower, 115 Nguyen Hue. Mit einer Maestrocard können hier kostenfrei bis zu 1,5 Mill. Dong abgehoben werden. Der angezeigte Kontostand ist bei mehrmaliger Nutzung dieses Service nicht aktuell, denn die Abbuchung vom Konto in Deutschland dauert einige Tage.

Informationen

Unzählige Reisebüros und die Buchungsschalter in den Hotels halten Infos zu Touren bereit. Das **Tourist Information Center**, 4G-4H Le Loi, ✆ 08-822 6033, ✉ info@vntourist.com, bietet neben dem Service eines Reisebüros umfangreiches Informationsmaterial und Broschüren, die frei ausliegen und mitgenommen werden können.
Informationen zu aktuellen Veranstaltungen, Konzerten und den gerade angesagtesten Plätzen der Stadt finden sich in den **Monatsmagazinen** *Saigon Inside Out*, *The Guide* und *AsiaLIFE HCMC*.

Internet

Fast jedes Hotel bietet seinen Gästen Internetzugang in der Lobby, und mehr und mehr Cafés und Restaurants haben WIFI – drahtlosen Internetzugang. In einigen Cafés stehen sogar Gäste-Laptops auf den Tischen.

Konsulate

China, ✆ 39 Nguyen Thi Minh Kai, D. 1, ✆ 08-8292457, 📠 829 5009.
Deutschland, 126 Nguyen Dinh Chieu, D. 3, ✆ 08-829 1967, 📠 823 1919, ✉ info@hoch.diplo.de, 🕓 Mo–Fr 8.30–11 Uhr.
Indonesien, 18 Phung Khac Khoan, D. 1, ✆ 08-8251888, 📠 8299493, ✉ indochmc@hcm.fpt.vn.
Kambodscha, 180 Dien Bien Phu, D. 3, ✆ 08-820 6293, 811 6939, 📠 820 6293.
Laos, 181 Hai Ba Trung, D. 1, ✆ 08-829 9275, 📠 829 9272.
Malaysia, 2 Ngo Duc Ke, Me Linh Point Tower, Zi. 1208, D. 1, ✆ 08-829 9023, 829 3132, 📠 823 1882.
Niederlande, 29 Le Duan, Saigon Tower, D. 1, ✆ 08-8235932, 📠 823 5934.
Österreich unterhält kein Konsulat in HCMS, aber eine Handelsvetretung: 2 Nguyen Thi Minh Kai, ✆ / 📠 08-829 8918.
Schweiz, 2 Ngo Duc Ke, 14. Stock, D. 1, ✆ 08-825 8780, 📠 825 8760.
Singapore, The Saigon Centre, 8. Stock, 65 Le Loi, D. 1, ✆ 08-822 5174, 📠 825 1600.
Thailand, 65 Le Loi, 8. Stock, Zi. 804, D. 1, ✆ 08-930 3717, 📠 914 1864.

Medizinische Hilfe

Im **Notfall** bieten zahlreiche internationale private Kliniken einen 24-Std.-Notfallservice.

Diesen lassen sie sich teuer bezahlen, aber wer gut versichert ist, kann sich die Kosten erstatten lassen, sofern der Einsatz notwendig war.
Die privaten internationalen Kliniken sind in jedem Fall den staatlichen Krankenhäusern vorzuziehen. Wer dennoch in einem staatlichen Krankenhaus landet, dem sei empfohlen, die Diagnose und ggf. Behandlung in einer internationalen Klinik oder zu Hause noch einmal ansehen zu lassen.
Empfehlenswert ist die internationale Klinik **Family Medical Practice im Diamond Plaza**, 34 Le Duan, direkt hinter der Notre Dame-Kathedrale, 💻 www.vietnammedical practice.com, 📞 08-822 7848. Der 24-Std.-Dienst ist unter 📞 0913-234 911 zu erreichen. Eine Erstbehandlung kostet US$50. Alle weiteren Nachuntersuchungen jeweils US$30. Notfallbehandlungen sind teurer. Die Klinik verfügt über eine Krankenstation, sodass stationäre Behandlungen möglich sind. Diese Klinik ist auch auf Kinder eingestellt: Es gibt einen Kinderarzt und sogar eine Spielecke. Der Klinik angeschlossen ist **Family Dental Practice**, 📞 08-822 4711, für Zahnbehandlungen.
SOS Clinic, schräg gegenüber der Notre Dame, 65 Nguyen Du, 📞 08-829 8424, Notruf: 📞 08-829 8520, hat neben einem 24-Std.-Service auch eine Zahnklinik.
Ebenfalls bei Notre Dame steht die **International Clinic 24**, 1 Thanh Nguyen, 📞 08-827 2366, 24-Std.-Notruf 📞 08-865 4025. Letztere ist die preiswerteste der genannten Kliniken.
Family Care International Clinic (Raffles Hospital), 35 Pham Ngoc Thach, 📞 08-822 2713, 📠 829 6205, 💻 www.healthsolutions.com.vn, befindet sich im 3. Distrikt. Es gibt die Möglichkeit, sich röntgen oder impfen zu lassen. Zudem arbeiten hier Ärzte, die sich auf Sportunfälle spezialisiert haben, und viele weitere Fachärzte. 🕓 7–22 Uhr.
Allegro Health Services, 115 Calmette, 📞 08-821 1367, 💻 www.allegro.com.vn. Der deutsche Arzt Dr. med. Ralph Rahmer, der sich in Sai Gon niedergelassen hat, berechnet für eine Erstbehandlung pauschal 750 000 Dong. Die Leistungen umfassen Allgemeinmedizin, Reisemedizin und ambulante Chirurgie.

Polizei

Notruf 📞 113
Darüber hinaus gibt es eine 24-Std.-Service-Nummer, an die man sich auch im Falle von Problemen mit der Polizei wenden kann: 📞 08-838 7255.

Post

Die **Hauptpost**, ein altes Kolonialgebäude, liegt rechts neben der Kathedrale Notre Dame am Ende der Dong Khoi. Rechter Hand befindet sich ein Schalter von **DHL**, die per Luftpost Pakete verschicken. Internationale Pakete können aber auch bei der regulären vietnamesischen Paketpost aufgegeben werden. Das Paket wird jedoch vor Annahme erst einmal gecheckt, also am besten nicht zukleben. Je nachdem, was man verschicken will, stößt man auf ungewohnte Einschränkungen. Es ist z. B. nicht erlaubt, CDs und DVDs zu verschicken. Vom Postamt aus lassen sich auch **internationale Telefongespräche** führen. 🕓 6.30–21.30 Uhr.

Rechtsbeistand

Die Kanzlei **AL International** wurde 2002 von dem deutschsprachigen Rechtsanwalt Nguyen Quoc Hung gegründet, der in Deutschland studierte. Obgleich seine Schwerpunktgebiete Arbeits- und Wirtschaftsrecht sind, kann er auch in Fällen weiterhelfen, in denen Rechtsbeistand nötig ist. Sein Büro befindet sich in der 8 Le Duan, 📞 08-824 6461, 📠 824 6303, 💻 www.al-inter.com.

Telefon / Fax

Im Hotel, bei der Post oder – am billigsten – im Internetshop. Dort kann man allerdings nicht immer faxen (dafür aber skypen).

Visaverlängerungen

Werden von fast allen Reisebüros vermittelt und dauern etwa 1–2 Tage, manchmal auch länger. Von einem eigenen Besuch bei der **Immigration Police**, 116 Nguyen Du, Ecke Cach Mang Thang Tam, sollte man Abstand nehmen.

Wäschereien

Nahezu alle Gästehäuser und Hotels bieten einen eigenen Wäscheservice an. Es gibt

jedoch auch zahlreiche Wäschereien, die innerhalb von 24 Std. Wäsche waschen und auf Wunsch bügeln. Manche berechnen pro Kilo, manche pro Wäschestück. In der Regel kostet ein Kilo etwa 15 000 Dong.
Tho Bach, 147A Tran Hung Dao. Gründlich und inklusive Bügeln. ⌚ 8–23 Uhr.

Nahverkehr

Cyclos

Das gute alte Cyclo ist in dieser Stadt eine aussterbende Art. Deshalb sollte man damit fahren, solange es noch geht. Die Stadtregierung hat Pläne in der Schublade, die pedalgetriebenen Dreiräder endgültig aus dem Straßenbild zu verbannen; schon jetzt sind viele Straßen für Cyclos gesperrt, was die Fahrer oft dazu zwingt, Umwege zu nehmen oder ihre Gäste nur in der Nähe des gewünschten Ziels herauszulassen, aber nicht direkt davor.
Mitleid haben die Offiziellen mit den Pedalisten wohl nicht – handelt es sich bei den Fahrern doch oftmals um Ex-Mitglieder der Südvietnamesischen Armee oder ehemalige Angestellte der US-Streitkräfte. Das ist auch der Grund dafür, dass die Fahrer meist ein passables Englisch sprechen. Nach Einbruch der Dunkelheit wird vom Cyclo-Fahren abgeraten. Die **Fahrpreise** sind Verhandlungssache: Um die 20 000 Dong / Std. sind ein grober Richtwert. Für einen ganzen Tag (vormittags bis nachmittags) können US$10 kalkuliert werden. Die Fahrer, die im Travellerviertel auf Kundenfang gehen, haben meist schon einen groben Fahrplan, der die wichtigsten Sehenswürdigkeiten einschließt.

Stadtbusse

HCMS verfügt über ein dichtes Netz an Stadtbussen, sodass man fast alle Ziele mit öffentlichen Nahverkehrsmitteln anfahren kann. Das ist bei einer Stadtrundfahrt zwar mühsam, doch der ein oder andere findet Gefallen daran, sich die Stadt auf diese Weise zu erschließen. Da fast nie ein Tourist mit einem Stadtbus unterwegs ist, kann man sich auf ein paar nette Begegnungen gefasst machen. Preiswert ist es außerdem: 3000 Dong sind für Stadtfahrten meist ausreichend. Tickets werden im Bus gelöst.
Vom **Busbahnhof Benh Thanh** gegenüber dem gleichnamigen Markt fährt die Nr. 24 zum MIEN DONG-Busbahnhof, die Nr. 34 gen Süden nach PHU MY HUNG, die Nr. 45 nach CHO LON und die Nr. 152 zum Flughafen TAN SON NHAT.
Vom **Busbahnhof Mien Dong** aus kommt man mit der Nr. 14 zum MIEN TAY-Busbahnhof (und umgekehrt).
Von **Cho Lon** aus kann man mit der Nr. 94 bis nach CU CHI fahren.
Stadtpläne mit eingezeichneten Busrouten *(so do tuyen xe buit moi)* gibt es in fast jeder Buchhandlung in der Kartenabteilung.

Taxis

Es gibt zahlreiche Taxiunternehmen in Sai Gon und nahezu alle Fahrer schalten den Taxameter ohne Anfrage ein. Eine Fahrt zwischen der Dong Khoi und der Pham Ngu Lao kostet im Schnitt etwa 15 000 Dong: 12 000 Dong für die ersten 2 km und 6000 für jeden weiteren. Steigende Spritpreise können sich hier allerdings schnell bemerkbar machen. Die Taxis unterscheiden sich in Komfort und Ausstattung und sind, wenn das Auto neu und AC vorhanden ist, etwas teurer.
Fast immer findet sich innerhalb von 5 Minuten ein freies Taxi. Wer früh zum Flughafen muss oder einfach nur auf Nummer sicher gehen will, bittet an der Rezeption um die Bestellung eines Wagens oder ruft selber eines der folgenden Unternehmen an.
Sasco Taxi, ✆ 08-8424242, 8446666,
Saigontaxi, ✆ 08-8232323.
Private Fahrer bieten ebenfalls ihre Dienste an. Meist sind sie sehr nett und haben z. T. recht gute Englischkenntnisse. Eine geführte Tagestour zu den Cu Chi-Tunneln und dem Cao Dai-Tempel kostet privat organisiert etwa US$50.

Xe om

Auf dem Rücksitz eines Motorrads ist man in der Stadt oft am schnellsten unterwegs. Für eine Tour vom Travellerviertel zum Hauptpostamt sollten nicht mehr als

10 000 Dong bezahlt werden, bis zum Flughafen sind es üblicherweise 30 000 Dong.
Wer viel Gepäck hat, ist mit einem Taxi besser beraten. Obgleich der Fahrer große Lasten gewohnt ist und auch mit einem Rucksack vor sich, der ihm bis ans Kinn geht, lenken kann, steigert das nicht gerade die Fahrsicherheit. Und die Fahrer nehmen lieber ein höheres Risiko in Kauf, statt auf die Fahrt zu verzichten.

Transport

Open Tour-Busse

Tickets für die billigen Open-Tour-Busse gibt's im Travellerviertel an jeder Ecke. Mehrere Gesellschaften bedienen die Standardrouten, sodass die im Folgenden angegebenen Abfahrtszeiten und Preise nur als Anhaltswert zu verstehen sind.

In den Norden

DA LAT (300 km): Abfahrt 7.30 oder 8.30 Uhr, je nach Gesellschaft. Ankunft gegen 14 Uhr. US$5.
HOI AN, HUE und HA NOI: Man kann in HCMS ein Ticket erstehen, womit man direkt bis zu diesen Zielen kommt. Gebucht wird es jedoch selten, da die meisten Reisenden unterwegs Pausen einlegen. Die Strecke HCMS–Nha Trang–Hoi An kostet US$10–13, bis nach HUE US$12–15, weiter nach Ha Noi US$16–20. Die Fahrt HCMS–Mui Ne–Da Lat–Nha Trang–Hoi An–Hue–Ha Noi kostet US$24. An den einzelnen Zielen können beliebig lange Stopps eingelegt werden. Wahlweise kann auch erst Da Lat und dann Mui Ne angefahren werden.
MUI NE (220 km): Abfahrt morgens um 7.30 Uhr, Ankunft gegen 12 Uhr. Der Nachtbus fährt um 20 Uhr und erreicht den Strand gegen 1 Uhr nachts – Hotelreservierung empfohlen! Ein Ticket kostet US$5–6. Es wird nur eine kurze Rast eingelegt.
NHA TRANG (450 km): Der Bus startet um 7 und 7.30 Uhr, Ankunft gegen 17.30 Uhr. Der Nachtbus fährt um 19 und 20 Uhr los und erreicht Nha Trang um 6 Uhr morgens. I.d.R. stoppen die Busse in Mui Ne und nehmen dort Weiterreisende auf. US$6–7.

Ins Delta

RACH GIA / PHU QUOC: Ein Ticket nach Rach Gia im Open Tour-Bus kostet US$7. Bei viel Gepäck verlangen manche Betreiber, dass ein weiteres Ticket gelöst wird. Wer weiter nach Phu Quoc will, nimmt für 20 000–25 000 Dong ein *xe om* zum Hafen. Das Highspeedboot von Rach Gia nach Phu Quoc sollte schon in HCMS besorgt werden – in der Saison sind die Tickets oft tagelang vorher ausgebucht, und so spannend ist Rach Gia nun auch wieder nicht.

Nach Kambodscha

Open Tour-Busse nach PHNOM PENH starten 3x tgl. zwischen 8 Uhr und 12 Uhr und kosten US$4–6 für den langsamen Bus (mit Umsteigen und 2 Std. Pause an der Grenze) und US$13 für den schnellen Bus, ohne Umsteigen und Pause (mehr zur Ausreise nach Kambodscha s. S. 118, Weiterreise). Busse bis nach Siem Reap kosten US$12. Es werden auch Hin- und Rückfahrt als Reisepakete verkauft, oft inklusive Hotel in Siem Reap. Pauschal gibt es eine 3- und eine 5-Tage-Reise zu den Tempeln und wieder zurück nach Vietnam.
Es gibt **längere Delta-Touren**, die 2 bzw. 3 Tage dauern und über MY THO, VINH LONG, CAI BE und CHAU DOC nach PHNOM PENH führen. Die Tour beinhaltet jeweils Elemente der Zweitagetour (s. S. 565.), danach geht es mit dem Bus nach CHAU DOC, wo übernachtet wird. Es folgen das schwimmende Dorf mitsamt Fischfarm und das Cham-Dorf. Dann geht es mit dem Boot zur kambodschanischen Grenze und weiter mit dem Boot nach NEAK LUONG, von wo der Bus bis nach PHNOM PENH fährt. Ankunft ist gegen 15 Uhr. Diese Fahrt kostet US$19–20 p. P. für die Zweitagetour, US$31–34 für die Dreitagereise, inkl. Übernachtung, Abendessen und Frühstück. Wer mit dem Schnellboot nach Phnom Penh fahren will, zahlt US$27 bzw. US$39 und erreicht Kambodschas Hauptstadt bereits um 13.30 Uhr.

Nach Thailand

Bustouren können von HCMS direkt bis nach Thailand durchgebucht werden. Die Busse fahren über Phnom Penh nach Siem Reap und dann weiter nach BANGKOK. Die Straße zwischen Siem Reap und Poipet (der Grenze zu Thailand) ist sehr schlecht. Preis für die Tour nach Bangkok via Siem Reap ab HCMS US$24. Alternativ kann man auf eigene Faust von Phnom Penh auch über Koh Kong / Trat nach Thailand reisen oder den selten benutzten neuen Übergang bei Pailin (via Battambang) benutzen.

Fernbusse

Ho-Chi-Minh-Stadt hat zwei große **Fernbusbahnhöfe**: Den **Ben Xe Mien Dong**, 292 Dinh Bo Linh, ✆ 08-898 4893, etwa 6 km nördlich des Zentrums, für Ziele im Norden und an der Küste, von VUNG TAU (Fahrzeit: 2 1/2 Std.) bis HAI PHONG (Leidenszeit: 43 Std.), und den **Ben Xe Mien Tay**, 395 Kinh Duong Vuong, ✆ 08-877 6593, etwa 10 km vom Zentrum am westlichen Stadtrand, für Ziele im Mekong-Delta (außer My Tho, s. u.).
Die einzelnen Fahrtziele sind an den Ticketschaltern angeschrieben; oft werden die gleichen Ziele von verschiedenen Gesellschaften bedient.
An den Bahnhöfen herrscht viel Betrieb, und es gilt: Eigentlich kann man von morgens früh bis mindestens zum späten Nachmittag sämtliche Ziele des Landes ansteuern. Den Fahrplan auch nur annähernd korrekt wiederzugeben, würde viele Seiten füllen, die wir uns sparen. Die weitaus meisten Reisenden verlassen die Stadt sowieso mit einem Open Tour-Bus, der Bahn oder dem Flugzeug. Wer jedoch einen Linienbus benutzen will – vielleicht, weil das Ziel abseits der Touristenpfade liegt –, fährt einfach zum Busbahnhof. Wer ganz sicher sein will, wegzukommen (und beim Fahren was sehen möchte), sollte am frühen Vormittag starten. Ein *xe om* zum Mien Tay kostet um die 20 000, zum Mien Dong 30 000 Dong. Für ein Taxi muss etwa das Doppelte veranschlagt werden. Zur Mien Dong Station fährt auch der Bus Nr. 26 ab Benh Tanh-Markt. Er braucht etwa 1 Std. (ein *xe om* weniger als die Hälfte) und kostet 5000 Dong.
Der **Busbahnhof von Cho Lon**, 84 Trang Tu, ✆ 08-855 7719, ist der beste Ausgangspunkt für Fahrten nach MY THO (und Endpunkt für Fahrten von dort). Auch in die westlich gelegene, untouristische Provinz Long An startet man von hier.
Busse nach TAY NINH halten an der **An Suong-Kreuzung** am nordwestlichen Stadtrand, wo N1 und N22 zusammentreffen. Man folgt der Au Co in nordwestlicher Richtung am Flughafen vorbei. Dort heißt die Straße Truong Chinh und wird zur N22, wenn sie etwa 2–3 km später auf die N1 trifft. Hier befindet sich auch der große An Suong-Markt.

Eisenbahn

Schlägt man auf der Webseite der vietnamesischen Eisenbahn, 💻 www.vr.com.vn/english/index.html, unter „Passenger Train Info" nach und lässt sich die aus Sai Gon abfahrenden Züge anzeigen, so werden nicht weniger als 326 angezeigt, die mehr oder weniger weit Richtung Norden fahren. Einer relativ spontanen Ab- oder Weiterreise per Zug sollte also nichts im Wege stehen. Tickets gibt es von den Reisebüros (natürlich gegen Aufpreis) oder direkt am Bahnhof **Ga Sai Gon**, 1 Nguyen Thong, D. 3, ✆ 08-843 6528, 931 0666, am dortigen Reservierungsschalter, ⏲ tgl 7.30–18.30 Uhr, Mittagspause von 12–13 Uhr. Eine dritte Option ist das Büro des **Railway Service**, Pham Ngu Lao 275.
Im Folgenden einige über den Daumen gepeilte Fahrzeiten und Ticketpreise:
NHA TRANG, 7 Std., Sitzplatz US$13, Hardsleeper US$18, Softsleeper US$20.
DA NANG, 15 Std., US$28 / US$39 / US$43.
HUE, 18 Std., US$31 / US$42 / US$46.
VINH, 24 Std., US$40 / US$57 / US$63.
HA NOI, mind. 30 Std., US$46 / US$65 / US$72.

Boote

VUNG TAU: Schnelle Passagierfähren (Tragflächenboote) starten am **Bach Dang Jetty** oder auch Hydrofoil Station genannten Anleger, wo die Ham Nghi und Nguyen Hue auf die Uferpromenade Ton Duc Thang treffen. Es gibt mehrere Fährgesellschaften – **Vinaexpress**, ✆ 08-829 7892, **Petroexpress**, ✆ 08-821 0650, und **Greenlines**, ✆ 08-821 5609 –, die halbstündlich bis stündlich ablegen und für die Strecke nach Vung Tau knapp 80 Min.

benötigen. Erste Fahrt um 6.30 Uhr, letzte Fahrt um 17 Uhr. Einfache Fahrt 120 000 Dong, Kinder zahlen die Hälfte.

Von den entfernteren Piers **Cau Cha Va** in Cho Lon und **Cau Khenh Te** an der Ton That Tuyet, ca. 1,5 km südl. des Ho-Chi-Minh-Museums, fahren langsamere Boote, hauptsächlich Frachter, in nahe gelegene Orte im MEKONG-DELTA, so tgl. nach BEN TRE (8 Std.), MY THO (6 Std.) und alle paar Tage auch nach CA MAU (30 Std.). Viele dieser Kähne entsprechen keineswegs europäischen Sicherheitsstandards – Schwimmwesten sucht man hier vergebens –, also nur etwas für Abenteuerlustige, die keinen Wert auf Komfort legen.

Flüge

Transport vom / zum Flughafen

Der internationale Flughafen **Tan Son Nhat**, der 2007 um ein neues Terminal erweitert wurde, liegt nördlich des Zentrums und ist mit dem Taxi in etwa 20–30 Minuten zu erreichen (wenn kein Stau ist). Bus Nr. 152 ab Ben Thanh-Markt fährt im 20-Minuten-Takt zum Flughafen (3000 Dong) und benötigt je nach Verkehr 30–60 Minuten. Er verkehrt bis etwa 20 Uhr.

Wer am Flughafen ein Taxi in die Innenstadt nimmt, kann entweder den Taxameter einschalten lassen oder einen Festpreis aushandeln. Realistisch ist ein Betrag um die US$5–6 in die Stadt. Einige Taxiunternehmer arbeiten auf Provisionsbasis für Hotels und sind nicht immer bereit, Besucher zum Wunschziel zu bringen. Das klärt sich aber zum Glück meist bereits, wenn man die Zieladresse nennt: Ein „Ist geschlossen" oder „Alles voll" sollte man nicht für bare Münze nehmen.

Inlandsflüge

Zu den wichtigsten Zielen starten täglich und oft mehrmals Flüge, viele sind lange im Voraus ausgebucht (z. B. nach PHU QUOC; einfach US$36; eine gute Alternative zur Überlandroute!), sodass sich frühzeitige Planung und Buchung empfiehlt.

Von **Vietnam Airlines** angeflogen werden BUON MA THUOT (1–3x tgl.), CA MAU (1x tgl.), CHU LAI (3x wöchentl.), CON DAO (1x tgl. außer Do), DA LAT (2x tgl.), DA NANG (8–10x tgl.), DIEN BIEN PHU (2x tgl.), HA NOI (fast stündl. von 6.30–21.30 Uhr), HAI PHONG (2x tgl.), HUE (3x tgl.), NHA TRANG (4x tgl.), PHU QUOC (5–6x tgl.), PLEI KU (2x tgl.), RACH GIA (1x tgl.), QUY NHON (2x tgl.), TUY HOA (3x wöchentl.) und VINH (1x tgl.); z. T. mit Zwischenlandung und / oder Anschlussflügen. Je nach Saison werden die Flüge schon mal etwas zusammengestrichen. Der komplette Flugplan findet sich auf der Webseite des Unternehmens (s. u.).

Seit Februar 2007 ist die vietnamesische Gesellschaft **Jetstar Pacific** für Reisende interessant, denn seitdem ist sie offiziell eine Low-Cost-Airline (Billigflieger), das bedeutet eine Erhöhung der Flugfrequenz bei gleichzeitiger Kostensenkung. Jetstar Pacific fliegt oder plant in Kürze Flüge aufzunehmen nach BUON MA THUOT, DA LAT, DA NANG, HA NOI, HAI PHONG, HUE, NHA TRANG und VINH. Die Preise sind günstiger als bei Vietnam Airlines, z. B. nach DA NANG 3x tgl. ab 500 000 Dong. Auf der Webseite (s. u.) sind aktuelle Angebote und neue Flüge abrufbar.

Auch ins **benachbarte Ausland**, etwa nach PHNOM PENH, SIEM REAP und BANGKOK, starten täglich mehrere Maschinen verschiedener Fluggesellschaften.

Büros der Fluggesellschaften

Air France, 130 Dong Khoi, D. 1, ✆ 08-829 0981, 💻 www.airfrance.com.
British Airways, 170-172 Nam Ky Khoi Nghia, D. 3, ✆ 08-930 2933, 💻 www.britishairways.com.
Cathay Pacific, Unit B, Ground Floor, Sun Wah Tower, 115 Nguyen Hue, D. 1, ✆ 08-822 3203, 💻 www.cathaypacific.com.
China Airlines, 37 Ton Duc Thang, D. 1, ✆ 08-911 1591, 💻 www.china-airlines.com.
Emirates Airlines, 170-172 Nam Ky Khoi Nghia, D. 3, ✆ 08-930 2939, 💻 www.emirates.com.
EVA Air, Bitexco Building, 19-25 Nguyen Hue, D. 1, ✆ 08-821 7151, 💻 www.evaair.com.
Garuda Indonesia, 15.Stock, 170-172 Nam Ky Khoi Nghia, D. 3, ✆ 08-930 3033, 💻 www.garuda-indonesia.com.

Japan Airlines, 3. Stock, Sheraton Hotel, 88 Donh Khoi, D. 1, ✆ 08-821 9098, 💻 www.jal.co.jp.
Jetstar Pacific, 177 Vo Thi Sau, D. 3, ✆ 08-932 5978, 💻 www.jetstarpacific.com.vn.
KLM, 2A Ton Duc Thang, ✆ 08-823 1990, D. 1, 💻 www.klm.com.
Korean Airlines, 34 Le Duan, ✆ 08-824 2878, D. 1, 💻 www.koreanair.com.
Lao Aviation, 181 Hai Ba Trung, ✆ 08-822 6990, D. 1, 💻 www.laoairlines.com.
Lufthansa, 14. Stock, Bitexco Building, 19-25 Nguyen Hue, D. 1, ✆ 08-829 8529, 💻 www.lufthansa.com.
Malaysia Airlines, Erdgeschoss, The Metropolitan, 235 Dong Khoi, D. 1, ✆ 08-829 2529, 💻 www.malaysiaairlines.com.
Philippine Airlines, 229 Dong Khoi, ✆ 08-827 2105, D. 1, 💻 www.philippineair.com.
Quantas Airways, 170-172 Nam Ky Khoi Nghia, D. 3, ✆ 08-930 2944, 💻 www.qantas.com.au.
Siem Reap Airways, 132 Dong Khoi, D. 1, ✆ 08-823 9288, 💻 www.siemreapairways.com.
Singapore Airlines, 29 Le Duan, D. 1, ✆ 08-823 1588, 💻 www.singaporeair.com.
Swiss Airlines, 1A Me Linh-Platz, D. 1, ✆ 08-827 4188, 💻 www.swiss.com.
Thai Airways, 65 Nguyen Du, D. 1, ✆ 08-829 2809, 💻 www.thaiair.com.
Tiger Airways, ✆ 08-911 1239, D. 1, 💻 www.tigerairways.com. Billigflüge von HCMS nach Singapore.
United Airlines, 17 Le Duan, D. 1, ✆ 08-823 4755, 💻 www.united.com.
Vietnam Airlines, 116 Nguyen Hue, Ecke Le Than Ton, D. 1, ✆ 08-832 0320, ⌚ Mo–Sa 7.30–16, So 8.30–12.30 Uhr, 💻 www.vietnam airlines.com.

Die Umgebung von Ho-Chi-Minh-Stadt

Die Tunnel von Cu Chi

60 km nordwestlich von Ho-Chi-Minh-Stadt liegt das berühmte Tunnelsystem von Cu Chi, das über 220 km lang ist und während der Kriege gegen die Franzosen und die Amerikaner unzähligen Kämpfern mitsamt ihren Familien viele Jahre Unterschlupf gewährt hat.

Als vor 20 Jahren die ersten westlichen Touristen nach Vietnam kamen, waren die Tunnel eine der Haupt-Attraktionen auf ihrem Reiseplan; geschockt erinnerte sich die Welt ein weiteres Mal an die Leidensfähigkeit des vietnamesischen Volkes.

Auch heute noch zieht die Anlage viele Besucher an. Sie bekommen ein kleines Areal zu sehen, in dem die Tunnel etwas erweitert wurden, damit auch westliche Touristen durchpassen. Dennoch ist ein Besuch unter der Erde nur etwas für Leute ohne klaustrophobische Ängste. Entlang eines Rundwegs ist ein kleiner Themenpark aufgebaut; mitsamt lebensgroßer Figuren, die den Vietcong bei der Arbeit zeigen: Etwa beim lebensgefährlichen Zersägen von nicht detonierten amerikanischen Fliegerbomben oder dem Anspitzen von Bambusspießen, die in Fallgruben ihr tödliches Werk verrichteten. Ein 1970 zerstörter amerikanischer M41-Panzer dient als Hintergrund fürs Erinnerungsfoto, und wer will, kann in ein winziges Erdloch steigen, das gerade groß genug für einen einzelnen Kämpfer oder Flüchtling ist.

Geschmacklos wird es am Schießstand, wo man selber eine AK47 oder eine andere Mordwaffe aus Kriegszeiten ausprobieren kann: Ein Schuss ein Dollar. Vorsicht mit den Maschinengewehren: Das kann teuer werden.

Am Eingang des Geländes **Benh Dinh** befindet sich ein Informationszentrum, wo Besuchergruppen anhand eines Films und einiger Ausstellungsstücke in die Thematik eingeführt werden. Interessant sind die Modelle und Zeichnungen, die die ausgefeilte Architektur des Systems mit verschiedenen Ebenen und Verbindungstunneln verdeutlichen. Manchmal wird auch die 15 km weiter nordwestlich gelegene Gedenkstätte **Ben Duoc** besucht, wo sich ein Tempel und ein Mahnmal für die gefallenen Helden befinden. ⌚ für beide Stätten 7.30–17 Uhr.

Über die **Anreise** braucht man sich nicht den Kopf zu zerbrechen, wenn man es so hält wie alle Besucher: Einfach eine Tagestour von Sai Gon aus buchen. Die kostet nur wenige Dollar und

Cu Chi – ein zerstörter amerikanischer Panzer für das Erinnerungsfoto

beinhaltet auf dem Hinweg meist auch noch einen Stopp in einer Andenken-Fabrik in einem Industrievorort, wo Lackwaren u. Ä. hergestellt und verkauft werden.

Wer auf eigene Faust anreisen will, kann am Busbahnhof Cho Lon mit der Linie 94 nach Cu Chi fahren, vom dortigen Busbahnhof fast 20 km weiter mit dem *xe om*.

Tay Ninh

Die Provinz Tay Ninh nordwestlich von Ho-Chi-Minh-Stadt an der Grenze zu Kambodscha wird selten von Touristen besucht; eigentlich gibt es nur zwei Ziele, die per Tagesausflug von Sai Gon aus angesteuert werden: der große Cao Dai-Tempel und, seltener, der heilige Berg Nui Ba Den. Wer von Kambodscha auf dem Landweg über Bavet / Moc Bai einreist, passiert ebenfalls diese Provinz.

Der heilige Stuhl der Cao Dai

Der größte Tempel der synkretistischen Cao Dai-Religion befindet sich knapp 100 km von HCMS entfernt in der Provinzhauptstadt Tay Ninh; dort etwa 5 km östlich des Zentrums nahe dem Long Tan-Markt.

Das farbenprächtige, barock verzierte Gebäude wurde zwischen 1933 und 1935 errichtet. Durch das Eingangstor erreicht man das Tempelgelände und steht kurz darauf vor den quadratischen, von zwei Balkonen gesäumten Türmen des pastellgelben Heiligtums. Das lange Kirchenschiff mit seinen Arkaden und den drei geschwungenen roten Dächern ist eine harmonische Mischung aus westlichen und orientalischen Architekturstilen und verkörpert so ganz den Geist dieser Religion (s. S. 192, Religion).

Im reich verzierten Inneren tragen drachengeschmückte Säulen das Dach. Am Eingang ein Bild mit drei Heiligen des Caodismus: Der französische Schriftsteller Victor Hugo (1802–1885), der chinesische Revolutionsführer und als Gründer des modernen chinesischen Staates verehrte Sun Yat-sen (1866–1925, links) und der vietnamesische Poet Nguyen Binh Khiem (1492–1587) beschriften eine Tafel: „Gott und Menschheit", heißt es dort, und: „Liebe und Gerechtigkeit".

Die zum Altar hin ansteigenden Stufen verdeutlichen die neun Schritte zum Himmel. Wendeltreppen führen auf eine Galerie, von der aus man einen Gottesdienst beobachten kann. Deckenbilder symbolisieren die vielen Medien, anhand derer der Mensch mit dem Himmel kommunizieren kann: Gebet, Musik, Literatur usw. Das innere Heiligtum verbirgt sich hinter einem blauen Vorhang. Hier befinden sich Bildnisse der „göttlichen Agenten": der historische Buddha, Laotse, Konfuzius und Jesus Christus. Das Zentralheiligtum wird von einem riesigen Allsehenden Auge dominiert, dem Symbol des Höchsten Geistes.

Zeremonien finden alle sechs Stunden um 6, 12, 18 und 24 Uhr statt. Die Laien kommen weiß gekleidet. Höherrangige Mitglieder der Gemeinde haben farbige Gewänder, die für einzelne Glaubensrichtungen und Zuständigkeitsbereiche innerhalb der Gemeinde stehen. Es gibt eine caodaistische Hierarchie, die der katholischen ähnelt, inklusive Papst, doch dessen Stuhl ist seit 1934 nicht besetzt.

Übernachtung und Transport

Die allermeisten Besucher reisen mit einer gebuchten Tour aus Sai Gon an; die gibt es oft in Verbindung mit den Tunneln von Cu Chi für wenige Dollar. Vorteil: Man muss nicht lange suchen und kommt außerdem pünktlich zu einer Zeremonie an, die man von der Galerie aus verfolgen kann. Wer selbst anreisen möchte, nimmt entweder einen Bus vom Ben Xe Mien Tay nach Tay Ninh und nimmt für die letzten Kilometer ein *xe om*, oder man fährt selbst die N22 in nordwestlicher Richtung entlang – in diesem Falle etwa 10 km vor Erreichen der Stadt Richtung Long Hoa-Markt abbiegen, von wo es nur noch 2 km bis zum Tempel sind.
Wer übernachten möchte oder muss, zieht am besten ins **Hoa Binh Hotel**, 210 30 Thang 4, ✆ 066-821315, ℻ 822345; ein annehmbares Provinzhotel mit AC-Zimmern und Frühstück. ❷–❸

Nui Ba Den

Der **Berg der Schwarzen Frau** liegt 15 km nördlich von Tay Ninh und ist mit seinen 986 m eine der höchsten Erhebungen in der Region. Es handelt sich um einen erloschenen Vulkan, der schon seit Menschengedenken ein Kult-Ort ist, was Überreste von Cham-Heiligtümern und steinzeitliche Funde beweisen. Verschiedene Höhlentempel sind in seine Flanken eingelassen.

Seinen Namen erhielt der Berg aufgrund einer Legende um eine junge Frau, die einen Mandarin heiraten sollte, deren Herz jedoch für einen armen Jüngling schlug: Als dieser in den Krieg ziehen musste, stürzte sie sich hier in den Tod. Seitdem das Mädchen einem Mönch im Traum erschien, ist der Berg eine der wichtigsten Pilgerstätten im gesamten Süden. Am Wochenende wird es oft voll, besonders in den ersten Monaten des Jahres. Vom 15. bis zum 18. Tag des ersten Mondmonats wird ein **Frühlingsfest** begangen, und am 5. und 6. Tag des fünften Mondmonats findet das **Vi Ba-Fest** statt. Um Mitternacht wäscht eine alte Frau unter Ausschluss der Öffentlichkeit die Statue der verehrten Dame; anschließend werden die Tempeltüren geöffnet. Gen Sonnenaufgang kommen dann die Mönche der nahe gelegenen Pagoden zum Gebet.

Zum Haupt-Tempelkomplex führt ein von Ständen gesäumter Weg, den man in einer Stunde gut schafft. Auf den Berg führt auch eine Seilbahn (25 000 Dong einfach, 45 000 Dong hin und zurück). Der Eintritt beträgt 6000 Dong. Ein *xe om* von Tay Ninh kostet etwa 50 000 Dong.

Can Giao

Krokodile dösen im Sumpf, Äffchen schwingen sich durchs Unterholz und fliegende Hunde hängen kopfüber von den Ästen, eingehüllt in ihre langen Schwingen: Nur 15 km südlich von Sai Gon beginnt eine andere Welt. Das **Mangrovengebiet Can Giao** wurde, nachdem es im Krieg übel in Mitleidenschaft gezogen wurde, seit 1979

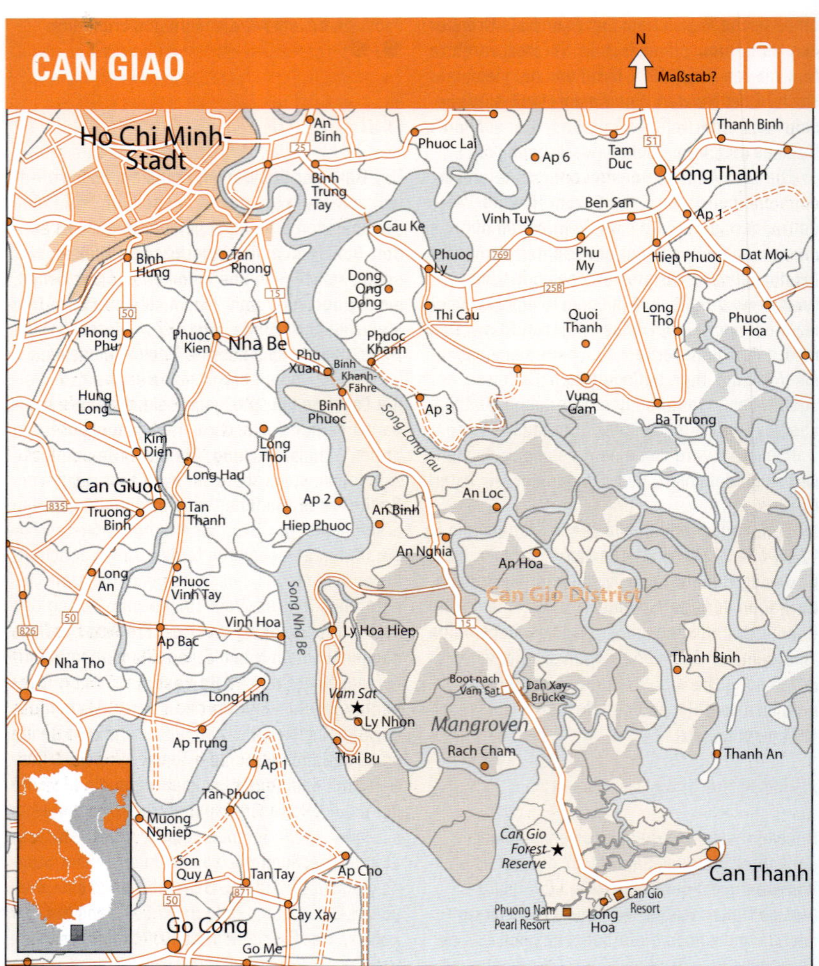

systematisch aufgeforstet und kann sich nun wieder sehen lassen: So sehr, dass es im Jahre 2000 von der UNESCO in die Liste der schützenswerten Biosphären aufgenommen wurde.

Der wilde Mangroven-Dschungel bietet vielen Tierarten Schutz und Nahrung und kann vom Boot aus erkundet werden: Das ganze Gebiet besteht aus 15 sumpfigen Inseln, die sich im Schnitt nur 2 m über den Meeresspiegel erheben. Eine der beiden Hauptattraktionen ist die **Vat Sam Ecological Tourist Site**, ein für Touristen erschlossenes Gebiet mit Krokodilfarm, Blumengarten, Vogelschutzgebieten und dem Fledermaus-Sumpf.

Es gibt sogar einen Salzsee, in dem man wie im Toten Meer liegen und Zeitung lesen kann. Preise und weitere Informationen unter 💻 www.vamsat.com.

Weiter südlich liegen das **Can Gio Forest Reserve** und **Monkey Island**, wo nicht nur freche Makaken lauern, die alles klauen, was man nicht gut festhält, sondern auch ein kleines Museum, eine restaurierte Guerilla-Basis, ein weiterer kleiner Krokodilsumpf und Wanderwege der Entdeckung harren. In beiden Naturparks gibt es einfache Übernachtungsmöglichkeiten ❶.

Der **Strand** von Can Gio kann kaum als solcher bezeichnet werden. Wenigstens gibt es hier frische Luft und eine schöne Aussicht: bei gutem Wetter bis Vung Tau. Das Resort, das sich hier niedergelassen hat, kompensiert den Mangel an feinem Sand mit zwei Pools, in denen man sogar ein paar Bahnen schwimmen kann.

Übernachtung

Neben den einfachen Unterkünften in den Parks gibt es zwei bequemere Resorts.

Can Gio Resort, Thanh Thoi, Long Hoa Ward, ✆ 08-874 3333, 📠 874 3334, 💻 www.cangioresort.com.vn. 80 steinerne Bungalows und Reihenhaus-Zimmer mit AC; Kabel-TV und Minibar, dazu Swimmingpool und Tennisplätze. Eine große, recht gepflegte Anlage. Ausflüge in das Mangrovengebiet werden organisiert. ❸–❺

Phuong Nam Pearl Resort, Bai Bien Dong Hoa, Long Hoa, ✆ 08-887 7325. Zehn gut ausgestattete Bungalows mit Veranda Richtung Meer und größere Familienzimmer. Die Speisekarte im Restaurant und die mangelnden englischen Sprachkenntnisse machen deutlich, dass man hier eher auf einheimische Kundschaft eingestellt ist: Doch natürlich sind auch Gäste aus dem Westen willkommen. Man kann mit einem Jetski die Ruhe stören oder sich an einem Fallschirm hinter ein Motorboot hängen. ❹–❺

Transport

Die Anreise von HCMS erfolgt aus der Innenstadt von der Ton Duc Thang aus über die Brücke nach Süden in den Distrikt 4. Dort auf der Nguyen Tat Thanh bleiben und über eine weitere Brücke in den Distrikt 7, danach direkt links in die Nguyen Van Linh, die einen auf die nach Süden führende N15 (hier noch: Huynh Tan Phat) bringt. Ab jetzt eigentlich immer geradeaus: Den Schildern nach Nha Be und anschließend Binh Khanh bis zum Ende der Straße folgen: Dort nimmt man die Binh Khanh-Fähre über den Fluss und das Gebiet von Can Gio ist erreicht. Die N15 führt nun 35 km weiter bis zum Meer.

9 km nach der Fähre geht es rechts ab zur Vat Sam Eco-Tourist Site. Vom Abzweig sind es noch einmal 25 km über unbefestigte Straßen bis dort hin. Alternativ kann man am Abzweig vorbei weiterfahren bis zum Kilometerstein KM 20; dort kann an der Dan Xay-Brücke auch ein Boot nach Vat Sam genommen werden (ca. 100 000–150 000 Dong). Bei KM 30 geht es ab zur kleineren Can Gio Forest Reserve. Bei KM 32 liegt das Phuong Nam Pearl Resort und etwas weiter, am 30.-April-Strand, ist das Can Gio Resort erreicht.

Vung Tau

Der schnellste Weg von Ho-Chi-Minh-Stadt an den Strand dauert keine zwei Stunden und führt mit dem Tragflächenboot über den Saigon-Fluss nach Vung Tau. Der Name bedeutet „Bucht der Boote", und schon im 15. Jh. ankerten hier die portugiesischen Schiffe auf dem Weg nach Macao und China. Die französischen Kolonialherren nannten den Ort Cap Saint Jacques und bauten sich hier ein Seebad, das bald als die „Riviera von Cochinchina" berühmt wurde.

Auch heute noch zieht es die Saigoner jedes Wochenende in Scharen hierher. Das sorgt für hohe Hotelpreise und volle Strände. Inzwischen wird vor der Küste Öl gefördert: Daher ist die Stadt auch die zweite Heimat für die Angestellten internationaler Energiekonzerne, die hier ihr Geld ausgeben wollen. Die Stadt ist nichts für Ruhesuchende oder Kulturinteressierte – hier geht es um Konsum und Vergnügen.

Wer mit dem Speedboot von Sai Gon aus anreist, wird am Pier von *xe om*-Fahrern angesprochen, die ihre Dienste anbieten, aber manchmal auch ihr Moped für ein paar Stunden vermieten. So kann man sich die Stadt in wenigen Stunden erschließen.

Wer in Sai Gon früh genug aufgebrochen ist (am besten in der Morgendämmerung), kann sogar noch weiter bis nach Long Hai fahren, ohne die letzte Fähre zurück um 17 Uhr zu verpassen.

Sehenswürdigkeiten

Wahrzeichen der Stadt ist seit ihrer Erbauung 1971 die von innen begehbare 28 m hohe **Jesus-Statue** auf der Südspitze der Landzunge. Eine Wendeltreppe führt 129 Stufen empor zu den Balkonen in ihrem Schulterbereich. ⌚ 7.30–11.30 und 13.30–17 Uhr, kein Eintritt, aber 2000 Dong Parkgebühr fürs Moped. Folgt man der westlichen Küstenstraße nach Norden, kommt man an einer ähnlich hohen **Marien-Statue** vorbei.

Bei einer Rundfahrt kann man außerdem dem **Dinh Than Thang Tam** an der Hoang Hoa Tham einen Besuch abstatten: In dieser Versammlungshalle werden im hinteren Bereich Walknochen und Delfinschädel aufbewahrt. Bunte Wandbilder erzählen Geschichten von Walen und Drachen. Zwischen dem 17. und 20. Tag des zweiten Mondmonats wird ein großes Fest mit Theatervorstellungen und Löwentänzen abgehalten. Schräg gegenüber befindet sich die **Linh Son Co Tu-Pagode**, die älteste der Stadt. In ihrem Hauptheiligtum wird eine steinerne, vergoldete Statue von Buddha verehrt. Auf dem nahe gelegenen Hügel steht der **Leuchtturm** von 1907, von dem man einen schönen Blick über die Stadt und das Meer hat. ⌚ 7–17 Uhr, Eintritt 2000 Dong. Die kleine **Hon Ba-Pagode** auf dem Inselchen an der Südspitze ist nur bei Ebbe zugänglich. 3 km nördlich des Zentrums liegt an einem Hang die **Tich Ca Phat Dai**, eine buddhistische Pagode, die 1941 auf einem 6 ha großen Areal erbaut wurde. Der schneeweiße Buddha und der 19 m hohe oktagonale Turm sind weithin zu sehen.

Bach Dinh, die „Weiße Villa", erhebt sich gleich nördlich der Strandpromenade, die die Innenstadt vom Meer trennt. Die Villa wurde von 1898 bis 1916 für Paul Doumer, den Generalgouverneur von Cochinchina erbaut und beherbergte später die Kaiser Thanh Thai und Bao Dai sowie den Präsidenten Thieu. Außen ist sie mit griechischen Motiven verziert. Innen können Fundstücke aus einem vor der Küste gesunkenen Schiff aus dem 17. Jh., Khmer-Statuen und antike Tonscherben besichtigt werden. ⌚ 7–17 Uhr, Eintritt 10 000 Dong.

Wer hauptsächlich zum Schwimmen und Sonnenbaden nach Vung Tau kommt, wird von den Stränden wohl etwas enttäuscht sein, denn von einem Tropenparadies ist man hier weit entfernt. Aber ein halbes Stündchen kann man es auf einer der Strandliegen am 5 km langen „hinteren" Strand **Bai Sau** schon aushalten. Fliegende Händler übernehmen die Versorgung mit Früchten und Getränken. Wasserfreunde zieht es eher in den **Ocean Park**, der sich über mehrere hundert Meter am Bai Sau lang zieht und neben Pools und Schwimmbecken auch Restaurants und Duschen bietet (s. u.).

Übernachtung

Vung Tau verfügt über eine große Anzahl Unterkünfte, wobei nur die im mittleren und oberen Preissegment auch westliche Touristen zu ihrer Zielgruppe zählen. Backpacker werden hier nicht wirklich glücklich, Business-Traveller schon eher.

Vorderer Strand – Bai Truoc

Rex Hotel, 1 Le Quy Don, ✆ 064-852135, 📠 859862. In die Jahre gekommenes Haus; nicht gerade eine königliche Erscheinung, aber durchaus passable Zimmer mit Teppichboden und der üblichen Ausstattung: TV, AC, Kühlschrank. Alle mit Balkon. Netter Pool-Bereich. ❸–❺

Grand Hotel, 2 Nguyen Du, 064-856888, 📠 856088, 💻 www.grand.oscvn.com. Große Zimmer mit allem Komfort und Internetanschluss in diesem angenehmen Haus, das seinem Namen weitgehend gerecht wird. ❺–❻

Palace Hotel, 11 Nguyen Trai, ✆ 064-856411, 📠 856878, ✉ palacevt@hcm.vn.vn. Etabliertes Haus mit 120 Zimmern in zentraler Lage. Besonders schön sind die 40 m² großen Deluxe-Zimmer mit Balkon zum Meer. Pool. Frühstück inbegriffen. ❺

Petro House, 63 Tran Hung Dao, ✆ 064-852014, 📠 8520156, 💻 www.viehotel.com/petrohousehotel. Gepflegte Zimmer in einem gut geführten Haus im Kolonialstil.

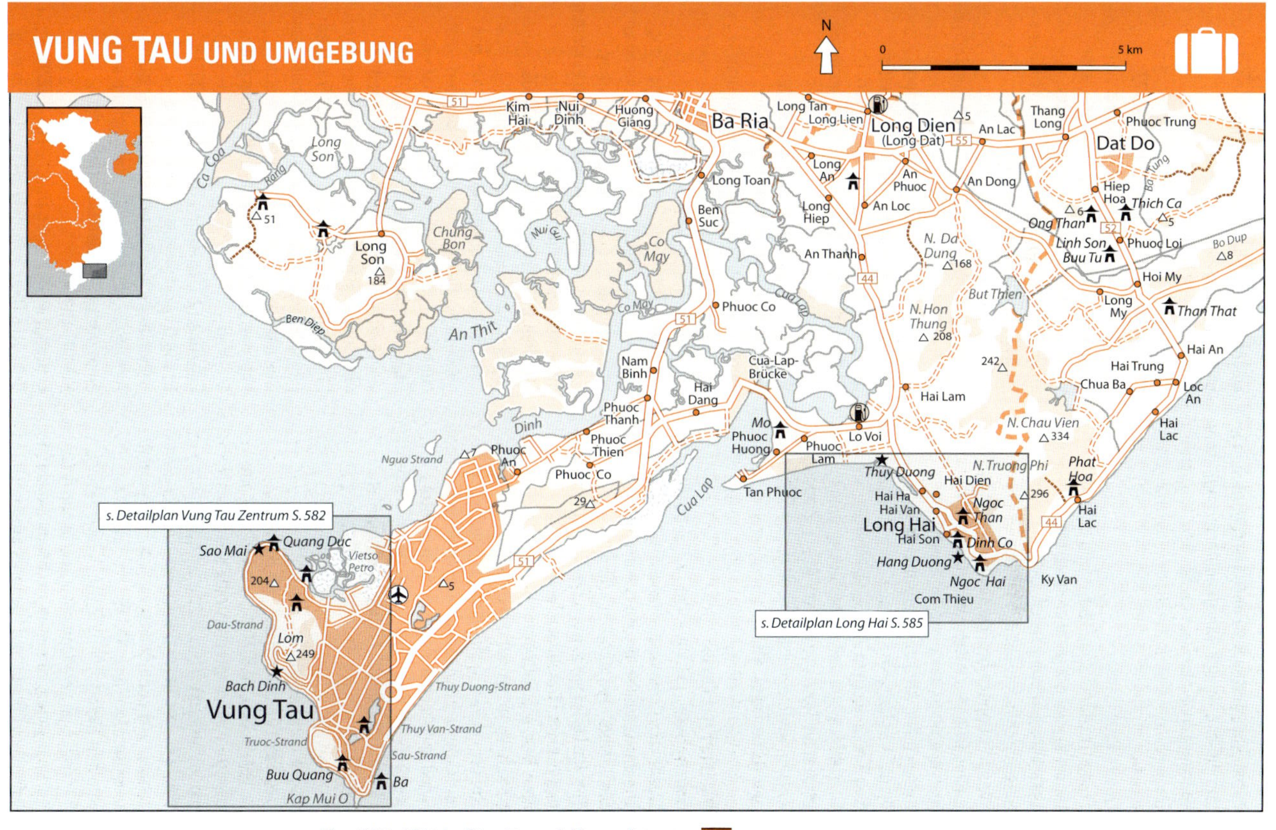
VUNG TAU UND UMGEBUNG
N
0
5 km
Kim Hai
Nui Dinh
Huong Giang
Ba Ria
Long Tan
Long Lien
Long Dien
(Long Dat)
An Lac
Thang Long
Phuoc Trung
Dat Do
Long Son
Ca Coa
Long Toan
Long An
An Phuoc
An Dong
Hiep Hoa
Thich Ca
Ong Than
Linh Son
Buu Tu
Phuoc Loi
Bo Dup
Ben Suc
Long Hiep
An Loc
Chung Bon
Mui Gui
Co May
An Thanh
N. Da Dung
Long Son
Hoi My
Long My
Than That
Phuoc Co
Cua Lap
But Thien
N. Hon Thung
Ben Diep
An Thit
Hai An
Nam Binh
Cua-Lap-Brücke
Hai Trung
Chua Ba
Loc An
Hai Dang
Hai Lam
Phuoc Thanh
Dinh
Mo
Phuoc Huong
Lo Voi
N. Chau Vien
Hai Lac
Phuoc Thien
Phuoc Lam
Ngua Strand
Phuoc An
Phuoc Co
Thuy Duong
N. Truong Phi
Phat Hoa
Hai Dien
Tan Phuoc
Hai Ha
Hai Van
Ngoc Than
Hai Lac
Cua Lap
Long Hai
Hai Son
Dinh Co
s. Detailplan Vung Tau Zentrum S. 582
Quang Duc
Sao Mai
Vietso Petro
Hang Duong
Ngoc Hai
Ky Van
Com Thieu
s. Detailplan Long Hai S. 585
Dau-Strand
Lom
Bach Dinh
Vung Tau
Thuy Duong-Strand
Thuy Van-Strand
Truoc-Strand
Sau-Strand
Buu Quang
Ba
Kap Mui O

Europäisch-asiatische Paare werden um Vorlage des Trauscheins gebeten, sonst gibt's kein gemeinsames Zimmer. ❹–❻

Hinterer Strand – Bai Sau

Untere Preisklasse

Phong Tro 43, 43 Thuy Van, ist ein Beispiel für die Klasse der wohl preiswertesten Unterkünfte in Vung Tau: Angeschlossen an ein einfaches (durchaus akzeptables) vietnamesisches Restaurant, vermietet der Wirt auch schlichte Zimmer im Hinterhaus, an die man allerdings keine großen Erwartungen haben sollte. Ähnliche Häuser in der Nachbarschaft. ❶

Son Tinh 2, 19 Thuy Van, ✆ 064-859288, 📠 524159. Nicht das schlechteste Budget-Hotel in Strandnähe: Annehmbare AC-TV-Zimmer, Aufzug, Dachterrasse. Unweit davon das etwas ältere Son Tinh 1. ❷

Mittlere Preisklasse

Sammy Hotel, 157 Thuy Van, ✆ 064-854755, 📠 854762, 💻 www.sammyhotelvt.com. Schon längere Zeit beliebtes Haus am hinteren Strand. Die Zimmer sind etwas spartanisch eingerichtet, aber sauber. Balkons nur nach hinten raus. Frühstück inbegriffen. ❹

Thuy Van, 115 Thuy Van, ✆ 064-521002, 📠 521006, 💻 www.thuyvanhotel.com. Neues, modern gestaltetes Eckhaus mit recht einfachen, aber noch unverbrauchten Zimmern – das kann sich ändern, wenn das Hotel weiterhin so beliebt bei jungen vietnamesischen Tourgruppen bleibt. Frühstück inbegriffen. ❸–❹

Obere Preisklasse

Cap Saint Jacques Hotel, 169 Thuy Van, ✆ 064-807068, 📠 818026, 💻 www.vietnam tourism.com/vungtaucsjhotel. Komfortable, modern eingerichtete Räume, wenngleich etwas unpersönlich. Die Zimmer mit Meerblick sind nur unbedeutend teurer. Pool, Tennisplatz und Disco im Haus. ❹–❻

Intourco Resort, 1A Thuy Van, ✆ 064-585324, 📠 585327, 💻 www.intourcoresort.com. An einem eigenen, 250 m langen Strandabschnitt liegt dieses Resort mit sauberen Standard-Zimmern (lohnend: der Meerblick für US$5 Aufpreis), hübschen Bungalows und familientauglichen Häuschen. Pool, Fitnesscenter. ❹–❼

My Le Hotel, 57 Thuy Van, ✆ 064-852177, 📠 853177, 💻 www.agribanktour.com. Business-Hotel mit nicht allzu großen, sehr sauberen Deluxe-Zimmern und schön ausgestatteten großen Suiten. Pool, WIFI. Frühstück inbegriffen. ❺–❻

Essen und Unterhaltung

Die hohe Zahl von in Vung Tau lebenden Ausländern ist Grund für die Existenz einer ganzen Reihe von westlich orientierten Restaurants, die sich im Zentrum am vorderen Strand befinden.

Wer nach einem einfachen Reisgericht oder einer *pho* sucht, findet diese in einem der unzähligen kleinen Restaurants an der Thuy Van entlang des hinteren Strands.

Blue Note, Tran Hung Dao, Ecke Truong Cong Dinh, eine der vielen Bars in dieser Gegend und im Gegensatz zu den benachbarten Honey, Sweetheart und Hot Lips nicht ganz so eindeutig auf Anmache ausgerichtet.

Cat Bien, 38 Quang Trung, ✆ 064-819033. Großes, beliebtes, vorwiegend von Einheimischen frequentiertes Restaurant, das gleichzeitig als Café und Bar funktioniert – hat alles vom Eisbecher bis zum Muschel-Menü.

Good Morning Vietnam, 6 Hoang Hoa Tham, ✆ 064-856959. Pizza und Pasta in diesem Ableger der in ganz Vietnam verbreiteten Kette. Chef Franco Anastasi war früher auf Frachtern und Öltankern tätig und ist froh, jetzt mehr nach Qualität als Quantität gemessen zu werden. Importierte Weine runden das mediterrane Mahl ab.

Lan Rung, 2 Tranh Hung Dao, ✆ 064-530713. Großes, bei Einheimischen beliebtes vietnamesisches Restaurant mit einer guten Auswahl an Fisch und Meeresfrüchten und einer etwas skurrilen Dekoration mit Plastikbäumen.

Le Dung, 18 Tran Hung Dao, ✆ 064-856591. Beliebtes Meeresfrüchte-Restaurant, in dem

Moderne Architektur im Badeort Vung Tau

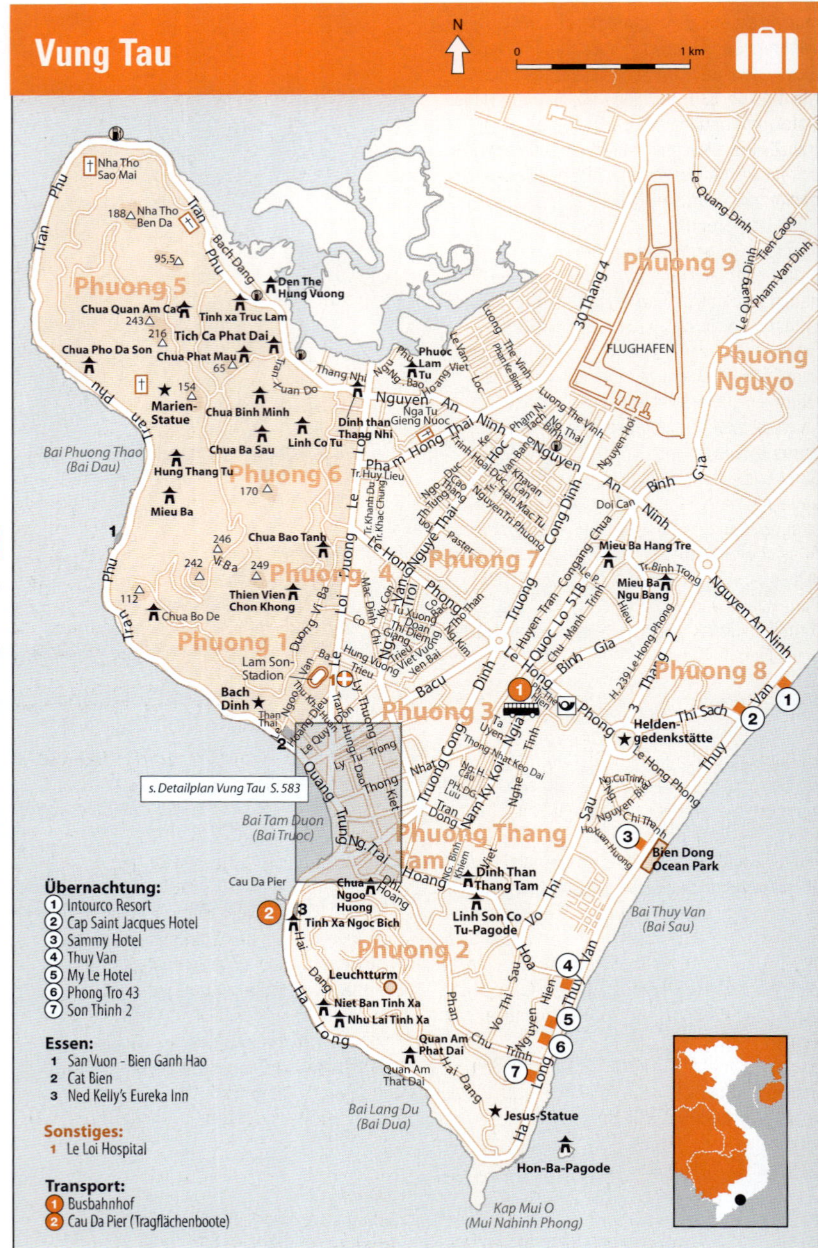

Vung Tau
N
0
1 km
Phuong 5
Phuong 6
Phuong 4
Phuong 1
Phuong 7
Phuong 3
Phuong 8
Phuong 9
Phuong Nguyo
Phuong Thang Tam
Phuong 2
FLUGHAFEN
Nha Tho Sao Mai
Nha Tho Ben Da
Den The Hung Vuong
Chua Quan Am Cac
Tinh xa Truc Lam
Tich Ca Phat Dai
Chua Pho Da Son
Chua Phat Mau
Marien-Statue
Chua Binh Minh
Chua Ba Sau
Linh Co Tu
Hung Thang Tu
Mieu Ba
Chua Bao Tanh
Thien Vien Chon Khong
Chua Bo De
Lam Son-Stadion
Bach Dinh
Phuoc Lam Tu
Dinh than Thang Nhi
Mieu Ba Hang Tre
Mieu Ba Ngu Bang
Helden-gedenkstätte
Bien Dong Ocean Park
Dinh Than Thang Tam
Linh Son Co Tu-Pagode
Chua Ngoc Huong
Tinh Xa Ngoc Bich
Leuchtturm
Niet Ban Tinh Xa
Nhu Lai Tinh Xa
Quan Am Phat Dai
Quan Am That Dai
Jesus-Statue
Hon-Ba-Pagode
Bai Phuong Thao (Bai Dau)
Bai Tam Duon (Bai Truoc)
Cau Da Pier
Bai Thuy Van (Bai Sau)
Bai Lang Du (Bai Dua)
Kap Mui O (Mui Nahinh Phong)
s. Detailplan Vung Tau S. 583
Tran Phu
Ha Long
Quang Trung
Thuy Van
Le Loi
Nguyen An Ninh
Binh Gia
30 Thang 4
Le Hong Phong
Nguyen Van Troi
Truong Cong Dinh
Ba Cu
Hoang Hoa Tham
Thi Sach
Vo Thi Sau
Le Quang Dinh
Übernachtung:
1 Intourco Resort
2 Cap Saint Jacques Hotel
3 Sammy Hotel
4 Thuy Van
5 My Le Hotel
6 Phong Tro 43
7 Son Thinh 2
Essen:
1 San Vuon - Bien Ganh Hao
2 Cat Bien
3 Ned Kelly's Eureka Inn
Sonstiges:
1 Le Loi Hospital
Transport:
1 Busbahnhof
2 Cau Da Pier (Tragflächenboote)

man direkt aus dem Aquarium auswählt. Bezahlt wird nach Gewicht; also nach den Preisen fragen. Alle Speisen auch zum Mitnehmen.
Ma Maison, 63 Tran Hung Dao, im Petro House Hotel. Internationale, insbesondere – voilà – französische Küche in stilvollem Ambiente. Ein erfreulich kultiviertes Erlebnis, verglichen mit den oft recht lärmigen Plätzen rund um die Tran Hung Dao-Statue.
Ned Kelly's Eureka Inn, 128 Ha Long, ✆ 064-510173. Sieht man über den an die Tür gehefteten Aufruf hinweg, die alliierten Soldaten bei ihren Einsätzen zu unterstützen, und ignoriert die geschmacklose Visitenkarte, kann man hier beim Warten auf die nächste Fähre ein kühles Bier schlürfen oder sich an westlicher Küche laben, z. B. einem Gyros-Baguette.
San Vuon – Bien Ganh Hao, 3 Tran Phu. Etwas außerhalb; lohnt die Anreise wegen der ausgezeichneten Fischgerichte und der tollen Aussicht aufs Meer.
Whispers, 13-15 Nguyen Trai, ✆ 064-856028. Pool-Billard und gutes westliches Essen: Hier trifft sich die lokale Expat-Gemeide und startet in die Nacht.

Aktivitäten

Im **Bien Dong Ocean Park**, 08 Thuy Van, ✆ 064-816318, 💻 www.khudulichbiendong.com, einer großen, von der staatlichen Vung Tau Tourist-Behörde organisierten Anlage, die 700 m Strand beansprucht, locken **Jetski** und ähnliche Aktivitäten. Fünf Restaurants, zwei Pools und hunderte von Liegestühlen können allerdings auch zum Faulenzen verführen.
Windsurfer und **Kitesurfer** treffen Gleichgesinnte im **Vung Tau Beach Club**, Tor 2 des Ocean Park, ✆ 064-526101, gegenüber dem Sammy Hotel.
Samstags vormittags kann man im Lam Son Stadium, 15 Le Loi, bei **Greyhound-Rennen** Geld verwetten. Eintritt 20 000 Dong.

Sonstiges

Geld

Vietcombank, 27 Tran Hung Dao, ✆ 064-852309.

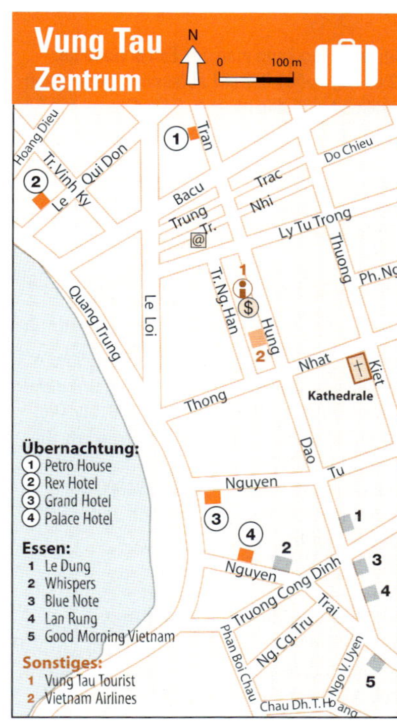

Alle Transaktionen und Kreditkarten-Service. 🕒 Mo–Fr 7–11.30 und 13.30–16 Uhr.

Informationen

Vung Tau Tourist, 29 Tran Hung Dao, ✆ 064-857527, 856446, 📠 852284, 💻 www.vungtautourist.com.vn. Es gibt Broschüren und einen Stadtplan; außerdem können die freundlichen Angestellten beim Besorgen von Tickets für die Fähren nach Con Dao helfen. 🕒 Mo–Fr 7–11 und 14–17 Uhr, Sa nur vormittags, So geschlossen.
Vietnam Airlines hat ein Büro in der 21 Tran Hung Dao, ✆ 064-856099, 848484, 🕒 Mo–Fr 7.30–12 und 14–17.30 Uhr, Sa und So 7.30–11.30 Uhr.

Internet

Mehrere **Internet-Cafés** liegen in der Stadt verteilt, z. B. in der 15 Ly Tu Trong.

Medizinische Hilfe

Bei Notfällen kann man das **Le Loi Hospital**, 22 Le Loi, ✆ 064-832 667 aufsuchen. Ansonsten empfiehlt sich das nächste Speedboot nach Sai Gon zu einer der internationalen Kliniken.

Post

Das Postamt liegt in der 408 Le Hong Phong, ✆ 064-858420. Ganztägig geöffnet.

Transport

Busse

Der Busbahnhof liegt an der 52 Nam Ky Khoi Nghia, etwa 1,5 km vom Zentrum entfernt. Hier starten Busse nach Ba Ria, Long Hai, My Tho, Ho-Chi-Minh-Stadt und zu anderen Zielen. Die Fahrt nach HO-CHI-MINH-STADT führt zum Mien Dong-Busbahnhof, kostet 32 000 Dong, dauert etwa 3 Std. und ist deutlich unbequemer als mit dem Tragflächenboot.

Boote

Nach HO-CHI-MINH-STADT brausen Tragflächenboote in 75 Min. Mehrere Gesellschaften bieten Fahrten (stündlich bzw. halbstündlich). Der Anleger befindet sich am **Cau Da-Pier**, gegenüber dem Hai Au Hotel. Los geht's morgens um 6 Uhr. Die letzte Fähre verlässt Vung Tau um 17 Uhr. Erwachsene zahlen 120 000 Dong, Kinder die Hälfte. Fährgesellschaften sind **Vina Express**, ✆ 064-856565, **Greenlines**, ✆ 064-810202, und **Petro Express**, ✆ 064-511914. Die Büros befinden sich am Anleger.

Nach CON DAO fahren Fähren für 150 000 Dong *(Con Dao 9)* und 200 000 Dong *(Con Dao 10)*, die mindestens 12 Std. unterwegs sind. Tickets und Auskünfte über die aktuellen Abfahrtszeiten bei Vung Tau Tourist. Die Schiffe legen an einem Pier im Norden der Halbinsel ab. Der Transport dorthin muss selbst organisiert werden.

Long Hai

Der kleine Fischerort Long Hai liegt etwa 30 km von Vung Tau entfernt und ist leicht mit einem *xe om* oder einem geliehenen Moped zu erreichen. Sein langer Strand, an dessen Südende eine für die Region wichtige Pilgerstätte steht, ist ziemlich verschmutzt und lädt weder zum Schwimmen noch zum Sonnenbaden ein. Schöner ist es auf der westlichen Seite der Halbinsel: Hier liegen einige wenige luxuriöse Anlagen, deren Strände täglich gepflegt werden.

Kurz vor dem Ortseingang passiert man die große **Giao Xua Hai Lam-Kirche**, deren Einweihungsdatum (7.6.2005) ein Hinweis darauf ist, dass es hier eine aktive christliche Gemeinde gibt. Typisch sind der freistehende Glockenturm links der Kirche und die Marien-Grotte am Eingang. Long Hai hat außer einem schmuddeligen Markt nicht viel zu bieten, und die Fischverladestation am Ufer (Abzweig: *Cang Ca*) ist ein olfaktorisches Schock-Erlebnis. Die einzige nennenswerte Sehenswürdigkeit ist der **Dinh Co**, ein Tempel zu Ehren einer wohltätigen Dame, die bei einem Unfall auf See ums Leben kam. Am 10. bis 12. Tag des zwölften Mondmonats wird hier ein großes Fest begangen, zu dem Zehntausende Pilger aus der ganzen Region anreisen.

Wer ein wenig wandern möchte, kann die **Minh Dam Historical Relics** besuchen, ein Komplex von mit Fußwegen verbundenen Höhlen, die einst vom Vietcong als Unterschlupf genutzt wurden. Davon ist nicht mehr allzu viel zu sehen; nur ein kleines Museum gibt Auskunft. Die Wege sind gut markiert und beschildert, sodass man sich kaum verlaufen kann. Steilere Stellen sind mit Treppen versehen. Genügend Wasser sollte man mitbringen, da es unterwegs keine Erfrischungsstände gibt. Anreise: In der Nähe des Thuy Duong Resort zweigt eine ausgeschilderte Straße in Richtung der Berge ab.

Übernachtung

Die Auswahl an Hotels in Long Hai selbst beschränkt sich auf eine Handvoll Unterkünfte, die eher den vietnamesischen Geschmack treffen. Beeindruckend der mächtige Kolonialbau des Palace Hotels, doch der steht seit Jahren leer und ist dem Verfall anheimgegeben. Ein paar Kilometer von der Stadt entfernt liegen einige schöne Strandresorts.

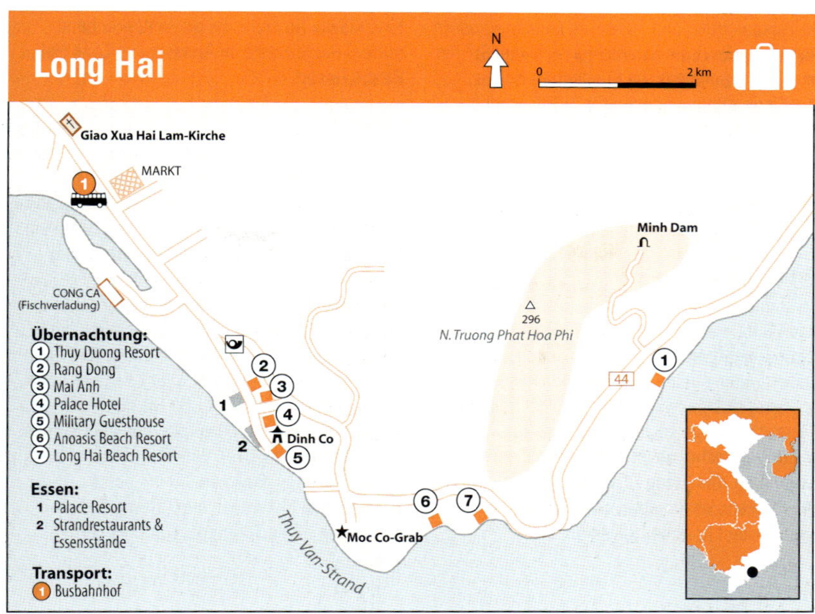

Untere Preisklasse

Mai Anh, 5 Hai Son, ✆ 064-868046. Einfaches Gästehaus *(phong tro)* mit recht neuen, sauberen Zimmern, die alle über AC, TV und heißes Wasser verfügen. Freundliche Besitzer, kaum Englisch. ❶

Military Guesthouse (Doan An Dieu Duong 298), Thi Tran, Long Hai, ✆ 064-868316, 📠 867609. Wie der Name schon sagt: Diese Unterkunft gehört dem Militär und ist am Wochenende oft mit dessen Angehörigen belegt. Da wundert es nicht, dass die schlichten, dreistöckigen Gebäude mit den betonierten Flächen dazwischen trotz ihres blassrosa Anstrichs Kasernenatmosphäre ausstrahlen. Passable, nicht sehr gemütliche Zimmer mit Ventilator oder AC. An der Rezeption wird immerhin ein wenig Englisch gesprochen. ❶–❷

Rang Dong, an der Hauptstraße, ✆ 064-868356, 📠 843556. Etwas bessere, aber nicht gerade begeisternde AC-Zimmer – wenn schon, dann die mit Blick aufs Meer wählen. Rudimentäres Englisch. ❷

Obere Preisklasse

Anoasis Beach Resort, Ky Van, Long Hai, ✆ 064-868227, 📠 868229, 💻 www.anoasisresort.com.vn. Diese traumhaft schöne Anlage gewann mehrere Jahre den „The Guide"-Award für das schönste Resort in Süd-Vietnam. Bestens ausgestattete Bungalows zwischen 60 und 160 m² Größe, eingebettet in eine 16 ha große Gartenlandschaft, lassen keine Wünsche offen. Pool, Privatstrand, klasse Restaurants. WIFI in der ganzen Anlage. Der Pool steht auch Nicht-Gästen offen für US$6 unter der Woche, US$10 am Wochenende. Kinder zahlen die Hälfte. ❻–❼

Long Hai Beach Resort, Provincial Road 44, Long Hai, ✆/📠 064-661355. Neben dem Anoasis liegt diese ebenfalls sehr schöne, gepflegte Anlage. Vom Pool aus ergibt sich ein Super-Panoramablick auf das offene Meer; auch für Nicht-Gäste (US$10). ❻–❼

Thuy Dong Resort, Phuoc Hai Village, Long Hai, ✆ 064-886215, 📠 886180, ✉ t.duong@cinet.vnnews.com. Großer Komplex aus einem

90-Zimmer-Hotel und mehreren kleinen Häusern und Bungalows am Strand, der sich vom Stil her eher an vietnamesische Kundschaft richtet. Die Einrichtungen können für 25 000 Dong (30 000 Dong am Wochenende) auch von Nicht-Gästen genutzt werden. ❸–❻

Essen

Im Ort Long Hai gibt es einige einfache *com*- und *pho*-Restaurants; zudem am Strandabschnitt zwischen Military Guesthouse und Dinh Co ein paar strohgedeckte **Strandrestaurants**, an die man keine zu hohen Erwartungen stellen sollte. Manchmal werden auch nur Getränke verkauft. Am Wochenende herrscht viel Betrieb im Restaurant des **Military Guesthouse** und im **Palace Resort** gegenüber dem Rang Dong Hotel – unter der Woche kann es dagegen schon mal schwierig werden, den Koch aufzutreiben.

Eine Klasse für sich sind die (entsprechend teuren) Restaurants im **Anoasis** und **Long Hai Beach Resort**.

Transport

Busse verkehren zwischen Long Hai und BA RIA, einige wenige fahren auch nach Vung Tau oder nach Ho-Chi-Minh-Stadt und zu Zielen im Delta. Der Busbahnhof liegt gegenüber dem Markt.
Mit dem **geliehenen Moped** ist die Strecke zwischen VUNG TAU und Long Hai auch gut alleine zu bewältigen, da auf den Straßen nicht allzu viel Verkehr herrscht. War es früher nötig, einen großen Bogen über Ba Ria zu fahren, so kann man heute über die neue Cua Lap-Brücke abkürzen (siehe Karte). Von Vung Tau aus biegt man am großen Kreisverkehr mit der Helden-Gedenkstätte in die 3 Thang 2 nach Nordosten ab und gelangt so auf die N51.

Long Hai hat eine aktive christliche Gemeinde

Die Küste entlang nach Nordosten

Folgt man dem Küstenverlauf auf der neuen Straße zwischen Vung Tau und Binh Chau, stößt man auf einen Abzweig zum **Ho Tram-Strand**, wo sich das luxuriöse **Ho Tram Osaka Resort** angesiedelt hat (Ho Tram, Xuyen Moc, ✆ 064-781433, 💻 www.hotramresort.com, ❻–❼. Das Material, aus dem die Bungalows gebaut wurden, stammt zum Teil aus traditionellen Häusern, die im Mekong-Delta dem Beton-Wahn zum Opfer fielen. Unweit von hier befindet sich der **Loc An-Strand**, wo es einige preisgünstigere Unterkünfte gibt.

45 km von Long Hai entfernt ist dann der **Ho Coc-Strand** erreicht. Auch hier gibt es einige Bungalowanlagen, ❶–❷, in denen nur am Wochenende Betrieb ist, wenn hier vietnamesische Kurzurlauber einziehen.

Ausflüge nach Ho Coc können von den größeren Reisebüros in Sai Gon organisiert werden, die dann meist die Auswahl der Unterkunft übernehmen. Gekoppelt ist die Tour oft an einen Besuch bei den **Heißen Quellen von Binh Chau**. In der sauberen Anlage kann man in Pools und heißen Mineralbädern entspannen. Für die, denen ein Tag nicht reicht, ist ein **Resort** mit einfachen Bungalows und AC-Zimmern angeschlossen, ✆ 064-871131, ❶–❸.

Die Con Dao-Inseln

Der Con Dao-Archipel ist eine Gruppe von 16 Inseln, die etwa 80 km östlich der Mündung des Hau-Flusses vor der Küste des Mekong-Deltas liegen. Die Inseln bilden einen einsamen Außenposten Vietnams in den Weiten des Ozeans. Die Hauptinsel **Con Son** ist etwa 51,5 km^2 groß; die Berge klettern über 500 m in die Höhe und sind mit dichtem, undurchdringlichem Primärwald bewachsen. Die anderen Inseln ergeben zusammen etwa 25 km^2. Mehr als 5000 Menschen wohnen dauerhaft auf dem Archipel; die meisten auf der Hauptinsel.

Es gibt zwei Jahreszeiten: Die trockene Zeit während des Nordostmonsuns von Dezember bis April und die Regenzeit von Mai bis November (Höhepunkt: Oktober) während des Südwestmonsuns. Die beste Reisezeit ist von März bis Juli.

Hölle auf Erden und Naturparadies

Ausgrabungen zeigen, dass die Inseln schon seit Jahrhunderten, wenn nicht gar Jahrtausenden bewohnt sind. An einem halben Dutzend Stellen wurden Funde gemacht, zuletzt auf **Con Mieu Ba**: Hier wurden auf einem 300 m^2 großen Gelände viele Tongefäße und andere Spuren aus der Vergangenheit ans Tageslicht befördert. Khmer, Malaien und Vietnamesen besiedelten nacheinander die Inseln. Schiffswracks in den umliegenden Riffen beweisen, dass der Archipel ein wichtiger Hafen auf der maritimen Seidenstraße war, die von China über Siam und Singapur bis nach Indien und Arabien reichte. Es heißt, dass schon Marco Polo auf einer seiner Reisen hier bei einem Sturm Schutz suchte. Ab 1560 ankerten portugiesische Kapitäne hier. Sie nannten die Hauptinsel Poulo Condore. Auch heute noch führen die großen Seewege in nur 60 km Entfernung vorbei.

Mit der Ankunft der Franzosen im Jahre 1862 wurde Poulo Condore zur **Gefängnisinsel**. Die „Hölle auf Erden“, so der neue Beiname der Insel, war das Todesurteil für viele der Gefangenen, die die Kolonialherren hier in so genannten Tigerkäfigen unterbrachten: Zellen im Erdboden, die von oben mit einem Gitter verschlossen waren. Im Anschluss an die Kolonialherrschaft bediente sich ab 1954 das südvietnamesische Regime der Einrichtungen; später tatkräftig unterstützt von den Amerikanern – über 100 Jahre Inselgeschichte wurden mit Schmerz und Blut geschrieben.

Ab 1975 fielen die Inseln in einen erholsamen Dornröschenschlaf; und inzwischen kommen die Prinzen vom Festland mit ihren Schwertern aus Dong und Dollar, um sich einen Weg durch den undurchdringlichen Dschungel zu bahnen: Investoren haben das große touristische Potential der Insel entdeckt, weshalb es mit der Ruhe an den einsamen Stränden wohl eines Tages vorbei sein wird. Im Hauptort **Con Son** wachsen moderne Regierungsgebäude empor; und mit breiten Boulevards bereitet sich die Insel auf kommende Gäste vor. Doch noch findet sich kaum jemand, der Englisch spricht; und morgens um 5.30 Uhr scheppern die Lautsprecher, um den verschlafenen Ort mit Nachrichten und Propaganda zu wecken.

Dem Wachstum sind auch natürliche Grenzen gesetzt: Große Teile der Inseln sind als Naturpark geschützt. Über Öko-Resorts innerhalb der Naturparkgrenzen wird jedoch bereits nachgedacht, und der Regierungsplan sieht vor, die Inseln bis zum Jahr 2020 zu einem Top-Ziel auszubauen.

Der 20 000 ha große **Con Dao-Nationalpark** umfasst 14 der 16 Inseln. Er wurde 1984 eingerichtet und 1993 auf die umliegenden Seegebiete ausgedehnt. Auf der Landmasse sind 6000 ha geschützt: Heimat für 900 Pflanzenarten, von denen 44 nur auf dieser Insel wachsen, und 144 Tierarten, darunter seltene Vögel, freche Makaken und das Schwarze Eichhörnchen. Die Seegebiete umfassen 14 000 ha. Sie hatten schon unter den Franzosen Schaden genommen, als die Gefangenen gezwungen wurden, lebendige Korallen zu Kalk zu verarbeiten. Danach litten sie unter intensiver Befischung. Heute hat sich die Situation erholt, und Korallen, Seeschildkröten, Delfine und viele Fischarten leben hier in einem einzigartigen Ökosystem: Über 1300 Arten wurden bereits gezählt, und die Korallengärten erstrecken sich über 1000 ha. Hin und wieder besuchen sogar Dugongs (Seekühe) die Inselgewässer, und zu den Stränden der Insel **Bay Canh** kommen zwischen April und September die Seeschildköten zur Eiablage. Der WWF hat seit 1995 ein schützendes Auge auf die Schildkrötenbabys, die nachts im Mondschein ihren Weg ins Meer suchen.

Strände und Ausflüge

Frühausteher erfreuen sich an klaren Tagen am Anblick des Sonnenaufgangs über der Insel Bay Canh, den man gut von der **Küstenstraße** von Con Son aus sehen kann, wo sie sich um das Kap Ca Map herumzieht. Die Straße führt vom Flughafen der Insel bis zum Fischereihafen und kann gut mit einem im Resort ausgeliehenen Moped erkundet werden, da es nur wenig Verkehr gibt (120 000 Dong/ Tag).

Am leichtesten erreichbar ist der flache **Lo Voi-Strand**, an dem das Saigon Con Dao Resort liegt. Nördlich des gleichnamigen Kaps liegt der **Dat Loc-Strand**. Der urwaldgesäumte, goldgelbe **Dam Trau-Strand** nahe dem Flughafen gilt als einer der schönsten der Insel. Andere Buchten schließen sich an, so weiter südwestlich der **Ong Dung-Strand**. Sie sind jedoch nur zu Fuß oder per Boot zu erreichen. Weitere unbewohnte Strände liegen auf den Inseln Tre Lon, Tre Nho und Bay Khanh. Touren dorthin können von den Hotels organisiert werden.

Auch **Trekkingtouren** in den Nationalpark sind möglich; man darf allerdings nur mit einem Guide losziehen (ab 100 000 Dong), der meist auch die benötigte Genehmigung von der Nationalparkbehörde, Vo Thi Sau, ✆ 064-830150, einholt. Möglich ist z. B. die Besteigung des **Thanh Gia**, mit 575 m der höchste Berg der Insel. Eine andere Route beginnt nahe dem Flughafen und führt von dort 6 km durch den Dschungel zur wunderschönen Bambuslagune **Dam Tre**.

Rund um die Inseln liegen fantastische **Tauchgebiete** mit großem Fischreichtum und ausgedehnten Korallenriffen. Hin und wieder werden Dugongs gesichtet: Die großen, friedlichen **Seekühe** kommen hauptsächlich im April und Mai, um mit ihren Familien auf den Seegraswiesen zu weiden. Als einziger Anbieter unterhalten die Rainbow Divers eine Tauchbasis, ✆ 064-630023, 0914-186650, 📠 064-630024, 💻 www.divevietnam.com.

Wer sich für die grausamste Periode aus der Geschichte der Inseln interessiert, kann im **Revolutionsmuseum** an der Ton Duc Thang Führer zum Phu Hai-Gefängnis, zu den Tigerkäfigen und dem Hang Duong-Friedhof anheuern. In den vier Räumen des kleinen Museums finden sich neben einigen allgemeinen Informationen zur Insel verblichene Fotografien und Erinnerungsstücke aus der Zeit als Gefängnisinsel.

🕓 Di–So 7–11 und 13.30–16 Uhr, Eintritt 20 000 Dong.

Übernachtung und Essen

Noch ist die Zahl der Unterkünfte auf Con Dao begrenzt, ebenso wie das kulinarische Angebot: Es beschränkt sich auf die Resort-Restaurants. Dort ist die Wahl des Tages Meeresfrüchte – in großer Auswahl und guter Qualität.

ATC, 16B Ton Duc Thang, ✆ 064-830666, 📠 830111, 💻 www.condao.com. Saubere AC-Zimmer mit Kabel-TV und Minibar in zwei Arten von Bungalows: Steinerne „Villen"-Zimmer mit Blick aufs Meer (aber auch auf die Straße) und die etwas teureren hölzernen „Onkel-Bungalows", geräumige Stelzenhäuser in einem Garten. Daneben gibt es ein 4-Zimmer-Apartment im restaurierten Kolonialhaus – 180 m² mit Strandzugang. Großes Restaurant mit Bambusdekoration. Frühstück und Flughafentransfer inklusive. ❹–❻

Con Dao Resort, 8 Nguyen Duc Thang, ✆ 064-830939, 830729, 📠 830949, 💻 www.condaoresort.com.vn. Hotel mit 45 AC-Zimmern, Swimmingpool und Tennisplatz. Die Räume nach vorne heraus haben einen Balkon mit Blick aufs Meer, die nach hinten haben keinen Balkon und Blick auf die Berge. Liegt an einem eigenen, privaten Strandabschnitt. Das Restaurant ist nicht gerade ein Hort der Gemütlichkeit. Preisnachlässe in der Nebensaison möglich. ❹–❻

Saigon Con Dao Resort, 18-24 Ton Duc Thang, ✆ 064-830155, 830345, 📠 830567, 💻 www.saigoncondao.com. Großes Resort, das von der staatlichen Agentur Saigontourist betrieben wird und oft einheimische Tourgruppen beherbergt. Im Saigontourist-Büro in HCMS können Komplett-Touren gebucht werden. Es gibt zwei Restaurants, in denen abends, wenn die vietnamesischen Tourgruppen in Schwung kommen, viel los ist; außerdem Swimmingpool, Tennisplatz und Karaoke. Frühstück inklusive. Bootstouren zu anderen Inseln können organisiert werden. ❹–❻

Transport

Boote

Alle paar Tage verkehrt eine **Personenfähre** zwischen Con Dao und VUNG TAU. Die Fahrt dauert 12–14 Std. Meist wird in einem 5-Tage-Rhythmus gefahren, der sich jedoch aufgrund der Wetterbedingungen verschieben kann. Fahrplaninformationen und Tickets auf Con Son im jeweiligen Hotel; in Vung Tau bei Vung Tau Tourist, 29 Tran Hung Dao, ✆ 064-857527.

Flüge

Der Flughafen befindet sich etwa 6 km nordöstlich der Stadt. **Vasco Airlines**, 114 Bach Dang, Tan Binh, HCMS, ✆ 08-8445999, 💻 www.vasco.com.vn, fliegt 4-mal wöchentlich von HO-CHI-MINH-STADT nach Con Dao (Di, Do, Sa und So). Ein einfaches Ticket kostet 600 000 Dong. Tickets in HCMS bei **Saigontourist**, 49 Le Thanh Ton, ✆ 08-829 8914; Kontakt auf Con Son unter ✆ 064-830267.
Im November und Dezember kann es durch starke Winde zu Streichungen von Flügen kommen.

Mekong-Delta und Phu Quoc

Stefan Loose Traveltipps

Die Umgebung von Cao Lanh Wandern und Vögel beobachten in einzigartigen Ökosystemen. S. 613

Homestay in Vinh Long oder Long Xuyen Übernachten beim Obstbauern. S. 603 und 617.

15 **Can Tho und Umgebung** Unterwegs auf den Wasserstraßen des neunarmigen Drachen. S. 620

Schwimmender Markt von Chau Doc Dem geschäftigen Treiben auf dem Fluss zusehen. S. 636

16 **Phu Quoc** Relaxen am Traumstrand – oder eine Mopedtour dorthin, wo der Pfeffer wächst. S. 655

Das Mekong-Delta ist eines der größten Deltas der Welt. Über 4500 km hat der Mekong aus Tibet kommend schon zurückgelegt, ehe er sich in Kambodscha in zwei große Arme teilt: den Oberen Mekong (Song Tien) und den parallel fließenden Unteren Mekong (Song Hau), der auch als Bassac-Fluss bekannt ist. Zusammen mit vielen Nebenflüssen und Kanälen formen sie eine einzigartige Landschaft, die oftmals besser auf dem Wasser- als auf dem Landweg zu bereisen ist. Eine Bootstour gehört für die meisten Besucher zu den Highlights ihres Besuches im Delta.

In der Trockenzeit fließt das Wasser ruhig und träge dahin. In der Regenzeit sind große Regionen überschwemmt. Mit seinen braunen Fluten trägt der Mekong so zur besonderen Fruchtbarkeit dieser Landschaft bei. Die drei Reisernten im Jahr versorgen nicht nur große Teile Vietnams mit dem Grundnahrungsmittel, sondern sichern dem Land auch den zweiten Platz unter den weltgrößten Reis-Exporteuren. Obst und Fisch sind weitere wichtige Produkte der Region. Kaum ein Besucher versäumt es, davon zu probieren: sei es die selbst gepflückte Mango oder der beliebte gebratene Elefantenohrfisch.

Viele bereisen das Mekong-Delta mit einer in Sai Gon gebuchten Tour. Das Angebot reicht von Tagesausflügen, die eine Bootsfahrt einschließen, bis hin zu mehrtägigen Reisen, bei denen auch Übernachtungen auf Obstplantagen („Homestay") oder Ausflüge in Naturparks möglich sind. Vorteil ist, dass man sich um nichts zu kümmern braucht und die Standard-Highlights bequem auf dem Tablett serviert bekommt – wenngleich nicht unbedingt auf dem silbernen, denn die Qualität solcher Touren ist sehr unterschiedlich.

Es ist allerdings ebenso gut möglich, das Delta auf eigene Faust zu bereisen; sei es mit einem *xe om* von Sai Gon aus oder einfach mit dem lokalen Bus. Wer mit dem *xe om* unterwegs ist, hat den Vorteil, dass der Fahrer als Übersetzer helfen kann. Wer den Bus nimmt, genießt maximale Entscheidungsfreiheit und engen Kontakt zur Bevölkerung.

Zu den Highlights einer Tour durchs Delta zählen ein Besuch in **Chau Doc**, der heimlichen Hauptstadt der Region: Von hier kann man einen riesigen schwimmenden Markt besuchen. Auch von **My Tho** oder **Vinh Long** aus lassen sich schöne Ausflüge zu schwimmenden Märkten und auf einige Flussinseln unternehmen, auf denen Obstplantagen und lokale Manufakturen zu sehen sind – besonders beliebt sind Besuche in Kokosnuss-Bonbonmachereien.

Tra Vinh und **Soc Trang** sind Tipps für Freunde der kambodschanischen Kultur; hier gibt es die größten Khmer-Minderheiten und beeindruckende Pagoden. Naturfreunde, die mehr Zeit im Delta verbringen wollen, können in **Ca Mau** einen großen Mangrovenwald sehen oder eines der 30 Vogelschutzgebiete aufsuchen, mit denen das Delta aufwartet.

Chau Doc, nahe der Grenze zu Kambodscha, ist für viele auf dem Landweg Reisende eine wichtige Station auf ihrer Etappe und durchaus eine Übernachtung wert. Gleiches gilt für **Ha Tien** im Südwesten, wo der nahe gelegene Grenzübergang für Ausländer geöffnet wurde und sich eine interessante neue Reiseroute ins benachbarte Kambodscha und nach Thailand eröffnet.

Die Insel **Phu Quoc**, im äußersten Südwesten Vietnams, war vor ein paar Jahren noch ein Geheimtipp. Diese Zeiten sind zwar vorbei, doch noch immer lockt das Eiland mit unberührten Stränden, freundlichen Menschen, schönen Unterkünften am Strand und undurchdringlichem Urwald im bergigen Hinterland. Nicht wenige Reisende bezeichnen Phu Quoc als *das* Highlight ihrer Vietnam-Reise.

Nehmt euch Zeit!

„Ihr fahrt nach Phu Quoc? Da kommen wir gerade her. Ich kann nur sagen: Nehmt euch Zeit! Zwei, drei Tage sind zu wenig. Fliegt lieber, anstatt mit Bus und Fähre zu fahren, das kostet nicht viel mehr, geht aber viel schneller und ist bequemer. Wir hatten Phu Quoc ans Ende unserer Reise gelegt und mussten am dritten Tag schon wieder los – ganz großer Fehler! Ein paar mehr Tage Erholung hätten uns gutgetan. Und sagt nicht, wir hätten euch nicht gewarnt…" (Reisebekanntschaft, Mai 2007)

My Tho

My Tho (170 000 Einw.) ist die Hauptstadt der Provinz Tien Giang und als solche ein wichtiger Markt- und Verwaltungsort. Von Sai Gon aus fährt man etwa zwei Stunden, oft Stoßstange an Stoßstange, auf der N1 durch eine wenig inspirierende Landschaft – und auch My Tho selbst ist nicht gerade eine Schönheit. Doch wer nicht viel Zeit hat, kann hier immerhin einen Blick auf den legendären Flusslauf werfen. Der Mekong hat sich bereits flussaufwärts in seine Mündungsarme unterteilt und wälzt sich hier als sein nördlicher Arm (Tien-Fluss) in Richtung Meer.

Viel los ist nicht in My Tho; außer morgens, wenn die Tourbusse aus Ho-Chi-Minh-Stadt kommen und die Besucher die wartenden Ausflugsboote entern, um die Inseln der Umgebung zu besuchen.

Die Stadt kann auf eine wechselhafte Vergangenheit zurückblicken: Lange Zeit herrschten die Khmer, ehe sich hier Ende des 17. Jhs. neben Vietnamesen besonders viele Chinesen ansiedelten – hauptsächlich politische Flüchtlinge aus Taiwan. Ende der 70er-Jahre des letzten Jahrhunderts flohen die meisten Chinesen vor dem enteignenden Zugriff der neuen sozialistischen Regierung.

Neben dem Fischfang ist der Anbau von Reis und Obst die Haupteinnahmequelle der Region. Ein Bummel über den Früchtemarkt am Fluss verschafft einen Eindruck von der Vielfalt der Erzeugnisse.

Sehenswürdigkeiten

Die Zahl der Sehenswürdigkeiten in der Stadt hält sich in Grenzen. Die **Vinh Trang-Pagode** liegt etwa 1 km vom Zentrum entfernt und ist die größte buddhistische Einrichtung der Provinz. Sie wurde 1848 auf einem bewaldeten, etwa 2000 m² umfassenden Gelände gebaut. Von außen präsentiert sie sich als eigenartiger asiatisch-europäischer Stilmix. Innen beherbergt sie eine bedeutende Sammlung von mehr als 60 Buddhastatuen, darunter eine Sammlung von achtzehn 1907 hergestellten Bodhisattwas aus Holz, die zu den Höhepunkten der religiösen Handwerkskunst im Delta zählen. Die Pagode ist den ganzen Tag geöffnet, doch sollte man von einem Besuch um die Mittagszeit (11–13.30 Uhr) absehen, um die Mönche nicht in ihrem Tagesablauf zu stören.

My Thos **Cao Dai-Tempel** ist ein einladender, bunter Ort, an dem täglich von früh morgens bis spät abends Zeremonien abgehalten werden. Der kühle, geflieste Innenraum ist in Pastellgelb und Hellblau gehalten und hat, ebenso wie die große Cao Dai-Kirche in Tay Ninh, eine umlaufende Galerie.

Die **katholische Kirche** von My Tho liegt etwas nördlich des Zentrums. Messen werden um 5 Uhr morgens und 17 Uhr abends abgehalten.

Übernachtung

My Tho verfügt über eine Anzahl preiswerter, einfacher Hotels; dazu zwei etwas bessere Häuser für etwas mehr Komfort Suchende. Wer nicht nur zum Schlafen aufs Zimmer geht, sollte auf ein Fenster oder besser einen Balkon mit Flussblick achten.

Untere Preisklasse

Cong Doan (Trade Union Hotel), 61 Le Thi Hong Gam, ✆ 073-874324, 📠 878857. Sehr einfache Zimmer mit Ventilator im Erdgeschoss, oben die besseren mit Flussblick und AC. ❶–❷

Huong Duong, 33 Trung Trac, ✆ 073-872011, ✉ huongduonghotel2005@yahoo.com. Passable Zimmer in einem großen Eckhaus, von dessen oberen umlaufenden Balkonen man einen weiten Blick über den Fluss hat. ❶–❷

Rang Dong Mini Hotel, 24 30/4, ✆ 073-874400. Etwas verwohntes, aber immer noch beliebtes Haus. Besonders die AC-Zimmer sind recht groß und wirken mit dem abgetrennten Aufenthaltsbereich fast wie kleine Suiten. ❶

Song Tien Hotel, 101 Trung Truc, ✆ 073-872009, 📠 884745. Am Bao Dinh-Kanal an einer recht belebten Straße liegt dieses Haus mit komfortablen Zimmern, die alle über AC und TV verfügen. ❶–❷

Thanh Thong, 231 Thanh Thong, kein Telefon. Gästehaus mit wenigen Zimmern; nur die Balkonzimmer mit Sicht auf den friedlichen kleinen See sind einigermaßen empfehlenswert. Superwinzige Bäder, in denen man nur auf der Toilette hockend duschen kann. Kein Englisch. ❶

MEKONG-DELTA UND PHU QUOC

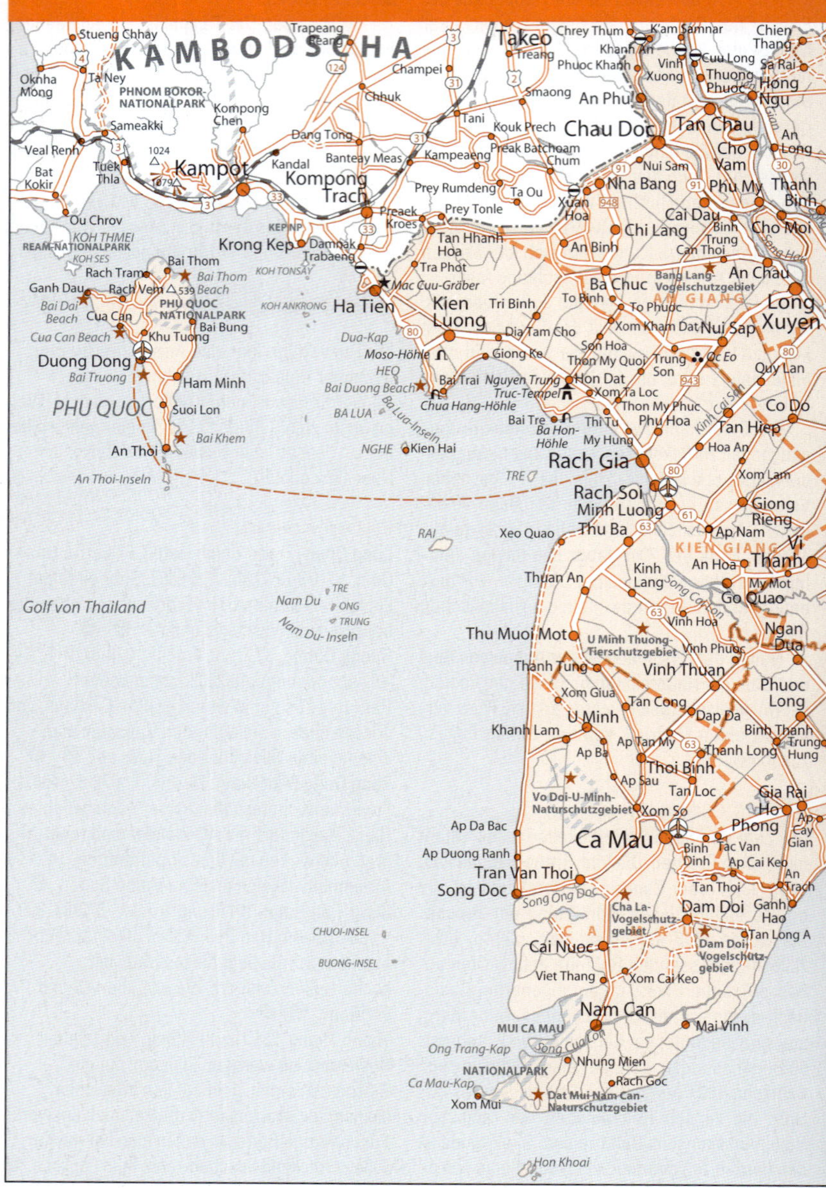

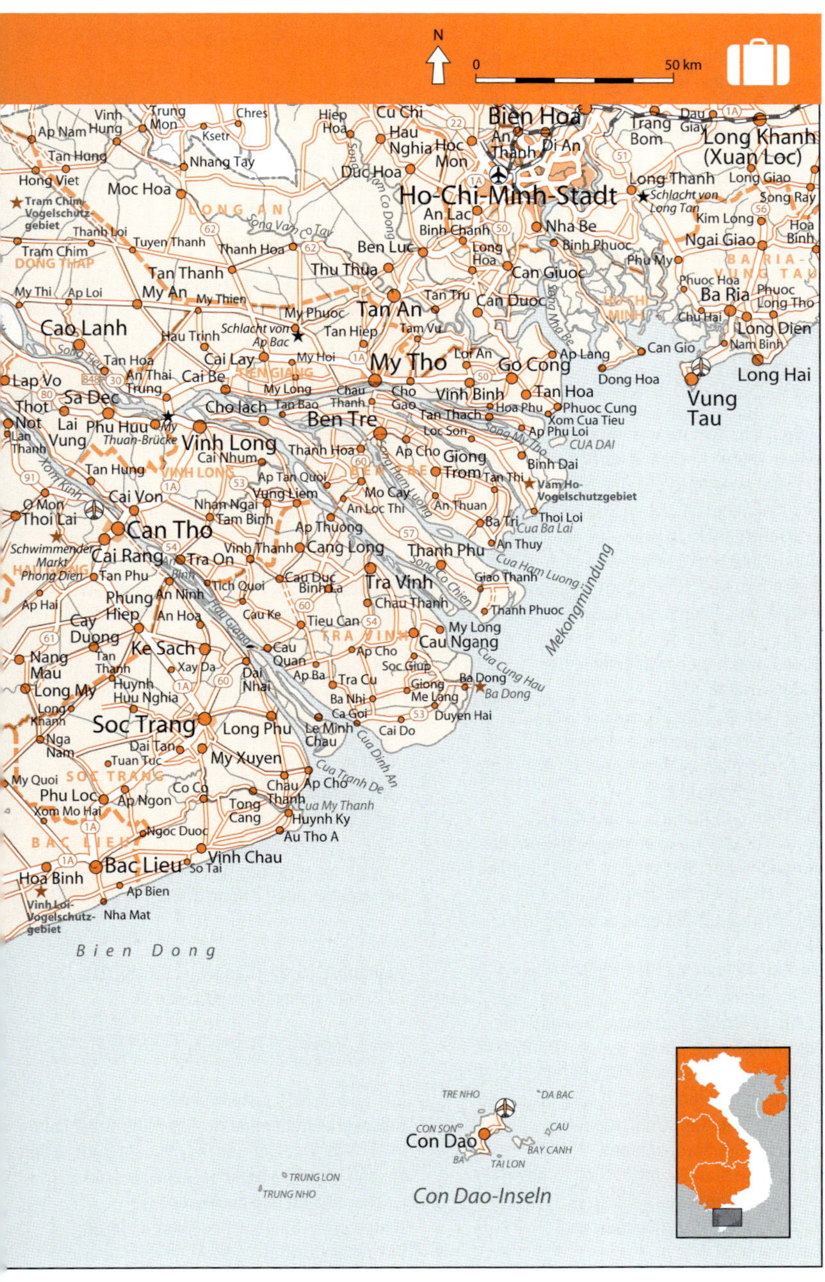
N
0
50 km
Bien Hoa
Cu Chi
Hiep Hoa
Vinh Hung
Trung Mon
Chres
Ap Nam
Ksetr
Hau Nghia
Hoc Mon
An Thanh
Di An
Trang Bom
Dau Giay
Long Khanh (Xuan Loc)
Tan Hung
Nhang Tay
Duc Hoa
Hong Viet
Moc Hoa
Ho-Chi-Minh-Stadt
Long Thanh
Long Giao
Tram Chim Vogelschutzgebiet
LONG AN
An Lac
Binh Chanh
Schlacht von Long Tan
Song Ray
Kim Long
Thanh Loi
Tuyen Thanh
Song Vam Co Tay
Nha Be
Binh Phuoc
Ngai Giao
Hoa Binh
Tram Chim
Thanh Hoa
Ben Luc
Long Hoa
Phu My
DONG THAP
Tan Thanh
Thu Thua
Can Giuoc
BA RIA-VUNG TAU
Phuoc Hoa
My Thi
Ap Loi
My An
My Thien
Tan Tru
Ba Ria
Phuoc Long Tho
My Phuoc
Tan An
Can Duoc
HO CHI MINH
Chu Hai
Cao Lanh
Hau Trinh
Schlacht von Ap Bac
Tan Hiep
Tam Vu
Long Dien
Nam Binh
Can Gio
Song Tien
Tan Hoa
Cai Lay
My Hoi
My Tho
Loi An
Go Cong
Ap Lang
Lap Vo
An Thai Trung
Cai Be
TIEN GIANG
Dong Hoa
Long Hai
Sa Dec
My Long
Chau Thanh
Cho Gao
Vinh Binh
Tan Hoa
Vung Tau
Thot Not
Lai Vung
Phu Huu
Cho lach
Tan Bao
Ben Tre
Tan Thach
Hoa Phu
Phuoc Cung
Xom Cua Tieu
Ap Phu Loi
Lan Thanh
Thuan-Brücke
My Thuan-Brücke
Vinh Long
Loc Son
Song My Tho
CUA DAI
Cai Nhum
Thanh Hoa
Ap Cho
Giong Trom
Binh Dai
Tan Hung
VINH LONG
BEN TRE
Tan Thi
Ap Tan Quoi
Vam Ho-Vogelschutzgebiet
Song Ham Luong
O Mon
Cai Von
Vung Liem
Mo Cay
Thoi Lai
Nhon Ngai
An Loc Thi
An Thuan
Tam Binh
Thoi Loi
Ap Thuong
Ba Tri
Cua Ba Lai
Can Tho
An Thuy
Schwimmender Markt
Cai Rang
Vinh Thanh
Cang Long
Thanh Phu
Tra On
Song Co Chien
Cua Ham Luong
HAU GIANG
Phong Dien
Tan Phu
Tich Quoi
Cau Duc
Binh La
Tra Vinh
Giao Thanh
Phung Hiep
An Ninh
Chau Thanh
Ap Hai
Thanh Phuoc
Mekongmündung
Cay Duong
An Hoa
Cau Ke
Tieu Can
Song Hau Giang
My Long
TRA VINH
Ke Sach
Cau Ngang
Nang Mau
Tan Thanh
Xay Da
Cau Quan
Ap Cho
Soc Giup
Cua Cung Hau
Long My
Huynh Huu Nghia
Dai Nhai
Ap Ba
Tra Cu
Ba Dong
Giong Me Lang
Long Khanh
Ba Nhi
Ca Goi
Duyen Hai
Soc Trang
Long Phu
Le Minh Chau
Cai Do
Nga Nam
Dai Tan
Cua Dinh An
Tuan Tuc
My Xuyen
Cua Tranh De
My Quoi
SOC TRANG
Co Co
Chau Thanh
Ap Cho
Phu Loc
Ap Ngon
Cua My Thanh
Xom Mo Hai
Tong Cang
Huynh Ky
BAC LIEU
Ngoc Duoc
Au Tho A
Hoa Binh
Bac Lieu
So Tai
Vinh Chau
Ap Bien
Vinh Loi-Vogelschutzgebiet
Nha Mat
Bien Dong
TRE NHO
DA BAC
CON SON
CAU
Con Dao
BAY CANH
BA
TAI LON
TRUNG LON
TRUNG NHO
Con Dao-Inseln
Mekong-Delta und Phu Quoc

Mittlere Preisklasse

Chuong Duong, 30/4, ✆ 073-870875. Die gut eingerichteten Zimmer galten lange Zeit als die besten der Stadt. Besonders beliebt sind die Balkonzimmer. Zentral gelegen. Gutes Restaurant. ❸

Rang Dong Hotel, Le Thi Hong Gam, ✆ 073-970085. Direkt am Mekong, etwas außerhalb gelegenes, neues Hotel mit großen, gepflegten, hellblau gestrichenen Zimmern. Von den umlaufenden Balkonen hat man einen schönen Blick über den Fluss. Gutes, am Wasser gelegenes Restaurant. ❷–❸

Essen

Neben den Restaurants der beiden größeren Hotels (siehe dort) kann My Tho noch mit ein paar passablen Lokalen aufwarten – und einer einheimischen Spezialität, *hu tieu,* ein Nudelgericht in Brühe mit Meeresfrüchten, Huhn, Fleisch und Kräutern, welches besonders gern zum Frühstück gegessen wird. Vegetarier sollten nach *hu tieu chay* Ausschau halten.

Viele **Cafés** finden sich entlang der Yersin-Straße.

Banh Xeo 46, Trung Trac 46, leckere Shrimps-Pfannkuchen und frische Frühlingsrollen mit fermentierten Würstchen. Englische Speisekarte.

Chi Thanh, 19 Ap Bac, ✆ 073-878428. Vietnamesische und chinesische Gerichte von der englischen Speisekarte. Kann abends recht voll werden. Ein ähnliches Angebot im **Chi Thanh 2**, um die Ecke in der Tet Mau Thanh.

Hu Tieu 44, Nam Ky Hhoi Nghia 44, eines von mehreren auf *hu tieu* spezialisierten Geschäften in dieser Straße. Nur vormittags geöffnet.

Ngoc Gia Trang, 196 Ap Bac, ✆ 073-872742. Etwas teureres Garten-Restaurant mit schöner Atmosphäre. Menüs ab US$4. Ein bisschen außerhalb an der Straße Richtung Ho-Chi-Minh-Stadt gelegen.

Oc 283, Tet Mau Thanh 283, auf Schalen- und Krustentiere spezialisiertes einfaches Restaurant neben dem Chi Thanh 2.

Sonstiges

Einkaufen

Bei einer Bootstour mit Besuch in einer Kokosnussbonbon-Fabrik sollte man es nicht versäumen, ein oder zwei Päckchen zu erstehen: So gute wie hier finden sich in ganz Vietnam nicht mehr.

Geld

Industrial and Commercial Bank, 15B Nam Ky Khoi Nghia, ✆ 073-873026, ⏲ Mo–Fr 7.30–11 und 13.30–16 Uhr. Wechselt Devisen und Schecks und gibt Bares gegen Kreditkarte.

Informationen

Tien Giang Tourist (TIGITOUR), 8, 30 Thang 4, ✆ 073-873184, 📠 873578, 💻 www.tiengiangtourist.com, ⏲ 7–17 Uhr. Organisiert und verwaltet die Touren in die Umgebung; war lange Zeit Quasi-Monopolist und ist daher recht teuer. Wer hier eine Bootstour bucht, zahlt mehr als anderswo – sei es bei einem privaten Bootsführer in My Tho oder bei einer etwa in Can Tho gebuchten Tour. Außerdem betreibt Tigitour recht große Schiffe, mit denen man nicht in die kleinen Kanäle hineinfahren kann.

Internet

VNN Internet, 80 Nam Ky Khoi Nghia, ganztägig geöffnet.

Medizinische Hilfe

General Hospital, 2 Hung Vuong, ✆ 073-872360.

Post

Hauptpost, 59, 30 Thang 4, ✆ 073-873219, 📠 874728, ganztägig geöffnet.

Touren

Ein- und Mehrtagestouren der **Reiseveranstalter aus Ho-Chi-Minh-Stadt** halten in My Tho. Von hier geht es mit dem Boot zu den kleinen Inseln im Mekong. Ziele sind ein Fischereihafen und ein Kokosnuss-Handwerker-Shop, wo es unter anderem Kokosnussbonbons gibt. Mit dem Ruderboot

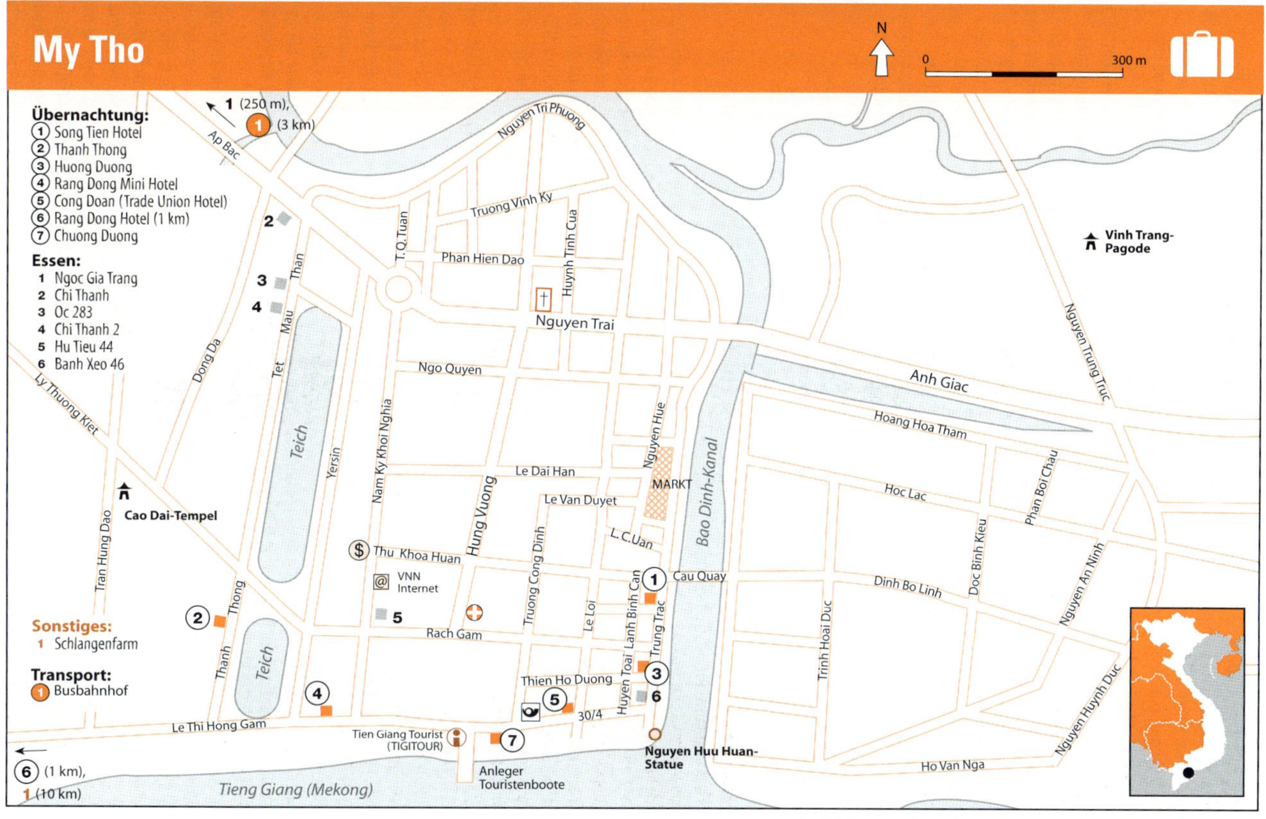

Mekong-Delta und Phu Quoc

geht es über schmale Flussarme in Dörfer, wo Bienen gezüchtet werden. Hier kann man Honig-Reis-Wein probieren. Tagestouren ab HCMC kosten ab US$7. Manche Anbieter besuchen auf den Tagestouren auch den Früchtemarkt von My Tho und machen Halt bei Bootsbauern.

Mehrtagestouren fahren von hier meist mit dem Bus weiter nach Chau Doc.

Wer auf eigene Faust eine Tour in My Tho unternehmen möchte, kann sich entweder an Tien Giang Tourist wenden oder sich einem der **privaten Bootsführer** anvertrauen, die am Fluss ihre Dienste anbieten. Vorteil: Mit den kleineren Booten kann man besser in die flachen Kanäle hineinfahren, besonders bei Niedrigwasser. Man sollte darauf achten, dass die Verständigung mit dem Bootsführer einigermaßen klappt – und nicht nur mit dem Vermittler, der einen auf der Straße angesprochen hat. Für eine mehrstündige Tour ist mit etwa US$10–15 zu rechnen.

Transport

Busse

Der lokale Busbahnhof von My Tho befindet sich 3 km außerhalb an der Ap Bac. Eine Fahrt mit dem *xe om* dorthin sollte 10 000 Dong kosten. Vormittags fahren Busse in mehrere Städte des Deltas, z. B. um 5 und 8 Uhr nach VINH LONG und CAN THO (41 000 Dong). Auf dem Weg nach Vinh Long ergibt sich von der My Thuan-Brücke (S. 606) ein schöner Blick auf den Fluss und das Delta.

Den ganzen Tag über fahren alle halbe Stunde Busse nach HO-CHI-MINH-STADT (21 000–30 000 Dong, 1 1/2 Std.). Dort enden die Busse am Cholon-Busbahnhof, von wo es mit dem Moped (bis zu 30 000 Dong) oder dem Stadtbus in die Innenstadt weitergeht. Auch nach VUNG TAU und TAY NINH fahren alle ein bis zwei Stunden Busse, die jeweils etwa 5 Std. brauchen.

Boote

Die Fähre in die **Provinz Ben Tre** legt einen knappen Kilometer westlich des Stadtzentrums ab. Der Fährverkehr wird morgens sehr früh aufgenommen und endet abends kurz nach 21 Uhr. Eine Einzelfahrt kostet 2000 Dong, für ein Moped werden 4000 Dong berechnet. Auf der anderen Flussseite geht es dann mit dem Bus nach Ben Tre-Stadt weiter.

Noch weiter westlich liegt ein Pier, von dem Frachtboote Richtung TAN CHAU (Chau Doc) fahren; allerdings nicht täglich und nicht nach einem festen Fahrplan. Meist legt die Fähre um 17 Uhr nachmittags ab und erreicht ihr Ziel am Abend des folgenden Tages. Das Ticket kostet US$5–10. Findige und Mutige können versuchen, einen Platz auf einem Frachter nach VINH LONG oder CAN THO zu bekommen. Manche dieser Fähren und Frachtboote sind allerdings ziemlich angejahrt und entsprechen nicht unbedingt westlichen Sicherheitsvorstellungen.

Die Umgebung von My Tho

Vier Inseln im Tien-Fluss werden von Ausflugsbooten angesteuert: **Con Tan Long**, die Dracheninsel, ist die am nächsten gelegene (nur wenige Bootsminuten entfernt) und auch die am dichtesten besiedelte der Flussinseln. Es gibt ein Fischerdorf, und Obstbauern hegen hier ihre Gärten. Besonders gerühmt wird die Insel für ihre Longan-Früchte.

Con Lan, die Einhorn-Insel, ist die größte der vier und hat gleich mehrere *Tourist Spots,* an denen neben einem Restaurant auch Souvenirs und lokale Spezialitäten angeboten werden. Auf dem 11 km^2 großen Eiland leben etwa 300 Familien, die die Insel in einen großen tropischen Garten verwandelt haben. Erst seit etwa 40 Jahren wohnen hier Menschen – vorher war die Insel ein Paradies für Affen, Schlangen, Krokodile und sogar Tiger.

Con Qui, die Schildkröteninsel, ist die kleinste der vier und liegt südöstlich der Dracheninsel. Sie gehört schon zur Nachbarprovinz Ben Tre. Einige Ausflugsboote halten hier an einem Restaurant, in dem traditionelle Musik dargeboten wird.

Con Phung, die Phönix-Insel, liegt nahe dem gegenüberliegenden Flussufer und gehört ebenfalls zur Nachbarprovinz Ben Tre. Am östlichen Zipfel des lang gestreckten Eilands befinden sich die Überbleibsel vom **Tempel des Kokosnuss-Mönches** (s. S. 602, Kasten „Ong Dao Dua – der Kokosnuss-Mönch"). Offizielle Ausflugsboote von Tien Giang Tourist steuern die Insel nicht an, um nicht in den Gefilden von Ben Tre Tourist zu wildern. Wer allerdings mit einem privaten Boot unterwegs ist, kann hier problemlos einen Stopp einlegen. Dann ist es auch möglich, ein paar hundert Meter weiter in die **Provinz Ben Tre** einzudringen: Vom dortigen Flussufer führen Kanäle ins Innere, an denen sich einige **Coconut-Candy-Fabriken** angesiedelt haben. Wer bei der Herstellung der köstlichen Kokosnuss-Bonbons zugesehen und eines probiert hat, wird kaum umhin kommen, ein Paket davon zu kaufen – oder auch mehrere, denn es gibt verschiedene Sorten. Wer lockere Plomben hat, sollte sich den Genuss der klebrigen Süßigkeit allerdings zweimal überlegen.

Die **Schlangenfarm** von **Dong Tam** liegt etwa 10 km von My Tho entfernt. Hier werden unter anderem Kobras und Pythons gezüchtet. Ihr Fleisch wird in einem angegliederten Restaurant aufgetischt. Außerdem werden einige mutierte Fische und Schildkröten ausgestellt. In Käfigen fristen Bären und Affen ihr Dasein. Der vom vietnamesischen Militär betriebene Platz ist definitiv kein Ort für Tierfreunde. Wer dennoch hin will, nimmt die N1 Richtung Vinh Long und folgt ab Dong Tam den Schildern nach Tran Rai, oder folgt der Le Thi Hong Gam in westlicher Richtung und biegt nach etwa 7 km am Wegweiser rechts ab. ⏲ 7–18 Uhr, ✉ 15 000 Dong.

Der **Schwimmende Markt von Cai Be** gehört ebenfalls noch zur Provinz Tien Giang und wird daher von *Tien Giang Tourist* bedient. Die Fahrt zum Markt entlang des Tien-Flusses dauert etwa eine Stunde. Er liegt in etwa an der Stelle, an der der Fluss die Grenze zwischen den Provinzen Tien Giang, Ben Tre und Vinh Long markiert. Täglich von 5 Uhr morgens bis 17 Uhr abends ankern fast 500 Boote an dieser Stelle des Flusses, beladen mit Früchten, Gemüse und anderen Gütern. Besser zu erreichen ist der Markt von Vinh Long-Stadt (s. S. 603, Vinh Long).

Auch Fahrten zur **Insel Thoi Son** werden von Tien Giang Tourist organisiert. Diese Insel liegt etwa 45 Bootsminuten flussaufwärts von My Tho und lockt mit ihren Obstgärten. Besucher können dort in dem zum Tourveranstalter gehörenden **Thoi Son Resort**, ✆ 073-895502, ❷–❸, in überteuerten einfachen Bungalows mit Heißwasser übernachten (Frühstück inkl.).

Ben Tre

Die ruhige Provinzhauptstadt Ben Tre (80 000 Einw.) ist kein großer Touristenmagnet, was wohl auch daran liegt, dass sie eine Sackgasse ist: Von hier kann man nicht weiter ins Delta vordringen, sondern muss zurück nach My Tho. Dazu kommt die Abwesenheit großer touristischer Highlights – selbst die skurrilen, wenngleich keinen großen Umweg werten Überreste vom Tempel des Kokonuss-Mönches sind besser von My Tho aus zu erreichen.

Interessant ist die Stadt eher für Reisende, die ein paar ruhige Tage abseits des Touristenstroms verbringen wollen. Die schöne Landschaft, die die saubere kleine Stadt umgibt, lädt zu ausgedehnten Spazierfahrten oder Wanderungen ein.

Die Provinz Ben Tre besteht aus drei großen Inseln, die von den Armen des Mekong umschlungen werden: Im Norden vom Tien-Fluss begrenzt, durchflossen vom Ham Luong und im Süden am Co Chien endend. Fische und Kokosnüsse sind die Hauptprodukte, dazu Reis und Obst.

In Ben Tre selbst bietet sich neben einem ausgedehnten Bummel über den **Markt** ein kurzer Abstecher zur **Vien Minh-Pagode** an. Sie ist das Zentrum der hiesigen Buddhisten und hat eine Avalokitesvara-Statue im Garten. Ihr aktuelles Aussehen verdankt sie einer Komplett-Restauration, die von 1951 bis 1959 dauerte.

Ein längerer Spaziergang führt über die Brücke ans weniger gut erschlossene Südufer des Flusses, wo man bald Mittelpunkt des Interesses sein dürfte – allein herumlaufende westliche Touristen sind hier ziemlich selten.

Übernachtung

Untere Preisklasse

Phuong Hoang Hotel, 28 Hai Ba Trung, ✆ 075-821385. Etwas preiswerter als das nahe gelegene Dong Khoi, dafür muss man hier an der Rezeption ohne Englisch auskommen. Die Zimmer nach vorn haben einen Gemeinschaftsbalkon zum See. ❶–❷

Trade Union Hotel, 36 Hai Ba Trung, ✆ 075-825082, 📠 813017. Nicht schön, aber billig. ❶

Mittlere Preisklasse

Ben Tre Hotel, 8/2 Tran Quoc Tuan, ✆ 075-825332, 📠 823543. Die sauberen, großen Zimmer sind für den Preis o.k., aber nicht sehr zentral gelegen. ❷–❸

Dong Khoi Hotel, 16 Hai Ba Trung, ✆ 075-822501, 📠 822440. Mit seinen großen AC-Zimmern mit TV, Kühlschrank und Badewanne präsentiert sich dieses Haus als die wohl beste Option am See. Frühstück im Hotelrestaurant inklusive. ❷–❸

Hung Vuong Hotel, 148-166 Hung Vuong, ✆ 075-822408, 📠 826134. Das einzige Hotel mit Flussblick hat gut ausgestattete AC-TV-Zimmer, auch mit Badewanne, und ein großes Restaurant. ❸

Essen und Unterhaltung

Die Auswahl an Essensmöglichkeiten in Ben Tre ist begrenzt. Preiswerte vietnamesische Kost gibt es in der Nähe des Marktes. Westliche Besucher bevorzugen meist eines der beiden Hotelrestaurants. Einen Kaffee oder ein Kaltgetränk kann man sich am Nordufer des Truc Giang-Sees genehmigen.

Dong Chau Restaurant, 58-60 Hung Vuong, ✆ 075-822416; einfache vietnamesische Gerichte an der Uferstraße.

Dong Khoi Hotel Restaurant, 16 Hai Ba Trung, ✆ 075-822501; englische Speisekarte mit westlichen und vietnamesischen Gerichten.

Hung Vuong Hotel Restaurant, 166 Hung Vuong, ✆ 075-822408; großes Restaurant mit englischer Speisekarte.

Nam Son Restaurant, 40 Phan Ngoc Tong, ✆ 075-822888; preiswerte vietnamesische Küche und Bier.

Das **schwimmende Restaurant** am Flussufer nahe der Brücke wurde während der Recherchen renoviert und könnte ein guter Tipp sein.

Im **Dong Khoi Hotel Restaurant** spielt samstags abends eine Band.

Sonstiges

Geld

Incombank, 42 Nguyen Dinh Chieu, ✆ 075-822507.

Informationen

Ben Tre Tourist, 65 Dong Khoi, ✆ 075-629 618, 📠 822440, hat ein paar Informationen und eine Zweigstelle am See.

Internet

Den zuverlässigsten Internetzugang gibt es bei der Post. Einige Online-Game-Shops liegen in der Stadt verteilt, z. B. neben dem Ben Tre Hotel.

Medizinische Hilfe

Nguyen Dinh Chieu General Hospital, 109 Doan Hoang Minh, ✆ 075-827166, 📠 827814.

Post

Die **Hauptpost** befindet sich in der 3 Dong Khoi, ✆ 075-822264, 📠 825705, und bietet auch Internetzugänge.

Touren

Boote können für etwa 70 000 Dong pro Stunde bei Ben Tre Tourist oder einem privaten Anbieter gemietet werden.

Transport

Als Insel-Provinz ist Ben Tre nur mit der Fähre zu erreichen; am besten mit der Rach Mieu-Fähre von MY THO aus. Vom Anleger aus sind es etwa 10 km in die Stadt. Es verkehren Busse und *xe om*.

Die Minibusse zur Rach Mieu-Fähre (nach My Tho) fahren in der Nähe der Tankstelle ab.

Von der **Busstation** etwa 1,5 km nördlich des Zentrums starten ab 5 Uhr morgens Busse in viele Städte des Deltas. Auch sie fahren über My Tho. Wer mit einem solchen lokalen Bus weiterfahren will, sollte sehr früh aufbrechen.

Ben Tre

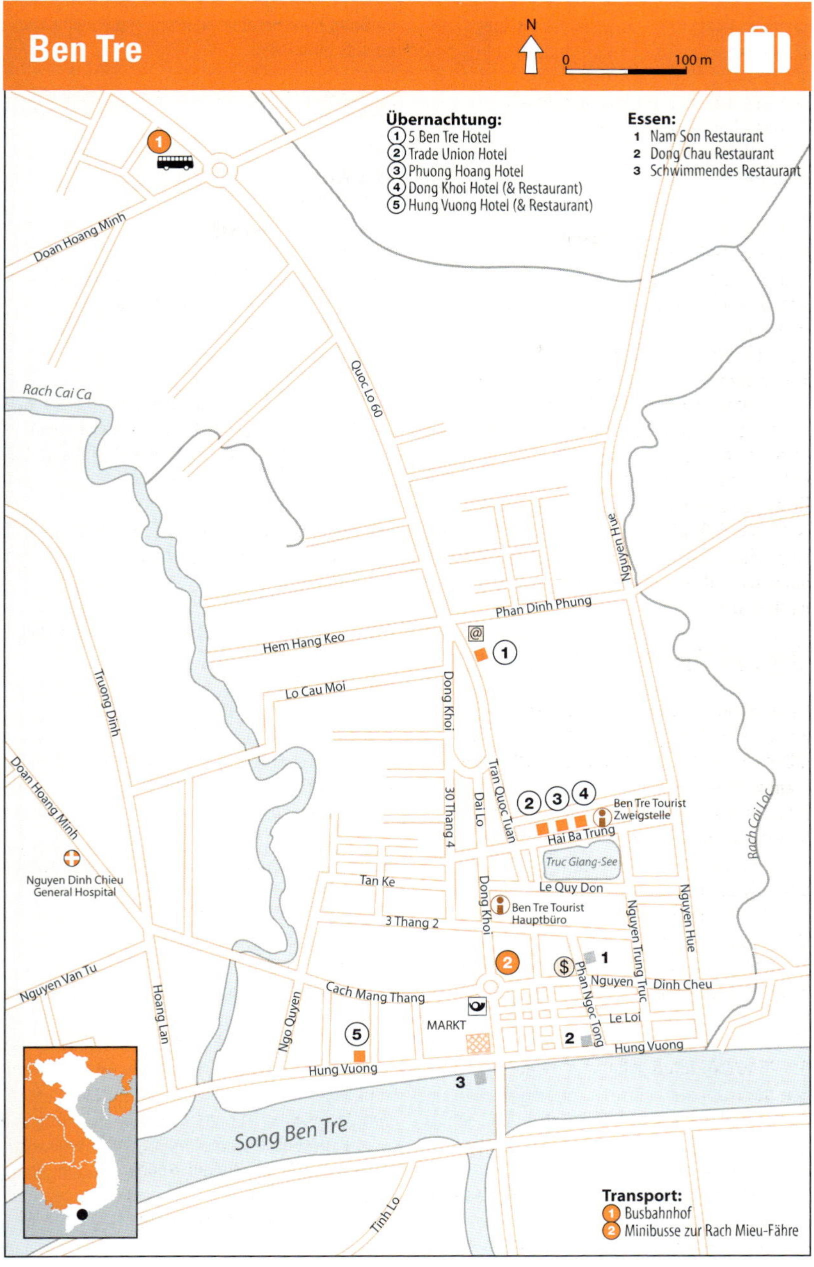
N
0
100 m
Übernachtung:
1 5 Ben Tre Hotel
2 Trade Union Hotel
3 Phuong Hoang Hotel
4 Dong Khoi Hotel (& Restaurant)
5 Hung Vuong Hotel (& Restaurant)
Essen:
1 Nam Son Restaurant
2 Dong Chau Restaurant
3 Schwimmendes Restaurant
Transport:
1 Busbahnhof
2 Minibusse zur Rach Mieu-Fähre
Doan Hoang Minh
Rach Cai Ca
Quoc Lo 60
Nguyen Hue
Phan Dinh Phung
Hem Hang Keo
Lo Cau Moi
Dong Khoi
Truong Dinh
Tran Quoc Tuan
30 Thang 4
Dai Lo
Ben Tre Tourist Zweigstelle
Hai Ba Trung
Truc Giang-See
Rach Cai Loc
Nguyen Dinh Chieu General Hospital
Tan Ke
Le Quy Don
Ben Tre Tourist Hauptbüro
3 Thang 2
Nguyen Trung Truc
Nguyen Van Tu
Phan Ngoc Tong
Nguyen Dinh Cheu
Cach Mang Thang
Hoang Lan
Ngo Quyen
MARKT
Le Loi
Hung Vuong
Song Ben Tre
Tinh Lo

Ong Dao Dua – der Kokosnuss-Mönch

Ong Dao Dua, der „Kokosnuss-Mönch", geboren 1909 als Nguyen Thanh Nam, lebte von 1928 bis 1935 in Frankreich, wo er Chemie studierte und mit dem Christentum in Kontakt kam. Nach seiner Rückkehr in die vietnamesische Heimat gründete er eine Familie und meditierte viel. Schließlich zog er sich drei Jahre auf den Sam-Berg bei Chau Doc zurück; eine Periode, während der er sich ausschließlich von Kokosnüssen ernährt haben soll. Das muss zu einer Art Erleuchtung geführt haben, denn anschließend gründete er eine neue Religion, *Tinh Do Cu Si*. In dieser gingen Taoismus und Christentum eine schillernde Verbindung ein. Es folgte die Gründung eines kleinen Klosters unter freiem Himmel auf der Insel Con Phung. Dort entstanden unter seiner Regie recht merkwürdige Sakralbauten, die ein bisschen nach Kirmesplatz aussehen: Unter anderem eine Meditationsplattform, auf die Ong Dao Dua sich mit einem Aufzug in Form einer Apollo-Raumkapsel transportieren ließ. Während des Vietnamkriegs kamen viele westliche Kriegsreporter auf die kleine Insel, um eine Auszeit vom Krieg zu nehmen. Der Fotograf Tim Page schreibt in seinen Erinnerungen: „Steinbeck entdeckte die Phönix-Insel, als er an einem Buch über orientalische Philosophie arbeitete, und wurde gleich ein Anhänger.
Der Kontrast zwischen den Gongs und Friedensgesängen auf dem makrobiotischen Mekong-Retreat und dem kranken Wahnsinn an den Flussufern wenige Kilometer entfernt hätte den allergrößten Skeptiker bekehrt."

Ong Dao Dua wurde sowohl vom südvietnamesischen Regime als auch von den nachfolgenden kommunistischen Herrschern verfolgt und immer wieder eingesperrt – es war wohl sein Glaube an eine friedliche Vereinigung von Nord- und Südvietnam, die den Herrschern nicht gefiel. Nach seinem Tode 1990 verlief sich die kleine Gemeinde und das Kloster verfiel. Heute sind die Reste teilweise restauriert und eine skurrile Attraktion.

Die Umgebung von Ben Tre

Con Phung (die Phönix-Insel) gehört zur Provinz Ben Tre. Das Touristenbüro von Ben Tre hat sich ein Monopol auf Fahrten dorthin gesichert und bietet recht teure Touren an. Billiger und schneller erreicht man die Insel mit einem privaten Boot von My Tho aus. An der Ostspitze liegen die Überreste einer skurrilen Klosteranlage (siehe Kasten).

Im Dorf **Cai Mon** ungefähr 10 km westlich von Ben Tre finden sich berühmte Blumen- und Bonsaigärten. Von hier wird nach ganz Südostasien exportiert. Die Kunst der ornamentalen Gestaltung von Pflanzen wurde einst vom hier geborenen Gelehrten Truong Vinh Ky eingeführt und seitdem von den Vätern an die Söhne weitervererbt. Inzwischen ist daraus ein einträgliches Geschäft geworden.

Das **Vogelschutzgebiet Vam Ho** liegt etwa 45 km östlich in der Kommune My Hoa. Auf dem

40 ha großen Gebiet leben Tausende Störche und Reiher. Täglich zwischen 16 und 17 Uhr kehren die Störche von ihren Flügen zurück und färben die Bäume weiß. Gleichzeitig starten die Reiher zu ihrer abendlichen Nahrungssuche. In den Mangroven-Wäldern leben noch viele andere Vogelarten, außerdem Wiesel, Fledermäuse, Pythons und andere Schlangen. Wer hier Tiere beobachten möchte, wende sich an Ben Tre Tourist.

Ein anderer Ausflug führt zu einer weiteren **Nguyen Dinh Chieu-Pagode**, die etwa 35 km südöstlich von Ben Tre liegt. Bei Vietnamesen ist an Feiertagen ein Ausflug in die große, gepflegte Tempelanlage sehr beliebt. Um dorthin zu gelangen, folgt man der Hung Vuong stadtauswärts nach Westen und überquert die nach etwas über einem Kilometer auftauchende Brücke. Schon ist man auf der Tinh Lo 887, der man etwa 30 km bis kurz vor Ba Tri folgt, wo rechts eine Straße zur Pagode abzweigt. Zwischen 11.30 und 13.30 Uhr ist Mittagsruhe.

Vinh Long

Die Hauptstadt der gleichnamigen Provinz liegt am Co Chien-Fluss und ist für Besucher meist nur Ausgangspunkt für eine Bootstour auf dem Fluss. Von hier geht es entweder zum schwimmenden Markt nach Cai Be, der den ganzen Tag über läuft, oder zur Insel An Binh, wo Besucher in den dortigen Obstplantagen willkommen sind – sei es für einen Spaziergang oder eine Übernachtung.

Zentrum des Geschehens in Vinh Long (120 000 Einw.) ist der nordöstliche Zipfel der Stadt, wo der Mekong-Arm Co Chien sich mit dem breiten Kanal östlich der Stadt vereinigt. Hier schlürfen die Einheimischen in aller Ruhe ihren Kaffee, und der Besucher mit etwas Zeit sollte es ihnen gleichtun. In der Nähe liegt außerdem der **Markt**, der zu den bestsortierten des Deltas gehört. Neben allerlei Gegenständen des täglichen Gebrauchs fällt besonders das reiche Angebot an Früchten auf. Orangen, Mandarinen, Pomelos, Rambutans, Mangos und Longans – die Auswahl an vitaminreichem Reiseproviant ist riesig. Jede Menge Essensstände locken mit preiswerten Gerichten zum Sofortverzehr.

Sehenswürdigkeiten

Das **Museum** von Vinh Long liegt am Flussufer in der Phan Boi Chau und zeigt auf zwei Etagen einige Fundstücke aus der Region sowie viel Schreckliches zum Thema Vietnamkrieg. Aufgrund seiner ungewöhnlichen Öffnungszeiten stehen Besucher oft vor verschlossenen Türen. ⌚ Mo–Do 8–10.30 und 13–16.30 Uhr, Fr 8–10.30 und 18–21 Uhr, Sa und So 18–21 Uhr, Eintritt frei.

Ein etwas längerer Spaziergang führt zum **Van Thanh Mieu-Tempel**, der etwa 3 km südlich des Zentrums im Vorort Long Ho liegt. Er wurde 1864–66 erbaut und ist dem chinesischen Philosophen und Staatsgelehrten Konfuzius gewidmet, was in dieser Region eine ziemliche Ausnahme darstellt. Ein weiterer Tempel auf dem Gelände ist dem Mandarin **Phan Thanh Gian** gewidmet, dem berühmtesten Sohn der Stadt, der am Bau mitwirkte und sich, als er die Fruchtlosigkeit seines Widerstands gegen die französischen Kolonialherren einsah, das Leben nahm. Von ihm stammt eine gravierte Stein-Stele, in der er die Wichtigkeit der Pagode für die Erziehung in der Vinh Long-Provinz hervorhebt. Auch heute noch treffen sich in dem einzigen Literaturtempel des Südens manchmal Intellektuelle, um über Poesie, Literatur und Staatsangelegenheiten zu sinnieren.

Der Weg von Vinh Long führt südlich auf der 30 Thang 4, die hinter der kleinen Brücke zur Tran Phu wird, vorbei an der Quoc Cong-Pagode. Der Van Thanh Mieu-Tempel mit dem dreiteiligen Tor liegt auf der rechten Straßenseite.

Übernachtung

Es sind nicht viele Touristen, die in der Stadt übernachten. Die meisten Besucher kommen morgens mit einer gebuchten Tour aus Sai Gon an, fahren für ein paar Stunden zum schwimmenden Markt nach Cai Be (s. S. 606), essen einen Happen und sind am Nachmittag schon wieder weg. Als Alternative zu einem Hotelzimmer bietet sich eine private Unterkunft an („Homestay"). Sie wird entweder über Cuu Long Tourist gebucht, oder man vertraut sich einem der privaten Vermittler an, die an der Uferpromenade nach Kunden suchen.

Untere Preisklasse

Nam Phuong 2, 2 Thang 9, ✆ 070-821169. Die preiswerten Ventilator-Zimmer könnten für Sparfüchse interessant sein. ❶

Phuong Hoang 1, 2H Hung Vuong, ✆ 070-825185. Die gut eingerichteten, sauberen AC-Zimmer und die freundlichen, englischsprachigen Mitarbeiter sorgen dafür, dass die Traveller sich hier wohlfühlen. Ein paar Meter weiter das **Phuong Hoang 2**, 2R Hung Vuong, 070-822156, mit etwas kleineren und preiswerteren Zimmern. ❶–❷

Van Tram Guesthouse, 4 1 Thang 5, ✆ 070-823820. Ein halbes Dutzend große AC-TV-Zimmer in bester Lage – könnte ein guter Tipp sein, wäre da nicht die Gefahr einer abendlichen Karaoke-Beschallung aus dem gegenüberliegenden Hoa Nang Café. ❶–❷

Mittlere Preisklasse

An Binh Hotel, 3 Hoang Thai Hieu, ✆ 070-820995, 📠 823190. Angejahrter Betonklotz mitten in der Stadt. Nur die etwas teureren Zimmer haben ein Fenster und heißes Wasser; wirklich einladend wirken sie dennoch nicht. Großes Restaurant mit 500 Sitzen, Tennisplatz. ❷

Cuu Long A Hotel, 1 1 Thang 5, ✆ 070-823656, 📠 823848. Die zentrale Lage und die modernen AC-TV-Zimmer, z. T. mit schönem Flussblick, machen das Hotel zu einer beliebten Unterkunft – auch bei Tourgruppen. Die Zimmer mit Blick zum Park sind nicht nur preiswerter, sondern auch ruhiger. Die Räume im nahe gelegenen **Cuu Long B Hotel**, 1, 1 Thang 5, ✆ 070-822494, sind billiger, aber ziemlich abgewohnt. ❷–❸

Essen

Neben den **Essensständen** südlich des Marktes gibt es noch eine ganze Reihe recht guter Restaurants.

Hoa Nang Café, 1 Thang 5. Tagsüber gut für einen Kaffee am Fluss; sehr nett auch für ein Kaltgetränk zum Sonnenuntergang. Abends ziemlich laut; Vietnam-Pop und Karaoke-Beschallung.

Lan Que, 2 2 Thang 9, ✆ 070-823262, ⏲ 10–22 Uhr. Gute vietnamesische Küche in diesem einfachen, zur Straße hin offenen Restaurant. Neben einfachen Suppen gibt es auch einige Spezialitäten: Frosch, Schildkröte und „hundertjähriges Fleisch".

Nem Nuong, 1 1 Thang 5. Leckere und preiswerte *nem nuong* (gegrillte Fleischbällchen mit Reisnudeln) – so beliebt, dass manchmal jeder Platz besetzt ist.

Pho 19, 30 Thang 4, Ecke 2 Thang 9. Gute Nudelsuppe in diesem freundlichen kleinen *pho*-Restaurant.

Phuong Thuy, 1 Thang 5, ✆ 070-824786, ⏲ 6–21 Uhr. Der „Wasserdrache" gehört zum Cuu Long Hotel und bewirtet seine Gäste mit westlichen und vietnamesischen Gerichten, die auf einer englischsprachigen Speisekarte verzeichnet sind. Die einfache Innenausstattung wird vom Blick auf den Fluss mehr als wettgemacht.

Thien An, 56/1 Pham Thai Buong, ✆ 070-824001. Etwas außerhalb liegt dieses größere, von Einheimischen als das beste der Stadt bezeichnete Restaurant. Hier gibt es eine weitere Spezialität dieser Gegend: *chout quay*, gegrillte Reisfeld-Ratte.

Sonstiges

Geld

Industrial & Commercial Bank of Vietnam, 143 Le Thai To, ✆ 070-823109, ⏲ Mo–Fr 7–11 und 13–16 Uhr. Wechselt Devisen und Dollar-Reiseschecks und gibt Geld auf Visa und MasterCard. Die Zweigstelle nahe dem Markt hat einen Geldautomaten, der Kreditkarten akzeptiert.

Informationen

Cuu Long Tourist, 1, 1 Thang 5, ✆ 070-823616, 📠 823357, 💻 www.cuulongtourist.net, ⏲ 7–17 Uhr. Organisiert relativ teure Touren in die Provinz und hat sich einen guten Ruf erworben. Vermittelt auch Privatunterkünfte („Homestay").

Internet

Einige Internet-/Gameshops verteilen sich im Zentrum, z. B. **Delta Internet**, 2G Hung Vuong,

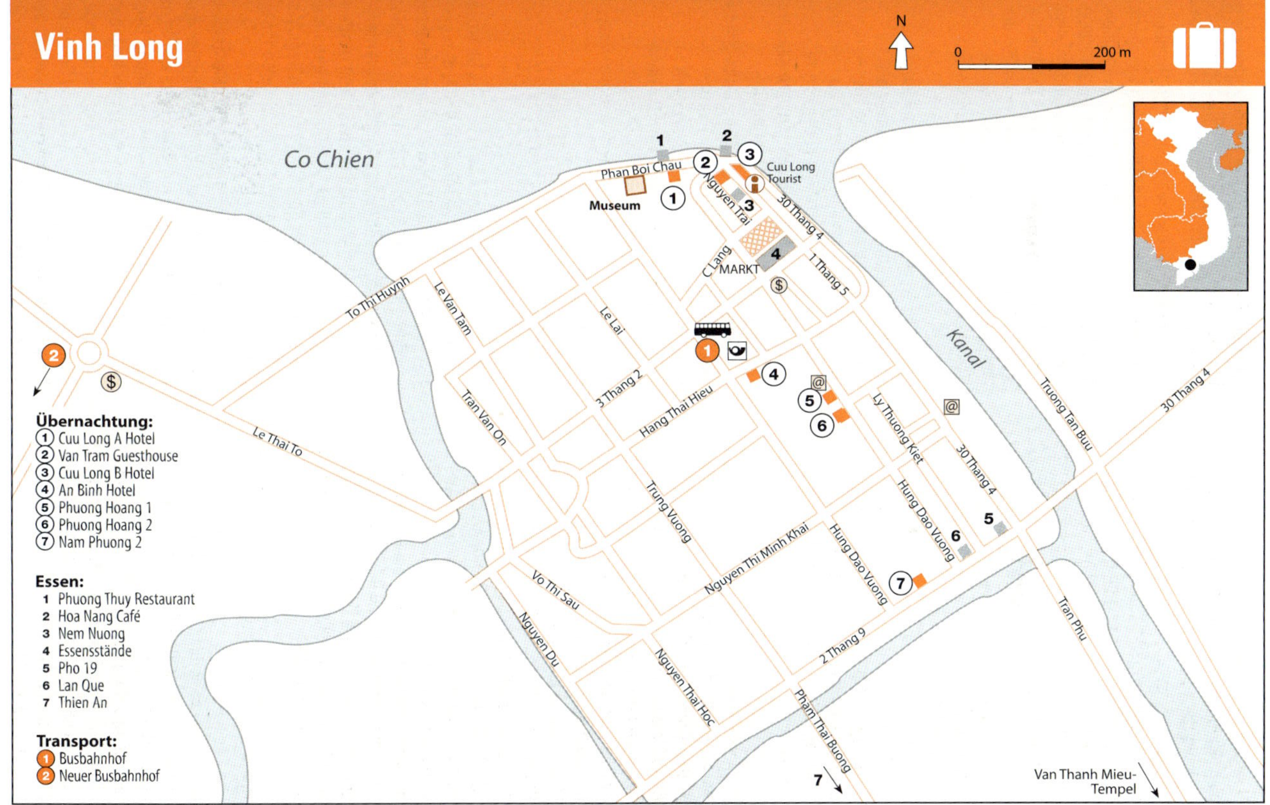
Vinh Long
N
0
200 m
Co Chien
Kanal
Phan Boi Chau
Museum
Nguyen Trai
Cuu Long Tourist
30 Thang 4
1 Thang 5
C Lang
MARKT
To Thi Huynh
Le Van Tam
Le Lai
3 Thang 2
Hang Thai Hieu
Tran Van On
Le Thai To
Trung Vuong
Nguyen Thi Minh Khai
Hung Dao Vuong
Ly Thuong Kiet
Truong Tan Buu
Vo Thi Sau
Nguyen Du
Nguyen Thai Hoc
2 Thang 9
Pham Thai Buong
Tran Phu
Van Thanh Mieu-Tempel
Übernachtung:
1 Cuu Long A Hotel
2 Van Tram Guesthouse
3 Cuu Long B Hotel
4 An Binh Hotel
5 Phuong Hoang 1
6 Phuong Hoang 2
7 Nam Phuong 2
Essen:
1 Phuong Thuy Restaurant
2 Hoa Nang Café
3 Nem Nuong
4 Essensstände
5 Pho 19
6 Lan Que
7 Thien An
Transport:
1 Busbahnhof
2 Neuer Busbahnhof

✆ 070-822099, neben dem Phuong Hoang Hotel, und **Internet Tan Phuoc**, 33 30 Thang 4, ✆ 070-822649. Alle haben ganztägig geöffnet.

Post
Buu Dien Vinh Long, 14 Hoang Thai Hieu, ✆ 070-823320, ⌚ 7–21 Uhr.

Touren

Touren zum schwimmenden Markt von **Cai Be** werden vom offiziellen lokalen Touristenbüro Cuu Long Tourist angeboten, sind allerdings relativ teuer. Das Gleiche gilt für Fahrten auf die Mekong-Insel **An Binh**. Leser berichten, dass man als Alternative gut mit der einheimischen Fähre übersetzen und sich auf der Insel von den dortigen Mopedfahrern herumfahren lassen kann, die sehr viel Engagement und Freude zeigen. Bootstouren und Homestay werden auch von vielen privaten Bootsleuten bzw. ihren Vermittlern angeboten – deutlich preiswerter als bei Cuu Long Tourist. Das staatliche Büro weist allerdings darauf hin, dass bei den Privaten „keine Versicherung" inbegriffen ist.

Transport

Busse
Von der **alten Busstation** im Zentrum starten nur noch wenige Busse. Regelmäßiger Pendelverkehr besteht von hier ins 32 km südlich gelegene CAN THO.
Der **neue Busbahnhof**, Dien Tien Hoang, ✆ 070-825235, liegt ein wenig westlich des Zentrums und ist mit dem *xe om* für 10 000 Dong zu erreichen. Von hier fahren regelmäßig Busse nach CAN THO und in andere Städte des Deltas, z. B. nach TRA VINH stdl. zwischen 5 und 16 Uhr. Wer nach CHAU DOC will, muss in Can Tho umsteigen.
Eine ständige Verbindung besteht außerdem nach HO-CHI-MINH-STADT (140 km). Die Busse starten etwa alle halbe Stunde, brauchen 3 Std. und enden am Busterminal Mien Tay.
Nach MY THO sind es 85 km, die in 1 1/2 Std. bewältigt sind.
Busse aus anderen Delta-Regionen lassen einen manchmal an einer Kreuzung etwas außerhalb aussteigen; von dort sollte die Strecke in die Innenstadt nicht mehr als 10 000 Dong kosten.

Symbol des Fortschritts

Bei der Anreise aus Sai Gon oder My Tho überquert man die **My Thuan-Brücke**, ein Geschenk der Australier. Das 1535 m lange Bauwerk überspannt den Tien-Fluss und wurde im Jahr 2000 eingeweiht – eine wichtige Verbindung für die wachsende Infrastruktur im Delta und für die Vietnamesen ein bedeutendes Symbol für die Modernisierung ihres Landes.

Boote
Die Fähre nach AN BINH legt ungefähr alle 10 Min. ab; das Ticket kostet 1000 Dong.
Die Weiterreise per Boot in andere Delta-Städte kann offiziell nur von Cuu Long Tourist organisiert werden. Für eine Fahrt nach CHAU DOC muss mit einem Preis von etwa US$100 gerechnet werden.

Die Umgebung von Vinh Long

Cai Be
Auf dem **schwimmenden Markt** von Cai Be ist, im Gegensatz zu vielen anderen im Delta, den ganzen Tag über Betrieb. Daher ist er ein beliebtes Ausflugsziel für Tourgruppen aus Sai Gon und kann von dort als Tagestour gebucht werden – eine Option für Reisende mit wenig Zeit. Andere Besucher kommen über My Tho, das etwa eineinhalb Stunden mit dem Boot entfernt liegt. Von Vinh Long benötigt man etwa 45 Minuten für eine Strecke.

Bis zu 500 Boote versammeln sich hier täglich – ein echter „Großmarkt", zu dem Händler aus dem ganzen Delta anreisen. Besonders voll ist es im Januar, in den Wochen vor Tet. Jedes Boot hat meist nur ein einziges Produkt im Angebot. Am Bug der Schiffe befindet sich eine lange, senkrecht stehende Stange, an deren Spitze ein Beispiel für das jeweilige Obst oder Gemüse befestigt ist. So können sich die Händler in dem un-

Homestay in der Kolonialzeit-Villa

In der Umgebung von Cai Be befinden sich einige **Kolonialzeit-Villen**, die auch Gäste aufnehmen. Zwei davon liegen im 15 Bootsminuten östlich von Cai Be gelegenen Dorf Dong Hoa Hiep, eine weitere im 40 Minuten entfernten Dorf Hoa Khanh. Eine Übernachtung hier kostet zwischen 15 und 30 US$ und ist wirklich etwas Besonderes, denn in den ehrwürdigen Häusern mit ihrem zum Teil antiken Mobiliar umweht einen tatsächlich der Atem der Vergangenheit. Es verwundert nicht, dass man hier hauptsächlich französische Touristen antrifft. Weitere Informationen und Buchungen über Cuu Long Tourist.

überschaubaren Gewimmel der Bootsrümpfe orientieren.

An Binh

Die Insel An Binh mit ihren Obstplantagen und Kanälen ist Ziel vieler Ausflügler, die nur für ein paar Stunden oder gleich ein paar Tage kommen. „An Binh" wird oft als Sammelname für eine ganze Reihe eng beieinander liegender, nur durch schmale Kanäle und Flussarme getrennter Inseln benutzt: Binh Hoa Phuoc, Dong Phu und Hoa Ninh sind die Bezeichnungen einiger der größeren.

Die Inselgruppe, auf der sich vier Dörfer befinden, liegt direkt gegenüber von Vinh Long. Am besten setzt man mit der lokalen Fähre über und vertraut sich bei Ankunft einem der einheimischen Mopedfahrer an. Eine andere Möglichkeit ist, mit Cuu Long Tourist zu fahren, was zwar teurer ist, aber den Vorteil eines englischsprachigen Führers bietet. Allerdings muss man sich dabei meist einer größeren Gruppe anschließen.

Zu sehen gibt es **Obstplantagen**, die auch zur Verkostung einladen, einen **Bonsaigarten**, in dem es jahrhundertealte Mini-Bäumchen zu bestaunen gibt, einige **koloniale Häuser** im Dörfchen Binh Hoa Phuoc und eine ebenfalls von den Franzosen errichtete **Kirche** von 1937. Auf An Binh liegt die sehr alte **Tien Chau-Pagode**, die 1899 restauriert wurde und seitdem ihren heutigen Namen trägt – ihr Gründungsdatum liegt im Dunklen, aber nicht ihr alter Name: Di Da.

Unterwegs sollte man Ausschau halten nach den kegelförmigen Brennöfen der **Ziegeleien**, die fast wie die Tempel einer untergangenen Kultur wirken.

Tra Vinh

Tra Vinh (50 000 Einw.) ist die hübsche kleine Hauptstadt der gleichnamigen Provinz, die, auf einer unzugänglichen Halbinsel zwischen zwei Mekong-Armen gelegen, zu den touristisch unerschlosseneren Gegenden des Deltas gehört. Die wenigen Besucher fühlen sich jedoch sehr wohl in dieser einladenden Stadt mit ihren kolonialen Fassaden, den baumgesäumten Alleen und den freundlichen Menschen.

Etwa ein Drittel der Bevölkerung sind Khmer. Ihre Vorfahren lebten hier schon in den Tagen des Königreiches von Angkor. Damit hat die Provinz Tra Vinh den größten Bevölkerungsanteil an Khmer im Delta. Augenfälliger Beleg sind die vielen Khmer-Tempel in dieser Region: 140 an der Zahl, im Vergleich zu 50 vietnamesischen und fünf chinesischen Pagoden, 14 Kirchen und sieben Moscheen.

Sehenswürdigkeiten

In der Stadt selbst lohnt sich neben einem Besuch des stimmungsvollen Marktes ein Abstecher in die zentral gelegene **Ong Bon-Pagode**, die dem chinesischen General Quan Cong gewidmet ist. Der Grundstein für das reich verzierte Gebäude wurde schon 1556 gelegt; seitdem wurde es mehrfach restauriert. Bis heute hat sich hier eine lebendige Gemeinde erhalten. Die **Ong Met-Pagode** weiter nördlich ist ein Khmer-Heiligtum. Ein großer sitzender Buddha thront über dem Altar.

Wer einen etwas längeren Spaziergang unternehmen will, kann zur **Chim-Pagode** laufen. Sie befindet sich knapp 3 km südwestlich des Zentrums in einem Waldgebiet. Diese Khmer-Pagode abseits der Stadt ein ruhiger Ort der Besinnung. Um dorthin zu gelangen, folgt man der Nguyen Thi Minh Khai in südwestlicher Richtung stadtauswärts, passiert das Cuu Long Hotel und biegt nach ungefähr 1 km hinter der Kriegsgräberstätte rechts ab. Von dort sind es noch etwa 1,5 km. Der Pfad spaltet sich unterwegs an einem kleinen Chedi, dort nimmt man den linken Abzweig.

Übernachtung

Untere Preisklasse

Phuong Hoang Hotel, 1 Le Thanh Ton, ✆ 074-858270. Einfache Zimmer für wenig Geld für Traveller, die Abstriche in puncto Ausstattung und Sauberkeit machen können. Ganz in der Nähe einige ähnliche Häuser. Es wird kein Englisch gesprochen. ❶

Van Thanh Hotel, 151 Le Loi, ✆ 074-858034. Sehr zentral am Markt gelegen, bietet dieses Hotel mit seinen sauberen AC-Zimmern ein gutes Preis-Leistungs-Verhältnis. ❷

Mittlere Preisklasse

Cuu Long Hotel, 999 Nguyen Thi Minh Khai, ✆ 074-862615, ℻ 866027, ✉ cuulonghoteltravinh@hcm.vnn.vn. Angenehmes Mittelklassehotel mit 3-Sterne-Ausstattung. Die Zimmer sind gepflegt; die teureren recht groß und mit Badewanne. ❷–❹

Thanh Tra Hotel, 1 Pham Thai Buong, ✆ 074-853621, ℻ 853769. Großes, etwas unpersönliches Hotel, in dem oft Tourgruppen absteigen. An den Räumen gibt es nichts auszusetzen. ❷–❸

Tra Vinh Palace Hotel, 3 Le Thanh Ton, ✆ 074-864999, ℻ 863005. Schönes, von großen Bäumen umgebenes Haus mit gepflegten Zimmern, die alle dem Standard entsprechend mit AC, TV und Kühlschrank ausgestattet sind. ❷–❸

Essen

Bun nuoc leo und andere Khmer-Spezialitäten bekommt man in den einfachen Straßenrestaurants in Marktnähe.

La Trau Xanh, 999 Nguyen Thi Minh Khai, ✆ 074-866876. Das Hotelrestaurant des Cuu Long Hotel serviert eine große Auswahl vietnamesischer Gerichte in ruhiger Umgebung.

Tuy Hoang, 8 Dien Bien Phu. Einfaches vietnamesisches Restaurant gegenüber vom Markt. Punktet mit guter Küche und ebensolcher Aussicht auf das geschäftige Treiben.

Viet Hoa, 80 Tran Phu. Vietnamesisches Essen mit chinesischen Einflüssen – gilt als eines der besten Restaurants der Stadt.

Sonstiges

Geld

Agribank, 70-72 Le Loi, ✆ 074-862867, ℻ 866448. Wechselt Dollar, aber keine Euro. Auch die Visa-Karte sollte hier akzeptiert werden.

Informationen

Tra Vinh Tourist, 64-6 Le Loi, ✆ 074-862559, ℻ 866768.

Internet

Den zuverlässigsten ADSL-Internetzugang hat die Post.

Medizinische Hilfe

General Hospital (Benh vien da khoa), 27 Dien Bien Phu, ✆ 074-865480.

Post

70 Hung Vuong und 3 Phan Dinh Phung, ✆ 074-862353, ℻ 863333, ⏲ 7–21 Uhr.

Transport

Tra Vinh liegt 70 km südöstlich von My Tho und ist von dort mit dem Bus in etwa 1 1/2 Std. zu erreichen. Der Bus passiert die Pagoden südlich der Stadt; wer nur kommt, um diese zu besichtigen, kann 4 km vor Erreichen der Stadt im Dorf **Nguyet Hoa** aussteigen. Für die Rückfahrt muss dann ein Bus an der Straße herangewunken werden. Sicherheitshalber sollte man spätestens gegen 15 Uhr an die Rückreise denken.

Busse

Tra Vinhs **Busbahnhof**, 559 Nguyen Dang, ✆ 074-840324, liegt südlich des Zentrums an der Nguyen Dang, Ecke Dien Bien Phu. Es bestehen

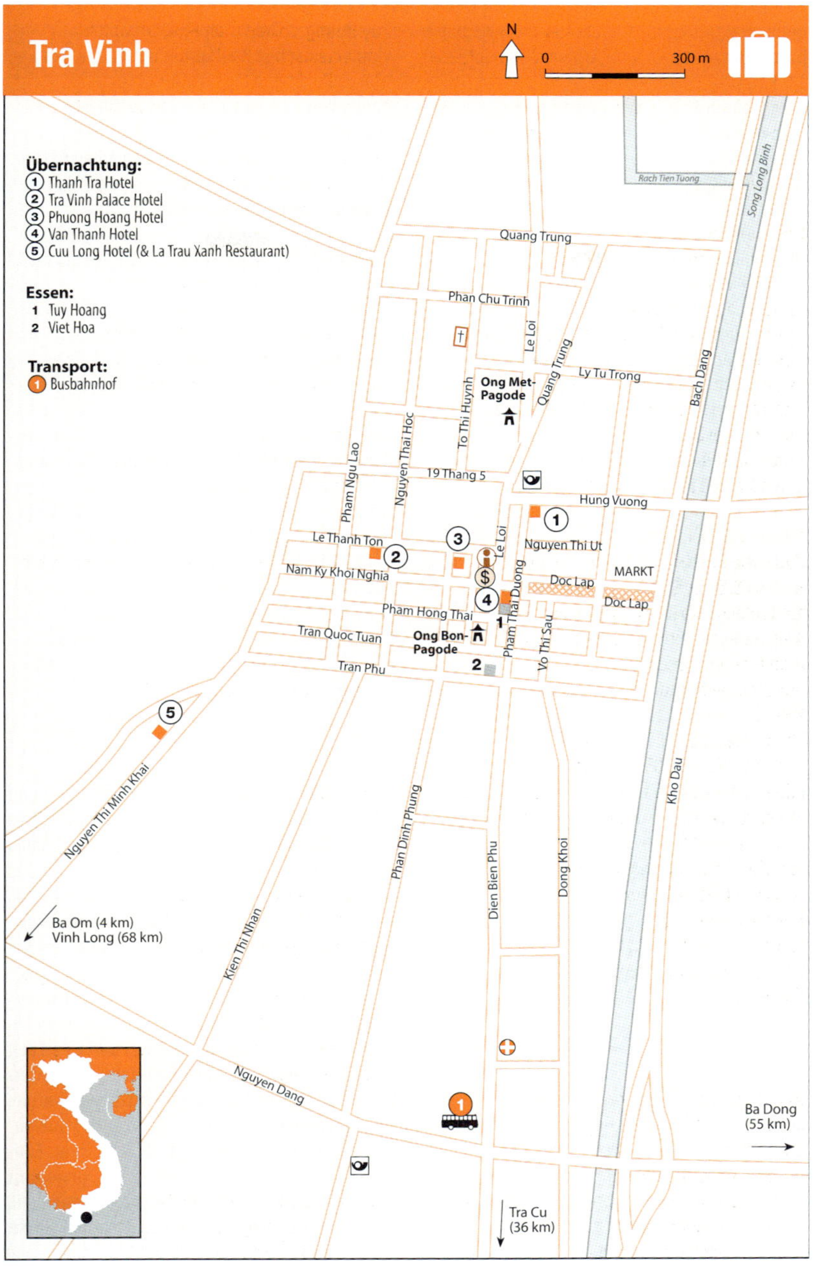
Tra Vinh
N
0
300 m
Übernachtung:
1 Thanh Tra Hotel
2 Tra Vinh Palace Hotel
3 Phuong Hoang Hotel
4 Van Thanh Hotel
5 Cuu Long Hotel (& La Trau Xanh Restaurant)
Essen:
1 Tuy Hoang
2 Viet Hoa
Transport:
1 Busbahnhof
Rach Tien Tuong
Song Long Binh
Quang Trung
Phan Chu Trinh
Le Loi
Quang Trung
Ly Tu Trong
Bach Dang
Ong Met-Pagode
To Thi Huynh
Nguyen Thai Hoc
Pham Ngu Lao
19 Thang 5
Hung Vuong
Le Thanh Ton
Nguyen Thi Ut
Nam Ky Khoi Nghia
MARKT
Doc Lap
Doc Lap
Pham Thai Duong
Pham Hong Thai
Tran Quoc Tuan
Ong Bon-Pagode
Vo Thi Sau
Tran Phu
Nguyen Thi Minh Khai
Phan Dinh Phung
Kho Dau
Dien Bien Phu
Dong Khoi
Ba Om (4 km)
Vinh Long (68 km)
Kien Thi Nhan
Nguyen Dang
Ba Dong
(55 km)
Tra Cu
(36 km)

Die Khmer im Delta

Kampuchea Krom, Niederkambodscha, so heißt das Mekong-Delta noch heute bei den Kambodschanern, und manche haben bis in die jüngere Vergangenheit ihren Anspruch auf das fruchtbare Stück Erde nicht aufgegeben. Das führte zuletzt 1978 zu Überfällen auf vietnamesisches Territorium durch die Roten Khmer, bei denen tausende Vietnamesen brutal abgeschlachtet wurden – Grund genug für Vietnam, Kambodscha die nächsten zehn Jahre zu besetzen.

Bis zum 17. Jh. war das Delta Teil des kambodschanischen Königreiches, das vom 8. bis zum 15. Jh. die vorherrschende Macht in der Region war, ehe es nach und nach an Einfluss verlor und Territorien an die expandierenden Nachbarn Thailand und Vietnam abgeben musste. Doch es war ein langer Prozess, bis die vietnamesischen und einige chinesische Siedler tatsächlich das unzugängliche Delta durchdrangen, und so sind es bis heute (neben den Grenzgebieten) die abgelegenen Regionen und die im Kanalwirrwar versteckten Inselchen, die eine große Khmer-Population aufweisen.

Viele Khmer halten weiterhin an ihren Traditionen fest. Ihre Tempel sind dem Theravada-Buddhismus geweiht, der auch in Kambodscha, Laos, Thailand, Myanmar und auf Sri Lanka die vorherrschende Religion ist. In den Klöstern lehren sie weiterhin die kambodschanische Sprache und Schrift. Und die wichtigen kambodschanischen Feste werden auch in der Diaspora in Vietnam groß gefeiert: **Chol Chnam Thmay**, das kambodschanische Neujahr vom 12. bis zum 15. April, und das **Dolta-Fest** vom 28. August bis zum 1. September, der „Großeltern-Tag", an dem der Toten gedacht wird und Kuchen, Früchte, Blumen und Reis in den Pagoden geopfert werden, ehe es nach Hause zum Feiern geht. Das aufregendste Fest ist das **Ok Om Bok-Fest** Mitte Oktober, bei dem der Mondgöttin zu Ehren Bootsrennen veranstaltet werden.

Auch in den Küchen haben sich die überlieferten Rezepte erhalten. Verschiedene Klebreis-Kuchen zählen ebenso dazu wie *bun nuoc leo,* frische Reisnudeln mit je nach Region unterschiedlichen Zutaten (z. B. Bananenblüten und Schalotten in Tra Vinh, geröstetes Schweinefleisch in Chau Doc) – als Frühstück ein exzellenter Start in den Tag.

regelmäßige Verbindungen nach VINH LONG (15 000 Dong) und in die anderen Regionen des Deltas, darunter CAN THO (24 000 Dong), CHAU DOC (46 000 Dong) und RACH GIA (53 000 Dong). Natürlich gibt es auch eine regelmäßige Verbindung nach HO-CHI-MINH-STADT (46 000 Dong). Ähnlich wie Ben Tre ist diese auf einer Halbinsel ohne Brücken und Fähren gelegene Provinz eine Sackgasse.

Die Umgebung von Tra Vinh

Ba Om

Hauptanziehungspunkt für Touristen sind der **Ba Om-See** und die nicht weit entfernte **Hang-Pagode**. Beide liegen mehrere Kilometer südwestlich des Zentrums von Tra Vinh.

Der rechteckige See ist 500 Meter lang und 300 Meter breit: Die Khmer legten solche künstlichen Seen in der Blütezeit des Angkor-Reiches als Wasserreservoirs für die Trockenzeit an und nannten sie *baray*. Am Ufer wachsen Schatten spendende *Sao-* und *Dao*-Bäume, deren zum Teil überirdische Wurzeln interessante Formen bilden.

Wer hier mit einem Führer hinfährt, wird sicher die eine oder andere Version einer alten Legende hören, die hier seit Jahrhunderten erzählt wird: Beim Ausgraben des Erdreiches wetteiferten die Männer und Frauen der Gegend darum, wer am meisten Erde ausheben könne. Gewännen die Frauen, dürften sie in Zukunft ihren Ehemann selbst bestimmen. Die Frauen, angeführt von einer Dame namens Ba Om, gewannen dank einer List – und erkämpften sich so das Recht auf Selbstbestimmung.

Ganz in der Nähe steht die **Ang Vuong-Pagode**, die viele hundert, wenn nicht gar tausend Jahre alt ist und sehr ehrwürdig wirkt. Die Khmer-Mönche, die hier leben und das Gelände pflegen, hängen wie ihre Glaubensbrüder in Kambodscha dem Hinayana-Buddhismus an. Innen sind bunte Wandmalereien mit Szenen aus Buddhas Leben zu sehen. Angeschlossen ist auch ein **Khmer-Museum**, in dem Glauben und Gebräuche der hiesigen kambodschanischen Minderheit nähergebracht werden. ◷ tgl. 7–11 und 14–17 Uhr, Eintritt frei.

Die **Hang-Pagode** liegt etwa 1 km entfernt. Sie ist ebenfalls ein Khmer-Heiligtum und lohnt einen Besuch, vor allem wegen der dort nistenden Störche. Besonders faszinierend ist die Szenerie am späten Nachmittag, wenn die Vögel zu ihren heimatlichen Nestern zurückkehren.

Tra Cu

Etwa 40 km südlich von Tra Vinh befindet sich nahe dem Ort Tra Cu die **Nodol-Pagode**, die auch **Giong Lon-Pagode** oder **Co-Pagode** genannt wird – eine weitere Storchen-Pagode, denn das Khmer-Heiligtum ist von hohem Bambus und Bäumen umgeben, in denen Tausende dieser Vögel leben. Eine große Kolonie der Tiere hat hier ihre Heimat gefunden. Wenn die Vögel am späten Nachmittag die sakralen Bauten umkreisen, ist das ein unvergesslicher Anblick.

Um dorthin zu gelangen, folgt man der N54, die südlich aus Tra Vinh herausführt, etwa 30 km bis Ba Tay, wo man links abbiegt. Von Tra Cu führt dann eine ungepflasterte Straße etwas mehr als 5 km bis zur Pagode – die Einheimischen weisen den Weg. Eine Ausgrabungsstätte in Luu Cu, etwa 10 km von Tra Cu, ist zurzeit nicht zugänglich.

Ba Dong-Strand

55 km sind es von Tra Vinh bis zum Meer, und an dieser Stelle wird die Küste tatsächlich von einem mehrere Kilometer langen Sandstrand gesäumt. Schon die Franzosen hatten sich hier ein kleines Resort gebaut. Heute vermietet Tra Vinh Tourist am Strand ein paar einfache Bungalows und betreibt ein Restaurant.

Die Anreise erfolgt über die N53, die östlich aus Tra Vinh herausführt. Nachdem man auf halber Strecke den Ort Vau Ngang durchquert hat, biegt man nach der Überquerung des kleinen Lang Chim-Flusses nach links ab, passiert Ba Dong und landet in Nha Mat am Strand. Wer hier übernachten möchte, sollte sich vorher bei Tra Vinh Tourist anmelden.

Cao Lanh

Die Hauptstadt der Provinz Dong Thap hat ihren Status 1984 von Sa Dec übernommen. Der damalige Geldsegen und die einsetzende wirtschaftliche Entwicklung zeigen sich hauptsächlich in einigen protzigen Regierungsgebäuden, die der uninteressanten Stadt (120 000 Einw.) jedoch nicht zu wirklichem Glanz verhelfen können. Für Touristen ist sie meist nur Durchgangsstation auf dem Weg zum **Tra Chim-Nationalpark**, der 45 km nordwestlich liegt, oder zu einem der **Vogelschutzgebiete** in der Umgebung.

Wer ein paar Stunden in der Stadt verweilt, kann neben der großen **Kriegsgräbergedenkstätte** am nordöstlichen Ortseingang, die 3000 Vietcong-Gräber beherbergt, auch das **Grab von Ho Chi Minhs Vater**, Nguyen Sinh Sac (1862–1929), besuchen. Es liegt südwestlich des Zentrums in einer gepflegten Grünanlage, die sich über 3,6 ha erstreckt.

Auf dem Weg zur Grabstätte passiert man das **Dong Thap Museum**, in dem allerlei Fundstücke aus der Region präsentiert werden: Knochen, Werkzeuge und Fossilien, darunter einige Dinge, die am Thap Muoi-Hügel 43 km nördlich von Cao Lanh ausgegraben wurden und der Oc Eo-Zivilisation zuzurechnen sind. Natürlich und wie immer wird auch der heldenhafte Kampf der vietnamesischen Streitkräfte gegen die westlichen Invasoren thematisiert. ◷ tgl. 7–11 und 13.30–17 Uhr, Eintritt frei.

Übernachtung

Untere Preisklasse

Binh Minh Hotel, 147 Hung Vuong, ✆ 067-853423. Einfache Zimmer in einem freundlichen kleinen Hotel, das einem hiesigen Lehrer gehört – erste Wahl für Budget-Reisende. ❶

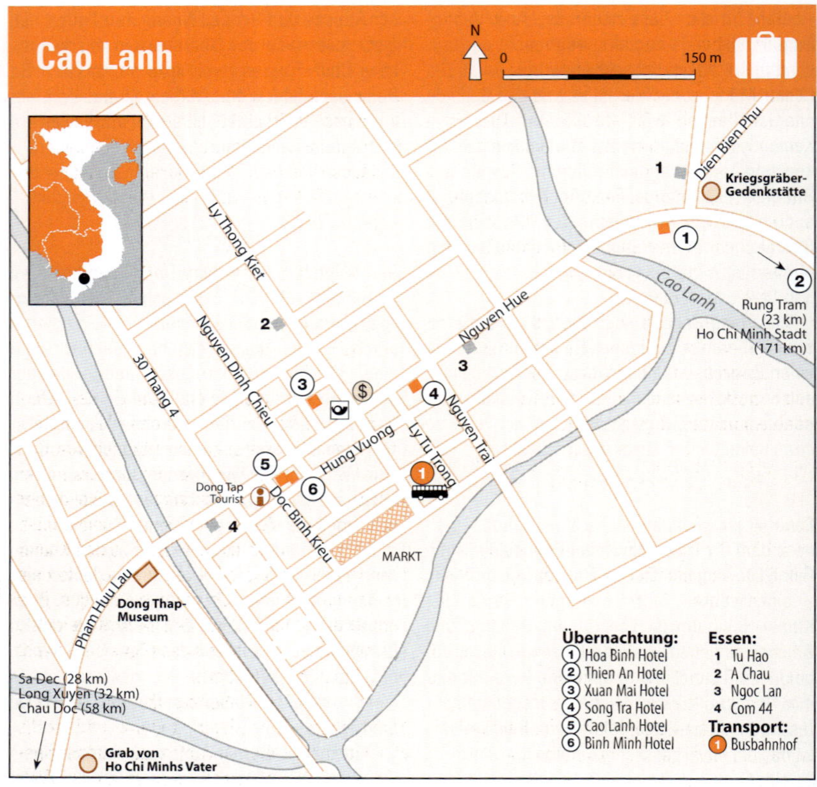

Cao Lanh Hotel, 72 Nguyen Hue, ✆ 067-851061. 16 schlichte, billige Zimmer an der Hauptstraße. Kein Englisch. ❶

Thien An Hotel, 117 Quoc Lo 30, ✆ 067-853041. Einige der 23 Zimmer bieten einen schönen Flussblick. Relativ weit außerhalb gelegen. ❶–❷

Mittlere Preisklasse

Hoa Binh Hotel, N30, ✆ 067-851469, 📠 851218. Das Hotel „Frieden" schräg gegenüber der Kriegsgräber-Gedenkstätte hat gut eingerichtete AC-Zimmer mit Satelliten-TV und Minibar und verfügt über ein ordentliches Restaurant und einen Biergarten. Nicht super-zentral, aber wohl das beste Hotel der Stadt. ❷–❸

Song Tra Hotel, 178 Nguyen Hue, ✆ 067-852624, 📠 852623. Die Räume sind ähnlich gut ausgestattet wie im Hoa Binh Hotel und machen das etwas angejahrte Hotel zur besten Wahl im Zentrum der Stadt. ❷–❸

Xuan Mai Hotel, 33 Le Quy Don, ✆ 067-852852, 📠 856776. Alle Zimmer verfügen über AC, Badewanne und Kühlschrank. Freundliche, hilfsbereite Leute, Internet in der Lobby. ❷

Essen

Die Restaurants von Cao Lanh richten sich in erster Linie an Einheimische. Viele ausländische Gäste sind auf die **Hotelrestaurants** des Hoa Binh oder des Song Tra angewiesen, wobei

Ersteres Letzterem vorzuziehen ist. In den Restaurants der Stadt gibt es allerlei südvietnamesische Spezialitäten.

A Chau, 42 Ly Thuong Kiet, ✆ 067-852202. Gute Gerichte von 15 000–40 000 Dong. Hier gibt es u. a. die köstlichen knusprigen *banh xeo*-Pfannkuchen.

Com 44, 44 Nguyen Hue. Einfache Reisgerichte ab 10 000 Dong.

Ngoc Lan, 208 Nguyen Hue, ✆ 067-851498. Preiswerte lokale Hausmannskost für Experimentierfreudige.

Tu Hao, Dien Bien Phu, ✆ 067-852589. Dieses etwas höherklassige Restaurant in der Nähe der Kriegsgräberstätte serviert viele Grillspezialitäten, u. a. die in dieser Gegend sehr beliebte geröstete Reisfeld-Ratte.

Sonstiges

Geld

Incombank, Ly Thuong Kiet, ✆ 067-851501, 📠 851721, wechselt Devisen und akzeptiert Visa und MasterCard.

Informationen

Dong Thap Tourist, 2 Doc Binh Kieu, ✆ 067-855638, 📠 855637, ✉ dothatour@hcm.vnn.vn. Das hilfsbereite, freundliche Personal organisiert Touren in die Umgebung; meist für größere Gruppen. Einzelreisende können versuchen, sich einer Gruppe anzuschließen.

Internet

Im **Xuan Mai Hotel**.

Post

101 Nguyen Hue, ✆ 067-851234, 📠 852389. Ganztägig geöffnet.

Transport

Bei der Anreise vom 171 km entfernten Ho-Chi-Minh-Stadt oder aus My Tho biegt man kurz vor Erreichen der My Thuan-Brücke in An Huu rechts von der N1 auf die N30 ab. Von dort sind es noch 35 km bis Cao Lanh.

Wer aus dem Nordwesten kommt, etwa aus Long Xuyen oder Chai Doc, wird manchmal einige Kilometer südwestlich der Stadt herausgelassen und ist dann bei den *xe om*-Fahrern auf sein Verhandlungsgeschick angewiesen. 30 000 Dong sollten genügen.

Busse nach VINH LONG, LONG XUYEN und in andere Delta-Städte fahren in unregelmäßigen Abständen von dem kleinen lokalen Busbahnhof nahe dem Markt ab. Man sollte früh aufbrechen.

Die Umgebung von Cao Lanh

Dong Thap Muoi und Tra Chim-Nationalpark

Eine große **Riedgras-Ebene** *(Dong Thap Muoi* oder *Plain of Reeds)* von etwa einer Million Hektar Ausmaßen erstreckt sich nördlich von Cao Lanh bis nach Kambodscha. Besonders in der späten Regenzeit von September bis November verwandelt sie sich in ein riesiges Sumpfgebiet. Da die Vietnamesen im Gegensatz zu den Khmer ihre Häuser nicht auf Stelzen bauen, leiden sie fast jedes Jahr unter Überschwemmungen. Ihre Häuser drängeln sich auf den wenigen leichten Erhebungen, und während des Monsuns bewegt man sich nur per Boot fort.

Der Tra Chim-Nationalpark liegt bei **Tam Nong** inmitten der Riedgras-Ebene und ist die Heimat einer großen Anzahl verschiedener Spezies, darunter 198 verschiedene Arten von Watvögeln und 55 Fischarten, viele verschiedene Gräser, Lotus-Arten und wilder Reis. Der spektakulärste Nationalparkbewohner ist wohl der 1,50 m große, an der roten Halskrause zu erkennende **Sarus-Kranich**, der bereits als im Krieg ausgerottet galt, ehe 1989 noch einige Exemplare entdeckt wurden. Inzwischen hat sich die Population der stolzen weißen Vögel etwas erholt, aber immer noch ist sie die seltenste der 15 Kranich-Arten weltweit. Zwischen August und November flüchten die Tiere vor den Überflutungen ins benachbarte Kambodscha.

In der Gegend wird **schwimmender Reis** angebaut: Dessen Blätter schwimmen auf den sumpfigen Gewässern, während die Wurzeln im bis zu 5 m tiefen Grund verankert sind.

Das 8000 ha große Gebiet befindet sich 45 km nordwestlich von Cao Lanh. Die Anreise erfolgt über die N30 bis Thanh Binh, dort nimmt man rechts die N843 und folgt den Schildern zum Nationalpark (18 km). Beste Besuchszeit ist im April und Mai, vor Beginn der Regenzeit. Es ist möglich, mit einem Boot in die kleinen Kanäle hineinzufahren, die das Gebiet durchziehen (Kosten: etwa 400 000 Dong). Wer einen Ausflug dorthin unternehmen möchte, wendet sich am besten, wie auch bei anderen Ausflügen in die Umgebung, an Dong Thap Tourist.

Die Agentur betreibt hier auch ein sehr einfaches kleines Gasthaus ❷, das nicht sonderlich komfortabel ist, aber durchaus für eine Übernachtung in Betracht kommt, da die beste Zeit zum Beobachten der Vögel früh morgens oder abends ist.

Xeo Quyt

Zur Zeit der Kriege gegen die westlichen Besatzer war die unzugängliche Gegend der *Plain of Reeds* für die Kämpfer ein gutes Versteck. Das Lager Xeo Quyt etwa 25 km östlich von Cao Lanh ist heute eine Touristenattraktion. Hier kann man sehen, unter welchen Bedingungen die Partisanen leben mussten. Über 15 Jahre konnte sich hier erfolgreich eine geheime Kommandozentrale behaupten – allem Napalm und allen Entlaubungsmitteln zum Trotz. Xeo Quyt liegt inmitten eines der letzten naturbelassenen Waldstücke im Delta, dem **Rung Tram-Wald**. Einen Ausflug in das von Sümpfen durchzogene Waldgebiet sollte man nur mit ortskundigem Führer unternehmen. Xeo Quyt findet sich 6 km abseits der N30 und ist von dort ausgeschildert. ⌚ 8–17 Uhr, Eintritt 6000 Dong.

Vuon Co Thap Muoi

Störche, Ibisse und Reiher leben in diesem **Vogelschutzgebiet** 40 km nordöstlich von Cao Lanh, das nur per Boot erreichbar ist. Früh am Morgen, wenn sie zu ihrer Nahrungssuche starten, und gegen Sonnenuntergang, wenn sie zu ihren Nistplätzen zurückkehren, bietet sich ein spektakuläres Schauspiel, das nicht nur Ornithologen-Herzen höher schlagen lässt. Der Besuch lässt sich gut mit Xeo Quyt kombinieren.

Gao Giong

Dieses **Storchenschutzgebiet** befindet sich nur 15 km von Cao Lanh entfernt und stellt eine Zeit sparende Alternative zur Vogelbeobachtung im Tra Chim-Nationalpark dar. Auch hier ist eine Bootsfahrt vonnöten, die von Dong Thap Tourist vermittelt wird (etwa 400 000 Dong).

Sa Dec

Das kleine, gemütliche Sa Dec (30 000 Einw.) war einmal die Hauptstadt der Provinz Dong Thap, doch seitdem es diesen Titel 1984 an Cao Lanh abgeben musste, ist es in eine Art Dornröschenschlaf verfallen. Nichtsdestotrotz zieht Sa Dec einige Besucher an: „Der Garten Indochinas", wie die umgebende Region während der Kolonialzeit genannt wurde, beherbergt die schönsten Blumengärten des Deltas. Außerdem ist das Städtchen für Literatur- und Filmfreunde interessant: In Sa Dec verbrachte die französische Autorin Marguerite Duras ihre Jugendjahre, und ihr autobiografischer Roman „Der Liebhaber" wurde hier verfilmt.

Marguerite Duras

Die französische Schriftstellerin Marguerite Duras wurde 1914 als mittleres Kind von Henri Donnadieu und Marie Legrand in Sai Gon geboren. Als sie sieben Jahre alt ist, stirbt der Vater und Marguerite lebt mit Mutter und Geschwistern an wechselnden Orten im Mekong-Delta. Die Eindrücke, die sie hier sammelt, verwendet sie später in ihren Romanen. So begegnet ihr in Vinh Long die Frau des französischen Gouverneurs, Elisabeth Striedter, die sie später als Romanfigur Anne-Marie Stretter wieder aufleben lässt. Doch die tiefsten Impressionen hat wohl ihre Zeit in Sa Dec hinterlassen, wo die Mutter eine Schule leitete. Die junge Marguerite lebte abwechselnd hier und in Sai Gon, wo sie aufs Gymnasium ging. Die Liebesbeziehung der 15-Jährigen zu dem deutlich älteren Sohn eines Mandarins aus Sa Dec wird sie viele Jahre später in ihrem autobiografischen Roman *Der Liebhaber* (1984) aufarbeiten – ein Welterfolg, der mehr als drei Millionen Mal verkauft und in 40 Sprachen übersetzt wurde. Duras starb am 3. März 1996 in Paris.

Sehenswürdigkeiten

Die **Kien An Chung-Pagode** im Zentrum von Sa Dec nahe dem Kanal hat eine wechselhafte Geschichte hinter sich: 1916 erbaut, war sie zunächst der Wohnsitz eines Mandarins, um nach dessen Tode als Tempel und als Gefängnis (bis 1975) zu dienen. Schließlich wurde das Gebäude vom Staat an die Familie des Gründers zurückgegeben, die heute wieder dort wohnt. Das Innere ist schön restauriert. Wer das Gebäude besichtigen will, sollte freundlich um Einlass bitten und Zurückhaltung üben.

Die chinesisch beeinflusste **Phuoc Huong Tu-Pagode**, neben der weniger aufwendig ausgestatteten Buu Quang-Pagode gelegen, war einmal ein Gemeindehaus, ehe sie zu einer Pagode umgebaut wurde. Ein Foto von Marguerite Duras steht neben denen anderer Spender auf einem kleinen Tisch. Einige Nonnen pflegen heute die Pagode.

Von den **Blumengärten** der Umgebung ist einer bei Besuchern besonders beliebt: Der von Herrn Tu Ton im Dorf Qui Don, etwa 3 km nördlich von Sa Dec. Der so genannte **Vuon Hoa Tu Don** beherbergt auf 6000 ha Dutzende verschiedener Rosenarten und über 500 weitere Spezies, darunter nicht nur seltene Orchideen, sondern auch medizinische Heilkräuter. Jedem Pflanzenfreund wird hier das Herz aufgehen.

Kurz vor Tet kommen massenhaft Vietnamesen aus Sai Gon, um hier einzukaufen oder sich zwischen den Blumen ablichten zu lassen. Zu Tet selbst ist der Garten dann ziemlich geräubert, zumindest was Blütenpflanzen angeht. 🕓 6–20 Uhr, Eintritt frei.

Übernachtung

Westliche Besucher übernachten selten in Sa Dec.

Bong Hong Hotel, 251 Nguyen Sinh Sac, ✆ 067-868288, 📠 868289. Komplett ausgestattete Räume mit AC, TV und Kühlschrank. ❶–❷

Sa Dec Hotel, 108/5A Hung Vuong, ✆ 067-861430, 📠 862828. Das beste Hotel der Stadt ist an sich nichts Besonderes, aber immerhin haben alle Zimmer TV, Kühlschrank, Balkon und Badewanne. Die billigeren Zimmer mit Ventilator und Kaltwasser. ❶–❷

Nguyen Phong Guesthouse, 10A Tran Hung Dao, ✆ 067-866515. Die preiswerteste Art, in Sa Dec unterzukommen. Einfach, aber sauber; lokales TV. ❶

Essen

Com Thuy, 439 Hung Vuong, ✆ 067-861644. Gute einheimische Küche in einem kleinen, zur Straße hin offenen Restaurant. Es gibt verschiedene Reisgerichte, frischen Fisch und *ta pin lu,* ein chinesisch inspiriertes Fondue mit Meeresfrüchten.

Com Cay Sung, 437 Hung Vuong, ✆ 067-861749. Ähnlich wie beim Nachbarn gibt es hier gute

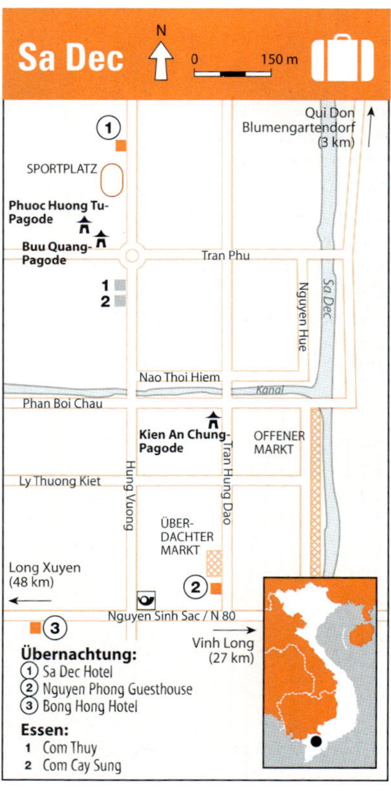

Mekong-Delta und Phu Quoc

vietnamesische Hausmannskost für wenig Geld (um die 15 000 Dong).
In dieser Straße sind noch einige andere Restaurants angesiedelt. Wer auf der Suche nach einer guten Nudelsuppe ist, wird südlich des Kanals an der Hung Vuong fündig. Auch beim Markt gibt es ein paar Essensstände.

Sonstiges

Internet
Einige Internetshops befinden sich in der Nähe der Post in der Hung Vuong.

Post
Nguyen Sinh Sac, Ecke Hung Vuong.

Transport

Busse passieren Sa Dec auf der N80, die innerorts nach Ho Chi Minhs Vater Nguyen Sinh Sac benannt ist, und können an der Straße herangewunken werden.

Long Xuyen

Die rechtwinklig angelegte Stadt (180 000 Einw.) liegt am Ufer des Bassac-Flusses, eines der großen Mekong-Arme. Als Hauptstadt der Provinz An Giang, die sich bis nach Chau Doc an der kambodschanischen Grenze erstreckt, ist sie ein wichtiges Wirtschafts- und Handelszentrum – und eine der reichsten Städte der Region. Long Xuyen stellt die Verbindung zwischen den östlichen und westlichen Teilen des Deltas dar und ist für die meisten Reisenden nur Durchgangsstation.

Long Xuyen ist stolz darauf, die Heimat des zweiten Präsidenten der Demokratischen Republik Vietnam zu sein. Ton Duc Thang trat die Nachfolge von Ho Chi Minh nach dessen Tod im Jahre 1969 an. Sein Geburtshaus steht auf **Ong Ho**, der **Tiger-Insel** unweit von Long Xuyen. Die lokale Tourismusbehörde führt Besucher sehr gern an diesen Ort, doch gibt es an dem einfachen Holzhaus, das noch in Familienbesitz ist, nicht viel zu sehen. Tiger und Panther leben auf Ong Ho schon lange nicht mehr; insgesamt geht es auf der Insel sehr beschaulich zu. Wer will, kann hier bei Einheimischen übernachten (Homestay).

Bis heute ist das Gebiet um Long Xuyen ein Zentrum der Hoa Hao-Religion, einer Sekte, die in der Geschichte Südvietnams eine bedeutende Rolle spielte (s. S. 191, Die Hoa Hao-Religion).

Sehenswürdigkeiten
Zu sehen gibt es in Long Xuyen neben Resten von Kolonialarchitektur und der schönen chinesischen Gemeindehalle **My Phuoc** die größte **katholische Kathedrale** des Deltas. Sie liegt im Straßendreieck Hung Vuong/Tran Hung Dao/ Nguyen Hue und präsentiert sich in modernem Baustil: Der 50 m hohe Turm ist in Form zweier emporgereckter Arme gestaltet, deren Hände ein Kreuz halten. Gebaut wurde sie von 1966 bis 1973 und bietet Platz für über 1000 Gläubige. Täglich finden Gottesdienste statt. Die kleinere **protestantische Kirche** liegt nicht weit entfernt in der 4 Huong Vuong. Gottesdienste sonntags um 10 Uhr.

Das neue, große **An Giang-Museum** liegt nördlich des Flusses in der 11 Ton Duc Thang an der Kreuzung mit der Ly Thuong Kiet. In der ersten Etage ist eine große Sammlung von Zeugnissen der Eo Oc-Kultur zu sehen, darunter ein schöner, vom Zahn der Zeit zerfressener Holzbuddha und mit geometrischen Mustern verzierte Töpferwaren aus dem 5.–7. Jh. Eine Sammlung kleinerer Statuen, darunter ein bronzener Vishnu, weist cham-, khmer- und hinduistische Einflüsse auf. Desweiteren wird natürlich auch die jüngere Vergangenheit dokumentiert, und ein Saal ist den in der Provinz vertretenen Religionen gewidmet. Leider sind die Exponate nicht in Englisch beschriftet. ⏲ 7.30–11 und 13–16.30 Uhr, Eintritt frei.

Übernachtung

Westliche Ausländer übernachten selten in Long Xuyen. Daher sind auch die Englischkenntnisse der Hotelangestellten eher dürftig. Eine Ausnahme ist das Dong Xuyen Hotel.

Untere Preisklasse
Hoa Binh 1 Hotel, 130 Tran Hung Dao, ✆ 076-857225, 📠 853035. Hotel mit sauberen

AC-TV-Zimmern etwas außerhalb der Innenstadt; recht gutes Preis-Leistungs-Verhältnis. Angeschlossen ist ein gutes Restaurant. ❷

Long Xuyen Hotel, 17-19 Nguyen Van Cung, ☏ 076-841927, 841659, 📠 841483, ✉ longxuyenhotel@hcm.vnn.vn. Zentral gelegenes Eckhaus mit großen, mit dunklen Holzmöbeln eingerichteten Zimmern. Die teureren haben sogar einen Salon. ❶–❷

Phat Thanh Hotel, 2 Ly Tu Trong, ☏ 076-841708. Sehr preiswert, dafür aber auch sehr einfach und wenig einladend. Nur in (finanziellen) Notfällen. ❶

Thanh Binh 2 Hotel, 4-8 Nguyen Hue, ☏ 076-847078, 📠 846451. Besser als die einfachen Ventilator- sind die teureren AC-Zimmer. Die Karaoke-Bar im 2. Stock kann laut werden. ❶–❷

Mittlere Preisklasse

Dong Xuyen Hotel, 9A Luong Van Cu, ☏ 076-942260, 📠 942268, ✉ dongxuyenag@hcm.vnn.vn. Großes Hotel, in dem Tourgruppen absteigen, mit sauberen, komplett ausgestatteten Zimmern. Sauna, Dampfbad und Massage im Haus. Frühstück inklusive. ❷–❹

Kim Anh Hotel, 5-9 Thi Sach, ☏ 076-942551, 942552, 📠 847676, ✉ kimanh-hotel@hcm.vnn.vn. Die 30 Zimmer in dem 8-stöckigen Gebäude sind gut und bequem ausgestattet – besonders toll ist die Suite im obersten Stockwerk. ❷–❹

Essen

Long Xuyen lädt nicht gerade zu einer kulinarischen Entdeckungsreise ein. Wer auf Nummer sicher gehen will, lässt sich im Restaurant des Dong Xuyen Hotel, wo es auch westliche Küche gibt, oder im 5. Stock des Kim Anh bei guter Aussicht bewirten. Ein paar gute **Cafés** gibt es am Ufer des Long Xuyen-Flusses zwischen Hoang Dieu- und Duy Tan-Brücke. Einfache vietnamesische Restaurants liegen in der Stadt verteilt.

Com Huynh Loi, 252 Nguyen Trai. Wie der Name *(com)* schon sagt: Reisgerichte; dazu *bun bo hue,* Reis-Vermicelli mit Rindfleisch im Hue-Stil.

Hai Thuc, 245 Luong Van Cu, ☏ 076-845573. Einfache Gerichte für wenig Geld.

Das **Hoa Binh Hotel Restaurant**, 130 Tran Hung Dao, ☏ 076-954954, 🕒 mittags und abends, knapp 2 km nördlich des Zentrums, serviert eine große Auswahl an Gerichten in netter Atmosphäre auf einer offenen Terrasse. Zu empfehlen sind hier besonders Fisch und Meeresfrüchte. Dazu sollte man den Bananenblüten-Salat probieren.

Sonstiges

Geld

Vietcombank, Hung Vuong, ☏ 076-841075, 📠 841591.

Informationen

An Giang Tourist, 17 Nguyen Van Cung, ☏ 076-841036, 841308, 📠 841648, ✉ angiangtour@hcm.vnn.vn, 🕒 7–11 und 13–17 Uhr. Im Long Xuyen Hotel. Hat Informationen über die Stadt und vermittelt Homestays auf Tiger Island.

Medizinische Hilfe

Das **General Hospital** liegt nördlich des Long Xuyen-Flusses in der 5 Le Loi, ☏ 076-867184.

Post

Das Hauptpostamt befindet sich nördlich des Zentrums in der 101 Tran Hung Dao, ☏/📠 076-855025. Eine Zweigstelle liegt in der Ngo Gia Tu.

Taxi

☏ 076-853853

Transport

Busse

Long Xuyen hat zwei Busbahnhöfe: einen nördlich, einen südlich des Zentrums. Die meisten Busse nutzen den südlichen, die nach und von Chau Doc hingegen den nördlichen.

Long Xuyen liegt 190 km südwestlich von HO-CHI-MINH-STADT. Busse von dort starten am Mien Tay-Busbahnhof. Es gibt auch

Nacht-Verbindungen. CHAU DOC liegt 62 km entfernt. Wer von dort kommt und Long Xuyen nur als Umsteigebahnhof benutzen will, muss die Stadt einmal durchqueren.
Es bestehen regelmäßige Verbindungen in alle größeren Städte des Deltas und nach Ho-Chi-Minh-Stadt.

Boote

Es gibt mehrere Fähranleger in Long Xuyen, die jeweils verschiedene Ziele bedienen. Der **An Hoa-Fähranleger** dient Booten von und nach CAO LANH als Anleger. Gleich zu Beginn der Fahrt dorthin wird an der kleinen gegenüberliegenden Insel Choi Moi Halt gemacht.

Vom Anleger am **Ostende der Nguyen Hue** fahren Schiffe nach CHAU DOC und lokale Boote.
Vom **Long Xuyen-Fährterminal** an der Duy Tan-Brücke fahren die meisten Langstrecken-Fähren ab, u. a. nach RACH GIA (Abfahrt 6.30 und/oder 8 Uhr, 9 Std.) und SA DEC (mittags, 4 Std.).

15 HIGHLIGHT

Can Tho

Can Tho (600 000 Einw.) ist die größte und wichtigste Stadt des Mekong-Deltas. Trotz ihrer Bedeutung als Industriezentrum und Drehscheibe des Deltas wirkt sie sehr einladend auf Besucher. Das liegt am überschaubaren Stadtkern am Flussufer, in dem eine entspannte Atmosphäre herrscht: Keine aufdringlichen Straßenhändler behelligen den Reisenden, und einige gute Restaurants laden zum Verweilen ein. Das Highlight für die meisten Besucher ist ein Besuch auf dem schwimmenden Markt von **Cai Rang** – er ist der größte seiner Art im Delta (s. S. 625).

Die schnell wachsende Stadt begann als kleine Siedlung am Zusammenfluss vom Can Tho-Fluss mit dem Mekong-Arm Song Hau, der auch Bassac-Fluss genannt wird. Während der französischen Kolonialherrschaft wurde Can Tho zu einem Zentrum des Reis-Exports. Zu Zeiten des amerikanischen Krieges war sie das Zuhause tausender US-Soldaten, die nach ihrem Abzug eine große Anzahl vaterloser Mischlingskinder zurückließen – die meisten fanden später in den USA eine neue Heimat.

Seit 1966 hat Can Tho eine eigene Universität. Berühmt (in Fachkreisen) ist außerdem das Reisforschungsinstitut im etwa 25 km entfernten O Mon. Hier wird an der Zucht neuer Reissorten gearbeitet, die den unterschiedlichen Bedingungen im Delta standhalten. So müssen die Pflanzen in Küstengegenden resistent gegen Salzwasser und Überflutung sein, während in anderen Gegenden, so in der Provinz Dong Thap nahe der kambodschanischen Grenze, Schwimmreis vonnöten ist, der in 4–5 m Wassertiefe wurzelt.

Sehenswürdigkeiten

Besucher der Stadt halten sich meist am Flussufer an der Hai Ba Trung auf, wo der alte Markt, ein kleiner Park und eine ganze Anzahl an Restaurats locken. Hier befindet sich auch die **Ong-Pagode**, die von 1894 bis 1896 erbaut wurde. Viele der zum Bau nötigen Materialien, so die Holzsäulen und Schnitzarbeiten, wurden damals aus China herbeigeschafft.

Die Pagode ist dem chinesischen General Quan Cong (Kuan Kung) gewidmet, der, so verrät es eine Schrift im Inneren, für folgende Eigenschaften steht: Klugheit, Loyalität, Gerechtigkeit, Höflichkeit, Vernunft, Intelligenz, Tugendhaftigkeit, Zuversicht, Unbescholtenheit, Mut und Treue. Seine Statue im Hauptgebäude wird flankiert vom Erdgott und der Mutter der Himmlischen Prinzessin zur Rechten und von Dong Dinh und dem Gott der Finanzen zur Linken. Die sechs Altartische davor dienen als Ablage für Opfergaben und zur Verbrennung von Räucherwerk. Wer den oben genannten Tugenden Respekt zollen will, kann an einem kleinen Verkaufsstand Räucherstäbchen erstehen und sie dem rotgesichtigen General darbringen.

Freunde des Theravada-Buddhismus können einen Abstecher in die **Munirangsayaram-Pagode** („Ort der Vervollkommnung der Erkenntnis") unternehmen. Der von 1946 bis 1948 erbaute Tempel mit seinem angeschlossenem Kloster dient der Khmer-Gemeinde von Can Tho als spirituelles Zentrum und einigen Mönchen als Wohnsitz.

Ganz und gar weltlich geht es im **Can Tho-Wasserpark** zu: Große und kleine Kinder können hier einen „feuchtfröhlichen" Tag auf einem großen Gelände mit verschiedenen Wasserbecken und -rutschen verbringen. 🕓 Mo–Fr 9–18, Sa und So 8–19 Uhr, Eintritt 40 000 Dong.

Im **Can Tho Museum**, 1 Hoa Binh, ✆ 0710-820955, sind im Ergeschoss verschiedene Zeugnisse der Eo Oc-Kultur zu sehen, darunter einige schöne kleine Statuen. Daneben sind auch die chinesischen und Khmer-Einflüsse in der Region dokumentiert.

Eine weitere Ausstellung ist der Flora und Fauna des Deltas gewidmet. Letztere ist größtenteils in Flaschen eingelegt. Im Obergeschoss dokumentarisches Material zur Zeit der französi-

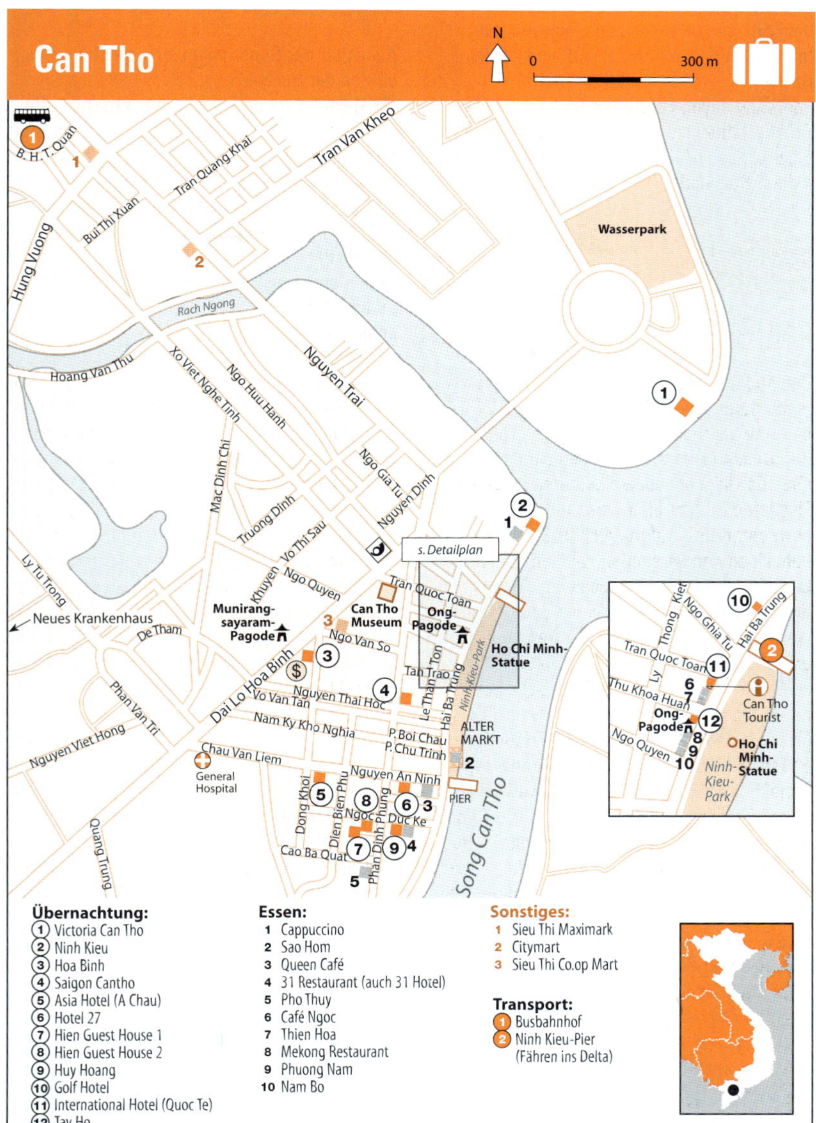

schen und amerikanischen Dominanz. ◷ Di, Mi, Do 8–11 und 14–17 Uhr, Sa, So 8–11 und 18.30–21 Uhr, Eintritt frei.

Übernachtung

Can Tho hat als eines der wichtigsten Reiseziele im Delta für jeden die passende Unterkunft

Die Reiskammer des Landes – im Mekong-Delta werden zwei Drittel der nationalen Reisernte eingeholt

parat: Der Budget-Traveller findet preiswerte Zimmer mit und ohne Familienanschluss, und für den Komfort suchenden Reisenden gibt es richtig schicke Hotels.

Untere Preisklasse

Hotel 27, 27B-C Chau Van Liem, ✆ 0710-828335. Recht große, nicht gerade gemütliche Zimmer mit AC, TV und Kühlschrank. Auch etwas teurere 4-Bett-Zimmer vorhanden. ❶

Hotel 31, 31 Ngoc Duc Ke, ✆ 0710-825287. Einfache Zimmer mit Ventilator oder AC; die zur Straße hin sind groß und haben einen kleinen Balkon. Hier steigen Tourgruppen aus Ho-Chi-Minh-Stadt ab – und Traveller, die von ihrem Mopedfahrer hergebracht wurden, denn das Hotel zahlt Provisionen. ❶

Huy Hoang, 35 Ngoc Duc Ke, ✆ 0710-825833. Preiswerte, unpersönliche Tourgruppen-Absteige mit Zimmern, die für den Preis ganz passabel sind. 3-Bett-Zimmer vorhanden. ❶

Tay Ho, 42 Hai Ba Trung, ✆ 0710-823392, 📠 814239. Über einer Ladenzeile gelegenes Hotel mit einfachen, sauberen AC-Zimmern und einem tollen Blick vom langen Balkon. ❷

Mittlere Preisklasse

Asia Hotel (A Chau), 41 Chau Van Liem, ✆ 0710-812800, 📠 812779, ✉ asiahotel@

Tipp für Budget-Traveller

Hien Guest House, 118/10 Phan Dinh Phung, ✆ 0710-812718, ✉ hien_gh@yahoo.com. Saubere, einfache Zimmer in einem familiären, beliebten Gasthaus, das in einer kleinen Gasse (Hem 118) liegt. Derselbe Besitzer betreibt um die Ecke das neuere **Hien Guest House 2**, 106/3 Phan Dinh Phung; die Zimmer sind ein wenig teurer, dafür gibt es oben eine große Dachterrasse. ❶ hcm.vnn.vn. Helle Zimmer mit großen Balkonen in einem typischen Mittelklassehotel. ❷–❸

Hoa Binh, 5 Hoa Binh, ✆ 0710-810218, ℻ 810217, ✉ hoabinhct@hcm.vnn.vn. Die recht gut ausgestatteten Zimmer wirken zum Teil schon etwas verwohnt. ❹

International Hotel (Quoc Te), 12 Hai Ba Trung, ✆ 0710-822080, ℻ 821039. In die Jahre gekommenes Haus, das auch einige Zimmer mit Flussblick hat. AC, TV, Kühlschrank sind Standard, Badewannen gibt es nur in den teureren Zimmern. ❷–❹

Saigon Cantho, 55 Phanh Dinh Phung, ✆ 0710-825831, ℻ 823288, ✉ sgcthotel@hcm.vnn.vn, 🖳 www.saigoncantho.com.vn. Business-Hotel mitgepflegten Zimmern, alle mit Safe; einfaches Fitnesscenter, zwei Restaurants und Wifi im ganzen Haus. Die billigeren Zimmer z. T. recht dunkel. Preisnachlass bei Online-Buchung. ❸–❺

Ninh Kieu, 2 Hai Ba Trung, ✆ 0710-824583, ℻ 821104. Sehr schönes Hotel direkt am Fluss in ruhiger Lage. Es empfiehlt sich, ein paar Dollar mehr anzulegen für eines der Zimmer mit Balkon und Teppichboden. Einheimische, die es sich leisten können, feiern hier gern ihre Hochzeit. ❸–❹

Obere Preisklasse

Golf Hotel, 2 Hai Ba Trung, ✆ 0710-812210, ℻ 812282, ✉ golfcantohtl@hcm.vnn.vn. Großes Haus mit 101 gut ausgestatteten, sehr sauberen Zimmern, von den oberen toller Blick auf den Fluss. Gute Restaurants, Pool, Disko, Sauna, Massage, Wifi. ❺–❻

Victoria Can Tho, Cai Khe Ward, ✆ 0710-810940, ℻ 829259, 🖳 www.victoriahotels-asia.com. Das einzige Luxushotel in dieser Region verwöhnt auch den anspruchsvollen Reisenden mit seinen schön ausgestatteten, komfortablen Zimmern und seiner exquisiten Küche. Es gibt hervorragende Spa-Anwendungen in einem Pavillon direkt am Fluss und fachkundige Führungen in die Umgebung mit dem hoteleigenen Sampan, der einer Reisbarke nachempfunden ist. Der große Pool kann auch von Nicht-Gästen für US$5 am Tag genutzt werden. ❻–❼

Essen

In Sachen Essen kann Can Tho sich sehen lassen: Gute, preiswerte einheimische Restaurants gibt es ebenso wie europäische Küche.

31 Restaurant, 31 Ngo Duc Ke, im Erdgeschoss des Hotel 31. Abends voll mit Einheimischen, die sich in diesem schmucklosen kleinen Café-Restaurant an lokalen Spezialitäten erfreuen, z. B. *ran xao nam dong co,* gebratene Schlange mit chinesischen Pilzen (50 000 Dong) – die Schlangen leben in den Glaskästen, die an der Wand aufgereiht sind –, *ech xao ca ot,* gebratener Frosch mit Chili (40 000 Dong) oder *chim nuong,* gegrillte Vögelchen (40 000 Dong). Tagsüber auch bei Travellern beliebt für einen preiswerten Teller Nudeln oder ein *bo bittet* (gebratenes Rindfleisch-„Steak").

Café Ngoc, 22 Hai Ba Trung. Schräg gegenüber der Ho-Chi-Minh-Statue befindet sich ein schönes Plätzchen, um bei einem guten Eiskaffee den vorbeifließenden Verkehr zu betrachten – am besten von einem der zwei Tische auf dem Bürgersteig.

Cappuccino, 02 Hai Ba Trung, hinter dem Eingangstor zum Ninh Kieu-Hotelgelände, ✆ 0710-825296. Der Ableger des gleichnamigen Restaurants in Ho-Chi-Minh-Stadt ist die empfehlenswerte Anlaufstelle für europäische Gerichte in Can Tho: mit mediterraner, hauptsächlich italienisch und spanisch beeinflusster Küche. Dazu Irish Stew, Moussaka, Couscous und vegetarische Speisen.

Mekong Restaurant, 38 Hai Ba Trung, ✆ 0710-821646. Seit 1965 beliebt wegen seiner einfachen, preiswerten vietnamesischen Küche. Die westlichen Gerichte sind allerdings von eher schwankender Qualität.

Nam Bo, 50 Hai Ba Trung, ✆ 0710-823908. Sehr schön eingerichtetes, etwas teureres Restaurant im Kolonialstil unter französisch-vietnamesischer Leitung. Die guten Gerichte genießt man am besten an einem der Balkontische im 1. Stock. Abends kann eine Tischreservierung empfehlenswert sein.

Pho Thuy, 136B Phanh Dinh Phung. Immer eine gute Suppe in diesem verlässlichen *pho*-Laden.

Phuong Nam, 48 Hai Ba Trung, ✆ 0710-812077. Preiswerte vietnamesische Gerichte, ähnlich dem benachbarten Mekong Restaurant.

Queen Café, 9 Chau Van Liem, ✆ 0710-821531. Modernes Internet-Café mit schnellen Verbindungen und gutem, etwas teurerem Kaffee.

Sao Hom, Nha Long Cho, ✆ 0710-815616, 💻 saohom.transmekong.com. Ganz zentral im alten Markt gelegenes, bei Touristen beliebtes Restaurant mit westlichen und vietnamesischen Gerichten von Quiche Lorraine bis Mekong-Fisch. Abends oft von Tourgruppen belegt.

Thien Hoa, 26 Hai Ba Trung. Bei Touristen beliebtes Restaurant mit einer großen Auswahl vietnamesischer Speisen und einer guten Aussicht.

Eine ganze Reihe preiswerter **Garküchen** befinden sich z. B. in der Nam Ky Khoi Nghia.

Sonstiges

Einkaufen

Neben dem alten **Markt** am Flussufer gibt es auch einige moderne „Einkaufsparadise", die für Selbstversorger interessant sind: Ein **Co.op-Supermarkt** (Sieu Thi Co.op) befindet sich recht zentral an der Hoa Binh, Ecke Ngo Van So. Der große **Sieu Thi Maximark** liegt an der Nguyen Trai, Ecke Hung Vuong, nahe dem Busbahnhof. An der Nguyen Trai etwas stadteinwärts ist außerdem ein **Citimart** angesiedelt.

Geld

Vietcombank, 7 Hoa Binh, ✆ 0710-824354. ⌚ 7.20–11 und 13.30–16.30 Uhr, wechselt Devisen und nimmt Kreditkarten.

Informationen

Can Tho Tourist Travel Service Center, 20 Hai Ba Trung, ✆ 0710-821852, 📠 822719, ✉ canthotour@hcm.vnn.vn, 💻 www.canthotourist.com.vn. Die gut ausgebildeten Mitarbeiter verkaufen nicht nur Touren, sondern helfen auch weiter mit Informationen zur Gegend und beim Besorgen von Tickets – sowohl für Busse in andere Delta-Städte als auch für Vietnam-Airlines-Flüge, ✆ 0710-824088, und Züge ab Ho-Chi-Minh-Stadt, ✆ 0710-827675. ⌚ 7–11 und 13–17 Uhr.

Internet

Internetzugang gibt es in den meisten Hotels und Gästehäusern, außerdem bei der Post, in den in der ganzen Stadt verteilten Online-Game-Shops und im Queen Café.

Medizinische Hilfe

Das alte **General Hospital** liegt in der 4 Chau Van Liem, ✆ 0710-828202. Das **neue Krankenhaus** (Benh Vien Da Khoa Moi) liegt westlich des Zentrums an der N91B. Man folgt der Tran Hung Dao, die dann zur 3 Thang 2 wird, in südwestlicher Richtung und biegt rechts in die breite Nationalstraße ab.

Post

2 Hoa Binh, ✆ 0710-824222, ⌚ 7–21 Uhr.

Taxi

VipTaxi, ✆ 0710-814814; **Tay Do Taxi**, ✆ 0710-827827, **Mai Linh**, ✆ 0710-822266.

Transport

Busse

Bei der Anreise halten einige Busse, so z. B. viele von den Hotels in CHAU DOC angebotene Minibusse, an einem weiter auswärts gelegenen Busbahnhof, der etwa 6 km vom Zentrum entfernt ist. Wer hier ankommt, kann ein *xe om* (Mopedtaxi) oder ein *xe loi* (Motorrad mit Anhänger) in die Stadt nehmen. Der Busbahnhof für die Weiterreise liegt etwa 2 km nordwestlich des Zentrums an der Nguyen Trai.

Von Can Tho aus starten stdl. Kleinbusse (Sprinter oder Transit) zu allen wichtigen Zielen im Delta. Die Sai Gon-Company holt ihre Gäste bequemerweise am Hotel ab.

Tickets nach HO-CHI-MINH-STADT (Mien Tay-Busbahnhof,170 km) stdl. für 70 000 Dong, MY THO (106 km) stdl. für 50 000 Dong, VINH LONG (34 km) stdl. für 45 000 Dong, RACH GIA (115 km) ganztägig zwischen 4 und 18 Uhr für 55 000 Dong, LONG XUYEN (62 km) 6x tgl. zwischen 4 und 19.30

Uhr für 45 000 Dong und CHAU DOC (118 km) 8x tgl. zwischen 4 und 19.30 Uhr für 50 000 Dong. Wer nicht bei seiner Hotelrezeption einen Bus buchen kann oder möchte, kann seine Tickets auch bei Can Tho Tourist zu ähnlichen Preisen bekommen.

Nach SOC TRANG fahren tagsüber vom Busbahnhof stdl. Busse für 20 000 Dong, die die 65 km in etwa 2 Std. zurücklegen. Bequemer auch hier: Das Ticket über Can Tho Tourist buchen, stdl. für US$3. Wer einen Tagesausflug plant, sollte etwa um 15 Uhr die Rückreise antreten, um nicht am Ende den letzten Bus zu verpassen.

Boote

Wer viel Zeit (und eine Hängematte) mitbringt und sich nicht scheut, nachts unter beengten räumlichen Verhältnissen zwischen Einheimischen zu schlafen, kann um 17 Uhr auf einer alten **Passagier-Fracht-Fähre** nach CA MAU im Süden des Deltas fahren. Die Fahrt kann bis zum frühen Nachmittag des folgenden Tages dauern und kostet 28 500 Dong, Abfahrt am Ninh Kieu-Pier. Von hier fahren weitere Fähren in andere Häfen in untouristische Gegenden des Deltas – eine Option für Abenteuerlustige. Der tagesaktuelle Fahrplan ist auf einer großen weißen Wandtafel notiert.

Ein Ticket für ein **Speedboot** nach CA MAU kostet 97 000 Dong (oder US$7 bei Cant Tho Tourist). Die Schiffe starten um 7, 8 und 9 Uhr, manchmal zusätzlich um 6.15 und 12.30 Uhr. Sie bewältigen die 150 km in wenigen Stunden.

Die Umgebung von Can Tho

Der **schwimmende Markt von Cai Rang** liegt etwa 6 km südwestlich, den Can Tho-Fluss hinauf. Am meisten los ist morgens, daher empfiehlt es sich, zeitig aufzubrechen. Am besten startet man schon vor Sonnenaufgang um ca. 5.30 Uhr: Dann erlebt man nicht nur einen tollen Sonnenaufgang über dem Fluss, sondern vermeidet zum anderen die Anwesenheit allzu vieler Ausflugsschiffe, die die Atmosphäre doch etwas beeinträchtigen können. Die meisten von Reiseveranstaltern angebotenen Standard-Touren starten um 7 Uhr. Wer früher los willl, muss sich also selbst um ein Boot kümmern. Das ist nicht weiter schwierig: Schon ein kurzer Aufenthalt an der Uferpromenade genügt, um von einem Bootsführer oder Vermittler angesprochen zu werden. Die Kosten betragen um die US$3 pro Stunde, sodass ein Ausflug über den Daumen gepeilt auf US$15 kalkuliert werden kann – pro Boot, versteht sich. Findet man ein paar Mitreisende, reduzieren sich die Kosten für den Einzelnen. Vier Personen haben genug Platz auf einem Privatboot.

Es gibt die (empfehlenswerte) Möglichkeit, zum **Phong Diem**-Markt weiterzufahren: Dieser schwimmende Markt ist zwar kleiner als der von Cai Rang, aber die Boote drängeln sich dichter zusammen, und wenn man sich mitten ins Gewühl manövrieren lässt, kommt man dem Mekong-Leben schon ziemlich nahe. Auch das geht nur von einem kleinen Privatboot aus – größere Boote können nur außen vorbeifahren.

Außerdem kann man auf einer solchen Tour in die kleinen Kanäle hineinfahren und je nach Jahreszeit beim Reispflanzen oder -ernten zuschauen und einen Imbiss in einem privaten Gartenrestaurant zu sich nehmen.

Wer sich in die Hände einer Reiseagentur begeben will, wendet sich am besten an Can Tho Tourist, die täglich unterschiedliche Touren im Programm haben. Auch Transmekong, 💻 www.transmekong.com, bietet morgens einen Besuch des schwimmenden Marktes inklusive Frühstück an Bord (7–11 Uhr; US$15) und abends eine Sonnenuntergangs-Fahrt (16–19 Uhr; US$9,50) auf einem komfortablen Holzboot an. Start- und Zielpunkt sind der Bootsanleger am vom selben Eigner betriebenen Sao Hom Restaurant.

Weitere Ziele in der Umgebung, die sowohl mit Agentur als auch auf eigene Faust erreicht werden können, sind der **schwimmende Markt von Phung Hiep**, wo unterwegs an Bootswerften Halt gemacht werden kann, und der **Binh Tuy-Tempel** 6 km nördlich der Stadt. Er ist eigentlich ein *dinh,* also ein Gemeindehaus. Im Inneren befinden sich Darstellungen verschiedener chinesischer Götter. Besonders viel los ist hier beim **Binh Tuy-Festival** vom 12. bis zum 14. des vierten Mondmonats und am 14. und 15. des zwölften Mondmonats. Dann gibt es eine Prozession und einen Kuchen-Back-Wettbewerb.

Das **Bang Lang-Storchenreservat** befindet sich auf dem Weg nach Nordwesten Richtung Long Xuyen (N91), 7 km vom Dorf Thot Not entfernt. Das hauptsächlich mit Bambus bewachsene Gelände ist 19 400 m^2 groß und beherbergt Tausende der stolzen Stelzvögel. Anreise am besten mit Can Tho Tourist.

Soc Trang und Umgebung

Soc Trang, die mittelgroße Provinzhauptstadt (110 000 Einw.) zu beiden Seiten des Maspero-Flusses, ist keine Schönheit, und ein Besuch lohnt eigentlich nur bei einem gesteigerten Interesse an der Khmer-Kultur. Dann allerdings gibt es hier einiges zu entdecken: Bei einem Khmer-Anteil von fast 30 % ist die Gegend (neben Tra Vinh) eine der „kambodschanischsten" des Deltas.

Neben bedeutenden Pagoden bietet die Gegend viele kulinarische Spezialitäten, und wer möchte, kann sich sogar an einer Darbietung kambodschanischen Tanzes erfreuen. Allerdings ist Soc Trang recht untouristisch: Hier ist aktives Reisen gefragt und die intensive Nutzung unseres Sprachführers (S. 670) vonnöten. Vieles lässt sich aber auch schon bei einem Tagesausflug von Can Tho aus entdecken. Einige Highlights liegen in der näheren Umgebung. Am Busbahnhof bieten (kaum Englisch sprechende) Mopedfahrer ihre Dienste an.

Feste feiern in Soc Trang

Einmal im Jahr ist ohne Reservierung in Soc Trang kein Zimmer zu bekommen: Mitte Oktober findet hier das **Oc Om Boc-Festival** statt, zu dem Besucher aus der ganzen Region und sogar aus Kambodscha anreisen. Das Festival ist dem Mond gewidmet, feiert das nahe Ende der Regenzeit und heißt den neuen Reis willkommen. Schon im Vorfeld stimmen sich die Besucher mit den typisch kambodschanischen *Ram Vong*-Tänzen und *Du Ke*-Gesang ein. Auch in den Pagoden ist viel Betrieb. Höhepunkt sind dann die **Bootsrennen** auf dem Maspero-Fluss. Die langen, schmalen Khmer-Ruderboote treten in Ausscheidungskämpfen gegeneinander an, bis der stolze Sieger ermittelt ist.

Sehenswürdigkeiten

In Soc Trang ist es besonders die **Khleang-Pagode**, die Besucher anzieht. Das Khmer-Heiligtum wurde 1533 aus Holz errichtet und mit Palmblättern gedeckt. Zu Beginn des vorigen Jahrhunderts wurde dann umgebaut: Heute besteht das Gebäude aus Stein und ist mit Dachziegeln gedeckt. In ihrer klassischen Architektur könnte sie ebenso in Kambodscha stehen. Innen schmücken Wandgemälde mit Szenen aus Buddhas Leben den zentralen Raum, der von einer schönen, Ruhe ausstrahlenden Buddhastatue beherrscht wird.

Um den zentralen Tempel gruppieren sich einige Holzhäuser auf Stelzen, in denen die Mönche wohnen. Angeschlossen ist eine Schule, in der die kambodschanische Sprache gelehrt wird. So können auch zukünftige Generationen noch in den uralten Dokumenten lesen, die in der Pagode aufbewahrt werden und vom Ursprung Soc Trangs und der Pagode erzählen.

Gegenüber der Pagode liegt das **Khmer-Museum**, 23 Nguyen Chi Thanh, ✆ 079-822983, das nähere Auskunft über Kultur und Geschichte der Minderheit gibt. Das Museum ist ein schönes Beispiel für die Khmer-Architektur und der kulturelle Mittelpunkt der hier lebenden Khmer. Eine Truppe Tänzer und Musiker ist mit dem Museum verbunden und gibt hier in unregelmäßigen Abständen Gastspiele. Nähere Informationen bei Soc Trang Tourist.

Etwas weiter stadtauswärts liegt die **Pagode der Tonfiguren**, **Chua Buu Son Tu** (auch: Chua Dat Set). Sie wurde vor über 200 Jahren von der chinesischen Einwanderer-Familie Ngo gegründet. Ein Nachfahre der Gründer, Ngo Kim Tong (1908–1970), hat sein gesamtes Leben der Gestaltung des Innenraumes gewidmet und dafür ausschließlich Lehm verwendet. Der Künstler hat unzählige Objekte hinterlassen, darunter einen Altar, der aus fünf Tonnen Lehm entstand und in den viele kleine Buddhafiguren eingelassen sind, und einen 4 m hohen chinesischen Turm. Viele Besucher kommen, um Räucherwerk zu entzünden, und machen diese Pagode zu einem lebendigen Ort der Begegnung.

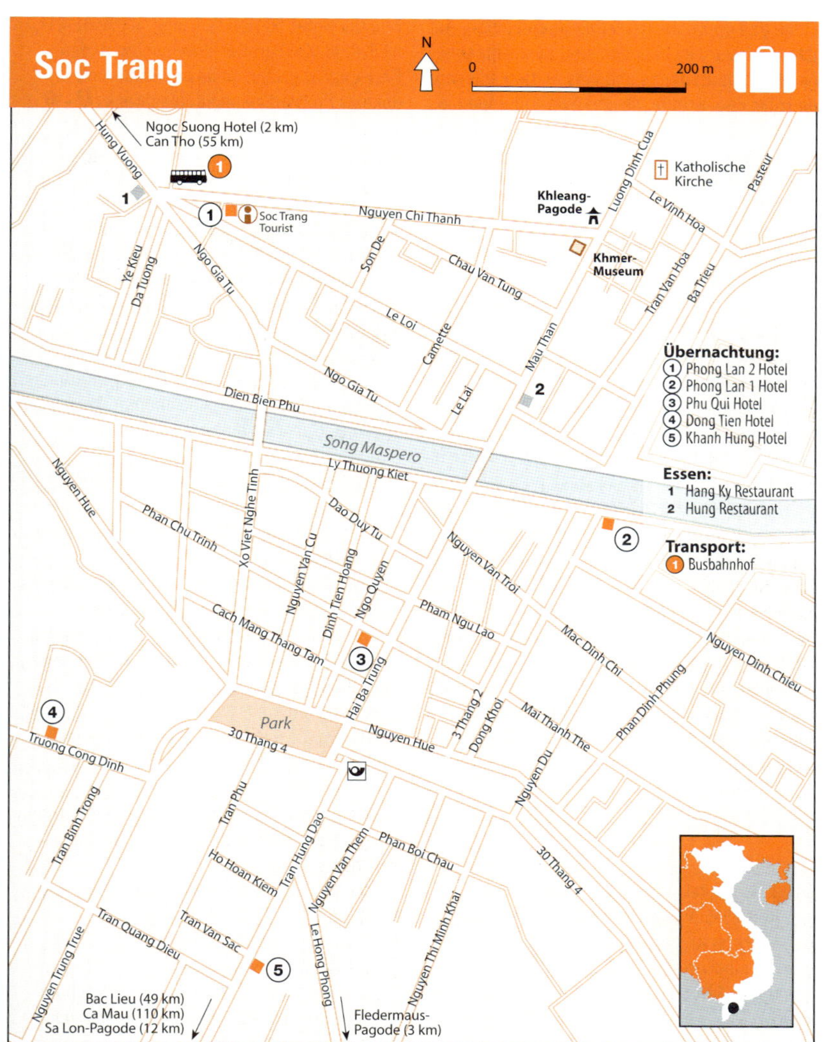

Seit dem Tode des Künstlers brennen einige riesige Kerzen, die beim Entzünden etwa 2,50 m groß waren und 200 kg auf die Waage brachten.

Ungefähr 3 km außerhalb der Stadt liegt Soc Trangs berühmteste Sehenswürdigkeit: die 1569 erbaute, wenngleich vor ungefähr hundert Jahren runderneuerte **Fledermaus-Pagode, Chua Doi** (auch: Matoc-Pagode oder Mahatuc-Pagode). Im Sommer 2007 zerstörte ein Feuer das Innere der Pagode, die von außen immer noch farbenprächtig leuchtet. Im rauchgeschwärzten Innenraum wacht unerschütterlich weiter eine große Statue Buddhas auf einem steinernen Thron; seine orangefarbene Schärpe leuchtet im

Licht, das durch das fehlende Dach einfällt. Auf dem Altar vor ihm befinden sich zwei sehr schöne stehende Buddhas und eine elegante liegende Figur des Lehrers, die ihn beim Übergang ins Nirvana zeigt. Die Pagode verdankt ihren Namen einer riesigen Fledermauskolonie, die sich auf ihrem Gelände niedergelassen hat. Es heißt, dass es fast eine Million Tiere seien. Sie haben eine Flughautspannweite von bis zu 1,50 m und ernähren sich von Früchten – sehr zum Leidwesen der umliegenden Obstbauern, die die Flatterwesen im Gegenzug auf ihren eigenen Speisezettel gesetzt haben.

Die Pagode ist mit dem *xe om* oder in einer knappen Stunde zu Fuß zu erreichen: Die Le Hong Phong geht es stadtauswärts, nach etwas mehr als 2 km an einem kleinen Markt rechts abbiegen. Nach etwa 1 km ist die Pagode erreicht.

Die **Sa Lon-Pagode** (auch: Chen Kieu-Pagode) 12 km südwestlich entlang der N1 ist ein weiteres Beispiel moderner Khmer-Tempelbaukunst. Das ursprüngliche Gebäude von 1815 wurde im amerikanischen Krieg total zerbombt und anschließend mit einfachsten Mitteln in farbenfroher Pracht wieder aufgebaut. Da nur wenig Geld zur Verfügung stand, wurden zum Schmuck der Außenwände viele Porzellanscherben verbaut, die von den Gläubigen gestiftet wurden. Im Innenbereich finden sich 20 Buddhafiguren in verschiedenen Positionen.

Übernachtung

Untere Preisklasse

Dong Tien Hotel, 2 Ha Ngoc Chau, ✆ 079-828515. Passables kleines Hotel mit freundlichen Angestellten und sauberen, einfach möblierten AC-Zimmern. ❶–❷

Phong Lan 1 Hotel, 124 Dong Khoi, ✆ 079-821619, 📠 823817, ✉ phonglan1@soctrangtourist.com. Haus am Flussufer, mit 15 recht großen, einfachen Zimmern, z. T. mit kunstlederner Sitzecke. Balkone mit Flussblick. ❶–❷

Phong Lan 2 Hotel, 133 Nguyen Chi Thanh, ✆ 079-821757, 📠 821993, ✉ phonglan2l@soctrangtourist.com. Das Schwesterhotel verfügt über 28 ähnlich ausgestattete Zimmer, die teureren mit AC. Beide Phong Lans sind nicht mehr ganz taufrisch. ❶–❷

Phu Qui Hotel, 50 Hai Ba Trung, ✆ 079-611811, 📠 828140. Kein großer Unterschied zu den Phong Lans: große, geflieste Zimmer mit TV (lokales Programm) und Kühlschrank. ❶–❷

Mittlere Preisklasse

Khanh Hung Hotel, 15 Tran Hung Dao, ✆ 079-821027, 824695, 📠 820099, ✉ ksankhanhhung@hcm.vnn.vn. Großes Hotel mit 60 Zimmern unterschiedlicher Ausstattung. ❶–❸

Ngoc Suong Hotel, 2 km außerhalb an der Hung Vuong (N1), ✆ 079-822769, 💻 www.ngocsuonghotel.com. Soc Trangs Vorzeigehotel (eröffnet 2003) mit über hundert Zimmern verschiedener Preisklassen. Das Restaurant ist beliebt bei Hochzeitsgesellschaften. Massage, Karaoke, Bar. ❷–❺

Essen

Westliche Küche sucht der Gast in Soc Trang vergebens. Dafür gibt es viele lokale Spezialitäten, darunter die *pia*-Pasteten. Die etwa handtellergroßen runden Küchlein bestehen aus einer Füllung aus Weizenstärke, grünen Bohnen, Zucker, Schweineschmalz, Ei und Durian, eingewickelt in süße dünne Reispapierblättchen. Sie schmecken süß und leicht butterig und haben ein ganz eigenes Aroma; ein bisschen Durian, ein bisschen Bohne und etwas salziges Eigelb. Sehr schmackhaft zu grünem Tee. *Pia*-Pasteten sind in vielen Bäckereien in Soc Trang erhältlich.

Hang Ky Restaurant, 67 Yet Kieu, ✆ 079-612034. Etwas gehobenes Ambiente in der Nähe des Busbahnhofs (25 000–45 000 Dong).

Hung Restaurant, 74-76 Mau Thanh, ✆ 079-824376. Sehr beliebtes, ganztägig geöffnetes Restaurant mit guten, preiswerten Gerichten (20 000–30 000 Dong). Hat noch ein Schwesterrestaurant in der 29A Hung Vuong.

Quan Com – einige einfache Reis-Restaurants befinden sich entlang der Hai Ba Trung.

Sonstiges

Geld

Es gibt einige Regionalbanken, die für westliche Besucher nicht sehr hilfreich sind. Ein

Das Leben im Mekong-Delta spielt sich größtenteils auf dem Wasser ab

Geldautomat (Visa, MasterCard) befindet sich vor dem Khanh Hung Hotel.

Informationen

Soc Trang Tourist, 131 Nguyen Chi Thanh, ✆ 079-822290, 📠 821993, ✉ stt@hcm.vnn.vn, 💻 www.soctrangtourism.com, hat selten Besuch von westlichen Touristen und bietet Trips in die Umgebung an. Interessante Webseite mit vielen Informationen. ⌚ 7.30–11 und 13.30–17 Uhr.

Medizinische Hilfe

General Hospital, 17 Pasteur, ✆ 079-820645.

Post

Buu Dien Tinh (Hauptpostamt), 2 Tran Hung Dao, ✆ 079-821999, 📠 820221.

Touren

Die lokale Touristenagentur bietet Touren zur **My Phuoc-Flussinsel** und zum **Tan Long-Storchenreservat**. Die Insel liegt etwa eine halbe Bootsstunde entfernt und beherbergt einige schöne Obstgärten – nichts, was der Reisende nicht auch in anderen Delta-Regionen zu sehen bekäme. Der Ausflug ins Storchenreservat ist nur für absolute Vogelfans interessant. Das Reservat gehört zwar noch zur Soc Trang-Provinz, liegt jedoch schon näher an Bac Lieu (17 km von Phu Loc entfernt).

Transport

Der Busbahnhof befindet sich nördlich des Flusses an der Nguyen Chi Thanh und bietet regelmäßige Verbindungen nach CAN THO (1 Std., 20 000 Dong); stdl. von morgens früh bis etwa 16 Uhr. Busse nach BAC LIEU und weiter nach CA MAU starten ebenfalls von morgens bis nachmittags, Fahrzeuge in weiter entfernt liegende Delta-Regionen nur vormittags.

Bac Lieu und Umgebung

Die wenigen Touristen, die in Bac Lieu (130 000 Einw.) Halt machen, werden wohl vom Stamme der Ornithologen sein, denn außer für Vogelfreunde ist die Gegend für Touristen kaum interessant. Dabei ist die kleine Stadt mit ihrem großen, überdachten Markt am Flussufer recht einladend. Das fanden auch die Franzosen, die während der Kolonialzeit hier einige Villen errichteten, von denen noch etwa 30 gut erhalten sind und die Ufer des Flusses säumen.

Als Provinzhauptstadt kann Bac Lieu in die Kategorie „aufstrebend" eingeodnet werden. Davon zeugen einige Neubauten jüngeren Datums. Reis wird in dieser Gegend kaum produziert, dafür sind die Böden zu salzig. Stattdessen gibt es Shrimpsfarmen, Fischzucht und eben – Salzgewinnung.

Sehenswürdigkeiten in der Umgebung

Das **Vogelschutzgebiet Bac Lieu** mit seinen über 50 seltenen Arten ist ein Paradies für Vogelfreunde. Augenfällige und oft fotografierte „Stars" sind die wunderschönen schneeweißen Chinesischen Seidenreiher *(Egretta eulophotes)*, die hier leben. Auch Schwarzkopf-Ibisse *(Threskiornis melanocephalus)* und die wegen ihres stahlblauen Kopf-Hals-Bereiches so genannten Bemalten Störche *(Mycteria leucocephala)* werden hier häufig gesichtet, ebenso wie Indische Kormorane *(Phalacrocorax fuscicollis)*.

Je nach Jahreszeit trifft man unterschiedlich viele Tiere an. Die meisten sind hier während der Regenzeit von Mai bis Oktober, doch zu dieser Zeit kann es sehr ungemütlich werden. Besser man kommt zwischen November und Januar; dann ist Brut- und Nistzeit. Von Februar bis Mai sind die wenigsten Vögel zu sehen. Das Schutzgebiet liegt etwa 5 km östlich der Stadt. Der Eintritt kostet 4000 Dong. Es wird empfohlen, sich einen Führer zu nehmen. Sie stehen am Eingang des Parks bereit und sollten ein angemessenes Trinkgeld erhalten. Wer mit Bac Lieu Tourist anreist, muss US$8 für einen Führer bezahlen.

An der Straße, die zum Vogelschutzgebiet führt, liegt die **Xiem Can-Pagode**, etwa 7 km von Bac Lieu entfernt. Die hübsche Khmer-Pagode (auch: Komphir Sakor Prekchru) wurde 1887 erbaut. Einige Mönche leben hier und pflegen das Gelände.

Die **Küste** der Bac Lieu-Provinz ist kein Ziel für Badefreunde, aber es sind Strandspaziergänge möglich, bei denen man die Einheimischen beim Muschelsuchen beobachten kann. Je nach Küstenabschnitt sollte man bei Ebbe nicht zu weit hinauslaufen, um nicht auf einer Sandbank von der Flut überrascht zu werden.

Die **Turmruine von Vinh Hung**, auch bekannt als Luc Hien- oder Bhanh Dat-Turm, wurde 1911 entdeckt und stammt aus dem Jahre 892. Das Datum wurde einer in Sanskrit beschrifteten Stele entnommen, die nahe dem überwachsenen, verfallenen Turm gefunden wurde. Es ist unklar, ob sie von den Cham oder den Khmer stammt. Wäre Letzteres der Fall, so wäre sie das einzige Khmer-Baudenkmal im Delta, das eine Ziegelstein-Architektur ähnlich der Angkor-Baudenkmäler aus derselben Zeit aufweist. Der knapp 9 m hohe Turm hat einen rechtwinkligen Grundriss von 5,60 mal 6,90 m. Teile von Bronzestatuen wurden in der Umgebung gefunden. Täglich um 4 Uhr morgens und 16 Uhr nachmittags kommen Mönche zum Gebet, und einmal im Jahr, am 15. Tag des ersten Mondmonats, pilgern gläubige Buddhisten aus der Region hierher. Der Turm befindet sich etwa 20 km von Bac Lieu nahe dem Dorf Vinh Hung. Die Anreise erfolgt am besten mit einem Führer.

Übernachtung

Bac Lieu Hotel und Restaurant, 4-6 Hoang Van Thu, ✆ 0781-822437, 823655. Das wohl beste Hotel im Ort hat akzeptable Zimmer verschiedener Preisklassen, die einfachsten mit Ventilator und Badezimmer außerhalb, die besseren mit AC, Satelliten-Fernsehen, Minibar und Badewanne. Großes Restaurant mit guter Auswahl. ❶–❸

Bac Lieu Guest House, 8 Ly Tu Trong, ✆ 0781-823815. Ein Dutzend einfache, saubere

Zimmer, die preiswerteren mit Ventilator, die teureren mit AC. Zentral gelegen in der Nähe der Brücke und des Marktes. Vielleicht die beste Budget-Unterkunft, auch wenn sie von außen nicht sehr einladend aussieht. ❶

Bach Hong Hotel, 137B N1, ☎ 0781-823559. Einfach und etwas abgewohnt, dafür billig. An der N1 Richtung Süden. ❶

Hoang Cung Hotel, 1B/5 Tran Phu, ☎ 0781-823362, ℻ 824568. Saubere, einfach ausgestattete Zimmer mit Ventilator oder AC etwas nördlich des Zentrums. Von den Balkonen schöner Ausblick in die grüne Umgebung. ❶–❷

Ngoc Thuy Hotel und Restaurant, 113A N1, ☎ 0781-820130. Relativ neues Haus mit sauberen AC-Zimmern, freundlichen Angestellten und einem guten Restaurant. ❷–❸

Thong Nhat Guest House, 50 Thong Nhat, ☎ 0781-821085. Sehr preiswert, sehr schlicht, ziemlich zentral. ❶

Essen und Unterhaltung

Neben den o.g. Hotelrestaurants gibt es noch einige weitere Adressen.

Beefsteak & Opla-Restaurant, 8/6 Tran Phu. Rindfleisch und Omletts *(opla)* mit Brot und Beilagen – zum Frühstück, denn ab mittags ist geschlossen.

Hai Ho Restaurant, 103/4 N1, ☎ 0781-952026, an der Ausfallstraße Richtung Ca Mau, hat neben guten vietnamesischen Gerichten auch ein paar westliche im Angebot.

Kitty Karaoke & Disco, Tran Phu, Ecke Ba Trieu. Es gibt sogar etwas Nachtleben in Bac Lieu – und zwar hier. Als westlicher Besucher kann man sich der Aufmerksamkeit aller Anwesenden sicher sein. Teure Getränke. ⌚ 7–23 Uhr.

Sonstiges

Einkaufen

Der Markt befindet sich am Flussufer nahe der Brücke.

Geld

Incombank, 1 Hai Ba Trung, ☎ 0781-822678, ℻ 822681. Ein Geldautomat befindet sich beim Bac Lieu Hotel.

Informationen

Bac Lieu Tourist, 2 Hoang Van Thu, neben dem Bac Lieu Hotel, ☎ 0781-822272, ℻ 824273, ⌚ 7–11 und 13–17 Uhr. Organisiert Touren in die Umgebung und hat Informationen zu Stadt und Provinz. Westliche Reisende sind hier seltene, aber gern gesehene Gäste.

Internet

Quang Nhan Internet Café, 60 Le Hong Phong. ⌚ 6–22 Uhr.

Medizinische Hilfe

General Hospital, 128 Nguyen Hue, ☎ 0781-821868.

Post

20 Tran Phu, ☎ 0781-822352, ℻ 824242.

Transport

Der **Busbahnhof** liegt etwa 1,5 km nördlich der Stadt. Von hier fahren den ganzen Tag über Busse nach SOC TRANG und CA MAU. Die Busse zu weiter entfernten Zielen starten meist am Vormittag.

Das Hoang Cung Hotel betreibt einen **Minibus-Service** von und nach HO-CHI-MINH-STADT. Abfahrt nach HCMS um 9 Uhr morgens und 21 Uhr abends, Fahrzeit etwa 5–6 Std. Wer diesen Service von HCMS aus nutzen will, wendet sich dort an die Firma Diem Lien Lac Khach Tai, 33 Duong Cao Van Lau, D. 6, ☎ 08-9507386 oder 091-3892299.

Ca Mau

Kaum ein Reisender verirrt sich ins ganz im Süden des Deltas gelegene Ca Mau (195 000 Einw.), das fernab aller Hauptrouten liegt. Zwar lässt es sich aufgrund seiner guten Anbindung an Rach Gia und als Endpunkt der Nationalstraße 1 gut in eine Delta-Rundreise einbinden: Das verspricht einige Tage „Delta intensiv".

Natur- und Vogelfreunde kommen in Vietnams südlichster Provinz auf ihre Kosten. Der flachen, sumpfigen Gegend wurde im Krieg zwar übel mitgespielt, doch einige Mangrovenwälder und

Sumpfgebiete sind erhalten geblieben. Hier haben nicht nur allerlei seltene Stelzvögel ihre Heimat gefunden, sondern auch Affen, Schlangen und andere Reptilien, dazu Milliarden Mücken. Heute sind die Mangrovenwälder nicht von Bomben und Entlaubungsmitteln, sondern von der Shrimpszucht bedroht. Die südlichste Spitze der Halbinsel wurde daher zum Naturschutzgebiet erklärt.

Die Stadt selbst ist lebendiges Zentrum der Region, wenngleich für Touristen nur mäßig attraktiv. In der jüngeren Vergangenheit ist einiges Geld hierher geflossen, von Übersee-Vietnamesen und wohl auch aus Regierungsquellen, stammte doch ein Vizepremier von hier. So entstanden Einkaufszentren und neue Hotels.

Sehenswürdigkeiten

Der **Markt** am Flussufer lädt zum Bummel, aber nicht zum Shopping ein – es sei denn, man will seinen Trockenfisch gleich zentnerweise erstehen: Es ist ein Großmarkt, auf dem die Produkte der Region umgeschlagen werden. Vieles geht von hier direkt an die Händler in Ho-Chi-Minh-Stadt. Auf dem Fluss davor befindet sich ein **schwimmender Markt**, auf dem besonders vormittags viel los ist. Ein weiterer schwimmender Markt befindet sich 2 km südlich der Stadt.

Der bunte **Cao Dai-Tempel** an der Phan Ngoc Hien wurde 1966 erbaut. Hier werden täglich Zeremonien abgehalten. Gläubige Christen zieht es in die **katholische Kirche** im nördlichen Stadtzentrum. Wer die lokalen Götter um eine gute Weiterreise bitten will, kann in der **Thien Hau-Pagode** am Flussufer ein paar Räucherstäbchen entzünden.

Am Rande der Stadt liegt das **Vogelschutzgebiet Lam Vien 19/5**, das auch – etwas irreführend – **Kulturpark** genannt wird. Das große Areal (18,2 ha) beherbergt nicht nur viele Vögel in einem eigens abgetrennten Bereich (6 ha), sondern auch einen kleinen Zoo mit Mangrovenbewohnern wie Schlangen, Krokodilen, Leguanen und Schildkröten. Ganztags geöffnet, Eintritt 4000 Dong.

Übernachtung

Durch den wirtschaftlichen Aufschwung in der Stadt sind einige Hotels hinzugekommen, die die Qualität, aber auch das Preisniveau nach oben korrigieren.

Untere Preisklasse

Ca Mau Hotel, 20 Phan Ngoc Hien, ✆ 0780-831165, ℻ 830575. 25 Zimmer, alle recht groß, mit AC und Frühstück inklusive. Zentral gelegen, freundliche Leute. Das Restaurant im Haus ist ganztägig geöffnet. ❶–❷

Kim Yen Hotel, 20A Hung Vuong, ✆ 0780-827308, ℻ 831249. Einladendes, sauberes kleines Hotel mit einigen preiswerten Ventilator- und etwas teureren AC-Zimmern. ❶–❷

Song Hung Hotel, 28 Phan Ngoc Hien, ✆ 0780-822822, ℻ 822824. Unweit des Ca Mau Hotel liegt dieses ähnlich ausgestattete Haus, das ebenfalls ein recht gutes Restaurant beherbergt. Die billigeren Zimmer haben z. T. keine Fenster. ❶–❷

Mittlere Preisklasse

Cong Doan (Trade Union) Hotel, 9 Luu Tan Tai, ✆ 0780-833245, ℻ 830873. Mehr als 40 Zimmer unterschiedlicher Ausstattung, die billigeren sehr einfach mit Ventilator, die teureren groß, gut eingerichtet und mit AC. Restaurant. ❶–❸

Quoc Nam Hotel, 23 Phan Boi Chau, ✆ 0780-827514. Ebenfalls keine schlechte Wahl mit einer Reihe unterschiedlich gut ausgestatteter Zimmer und einem Dach-Café, von dem man einen tollen Blick auf den Fluss und die Stadt hat. ❶–❸

Quoc Te (International) Hotel, 179 Phan Ngoc Hien, ✆ 0780-826245, ✉ ksquocte@hcm.vnn.vn. Einladendes Haus mit Zimmern verschiedener Preisklassen und Ausstattung (AC und Ventilator). Freundliches, hilfsbereites Personal, das dem Hotelnamen gerecht wird und gut Englisch spricht. ❶–❸

Obere Preisklasse

Anh Nguyet Hotel & Restaurant, 207 Phan Ngoc Hien, ✆ 0780-567666, ℻ 567547, ✉ anhnguyethotel@yahoo.com. Das beste Haus am Platz punktet mit modern ausgestatteten Zimmern mit Teppichböden und bequemen Möbeln. Entspannung bieten Massage, Dampfbad, Jacuzzi. Gutes Restaurant. ❸–❺

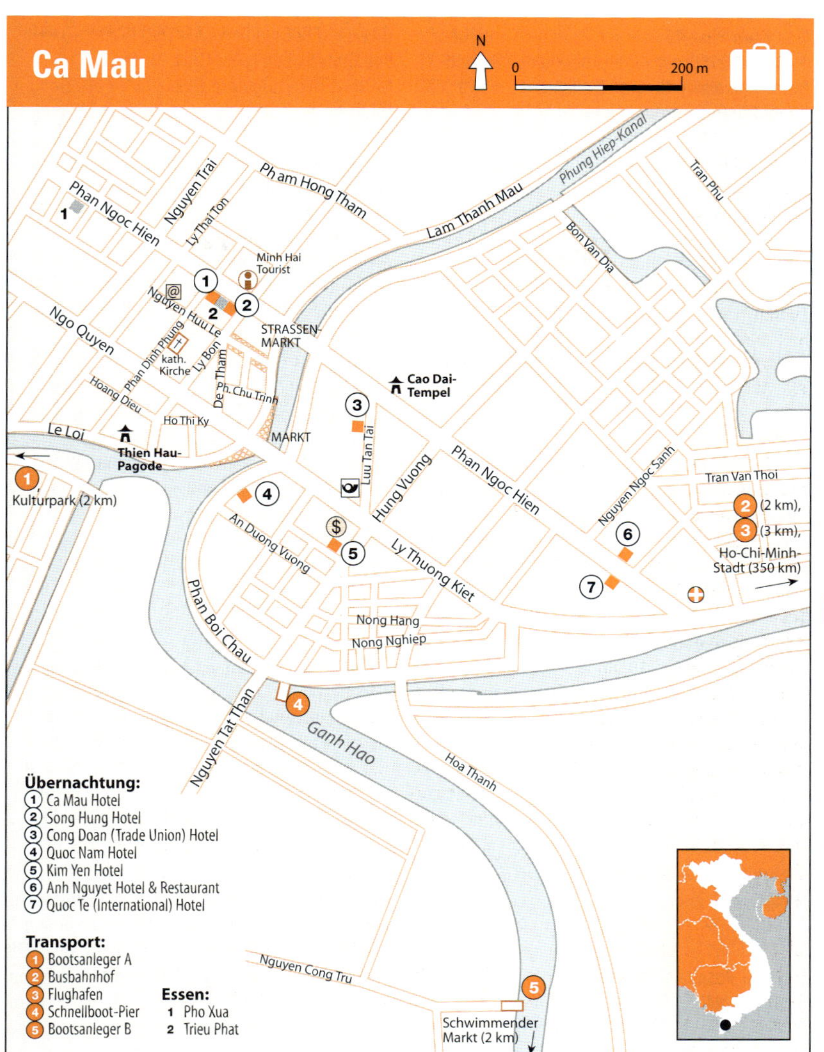

Essen

Wer nicht lange im Sprachteil herumblättern will, um sich die Speisekarten zu übersetzen, sollte in eines der o.g. Hotelrestaurants gehen. Dabei sticht das **Anh Nguyet Hotel Restaurant** durch eine besonders angenehme, ruhige Atmosphäre hervor, ist allerdings auch teurer.

Das **Ca Mau Hotel Restaurant** und das nahe gelegene **Song Hung Hotel Restaurant** im Nordteil der Stadt servieren gute vietnamesische Küche zu realistischen Preisen.

Das **Trieu Phat Restaurant**, 26 Phan Ngoc Hien, ✆ 0780-832766, gut zur Erprobung des Sprachführers. Preiswerte, gute Gerichte um die 20 000 bis 30 000 Dong. Spezialität sind Meeresfrüchte; besonders natürlich die Shrimps aus der Region.
Pho Xua, 126 Phan Ngoc Hien, serviert neben der namengebenden Suppe auch eine große Auswahl Seafood-Gerichte – von einer englischen Speisekarte.
Ein paar einfache Straßenrestaurants liegen am nordwestlichen Ende des Straßenmarktes, Ecke Ly Bon.

Sonstiges

Geld

Incombank, 94 Ly Thuong Kiet, ✆ 0780-831102, tauscht Dollars und gibt Geld auf Kreditkarte. ⌚ Mo–Fr 7.30–11 und 13.30–16.30 Uhr. Mehrere Geldautomaten sind über die Stadt verteilt.

Informationen

Ca Mau Tourist (Cong Ty Du Lich Minh Hai), 1-5 Ly Bon, ✆ 0780-831828, 831238, 📠 837022. Erste Adresse für die Organisation von Bootstouren in die Umgebung. Auch mehrtägige Trips sind möglich. Man sollte allerdings eine dicke Geldbörse dabeihaben oder sich in einer Gruppe befinden: Unter US$100 pro Boot und Tag läuft nichts. Auch Flugtickets oder Hotels können gebucht werden. ⌚ 8–11 und 13–17 Uhr.

Internet

Mehrere Online-Game-Shops liegen in der Stadt verteilt, z. B. in der 70 Nguyen Huu Le.

Medizinische Hilfe

General Hospital, Ly Thuong Kiet, ✆ 0780-824405.

Post

3 Luu Tan Tai, ✆ 0780-831220.

Transport

Busse

Der **Busbahnhof** befindet sich etwa 2 km südöstlich der Stadt. Von hier fahren Busse in alle nördlich gelegenen Delta-Regionen, z. B. BAC LIEU (2 Std.) und CAN THO (5 Std.), und in den Süden nach NAM CAN. Nach HO-CHI-MINH-STADT reguläre Busse für 57 000 Dong (11 Std.); empfohlen werden die schnelleren Expressbusse (8 Std., 86 000 Dong), die morgens zwischen 5 und 10 Uhr starten. Ein *xe om* in die Innenstadt kostet etwa 15 000 Dong.

Boote

Am **Schnellboot-Pier**, 162 Phan Boi Chau, starten 3x tgl. Boote nach RACH GIA (3 Std., 90 000 Dong) und NAM CAN (1 1/2 Std., 45 000 Dong).
Langsamere Fähren gen Norden (außer Rach Gia) und Richtung U Minh-Wald starten am **Bootsanleger A** (Ben Tau A); gen Süden (Nam Can) und nach RACH GIA (5 Uhr morgens, Dauer 10 Std., 20 000 Dong) am **Bootsanleger B** (Ben Tau B). An Letzterem kann man auch für etwa 50 000 Dong pro Stunde ein Boot zum schwimmenden Markt 2 km weiter südlich chartern. Wassertaxis zu ähnlichen Preisen finden sich auch am Markt.

Flüge

Der Flughafen liegt etwa 3 km außerhalb an der 93 Ly Thuong Kiet (N1), ✆ 0780-836426. Vietnam Airlines fliegt tgl. nach HO-CHI-MINH-STADT für 500 000 Dong, Abflug 7.35 Uhr, Ankunft 8.40 Uhr.

Die Umgebung von Ca Mau

U Minh-Wald

Dieses ausgedehnte **Wald-Sumpf-Gebiet** ist für viele Besucher der Hauptgrund einer Reise in den tiefen Süden. Es ist mit 1000 km² das größte Gebiet seiner Art außerhalb des Amazonasbeckens und beginnt wenige Kilometer nordwestlich der Stadt. Es war ein bevorzugtes Rückzugsgebiet der Vietcong-Kämpfer im amerikanischen Krieg und daher Opfer groß angelegter Entlaubungsaktionen – unzählige Hektar Mangrovenwald wurden so vernichtet. Der Vietcong reagierte mit Wiederaufforstung durch schnell wachsende Eukalyptusbäume, die sich als resistent gegen Agent Orange erwiesen. Sie sind zwar fremd im ursprünglichen Ökosystem, bieten heute aber einer Vielzahl von Tieren Schutz. Besonders für Ornithologen ist die Gegend interessant, aber auch Botaniker kommen auf ihre Kosten. Bootstouren hierher werden von Ca Mau Tourist für US$135 pro Tag und Boot (bis zu zehn Personen) angeboten. Alternativ kann man versuchen, am Bootsanleger A auf eigene Faust ein Boot zu bekommen.

Das **Ngoc Hiem-Vogelschutzgebiet** ist mit seinen 130 ha eines der größten in Vietnam. Es beginnt 45 km südöstlich von Ca Mau. Auch hier steht Ca Mau Tourist mit seinen Booten bereit.

Nam Can

Das kleine Nam Can ist die südlichste Stadt von Vietnam – ein ärmliches Nest, das hauptsächlich von der Shrimpszucht lebt. Das dortige **Nam Can Hotel**, ✆ 0780-877039, ❷, zeichnet sich ausschließlich dadurch aus, das südlichste von Vietnam zu sein. Für die Anreise von Ca Mau aus nimmt man am besten die Fähre am Anleger B oder ein Speedboot; die Straße ist schlecht und steht streckenweise oft unter Wasser.

Weiter südlich befinden sich nur noch einige winzige Fischerdörfer und die **Hon Khoai-Inseln**, fünf sehr nah beieinander liegende Inselchen, die zusammen etwa 4 km^2 groß sind. Die Franzosen haben hier Ende des 19 Jhs. einen Leuchtturm gebaut. Die Inseln sind von Nam Can aus mit dem Boot zu erreichen; angereist wird über das Fischerdorf Tran De. Von dort sind es etwa 15 km aufs Meer hinaus.

Ganz im Süden dehnt sich Vietnam dank der von den Flüssen mitgebrachten Sedimente, die sich hier ablagern, jährlich um bis zu 50 m weiter ins Meer aus. Im Jahre 2003 wurde die Südspitze **Mui Nam Can** zum Nationalpark erklärt.

Chau Doc

Chau Doc (100 000 Einw.) ist eine angenehme Kleinstadt. Für viele Reisende ist sie ein Transit-Ort auf der Reise von oder nach Kambodscha, das von hier auf dem Fluss oder auf dem Landweg zu erreichen ist. Einige schöne Sehenswürdigkeiten und Ausflugsziele können aber auch zu einem längeren Aufenthalt verleiten. Gute preiswerte Unterkünfte sind ebenso vorhanden wie ein schönes Luxushotel am Flussufer.

Grenzübergänge nach Kambodscha

Von Chau Doc aus sind zwei Grenzübergänge nach Kambodscha erreichbar: Per Boot der in **Vinh Xuong / Kaan Samnor** (siehe Transport), wo es auch *Visa on Arrival* für US$20 gibt, und per Straße der in **Tinh Bien / Phnom Denh**. Dieser etwa 25 km von Chau Doc entfernte, an der N91 gelegene Grenzposten wird kaum von Touristen frequentiert. Dort werden auch keine Visa ausgestellt. Hinter der Grenze geht die Straße weiter als Highway 2 bis Phnom Penh. Die Grenzen sind von 7–17 Uhr geöffnet.

Die Lage am Hau-Fluss (Bassac) macht Chau Doc von jeher zu einem wichtigen regionalen Handelsort. Wichtige Kanäle treffen sich hier: Der Vinh Te-Kanal führt in südwestlicher Richtung an der kambodschanischen Grenze entlang nach Ha Tien und somit zum Meer, und der Vinh An-Kanal, der sich in nordöstlicher Richtung erstreckt, mündet bei Tan Chau in den Tien-Fluss, den breitesten Arm des Mekong im Delta. In der näheren Umgebung liegt ein **Heiliger Berg**, der **Nui Sam**. Dieser brachte immer schon Pilger in die Stadt – auf dem Höhepunkt der Pilgersaison, zum Ba Chua Xu-Fest im Mai, sollen es in den letzten Jahren bis zu zwei Millionen gewesen sein! Möglicherweise übertreibt die Tourismusbehörde hier ein wenig. Sicher ist, dass ohne langfristige Buchung in dieser Zeit kein Bett zu bekommen ist.

Auf dem großen **Markt** gibt es aufgrund der Grenznähe zusätzlich zu den üblichen Waren des täglichen Bedarfs auch Schmuggelware aus Kambodscha, vor allem Zigaretten der Marke „Hero", die sogar noch billiger sind als die vietnamesischen Produkte.

Sehenswürdigkeiten

Neben einem lohnenswerten Bummel über den Markt und entlang der Strandpromenade kann man einen Abstecher in die **Dinh Tanh Chau Phu-Pagode** unternehmen. Sie dient auch als Gemeindehaus der chinesischen Gemeinde von Chau Doc. Die Pagode ist dem Andenken an Nguyen Huu Canh (1650–1700) gewidmet, einem

Gouverneur Südvietnams, dem die Gründung Sai Gons zugeschrieben wird. Täglich um 5 und 17 Uhr werden Zeremonien abgehalten.

In der 1929 erbauten **katholischen Kirche**, 387 Le Loi, etwas südöstlich des Zentrums, treffen sich um 6 und um 18 Uhr die gläubigen Christen zum Gebet.

Mit einem Boot lässt sich das Leben auf dem Fluss erkunden. Die schwimmenden Häuser sind oft auch Fischfarmen, wobei der Fisch in über eine Falltür zugänglichen Netzen unter dem Haus lebt. Im **Cham-Dorf** auf der anderen Flussseite arbeiten Weber an ihren traditionellen Webstühlen. Die Mubarak- und die Chau Giang-Moschee erinnern daran, dass die hiesigen Cham Muslime sind *(cham bani)*. Man erkennt die Gläubigen an ihren traditionellen Gebetskäppis.

Wer am frühen Vormittag aufbricht, kann zudem noch den hiesigen schwimmenden Markt besuchen – und sollte den Bootsführer bitten, mitten ins Gedrängel hineinzufahren.

Ein privates Boot, das an der Strandpromenade zwischen Markt und Victoria-Hotel angeboten wird, kostet US$2–3 pro Stunde. Der Ausflug dauert etwa zweieinhalb Stunden. Wer kein Boot mieten will, kann auch mit der lokalen Fähre für 1000 Dong ins Cham-Dorf übersetzen. Der Anleger befindet sich südlich des Victoria Hotels.

Übernachtung

Die meisten Hotels in Chau Doc verfügen standardmäßig über Aircondition und heißes Wasser und lassen sich etwas herunterhandeln, wenn man auf diese Ausstattung verzichtet.

Untere Preisklasse

Ngoc Phu Hotel, 17 Doc Than Phu, ✆ 076-866484, ✆ 868666. Von außen und in der Lobby nicht gerade einladend. An den Zimmern mit Ventilator oder AC gibt es für den Preis jedoch nichts auszusetzen. Zentral gelegen. Kein Englisch. ❶

Hang Chau 2 Hotel, 10 Nguyen Van Thoai, ✆ 076-868891, ✆ 865140, ✉ hangchau2agg@hcm.vnn.vn. Etwas in die Jahre gekommen, aber z. T. recht schöne, große Zimmer mit Holzfußboden, Balkon und Badewanne. ❶–❷

Hoa Hung Hotel, 5 Quang Trung, ✆ 076-866417. Standard-Minihotel mit relativ neuen, manchmal nur oberflächlich gereinigten Zimmern, die den Vorteil haben, an der Tür eine Vorrichtung für ein eigens mitgebrachtes Vorhängeschloss aufzuweisen. ❶

Song Sao Hotel, 12-13 Nguyen Huu Canh, ✆ 076-561777, ✆ 868820, ✉ songsaohotel@yahoo.com. Saubere und komfortable Zimmer mit Holzmöblierung, die ihren Preis wert sind. Die etwas teureren Balkonzimmer sind größer und bieten einen schönen Blick auf den belebten Platz. ❷

Thuan Loi Hotel, 18 Tran Hung Dao, ✆ 076-866134, ✆ 865380, ✉ hotelthuanloi@hcm.vnn.vn. Einfache Zimmer mit Ventilator oder AC für wenig Geld, am Fluss nördlich des Marktes. Angeschlossen ist ein schwimmendes Restaurant mit frischem Seafood aus dem Aquarium. ❶

Vinh Phuoc Hotel & Restaurant, 12-14 Quang Trung, ✆ 076-866242. Beliebte Traveller-Absteige mit teilweise recht großen, preiswerten Zimmern mit Balkon, westlich-vietnamesischem Restaurant und routiniertem Tour-Service. Hat auch 3-Bett-Zimmer. ❶

Neues Haus in zentraler Lage

Trung Nguyen Hotel, 86 Bach Dang, ✆ 076-866158, ✆ 868674, ✉ trunghotel@yahoo.com. Sehr ordentliche Zimmer in einem recht neuen Haus in zentraler Lage. Vielleicht das beste Preis-Leistungs-Verhältnis in der Stadt. ❶–❷

Obere Preisklasse

Victoria Chau Doc, 32 Le Loi, ✆ 076-865010, ✆ 865020, 💻 www.victoriahotels-asia.com. Dieses große, luxuriöse 4-Sterne-Hotel im Kolonialstil liegt direkt am Fluss. 92 gut ausgestattete Zimmer mit Holzfußboden. Die „Deluxe"-Zimmer sind ein wenig teurer als die etwas kleineren „Superior"-Räume – die Mehrausgabe wird mit dem Flussblick vom Balkon entgolten. Das Hotel betreibt ein eigenes Schnellboot nach Phnom Penh (s. Transport). ❻–❼

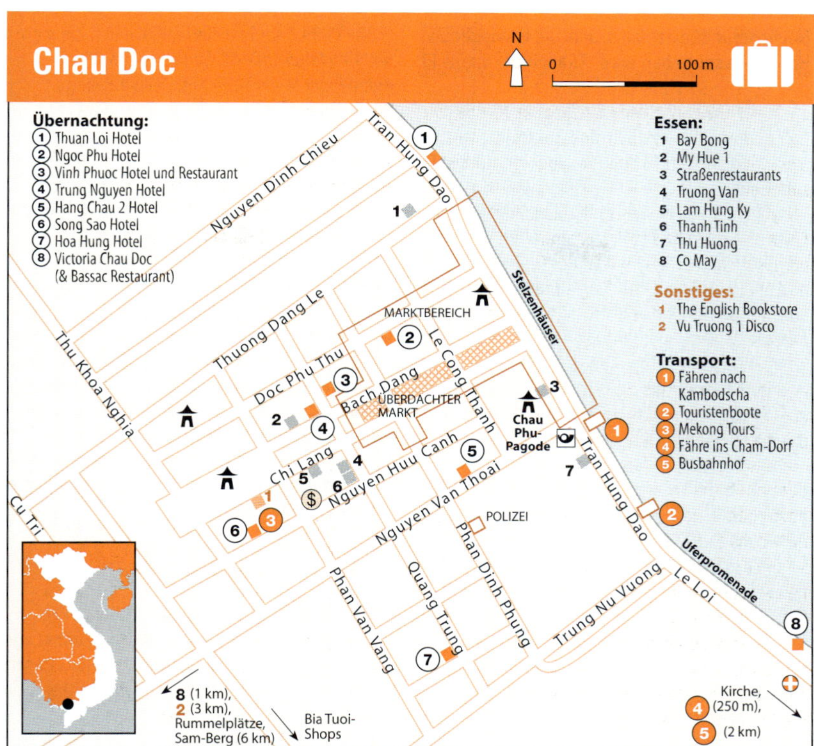

Hotels am Nui Sam

Ben Da Nui Sam Resort, Highway 91, Vinh Te, ✆ 076-861705, ✆ 861530, ✉ bendanuisam @hmc.vnn.vn. Wenige hundert Meter vom Berg entfernt liegt diese recht gepflegte Anlage mit sauberen Zimmern und einem Restaurant, das 500 Leute fasst. Tennisplätze, Sauna, Massage. ❷–❸

Mekong Guesthouse, Nui Sam, ✆ 076-861870, ✉ mekongguesthouse@yahoo.com. Diese preiswerte Unterkunft liegt an der Auffahrt zum Gipfel und bietet einfache Zimmer mit Ventilator oder AC. Eingebettet in eine tolle Landschaft, die zu ausgiebigen Spaziergängen einlädt – von hier lässt sich der Nui Sam gründlich erkunden. ❶–❷

Zu Füßen des Nui Sam liegt außerdem eine große Anzahl einfacher Gasthäuser *(nha tro)*, in denen die Pilger übernachten.

Essen

Preiswert und gut – das ist das Gesamturteil zur Verpflegungssituation in Chau Doc. Zahlreiche gute lokale Restaurants gibt es zu entdecken; viele haben eine englische Speisekarte. Zwei sehr unterschiedliche Hotelrestaurants bieten eigens auf Touristen zugeschnittene Gerichte.

Bassac, 32 Le Loi, im Victoria-Hotel. ✆ 076-865010. Fein am Mekong-Ufer speisen auf der eleganten Hotelterrasse des Victoria: Bei Gerichten um die US$10 ein Luxus, den man in Erwägung ziehen kann. Die Küche ist eine gekonnte Fusion aus französischen und vietnamesischen Elementen, die Desserts sind eine Sünde (wert) und die Weinliste ist die perfekte Ergänzung.

Bay Bong, 22 Thuong Dang Le, ✆ 076-867271. Die Qual der Wahl zwischen den preiswerten

Die geschenkte Stadt

Chau Doc gehört erst seit Mitte des 18. Jhs. zu Vietnam. Damals schenkte der König von Kambodscha den Vietnamesen, die ihm bei der Niederschlagung einer Rebellion beigestanden hatten, die Stadt. Daher wohnen heute noch viele Khmer (Kambodschaner) in Chau Doc. Sie sind an ihrer dunkleren, bronzenen Haut und den karierten Schals (Khmer: *krama*) zu erkennen. Zusammen mit Cham, die diese Gegend seit etwa 2000 Jahren bewohnen, und Chinesen, die in den letzten Jahrhunderten nach und nach einwanderten, bilden sie ein buntes Völkergemisch.

und guten vietnamesischen Gerichten (20 bis 40 000 Dong) wird durch eine englische Speisekarte erleichtert.

Co May, Trung Nu Vuong, ✆ 076-564054. An der Ausfallstraße zum Nui Sam gelegenes, großes vietnamesisches Mittelklasse-Restaurant. Bei Einheimischen beliebt, die sich mal etwas gönnen wollen.

Lam Hung Ky, 71 Chi Lang, ✆ 076-866745. Auf den blitzenden Aluminiumtischen werden preiswerte Gerichte mit chinesischem Einschlag serviert. Englische Speisekarte.

My Hue, 92 Bach Dang, ✆ 076-564778. Nudelgerichte, Hot Pot, Suppen; in dem einfachen kleinen Restaurant sind oft alle Plastikhocker besetzt – was immer ein gutes Zeichen ist.

Thanh Tinh, 13 Quang Trung. Sehr gutes vegetarisches Restaurant mit vielen Fake-Meat-Speisen: Lecker zum Beispiel das scharfe mongolische „Hühnchen" (25 TD), dem man sein Vorleben als Sojaquark kaum noch anmerkt. Englische Speisekarte. Ein Tipp auch für Nicht-Vegetarier.

Thu Huong, 3 Le Loi. Wer nach einer guten *pho* sucht, wird neben der Post fündig. Preiswert (Suppe 10 TD, Kaffee 5 TD) und freundlich.

Truong Van, 15 Quang Trung. Direkt neben dem Thanh Tinh liegt dieses beliebte *com*-Restaurant mit preiswerten Reisgerichten.

Vinh Phuoc, 12-14 Quang Trung, im gleichnamigen Traveller-Hotel. Hier gibt es die übliche standardisierte westlich-vietnamesische Küche für den weniger experimentierfreudigen Reisenden. Generationen von Travellern lieben diese Küche.

In der Nähe des Platzes an der Nguyen Huu Canh, Ecke Phan Van Vang, gibt es einige Stände mit frisch gepresstem **Fruchtsaft** *(sinh to)*. Die Säfte sind eine köstliche und gesunde Erfrischung. Günstige **Straßenrestaurants** finden sich an der Tran Hung Dao im südlichen Marktbereich.

In einigen kleinen, schmuddeligen **Bia Tuoi Shops** in der Thu Khoa Huan (von der Nguyen Van Thoai stadtauswärts) gibt es neben frischem, in Plastikflaschen abgefülltem Bier auch **exotische Snacks** wie gebratene Schlange und gedämpfte Fledermaus.

Unterhaltung

Die örtliche Disko **Vu Truong 1**, Nguyen Van Thoai, etwa 3 km Richtung Sam-Berg, öffnet um 19 Uhr und schließt gegen Mitternacht. Getanzt wird hier eher selten; dafür sind die Drinks umso teurer.

Zwei kleine **Rummelplätze** befinden sich rechts und links der Ausfallstraße Richtung Nui Sam. Von 18 bis etwa 22 Uhr ist hier Betrieb. Einige Fahrgeräte für Kinder laden zu einem abendlichen Ausflug mit der Familie ein.

Sonstiges

Einkaufen

Chau Docs lebendiger Markt vermittelt einen guten Eindruck in die Produkte der Umgebung, darunter Obst, Gemüse, Trockenfisch. Eine lokale Köstlichkeit ist der **Palmzucker**, den es kunstvoll in Blätter gewickelt zu kaufen gibt.

The English Bookstore gegenüber dem zentralen Platz hat eine kleine Auswahl englischsprachiger Literatur.

Fahrräder und Motorräder

Sie werden von einigen Hotels vermietet, so dem Trung Nguyen und dem Vinh Phuoc.

Geld

Incombank, 68-70 Nguyen Huu Canh, ✆ 076-866497, ⌚ Mo–Fr 7.30–11 und 13.30–16.30 Uhr. Tauscht Devisen.

Informationen und Touren

Das für diese Provinz zuständige Touristenbüro **An Giang Tourist** befindet sich in der Provinzhauptstadt Long Xuyen. In Chau Doc helfen die Angestellten der Unterkünfte weiter. Über besonders viel Erfahrung und Routine verfügen die Leute hinter dem Reiseschalter im **Vinh Phuoc Hotel**. Hier werden auch Touren in die Umgebung organisiert. Angeboten werden u. a. Fahrten in **Khmer-Dörfer**, wo traditionelle Seidenweber arbeiten.
Eine örtliche Reiseagentur ist **Mekong Tours**, 14 Nguyen Huu Canh, ✆ 076-868222, 📠 562265, ✉ mekongvietnam@hcm.vnn.vn, 💻 www.mekongvietnam.com. Bietet Flussfahrten, geführte Touren zum Nui Sam und in die Umgebung; darüber hinaus Buchungen von Tickets und Hotels in ganz Vietnam.

Internet

Einige Hotels haben Internetzugang in der Lobby; weitere Zugänge gibt es in der Post.

Medizinische Hilfe

Das **General Hospital** befindet sich gegenüber dem Victoria Hotel in der 5 Le Loi, ✆ 076-867184.

Post

2 Le Loi, ✆ 076-869200, ⌚ 7–21 Uhr, bietet auch Internetzugänge.

Nahverkehr

Private Touristenboote für den lokalen Nahverkehr werden an der Uferpromenade für etwa US$2–3 pro Stunde angeboten, **lokale Fähren** fahren an verschiedenen Stellen über den Fluss. Eine Fahrtmöglichkeit ins **Cham-Dorf** auf der gegenüberliegenden Fluss-Seite besteht etwa 250 m südlich des Victoria-Hotels; Kosten: 1000 Dong für die einfache Fahrt.

Transport

Busse

Der Busbahnhof befindet sich etwa 2 km südöstlich des Zentrums an der Le Loi. Von hier fahren den ganzen Tag über Busse in alle Ecken des Deltas und nach Ho-Chi-Minh-Stadt.
Die Abfahrtszeiten der lokalen Busse sind nicht hundertprozentig vorauszusagen: Wer sichergehen will, schaut tags zuvor vorbei (mit dem *xe om* für 10 000 VN) und erkundigt sich. Ansonsten hilft es immer, zeitig aufzubrechen.
Abfahrt nach:
CA MAU, früh morgens, 65 000 Dong, fast 7 Std.
CAN THO, stdl. bis etwa 15 Uhr für 32 000 Dong, die Minibusse der Hotels 3x tgl. (7.30, 9.30, 14.30 Uhr) für US$5;
HA TIEN, 4x tgl. um 6, 9, 13 und 14 Uhr für 30 000 Dong in knapp 3 1/2 Std.;
LONG XUYEN, stdl. für 13 000 Dong in 1 Std.;
RACH GIA, nur zwei Busse tgl. früh morgens für 28 000 Dong, 3 Std.
Nach HO-CHI-MINH-STADT geht es tagsüber stdl. für 60 000 Dong. Es gibt auch Nachtbusse, die zwischen 19 und 24 Uhr stdl. starten, Fahrtdauer 5–6 Std.
Wer keine Lust hat, sich zum Busbahnhof zu begeben, kann in fast allen Unterkünften auf den **hoteleigenen Tourservice** zurückgreifen. Nachteil: Es sind deutlich weniger Abfahrtszeiten im Angebot, und die Tickets kosten etwa das Doppelte. Dafür wird man am Hotel abgeholt. So geht es nach HO-CHI-MINH-STADT stdl. für US$7, nach CAN THO um 7, 8, 9 und 10 Uhr für US$5, nach HA TIEN um 6 Uhr für US$6 und nach RACH GIA (Fähre nach Phu Quoc) um 6 Uhr für US$7.

Boote

Das Schnellboot von Chau Doc nach **Kambodscha** kostet US$18, das langsame Boot US$8. Abfahrt beider Boote um 9.30 Uhr. Passiert wird die Grenze in VINH XUONG/KAAN SAMNOR. Ankunft des Schnellbootes in PHNOM PENH um 13.30 Uhr. Das langsame Boot hält in Neak Luong, von wo es mit dem Bus in die Hauptstadt weitergeht; Ankunft dort etwa 15 Uhr. Das Visum ist an der Grenze erhältlich.

Das Victoria-Hotel betreibt ein eigenes Schnellboot nach Phnom Penh – allerdings nur für Hotelgäste. Abfahrt morgens um 7 Uhr. Die Fahrt dauert 5 Std. und kostet US$80 zuzüglich 10 % Steuern und 5 % Service-Gebühr. Bei dieser Fahrt muss das kambodschanische Visum bereits im Pass sein. Das Boot von Phnom Penh nach Chau Doc startet um 13.30 Uhr.
Nach CAN THO, VINH LONG und LONG XUYEN können Touristen nur mit privaten Booten fahren. Die sind, wenn man sie selbst organisiert, ziemlich teuer. Man kann aber auch eine Tour buchen und z. B. für US$8 nach Can Tho fahren und dabei unterwegs eine Fischfarm und ein Dorf besichtigen. Solche Touren werden u. a. im Vinh Phuoc Hotel angeboten.
Lokale Passagier-Fracht-Fähren entlang des Vinh Te-Kanals verkehren nach HA TIEN. Sie starten vor Sonnenaufgang und benötigen mindestens 12 Std. Der Fahrpreis liegt um 70 000 Dong. Aktuelle Informationen zu genauen Abfahrtszeiten und dem benutzten Pier bitte vor Ort erfragen.

Die Umgebung von Chau Doc

Der Sam-Berg (Nui Sam)

Der 6 km entfernte, 230 m hohe Sam-Berg (Nui Sam) ist für die Menschen der Umgebung ein heiliger Ort – und das schon seit langer Zeit. Wer den Berg besteigt, findet oben die Reste eines alten Shiva-Heiligtums, erkennbar an einem in den Boden eingelassenen Stein mit einer quadratischen Aussparung. Er symbolisiert das weibliche Geschlechtsorgan, das einst einen phallischen Stein aufnahm, in dessen Gestalt Shiva verehrt wurde. Noch heute herrscht auf dem Berg ein reger Pilger-Betrieb. Allerdings ragt hier gegenwärtig ein Phallus ganz anderer Art in den Himmel: Ein hoher Funkmast nutzt die exponierte Stelle für eher weltliche Kommunikationsaufgaben. Kambodscha ist nicht weit und vom Berg aus zu sehen. Grund genug für die vietnamesische Armee, hier oben einen Beobachtungsposten einzurichten.

Eine große Anzahl von Tempeln und Pagoden liegt über die Hänge des Berges verteilt. Die **Tay An-Pagode** ist eine eigenartige architektonische Mischung aus taoistischen, hinduistischen und islamischen Stilelementen und versinnbildlicht so die religiöse Vielfalt dieser Region. Innen werden mehr als 200 Statuen buddhistischer, hinduistischer und taoistischer Gottheiten in friedlicher Eintracht verehrt. An einem Tisch rechter Hand sitzt die lebensgroße Statue eines verehrten Mönches. Die viel besuchte Pagode wurde 1847 erbaut und besteht seit einer Erweiterung im Jahre 1958 in ihrer heutigen Form.

Sehr wichtig für die Gläubigen dieser Region ist der nahe gelegene **Tempel der Ehrenwerten Frau Xu**. Der 1820 entstandene und 1972 erneuerte Tempel ist architektonisch weniger aufwendig gestaltet als die Tay An-Pagode, doch die Statue der Frau Xu im Inneren ist das am inbrünstigsten verehrte Heiligtum der Region. Sie heißt auch „Die Königin des Landes". Die Legende erzählt, dass sie sich früher auf dem Nui Sam befand. Bei der siamesischen Invasion Anfang des 19. Jhs. wollten die feindlichen Truppen sie stehlen, mussten sie jedoch am Fuße des Berges liegenlassen, da sie immer schwerer wurde. In einer Erscheinung verkündete Frau Xu, nur neun Jungfrauen könnten sie wegtragen. So kam die Statue an ihren heutigen Ort. Einmal im Jahr, in der letzten Woche des vierten Mondmonates (also im Mai), findet ihr zu Ehren ein großes Fest statt, zu dem viele Tausend Besucher anreisen. Auf dem Höhepunkt wird die Statue von neun Jungfrauen gewaschen.

Ein weiterer Pilgerort ist das **Grab von Marschall Thoai Ngoc Hau** (auch: Nguyen Van Thoai). Der Militärmandarin (1766–1826) baute den Vinh Te-Kanal nach Rach Gia – natürlich nicht selbst, sondern mithilfe kambodschanischer Zwangsarbeiter. Der Kanal ist nach seiner Frau Chau Thi Vinh Te benannt, die ebenfalls hier begraben ist.

Auch einige **Höhlenpagoden** liegen am Berg verteilt. Man kann problemlos einen ganzen Tag damit zubringen, umherzustreifen und auf eigene Faust seinen persönlichen Lieblings-Schrein zu entdecken.

Der **Skulpturenpark** rechts und links der Straße nach Chau Doc ist einen Abstecher wert. Bildhauer aus der ganzen Welt haben hier vor einigen Jahren, assistiert von lokalen Steinmetzen, in nur 40 Tagen eine Fülle fantastischer Arbeiten geschaffen. Als Material diente hauptsächlich weißer Kalkstein, aber auch Stahl und Granit. Einige Künstler nutzten Granitsäulen, die in der nahe gelegenen Region um Tri Ton hergestellt werden und eigentlich als Stützen für Stelzenhäuser dienen, so etwa „An den Himmel" (von Valentina Dusavitskaya, Russland). Auch der österreichische Künstler Alois Lang ist mit einem Werk vertreten.

Am Nui Sam gibt es eine Fülle von Unterkünften. Sie sind, bis auf einige Ausnahmen, auf lokale Pilger ausgerichtet (siehe Chau Doc, Übernachtung). Westliche Besucher schlafen meist in der Stadt.

Hin- und Rückfahrt mit dem Cyclo schlagen mit etwa US$5 zu Buche. Dazu kommen 10 000 Dong für ein Moped zum Gipfel, falls man sich den halbstündigen, steilen Fußweg sparen will. Es empfiehlt sich, nachmittags gegen 15 oder 16 Uhr aufzubrechen – bei gutem Wetter wird man dann Zeuge eines großartigen Sonnenuntergangs über den Reisfeldern der Umgebung.

Ba Chuc

Etwa 55 km südwestlich von Chau Doc liegt das Dorf Ba Chuc. Dort werden in einer Pagode über 1000 Schädel von Opfern der Roten Khmer aufbewahrt. Diese veranstalteten hier im April 1978 ein Massaker und hinterließen 3157 Tote. Die Ausstellung mit Fotos, die kurz nach dem Gemetzel aufgenommen wurden, ist schockierend und verstörend – ein Besuch nur bedingt empfehlenswert. Massaker wie diese waren kurz darauf Anlass für die vietnamesische Armee, in Kambodscha einzumarschieren und die Roten Khmer aus Phnom Penh zu vertreiben.

Die Anreise über eine landschaftlich reizvolle Strecke durch eine Gegend voller Reisfelder und Kanäle, in der nur die charakteristischen kambodschanischen Zuckerpalmen *thot not* emporragen, erfolgt über die N91, von Chau Doc aus um den Nui Sam herum, dann weiter durch Nha Bang bis Xuan Hoa, wo man links auf die N955A abbiegt.

Nach 12 km in Vinh Quy links auf die N955B, nach 5 km ist Ba Chuc erreicht. Das Denkmal und die Pagode befinden sich an der Hauptstraße.

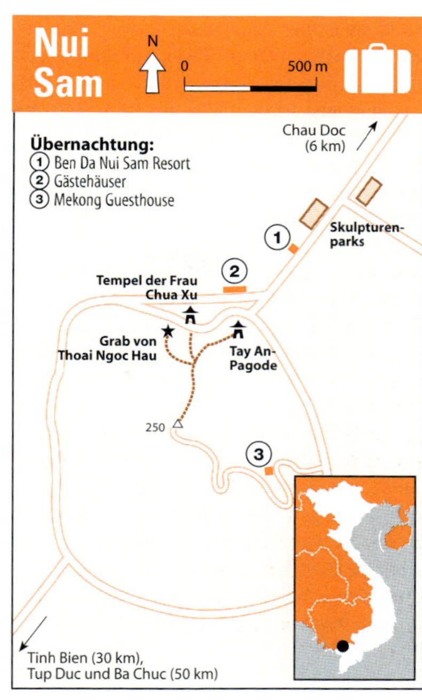

Tuc Duc-Hügel

Der Tuc Duc-Hügel ist eine 216 m hohe, von Höhlen durchzogene Erhebung nahe der Siedlung Tri Ton. Sie diente während des Widerstandes gegen die Franzosen und die Amerikaner als Basis und Unterschlupf für die Kämpfer. Im amerikanischen Krieg konnten sich wenige Hundert Kämpfer gegen 5000 schwer bewaffnete Amerikaner behaupten, täglichen intensiven Bombardierungen und Kampfgas-Angriffen zum Trotz. Gegen Ende der Kämpfe versprachen die Amerikaner denjenigen eine Belohnung von zwei Millionen Dollar, die den Hügel einnähmen – vergebens. Daher stammt der heutige Beiname „2-Million-Dollar-Hill". Den Helden von damals ist ein kleines Museum (mittags geschlossen) gewidmet, in dem Waffen, Munition und andere Kriegsrelikte ausgestellt sind. Wanderwege führen über den Hügel und in die Höhlen, von denen die größte 200 Männer und Frauen aufnehmen konnte.

Man folgt der N91 bis nach Nha Bang, dort biegt man links ab auf die N948 Richtung Tri Ton. Dort am Ortsende rechts auf die N955B; nach etwa 10 km ist der Hügel erreicht. Folgt man der N955B, gelangt man nach weiteren 10 km nach Ba Chuc.

Unterwegs passiert man den **Cam-Berg**, auf dessen Spitze in 526 m Höhe ein riesiger dicker **Di Lac Buddha** sitzt. Er ist 33 m hoch und befindet sich an der südwestlichen Ecke der Thuy Liem-Höhle. Geplant wurde er von einem Architekten aus Da Lat, gebaut haben ihn hunderte Arbeiter in mehreren Jahren. Innen befinden sich zahlreiche Räume und ein Aufzug, der einen in den Kopf der Figur transportiert. Von dort kann man die Welt durch Buddhas Augen betrachten.

Tra Su

Das **Vogelschutzgebiet Tra Su** beherbergt nicht nur seltene Vögel wie den Asiatischen Silberklaffschnabel *(Anastomus oscitans)*, Zwergreiher *(Egretta garzetta)*, Schwarzkronen-Nachtreiher *(Nycticorax nycticorax)* und den Schlangenhalsvogel *(Anhinga melanogaster)*, sondern auch Schlangen, Echsen und Flughunde – ein Paradies für Naturfreunde. Der Rundgang durch das Biotop führt entlang eines Kanals. Unterwegs sieht man auch die „Affenbrücken", schmale Baumstämme, die über den Kanal gelegt und nur durch dünne Stangen abgesichert sind. Wer die Brücken überqueren will, sollte trittsicher und schwindelfrei sein! Höhepunkt der Tour ist die Besteigung eines Aussichtsturmes, von dem aus man toll fotografieren kann. Teleobjektiv mitbringen!

Wer hierhin möchte, sollte sich einer Tour anschließen. Meist wird noch ein in der Nähe liegendes **Khmer-Dorf** besucht, in dem man **Seidenweber** bei der Arbeit sehen kann.

Ha Tien

Die hübsche kleine Stadt Ha Tien (42 000 Einw., mit Umland: 85 000) im äußersten Südwesten Vietnams war jahrelang ein abgelegener Grenzposten abseits aller touristischen Pfade. Das ändert sich nun rapide: Die Regierung hat mit dem Bau eines internationalen Hafens begonnen, der Ha Tien und die umliegende Region wirtschaftlich nach vorne katapultieren wird. Schiffe aus Singapur und Malaysia sollen hier demnächst vor Anker gehen. Die Öffnung der nahe gelegenen Grenze zu Kambodscha für den internationalen Verkehr wird einen wachsenden Strom ausländischer Besucher in die Stadt spülen. Bis ins kambodschanische Kampot sind es nur 45 km, und von dort ist es über Sihanoukville und Koh Kong nicht mehr weit bis nach Trat in Thailand.

Noch ist Ha Tien gemütlich und ruhig. Alle sind freundlich und neugierig, jeder Losverkäufer versucht sein Glück beim Ausländer, ohne aufdringlich zu sein. Es gibt kaum private PKW, keine Taxis, nur relativ wenige Mopeds, aber dafür viele Fahrräder. Reste von Kolonialarchitektur verleihen der Stadt ein angenehmes Flair, und abends versammeln sich alle an der Tran Hau am alten Markt, um in einem der unzähligen Straßenrestaurants zu essen.

Doch die Veränderungen zeichnen sich bereits ab: Das Pfahlbautendorf, das sich zwischen Markt und Brücke erstreckte, musste bereits ausgedehnten neuen Wohn- und Arbeitsflächen weichen, die teilweise noch im Bau sind. Dort ist auch ein neuer, großer Markt im Entstehen begriffen. Die schwimmende Brücke, die einst die Uferpromenade mit dem Busbahnhof auf der anderen Seite verband und noch aus Zeiten der US-Armee stammte, ist bereits Geschichte. Und die Einwohnerzahl in der Stadt ist innerhalb von drei Jahren von 30 000 auf 42 000 angewachsen.

Gegründet wurde die Stadt 1708 von dem chinesischen Einwanderer **Mac Cuu**, der sich hier, unterstützt von den vietnamesischen Herrschern, mit seinem Familienclan ansiedelte und den ersten wichtigen Hafen schuf. Zuvor gehörte das Gebiet zu Kambodscha.

Geografisch ist die Gegend eigentlich nicht mehr Teil des Mekong-Deltas. Reis kann nur einmal im Jahr geerntet werden, nicht dreimal, wie sonst im Delta üblich. Stattdessen gibt es viele Kokosnusspalmen. An der Küste entlang Richtung Süden erstrecken sich Shrimpsfarmen. Die sind weder schön noch ökologisch wertvoll, sichern den Farmern, die als Pächter aus ganz Vietnam kommen, jedoch ein gutes Einkommen.

Sehenswürdigkeiten

Auf dem kleinen Binh San-Hügel westlich der Stadt befindet sich das **Grab von Mac Cuu** (Lang Mac Cuu). Nur ein kleiner Pfad führt zu der Weihestätte, die zwar im Vergleich zu anderen sa-

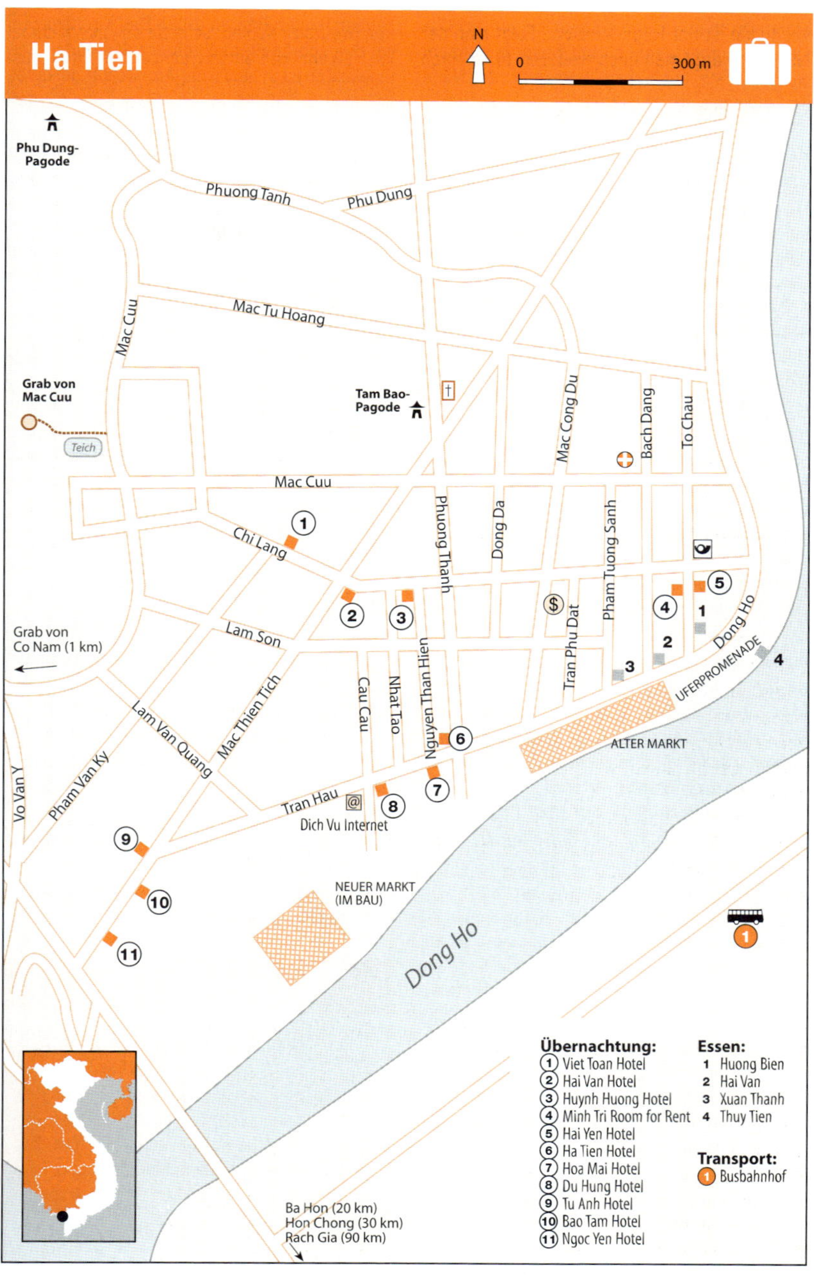
Ha Tien
N
0
300 m
Phu Dung-Pagode
Phuong Tanh
Phu Dung
Mac Tu Hoang
Mac Cuu
Grab von Mac Cuu
Teich
Tam Bao-Pagode
Mac Cong Du
Bach Dang
To Chau
Mac Cuu
Chi Lang
Phuong Thanh
Dong Da
Pham Tuong Sanh
Lam Son
Tran Phu Dat
Dong Ho
UFERPROMENADE
ALTER MARKT
Grab von Co Nam (1 km)
Lam Van Quang
Mac Thien Tich
Cau Cau
Nhat Tao
Nguyen Than Hien
Vo Van Y
Pham Van Ky
Tran Hau
Dich Vu Internet
NEUER MARKT (IM BAU)
Dong Ho
Ba Hon (20 km)
Hon Chong (30 km)
Rach Gia (90 km)
Übernachtung:
1 Viet Toan Hotel
2 Hai Van Hotel
3 Huynh Huong Hotel
4 Minh Tri Room for Rent
5 Hai Yen Hotel
6 Ha Tien Hotel
7 Hoa Mai Hotel
8 Du Hung Hotel
9 Tu Anh Hotel
10 Bao Tam Hotel
11 Ngoc Yen Hotel
Essen:
1 Huong Bien
2 Hai Van
3 Xuan Thanh
4 Thuy Tien
Transport:
1 Busbahnhof

kralen Orten in Ha Tien erstaunlich vernachlässigt wirkt, aber dennoch mit Respekt bedacht werden sollte, auch wenn niemand in der Nähe ist – oder zu sein scheint.

Viel Betrieb herrscht hingegen am **Grab von Ba Co Nam** auf dem etwas westlich gelegenen Gräberberg **Nui Tang**, der Anfang des 19. Jhs. von Gia Long aus Dankbarkeit für die Verdienste der Familie Cuu gestiftet wurde. Viele Spenden haben in den vergangenen Jahren zu einem Ausbau des Grabes beigetragen.

Co Nam (auch: Mi Co) war eine Tochter von Mac Cuu, die, da sie bei der Geburt mit langen Haaren auf die Welt kam und daher für einen Dämon gehalten wurde, von Mac Cuus Brüdern ermordet wurde. In einer anderen, noch grausameren Version, wurde sie als Dreijährige lebendig begraben. Viele Gläubige beten heute zu dem Geist der Verstorbenen und flehen sie um Beistand an.

Mac Cuus zweite Frau, Nguyen Thi Xuan, stiftete die **Phu Dung-Pagode** etwas nördlich der Stadt, hinter deren Haupthalle sie begraben liegt. Der nahe gelegene kleine Tempel ist dem Jadekaiser gewidmet, dem höchsten Wesen in der taoistischen Götterwelt. Auch hier gibt es noch eine zweite Version, derzufolge die Pagode von Mac Cuus Sohn Mac Thien Tich gebaut wurde, und zwar für seine Frau, die sich nach vielen Jahren glücklicher Ehe entschied, ihr Leben als Nonne weiterzuführen.

Sicher eine Stiftung von Mac Cuu höchstselbst ist die **Sac Su Tam Bao-Pagode** in der Stadt, die nur wenige Gehminuten vom Zentrum entlang der Phuong Thanh liegt. Sie wurde 1730 gegründet und später erweitert. Heute umgibt sie ein schöner Garten, der erst in jüngster Zeit angelegt wurde und in dem eine große liegende Buddhafigur Platz gefunden hat. Auf einer Schrifttafel berichtet der Buddha-Jünger Nhu Hai, wie ihn seine religiösen Gefühle während einer Indienreise zur Gestaltung dieser Anlage bewogen. In Ha Tien ist in jüngster Zeit eine ganze Anzahl weiterer Pagoden entstanden, die der wachsenden Bedeutung des Ortes Rechnung tragen.

Gegenüber der Tam Bao-Pagode liegt die **katholische Kirche** mit ihrem weithin sichtbaren weißen Turm, von dem eine Jesusfigur mit wehenden langen Haaren grüßt. Das Kirchenschiff mit den schrägen, nach oben zulaufenden Seitenwänden ist in moderner Architektur gestaltet. Wären da nicht das Kirchturmkreuz und die drei spitzbögigen Eingänge, man könnte meinen, vor einem sozialistischen Museum zu stehen. Ganz anders die kleine Kapelle, die dem Eingang gegenüberliegt: Mit ihrer runden Kuppel sieht es so aus, als wäre sie geradewegs aus dem Morgenland hierher verfrachtet. Dahinter befindet sich vor einer kleinen, wurzelumrankten Höhle eine verehrte Marienfigur.

Übernachtung

Die meisten Hotels in Ha Tien sind nicht speziell auf westliche Besucher eingestellt. Dennoch finden sich in diesem Grenzposten ausreichend bequeme und saubere Zimmer, sodass kaum Abstriche gemacht werden müssen – außer vielleicht bei der Verständigung mit dem Personal.

Untere Preisklasse

Huynh Huong Hotel, 47A Chi Lang, ✆ 0773-852383. Einfache kleine Zimmer für wenig Geld mit Kühlschrank und Balkon. Kein Englisch. ❶

Hoa Mai Hotel, 1-3 Tran Phu, ✆ 0773-951931. Wer Glück hat, bekommt vielleicht eines der Zimmer mit Blick auf den Fluss. Wer Pech hat, dem wird wortlos die Tür gewiesen – sei es, weil das Haus voll ist; sei es, weil der Rezeptionist sein Gesicht nicht verlieren will, da er kein Englisch spricht. ❶–❷

Ngoc Yen Hotel, Lo 1 so 12-14 Khu Trung Tam Thuong Mai, ✆ 0773-952953, ℻ 952955.

Wohnen für Sparfüchse

Minh Tri Room for Rent, 18-22 To Chau, ✆ 0773-852724. Schlichte bis sehr schlichte Zimmer für kleines Geld in diesem *Phong Tro* (Gästehaus), in dem niemand Englisch spricht – ebensowenig wie in den Nachbarhäusern **Oanh Yen**, **Bao Toan**, **Vien Oanh** und **Xuan Mai**. Wer jeden Euro dreimal umdrehen muss, kann hier aber durchaus nächtigen. ❶

Brandneue, z. T. sehr große, hellblau gestrichene Zimmer mit Fenster oder Balkon zur Straße im neuen Häuserblock. Freundliches, nur Vietnamesisch sprechendes Personal. ❶–❷

Tu Anh Hotel, 170 Mac Thien Tich, ☏ 0773-852622, 📠 951703. Langweilige Zimmer, doch vom Balkon ein weiter Blick über den Kreisverkehr und die Bauarbeiten am neuen Markt. Kein Englisch. ❶–❷

Viet Toan Hotel, 74 Chi Lang, ☏ 0773-850104, ✉ ksviettoan_hatien@yahoo.com. Ordentliche Standardzimmer mit Ventilator oder AC in diesem bei asiatischen Reisegruppen beliebten Haus, in dem sogar ein wenig Basis-Englisch gesprochen wird. ❶

Mittlere Preisklasse

Bao Tam Hotel, Lo 1 so 23-24 Khu Trung Tam Thuong Mai, ☏ 0773-952944, 📠 952945. Modernes Minihotel mit 21 frisch eingerichteten Zimmern im Neubaugebiet zwischen Markt und Brücke. Recht große Zimmer, z. T. für vier Leute geeignet, alle mit Kühlschrank und TV. Die preiswerteren mit Fenster zum Luftschacht, die besseren mit Balkon. ❷

Du Hung Hotel, 17A Tran Hau, ☏ 0773-951555, 📠 852267, ✉ duhung@hcm.vnn.vn. Recht neues Haus in guter Lage mit wenig inspirierenden, aber sauberen Zimmern für zwei, drei und vier Personen. ❷

Hai Van Hotel, 55 Lam Son, ☏ 0773-852872, 📠 851685. Typische vietnamesische Mittelklasseunterkunft mit kargen, funktionalen Räumen, an denen es nichts auszusetzen gibt, außer, dass sie kaum zu längerem Verweilen einladen. ❷

Hai Yen Hotel, 15 To Chau, ☏ 0773-851580, 📠 851889. Ein weiteres Mittelklassehaus mit nicht zu kleinen Zimmern, die natürlich alle über TV, AC und Kühlschrank verfügen; diejenigen mit Badewanne sind nur wenig teurer. ❷

Obere Preisklasse

Ha Tien Hotel, 36 Tran Hau, ☏ 0773-952093, 📠 951102. Das beste Haus am Platze (mit englischsprachigem Personal) liegt wunderbar zentral am Markt und bietet 32 gut ausgestattete Zimmer mit Teppichboden. Empfehlenswert; ebenso wie das dazugehörige überdachte Restaurant mit schönem Blick auf die belebte Straße. ❸–❹

Essen

An der Tran Hau liegen einige gute vietnamesische Restaurants, die zu den Haupt-Essenszeiten oft proppenvoll sind. Hier isst man preiswert und gut. In derselben Straße gibt es besonders gegen Abend jede Menge einladende **Essensstände** und Bürgersteig-Restaurants. Westliche Küche sucht man jedoch vergebens.

Ha Tien Hotel, das Hotelrestaurant steht auch Nichtgästen offen und ist ein guter Tipp für alle, die beim Essen nicht unbedingt zu tief ins vietnamesische Alltagsleben eintauchen wollen. Dabei hat die Küche den umliegenden Essensständen nicht viel voraus – im Gegenteil, es fehlen sogar die Gewürze auf dem Tisch. Der Trubel der Straße wird jedoch von einem kleinen Geländer und weißen Tischdecken auf Distanz gehalten. Lecker ist z. B. der gekochte Fisch im Tontopf (*simmered fish in clay pot*, 35 000 Dong). Dazu Reis bestellen. Aufwendigere Gerichte bis 100 000 Dong.

Hai Van, im Erdgeschoss des alten Hai Van Hotels an der Promenade, vietnamesische Küche für 40 000–60 000 Dong.

Shrimps mit Aussicht

Xuan Thanh, 20 Ben Tran Han, 0773-852197. Gegenüber der Markthalle liegt das vielleicht beste Restaurant der Stadt: Die leckeren Gerichte (25 000–40 000 Dong von der englischen Karte) verspeist man mit einer interessanten Aussicht auf die Straße. Aus Brot, Käse und gebratenen Eiern lässt sich sogar ein halbwegs westliches Frühstück zusammenstellen. Das Restaurant hat einen sehr guten Ruf wegen seiner frischen Meeresfrüchte. Die kann man allerdings nur von der vietnamesischen Karte ordern: Es helfen ein einheimischer Führer/ Übersetzer oder das kulinarische Wörterbuch in diesem Buch.

Huong Bien, am Eingang der To Chau, etwas ruhiger gelegen, serviert einfache Standardgerichte, etwa *bo xao ban he,* gebratenes Rindfleisch mit Gemüse, für um die 30 000 Dong.
Thuy Tien, an der Uferpromenade, lädt zu einem Kaffee oder einem Kaltgetränk mit schöner Aussicht auf das Treiben auf dem Wasser

Sonstiges

Einkaufen
Auf dem alten Markt an der Tran Hau gibt es neben Unmengen von Trockenfisch auch Schmugglerware aus Kambodscha und Thailand zu kaufen, z. B. preiswerte Kleidung in z. T. recht modernen Designs.

Geld
Vietcombank, Mac Cong Duu, ⌚ 7–11 und 13–16 Uhr; Devisentausch und Geldautomat.

Internet
Einige Onlineshops sind in der Stadt verstreut. Recht zentral liegt **Dich Vu Internet**, Tran Hau 21; eine relativ schnelle Verbindung für 3000 Dong pro Std.

Medizinische Hilfe
Das Krankenhaus befindet sich an der Mac Cuu, Ecke Bach Dang.

Post
3 To Chau. Ganztägig geöffnet, bietet auch Internetzugänge.

Touren

Es gibt kein offizielles Touristenbüro in Ha Tien; für Informationen und Touren sind die Rezeptionisten der Hotels erste Ansprechpartner. Es gibt einige wenige *xe om*-Fahrer, die auf westliche Besucher „spezialisiert“ sind. Die muss man nicht lange suchen – sie finden einen! Sie bieten Touren zu allen Zielen in der Umgebung an; vom Ausflug zum Gräberhügel bis zur Tagestour nach Hon Chong. Der Preis ist Verhandlungssache. Oft heißt es sogar: „Zahl, so viel du willst“ – eine Geste, die man nur noch selten und in touristisch unverdorbenen Landesteilen findet und auf keinen Fall ausnutzen sollte. US$10 für eine Tagestour sind eine Richtlinie, die bei Zufriedenheit mit dem Gebotenen eher nach oben korrigiert werden sollte.

Grenzübergang Xa Xia nach Kambodscha

Seit dem 24. Mai 2007 ist die etwa 8 km entfernte Grenze nach Kambodscha auch für Ausländer geöffnet. Von 7 bis 18 Uhr kann nun ins Land der Khmer eingereist werden – ein gültiges Visum vorausgesetzt, denn an der Grenze gibt es keines. Das *xe om* zur Grenze kostet etwa 50 000 Dong.
Auf der anderen Seite landet man in **Prek Chak**; die etwa 30 km lange Weiterfahrt nach Kampot kostet auf dem Motorrad ungefähr US$ 8–10. Von dort kann man in ungefähr 45 Minuten nach Kep weiterfahren, einem kleinen Küstenort mit gerade beginnendem Traveller-Tourismus, oder in zwei Stunden nach Sihanoukville weiterreisen, das mit einigen Stränden und vorgelagerten Inseln lockt. Über Koh Kong und Hat Lek ist von Sihanoukville aus innerhalb eines Reisetages Thailand erreicht.

Transport

Busse
Wer Ha Tien mit dem Bus verlassen will, wendet sich am besten an die Hotelrezeption oder den Guide seines Vertrauens: Die können dann einen der vielen Minibusse herbeitelefonieren, die in alle Ecken des Deltas fahren, oder bringen den unwissenden Ausländer passend zur Abfahrt zum Busbahnhof auf der anderen Seite der Meerenge. Die entfernteren Ziele werden nur vormittags angesteuert, die näher gelegenen ganztägig.
Für die wohl am meisten genutzte Fahrt nach RACH GIA empfiehlt sich ein Fahrzeug der Mai Linh Company. Die grünen Kleinbusse steuern die Hafenstadt, von der es nach PHU QUOC weitergeht, stdl. für 35 000 Dong an. Im Preis inbegriffen sind Wasser und ein Erfrischungstuch.

Boote

Zur Zeit der Recherchen fuhren **keine Boote** (mehr) von hier **nach Phu Quoc**. Und wenn sie es doch tun, so nehmen sie keine Touristen mit. Nach Aussagen von Einheimischen verboten die schwierige See und gelegentliche Überfälle von kambodschanischen Piraten eine Zeitlang jeden Gedanken an eine solche Tour.
Es ist allerdings nicht auszuschließen, dass nach der aktuellen Grenzöffnung zu Kambodscha wieder eine Fährverbindung nach Phu Quoc eingerichtet wird – je nachdem, wie sich die Touristenströme entwickeln.
Die nächste Verbindung nach Phu Quoc geht von **Ba Hon**, etwa 20 km südlich. Dort fahren morgens zwei Boote zwischen 8 und 9 Uhr los. Von dieser Verbindung wird jedoch dringend abgeraten, auch wenn Ha Tiens Mopedfahrer einen gerne für ein paar Dollar dort hinbringen. Die Fahrt auf den winzigen, ungesicherten, überladenen Fischerkähnen ohne Reling ist nicht nur illegal (bei der Ausfahrt aus dem Hafen muss man sich vor der Polizei verstecken), sondern schon bei leichtem Wellengang ein gefährliches Abenteuer.

Die Umgebung von Ha Tien

Strände

Der **Mui Nai-Strand** ist nur ein Tipp für jene, die unbedingt ans Wasser wollen. Der graubraune, 500 m lange und nur wenige Meter breite Strandabschnitt liegt entlang einer kleinen gepflasterten Promenade, an der sich ein Restaurant/ Café ans nächste reiht – prima für Vietnamesen, die gerne so eng wie möglich zusammenhocken, für westliche Touristen aber eher unattraktiv, und für Ruhe suchende Traveller eine Enttäuschung. Auch Jetskiverleih und Bananenboot-Fahrten können das Gesamturteil nicht wirklich verbessern.

Für Andersdenkende gibt es hier einige Übernachtungsmöglichkeiten, etwa die blauen Häuschen des erst 2006 eröffneten **Hai Dau Resort** ❷ mit großen, gefliesten Zimmern für 3–4 Personen.

Am schmalen **Mui No-Strand** an der Uferstraße zurück Richtung Ha Tien liegen nur ein paar Fischerboote. Heute ist es hier menschenleer. Im Krieg wurde hier noch gebadet, während am Mui Nai geschossen wurde.

Zwischen Mui Nai und Mui No sind einige Touristenzentren in Planung.

Bia Cam Thu und Tach Dong-Pagode

Bia Cam Thu heißt übersetzt „Denkmal des Hasses" und erinnert an 130 Opfer der Roten Khmer, die bei einem Massaker 1978 ums Leben kamen. Die Stele steht nahe der **Tach Dong-Pagode**, die weiter oben am Berg (gute Aussicht) aus einer Reihe miteinander verbundener Höhlen besteht. Sie ist Quan Am, der Göttin der Barmherzigkeit, gewidmet – ein tröstlicher Gegenpol zum Hass-Denkmal.

Von hier sind es nur noch etwa 3 km bis zum Grenzübergang nach Kambodscha, der nun auch für den internationalen Reiseverkehr geöffnet ist (s. Kasten).

Hon Chong

Die Halbinsel Hon Chong mit ihren Kalksteinbergen und schönen Stränden ist ein vom westlichen Tourismus weitgehend unberührtes Gebiet. Hin und wieder verirren sich einige Traveller hierher, die auf der Suche nach abgelegenen,

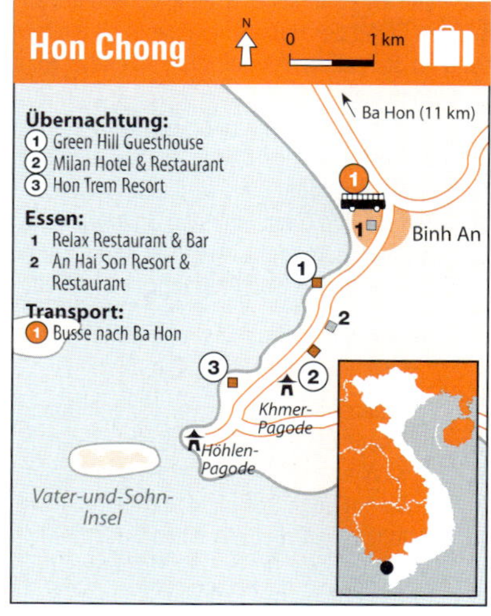

In diesen Felsen sollen die Geister eines Vaters und seines Sohnes wohnen, die im Meer ertranken

neuen Stränden sind. Vor allem an Werktagen hat man den 2 km langen **Duong-Strand** am äußersten Zipfel der Halbinsel tatsächlich weitgehend für sich allein. An den Wochenenden zieht es Vietnamesen hierher.

Der kasuarinengesäumte Duong-Strand ist wohl der schönste des Deltas, wenngleich sich die meisten Besucher einig sind, dass er mit den Stränden auf Phu Quoc oder den Badeorten entlang der Südküste nicht mithalten kann. Einige Ausflugsziele bieten eine Alternative zum Strandleben.

Chua Hang, die Höhlen-Pagode

Am Kap südwestlich des lang gezogenen Duong-Strandes liegt die **Hang-Pagode**. Im Eingangsbereich passiert man die Göttin mit den hundert Armen. Sie hat neun Gesichter, darüber noch einen Dämonen- und zuoberst einen Buddha-Kopf. In ihrem Schoß sitzt Di Lac, der zukünftige Buddha. Schräg gegenüber befindet sich eine Heiligenfigur auf einem Altar, hinter dem viele Bilder vietnamesischer Männer und Frauen hängen – es handelt sich um verstorbene Waisen, die keine Familie haben, die zu ihnen bzw. für sie beten könnte. Viele der vorbeikommenden Besucher entzünden Räucherstäbchen für diese einsamen Seelen.

Folgt man dem Besucherstrom, gelangt man in den Innenraum der Pagode. Links hinter dem Eingang hängt eine Glocke, die 1974 von einer Einheit der NVA mitgebracht wurde, um sie zu Waffen umzuschmelzen. Ein Taifun ließ das Boot kentern und die Glocke versank. Die lokalen Fischer brachten sie später an Land und glauben, die Glocke habe hierbleiben wollen. In der Pagode kann man für wenig Geld eine Kerze erstehen und an einer der Buddhafiguren platzieren – zusammen mit einem Wunsch oder einem Gebet.

Nur wenige Schritte weiter, und man verlässt die Pagode in Richtung Strand, von dem aus man die heimliche Nummer eins unter den Sehenswürdigkeiten der Provinz sehen kann: Die Vater-und-Sohn-Insel.

Hon Phu Tu – Die Vater-und-Sohn-Insel

Die Vater-und-Sohn-Insel ist das Wahrzeichen der Provinz (die Kien Giang Tourism Authority führt sie im Logo). Alle Bewohner waren stolz auf die beiden aufrecht stehenden Felsen, die aufs Meer hinausschauen – bis Ende 2006 ein Taifun herandonnerte und der „Vater" bis auf einen Stumpf abbrach. Nun liegt der obere Teil versunken auf dem Meeresgrund, und die Provinzregierung überlegt, ob man das Ensemble irgendwie wieder aufbauen kann.

Die vietnamesischen Besucher strömen jedoch auch so weiter an diesen Ort und lassen sich anrühren von der Legende, nach der Vater und Sohn einst zum Fischen hinausfuhren und ein Sturm das Boot zum Kentern brachte. Der Sohn konnte sich ans Ufer retten, doch der Vater nicht. So schwamm der Sohn wieder hinaus, um den Vater zu retten – und ertrank ebenfalls. Die Geister der beiden wohnen in den Steinen und beschützen die Fischer, die in dem kleinen Heiligtum am Strand um Beistand bei ihrem gefährlichen Job bitten.

Ein kleiner Schalter wirbt mit Fahrten zur Insel für nur 9000 Dong – das gilt jedoch nur für Gruppen ab 15 Personen.

Die Moso-Höhle

Die Kalksteinberge, die der Hon Chong-Halbinsel ihr charakteristisches Landschaftsbild verleihen, sind von vielen Höhlen durchzogen. Die Moso-Höhle ist die größte und wichtigste. Vor der Ankunft der Vietnamesen haben schon die Khmer sie genutzt: *Moso* entstammt der Khmer-Sprache und bedeutet „Weißer Stein". 1972 wurde ein Trupp NVA-Soldaten hier von amerikanischen Truppen festgesetzt – noch heute wird in den Höhlen mit Opfergaben den Geistern derer gedacht, die damals hier verhungerten. Am Höhleneingang kann man noch Spuren der Angriffe der US-Helikopter sehen.

Ein Überlebender dieser Zeit wohnt bis heute hier. Wer die Höhle in ihrer gesamten Länge (ca 1000 m) besichtigen möchte, muss bei ihm ein kleines Eintrittsgeld entrichten (US$2–3). Das übernimmt meistens der Führer, denn der alte Veteran sieht westliche Besucher nicht gern – es könnten ja Amerikaner sein. Wer auf eigene Faust unterwegs ist, dürfte allerdings weniger Probleme haben, wenn er sich direkt als Deutscher, Schweizer oder Österreicher zu erkennen gibt.

Große Teile der Höhle stehen unter Wasser, sodass man sich zum Teil auf ziemlich wackeligen Holzstegen fortbewegt. Unterwegs begleitet einen das Gefiepe der Fledermäuse. Man sollte auf keinen Fall ohne Taschenlampe losziehen, um sich nicht im Falle eines Stromausfalles einen halben Kilometer tief im Berg blind weitertasten zu müssen, während sich die kleinen Flattertiere in den Haaren festkrallen.

Der noch vom Tageslicht erhellte Höhleneingang kann auch ohne Zahlung eines Eintrittsgeldes besucht werden. Die vietnamesischen Besucher lassen sich gerne auf einem Stein fotografieren, der einer Schildkröte ähnlich sehen soll – hier kann man ein wenig seine Fantasie trainieren, ebenso wie am „Adlerkopfstein".

Die **Anreise** erfolgt von Ha Tien kommend etwa 20 km über die N80 bis Ba Hon. Bei der Überquerung der Brücke über den Ba Han-Fluss bieten sich tolle Fotomotive. Kurz nach der Brücke, vor dem Funkmast der Post, führt rechts die N11 in Richtung Hon Chong. Nach etwa 3 km, ungefähr 1 km vor Erreichen des weithin sichtbaren Zementwerkes, geht es links ab Richtung Berge. Kurz darauf ist die Höhle erreicht.

Von Hon Chong aus fährt man etwa 8 km Richtung Ba Hon und biegt dann hinter dem Zementwerk nach rechts ab.

Der Grundstein für das große Holcim-Zementwerk, dessen gefräßige Bagger-Armee nach und nach ganze Berge verschlingt, wurde noch 1954 von den Franzosen gelegt. Heute betreuen Schweizer Ingenieure den Fertigungsprozess und sichern eine hohe Qualität. Der hier hergestellte Zement ist für den Brückenbau geeignet und wird in viele ASEAN-Staaten exportiert, insbesondere nach Thailand und Malaysia.

Im Fischerdorf **Binh An** nördlich des Strandes ist nicht viel los. Ein kleiner Spaziergang verschafft einen Einblick in das Alltagsleben in dieser Region. Einzige „Sehenswürdigkeit" ist die Ruine einer Kirche. Daneben steht eine Marienfigur vor einem modernen, 2007 gestalteten Rundbogen (anstelle der üblichen Grotte aus Natursteinen) – Zeichen für eine aktive christliche Gemeinde in dieser Region.

Übernachtung und Essen

Am langen Strand stehen genügend Unterkünfte zur Verfügung, doch nur in wenigen kann man sich auf Englisch verständigen. Viele kleine Strandrestaurants bieten leckere Fischgerichte und andere Meeresfrüchte.

An Hai Son Resort & Restaurant, ✆ 0773-759226, 📠 759334. 33 Zimmer in Bungalows auf einem 1,6 ha großen Gelände, die mit TV, AC und Kühlschrank ausgestattet und sauber sind. In dem 200 Gäste fassenden Seafood-Restaurant herrscht unter der Woche meist gähnende Leere. Es soll sich jedoch um das beste seiner Art handeln. ❷–❸

Green Hill Guesthouse, ✆ 0773-854369. Sehr hübsches Gästehaus auf einem kleinen Hügel, das wie eine kleine weiße Villa in einem hübsch gepflegten Garten liegt. Sehr große, individuelle Räumlichkeiten. Leser empfehlen, kein Geld im Zimmer liegen zu lassen – auch wenn man sich hier wie zu Hause fühlen mag. Toller Blick auf die Bucht. ❷–❸

Hon Trem Resort, ✆ 0773-854331, 📠 759952. Vierzehn gut ausgestattete, 6-eckige Steinbungalows mit Balkon und tollem Blick auf die Bucht und die vorgelagerten Inseln. Moderne Möblierung, große Eckbadewanne, Sauna, Massage, Karaoke. Dazu gehört ein gutes Restaurant: Wer nur auf einem Tagesausflug ist, kann hier bei toller Aussicht speisen. ❸–❹

Mylan Hotel & Restaurant, ✆ 0773-759044, 📠 759040, ✉ mylanhotel@vnn.vn. Passable, preiswerte Zimmer nach vietnamesischem Geschmack; zum Strand sind es bloß ein paar Meter über die Straße. Großes Restaurant. ❶–❷

Relax, Binh An, ✆ 0773-759942. Die kleine Restaurant-Bar im Dorf Binh An, neben dem Binh An Hotel, hat eine kleine Auswahl an leckeren vietnamesischen und europäischen Gerichten.

Einfache Restaurants liegen am ganzen Strand verteilt. Am Parkplatz vor der Höhlenpagode gibt es ein paar **Essensstände**. Dort kann man eine hiesige Spezialität probieren: Den wohlschmeckenden Saft einer großen Palmnuss, die aussieht wie eine dunkel geröstete Kokosnuss und wohl auch eine enge Verwandte derselben ist.

Touren

Bootsausflüge zu den vorgelagerten Inseln können von den Hotels organisiert werden. Möglich sind z. B. Fahrten zur **Re Lon-Insel**, 45 Bootsminuten von der Küste entfernt, wo man die 100 m tiefe **Hang Tien-Grotte** besuchen kann, die mit einigen schönen Stalagmiten und Stalaktiten aufwartet. Bei einem Besuch der eine Stunde entfernten **De Nghe-Insel** gibt es eine Pagode und eine 18 m große Buddhastatue zu sehen.

Transport

Busse

Die **Anreise** erfolgt mit dem Bus von HA TIEN oder RACH GIA bis Ba Hon, wo man aussteigt und einen Anschlussbus nach Binh An nimmt. Von Ha Tien ist die 30 km lange Anreise auch per *xe om* möglich. Die Halbinsel lässt sich von dort aus auch in einem Tagesausflug besuchen.

Bei der **Abreise** nimmt man vom kleinen Fischerdorf Binh An am Nordende des Strandes einen der Busse, die den ganzen Tag nach Ba Hon verkehren, und steigt dort in einen Anschlussbus nach Rach Gia oder Ha Tien um. Abfahrt in Binh An ist in der Nähe des Marktes; in Ba Hon wartet man an der N80 und winkt einen Bus heran. Alternativ können meist die Hotelangestellten einen (etwas kostspieligeren) Privat-Transport organisieren.

Boote

Es gab einmal ein Tragflächenboot nach Phu Quoc, doch das fährt nicht mehr. Möglich, dass irgendwann wieder eine Verbindung eingerichtet wird.

Boote zu den vorgelagerten Inseln vermitteln die Hotels. Sie lohnen sich preislich meist nur in einer Gruppe.

Von Ba Hon wird manchmal die Mitfahrt nach Phu Quoc auf einem Fischerboot angeboten. Diese Tour ist illegal, gefährlich und nicht zu empfehlen.

Rach Gia und Umgebung

Die lebendige Hafenstadt Rach Gia (170 000 Einw.) ist für die meisten Besucher nur das Sprungbrett nach Phu Quoc. Die Fähren zu der Insel legen morgens ab, sodass die meisten Reisenden in Rach Gia zumindest eine Nacht verbringen werden, was dank einer Auswahl akzeptabler Hotels und Restaurants kein Problem darstellt.

Das alte Stadtzentrum liegt auf einer Insel in der Mündung des Cai Lon-Flusses. Nördlich befinden sich der Busbahnhof und der Fähranleger. Südlich erstreckt sich die Stadt noch mehrere Kilometer an der Küste entlang. Bis auf ein paar Tempel gleich nahe dem Flussufer ist diese Gegend touristisch uninteressant.

Als Hafenstadt hatte in Rach Gia von jeher der Handel eine große Bedeutung – legale und geschmuggelte Güter aus Kambodscha und Thailand wurden hier umgeschlagen. Ausgrabungen haben ergeben, dass hier (bzw. etwas landeinwärts) schon vor 2000 Jahren eine wichtige Siedlung bestand.

Sehenswürdigkeiten

Ein kleiner Rundgang durch die Stadt führt zu den wichtigsten Sehenswürdigkeiten, die allesamt nicht spektakulär sind. Der **Nguyen Trung Truc-Tempel** nördlich des Flusses ist dem gleichnamigen lokalen Helden gewidmet, dessen Statue auch auf dem zentralen Platz am Ufer zu finden ist.

Nördlich des Flusses an der Quang Trung, am Ende einer kleinen, nach links abzweigenden Allee, befindet sich außerdem die **Phat Lon-Pagode**, eine schöne Khmer-Pagode, die 1412 von den Kambodschanern gegründet wurde. Bunte Fresken erzählen Geschichten aus Buddhas Leben. Gebetszeiten sind morgens von 4–6 Uhr und abends von 17–19 Uhr.

Im Innenstadtbereich liegt die kleine **Bac De-Pagode**. Sie wurde im ausgehenden 19 Jh. von den chinesischen Bewohnern der Stadt errichtet. Auf den Bürgersteigen vor den Toren der Pagode liegen oft Kräuter zum Trocknen ausgebreitet. Unweit davon befindet sich die größere **Quan Thanh De-Pagode**, in deren Inneren aufwendige Schnitzarbeiten und die Farbtöne Schwarz, Rot und Gold vorherrschen. Auf dem Hauptaltar streicht sich ein rotgesichtiger Quan Cong seinen Bart.

Das kleine **Museum** von Rach Gia, 27 Nguyen Van Troi, ✆ 0773-863727, befindet sich in einem hübschen Kolonialhaus von 1920. Die alten Original-Schnitzereien und Einlegearbeiten im Inneren haben die Kriege unbeschadet überstanden. Gezeigt werden Funde aus der Oc Eo-Zeit, darunter Töpferwaren und zwei Schädel, und natürlich eine Dokumentation der jüngeren Vergangenheit. Die Angestellten sind sehr freundlich und freuen sich über einen Besuch. 🕓 Mo–Mi, Sa, So 7–11 und 13–17 Uhr; Eintritt frei.

Wer viel Zeit hat, kann bei einem Spaziergang südlich des Cai Lon-Flusses noch die **Tam Bao-Pagode** besuchen, in deren Garten es einige zu

Oc Eo und das Königreich Funan

Die Ruinen von Oc Eo bezeugen, dass die Gegend um Rach Gia von großer Bedeutung für das Reich Funan war, einen indisierten Staatenverbund, der sich vom 1. bis zum 7. Jh. über große Teile des heutigen Südvietnam, Kambodscha und Thailand erstreckte. Funan profitierte vom Handel zwischen Indien und China und hatte Handelsbeziehungen bis nach Europa – das belegt eine in Oc Eo gefundene Münze des römischen Kaisers Augustus Pius, der von 138–161 regierte.

Oc Eo muss für die damalige Zeit ein riesiger Hafen gewesen sein, in dem die Schiffe die wechselnden Winde des Monsuns abwarteten. Es wird davon ausgegangen, dass sich das Hafengelände über 3 x 1,5 km erstreckte. Weitere 200 km Flüsse und Kanäle boten der Handelsflotte Zuflucht und Ankerplatz. Heute ist von all dem nicht mehr viel zu sehen und die Ausgrabungsstätte wohl nur für studierte Archäologen interessant.

Tierformen geschnittene Bäume und Büsche zu bewundern gibt, oder die von buddhistischen Nonnen bewohnte **Pho Minh-Pagode** ansteuern, in der sich eine große, aus Thailand stammende Buddhafigur befindet. Unweit von hier liegen eine **protestantische Kirche** und ein **Cao Dai-Tempel**.

Übernachtung

Die Hotelsituation hat sich in den vergangenen Jahren etwas verbessert. Die meisten Reisenden bleiben hier sowieso nur für eine Nacht auf ihrer Reise nach Phu Quoc.

1/5 (1.Mai) Hotel, 137 Nguyen Hung Son, ✆ 0773-862103, 📠 866917. Diese preiswerte Herberge hatte bei unserem Besuch vorübergehend geschlossen; ob renoviert und wann wieder geöffnet wird, war nicht zu erfahren. Wenn sich nichts ändert, gibt es hier weiterhin schlichte Zimmer für wenig Geld; kleine mit Ventilator, größere mit AC. Bisher: ❶

Hoang Gia 2 Royal Hotel, 31-32 Le Than Ton, ✆ 0773-920980, 📠 921999. Nicht die schlechteste Wahl ist dieses Haus mit seinen gepflegten AC-Zimmern nahe dem Busbahnhof; allerdings ist es ziemlich weit entfernt von den Restaurants in der Innenstadt. ❷

Nam Phuong Hotel, 82/22 Quang Trung, ✆ 0773-874085, 📠 920530, 💻 www.namphuongkqhotel.com. Neues, gepflegtes Haus mit 17 sauberen Zimmern (AC, TV, Kühschrank), die über Internetverbindungen verfügen. Restaurant und Bar auf dem Dach; Mekong-Delta-Spezialitäten und australisches Rindfleisch. ❷–❸

Palace Hotel, 243 Tran Phu, ✆ 0773-866146, 📠 867423. Nicht direkt in der Innenstadt, sondern an der belebten Tran Phu liegt dieses Haus mit einem stolzen Namen, den man aber nicht ganz ernst nehmen sollte. Die großen Zimmer sind sauber und annehmbar, die mit Balkon zur Straße recht laut. ❷

Tam Xuan – Wild Rose Hotel, 19 Tran Quang Dieu, ✆ 0773-920325. Zentral gelegen und recht neu; passable Zimmer, z. T. mit Blick auf den nördlichen Flussarm. ❶–❷

Thanh Binh Hotel, 11 Ly Tu Trong, ✆ 0773-863053. Ein Tipp für Traveller, die auf jeden Euro schauen müssen und sich nicht daran stören, eine Nacht in einem heruntergekommenen Zimmer mit Außentoilette zu verbringen. An den Türen gibt's Vorrichtungen für Vorhängeschlösser, und das Personal ist freundlich. ❶

Trung Quyen Hotel, 20 Hoang Hoa Tham, ✆ 0773-876757, 📠 877622. Direkt am zentralen Platz liegt dieses Eckhaus mit 15 sauberen, annehmbaren Zimmern – die nach hinten raus sind deutlich leiser. ❶–❷

Günstig und mit Badewanne

Kim Co Hotel, 141 Nguyen Hung Son, ✆ 0773-879610, 📠 879611. Recht neues Hotel mit großen, gut möblierten, sauberen Zimmern mit TV und Badewanne: Wohl das beste Preis-Leistungs-Verhältnis im Ort. ❶–❷

Essen

Die Auswahl ist nicht riesig, aber groß genug. Neben einigen empfehlenswerten Restaurants gibt es preiswerte Mahlzeiten vom Essensstand in der Hung Vuong nahe dem nördlichen Fluss-Arm. Abends öffnen einige Stände mit süßen Desserts in der Nguyen Cong Tru nahe dem Fähranleger.

Ao Dai Moi Restaurant, 26 Ly Tu Trong. Bei Einheimischen sehr beliebtes Restaurant, das mittags schließt – die meisten Gerichte sind schon morgens um 9 Uhr ausverkauft.

Hai Au Restaurant, 2 Nguyen Hung Dao, ✆ 0773-863740. Etwas gehobenes (Preis-)Niveau in diesem Restaurant am Fluss mit schöner Terrasse. Spezialisiert auf Fischgerichte, aber auch andere vietnamesische Speisen erhältlich.

Hung Phat Restaurant, 7 Nguyen Du. Preiswerte, einfache lokale Speisen und kühles Bier (Saigon 8000 Dong); zu Letzterem werden Erdnüsse gereicht.

Tay Ho Restaurant, 6 Nguyen Du. Ähnliches Angebot wie gegenüber im Hung Phat.

Valentine, 37 Hung Vuong, 199 Nguyen Hung Son, ✆ 0773-920852. Modern eingerichtete, klimatisierte Oase *(Café Restaurant Bar Karaoke)* mit englischer Speisekarte und relativ

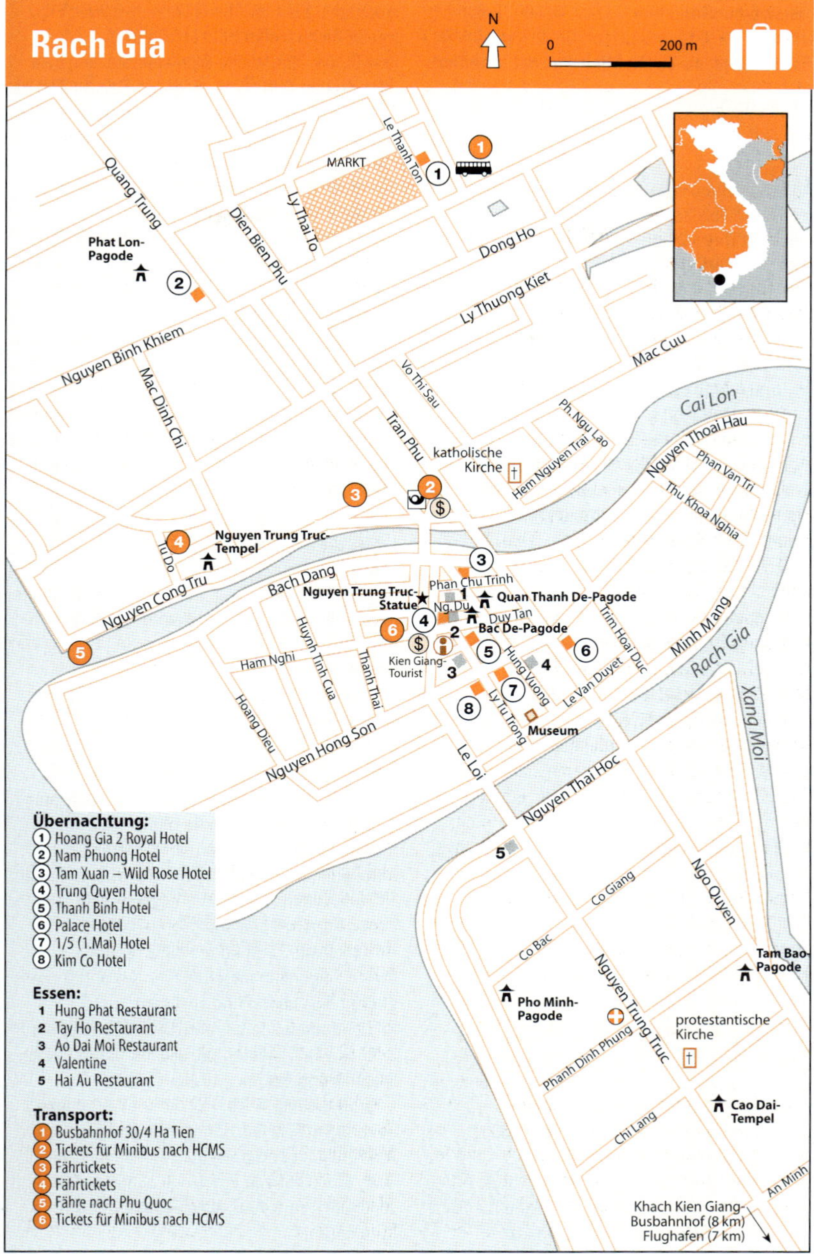
Rach Gia
N
0
200 m
MARKT
Le Thanh Ton
Ly Thai To
Quang Trung
Dien Bien Phu
Dong Ho
Phat Lon-
Pagode
Ly Thuong Kiet
Nguyen Binh Khiem
Mac Dinh Chi
Mac Cuu
Vo Thi Sau
Tran Phu
Ph. Ngu Lao
Cai Lon
katholische
Kirche
Hem Nguyen Trai
Nguyen Thoai Hau
Phan Van Tri
Thu Khoa Nghia
Nguyen Trung Truc-
Tempel
Tu Do
Nguyen Cong Tru
Bach Dang
Nguyen Trung Truc-
Statue
Phan Chu Trinh
Quan Thanh De-Pagode
Ng. Du
Duy Tan
Bac De-Pagode
Trim Hoai Duc
Minh Mang
Rach Gia
Ham Nghi
Huynh Tinh Cua
Thanh Thai
Kien Giang-
Tourist
Hung Vuong
Le Van Duyet
Ly Tu Trong
Museum
Xang Moi
Hoang Dieu
Nguyen Hong Son
Le Loi
Nguyen Thai Hoc
Co Giang
Ngo Quyen
Co Bac
Tam Bao-
Pagode
Pho Minh-
Pagode
Nguyen Trung Truc
protestantische
Kirche
Phanh Dinh Phung
Cao Dai-
Tempel
Chi Lang
An Minh
Khach Kien Giang-
Busbahnhof (8 km)
Flughafen (7 km)
Übernachtung:
1 Hoang Gia 2 Royal Hotel
2 Nam Phuong Hotel
3 Tam Xuan – Wild Rose Hotel
4 Trung Quyen Hotel
5 Thanh Binh Hotel
6 Palace Hotel
7 1/5 (1.Mai) Hotel
8 Kim Co Hotel
Essen:
1 Hung Phat Restaurant
2 Tay Ho Restaurant
3 Ao Dai Moi Restaurant
4 Valentine
5 Hai Au Restaurant
Transport:
1 Busbahnhof 30/4 Ha Tien
2 Tickets für Minibus nach HCMS
3 Fährtickets
4 Fährtickets
5 Fähre nach Phu Quoc
6 Tickets für Minibus nach HCMS

preiswerten Gerichten (25 000–40 000 Dong); auch Seafood nach Gewicht. Guter Kaffee und viele Shakes, sei es mit Mango, Apfel oder Rum.

Sonstiges

Geld

Agribank, Ham Nghi, Ecke Le Loi, ✆ 0773-866871, 📠 862683, ⌚ 7–11 und 13–17 Uhr, wechselt Devisen und hat einen Geldautomaten (Visa, MasterCard).
Vietcombank, 2 Mac Cuu, nördlich des Flusses bei der Post, ✆ 0773-863427, 📠 866243, ⌚ 7–11 und 13–16 Uhr; gleicher Service wie bei der Agribank, aber der Geldautomat akzeptiert zusätzlich Maestro-Karten.

Informationen

Kien Giang Tourist, 5 Le Loi, ✆ 0773-862081, ⌚ 7–11 und 13–17 Uhr; organisiert Touren in die Umgebung, z. B. zur Ausgrabungsstätte von Oc Eo. Dort gibt es allerdings nicht viel zu sehen.

Internet

Den besten Zugang bietet die Post.

Medizinische Hilfe

Ein Krankenhaus befindet sich südlich des Zentrums an der Phanh Dinh Phung, Ecke Nguyen Trung Truc.

Post

Nördlich der Innenstadt direkt hinter der Brücke über den Fluss. ⌚ 6.30–22 Uhr.

Transport

Busse

Wer nach HO-CHI-MINH-STADT möchte, nimmt am besten einen der von früh morgens bis spät abends etwa stdl. verkehrenden **Minibusse** einer der privaten Gesellschaften. Zentral gelegen und zuverlässig ist die Tung-Gesellschaft, 4 Ham Nghi, ✆ 0773-871839, 0913-994008. Abfahrt der Busse am Fahrkartenbüro. Die Fahrzeuge sind meist einige Stunden im Voraus ausgebucht: Wer mittags mit der Fähre aus Phu Quoc kommt, muss manchmal bis zum Abend warten, bis ein Platz frei ist. Tickets also frühzeitig kaufen.
Es gibt zwei öffentliche **Busbahnhöfe**. Von dem nördlich des Zentrums gelegenen **Ben Xe 30/4 Ha Tien** verkehren Busse nach HA TIEN (stdl. bis 17 Uhr), HON CHONG (1x tgl. um 10 Uhr), CA MAU (3x tgl.) und stdl. nach HO-CHI-MINH-STADT.
Vom etwa 8 km südlich in Rach Soi gelegenen **Ben Xe Khach Kien Giang**, 61 Quoc Lo, ✆ 0773-864086, geht es nach LONG XUYEN (stdl. von 5.30 bis 14.30 Uhr), CAN THO (stdl. von 5 bis 16 Uhr), CHAU DOC (3x tgl. vormittags), CA MAU (1x tgl. vormittags) und HO-CHI-MINH-STADT (stdl. bis ca. 15 Uhr).

Flüge

Der Flughafen in Rach Soi, etwa 9 km südlich von Rach Gia, wird tgl. von HO-CHI-MINH-STADT aus angeflogen; in der Saison auch zweimal. Die Maschinen machen einen Zwischenstopp und fliegen dann weiter nach PHU QUOC. Tickets sind rar, da die Maschinen aus HCMS meist ausgebucht sind – wer fliegen will, sollte so früh wie möglich vorbuchen. Der kurze Hüpfer auf die Insel dauert 20 min und kostet etwa US$23.

Boote

Verschiedene Fährgesellschaften befördern Passagiere vom an der nördlichen Flussmündung gelegenen Pier nach PHU QUOC. Nicht immer fahren alle Boote: Mal sind die Wellen zu hoch, mal ist ein Schiff in Reparatur. Außerdem sind die Schiffe oft für Tage im Voraus ausgebucht. Manchmal bieten am Pier herumlungernde Händler Schwarzmarkt-Tickets zu überhöhten Preisen an. Besser ist es, lange genug vorzubuchen, am besten schon in Ho-Chi-Minh-Stadt über ein Reisebüro.
Die im Folgenden angegebenen Abfahrtszeiten ändern sich häufig und sollten eher als Richtwert gelesen werden. Die Tickets für die einfache Fahrt kosten 160 000 bis 180 000 Dong.
Duong Dong Express, 18 Nguyen Cong Tru, ✆ 0773-879765, 📠 897145, ✉ duongdongexp@hcm.ftp.vn, 💻 www.duongdongexpress.com.vn. Abfahrt in Rach Gia um 8.30 Uhr (Ankunft 11.10 Uhr), Rückkehr von Phu Quoc 13.15 Uhr (Ankunft 15.55 Uhr). Vertrauen erweckender großer Katamaran.

Superdong, 14 Tu Do, ☏ 0773-877742, ℻ 877741, fährt fahrplanmäßig um 8 Uhr (Ankunft 10.35 Uhr) und kehrt um 13 Uhr von der Insel zurück (Ankunft 16 Uhr). Die relativ kleinen Schnellboote sind recht flott, schaukeln bei Wellengang aber erheblich.
Hai Au, 6 Tu Do, ☏ 0773-879455, ℻ 879466, ✉ taucaotochaiau@hcm.vnn.vn. Abfahrt von Rach Gia 8.15 Uhr (Ankunft Phu Quoc 10.30 Uhr), Rückfahrt von Phu Quoc 13.20 Uhr (Ankunft Rach Gia 15.35 Uhr). Der schicke Katamaran ist die schnellste und bequemste Reisemöglichkeit zu Wasser.

Die Insel Phu Quoc

Einsame Strände, unverdorbene Fischerdörfer, wilder Urwald, freundliche Menschen: Das alles ist Phu Quoc – und noch viel mehr. Für viele Vietnam-Besucher ist diese Insel eines der unvergesslichen Highlights ihrer Reise.

Geografie und Wirtschaft

Phu Quoc (85 000 Einw.) ist die größte Insel Vietnams und mit 576 km² größer als Singapur. Sie liegt weit im Südwesten, 45 km von Ha Tien, 120 km von Rach Gia, und deutlich näher an Kambodscha als am vietnamesischen Festland. 99 Berge und Hügel erheben sich auf dem 50 km langen und an der breitesten Stelle 25 km messenden Eiland. Der höchste Berg ist der Chua-Berg mit 603 m Höhe. 70 % der Insel sind bewaldet.

Wirtschaftlich lebten die Bewohner hauptsächlich vom Fischfang und der Herstellung ihrer berühmten Fischsoße *(nuoc mam).* Außerdem wird sehr guter Pfeffer angebaut: neben dem bekannten schwarzen auch eine seltene rote Sorte. In jüngster Zeit kam der Tourismus als wachsender Wirtschaftszweig hinzu.

Flora und Fauna

Ein großer Bereich im Nordteil der Insel ist als Nationalpark geschützt. Hier finden sich viele seltene Arten: Nashornvögel, Adler, Wölfe, Echsen, Affen und Gibbons, darunter der seltene Weißhals-Gibbon. Es wachsen Orchideen, Vanille, Zimt und seltene Hölzer. In den verschiedenen Regionen und Höhenlagen finden sich unterschiedliche Wald-Ökosysteme: So ist der Urwald auf Phu Quoc fast so etwas wie ein „Wald-Museum". Zurzeit ist der Nationalpark kaum zu-

Nguyen Trung Truc

Nguyen Trung Truc führte in den 1860er-Jahren die hiesige Widerstandsbewegung gegen die Franzosen an und konnte einige Erfolge feiern, die in der Versenkung des französischen Kriegsschiffes *Esperance* gipfelten. Schließlich nahmen die Franzosen Trung Trucs Mutter gefangen und drohten mit ihrer Ermordung, sollte sich der Rebell nicht stellen. Trung Truc verließ daraufhin sein Versteck auf Phu Quoc, ergab sich und wurde am 27. Oktober 1868 hingerichtet.
Zu Ehren des Helden wird jedes Jahr ein großes **Fest** begangen. Zentrum des Geschehens ist das zum Tempel gehörende Gemeindehaus in der 14 Nguyen Cong Tru. Tausende von Besuchern versammeln sich vom 27. bis zum 29. des achten Mondmonats zum Gedenken an den Märtyrer. Höhepunkt ist die *Co Hoa*-Zeremonie am 28., die mit einer großen Prozession einhergeht.

gänglich: Das Militär wacht über die Region und wird sich wohl auch nicht so schnell zurückziehen, denn es gilt, die Seegrenze zum nahen Kambodscha zu bewachen. Die Entwicklung von Ökotourismus ist jedoch schon angedacht.

Geschichte

Die Besiedlung Phu Quocs durch vietnamesische und chinesische Einwanderer begann zu Beginn des 17. Jhs. Zuvor war die Insel ein dünn besiedelter Außenposten des Khmer-Reiches. Die Einwanderer lebten vom Fischfang und den Seegurken, die sie leicht im seichten Wasser sammeln konnten. Von 1782 bis 1786 spielte die Insel eine wichtige Rolle in der Geschichte, als Fürst Nguyen Anh, der spätere Kaiser Gia Long, hier mit seinen Truppen Zuflucht fand, als er sich vor den Tay-Son-Rebellen verstecken musste. 1869 kamen die Franzosen und begannen, Kokosnuss- und Gummibaumplantagen anzulegen. Zuvor hatte sich hier ihr Gegner Nguyen Tung Truc versteckt (s. S. 655, Kasten Nguyen Trung Truc). Geschichte schrieb auch das Jahr 1919, als Ngo Van Chieu hier mit dem Höchsten Wesen kommunizierte, was zur Gründung der Cao Dai-Religion führte. Ein letztes, trauriges Kapitel Geschichte wurde von 1967 bis 1972 geschrieben, als das Saigoner Regime in einem Gefängnis bei An Thoi 40 000 Kritiker und Kriegsgefangene unterbrachte.

Orientierung

Die Inselhauptstadt **Duong Dong** liegt als administratives und ökonomisches Zentrum an der mittleren Westküste. Am Hafen drängeln sich die Fischerboote, und auf dem geschäftigen Markt ist den ganzen Tag Betrieb. Dennoch herrscht eine entspannte, unaufgeregte Atmosphäre, wozu wohl auch die Abwesenheit von allzu viel motorisiertem (Auto-)Verkehr beiträgt. „Duong Dong" bedeutet „dichte Pappeln", und noch immer zieren einige der schlanken Bäume das Stadtbild.

Der 20 km lange **Bai Truong (Langer Strand)** erstreckt sich südlich von Duong Dong an der Westküste – einer der ganz wenigen Plätze in Vietnam, an dem man einen Sonnenuntergang über dem Meer genießen kann. Bis auf knapp zwei Dutzend Resorts, die im Nordteil liegen, ist der Strand weitgehend unerschlossen. Je weiter man nach Süden spaziert, desto weniger Menschen trifft man an: Stehen die Bungalows nahe Duong Dong noch dicht an dicht, so ziehen sich die Anlagen gen Süden weiter auseinander. Eine kleinere Anhäufung gibt es nach etwa 3 km; hier finden sich die eher preiswerten, bei Travellern beliebten Anlagen. Danach wird es einsamer, und nachdem man den kleinen Beach Club passiert hat, erstreckt sich kilometerweit unberührter Strand.

Warnung

Wenn die Fähren ausgebucht sind, wird Travellern manchmal die Mitfahrt auf einem Fischerboot angeboten, das nördlich an der Küste in Ba Hon (nahe Ha Tien) ablegt. Von solchen Fahrten wird dringend abgeraten; sie sind illegal, unbequem und auf den ungesicherten, überladenen Booten auch gefährlich.

Etwa 6 km nördlich von Duong Dong beginnt der **Ong Lan-Strand**, ein schöner, einsamer Strandabschnitt, an dem nur drei Anlagen liegen – ein Traum für jeden, der Einsamkeit sucht. Folgt man der Küstenstraße nach Norden, wird es noch einsamer: Am **Bai Dai** gibt es keine Unterkunft; nur einige Fischer gehen ihrem Tagewerk nach. Vor der Küste liegt die **Schildkröteninsel** (Hon Doi Moi), die als eines der besten Tauch- und Schnorchelreviere der Insel gilt.

Ganz im **Süden** befindet sich das quirlige **An Thoi**, einst ein kleines Fischerdorf, inzwischen als Anlegestelle der Fähren zum Festland zu mehr Bedeutung gekommen. Es gibt eine komplette Infrastruktur mit Markt, einigen wenigen Gästehäusern und lokalen Restaurants. Es kann Spaß machen, ein wenig herumzustreifen: Touristen sind hier viel seltener als in Duong Dong und erregen mehr Aufsehen.

Vor der Südspitze Phu Quocs befinden sich 15 kleinere und größere Inseln, die **An Thoi-Inseln**, die mit Ausflugsbooten zu erreichen sind. Sie sind ein beliebtes Ziel für Schnorcheltrips und Tauchgänge. Insgesamt liegen 105 Inseln verschiedener Größe in den Gewässern um Phu Quoc; einige nur Felsbrocken, andere größer und dicht bewohnt wie Hon Tre und Kien Hai, 25 km von Rach Gia.

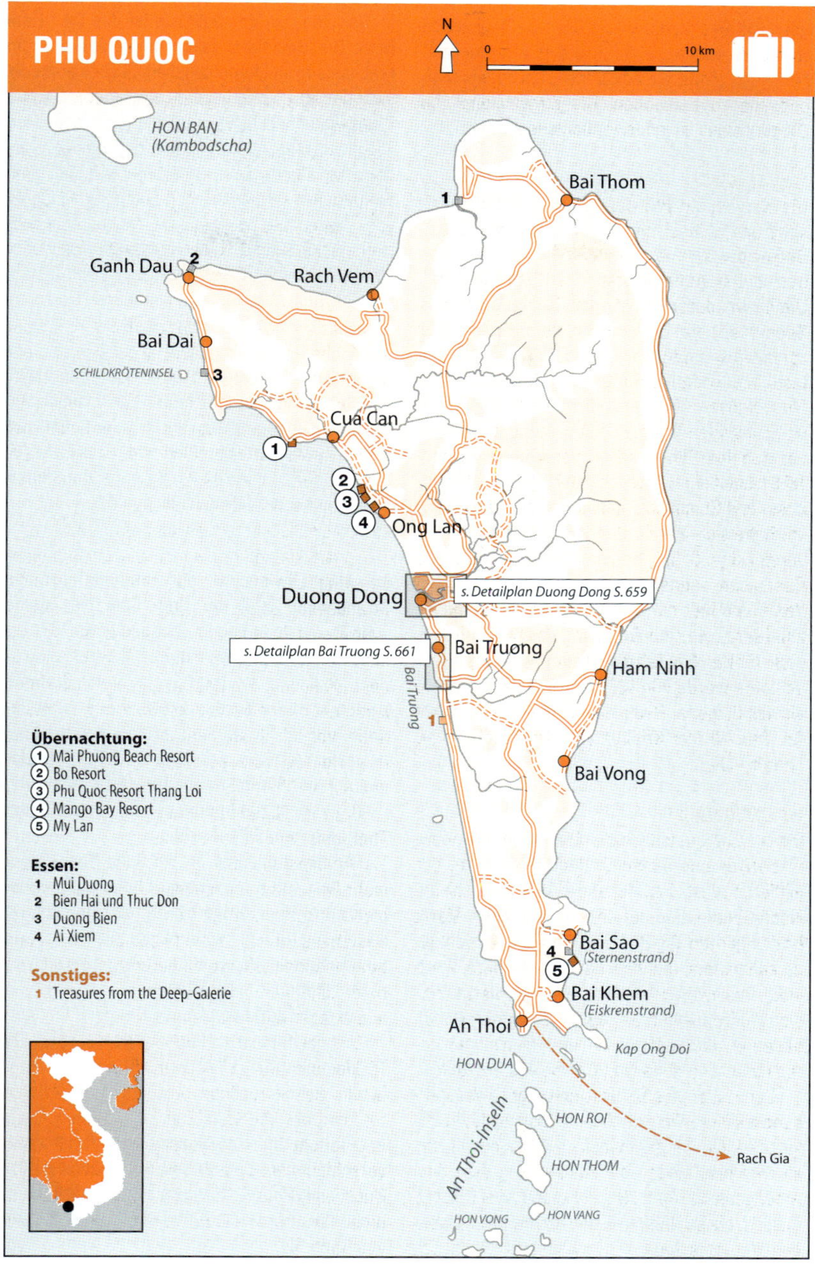
PHU QUOC
N
0
10 km
HON BAN
(Kambodscha)
Bai Thom
1
Ganh Dau
2
Rach Vem
Bai Dai
SCHILDKRÖTENINSEL
3
Cua Can
1
2
3
4
Ong Lan
Duong Dong
s. Detailplan Duong Dong S. 659
s. Detailplan Bai Truong S. 661
Bai Truong
Bai Truong
Ham Ninh
1
Bai Vong
Bai Sao
4
(Sternenstrand)
5
Bai Khem
(Eiskremstrand)
An Thoi
Kap Ong Doi
HON DUA
HON ROI
An Thoi-Inseln
HON THOM
Rach Gia
HON VONG
HON VANG
Übernachtung:
1 Mai Phuong Beach Resort
2 Bo Resort
3 Phu Quoc Resort Thang Loi
4 Mango Bay Resort
5 My Lan
Essen:
1 Mui Duong
2 Bien Hai und Thuc Don
3 Duong Bien
4 Ai Xiem
Sonstiges:
1 Treasures from the Deep-Galerie

Große Pläne mit Phu Quoc

Phu Quoc – ein Bilderbuchtraum von unberührten Stränden und urwüchsigen Fischerdörfern – wie lange noch? Schon in den letzten Jahren hat sich der Tourismus explosionsartig entwickelt, und im nördlichen Bereich des Hauptstrandes reiht sich Anlage an Anlage. Ein Ende der Entwicklung ist nicht in Sicht. Wenn all die Pläne umgesetzt werden, die in den Schubladen liegen, wird die Westküste stetig weiter erschlossen, was der Einsamkeit an einigen Stränden ein Ende bereiten dürfte. Neben dem Bai Truong wurde auch die Südspitze zur *Major Resort Activity Area* erklärt. Sicher wird es noch einige Jahre dauern, doch eines Tages wird man wohl auch auf Phu Quoc den berühmt-berüchtigten Traveller-Spruch zu hören bekommen: „Ach, ihr hättet mal vor zehn Jahren hier sein sollen…"

Der **Bai Sao** („Sternenstrand") am Südostzipfel der Insel ist mit seinem weißen Sand und dem türkisen Wasser einer der schönsten der Insel. Unterkünfte gibt es kaum, nur einige Hütten, die von einem Ausflugsrestaurant vermietet werden. Mittags kommen die Tourgruppen zum Baden und Essen, zu den anderen Zeiten ist der Sternenstrand ein einsames Paradies. Der benachbarte **Bai Kem** („Eiskremstrand") ist noch etwas schöner – aber ein verbotenes Paradies, denn diesen Platz beansprucht das Militär für sich. Wer über die Straße vom Landesinneren kommt, wird zurückgeschickt. Wer einen Blick erhaschen will, kann am Südende des Bai Sao über die Felsen klettern. Man sollte sich allerdings nicht beim Betreten des Strandes erwischen lassen, wenn man Auseinandersetzungen mit der Militärpolizei vermeiden will.

Südlich schließt sich das **Kap Ong Doi** an, wo einst Gia Long und seine Truppen ihr Lager aufgeschlagen hatten. Ein Stein in Form eines Stuhls wird von den Einheimischen „Der Thron von König Gia Long" genannt.

Das Kap ist von An Thoi über einen 2 km langen Fußweg oder vom Bai Sao per Boot zu erreichen.

Das Zentrum der **Ostküste** ist das Dorf **Ham Ninh**. Die Bewohner leben hauptsächlich vom Krabbenfang und Perlentauchen. Südlich erstreckt sich der **Bai Vong-Strand**, ein langer, flacher Küstenabschnitt mit feinem Sand, an dem man gut picknicken oder in einem der kleinen Restaurants lokales Seafood probieren kann. Zum Schnorcheln ist diese Gegend nicht geeignet, da das Wasser sehr flach ist – die felsigen Abschnitte an der Westküste sind interessanter. Ein weiterer Strandabschnitt befindet sich im Nordosten: der **Bai Thom** nahe dem gleichnamigen Dorf.

Sehenswürdigkeiten

Die Hauptsehenswürdigkeiten von Phu Quoc sind die Strände; und jedem, der sich von diesen nicht wegbewegen will, sei verziehen. Aber an einem bedeckten Tag oder wenn das mitgebrachte Buch ausgelesen ist, kann ein kleiner Ausflug eine nette Abwechslung sein.

In Duong Dong

Auf einem Felsen an der Hafeneinfahrt von Duong Dong liegt der **Dinh Cau**. Der kleine Schrein wurde in seiner heutigen Form 1937 erbaut und ist Cau, dem Gott des Meeres, gewidmet, der die Fischer und Seeleute vor Stürmen und anderen Gefahren schützt. Nach einer Legende gab es für den heutigen Meeresgott Cau ein reales Vorbild in Form eines lokalen Mandarins, der sich für die Fischer einsetzte. Mitte Oktober, auf dem Höhepunkt der Regenzeit, findet ein großes Tempelfest statt.

Wer das dreiteilige Tor der **Sung Hung-Pagode** an der Tran Hung Dao durchquert, begegnet als Erstes einer Statue der Göttin Quan Am Bo Tat, die über einen kleinen Lotosteich wacht. In der dahinter liegenden Haupthalle findet sich eine Buddhafigur am Hauptaltar.

Auf dem **Markt** von Duong Dong ist den ganzen Tag Betrieb, vor allem morgens, wenn der frisch angelandete Fisch verkauft wird.

Der Tran-Wasserfall

Der Ausflug zum Tran-Wasserfall ist hauptsächlich eine Wanderung entlang eines kleinen Flusses, der durch ein felsiges Flussbett hüpft. Er entspringt in den Ham Ninh-Bergen und ist 15 km lang. Die Tour flussaufwärts beginnt hinter einem

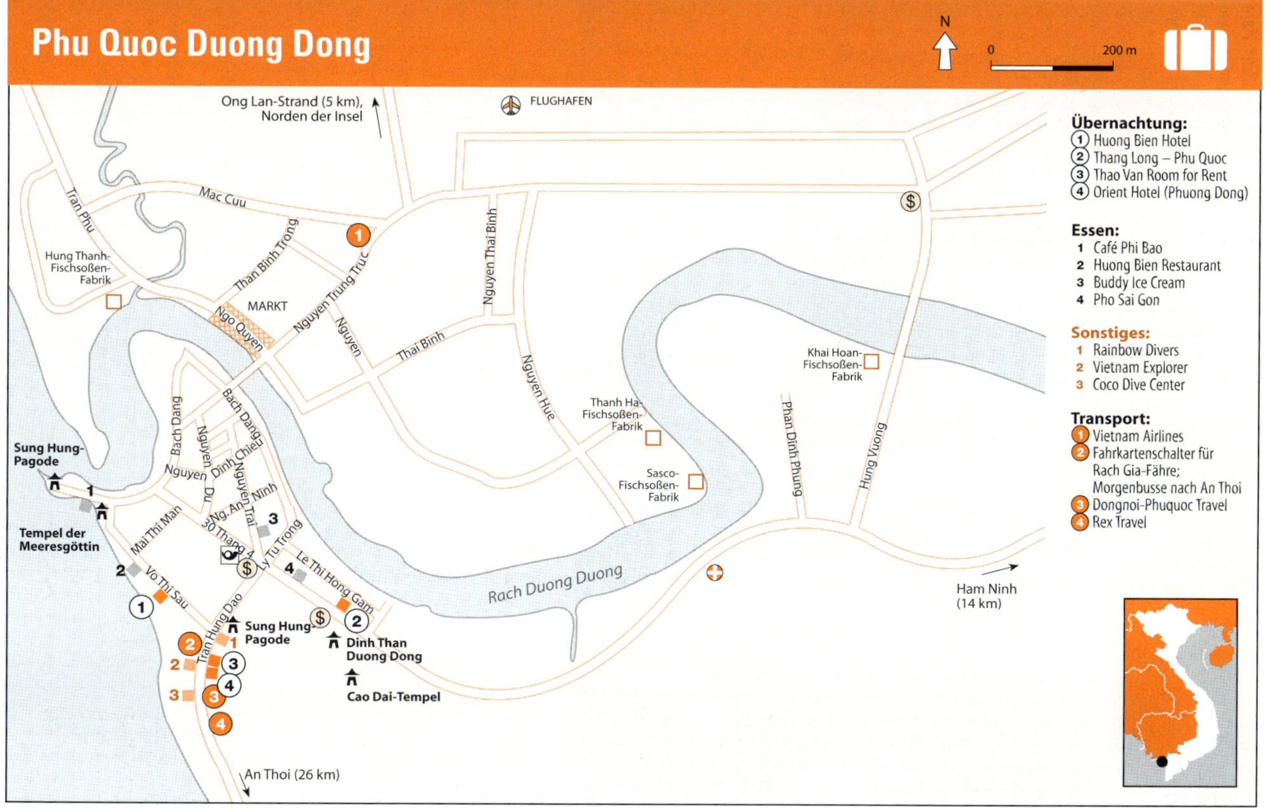

Phu Quoc Duong Dong
N
0
200 m
Ong Lan-Strand (5 km), Norden der Insel
FLUGHAFEN
Übernachtung:
1 Huong Bien Hotel
2 Thang Long – Phu Quoc
3 Thao Van Room for Rent
4 Orient Hotel (Phuong Dong)
Essen:
1 Café Phi Bao
2 Huong Bien Restaurant
3 Buddy Ice Cream
4 Pho Sai Gon
Sonstiges:
1 Rainbow Divers
2 Vietnam Explorer
3 Coco Dive Center
Transport:
1 Vietnam Airlines
2 Fahrkartenschalter für Rach Gia-Fähre; Morgenbusse nach An Thoi
3 Dongnoi-Phuquoc Travel
4 Rex Travel
Tran Phu
Mac Cuu
Hung Thanh-Fischsoßen-Fabrik
Than Binh Trong
MARKT
Ngo Quyen
Nguyen Trung Truc
Nguyen
Nguyen Thai Binh
Thai Binh
Nguyen Hue
Khai Hoan-Fischsoßen-Fabrik
Thanh Ha-Fischsoßen-Fabrik
Sasco-Fischsoßen-Fabrik
Phan Dinh Phung
Hung Vuong
Bach Dang
Nguyen Dinh Chieu
Nguyen Du
Nguyen Trai
Ng. An Ninh
30 Thang 4
Ly Tu Trong
Le Thi Hong Gam
Mai Thi Man
Vo Thi Sau
Tran Hung Dao
Sung Hung-Pagode
Tempel der Meeresgöttin
Sung Hung-Pagode
Dinh Than Duong Dong
Cao Dai-Tempel
Rach Duong Duong
Ham Ninh (14 km)
An Thoi (26 km)

Phu Quoc – einsame Strände und urwüchsige Fischerdörfer

großen, auf „Natur" getrimmten Betontor, das von Duong Dong aus etwa auf halber Strecke Richtung Ham Ninh auf der linken Seite steht. Unterwegs gibt es die Möglichkeit, im Fluss zu baden, und man kann einen Abstecher zu den Stalaktiten in der **Fledermaus-Höhle** unternehmen, die bis zu 300 m hoch und 60 m tief ist. Vorbei an wilden Orchideen geht es anschließend weiter nach oben, wo ein erfrischendes Bad unter dem Wasserfall genommen werden kann – allerdings nur, wenn der Fluss auch genug Wasser führt, also in oder kurz nach der Regenzeit.

Übernachtung

Phu Quoc hat für jeden Geldbeutel die passende Unterkunft – allerdings nicht immer in ausreichender Zahl. In der Hauptsaison um die Jahreswende wird es sehr voll und man benötigt schon eine Portion Glück, um seinen Traumbungalow am Strand zu bekommen.

Bai Truong (Langer Strand)

Untere Preisklasse

Beach Club, Bai Truong, Südende, ✆ 0773-980998, 0918-484951, 💻 www.beachclubvietnam.com. Schöne kleine Bungalow-Anlage mit Bar und Restaurant direkt am Strand unter englisch-vietnamesischer Leitung. Die 4 Bungalows und 5 Zimmer sind oft ausgebucht, daher empfiehlt sich eine Reservierung (in der Hauptsaison nur mit bestätigten Flugtickets mit festem Ankunftsdatum). ❶–❷

Eden Bar & Guesthouse, 118/10 Tran Hung Dao, ✆ 0773-994208. Die Eden Bar vermietet ein paar einfache Zimmer für alle, die es nicht mehr nach Hause schaffen oder die sowieso nur zwischen Theke und Bett pendeln wollen. ❶

Kim Nam Phuong Hotel, Tran Hung Dao, ✆ 0773-983344, 846319, 📠 981122, 💻 www.phuquockimnamphuong.com. Einfache Strandbungalows, z. T. mit AC, und einige preiswerte Hotelzimmer, relativ nahe an der Stadt. ❶–❷

Nhat Lan Guest House, Tran Hung Dao, ✆ 0773-847663, 0918-464127, ✉ nhatlanpq@yahoo.com. Einfache Bungalows mit Ventilator, Kühlschrank, Tisch und Stuhl. Besonders beliebt sind diejenigen direkt am Strand. Das Restaurant ist preiswert, gut und dank seiner Lage am Strand auch bei den vorbeispazierenden Gästen anderer Anlagen beliebt. ❷

Thanh Hai Guest House, 118 Tran Hung Dao, ✆ 0773-847482, ✉ thanhhai99926@yahoo.com. Wer nicht unbedingt am Strand wohnen will, findet hier, nur 50 m von der Waterkant, eine preiswerte Alternative. Die einfachen Bungalows gruppieren sich um eine kleine Gartenanlage. Die direkte Nachbarschaft zum Hearty Hieu Restaurant garantiert beste Verpflegung, die noch dazu den Geldbeutel schont. ❶

Thanh Kieu – Coco Beach, Tran Hung Dao, ✆ 848394. Ein halbes Dutzend große, saubere Ventilator-Bungalows und das Beach-Restaurant machen die Anlage seit Jahren zu einem Treffpunkt für Traveller. Freundliches, englischsprachiges Personal. Am Strand liegt die Rainbow Bar, Treffpunkt der *Rainbow Divers*. ❶–❸

Viet Thanh, Tran Hung Dao, ✆ 0773-847716, 0914-212304. Eine Hand voll einfacher, großer Steinbungalows mit Ventilator und Kühlschrank auf einem in Stufen zum Meer abfallenden Gelände. Über allem thront das Haus der freundlichen Familie. Oft ausgebucht. ❶–❷

Mittlere Preisklasse

Cassia Cottage, Post Box 43, ✆ 0773-848395, ℻ 848396, 💻 www.cassiacottage.com. Gut eingerichtete Bungalows in einer schönen Anlage, die sehr nah an den Strand gebaut ist und sich daher mit einer Mauer gegen die Wellen schützen muss. Im Gegensatz zu den üblichen Gepflogenheiten ist die *Walk-in-Rate* manchmal günstiger als die Vorbuchung: Wer unangemeldet vorbeikommt, kann also im Vorteil sein. ❺–❻

Duong Dong Hotel, Tran Hung Dao, ✆ 0773-983111, ℻ 983112. Stadtnahe

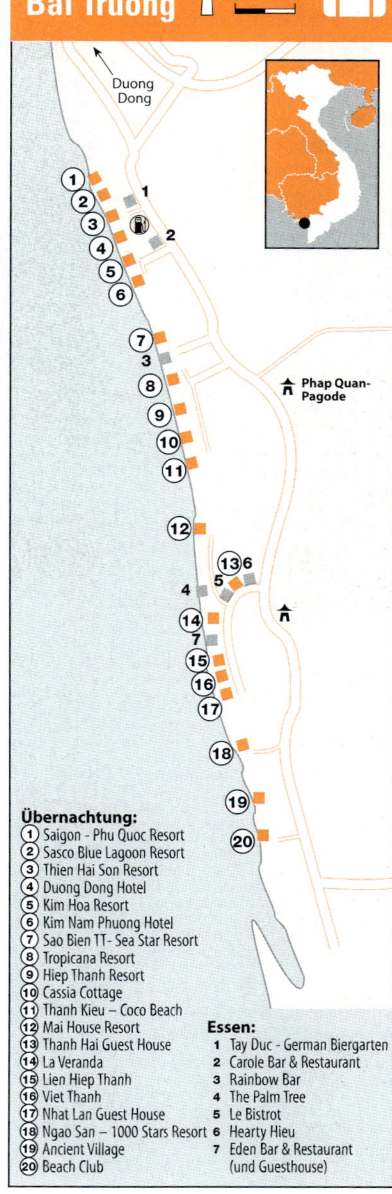

Ausweichmöglichkeit mit relativ eng stehenden Steinbungalows. Richtet sich eher ans einheimische Publikum. ❸–❹

Hiep Thanh Resort, Tran Hung Dao, ☎ 0773-981199, ℻ 982199. Neben etwas unpersönlichen Hotelzimmern gibt es auch einige Steinbungalows nahe am Strand. ❷–❸

Kim Hoa Resort, Ku Pho 1, ☎ 0773-848969, ℻ 848261, ✉ kimhoapqresort@hcm.vnn.vn, 🖳 www.vnrealty.com/pq/kimhoa/index.html. Das Haupthaus mit 48 Zimmern und die 8 Garten- und 6 Seaside-Bungalows sind mäßig einladend und eher bei vietnamesischen Gästen vom Festland beliebt. ❸–❹

Lien Hiep Thanh, 118 Tran Hung Dao, ☎ 0773-847583. Eng stehende, strohgedeckte Bungalows in einer solide gebauten Anlage. Spezialität des Restaurants ist *Thai hot pot* (150 000 Dong für 2 Pers.); die Zutaten werden eigens aus Thailand importiert. ❷–❸

Mai House Resort, ☎ 0773-847003, ✉ bezardin@hcm.vnn.vn, 🖳 www.maihouseresort.com. Zwischen Kokospalmen und Rasenflächen verteilen sich 14 strohgedeckte Bungalows mit Deckenventilator, Bad und Terrasse. Gute Atmosphäre mit viel Grün. Angenehmes Restaurant mit vietnamesischer und europäischer Küche. ❸–❺

Ngao San – 1000 Stars Resort, Tran Hung Dao, ☎ 0773-848203, ℻ 848556, ✉ ngansaoresort@hcm.vnn.vn, 🖳 www.ngansaoresort-phuquoc.com.vn. Wer bei „Resort" an Bungalows in einer Gartenlandschaft denkt, wird in dieser Hotel-Anlage enttäuscht. Die Zimmer mit allem Komfort (AC, TV etc.) im Haupthaus und den Reihen-Bungalows sind komplett ausgestattet, allerdings eher auf den vietnamesischen Geschmack ausgerichtet. In der gesamten Anlage dominiert der Beton (es gibt einen skurrilen Skulpturengarten), während die Natur weitgehend in Blumenkübel verbannt ist. Pool mit Kinderbecken. Das Restaurant genießt einen guten Ruf als Seafood-Spezialist. ❷–❹

Sao Bien – Sea Star Resort, Tran Hung Dao, ☎ 0773-982161, ℻ 983161, 🖳 www.seastarresort.com. Schlicht eingerichtete, etwas nah beieinander stehende Steinbungalows mit AC, Kühlschrank und Satelliten-TV. Recht große Veranden, freundliches Personal. ❷

Thien Hai Son Resort, 68 Tran Hung Dao, ☎ 0773-983044, ℻ 983046. Gepflegtes Mittelklasse-Resort mit einem klotzigen Haupthaus und eng stehenden Bungalows. Großer Pool mit wenig Schatten. ❹

Tropicana Resort, Tran Hung Dao, ☎ 0773-847127, ℻ 847128, 🖳 www.tropicanavietnam.com. Am etwas in die Jahre gekommenen Tropicana scheiden sich die Geister: Einige Leser beschweren sich über Essen und Personal und empfinden die Anlage als „abgenutzt", andere sehen das als „natürlich gewachsen" und finden die Äußerung des Personals sympathisch, dass die Anlage absichtlich alt aussähe. Das Angebot reicht vom einfachen Zimmer bis zum Beachfront-Familien-Bungalow. Schöner Strand, Frühstück inklusive. ❸–❻

Obere Preisklasse

Ancient Village Resort & Spa, war bei unserem Besuch noch nicht eröffnet, verspricht jedoch eine der am aufwendigsten gestalteten Anlagen der Insel zu werden. Mit viel Holz und Natursteinen wurde ein Resort errichtet, das wie ein antikes (aber sehr nobles) Dorf wirkt. Glücklicherweise wurde viel vom alten Baumbestand stehengelassen, was der Gesamtatmosphäre sehr zuträglich ist.
Die 99 Zimmer sollen luxuriös ausgestattet und mit Flachbildschirm-TV und Internetzugang versehen werden.

La Veranda, 118 Tran Hung Dao, ☎ 0773-982988, ℻ 982998, 🖳 www.laverandaresort.com. Sehr schöne neue Luxusanlage in eleganter Kolonialarchitektur mit verschiedenen Raumangeboten vom Standardzimmer bis zur Deluxe-Villa: Alle bestens ausgestattet und sehr komfortabel. Die Abende vergehen mit BBQ am Strand und dezenter Live-Musik. Di und Do Kochkurse für die Gäste, außerdem verschiedene Spa-Angebote. ❻–❼

Sasco Blue Lagoon Resort, 64 Tran Hung Dao, ☎ 0773-994499, ℻ 994099, 🖳 www.sasco-bluelagoon-resort.com. Neue, luxuriöse 4-Sterne-Anlage. Das Haupthaus und die kleineren Chalets und Bungalows beherbergen 75 gut ausgestattete Räume mit allem Komfort. Nur das Gartengrün braucht noch ein wenig Zeit zum Wachsen. ❻

Sai Gon – Phu Quoc Resort, 1 Tran Hung Dao, ☏ 0773-846999, 📠 847163, ✉ sgphuquocresort@hcm.vnn.vn, 💻 www.sgphuquocresort.com.vn. Lange Zeit die unangefochtene Nr.1 in der Oberklasse. Angenehme, gepflegte Suiten und Bungalows, 3 Restaurants, 2 Bars, großer Pool und Tennisplatz in einer schönen Gartenanlage. Alle Zimmer inklusive westlich-vietnamesischem Frühstücksbuffet. Kostenloser ärztlicher Notdienst („Doctor on call") für Gäste. Preisnachlässe um ca. 30 % bei Buchung über das Internet oder eine Agentur. ❻–❼

Duong Dong

Huong Bien Hotel, 1 Vo Thi Sau, ☏ 0773-846113, 📠 847065. Nüchterne, geflieste Zimmer unterschiedlicher Ausstattung, die einfachsten mit Ventilator, ansonsten AC, TV, Kühlschrank, Balkon. Das Hotel liegt zwar am Strand, doch dieser Abschnitt lädt nicht zum Baden ein. ❶–❸

Orient Hotel (Phuong Dong), 19 Tran Hung Dao, ☏ 0773-994111, 📠 994112. Die 33 gut ausgestatteten Zimmer in der Stadt riechen beim Betreten etwas muffig, aber das ändert sich schnell, wenn man das Fenster öffnet und/oder die AC anschaltet. Die Tapeten sind Geschmackssache; die ADSL-Internet-Steckdose freut nicht nur den Business-Traveller. Restaurant mit Aussicht im 5. Stock. ❷

Thang Long – Phu Quoc, 71 Duong 30/4, ☏ 0773-981299, 📠 846003, ✉ thanglonghotelpq@vnn.vn. Recht neues Stadt-Hotel an der Hauptstraße mit komfortablen, freundlichen Zimmern, z. T. mit Balkon. ❷–❸

Thao Van Room for Rent, 17 Tran Hung Dao, ☏ 0773-848861. Einfache Zimmer an der Straße; für Reisende, die sparen wollen. ❶–❷

Im Norden der Insel

Wer die Einsamkeit sucht, entflieht dem „Trubel" am Langen Strand nach Norden. Hier gibt es bisher nur wenige Anlagen. Wer die Auswahl liebt, empfindet es als Nachteil, dass man auf das Essen im resorteigenen Restaurant angewiesen ist.

Bo Resort, Ong Lang, ☏ 0773-986142, 0913-640520, 💻 www.boresort.com. Ein Dutzend Bungalows mit Bad (Warmwasser); Ventilator und Moskitonetzen verteilt sich an einem Hang mit Blick aufs Meer. An das Resort schließt sich eine 4 km lange (noch) unbewohnte Bucht mit flach abfallendem Sandstrand an. Leser loben das resorteigene Restaurant mit vietnamesisch-französischer Küche. Leider sind die Gerichte hier fast doppelt so teuer wie in vergleichbaren Anlagen am Bai Truong. ❸–❺

Mai Phuong Beach Resort, Mong Tay Kap, ☏ 0918-288647, 0909-191749. Das nördlichste Resort der Insel ist sehr beliebt bei vietnamesischen Gästen vom Festland – insbesondere das auf Seafood spezialisierte Restaurant. Kein Wunder, liegt doch die private Fischfarm nur 30 m vom Ufer im Wasser vertäut. Die 5 Steinbungalows sind gut ausgestattet (TV mit DVD-Player, Kühlschrank). Im Restaurantbereich laden bienenkorbähnliche Schaukelsitze zum längeren Verweilen ein. Ein Fußpfad führt zu einer einsamen Bucht. ❶–❷

Mango Bay Resort, Ong Lang, ☏ / 📠 0773-981693, 0903-382207, ✉ mangobay@hcm.vnn.vn, 💻 www.mangobayphuquoc.com. Sehr schöne, weitläufige Anlage mit ökologisch korrektem Anspruch (solar-beheiztes Warmwasser, keine AC) an einem romantischen, z. T. mit schwarzen Felsen durchsetzten Strandabschnitt. Zimmer und Bungalows verschiedener Preisklassen; alle groß und gepflegt, z. T. wie traditionelle Phu Quoc-Fischerhäuser gestaltet. Inklusive Frühstück im guten Restaurant. ❸–❻

Phu Quoc Resort Thang Loi, Ong Lang, ☏ 0773-985002, 0981-073494, ✉ thangloiresort @hotmail.com, 💻 www.phu-quoc.de. Angenehme, ruhige Anlage mit rustikalen, wohnlichen Holzbungalows, darunter auch größere, die für Familien geeignet sind. Unter deutscher Leitung. Das Frühstück ist im Preis nicht inbegriffen. ❷–❸

Im Süden der Insel

Der Süden ist touristisch noch fast völlig unerschlossen – fast, denn am besonders schönen Bai Sao-Strand sind jetzt die ersten Bungalows zu mieten.

My Lan, Bai Sao, Südende, ✆ 0773-990779, ✆ 991010. Einfache Bungalows mit angeschlossenen Badezimmern werden von den Betreibern eines Ausflugsrestaurants vermietet. Mittags, wenn die Besuchergruppen aus Bai Truong zum Essen kommen, wird es voll – ansonsten hat man diesen schönen Platz ganz für sich alleine. Zu tun gibt es nur zwei Dinge: Im Meer planschen und in der Hängematte liegen. ❷

Essen

Freunde von Fisch und Meeresfrüchten werden in Phu Quoc auf ihre Kosten kommen – täglich frisch und in großer Auswahl. Es gibt eine ganze Reihe lokaler **Spezialitäten**. Köstlich z. B. Vuon Tao-Reis mit Krabbenfleisch: Der Reis wird in Kokosmilch gekocht und anschließend mit einigen Gewürzen und Krabbenfleisch vermengt. Das Dorf Ham Ninh an der Ostküste ist berühmt für fangfrische gekochte Krabben, die mit Salz, Pfeffer und Limonensaft gegessen werden. In An Thoi gibt es Bien Mai-Muscheln: Der dreieckigen, etwa handgroßen Kammmuschel wird dabei nur ein münzgroßes Stück (eine essbare, weiße Sehne) entnommen, die auf verschiedene Art zubereitet werden kann – eine nicht gerade preiswerte Spezialität, die, wenn sie auf den Tisch kommt, für die Einheimischen ein besonderes Highlight der Mahlzeit ist.
Zu vielen Gerichten wird die lokale Fischsoße *(nuoc mam)* gereicht. Kenner sind sich einig: Sie ist die beste von ganz Vietnam. Mindestens.

Bai Truong – Langer Strand

Viele Restaurants am Bai Truong lassen sich mit einem kleinen Strandspaziergang erreichen.

Carole Bar & Restaurant, 88 Tran Hung Dao, ✆ 0773-848884. Großes Restaurant mit nicht zu nahe beieinander stehenden Tischen und einem Schwerpunkt auf europäischer Küche. Daneben gibt es frische Meeresfrüchte.

Lecker und beliebt

Hearty Hieu, 118 Tran Hung Dao, ✆ 0773-847482. Das einfache, sehr beliebte Restaurant musste zwar seinen schönen Strandplatz aufgeben, bietet aber weiterhin vernünftige Mahlzeiten zu guten Preisen. Leser waren begeistert von den *prawns in coconut sauce* und dem *grilled honey pork* und sind der Meinung: „Das Hieu bietet mit Abstand das beste Essen auf Phu Quoc."

Eden Bar & Restaurant, 118/10 Tran Hung Dao, ✆ 0773-994208. Große Bar mit umfassendem Spirituosenangebot und lauter Musik – hier wird schon mal die Nacht zum Tag gemacht. Ableger der gleichnamigen Bar in der De Tham in Sai Gons Backpackerviertel. Zu essen gibt's Burger und andere globale Kost. Vermietet auch ein paar Zimmer. ◷ 9 Uhr bis spät.

Le Bistrot, 118 Tran Hung Dao, ✆ 0773-982200. Tagsüber Restaurant, abends Musikbar, spezialisiert sich dieses Restaurant mit Gartenbereich auf internationale, insbesondere natürlich französische Küche. Salate, Sandwiches, hausgemachte Lasagne und australisches Rindfleisch. Zum Frühstück Müsli. Billardtisch-Benutzung kostenlos.

Rainbow Bar, am Strand beim Coco Beach Resort. Kleine Restaurant-Bar auf einer Terrasse am Strand mit westlichem Essen (Burger, Eis etc.), Pool-Tisch und Satelliten-TV.

Tay Duc – German Biergarten, 70 Tran Hung Dao, ✆ 0773-983378. Schweinshaxen, Sauerkraut und Grillwürste, hinuntergespült mit einem Weizenbier und einem Schwarzwälder Schnaps – wer kulinarisches Heimweh hat, wird hier Stammgast.

The Palm Tree, am Strand nördlich des La Veranda. Das letzte verbliebene einfache Strandrestaurant bietet weiterhin leckere, einfache vietnamesische Gerichte. Den Blick aufs Meer und den Sand zwischen den Zehen gibt's gratis dazu. Auch als Boxenstopp bei einem längeren Strandspaziergang oder für ein Bier zum Sonnenuntergang geeignet.

Duong Dong

Café Phi Bao, Bach Dang. Vom offenen Café im 2. Stock des hellblau verzierten Hauses hat man einen tollen Blick auf den Hafen, den Dinh Cau und das Meer – der perfekte Platz für eine Kaffepause.

Buddy Ice Cream, 26 Nguyen Trai. Im ersten „westlichen" Lokal von Duong Dong gibt es neben Eis, das aus Neuseeland importiert wird, auch Fruchtsäfte, Shakes und guten Kaffee. Zwei Internet-Computer sind für Gäste kostenfrei zu benutzen.

Huong Bien Restaurant, 1 Vo Thi Sau. Das Restaurant des gleichnamigen Hotels bietet Vietnamesisches in einem kantinenähnlichen Nebengebäude. Die überdachte Terrasse zum Meer hin eignet sich gut für eine kleine Erfrischung.

Pho Sai Gon, 31 Duong 30/4. Wer auf der Suche nach einer guten *pho* ist, wird hier satt und glücklich.

Im Norden der Insel

Bei einer Moped-Tour in den Norden der Insel bieten einige wenige Restaurants die Möglichkeit für ein erfrischendes Getränk oder eine kleine vietnamesische Mahlzeit. Neben einem Abstecher in das gute Meeresfrüchte-Restaurant des **Mai Phuong Beach Resort** kann man etwas weiter nördlich im **Duong Bien** einkehren. In einer kleinen Bucht an der nordwestlichen Spitze der Insel liegen das **Bien Hai** und das **Thuc Don**. Letzteres hat sogar eine multilinguale Speisekarte in Englisch und „Beulisch". Im Angebot sind u. a. „Rind Fleisk" und „Tinter Fish". In einer Bucht im Nordosten befindet sich das **Mui Duong.**

Im Süden der Insel

Am Bai Sao gibt es neben dem empfehlenswerten **My Lan** (siehe Übernachtung) noch das **Ai Xiem Restaurant**, das ebenfalls von vielen Tourgruppen angefahren wird und durch besonders große Portionen Meeresfrüchte auf sich aufmerksam macht. Beliebt ist auch das BBQ am Strand.

Die beste Fischsoße der Welt

Fischsoße *(nuoc mam)* ist ein für Vietnamesen unverzichtbares Grundnahrungsmittel und essentielles Gewürz, welches aus der Fermentierung kleiner Fische gewonnen wird. Phu Quoc ist ein Zentrum der Fischsoßen-Herstellung: Ungefähr 100 größere und kleinere Fischsoßen-Fabriken produzieren jährlich an die 10 Mill. Liter dieser salzigen Delikatesse.

Phu Quocs Fischsoßen-Brauer führen die herausragende Qualität ihrer Erzeugnisse auf die besondere Art Anchovis *(ca com)* zurück, die sie vor den Küsten der Insel fangen. Wie guter Wein wird die Soße umso besser, je länger sie gelagert wird.

Aktivitäten

Freunde der Unterwasserwelt können auf Phu Quoc **tauchen** gehen, und Anfänger können es erlernen. Zwei verschiedene Tauchreviere locken mit unterschiedlichen Konditionen: Vor der Nordküste liegt die **Schildkröteninsel**. Schon in geringer Tiefe (9–10 m) gibt es einiges zu sehen: Steinfische, Babyhaie, drei Arten Stingrays und kleine Oktopusse. Im Süden, bei den **An Thoi-Inseln**, geht es tiefer hinunter (20–30 m) und es herrschen öfter starke Strömungen. Zu sehen gibt es u. a. Seepferdchen und viele Schnecken in allen Farben. Hier sind auch Tieftauchgänge bis über 40 m möglich.

Taucher, die auf ihre Reisekasse achten müssen, sollten überlegen, ob sie sich ihre Unterwasser-Trips für Nha Trang aufsparen: Dort kostet es nämlich nur etwa die Häfte.

Coco Dive Center, 58 Tran Hung Dao, ☎ / ✆ 0773-982100, 💻 www.cocodivecenter.com. Verlässliche PADI- und SSI-Tauchbasis. Für nicht-zertifizierte Taucher werden *Discover Scuba*-Schnupperkurse angeboten; desweiteren ist die Ausbildung zum *Open Water* oder *Advanced*-Taucher im Angebot. Ein Ausflug mit zwei Tauchgängen kostet etwa US$60. Schnorcheltouren sind preiswerter.

Die Fischerboote, die Phu Quoc mit dem Festland verbinden, sind für Touristen nur als Fotoobjekte geeignet

Rainbow Divers, Vo Thi Sau, Ecke Tran Hung Dao. Falls das Büro der „Regenbogen-Taucher" mal wieder nicht besetzt ist, kann man es in der Rainbow Bar am Coco Beach Resort oder unter der Mobilnummer ✆ 091-3400964 versuchen. Touren und Kurse.

Vietnam Explorer, 36 Tran Hung Dao, ✆ 0773-846372. Tauchbasis unter vietnamesischer Leitung. Ähnliches Angebot wie die Mitbewerber. Wie bei allen Tauchclubs starten die Touren um 7.30 Uhr und enden um etwa 14.30 Uhr. Der Hoteltransfer ist inbegriffen.

Schnorcheltouren zu den An Thoi-Inseln bietet **John's Boat Tour**, ✆ 091-9107086, ✉ Phu-quoc-islandtours@hotmail.com, 💻 www.johnsislandtours.com. Lesern, die mitgefahren sind, hat die Tour gefallen, allerdings soll das Schnorchel-Equipment nicht besonders gut sein – glücklich, wer eigenes dabei hat. Die Tour kostet US$15 p. P. und dauert von 8.45 bis etwa 14.30 Uhr. Verschiedene Schnorchelplätze werden besucht und ein Stopp am Sao-Strand ist inbegriffen. Kontaktaufnahme über o. g. Telefonnummer oder einfach am Strand sitzen und warten: Johns Leute laufen täglich am Bai Truong auf und ab und betreiben Direktmarketing.

Touren

Wer von der Insel mehr sehen möchte als den Strand aus der Perspektive der privaten Hängematte (was für viele völlig ausreichend ist), kann sich einer Tour über die Insel anschließen. Inbegriffen ist meist ein **Besuch in einer Fischsoßenfabrik** und bei der **Perlenfarm**, die allerdings nur ein Ausstellungs- und Verkaufsraum für Perlenprodukte ist (siehe Einkaufen). Auch ein Stopp bei einer **Pfefferplantage** und ein Besuch der **Gedenkstätte des alten Gefängnisses** im Süden der Insel stehen meist auf dem Programm. Manchmal wird auch bei einer lokalen **Weinfabrik** eingekehrt, in der Myrtenwein hergestellt wird. Möglich ist zudem der Besuch einer **Hundezucht** oder eine **Wanderung** entlang des Tran-Flusses im Inland. Touren, Ausflüge und Exkursionen werden von vielen Resorts und einigen privaten Anbietern offeriert, z. B.

Dongnoi-Phuquoc Tourist, 23 Tran Hung Dao, Duong Dong, ✆ 0773-994444, 090-3029902 (Mr. Hoa), 📠 994333, ✉ phuquoctourist @vnn.vn, www.dongnoitravel.com. Bietet neben den oben genannten Ausflügen auch eine kleine vormittägliche Trekkingtour für Naturfreunde an.

Rex Travel, 87 Tran Hung Dao, ✆ 098-7979465, ✉ info_rextravel@yahoo.com.vn. Hat auch Angeltouren im Angebot und einen Ticket-Service.

Eine andere gute Möglichkeit, die Insel zu entdecken, ist eine Tour mit dem geliehenen Moped. Die Straßen sind nicht allzu stark befahren, und wenngleich ein großer Teil der Strecken nicht geteert ist, werden keine zu hohen Anforderungen an die Fahrer gestellt. Wer allerdings noch nie ein Moped gefahren hat, sollte davon Abstand nehmen, es ausgerechnet hier lernen zu wollen.

Sonstiges

Autovermietungen

PKW und Jeeps verleiht das **Carole Restaurant**, 88 Tran Hung Dao, ✆ 0773-848884, für 400 000 bzw. 500 000 Dong am Tag.

Einkaufen

Phu Quoc ist bekannt für seine schönen, qualitativ hochwertigen **Perlen**.

Treasures from the Deep, ✆ 0773-980585, 💻 www.treasuresfromthedeep.com, ist eine neuseeländische Firma, die sich auf die Verarbeitung von Perlen und Perlmutt spezialisiert hat und ihre Produkte in einer Strandgalerie etwa 8 km südlich von Duong Dong anbietet – ein beliebtes Ziel für westliche Tourgruppen. Wer sich ernsthaft für Perlen interessiert, sollte sich auch einmal in Ham Ninh bei den dortigen Perlenhändlern umschauen.

Einheimische Touristen pilgern zur **Coinguon Art Gallery**, 149 Tran Hung Dao, ✆ 0773-980206, wo es neben Perlen-Produkten ein breiteres Angebot an Souvenirs gibt; sogar eine Hundezucht mit den beliebten Phu Quoc-Hunden ist angegliedert. In Vitrinen befinden sich mehrere Skelette einheimischer Tierarten – darunter ein Dugong-Gerippe. So hat diese *Art Gallery* fast den Charakter eines kleinen Museums.

Fischsoße ist ebenfalls ein sehr inseltypisches Mitbringsel. Wer welche kauft, sollte bedenken, dass sie laut einer Vorschrift der Fluggesellschaft nicht im Flugzeug transportiert werden darf.

Wer scharfe Sachen mag, sollte etwas von dem guten **Pfeffer** der Insel mitnehmen.

Geld

Die **Vietcombank**, 30 Thang 4, ⏲ Mo–Fr 7–11 und 13–16 Uhr, wechselt Devisen und hat einen Bankautomaten (Visa und MasterCard). Die **Agribank**, Tran Hung Dao, Ecke 30 Thang 4, führt ebenfalls die üblichen Transaktionen aus. Etwas stadtauswärts liegt die **Sacombank**, 37 Hung Vuong, Ecke Nguyen Trung Truc, ✆ 0773-9951111, ⏲ Mo–Fr 7–11 und 13–16 Uhr. Der dortige Bankautomat akzeptiert auch Maestro-Karten. Das Sai Gon – Phu Quoc Resort hat einen Bankautomaten im Eingangsbereich.

Internet

Internetzugang gibt es bei der **Post** und bei **Buddys Ice Cream**, dort für Gäste sogar kostenlos. An der Straße zum Flughafen sind einige weitere **Online-Shops** angesiedelt. Viele Resorts haben eigene Internetzugänge für ihre Gäste, die zum Teil, verglichen mit den landesüblichen Durchschnittspreisen, sehr teuer sind.

Medizinische Hilfe

Das **Inselkrankenhaus**, ✆ 0773-848075, 846074, liegt in Duong Dong an der 30 Thang 4 etwas stadtauswärts Richtung Ham Ninh. In ernsten Fällen empfiehlt sich ein zügiger Transport (Flug) nach Sai Gon. Wer im Sai Gon – Phu Quoc Resort wohnt, hat dort einen Arzt in Bereitschaft.

Motorräder

Die Angestellten der Resorts können beim Besorgen eines Motorrades behilflich sein:

Irgendjemand findet sich immer, der für US$5–10 für einen Tag auf seinen fahrbaren Untersatz verzichtet. Der Preis hängt von Zustand und Hubraum der Maschine ab. Es empfiehlt sich, auf jeden Fall Probe zu fahren, um sich von einem akzeptablen Zustand der Bremsen und der Schaltung zu überzeugen.

Post

Die Post, ✆ 0773-846079, ⏱ 7–20.30 Uhr, befindet sich zentral in Duong Dong an der 30 Thang 4; unübersehbar dank ihres Funkturms.

Reisezeit

Grob gesagt gibt es zwei Jahreszeiten: In der Trockenzeit von November bis Juni liegen die Tagestemperaturen bei 30–35 °C; nachts ist es kühler. Die Wassertemperatur beträgt zwischen 25–28 °C. Die Regenzeit dauert von Juli bis zu ihrem Höhepunkt im Oktober. Es ist noch warm (26–32 °C), kann aber jederzeit regnen – meist nur kurz, manchmal auch für Tage.

Transport

An- und Abreise nach Phu Quoc geschehen entweder mit Bus und Fähre via Rach Gia (die Fähre ist gelegentlich ausgebucht oder auch mal defekt, oder der Fährverkehr wird wegen Wellengang eingestellt) oder mit dem Flugzeug aus Ho-Chi-Minh-Stadt. Letzteres ist nicht sehr viel teurer, aber deutlich bequemer und zeitsparend. Wichtig ist, so lange wie möglich vorzubuchen; besonders bei der Abreise, wenn man in HCMS einen Anschlussflug bekommen muss.

Am Flughafen und in An Thoi am Fähranleger stehen Taxis und *xe om* bereit, die einen zum gewünschten Ziel bringen.

Flüge

Es gibt je nach Saison tgl. mehrere Flüge von und nach HO-CHI-MINH-STADT (1 Std.) und RACH GIA (20 Min.). In der Hochsaison sind es bis zu vier Flüge am Tag nach HCMS (US$37 einfach, US$65 hin und zurück) und zwei Flüge nach Rach Gia (US$17–23 einfach, US$35-45).

Vietnam Airlines, Booking Office, 291 Nguyen Trung Truc, ✆ 0773-980778, 📠 980779, ✉ vpddpqc.sro@vietnamair.com.vn.

Boote

Mehrere Fährgesellschaften bedienen die Strecke Phu Quoc – RACH GIA. Tickets gibt es an vielen Verkaufsstellen in Duong Dong. Wer nicht vom Strand weg will, kann sich aber auch an seinen Hotelrezeptionisten wenden.

Die im Folgenden angegebenen Abfahrtszeiten können sich schnell ändern; mal um eine halbe Stunde, mal fahren einige Fähren schon morgens. Die Tickets für die einfache Fahrt kosten 160 000 bis 180 000 Dong.

Duong Dong Express, Tran Hung Dao, ✆ 0773-981648, 📠 981649, ✉ duongdongexp@hcm.ftp.vn, 💻 www.duongdongexpress.com.vn. Abfahrt in Rach Gia um 8.30 Uhr (Ankunft 11.10 Uhr), von Phu Quoc nach Rach Gia um 13.15 Uhr (Ankunft 15.55 Uhr). Vertrauen erweckender großer Katamaran.

Superdong, Tran Hung Dao, ✆ 0773-980111, 📠 846180, legt fahrplanmäßig in Rach Gia um 8 Uhr ab (Ankunft 10.35 Uhr) und bringt um 13 Uhr Passagiere zurück aufs Festland (Ankunft 16 Uhr). Die relativ kleinen Schnellboote sind recht flott, schaukeln bei Wellengang aber erheblich.

Hai Au, 16 Tran Hung Dao, ✆ 0773-981000, 📠 981010, ✉ taucaotochaiau@hcm.vnn.vn. Abfahrt von Rach Gia um 8.15 Uhr (Ankunft Phu Quoc 10.30 Uhr), Rückfahrt von Phu Quoc 13.20 Uhr (Ankunft Rach Gia 15.35 Uhr). Der schicke Katamaran ist die schnellste und bequemste Reisemöglichkeit zu Wasser.

Anschlussbusse in Rach Gia

Tickets für Anschlussbusse in Rach Gia lassen sich bequemerweise gleich auf der Insel buchen – eine gute Idee, denn sonst hängt man in Rach Gia möglicherweise stundenlang oder sogar über Nacht fest. Es gibt Tickets nach HO-CHI-MINH-STADT (95 000 Dong), CAN THO (47 000 Dong), VINH LONG (61 000 Dong), BAC LIEU (85 000 Dong) und CA MAU (108 000 Dong).

Fahrkarten für die Rach Gia-Fähren und Anschlussbusse nach Ho-Chi-Minh-Stadt und in andere Delta-Regionen gibt es bei vielen kleinen Ticketschaltern in Duong Dong, z. B. an der Ortsausfahrt Richtung Bai Truong.

Anhang

Kleiner Sprachführer

Hunderttausende Touristen sind bereits durch Vietnam gereist, ohne ein einziges Wort Vietnamesisch zu sprechen. Das funktioniert recht gut: Hotelangestellte, Reiseleiter, Taxifahrer, Souvenirverkäufer – sie alle sprechen mehr oder weniger gut Englisch. Wer jedoch abseits der großen Touristenströme unterwegs ist, auf lokalen Märkten einkauft und mit öffentlichen Verkehrsmitteln reist, ist gut beraten, ein paar Brocken der Landessprache zu lernen. Die Anschaffung eines Sprachführers (s. S. 683) wird ausdrücklich empfohlen: Ein Schwätzchen mit der Fischverkäuferin oder Small Talk im Bus können Reiseerlebnisse sein, die mit dazu beitragen, einen Vietnam-Aufenthalt unvergesslich zu machen.

Der radebrechende Gast sollte sich nicht entmutigen lassen, wenn der Kellner im Restaurant ihn beim ersten Versuch mit gerunzelter Stirn anblickt. Wahrscheinlich wundert er sich nur über das „komische Englisch" des Touristen. Ist ihm erst einmal klar, dass das, was da fabriziert wird, Vietnamesisch sein soll, ist er sicher gern behilflich, die Aussprache zu korrigieren.

Vietnamesisch – Ursprung und Grundzüge

Linguistisch wird die vietnamesische Sprache der **Viet-Muong-Sprachgruppe** zugeordnet. Viele Begriffe sind der Mon-Khmer-Sprache und dem Chinesischen entlehnt. Auch das französische Erbe hat seine Spuren in der vietnamesischen Sprache hinterlassen. So ist z. B. aus dem französischen *la gare* („Bahnhof") der vietnamesische *ga* geworden. Drei Dialekte mit unterschiedlicher Phonetik und Wortschatz werden in Vietnam gesprochen: der südliche, der zentrale und der nördliche. Das Nordvietnamesisch ist die offizielle Version – also Hochvietnamesisch. Diese Sprache ist auch für die Minderheiten Amtssprache.

Vietnamesisch ist eine **Tonsprache**. Die Grundwörter bestehen aus einer Silbe, deren Bedeutung von der gewählten Tonhöhe bestimmt wird. Es gibt sechs Töne, die sich durch Höhe, Verlauf und Intensität unterscheiden (s. u.).

Die **Grammatik** folgt der Regel Subjekt – Prädikat – Objekt. Die Wörter bleiben dabei unverändert, d. h. unflektiert. Wörter mit lexikalischer Bedeutung kann man als Vollwörter bezeichnen. Daneben gibt es Leerwörter (auch Hilfswörter genannt), die Zeitangaben und den Plural kenntlich machen. Andere Leerwörter haben eine rein grammatikalische Funktion.

Die vietnamesischen Grundwörter werden hintereinander gereiht und bleiben getrennt. Im Westen werden sie oft zusammengeschrieben. Dieses Buch verwendet jedoch die Schreibweise, wie sie in Vietnam üblich ist, also z. B. Ha Noi und Da Lat.

Die vietnamesische Schrift

Während der chinesischen Besatzungszeit wurde von Amts wegen die Han-Schrift und -Sprache genutzt. Auch für das Vietnamesische verwendeten die Gelehrten die chinesischen Schriftzeichen. Das Schriftsystem nannte sich *chu nho*. Der Nachteil dieser Schrift lag darin, dass sich einige Wörter des Vietnamesischen damit nicht schreiben ließen. Während der Tran-Dynastie entwickelten die vietnamesischen Gelehrten daher ein erweitertes Schriftsystem, indem sie die chinesischen Zeichen neu kombinierten. Dank dieses erweiterten Systems, das *chu nom* (Nom-Sprache) genannt wurde, entstand eine eigene vietnamesische Literatur. *Nom* wird von Wissenschaftlern als phonetische Abwandlung von *nam* beschrieben und bedeutet „Süden". Dies meint die Sprache, die südlich von China (also in Vietnam) gesprochen wird.

Der Missionar Alexandre de Rhodes (s. S. 189) transkribierte die chinesischen Schriftzeichen Ende der 1620er-Jahre in lateinische Buchstaben. Um die Tonhöhen anzugeben, nutzte er die im Griechischen gebräuchlichen diakritischen Zeichen und setzte sie über den Buchstaben so ein, dass das Vietnamesische lesbar wurde. Sein erstes Wörterbuch, das *Dictionarium Annamiticum, Lusitanum et Latinum* – das Anamitisch-Portugiesisch-Lateinische Wörterbuch – wurde 1651 in Rom veröffentlicht. Erst nutzten nur die Missionare die vietnamesische Lateinschrift Quoc Ngu, doch wegen ihrer Einfachheit setzte sie sich ab Ende des 19. Jhs. auch im vietnamesischen Volk durch. Im Laufe der Zeit lernten so immer mehr Vietnamesen lesen und schreiben. Während der französischen Kolonialzeit wurde Französisch Amtssprache. Die einheimische gebildete Elite versuchte dies zwar zu verhindern, doch ohne Erfolg. Revolutionäre hingegen förderten den Gebrauch der Quoc Ngu-Schrift, denn so konnten sie ihre Ideen einer breiten Öffentlichkeit zugänglich machen.

Quoc Ngu ist die noch heute gebräuchliche vietnamesische Schrift. Dagegen werden die Schriftsysteme *chu nho* und *chu nom* nur noch von wenigen Gelehrten genutzt.

Aussprache

Das vietnamesische Alphabet umfasst 30 Lautzeichen, von denen viele, aber nicht alle wie im Deutschen ausgesprochen werden. Darüber hinaus gibt es einige Konsonantenkombinationen und eine Vokalkombination mit besonderer Aussprache. Vokale werden außerdem durch Lautzeichen differenziert, die anzeigen, ob sie z.B. mit fallendem oder steigendem Ton ausgesprochen werden, wodurch sie unterschiedliche Bedeutung erhalten.

Das Alphabet

A a	langes „a" wie in „Jahr"
Ă ă	kurzes „a" wie in „Stadt"
Â â	kurzes, unbetontes „a" wie das „e" in „Schule"
B b	wie das „b" in „blau"
C c	weiches „k" wie in „Kampf"
D d	Achtung: stimmhaftes „s" wie in „Sause"
Đ đ	wie unser „d" in „damals"
E e	wie „ä" in „länger"
Ê ê	wie das erste „e" in „fegen"
F f	wie unser „f"
G g	wie das „g" in „Gans"
H h	wie das „h" in „Hose"
I i	langes „i" wie in „Lied"
K k	weiches „k" wie in „Kampf"
L l	wie unser „l"
M m	wie unser „m"
N n	wie unser „n"
O o	offenes „o" wie in „offen"
Ô ô	geschlossenes „o" wie in „Ofen"
Ơ ơ	kurzes, gestöhntes „ö", hinten im Rachen gesprochen
P p	wie unser „p"
Q q	weiches „k" wie in „Kampf"
R r	mal „r" wie engl. „red", mal stimmhaftes „s" wie in „Sause"
S s	mal scharfes „s", mal „sch": „Schwester"
T t	ein weiches „t", fast schon wie unser „d"
U u	langes „u" wie in „Ufer"
Ư ư	kurzes, gestöhntes „ü", hinten im Rachen gesprochen
V v	wie unser „w" in „Wasser"
X x	stimmloses, scharfes „s" wie in „Auster"
Y y	langes „i" wie in „Lied"

Lautkombinationen

ch	je nach Region wie unser „dch" in „Mädchen" oder „tsch" in „Autsch"
kh	wie „ch" in „Bach"
ng	nasal gesprochen wie in „Angel"
nh	wie „nj" in „Anja", am Wortende etwa wie ng
ph	wie „f" in „Foto"
th	scharfes „t" wie in „Toaster"
tr	wie „tsch" in „Tschernobyl"
uy	etwa wie „üjä"

Lautzeichen

a	normaler Tonfall
á	steigender Tonfall
à	fallender Tonfall
ả	fragender Tonfall
ã	Vokal wird doppelt gesprochen mit Knacklaut in der Mitte
ạ	tiefer, gepresster Tonfall

Die Beachtung des Tonfalls ist sehr wichtig, da das Lautzeichen mit dem Ton seine Bedeutung ändert. Die Vietnamesen sind jedoch nachsichtig mit dem radebrechenden Ausländer und bemühen sich, den Sinn des Gemeinten aus dem Zusammenhang zu erschließen.

Wortschatz

Das Wichtigste

Hallo	xin chào
Auf Wiedersehen	Tạm biệt
Bis bald!	Hẹn gặp lại.
Danke.	Xin cảm ơn.
Danke vielmals.	Cảm ơn nhiều.
Ja	vâng
Nein	không
Verstehen Sie?	Có hiểu không?
Ich verstehe.	Tôi hiểu.
Ich verstehe nicht.	Tôi không hiểu.
Entschuldigung!	Xin lỗi.
Macht nichts.	Không sao.
Wie ist Ihr Name?	Tên ông (bà, anh, chị, s. u., Anrede) là gì?
Mein Name ist ...	Tên tôi là ...
Ich bin Deutscher/Österreicher/ Schweizer.	Tội là người Đức/Áo/ Thụy sĩ.
Was kostet ...?	Bao nhiêu ...?
... dieses (hier)	... này
... dieses (dort)	... ấy
die Toilette	vệ sinh
Männer	nam
Frauen	nữ

Notfall

Es hat einen Unfall gegeben.	Có một vụ tai nạn.
Können Sie mir helfen?	Có thể giúp tôi không?
Bitte rufen Sie einen Arzt!	Làm ơng gọi bác sĩ.
Krankenhaus	bệnh viện
Polizei	cảnh sát

Anreden

Die Vietnamesen verfügen über ein hochkompliziertes System verschiedener Anreden, mit denen Familienmitglieder, ältere und jüngere Gesprächspartner und ranghöhere bzw. -niedrigere Personen bedacht werden. Als Tourist kommt man mit einigen wenigen aus:

Guten Tag, mein Herr — Chào ông (Gesprächspartner höherrangig; „Großvater")

Guten Tag, meine Dame — Chào bà (Gesprächspartnerin höherrangig; „Großmutter")

Guten Tag, junge Frau — Chào chị (etwa gleichrangig, „Schwester", Freundin)

Guten Tag, junger Mann — Chào anh (etwa gleichrangig, „Bruder", Freund)

Vietnamesische Namen

Vietnamesische Namen bestehen aus drei Teilen: Der Familienname steht am Beginn, es folgt ein geschlechsspezifischer Name (etwa Thi bei Frauen und Van bei Männern) und dann der Vorname. Letzterer kann bei Frauen und Männern gleich sein. Verheiratete Vietnamesinnen behalten in der Regel ihren Familiennamen bei. Die Kinder nehmen hingegen den Namen des Vaters an.

Unterwegs

Wo ist ...?	Ở đâu ...?
... der Bahnhof	... bến xe lưa
... der Busbahnhof	... bến xe buýt
... der Flughafen	... sây ban
... eine Tankstelle	... trạm xăng
Wo fährt der Bus nach Hoi An?	Ở đâu đón xe đi Hội An?
Wann fährt der Bus nach Hoi An?	Khi nào xe Hội An chạy?
Ich möchte eine Fahrkarte.	Tội muốn một vé.
Hier bitte anhalten.	Xin dừng lại đây.
Norden	phía băc
Süden	phía nam
Osten	phía đông
Westen	phía tây

Übernachten

Ich möchte ...	Tội muốn ...
... ein Zimmer.	... thuê phòng.
... ein größeres Zimmer.	... phòng rộng hơn.
... ein AC-Zimmer.	... một phòng có máy điều hoà.
Wie viel kostet es pro Nacht?	Tiền thuê một đêm là bao nhiêu?

Hotel	khách sạn
billig/teuer	rẻ/đắt

Kulinarisches

Bitte geben Sie mir ...	Xin cho tội ...
... einen Teller ...	... một đia ...
... gebratenen Reis.	... cơm rang.
Suppe	súp, canh
dünne weiße Reisnudeln	bún
gelbe Eiernudeln	mí
gekochter Reis	cơm
Klebereis	nếp
belegtes Baguette	bánh sandwich
Fleisch	thịt
Rind	thịt bò
Schwein	thịt lợn
Huhn	thịt ga
Ente	thịt vịt
Gans	thịt ngỗng
Ziege	thịt dê
Kaninchen	thịt thỏ
Frosch	ếch
Schnecke	ốc
Fisch	cá
Shrimp	tôm
Krebs, Garnele	cua
Aal	lươn
Ei	trứng
Gemüse	rau
dieses (Gericht) dort	món kia
Ich bin Vegetarier.	Tội la người ăn chay.
Ich möchte es ...	Tội thích nó ...
... gebraten.	... rán.
... frittiert.	... rán kỹ.
... gekocht.	... luộc.
... gegrillt.	... nương vỉ.
... roh.	... tái.
... mit ...	... có ...
... ohne ...	... không có ...
... Glutamat (MSG).	... mì chính.
Ich möchte ...	Tội muốn ...
... ein Glas ...	... một cốc ...
... eine Flasche ...	... một chai ...
Mineralwasser	nước suối
Orangensaft	nước cam
Limonade	nước chanh
Kokosmilch	nước dùa
Zuckerrohrsaft	nước mía
Bier	bia
Wein	rượu vang
Grüner Tee	chè xanh
Kaffee ...	cà phê ...
... schwarz	đen
... mit Eis	đa
... mit Milch	sữa
Bitte bringen Sie ...	Xin mang ...
... eine Gabel.	... một niã.
... ein Messer.	... một dao.
... Essstäbchen.	... đũa.
... eine Serviette.	... một khăn ăn.
... die Rechnung.	... hóa dơn.
Das war lecker!	Ngon tuyệt!

Zeit

Wann?	Bao giờ?
Jetzt	bây giờ
Heute	hôm nay
Gestern	hôm qua
Morgen	ngày may
Übermorgen	ngày kia

Zahlen

0	không
1	một
2	hai
3	ba
4	bốn
5	năm
6	sáu
7	bảy
8	tám
9	chín
10	mười
11	mười một
12	mười hai
20	hai mười
21	hai mười một
22	hai mười hai
30	ba mười
100	một trăm
200	hai trăm
1000	một nghìn

Glossar

Agent Orange Dioxin, das in orangenen Fässern gelagert wurde. Die Amerikaner versprühten es, um die Wälder zu entlauben und den Guerillakämpfern das schützende Blätterdach zu nehmen (s. S. 131).

Amerikanischer Krieg Mit diesem Namen bezeichnen die Vietnamesen den im Westen als Vietnamkrieg bekannten Krieg.

Annam (chin.: „Befriedeter Süden") Seit der chinesischen Herrschaft bis 939 n. Chr. wird dieser Begriff für den Nordteil Vietnams verwendet. Später von den Franzosen für die von ihnen beherrschten Gebiete Zentralvietnams benutzt. Vgl. Cochinchina und Tonkin.

Ao dai (viet.) Traditionelles vietnamesisches Kleidungsstück für Frauen, bestehend aus einer weiten Hose und einem langen, seitlich geschlitzten Oberteil. Als Schulkleidung dienen weiße Ao Dais (s. S. 137).

Arhat (Pali) Buddhistische Heilige. Die Statuen findet man vornehmlich in den Pagoden Nordvietnams. Vietnamesisch: La Han.

ARVN Abk. für die ehem. Armee Südvietnams

Augustrevolution Nationaler Aufstand, der nach dem Abzug der Japaner 1945 zur Ausrufung der DRV führte.

Avalokiteshvara Bodhisattva des umfassenden Mitgefühls. Dargestellt mit vielen Armen oder als Quan Am.

Avatar (skt.) Erscheinungsform oder Inkarnation einer hinduistischen Gottheit

Ben xe (viet.) Busbahnhof

Boat people Flüchtlinge, die nach der Machtergreifung durch die Nordvietnamesen das Land auf Booten verließen. Anfangs flohen vor allem ethnische Chinesen, später kamen vietnamesische Armutsflüchtlinge hinzu (s. S. 143 und 170).

Bodhi-Baum (lat. Ficus religiosa), Baum, unter dem Buddha seine Erleuchtung fand. Gehört zu den über 1000 Feigenbaumarten (Ficus).

Bodhisattva (skt.) Heilige Buddhas, die Erleuchtung fanden und dennoch auf der Erde verweilen, um den Menschen beizustehen (s. S. 184).

Body count Begriff aus dem amerikanischen Krieg, der den Erfolg einer militärischen Schlacht an der oft nur geschätzten Zahl von Toten misst.

Bonze buddhistischer Mönch

Buu dien (viet.) Postamt

Caodaismus In Vietnam entstandene Religion, die verschiedene Religionen in sich vereint (s. S. 192).

Champa Reich der Cham, s. S. 150

Cheo (viet.) klassische Theaterform (s. S. 204)

Cho (viet.) Markt

Chu nom (viet.) Klassische vietnamesische Schrift, die aus dem Chinesischen entlehnt ist. Heute kaum mehr bekannt.

Chua (viet.) buddhistischer Tempel/Kloster

Cochinchina Begriff der Franzosen für ihr südliches koloniales Gebiet, vgl. Annam und Tonkin

Com pho (viet.: „Reisnudeln") bezeichnet einfache Restaurants

Cyclo Fahrradrikscha. Das dreirädrige Gefährt ist heute weitaus seltener im Einsatz als noch vor wenigen Jahren.

Den (viet.) Tempel, in dem ein taoistischer oder anderer nicht-buddhistischer Heiliger verehrt wird, darunter auch vergöttlichte Könige und Generäle.

Dhamma (Pali, skt. Dharma,) „Gerechtigkeit, Gesetz", Bezeichnung für die buddhistische Lehre

Dinh (viet.) Gemeindehaus, meist mit einem Raum für die Schutzgottheit der Gemeinde

DMZ (Demilitarized Zone) Entmilitarisierte Zone entlang des 17. Breitengrades. Diente 1954–1975 als Pufferzone zwischen Nord- und Südvietnam.

Doi moi (viet.: „Erneuerung") Umstrukturierung des wirtschaftlichen Systems hin zur vietnamesischen Form der Marktwirtschaft. Das Programm wurde 1986 beschlossen.

Duong (viet.) Straße

DRV Abkürzung für Demokratische Republik Vietnam, jenes Staates, den Ho Chi Minh 1945 nach der Augustrevolution im Norden gründete.

FULRO (Front Unifié de Lutte des Races Opprimées, Vereinigte Front für die Befreiung der unterdrückten Rassen) Von den ethnischen Minderheiten des zentralen Hochlands in Vietnam, Kambodscha und Laos 1964 gebildete Oppositionsbewegung, die für mehr Autonomie kämpft.

Funan frühes, von indischer Kultur beeinflusstes Königreich; Vorläufer der großen Khmer-Reiche

GI (general infantryman) einfacher Soldat der US-Armee

Hang (viet.) Höhle

Ho (viet.) See

Hoa Ethnische Chinesen, die in Vietnam leben.

Ho-Chi-Minh-Pfad Transportweg von Nord nach Süd, der auch durch Laos und Kambodscha führte. Diente als Nachschublinie im französischen und amerikanischen Krieg (s. S. 165).
Honda om (viet.) wörtlich „Honda-Umarmung"; Motorradtaxi
Indochina Sammelbezeichnung für das Gebiet der Staaten Vietnam, Laos und Kambodscha
Jadekaiser Ngoc Hoa, die höchste Gottheit des Taoismus
Kalan Cham-Turmheiligtum, meist mit quadratischem, manchmal rechteckigem Grundriss. Innen befand oder befindet sich ein Lingam oder Götterabbild.
Khach san (viet.) Hotel
Khmer ethnische Kambodschaner
Kinh ethnische Vietnamesen
Lingam Phallusstatue, die Shiva symbolisiert.
Mandapa Meditationshalle in Cham-Tempel
MIA (Missing in Action) Bezeichnet Soldaten, die im Vietnamkrieg im Einsatz waren und bis heute als vermisst gelten.
Montagnards (franz.) Bezeichnung für die Angehörigen der Bergvölker Vietnams (s. S. 134)
Mua roi nuoc (viet.) Wasserpuppenspiel
Mucalinda (Pali) siebenköpfiger Naga-König, der sich über Buddha wölbt und ihn so vor einem Gewitterregen schützt
Mudra Handhaltung Buddhas
Mui (viet.) Kap
Mukha Lingam Lingam in Gestalt oder mit dem Gesicht einer Gottheit bzw. eines vergöttlichten Königs
Naga (skt.) Mythologisches Schlangenwesen. Wird oft mehrköpfig dargestellt und findet sich an Khmer-Tempeln im Mekong-Delta.
NFL Nationale Befreiungsfront des Südens. 1960 auf Initiative des Nordens gegründet, um das von Amerika unterstützte System des Südens zu stürzen.
Ngo (viet.) schmale Straße
Nha hang (viet.) Restaurant
Nha khach (viet.) Hotel oder Gästehaus
Nha nghi (viet.) einfaches Gästehaus
Nha nhac (viet.) klass. Musik am Hof zu Hue
Nha tro (viet.) sehr einfaches Gästehaus
Nirvana (skt.) Das vollständige Verlöschen von Leiden und Begehren; Ziel des buddhistischen Wegs
Nui (viet.) Berg
Nuoc mam (viet.) Fischsoße
NVA Armee der Republik Nordvietnam
Pilaster Wandpfeiler; typisches Gestaltungselement an Cham-Türmen
Quan (viet.) Bezirk
Quan Am weibl. Inkarnation des Avalokiteshvara
Quoc ngu (viet.) Umschrift des vietnamesischen in lateinische Schrift, die im 17. Jh. von Alexandre de Rhodes entwickelt wurde und noch heute in Gebrauch ist (s. S. 189 und 670, Sprachführer).
Rong Gemeindehaus der ethnischen Minderheiten des zentralen Hochlands
RVN Republik Vietnam. Offizielle Bezeichnung des Südstaates von 1954 bis 1975.
Sampan kleines Holzboot mit wenig Tiefgang
Sanskrit (abgekürzt: skt.) indische Literatursprache
Shakyamuni hist. Buddha, vietnam. Thich Ca
Song (viet.) Fluss
SRVN Sozialistische Republik Vietnam, offizieller Name des heutigen Vietnam, der nach der Wiedervereinigung 1976 eingeführt wurde.
Tai Chi Morgensport der Vietnamesen, die sich schattenboxend, dehnend und bewegend in jedem Park tummeln.
Tet (viet.: „Fest"). Mit Tet wird meist das vietnamesische Neujahrsfest bezeichnet (s. S. 70/71).
Thung Chai (viet.) rundes Bambus-Boot
Tonkin Von Ninh Binh nordwärts reichende Verwaltungsregion des kolonialen Vietnam, vgl. Cochinchina und Annam.
Viet Cong Von den Amerikanern geprägter Begriff für die Guerillakämpfer der Befreiungsfront.
Viet Kieu Bezeichnung für Vietnamesen, die im Ausland leben
Viet Minh Abkürzung für *Viet Nam Doc Lap Dong Minh*. Bezeichnet die Mitglieder der 1941 von Ho Chi Minh gegründeten Liga für ein unabhängiges Vietnam (s. S. 159).
VNQDD Abkürzung der *Viet Nam Quoc Dan Dang*, der Nationalistischen Partei Vietnam, gegründet 1927.
Vipassana Buddhistische Meditationsform, die anstrebt, die eigene geistige und körperliche Verfassung zum jeweiligen Zeitpunkt zu erkennen
Vishnu (skt.) Hindugottheit. Erhalter des Universums, der sich immer wieder in irdischer Gestalt manifestiert
Xe om (viet.) Motorradtaxi; vgl. *honda om*

Reisemedizin zum Nachschlagen

Die im Folgenden genannten Krankheiten klingen dramatisch, betreffen jedoch die wenigsten Reisenden. Es lohnt sich dennoch, diese Hinweise zu lesen, da es lebensrettend sein kann, bestimmte Symptome rechtzeitig zu erkennen.

AIDS

AIDS ist auch in Vietnam zu einem enormen Gesundheitsproblem geworden. Das Auswärtige Amt und andere Quellen gehen von schätzungsweise 300 000–350 000 Infizierten landesweit aus. Hohe Durchseuchung besteht in den Risikogruppen (männliche und weibliche Prostituierte, Drogenabhängige). Aufklärungskampagnen – mal lustig, mal drastisch – warnen vor den Folgen ungeschützten Geschlechtsverkehrs und Drogenkonsums. Auch Geschlechtskrankheiten, wie Syphilis und Gonorrhoe, sind in Vietnam weit verbreitet.

Denguefieber

Denguefieber ist eine Viruskrankheit, die epidemieartig auftreten kann, am ehesten während der Regenzeit an der Küste. In Vietnam gibt es zahlreiche Fälle von Erkrankungen. Das Fieber wird von der Aedes aegypti-Mücke übertragen, die an ihren schwarz-weiß gebänderten Beinen zu erkennen ist. Sie sticht während des ganzen Tages. Nach der Inkubationszeit von bis zu einer Woche kommt es zu plötzlichen Fieberanfällen, Kopf- und Muskelschmerzen. Nach 3–5 Tagen kann sich ein Hautausschlag über den ganzen Körper verbreiten. Bei Stufe 1 klingen nach 1–2 Wochen die Krankheitssymptome ab. Ein zweiter Anfall (Stufe 2) kann zu Komplikationen (inneren und äußeren Blutungen) führen.

Wie bei Malaria sind ein Moskitonetz und der Schutz vor Mückenstichen der beste Weg der Vorsorge. Empfehlenswert in Vietnam sind die Mittel REMOS und die Cremelotion SOFELL. Neben dem Rat, sich nicht bei Beginn der Dunkelheit ungeschützt im Freien aufzuhalten, wird empfohlen, sich immer gut die Füße zu waschen, denn die Aedes aegypti liebt den Geruch von Käsefüßen.

Es gibt keine Impfung oder spezielle Behandlung. Schmerztabletten, fiebersenkende Mittel und kalte Wadenwickel lindern die Symptome. Keinesfalls sollten ASS, Aspirin oder ein anderes acetylsalicylsäurehaltiges Medikament genommen werden, da diese einen lebensgefährlichen Verlauf herausfordern können! Ein einfacher Test kann Denguefieber bestätigen: 5 Minuten den Oberarm abbinden, öffnen und in der Armbeuge nachsehen – falls rote Flecken erscheinen, ist es zu 90 % Denguefieber. Spätestens dann sollte der Betroffene einen Arzt aufsuchen.

Durchfälle und Verstopfungen

Verdorbene Lebensmittel, nicht kontinuierlich gekühlter Fisch, zu kurz gegartes Fleisch, ungeschältes, schon länger liegendes, aufgeschnittenes Obst (Wassermelonen), Salate, kalte Getränke oder schlecht gekühlte Eiscreme sind häufig die Verursacher von Durchfällen.Eine Elektrolyt-Lösung, die die verlorene Flüssigkeit und Salze ersetzt, reicht bei harmlosen Durchfällen völlig aus. Abgepackte Elektrolyt-Lösungen gibt es in jeder Apotheke, etwa das Elektrolytpulver *da'hsà*. Wer selbst eine Lösung herstellen möchte, nimmt 4 Teelöffel Zucker oder Honig, 1/2 Teelöffel Salz und 1 l Orangensaft oder abgekochtes Wasser. Zur Not, etwa vor langen Fahrten, kann auf Imodium zurückgegriffen werden. Außerdem hilft eine Bananen- oder Reis-und-Tee-Diät und Cola in Maßen. Bei längeren Erkrankungen einen Arzt aufsuchen – es könnte sich auch um Ernsteres handeln.

Hepatitis

Hepatitis ist eine Infektion der Leber, die von verschiedenen Virus-Typen verursacht wird (inzwischen sind die Typen A–G bekannt). Während in Vietnam die meisten Menschen nach einer harmlosen Hepatitis-A-Infektion im Kindesalter gegen diese Krankheit immun sind, trifft dieses nur auf ein Drittel Europäer zu. Ob die Impfung notwendig ist, zeigt ein Antikörpertest.

Hepatitis A, auch Reisegelbsucht genannt, wird durch infiziertes Wasser und Lebensmittel übertragen. Die Symptome ähneln am Anfang denen einer Grippe: Übelkeit, Erbrechen, gelegentliche Durchfälle und Abgeschlagenheit. Später kommt es zu einer Gelbfärbung der Haut, der Stuhl wird heller und der Urin dunkler. Einen guten Schutz bieten die Impfstoffe Havrix und Vaqta.

Hepatitis B wird genau wie HIV vor allem durch Intimkontakte oder Blut übertragen (z. B. Tätowierung, Piercing, Akupunktur). Die Symptome ähneln denen einer Hepatitis A, jedoch kann eine Hepatitis B chronisch werden. Im schlimmsten Fall führt sie nach einigen Jahren zu einer schweren Leberzirrhose und zum Tod. Eine vorbeugende Impfung, etwa mit Gen H-B-Vax, Engerix oder Twinrix (Kombi-Impfung gegen Hepatitis A und B), ist bei langen Aufenthalten zu erwägen. **Hepatitis C und D** werden auf demselben Weg übertragen wie Hepatitis B und können zu gefährlichen Langzeitschäden führen.

Malaria

Malaria zählt zu den gefährlichsten parasitären Erkrankungen, die den Menschen befallen können. Übertragen wird die Krankheit von der weiblichen Anopheles-Mücke, die vorwiegend in den Nacht- und Dämmerungsstunden unterwegs ist. Die Malaria-Erreger gelangen über die Blutbahn in die Leber, vermehren sich dort und vernichten die roten Blutkörperchen.

Jährlich werden in Vietnam 1 Mill. Malariafälle mit ca. 5000 Todesfällen gemeldet. Laut WHO herrscht ein ganzjähriges Malariarisiko, vor allem während und kurz nach der Regenzeit. Das AA meldet: Ein hohes Risiko besteht im Süden in den Provinzen Ca Mau, Bac Lieu und Tay Ninh sowie in den Hochlandprovinzen Dak Lak, Gia Lai und Kon Tum unter 1500 m und südlich des 18. Breitengrades. Ein mittleres Risiko, verstärkt in den Regenzeiten, besteht im Mekong-Delta und den nach Norden anschließenden Küstenregionen bis nach Nha Trang sowie nordwestlich von Ha Noi (hier besonders von Mai–September).

Die Städte (mit Ausnahme von HCMS), das Delta des Roten Flusses und die Küste nördlich von Nha Trang gelten als malariafrei. Als Malariaerreger ist überwiegend das Plasmodium falciparum, der Erreger der Malaria tropica, bekannt. Die Deutsche Tropenmedizinische Gesellschaft empfiehlt für Vietnam einen konsequenten Mückenschutz (Mückenschutzmittel, imprägniertes Mückennetz, bedeckende Kleidung). Dies schützt nicht nur vor Malaria, sondern u. a. auch vor dem ebenfalls in Vietnam auftretenden Denguefieber. Sanfte Mittel basieren auf Zitronella- oder Nelkenöl. Das in Deutschland bewährte Autan hilft vielen Reisenden leider nicht weiter. Sie klagen, trotz Schutz viel gestochen zu werden.

Über die beste medikamentöse Vorbeugung ist in den vergangenen Jahren immer wieder heftig debattiert worden. Allen Mitteln gemeinsam ist, dass sie unangenehme Nebenwirkungen hervorrufen können. Zu den am häufigsten verschriebenen Präparaten gehören Resochin/Paludrine, Lariam und Malarone. In der Praxis reisen wenige Touristen mit Prophylaxe, wobei noch keine dramatischen Fälle von Erkrankungen bekannt geworden sind. Es ist abzuwägen zwischen dem tatsächlichen Risiko, das je nach Gegend und Jahreszeit sehr unterschiedlich sein kann, und den möglichen Nebenwirkungen der Medikamente, die außerdem Resistenzen bei den Erregern hervorrufen und keinen 100%-igen Schutz bieten können.

Wer aus Vietnam zurückkehrt und an einer nicht geklärten fieberhaften Erkrankung leidet, auch wenn es sich nur um leichtes Fieber und Kopfschmerzen handelt, die erst Monate nach der Rückkehr auftreten, sollte dem Arzt unbedingt vom Tropenaufenthalt berichten. Die ersten Symptome einer Malaria können denen eines grippalen Infekts ähneln und werden daher häufig verkannt. Bereits eine Woche nach einer Infektion und bis zu mehreren Monate danach können Schüttelfrost, Gelenkschmerzen, Erbrechen, Durchfall oder Krämpfe auf eine Malaria hinweisen.

Einige Hotelzimmer in Vietnam haben Mückengitter an Fenstern und Türen oder ein Moskitonetz über dem Bett. Wer sichergehen will, sollte mit eigenem Netz reisen.

Sonnenbrand und Hitzschlag

Sonnenbrand und Hitzschlag können selbst bei bedecktem Himmel auftreten, denn auch dann ist die Sonneneinstrahlung sehr intensiv. Man sollte sich regelmäßig mit Sonnenschutzmittel eincremen, Hut und Sonnenbrille tragen und tagsüber viel trinken.

Erschöpfungszustände bei Hitze äußern sich durch Kopfschmerzen, Übelkeit, Benommenheit und erhöhte Temperatur. Um die Symptome zu lindern, sollte man unbedingt schattige Bereiche aufsuchen und genügend Flüssigkeit zu sich nehmen. Erbrechen und Orientierungslosigkeit können auf einen Hitzschlag hinweisen, der potenziell lebensbedrohlich ist, deshalb muss man sich sofort in medizinische Behandlung begeben.

Stiche und Bisse

Kleinere und größere Biester aus dem Reich der Natur können ärgerliche Stiche und Verletzungen herbeiführen. Dazu gehören z. B. **Sandfliegen**, mit denen u. a. in Mui Ne und an anderen Stränden zu rechnen ist. Auch **Flöhe und Wanzen** gibt es noch, die sich in dem einen oder anderen Bett v. a. in ländlichen Regionen eingenistet haben. Wer auf diese Stiche allergisch reagiert sollte Antihistamin-Tabletten, wie man sie in Deutschland bei Heuschnupfen schluckt, mitnehmen. Zudem hilft eine Salbe mit antiallergischer Rezeptur.

Bienen- und andere Insektenstiche sollte man sofort mit Eis kühlen und anschließend eine spezielle Salbe auftragen; ggf. müssen Antihistamin-Tabletten eingenommen werden.

Zecken fallen auch in Asien von den Bäumen. Man zieht sie am besten vorsichtig heraus, ohne sie zu drehen. Nicht mit Öl oder Ähnlichem ersticken, sonst können Krankheitserreger in die Wunde gelangen.

Schlangen treiben sich gerne an heißen Tagen unter schattigen Steinen herum. Wenn man überhaupt auf sie trifft, ziehen sie sich lieber zurück statt anzugreifen. Im Falle einer unglücklichen hautnahen Begegnung heißt es als Erstes: Ruhe bewahren. Ein Blick auf die Biss-Stelle zeigt, ob es sich um eine giftige Schlange handelt. Nur wenn zwei einzelne Zahn-Einstichstellen vorhanden sind, wurde Gift injiziert. Dann gilt: zum Arzt – und weiter Ruhe bewahren. Der größte Teil solcher Begegnungen verläuft nicht tödlich. Keine Giftschlange war es, wenn viele kleinere Zahnabdrücke zu sehen sind. Eine solche Wunde sollte jedoch gut desinfiziert werden. Es besteht die Gefahr einer Blutvergiftung. Letzteres gilt auch für Bisse durch Hunde und Katzen.

Spinnen und Skorpione können sehr schmerzhafte Stiche zufügen, die jedoch selten gefährlich sind und bei ausreichender Ruhe von selbst abklingen. Allergische Reaktionen bis hin zu Schockzuständen sind möglich und sollten behandelt werden.

Ähnliches gilt für **giftige Meerestiere** wie Stachelrochen, Steinfische oder Feuerkorallen, die zu schlimmen Ausschlägen und/oder starken Schmerzen führen können: Im Zweifelsfall sofort einen Arzt aufsuchen. Seeigelstacheln können vorsichtig entfernt werden. Bei Vernesselungen durch Quallen hilft Essig aus der Hotelküche.

Thrombose

Thrombose kann bei Bewegungsmangel auftreten, was vor allem bei längeren Flugreisen zum Problem werden kann. Der verringerte Blutfluss, vor allem in den Beinen, kann zur Bildung von Blutgerinnseln führen, die, wenn sie sich von der Gefäßwand lösen und durch den Körper wandern, eine akute Gefahr darstellen (z. B. Lungenembolie). Gefährdet sind vor allem Personen mit Venenerkrankungen oder Übergewicht, aber auch Schwangere, Raucher oder Frauen, die die Pille nehmen. Das Risiko verhindern Bewegung, viel trinken (aber keinen Alkohol) und notfalls Kompressionsstrümpfe.

Tuberkulose

Diese Infektionskrankheit der Bronchien endet bei sachgerechter medikamentöser Behandlung nur selten tödlich. Über die Bronchien gelangen Tuberkulose-Erreger in die Lungenbläschen und können von dort z. B. weiter in die Lymphwege wandern. Manchmal ist auch der Darm zuerst befallen. In leichten Fällen heilt die Krankheit ohne Medikamente aus. In schweren Fällen können die Erreger die Lunge infizieren. In diesem Stadium leidet der Erkrankte an Fieber, Husten und manchmal Atemnot. Die Tuberkulose ist dann hochgradig ansteckend. Besonders gefährlich ist Tuberkulose für Säuglinge, weshalb für sie eine Schutzimpfung anzuraten ist.

Typhus / Paratyphus

Typhus ist nach Hepatitis A die häufigste Tropenkrankheit. Sie wird vom Bakterium *Salmonella typhi* verursacht und oral übertragen. Typische Symptome sind Erbrechen und über sieben Tage hohes Fieber einhergehend mit einem eher langsamen Puls und Benommenheit. Später folgen eventuell Hautausschlag, Verstopfung oder Durchfall und Bauchschmerzen. Empfehlenswert ist die gut verträgliche Schluckimpfung mit Typhoral L. Drei Jahre lang schützt eine Injektion der neuen Typhus-Impfstoffe Typhim VI oder Typherix.

Vogelgrippe

Die Vogelgrippe hat in Vietnam bisher offiziell die meisten Todesfälle gefordert. Bis Januar 2004 starben hier 42 Menschen am H5N1-Virus. Heute haben die Vietnamesen das Problem mehr oder weniger im Griff. Die Hygienestandards sind verbessert worden und zahlreiche Plakate zeigen, welche Regeln zu beachten sind. Da die Hühner in Vietnam sozusagen mit der Familie zusammen wohnen, ist der Kontakt der Einheimischen zum Federvieh auf dem Land sehr eng. Touristen können sich schützen, indem sie Folgendes beachten: Alle Geflügelmärkte sind ebenso zu meiden wie der Kontakt zu lebendem Federvieh, rohen Eiern und erkrankten Menschen. Fleisch und Eier müssen gut gekocht sein, und man sollte auch auf die hygienischen Bedingungen des Lokals achtgeben. Wer Fieber und Anzeichen eines grippalen Infektes hat sollte einen Arzt aufsuchen. Derzeit ist umstritten, ob das Grippemittel Tamiflu bei einer Infektion tatsächlich hilft. Die Symptome könnte es jedoch abschwächen, sodass jeder selbst entscheiden muss, ob er sich derartige Tabletten (nur mit Rezept) besorgt.

Aktuelle Informationen im Netz bei der World Health Organization (WHO) unter www.who.int/csr/disease/avian_influenza/en/.

Wundinfektionen

Wundinfektionen treten vor allem unter unhygienischen Bedingungen auf. Bereits aufgekratzte Moskitostiche können sich dann zu beträchtlichen Infektionen auswachsen, wenn sie unbehandelt bleiben. Wichtig ist es, dass jede noch so kleine Wunde sauber gehalten, desinfiziert und evtl. mit Pflaster geschützt wird. Es ist sinnvoll, für den Notfall eine Antibiotika-Salbe mitzunehmen.

Wurmerkrankungen

Winzige oder größere Exemplare von Würmern können überall lauern und sich manchmal an verschiedenen Körperstellen bzw. -organen festsetzen. Oft ist dies erst Wochen nach der Rückkehr festzustellen. Nach einer Reise in abgelegene Gebiete kann es empfehlenswert sein, den Stuhl auf Würmer untersuchen zu lassen, wenn man längere Zeit auch nur leichte Durchfälle hat.

Die meisten Würmer sind harmlos und durch eine einmalige Wurmkur zu vernichten. Andere sind gefährlich und können schwere Erkrankungen hervorrufen, z. B. die **Bilharziose** – eine Wurmerkrankung, die man sich im Uferbereich von stehendem oder langsam fließendem Süßwasser zuziehen kann. Kleine Larven, Zerkarien genannt, gelangen in den menschlichen Organismus, indem sie sich durch die Haut, bevorzugt an den Fußsohlen, bohren. Von dort bahnen sie sich den Weg in den Darm oder die Blase. Manchmal tritt um die Stelle, an der die Larven in den Körper eingedrungen sind, eine leichte Rötung auf. Nach sechs bis zehn Wochen kann es zu Fieber, Durchfall und einem allgemeinen Krankheitsgefühl kommen. Im schlimmsten Fall treten Unterleibsschmerzen und Blut im Stuhl oder Urin auf. Vorbeugend sollte man das Herumplanschen in stehenden Gewässern vermeiden und auf feuchten Böden Sandalen tragen.

Wundstarrkrampf / Tetanus

Wundstarrkrampf-Erreger findet man überall auf der Welt. Wer noch keine Tetanusimpfung hatte, sollte sich unbedingt zwei Impfungen im 4-Wochen-Abstand geben lassen, die nach einem Jahr aufgefrischt werden müssen. Danach genügt eine Impfung alle 10 Jahre. Am besten ist die Kombi-Impfung mit dem Polio-Tetanus- Diphtherie-(Td)-Impfstoff für Personen über 5 Jahre.

Bücher

Belletristik

Duong Thu Huong, *Bitterer Reis*, München: Goldmann 1992. Dieser kritische und brillant geschriebene Roman erzählt von der als Nachkriegskind geborenen Studentin Hang, die auf der Suche nach ihrem ganz persönlichen Glück und der Seele ihres Landes ist. Immer wieder wird ihr Lebensweg von den Traditionen ihrer Vorfahren bestimmt, was Hang genauso kritisch hinterfragt wie die Machtmechanismen und Fehlleistungen der kommunistischen Machthaber. Wie bei allen Büchern von Duong Thu Huong vermittelt auch dieses einen tiefen Einblick in die Seele Vietnams und seiner Menschen.

Duong Thu Huong, *Liebesgeschichte, vor der Morgendämmerung erzählt*, Bad Honnef: Horlemann-Verlag 1992. Ein kleines bezauberndes Buch, das nachdenklich stimmt, weil es die Frage nach der wahren Liebe aufwirft und zeigt, wie Hass, Rachsucht und Eifersucht das Leben aller Beteiligten zerstören können. Vietnam in den 60er-Jahren: Eine Ehe wird in beiderseitigem Einverständnis im modernen sozialistischen Staat komplikationslos geschieden. Beide verlieben sich neu, doch auf Druck einer Parteifunktionärin, die sich auf fragwürdige Weise für die Rechte der Frauen einsetzt, annulliert ein Gericht die Scheidung.

Graham Greene, *Der stille Amerikaner*. München: dtv 1995 (*The Quiet American*, London: Heinemann 1955). Die Geschichte der Begegnung zwischen dem zynischen britischen Reporter Fowles und dem jungen, „stillen" Amerikaner Pyle vor dem Hintergrund des französisch-vietnamesischen Kriegs hat schon Generationen von Lesern in ihren Bann geschlagen: ein vielschichtiges, gut recherchiertes und Grundfragen des Lebens berührendes Buch. Die Scharfsicht in der Einschätzung des amerikanischen Engagements ist bemerkenswert – und heute so aktuell wie vor 50 Jahren.

Le Thi Diem Thuy, *Das Weinen des Schmetterlings*, München: Luchterhand 2003. Das kleine, schön gestaltete Buch der jungen Autorin Diem Thuy ist ihr Erstlingswerk. Es entführt den Leser in die Lebenswelt eines kleinen vietnamesischen Mädchens. Aufgewachsen in der Mitte Vietnams und als Bootsflüchtling in die USA emigriert, erlebt sie mit ihrer Familie stellvertretend den Konflikt zwischen Norden und Süden und dem Westen. Die gelungen ausgewählten Erlebnisse machen, kombiniert mit leichter und wohldosierter Sprache, das *Weinen des Schmetterlings* zu einem kleinen literarischen Meisterwerk.

Pham Thi Hoai, *Sonntagsmenü*. Zürich: Unionsverlag 2005. Poetische Kurzgeschichten aus dem Vietnam der 90er-Jahre. Die Autorin setzt sich wortgewandt und metaphernreich mit sozialen, kulturellen und politischen Themen ihrer Umgebung auseinander. Lesenswert für alle, die Kurzgeschichten mögen.

Frank Quilitzsch, *Hanoi, Berlin, Nha Trang – Vietnamesische Lebenslinien*, München: Kirchheim Verlag 2002. Dieser kurzweilig geschriebene Lebens- und Reisebericht handelt vom Leben des Vietnamesen Huong, der als Student in die DDR geschickt wurde und dort am Ende seiner Studienzeit die Wiedervereinigung erlebte. Einfühlsam gelingt das Porträt eines Mannes, der heute als deutscher Staatsbürger in Berlin lebt und sich doch seiner vietnamesischen Wurzeln und der Verantwortung für seine Familie nicht entzieht.

Erlebnis- und Reiseberichte

Andreas Altmann, *Der Preis der Leichtigkeit*, München: Frederking & Thaler 2006. Pointiert und kenntnisreich schreibt der erfahrene Autor über seine Reise nach Thailand, Kambodscha und Vietnam. Die Situationen, in die er gerät, sind vielen Asienreisenden bekannt – doch die meisten gehen ihnen aus dem Weg: anders Andreas Altmann. Vieles ist lustig, einiges zynisch, anderes traurig. Herausgekommen ist ein aufschlussreiches Buch über drei interessante Länder Asiens.

Denise Chong, *Das Mädchen hinter dem Foto*. Hamburg: Hoffmann & Campe 2001. Die neunjährige Kim Phuc kennt fast jeder – ihr Foto ging einst durch die Welt und ist noch heute eines der

Anhang

bekanntesten und eindringlichsten Bilder aus dem amerikanischen Krieg in Vietnam. Nackt und schreiend rennt Kim auf den Fotografen zu, ihr Rücken ist bereits von Napalm verbrannt. Nur knapp überlebt das Mädchen – dank dem Fotografen, der sie weltbekannt machte. Das Buch zeichnet nicht nur den Tag des Angriffs nach, sondern widmet sich vor allem dem Leben des Mädchens danach: Es beschreibt ihren Leidensweg bis hin zur Genesung, folgt ihr zum Studium nach Kuba und zeigt ihr Leben heute in Kanada. Etwas langatmig zu lesen und ohne politisches Hinterfragen, aber dennoch lesenswert.

Maria Coffey, *Mond über Vietnam*. München: Frederking & Thaler 2006. Die Autorin bereiste 1994 zum ersten Mal Vietnam. Mit dem Boot wollte sie die Küste entlang fahren, was manchmal gelang, oft aber durch allerlei Widrigkeiten verhindert wurde. Eine spannende Geschichte aus diesem abenteuerlichen Reiseland und trotz starker Veränderungen in den letzten Jahren noch in vielen Beobachtungen aktuell geblieben.

Oriana Fallaci, *Nichts und Amen*. Köln: Kiepenheuer & Witsch 1991. Auch als: *Wir, Engel und Bestien*. München: dtv 1974. Der packende Bericht der italienischen Journalistin von ihren Aufenthalten im umkämpften Vietnam ist schon Generationen von Lesern unter die Haut gegangen. Ungeschönt und aufschlussreich.

Duong Thu Huong, *Roman ohne Titel*, Bad Honnef: Horlemann-Verlag 1995, bzw. *Roman ohne Namen*, Zürich: Unionsverlag 1996 (vergriffen, als Kopie in Vietnam erhältlich). Die Geschichte des Soldaten Quan, der nach zehn Jahren Krieg auf einer Geheimmission mit den Erinnerungen an seine Kindheit und Jugend konfrontiert ist und in den namenlosen Schrecken des Krieges (vergeblich) einen Sinn sucht, ist eines der besten und eindringlichsten Bücher zum Thema.

Andrew X. Pham, *Mond über den Reisfeldern. Auf den Spuren meiner Familie durch Vietnam*. München: Goldmann 2003 (*Catfish & Mandala, A Vietnamese Odyssey*: London, Flamingo 2001). Der Autor und Erzähler, der als Kind mit seiner Familie in die USA geflüchtet ist, kehrt zwei Jahrzehnte später als Viet Kieu (Auslandsvietnamese) zurück. Die Suche nach seinen Wurzeln und der eigenen Identität wirkt sehr offen und ehrlich. Interessant und gut geschrieben.

Bildbände

Anita Drobeck und **Nico Rademacher**, *Vietnam Panorama*. Mannheim: Edition Panorama 2007. Die Panoramabilder fangen den Charme und die Faszination Vietnams besonders gut ein. Die beiden Fotografen waren drei Monate von Nord nach Süd unterwegs. Eine kurze Einführung stimmt auf diese Bilder-Reise ein. Gutes Preis-Leistungs-Verhältnis.

Peter Mathias Gaede, *Vietnam. Die schönsten Bilder*. Hamburg: Gruner & Jahr 2005. Geo-Buch mit 56 großformatigen Bildern, die die Schönheit des Landes einfangen. Kurze Texte informieren über das Gezeigte, und eine kleine Landkarte gibt an, wo die Bilder entstanden. Negatives oder Trauriges wird allerdings ausgespart.

Tim Page, *Ein anderes Vietnam. Bilder des Krieges von der anderen Seite*. Hamburg: National Geographic 2002. Die Schwarzweißbilder stammen aus den Jahren nach dem Ende der französischen Kolonialzeit bis zur Befreiung 1975. Es sind ergreifende Zeitdokumente. Kurze Texte liefern den Kontext zum Bild. Gelungen.

Mario Weigt (Fotos) und **Hans H. Krüger** (Text), *Reise durch Vietnam*, Leipzig: Verlagshaus Würzburg 2007. 180 Bilder, die informativ beschrieben sind, zeigen alle Facetten des Landes. Auch der begleitende Text von H. Krüger ist gelungen: informativ, nicht langatmig und leicht zu lesen. Das Buch eignet sich für alle, die sich auf die Reise einstimmen wollen.

Land und Leute

John Blofeld, *Der Taoismus oder Die Suche nach Unsterblichkeit*. München: Diederichs Gelbe Reihe Bd. 61 1998. Gelungene Erläuterung des Taoismus, der so auch für den interessierten Westler verständlich wird.

James Goodman, *Uniquely Vietnamese*. Ha Noi: The Gioi Publishers 2005. Beschrieben werden nahezu alle Formen der vietnamesischen Kultur. Dazu zählen die Architektur ebenso wie das Theater und die Kleidung. Der Autor lebt in Vietnam.

Marc Frey, *Geschichte des Vietnamkrieges – Die Tragödie in Asien und das Ende des amerikanischen Traums*. München: Beck 2. Aufl. 1999. Geschichtswissenschaftliche, gut lesbare Arbeit eines deutschen Forschers, die auf 250 Seiten einen guten Überblick verschafft. Berücksichtigt besonders die amerikanische Perspektive und stellt Fragen nach der Motivation des Kriegsbeginns und den Auswirkungen bis heute.

Laotse, *Tao Te King*. Ditzingen: Reclam 1997. Deutsche Übersetzung der Originalschrift des Meisters, der den Taoismus (Daoismus) begründete. Ein Muss für alle, die sich für diese Religion interessieren.

Nguyen Huy Hang, *Traditionelles Vietnamesisches Wassermarionetten-Theater* (übersetzt von Nguyen Thi Tang Tinh, Ha Noi 2001; Original von 1996). Deutsche Übersetzung eines ausführlichen Werkes über das traditionelle Wasserpuppentheater, sehr informativ.

Martin Petrich, *Vietnam, Kambodscha und Laos. Tempel, Klöster und Pagoden in den Ländern am Mekong*. Ostfildern: DuMont Reiseverlag 2006. Anschaulich und kompetent vermittelt der Autor unentbehrliche Informationen für Kulturinteressierte und bettet die Kultur Vietnams in den Kontext der Nachbarstaaten Kambodscha und Laos ein.

Wolfgang Schneider, *Apokalypse Vietnam*, Hamburg: Rowohlt Taschenbuch 2001. Im Buch zur gleichnamigen MDR-Fernsehdokumentation finden sich die der Sendung zugrunde liegenden Interviews. Sie sind eine bereichernde Lektüre für alle, die sich mit dem Vietnamkrieg beschäftigen und an Erfahrungsberichten interessiert sind.

Wolfgang Schumann, *Handbuch des Buddhismus. Die zentralen Lehren: Ursprung und Gegenwart*. München: Diederichs 2008. Der Autor ist ein Kenner des Buddhismus und hat bereits zahlreiche Werke verfasst. Auch dieses Buch besticht durch seine klare Darstellung und gibt einen Überblick über alle buddhistischen Richtungen.

Walter Skrobanek, *Nach der Befreiung – Tagebuch aus Vietnam 1975*. Bad Honnef: Horlemann Verlag 2008. Als Terre-des-Hommes-Mitarbeiter befindet sich der Deutsche Walter Skrobanek in Vietnam, als 1975 die letzten Amerikaner das Land verlassen und die Widerstandskämpfer in Sai Gon die Macht übernehmen. In seinen Tagebuchaufzeichnungen wird die Zeit des Umbruchs lebendig. Dieses Tagebuch ist ein lesens- und empfehlenswertes Zeitdokument einer Epoche, in der nur wenige Ausländer in Vietnam zugegen waren.

Sprache

Deutsch-Vietnamesische Wörterbücher (Tu dien Anh-Duc) sind in einigen Buchhandlungen in Sai Gon und Ha Noi erhältlich, aber ziemlich schwer und unhandlich. **Englisch-Vietnamesische Wörterbücher (Tu dien Anh-Viet)** werden auch im handlichen Taschenformat verkauft (bei Straßenhändlern deutlich teurer als im Buchladen!).

Monika Heyder, *Vietnamesisch Wort für Wort*. Kauderwelsch Band 61. Bielefeld 2005. Als Einführung in die vietnamesische Sprache zur Reisevorbereitung geeignet. Auch als CD-Rom mit Aussprachetrainer erhältlich.

Mai Ngoc Chu, *Vietnamese in two months*. Ha Noi: The Gioi 1997. Nur tausend Exemplare wurden von diesem schmalen 130-Seiten-Bändchen gedruckt, doch wer noch eines auftreiben kann, bekommt für wenig Geld (11 000 Dong) eine praktische, kurze Einleitung in die vietnamesische Sprache.

Nguyen Anh Que, *Vietnamese for Foreigners*. Ha Noi 2005. Wer es ernst meint mit dem Vietnamesischlernen, hat nach Durcharbeiten dieser 40 Lektionen auf 460 Seiten einen soliden Einstieg geschafft.

Vietnamese Phrasebook, Lonely Planet Publications 2006. Vor Ort erhältlicher, praxisnaher Begleiter für unterwegs mit 250 Seiten im handlichen Taschenformat; übersichtlich gegliedert mit vielen Anwendungsbeispielen und ausführlichem Vokabular. Allerdings ist ein gutes englisches Sprachverständnis nötig, um die Aussprachehilfen nutzen zu können.

Index

A

E

F

G

H

Anhang

U

V

W

X

Y

Z

Danksagung der Autoren

Wir danken allen Vietnamesen, denen wir auf unseren Reisen begegnet sind und die uns in ihrem Land willkommen hießen, besonders Mr. Binh und Mr. Duc aus Mui Ne, Le Dong aus Nha Trang, Hung aus Sa Pa und Endy aus Gia Nghia. Grüße und Dank für gemeinsames Reisen und Austausch an Kris Achten und Josh Krist. Ein Dankeschön auch an das Team von Indochinaservice Vietnam, die Unmögliches möglich machten, an Khun Ben aus Bangkok für einen interessanten Einblick in eine uns bis dato unbekannte Urlaubswelt, an Antoine Girot aus Da Lat für seine Unterstützung und das beste Frühstück von ganz Vietnam und an Sarawan und Edward für einen unvergesslichen Tag in Cua Dai.

Ein besonderer Dank an den Biologen Tilo Nadler vom Cuc Phuong-Nationalpark, der sich die Zeit genommen hat, einen Text beizusteuern, an den Kölner Sinologen Peter Wrede für seine klärenden Worte zum Thema Konfuzianismus und an den erfahrenen Tauchlehrer Michael Wendling aus Thailand, 💻 www.chaloklum-diving.com, für seine Hinweise zum sicheren Tauchen.

Ein großer Dank gebührt auch unseren Söhnen Robin und Felix: Robin für seine Geduld und Neugier, für die Tage, an denen er tapfer ertrug, wenn wir wieder einmal Hotels abklappern mussten oder auf Busbahnhöfen herumhingen. Und beiden Jungs danken wir für die vielen Tage, an denen sich die Geschwister ruhig die Zeit vertrieben und wir am Computer sitzen und schreiben konnten.

Dank auch an Stefan und Renate Loose, waren sie es doch, die diese Reihe einst ins Leben riefen und deren Einfluss und Arbeit noch heute für die Qualität der Loose-Bücher Sorge tragen. Überdies verdanken wir die Autorenschaft an diesem Buch einem Tipp zur rechten Zeit von Stefan – danke! Martin und Volker, unseren Mitautoren beim Loose Myanmar, sei ebenfalls gedankt, für Tipps, Kontakte und ein offenes Ohr.

Dank unserer Chefredakteurin Maria Anna Hälker, die uns mit dieser Arbeit betraute, und der Chefin des Verlagshauses MairDumont, Frau Dr. Mair-Huydts, die uns ermöglichte, die neue Internetseite 💻 www.stefan-loose.de aufzubauen. Außerdem möchten wir dem ganzen Bintang-Team für die Unterstützung danken, ganz besonders Jessika, unserer Lektorin, die wirklich ganze Arbeit geleistet hat, und Katharina, die auch die 1000ste Änderung klaglos umsetzte.

Das Studium der **Leserbriefe**, die uns von Lesern der Vorauflagen nach ihrer Reise geschickt wurden, hat die Geburt dieses Buches von der Planungsphase bis zur letzten Korrektur begleitet. Ein dickes Dankeschön geht an Patrick Bach, Karin und Thomas Bader, Petra und Hansjürgen Ballert, Barbara Ballouk, E. Barz, Frank Bidmann, Karla Bodemann, Heinz Bohlender, André Brose, Johannes Buck, Bianca Buckenberger und Uwe Faulborn, Guido Busch, Willi Cordel, Renate Datzinger, Karlheinz Deul, Christof Dick, Gisela Duong, Marcus Ebbinghaus, Dr. Wolfgang Engelhardt, Diana Engesser, Dirk Fischer, Hannes Flinkbeiner, Thomas Fonck, Jens Franke, Svenja Frech, Ulrich Frey, Nadine Fuchs, Verena Funk und Thomas Welsch, Monika und Ralf Gensheimer, Gisela Golling, Ramona Gommel, Sebastian Granderath, Arthur Grenzner und Brigitte Jerger, Edith Grohmann, Thorsten Haeger und Sandra Zyche, Rudi und Dagmar Hecht, Wolfgang Heinlein, Steffi Hekli, Ursula Hertlein, Thomas Hirsch, Simone Hoffmann, Ralf Hörnschemeyer, Rainer und Sabine Hößelbarth, Michael Hubel, Tanja Hugger, Helga Immerz, Holger Jabs, Robert Jonas, Romy Kandora, Mona Keller, Volker und Inge Kliemt, Eva S. und Matthias Klimkait, Malte Kniemeyer-Bonnet, Maja Koller-Wiesinger, Gerhild Kontra, Magdalena Köster, Sonja Kristof, Stephanie Kubsch, Stephan Kuitk, Markus Lachmann, Peter Laubenthal, Michael Lerch, Beatrice Lienhard, Patrik Loeff, Esther Luyken, Julia Marre, Mira Martz, Karsten und Marita Meyer, Milan, Priska Moosbauer, Nicole Münch, Jürgen Neff, Niklas Neumann, Stefan Nöst, Marco Petersen, Johannes Piechotta, Oliver Pomplun, Claudia Reidies, Kathrin Reinhardt, Sebastian Reischl, Dr. Karl Wolfgang Rumpf, Joanna Sawer, Oliver Schafheitle, Norbert Schell, Gertrud Servo, Kathrin Sonderegger, Sascha Stabenow, Elisabeth Stiftinger, Verena Surbeck, Dr. Jan Peter Theurich, Marianne Trampe, Claudia Twerenbold, Kathrin Unger, Alex und Steffi Verfürth, Sabine Wiezorek, Martin Winter, Thomas Zajic, Michel Zumwald, Jean-Marc Zupevc; außerdem an alle Reisenden, die wir unterwegs trafen, für viele wertvolle Tipps, Hinweise und Anregungen – und nicht zuletzt an alle, die wir hier vergessen haben!

Bildnachweis

Umschlag
Titel und Klappenfotos: A. & M. Markand

Farbteil
alle **A. & M. Markand**; außer S. 15 unten und S. 17 unten: **Mario Weigt**, www. zoomobjekt.de, S. 3 (oben): Hans-Benhard Huber / **laif**, S. 16 Jörg Modrow / **laif**

Schwarz-Weiß
alle **A. & M. Markand**, außer S. 376: **Plum Village, LH Office**

Impressum

'ietnam
tefan Loose Travel Handbücher
i. Auflage **2009**

Gesamtredaktion und -herstellung
Bintang Buchservice GmbH
Zossener Str. 55/2, 10961Berlin
www.bintang-berlin.de
Karten: Katharina Grimm, Anja Krapat, Klaus Schindler
Redaktion: Jessika Zollickhofer, Jan Düker (Bildteil)
Grafisches Konzept: Groschwitz, Hamburg
Layout und Herstellung: Gritta Deutschmann

Kartenverzeichnis